Karl Baedeker

Ägypten

Teil 1

Karl Baedeker

Ägypten
Teil 1

ISBN/EAN: 9783741173882

Hergestellt in Europa, USA, Kanada, Australien, Japan

Cover: Foto ©Andreas Hilbeck / pixelio.de

Manufactured and distributed by brebook publishing software (www.brebook.com)

Karl Baedeker

Ägypten

AEGYPTEN.

HANDBUCH FÜR REISENDE

VON

K. BAEDEKER.

ERSTER THEIL:

UNTER-AEGYPTEN BIS ZUM FAYÛM

UND

DIE SINAI-HALBINSEL.

Mit 16 Karten, 29 Plänen, 7 Ansichten [illegible].

LEIPZIG: KARL BAEDEKER.

1877.

Wer reisen will,
Der schweig fein still,
Geh steten Schritt,
Nehm nicht viel mit,
Tret an am frühen Morgen,
Und lasse heim die Sorgen.

Philander von Sittewald. 1650.

Bist du im fremden Land, so musst du dich bequemen
Der Landesart, doch brauchst du sie nicht anzunehmen.

Rückert, Weisheit des Brahmanen.

Das vorliegende Handbuch für *Unter-Aegypten und die Sinai-Halbinsel* bildet, gleich dem vor Jahresfrist erschienenen Handbuch für Palästina und Syrien, einen Theil eines in Vorbereitung sich befindenden, den ganzen Orient umfassenden Reisehandbuchs.

Dem Herausgeber stand bei der Bearbeitung dieses Bandes ein von Herrn Professor *Dr. G. Ebers* in Leipzig zu diesem Zweck ausgearbeitetes Manuscript zur Verfügung, auf dem die Darstellung zum Theil beruht. Eine Anzahl von Fachgelehrten und andern mit den heutigen aegyptischen Verhältnissen vertrauten Männern haben ihn in der zuvorkommendsten und thätigsten Weise bei der Herausgabe unterstützt, die einen durch selbständige Abfassung einzelner Abschnitte, die andern durch Revision und Ergänzung des Textes. Um seinem Danke Ausdruck zu geben, hält der Herausgeber sich für verpflichtet, die Namen dieser Mitarbeiter zu nennen. Es sind die Herren: Geheime Rath Professor *Dr. R. Lepsius* (Berichtigungen und Zusätze zu den Sinai-Routen), Professor *Dr. H. Kiepert*, Professor *Dr. P. Ascherson* und *Dr. C. B. Klunzinger* in Berlin; Professor *Dr. E. Prym* in Bonn. In Kairo: *Dr. G. Schweinfurth*, Architect *Franz Bey* (arab. Architectur, Moscheen etc.), *Dr. med. W. Reil* (Beiträge zu den Routen Kairo und Umgebung),

Baron Frédéric de Révay, Bibliothekar *Dr. A. Spitta*, Tribunalrath *Hagens*, die Kaufleute *K. Menshausen* und *J. A. Kienast*, der Aegypter *'Ali Efendi* u. A. Ferner Privatdocent *Dr. R. Kossmann* in Heidelberg; Professor *Dr. A. Springer* in Leipzig; Professor *Dr. K. Zittel* in München; Consul *Broun* in Port Sa'îd; Pfarrer *M. Lüttke* in Schkeuditz (früher in Alexandrien) und Kaufmann *J. Magnus* in Alexandrien; Professor *Dr. J. Dümichen*, Bibliothekar *Dr. J. Euting* und Professor *Dr. Th. Noeldeke* in Strassburg i/E.; Professor *Dr. O. Fraas* und Hofrath *Th. von Heuglin* in Stuttgart; Professor *Dr. A. Socin* in Tübingen. Herrn Professor *A. Koch* in Schaffhausen ist der Herausgeber für sorgfältige Correctur des Textes und wesentliche Zusätze zu allen Theilen desselben zu besonderm Dank verpflichtet. Die meisten dieser Herren haben sich wiederholt und längere Zeit in Aegypten aufgehalten, ebenso zu wiederholten Malen der Herausgeber selbst, sodass der ganze Inhalt dieses Führers als auf eigener Anschauung an Ort und Stelle beruhend bezeichnet werden kann. Doch wird Niemand eine buchstäbliche Genauigkeit von einem Reisehandbuch fordern, das so vielfach über Einrichtungen Auskunft geben muss, die einem raschen Wechsel unterworfen sind, und der Herausgeber richtet deshalb an Reisende die Bitte, ihn auch für diesen Band auf etwaige Irrthümer oder Auslassungen, die ihnen durch eigene Anschauung bekannt werden, aufmerksam machen zu wollen.

Alle Verhältnisse in Aegypten sind so verschieden von unsern europäischen, auf Schritt und Tritt begegnen uns so fremdartige Erscheinungen, für deren Erklärung wir ohne vorherige specielle Studien keinen Anhalt haben, dass es dem Herausgeber wünschenswerth erschien, hin und wieder auch solche Mittheilungen aufzunehmen, die streng genommen die Grenzen eines Reisehandbuchs überschreiten. Er hofft damit manchem Reisenden einen Dienst zu erweisen und wird es dankbar anerkennen, wenn ihm auch in dieser Beziehung etwaige weitere Wünsche ausgesprochen werden.

Der zweite Band: »Ober-Aegypten. Handbuch für Nilfahrer von Professor *Dr. G. Ebers* in Leipzig und Professor *Dr. J. Dümichen* in Strassburg« ist im Druck und wird in kurzem erscheinen.

Den Kärtchen und Plänen ist eine ganz besondere Sorgfalt zugewendet worden, da der Herausgeber aus eigener Erfahrung weiss, dass man von Seiten der Eingebornen wenig oder gar keine Auskunft erwarten darf, abgesehen von den Schwierigkeiten, die dem Reisenden aus der unvollständigen Kenntniss der arabischen Sprache erwachsen. Die beste Karte von Unter-Aegypten ist die von *Maḥmûd Bey* (Kairo, 1874; 4 Blätter im Massstab von 1 : 200,000); doch ist dieselbe nur in arabischer Schrift erschienen. In den 50er Jahren erschien die Karte des Delta von *Linant Bey* (Carte hydrographique de la Basse-Égypte et d'une partie de l'isthme de Suéz; 2 Blätter im Massstab von 1 : 250,000); ferner eine von Geheimrath *Dr. Lepsius* und Professor *Dr. Kiepert* bearbeitete Karte vom Delta und dem Nil bis Assuân, die jedoch nicht in den Handel kam. Diese Karten dienten nebst den englischen und französischen Admiralitätskarten und der Karte der französischen Expedition, soweit letztere noch zu brauchen ist, als Grundlage für die Specialkärtchen des Handbuchs. Die Blätter der Umgebungen von Kairo sind von Herrn *Dr. Reil* an

Ort und Stelle, soweit thunlich, bis auf die Gegenwart ergänzt. Den Kärtchen der Todtenfelder von Memphis wurden die Specialaufnahmen von *Lepsius* zu Grunde gelegt, ebenfalls mit Nachträgen von *Heil*. Die Pläne der Moscheen und die Skizze der Chalifengräber lieferte Herr *Franz Bey*, theilweise nach eigenen Aufnahmen, und so glaubt der Herausgeber auch in dieser Beziehung neues und brauchbares Material zu bieten. Eine genaue Uebereinstimmung der Karten mit dem Texte konnte nicht in allen Fällen erzielt werden, da einzelne Blätter (namentlich die der Sinai-Halbinsel) schon vor der definitiven Feststellung des letzteren abgeschlossen werden mussten.

Die Maasse sind nach den neuesten englischen u. a. Messungen in Metern angegeben.

Den verschiedenen Preisangaben liegen ebenfalls des Herausgebers eigene Erfahrungen zu Grunde; doch richten sich die Forderungen im ganzen Orient nach den augenblicklichen Umständen, der Nachfrage, und werden auch dem Benehmen des Reisenden angepasst (vgl. S. 14); es soll daher keineswegs gesagt sein, dass man nicht auch mit geringeren Kosten, als den im Buche angegebenen, durchkommen kann.

Ueber Gasthöfe etc. s. S. 22.

INHALTS-VERZEICHNISS.

Route Seite

EINLEITUNG.

Jetzo werd' ich noch weitläufiger über Aegypten sprechen, weil es mehr Wunder enthält denn jedes andere Land, und vor allen Ländern Werke darbietet, die man kaum beschreiben kann.

HERODOT (450 v. Chr.).

t Aegypten gewissermassen neu entdeckt wurde (Ende des Jahrhunderts durch die Gelehrten der französischen Expe- unter Bonaparte), und seitdem es durch die immer eifrigern mer ergiebigern Forschungen in unserm Jahrhundert mehr ehr seine geschichtlichen und archäologischen Reichthümer n Augen der erstaunten Welt ausbreitete, hat es nicht auf- , alle diejenigen unwiderstehlich zu fesseln, welche Sinn für die Geschichte und Culturentwickelung der Menschheit r die Hinterlassenschaft einer uralten, und doch geistig schon hstehenden Vergangenheit".

Dieses Land vereinigt in sich die beiden Momente, welche die nden des fernen Ostens für den Abendländer (den „Franken“) sselnd machen, in hervorragendem Grade: Natur und Ge- hte üben hier eine fast gleichstarke Anziehungskraft. In der rn Beziehung bietet Aegypten alle die reizvollen Eigenthüm- keiten dar, die der Orient überhaupt und als solcher aufzuweisen das herrliche Klima und die wunderbar reine Luft, den pracht- en Himmel mit seinem tiefen Blau, das strahlende Licht mit nen warmen Farbentönen und den in unserm Norden nie zu er- enden Beleuchtungseffecten, die reiche, fast tropische Vegetation gleich mit der ernsten, majestätischen, zuweilen auch schauer- hen Wüste; die fremdartige, nicht immer liebenswürdige, aber mer anziehende und hochinteressante Bevölkerung mit ihrem ben, ihren Sitten und ihren Anschauungen. Auf der andern ite aber ist Aegypten zugleich wie kein anderes Land des Orients, der Welt, das classische Land der Geschichte, die Wiege mensch- cher Gesittung, der älteste Culturboden, auf dem uns bei jedem Schritte die altehrwürdigen Denkmäler entgegentreten, welche die rstörende Gewalt der Jahrtausende und gleichermassen die Bar- barei späterer Menschengeschlechter überdauert haben, und welche ebensosehr durch ihre Grossartigkeit als durch die hohe Kunst- fertigkeit, mit der sie ausgeführt sind, und den eminent historischen Sinn, der sich in ihnen ausprägt, in dem Beschauer die höchste Be- wunderung und die tiefste Ehrfurcht hervorrufen". (Lüttke.)

Ansichten.

Textvignetten.

EINLEITUNG.

Jetzo werd' ich noch weitläufiger über Aegypten sprechen, weil es mehr Wunder enthält denn jedes andere Land, und vor allen Ländern Werke darbietet, die man kaum beschreiben kann.

HERODOT (456 v. Chr.).

„Seit Aegypten gewissermassen neu entdeckt wurde (Ende des vorigen Jahrhunderts durch die Gelehrten der französischen Expedition unter Bonaparte), und seitdem es durch die immer eifrigern und immer ergiebigern Forschungen in unserm Jahrhundert mehr und mehr seine geschichtlichen und archäologischen Reichthümer vor den Augen der erstaunten Welt ausbreitete, hat es nicht aufgehört, alle diejenigen unwiderstehlich zu fesseln, welche Sinn haben für die Geschichte und Culturentwickelung der Menschheit und für die Hinterlassenschaft einer uralten, und doch geistig schon so hochstehenden Vergangenheit".

„Dieses Land vereinigt in sich die beiden Momente, welche die Gegenden des fernen Ostens für den Abendländer (den „Franken") so fesselnd machen, in hervorragendem Grade: Natur und Geschichte üben hier eine fast gleichstarke Anziehungskraft. In der erstern Beziehung bietet Aegypten alle die reizvollen Eigenthümlichkeiten dar, die der Orient überhaupt und als solcher aufzuweisen hat: das herrliche Klima und die wunderbar reine Luft, den prachtvollen Himmel mit seinem tiefen Blau, das strahlende Licht mit seinen warmen Farbentönen und den in unserm Norden nie zu erlebenden Beleuchtungseffecten, die reiche, fast tropische Vegetation zugleich mit der ernsten, majestätischen, zuweilen auch schauerlichen Wüste; die fremdartige, nicht immer liebenswürdige, aber immer anziehende und hochinteressante Bevölkerung mit ihrem Leben, ihren Sitten und ihren Anschauungen. Auf der andern Seite aber ist Aegypten zugleich wie kein anderes Land des Orients, ja der Welt, das classische Land der Geschichte, die Wiege menschlicher Gesittung, der älteste Culturboden, auf dem uns bei jedem Schritte die altehrwürdigen Denkmäler entgegentreten, welche die zerstörende Gewalt der Jahrtausende und gleichermassen die Barbarei späterer Menschengeschlechter überdauert haben, und welche ebensosehr durch ihre Grossartigkeit als durch die hohe Kunstfertigkeit, mit der sie ausgeführt sind, und den eminent historischen Sinn, der sich in ihnen ausprägt, in dem Beschauer die höchste Bewunderung und die tiefste Ehrfurcht hervorrufen". (Lüttke.)

Allerdings kann Aegypten schon wegen der Entfernung und der Kostspieligkeit der Reise niemals in solchem Maasse ein allgemeines Reiseziel werden wie z. B. Italien, wennschon die stets zunehmende Erleichterung des Verkehrs, die Vermehrung der Dampferlinien, sowie ganz besonders die der Eisenbahnen (S. 12) im Lande selbst die entgegenstehenden Schwierigkeiten immer mehr beseitigen; aber die Erinnerungen, die Aegypten Jedem zurücklässt, werden nicht nur unauslöschlich bleiben, sondern auch stets den Trieb erwecken, immer wieder, wenn nicht in das Land selbst, so doch wenigstens zur Beschäftigung mit ihm zurückzukehren.

I. Praktische Vorbemerkungen.

A. Reiseplan. Reisezeit. Reisegesellschaft. Reiserouten.

In Aegypten gestatten es die Verkehrsverhältnisse (Eisenbahnen und Dampfschiffe), einen zu Hause entworfenen Reiseplan für die besuchteren Gegenden mit derselben Sicherheit durchzuführen wie in den meisten europäischen Ländern; ja man hat noch den wesentlichen Vortheil, dass das Wetter in der eigentlichen Reisezeit beständig schön ist (vergl. S. 79). Weiss man also was man sehen will und wie dies zu erreichen ist, so kann man auch schnell vorwärts kommen, vorausgesetzt dass man seine Energie behält und gegen das Sichgehenlassen, dem man ohne bestimmtes Ziel gar leicht verfällt, stets auf der Hut ist. Damit soll nicht gesagt sein, dass das „dolce far niente", ganz besonders in Kairo, das Flaniren in den Strassen dieser Stadt, nicht ebenfalls seine grossen Reize hat.

Reisezeit. In Alexandrien herrscht in den Monaten December bis März meist stürmisches und regnerisches Wetter. Sowie man ins Innere des Landes dringt, ändert sich dies sofort, und vom mittleren Delta (Damanhûr-Ṭanṭa-Manṣûra) ab dürfte von Anfang November bis Mitte oder Ende April in Aegypten kaum ein Tag ungünstiges Wetter bringen; es herrscht alsdann beständig das herrlichste Frühlings- und Sommerwetter, und kein Regen nöthigt zu Hause zu bleiben, denn den paar Tropfen, die mitunter fallen, wird der Europäer keine Beachtung schenken. Der Nil hat durch seine Ueberschwemmung (S. 68) das Land von neuem befruchtet, die ganze Natur grünt und blüht. Ende April (zuweilen auch schon im März) beginnt die Periode des Chamsîn (S. 80), eines eigenthümlich schwülen, heissen Wüstenwindes, der während etwa fünfzig Tagen (daher der Name), jedesmal 1 oder 2 volle Tage anhaltend, einigemal weht, und auf den Körper sowohl wie auf den Geist äusserst erschlaffend wirkt, in manchen Jahren indessen auch ganz ausbleibt. Unsere Wintermonate sind daher die eigentliche Reisezeit für Aegypten. Die Sommermonate wird nur derjenige wählen, der die Nilüberschwemmung oder die Gluth der afrikanischen Sonne näher kennen lernen will (vergl. indess auch S. 86). Die Preise sind in dieser Zeit natürlich viel billiger.

Reisegesellschaft. Ein Land, dessen Bewohner, was Sprache und Lebensanschauung betrifft, uns so völlig fremd sind, allein zu bereisen, ist kaum rathsam, obschon in den Städten Alexandrien und Kairo, weniger in Suês und Port Sa'îd, sich immer Gelegenheit bieten wird, sich einer Gesellschaft von Europäern anzuschliessen. In Gesellschaft zu reisen ist auch erheblich billiger, denn der Betrag einer Menge von Ausgaben, die einmal zu machen sind, genügt in vielen Fällen für Mehrere ebensogut, wie für einen Einzelnen. Aber abgesehen von dem Gelde wird der Einzelne weniger schnell mit den Leuten des Landes, mit denen er in Verkehr treten muss, fertig werden, als zu zweien oder zu noch mehreren. (Nilfahrt s. im II. Bde.; Reise zum Sinai R. 10.)

Reiserouten. Um Unter-Aegypten, d. h. Alexandrien, Kairo und den Suês-Canal *flüchtig* kennen zu lernen, genügen 3 Wochen, die sich folgendermassen vertheilen lassen:

Alexandrien	$1^1/_2$	Tage.
Eisenbahnfahrt nach Kairo 1, mit Ṭanṭa (S. 244)	$1^1/_2$	-
Kairo, Stadt und Umgebungen, Pyramiden etc.	10	-
Eisenbahnfahrt nach und Aufenthalt in Suês .	2	-
Besuch der Mosesquellen	1	-
Eisenbahnfahrt nach Isma'îlîya	1	-
Mit dem Dampfschiff auf dem Suês-Canal nach Port Sa'îd	1	-
Ruhetage	2	-
	20	Tage.

Aber diese drei Wochen zusammen lassen sich mit Genuss schon allein in Kairo verbringen.

Der Besuch des Sinai erfordert	18—24	Tage
der des Fayûm	4—6	-

und endlich die Nilfahrt und zurück

a) mit dem Dampfschiff, das bis Assuân und von oberhalb des ersten Katarakts bis Wâdi Ḥalfa (beim zweiten Katarakt) fährt, bis Assuân 21, bis Wâdi Ḥalfa ca.	32	-
b) mit der Dahabîye bis Assuân ca. . . .	60	-
c) mit der Dahabîye bis Wâdi Ḥalfa ca. .	90	-

Hieraus ergibt sich, dass zur *vollständigen* Bereisung von Aegypten, einschliesslich des Nils und der Sinai-Halbinsel, 4—5 Monate erforderlich sind.

B. Reisekosten. Creditbriefe. Münzwesen.

Die *Kosten* einer Reise in Aegypten wie überhaupt im Orient sind beträchtlich höher als in Europa, und wenn sie sich zwar auch dort nach den Bedürfnissen eines Jeden richten, so ist doch für den Europäer eine gewisse Grenze in seiner Lebensweise gezogen, unter der zu bleiben dem gewöhnlichen Reisenden kaum möglich sein wird. Der Tagespreis in den Gasthöfen (vgl. S. 22) ist durchschnittlich 15—25 fr. ohne Wein, von dem der billigste 3—4 fr. kostet, engl. Bier die Flasche 2—2½ fr., Trinkgeld vielleicht ½ fr.; die täglichen regelmässigen Gasthofsausgaben belaufen sich daher auf circa 20—30 fr.; zu diesen sind ferner die Miethpreise für Esel und Wagen zu rechnen, dann die unvermeidlichen Trinkgelder, Wäsche etc. Der Einzelne wird also gut thun, die tägliche Ausgabe nicht unter 25—35 fr. den Tag zu rechnen (die Kosten für die Dampfschiffe, s. S. 11 u. 12. natürlich extra).

Die besondere Berechnung für den Sinai s. R. 10, das Fayûm s. R. 9, und endlich die Nilfahrt s. im II. Bande d. B.

Weniger geübte Reisende, oder solche in Gesellschaft von Damen, oder solche, deren Zeit sehr knapp bemessen ist, werden auch noch eines Führers (Lohndiener, sie nennen sich zwar alle Dragoman) bedürfen, dessen Dienste mit 5—10 fr. den Tag zu vergüten sind (s. S. 16).

Der mitzunehmende Creditbrief (in einem solchen bestehe das Reisegeld) muss tadellos und von einem bekannten Bankhaus auf englisches oder französisches Gold (Wechsel auf deutsche Plätze oder deutsches Gold sind schwer anzubringen) ausgestellt sein, für Aegypten unter allen Umständen auf Alexandrien und Kairo. Uebrigens hat die aegypt. Post in anerkennenswerther Weise die Einrichtung der *Postanweisungen*, trotz der für sie damit verbundenen Schwierigkeiten, eingeführt; dieselben. nicht über 200 fr., müssen über Brindisi adressirt werden und werden in Aegypten, abzüglich ½% incl. Porto, in franz. Golde ausbezahlt. Für grössere Summen bleibt indessen am zweckmässigsten ein englischer „*Circular Letter*"; derselbe ist gedruckt und enthält eine Liste von ca. 50 Städten, in denen man durch Ausfüllung beigefügter Formulare sein Gold in engl. Livres Sterling leicht und schnell erheben kann. Die Unkosten berechnen sich auf 1½—2½ % ausser der jeweiligen Kursdifferenz in Europa. Solche Circular-Briefe geben aus die Londoner Firmen: *Coutts & Co.*, 59 Strand, W. C.; *Glyn Mills, Currie & Co.*, 67 Lombard Street, E. C.; *London Joint Stock Bank*, 5 Princess Street, Bank. E. C.; *Union Bank of London*, 2 Princess Street, Mansion House, E. C. Die *Allgemeine Deutsche Credit-Anstalt* in Leipzig und die *Disconto-Gesellschaft* in Berlin geben Credit-Briefe auf den Credit Lyonnais (S. 250) in Kairo. Geldwechsler finden sich in jeder Strasse; man nehme sich aber vor ihnen in Acht (s. S. 250).

Man frage stets einen Banquier über den genauen Kurs des Goldes (auch die Tabelle auf S. 6 gibt Aufschluss) und vermeide es soviel als möglich, auf dem Bazar, in Gasthöfen und beim Dragoman zu wechseln. Bei Ausflügen aufs Land nehme man eine reichliche Menge kleines Geld (ganze und halbe Silberpiaster und Kupfer) mit, lieber zu viel als zu wenig; die Leute in den Dörfern weigern sich bisweilen, dem Fremden auch nur einen Shilling zu wechseln, und so kann er in die bitterste Verlegenheit kommen; ebenso sind sie sehr difficil im Annehmen von Stücken, deren Schrift verblasst ist; man nehme nur gute und vollwichtige Stücke. Bei Goldmünzen achte man besonders auf guten Klang beim Aufwerfen auf einen Stein; schlechtklingende Stücke, auch wenn nur ein unmerklicher Sprung oder Riss die Ursache ist, werden gewöhnlich zurückgewiesen.

Da es im Orient Sitte ist, dass die Weiber eine Schnur mit Goldstücken um Hals oder Kopf tragen, so findet man sehr viele durchbohrte Stücke; der Reisende nehme sich in Acht vor solchen, die ein grosses Loch haben, da diese bisweilen zurückgewiesen werden. Sehr rathsam ist, das Geld immer wohl verschlossen zu halten und so wenig wie möglich zu zeigen, um die Habsucht der Leute nicht zu reizen

Münzwesen. Papiergeld kennt der Orient nicht. In Bezug auf den Werth der kursirenden Münzsorten ist es schwierig, sich zurecht zu finden, denn neben dem aegyptischen Gelde, das zudem noch einen zweifachen Kurs*) hat, sind türkische, französische, englische, italienische, österreichische und russische Gold- und Silbermünzen im täglichen Umlauf.

Der zweifache Kurs des aegyptischen Geldes besteht darin, dass man im Kleinverkehr nach *Piaster Courant* rechnet, der die Hälfte des Werthes des Regierungsgeldes, *Piaster Tarif*, hat. Zweierlei geprägtes Geld existirt jedoch durchaus nicht, es ist nur eine andere Rechnungsweise, die mit dem ehem. Hamburger System der Mark courant und Mark banco verglichen werden kann. Unter dieser Doppelrechnung hat der Unkundige sehr zu leiden. Man beachte hauptsächlich, dass auf den Bazars etc. alle Preise in Piaster Courant (also der geringeren Sorte) angesetzt sind, man also nur halb soviel Silberstücke zu geben hat; übrigens rechnet man dem Europäer d. h. dem Fremden gegenüber meist nach Franken; die Forderungen sind alsdann allerdings etwas höher, aber schliesslich kann man die Preise doch genau verfolgen; sind sie zu hoch, so lässt man die Waare liegen und geht seiner Wege. Für kleinere Einkäufe und für den Verkehr auf dem Lande ist es jedoch gerathen, auf die Courant-Piasterrechnung zu halten, da die Leute im Stande sind, eben so viel Franken zu verlangen als sonst Piaster.

*) Eigentlich gibt es einen dreifachen Kurs: „Tarif", „Courant" und „Kupfer"; auch letzteres ist auf dem Lande grossen Schwankungen unterworfen. Gegenwärtig (September 1876) gilt in Kairo 1 Piaster Tarif = 6 Piaster Kupfer (in Alexandrien und Kairo braucht man kein Kupfergeld zu nehmen). Der Werth desselben nimmt landeinwärts zu; so erhielt man 1876 für 1 Nap.d'or in Alexandrien 480 Piaster Kupfer, in Kairo und bis hinauf nach Siût 450, und noch weiter hinauf nur 420 Piaster Kupfer. Dieser Satz gilt indess nur bei grösseren Zahlungen in Kupfer, wie sie beim Landvolk vorkommen. Alles Silber und Gold strömt in die Städte und wird durch die nur in edlem Metall an die Staatskassen abzuliefernden Steuern beständig aus dem Lande herausgezogen und den städt. Kassen zugeführt, wo griechische Wechsler und Juden sich diese Verhältnisse sehr zu Nutze machen. Einen gleichen Vortheil ziehen die Ortsvorsteher (schêch el-beled), welche den Kupferwerth beständig herabzudrücken suchen.

Arabische Bezeichnung.	Europäische Bezeichnung.	Werth in aegyptisch. Tarifwährung. Piast.	Para	Werth in aegyptisch. Courantwhrg. Piast.	Para	Werth in französischem Gelde Frcs.	Cent.	Bemerkungen.
Goldmünzen.								
Gind masri	Aegyptisches Pfd.	100	—	200	—	26	—	
Nuș "	½ " "	50	—	100	—	13	—	
Rub'a "	¼ " "	25	—	50	—	6	50	
Ribʿîye	1/10 " "	10	—	20	—	2	60	
Bargûta	1/20 " "	5	—	10	—	1	30	
Gind stambûli	Türkisches Pfund	87	30	175	20	a) 22	75	a) bei Kauf und Verkauf häufig zu 23 Frcs. angenommen.
Nuș "	½ " "	43	35	87	30	11	40	
Rub'a "	¼ " "	21	37	43	35	5	70	
Gind inkilîsi oder frengi	Engl. Pfd. Sterling	97	20	195	—	25	25	
Nuș " "	½ " "	48	30	97	20	12	62	
Gind brussiâni	Deutsche Doppelkrone (20 Mk.) b)	96	—	192	—	24	85	b) noch wenig bekannt.
Bintu	Napoléon d'or	77	6	154	12	20	—	
Nuș Bintu	½ "	38	20	77	6	10	—	
Rub'a Bintu	¼ " (5 Frcs.)	19	10	38	20	5	—	c) nicht viel im Umlauf; wird ungern genommen, beim Umsatz stets einige Piaster Verlust.
Gind moskôwi	Russ. Pfd. (Imperial) c)	78	20	157	—	20	—	
Schîn	Oesterr. Dukaten	45	28	91	—	d) 11	75	d) wird zuweilen für 12 Frcs. angenommen.
Silbermünzen.								
Riyâl masri	Aegyptischer Thlr.	20	—	40	—	5	15	
Nuș Riyâl masri	½ " "	10	—	20	—	2	60	
Rub'a "	¼ " "	5	—	10	—	1	30	
Tumn	⅛ " "	2	20	5	—	—	65	
Bârisi	Parisi e) (= 2 Mk.)	9	25	19	10	2	50	e) In Paris geprägtes ägyptisches Geld.
Nuș Bârisi	½ Parisi	4	33	9	30	1	25	
Rub'a "	¼ Parisi	2	16	4	30	—	62	
Kirsch	Silber-Piaster	1	—	2	—	—	25	
Nuș Kirsch	½ " "	—	20	1	—	—	12	
Rub'a "	¼ " "	—	10	—	20	—	6	
Chamsa Frank	5 Franken (Silber)	19	10	38	20	5	—	
Frank	Frank	3	34	7	28	1	—	
Nuș Frank	Halber Frank	1	37	3	30	—	50	
Rûbîye	Rupie f) (= 2 Mk.)	9	9	18	24	2	40	f) Engl. indisch. Geldstück, vielfach im Verkehr.
Nuș Rûbîye	½ " = 1 Shilling	4	24	9	10	1	20	
Rub'a "	¼ "	2	12	4	20	—	60	
Abu medfa' g)	Spanisch. Duro (Säulen-Thlr.)	21	20	41	—	5	30	g) „Vater der Kanone" von den Arabern genannt, weil sie die Säulen für Kanonen nehmen.
Riyâl abutêra	Maria-Theresienthaler (= 4 Mk.)	19	10	39	20	5	—	
Riyâl moskôwi	Rubel (= 3 M. 25 Pf.)	15	—	30	—	4	—	
Riyâl " illa rub'a	¾ "	11	10	22	20	3	—	
Nuș R. moskôwi	½ "	7	20	15	—	2	—	
Rub'a " "	¼ "	3	30	7	20	1	—	
Rub'a Florîni	½ Östr. Gld. (50 Pf.)	2	14	4	—	—	60	

C. Pass- und Zollwesen.

Der Pass wird dem Fremden überall in den aegyptischen Häfen abgefordert; der Mangel eines solchen führt nur Unannehmlichkeiten und Scherereien mit sich. Ein Bachschisch (S. 21), geschickt angebracht, hilft mitunter darüber hinweg; man vermeide indessen dasselbe anzubieten, wenn höhere Beamte zugegen sein sollten.

Dasselbe ist auch beim Zoll der Fall. In der Regel müssen Kisten und Koffer geöffnet werden; nach Cigarren (S. 32) wird eifrig gesucht und solche nach einer Taxe besteuert, die 75% des Schätzungswerthes beträgt. Auch mit Waffen hat man beträchtliche Schwierigkeiten, ebenso mit den Patronen; doch mag man es auch hier mit einem nicht allzu offen gegebenen Trinkgeld von einigen Francs je nach der Zahl und Grösse der Effecten versuchen.

Ausfuhrartikel zahlen 1% des Werthes. In der Regel wird visitirt und alles notirt; aber durch das bekannte Mittel kann man sich dieser Schererei entziehen. Die Ausfuhr von Alterthümern (S. 30) ist in Aegypten streng verboten und wird bei dem Verlassen des Landes allemal nach solchen gesucht. Etwa vorausgesandtem Gepäck muss der Schlüssel behufs der Mauthrevision beigegeben werden; der Reisende thut aber wohl, wo immer nur möglich, selbst dabei zugegen zu sein.

D. Consulate.

Internationale Gerichtshöfe.

Die Consuln im Orient geniessen in Bezug auf die Exterritorialität die Vorrechte der Gesandten. Man unterscheidet *Berufsconsuln* (consules missi) und *Wahl-* oder *Handelsconsuln*. Letztere handeln unter Verantwortung und Aufsicht der Ersteren. Nach ihrer Rangstellung sind die Consularbeamten, unter dem zugleich als politischer Agent fungirenden Generalconsul, Consuln, Viceconsuln oder Consularagenten. — Die Reisenden werden gut thun, sich in etwaigen Verlegenheiten sofort an den Consul ihres Landes zu wenden, durch welchen ein Verkehr mit den Landesbehörden ohne Schwierigkeiten stattfindet und einer Rechtsverkümmerung vorgebeugt wird. Nicht allein die Höflichkeit, sondern auch das eigene Interesse des Reisenden erfordert es daher, bald nach der Ankunft auf dem Consulat einen Besuch zu machen. Abgesehen hiervon aber empfiehlt es sich für Fremde auch in Rücksicht auf die orientalischen Verhältnisse mit dem Consul in freundschaftliche Beziehungen zu treten; wer z. B. an stattfindenden Festlichkeiten Theil nehmen will, kann dies nur durch seine Vermittelung. Die Dienste der Kawwâsen (Soldaten oder Gerichtsdiener des Consulats) vergütet man, obschon diese dem Fremden sehr nützlichen Leute keine Entschädigung zu fordern berechtigt sind.

Durch die mit dem 1. Januar 1876 auf 5 Jahre versuchsweise in Kraft getretene aegyptische Justizreform ist eine wesentliche Umgestaltung der Jurisdictionsverhältnisse vollzogen. Nach den Capitulationen waren die

Ausländer bisher der Polizei- und Gerichtshoheit des Landes gänzlich entzogen; sie nahmen lediglich vor ihrem Consul Recht, welcher den Streitfall nach dem Rechte seiner Heimath entschied. Aus diesem Nebeneinander von 17 Consulargerichten neben den Landesbehörden und aus der Unsicherheit des Rechtes, nach welchem schliesslich ein zum Process gelangendes Rechtsgeschäft zur Entscheidung gelangen werde, ergaben sich natürlich grosse Uebelstände für Grundbesitz, Handel und Verkehr. Auf Vorschlag der aegyptischen Regierung und unter besonderer Mitwirkung des gegenwärtig zurückgetretenen Ministers Nubar Pascha verständigten sich die Consularmächte über die Einsetzung gemischter Gerichte, welche in zwei Instanzen endgültig die zwischen Aus- und Inländern, beziehentlich die zwischen Ausländern verschiedener Nation entstehenden Processe auf Grund der nach Massgabe des französisch-italienischen Rechtes ausgearbeiteten aegyptischen Gesetzbücher entscheiden. Vor den neuen Gerichten nimmt gegen Ausländer auch der Chedîw und die Staatsverwaltung Recht, sodass das berüchtigte System der Reclamationen ausser Kraft getreten ist. Die Gerichte erster Instanz befinden sich in Alexandrien, Kairo und Isma'îlîya, letzteres mit Gerichtstagen in Sues und Port Sa'îd. Die Gerichte bestehen aus eingeborenen und ausländischen Richtern, letztere werden vom Chedîw aus den von den Grossmächten präsentirten Beamten ernannt. In gleicher Weise ist der in Alexandrien residirende Appellhof gebildet. Für die erste Instanz sind auch Richter aus einigen kleinen europäischen Staaten berufen. Die Gerichte besitzen alle constitutionellen Garantien unabhängiger Rechtspflege; sie vollstrecken ihre Urtheile selbst durch eigene Beamte und haben, soweit ihre Autorität es erfordert, auch volle Strafgerichtsbarkeit. Gerichtssprachen sind: Arabisch, Französisch und Italienisch. — Innerhalb der von den neuen Gerichten gelassenen Grenzen bestehen die Consular- und Localgerichte fort; erstere sind also namentlich für Strafsachen und für Civilprocesse der Ausländer gleicher Nation, soweit nicht Grundstücke in Frage stehen, zuständig geblieben. Die Localgerichte hofft man mit der Zeit mit den gemischten Gerichten in organische Verbindung zu bringen.

E. Dampfboote auf dem Mittelländischen Meere.

Alexandrien, der Haupthafen Aegyptens, wird von englischen, französ., österreich., italien., russischen und aegyptischen Dampfern regelmässig berührt, doch kommen für den gewöhnlichen Reisenden nur die drei ersteren in Betracht, da der Verkehr der drei letzteren zu gering ist und auch die Schiffe denen der ersteren nachstehen. Ueber die Kurse der Dampfer genau unterrichtet zu sein, ist um so wichtiger, als man auch für die Rückfahrt wie für die Weiterreise, z. B. nach Syrien, von denselben abhängig ist.

Wer seine Orientreise auf Syrien, Griechenland und Constantinopel auszudehnen gedenkt, wende sich noch zu Hause in einem frankirten Brief 1. „*à l'Administration des Services des Messageries Maritimes, 16 rue Cannebière à Marseille*“ und bitte um Uebersendung eines „*Livret des lignes de la Méditerranée et de la Mer Noire*“ und 2. an den „*Verwaltungsrath der Dampfschiffsfahrtsgesellschaft des Oesterreich-Ungarischen Lloyd in Triest*“ desgl. um „*Informations for Passengers by the Austrian Lloyd's Steam Navigation Company*“ (eigenthümlicherweise lässt die Gesellschaft diese Mittheilungen nur in englischer Sprache erscheinen); vermöge der in diesen beiden Heftchen enthaltenen Angaben lässt sich ein Reiseplan schon ziemlich genau feststellen. Vergl. Baedeker's „Palästina und Syrien“, in den Buchhandlungen in Alexandrien und Kairo zu haben.

Für die Wahl der Route wie der Schiffe lassen sich besondere Empfehlungen kaum geben. Die kürzeste Seefahrt ist die von Brindisi nach Alexandrien (3 Tage); von Triest (Corfu) oder von

Venedig (Ancona-Brindisi) fährt man 5 Tage; von Neapel 4 Tage. Letztere Route ist für die Rückfahrt die beste, da sich in Neapel und Rom der Uebergang aus dem warmen Klima Aegyptens in das kältere Europas auf angenehme Weise vermitteln lässt.

Die engl., franz. und österreich. Schiffe sind bezüglich des Ganges, der Verpflegung, Reinlichkeit und Bedienung ziemlich gleich; es gibt darunter schöne und grosse Dampfer, und mittelmässige.

Die Salons der ersten Klasse sind durchgängig sehr elegant eingerichtet und die Schlafstellen bequem; die Einrichtung der zweiten Klasse ist weniger elegant, doch ebenfalls bequem und genügt vollständig etwas bescheidenern Ansprüchen. Damen ist natürlich nur die erste Klasse zu empfehlen. Im Herbst und Winter sind die Schiffe auf der Hinfahrt, im Frühjahr auf der Rückfahrt meist stark besetzt.

Die Verpflegung (ausser Getränke), im Billetpreis der ersten und meist auch der zweiten Klasse einbegriffen, ist durchweg sehr gut und ausreichend. Ein zweimaliges Schellen beim Steuerruder verkündet die Essenszeit. Morgens um 9 oder 10 Uhr Gabelfrühstück von 3 Gängen, ein gleiches (lunch, oder tiffin nach der indischen Bezeichnung auf den englischen Schiffen genannt) um 12 oder 1 Uhr; um 5 oder 6 Uhr Nachmittags sehr reichliches Diner (die Seeluft reizt bekanntlich den Appetit sehr stark). Um 7 oder 8 Uhr wird meist noch Thee servirt; auch kann man sich des Morgens zwischen 7 und 8 Uhr eine Tasse Kaffe geben, bez. ans Bett bringen lassen. Die Zubereitung der Speisen ist auf den österr. und französ. Schiffen dem Klima angemessener als auf den englischen, auf denen sie manchem etwas zu schwer erscheinen wird. Ist man seekrank geworden, also verhindert mitzuspeisen, so wird für kleinere Erfrischungen, wie Limonade etc., nichts berechnet.

Als Trinkgeld pflegt man dem Kellner für den Tag ½—1 fr. (am Schlusse der Reise) zu geben; hat man ihm durch Krankheit besondere Mühe verursacht, nach Verhältniss mehr.

Auf den grössern Schiffen (auf den englischen sämmtlich) befinden sich gute Badeeinrichtungen, deren Benutzung (gratis) besonders Morgens sehr wohlthuend ist. Man gibt dem Aufwärter am Schlusse der Fahrt ein Trinkgeld.

Die Sprache ist auf den österreich. Schiffen meist italienisch, auf den englischen englisch, auf den französischen französisch.

Billets nehme man nur in der Agentur der betreffenden Gesellschaft, und zwar persönlich, und lasse die von den in der Nähe lungernden Subjecten gemachten Offerten ganz unbeachtet. Auf dem Billet, das mit dem Namen des Käufers versehen wird, ist die Abfahrtszeit und der Name des Schiffes bemerkt. Retour- oder Rundreise-Billets (nach Syrien und Constantinopel), sowie Familien von wenigstens 3 Personen haben meist auf den beiden ersten Plätzen eine Ermässigung von dem eigentlichen Fahrpreis, nicht aber von dem für die Verpflegung. Kinder von 2—10 Jahren zahlen die Hälfte, der Begleiter muss aber in diesem Falle mit ihnen die Schlafstelle theilen. Zwei Kinder erhalten zusammen eine Schlafstelle.

Gepäck hat man auf der ersten Klasse 70—100 Kilogr. und auf der zweiten 40—60 Kilogr. frei.

Einschiffung. Man begebe sich eine Stunde vor der Abfahrtszeit an Bord. In Triest und Brindisi (sowie in Marseille) legen die Schiffe am Quai an, sodass man zu Fuss auf dieselben gehen kann. In Venedig und Neapel muss man in einer Barke sich hinfahren lassen; Preis hierfür mit gewöhnlichem Gepäck (in allen Häfen Italiens) 1 lira; Polizeibeamte sorgen überall für gute Ordnung. An Bord zahle man nicht eher, als bis alles Gepäck und man selbst oben auf dem Verdeck ist.

Auf dem Schiff wird man von einem Unterbeamten oder auch wohl Kellner empfangen, an den man sein Billet abgibt; von einem zweiten Kellner erhält man seine Cajüte resp. die Nummer seines Bettes angewiesen. Nachtsack kann man mit hineinnehmen, Koffer und grössere Gepäckstücke werden in den unteren Schiffsraum geschafft. Auch hierbei thut man wohl, sein Auge offen zu halten, um mögliche Verwechselungen bei dem Aufkleben des Bestimmungsorts zu verhüten.

Der Dienst auf den Schiffen wird mit militärischer Strenge gehandhabt; glaubt man Grund zu einer Beschwerde zu haben, so wende man sich sogleich an den Kapitän. Im Uebrigen werden Fragen ziemlich kurz beantwortet, so dass man besser thut, solche gar nicht zu stellen.

Die Lage des jeweiligen Schiffsortes (geograph. Breite und Länge) wird mittelst des Sextanten und Chronometers bestimmt. Vermittelst des ersteren werden die „Sonnenhöhen" gemessen, aus denen die geogr. Breite und die jeweilige Lage des Schiffsortes berechnet wird; diese letztere verglichen mit derjenigen, welche der Schiffschronometer zeigt, ergibt die Zeitdifferenz zwischen dem Schiffsort und dem Ort, nach dessen Normal-Uhr der Chronometer bei der Abfahrt gestellt wurde, woraus sich wiederum der Längenunterschied, also auch der Meridian (d. h. die geogr. Länge) des Schiffsortes ergibt.

Die Schnelligkeit der Fahrt des Schiffes wird mittelst des *Logs* gemessen; dasselbe besteht aus einem dreieckigen Brettchen, das an einer mit *Knoten* (engl. *knot*, franz. *noeud*) versehenen Schnur (*Logleine*) befestigt ist und welches während der Fahrt am hinteren Ende des Schiffes ins Wasser geworfen wird; den Widerstand, den dasselbe im Wasser bietet, veranlasst die Logleine von einer Rolle abzulaufen. Da der Zeitraum, innerhalb dessen die ablaufenden Knoten der Logleine (nach einer Sanduhr, *Logglas*) gezählt werden, meistens auf 15 Secunden also 1/240 Stunde bemessen ist, und die Knoten der Logleine in Zwischenräumen von 1/240 Secunde (ca. 25 engl. Fuss oder 7,7 Meter) geknüpft sind,

Der Unterschied in der Sonnen-
(Angabe in Minuten, + m

	Alexandrien	Ancona	Assuân	Athen	Berlin	Brindisi	Constantinopel	Corfu	Kairo	London	Marseille
Alexandrien	0	− 65	+ 12	− 25	− 68	− 47	− 4	− 40	+ 8	− 119	− 98
Ancona	+ 65	0	+ 77	+ 41	− ½	+ 18	+ 62	+ 26	+ 71	− 54	− 33
Assuân	− 12	− 77	0	− 36	− 78	− 59	− 16	− 52	− 6	− 131	− 110
Athen	+ 25	− 41	+ 36	0	− 41	− 23	+ 21	− 15	+ 30	− 95	− 73
Berlin	+ 68	+ ½	+ 78	+ 41	0	+ 18	+ 62	+ 26	+ 72	− 54	− 32
Brindisi	+ 47	− 18	+ 59	+ 23	− 18	0	+ 44	+ 8	+ 53	− 72	− 51
Constantin.	+ 4	− 62	+ 16	− 21	− 62	− 44	0	− 36	+ 5	− 116	− 94
Corfu	+ 40	− 26	+ 52	+ 15	− 26	− 8	+ 36	0	+ 46	− 80	− 58
Kairo	− 6	− 71	+ 6	− 30	− 72	− 53	− 9	− 46	0	− 125	− 105
London	+ 119	+ 54	+ 131	+ 95	+ 54	+ 72	+ 116	+ 80	+ 125	0	+ 21
Marseille	+ 98	+ 33	+ 110	+ 73	+ 32	+ 51	+ 94	+ 58	+ 104	− 21	0
Messina	+ 67	− 8	+ 49	+ 33	− 9	+ 10	+ 54	+ 17	+ 63	− 62	− 41
München	+ 73	+ 8	+ 85	+ 48	+ 7	+ 26	+ 60	+ 34	+ 79	− 46	− 25
Neapel	+ 62	− 3	+ 74	+ 38	− 3	+ 15	+ 59	+ 23	+ 68	− 57	− 36
New-York	+ 415	+ 350	+ 427	+ 391	+ 350	+ 368	+ 412	+ 376	+ 421	+ 296	+ 317
Paris	+ 110	+ 45	+ 122	+ 86	+ 44	+ 63	+ 107	+ 70	+ 116	− 9	+ 12
Pest	+ 43	− 22	+ 55	+ 19	− 24	− 4	+ 40	+ 3	+ 49	− 76	− 55
Rom	+ 70	+ 4	+ 81	+ 45	+ 4	+ 22	+ 66	+ 30	+ 75	− 50	− 28
St. Petersb.	− 2	− 67	+ 10	− 26	− 68	− 48	− 5	− 42	+ 4	− 121	− 100
Triest	+ 63	− 1	+ 76	+ 40	− 1	+ 17	+ 61	+ 25	+ 70	− 55	− 34
Venedig	+ 70	+ 5	+ 82	+ 46	+ 4	+ 23	+ 66	+ 30	+ 76	− 49	− 28
Wien	+ 54	− 12	+ 66	+ 29	− 12	+ 7	+ 50	+ 14	+ 60	− 66	− 44

so entspricht jeder abgelaufene Knoten *einer* Seemeile Entfernung per Stunde der Fahrt, und „ein Schiff fährt mit einer Geschwindigkeit von 10 Knoten" heisst nichts anderes als 10 Seemeilen (18,5 Kilometer) in der Stunde.

Von Triest nach Alexandrien (Fahrten des österreich. Lloyd) jeden Freitag Nachts; Samstag und Sonntag hat man die dalmatische und albanesische Küste zur Linken; Ankunft in Corfu Montag früh Morgens, Aufenthalt 4—5 St.; Ankunft in Alexandrien Donnerstag Morgens meist gegen 5 Uhr, so dass man noch den ersten Schnellzug nach Kairo benutzen kann. Von Alexandrien **zurück nach Triest** je nach Ankunft der indischen Post, Sonntags oder Montags (mitunter auch wohl schon Samstags). Tag und Stunde werden allemal 24 Stunden vorher in den Hôtels in Kairo und Alexandrien durch Placate bekannt gemacht. Preise von Triest nach Alexandrien: 1. Kl. 132 fl., 2. Kl. 91 fl. 95 kr. Silberwährung; nach Port Saïd 1. Kl. 149 fl. 96, 2. Kl. 105 fl. 69 kr. Silber.

Von Venedig und Brindisi nach Alexandrien. Die Dampfer der **englischen Peninsular and Oriental Company**, welche die englisch-indische Post von Brindisi nach Alexandrien befördern, fahren jeden Freitag Morgen von Venedig ab, laufen den folgenden Morgen in Ancona an und am Sonntag

Uhr beträgt zwischen:
weniger, + = mehr)

	Messina	München	Neapel	New-York	Paris	Pest	Rom	St. Petersburg	Triest	Venedig	Wien
Alexandrien	− 57	− 73	− 62	− 413	− 110	− 49	− 70	+ 9	− 61	− 70	− 54
Ancona	+ 8	− 8	+ 3	− 350	− 45	+ 22	− 4	+ 67	+ 1	− 5	+ 12
Assuan	− 69	− 85	− 74	− 427	− 122	− 53	− 84	− 10	− 76	− 82	− 86
Athen	− 33	− 48	− 38	− 391	− 86	− 19	− 40	+ 36	− 40	− 46	− 29
Berlin	+ 9	− 7	+ 8	− 360	− 44	+ 23	− 4	+ 68	+ 1	− 4	+ 12
Brindisi	− 10	− 26	− 15	− 368	− 63	+ 4	− 22	+ 49	− 17	− 23	− 7
Constantin.	− 54	− 69	− 60	− 412	− 107	− 40	− 66	+ 5	− 61	− 66	− 52
Corfu	− 17	− 33	+ 23	− 376	− 70	− 3	− 30	+ 42	− 25	− 36	− 11
Kairo	− 64	− 79	− 64	− 421	− 116	− 49	− 73	− 4	− 70	− 76	− 59
London	+ 62	+ 46	+ 57	− 296	+ 9	+ 76	+ 50	+ 121	+ 55	+ 49	+ 66
Marseille	+ 41	+ 25	+ 36	− 317	− 12	+ 55	+ 28	+ 114	+ 34	+ 28	+ 44
Messina	0	− 16	− 5	− 358	− 53	+ 11	− 12	+ 50	− 7	− 10	+ 3
München	+ 16	0	+ 11	− 342	− 37	+ 30	+ 3	+ 75	+ 8	+ 3	+ 19
Neapel	+ 5	− 11	0	− 353	− 48	+ 19	− 7	+ 64	− 2	− 5	+ 8
New-York	+ 358	+ 342	+ 353	0	+ 305	+ 372	+ 346	+ 417	+ 351	+ 345	+ 361
Paris	+ 53	+ 37	+ 48	− 300	0	+ 67	+ 41	+ 112	+ 46	+ 40	+ 56
Pest	− 14	− 30	− 19	− 372	− 67	0	− 26	+ 45	− 21	− 27	− 11
Rom	+ 12	− 3	+ 7	− 346	− 41	+ 26	0	+ 71	+ 5	− 1½	+ 16
St. Petersb.	− 59	− 75	− 64	− 417	− 112	− 45	− 71	0	− 66	− 72	− 56
Triest	+ 7	− 9	+ 2	− 351	− 46	+ 21	− 5	+ 66	0	− 6	+ 10
Venedig	+ 13	− 3	+ 8	− 345	− 40	+ 27	+ 1½	+ 72	+ 6	0	+ 16
Wien	− 3	− 19	− 8	− 361	− 56	+ 11	− 10	+ 56	− 10	− 16	0

Morgen in Brindisi, wo sie die Ankunft des die Post bringenden Expresszugs (der von London bis Brindisi über Paris und Turin 56 St. gebraucht) erwarten und im Anschluss an diesen jeden Montag nach Alexandrien fahren, wo sie in der Regel Donnerstags eintreffen. Von Alexandrien zurück nach Brindisi meist zur selben Zeit wie die Schiffe des österr. Lloyd (s. oben).

Von Venedig bis Brindisi kostet die 1. Kl. 65, 2. Kl. 45 fr.; von Venedig bis Alexandrien 1. Kl. 300, 2. Kl. 225 fr. Von Brindisi bis Alexandrien besteht auf diesen Schiffen derselbe Preis wie von Venedig bis Alexandrien, einschliesslich der Verpflegung, sodass man also diese sowohl wie die Fahrt bis Brindisi bei Entnahme eines directen Billets von Venedig bis Alexandrien umsonst hat.

Von Neapel (Marseille) nach Alexandrien. Fahrten der Messageries Maritimes. Jeden Donnerstag Mittag aus Marseille, Ankunft in Neapel Samstag Morgen, Abfahrt von hier gegen Mittag, Ankunft in Alexandrien Mittwoch Abend gegen 5 Uhr. Von Marseille nach Neapel fahren die Schiffe durch die Strasse von Bonifacio, auf der Rückfahrt dagegen gehen sie wegen der Meeresströmungen um das Cap Corso herum. Die Ausfahrt aus Neapel bietet meist ein prächtiges Schauspiel; die Strasse von Messina passirt man auf der Hinfahrt in der darauf folgenden Nacht. — Von Alexandrien zurück nach Neapel jeden Dienstag Morgen um 9 Uhr. Freitag Morgens gegen 9 Uhr erblickt man die calabrische Küste mit dem Cap Spartivento und westl. die bis zum Sommer mit Schnee bedeckte Pyramide des Aetna. Das Schiff bleibt an der Ostseite der Strasse von Messina; rechts hat man das schöne Gebirge von Aspromonte vor sich, fährt gegen Abend dicht an der Insel Stromboli vorbei und ist den folgenden Morgen (Samstag) früh gegen 7 Uhr in Neapel.

Preise nach Alexandrien von Neapel: 1. Kl. 275, 2. Kl. 175 fr.; von Marseille: 375 und 225 fr.

Ausser diesen drei Linien unterhalten noch vereinzelten Verkehr zwischen Alexandrien und italien. und französ. Häfen die Schiffe der (italien.) Gesellschaft Rubattino & Comp. (3mal monatlich nach Genua über Messina, Neapel und Livorno) und die der (französ.) Gesellschaft A. & L. Fraissinet & Co. (2mal monatlich nach Marseille über Malta). Preise (ca. 1/3 billiger) und Abfahrten werden allemal durch Placate in den Hôtels bekannt gemacht.

Die russischen und aegyptischen Dampfer verkehren nur mit den östlich von Alexandrien gelegenen Häfen (Syrien—Constantinopel); der Europäer wird diese Schiffe (die russischen sollen ganz gut sein) nur im Nothfall benutzen. Preise und Abfahrten werden ebenfalls in den Hôtels bekannt gemacht.

F. Reisegelegenheiten in Aegypten.

Eisenbahnen. Das aegyptische Eisenbahnnetz ist in dem Delta bereits ein so ausgebreitetes, dass nur wenige grössere Orte von demselben noch nicht berührt werden. Es ist von der aegyptischen Regierung ausgeführt, und zwar die erste Linie zwischen Alexandrien und Kairo unter Leitung des englischen Ingenieurs Stephenson, die spätern Linien unter Fayt-Bey. Fast sämmtliche Betriebsbeamte sind in neuerer Zeit Einheimische, während früher hauptsächlich Europäer verwendet wurden. Die Einrichtung der ersten und zweiten Klasse ist der in Italien und Frankreich ähnlich, die dritte Klasse ist nicht in einzelne Coupés eingetheilt und kann von einem Europäer füglich nicht benutzt werden, der verschiedenen Gerüche, des Ungeziefers etc. wegen. Der von den Bahndämmen aufwirbelnde Staub macht den Aufenthalt in den heissen Coupés äusserst unangenehm.

Auf dem Bahnhof finde man sich eine halbe Stunde vor Abgang des Zuges ein, denn Verzögerungen in der Billetausgabe und der Gepäckexpedition (S. 241) entstehen allemal, und ausserdem kann der Beamte den Schalter schon 10 Min. vor Abgang des Zuges schliessen. Die Gepäckscheine sind in arabischer Sprache gedruckt, die Fahrbillets in englischer und arabischer Sprache.

Gedruckte Fahrpläne findet man im „Moniteur Egyptien" und „Phare d'Alexandrie". Da die Abfahrtszeiten sehr selten wechseln, so glaubte der Herausgeber dieselben den betreffenden Routen in diesem Buche allemal voranstellen zu können, ohne indessen die Verantwortung für die Richtigkeit derselben zu übernehmen.

Ueber die **Dampfbootfahrt** auf dem *Suês-Canal* und die kleinen Schraubendampfer von Isma'îliya nach Port Sa'îd s. R. 7.

In den Städten sowohl wie auf dem Lande ist der **Esel** (arab. *homâr*) das beste Transportmittel. Diese in Aegypten ausserordentlich brauchbaren und namentlich in den engen Strassen der arabischen Stadtviertel und auf den unfahrbaren Landwegen unentbehrlichen Thiere dürfen nicht mit unsern Eseln verglichen werden, denn die besseren von ihnen sind schnellfüssig und nicht selten feurig, dabei ausdauernd und geduldig. In den Städten pflegen sie gut aufgezäumt und mit eigenthümlichen aber praktischen Sätteln versehen zu sein. Gewöhnlich werden sie von Knaben, manchmal von Männern*) geführt, welche bei jedem Tempo antreibend und ohne zu ermüden dem Grauthiere nachlaufen und häufig zu demselben in längeren Sätzen sprechen. Selbst ein des Reitens Unkundiger mag sich getrost in den Sattel setzen. Der Gang des Esels ist meist so bequem und der hoch aufgepolsterte Sattelknopf bietet eine so gute Stütze, dass das Herunterfallen schwer ist. Es gibt natürlich auch Thiere, deren Gang, besonders wenn sie den Treiber hinter sich wissen, äusserst unangenehm ist; merkt man dies, so behalte man dieselben keinesfalls für grössere Touren. Es kommt zuweilen vor, dass das im allgemeinen sichere Thier, wenn es zum raschesten Laufe angetrieben wird, strauchelt; aber auch dann hat ein Sturz selten üble Folgen, wenn der Reiter sich stets nach hin-

*) Man wähle stets nur Knaben als Eseltreiber, denn mit den Jahren werden diese so habgierig und unwillfährig, dass der Verkehr mit ihnen unangenehm wird; auch die Thiere pflegen die Stimmung ihres Herrn zu theilen.

ten lehnt; auch ist es rathsam, sich möglichst bald der Steigbügel, die sich zudem häufig in einem defecten Zustande befinden, zu entwöhnen. Die Eseljungen (arab. *ḥammâr*) lieben es, die Schnelligkeit ihrer Thiere zu zeigen und ihren Lauf durch Schläge zu beschleunigen. Zieht der Reiter eine ruhigere Gangart vor, so rufe er *„'ala mahlak"* oder *„'ala mahlakum"*, will er schnell vorwärts *„yalla, yalla"* oder *„mâschi"*, *„sûk el-ḥomâr"*, will er still halten *„osbur"*, auch das engl. „stop" wird hierfür verstanden. — Die Eseljungen sind besonders heitere, dienstfertige und intelligente Gesellen, die „Schusterjungen" des Orients; besonders in Kairo kommen ihre Eigenschaften zur vollen Entfaltung, dort wird sie der Reisende in ihrer ganzen Herrlichkeit kennen lernen. Man wird auch bemerken, dass manchen Eseln (namentlich auf dem Lande) ein Stück des Ohres oder ein ganzes Ohr, oder etwas an beiden fehlt. Solche verstümmelte Grauthiere werden *ḥarâmîye* oder Diebe (Pl. von ḥarâmi, Dieb) genannt, denn sie haben auf fremdem Grund und Boden gefressen und sind dafür bestraft und gekennzeichnet worden. Beim ersten Diebstahl wird ihnen ein Stückchen des Ohrs, im Wiederholungsfalle ein zweites und so fort abgeschnitten. Die Hufeisen für Esel und Pferde sind hier eine Platte mit einem Loch in der Mitte.

Des Kamels (das Reitthier heisst *hegîn*, in Syrien *delûl*; das Lastthier *gemel*; nur das einhöckerige Kamel kommt vor) wird man sich nur für die Sinai-Tour (R. 10) und vielleicht, um diese Art des Reitens einmal kennen zu lernen, für den einen oder andern Ausflug von Kairo bedienen. Das geduldige „Schiff der Wüste" sieht stets mürrisch aus; man lernt es wohl achten, wird aber niemals sich zutraulich zu ihm hingezogen fühlen. „So ein Kamel ist ein Bild der Mühsal, der Ausdauer, der Geduld und Resignation, aber zugleich auch ein grundabscheuliches Thier, wenn man einen Augenblick von seiner vollkommen zweckmässigen Organisation für die Wüste und die ganze Wüstenmenschheit abstrahirt" (Goltz). Um das Thier zum Reiten benutzen zu können, muss es gerade wie das Pferd dressirt werden, und so wenig wir uns zu Hause eines schweren Brabanter Karrengauls zum Reiten bedienen, ebenso wenig eignet sich das Lastkamel dazu. Dagegen sitzt es sich auf dem hohen Rücken eines hegîn nicht minder sicher und angenehm, für den des Pferdereitens Ungewohnten vielleicht noch besser, als auf einem Pferde, und diese Art der Beförderung verdient in keiner Weise die bösen Nachreden (Seekrankheit etc.), die Unkundige ihr andichten (vergl. auch R. 10).

G. Verkehr. Dragoman.

Der Verkehr mit denjenigen Eingebornen, mit denen der Reisende zunächst und am meisten in Berührung kommt, ist, abgesehen von der Unkenntniss der Sprache, ein äusserst schwieriger; ihre Forderungen kennen keine Grenzen, sie sind augenscheinlich der Ansicht, dass dem Europäer jeder Begriff von dem Werthe des

Geldes fehlt (S. 20). Diesen Menschen nachgeben zu wollen würde ein grosser Fehler sein. Je mehr man zahlt, desto dringender und zäher wird das Bachschisch beansprucht. Nachdem alle Dienste geleistet sind, ja nicht früher, zahle man gleichgültig und ruhig die in diesem Buche angegebenen, durchweg genügenden Preise, erwarte niemals Dank dafür, den der Orientale dem Europäer gegenüber überhaupt nicht kennt (vergl. S. 20), und gehe kurz seiner Wege weiter. In den allermeisten Fällen wird der Empfänger um Bachschisch bettelnd folgen, selbst wenn er über den bedungenen Lohn empfangen hat; dies liegt, wie gesagt, einmal in der Natur der Eingebornen. Sich darüber zu ärgern, würde das lästige Uebel nur vermehren. Man muss die Verhältnisse eben nehmen wie sie sind und sich durch nichts in seiner äussern Gleichgültigkeit stören lassen. Vor allem zeige man weder Neugierde noch Interesse für diese Menschen; hat man gezahlt, so lasse man den Betreffenden ganz unbeachtet, als wenn man niemals etwas mit ihm zu thun gehabt hätte; tritt er zu nahe, so erinnere man sich der Worte *rûḥ*, *imschi* etc. (vergl. S. 220), die in einem gelassenen aber befehlenden, nicht etwa in einem bittenden oder ärgerlichen Tone auszusprechen sind; endlich werden „energische, d. h. handgreifliche Manöver bei wenig Worten und anscheinender Gelassenheit bekanntlich im unpolizirten Afrika, wie im überpolizirten Europa, und in der ganzen wilden wie gebildeten Welt, am schnellsten und nachhaltigsten respektirt" (Goltz); — „der Stock (von der Palme) kam vom Himmel, ein Segen Gottes", sagt ein altes arabisches Sprichwort. In der ersten Zeit wird der Europäer häufig zu der Ansicht hinneigen, dass er es nur mit frechem Gesindel zu thun habe; man vergesse aber nicht, dass alle diese Leute auf einer viel tiefern Bildungsstufe stehen, dass nach ihren Begriffen jeder Europäer ein Crösus ist, dem es auf eine Handvoll Piaster nicht ankommt (vergl. S. 20), und dass sie den leicht verzeihlichen Wunsch haben, möglichst viel Geld in möglichst kurzer Zeit sich anzueignen, um sich nachher möglichst lange dem süssen Nichtsthun hingeben zu können. Je mehr der Europäer sich bemühen wird, die richtigen Formen im Verkehr mit dem Araber zu treffen (mangelnde Sprachkenntniss lässt sich bald durch Fingerzeichen ersetzen), desto mehr brave und ehrliche Menschen wird er auch unter den Eingebornen finden.

Ohne Lehrgeld wird keiner zum Meister. Es ist der Zweck dieses Buches dazu beizutragen, dass das Lehrgeld möglichst gering ausfalle. Man muss indess von vornherein darauf gefasst sein, dass man trotz aller Vorsicht sich hie und da Ueberforderungen gefallen lassen muss; doch wird es sich in den meisten Fällen nur um einige Piaster handeln (bei grösseren Summen gebe man die Entscheidung dem Consulat anheim). Alles Markten muss auch eine gewisse Grenze haben, die gute Laune geht sonst leicht um den Preis von einigen Piastern verloren, und diese ist auf Reisen bekanntlich ein unbezahlbares Ding.

Für diejenigen Reisenden, die, selbst für den Besuch der Städte Alexandrien, Kairo, Suês, Isma'iliya und Port Sa'îd, ganz unberührt von diesen kleinen Unannehmlichkeiten bleiben wollen, die der directe Verkehr mit den Arabern mit sich bringt, bleibt nichts anderes übrig, als sich unter die Obhut eines **Dragoman** (arab. *tergumân*) zu stellen.

Das Wort *Dragoman* stammt von dem chaldäischen „targem" erläutern und „targûm" Erläuterung, Erklärung. Das arabische „targam" bedeutet dolmetschen; der Dragoman war also ursprünglich nur ein erklärender und dolmetschender Fremdenführer. In Aegypten existirt seit Psamtik I., der das bis dahin ängstlich abgeschlossene alte Aegypten dem Verkehr mit den Fremden öffnete, also seit dem 7. Jahrh. v. Chr., diese Menschenklasse, welche schon Herodot als besondere Kaste erwähnt. Er erzählt, Psamtik I. habe aegyptische Kinder Griechen zur Erziehung übergeben, damit sie die hellenische Sprache erlernten; diese Kinder wurden die Stammväter der aegyptischen Dolmetscherkaste. Er selbst benutzte solchen Dragoman, der sich nicht immer als zuverlässiger Führer erwies (s. S. 355). Strabo beschuldigt den, welcher mit dem Gouverneur Aelius Gallus den Nil hinauffuhr, der Lächerlichkeit, Windbeutelei und Unwissenheit. Heute wagen die arabischen, nubischen oder maltesischen Dragomane, unwissend wie sie sind, nicht mehr die Denkmäler zu erklären; ein Versuch, junge Araber in einer besonders dazu eingerichteten Schule, die auch schon einige gute Resultate aufzuweisen hatte, wieder dazu heranzubilden, ist, wie dies im Orient so vielfach vorkommt, ohne ernstliche Durchführung geblieben.

Ein solcher Dragoman (die meisten sprechen italienisch, französisch und englisch; deutsch nur wenige) übernimmt gegen einen bestimmten Tagespreis die ganze Beförderung der Reisenden, der Beköstigung selbst in den Hôtels, alle Auslagen, alle Besorgungen etc., so dass man ganz unberührt, gleichsam aus der Vogelperspective das Land besichtigt und aller Plackereien überhoben ist, vorausgesetzt, dass man schliesslich nicht vom Dragoman selbst über das Ohr gehauen wird.

Die Preise für einen solchen Dragoman richten sich nach den verschiedensten Verhältnissen, nach der Zahl und den Anforderungen der Reisenden, der Dauer der Reise, nach der augenblicklichen Nachfrage etc. Man engagirt einen Dragoman indessen nur für die Nilreise, die Sinaitour, den Ausflug in das Fayûm, und die weniger besuchten Orte des Delta's; für die Städte Alexandrien, Kairo, Suês, Isma'iliya und Port Sa'îd ist ein solcher ganz und gar überflüssig, da man in jedem Hôtel einen Lohndiener findet, dem man 5—10 fr. zahlt. Der eigentliche Dragoman dünkt sich meist zu vornehm, um in den Städten durch die Strassen zu führen, und begnügt sich damit, einen Führer an Ort und Stelle auf seine Kosten zu beschaffen und diesen dem Reisenden mitzugeben.

Für die oben genannten grösseren Touren sind nun die Preise sowohl wie die von dem Dragoman zu leistenden Dienste (für die Nilfahrt muss er eine Dahabîye beschaffen, für das Fayûm Pferde, für den Sinai Kamele, für das Delta Canalboote, Esel etc. und ausserdem für die drei letzten Touren Zelte) so verschieden, dass für jede derselben besondere Contracte abzuschliessen sind. Allgemeine Angaben lassen sich also hier in der Einleitung nicht geben, detaillirte und die Namen von einigen bewährten Dragomanen sind den betreffenden Routen vorangestellt. Je grösser die Gesellschaft, desto geringer ist der Beitrag, den der Einzelne zu leisten hat; ein Dragoman für eine Person allein ist natürlich eine äusserst kostspielige Beigabe.

Es mag schliesslich noch gesagt sein, dass der Dragoman geneigt ist, selbst dem Reisenden gegenüber den grossen Herrn zu spielen (seine Landsleute behandelt er meist mit Geringschätzung). Je schneller und bestimmter man ihm dies verleidet und ihm zeigt, dass er nur der Diener ist, desto besser wird man auf die Dauer mit ihm auskommen. Ueberhaupt ist es durchaus nicht überflüssig, die oben angegebenen Regeln für den Verkehr mit den Eingebornen auch dem Dragoman gegenüber zu beobachten. Ferner liegt es im Interesse aller Reisenden, bei Ausstellung des Zeugnisses sich nicht etwa durch die Freude der glücklichen Rückkehr von einer längern Reise bestimmen zu lassen, ein besseres Urtheil in das Buch des Dragomans einzuschreiben, als derselbe wirklich verdient, da die spätern Reisenden hierdurch nur irre geführt werden. Auch der etwaige Tadel sollte nicht unterdrückt werden, denn nur dadurch lässt sich eine Besserung dieser Leute erzielen. Für nähere Mittheilungen (Name des Dragomans, Sprachenkenntniss, Benehmen und Preise) in dieser Beziehung wird der Herausgeber dieses Handbuchs stets sehr dankbar sein und solche für die folgenden Auflagen sorgfältig benutzen.

H. **Ausrüstung und Vorbereitungen zur Reise.**

Gesundheitspflege.

Zu der Ausrüstung für eine aegyptische Reise gehören jetzt nicht mehr so viel Gegenstände wie dies noch vor einigen Jahren erforderlich war, da man etwa sich herausstellenden Bedürfnissen in Alexandrien oder Kairo abhelfen kann. Es ist zweckmässig, sich mit zwei completen Anzügen zu versehen, beide aus Wolle, nicht etwa zu leicht, den einen in schwarzer Farbe (Gesellschaftsanzug, für Besuche bei den Consuln, Beiwohnung von Festlichkeiten etc.). Man empfehle seinem Schneider zu Hause eine besonders solide Näherei, denn Flicken und Knöpfe Annähen ist im Orient theuer, abgesehen von den Laufereien, die man damit hat. Des Winterüberziehers bedarf man für die Hin- und Rückreise, ja an manchen Abenden wird man sich desselben auch in Aegypten mit Behagen bedienen, denn in dem warmen Klima wird die Haut empfindlicher gegen eintretende kühlere Witterung (vergl. S. 19). Orientalische Kleidung anlegen zu wollen wird so leicht Niemand in Versuchung gerathen; ohne die dazu gehörige Sprachkenntniss würde man ohnehin der Lächerlichkeit verfallen. Um sich vor Erkältung zu schützen, gewöhne man sich an das stete Tragen von wollenen Unterjacken und Hosen. Flanellhemden können in dem warmen Klima Aegyptens unangenehm werden. Mit 3—4 bunten (am besten die etwas dickeren aus sog. Oxford Shirting) und eben so viel weissen Hemden wird ein Reisender, der sich etwas einzurichten versteht und nicht nach Aegypten geht um Gesellschaften aufzusuchen, vollständig ausreichen. Für einen ganzen Winteraufenthalt ist je nach der Lebensweise ein grösserer Toilettenvorrath erforderlich; so pflegt man das Theater nur im bessern Gesellschaftsanzug zu besuchen, ähnlich wie in den europ. Modebädern. Für Kragen und Manschetten empfehlen sich die Papierfabrikate (die bessern hat man neuerdings mit einem dünnen Leinenüberzug, wodurch die directe Berührung des Papiers mit der Haut vermieden wird), schon des Kostenpunctes wegen, denn im Orient wird die Wäsche nach der Stückzahl berechnet (das Dutzend 2—4 fr.), einerlei ob Kragen oder Hemden. Die Zahl der Strümpfe (aus Wolle), der Taschentücher und Toilettartikel wird jeder nach seinen eigenen Bedürfnissen zu bestimmen haben.

Zwei kleine Koffer sind besser als ein grosser, besonders für eine etwaige Tour (zu Pferde) durch Syrien.

In Aegypten geht man so wenig zu Fuss, dass der gewöhnliche Reisende mit zwei Paar leichten Stiefeln und ein Paar Lederpantoffeln schon für längere Zeit reichen wird; auch lassen sich solche in den Städten Alexandrien und Kairo schnell ergänzen. Für Jagdliebhaber sind stärkere Stiefel erforderlich, am besten hohe Wasserstiefel, die man von Europa mitbringen muss.

Gewehre zur Jagd s. S. 93.

Als Kopfbedeckung genügt ein gewöhnlicher Reisehut. Empfehlenswerth für einen längern Aufenthalt sind die sogen. indischen Hüte (einem Feuerwehrhelm ähnlich), die neuerdings ganz aus Filz angefertigt werden und in Kairo zu haben sind; unzweckmässig dagegen die alten indischen Korkhüte, die zudem sehr unsolide sind. Um den Rand des Hutes und den oberen Theil desselben wird vielfach ein weisses Tuch von starkem Muslin getragen, was nicht unzweckmässig ist, aber schon von weitem den reisenden Europäer kennzeichnet und die um Bachschîsch (S. 20) schreiende Landbevölkerung anlockt. Bedient man sich desselben, so lasse man es hinten breit über den Nacken und den oberen Theils des Rückens hinunterfallen, da diese Theile besonders von der Sonnenhitze angegriffen werden. Zu empfehlen ist auch, nach arabischer Weise eine rothe Mütze mit schwarzer Seidentroddel (*Fes*, arab. *ṭarbûsch*, von 4—10 u. 15 fr. je nach der innern Fütterung, mit Strohgeflecht u. dergl.) aufzusetzen, besonders auch für den Besuch der Moscheen, da man in denselben die Kopfbedeckung nicht abnimmt. Bei Ausflügen binde man ein seidenes Tuch (*keffîye*, inländisches Fabrikat à 15 bis 20 fr., s. S. 274) um den Kopf, das man in dreieckiger Spitze über den Rücken fallen lässt. Diese Bekleidung schützt Wangen und Hals vortrefflich gegen die Sonne, wenn man noch ein zusammengefaltetes Taschentuch oder eine weisse Kappe (*tâkîye*) unter den Tarbûsch legt, und ist keineswegs besonders warm; im Gegentheil wird man finden dass die Wärme gerade in der Hitze dem Kopfe wohlthuend ist; so sucht der Orientale diesen Theil des Körpers möglichst zu schützen, auf das Warmhalten der untern Extremitäten, der Füsse, ist er weniger bedacht. Ein Sonnenschirm wird beim Reiten auf die Dauer lästig.

Schliesslich mögen hier noch einige Kleinigkeiten erwähnt werden, die bei Ausflügen dienlich sein können: Trinkbecher von Leder oder Blech, Feldflasche, Thermometer; ein gutes Messer; ein Taschencompass von nicht zu kleinem Format; Magnesiumdraht (bandförmig) zum Erleuchten grösserer dunkler Räume (S. 351). Ferner sind Remontoirs am empfehlenswerthesten, da bei anderen Uhren der Verlust eines Schlüssels nicht leicht zu ersetzen ist.

Zur Gesundheitspflege. So gesund das Klima von ganz Aegypten ist, so muss man sich doch sehr vor der Abend- und Morgenkühle in Acht nehmen. Fieber, namentlich intermittirende, sind gewöhnlich Folgen einer Erkältung. Die Apotheken in Alexandrien und Kairo sind alle gut eingerichtet und lassen sich dort alle Medicamente, wenn auch zu etwas hohen Preisen beschaffen. Auch kleine, dem Klima angepasste Reiseapotheken sind zu haben. Wo europ. Aerzte sind, wende man sich natürlich allemal zuerst an diese, denn die etwa in Europa erlangte „eigene Erfahrung“ lässt sich nicht für das Klima Aegyptens in Anwendung bringen.

Das Fieber (von November an selten) kündigt sich durch Schüttelfröste an. Man führe als Heilmittel Chininpulver (zu ½ Gramm) oder Pillen (welche wie alle Arzneien gegen die Feuchtigkeit wohl zu verwahren sind) mit sich und nehme an den fieberfreien Tagen 1—3 Dosen; dabei halte man sich ruhig und suche im Bette stark zu schwitzen.

Eine gewöhnliche Krankheit ist Durchfall, der nicht zu vernachlässigen ist, da er leicht in Dysenterie übergehen kann. Man hüte sich vor dem Obst, das im Orient häufig unreif gepflückt und auf den Markt gebracht wird. Auch in Folge von Erkältungen zieht man sich leicht Verdauungsstörungen zu. Bei kurz bestehender Diarrhöe nehme man ein Abführmittel: Ricinusöl, ein Esslöffel voll auf heissen schwarzen Kaffe, oder Calomel 0,2—0,8, am besten in Oblatenkapseln; bei längerer Dauer derselben zuerst ebenfalls Abführmittel, dann Opiumtinctur bis 20 Tropfen den Tag; bei Dysenterie, d. h. blutiger Entleerung, eines der beiden genannten Abführmittel. Man halte Diät, esse kein Fleisch und keine Früchte, sondern nähre sich nur von weichgekochtem Reis ohne Fett und trinke Thee und guten, nicht süssen Rothwein. Sowohl bei Fieber, als bei Durchfall nützt fast immer der Klimawechsel, besonders wenn der Reisende sich in einer sumpfigen und ungesunden Gegend befinden sollte.

Eintretende Verstopfung löse man durch folgende Pillen, Abends oder nüchtern je 1—2 Stück: Extractum Colocynth. 0,6; Extractum Aloës 1,0; Gummi-resin. Gutti 0,2; Rad. Rhei subt. pulv. 1,5 M. f. pil. no. 30.

Brausepulver sind auf der Reise angenehm, nicht nur zur Kühlung, sondern auch zu leichter Beförderung der Verdauung und gegen Magensäure.

Vor Sonnenstich hat man sich sehr zu hüten, selbst schon im Frühjahr, wenn die Luft noch kühl ist; man schützt sich durch um den Kopf gebundene, den Nacken deckende Tücher (S. 18). Kopfweh in Folge von Sonnenstich verlangt Ruhe und Schatten, sofortiges Oeffnen beengender Kleidungsstücke, eventuell kalte Aufschläge oder warmes Vollbad mit kalten Uebergiessungen auf Kopf und Nacken. Zum Schutz der Augen gegen das grelle Sonnenlicht trage man dunkle Brillen mit blauen, besser grauen Gläsern. Bei Entzündung der Bindehaut des Auges Eintröpfeln von Solut. Zinci sulph. 10,0:0,02, am besten mit abgerundeten Glasstäbchen, und kalte Aufschläge von Solut. Plumb. acet. 250,0:2,0.

In Ruinenfeldern namentlich hüte man sich vor Fussverstauchungen und vermeide tollkühnes Klettern, da ein kleiner Schaden die Freude an der ganzen Reise verderben kann. Zieht man sich trotzdem eine Verstauchung zu, so wende man kalte Umschläge an und binde den Fuss fest ein.

Gegen Scorpionstiche (niemals gefährlich, trotz der in Europa herrschenden Furcht davor) und Schlangenbisse hilft das Aetzen der Verwundung mit Ammoniak oder Essigsäure.

Schliesslich sei für grössere Reisen noch auf die „Universal-Verband- und Reisetasche“, deren Inhalt nach Angabe erster medic. Autoritäten zusammengestellt und welche durch die Internat. Verbandstoff-Fabrik in Schaffhausen zu beziehen ist, aufmerksam gemacht; „Wie hilft man sich selbst“ ist der Titel der erläuternden Schrift zu derselben.

1. Bettler. Bachschisch.

Der gewöhnliche Orientale hält jeden europäischen Reisenden für einen Crösus (und theilweise auch für einen Narren, weil ihm der Zweck und die Lust des Reisens unverständlich sind); er glaubt, dass es bei uns gar keine Armuth gebe, während sie doch in der That bei uns sich viel fühlbarer macht als im Orient. An diesen Anschauungen sind zum grossen Theil die Reisenden selbst schuld, denn nicht selten sieht man, dass ganze Hände voll Piaster ausgestreut werden, nur des Anblicks der daraus entstehenden Balgerei der Araber wegen. Es kann dies nur als eine Verhöhnung der Armuth bezeichnet werden, die sich Niemand sollte zu Schulden kommen lassen. An Greise und Krüppel gegebene Almosen erwecken stets sympathischen Beifall bei den Umstehenden.

In Folge dieser Anschauung europäischer Verhältnisse kommt es vor, dass sich Leute an den Reisenden im Gefühl einer berechtigten Forderung herandrängen: Gib mir ein Bachschîsch, weil du reich bist und mit einem grossen Tross in der Welt umherfährst. Wer gibt, ist ein guter Mann *(rágil ṭayyib)* und Sir Gardner Wilkinson (S. 217) hat nicht Unrecht, wenn er das statt des „guten Tag“ dem Europäer zugerufene „ein Geschenk o Herr“ für eine uns zugefügte Beleidigung ansieht; wir sind dem Araber zu schlecht als dass er uns mit seinen frommen Segenssprüchen (vergl. S. 215) begrüssen möchte, aber er verschmäht es nirgend, von unserer Thorheit Gewinn zu ziehen. In jedem Dorfe werden die zerlumpten auf der Strasse sich herumtreibenden Kinder hinter dem Reisenden herlaufen, unaufhörlich schreiend *„bachschîsch, bachschîsch yâ chawâge!“* Man antworte ruhig *„mâ fîsch, mâ fîsch“*, es gibt nichts, es gibt nichts, welche Worte im ersten Augenblick wenigstens ihrer Zudringlichkeit einigen Einhalt thun werden. Geleistete Dienste bezahle man nur nach Verhältniss, sonst wird man die Schaar während des ganzen Aufenthalts an einem Orte nicht los. Einem Bettler, dem man nichts geben will, antwortet man „*allâh ya'tîk*", Gott gebe dir, worauf er meist schweigt (vergl. auch S. 266).

Das Wort *bachschîsch*, das die Geduld des Reisenden häufig auf eine harte Probe stellt, und das in seinen Ohren noch fortklingt, wenn er längst die Grenzen des Orients hinter sich hat, bedeutet einfach ein Geschenk, und da man mit „Geschenken" im Orient Alles erreichen kann, so findet das Wort die verschiedenste Anwendung. Mit Bachschîsch erleichtert man den Zollbeamten ihre Arbeit und beschleunigt dieselbe; Bachschîsch ersetzt den Pass, Bachschîsch begehrt der Bettler, verlangt der Esel- und Pferdetreiber; von Bachschîsch allein soll eine grosse Anzahl von Beamten leben. „Und wenn Einer stocktaub wäre: dies Bachschîsch hört er in Aegyptenland durch, und wenn er kein arabisches Wort weiter aussprechen und behalten lernte: diese Parole der ägyptischen Proletarier und der Eselbuben, dies 'Bachschîsch' bekommt er vom ersten Augenblick fort. Es tönt ihm nach von einem Ende Aegyptens bis zum andern, und über das Meer bis nach Haus; — von Alexandrien bis zu den Katarakten; davon träumt und spricht der arme Araber, der orientalische Eckensteher, der Fellah, der Eseljunge oder Kameeltreiber, der Bettler, Proletarier und Taugenichts, wo er geht und steht; und wo er nun den Geber dieses höchsten Gutes erblickt, — da stürzt er ihm nach mit dem verhexten und wahnwitzig-leidenschaftlichen Geschrei: Bachschîsch yâ chowâga." (Goltz.)

K. Oeffentliche Sicherheit. Waffen. Hunde.

Die Autorität der vicekönglichen Regierung steht in ganz Aegypten so hoch, dass der Europäer keinerlei Angriffen ausgesetzt ist; in allen Theilen des Landes, selbst bis zum Sinai hin, reist man vollständig sicher, ja sicherer als in einzelnen Theilen Europa's, und bedarf nirgends einer Bedeckung, wie z. B. in einzelnen Strichen von Palästina und Syrien. Wer indessen auf seiner Reise ganz besondere Zwecke verfolgen will, zu deren Erlangung er der Hülfe der Einwohner, des betreffenden Pascha's oder des Mudîr's (S. 39) bedarf, wird, um dem guten Willen derselben nachzuhelfen oder sich für besondere Fälle vor allzu grossen Forderungen zu schützen, gut thun, sich durch das Consulat eine vicekönigliche Empfehlung (Firmân oder Teskire) geben zu lassen, die stets schnell über jede Schwierigkeit hinweg hilft.

Waffen zur Sicherheit mit sich führen zu wollen, würde nur eine unnöthige Last sein. Gewehre für die Jagd s. S. 93.

Der herrenlose **Hund** (S. 92), für den Muslim bekanntlich ein unreines Thier, das er nicht berühren darf, bellt den Europäer wohl an, beisst aber nie; ein Stock, Schirm oder dergl. in der Hand benimmt auch das unsichere Gefühl, das den einzelnen

Reisenden besonders auf dem Lande, wo diese Thiere etwas bösartiger sind, etwa beschleichen könnte.

L. Gasthöfe. Gastfreundschaft.

In Alexandrien, Kairo, Isma'iliya, Port Sa'îd und Suês finden sich Gasthöfe I. Ranges, ganz auf europäischem Fuss eingerichtet, von Deutschen, Franzosen oder Griechen gehalten, mit deutscher, französischer und italienischer Bedienung, in welchen man aufs beste aufgehoben ist, freilich zu wesentlich höheren Preisen als in Europa, was sich durch die hohen Transportkosten aller Artikel leicht erklärt. So beläuft sich der Pensionspreis (nur so wird gerechnet, nicht was man einzeln verzehrt) in diesen Gasthöfen während der Saison durchschnittlich auf 15—25 fr. (für längeren Aufenthalt stelle man den Pensionspreis zum voraus fest). Wein wird in der Regel nach der Karte besonders berechnet; die Kost ist meist gut und reichlich. Die Bedienung wird auf dem Conto nicht berechnet; dem Zimmerkellner gibt man die Woche etwa $2^1/_2$, dem diesem helfenden Araber $1^1/_2$, dem Portier 2 fr.; weitere Gänge in die Stadt sind tarifirt. Orientalische Sitte ist es, den Kellner durch Klatschen mit den Händen zu rufen, einen Araber noch mit dem Ruf: „*yâ wälâd*" (oh Knabe!).

In andern als den obengenannten Städten (neuerdings auch in Ṭanṭa, Manṣûra, Zaḳâzîḳ und Damiette, sowie in Ober-Aegypten in Minye und Siûṭ) ist der Europäer, sofern er kein Zelt mit sich führt (S. 16), auf die Gastfreundschaft angewiesen, um die man am besten die Consularagenten oder sonstige angesehene Einwohner, Beamte etc. bittet; auch die auf dem ganzen Delta zerstreut wohnenden europäischen Kaufleute spenden solche auf Empfehlungsbriefe, die man sich in Alexandrien und Kairo leicht verschaffen kann, in der freundlichsten Weise.

M. Kaffehäuser.

Erzähler, Musikanten, Sängerinnen etc.

In den oben genannten Städten gibt es europäische Cafés, in welchen auch Bier (Wiener oder Grazer) und andere Spirituosen verschenkt werden; das Glas Bier kostet meist 2 Piaster Tarif = $^1/_2$ fr.

Arabische Kaffehäuser (*ḳahwa's*) gibt es aller Orten, selbst in den kleinsten und schmutzigsten Dörfern. Auf dem Lande bestehen sie meist aus einer Bretterbude mit einigen Sitzen aus Stielen der Dattelpalme (*gerîd*), aber selbst in der Hauptstadt Kairo ist das arabische Ḳahwa in der Regel nur ein kleines Gemach, in das man besser nur von aussen einen Blick hineinwirft, als sich in demselben, wenn auch vielleicht nur um die erste Neugier zu befriedigen, niederzulassen. Die Ḳahwa's werden ausschliesslich von den unteren Klassen der Araber besucht. Die der Strasse zugekehrte Vorderwand ist von Holzwerk und von einigen offenen Bogen durchbrochen. Vor der Thür befindet sich, der Front entlang, eine Maṣṭaba, oder erhöhter Sitz, von Stein oder Backstein, zwei bis drei Fuss hoch und ungefähr oben so breit, der mit Matten belegt ist; ähnliche Sitze sind im Innern an zwei oder drei Seiten. Der Kaffe wird von dem „Ḳahwegi" servirt, die Tasse *(fingân)* für 10 Para. Der Ḳahwegi hält auch zwei oder drei Nargile oder Schische und Göze (Wasserpfeifen); aus letzteren wird Tumbâk (S. 33), auch mit Beimischung von Ḥaschisch (Hanf, Cannabis indica) geraucht. Der Verkauf des letztern ist jetzt in Aegypten zwar verboten, doch ohne besondern Erfolg.

„Die Blätter und Hülsen des Hanfs, in Aegypten Ḥaschisch genannt, wurden in manchen Ländern des Orients schon im Alterthum gebraucht, um einen aufheiternden Rausch hervorzubringen. Herodot (IV, 75) erzählt uns, dass die Scythen bei religiösen Ceremonien den Samen dieser Pflanze zu verbrennen pflegten und sich mit dem Rauche berauschten. Die Sitte, die Blätter dieser Pflanze zu kauen, um sich zu berauschen, war in frühen Zeiten in Indien sehr gewöhnlich oder wenigstens bekannt; von hier kam sie nach Persien, und vor ungefähr sechshundert Jahren (vor der Mitte des dreizehnten Jahrhunderts unserer Zeitrechnung) fand diese schädliche und verderbliche Sitte auch in Aegypten Eingang. Hauptsächlich bei den niedern Ständen ist dieselbe jetzt sehr gewöhnlich. Der Hanf wird auf mancherlei Weise bereitet, und die verschiedenen Zubereitungen haben verschiedene Namen, wie „Schirâ", „Ḥaṣ̌" etc. Man kann nicht allein in den Kaffeeläden Ḥaschisch haben, sondern es gibt noch besondere kleinere Läden, wo ausschliesslich diese und andere berauschende Präparate verkauft werden, und die man „Maḥschische" nennt. Der Ausdruck „Ḥaschschâsch", womit man einen Hanfraucher oder Hanfesser bezeichnet, ist ein Schimpfname, und wilde und lärmende Menschen werden oft „Ḥaschschâschîn" genannt" (woraus während der Kreuzzüge das französ. „assassin" entstand).

„Der Gebrauch des Opiums und anderer berauschender Specereien ist in Aegypten nicht so allgemein wie in manchen andern Ländern des Ostens, da eben das Ḥaschisch eine ähnliche Wirkung hat. Uebrigens gibt es in Aegypten bei weitem weniger Leute, die diesem Laster fröhnen, als bei uns solche, die dem Trunke ergeben sind".

„Das gegohrene und berauschende (einem sauren Weizenkleister ähnliche) Getränk, 'Bûze' oder 'Bûza' genannt, wird von vielen Schiffern auf dem Nil und andern Leuten aus den niedern Ständen getrunken". *(Lane)*. — Es gibt jetzt auch besondere Buze-Schenken.

In manche Ḳahwa's kommen auch, namentlich an den Abenden der religiösen Feste (S. 255), Musikanten und Geschichtserzähler. Solche Unterhaltungen von der einfachsten Art an bis zu den verschwenderischsten Feuerwerken mit Tanz und Musik bezeichnet der moderne Araber mit dem Worte „Fantasiya" und dafür schwärmt er.

Die Erzähler (innerhalb der geschlossenen Kreise des Hauses und der Familie sind es meist Erzählerinnen) gehören auch heute noch zu den charakteristischen Figuren des Orients. Wo immer sie erscheinen, sei es auf offener Strasse oder in einem Kaffehause, sei es in den dichtbewohnten Quartieren der grösseren Städte oder in den kleinsten Dörfern, oder zwischen den Beduinenzelten der Wüste: alsbald sammelt sich um sie eine aufmerksame, andächtig lauschende, überaus leicht zufrieden gestellte und dankbare Menge. Je bunter und abenteuerlicher die Erzählungen sind, desto besser, desto öfter wird dem Erzähler der langgedehnte, bewundernde Ruf „Aah“ oder „Allâh“ oder „Allâhu Akbar“ zu Theil.

Der Erzähler sitzt in der Regel auf einem kleinen Stuhle auf der Maṣṭaba und hält von hier aus seinen Vortrag. Die zahlreichste Klasse von Erzählern sind die sogenannten *„Scho'ara“* (im Singular *Schâ'ir*, was eigentlich einen Sänger bedeutet). Sie werden auch *'Anâtire* (Sing. *'Antari*) und *Abu-Zêdîye* genannt, nach dem Gegenstande ihrer Erzählungen, Romanen, welche das Leben des Beduinenhelden 'Antar und das des Abu-Zêd behandeln. Andere heissen *Moḥadditîn*, d. i. Geschichtserzähler, und tragen in Prosa die Geschichte des Sultan eẓ-Ẓâhir Bêbars (S. 118) vor. Das *„âlf lêle u lêle“* (1001 Nacht) ist noch nicht in Vergessenheit gerathen. Aber auch viele obscöne Geschichten finden auf diese Weise ihre Verbreitung. Es gibt professionelle Erzähler, Improvisatoren und fahrende Sänger.

Der Musikant von Profession heisst *Âlâti* (Plural *Âlâtiye*); man begegnet diesen Leuten vielfach, sie dürfen bei keiner Festlichkeit fehlen. Die gewöhnlicheren Instrumente sind das Tamburin mit Glöckchen *„Reḳḳ“*, das halbkugelförmige Tamburin *„Naḳḳâre“*, die Hoboe *„Zemr“*, die Trommel *„Ṭabl beledi“*, die Pauke *„Ṭabl Schâmi“*, ein trommelartiges trichterförmiges Instrument *„Darabukke“* (meist aus Thon, mitunter auch aus Perlmutter und Schildkrot, an der breitern Oeffnung mit einer Fischhaut überzogen); begleitet wird dieses letztere von einer Doppel-Rohrpfeife *„Zemmâra“*. Die bessern Zimmer-Instrumente sind das *„Nâi“*, ebenfalls eine Art Flöte, die *„Kemenge“*, eine zweisaitige Violine, deren Schallkörper aus einer Kokosnussschale besteht, die *„Rebâbe“*, die einsaitige Dichtervioline mit viereckigem hölzernen Schallkörper, das *„Ḳânûn“*, eine Art Hackbrett oder Zither mit Saiten aus Schafdarm, und schliesslich das *„'Ûd“*, die Laute oder Mandoline, das älteste Instrument.

Die Aegypter halten sich für ein ganz besonders musikalisch begabtes Volk, und in der That wird es dem Reisenden sofort auffallen, wie viel er singen hört. Der Aegypter singt, wenn er in sich versunken, seinem Kêf (S. 28) hingegeben, auf seinen Fersen hockt oder auf einer Strohmatte ausgestreckt am Boden liegt, wenn er hinter seinem Esel herspringt, wenn er Mörtel und Steine am Baugerüste emporträgt, bei der Feldarbeit und beim Rudern; er singt allein oder in Gesellschaft und betrachtet den Gesang als eine wesentliche Stärkung bei seiner Arbeit und als einen Genuss in seiner Ruhe. Es fehlt diesen Liedern eigentlich die Melodie: sie werden alle in bestimmtem Rhythmus, der stets abhängig ist von dem Texte, durch die Nase gesungen und zwar so, dass unter 6—8 Haupttönen vom Sänger beliebig gewechselt wird, je nachdem gerade seine Seelenstimmung ist.*) Der Charakter dieser so entstandenen Melodien ist sehr

*) Das grosse „Buch der Lieder“ sucht zwar die arabische Musik in ein System zu bringen und theilt die Laute in eine Anzahl bestimmter Tonarten (7) ein, in der Weise, dass jede derselben die gleichen Töne enthält und sich von der anderen nur durch verschiedene Reihenfolge derselben unterscheidet, aber der Volksgesang richtet sich nicht nach diesem künstlich zurecht gemachten System.

monoton und für ein europäisches Ohr ohne Wohlklang. Auf die Dauer wird man das sentimentale Genäsel leicht überdrüssig. Die Texte dieser Lieder (*mawwâl* oder *schughl*) gehören alle der lyrischen Gattung an und sind meist erotischen, vielfach äusserst obscönen Inhalts, dabei häufig nichtssagend und ohne eigentlichen Sinn; doch wird auch die Freundschaft und der Lebensgenuss besungen, der Feind verspottet und der Fellache verhöhnt. Ein beliebter Gesang der Eseljungen ist z. B. ein Spottlied auf einen Fellachenbengel 'Alî, einen Liebling seines Dorfes. Das Lied wird gewöhnlich gesungen, um irgend einen Träger dieses Namens zu verhöhnen.

Schuftum 'ali yâ nâs
lâbis 'amîs wilbâs
wâ'if 'ala-l- 'abbâs
yil'ab el-birgâs
wal 'antaret etkaddit
nus il beled haggit
kulluh 'ala schân 'ali
ya'ni ya'ni
kulluh 'ala schân 'ali.

Schuftum 'ali fîkum
wallâhiaf tuwâ'îkum
wâruh beled min dôl
wâ"ud telâtîn yôm
kulluh 'ala schân 'ali
ya'ni ya'ni
kulluh 'ala schân 'ali.

1. Habt ihr den 'Alî gesehen, ihr Leute, im Hemd und Unterhosen, wie er stand auf der Brücke des 'Abbâs und seine Reiterkünste zeigte? Doch die Brücke ist nun zerstört, die Hälfte des Dorfes ist weggeflohen. Alles das um 'Alî's willen, ja, ja, um 'Alî's willen.

2. Habt ihr den 'Alî unter euch gesehen, wo nicht, so gehe ich mit euren Schweissmützen (S. 19) durch und gehe in eins von den Dörfern und bleibe 30 Tage dort. Alles das um 'Alî's willen, ja, ja, um 'Alî's willen.

Das Haschischrauchen wird besungen:

Gôze min el-hind wumrakkeb 'aleha ghâb
wumdandische bil woda' wumgamm'a el-aḥbâb
achatte minhâ nefes el-'aḳl minni ghâb
ba''ât abaldam zei el-gamal guwwa 'l-ghâb
tâb 'alêya yâ tawwâb
min schurb el-gôze wal ghâb.
hâ hâ hâ)*
min schurb el-gôze wal ghâb.

„O Kokosnuss von Indien**), in der ein Rohr steckt, das eingelegt ist mit Perlen und die Freunde um sich versammelt. Ich habe einen Zug aus ihr gethan — da flog mein Verstand davon. Ich zog, dass es gurgelte im Rohr, wie ein Kameel.

O verzeih' mir du Sündentilger, dass ich rauche aus der Kokosnuss mit ihrem Rohr."

Sehr häufig wird auch unglückliche Liebe besungen. Eins dieser Lieder beginnt und hat als Refrain:

Hôi hôi yâ ḥabîbi
hôi hôi kun ṭabîbî!

„Komm, komm, o Geliebte, komm und sei mein Arzt!"

Gern wird die Schönheit der Geliebten von Kopf bis zu Fuss beschrieben.

Oeffentliche Sängerinnen, *'Âlme* oder *'Âlime* („gelehrte Frau", Plur. *'Awâlim*) der bessern Klasse gibt es kaum mehr; die noch vorhandenen singen nur noch in den Harems der vornehmen Häuser, sodass der Fremde nur ausnahmsweise Gelegenheit finden wird, solche zu hören. Dagegen hört man Sängerinnen gewöhn-

*) Hat der Haschischraucher einen Zug aus der Gôze gethan, was in Zwischenräumen von 1/4—1/2 Stunde bis zur Betäubung fortgesetzt wird, so erfolgt gewöhnlich wegen der grossen Rauchmenge, die er einschluckt, ein starker Husten. Dieser wird mit den Lauten „hâ hâ hâ" gemalt.

**) Die Wasserpfeife, aus der der Haschisch geraucht wird, hat gewöhnlich eine Kokosnuss (= gôze) als Wasserbehälter.

lichen Schlage in Begleitung von 1—2 meist blinden Musikanten nicht selten auf der Strasse. Diese 'Awâlim sind nicht zu verwechseln mit den

Ghawâzi, der Kaste der Tänzerinnen, früher eine Berühmtheit Aegyptens, die indess schon seit Jahren nicht mehr auf der Strasse auftreten dürfen. Wirklich gute Tänzerinnen (Sing. *Ghâzîye*) soll es überhaupt nur noch ganz wenige geben, doch wird der Nilreisende zu Ḳene, Luḳsor und Esne Gelegenheit haben, recht tüchtigen und eigenthümlichen, wenn auch unserm Schönheitssinn nicht immer entsprechenden Leistungen derselben beizuwohnen. Auf der Messe in Ṭanṭa (S. 245) pflegen sie fast alle zusammen zu kommen, doch lassen sich die besseren ihre Kunst mit Gold bezahlen. Statt der Tänzerinnen führen bei Festlichkeiten oft junge Männer, *Ghâlisch* genannt, in halbweibischer Tracht lascive Tänze auf, ein widerlicher Anblick.

Ebenfalls eine besondere Kaste bilden die Schlangenbändiger (*Rifâ'i*, Plur. *Rifâ'îye*; S. 165), die nach den Versicherungen in Kairo angesessener Europäer in ihrem Handwerk ganz Erstaunliches leisten sollen; doch kann nur der Zufall dem Fremden eine Gelegenheit bieten, sie näher kennen zu lernen. Die Schlangen einfach tanzen zu sehen, hat man mitunter an der Ezbekîye Gelegenheit. Die in die Hôtels kommenden Knaben mit kleinen Schlangen sind natürlich nicht mit den Rifâ'îye zu verwechseln.

Ueber Taschenspieler (*Howâli*) ist nichts Besonderes zu sagen; dem Possenreisser (*Kurêdâti* oder *Moḥabbazi*) in Begleitung von Damen zuzusehen, ist nicht thunlich; der Europäer wird seinen Augen nicht trauen, wenn er sieht, mit welcher Art von Spässen die aegyptische Jugend unterhalten wird.

N. Bäder.

Die arabischen (türk.) Bäder sind bekanntlich Schwitzbäder in trocken heisser Luft, wie es deren in den grösseren Städten Europa's, und zwar häufig mit besserer Einrichtung, ebenfalls gibt; europäische Reinlichkeit wird man hier und da vermissen.

Die *Harâra* (s. Plan) sowohl als die Cabinen (*Maghṭas* und *Hanafîye*) sind mit durchbrochenen gegossenen Gypsplafonds flach überwölbt, die Oeffnungen in der Gypsdecke mit bunten Glasglocken geschlossen. Die Maghṭas haben ein im Boden vertieftes Bassin und ein Marmorbecken zum Waschen, mit Hähnen für warmes Wasser, die Hanafîye nur letzteres; kaltes Wasser wird in Eimern gebracht. Alle Räume der Bäder sind mit Marmorplatten belegt. Die Ḥarâra, für alle Badenden dienend, ist weniger warm als die Cabinen und mit Wasserdampf gefüllt. Alle drei indessen haben einen hohlen Boden, durch welchen die Flamme und der Rauch der Feuerung zieht, um dann in den Rauchröhren der vier Wände nach dem Schornstein aufzusteigen.

Wenn über dem Eingang des Bades ein Lappen hängt, so ist es

von Frauen (s. S. 28) besetzt und Männer haben keinen Zutritt. Es ist gerathen, das Bad der Reinlichkeit wegen am frühen Morgen zu besuchen; den Freitag vermeide man, weil sehr viele Muslimen am Freitag in der Frühe baden.

Man tritt zuerst in einen grossen mit einer Kuppel überwölbten Raum (*Meschlaḥ*). Unter der Kuppel ist ein Bassin (*Faskîye*) mit kaltem Wasser. Oben sind Schnüre gezogen, an denen die Badewäsche hängt; sie wird geschickt hinaufgeworfen und mit Hülfe langer Bambusstäbe wieder herunter geholt. Nachdem man seine Schuhe, die der Badediener in Verwahrung nimmt, ausgezogen hat,

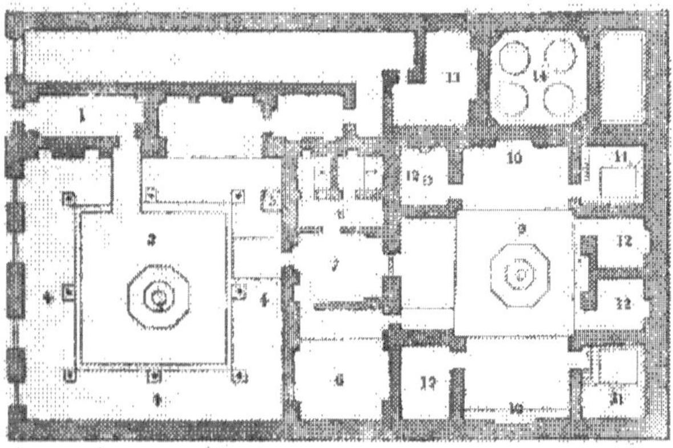

1. Eingang. 2. *Meschlaḥ* (grösserer Mittelraum, der von den Unbemittelten auch zum Auskleiden benutzt wird). 3. *Faskîye* (Springbrunnen). 4. *Dîwân* (die besseren Auskleideräume). 5. Kaffewirth. 6. *Bêt el-awwel* (geheiztes Auskleidezimmer bei kalter Witterung). 8. Abtritte. 7. Eingang zur (9.) *Harâra* (Raum zum Schwitzen). 10. *Dîwân*. 11. *Maghṭas* (Zellen mit Bassin). 12. *Ḥanafîye* (Zellen mit Waschbecken und Hähnen für kaltes und warmes Wasser). 13. Feuerung. 14. Kessel.

begibt man sich zu einem der erhöhten Dîwâne (Pl. 4), welcher noch leer steht, und entkleidet sich; Geld und Uhr kann man, wenn man will, dem Besitzer des Bades in Verwahrung geben, doch ist dies kaum nöthig, wenn man die Kleider ordentlich zusammenlegt; der Orientale pflegt sie in ein Bündel zusammenzuschnüren. Man befestigt sich nun ein Tuch eng um die Hüften, indem man den oberen Zipfel einschlägt. Hierauf erhält man beim Hinuntersteigen kleine Stelzen oder Holzschuhe (*Ḳabḳâb*) an die Füsse; so lässt man sich in das Innere des Bades in die heissen Räume (*Harâra*) führen. Neben einem Becken werden vom Badediener Leintücher ausgebreitet; man streift die Stelzen ab und lässt sich auf ein solches nieder. Hierauf beginnt man zu schwitzen; erst wenn der Schweiss recht ausgebrochen ist, ruft man dem Badewärter (vergl. arab. Vocabular. S. 213). Es werden gewöhnlich verschiedene Proceduren vorgenommen. Der Badewärter fährt dem Badenden über die Glieder und macht ein Gelenk nach dem andern knacken, indem er sanft daran drückt; dies wird dem Europäer gewöhnlich geschenkt. Sehr angenehm hingegen ist der Gebrauch, sich von dem *abu kîs* oder *abu ṣâbûn* (Beutel- oder Seifenvater) den Körper mit einem etwas rauhen Filzlappen *(kîs)* abreiben zu lassen („*keyyisni*“ reibe mich ab). Dann lässt der Wärter heisses Wasser in ein Becken und schlägt Seife; damit seift er den ganzen Körper ein, eine gründliche Reinigung. Hierauf giesst er dem Badenden einige Schalen heisses Wasser über den Kopf und über den Leib; wem es zu heiss ist, der verlange etwas kaltes Wasser *(„hât môye bâride“)* oder rufe genug *(„bâss“)*. Dann kann man sich noch nach Belieben aufhalten und heisses und kaltes Wasser über den Leib schütten; am gerathensten ist es, nach und nach zum kalten Wasser überzugehen, um sich abzukühlen; man lässt daher Eimer um Eimer bringen *(„môye bâride“)*. Wünscht man die Schwitzkammer zu verlassen, so ruft man dem Badewärter *„hât fûṭa“* bringe ein Tuch, worauf er mit Handtüchern erscheint; eines wird um die Hüften geschlungen, eines um den Oberkörper gelegt, und eines in Form eines Turbans um den Kopf gewickelt. Auf den Stelzen (ḳabḳâb) verlässt man die inneren Gemächer und kehrt zu seinem Platz in dem Vorderraum zurück. Beim Abstreifen der Ḳabḳâbs wird kaltes Wasser über die Füsse gespritzt. Hierauf werden die Tücher gewechselt; man lässt sich zusammengekauert auf dem Dîwân nieder. In jedem Bade ist ein Kaffe- und Pfeifenwirth; gewöhnlich wird Kaffe getrunken und ruht man dann etwas aus, was der Orientale seinen *„kêf“* (d. i. innerliches Wohlbehagen, stille Erheiterung) nennt. Heisses Zuckerwasser ist in den Bädern wie in den meisten Café's beliebt. Noch zwei- oder dreimal erscheint der Badewärter, die Tücher auf dem Kopfe tragend, um die Handtücher zu wechseln, bis man ganz trocken ist. Ein solches Bad, das 1—2 Stunden in Anspruch nimmt (viele Orientalen pflegen einen ganzen Morgen darauf zu verwenden), ist besonders nach einer Reise oder auch bei einer Erkältung zu empfehlen; allzuhäufiger Genuss soll Geschwüre verursachen. — Eine Anzahl Bäder sind fromme Stiftungen; der Eingeborne bezahlt nichts oder nur ein mässiges Entgelt. Von dem Europäer erwartet man mehr, für ein Bad etwa 5 Piaster (Kaffe und Nargile einbegriffen); ausserdem erhält der „Seifenmann“ etwa 1 P. Trinkgeld.

„Die Frauen besuchen das Ḥammâm oft, wenn sie es ermöglichen können; aber nicht so häufig wie die Männer. Wenn das Bad nicht für die Frauen einer Familie oder für eine Gesellschaft von Damen ausschliesslich gemiethet ist, so haben Frauen aus allen Ständen Zutritt. In der Regel gehen sämmtliche Frauen eines Hauses und die kleinen Knaben mit einander dahin. Sie nehmen ihre eigenen „Seggâde's“, Teppiche, Handtücher, Becken u. s. w., die sie nöthig haben, mit und selbst die nothwendige Quantität süssen Wassers zum Waschen mit Seife und zum Trinken; und manche versorgen sich sogar mit Früchten, Süssigkeiten und andern Erfrischungen. Eine Dame von Stande wird oft von ihrer eigenen „Bellâne" oder „Mâschṭa" (oder Wasch- und Ansichfrau) begleitet. Manche Frauen aus den niedern Ständen tragen im Bade gar keine Bedeckung, selbst nicht einmal ein Handtuch um die Hüften; andere tragen immer das Handtuch und die hohen Holzschuhe. Es gibt wenige Vergnügungen, an denen die ägyptischen Frauen so viel Ergötzen finden wie an dem Besuche des Bades, wo sie oft Belustigungen veranstalten, und nicht selten sind sie bei diesen Gelegenheiten ziemlich lärmend in ihrer Freude. Sie machen sich diese Gelegenheit zu Nutze, ihre Juwelen und besten Kleider zu zeigen, und knüpfen mit denen, welche sie hier finden, gleichviel ob Freundinnen oder Unbekannte, Unterhaltungen an. Zuweilen wählt eine Mutter aus den Mädchen oder Frauen, die sie zufällig im Bade trifft, eine Braut für ihren Sohn. Bei manchen Gelegenheiten, wie z. B. bei den Vorbereitungen zu einer Hochzeit, wird das Bad für eine geschlossene Gesellschaft gemiethet, die aus den Frauen zweier oder mehrerer Familien besteht, und dann wird Niemand weiter eingelassen; gewöhnlicher aber ist es, dass eine Dame mit einigen Freundinnen und Dienerinnen eine „Chilwe" miethet; so nennt man nämlich das Zimmer der Ḥanafiye. Wenn die Gesellschaft aus verschiedenen Ständen gemischt ist, herrscht oft einige Befangenheit; wo sich aber alle kennen, überlassen sich die jungen Mädchen einer ausgelassenen Freude. Eine Stunde und länger bleiben sie unter den Händen der Bellâne, welche sie reibt und wäscht, ihr Haar flicht u. s. w. Dann ziehen sie sich in das Bêt el-awwel oder Meschlaḥ zurück und nehmen dort, nachdem sie einen Theil ihrer Kleidung, oder ein langes weites Hemd angezogen, verschiedene Erfrischungen zu sich, oder rauchen. Bei besonderen festlichen Gelegenheiten tragen zwei oder mehrere 'Âlme's (S. 25) mit ihren Gesängen zur Unterhaltung bei". *(Lane.)*

O. Bazare.

Im Orient befinden sich die Kaufläden, häufig mit den betreffenden Werkstätten verbunden, je nach ihrer Waare stets alle zusammen in einem eigenen Bezirk, einer Strasse oder einem Gässchen, die je nach dem betreffenden Handelsartikel (mitunter auch nach einer nahgelegenen Moschee) benannt werden; so „*Sûḳ* (= Markt) *en-Naḥḥâsîn*" Markt der Kupferwaarenhändler, — „*Gohar̄gîye*" (Markt der) Juweliere, — „*Churdagîye*" (Markt der) Kleinwaarenverkäufer, — „*Kaṣṣâbîn*" Fleischer etc. Eine grosse Menschenmenge drängt sich gewöhnlich in denselben herum und bietet dem Europäer unerschöpflichen Stoff zur Beobachtung des Verkehrs der Orientalen unter sich. In allen grösseren Ortschaften gibt es auch ansehnliche Gebäudecomplexe *(Chân)* für die Niederlagen der Grosshändler, welche letzteren aber an den Fremden in der Regel auch im Detail verkaufen.

Der Laden (*dukkân*) ist eine nach der Strasse zu ganz offene Vertiefung, von verschiedener Grösse, meist 2m breit; der Fussboden ist in gleicher Höhe mit dem davor befindlichen Sitz (*masṭaba*), auf welchem der Besitzer auch seine Gebete verrichtet. Die Inschrift, die in oder über vielen Läden angebracht ist, enthält nicht etwa die Firma des Kaufmanns, sondern nur fromme Sprüche, z. B. „O Allâh! o Erschliesser der Pforten des Gewinnes! o Allernährer", „O Allâh! du Abhelfer unserer Bedürfnisse, o du Gütiger", „Belstand von Allâh und ein schneller Sieg"; diese und ähnliche Worte wiederholt der Besitzer stets am Morgen, wenn er seine Bude öffnet. Verlässt er den Laden am Tage, so bittet er seinen Nachbar um dessen Bewachung oder hängt einfach ein Netz davor. Will man kaufen, so setzt man sich zuerst auf die Maṣṭaba und gibt nun seine Wünsche zu erkennen. Das Zustandekommen eines wenn auch noch so kleinen Geschäftes erfordert, wenn man eben nicht jeden Preis zahlen will, eine in Europa kaum zu ahnende Zeit und Geduld; dem Orientalen ist die Zeit nichts werth, was den Fremden zur Verzweiflung bringen kann, bevor er das nöthige Phlegma gewinnt.

Beim Handeln (vgl. S. 215) um eine Waare gilt als Regel, dass der Käufer überfordert wird, denn nichts hat einen festen Preis im Orient; immer muss gefeilscht werden, bisweilen recht unverschämt. Wenn man den richtigen Preis der Waare zum voraus kennt und nennt, so wird der Verkäufer sagen „es ist wenig" (*ḳalîl*), aber doch die Waare lassen. Der Verkäufer lässt bisweilen dem Käufer Kaffe kommen, in jeder Bazarstrasse findet sich ein Kaffewirth. Wenn man sich von einem Verkäufer übervortheilt glaubt, gehe man weg und wende sich an einen zweiten; jeder Schritt Entfernung wird beim ersten Verkäufer den Preis sinken machen und er wird einen zurückzurufen suchen. Das Gebot, welches man dem Verkäufer thut, sei jedoch stets so, dass man nachher den Preis steigern kann („*min schânak*", um deinetwillen), sonst geht selbst dem Orientalen die Geduld aus. Eine Lieblingsredensart in dem oft etwas ceremoniösen Orient ist „*chudu balâsch*", nimm's umsonst, was natürlich ebenso wenig ernstlich gemeint ist, wie das bekannte „*bêti bêtak*", mein Haus ist dein Haus; der Betreffende denkt dabei doch „*kîsak kîsi*", dein Geldbeutel sei mein Geldbeutel.

Im Orient imponirt nichts mehr, als wenn der Reisende die Forderungen auf ihr richtiges Maass zurückzusetzen versteht; doch wird er stets noch theurer bezahlen müssen, als der Eingeborne. Die Preise, die wir in diesem Buche geben, sollen mehr als ein allgemeiner Anhaltspunkt, als Mittel zur Verwahrung gegen zu grobe Prellerei dienen; auf unbedingte Genauigkeit können sie keinen Anspruch machen. — Dragomane und Lohnbediente sind stets mit dem Verkäufer einverstanden und beziehen von demselben einen Gewinnantheil von 10—20%.

Vor dem Ankauf von Alterthümern, deren Ausfuhr übrigens streng verboten ist (S. 7), sei gewarnt, da deren Fabrikation (besonders von Scarabäen) in Aegypten wie in Syrien stark betrieben wird. „Antike" ist den Verkäufern alles, besonders in Ober-Aegypten, wenn sie sehen, dass der Reisende sich durch diese Bezeichnung zum Kaufe reizen lässt. Mumienreste findet man in den Gräberstätten überall in Menge.

In Alexandrien und auch in Kairo gibt es Handelshäuser (S. 223, 253), welche die Versendung gekaufter Gegenstände in die Heimath auf das pünktlichste und beste besorgen; auch das Porto dafür ist nicht theuer, zumal wenn die Waaren einer grössern Sendung beigepackt werden können. Man erspart sich damit alle an den Grenzen mit neuen Gegenständen verbundenen Weitläufigkeiten.

P. Regeln für den Umgang mit Orientalen.

Die Orientalen werfen uns vor, dass wir alles verkehrt thun: wir schreiben von der Linken zur Rechten, sie umgekehrt; wir nehmen die Kopfbedeckung ab, wenn wir in ein Zimmer treten; sie dagegen behalten sie stets auf, ziehen aber ihre Schuhe aus, u. s. m.

Bei einem Besuch im Hause eines Orientalen ist Folgendes zu beachten. Man klopft an die Thüre mittelst eines eisernen Ringes, welcher an derselben befestigt ist. Gewöhnlich wird von Innen gefragt: *„mîn"* wer ist da? Man antwortet: *„iftah"* öffne. In muslimischen Häusern muss gewartet werden, bis sich die Frauen, welche etwa im Hofe sind, ins Hinterhaus oder in die oberen Räume zurückgezogen haben. In dem Empfangszimmer, in welches man geführt wird, befindet sich der Ehrenplatz auf dem rings an den Wänden des Zimmers herumlaufenden niedrigen Dîwân stets gerade der Thür gegenüber. Je nach der Achtung, die der Hauswirth dem Gaste bezeigen will, erhebt er sich mehr oder weniger von seinem Platze oder geht dem Gaste einen oder mehrere Schritte entgegen. Zuerst wird nach der Gesundheit gefragt (vergl. S. 214). Einen Besuch, der kommt, zu entfernen, keine Zeit für ihn zu haben, gilt für die grösste Unhöflichkeit. In Gegenwart eines Besuchers zu essen, ohne ihn zum Mitessen einzuladen, wenn auch nur pro forma, ist ein grober Verstoss gegen die Sitte. Auch bei gewöhnlichen Besuchen erhält man zu jeder Tageszeit ein Tässchen Kaffe; der Diener tritt, die linke Hand auf das Herz gelegt, ins Zimmer und präsentirt den Gästen nach der Reihenfolge ihres Ranges ein Schälchen (*fingân*), gewöhnlich in einem *zarf*, einer Art Untertasse in Form eines Eierbechers, damit man sich an der äusserst heissen Tasse die Finger nicht verbrenne. Beim Herumgeben des Kaffe's übergangen zu werden, gilt dem Beduinen als die tiefste Schmach. Nachdem der Diener die Schale wieder abgenommen hat (es gilt für unanständig, sie auf den Boden zu setzen; man behalte sie in der Hand), begrüsst man den Hausherrn mit dem gewöhnlichen orientalischen Gruss, indem man die rechte Hand erst gegen die Brust, dann am Munde vorbei gegen die Stirn bewegt und *„dâiman"* sagt (d. h. „kahwe dâiman", Kaffe für immer mögest du haben). Dem Beduinen ist der Gast erst heilig, wenn er mit ihm etwas genossen hat. In gleicher Weise entspreche der Reisende dieser Sitte gegenüber den ihn besuchenden Eingebornen. Gewöhnlich wird dem Fremden Tabak angeboten; die Cigarette hat nun fast überall Eingang gefunden. Mehr türkische Sitte ist die lange Rohrpfeife (*schibuk*) mit Bernsteinspitze; der Kopf der Pfeife ruht auf einer messingnen Schale, die auf den Boden gestellt wird. Häufig wird der Besucher gefragt, ob er ein Nargîle (S. 33) wünsche. Der Diener bringt die Wasserpfeife ins Zimmer, indem er sie anraucht. — Dass auf einen Besuch ein Gegenbesuch folgen muss, ist im Orient ebenso selbstverständlich wie in Europa. Wenn man nach einer Abwesenheit wieder in dieselbe Ortschaft zurückkehrt, hat man zuerst den Besuch der Bekannten zu erwarten.

Es ist dem Fremden anzuempfehlen, nie einen Muslim über seine Frauen zu fragen; diese Verhältnisse betrachtet man als unter dem Schleier *(sitr)* stehend. Auf der Strasse oder in den Häusern den Frauen auch nur nachzusehen, gilt für unanständig und kann unter Umständen sogar gefährliche Folgen haben. Der Fremde lasse sich überhaupt nie in allzu grosse Vertraulichkeit mit den Leuten ein: echte Freundschaft existirt im Orient wenig, und Uneigennützigkeit ist die allerseltenste Eigenschaft bei den Orientalen. Man bezahle alle Gefälligkeiten möglichst baar, um allen weiteren Erörterungen und Erwartungen die Spitze abzubrechen, und stelle die Preise für zu leistende Dienste, für Miethen etc. stets zum Voraus fest; man wird dadurch endlosen Reclamationen aus dem Wege gehen.

Anderseits wird der Fremde, der mit den Eingebornen umzugehen versteht, bald gewahr werden, dass es ein eigentliches Proletariat dort nicht gibt, dass Leute ohne die geringste Bildung und selbst Kinder eine angeborne Würde des Benehmens zeigen, die oft in Erstaunen setzt. Auch ist ein Zusammenhalten unter den Leuten vorhanden, das Achtung abnöthigt; bei aller persönlichen Eigennützigkeit gilt nirgends mehr als im Orient die Religion auch als Partei, und wenn die Glaubensgenossen sich mit „*yâ achûya*", mein Bruder, anreden, so liegt darin doch etwas mehr als blosse Phrase.

Im Ganzen soll der Fremde dem Eingebornen nicht zu viel Misstrauen entgegenbringen; es verbittert ihm die Reise. Man vergesse nie, dass man es mit Menschen zu thun hat, die in vielen Beziehungen Kinder sind. Deshalb darf man sich ihnen gegenüber auch nichts vergeben, sondern soll möglichst fest bei seinem Worte bleiben. „*Kilme frengîye*", ein fränkisches Wort, hat im Orient einen guten Klang; es ist ein Wort, welches unabänderlich feststeht.

Q. Tabak.

Dem an Cigarren gewöhnten Raucher wird es zuerst schwer werden, sich mit den orientalischen Tabaken zu befreunden; indessen haben sich in den letzten Jahren in Alexandrien sowohl wie in Kairo so viele Cigarrenhandlungen aufgethan, dass man die grösste Auswahl hat, auch in besseren Qualitäten. Darum sei vor dem Mitbringen von Cigarren gewarnt, da dies nicht allein in Aegypten, sondern schon in Oesterreich, Italien und Frankreich eine solche Menge von Scherereien und Zollabgaben verursacht, dass einem dadurch der Tabak ganz verleidet wird. Dies alles gilt in gleicher Weise für die Ausfuhr oder Mitnahme von Tabak nach

Hause. An der österreichischen Grenze wird nicht declarirter Tabak nicht allein confiscirt, sondern man wird auch unnachsichtlich mit dem mehrfachen, sofort zu erlegenden Betrag des Werthes bestraft.

Um den Tabak *(duchân)* vor dem Trockenwerden zu bewahren, deckt man ihn mit einem leicht angefeuchteten Tuch zu, doch ohne es mit dem Tabak in Berührung kommen zu lassen. In den Städten kaufe man ihn öfters frisch. Man kann schweren *(hâmî)* und leichten *(bârid)* Tabak verlangen. *Stambûli* ist der in lange Fäden fein geschnittene Tabak, dessen bessere Sorten (40—60 fr. die Okka = $2^1/_2$ Pfund) aus Rumelien und Anatolien und die geringern von den griechischen Inseln kommen. Der syrische Tabak (15—20 fr. die Okka) ist ebenfalls geschnitten, jedoch ungleichmässiger, und enthält feine mit dickeren holzigen Theilen untermischt. Er ist auf die Dauer angenehmer als der türkische, weil er einen bessern Nachgeschmack hinterlässt und Zunge und Gaumen weniger trocknet. *Korâni* ist der lichtbraune, *Gebeli* der dunkelbraune (eine Mischung beider für den übrigens in Abnahme kommenden Schibuk empfehlenswerth); letzterer wird im Rauch von harzigen Hölzern getrocknet. Diese Sorte wird in Europa *„Latakia“* nach der Gegend Nord-Syriens, die denselben am meisten producirt, genannt, welche Bezeichnung im Orient unbekannt ist. Der einheimische aegypt. Tabak (*duchân beledi* oder *achdar*, grüner Tabak) ist von geringer Qualität; die Eingebornen trocknen die Blätter der Tabaksstaude einfach an der Sonne, zerreiben sie und rauchen diesen Tabak (die Okka ca. 15 P. T.) ganz frisch. *Tumbâk* ist der persische Tabak, der, angefeuchtet und mit einer besondern Art Kohle angebrannt, nur im *Nargîle*, der Wasserpfeife mit dem langen Schlauch, geraucht wird. Dabei wird der Rauch mit langen Athemzügen in die Lunge gezogen. — Nur Schlauch und Aufsatz werden hierzu im Orient hergestellt, Wasserbehälter und Glas- oder Bernsteinspitze kommen aus Europa, meist aus Böhmen; dies zur Notiz für diejenigen, die etwa eine solche Wasserpfeife als Geschenk oder Andenken mit nach Hause nehmen wollen.

K. Briefpost und Telegraphenverbindung.

Die aegyptische Post in den Hauptstädten, aber mit einigen Ausnahmen nur in diesen, ist vortrefflich organisirt und zeichnet sich durch tadellose Pünktlichkeit und Höflichkeit der Beamten aus; letztere sind meist Italiener. Adressen sind in deutlichen lateinischen Buchstaben (besonders die Anfangsbuchstaben) zu schreiben und zwar am besten unter Beifügung des Hôtels, in dem man abzusteigen gedenkt, im Nothfall auch unter der Adresse des Consulates; die Nachsendung, z. B. für die Nilfahrt, besorgt der betr. Wirth. Recommandirte Briefe erfordern eine Beglaubigung des Empfängers durch einen Ortsangehörigen. Die *aegyptische General-Postdirection* befindet sich in Alexandrien (Rue Chérif-Pacha

97). Freimarken mit Sphinx und Pyramide à 5, 10, 20 Para, 1, 2, $2^1/_2$ und 5 Piaster Tarif sind eingeführt; in den Hauptstädten auch Briefkasten, und zwar sowohl in den Strassen als in den Hôtels. Die Bureaux sind meist von 7 Uhr Morgens bis $7^1/_2$ Uhr Abends geöffnet. Auch Aegypten ist dem Berner Postvertrag beigetreten und hat das Porto für Briefe auf 1 P.T. 20 p. für je 15 Gramm (im Inland 1 P. für je 10 Gr.) und für Kreuzbandsendungen auf 20 Para festgesetzt. Correspondenzkarten wurden noch nicht ausgegeben. Postanweisungen s. S. 4. Uebrigens arbeitet die aegyptische Post mit einem jährlichen nicht unbedeutenden Deficit.

Das aegyptische Telegraphennetz umfasst c. 6000 Kilometer und reicht im Norden bis Palaestina; nach Süden zieht eine Linie den Nil entlang bis nach Charṭûm, der an der Vereinigung des blauen und weissen Nils gelegenen Stadt, wo sich eine Linie nach Kassala, eine andere über Kordofân nach Dâr-Fûr abzweigt. Auch ist man im Begriff, die Militärstationen südlich von Charṭûm mit letzterm durch den Telegraphen zu verbinden. Im Delta haben alle grösseren Orte Stationen und selbst das Fayûm ist nicht davon ausgeschlossen. Für die nach und in Alexandrien, Kairo, Isma'îlîya, Port Sa'îd und Suês aufzugebenden Depeschen ist die Abfassung in arabischer Sprache nicht erforderlich, wohl aber für alle anderen kleineren Stationen. Um nach Europa zu telegraphiren bediene man sich des *englischen* über Malta gehenden Drahtes, nicht des aegyptischen, der über Constantinopel führend die Depeschen oft mit erstaunlicher Langsamkeit besorgt. Der mit dem 1. Jan. 1876 in Kraft getretene neue Tarif bestimmt für jedes Wort nach: Algier und Tunis 1 shilling 2 pence, Oesterreich, Frankreich und Montenegro 1 s. 5 d., Belgien, Deutschland, Luxemburg und Portugal 1 s. 6 d., Dänemark, Gibraltar, Holland und Spanien 1 s. 7 d., London aus Alexandrien 1 s. 7 d. (aus den übrigen aegypt. Städten 1 s. 10 d.), Grossbritannien (ausser London) aus Alexandrien 1 s. 8 d. (aus den übrigen aegypt. Städten 1 s. 11 d.), Griechenland 1 s. 1 d., Italien 1 s. 3 d., Malta 10 d., Helgoland, europ. Russland und Schweden 1 s. 8 d. Nach Kairo und Suês 10 Worte 5 Piaster T.

S. Gewichte und Maasse.

1 Dirhem = $3{,}_{09}$ Gramm; 1 Roṭl = $445{,}_{48}$ Gr.; 1 Oḳḳa = $1{,}_{237}$ Kilogr.; 1 Ḳanṭâr = 100 Roṭl = $44{,}_{548}$ Kilogr. Der Ballen Baumwolle wiegt in Aegypten in der Regel ca. 282 Kilogr.

1 Rub'a = $7{,}_{50}$ Liter; 1 Wêbe = 4 Rub'a = 30 Liter; 1 Ardeb = 6 Wêbe = 180 Liter.

1 Pik = $0{,}_{67}$m, 1 Pik (Land) = $0{,}_{75}$m; 1 Ḳaṣabe = $3{,}_{55}$ m; 1 Feddân = 4200 □m oder $1^2/_3$ pr. Morgen = ca. 1 österr. Joch.

II. Politisch- und physikalisch-geographische Uebersicht von Aegypten.

Von Dr. Georg Schweinfurth in Kairo. (Einzelne Abschnitte von Prof. Dr. Georg Ebers in Leipzig.)

Grenzen und Areal des Aegyptischen Reichs (vergl. Karte S. 36). Die der Herrschaft des Chediw unterworfenen Länder umfassen den bei weitem grössten Theil des nordöstlichen Afrika's, nahezu das gesammte Stromgebiet des Nils. Im Norden die Küste des Mittelmeers vom Râs el-Kanâis bis el-'Arisch, im Westen die Libysche Wüste, im Osten das Rothe Meer, im Südosten Abessinien, das afrikanische Quito, bilden die natürlichen Grenzen des von Moḥammed 'Ali gegründeten Vasallenreichs, wie er es 1848 seinen Nachfolgern hinterliess, und welches das eigentliche Aegypten mit den fünf Oasen der Libyschen Wüste und einem Theil der Sinai-Halbinsel, ferner das nubische Nilthal nebst den nubischen Wüstengebieten und schliesslich die mit dem Namen „aegyptischer Sûdân“ bezeichneten Landschaften *Tâka*, *Sennâr* und *Kordofân* in sich schliesst. Der regierende Chediw Isma'îl erweiterte die Grenzen des ihm im directen Mannsstamme als erbliches Lehen zuerkannten Reichs nach Süden, Südosten und Südwesten. Am Rothen Meer *Sawâkin* und *Masau'a*, am Golf von 'Aden *Zêla'* und *Berbera*, alle vier wichtige Handels- und Hafenplätze und früher directe Besitzungen des türkischen Reichs, wurden von ihm nebst den dazu gehörigen Küstenstrichen durch Kauf erworben, und somit auch ein Theil der Küste der *Somâli*, welche sich bis zum Aequator erstreckt, wo der *Djub* die Grenze gegen das Gebiet der südlichen Galla bildet, mit ihren noch durchaus ungehobenen Naturschätzen in den Machtkreis des Reiches gezogen, ein seit Menschengedenken als „no man's land“ betrachteter Strich, an welchem weder Araber noch Portugiesen je festen Fuss gefasst hatten. An den Grenzen Abessiniens wurden die Landschaften der *Bogos* und *Galabat* zur Sicherung wichtiger Verkehrsstrassen besetzt und mit dem Somâli-Reiche *Harar* dem aegyptischen Reiche einverleibt. *Dâr-Fûr*, bis dahin ein völlig unabhängiges Sultanat im mohammedanischen Sûdân und der Schrecken seiner Nachbarn, wurde durch aegyptische Waffengewalt bezwungen und das Reich des Chediw um vier stark bevölkerte Provinzen vergrössert, während Moḥammed 'Ali, unglücklicher in seinen dahin zielenden Plänen, von dem fanatisch abgeschlossenen Lande nur den östlichen Theil, die Provinz Kordofân, abzulösen vermocht hatte.

Noch grösser war die Erweiterung, welche die Grenzen in rein südlicher Richtung unter dem jetzigen Herrscher erfahren haben. Dieselben umfassen heute den ganzen Lauf des *Weissen Nil* und den grössten Theil des Stromgebiets des *Baḥr el-Ghazâl*, wo Chartumer Kaufleute bereits seit Jahren eigenen Grund und Boden erworben und, gestützt auf eine bedeutende Waffenmacht, von ihren zahlreichen Handelsniederlassungen aus die heidnischen Negervölker unterworfen und ihren Zwecken dienstbar gemacht hatten. Bildete bei Moḥammed 'Ali's Tode der 13. Breitengrad mit den Kornmagazinen von *el-'Êsch* und den Schiffswerften in der Nähe dieses Platzes die Südgrenze der aegyptischen Herrschaft am Weissen Nil, so ist es heute der 2. Grad N. Br., wo dieselben bei dem Militärposten *Fauîra* (am Verbindungsflusse zwischen dem sogen. Victoria- und Albert-Nyanza, S. 67) ihr äusserstes Ende gegen den Aequator zu erreichen, eine Längenausdehnung von über 435 deutschen Meilen. In ihrer Breiten-Ausdehnung, von Dâr-Fûr bis Berbera nahezu 340 deutsche Meilen betragend, umschliesst die heutige Südgrenze des aegyptischen Reichs enclavenartig den grössten Theil von Abessinien.

Innerhalb der angedeuteten Grenzen umfasst dieses ungeheure Gebiet ausschliesslich dem Chedîw von Aegypten, und zwar ihm unmittelbar botmässige, de facto von seiner verhältnissmässig sehr geringen Truppenmacht besetzte Länder. Mittelbare, von tributpflichtigen Völkern bewohnte Gebiete existiren im aegyptischen Reiche ebensowenig wie in Sibirien oder Australien. Aber diese gewaltigen Länderstrecken liefern ein zutreffendes Beispiel, um das Missverhältniss zwischen Areal und Einwohnerzahl, zwischen werthloser Wüstenleere und dichter Zusammendrängung der Bodenschätze, zwischen activer und passiver Bevölkerung zu beleuchten, wie es die physikalischen Verhältnisse auch im aegyptischen Reiche bedingen. Die Ausdehnung desselben kann daher, je nachdem man den volkswirthschaftlichen oder den rein geographischen Standpunkt festhält, sehr verschieden angegeben werden. Sie wird ungeheuer erscheinen, wenn man alles das Aegypten nennt, wo kein anderer Herr gebietet als im Namen des Gross-Sultans der Chedîw, winzig dagegen, wenn man Aegypten im engeren Sinne, und von diesem nur das culturfähige Land betrachtet, dessen Bebauer die einzige Quelle seines ganzen Reichthums sowohl wie seiner ausserordentlichen Machtentfaltung in Afrika erschliessen. Der grosse Ländercomplex im Süden des eigentlichen Aegyptens ist bis zur Stunde noch volkswirthschaftlich völlig brachliegendes Terrain, aus welchem dem Staatssäckel keinerlei Vortheil erwächst; daher die grossen Anstrengungen des regierenden Chedîw zu seiner Nutzbarmachung, durch Erweiterung der Handelsgebiete, durch Erschliessung neuer Wege und Vermehrung und Erleichterung der vorhandenen Verkehrsmittel.

So sehen wir in der That ein Reich, das an Umfang zwei Dritteln des europ. Russlands gleichkommt, zu einem Areal von der Grösse Belgiens zusammenschrumpfen, wenn wir dabei bloss seinen productiven, von activer Bevölkerung bewohnten Theil, das aegyptische Nilthal ins Auge fassen. Der Gesammtumfang des Reichs schliesst nicht weniger denn 300 Quadrat-Grade in sich (d. h. 67,500 deutsche

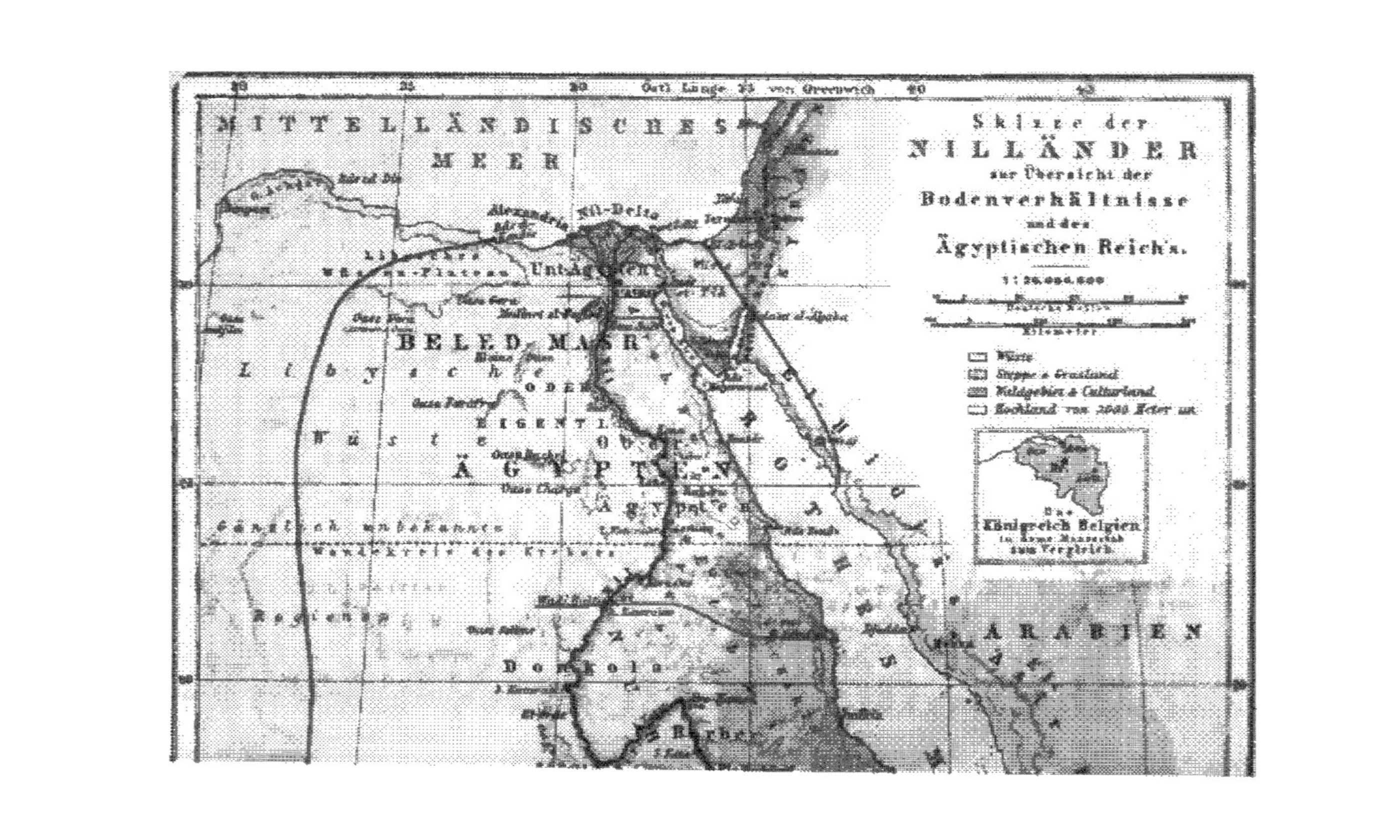

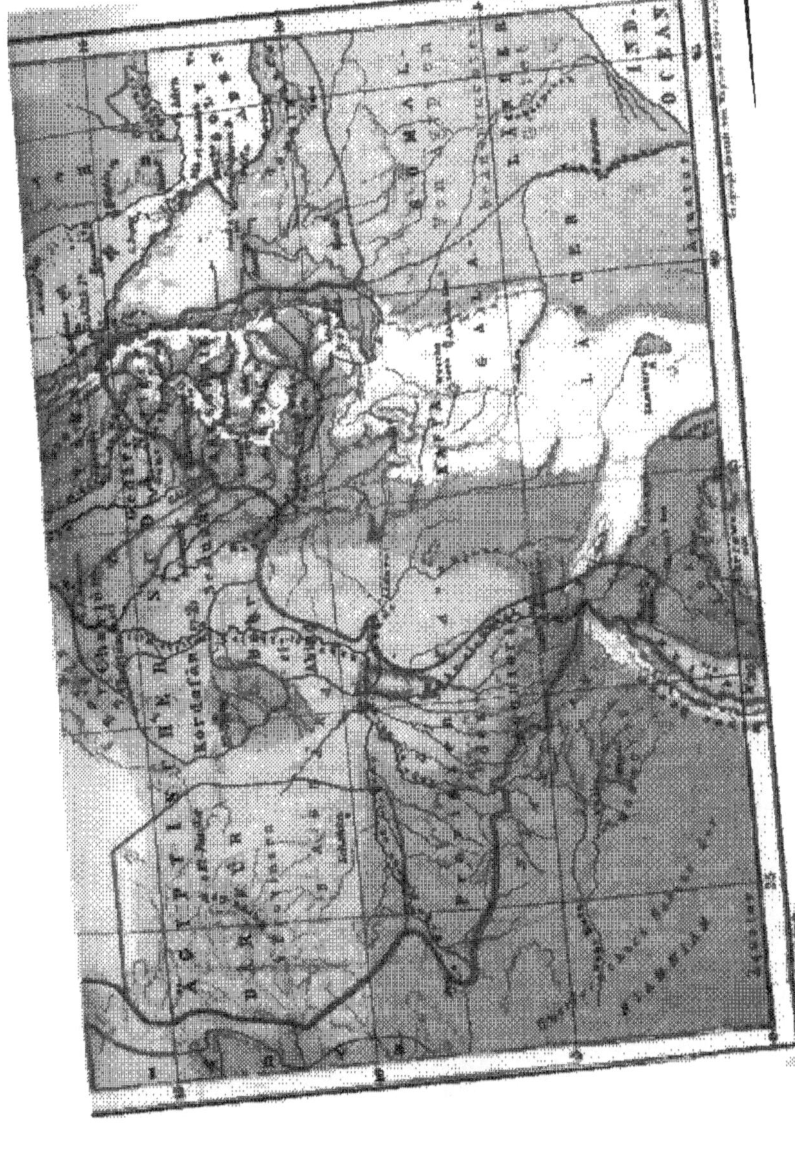

Q.-Meilen oder 3,700,000 Q.-Kilometer), den Antheil der Libyschen Wüste mitgerechnet, welcher innerhalb der als Westgrenze des aegyptischen Reichs gedachten Linie zu fallen kommt, die man von der Oase Siwa nach dem Westende Dâr-Fûr's ziehen muss; dieser Theil der Wüste beansprucht für sich allein einen Flächenraum von über 25,000 deutschen Q.-Meilen. Scharf abgegrenzt gegen die Wüste, soweit die schwarze Nilerde reicht und der Nilstrom das schmale Uferland bewässert, erstreckt sich das eigentliche Aegypten, das „B i l â d M a ṣ r“ (*Miṣraim* der Bibel), von den ersten Katarakten bis an das mittelländische Meer, in einer Länge von 120 deutschen Meilen, das schmalste Land der Welt. Innerhalb dieser seit dem Alterthume unverändert feststehenden Grenzen umfasst das Culturareal nach amtlichen Quellen 554 deutsche Q.-Meilen, genau 29,400 Q.-Kilometer (also 55 Q.-Kilometer weniger als Belgien), von denen 310 auf das Delta und 244 auf das aegyptische Nilthal und das Fayûm kommen. Das Nilthal, als Schwemmland gedacht, im Gegensatze zur Wüste, wird von den heutigen Bewohnern mit dem arabischen Worte „*er-rîf*“ bezeichnet und nimmt seinen Ursprung von der Vereinigung der beiden Nilarme, des Weissen und des Blauen Nils, bei der Stadt Charṭûm. Der grossen nubischen Nilcurve folgend hat dieses Thal bis zu den ersten Katarakten bei einer Länge von 215 deutschen Meilen, des gering entwickelten Canalsystems und der nahe herantretenden Felsufer wegen, nur gegen 50 deutsche Q.-Meilen cultivirten Bodens aufzuweisen. So unbedeutend ist der nubische Antheil am Schwemmlande des Nils, und wenn das Orakel einst verkündete, Aegypten sei das, was der Nil bewässere und Aegypter alle diejenigen, welche aus dem Wasser des Stromes ihren Durst löschen, so meinte es offenbar nur den Strom diesseit der ersten Katarakte.

Eintheilung und Verwaltung. Das eigentliche Aegypten wird seit den ältesten Zeiten in zwei sehr ungleiche Theile zerlegt, in Ober- und Unter-Aegypten. Das erstere, „Ṣa'îd“ genannt, reicht eigentlich von der Stadt Beni-Suêf nur bis zu den ersten Katarakten, ist aber in neuester Zeit bis Wâdi Ḥalfa ausgedehnt worden, so dass heute Oberaegypten bis zu den zweiten Katarakten gerechnet werden muss. Unter den Griechen und Römern begegnen wir neben der alten Zwei- auch einer Dreitheilung des Landes. Das zu Ober- und Unteraegypten tretende Mittelaegypten oder die „Heptanomis“ ist aber niemals viel mehr als ein blosser geographischer Begriff gewesen. Sie verdankte ihren Namen den sieben Gauen oder Nomen, aus denen sie bestand, und zu denen im Norden noch der Memphitische gehörte. Im Süden ward sie von dem Lycopolitischen Nomos (dem heutigen Siûṭ) begrenzt, der schon mit zum eigentlichen Oberaegypten oder zu Thebaïs gerechnet wurde. Sowohl Ober- wie Unteraegypten sind seit frühen Zeiten in eine gewisse Anzahl von Gauen zerlegt worden, die aegyptisch hesp oder ptosch, griechisch nomoi oder Nomen genannt wurden. Diese Eintheilung des Landes blieb sich nicht zu allen Zeiten gleich, wie die Listen der aegyptischen Nomen beweisen, die sich auf den Denkmälern finden. Aus der Epoche der Ptolemäer und römischen Kaiser besitzen wir die meisten und vollständigsten Listen, die bis 22 Gaue für Ober- und ebensoviele für Unteraegypten enthalten. Wir kennen von jedem einzelnen Nomos verschiedene Namen, denn sie wurden theils mit profanen Namen, theils nach der Hauptgottheit benannt, die in ihrer Hauptstadt oder Metropolis verehrt ward. Jeder Nomos hatte seine eigene Gottheit, der besondere Feste mit besonderen Ceremonien gefeiert wurden. Diese localen Culte scheinen den Mittelpunkt für einen scharfen Particularismus gebildet zu haben, der die Gaue schroff gesondert hielt und sie selbst nicht selten in feindliche Beziehungen zu einander brachte. Der Nomos, aus dem die herrschende Pharaonenfamilie stammte, versäumte es nie, sie nach seinem Namen zu benennen (S. 100). Jeder Gau zerfiel wiederum in kleinere Theile, über welche Vorsteher geboten, welche den Gouverneuren der Nomen untergeben waren, wie diese dem Pharao.

Gegenwärtig zerfällt Unteraegypten und Oberaegypten in je 7 Provinzen oder *Mudîrîye*. Die unteraegyptischen Provinzen sind folgende: 1) die von Ḳalyûb an der Spitze des Delta's; 2) Scherkîye, d. h. die östliche, mit dem Hauptort Zaḳâzîḳ; 3) Dachelîye, d. h. die innere, mit dem Hauptorte Manṣûra; 4) die von Menûf; 5) Gharbîye, d. h. die westliche, mit dem Hauptorte Ṭanṭa; 6) Beḥêre, d. h. die vom See, mit dem Hauptorte Damanhûr; schliesslich 7) die von Gîze, gegenüber Kairo. Die 7 oberaegyptischen Provinzen sind die von Beni-Suêf, Minye, Siûṭ, Girge, Ḳene, Esne und Wâdi Ḥalfa. Der Sitz der Mudîrîye von Girge ist in neuerer Zeit nach dem nahen Suhag verlegt worden; das Fayûm bildet eine eigene Mudîrîye. Unabhängig von der Provinzialverwaltung werden die Haupt- und Handelsstädte von Unteraegypten durch eigene Gouverneure verwaltet: Kairo, Alexandrien, Suês, Port Sa'îd, Damiette, Rosette, Isma'îlîya und ausserdem der kleine Hafenort Ḳoṣêr am Rothen Meere.

Häufigen Schwankungen ist die Administration der oberaegyptischen und noch mehr der sudanischen Provinzen unterworfen, indem bald mehrere unter einen Generalgouverneur vereinigt und dann wieder getrennt, bald einer Commission des Ministeriums des Innern untergeordnet werden. Die neuerworbenen Hafenstädte am Rothen Meere haben ihre eigenen Gouverneure *(Mudîr)*, über welche ein in Kassala residirender Generalgouverneur *(Ḥokmdâr)* gesetzt ist. Die Provinzen des Sûdân sind gegenwärtig: Charṭûm, Sennâr, Baḥr el-Abyaḍ, Kordofân, die 4 von Dâr-Fûr, und das Gebiet des oberen Weissen Nil unter Gordon-Pascha. In Charṭûm ist, ausser dem Mudîr, der Sitz des Generalgouverneurs, welchem früher alle ausserhalb Aegyptens im engeren Sinne gelegenen Provinzen untergeordnet waren. Die übrigen Provinzen des Sûdân, Tâka und Gedâref, gehören nebst den Küstenstrichen am Rothen

Meere zu dem obengenannten Generalgouvernement Kassala. Das nubische Nilthal schliesslich wird in die beiden unabhängig von einander verwalteten Provinzen Donkola und Berber zerlegt, erstere mit dem Hauptorte el-'Orde, letztere mit dem Hauptorte el-Mecherîf (auch Berber genannt).

An der Spitze der Verwaltung einer jeden Provinz steht der Mudîr. Ihm zur Seite steht ein „Dîwân" höherer Beamten als Rathscollegium. Letzterer besteht aus folgenden Hauptpersonen: dem Vicegouverneur (*Wekîl*); dem Oberschreiber, Steuereinnehmer und Rendanten, welcher gewöhnlich ein Kopte ist; dem *Kâdi*, d. i. dem obersten Richter und Chef der geistlichen Angelegenheiten; in vielen Mudîrîye's dem Präsidenten einer Handelskammer und Chef für Civilangelegenheiten; dem Polizeichef, dem Oberbaurath für Canalbauten etc., und dem Oberarzte der Provinz. In den kleineren Städten führen die vom Mudîr ressortirenden Districts- und Cantonverwalter die Titel *Kâschif* und *Nâzir el-kism*. Vom Nâzir hängen die Ortsvorsteher der Dörfer ab, welche *Schêch el-beled* oder schlechtweg *Schêch* (Plural *Schiyûch*) genannt werden.

In den grösseren Städten stehen derartige Localchefs auch den verschiedenen Quartieren (in Kairo 53) vor, die dann wieder unter Abtheilungsvorstehern (*Schêch el-tumn*) stehen. Ueber alle, hoch und nieder, gebietet der Mudîr, und wenn über denselben ein Hokmdâr gesetzt ist, der letztere in noch höherem Grade, mit ausgedehnten Vollmachten. Häufig werden die Provinzen von eigens dazu ernannten Inspectoren revidirt, welchen letzteren alsdann die oberste Gewalt zufällt.

Die Obliegenheiten des Mudîrs sind sehr verschiedenartige. Er verwaltet seine Provinz in administrativer, finanzieller und polizeilicher Beziehung. Er hat für die Ruhe und Ordnung zu sorgen, die öffentlichen Bauten, Dämme, Kanäle, Strassen etc. zu überwachen, das Sanitätswesen, Impfung und Siechenhäuser zu beaufsichtigen, alle Veränderungen im Grundbesitz, Verkaufsdocumente, neue Besitztitel, Hypotheken und Pfandakte zu registriren, also die Grundbücher zu führen, alle Processe und Rechtsstreitigkeiten zu schlichten, die nicht zur ausschliesslichen Competenz des religiösen Gerichts (der Meḥkeme) gehören, endlich die Steuern einzutreiben, und zwar hauptsächlich: 1. die *Grundsteuer (chardg)* von den Arâḍi el-Mirîye (S. 40; von den Ib'âdîye wird nur der Zehnt, und von den Schiflik gar keine Steuer erhoben). Dieselbe wird monatlich und in baarem Geld erhoben durch den Ṣarrâf. Von einem Feddân besten Bodens werden in Unteraegypten c. 25 Mark Steuer erhoben; doch werden nicht alle Güter so hoch besteuert: man unterscheidet höchst-, mittel- und niedrigstbesteuerte. Die Güter werden jedes Jahr nach diesen Klassen abgeschätzt und ins Steuerregister eingetragen. — 2. Die *Einkommensteuer* (*werko*, türk. eigentlich *wergi* = Abgabe, oder *firde*) von Handwerkern, Bazarinhabern und Handelsleuten. Die Steuer beträgt im Minimum 4, im Maximum bis zu 20%. — 3. Die *Marktsteuer* (*kîml*). Diese Steuer trifft, während die Einkommensteuer wesentlich auf den Gewerben lastet, die auf den Markt gebrachten Landesproducte, welche im Durchschnitt mit $1\frac{1}{2}$% versteuert werden müssen. Es existirt hierfür ein eigner Tarif.

Agrarverfassung. Den grössten Ländereibesitz ($1\frac{1}{2}$ Millionen Feddân, etwa $\frac{1}{4}$ des gesammten cultivirten Bodens von Aegypten mit einem Kapitalwerth von ca. einer Milliarde Franken) hat der Vicekönig und seine Familie in Händen. Ob als Domaine oder Chatullgut oder Krongut lässt sich nicht ausmachen; im Wesentlichen gelten diese Ländereien als Privateigenthum des Vicekönigs und seiner Familie. Die officielle Bezeichnung dieser Güter ist *Schiflik* (eigentlich: *Tschiftlik*, türkisch = Landgut, Gehöft). Entstanden ist dieser kolossale Grundbesitz aus der Confiskation der Erblehen (*iḳṭâ'e*) der am 11. März 1811 durch Mohammed 'Ali vernichteten Mamluken und aller Familienstiftungen (*irṣâd*), sowie aus der Säcularisirung der Moscheengüter (*waḳf*) und der Einziehung aller in Folge der Entvölkerung unter der Mamlukenherrschaft herrenlos gewordenen Güter.

Ein anderer Theil der Ländereien führt den Namen: *Ib'adiye*-Ländereien. Darunter versteht man Brachgründe, die der Vicekönig zur Urbarmachung oder Wiederurbarmachung unter Uebertragung des vollen Eigenthumsrechts an geeignete Landwirthe als Geschenke vertheilte. Diese Gründe sind die ersten 3 Jahre vollkommen steuerfrei, später zahlen sie eine Steuer von 10% (*'uschr*). Die übrigen Grundstücke führen den officiellen Titel *Arâḍi el-Mîrîye*, d. h. Regierungsgrundstücke. Aller Grund und Boden in Aegypten ist somit, soweit er nicht im Besitz der regierenden Familie oder als Ib'adiye-Grundstück verschenkt ist, fast ganz Eigenthum des Staatsschatzes. Die Grundstücke werden an die Fellachen nur zur Nutzniessung abgegeben und zwar so lange, als diese die Grundsteuer (*charâg*) richtig bezahlen. Seit 1857 besteht übrigens die liberale Verordnung, dass, obwohl die Grundstücke nach koranischem Rechte nach dem Tode der Nutzniesser an den *bêt el-mâl*, d. h. den Staatsschatz, als das Gemeingut der Muslimen zurückfallen sollten, doch die Erben beiderlei Geschlechts den nächsten Anspruch auf Uebernahme des betreffenden Grundstücks haben gegen eine Umschreibungsgebühr von 24 Piaster Tarif vom Feddân. Die von dem Nutzniesser gepflanzten Bäume, errichteten Bewässerungsmaschinen und aufgeführten Gebäude gehören ihm und seinen Erben zum vollen Eigenthum. Auch verkauft, verpachtet und verpfändet darf das Nutzniessungsrecht dieser Grundstücke werden: nur müssen die Verträge von der Regierung ratificirt werden und gilt die Bestimmung, dass, wenn verpfändete Grundstücke nach 15 Jahren nicht ausgelöst sind, sie im Besitze des Pfandinhabers bleiben. Zu öffentlichen Zwecken (Eisenbahnen, Kanälen, Dämmen) kann jeden Augenblick ein Grundstück vom Staate eingezogen werden. Der Nutzniesser erhält statt einer Entschädigung irgendwo anders ein beliebiges Stück angewiesen.

Die Grundsteuer (*charâg*) beträgt gegenwärtig bis zu 20%. Die Steuern werden nicht mehr dorfweise umgelegt, wie früher, sondern direct von der Mudiriye, d. h. der Distriktsbehörde in jeder Provinz für die einzelnen Güter festgesetzt. Aus Gründen der Zweckmässigkeit sind die Güter eingetheilt in grössere Komplexe, welche meist Ländereien einer und derselben Steuerklasse umfassen und in Unteraegypten *ḥôd*, in Oberaegypten *ḳabâle* genannt werden.

In verarmten Gemeinden, welche die Steuer nicht aufbringen konnten, liessen sich unter Mohammed 'Ali reiche Kapitalisten die Bezahlung der Steuern übertragen mit der nöthigen Befugniss zur Wiedereintreibung derselben von den Fellachen. Dieses Recht konnte nicht weiter übertragen und von der Regierung jederzeit zurückgenommen werden. Die Güterkomplexe, wo dieses System der Steuerzahlung noch herrscht, heissen *'uhde*-Güter.

Nach *Stephan.*

Einwohnerzahl. Wir wissen mit Sicherheit, dass die Einwohnerzahl von Aegypten im Alterthum grösser war als heute; denn wenn wir auch die auf einer mnemonischen Spielerei basirte viel zu hohe Angabe des Theokrit unberücksichtigt lassen, so steht es doch fest, dass zur Zeit des Herodot wenigstens $7\frac{1}{2}$ Millionen und nach einem Rückgange während des Verfalls des Ptolemaeischen Herrscherhauses unter Nero ebensoviele Menschen in Aegypten lebten, welches nach neuerer Berechnung 8—9 Millionen Einwohner zu ernähren im Stande sein würde, während heute nur wenig mehr als 5 Millionen Seelen das aegyptische Nilthal bewohnen. Kann diese Zahl mit denen, die uns aus dem Alterthum überliefert sind, nicht gleichen Schritt halten, so ist sie erfreulich im Vergleiche zu denen, welche nach der Niederwerfung der Mamluken und noch am Ende der Regierung Moḥammed 'Ali's ermittelt worden sind. Es ist namentlich den verständigeren Verwaltungsmassregeln unter Isma'îl Pascha, dem jetzigen Vicekönige, zuzuschreiben, dass trotz der immer spärlicher werdenden und gesetzlich untersagten Sklavenzufuhr sich die Einwohnerzahl von 1838—1873 um mehr als 2 Millionen vermehrt hat.

Das eigentliche Aegypten soll nach neueren amtlichen Berichten gegenwärtig 5,250,000 Einwohner zählen, so dass 178 Einwohner auf den Quadratkilometer kommen, Aegypten mithin an Dichtigkeit der Bevölkerung die meisten europäischen Staaten übertreffen würde. Die Volkszählungen in mohammedanischen Ländern haben aber aus leicht begreiflichen Gründen einen sehr relativen Werth. Besonders sind es die in den grösseren Städten wiederholten Zählungen, welche sehr abweichende Resultate ergaben; zuverlässiger dagegen fallen dieselben in den Dörfern des Landes aus, wo die gleichmässigeren Steuern eine gegenseitige Controle ins Leben rufen. Von der Einwohnerzahl der ausserhalb des eigentlichen Aegyptens gelegenen Provinzen lassen sich nur ganz vage, auf keinerlei Volkszählung basirte Schätzungen machen. Die dichteste Bevölkerung findet sich in Dâr-Fûr (zwischen 3 und 4 Millionen) und in der Provinz des Baḥr el-Abyaḍ, wo der Schilluk-Stamm mit ungefähr 1 Million die gleiche Dichtigkeit wie im engeren Aegypten aufweist. Die Einwohnerzahl des aegyptischen Reichs in seiner heutigen ganzen Ausdehnung kann man immerhin mit ziemlicher Wahrscheinlichkeit auf zwischen 16 und 17 Millionen schätzen.

Herkunft und Abstammung der Aegypter. Tausende von Jahren bewohnt, in nachweisbar physisch unveränderter Gestalt, das Volk der Aegypter die Gestade des Nils, das älteste Volk der historischen Welt. Aus der endlosen Reihe von Völkerwanderungen und Wandelungen, über welche die Geschichte berichtet, ragt die stabile Eigenartigkeit der Aegypter einzig hervor. Wie der Nilstrom, als dessen Geschenk Aegypten gilt und an den sich die ganze Existenz seiner Bewohner knüpft, unverändert alljährlich sich von neuem verjüngt, so scheint derselbe auch dem sesshaften Ackervolke an seinen Ufern einen Stempel unvergänglicher Beständigkeit aufzuprägen. Kein Land der Welt, das in so hohem Grade abhängig von einem Flusse, der es gemodelt, wie Aegypten; kein Fluss so exceptionell in seiner physischen Beschaffenheit, wie der Nil; daher auch keine Rasse von so ausgeprägter Eigenart, wie das ewige Volk der Aegypter. Der Gedanke liegt daher nahe, dass jegliche menschliche Existenz, welche auf dem fetten Boden der Nilerde keimte, gleichviel von woher ihre Keime herbeigeführt wurden, die geheimnissvolle, in sich abgeschlossene Eigenthümlichkeit der letzteren zum Ausdruck bringen musste, dass Menschen, welche die Nilufer fortzeugend bewohnten, immer wieder zu dem von der

Natur einmal bedingten Typus sich umzugestalten hatten, wenn auch ursprünglich ihnen ein anderer vorgezeichnet worden war. Gilt doch auch anderwärts der Mensch nur als ein Kind des Bodens, der ihn erzeugte, wie die Pflanze, welche aus ihm hervorgesprossen; wieviel mehr auf dem unvergleichlichen, scharf abgegrenzten Boden Aegyptens, umgeben von Meer und Wüste, und in der Geschichte von Jahrtausenden. Derartige Erwägungen müssen uns jeder Theorie über den Ursprung und die Abstammung der Aegypter mit berechtigten Zweifeln entgegen treten lassen. Der Sprachforscher, welcher in der Sprache der alten Aegypter Gemeinsames an durchgreifenden Merkmalen nur im Hinblick auf das Semitische findet, ebenso der Kunstkenner, der in manchen Formen Anklänge an asiatische Bildungen zu erkennen meint, beide werden stets für die asiatische Herkunft des Pharaonenvolks plaidiren. Der Ethnograph dagegen, indem er unter den alten Geräthen ihres häuslichen Lebens, wie in einem grossen Theil ihrer Sitten und Gebräuche eben nur Anklänge erkennt, die ihm noch heute von den Ufern des Niger und Zambezi entgegen klingen, wie sie aber nimmermehr an denen des Indus und Euphrat zu vernehmen sind, wird stets der entgegengesetzten Ansicht sein. Ein Compromiss ist am leichtesten angebahnt, wenn wir bei Betrachtung der Aegypter uns zunächst an dasjenige halten, was sie sind, — Bewohner afrikanischer Erde. Ihre Standhaftigkeit gegen alle äusseren Einflüsse hat sich durch Jahrtausende in bewunderungswürdiger Weise bewährt, und obgleich die Aegypter von Hyksos, Aethiopen, Assyrern, Persern, Griechen, Römern, Arabern und Türken überschwemmt, beherrscht, gemisshandelt und doch in den meisten Fällen zur Ehe herangezogen wurden, hat sich ihre physische Eigenart bis heute in grosser Reinheit erhalten, und nur ihr Charakter durch die Einführung der neuen Religionen, des Christenthums und des Islâm verhältnissmässige Modificationen erfahren. Bedenkt man nun, dass die Eroberer meist nur als Armee ins Land kamen, mithin von der vorhandenen Bevölkerung nur einen kleinen Bruchtheil auszumachen vermochten, dass sie ihre Frauen da aufgriffen, wo sie sie fanden, dass mithin ihre Rassenexistenz nur als fremde, herrschende Kaste gesichert und auch diese nur von verhältnissmässig kurzer Dauer sein konnte, da die Natur sich stets unerbittlich gegen Bastardbildungen zu erweisen pflegt, so muss der Einfluss solcher Eroberungen noch in ganz anderm Lichte erscheinen. Was in Aegypten sich dauernd sesshaft und fruchtbar machte von fremder Einwanderung, das wurde unfehlbar von der Masse der Eingebornen verschlungen und absorbirt, sowie wir beim Mischen heterogener Lösungen sehr oft keinerlei Niederschlag oder Gefälle wahrzunehmen Gelegenheit haben, wenn wir die fremde Solution nur tropfenweise zuführen. Die uns bekanntere Geschichte der arabischen Invasion beleuchtet dieses Verhältniss zur Genüge. Echte Araber gibt es, abgesehen von den durchaus vom Aegyptervolke getrennt lebenden Beduinen, nur in den Städten, wo ihr Zuzug, als Gewerbetreibende, Händler, Pilger etc. beständig fortdauert. Noch schlagendere Belege für die umgestaltende Kraft der Nil-Luft nach aegyptischem Muster finden sich in einer verwandten Sphäre, in der Geschichte der aegyptischen Hausthiere. Vor allem ist es das freilich durch den Büffel mehr und mehr verdrängte Rind (S. 92), welches durch allgemeine Seuchen oft wiederholt im Laufe eines Jahrhunderts gänzlich aus dem Lande verschwunden und durch Zuzug der verschiedensten Rassen von Norden, Osten und Süden von neuem ersetzt, nach Verlauf weniger Generationen bereits immer wieder mit den charakteristischen Merkmalen der aegyptischen Rasse ausgestattet erscheint, sodass die heutige noch genau den Abbildungen auf den alten Tempelbildern entspricht.

Um noch einmal auf die Frage vom Ursprunge des Aegyptervolks und auch auf das Gegentheil des vorhin Bemerkten einzugehen, darf nicht verschwiegen werden, dass nach der Ansicht der Bibel die Aegypter asiatischer Herkunft sind. Ham oder Cham, der Sohn des Noah, wird als Stammvater von Misraim genannt. Der biblische Name „Hamiten" würde mithin zu der Annahme einer zusammenhängenden Verwandtschaft der Aegypter mit den übrigen Bewohnern Afrika's, die man „vom Stamme Hams" zu nennen beliebt, wohl passen, wenn man eben in den Aegyptern nur „Neger der edelsten Art" erkennen will. Immerhin wird selbst der aufs entschiedenste für einen asiatischen Ursprung der Aegypter Plaidirende zugeben müssen, dass dieselben, da sie als Einwandrer zu den Ufern des Nils gelangten, hierselbst eine Urbevölkerung vorfanden. Die Spuren der letzteren lassen sich auch auf verschiedenen Wegen nachweisen. Wie überall das höher begabte Volk, sobald es ein niedriger begabtes unterworfen, sich das letztere dienstbar zu machen und soweit zu assimiliren versteht, wie das die geringeren Anlagen der Besiegten und der Stolz des Siegers zulassen, so geschah es auch in Aegypten, dass die eingewanderten Asiaten die eingebornen und von der Natur ärmer ausgestatteten Afrikaner, die sie am Nile vorfanden, schnell zu ihren Anschauungen, ihren Sitten, ihrer Religion und Sprache herüberzogen, nicht aber ohne selbst unberührt zu bleiben von der Eigenart des von ihnen beherrschten Stammes. Jedenfalls hat es den Anschein, als hätten die muthmasslichen Eingewanderten es verstanden, ihr Uebergewicht über die ältere Schicht der Bevölkerung des Nilthals zu behaupten, und wir werden schwerlich fehl gehen, wenn wir in den durch den ganzen weiten Zeitraum des altaegyptischen Culturlebens scharf von dem gemeinen Volke gesonderten Kasten der Priester, zu der alle Bürger gehörten, die sich geistigen oder künstlerischen Bestrebungen irgend welcher Art widmeten, und der Krieger, aus denen auch die göttlich verehrte Familie der Könige hervorging, die von den Ureinwohnern nicht unbeeinflussten Asiaten, in dem gemeinen aegyptischen Volke Afrikaner wiedererkennen.

Die heutigen Aegypter. Von ihnen verdienen folgende durch Herkunft und Religion zusammengehörende Gruppen unsere besondere Berücksichtigung. 1. Die Fellachen *(fellâḥ*, pl. *fellâḥîn)*, die „Pflüger" oder „Bauern", können als der Kern der aegyptischen Volkskraft bezeichnet werden und verdienen daher eine eingehendere Besprechung. Ihre Statur ist im Durchschnitt von mehr als mittlerer Grösse, der Knochenbau robust, namentlich der Schädel ausserordentlich fest und massig geformt, auch die Fuss- und Handgelenke sind sehr kräftig, fast plump, alles Merkmale, welche die Fellachen, wie die Hausthiere, welche in ihrer Gesellschaft leben, in einen entschiedenen Gegensatz zu den Bewohnern der Wüste stellen (Beduine und Fellâḥ verhalten sich genau so zu einander, wie das Kamel des Nilthals zu dem der Wüstenstriche). Eine hervorragende Eigenthümlichkeit ihres Körperbaues bildet die ungeachtet eines solchen kräftigen Gerüstes stets und ausnahmslos unter ihnen mangelnde Fettleibigkeit. Von besonders auffälliger Schlankheit sind die Mädchen und Frauen. „Zei el-ḥabl" (wie ein Strick) hört man sie oft sich selbst unter einander bezeichnen. Der durch völliges Rasiren selten sichtbare Haarwuchs verräth sich beim Militär und an den langen Flechten der Mädchen als von „unbeschränktem Wachsthum", im Gegensatze zu dem beschränkten, wollig kurzen des prononcirten Negertypus. Er ist indess oft von dichter fast wollartiger Kräuselung und stets schwarz.

Eine Haupteigenthümlichkeit der aegyptischen Rasse ist die beispiellos dichte Stellung der Wimpern an beiden Augenlidern, welche dieselben mit einem continuirlichen schwarzen Saume berandern, was den „mandelförmig geschlitzten" Augen der Aegypter den so lebhaften Ausdruck verleiht. Die uralte und heute noch häufig geübte Sitte des Schwarzfärbens der Augenränder vermittelst Antimon („koḥl"), ein Verfahren, das aus sanitären Rücksichten erklärt wird, erscheint somit nur als die Nachhülfe eines von der Natur bereits sehr deutlich vorgezeichneten Typus. Unter den physiognomischen Merkmalen sticht die Geradlinigkeit der mit dicht angeschmiegten (nie buschigen) Haaren besetzten Augenbrauen und ein breiter dicklippiger Mund hervor, letzteres ein wesentlicher Gegensatz zum Beduinen und Oasenbewohner. Die breit abstehenden, sehr stark entwickelten Backenknochen, eine niedere Stirn und die tiefe Einsenkung der (von der Stirn scharf abgesetzten) Nasenbasis gehören, wie die niemals „aquiline" Gestaltung der Nase selbst, zu den Merkmalen des Schädelbaues, welcher sich durch die geringste Prognathie unter den farbigen Völkern Afrikas hervorthut und der Annahme, der Schädelbau der Aegypter habe einen asiatischen Charakter, viel Nahrung gegeben hat. Es ist nicht wahr, dass im Schädel des Aegypters, des alten, wie des neuen (beide stimmen hinreichend überein) keinerlei Verwandtschaft mit den sogenannten Negerrassen ausgeprägt sei. Die lückenhafte Kenntniss der letzteren und das noch lückenhaftere cranioscopische Material davon in unseren Sammlungen veranlasste einen solchen Irrthum. In der That können Negervölker, wie die Nuba und Schilluk, namhaft gemacht werden, welche in ihrer ganzen sonstigen Leibesbeschaffenheit einen unbezweifelbaren „Negertypus“ zur Schau tragen und dennoch in Bezug auf geringe Prognathie vollkommen den Aegyptern zur Seite stehen. Die Hautfarbe der aegyptischen Landbevölkerung ist eine um viele Schattirungen tiefere als diejenige der Städter von gleicher Rasse. Sie stuft sich ebenso deutlich, den drei geographischen Theilen des Landes entsprechend, von Süden nach Norden zu ab, vom tiefsten Bronzebraun der Oberaegypter bis zum hellsten Braun der Bewohner des Delta's. Der Unterschied zwischen der Farbe der Nubier und Oberaegypter, selbst da wo beide Völker an einander grenzen, ist immerhin ein bemerklicher, durch die Verschiedenheit im Grundton der Färbung (bei den Nubiern mehr rothbraun).

Die Behausung des Fellâḥ ist sehr armseliger Art; meist besteht sie nur aus vier niederen Wänden aus Nilerde, mit einem Dach aus Dura-Stroh, auf dem der Haushahn sein Wesen treibt. Darinnen einige Matten, ein Schaffell, Mattenkörbe, ein kupferner Kessel, irdene Krüge und einige Holzschüsseln machen das ganze Inventar einer Fellâḥwohnung aus. Der Reisende, welcher zum ersten Male auf der Durchfahrt durch das Delta aus dem Eisenbahnwagen auf die elenden, in Folge der Winterregen verfallenen Hütten schaut, soll indess nicht meinen, der Art seien alle Bauernhütten Aegyptens. In Mittel- und Oberaegypten werden dieselben sich ihm in weit günstigerem Lichte präsentiren. Unter dem aegyptischen Himmel hat das Haus nicht eine Bedeutung wie bei uns im Norden, es gehört keineswegs zu dem absolut Unentbehrlichen, es dient nur als Quartier für die Nacht. Tags über ist der Aufenthalt im Freien, vor der Hütte im halblichten Schatten der Akazien, auf deren Zweigen die Tauben ihr unablässiges Gurren ertönen lassen; hier ist es, wo der Fellâḥ seiner Musse pflegt, plaudernd und das Garn der Ziegenwolle aus der in seiner Hand kreisenden Spindel drehend. Die Lebensweise des armen Bauern ist die nüchternste von der Welt. Die Basis seiner Kost bildet ein eigenthümliches Brot von Sorghum-Mehl in Oberaegypten, von Mais im Delta; Brot von Weizen wird nur von den Wohlhabenderen genossen; gewöhnlich hat es durch ein beigemischtes Bohnenmehl (*foenum graecum*) ein grünliches Aussehen. Saubohnen (fûl) spielen nächstdem bei Allen die Hauptrolle im Haushalte des Magens. Zur Nacht pflegt ein Jeder, selbst der Aermste, etwas Warmes zu sich zu nehmen. Gewöhnlich besteht dieses Warme freilich nur aus einer stark gesalzenen Sauce von Zwiebeln in Butter bei den Reichen, in Lein- oder Sesamöl bei den Armen. Eintunken der Brotstücke in diese Sauce, welche im Sommer durch die allverbreitete Bâmia (eine Kapselfrucht von Hibiscus), begleitet von mannigfachen Kräutern, eine schleimige Beschaffenheit annimmt, ist beim Essen (mit den Fingern) ein allgemeiner Brauch. Ueberall, auf dem Lande wie in den Städten, ist Milch in gesäuerter oder gekäster Gestalt (von Ziegen, Schafen und Büffeln) mit der täglichen Kost verbunden, jedoch stets in höchst bescheiden zugemessenen Quantitäten. Erstaunlich gross ist im Hochsommer der Consum von gurken- und kürbisartigen Früchten, welche das Land in grösster Menge hervorbringt. In einer einzigen Zeit im Jahre, im Ramaḍân (vergl. S. 163), dem Monate der Fasten bei Tageszeit, und dann in den drei Tagen des grossen Beirâmfestes (Ḳorbân-Beirâm) nimmt auch der Aermste einige Fleischkost zu sich, und an die Bettler wird alsdann solche unentgeltlich vertheilt.

Von der Kleidung des aegypt. Landmanns ist wenig zu sagen. Da er meist gewohnt ist, auf freiem Felde zu jeder Jahreszeit völlig unbekleidet seiner Arbeit nachzugehen, so genügt ein indigogefärbtes Baumwollenhemd *(ḳamîṣ)* und ein weiterer mantelartiger Ueberwurf von braunem selbstgesponnenen Ziegengarn *(za'bûṭ* oder *'abâye, 'aba)* oder einfach eine schafwollene Decke *(ḥirâm)*, dazu eine dicke, sich knapp der Schädelwölbung anpassende Filzkapppe *(libde)* allen Ansprüchen. Gewöhnlich geht er barfuss und trägt nur selten die rothen zugespitzten *(zerbûn)* oder die breiten gelben Schuhe *(balgha)*. Ortsvorsteher und wohlhabendere Bauern tragen, wenn sie die Märkte in den Städten besuchen, weite schwarze Wollenmäntel und als Kopfbedeckung einen dicken rothen (sogen. tunesischen) Fez *(ṭarbûsch)* mit blauer Seidenquaste, um welchen sie den weissen oder rothen Turban *('imme)* wickeln. In der Hand tragen sie gewöhnlich einen dicken langen Stab *(nabbût)* aus der Mittelrippe des Blattes der Dattelpalme.

Die gesammte Bodencultur dieses durchaus auf den Ackerbau angewiesenen Landes befindet sich in der Hand der Fellachen und ist die ihrer Begabung und Neigung einzig angemessene Thätigkeit, ein Umstand, der für sich zu beweisen genügt, wie vollständig das sesshafte altaegyptische Blut in ihnen über das unstäte arabische siegte, das sich doch seit der Eroberung des Nilthals durch die Heere des Islâm reichlich genug mit dem ihren vermischte. Namentlich in Oberaegypten hat sich der altaegyptische Typus, den der Reisende am leichtesten bei den Kindern und Frauen (deren Züge nicht durch den von den alten Aegyptern verschmähten Vollbart verhüllt und verändert sind) herausfinden wird, unter manchen Fellâḥfamilien in wunderbarer Reinheit erhalten, und auch unter den Berberinern aus der zwischen dem ersten und zweiten Katarakt gelegenen Landschaft finden sich Leute, bei deren Anblick man denken möchte, ein Bildniss aus der Pharaonenzeit habe Leben und Wärme gewonnen, bewege sich vor uns und wandle.

In Unteraegypten und namentlich im Delta hat durch den mehr als ein Jahrtausend ohne Unterbrechung strömenden Zufluss von arabischem Blut die semitische über die hamitische Eigenart den

Sieg davon getragen, und so kommt es, dass hier mit Ausnahme von einigen Gegenden im nordöstlichen Delta der aegyptische Pflüger von dem syrischen Landbauer kaum zu unterscheiden ist. Wenn der Fellâḥ von den körperlichen Eigenthümlichkeiten seiner Voreltern schon so viel zu bewahren vermochte, so erbte er auch nicht wenig von ihrer geistigen und gemüthlichen Beschaffenheit und leider auch von ihrem Lebensgeschicke, das wie ein Naturgesetz über den aegyptischen Bauer verhängt zu sein scheint. Im Alterthum hatte der Fellâḥ im Dienste der Priester und Fürsten sauren Schweiss zu vergiessen und die Früchte seiner Arbeit den Mächtigen seines Landes zu überlassen, und heute ergeht es ihm ebenso, nur dass sich die Namen seiner Dienstherren geändert haben und die Aufhebung der Zwangsarbeit ihm einige Erleichterung verschafft. Das Opfer, welches die aegyptische Regierung bringt, indem sie sich des Rechtes begiebt, frei über die Person der weitaus den grössten Theil der Landesbevölkerung repräsentirenden Fellachen zu verfügen, darf nicht unterschätzt werden, und es ist die wenig bekannte Thatsache gewiss dankbar anzuerkennen, dass auch der Geringste zu keinem Dienste herangezogen werden darf, sobald er zu lesen oder zu schreiben versteht.

Der aegyptische Bauer ist namentlich in den jüngeren Jahren erstaunlich gelehrig, klug und rührig. Im späteren Alter verliert er die Munterkeit, Frische und Elasticität des Geistes, die ihn als Knaben so liebenswürdig und viel versprechend erscheinen lässt, durch Noth und Sorge und das sein Leben ausfüllende Schöpfen mit dem Danaidenkruge. Er pflügt und erntet, er arbeitet und erwirbt, aber der gewonnene Piaster bleibt selten sein Eigenthum. So wird sein Charakter der Sinnesart eines begabten aber mit Härte und Selbstsucht erzogenen Kindes ähnlich, welches, wenn es heranwächst, begreifen muss, dass es ausgebeutet wird. Eigensinn und Verstocktheit verdrängen die unbefangene Heiterkeit der Kindesseele, und wie zur Zeit des Ammianus Marcellinus lässt sich heute noch der Fellâḥ von Schlägen, deren er sich oft in ostensiver Weise zu rühmen pflegt, zerfleischen, ehe er die ihm abverlangten Steuern entrichtet.

Gewiss ist der Fellâḥ ein fleissiger Arbeiter auf seinem Felde, und die Arbeit, die seiner dort harrt, ist gross, grösser vielleicht als die unserer Bauern, denn hat er sich auch nicht mit der Düngung des Bodens viel abzuplagen, so erfordert die fortwährende Bewässerung, das ewige Waten und Schlammtreten, vor allem aber die Arbeit am Schöpfeimer einen erhöhten Aufwand von Kräften. Auf der andern Seite ist ihm jede Bemühung um ein besseres Lebensloos, jede Anstrengung und jedes Nachdenken über die Vervollkommnung seiner Arbeit fremd; sobald die allernothwendigste Pflicht erfüllt ist, ruht er und raucht, denn für alles andere hat Allah zu sorgen. Und es ist gerade jener mohammedanische Fatalismus, welchen der Fellâḥ so versteht, als wenn man sich dem Laufe der Dinge passiv zu unterwerfen habe, weil es ja unnütz sei, dem Unabänderlichen zu widerstreben, der seine Kraft unterbindet und ihn zu jener uns geradezu empörenden Indolenz führt, die ihn ruhig zusehen lässt, wenn sein Kind stirbt, das er dann mit aufrichtigem Seelenschmerze beklagt, denn er hat ein weiches Herz und warmen Familiensinn. Er ist ausserdem friedfertig, wohlgesinnt und hülfreich namentlich gegen seines Gleichen; der Diebstahl kommt in seinen Kreisen seltener vor als in Europa unter den gleichen Gesellschaftsschichten. Nur wenn wir Fremden ihn im Verkehre mit diesen letzteren beobachten, werden wir seine besseren Seiten erkennen und schätzen lernen, denn wir sind ihm nichts als willkommene Zahler (vergl. S. 20).

Der Fellâḥ hängt an der Religion des Propheten, von dessen Lehre und Person er im Allgemeinen wenig weiss, und hält sich für besser als uns, die wir doch der ewigen Verdammniss anheimfallen werden, aber er hasst uns nicht um unseres falschen Glaubens willen; im Gegentheil! Es stärkt seinen Glauben an eine ewige Gerechtigkeit, wenn er uns sieht und sich sagt, dass wir für so viele Bequemlichkeit und Genüsse auf Erden im Jenseits aller der des Gläubigen harrenden Freuden entbehren sollen. Unsere den seinen so weit überlegenen Kenntnisse bewundert und überschätzt er. Jeder gut gekleidete Europäer ist nach seiner Ansicht ein Gefäss des Wissens, und da bei ihm die Begriffe „Gelehrter“ und „Arzt“ zusammenfallen, so traut er uns ohne weiteres die Fähigkeit zu, Krankheiten zu vertreiben und den Tod zu verscheuchen. Der Reisende, der mit den Fellâḥ's verkehrt, wird oft um Arzneien angegangen werden, und durch Arznei sind dieselben auch leichter zu gewinnen als durch Geld; nicht selten wird indessen auch unter dem Vorwande, dass ein Kranker im Dorfe sei, von Männern um „Raḳî“ (Arak, Cognac) gebettelt.

2. Kopten *(ḳûbṭ, ûbṭ)*. Während wir den Fellâḥ allein schon wegen seines Wohnenbleibens auf aegyptischem Boden als echten Aegypter betrachten zu müssen glaubten, bietet uns beim Kopten auch die Religion eine Garantie für seine historische Rassenreinheit. Die Kopten sind als die directesten Nachkommen der alten Aegypter zu betrachten; denn einerseits lässt es sich nicht annehmen, dass nach der Eroberung des Landes durch den Islâm daselbst irgendwo fremde Einwanderer zum Christenthume übergetreten seien, andererseits bietet auch ihr mehrere Jahrhunderte hindurch mit solcher Hartnäckigkeit gegen die byzantinische Staatsreligion verfochtenes monophysitisches Christenthum dafür hinreichende Gewähr. Die Anzahl der Kopten, nach officiellen Angaben auf 250,000 geschätzt, eine offenbar viel zu niedrig gegriffene Ziffer, mag gegen 300,000, d. i. $^1/_{10}$ der wirklich eingebornen Bevölkerung des Nilthales betragen. Ihr Dichtigkeitscentrum findet sich in den Städten des nördlichen Oberaegyptens, um das alte Koptos, dann in Negâde, Luḳsor, Esne, Dendera, Girge, Tachta, Benûb el-Ḥam-

mâm und andern volkreichen Ortschaften, vor allem in Siûṭ und Achmîm (in letzterem angeblich 40,000), die zum grossen oder grösseren Theil von Kopten bewohnt werden.

Der koptische Patriarch wird vom Rathe der Priester im Kloster des h. Antonius (in der östl. Wüste) ernannt, unter Hinzuziehung der Bischöfe Aegyptens; selbst dem „Abûna" (d. i. „Vater") von Abessinien kommt dabei eine Stimme zu. Wenn aber der Patriarch vor seinem Tode einen Nachfolger bestimmt, so wird seine Wahl ohne Veto von der Synode anerkannt. In der Regel trifft die Wahl einen jungen Priester von lebhaftem, redegewandtem Geist und imponirendem Aeussern. Dem Vicekönig von Aegypten steht das Recht der Investitur eines Patriarchen zu; der jetzige war Mönch in einem der Klöster bei den Natron-Seen.

Da die grosse Mehrzahl der Kopten Städter sind und sich als solche ausschliesslich den höheren Gewerben und feineren Handarbeiten hingeben (Uhrmacher, Gold- und Silberarbeiter, Juweliere, Schneider, Goldsticker, Weber, Verfertiger falscher Alterthümer) oder durch die Arbeit mit der Feder, als Schreiber, Rechenmeister, Notare, Buchhalter etc. im privaten wie auch im Staatsdienst, dann auch durch Handel ihren Unterhalt finden, so kann es nicht Wunder nehmen, wenn wir sie im Grossen und Ganzen, was Körperbeschaffenheit anlangt, einen gewissen Gegensatz zu den Fellachen darstellen sehen. Ein feinerer Knochenbau mit zierlichen Extremitäten, das mittlere selten 5 Pariser Fuss übersteigende Maass ihrer Körperhöhe, eine schmälere, höhere (weil mit schwächer entwickelten Backenknochen) Schädelbildung, hellere Gesichtsfarbe bilden Unterschiede, die sich hinlänglich aus der Verschiedenheit der Lebensweise erklären lassen, sobald wir diejenigen Kopten, welche dem Bodenbau obliegen, mit in Betracht ziehen. Diese letzteren, wie die koptischen Kameltreiber Oberaegyptens, sind von den übrigen Fellachen nicht zu unterscheiden und von den städtischen Kopten ebenso verschieden, wie die Rassen der aegyptischen Hausthiere, je nachdem sie das Nilthal oder die Wüste bewohnen.

Wenige Völker des Orients haben die Lehre des Heilands schneller und eifriger angenommen, als die Bewohner des Nilthals. Von Alters her gewöhnt, das Leben als eine Wallfahrt zum Tode, als eine Vorbereitungsschule für das Jenseits zu betrachten, und überdrüssig des bunten, unfasslichen Pantheons von göttlichen Attributen, in dem sie durch eine eigensüchtige Priesterschaft geflissentlich von jeder tiefen und reinen Erkenntniss ferngehalten wurden, fanden sie in dem die Welt verneinenden und dem Tode zugewandten Pessimismus des Christenthums etwas Verwandtes und in seiner reinen Erlösungslehre Befreiung und Rettung. Angemessen der düstern Gemüths- und Gedankenwelt, in der sie seit Jahrtausenden heimisch waren, fassten sie das Christenthum ernster und finsterer auf, als irgend ein anderes Volk der Erde; und so kam es, dass zuerst unter ihnen die Busse zur Askese wurde, und der Wunsch der Welt abzusterben fromme Eiferer in die Anachoretenklausen führte. Die Glaubensfragen wurden von diesen fanatischen

Frommen über die Angelegenheiten der Politik und des bürgerlichen Lebens gestellt. In Christus hatten sie mit Eutyches nur *eine* Natur, die göttliche verehrt, in die alles Menschliche in ihm aufgegangen war, und als nun in dem Concil von Chalcedon 451 die andere Lehre, dass in Christus die menschliche neben der göttlichen Natur fortbestehe und sich in ihm zu einer gottmenschlichen vermähle, sanctionirt worden war, da hielten die Aegypter mit der ihrem Charakter eigenthümlichen Zähigkeit an ihrem alten Glauben fest und schlossen sich zu einer Secte zusammen, die den Namen der Eutychianer oder Monophysiten führte und der die sogenannten *Kopten* heute noch angehören.

Ihr Name ist ein ethnischer, der einfach als eine Umwandlung des griechischen Namens der Aegypter im Munde der Araber bezeichnet werden muss. Unhaltbar ist die Annahme, dass der Name der Kopten auf einen gewissen Jacobus zurückzuführen sei, der nach Makrîsî „el-Berâdi'î“ d. i. der Deckenträger genannt ward, weil er nur mit alten Pferdedecken bekleidet, als Reiseprediger im Lande umherzog. Dieser Jacobus brachte die monophysitische Lehre des Eutyches, die in dem Bischof von Alexandrien Dioskuros ihren mächtigsten, freilich nach dem Concil von Chalcedon verketzerten und verbannten Vorkämpfer gefunden hatte, unter das Volk und so kam es, dass die an eine Natur des Heilands glaubenden Christen auch Jacobiten genannt wurden. Wäre dieser Name zu cobit oder cobt verkürzt worden, so müsste man ihn oft in den Schriften der Monophysiten in dieser Form wiederfinden; doch kommt er dort niemals vor. Wenn er später fast ausschliesslich dazu diente, eine Glaubensgenossenschaft zu bezeichnen, so ist das sehr natürlich, da sich bei der Eroberung des Nilthals durch 'Amr die eingebornen Aegypter, welche sich fast ausnahmslos dem monophysitischen Bekenntnisse zugewandt hatten, besonders durch ihre Religion von den Eindringlingen, die als Verbreiter eines neuen Glaubens gen Westen zogen, unterschieden.

Schrecklich und blutig waren die Kämpfe, welche im 6. Jahrhunderte das Leben und das Wohlsein vieler Tausende vernichteten, und deren Ursachen doch so beschaffen waren, dass sie von der Mehrzahl der Streitenden kaum begriffen werden konnten. Subtile dogmatische Meinungsdifferenzen gaben damals auch dem Bauer das Schwert in die Hand, und der Hass, welcher den einen Theil der Bekenner der Religion der Liebe gegen den anderen beseelte, war stark genug, die Unterliegenden, hier die Monophysiten, zu bewegen, die Heere des Islâm freundlich aufzunehmen, ja vielleicht in das eigene Land zu rufen.

Nach der Eroberung von Aegypten durch 'Amr wurden die Kopten zunächst mit Milde behandelt, Kopten nahmen sogar eine geraume Zeit die höchsten Stellen in der inneren Verwaltung des Landes ein; doch hatten sie bald Bedrückungen und Verfolgungen aller Art zu erfahren, an denen ihr grenzenloser Hochmuth und beständige Conspirationen gegen die neuen Herren des Landes die Hauptschuld trugen. Die mohammedanischen Zeitgenossen bezeichnen sie sogar als die Urheber jener unaufhörlichen Brandstiftungen (S. 261), unter welchen die neue Hauptstadt des Landes zu leiden hatte. Von Alters her gewohnt, sich als das erste Culturvolk der Welt und die Griechen nur als Schüler zu betrachten, auf welche sie geringschätzig herabblickten, glaubten sie in den Arabern ein erwünschtes Mittel zu finden, sich der Herrschaft der ersteren zu entledigen. Sind wir erst die Byzantiner los, so mochten sie denken, mit den rohen Söhnen der Wüste wollen wir schon allein fertig werden. Allein selten ist wohl Nationaleitelkeit und Rassenstolz schmählicher zu Fall gekommen als bei den Kopten, und die Nachfolger des grossen Eroberers, welcher sein Gebet vor der Schwelle des neuen Tempels von Jerusalem verrichtete, nur um seine Truppen davon abzuhalten, das Heiligthum des auch von ihnen verehrten Jesus für sich in Beschlag zu nehmen, machten vergebliche, durch das Gebahren der Kopten immer vereitelte Anstrengungen, ihnen die religiösen Verfolgungen zu ersparen, zu welchen sie selbst das erste Beispiel gegeben.

Wenn trotz aller Bedrückungen und Verfolgungen seitens ihrer fremden Unterjocher und ungeachtet der Gleichgültigkeit aller orthodoxen Glaubensgenossen und der Versuchung, durch den Uebertritt zur Religion der Machthaber viel Demüthigung und Leid gegen ein gesichertes und unbeeinträchtigtes Leben einzutauschen, immer noch eine koptische Gemeinde von imposanter Grösse in Aegypten zu finden ist, so darf dies ausschliesslich der Zähigkeit und Beharrlichkeit des aegyptischen Nationalcharakters zugeschrieben werden, als dessen Repräsentanten die Kopten heute noch zu betrachten sind. Wie die geistigen, so haben sie auch die körperlichen Eigenthümlichkeiten ihrer Vorfahren geerbt; doch sind sie durch die unausgesetzten Bedrückungen, die sie zu erleiden, und die Verachtung, die sie zu ertragen hatten, nach jeder Richtung hin zurückgegangen. Der ernste Sinn der Unterthanen der Pharaonen ist bei ihnen zur düsteren Mürrischkeit, die Arbeitslust zur Habgier geworden. Der Groll, der ihre Seele seit Jahrtausenden erfüllt, verbitterte sie, und die Unterdrückung, welche sie erfahren und der sie zu widerstehen vermocht hatten, lehrte sie bald zu kriechen, bald, wo es sein konnte, sich hochmüthig zu überheben. In wenigen Stücken zeichnen sie sich vor ihren mohammedanischen Landsleuten aus. Wenn sie vermöge ihrer angeerbten Begabung für die mathematischen Wissenschaften vortrefflich rechnen lernen und dann als Buchführer und Cassirer besonders gesucht sind, so fehlt es ihnen dafür durchaus an der den Arabern eigenen Grossmuth und Würde. Sie folgen dem Gesetze, das ihnen die Polygamie verbietet, missbrauchen dafür aber oft das andere, welches ihnen den Genuss der geistigen Getränke gestattet. Selbst unter den Priestern finden sich Säufer. Der koptische Gottesdienst wird dem Reisenden ein befremdliches, aber gewiss kein erbauliches oder gar erhebendes Schauspiel bieten (Näheres über denselben s. S. 329). Der Kopte selbst geht viel in die Kirche (die grösste in Siût). Aber wie geberdet er sich dort und was kann er da gewinnen! Wird doch in der „Keuîse" in koptischer, d. i. in der Sprache der Aegypter, wie sie im dritten Jahrh. n. Chr. gesprochen ward, gesungen und vorgebetet, und versteht doch nicht einmal ein verschwindend kleiner Bruchtheil selbst der Priester, die es gewöhnlich nur zu lesen vermögen, dieses ehrwürdige Idiom. Seit dem sechsten Jahrhundert befindet sich die Lehre der Jacobiten im Zustande einer todesähnlichen Erstarrung, die sich in keiner Minute ihres Bestehens auch nur zu dem bescheidensten Versuche einer Fortentwickelung aufzuraffen vermocht hat. Bei keiner anderen Religionsgenossenschaft sind Fasten in so hohem Maasse an der Tagesordnung wie bei den Christen von Aegypten und Abessinien. Sie fussen eben noch ganz auf den alttestamentarischen Satzungen und geben uns eine Idee davon, wie das Christenthum, wäre dasselbe auf den Orient beschränkt geblieben, sich niemals zu der herrschenden Weltreligion zu erheben vermocht hätte.

Der Reisende wird die Kopten meist an dem dunklen, schwarzen oder blauen Turban und den dunklen Kleidern, welche sie tragen, von den Arabern unterscheiden können. Diese ihnen ursprünglich zwangsweise durch die Bedrücker auferlegte Tracht wird auch heute noch, wo es jedem Kopten freisteht sich nach Belieben zu kleiden, von ihnen mit allem angebornen Hochmuth und Dünkel zur Schau getragen. Nach längerem Verkehr mit Kopten erkennt man sie häufig an dem alt-aegyptischen Gesichtsschnitte (der, und nur bei ihnen, zuweilen in frappantester Weise an die altaegyptischen Portraitdarstellungen der Könige erinnert), doch keineswegs immer. Gegen den Fremden ist der Kopte äusserlich zuvorkommend, bedarf er etwas von ihm, so pocht er auch wohl auf sein Christenthum, und in jüngster Zeit ist es geschehen, dass viele Kopten, namentlich in Oberaegypten, sich von amerikanischen Missionären zum Protestantismus überführen liessen. Dies geschah hauptsächlich durch Gründung von guten Schulen und die Verbreitung wohlfeiler arabischer Bibeln, von denen auch der strenggläubige Jakobit stets ein grosser Freund zu sein pflegt. Leute, welche alle Evangelien auswendig wissen, sind unter den Kopten noch heute nicht selten. Geringere Erfolge hat unter den Kopten die römische Propaganda aufzuweisen gehabt, welche hauptsächlich durch Franciscaner am Ende des 17. und zu Anfang des 18. Jahrhunderts eingeführt, sich nur noch in einigen kleinen Gemeinden Oberaegyptens (zu Girge, Achmîm und Negâde) erhalten hat. Der römischen Propaganda hat übrigens die alte Sprache der Kopten zum Theil ihre Erhaltung zu verdanken, denn sie war es, welche die Evangelien koptisch gedruckt zuerst in Aegypten verbreitete (hauptsächlich des hinzugefügten Vorworts wegen, in welchem gesagt wird, dass der Papst das geistliche Oberhaupt sei) und damals durch Herbeiziehung von noch des Koptischen mächtigen Schriftgelehrten den wissenschaftlichen Sprachschatz vor einem gänzlichen Untergange bewahrte. Uebrigens gibt es unter ihnen hochachtbare Männer und trotz der mancherlei Brandschatzungen der Jacobiten durch frühere Regierungen, auch besonders wohlhabende Grundbesitzer und Kaufleute, von denen wir einige namhaft zu machen haben werden.

Ausserhalb des eigentlichen Aegyptens ist die Zahl der in den Städten angesiedelten Kopten eine äusserst geringe, während dort koptische Landbauer völlig fehlen. Nubien, der zuletzt vom Islâm bezwungene und ausser Abessinien derjenige Theil des Nilgebiets, welcher sein Christenthum am längsten gegen alle Angriffe der fremden Eroberer vertheidigte, hat gegenwärtig keine einzige christliche Gemeinde aufzuweisen. Nur in Chartûm, wo viele Kopten als Kaufleute und Regierungsschreiber ansässig sind, haben dieselben ihre eigene Kirche.

3. Beduinen. Mit *bedu* (Sing. *bedawi*) bezeichnet man die Nomaden, mit *'arab* die nachweislich später im Nilthal eingewanderten und ansässig gewordenen Araber. Beide unterscheiden sich wesentlich von den Städtern und Fellâh's. Die einzelnen Stämme oder Sippen, in welche ein als Volk existirender Beduinenstamm zerfällt, werden „Ḳabîle“ genannt (daher der Name „Kabylen“ für einen Theil der Beduinen Algeriens). Als Beduinen wohnen daher innerhalb des Nilgebietes Völker von sehr verschiedener Abstammung und Sprache; sie bekennen sich indess sämmtlich zum Islâm. Ob aus Arabien oder Syrien eingewandert, in uralter oder neuerer Zeit, ob Ureinwohner der von ihnen beanspruchten Territorien (Berbern in Nordafrika, Aethiopier in Nubien oder Blemmyer) oder durch fremde Einwanderer und Eroberer von Land und Boden verdrängte ehemalige Nilbewohner; das sind die ihre Verschiedenheit bedingenden Factoren. Alles in allem ist ein grösserer Gegensatz zwischen zwei neben und unter einander wohnenden Völkern kaum denkbar, als derjenige, den Aegypter und Beduinen aufweisen; er erklärt sich eben nur durch die radicale Verschiedenheit der Wüstennatur von derjenigen des Nilthals. Wir haben zunächst zwei grosse Reihen von Beduinen zu unterscheiden: 1) Beduinen im eigentlichen Sinne, d. h. arabisch redende und wohl auch grossentheils aus Arabien oder Syrien eingewanderte Stämme, welche die dem mittleren und nördlichen Aegypten angrenzenden Wüsten innehaben oder in verschiedenen Gegenden des südlichen Nubiens als arabisirte Hirtenvölker leben, und 2) „Bega“, welche zwischen dem Nil und dem Rothen Meere in Oberägypten und Nubien (das von ihnen eingenommene Land heisst „Edbai“) bis an die Grenzen des abessinischen Hochlandes verbreitet sind, und die man mit demselben Rechte, wie jene „Araber“, echte Aethiopier nennen kann (nach Lepsius Nachkommen der ehemals, bis zum 4. Jahrhundert n. Chr. im nubischen Nilthal sesshaften und durch „nubische“ Eindringlinge von Süden her in die Wüste getriebenen Blemmyer). Die drei Hauptvölker der letzten Reihe sind *Hadendoa*, *Bischarîn*, *Ababde*. Die letztgenannten, welche vom Wendekreise bis zur Breite von Kene und Ḳoṣêr sehr zerstreut in den Wüstenthälern ihr kümmerliches, auf einen

nur geringen Bestand an Kamelen und Ziegen basirtes Dasein fristen, sind diejenigen, von denen, als Bewohnern Aegyptens, wir allein zu reden haben. Die Ababde, obgleich sie in ihrer Körperbeschaffenheit, sowie in ihren Gebräuchen den übrigen Völkern vom Bega-Stamme zum Verwechseln ähnlich sehen, haben indessen ihre ursprüngliche Sprache („to-bedyawîye" genannt) längst gegen ein schlechtes Arabisch vertauscht und ausserdem die Kleidung der Fellachen adoptirt, während Bischarîn und Hadendoa halbnackt und nur mit Lederschurz und Umschlage-Tuch („Melâya") angethan ihre grossen Schaf- und Kamelheerden weiden. Alle diese „Aethiopen" zeichnen sich aus durch eine sehr edle, fast kaukasische Gesichtsbildung, durch eine sehr dunkel-bronzefarbige Hautfarbe und schliesslich durch prachtvolle Haarfülle, welche bald einer Wolke gleich, bald in Gestalt unzähliger Flechten das Haupt beschattet. Ihre Gestalt ist von makellosem Ebenmass, mehr oder minder je nach den äusseren Lebensbedingungen ihrer Existenz schlank und hager, die Gliedmassen gracil und fein, im übrigen ganz den Merkmalen der übrigen Wüstengeschöpfe entsprechend: Dürrhalsigkeit, tadelloser Teint der Haut, frühzeitiges Runzeln der Gesichtshaut etc. Die Ababde sind im Gegensatz zu ihren trotzigen und kecken Nachbarn, den Bischarîn, ungemein sanft und harmlos. Den alten Streitigkeiten zwischen beiden Völkern hat die aegyptische Regierung dadurch ein Ende gemacht, dass sie den Ababde die wichtige Handelsstrasse durch die grosse nubische Wüste (von Korusko nach Abu Hammed) anvertraute und die neun Stämme der Bischarîn unter die Botmässigkeit des Gross-Schêchs der ersteren stellte, welcher in dem kleinen Dorfe Behêre, am Fusse des Hügels von Redesîye gegenüber Edfu gelegen, residirt. Die Ababde treiben wie die übrigen Beduinen vom Bega-Stamme keinerlei Ackerbau; nur die Reichen unter ihnen erhandeln Sorghum-Korn, der Rest fristet von homöopathisch zugemessenen Quantitäten Ziegenmilch eine räthselhafte Existenz. Auch die Bischarîn leben ausschliesslich von Milch und Fleisch, während die arabischen Beduinen des Nordens, wo sich nur eine Gelegenheit dazu bietet, immerhin einigen Ackerbau treiben. Statt der beweglichen Zelte der meisten Beduinen bewohnen die Ababde zum grossen Theil jene zahlreichen Höhlen und Felsklüfte, welche ihr gebirgiges Land darbietet, dessen Bewohner daher seit den ältesten Zeiten den Namen „Troglodyten" führen. Eine nicht unbeträchtliche Anzahl der Ababde und Bischarîn, die der Küste Anwohnenden, sofern sie dem besitzlosen, der Herden ermangelnden Theile ihres Volkes angehören, lebt ausschliesslich von den Geschenken des Meeres. Eigentliche Fischer sind sie nicht, denn sie haben keine Fahrzeuge. Das sind die „Ichthyophagen", welche verzehren, was das Meer auswirft, Konchylien, Krabben, Octopoden und kleine mit den Händen zu fangende Fische; im günstigsten Falle Schildkröten-Eier und, wenn sie zu den Brutplätzen der Seevögel zu gelangen vermögen, auf den Sandeilanden des Rothen Meeres, die Eier der Raubseeschwalbe (Sterna).

Die vielen Beduinen-Völker, welche, abgesehen von den Bega, die zum Nilgebiet gehörigen Steppen und Wüsten ausserhalb des eigentlichen Aegyptens innehaben, fallen nicht in den Bereich unserer Betrachtung. Ihre Verbreitung reicht bis zu den Grenzen der heidnischen Negervölker, auf der linken Nilseite nahezu bis zum 9° nördl. Breite. Was nun die eigentlichen Beduinen des Nordens anlangt, so scheint das gleiche Medium, in welchem sie sich bewegen, die Wüste, mit denselben Lebensbedingungen, welche überall wiederkehren, trotz aller Verschiedenheit ihres etwaigen Ursprungs ein einigendes Band um sie geschlungen und ein Niveau über alle ursprünglichen Rasseneigenthümlichkeiten gebreitet zu haben, aus welchem nur wenige unterschiedliche Merkmale hervorragen. Ihre Zahl wird sehr ungleich angegeben, und es ist schwer, sich aus den zum Theil sehr widersprechenden Angaben ein richtiges Urtheil zu bilden. Sicher erreicht die Seelenzahl aller Beduinen innerhalb der Grenzen des eigentlichen Aegyptens, die kaum 30,000 Ababde mit inbegriffen, nicht 100,000, während die Bega-Völker des Edbai zusammen zwischen 500,000 und 600,000 zählen mögen. Zu beiden Seiten des Nilthals, an dessen Rändern sie ihre Kamel- und Viehheerden unterhalten, halb sesshaft gemacht, zerfallen sie in eine grosse Anzahl von hypothetischen Stämmen (angeblich in je 25) ohne nachweisbaren Zusammenhang.

Im Gebiete der Sinai-Halbinsel sind drei Beduinenstämme von Bedeutung aufzuzählen: die *Terâbîyîn*, welche einen immer noch lebhaften Karawanen-Verkehr zwischen Suês und Kairo vermitteln und ihre Territorial-Gerechtsame bis an den Nil bei Basâtîn, oberhalb Kairo ausdehnen, ferner die *Tîyâha* zwischen Suês und 'Aḳaba im Herzen der Halbinsel und drittens, im Norden der letzteren, die *Sawârke* oder *el-'Arayisch*. Die ehemaligen Wanderstämme der *Beni-Wasel* und *Atwâni*, gegenwärtig an beiden Rändern des thebaischen Nilthals sesshaft und mit den Fellachen verschmelzend, und die *Ma'âse*, die von Suês bis Ḳene in den stellenweise weidereichen Kalkgebirgen der arabischen Wüste vereinzelt hausen (gegen 3000 an Zahl), sind die einzigen, welche neben den Ababde auch die rechte, östliche Nilseite in Oberaegypten inne haben. Auf der linken, westlichen dagegen finden sich die Sammelplätze der meisten zu Aegypten gehörigen arabischen Beduinen-Stämme. Der ganze Rand des Nilthals vom Fayûm bis nach Abydos bei Girge ist von ihnen besetzt, und sie sind es, welche gegenwärtig hauptsächlich den Verkehr mit den westlichen Oasen vermitteln, deren Bewohner (S. 77) einer ihnen völlig fremden, wahrscheinlich den Berbern Nordafrika's (einem der zahlreichen in den alten Inschriften erwähnten libyschen Stämme) verwandten Rasse angehören, ausschliesslich Ackerbauer sind und keine Kamele besitzen. Vor ungefähr 20 Jahren haben die Beduinen der westlichen Nilseite der aegyptischen Regierung ernstliche Verlegenheiten bereitet. Es war unter der Regierung des Vicekönigs Sa'îd-Pascha, als in Folge des an sie gestellten Ansinnens sich der allgemeinen Recrutirung zu unterziehen, alle Beduinen vom Fayûm bis Girge wie ein Mann aufstanden, die benachbarten Gehöfte der Fellachen überfielen und mit der gemachten Beute an Vieh in die westlichen Wüsten zogen, um die Oasen zu brandschatzen, von wo aus sie aber, verfolgt von den Truppen des Vicekönigs und von denselben zu Paaren getrieben, sich auf tripolitanisches Gebiet flüchteten, sodass die Aegypter von weiterer Verfolgung abstehen mussten. Eine der ersten Handlungen des regierenden Chedîw war bald nach seiner Thronbesteigung eine den angeblich in der Zahl von 14,000 Seelen ausgewanderten Beduinen gewährte Amnestie. Seit 12 Jahren haben sie wieder ihre alten Wohnsitze inne und zahlen für ihren Bestand an Kamelen und sonstigem Vieh regelmässige Steuern, wogegen sie von jeder Recrutirung befreit, wie auch im Besitze des Privilegiums sind, nach Belieben Waffen und Munition zu erwerben, was den übrigen Bewohnern Aegyptens durch verschiedene Massnahmen sehr erschwert wird. Im Kriege dienen sie als letztes Aufgebot in der irregulären Armee. Ausser Kamelzucht und Karawanenbetrieb bilden nur noch Kohlenbrennen (aus Tamarisken und Akazien) hier und da einen Erwerbszweig der Beduinen. Dem in früherer Zeit so schwunghaft betriebenen Raubhandwerk haben sie, seit Moḥammed 'Ali zur Macht gelangte, entsagen müssen.

In den Beduinen des Nordens hat sich das rasche Blut der Wüstenstämme, die unter den Fahnen des Propheten so wunderbare Grossthaten verrichteten, in verhältnissmässiger Reinheit erhalten. Der Reisende wird mit ihnen nur zu verkehren haben, wenn er eine Wüstentour unternimmt. Die Leute, welche den Touristen bei der Besteigung der Pyramiden behülflich sind und sie dort mit dem Angebot von Antiquitäten, welche falsch zu sein pflegen, behelligen, nennen sich zwar auch Beduinen ('arab), doch ist ihnen durch ihren Verkehr mit Städtern und ihr erniedrigendes Handwerk jede edle innere Eigenschaft verloren gegangen. Um den echten Beduinen kennen zu lernen, muss man ihn in seiner Heimath, der Wüste aufsuchen. Dort hat er sich den Unabhängigkeitssinn, den Muth und die Beweglichkeit seiner Väter zu erhalten gewusst. Heute wie zur Zeit des Herodot ist ein Zelt, von Ziegen- oder Kamelgarn gewebt, die Heimath des Beduinen. An welchem Orte es steht, gilt ihm gleich, wenn die Pflöcke nur im Boden haften, wenn es nur sein Weib und den Säugling vor den brennenden Strahlen der Sonne und der Kälte der Nachtluft schützt, und wenn von ihm aus eine Quelle und ein Weideplatz in nicht zu langer Zeit erreichbar sind. In den Kämpfen, welche ein Stamm gegen den andern geführt, ist jeder Beduine zum Krieger geworden. In dem nahe bei Alexandrien am Meer gelegenen Orte Ramle leben zahlreiche Beduinenfamilien der besitzlosen Klasse in ihren Zelten förmlich unter den Augen der dort ihre Sommerfrische geniessenden Europäer, und der Reisende wird daselbst ihren kärglichen Haushalt mit den paar elenden Ziegen und den vom Unrathe ihrer Umgebung existirenden Hühnern aus nächster Nähe in Augenschein nehmen können. Als Bekenner des Islâm pflegen sie weniger strenggläubig zu sein als die an und für sich schon genugsam toleranten Nilthalbewohner, namentlich gilt dies in Hinsicht auf ihr sehr laxes Unterscheiden zwischen rein und unrein im religiösen Sinne.

Mancher Beduine wird dem Touristen auch auf den Märkten der Städte und in den Bazaren der Waffenhändler und Lederarbeiter begegnen, und der Reisende wird sein Auge weiden an der stolzen Haltung dieser braunen Männer, aus deren scharfen, bärtigen Zügen und festem Blick ihm natürliche Würde und selbstbewusste Mannheit entgegenschaut. In Aegypten hat man nicht das Geringste von ihren räuberischen Gelüsten zu befürchten, während sie im türkischen Tripolitanien und im östlichen Theile der Arabia Petraea nicht selten europäische Reisende angefallen haben.

4. Die arabischen Städtebewohner. Unter ihnen sind es nur Kaufleute, Beamte, Dienstboten und Eseljungen, mit denen der Reisende in Verkehr treten wird; aber, ausser mit den letzteren, im Ganzen nur selten, denn fast alle grösseren Geschäfte, die dem Fremden zu empfehlen sind, befinden sich in europäischen Händen, und im Verkehr mit den Behörden tritt das Consulat für den Reisenden ein (vergl. S. 7). Man hat ihnen mit Recht Indolenz, Trägheit und ähnliche Untugenden, die zum Theil aus ihrer Religion entspringen, vorgeworfen, aber dabei selten die ihnen eigene Intelligenz, Geduld und Herzensgüte genügend hervorgehoben. Sie haben ihr Blut weit weniger rein zu erhalten gewusst als die Fellâḥ's, denn die Hauptmacht jedes einzelnen Eroberers von Aegypten setzte sich selbstverständlich zunächst in den Städten fest. Besonders gilt dies für Alexandrien von den Griechen und Arabern, für Kairo von Arabern und Türken. So kommt es, dass sich unter der einheimischen Bürgerschaft der Metropolen von Aegypten Leute jeder Farbe vom dunkeln Braun bis zum europäischen Weiss, vom Gesichtsschnitte der Anbeter des Osiris bis zu dem scharfen Profil des Beduinen, von der Schlankheit des Fellâḥ bis zur Beleibtheit und Fülle des Türken vorfinden. In den niedrigen Ständen haben viele Mischheirathen mit Negermädchen die Hautfarbe und die Reinheit des Gesichtsschnittes getrübt, während die höheren Stände, deren Mitglieder häufig mit weissen Sclavinnen Kinder zeugten und sich mit Türkinnen vermählten, dem europäischen Typus näher stehen. Da die Städter von den Machthabern im Durchschnitt weniger gedrückt werden konnten als die Landbewohner, so finden wir bei ihnen eine grössere Rührigkeit, einen freieren Sinn und eine heitrere Gemüthsart als bei

den Fellachen. Dennoch konnten auch sie sich von dem allen Orientalen eigenen Hange zur Träumerei und zum widerstandslosen Hinnehmen der Dinge, die da kommen, keineswegs befreien; auch sind sie fern von der Emsigkeit ihrer europäischen Concurrenten auf allen Gebieten des politischen, geschäftlichen, wissenschaftlichen und künstlerischen Lebens. Ein Blick in die Bureaux der Ministerien, in die Bazare der Kaufleute, die höheren und niederen arabischen Schulen, die von Einheimischen geleiteten Bauplätze und Werkstätten lehrt, mit wieviel Bequemlichkeit und mit wie grossen Ruhepausen endlich doch ein gewisses Ziel erreicht und selbst eine schwierige Arbeit vollendet werden kann. Schnelligkeit und Pünktlichkeit darf hier niemals erwartet werden und bis zur letzten, saubersten Vollendung pflegt kein Ding (mit etwaiger Ausnahme der Maurerarbeiten, in welchen sie grosse Fortschritte gemacht haben) zu gedeihen, bei dessen Ausführung nur aegyptische Köpfe und Hände beschäftigt sind. Das drastische Bild des Prinzen Napoleon: „Die Orientalen können eine Hose machen, aber sie nähen nie den letzten Knopf daran“ beruht auf richtiger Beobachtung. Auch die aegyptischen Städter sind gute Mohammedaner, doch sündigen sie, namentlich so lange sie jung sind, immer mehr und mehr gegen die Formalgesetze des Korân. Das öffentliche Beten vor den Hausthüren und Läden kommt immer mehr in Abnahme. Aber trotz alledem und obgleich die europäische Tracht die kleidsamere und dem Klima im Nilthale angemessenere der Orientalen immer mehr verdrängt*), so hält der aegyptische Städter doch fest an dem väterlichen Glauben und theilt die Verachtung, mit welcher der Felláḥ jeden Nichtmohammedaner betrachtet. Der tägliche Verkehr mit Andersgläubigen und die Furcht vor den hinter den europäischen Christen stehenden Mächten hat den Fanatismus, der in ihren Herzen unter anderen Umständen schnell aufzuwachsen vermöchte, längst gebunden und hindert sie so unbedingt, ihm Ausdruck zu geben, dass sie selbst zu den heiligsten Handlungen die Fremden in ihre Moscheen zulassen.

5. Berberiner. Mit diesem Namen („berberi“, plural „barâbra“), welchen viele Forscher mit dem angeblich von den Griechen erst nach aegyptischem Vorbilde adoptirten der „Barbaren“ für „Nichtaegypter“ (wie desgleichen die „Berbern“ Nord-Afrika's und die Stadt und Landschaft Berber im südlichen Nubien), von „brr“, „nicht sprechen können, babbeln, lallen“ in Zusammenhang bringen

*) Seit etwa zehn Jahren ist allen höheren und mittleren Beamten eine Art Uniform, die sogen. „Stambulina“-Kleidung (schwarzer Tuchrock mit einer Reihe Knöpfe und niedrigem Stehkragen), zur Vorschrift gemacht worden; doch ist es ihnen gestattet, in den Bureaux auch in ganz europ. Tracht zu erscheinen, bei der nur der rothe Fes (Ṭarbûsch) niemals fehlen darf, dessen sich ebenso alle Europäer, die im Solde der Regierung stehen, also auch die Mitglieder des gemischten Gerichtshofs (S. 8), bedienen müssen.

wollen, bezeichnen die Aegypter in halbspöttischem Sinne jenen grossen Theil fremder Einwanderer (sie sind die zahlreichsten Fremden in Aegypten), welcher alljährlich von Süden her aus dem nubischen Nilthale sich ergänzt, ohne sich je ganz heimisch unter ihnen zu machen, denn die Nubier heirathen in Aegypten principiell nie die Töchter des Landes. Die Nubier nennen dagegen die Aegypter wiederum spöttischer Weise „Wod er-Rîf" (vergl. S. 37), d. h. Söhne des Nilthals. Beide Rassen äussern bei jeder Gelegenheit eine tiefe Abneigung gegen einander, denn ihre Characteranlagen sind grundverschieden. Der Nubier steht dem Aegypter nach an Fleiss und Energie bei der Arbeit (besonders im Bodenbau), auch sind seine physischen Kräfte geringere, er ist abergläubischer und fanatischer als letzterer, wie die zahllosen Amulette beweisen, mit welchen sich der Nubier Hals und Arme zu behängen pflegt und welche der Aegypter durchweg von sich weist. Vor dem Aegypter aber hat der Nubier entschieden ein höher entwickeltes Ehrgefühl, Sauberkeit, Verträglichkeit und Ehrlichkeit voraus. Man kann einem nubischen Thürhüter, wie sie namentlich in allen Kaufmannshäusern Alexandriens zu finden sind, getrost ungezähltes Geld anvertrauen. Wirkliche Anhänglichkeit, Treue und Dankbarkeit wird man trotz alledem von ihm nicht mehr erwarten dürfen als vom Aegypter (vergl. S. 15 u. 32). Die Erfahrung hat uns gelehrt, dass ein Berberiner jedem andern Diener in Aegypten vorzuziehen ist. Die Bewohner des nubischen Nilthals sind nicht schlechtweg als Nubier zu bezeichnen, denn in den südlichen Theilen desselben hat eine arabische Einwanderung aus verhältnissmässig neuer Zeit festen Fuss gefasst, die der *Schâgîye* und anderer arabisch sprechender oder arabischer Stämme. Die echten Nubier (der Name selbst ist ihnen unbekannt und stammt aus dem Alterthume) bewohnen das Nilthal vom Gebel Barkal an, d. h. zwischen dem 4. und 1. Katarakt und theilen sich nach den Hauptidiomen ihrer Sprache in die drei Gruppen von *Mahâs*, *Kenûs* und *Donkola*. Ihre Sprache gehört der libyschen Gruppe der nordafrikanischen Sprachen an, und Brugsch vermuthet in ihr den Schlüssel zu den immer noch nicht entzifferten aethiopischen (meroïtischen) Inschriften des nubischen Nilthals, während Lepsius einen solchen im „to-bedyawîye" (S. 54) der Bega annehmen zu müssen glaubt, indem nach ihm die Nubier von dem noch heute „Nûba" genannten sehr edel geformten und hoch intelligenten Negervolke im Süden Kordofân's herstammen, welches die ursprüngliche Bevölkerung, die Blemmyer verdrängte. Alle diejenigen Berberiner, welche die arabische Schriftsprache nicht erlernen, bringen es nie zu einer vollkommenen Gewandtheit in der arabischen Umgangssprache, welche in Nubien zwar allgemein, aber nur nothdürftig verstanden wird. Der Reisende wird sich daher einem grossen Irrthum hingeben, wenn er glaubt von seinem berberiner Diener arabisch lernen zu können. Weder grammatische

Form noch Aussprache sind in seinem Munde exact. In ihrer Heimath leben sie als Ackerbauer an den Ufern des Nils, der hier nur schmales und schlecht bestelltes Fruchtland bewässert. So sind die Ernten der Berberiner klein und reichen selten hin, eine grössere Zahl von Kindern zu ernähren. Da wandern denn die jungen Leute in das reichere Unterland, mit Vorliebe in die grossen Städte (vornehmlich Alexandrien), um dort nach einer Beschäftigung zu suchen, und sie finden bald eine solche, denn der Berberiner Intelligenz, körperliche Gewandtheit, Ehrlichkeit und Treue werden geschätzt und ihr Nationalgefühl ist so lebendig, dass ein Nubier, wo er nur immer kann, für den andern sorgt und dem Neuangekommenen einen Dienst verschafft, oder ihn wohl auch an seinen eigenen Arbeiten Theil nehmen lässt. Ist es dem Berberiner gelungen ein kleines Vermögen zu erwerben, so kehrt er in seine Heimath zurück und lässt sich dort unter den Seinen nieder, mit denen er niemals ganz ausser Zusammenhang zu kommen pflegt, denn ein Nubier verrichtet gern für den andern Botendienste, und der Familiensinn dieser Leute ist so gross, dass sie jeden schwer erworbenen Piaster, den sie entbehren können, den Ihren zuwenden. Das Klima von Aegypten mit seinen kalten Winternächten ist dem Berberiner, der oft vor den Thüren im Freien schlafen muss, nicht zuträglich, und viele unter ihnen werden von Lungenkrankheiten befallen. Die gewöhnlichen Dienstleistungen, zu welchen man in Kairo und Alexandrien mit Vorliebe Berberiner verwendet, sind: Thürhüter („bawwâb"), Diener („chaddâm"), Pferdeknecht und Vorläufer („sâis), in welcher Eigenschaft sie ihrer Leichtfüssigkeit halber unübertrefflich sind, Kutscher („'arbagi") und Koch („ṭabbâch"). Vortrefflich ist die innere Organisation der Berberiner als Genossenschaften, denn eine jede der fünf Dienstklassen hat in den beiden Hauptstädten des Landes ihren eigenen Schêch, der von ihnen die Abgaben erhebt und zugleich die ausreichendste Garantie für die von ihm zum Dienste Empfohlenen zu leisten vermag. Kommen, was ungemein selten der Fall ist, Diebstähle vor, so wird die Summe vom Schêch von allen ihm Untergebenen zu völligem Ersatz an den Benachtheiligten eingetrieben. Es sind schon Summen von mehreren 100 £ St. auf diese Art wieder ersetzt worden. Die Folge ist ein höchst vortheilhaftes gegenseitiges Ueberwachungssystem. Verdächtige Individuen werden ohne weiteres von der Genossenschaft ausgeschlossen.

6. Neger. Wie die Berberiner so gehören auch die in Aegypten lebenden Neger zu den Bekennern des Islâm, dem sie sich, sobald ihnen die leicht fassliche Lehre verkündet worden ist, schnell und mit Eifer hinzugeben pflegen. Die älteren Neger und Negerinnen, denen man begegnet, sind meist als Sclaven nach Aegypten gebracht worden und gehören einheimischen Familien an, in denen sie mehr als Mitglieder des Hauses wie als Diener gehalten werden. Heute noch, wo sich jeder Sclave, der frei zu

sein wünscht, mit Hülfe des Gouvernements von den Verpflichtungen, die ihn an seinen Herrn fesseln, entbinden lassen kann, bleiben die meisten Schwarzen gern in dem Hause, das sie nährt und sie der Sorge enthebt, für ihr Fortkommen zu sorgen. Von den Eunuchen, die fast ohne Ausnahme dem Negerstamme angehören, hat sich kaum einer bemüht, die Freiheit, welche dem Wohlleben und Müssiggange, die ihnen zusagen, ein Ende machen würde, zurück zu erlangen; übrigens hat das Halten derselben sehr abgenommen. Mit Riesenschritten geht unter der Regierung des gegenwärtigen Beherrschers von Aegypten der Sclavenhandel seinem völligen Untergange entgegen, weniger durch die (oft aus Eigennutz der Beamten) überall lauernde Confiscation, als vielmehr durch die Veränderung der Sitten in den Häusern der Vornehmen, die nach und nach anfangen besoldete Diener den Sclaven vorzuziehen. Seit den letzten fünf Jahren namentlich stockt die bis dahin immer noch im Geheimen betriebene Sclavenzufuhr gänzlich. Ueberall sind dem schändlichen Gewerbe oben wie unten die Adern unterbunden, die Quellen verstopft und der Absatz aussichtslos geworden. Der Chedîw selbst ist einer der grössten Eiferer für die Emancipation.

Die freiwillig in Aegypten einwandernden Neger, deren Zahl beträchtlich ist, bilden die Hefe des Volks und werden zu den niedrigsten Diensten verwandt. Zu selbständiger Leistung und freier intellectueller Thätigkeit scheint ihrem Stamme jede Begabung zu mangeln. Die Negerinnen sollen als Wärterinnen treu und brauchbar zu vielen häuslichen Verrichtungen sein.

Die meisten Negerstämme des inneren Afrika's, diesseit des Aequators, sind in Kairo vertreten.

Ethnographen, Aerzte, Linguisten, die möglichst verschiedene Rassen aus eigener Anschauung kennen zu lernen wünschen, werden am besten thun, sich durch Vermittelung eines befreundeten Kaufmanns an seine arabischen Collegen in der Gamelîye zu wenden, welche sie zu den aus den verschiedensten Gegenden des Innern und der afrikanischen Ostküste nach Kairo kommenden Handelsagenten und eingebornen Händlern führen werden, in deren Gefolge stets vielerlei Neger anzutreffen sind. Auf die Aussagen der letzteren, zumal der Sclaven, die seit langer Zeit in Aegypten leben, ist wenig zu geben, will man sich über ihre Herkunft und Abstammung ein authentisches Urtheil bilden. Die Sprache der Heimath, ja selbst den Namen seines Geburtslandes vergisst der Negerknabe eben so schnell als er sich das Neue aneignet.

Erwähnung verdient noch für diejenigen, welche etwa Eingeborene mit sich nach Europa nehmen wollen, der Umstand, dass die aegyptische Regierung sämmtliche Neger im Lande als ihr angehörig betrachtet und eine Ausführung derselben rücksichtslos verhindert. Nur mit Widerstreben wird man zu diesem Zwecke den Beistand eines der Consulate zu erlangen vermögen. Es muss Garantie geleistet werden, dass man den Mitgenommenen seiner Zeit wieder nach Aegypten zurückschafft.

7. **Türken.** Obgleich die Dynastie der Vicekönige von Aegypten der Türkei entstammt (s. S. 120), so ist doch das türkische Element verhältnissmässig klein zu nennen (es zählt kaum 100,000 Seelen) und ist in sichtbarer Abnahme begriffen. Man findet weitaus die meisten Repräsentanten dieses Volks in den Städten,

und hier wiederum fast ausschliesslich unter den Militär- und Civilbeamten oder im Kaufmannsstande. Fast die gesammte Polizei befindet sich in türkischen Händen. Die türkischen Civilbeamten tragen einen nicht unbedeutenden Theil der Schuld an der wirthschaftlichen Verkommenheit, die so lange die reiche Ertragsfähigkeit des Nilthals lahmlegte. Sie haben sich zu jeder Zeit mit wenigen Ausnahmen ebenso träge als rücksichtslos, ebenso habsüchtig als unbesorgt um die Folgen ihres unweisen, nur an die Bedürfnisse des Augenblicks denkenden Vorgehens gezeigt. Jetzt, wo die Regierung des Chediw den Weg verständigerer wirthschaftlicher Principien eingeschlagen hat, zieht sie zu den höchsten Verwaltungsposten auch andere Elemente herbei, unter denen sich tüchtige Europäer und Armenier befinden, die, in Frankreich oder Deutschland gebildet, wohlbefähigt zu sein scheinen, das Nilthal einer besseren Zukunft entgegen zu führen. Die türkischen Kaufleute erfreuen sich einer gewissen Behäbigkeit. Sie sind, bei aller äusseren Würde und allem Phlegma, wohlbedacht auf ihren Vortheil, gutmüthig und gefällig und zeichnen sich oft durch besonders ansprechende Gesichtsbildung aus.

8. L e v a n t i n e r. Zwischen den genannten Kategorien der Bewohner Aegyptens und den als Gäste im Nilthal weilenden Fremden stehen die schon seit Generationen eingewanderten und in Aegypten heimisch gewordenen syrischen Christen, welche Levantiner genannt werden und namentlich in den grösseren Städten ein nicht zu übersehendes Element repräsentiren. Die meisten von ihnen gehören dem lateinischen Christenthum an und sprechen ausser dem zu ihrer Muttersprache gewordenen Arabisch noch das Idiom desjenigen Landes, dem ihre eingewanderten Voreltern angehörten. Ausserdem fliegen ihnen im Verkehr mit anderen Europäern allerlei Sprachen an, in denen sie sich schnell ebenso fehlerhaft wie geläufig auszudrücken lernen. Sie sollen im Allgemeinen grosse Geschäftsroutine besitzen, und in vielen grösseren Handelshäusern stellt man als Einkäufer und Magazinier gern einen vieler Sprachen mächtigen und geschickten Levantiner an. Es gibt unter ihnen ausserordentlich reiche Leute. Auch in den Bureaux der Consulate haben sie sich unentbehrlich zu machen gewusst als Uebersetzer der für die Behörden des Landes bestimmten Aktenstücke und als Vermittler des Verkehrs mit diesen selbst.

An die christlichen, ausnahmelos als Protégés der verschiedenen europäischen Consulate vegetirenden und somit unrechtmässiger Weise der Steuerkraft des Landes, welches sie aussaugen, vorenthaltenen Levantiner schliessen sich die minder zahlreichen A r m e n i e r und J u d e n an, welche sich in vielen Dingen aufs vortheilhafteste von ihnen unterscheiden. Die Ersteren bekleiden zuweilen in der Regierung hohe, ihrer hervorragenden Begabung entsprechende Aemter; viele sind als reiche Juwelere und Goldarbeiter in den Städten ansässig; alle zeichnen sich durch eine beispiellose Gewandtheit im Erlernen fremder Sprachen, orientalischer wie europäischer, aus, die sie sich oft sehr gründlich anzueignen wissen. Die Juden Aegyptens sind auf die beiden Hauptstädte beschränkt und, wie die rothen Haare beweisen, die ihnen oft eigen sind, nicht als Landeskinder zu betrachten. In neuerer Zeit haben sich viele wallachische Juden ansässig gemacht, aber die Mehrzahl stammt aus Palästina. Alle Geldwechsler auf den Strassen („Sarrâf") sind Juden und unter ihnen gibt es auch sehr reiche Kaufleute, welche ungeachtet der im Volke lebendigen Abneigung (angeblich ihrer Unreinlichkeit wegen) gegen dieses unverwüstliche Rassenelement, sich bei Hoch und Nieder des allergrössten Ansehens erfreuen, dank den liberalen, jedem Vorurtheile abholden Maximen der gegenwärtigen Regierung.

9. Europäer. Die Gesammtzahl der in Aegypten wohnhaften Europäer mag, die zugereisten Fremden mit inbegriffen, jetzt schon 100,000 erreichen. Der Zahl nach, in welcher die einzelnen Nationen vertreten sind, würde sich folgende Reihenfolge ergeben: Griechen, Italiener, Franzosen, Engländer (inclusive Malteser), Oesterreicher (darunter viele Dalmatiner) und Deutsche. Die Proportion würde folgende Reihe bilden: 50, 25, 12, 8, 4 und 1% der europäischen Bevölkerung. Russen, Amerikaner, Belgier, Scandinavier etc. sind nur schwach vertreten. Die zahlreichen Schweizer, die durch kein Consulat vertreten sind, schalten sich in die aufgezählten Klassen ein. Bedenkliche Dimensionen beginnt seit einigen Jahren die italienische Einwanderung anzunehmen, welche hauptsächlich in Alexandrien aus den neapolitanischen Provinzen zuströmt. Eine jede der aufgeführten 6 grösseren Nationalitäten hat sich in Aegypten auf gewisse Erwerbszweige geworfen, welche sie sich mit Vorliebe und oft mit Ausschliessung jeder anderen Concurrenz anzueignen wusste. Die Griechen haben das Handelsfach der höchsten und zugleich der niedrigsten Klasse. Sie sind die Matadore von Alexandrien, dessen „haute volée" eine ausschliesslich griechische ist. Auf der anderen Seite sind fast alle Victualienhandlungen („Baķķâl") in den grösseren und kleineren Städten des ganzen aegyptischen Reiches in den Händen der Griechen. Die Griechen sind überhaupt die einzigen Europäer, welche sich ausserhalb der engeren Grenzen Aegyptens als Kaufleute aller Art festzusetzen wussten, und in ihren Händen befindet sich auch jene Unzahl kleiner Banken, welche dem aegyptischen Bauer wie dem Regierungsbeamten Vorschüsse legal bis zu 6% monatlich gegen sicheres Unterpfand zu machen pflegen. Man thut sehr unrecht, die vielen Mordthaten, Diebstähle und Betrügereien, welche in Aegypten von Griechen verübt werden, ihnen als Volk nachzutragen. Man muss eben ihre grosse Zahl dabei berücksichtigen und den für einige 30,000 derselben tagtäglich gebotenen Kampf um das Dasein, der bei der rücksichtslosen Kühnheit, in welcher ihr Nationalcharakter gipfelt, das rohe und unwissende Proletariat, welches ihre arme

und verwüstete Heimath beständig über Aegypten, als das Land 3000jähriger Verheissung speit, zu leicht erklärlichem Missbrauch ihrer grossen Befähigung verleitet. Die Ueberlegenheit der Griechen über die Völker des Ostens wird Jedem, der daran gezweifelt, erst in Aegypten recht klar vor die Augen treten, der beste Commentar zur Geschichte des Alterthums. Der Reisende sei noch im besondern darauf aufmerksam gemacht, dass er in den Griechen Aegyptens, die fast ausschliesslich den Inseln entstammen, eine anderswo selten gebotene Reinheit der Rasse kennen lernen kann.

Die Italiener haben der grossen Mehrzahl nach die kleinen Gewerbe des alltäglichen Lebens für sich in Anspruch genommen, in der höheren Sphäre die Advocatur, in der höchsten und zugleich in der niedrigsten die Musik (ital. Oper und calabrische Musikanten). Die Franzosen bilden als Handwerker der höheren Klasse, die sich durch Zuverlässigkeit, Tüchtigkeit und Nüchternheit auszeichnen, man kann es getrost sagen, den edleren Kern der europäischen Colonie. Die Mehrzahl der besseren Läden sind in ihrem Besitz, während sie unter den europäischen Beamten der Regierung (auch als Architekten und Ingenieure) den obersten Rang bekleiden. Die Engländer haben das Specialfach des Maschinen-, Eisenbahn- und Hafenbauwesens für sich mit Beschlag belegt; im Uebrigen wären sie ohne die Malteser wenig zahlreich. Von den letzteren gilt das, was von den Griechen gesagt wurde, in erhöhtem Maasse. Es leben nachweisbar mehr Malteser im Auslande als auf den zwei kleinen Eilanden, die ihre Heimath ausmachen. Dort ein Mustervölkchen unter der Disciplin britischer Institutionen, arten sie im ungeordneten, willkürlichen Getriebe der europäischen Colonie Aegyptens nur zu leicht aus und stellen ein bedenkliches Contingent zur Verbrecherklasse. Trotz alledem zeichnet sich ein grosser Theil derselben durch rührigen Gewerbfleiss und grosse Arbeitsamkeit aus (als Schuhmacher, Tischler etc.). Von den Oesterreichern und Deutschen kann zum Schluss nur gesagt werden, dass sie sich in der höheren Sphäre als Kaufleute (die Directoren der meisten grösseren Banken, die sich in Aegypten etablirt haben, sind Deutsche), Aerzte und im Lehrfache, in der mittleren als Wirthsleute und Musikanten, in der unteren als Handwerker geltend zu machen wissen. Die letzteren lassen leider viel zu wünschen übrig.

Was zum Schlusse die Acclimatisationsfähigkeit des Europäers in Aegypten anlangt, so gehen die darauf bezüglichen Ansichten weit auseinander. Das angebliche Aussterben in zweiter und dritter Generation ist bei der Beschränktheit der bisherigen Erfahrungen durch nichts erwiesen. Das Anwachsen der europäischen Colonie ist sehr neuen Ursprungs. Dagegen könnten Familien, die durch reichen Kindersegen in dritter Generation ausgezeichnet sind, bereits namhaft gemacht werden. Das Klima von Aegypten hat nicht das Erschlaffende anderer heissen Länder. Die Trockenheit und der Salzgehalt der Luft kämpfen dagegen an, während das den Einzelnen umgebende Jagen und Ringen im lebhaften Wettkampfe um die Existenz ihn zur Energie ansporren muss.

Der Nil (vgl. Karte S. 36). Was die Längenentwickelung seines Stromlaufs anlangt, kann der Nil nur mit dem Amazonenstrom verglichen werden (900 d. Meilen), und er übertrifft denselben höchst wahrscheinlich noch um ein beträchtliches, denn der entfernteste Ursprung der an seiner Zusammensetzung sich betheiligenden Quellflüsse, d. i. die eigentliche Nilquelle, ist eben noch nicht bekannt. 720 deutsche Meilen des Nillaufs sind mit nur zwei effectiven Unterbrechungen (Abu Hammed-Barkal und Dongola-Wâdi Halfa) in jeder Richtung schiffbar. — Uebertrifft nun auch die Wasserfülle des Amazonas die des Nil um vieles, so kann doch weder ihm noch irgend einem anderen Flusse eine gleiche culturhistorische Bedeutung beigelegt werden.

Das „Haupt" des Nils und die Gründe seiner jährlich wiederkehrenden Ueberschwemmung zu erforschen, sind zwei wissenschaftliche Probleme, an deren Lösung von den Abendländern seit mehr als 2000 Jahren gearbeitet worden ist, während die Aegypter selbst sowohl die Herkunft des von ihnen göttlich verehrten Stroms als die wunderbare Eigenthümlichkeit seines Wesens als hochheilige Mysterien betrachteten, über die der wissbegierige Menschengeist erst nach seiner Befreiung von der irdischen Hülle, d. h. nach dem Tode, in der Unterwelt, unterrichtet werden sollte. Da wir hier eigentlich nur den *aegyptischen* Nil zu betrachten haben, können wir auch nur kurz auf die Quellenfrage hinweisen und die Hauptzuflüsse, soweit sie das Regime desselben in Aegypten, den Pulsschlag seiner Lebensader berühren, nur flüchtig skizziren.

Bekanntlich geht der Nil aus der Vereinigung des *Weissen* und des *Blauen Nils* bei der Stadt Chartûm hervor, von welchem Punkte er bis zu seinen Haupt-Mündungen bei Damiette und Rosette nahezu 400 d. Meilen durch absolutes Wüstenterrain zu laufen hat und auf dieser Strecke nur einen einzigen Nebenfluss, den 40 d. Meilen unterhalb Chartûm mündenden *Atbara*, von Osten her aufnimmt. Auf dieser ganzen Strecke, welche ein Gefälle von 378 m aufweist, hat er demnach ausschliesslich consumirendes Terrain zu durchströmen, indem ihm nur ganz vereinzelte Regengüsse des Winters von den zwischen seinem rechten Ufer und dem Rothen Meere sich hinziehenden Gebirgen her sporadisch zugeführt werden. So erklärt es sich, dass dieser vielleicht längste Strom der Welt selbst da, wo er sich weder in Arme theilt, noch durch dicht an seine Ufer herantretende Felswände eingeengt erscheint, an den meisten Stellen seines Laufs nur selten den majestätischen Anblick gewährt, wie wir ihn bei den grossen Flüssen des europäischen Russlands wahrnehmen. Eine Breite von 1000 m erreicht der vereinigte Nil nur kurz unterhalb Chartûm und kurz vor seiner abermaligen Theilung bei Kairo (auch bei der Stadt

Minye, wo er ungetheilt fliesst), während der Weisse Nil dieselbe auf einer weiten Strecke seines Unterlaufs übersteigt. Auf seinem vielfach gewundenen Laufe durch 15 Breitengrade durstigen Wüstenterrains geht eben ein grosser Theil seiner Wassermasse in Folge von Verdunstung und Infiltration (wahrscheinliche Ursache des tiefen Grundwassers in den Oasen der libyschen Wüste, welche vom nubischen Nil aus gespeist werden), und noch mehr in einem System künstlicher Bewässerungscanäle verloren, welches das Flussnetz eines ganzen Königreichs zu ersetzen hat. An ihrem Zusammenfluss verhalten sich Weisser und Blauer Nil, was die durchschnittliche Breite und Wassertiefe anlangt, wie 3 : 1; aber dieses Verhältniss wird durch die stürmische Schwelle des Blauen Nils, dessen Wasser in den abessinischen Hochgebirgen zusammenlaufen, sobald dort die volle Regenzeit eintritt, wesentlich modificirt. Der Blaue Nil ist eben ein Gebirgsfluss, der plötzlich steigt und alles mit sich fortreisst, was er auf seinem abschüssigen Laufe erfasst. Daher heisst er der *Bahr el-Azrak*, der blaue, d. h. der „dunkle", „trübe" Nil, im Gegensatze zum *Bahr el-Abyad*, d. h. der weisse, richtiger der „helle" oder „klare" Nil, indem seine durch endlos weite, von dichtem Graswuchs bedeckte Ebenen und zum grossen Theil sogar aus bereits abgeklärten See-Becken fliessenden Wasser geläutert, zum Theil durch schwimmende Grasdecken filtrirt erscheinen. Der Blaue Nil (nebst seinem Ableger dem Atbara) kann daher ausschliesslich als die Mutter der aegyptischen Fruchtbarkeit und zugleich als die Ursache der Nilschwelle (indem er einen Ueberschuss liefert zu der constanten Masse des Flusses) betrachtet werden, wogegen der Weisse Nil der Vater seiner Lebensfähigkeit ist, der ihm die Ausdauer und Gleichmässigkeit ertheilt, welche verhindert, dass das Land im Norden zur Sommerzeit verdurste; der Blaue Nil allein würde nicht ausreichen, das 400 d. Meilen lange Bett das ganze Jahr hindurch nass zu erhalten. Stempelt demnach schon allein der Jahresdurchschnitt seiner Wassermenge den Weissen Nil zum Hauptflusse, so muss ihm dieses Vorrecht in noch höherem Grade zuerkannt werden, wenn man die Längenausdehnung seiner Tributaire berücksichtigt, welche diejenige des Blauen Nil weit um das Doppelte übersteigt. Aber auch er, wenn wir ihn hinaufschiffen, bleibt nicht für lange ungetheilt. Zunächst erreichen wir unter 9° N. Br. die Mündung des *Sobât*, welcher, dem Atbara gleich, die Natur des Blauen Nils im Kleinen wiederholt, indem er sich von dem im Süden des eigentlichen Abessiniens sich fortsetzenden Hochlande herabstürzt. Dicht dahinter mündet von der entgegengesetzten Seite der *Bahr el-Ghazâl* oder Gazellenfluss, der, fast ein Strom ohne Strömung, nur das vereinigte Sammelaestuarium einer Unmasse dem höher gelegenen Innern der Niamniam- und Kredi-Länder entströmender Quellflüsse ausmacht, die ihren Ursprung zwischen dem 4 und 5° N. Br. nehmen. Oberhalb der Mündungen des Sobât und Bahr el-

Ghazâl nimmt der Fluss den Namen *Bahr el-Gebel* an und schrumpft zu unbeträchtlicher Breite zusammen, wie ein Fluss dritten Ranges; vom 5° N. Br. hört er auf schiffbar zu sein, indem er wiederholt über Katarakte strömend aus dem *Mwutan-See* (dem sogen. *Albert-Nyanza*) ausfliesst, welcher wiederum durch einen, immer noch als Weisser Nil zu betrachtenden Arm („Somerset" getauft) mit dem See *Ukerewe (Victoria-Nyanza)* in Zusammenhang steht. Welches von beiden Reservoiren wird nun den entferntesten Ursprung, die längsten Zuflüsse haben? darin resumirt sich die grosse Frage nach den Nilquellen. Das Gebiet, auf welches sich die letzteren beschränken müssen, ist aber Dank den Fortschritten der neueren Reisenden gegenwärtig ein bereits derartig nach allen Seiten hin begrenztes geworden, dass die endgültige Lösung nicht lange mehr auf sich warten lassen kann.

Abgesehen von den nicht unerheblichen klimatischen Verschiedenheiten, wie sie eine Strecke von 15 Breitengraden nothwendig aufweisen muss, ist das Nilthal von Chartûm bis zum Delta als ein zusammengehöriges Land zu betrachten, das Land der schwarzen Nilerde (s. unten), welche ihre Fruchtbarkeit aus dem Zersetzungsprodukt der abessinischen Gebirge bezieht.

Die Breite des Nilthals (inclusive der wüsten Strecken an den Rändern) variirt zwischen den bis zu 350 m betragenden Steilabfällen der östlichen (sogen. arabischen) und der westlichen (sogen. libyschen) Seite, welche zwei Canalmauern gleich das Bett einfassen, das sich der Strom durch das Plateau des „nubischen Sandsteins" (mittlere Kreide), der bis zum Gebel Selsele oberhalb Edfu reicht, und weiterhin durch das des Nummulitenkalks Ober- und Mittelaegyptens gerissen hat, in Nubien von 1 bis 2, in Aegypten zwischen 3 bis 7 deutschen Meilen. Diesem Verhältnisse entspricht auch die Breite des culturfähigen Schwemmlandes, welches nordwärts von Girge ab seine grösste Ausdehnung gewinnt, aber nirgends 2 Meilen übersteigt. Die Mächtigkeit der Alluvionen beträgt in Aegypten im Durchschnitt zwischen 10 und 12m, an der Spitze des Delta's, bei Kalyûb steigt dieselbe bis auf 13 und 16m und geht daselbst bis unter das Niveau des Meeres. Die Tiefe der Flussrinne ist beträchtlich, und abgesehen davon überragen beim niedrigsten Stande des Wassers die steilen Uferwände von Nilerde („Gef" genannt) in Oberaegypten um 8m, bei Kairo dagegen nur um 4,5m die Fluth (= der Tiefe der Schöpfbrunnen).

„Der Nilschlamm ruht in ganz Aegypten auf einem Lager von Meersand. Das ganze Land zwischen den ersten Katarakten und dem Mittelmeer war ehedem ein negatives Delta, eine schmale Meeresbucht (Aestuarium), die sich wohl zur Zeit der Pliocene allmählig mit Lagunenschlick füllte, der von dem krystallinischen Habesch her eingewaschen wurde. Späterhin, nach der Erhebung Aegyptens aus dem Meer (als auch der Isthmus auftauchte), grub sich der Strom in diesen Schlamm, der bei der leichten Löslichkeit hier losgeschwemmt wurde, um dort sich wieder zu setzen". *(Fraas.)* Der Nilschlamm scheint, was seine Beschaffenheit und Zusammensetzung anlangt, ganz einzig auf der ganzen Erde dazustehen. Im frischen Zustande erhält derselbe auf 100 Theile (nach Regnault) an

Wasser und Sand 63%, kohlensaurem Kalk 18%, Quarz, Kiesel, Feldspath, Hornblende, Epidot 9%, Eisenoxyd 6%, kohlensaurer Bittererde 4%.

Ueber das Durchschnittsmass des Anwachsens des Schwemmlandes weiss man nichts Gewisses; alle darauf bezüglichen Speculationen haben sich als einseitig abgeleitet und illusorisch erwiesen, z. B. die Nilometer aus dem Alterthum, die für uns nur relative, nicht absolute, mit dem Meeresniveau correspondirende Zahlen ergeben, ferner die um Denkmäler von bestimmtem Alter abgelagerte Erde etc.; locale Messungen führen zu keinerlei Resultat, denn alljährlich sehen wir den Nil förmlich Ball spielen mit seinen Schöpfungen; hier schwemmt er auf, dort reisst er ab. Wieviel jährlich an Schwemmland hinzukommt, könnte man nur aus dem Inhalte (an festen Bestandtheilen) des alljährlich nach Aegypten strömenden Wassers auf quantitativem Wege feststellen, wozu noch kein Versuch gemacht worden ist. Dass das Culturland in neuerer Zeit durch das Vorrücken der Wüste beeinträchtigt worden, beruht auf einer durchaus nicht hinreichend motivirten Annahme, welcher schon Wilkinson entgegengetreten ist, indem er nachweist, dass, wenn auch Wüstengeschiebe und Sand im Nilthale vorrücken, die Sohle desselben zu gleicher Zeit, vermöge seiner Erhebung, seines höheren Aufbaues, sich doch auch verbreitern, mithin das Culturland wachsen müsse.

Der Verlauf der Ueberschwemmung gestaltet sich, wie schon aus dem oben Gesagten hervorgeht, günstiger oder ungünstiger, je nach dem heftigeren oder spärlicheren Falle der abessinischen Gebirgsregen, wogegen die centralafrikanischen gewiss eine constante Grösse bilden, denn sie unterliegen den gleichmässigen Gesetzen der Passate. Ihre Wiederkehr ist an eine bestimmte Zeit gebunden, wie die der Wolkenbrüche im æquatorialen Afrika, und darf regelmässig genannt werden, wenn sich auch Schwankungen von einigen Tagen in ihrem Beginn und von mehreren Ellen in der Wasserhöhe zeigen. Anfangs Juni macht sich ein langsames Steigen des Stroms bemerklich, zwischen dem 15. und 20. Juli wird die langsame Schwelle zu einem rapiden Wachsen, gegen Ende September bleiben die Wasser in der Regel auf gleicher Höhe für 20 bis 30 Tage, und in der ersten Hälfte des Octobers erreicht die Ueberschwemmung ihren Gipfelpunkt (vgl. S. 257); dann, nachdem sie bereits mit dem Rücktreten begonnen, sucht sie häufig die Culmination zum andern Male zu erreichen und zu überbieten, um darauf bald, erst allmählich, dann schnell und immer schneller zu sinken. Im Januar, Februar und März trocknet das schon von den Aeckern zurückgetretene Wasser langsam nach und erreicht im April, Mai und den ersten Junitagen seinen niedrigsten Stand. Das für die Cultur günstigste Mittel des höchsten Wasserstandes ist nach langjähriger Beobachtung für unser Zeitalter eine Höhe von 23 Ellen 2 Zoll des Nilometers (zu Herodot's Zeit genügten 16 derselben; daher der Nilgott im Vatican von 16 Kindern umgeben), aber schon eine Elle mehr kann furchtbare Verwüstungen im Delta anrichten, anderwärts das für die kurze Herbstsaat („Nabâri“: s. S. 86) bestimmte Terrain der Cultur entziehen; während nur 2 Ellen weniger bereits in Oberaegypten Dürre und Hungersnoth zu erzeugen vermögen. So empfindlich ist das Pulsmass, welches die Lebensader dieses einzigen Landes regulirt, vergleichbar den geringen Temperatur-Schwankungen im Blute eines gesunden Menschen. Ein zu hoher Wasserstand, besonders wenn er sich nicht bei Zeiten angemeldet, bringt in neuester Zeit dem Lande weit mehr Gefahr als ehemals, da die grosse Ausdehnung, welche die Cultur der Baumwollenstaude im Delta erfahren hat, ein willkürliches Ueberfluthen des Landes ausschliesst und Dämme die Felder davor schützen müssen. Aegypten hat eben aufgehört, zur Zeit der Nilschwelle wie ehemals „ein grosser See“ zu sein.

Ueberhaupt überschwemmt der Nil nicht direkt die Ebenen seines Thales, wie man das so gewöhnlich in Europa annimmt, sondern sein Wasser wird in Canäle abgezweigt und nach Bedarf vertheilt (vergl. S. 83). Hierzu sind besondere Ingenieure angestellt, welche diese Operation überwachen. Das ganze culturfähige Land ist durch Dämme in ungeheure Bassins eingetheilt, in welche das befruchtende Wasser durch Canäle eingeführt und so lange auf einer gewissen Höhe erhalten wird, bis der Boden gehörig gesättigt und das nöthige Quantum Nilschlamm abgesetzt ist. Unterdessen fällt das Wasser im Strom, wodurch es möglich wird, den Ueberschuss an Wasser der Bassins in den Strom oder in die Canäle zurückzuleiten und den Boden zum Bebauen herzurichten. Oft wird der Ueberschuss an Wasser in den Bassins in andere niedriger gelegene abgelassen. Während dieser Ueberfluthungen hängen viele der Fellachen-Dörfer nur durch Dämme mit einander zusammen, manche müssen auch mit Hülfe von Barken die Communication vermitteln, das ganze Land bietet alsdann einen besonders malerischen und charakteristischen Anblick.

Jede Vernachlässigung des Stromes und der von ihm zu füllenden künstlichen Wasseradern rächt sich aufs grausamste und hat in den letzten Jahren der Byzantinischen Herrschaft und in der Zeit der schmählichen Mamlukenwirthschaft bewirkt, dass die reichen aegyptischen Aecker kaum die Hälfte des Ertrages lieferten, den sie in mittleren Jahren zu geben vermögen. Bei Kairo beträgt der mittlere Unterschied des höchsten und niedrigsten Wasserstandes $7{,}_5$—$7{,}_8$ m, bei Theben $11{,}_7$, bei Assuân 15 m. Der Reisende wird sich von der selbst noch im März und April kräftigen, fast reissenden Strömung des Nils zu überzeugen Gelegenheit haben, und doch beträgt der Höhenunterschied zwischen Assuân (beim ersten Katarakt) und Kairo nur 91 m. Es fällt das Bett des Flusses also nur um genau 11 Centimeter pr. Kilometer. Die Schnelligkeit der Strömung erschwert die Schifffahrt freilich in weniger hohem Grade, als der Umstand, dass sich durch den von jeder Ueberschwemmung herbeigeführten Schlamm und Sand das Flussbett häufig ändert und selbst der vorsichtigste Kapitän die Untiefen nicht immer zu vermeiden vermag, die sich in wenigen Wochen an Stellen bildeten, von deren genügender Tiefe er sich früher überzeugt hatte.

Werfen wir nun einen flüchtigen Blick auf die culturhistorische Bedeutung dieses in jeder Beziehung einzigen Stromes, so werden wir uns der Erwägung nicht zu entziehen vermögen, dass der Nil und seine Eigenart den Anstoss zu jenen grossen körperlichen und geistigen Leistungen gegeben hat, welche die alten Aegypter zum bedeutendsten Culturvolke des frühen Alterthums machten. Die Nothwendigkeit, seinen Lauf zu beschränken und sein Wasser nach Bedarf zu leiten, lehrte die Wasserbaukunst und die mit ihr verbundenen Messkünste, man fand am gestirnten Himmel das ewige Calendarium, nach dem sich die Zeit seines Kommens und Gehens bestimmen liess, und so dürfte er als der Schöpfer der Astronomie zu betrachten sein. Die alljährlich übertretenden Fluthen verwischen die Ackergrenzen; darum mussten die einzelnen Parcellen vermessen, in Grundbücher eingetragen und von den herrschenden Klassen vor allem dahin gestrebt werden, ein lebendiges Bewusstsein von der Heiligkeit des Besitzes im Volke wach zu rufen und auszubilden. Jedes neue Jahr weckte neuen Streit und erwies die Nothwendigkeit für einen Jeden, sich dem Gesetze zu fügen, sich dem Richter unterzuordnen und die Obrigkeit zu stützen, welche dem erfolgten Spruche Gültigkeit und Unanfechtbarkeit zu verschaffen hatte. So führte der Nil zu Gesetzlichkeit und zu einem geordneten Staatsleben.

Wie die wunderbare Eigenthümlichkeit seines geheimnissvollen und mächtigen Wesens, dessen Gunst oder Ungunst das Wohl und Wehe des ihm gegenüber durchaus ohnmächtigen und sich vor seiner Uebermacht beugenden Volkes entschied, das religiöse Bewusstsein der Aegypter früh zu wecken geeignet sein musste, bedarf keiner Begründung. Als später die messkundigen Architekten im Dienste des Staates und der Religion jene Riesenbauten herstellten, die wir kennen lernen werden, da war es wiederum der Nil, der die Herbeischaffung des schweren Baumaterials so sehr erleichterte, dass schon von den Pyramidenerbauern der Granit von Assuân zu den memphitischen Bauten und gleichfalls im alten Reiche sogar im höchsten Norden am Strande der See zu Tanis verwandt werden konnte. Und wie dem auf Baumstämmen herbeizuführenden Gestein, so bot er den wanderungslustigen Menschen eine bequeme Strasse und führte sie zur Construction jener kunstreichen Schiffe, die uns mit Steuern und Rudern, mit Mast und Segel, mit Cajütenhaus und Ruhebank schon in frühester Zeit begegnen.

Von den ältesten Tagen des historischen Lebens in Aegypten an ist der Lauf des Nils von den Katarakten bis an der Stelle seiner Spaltung nördlich vom heutigen Kairo, dem alten Kerkasoros, d. i. die Zerschneidung des Osiris, nur geringen Veränderungen unterworfen gewesen. Anders verhält es sich mit seinen Mündungsarmen, denn während wir von den Alten deren sieben (der pelusische, tanitische, mendesische, bukolische oder phatnitische, sebennytische, bolbitinische und kanopische) nennen hören, finden wir, dass er heute seine Verbindung mit dem Meere nur durch zwei effective Stromzweige, die von Rosette (Raschîd) und Damiette (Damyâṭ) herstellt. Die heutigen Mündungsarme erreichen die See ungefähr in der Mitte des Delta, während der kanopische und pelusische Zweig, welche im Alterthum für die Hauptmündungen galten, am äussersten Ost- und Westende der aegyptischen Küste mündeten. Nach und nach aber wurden ihre Wasser gezwungen, sich neue Betten zu suchen. Der pelusische Arm fand durch den phatnitischen bei Damyâṭ einen bequemen Ausgang; der kanopische musste sogar durch den von Menschenhand gegrabenen bolbitinischen seinen Weg nehmen. Die alten Hauptäste verschwanden endlich ganz, neue Nebenzweige im inneren Delta bereicherten sich mit ihrem Wasser, und die genannten Arme von Rosette und Damiette verbinden jetzt fast ausschliesslich den Nil mit dem Meere.

Geologisches und Wüste *(von Professor Dr. K. Zittel).* a. Das eigentliche Aegypten. Es liegt keine Uebertreibung in dem viel wiederholten Satz, Aegypten sei ein „Geschenk des Nils“. Ohne den segenspendenden Fluss würde nackter Fels oder Sand das fruchtbarste Gebiet im nördlichen Afrika bedecken. Mit der höchsten Fluthmarke der jährlichen Ueberschwemmungen, mit dem äussersten Bewässerungs-Canal des Nils fällt auch die Grenze zwischen Ṣaḥâra (Ṣaḥra = wüste Ebene) und grünen Saatfeldern haarscharf zusammen. Das ganze vom Nil abgesetzte Schwemmland ist ein fremdartiges Element im geologischen Bau Nord-Afrika's und bildet ein in geologischer Hinsicht sehr bestimmt charakterisirtes Ganzes.

Ueber die Entstehung, Beschaffenheit und Mächtigkeit des Nilschlammes wurde schon im vorigen Abschnitt gesprochen. Bei einer Fahrt nach Ober-Aegypten sieht man seine senkrechten, schwarzen, vielfach zerklüfteten Wände oft in einer Höhe von 8—10m gegen den Fluss abfallen. Er ist deutlich geschichtet, indem parallele Lagen von etwas verschiedener Färbung mit einander, zuweilen auch mit ganz feinen Sandschichten abwechseln. In Unter-Aegypten breitet er sich in etwas geringerer Mächtigkeit über das ganze Delta als eine dünnblättrige schwärzliche oder röthlichbraune Masse aus und lässt nur an vereinzelten Stellen kleine Wüsten-Inseln zwischen sich frei.

Wo im Schwemmlandgebiete der Untergrund zu Tage tritt, ist er völlig unfruchtbar, denn eine bleibende Humusbildung gibt es in Aegypten nicht. In diesem regenarmen heissen Lande fehlt der Winter mit seiner schützenden Schneedecke, welche den Zersetzungsprocess der Vegetabilien verlangsamt und aus dessen Product und dem damit vermengten verwitterten Gestein den fruchtbaren Ackerboden liefert. Wegen der mangelnden Vegetation bewahrt auch das nackte Gestein in Aegypten und den angrenzenden Wüsten seine Oberflächen-Beschaffenheit nahezu unverändert, denn ohne Beihülfe von Vegetation und Feuchtigkeit wird die Verwitterung auf ein Minimum herabgedrückt. Die gewaltigen Schuttmassen am Fusse der Felswände im Nilthal und namentlich am Ausgang der Wâdi's, sowie die seltsamen, jedem Reisenden auffallenden „Inselberge“ der Wüste können unmöglich unter dem heutigen aegyptischen Klima entstanden sein. Sie beweisen mit untrüglicher Sicherheit, dass in vorhistorischer Zeit gewaltige Fluthen über den jetzt dürren Boden hinwegbrausten und Veränderungen der verschiedensten Art in der Oberflächen-Beschaffenheit hervorriefen.

Für den Geologen ist im eigentlichen Schwemmland Aegyptens wenig zu beobachten; dagegen bieten die Küsten des Meeres und das vom Canal durchschnittene Isthmusgebiet hin und wieder interessante Aufschlüsse.

Schon bei der Einfahrt in den Hafen von Alexandrien fallen dem Ankömmling die mächtigen Quadern aus den Steinbrüchen von Meks in die Augen. Es ist dies ein jungtertiärer, lichtgefärbter, hauptsächlich aus zertrümmerten Konchylien-Schalen zusammengesetzter Kalksandstein, welcher sich von Alexandrien westwärts weithin erstreckt und wahrscheinlich den grösseren Theil der cyrenäischen Hochebene zusammensetzt. Er dient nicht allein in Alexandrien allgemein als Baustein, sondern findet auch bei den Hafenbauten in Port Sa'îd vielfache Verwendung.

Aus dem Wüstensand des Isthmus, welcher auch in Unter-Aegypten die Basis des Nilschlammes bildet und im östlichen Theil der Wüste durch starken Gyps- und Salzgehalt beinahe mit einer festen Kruste bedeckt wird, taucht hin und wieder Gestein auf oder wurde durch die Canalbauten ans Tageslicht gebracht. Bei der Station Schalûf (S. 450) folgt auf grünlich-grauen Gypsmergel ein fester Kalkstein mit marinen Tertiär-Konchylien, Haifischzähnen, Resten von Krokodilen und wasserbewohnenden Säugethieren. Dasselbe Gestein findet sich auch an anderen Stellen und zuweilen ragen auch Riffe von alttertiärem Nummulitenkalk aus der Ebene hervor. An mehreren Punkten der Küste des Rothen Meeres, namentlich bei Koṣêr, befinden sich 2—30m über dem Wasserspiegel Korallengesteine von jungtertiärem oder diluvialem Alter, die für eine beträchtliche Hebung des Festlandes sprechen. Mit diesen Korallenriffen stehen auch die Petrolquellen vom Gebel ez-Zêt und das Schwefelvorkommen am Râs el-Gimsâh in naher Beziehung.

Der mittleren (miocänen) Tertiärzeit gehören einige isolirte Sandablagerungen bei Kairo mit zahlreichen Versteinerungen an, unter denen eine Art von Seeigeln (*Clypeaster Aegyptiacus*) eine gewisse Berühmtheit erlangt hat. Jedem Pyramidenbesucher werden diese prächtigen Gehäuse zum Kauf angeboten. Professor Fraas hat die Fundstätte derselben 15 Minuten südlich vom Sphinx am Wüstenrand aufgesucht und beschrieben.

Zu den geologischen Merkwürdigkeiten der Umgebung von Kairo gehört auch der *versteinerte Wald* (vgl. S. 347). Etwa 1½ Stunden östlich von der Stadt beginnt die Wüste Chaschab („Holz"), deren Boden meilenweit mit ganzen Stämmen und Trümmern verkieselten Holzes übersäet ist. Gewöhnlich wird nur der „kleine" versteinerte Wald besucht, der „grosse" (S. 349) ist 7 Stunden östlich von Kairo entfernt. „Hier liegt die Wüste in Wahrheit so voll von Baumstämmen, dass ausser dem feinen Sand kein anderer Stein mehr sichtbar ist als Feuerstein, in welchen die Nicolien verwandelt sind" (Fraas). Man findet zuweilen Stämme von 1m Dicke und 20—30m Länge. Unger bestimmte dieselben als *Nicolia Aegyptiaca* (Familie der *Sterculiaceae*), allein nach neueren Untersuchungen scheinen verschiedene Pflanzen (Palmen und Dikotyledonen) das Material zu dem versteinerten Wald geliefert zu haben. Ob die Stämme an Ort und Stelle gewachsen und verkieselt sind, oder ob sie aus dem Süden herbei geschwemmt wurden, ist noch eine offene Frage. Jedenfalls fällt die Entstehung dieser merkwürdigen Ablagerung in die spättertiäre Zeit.

Von Kairo an südwärts wird der Nil von Höhenzügen eingeschlossen, welche nur ein schmales, 1—2 Meilen breites Thal zwischen sich frei lassen. Oestlich vom Nil beginnt die arabische, westwärts die libysche Wüste; beide unwirthlich, wasserarm und nur hier und dort von spärlicher Vegetation bedeckt. Vom nördlichsten Vorgebirge der arabischen Wüste (dem Mokaṭṭam bei Kairo) an bis oberhalb Edfu bestehen die beiderseitigen Nilränder aus alttertiärem Nummulitenkalk. Die Schichten neigen sich sanft von Süd nach Nord, so dass, je weiter man den Nil aufwärts fährt, immer ältere Schichten zu Tage kommen. Aus dem mit Millionen von Nummuliten erfüllten Kalkstein des Mokaṭṭam werden jetzt die Neubauten in den europäischen Vorstädten Kairo's errichtet, und aus den uralten Steinbrüchen von Turra und Ma'ṣara holten auch die alten Aegypter das Material zu den Pyramiden. Auf einem mächtigen, gegenwärtig zerstörten Steindamm wurden die Riesenblöcke herbeigeführt. Am Mokaṭṭam, bei Minye, Beni Hasan, Siûṭ, Theben, Esne u. a. O. ist der Kalkstein überreich an Versteinerungen, und namentlich bei Kairo kann man mit leichter Mühe in kurzer Zeit eine ansehnliche Sammlung zusammenbringen. Von den Arbeitern am Mokaṭṭam werden jedem Fremden fossile Krabben (*Xanthopsis Paulino-Würtembergicus*) und Haifischzähne gegen mässiges Bachschîsch angeboten.

Südlich von Edfu hört der Nummuliten-Kalk auf, es folgen Mergel, kalkige und sandige Gesteine, welche nach Figari-Bey Versteinerungen der Kreide enthalten. Nach diesen beginnt quarzreicher, der mittleren

Kreideformation angehöriger Sandstein, welcher am Gebel Selsele den Fluss durch von beiden Seiten vorspringende Felswände in ein enges Bett einzwängt.

Dieser in Nubien und im Sûdân mehrere tausend Quadrat-Meilen bedeckende „nubische Sandstein" ist von den Alten fast ausschliesslich zu den Tempelbauten Ober-Aegyptens verwendet worden und noch jetzt sieht man bei Selsele und in der arabischen Wüste zwischen Kene und Koṡêr die grossen Steinbrüche, welche einst das Material zu den Riesenbauten Thebens geliefert haben.

Von Assuân bis Selsele fliesst der Nil durch nubischen Sandstein; beim alten Syene aber schiebt sich von Osten her ein Querriegel von Granit und Syenit vor, welcher Aegypten von Nubien scheidet. Etwa 40 Meilen weit zieht er nach Osten als eine Kette regellos durcheinander gewirrter kahler Kuppen von 3—400m Höhe.

Der Nil hat sich durch das harte, von prächtigen fleischrothen Feldspathkrystallen erfüllte Gestein eine Bahn gebrochen und stürzt bei Assuân wild durch eine Stromschnelle hinab. In der Nähe der Katarakte sind die verlassenen Steinbrüche der alten Aegypter, in denen man hier und da noch heute unfertige Riesenobelisken oder halb aus dem Gestein herausgemeisselte Säulen herumliegen sieht.

b. In der Arabischen Wüste begleitet ein mächtiger breiter Gebirgszug aus krystallinischen Gesteinen (Granit, Syenit, Diorit, Porphyr, Hornblendenschiefer, Gneiss, Glimmerschiefer u. s. f.) die Küste des Rothen Meeres und verbreitet sich tief in das Land hinein. Bei Hammâmât an der Karawanenstrasse von Koṡêr nach Theben kommt man an den Steinbrüchen vorbei, wo die dunkelgefärbten Gesteine (Aphanit, Diorit, verde antico) gewonnen wurden, aus denen die alten Steinmetzen die Sarkophage und Sphinxe meisselten. Der Gebel Duchân, in der Nähe des Rothen Meeres, ungefähr der Südspitze der Sinaihalbinsel gegenüber, lieferte den prächtigen rothen Porphyr (Porfido rosso), welchen später die Römer und Griechen mit Vorliebe für Vasen, Säulen, Sarkophage, Büsten und Mosaikbelege verwendeten. Bei den Granitbrüchen des Gebel Fatîre wurde neben Baustein auch Kupfer gewonnen. Am berühmtesten jedoch waren im Alterthum die Smaragdgruben des in der Breite von Selsele am Rothen Meer gelegenen Gebel Zebâra.

An diesen mächtigen bis 2000m hohen Gebirgszug aus krystallinischen Gesteinen, welcher in der Sinaihalbinsel sein Gegenstück findet, schliessen sich nach Osten mantelförmig geschichtete Gebilde an; zunächst ein ansehnlicher Streifen nubischen Sandsteins, darauf eine Reihe mergeliger und kalkiger Schichten, in welchen Figari Bey wahrscheinlich mit Unrecht Trias und Jura erkennen wollte, während, wie aus dessen in Florenz aufbewahrter Sammlung hervorgeht, wohl nur Kreide entwickelt sein dürfte, und endlich ein mächtiger, der Nummulitenformation angehöriger, bis zum Nil reichender Complex von Kalkstein. Zu letzterem gehört auch der ehemals beim alten Alabastron unfern Siût, sowie noch jetzt am Gebel Urakam in der Nähe von Beni-Suêf ausgebeutete Alabaster, ein lichtgelber, honigfarbener oder auch schneeweisser, aus kugeligen Massen zusammengesetzter Kalkstein, welcher unter Mohammed 'Ali beim Bau der Alabaster-Moschee (S. 281) grossartige Verwendung fand. Im Alterthum diente er zur Ausschmückung von Bauwerken, zu Büsten u. s. w. und wurde weithin versendet. Sogar unter den Ruinen der Ammons-Oase finden sich Blöcke dieses Gesteines.

Durch ihre ansehnlichen Gebirge, durch zahlreiche tiefeingeschnittene Thäler und durch kühn geformte Felsmassen erhält die arabische Wüste einen überaus grossartigen Charakter. Sie ist keineswegs vegetationslos, wie man wohl annimmt, denn fehlen ihr auch die Oasen, so hat sie dafür, namentlich im nördl. Theil, Quellen und natürliche Cisternen, welche von den zwar seltenen, aber oft sehr reichlichen Winterregen gefüllt werden.

c. Einen gänzlich verschiedenen Charakter trägt die Libysche Wüste. Wie eine riesige, gänzlich ungegliederte Tafel breitet sich zwischen dem Nil und den Oasen Chargeh, Dachel, Farâfra und Bahrîye eine steinige, durchschnittlich 2—300m über dem Nil gelegene

Hochebene aus. Sie ist von keinem grösseren Thal durchschnitten und von keinem Gebirgszug oder weit hervorragenden Gipfel gekrönt. Krystallinische oder vulkanische Gesteine fehlen ihr völlig. Ihre Oberfläche steigt stufenförmig an und jeder Terrasse geht ein breiter Gürtel isolirter Inselberge voraus, welche offenbar durch Auswaschung entstanden, von dem benachbarten Plateau abgelöst wurden. Diese ganze steinige, absolut wasserlose Hochebene, auf welcher nur vereinzelte Dünenzüge auftreten, besteht aus Nummulitenkalk. Gegen die Oasen fällt sie mit schroffen, zuweilen 300m hohen, schluchtenreichen Steilrändern ab. An diesen sind die verschiedenen Schichten der älteren Nummulitenbildung, sowie der oberen Kreide blossgelegt und bergen meist eine Fülle von Versteinerungen. Namentlich die Oasen Dachel und Charge zeichnen sich durch Fossilienreichthum aus. Der Boden der tiefen, theilweise unter dem Spiegel des Nils befindlichen Einsenkungen, in welchen die genannten Oasen liegen, besteht aus buntgefärbten mergeligen oder sandigen Schichten der oberen Kreide. Dieselben sind stellenweise derart mit Alaun imprägnirt, dass vor etwa 30 Jahren Fabriken zu dessen Gewinnung angelegt wurden, später aber wegen der schwierigen Transport-Verhältnisse wieder eingingen. Starke Thermal-Quellen durchbrechen die Gesteine der oberen Kreide und rufen allenthalben, wo sie den Boden befeuchten, eine üppige Vegetation hervor (s. S. 75).

Der bei Selsele das Nilthal verengende Strich nubischen Sandsteins zieht weit in die Libysche Wüste hinein, bildet die Südwestgrenze der Oasen Charge und Dachel und breitet sich von da in unbekannter Erstreckung in das Herz der Libyschen Wüste aus. Er ist reich an verkieselten Hölzern, an Eisen- und Manganerzen.

Etwa 6 Tagereisen westwärts von den Oasen beginnt ein förmliches *Sandmeer*. Soweit das Auge reicht, sieht man nur gelben, losen Flugsand, meist in parallelen, viele Meilen langen Dünenzügen geordnet, deren Kämme sich oft mehr als 100 m über die Sandfläche erheben.

Die Oase Farâfra liegt in einer im Nummulitenkalk ausgewaschenen Bucht, die nur nach Süden geöffnet, sonst allseitig durch Steilränder abgeschlossen ist. Nördlich und westlich von Farâfra breitet sich das eocäne Kalksteinplateau bis in die Gegend von Siwa aus und ist zwischen dieser Oase und Baḥriye durch zahlreiche, beckenartige Einsenkungen ausgezeichnet. Diese scharfbegrenzten Vertiefungen verleihen, namentlich wenn sie Salzseen enthalten, der Landschaft ein eigenthümliches anziehendes Gepräge. Die ganze Umgebung der Ammons-Oase besteht aus jungtertiären Ablagerungen, deren Versteinerungsreichthum schon von Herodot und Eratosthenes gerühmt wurde.

Der Hauptsache nach bilden in der Libyschen Wüste der nubische Sandstein, die obere Kreide, der Nummulitenkalk und die jüngeren Tertiärbildungen breite, in der genannten Reihenfolge aufeinanderfolgende Bänder, deren Streichungsrichtung von SSO. nach NNW. verläuft.

Die Oasen (*von Professor Dr. P. Ascherson*). Mehrere Tagereisen vom Nilthale entfernt, kennt man seit grauer Vorzeit inmitten der dasselbe im Westen begrenzenden Libyschen Wüste, der ödesten und trostlosesten Strecke der ganzen afrikanischen Saḥâra, einzelne bevorzugte Plätze, an denen der reiche Zufluss unterirdischer Gewässer eine Ueppigkeit der Vegetation hervorruft, die der auf der gesegneten Nilerde wenig nachgibt. Der koptische, in die arabische Sprache übergegangene Name derselben, „Wâḥ" kommt nach Brugsch aus dem Altaegyptischen und bedeutet eine bewohnte Station; in seiner graecisirten Form Oasis (eigentlich *Ὄασις* oder *Αὔασις*) ist derselbe ein geographischer Kunstausdruck für bewässerte, culturfähige Stellen inmitten von Wüsten, Vegetationsinseln im Stein- und Sandmeer geworden.

Von den fünf aegyptischen Oasen liegen vier in einer etwas gekrümmten, von Südost nach Nordwest gerichteten Linie, welche nach Süden mit dem Nilthale convergirt: 1) *Wâḥ el-Charge*, d. h. die äussere Oase (so schon bei Olympiodor im 5. Jahrh. n. Chr.), Oasis major, die grosse Oase des Alterthums, 3—4 Tagereisen vom Nilthale bei Theben und Girge entfernt. 2) *Wâḥ ed-Dachle* oder gewöhnlich *Dachel*, d. h.

die innere Oase (so ebenfalls schon bei Olympiodor), 3 Tagereisen westlich von Charge, etwa 6 Tagereisen vom Nilthal bei Siût. 3) *Farâfra* (d. h. die Sprudelquellen), etwa 5 Tagereisen NNW. von Dachel, 8—10 Tagereisen vom Nilthal bei Siût. 4) *Siwa*, im Alterthum die hochberühmte Oase des Jupiter Ammon, 16 Tagereisen WSW. von Alexandrien und etwa 14 von Kairo. Der directe Weg von Siwa nach Farâfra ist noch wenig bekannt (diese Strecke wurde von Rohlfs und Zittel 1874 in 10½ Tagen zurückgelegt); die von den meisten europäischen Reisenden eingeschlagene Strasse führt mit einem grossen Umwege nach Osten über 5) *Wâḥ el-Baḥrîye*, d. i. die nördliche Oase, Oasis minor, die kleine Oase des Alterthums, welche 5½ Tagereisen SW. von Medînet el-Fayûm und etwa 4 Tagereisen W. von Behnese im Nilthale gelegen, 9 Tagereisen von Siwa und 5 von Farâfra entfernt ist.

Alle Oasen liegen beträchtlich tiefer als das steinige Wüstenplateau, welches in malerischen Felsabstürzen sich gegen dieselben abdacht; die Oase Siwa ist sogar etwa 25m unter den Spiegel des Meeres eingesenkt. Man hat sich die ebene Fläche dieser Oasen-Senkungen keineswegs als eine zusammenhängende Culturlandschaft zu denken; vielmehr besteht der anbaufähige Boden, selbst in den kleinsten Oasen, wie Farâfra, aus einer Anzahl verhältnissmässig kleiner Parcellen, die durch grössere oder geringere Strecken unfruchtbaren Wüstenterrains getrennt sind. Eine grosse Oase, wie Charge, erscheint von der Höhe des sie begrenzenden Steilabfalls als eine ungeheure Wüstenfläche mit vereinzelten hell- und dunkelgrünen Punkten, erstere die Saatfelder, letztere die Palmengärten; auf diese Vegetationsinseln, deren Umfang von der Ergiebigkeit der sie speisenden Quellen und der Sorgfalt, mit der sie benutzt werden, abhängt, würde der seit Strabo's Zeiten so oft wiederholte Vergleich mit den Flecken eines Pantherfelles passen, der auf die wenigen, durch viele Tagereisen getrennten Oasen der Libyschen Wüste als Ganzes angewendet, nicht zutrifft.

Die libyschen Oasen verdanken ihren Wohlstand, wie bemerkt, ihrer ungemein reichlichen Bewässerung; ein unterirdischer, vermuthlich allen Oasen gemeinsamer Wasserbehälter, der aus unbekannter Ferne, aus dem nubischen Nil oder vielleicht selbst aus dem Sûdân durch unerschöpfliche Zuflüsse gespeist wird, entleert jedenfalls nur einen geringen Theil seines Inhalts durch die vorhandenen Quellen und Brunnen. In der Oase Dachel hat in den letzten Jahrzehnten ein aus dem Nilthal gebürtiger Brunnengräber, Namens Hasan-Efendi, ursprünglich Diener eines französischen Bergingenieurs, gegen 60 neue Brunnen angelegt, zum Theil in unmittelbarer Nähe von schon vorhandenen, ohne deren Wasserreichthum zu schädigen und so, indem er die Anlegung einer beträchtlichen Anzahl neuer Gärten und Saatfelder ermöglichte, den Beweis geliefert, dass sich die Ausdehnung des culturfähigen Bodens durch artesische Bohrungen, wie sie die Franzosen in den algerischen Oasen vorgenommen, um das Vielfache vermehren liesse. Die hohe Temperatur des sowohl den natürlichen Quellen als den Brunnen entströmenden Wassers bezeugt seinen tiefen Ursprung; der bedeutende Gehalt desselben an mineralischen Bestandtheilen verleiht ihnen, wie z. B. den Badequellen von Ḳasr Dachel und Baḥrîye (30° C.) oder dem herrlichen Sonnenquell ('Ain-Ḥammâm) in Siwa (28° C.) ohne Zweifel mächtige Heilkräfte, die indess bei ihrer abgeschiedenen Lage kaum Verwerthung finden. In Baḥrîye scheint die Schicht, aus der das Wasser zunächst quillt, ziemlich nahe der Oberfläche zu liegen. Die Thermalwasser von Dachel sind eisenhaltig und, wie die von Farâfra und Charge, abgekühlt kein unangenehmes Trinkwasser; das Wasser von Siwa hat dagegen einen widerlichen Salzgeschmack. Die Brunnen sind meist sehr tief (30—100m und mehr); im Alterthum waren die Oasenbewohner wegen ihrer Geschicklichkeit im Anlegen derselben, wie Olympiodor berichtet, berühmt. Diese Kunst ist indess in den auf den Einbruch der Araber folgenden Jahrhunderten der Barbarei, in denen man die meisten Brunnen verschütten, ausgedehnte Culturländereien, deren Feldereintheilung man noch heute erkennt, versanden liess, fast ganz verloren gegangen und beginnt erst jetzt, wie oben berichtet, wieder aufzublühen. Die beträchtliche Druckkraft, mit der das Wasser aus so beträchtlicher Tiefe zu Tage tritt, gestattet die Brunnen an den höchsten Punkten der Oasenfläche anzulegen resp. die Quellen durch künstliche Dämme aufzustauen; die Ackerfelder sind stets terrassenförmig angelegt, was ebenso einen malerischen Anblick gewährt als es eine zweckmässige Vertheilung des segenspendenden Elements ermöglicht, das mit natürlichem Gefälle nach und nach von oben nach unten geleitet wird. Die mühsame Arbeit an den Sâkiyen und Schâdûfs des Nilthals fällt mithin ganz fort. Dagegen finden sich in den südlichen Oasen häufig ausgedehnte Wasserleitungen, die oft weite Strecken auf künstlichen Dämmen geführt sind, theils um über unfruchtbaren Salzboden hinweg das kostbare Nass entlegenen Strecken guten Bodens zuzuführen, theils auch der zum Theil wunderlich verschlungenen Besitzverhältnisse halber. Es kommt nicht selten vor, dass sich diese Leitungen in verschiedenem Niveau kreuzen. Die Quellen sind meist Eigenthum der Gemeinden, seltener reicher Privaten, und dienen, wie auch die Zahl der Dattelpalmen, als bequemste Steuerobjecte, wogegen der Boden an sich steuerfrei bleibt. Die zeitliche Vertheilung des zur Berieselung nöthigen Wassers ist bei den Gemeinde-Quellen durch statutarische Festsetzungen von Alters her geregelt. Der culturfähige Boden zerfällt in Ackerland und in sorgfältig eingefriedigte Gärten, die meist von mannshohen Erdmauern, die an der Oberkante mit einem Geflecht von trockenen Palmblättern versehen sind, um das Uebersteigen zu erschweren, seltener mit Flechtzäunen aus Sunt- oder anderen Dornästen umschlossen sind.

Wie im Nilthale, so zerfällt auch in den Oasen die Bestellung des Ackerlandes in eine Winter- und Sommercultur (vgl. S. 84), obwohl hier nicht eine Nöthigung durch die wechselnden Wasserstandsverhältnisse vorliegt. Gegenstand der Wintercultur sind Weizen und Gerste, im Sommer werden Reis und Dura (*Sorghum vulgare*) sowie etwas Duchn (*Penicillaria spicata*) gezogen, ferner wird Indigo in Dachel und Charge in nicht unbeträchtlichem Maasse gebaut. Auch etwas Baumwolle baut man in den Oasen, doch kaum für den eigenen Bedarf ausreichend. Der Bestand der Fruchtgärten wird in weitaus überwiegender Zahl von Dattelpalmen gebildet, deren köstliche Früchte die des Nilthals bei weitem übertreffen und den einzigen Export-Artikel von einiger Bedeutung, namentlich in Dachel und Siwa darstellen. Ausserdem finden sich noch überall Oelbäume, besonders in Farâfra, Bahriye und Siwa, welche nicht unbeträchtlichen Ertrag geben, ferner Aprikosen und Orangen nebst Limonen, süssen Melonen und Pomeranzen. Alle übrigen Fruchtbäume nur in geringer Zahl. Ebenso fehlen auch manche der im Nilthal gebräuchlichen Gemüse, wie Salat, Kohl und Kulkâs; die neueren Einführungen, wie das Zuckerrohr und die herrliche Lebbach-Akazie (S. 89) haben ihren Weg nach den Oasen noch nicht gefunden. Dagegen sind uralte Sunt-Bäume (S. 89) für die Landschaft der südlichen Oasen charakteristisch. Sie beschatten gewöhnlich die Brunnen, selbst wo dieselben, wie dies so häufig in Folge der Vernachlässigung der Fall ist, verschüttet sind, und bezeichnen schon von fern den Lauf der Wasserrinnen.

Unter den wildwachsenden Pflanzen der Oasen ist die bemerkenswertheste der (übrigens auch in Oberaegypten am Rande des Nilthals häufige) 'Oschr (*Calotropis procera*), ein Mannshöhe und darüber erreichender, breitblättriger Strauch oder kleiner Baum mit reichlichem, sehr giftigen Milchsaft und faustgrossen, kugelrunden, aufgeblasenen Früchten voll wolliger Samen. (Die Frucht dieses auch am Todten Meere vorkommenden Gewächses wird dort als „Sodomsapfel“ bezeichnet.)

Die in den Oasen einheimische Thierwelt ist weit ärmer als die des Nilthals. Von grösseren Säugethieren bewohnt nur die Gazelle auch die unwirthbaren Strecken der Libyschen Wüste; von Raubthieren finden sich nur einige Arten Schakale (arab. dîb) und Füchse (arab. ta'leb); unter letzteren am häufigsten der niedliche Fenek, nur halb so gross als unser Fuchs, isabellgelb mit Ohren, welche länger als die Breite des Kopfes sind. Hyänen scheinen nur in Bahriye vorzukommen. Der menschenscheue Strauss besucht nur ausnahmsweise die libyschen Oasen.

Von Hausthieren hält man nur wenige Pferde, eine grössere Anzahl schwächlicher und unansehnlicher Esel, die mit den munteren Rennern von Alexandrien und Kairo keinen Vergleich aushalten, einige Rinder, Schafe und Ziegen; Büffel finden sich nur in Chargeh und sparsam in Bahriye. Am auffälligsten ist die Thatsache, dass nirgends in den Oasen Kameele in grösserer Anzahl vorgefunden werden, angeblich weil der Stich einer Fliege in den Sommermonaten ihnen gefährlich wird. Hühner und Truthühner werden in Menge gehalten.

Die Bevölkerung der Oasen hat keinen einheitlichen Charakter. Ursprünglich wurden dieselben nach Brugsch's Forschungen von libyschen (Berber-) Stämmen bewohnt und erst später der aegyptischen Herrschaft unterworfen, unter der das einheimische Element sich mit zahlreichen Einwanderern aus dem Nilthale und aus Nubien vermischte. Die Berber-Nationalität hat sich, trotz der Jahrtausende alten Verbindung mit Aegypten, in der Ammons-Oase, wo sie übrigens ohne Zweifel durch Einwanderungen aus dem Westen im Mittelalter aufgefrischt wurde, bis heute erhalten, während die Bevölkerung der übrigen Oasen wie die des Nilthals die arabische Sprache angenommen hat. Der physiognom. Typus der Berber-Rasse überwiegt noch heute in Bahriye (wo sich übrigens eine noch heute berberisch redende Colonie von Siwanern angesiedelt hat) und Farâfra; in Dachel weicht die Hauptmasse der Bevölkerung nicht erheblich vom Fellâh-Typus ab, während in Siwa, welches von der grossen Handelsstrasse von Alexandrien und Kairo über Murzuk nach dem Sûdân berührt wird, und in Chargeh, durch welches die Strasse nach Dâr-Fûr führt, die Vermischung mit Negerblut der Physiognomie der Bewohner einen unverkennbaren Stempel aufgedrückt hat. Kopten sind in den Oasen nirgends ansässig, sondern halten sich nur als Kaufleute oder Schreiber der Regierungsbehörden vorübergehend auf. Noch weniger haben sich Europäer in den Oasen angesiedelt. Die Volkszahl in denselben ist verhältnissmässig gering (Chargeh nach Schweinfurth 6340, Dachel nach Rohlfs 17,000, Farâfra nach Rohlfs 320, Bahriye etwa 6000, Siwa nach Rohlfs 5600) und die Beschränktheit des culturfähigen Bodens macht ein Anwachsen derselben unmöglich, solange nicht der jetzt in Dachel so glückverheissend betretene Weg der Eröffnung neuer Quellen überall mit Energie verfolgt wird. Die Bevölkerung macht mehr oder minder selbst in dem im Ganzen meistbegünstigten Dachel den Eindruck physischer Verkommenheit, woran neben der mangelhaften und einseitigen, fast ausschliesslich vegetabilischen Ernährung (die Spuren derselben konnte Prof. Virchow auch an den Zähnen der in den antiken Gräbern in Dachel gefundenen Schädel nachweisen) die Insalubrität Schuld trägt, welche ebenfalls schon im grauen Alterthum als nicht beneidenswerthe Eigenthümlichkeit der Oasen bekannt war. In der altaegyptischen Zeit wie unter der Herrschaft der römischen Kaiser wurden die Oasen allgemein als Verbannungsorte benutzt, wozu neben ihrer isolirten Lage inmitten der einsamen Wüste, die ein Entkommen fast unmöglich machte, wohl auch das ungesunde Klima Veranlassung gab. Der Ueberschuss des bei der Cultur nicht benutzten Wassers bildet auf dem überall salzhaltigen Boden Sümpfe, Teiche oder selbst grössere Seen, welche letzteren der Landschaft von Siwa, die sich ausserdem durch isolirte Felsenberge auszeichnet, zur nicht geringen Zierde gereichen, indess in der heissen Jahreszeit verderbliche Miasmen aushauchen. In den letzten Jahrhunderten hat sich diese Landplage noch verschlimmert, da die Versumpfung durch Vernachlässigung zugenommen hat und in dem Anbau der nur in künstlichen Sümpfen gedeihenden Reispflanze ein neues schädliches Element hinzugekommen ist. Eine Reform der Culturverhältnisse, durch welche eine rationelle Verwendung des zuströmenden Wassers ermöglicht würde, könnte durch Beseitigung dieser furchtbaren Geissel den Aufschwung der Oasen vielleicht noch mehr fördern, als durch Vermehrung des Wasserzuflusses. Unter den gegenwärtigen Verhältnissen ist für Europäer der Besuch der Oasen in den Monaten April bis November zu widerrathen; in den Wintermonaten ist er gefahrlos. Ueber die Bauart der Wohnplätze in den Oasen ist zu bemerken, dass dieselben einen mehr oder weniger städtischen Charakter tragen, weil die bis in die neueste Zeit ziemlich unsicheren Zustände stets eine festungsartige Zusammendrängung der Bewohner geboten haben. Statt der niedrigen Hütten des Nilthals finden wir daher überall mehrstöckige Häuser, die aus Lehmmauern (in Baḥrîye auch aus Stein) und Palmstämmen ziemlich kunstlos erbaut sind. Ganz eigenthümlich (aber auch in den übrigen Oasen der Sahâra, z. B. in der berühmten Handelsstadt Ghadames südwestlich von Tripolis vorherrschend) sind die überbauten Strassen, die sich oft auf so weite Strecken unter den oberen Stockwerken der Häuser hinziehen, dass in ihnen völlige Dunkelheit herrscht und dass, da sie, wie im Orient überall, auch gekrümmt verlaufen, ein Fremder sich nicht ohne Führer in dieselben wagen darf. Die in dieser Weise gebaute Hauptstrasse der Stadt Siwa windet sich an einem Felsenhügel, an welchen die Häuser angeklebt sind, in die Höhe; eine der eigenthümlichsten Stadtanlagen in dem doch so viel Originelles bietenden Morgenlande.

Wie in der Regel an vom grossen Verkehr abgeschiedenen Orten, liegt die Gemeindeverwaltung in den Händen der angesehensten und am meisten begüterten Familienhäupter; in Farâfra wird diese patriarchalische Oligarchie durch keine Regierungsbehörde controlirt. Auch in Siwa hat der von der aegyptischen Regierung eingesetzte Mudir Mühe, seine Autorität aufrecht zu erhalten, und nur die ewigen, mitunter zu blutigen Händeln führenden Zwistigkeiten der beiden Hauptparteien Lifâye und Gharbîn (letztere, wie der Name andeutet, Einwanderer aus Westen) gestatten ihm, sich als Schiedsrichter geltend zu machen. Auch in den übrigen Oasen war noch vor wenigen Jahrzehnten die Macht der Staatsbeamten durch den Einfluss der stets widerhaarigen Schêchs in hohem Grade beschränkt, bis Sa'îd-Pascha nach Niederwerfung des Beduinenaufstandes (S. 56) die vicekönigliche Gewalt auch hier zu zweifelloser Geltung brachte. Seitdem herrscht in diesen Oasen Ruhe, und da der Steuerdruck hier lange nicht so fühlbar ist als im Nilthale, ein verhältnissmässiger Wohlstand. Einfälle der räuberischen Nomaden der Cyrenaica und selbst heimliche Raubzüge der Nilthal-Araber sind freilich noch in den letzten Jahren mitunter vorgekommen. Leider ist seit etwa einem Jahrzehnt in Siwa, Baḥrîye und Farâfra ein neues Element der Verwirrung aufgetaucht. Die Entstehung und Verbreitung des Senûsi-Ordens ist ein nicht unbedenkliches Symptom der Reaction, welche sich in der mohammedanischen Welt gegen das Eindringen christlicher Cultur geltend macht. Sîdi Saûsi *), ein Ṭâlib (Schriftgelehrter) aus Tlemsen in Algerien, stiftete vor einem Vierteljahrhundert diese religiöse Gemeinschaft, welche sich die Wiederherstellung des Islâm in seiner ursprünglichen Reinheit zur Aufgabe gestellt und vor allem Christenhass auf ihre Fahne geschrieben hat. Obwohl von den übrigen mohammedanischen Congregationen als Chome (Ketzer) angefeindet, hat sich der Senûsi-Orden in den die östliche Sahara umgebenden Ländern rasch zur Geltung gebracht, und nicht unähnlich seinem christlichen Vorbilde, den Jesuiten, beträchtliche Reichthümer angehäuft, die in dem Centralsitze des Ordens Sarabûb, zwei Tagereisen westlich von Siwa, zusammenfliessen. Dort residirt der Ordens-General Sîdi-Mahdi, der Sohn des Stifters, welcher sich eine Art Privilegium vom Sultan in Constantinopel zu verschaffen gewusst hat. In Siwa hat derselbe eine reich dotirte Zâwiye (Religionsschule) errichtet; in Farâfra ist die Zâwiye geradezu allmächtig und hat in den zehn Jahren ihres Bestehens einen grossen Theil des Grundeigenthums an sich gebracht; in Baḥrîye hat der Orden wenigstens den Jugendunterricht und so das heranwachsende Geschlecht in Händen. Es liegt auf der Hand, wie sehr ein weiteres Umsichgreifen dieser culturfeindlichen Secte den civilisatorischen Bestrebungen der aegyptischen Regierung hindernd in den Weg treten würde.

Klima. Obgleich die grosse Lebensader des Landes nicht ohne

*) In Ostafrika wird dieser Name überall Senûsi ausgesprochen, obige Schreibweise entspricht der maghrebinischen Aussprache in Algerien und Marokko, wo die Vocale meist verschluckt werden.

Einfluss auf seine klimatischen Verhältnisse bleibt, so ist doch die Wüste als der grosse Regulator des aegyptischen Klima's zu betrachten. Ohne ihren gewaltigen Einfluss müssten die Winterregen der Mittelmeerzone tief ins Nilthal vordringen; ohne sie würde wahrscheinlich das Delta durch die grossen Flächen stehender Brackgewässer an den Nilmündungsarmen, die zusammen einen Flächenraum von über 600,000 Hektaren bedecken, zu den ungesundesten und unbewohnbarsten Gegenden der Welt gehören. „Die Wüstenluft", sagt Bayard Taylor, „ist ein Lebenselixir, so süss, so rein und erfrischend, wie die, welche der Mensch am ersten Schöpfungsmorgen athmete. Wo all die lieblichen Reize der Natur fehlen, — da hat Gott seinen süssesten, zartesten Hauch auf die Wildniss ausgeströmt, welcher dem Auge Klarheit, dem Körper Stärke und dem Geiste die freudigste Heiterkeit gibt." Hierin liegt der ganze Zauber der aegyptischen Luft*), welche an Köstlichkeit nur mit dem Wasser des heiligen Flusses verglichen werden kann.

In einem grossen Theile des eigentlichen Aegyptens gehören **Regen** zu den seltensten Naturphaenomenen. Bei Kairo condensiren sich nur selten die Dünste im Winter zu anhaltenden Staubregen, landeinwärts verschlagene Seeregen von kurzer Dauer kommen dann und wann vor, jedenfalls aber hat man mit Unrecht die ausnahmsweise in den letzten Jahren daselbst beobachtete häufige Wiederkehr derselben der grossen Zunahme von Baumanpflanzungen zugeschrieben, welche die Regierung des Chedîw Isma'îl zu einer für das Land so epochemachenden gestaltet. Es hat nämlich in denselben Wintern auch in anderen Ländern des Mediterrangebiets, welche sich sonst durch verhältnissmässige Dürre auszeichnen (Griechenland), auffallend viel und häufig geregnet, wie das den periodischen Schwankungen entspricht, denen klimatische Verhältnisse in allen Gegenden unterworfen zu sein scheinen. Nur die Neubildung eines so grossen Binnenwassers, wie es die Bitterseen des Isthmus darstellen, hat doch auf die nächste Umgebung sichtbar klimatisch umgestaltend gewirkt. Die ganze Basis des Delta's gehört dagegen noch zu der Region der Winterregen, denn in den Monaten Januar bis April tragen vorherrschende Seewinde solche bis 7 und 10 deutsche Meilen weit landeinwärts. Fast unerhört sind Regen in Oberaegypten, wo Kinder heranwachsen, ohne je welchen gesehen zu haben. Höchstens als äusserste Ausläufer und Vorboten der Region tropischer Sommerregen, weil stets von Gewittern begleitet, können sich dort im April und Mai Platzregen ereignen, die man alsdann wie Naturwunder anstarrt. Derartige Güsse mögen oberhalb der ersten Katarakte sich häufiger wiederholen, denn Regel werden sie bereits etwas nördlich von Neu-Don-

*) Es muss auf den starken Salzgehalt derselben (als Staub aus den Kalkgesteinen der umliegenden Wüsten) aufmerksam gemacht werden, in welchen man einen Hauptgrund ihrer Salubrität in Bezug auf Krankheiten der Respirationsorgane vermuthet hat.

kola oder Orde (unter 19° N. Br.), während sie schliesslich südwärts von Schendi eine kleine Periode im Jahre auszumachen beginnen, die Regenzeit mit ihren Fiebern und Seuchen. Was nun die Wüsten zu beiden Seiten des Nil anlangt, so verhalten sich dieselben in Bezug auf Regen sehr ungleich, aber überall sind dieselben hinsichtlich des Orts sowohl als auch der Zeit ihrer Wiederkehr vollkommen sporadische Erscheinungen. Jahre vergehen, in welchen weite Strecken der Libyschen Wüste keine andere Feuchtigkeit zu kosten bekommen, als diejenige, welche ihnen die Nord- und Nordwestwinde zuführen. Auch an nächtlichem Thau mangelt es, falls diese nicht wehen. Es regnet hier und da in grossen Intervallen, aber nur strichweise. Auf der arabischen Seite sind die Verhältnisse andere. Dort zieht sich längs der Küste des Rothen Meeres eine Bergkette hin, welche in Spitzen von 1500—3000 m gipfelt; an ihr entladen sich in den Monaten October bis December vereinzelte, aber sehr heftige Güsse, welche tiefe Thäler ausreissend zum Nilthale abfliessen. Hagelfall begleitet häufig solche Wüstenregen. Ist in den Wüsten die Einwirkung des Wassers auf die Bodengestaltung auch durch die kurze Dauer und die Seltenheit der Regengüsse eine äusserst knapp zugemessene, so sichert doch auch die grössere Leichtigkeit der Abwaschung auf völlig nacktem, unbewachsenen Terrain derselben einen weit grösseren Erfolg, als sie anderswo haben könnte.

Wie sich im Nilthale das Jahr, entsprechend dem Wasserstande des Flusses in eine bodenfeuchte, ohne Zuthun des Menschen zur Cultur befähigende, und in eine trockene Hälfte theilt, in welcher nur durch künstliche Bewässerung die Felder bestellt werden können (die alten Aegypter nahmen drei Jahreszeiten an), so theilen auch die vorherrschenden **Winde** das Jahr in eine Periode von 8 und eine von 4 Monaten. Nordwinde sind an der Tagesordnung von Mitte Juni bis Mitte Februar; südliche (SO. und SW.) von Mitte Februar bis Mitte Juni (fast das Umgekehrte der vorherrschenden Windrichtungen im Rothen Meere). Wenn in den ersten Nachmittagsstunden während der letzterwähnten Epoche der Wind, wie es in allen Tropengegenden die Regel ist, zu einer orkanartigen Stärke anwächst, so wird er „Samûm" genannt; man specificirt ihn alsdann: 1) als „Schôbe" wenn er mehr oder minder direct aus Osten und Westen bläst, 2) als „Merîsi" wenn er gerade von Süden weht. Im letztern Falle nennt man ihn wohl auch „Chamsîn", doch gilt diese Bezeichnung mehr für jene dürren Staubwinde, welche die höchsten Temperaturgrade des Klima's erreichend einen oder zwei volle Tage anzuhalten pflegen und namentlich die Monate März und April zu sehr unerquicklichen gestalten (vergl. S. 2).

Der Name „Chamsin" bedeutet 50, weil diese Winde nur in der Epoche von 50 Tagen *vor* dem Sommer-Solstitium (mit welchem dieselben stets zu Ende gehen) aufzutreten pflegen. Was man in den Wintermonaten Chamsin nennt, gibt keine richtige Vorstellung von dieser einzigen Unannehmlichkeit des aegyptischen Klima's, der man sich nicht zu entziehen vermag. Der feine Staub dringt bis unter die Uhrgläser und seine dürre Hitze erstickt jede Blüthe, d. h. wenn er dieselbe im Momente der Befruchtung trifft, verhindert er unfehlbar das Ansetzen der Frucht.

Abermals in zwei Theile zerfällt das aegyptische Jahr hinsichtlich der **Temperaturverhältnisse**, die es gleichfalls in eine achtmonatliche Periode der Hitze (April bis November) und in eine viermonatliche der Kühle (December bis März) eintheilen. Am höchsten steigt die Hitze in allen Theilen des Gebiets vom April bis Juli; viele Eingeborne glauben sogar, dass stets mit der Nacht des „Tropfens" (Sommersolstitium, s. S. 257) bereits ein erster Umschlag zur Abkühlung der Luft erfolge. Ihr Maximum erreicht die Hitze im Delta bei + 35° C., in Oberaegypten bei + 43° C. im Schatten (in Kairo steigt sie auf 40° C. nur bei Chamsîn). Die grösste Temperatur-Erniedrigung fällt in die Monate December, Januar und Februar und beträgt im Delta bis zu + 2° C., in Oberaegypten bis zu + 5° C. Unter den Gefrierpunkt rückt das Quecksilber zu dieser Zeit nur in der Nachtluft der Wüste. Am 10. Februar 1874 erlebte die Rohlfs'sche Expedition in der Libyschen Wüste — 5° C. Dünne Eiskrusten wird der Reisende zuweilen bei Sonnenaufgang in den Untersätzen seiner Wasserkrüge oder auf Pfützen wahrnehmen können, wo die Temperatur durch die starke Verdunstung noch um einige Grade tiefer sinkt als die der Luft. Für das ganze Gebiet und für alle Jahreszeiten gilt als Regel, dass die grösste Hitze des Tages von 1 bis 5 Uhr Nachmittags und die grösste Kühle der Nacht in die zwei dem Sonnenaufgang vorhergehenden Stunden fällt. Die mittlere Temperatur beträgt nach 10jährigen Beobachtungen für das Delta und Kairo im Winter 13°, im Frühjahr 27 und im Sommer und Herbst 32° C., für die Küste bei Alexandrien im Winter 14,5°, im Frühjahr 30°, im Sommer 26° C. In Alexandrien sind die Sommertage weit kühler, die Winternächte weit wärmer als in Kairo, aber immer macht daselbst ein stärkerer Feuchtigkeitsgehalt der Luft auch geringere Hitzegrade ungleich empfindlicher (durch vermehrte Transpiration) als in Kairo. In der trockneren Luft umgibt sich der Körper stets mit einer Atmosphäre, welche durch Verdunstung des Schweisses eine weit niedrigere Temperatur annimmt als die äussere Luft selbst. Hierin allein ist der Grund zu suchen, weshalb der Körper inmitten der Wüste so hohe Hitzegrade ohne sonderliche Beschwerde zu ertragen vermag.

Bei **Temperaturangaben** bedienen sich die Engländer bekanntlich der Fahrenheit'schen Scala, wir der Scalen von Celsius oder Réaumur. Die nachstehende vergleichende Tabelle wird manchem zur raschen Orientirung nicht unwillkommen sein.

Fahrenheit	Réaumur	Celsius	Fahrenheit	Réaumur	Celsius	Fahrenheit	Réaumur	Celsius	Fahrenheit	Réaumur	Celsius
+124	+40,89	+51,11	+99	+29,78	+37,22	+74	+18,67	+23,33	+49	+7,56	+9,44
123	40,44	50,56	98	29,33	36,67	73	18,22	22,78	48	7,11	8,89
122	40,00	50,00	97	28,89	36,11	72	17,78	22,22	47	6,67	8,33
121	39,56	49,44	96	28,44	35,56	71	17,33	21,67	46	6,22	7,78
120	39,11	48,89	95	28,00	35,00	70	16,89	21,11	45	5,78	7,22
119	38,67	48,33	94	27,56	34,44	69	16,44	20,56	44	5,33	6,67
118	38,22	47,78	93	27,11	33,89	68	16,00	20,00	43	4,89	6,11
117	37,78	47,22	92	26,67	33,33	67	15,56	19,44	42	4,44	5,56
116	37,33	46,67	91	26,22	32,78	66	15,11	18,89	41	4,00	5,00
115	36,89	46,11	90	25,78	32,22	65	14,67	18,33	40	3,56	4,44
114	36,44	45,56	89	25,33	31,67	64	14,22	17,78	39	3,11	3,89
113	36,00	45,00	88	24,89	31,11	63	13,78	17,22	38	2,67	3,33
112	35,56	44,44	87	24,44	30,56	62	13,33	16,67	37	2,22	2,78
111	35,11	43,89	86	24,00	30,00	61	12,89	16,11	36	1,78	2,22
110	34,67	43,33	85	23,56	29,44	60	12,44	15,56	35	1,33	1,67
109	34,22	42,78	84	23,11	28,89	59	12,00	15,00	34	0,89	1,11
108	33,78	42,22	83	22,67	28,33	58	11,56	14,44	33	0,44	0,56
107	33,33	41,67	82	22,22	27,78	57	11,11	13,89	32	0,00	0,00
106	32,89	41,11	81	21,78	27,22	56	10,67	13,33	31	—0,44	—0,56
105	32,44	40,56	80	21,33	26,67	55	10,22	12,78	30	0,89	1,11
104	32,00	40,00	79	20,89	26,11	54	9,78	12,22	29	1,33	1,67
103	31,56	39,44	78	20,44	25,56	53	9,33	11,67	28	1,78	2,22
102	31,11	38,89	77	20,00	25,00	52	8,89	11,11	27	2,22	2,78
101	30,67	38,33	76	19,56	24,44	51	8,44	10,56	26	2,67	3,33
100	30,22	37,78	75	19,11	23,89	50	8,00	10,00	25	3,11	3,89

Ackerbau und Vegetationsverhältnisse. 1. Fruchtbarkeit und Düngung. In der Pharaonenzeit zerfiel das aegyptische Ackerjahr in drei gleiche Theile. Ueberschwemmungs- (von Ende Juni bis Ende October), Saat- (von Ende October bis Ende Februar) und Erntezeit (von Ende Februar bis Ende Juni); heute in zwei grosse, welche unserm Winter und Sommer, und einem kleinen, zusätzlichen, der unserm Spätsommer oder Herbst entspricht. Daraus aber darf nicht gefolgert werden, dass alle Felder Aegyptens drei Ernten im Jahre gäben, denn der fruchtbare Boden des Landes ist keineswegs so unerschöpflich, wie man in der Regel anzunehmen beliebt. Viele Culturen bedürfen auch hier einer Brachlegung der Aecker, andere einer der unsrigen entsprechenden Fruchtfolge (Korn, Klee, Bohnen), wiederum andere müssen geradezu gedüngt werden. Anderseits sind allerdings auch Culturen namhaft zu machen, welche innerhalb einer Saison zweimal hinter einander auf demselben Acker bestellt werden können (Korn — Saflor, Korn — Klee, etc.). In neuester Zeit hat die grosse Ausdehnung, welche der Anbau des Nässe liebenden Zuckerrohrs und der fast wasserscheuen Baumwollenstaude gewonnen, wesentliche Veränderungen in dem bisherigen Modus der Bewässerung sowohl als auch der Nutzniessung des Bodens zur

Folge gehabt. Beide Culturen drohen für den Boden Aegyptens ein Raubbau zu werden und müssen daher durch Brachliegenlassen der Aecker während einer ganzen Ackerperiode oder durch künstliche Düngung unterstützt werden. Es werden somit immer grössere Anforderungen an die Leistungsfähigkeit des aegyptischen Landmannes gestellt und dadurch derselbe zu einer Energie und Ausdauer angetrieben, in welcher ihm schwerlich unsere Bauern die Spitze zu bieten vermöchten, woraus zur Genüge die Nutzlosigkeit von landwirthschaftlichen Colonialprojecten für Aegypten erhellt. Bedarf auch der homogene sich durch die Bewässerung von selbst auflockernde Boden des Nilthals keineswegs einer gleich sorgfältigen Pflügung und Beackerung wie der unsrige, so fällt doch die über alle Jahreszeiten vertheilte Arbeit und die in Europa gänzlich fehlende Mühe der Bewässerung dabei um so mehr ins Gewicht. Die immer mehr in Aufnahme kommenden Methoden der Düngung, sonst nur für ganz vereinzelte Culturen von den Aegyptern in Anwendung gebracht, haben diese Arbeitslast noch um ein Bedeutendes vermehrt. Obgleich der Viehstand und die Menschenmenge des Landes animalische Düngmittel zur Genüge an die Hand geben könnte, so beschränken sich dieselben dennoch fast ausschliesslich auf den Mist der Taubenhäuser (S. 93), da der von allen Hausthieren herstammende im holzarmen Aegypten überall als Brennmaterial Verwendung findet. Eine Hauptfundgrube der Düngung bieten die Ruinen der alten Städte dar, welche einst aus ungebrannten Erdmauern zusammengesetzt, gegenwärtig nur noch durch Scherbenschutt vom übrigen Erdreiche zu unterscheidende Hügel darstellen. In diesen Hügeln, welche die Abfälle und den Schmutz von Jahrtausenden bergen, wird eine Erde gegraben, welche bis zu 12% an Salzen, vornehmlich an Salpeter und dann auch an Soda und Ammoniak enthält. Die Anwendung dieses Dunges erfordert grosse Vorsicht, da sie am unrechten Orte und zur unrechten Zeit ebenso grossen Schaden als umgekehrt reichen Gewinn zur Folge haben kann.

2. Bewässerung. Alle Aecker Aegyptens zerfallen nach dem Niveau, welches sie zur Wasserfläche des Nils einnehmen, in zwei Klassen, 1) solche, welche beim Zurücktreten des Wassers lange genug ihre Bodennässe bewahren, um für die Dauer der Fruchtreife (mindestens zum grössten Theil) vorzuhalten, „*Râye*“ genannt; 2) solche, welche einer künstlichen Bewässerung durchweg bedürfen, die „*Scharâķi*“. Die künstliche Bewässerung wird besorgt: 1) durch „Sâķiye“, grosse, durch Hausthiere aller Art in Bewegung gesetzte Räder (selten über 9 m Durchmesser) oder Strickgewinde, mit hölzernen oder thönernen Schöpfgefässen, ähnlich dem System der Baggermaschinen (im Fayûm gibt es eine besondere Art von Schöpfrädern, die sich von selbst unterschlächtig bewegen). Nach Figari-Bey betrug im Jahre 1863 die Zahl der Sâķiyen im mittleren und in Unteraegypten gegen

50,000, welche 1,800,000 Hektaren bewässerten und von 200,000 Rindern und 100,000 Menschen bewegt bez. beaufsichtigt wurden; 2) durch Zieh- oder Schöpfbrunnen, „Schâdûf" genannt, welche wie bei unseren Ziehbrunnen durch einen einzigen Menschen in Bewegung gesetzt, das Wasser in korbartigen Eimern heben und als Ersatz für die Sâḳiye oft in mehreren Etagen über einander angebracht werden; 3) indem man durch einen Deichdurchstich soviel Wasser direct auf ein tiefer gelegenes Terrain ablaufen lässt als erwünscht ist; eine Methode (die einzige), die auch in den Oasen zur Anwendung kommt, wo das Wasser aus den Brunnen mit solcher Gewalt hervortritt, dass es sich zu beliebiger Höhe aufstauen lässt; 4) durch vermittelst Dampfkraft getriebene Pumpwerke, wie sie namentlich bei den einen sehr grossen Wasserbedarf habenden Zuckerrohr-Plantagen an den „Gefs" des Nils im nördlichen Oberaegypten in grosser Anzahl wahrgenommen werden; 5) durch eine eigenthümliche sehr leicht bewegliche Art Hohlräder, „Tâbût" genannt, welche das Wasser vermittelst zahlreicher Fächer heben, aber nur im untern Delta und nur da, wo das ganze Jahr hindurch fast das gleiche Wasserniveau in den Canälen dargeboten ist, angewandt werden. Behufs gleichmässiger Vertheilung des Wassers über eine Ackerfläche wird dieselbe in eine Anzahl kleiner Vierecke mit 1 Fuss hohen Dämmchen zerlegt, welche der Landmann bei der grossen Plasticität des Nilschlamms durch einen Fusstritt je nach Bedürfniss zu öffnen und zu schliessen vermag.

Bevor wir uns zu den verschiedenen Ackerperioden des aegyptischen Landbaues wenden, müssen wir von vornherein darauf aufmerksam machen, dass die Begrenzung derselben in heutiger Zeit keine so scharfe mehr ist, wie sie es wohl im Alterthum gewesen sein mag. Vier oder fünf neue Culturen von grösster Ausdehnung sind zu den alten hinzugekommen, welche in allen Theilen Aegyptens eine gewisse Umgestaltung der ökonomischen Verhältnisse zur Folge gehabt haben müssen: Mais, Reis, Zuckerrohr, Baumwolle und wahrscheinlich auch Indigo (obgleich derselbe erwiesenermassen bereits Plinius bekannt war). Auch geht das Bestreben aller auf den Bodenbau Bezug habenden Massnahmen der gegenwärtigen Regierung dahin, den Ackerbau in Aegypten von den Jahreszeiten des Nil-Régime's möglichst zu emancipiren und denselben mehr den klimatischen Bedürfnissen jeder einzelnen Culturart anzupassen. Die unter dem regierenden Chedîw vollendeten oder in Angriff genommenen Wasserwerke können sich den grossartigsten des Alterthums würdig zur Seite stellen und man irrt, wenn man den Glanz seiner Regierung in anderen Werken sucht, die weniger direct auf die Erschliessung der ungeheuren Bodenschätze Aegyptens abzielen.

3. Ackerperioden. a) Die Periode der *Wintercultur*, („esch-Schitâwi"), welche durchweg die Aecker der „Râye"-Klasse

(S. 83) in sich schliesst, nimmt ihren Anfang gleich nach dem Zurücktreten (S. 68) der Wasser. Die Aussaat erfolgt daher, je nach den Landestheilen, in von Süden nach Norden vorschreitender Reihenfolge. In Oberaegypten beginnt man damit bereits Mitte October, im mittleren Aegypten, von Siûṭ bis Kairo gerechnet, zu Anfang November, im Delta gegen Ende December. Die Aussaat geschieht meist ohne vorausgegangenes Pflügen; in den durch das Wasser aufgeweichten Boden wird der Samen gestreut und durch eine hölzerne Walze (Baumstamm) in den Boden eingedrückt oder mit einem Holze eingeschlagen, oder auch durch Ochsen, die über die Felder getrieben werden, eingetreten. *) Ueberall kann man die Periode von der Aussaat bis zur vollzogenen Einbringung der Ernte auf vier Monate festsetzen. Die Winter-Ernte ist daher zu Ende in Oberaegypten gegen Mitte Februar, in Mittelaegypten gegen Mitte März und im Delta gegen Ende April. Diese Ackerperiode ist für Ober- und Mittelaegypten die hauptsächlichste des ganzen Jahres. Hauptgegenstand des Bodenbaues in derselben sind aller Orten Weizen (50% des Areals im obersten Aegypten beanspruchend, 30% im unteren Delta), Gerste (10% resp. 14%). Klee (10% resp. 24%) und Saubohnen (20% resp. 12%).

b) Die Periode der *Sommercultur* („eṣ-Sêfî" oder „el-Ḳêḍî") bietet eine weit grössere Verschiedenheit der in den einzelnen Landestheilen zum Anbau gelangenden Culturpflanzen dar; von secundärem Werthe in Ober- und Mittelaegypten, weil hier das Culturland zu schmal und fast der ganze Boden Rîyegebiet ist, so dass zwei Drittel des Landes zu dieser Zeit unbenutzt liegen bleiben, macht sie für das gesammte Delta die Hauptsaison des Landmannes aus. Wer nicht im Juni oder Juli durchs Delta gereist, nicht seine Augen geweidet an der unvergleichlichen Fülle des üppigsten Grüns und die ländliche Frische im Schatten Tausender der prächtigsten Bäume ge-

*) Die Ackerbaugeräthschaften sind äusserst primitiv und mangelhaft. Das vorzüglichste Instrument ist der Pflug (*miḥrât*). Er hat heute noch ganz dieselbe Form wie vor 5000 Jahren, und der Reisende kann ihn auf manchen Monumenten abgebildet finden, wie er denn auch unter die Hieroglyphenzeichen aufgenommen worden ist. Er besteht aus einer etwa 2m langen Deichsel, an deren einem Ende Ochsen, Büffel etc. vermittelst eines Joches angespannt werden, während am andern Ende ein einwärts gekrümmtes Holzstück in spitzem Winkel angesetzt ist, dessen unteres Ende mit einer dreischneidigen eisernen Spitze (*lisân*) vorgeschuht ist. Der Fellâḥ hält die Handhabe des Pflugs, der nur wenig tief den Boden aufreisst. (Auf den Besitzungen des Chediw wird in neuerer Zeit der Fowler'sche Dampfpflug angewendet.) — Statt der Egge bedient man sich einer mit eisernen Spitzen versehenen Walze (*ḳumfud*, eigentl. = Igel). Für Handarbeiten auf dem Acker oder bei Dammarbeiten wird einzig die Haue oder Schaufel (*migrafe*) angewendet. Das Getreide wird entweder mit der Hand ausgerissen oder mit der Sichel (*mingal*) abgeschnitten. Zum Dreschen dient der Dreschschlitten (*nôrag*), ein auf im Kreise sich drehenden und mit halbrunden scharfen Eisenstücken versehenen Walzen ruhender Schlitten, der von Ochsen oder Büffeln gezogen wird und durch seine Bewegung über die zu dreschende Frucht hin (Getreide, Erbsen, Linsen etc.) die Halme zerschneidet und die Körner ablöst.

nossen hat, welche die sonst endlose Fläche voll mannshoher Stauden und Halme parkartig in ungezwungenen Gruppen unterbrochen, der kann sich nicht rühmen, Aegypten zu kennen. Es ist wahrlich zu bedauern, dass diese einzigen Reize der aegyptischen Sommerlandschaft, die sich ebenso einzig in ihrer Art auf die Gartenanlagen des Landes beschränken, dem bloss vor „Winterkälte und Regen“ gleich den Kranichen fliehenden Reisenden immer verschlossen zu bleiben pflegen. Jede Gegend in Aegypten hat zu dieser Jahreszeit ihre mit besonderer Vorliebe besorgte Cultur, und der Reisende, der Aegypten nur im Winter zu sehen bekommt, wird in Oberaegypten zwischen Assuân und Esne die Penicillaria, im unteren Delta die merkwürdigen Reisfelder, überall die seltsame Indigostaude und vor allem die reiche Traubenfülle, die Gurken- und Melonenzeit versäumen. Die Sommercultur (alles „Scharâki“-Felder) kann von April bis zum August gerechnet werden; aber viele der alsdann zum Anbau gelangenden Gewächse bedürfen einer langen Entwickelungsperiode, sodass sie die ganze Herbstzeit oder noch gar einen Theil des Winters mit in Anspruch nehmen. Hierzu gehört vor allem der Reis, welcher im Mai gesäet und erst Mitte November geerntet werden kann; dann die Baumwollenstaude, welche erst im November bis December fruchtreif ist, obgleich sie schon im April gesäet wird. Viele Baumwolle wird auch aus zweiter Ernte gezogen, aus der zweijährigen, zurückgeschnittenen Pflanze; diese findet alsdann im August des folgenden Jahres statt. Auch die Hauptzeit des Tabaks fällt in den Sommer.

c) Die Periode der *Herbst-* oder *Spätsommercultur* („en-Nabâri“ oder „ed-Denûri“) ist wie gesagt als eine nur accessorische zu betrachten; die Bestellung vieler Feldfrüchte greift aus der vorigen in diese dritte hinüber, wie der Baumwolle, des Reis u. a. Sie ist zugleich die kürzeste, da sie kaum mehr als 70 Tage umfasst; aber diese Spanne Zeit genügt auf dem fetten Boden des Delta's, eine der wichtigsten Feldfrüchte zu reifen, den Mais, welcher neben dem Weizen das hauptsächlichste Product des aegyptischen Bodenbaues ausmacht (beide zusammen angeblich 70 Millionen Hektoliter im Jahr). Die Herbstcultur erstreckt sich vom August bis zum October und manchmal bis in den November hinein. Wenn man in den ersten Octobertagen von Suês nach Alexandrien quer durch das ganze Delta fährt, so sieht man sich fast ohne Abwechslung, soweit das Auge reicht, von einem nur durch die erdhaufenartigen Dörfer und die sie umgebenden Palmenhaine unterbrochenen Meere wogender Maiskolben umgeben, weit dichter und höher, als irgendwo in dem so maisreichen Südosten Europa's. Es ist ein Anblick strotzenden Ueberflusses, der sich schwer schildern lässt. Mais ist im mittleren Aegypten auch zur Sommerzeit ein wichtiger Gegenstand des Bodenbaues. Mit ihm Hand in Hand geht der weniger häufige Anbau des Sorghums (Kafferkorn), dessen Korn nur von den ärmsten Fellachen, dafür aber von allen Beduinen-Stämmen der arabischen Seite genossen wird und im Sûdân und Nubien bereits die Basis der Volksnahrung ausmacht. Zur Herbstzeit gelangt auch die in Aegypten seltene, in Nubien und im Sûdân dagegen um so verbreitetere werthvolle Oelfrucht der Tropenländer, der Sesam, in Cultur.

4. **Feldgewächse Aegyptens.** Im Nachfolgenden geben wir eine vollständige Uebersicht aller Culturgewächse, welche innerhalb des eigentlichen Aegypten im grösseren Maassstabe Gegenstand des Feldbaues sind. Die dem Reisenden neuen und unbekannten Arten wird derselbe leicht beim Nachfragen nach den in Aegypten gebräuchlichen Namen aus den hier eingeschalteten Angaben herauszuerkennen vermögen. Wir geben die Aufzählung nach den einzelnen Klassen der Producte, indem wir bei der Reihenfolge stets das von jeder Art beanspruchte grössere oder geringere Areal berücksichtigen.

a) Getreidearten. 1) Weizen („kamḥ“, der vom Delta „kamḥ baḥri“, der von Oberaegypten „kamḥ ṣa'ïdi“ genannt). 2) Mais („dura schâmi“, d. i. syrische Dura; in Syrien schlechtweg Dura genannt). 3) Gerste („scha'ïr“). 4) Reis („ruzz“), nur im untern Delta von Alexandrien und Rahmânîye bis Manṣûra, Zakâzîk, Ṣâliḥîye, und im Wâdi Ṭumilât, ferner im Fayûm und in den Oasen der libyschen Wüste. 5) Sorghum vulgare („dura beledi“, d. i. Dura des Landes, im Sûdân schlechtweg „dura“, italien. Sorgho, engl. Caffercorn, bei den Deutschtyrolern Sirch). 6) Penicillaria („duchn“). 7) Zuckerhirse (Sorghum saccharatum).

b) Hülsenfrüchte. 1) Saubohnen, fèves („fûl“). 2) Linsen („ʿadas“). 3) Kichererbsen („ḥummuṣ“). 4) Lupinen („tirmis“). 5) Erbsen („bisilla“). 6) Dolichos Lubia („lûbiya“). 7) Dolichos Lablab („lablab), sehr häufig in Gestalt von Festons an Mauern und Zäunen, auch in Staudenform auf Feldern: „lûbiya afîn“. 8) Vigna Sinensis. 9) Weisse Bohnen („lûbiya frengi“). 10) Phaseolus Mungo. 11) Pferdebohnen (Canavalia gladiata).

c) Grünfutter. 1) Klee, aegyptischer, weisser („bersîm“). 2) Foenum graecum („ḥelbe“, häufig als Mehl unter das Brod gebacken, nicht mit Klee zu verwechseln, im Winter auch allgemein roh von Menschen gegessen). 3) Medicago sativa, Luzerne („bersîm ḥegâzi“). 4) Lathyrus sativus, Platterbse („gulbân“). 5) Sorghum halepense („gerau“).

d) Reizmittel. 1) Virginischer Tabak, Nicotiana Tabacum („duchân aḥmar“). 2) Bauern-Tabak, Nicotiana rustica („duchân achdar“). 3) Mohn, als Opium („abu-nûm“, d. h. Vater des Schlafes). 4) Hanf (vergl. S. 23), indischer („haschisch“).

e) Textilstoffe. 1) Baumwolle („koṭn“), seit 1821 aus Indien eingeführt, aber seit 1863 in grossem Maassstabe angebaut. 2) Lein („kettân“). 3) Hanf („til“). 4) Hibiscus cannabinus.

f) Färbstoffe. 1) Indigo, eine eigene Art, Ind. argentea („nile“). 2) Lawsonia inermis („ḥenna“), wird zum Gelbrothfärben der Nägel, Hand- und Fusssohlen gebraucht (eine uralte Sitte, neuerdings verboten); eigentlich ein Baum, wird er wie die Theestaude als Zwerg- und Krüppelstrauch auf Feldern gebaut. 3) Saflor („kurṭam“ oder „ʿoṣfur“). 4) Krapp („fûa“), in geringer Cultur. 5) Reseda Luteola („bliya“) als Gelbstoff.

g) Oelfrüchte. 1) Ricinus („chirwa“). 2) Sesam („sim-sim“). 3) Lattig („chaṣṣ“), in weitem Umfange angebaut. 4) Raps („selgem“). 5) Cichorien („hendebe“). 6) Senf („chardal“ oder „kabar“). 7) Erdnüsse, Arachiden („fûl sennâri“ oder wohl auch schlechtweg „fûl“). 8) Saflor (auch als Oelfrucht). 9) Mohn (desgl.). 10) Gartenkresse (Lepidium sativum, „rischâd“).

h) Gewürze: 1) Capsicum annuum, ital. peperone („filfil aḥmar“). 2) Capsicum frutescens, Cayennepfeffer, franz. piment („schiṭṭeta“). 3) Anis („yansûn“ oder „ânisûn“). 4) Coriander („kusbara“). 5) Kümmel („kemmûn“). 6) Nigella („kemmûn aswad“). 7) Dill („schamâr). 8) Senf (als Gewürz).

i) Zuckerrohr („kaṣab es-sukkar“) wird in neuerer Zeit zur Zuckersiederei im nördlichen Oberaegypten in grosser Menge gebaut; eine nur zum Rohessen dienende geringere Art, in allen Landestheilen, wurde schon zur Chalifenzeit aus Indien eingeführt.

k) Gemüse: 1) Bamien, Hibiscus esculentus („bâmiya“). 2) Zwiebeln („başal“). 3) Kürbisse („ḳar'a“). 4) Gurken („chiyâr“). 5) Aegyptische Gurken (je nach der Varietät heissen diese oft posthornartigen, gerippten Früchte: „'abdelâwi“, „'agûr“, etc.). 6) Melonen („kâwûn“, die beste Sorte heisst „schammâm“). 7) Wassermelonen („baṭṭîch“). 8) Melonzanen („bâdingân“). 9) Paradiesäpfel, Tomaten („tomâtin“). 10) Corchorus olitorius („melûchîye“). 11) Colocasia („ḳulḳâs“). 12) Knoblauch („tûm“). 13) Malven („chobbêze“). 14) Kohl („korumb“). 15) Sellerie („kerafs“). 16) Rettige, eine eigene Art mit fleischigen Blättern, welche mit Vorliebe gegessen werden („figl“). 17) Lattig, Salat („chaṣṣ“). 18) Sauerampfer („ḥommêḍ“). 19) Spinat („es-sabânich“). 20) Petersilie („baḳdûnis“). 21) Portulak („rigl“). 22) Weisse Rüben („lift“). 23) Carotten, gelbe Rüben („gezer“, eine eigene Art mit blutrothem Saft). 24) Rothe Rüben („bangar“). Alle sonstigen auf den Märkten feilgebotenen Gemüse werden nur für die ansässigen Europäer und in geringer Menge in Gärten gebaut.

5. **Bäume und Anpflanzungen.** Unter der Regierung des gegenwärtigen Chedîw sind so grossartige und so zahlreiche Baumanpflanzungen, theils als Alleen der Wege, theils als Parkanlagen ins Leben gerufen worden, dass nach wenigen Jahren Aegypten hierdurch ein durchaus neuer Landschaftscharakter aufgeprägt sein wird. Im Alterthume scheint man um jeden Zoll breit Ackerland dermassen gegeizt zu haben, dass man sich nicht dazu entschliessen konnte, Bäume, um dem Holzmangel abzuhelfen, eigens anzupflanzen, sondern es vorzog, den zum Schiffsbau und wahrscheinlich auch zu den grossen Tempelbauten (wenn auch immerhin bei der eigenartigen Methode ihrer Construction nur in untergeordnetem Grade) nöthigen Bedarf aus dem Auslande zu beziehen. Der Mangel an brauchbaren Hölzern springt recht deutlich in die Augen, wenn wir die Mumiensärge und die Holzstatuetten betrachten, welche trotz aller darauf verwandten Kunst und Sorgfalt der Bildhauerarbeit doch aus dem denkbar schlechtesten, weil sehr ungleichmässigen und knorrigen Material hergestellt wurden, aus Sykomorenholz. Moḥammed 'Ali, ein grosser Freund von Gartenanlagen aller Art, setzte eine Zeit lang Prämien für Anpflanzung von Bäumen aus, allein es fehlten ihm die richtigen Fachmänner, welche im Stande gewesen wären, den durch die eigenthümlichen Klima- und Bodenverhältnisse bereiteten Schwierigkeiten die Spitze zu bieten. Seine Nachfolger waren erklärte Feinde von Bäumen, ihre Paläste mussten frei der Sonne ausgesetzt sein. Erst Isma'îl nahm die Ideen seines grossen Ahnen wieder auf und schuf durch die Ernennung eines der ersten Garteningenieure unserer Zeit, des ehem. chef-jardinier de la ville de Paris, Herrn Barillet (1869), eine neue Epoche für den aegyptischen Landschaftscharakter. Die Schöpfungen dieses rastlos thätigen, leider viel zu früh für die Erreichung aller Ziele, die er sich vorgesteckt, verstorbenen Mannes (†1874) erfreuen jetzt das Auge eines jeden Ankömmlings. Wo früher der Reisende im Sonnenbrand durch wüstes Terrain auf seinem Eselein hinzutraben hatte, wie beispielsweise nach den Pyramiden, da

fährt er jetzt auf wohlbeschatteter Chaussée im bequemen Wagen. Barillet's Hauptschöpfungen sind der Ezbekîyegarten in Kairo, die grossen Anlagen auf Gezîre und die Bepflanzung der weiten Wege am linken Nilufer gegenüber der Stadt. Hunderttausende von Bäumen wurden im Laufe weniger Jahre angepflanzt, deren Laub mit jedem neuen Jahre immer weiteren Schatten wirft und gegenwärtig bereits einen grossen Theil der Strassen in und um Kairo zu den angenehmsten Promenaden gestaltet, wo man ehemals vor Staub und Sonnengluth zu ersticken befürchten musste. Unter den Bäumen, welche gegenwärtig diese Wege beschatten, ist vor allem einer zu nennen, der vermöge seines wunderbaren Wachsthums, seiner prachtvollen Laubfülle und der Brauchbarkeit seines Holzes eine förmliche Mission in Aegypten zu vollziehen scheint. Es ist dies der sogen. „Lebbach" (Albizzia Lebbek), von den Reisenden eines traditionellen Irrthums wegen gewöhnlich Nil-Akazie (das ist der Sunṭbaum) genannt. Der Lebbach erreicht in 40 Jahren eine Höhe von 25 m und eine colossale Stammdicke, die gewaltigen Aeste greifen langschüssig weit über die von ihnen laubenartig beschirmten Wege. Eine Allee in Kairo (bei der protest.-deutschen Kirche), welche (1876) erst vor 10 Jahren gepflanzt wurde, bildet jetzt bereits einen geschlossenen Laubengang. Das Merkwürdigste ist die Art, wie man ihn pflanzt. Was nämlich bei anderen Bäumen nur mit jungen Reisern und Zweigen ermöglicht wird, das gestattet der Lebbach mit seinen mannsstarken Aesten oder gar den Stammstücken selbst vorzunehmen: das Stecklinge setzen. So entstanden in einem Sommer die schattigen Alleen, die zu den Pyramiden führen. Der Lebbach wurde unter Moḥammed 'Ali aus Ostindien eingeführt und ist von 400 Arten, die mit ihm kamen, diejenige geblieben, welche ein volles und unwiderrufliches Bürgerrecht im Lande der Pharaonen erworben hat. Gegen 200 verschiedene Baumarten, meist ostindischen Ursprungs, sind gegenwärtig in den neuen Gartenanlagen des Chedîw (ungefähr 20 an der Zahl) zur Anpflanzung gekommen und werden in eigenen Baumschulen (unter der Leitung des belgischen Gartendirectors Delchevallerie) immer weiter vermehrt. Unter ihnen haben besonders der prachtvolle „Flamboyer des Indes" (Poinciana pulcherrima) und die mit rapidem Wachsthum ausgestatteten Eucalyptus eine grosse Zukunft für das Land.

Die häufigsten Bäume der älteren Zeit, welchen der Reisende in allen Städten Aegyptens begegnen wird, sind folgende: Acacia nilotica („sunṭ"), der Dornbaum der Alten, dessen paternosterschnurartige Hülsen („ḳarraṭ") einen vorzüglichen Gerbstoff enthalten. Dies ist neben der Palme der häufigste Baum an allen Wegen und bei allen Dörfern Aegyptens. Acacia farnesiana („faîne") mit Blüthen vom feinsten Duft. Die altheilige Sycomore („gimmêz"). Zizyphus, der Christusdornenbaum („nebḳ"). Tamarisken („ṭarfa", nicht zu verwechseln mit Tamarinden). Parkinsonia („sêsebân", so heisst aber auch der wildwachsende Strauch Sesbania). Maulbeerbäume, nur in Unteraegypten („tût"). Johannisbrodbäume („charrûb"). Seltener sind Cypressen, Oelbäume, Pappeln, Platanen, Myrthen, Aleppo-Kiefern, Schinus, Melia, verschiedene Feigenbäume indischen Ursprungs.

Unter den **Fruchtbäumen** steht obenan die Dattelpalme (der Baum: „nachle“, die Dattel „balah“, die Blattrippe „gerîd“, der Blattscheidenbast „lif“, die einzelnen Blattzipfel „sa'af“, die Endknospe, der Palmkohl, „gummâr“). Die häufigsten Sorten, die von den Datteln auf den Märkten feil geboten werden, belaufen sich auf 27. Die grössten erreichen 3 Zoll Länge und heissen „Ibrîmi“ oder „Sukkôti“, da sie aus dem nördl. Nubien kommen. Beduinen bieten in den Hôtels kleine Packete, in Gazellenhaut eingestopfte Dattelpulpa (Dattelwurst) feil, die sie gewöhnlich in Kairo selbst anfertigen, wobei sie das Gazellenfell mit Ziegenleder vertauschen („'agwe“). Palmwein („laghi“), durch Anbohren des Herzens der Krone („gummâr“) gewonnen, wodurch das Leben des Baumes erlischt, ist nur in den Oasen bekannt. Dagegen wird viel Branntwein aus dieser Frucht destillirt. Nur für 1 Million Francs Datteln wird ausgeführt, da sie verhältnissmässig hoch im Preise. Die Dattelpalmen blühen im März und April und reifen ihre Früchte im August und September. Frische Datteln sind knorpelig, blutroth oder schwefelgelb von Farbe und von adstringirendem, herbem Geschmack; erst im Zustande der Fermentation werden sie, wie die Mispel, geniessbarer.

Vorzüglich gedeiht die Weinrebe und an Trauben („'ênab“) ist von Juli bis September Ueberfluss. Man würde auch, wie es im Alterthume so schwungvoll betrieben wurde, Wein gewinnen, wäre Aegypten nicht von allen Ländern des Mittelmeers mit den vorzüglichsten und wohlfeilsten Weinsorten in so hohem Grade überschwemmt. Die Reben blühen in Aegypten im März und April, wie die Palmen, und reifen ihre Trauben im Juni und Juli. Wohlfeil und in Massen producirt sind Orangen (die Ernte beginnt im September), Mandarinen und Limonen (die kleine saftige Frucht des Citrus limonium); Pomeranzen, Citronen, Cedros sind seltener. Von sonstigen Fruchtbäumen sind zu nennen: Granaten („rummân“), besonders für die Türken, die sie bevorzugen, in grosser Menge angepflanzt, liefern sie einen grossen Gewinn. Aprikosen („mischmisch“), häufig aber sehr fade; desgleichen die Pfirsiche („chôch“); Mandeln („lôz“). In ganz Unteraegypten sind Feigen („tîn“) im Sommer sehr gemein; desgleichen Cactusfeigen („tîn-schôk“). Aepfel, Quitten, Birnen und Pflaumen tragen besonders in der Gegend von Girge und im Fayûm reiche Frucht, werden aber, da letztere durchaus geschmacklos bleibt und überhaupt Früchte dieser Art aus den Mittelmeerländern in Menge zu Markte kommen, nicht weiter angepflanzt. Seit 10 Jahren haben auch die Bananen („môz“) sich mehr in Aegypten eingebürgert, wo sie indess immer noch sehr theuer im Preise sind (2 bis 3 fr. das Kilo). Eine Specialität für den Fremden ist noch die aus Westindien importirte Anona squamosa („kischta“, d. h. crème). Ananas fehlen fast gänzlich. Dergleichen edlere Tropenfrüchte (wie auch der Mango) finden sich nur in den Gärten des Chediw, wo die Beweise für ihre Acclimatisationsfähigkeit längst geliefert worden sind.

Von auffallenden **Zierpflanzen** sind Rosen („ward“), von welchen namentlich die Rosa damascena moschata und sempervirens zur Rosenwasserbereitung gezogen werden, Oleander von erstaunlicher Höhe, Nelken und Pelargonien die seit alter Zeit am meisten einheimisch gewordenen. Ein strauchartiger Baum, welcher im halb blattlosen Zustande zur Winterzeit die Neugierde eines jeden Reisenden erwecken wird, der in Alexandrien ans Land steigt, ist die Poinsettia pulcherrima. Die die unscheinbare Blüthe umstehenden Blätter sind vom intensivsten Feuerroth und bilden einen weithin leuchtenden Strahlenkranz. An wildwachsenden Bäumen oder gar bestandbildenden Holzgewächsen nach Art unserer Forstanlagen fehlt es im Nilthale, wie in den Thälern der nördlichen Wüsten noch durchaus. Auf Bänken und an den Flussufern haben sich zwar hin und wieder Tamarisken und Weiden („safsâf“) angesiedelt, aber immer bleiben sie nur Sträucher. In den Wüstenthälern Oberaegyptens finden sich indess 5 verschiedene Akazien und andere Straucharten von geringerem Interesse. Als Baum verdient nur noch die „Dûm-Palme“ hervorgehoben zu werden, welche in den Thälern des südlichen Nubiens und sogar in den Oasen bestandbildend und wild auftritt, im oberen Nilthale Aegyptens aber nirgend mehr im herrenlosen Zustande angetroffen wird. Selbst innerhalb des letzteren überschreitet sie nicht den 27° N. Br. (eigentlich nur bis Kene) und hat in Kairo trotz vielfacher Versuche die Acclimatisirung dieser prachtvollen Palme nie gelingen wollen. Zwei Thatsachen fordern bei Betrachtung der pflanzengeographischen Verhältnisse Aegyptens zu besonderem Nachdenken auf: erstens der ostindische Ursprung einer grossen Anzahl der verbreitetsten, an die Nil-Culturen gebundenen, ausser ihnen nirgend vorkommenden Unkräuter, und zweitens das Vorhandensein einer ganzen Reihe von Arten in der Cultur der Aegypter, welche sich gegenwärtig in wildwachsendem Zustande nur noch in den centralen Gegenden Afrika's vorfinden.

Die Thierwelt Aegyptens. *Von Hofrath Dr. M. Th. von Heuglin.* 1. Hausthiere. Das *Pferd* (*hosân*, Pferde *chêl*, die Stute *faras*, das Füllen *muhr*, der Reiter *chayyâl*) war wahrscheinlich den ältesten Aegyptern unbekannt und wird erst durch die Hyksos (S. 103) nach Aegypten gekommen sein; wenigstens scheint das aus dem Umstande geschlossen werden zu dürfen, dass wir den ersten bildlichen Darstellungen von Pferden zur Zeit des Neuen Reiches (S. 104) begegnen. Heute ist es über das ganze Nilthal verbreitet und kommt sogar in den Oasen vor. Unzureichende Pflege, schlechte Fütterung etc. haben es verschuldet, dass der Landschlag von unansehnlicher Natur ist; doch legt das aegyptische Pferd grosse Ausdauer an den Tag. Die Einfuhr von Pferden, einerseits zum Militärdienst, anderseits zur Zucht und als Luxusthiere, ist ziemlich bedeutend. Auch den edelsten Nedjd- und Kohêl-Rassen aus Arabien und Syrien, sowie aus der Berberei (vorzüglich Jagdpferde), theilweise auch aus Donkola und Dâr-Fûr, letztere der trefflichen Rasse der Gharbâwi angehörig, begegnet man. In Kairo und Alexandrien sind die Wagenpferde meist englischer Rasse.

Der aegyptische *Esel* (vergl. S. 13, arab. *homâr*) ist nicht gerade durch Grösse, aber schöne Formen, Genügsamkeit, Leistungsfähigkeit und lebhaftes Temperament ausgezeichnet. Die aus dem Sûdân eingeführten Esel sind aus einer Kreuzung mit dem Wildesel hervorgegangen. Die beliebteste Rasse ist jedoch der stattliche, meist weisse Hedjâz-Esel. Schöne grosse Thiere bezahlt man in den aegyptischen Städten mit 40—80 Pf. St., gewöhnlichere, mittleren Schlages mit 4—8 Pf.

Das *Maulthier* (arab. *baghl* und *baghle*), obwohl zum Tragen schwerer Lasten vorzüglich geeignet, wird in Aegypten weniger allgemein gezüchtet, dagegen zuweilen aus Abessinien, dem südlichen Europa, namentlich aus Spanien, aus Syrien und Kleinasien eingeführt.

Das *einhöckerige Kamel* (zweihöckerige kommen weder in Aegypten noch Arabien vor) oder *Dromedar* (arab. *gemel*, die Stute *nâka*, das Reitkamel *hegîn*) war den alten Aegyptern anscheinend unbekannt, obgleich sich die benachbarten Hirtenvölker seiner bedienten. In den Oasen fast gänzlich fehlend, ist das Kamel jetzt allgemein in ganz Aegypten; es dient dem Landmann zum Lasttragen und hin und wieder am Pfluge. Sehr beträchtlich ist die jährliche Einfuhr aus den Gegenden um die Syrten, aus Dâr-Fûr, Kordofân, Nubien und Sennâr. Die geschätztesten Reitkamele, die man hauptsächlich für Wüstenreisen benutzt (vergl. S. 14), kommen aber aus Arabien; sie heissen *nehdri*. Das Kamel vermag bei grösster Hitze 3—4, im Nothfall bis 6 Tage, im Winter selbst 17 Tage zu dursten, trägt eine Last von 3—5 Centnern und begnügt sich mit wenigem Büschelmais oder Bohnen, dürrem sparrigen Wüstengras, Maisstroh oder stachligem Akazienlaub. Ein Reitkamel vermag in einem Trabe 5 und an einem Tage ohne Beschwerde 10, mit Aufopferung der Kräfte aber 20 Meilen zurückzulegen. Schon Leo Africanus erwähnt denselben und sagt „die Eilboten des Königs von Timbuktu legen auf diese Weise die Strecke durch die Wüste bis zu den Atlasländern, 190 geogr. Meilen, in 7—8 Tagen zurück". Das Fleisch des Kamels wird gegessen, der Speckbuckel als Delicatesse betrachtet; der Wüstenaraber zieht auch die Kamelmilch derjenigen von Kühen, Schafen und Ziegen vor. Das im Frühjahr ausfallende Haar wird zu Garn gesponnen und zu grobem Zeug (Mäntel etc.) verwebt. — Ein Lastkamel kostet in Kairo ungefähr 12 Nap., ein gut abgerichtetes Reitkamel bis zu 30 Nap.

Der *Büffel* (arab. *gâmûs*) scheint schon seit langer Zeit in Aegypten heimisch zu sein; das ihm zusagende Revier ist das Sumpfgebiet des Delta, wo das Rind nicht gedeiht. Sein Fleisch ist nicht beliebt, dagegen liefert die Büffelkuh reichliche Milch, aus welcher auch gute Butter gewonnen werden kann. Der Büffel verlangt nicht viel Nahrung und Pflege, nur Wasser, namentlich fliessendes Wasser oder weitläufige Sümpfe sind ihm Bedürfniss. Die Haut liefert solides Leder und hat deshalb verhältnissmässig hohen Werth.

Das *zahme Rind* gedeiht in Aegypten mehr auf dem trockenen Boden des Culturlandes; auch in den Oasen wird es gezüchtet. Noch vor wenigen Jahrzehnten besass Aegypten eine eigene Rasse von Rindvieh, derjenigen ähnlich, welcher man auf den Darstellungen der Denkmäler begegnet; dieselbe starb in Folge einer Seuche unter Mohammed 'Ali's Regierung aus (vergl. S. 43) und wurde durch andere Spielarten ersetzt. Der Ochse heisst arab. *tôr*, die Kuh *bakara*, das Kalb *'igl*, die Milch *leben*, süsse *halîb*, saure *hâmed* oder *rôb*. Neben Butter bereitet der Fellâh auch Käse aus derselben. Als Rührfass dient ein an einem Seil aufgehängter Lederschlauch (*kirbe*).

Die *Hausziege* (arab. *me'sa* und *'anze*, der Bock *tês*, das Zicklein *gidi*) fehlt im Nilthal wie bei den Wüstenbewohnern in keiner Hütte, in keinem Zelt. Sie ist überaus genügsam und liefert gleichwohl eine beträchtliche Menge wohlschmeckender und gesunder Milch. Die Haut dient zur Bereitung dauerhafter wasserdichter Schläuche, das Haar zu Geweben, namentlich Zeltdecken.

Schafe werden vom aegyptischen Landmann fast ebenso allgemein gehalten, doch trifft man nur im Gebirgs- oder Steppengebiete zahlreiche Heerden dieser Thiere, die gleichfalls in verschiedenen Rassen auftreten; unter ihnen werden namentlich die Fettschwanzarten (*Ovis pachycera recurvicauda* und *Ovis platyura*) geschätzt. Das Schaf (*charûf*, *na'ge*, *ghanam*, *ramis*, der Widder *kebsch*) fehlt bei keinem aegyptischen Gastmahl. Die beliebteste Form der Zubereitung heisst Kâwirma, d. h. ein mit Reis farcirter und an einer Stange gebratener Hammel. Meist kommt die Kâwirma unzerlegt auf den Tisch und jeder Gast bricht sich mit der Rechten die ihm passenden Stücke aus. Ein anderes, besonders vom Wüstenaraber geschätztes Gericht heisst Marâra: dasselbe besteht aus Herz, Leber und Nieren, klein geschnitten, gehörig mit rothem Pfeffer und Citronensaft gewürzt, mit Galle beträufelt und roh verspeist.

Die Wolle der aegyptischen Schafe ist rauh und sparrig; viele Wüstenschafe haben überhaupt straffes glattes Haar ohne alle Wolle.

Das *Schwein* (arab. *chanzîr*) ist dem Araber ein unreines Thier und kann daher kaum zu den Hausthieren gezählt werden, wird indess von den Kopten in grosser Menge gehalten.

Der *Hund* (arab. *kelb*) ist im ganzen Orient halb wild und herrenlos; in den Städten durchweg feige, macht er überhaupt einen unangenehmen Eindruck. Er zeichnet sich durch Schakaltypus und constant hellrostige Färbung aus. Jede Hundefamilie hat ihr gewisses Revier, in welchem kein Eindringling geduldet wird. Seine Nahrung entnimmt er Strassenabfällen; die feine Nase geht ihm ganz ab. Europäische Rassen halten sich schwer. Besser gedeihen Windhunde aus Tunis, Syrien und dem östl. Sûdân, die man zur Gazellenjagd abrichtet.

Hauskatzen (arab. *kott*, *kotte*), den alten Aegyptern heilige Thiere (vergl. S. 151), hält man überall in Aegypten und bei den Beduinen. An Färbung so mannigfaltig verschieden wie unsere Katzen, ist die aegyptische Hauskatze schlanker, hat einen kleineren runderen Kopf, etwas längere Ohren, zierlichere Pfoten.

Mit der Katze concurrirt in der Bestimmung die zahlreichen Arten von Mäusen zu vertilgen das in Aegypten da und dort gehaltene *Wiesel* (*Mustela semipalmata*; arab. *'ersa* oder *abu 'arûs*), namentlich in Mittel- und Unteraegypten in halbwildem Zustande lebend, in Städten und in Gehöften, Magazinen und verlassenen Wohnungen.

An Hausgeflügel sind zu erwähnen: Das *Huhn*, allgemein verbreitet in meist kleinen Rassen, bedarf wenig Pflege, legt fast das ganze Jahr hindurch und hat gutes Fleisch. Die künstlichen Brutanstalten Aegyptens sind uralt. Der Hahn *dik*, die Henne *farcha* (in Syrien *djādje*), das Ei *bid* (zusammenhängend mit *abyad*, weiss).

Gut gedeihen in Aegypten die importirten *Truthühner* (arab. *farcha rūmi*); in einigen Städten Oberaegyptens, z. B. in Girge werden sie in grosser Menge gezüchtet.

Hausgänse (arab. *wuzze*), deren Fleisch aber dem der europäischen an Qualität weit nachsteht, hält man hauptsächlich in Unter- und Mittelaegypten, nirgends aber in grosser Zahl. In Massen dagegen trifft man im ganzen Nilthal die *aegyptische Haustaube* (arab. *hamām*), die von der aegyptischen Felsentaube *(Columba livia var. glauconotus)* abstammt. Der Landmann, der den Tauben grosse pylonenförmige Schläge errichtet, hält sie nicht um ihres Fleisches, sondern lediglich des Düngers wegen, der ihm für die Bewirthschaftung seiner Gärten dient.

II. Jagdbare Thiere. In Aegypten ist Jedermann zu jeder Jahreszeit berechtigt, die Jagd auszuüben, nur bedarf es eines von der Polizeibehörde ausgestellten Waffenscheins. Mit Ausnahme umfriedeter Gärten und unter schonender Berücksichtigung der Anpflanzungen und Felder ist dem Jäger jedes Terrain offen. Nur für den Menzāle-See ist eine besondere, durch die Consularbehörden in Kairo leicht zu erlangende Empfehlung an den jeweiligen Pächter der dortigen grossen Fischereien nöthig.

Zur gehörigen Ausrüstung empfehlen sich einige gute Doppelgewehre von ansehnlichem Caliber (Nr. 12 oder 16) und eine Buchsflinte oder Doppelbüchse (Caliber 20 oder 24). Die nöthige Munition lässt sich auch in Aegypten beschaffen (nur Pulver ist sehr schlecht und theuer); überhaupt kann nur dem passionirten Jäger empfohlen werden seine Gewehre mitzubringen der mancherlei Scherereien an den Zollgrenzen wegen; der Laie findet in Kairo genügende Auswahl (S. 253).

Wünscht der Reisende Schädel, Gehörne oder Bälge als Jagdtrophäen zu sammeln, so sollte er eine Quantität von gepulvertem Alaun, mit der gleichen Menge Kochsalz gemischt, bei sich führen. Mit diesem Salze wird die Fleischseite der zu präparirenden Haut dicht bestreut, die letztere nach 12—24stünd. Liegen und mehrmaligem Reiben und Kneten vollends von anhängenden Fasern und Muskeln befreit und dann in ausgespanntem Zustande im Schatten und Luftzuge getrocknet. Zum Schutz vor Insectenfrass bestreiche man sowohl Bälge als Schädel und Geweihe mit einer leichten Lösung von arsensaurem Natron. Auf das Streifen von Bälgen versteht sich jeder eingeborne Diener oder Matrose, auf das Abbalgen von Vögeln auch mancher Dragoman.

Auf den Gebirgen zwischen dem Nil und dem Rothen Meere, sowie auf denen der Sinaihalbinsel findet sich noch ziemlich häufig und rudelweise zusammenlebend der arab. *Steinbock (Ibex Beden*, arab. *beden*, auch *wa'al)*. Ihn zum Schuss zu bringen, bedarf es stets eines längern Aufenthaltes in der Nähe der Standorte (der grünen Matten der Hochflächen), welche leicht von den Beduinen der Umgegend erkundet werden können.

Ein anderer Gebirgsbewohner ist das streitbare *Mähnenschaf (Ovis tragelaphus*, arab. *kebsch el-mā* oder *kebsch el-gebel)*, vereinzelt noch in den Felsbergen bei Minye und um das Fayûm vorkommend.

Mehr im Flachland und zwischen den Dünen und Hügeln, welche das Nilthal und die Oasen umsäumen, sowie in den Niederungen und zwischen Kairo und Suês erscheint allgemeiner die *Dorcas-Gazelle (Antilope dorcas*, arab. *ghazāl)*. Im Winter, wo die Wüste einige Krautpflanzen hervorbringt, ziehen sich die Gazellen gewöhnlich mehr nach dem Binnenlande, während sie zur trockenen und heissen Jahreszeit genöthigt sind, sich dem Strom, den Canälen und Wüstenbrunnen zu nähern. Dies geschieht vorzüglich Abends und die Nacht hindurch; am frühen Morgen zieht das Thier wieder der offenen Sandfläche oder den benachbarten Dünenhügeln zu. Die Gegenden, wo sich gerade Gazellen aufhalten, erkennt man an den Wechseln und der frischen, stark nach Moschus duftenden Losung. Da diese Thiere ihre Wechsel regelmässig einzuhalten pflegen, kann man sie auf dem Anstand erlegen; aber selbst der

Pürschgang führt nicht selten zum erwünschten Ziele, besonders wenn der Jäger gut beritten und gut geführt ist. — Die Sûdân-Araber fangen viele Gazellen in Fussschlingen. In früheren Jahren fand die Jagd auf Gazellen auch vielfach durch Falkenbeize, die die Araber von den Indern und Persern gelernt hatten, statt; diese Art ist indessen jetzt gänzlich in Vergessenheit gerathen.

Auf der libyschen Seite des Nils, in der Gegend der Natronseen und des Fayûm bis zu den Oasen hinüber finden sich neben der Dorcas-Antilope noch zwei andere Arten, nämlich die *Spiess-Antilope (Antilope leptoceros*, arab. *abu-'l-harab)* und die *Addax-Antilope (Antilope addax*, arab. *a'kas*, auch *bakar el-wáhsch)* und, nach Aussage der Araber, eine *Kuh-Antilope (Antilope bubalis?)*.

Das *Wildschwein* (arab. *hallûf*), heute nur noch in wenigen Gegenden des Delta und des Fayûm vorkommend, schiesst man auf dem Anstande in der Nähe der Wechsel oder bei Wasserlöchern, wo es sich zu suhlen pflegt. Auch förmliche Treibjagden mit Hunden werden zuweilen veranstaltet. Interessanter ist das Hetzen durch berittene, mit Lanzen und Pistolen bewaffnete Jäger, vorzüglich unmittelbar vor dem Beginn der Nilschwelle, wo die Schweine gern nach der Umgebung des Stromes und auf flache dicht mit Röhricht bestandene Inseln wandern.

An ähnlichen Aufenthaltsorten begegnet auch der *Sumpfluchs (Felis Chaus*, arab. *tifah)*, die kleinpfotige *Wildkatze (Felis maniculata*, arab. *kott)*, der aegyptische *Wolf (Canis variegatus*, arab. *dib)* und das *Ichneumon (Herpestes ichneumon*, arab. *nims)*; letzteres treibt sich übrigens mit Vorliebe in Gartenanlagen und in der Nähe von Gehöften und Dörfern herum.

Die *Genet-Katze (Viverra Genetta*, arab. *kott erbâd)* soll sich ebenfalls hie und da in Aegypten finden. Ferner sind an Raubthieren des unteren Nilthals zu erwähnen: die verschiedenen *Fuchs-* und *Schakal-Formen (Canis vulpes, C. mesomelas, C. niloticus, C. aureus, C. famelicus*, und *Megalotis Zerda*, arab. *abu-'l-husein, dieb* oder *ta'leb, abu schôm* oder *baschôm* und *abu sûf)* und das *Stinkthier (Rhabdogale mustelina*, arab. *abu 'afen)*. Fuchs und Schakal hausen gern in Klüften, Steinbrüchen, Ruinen, Schutthügeln, im Tamariskengebüsch und in Getreidefeldern, von wo aus sie ihre nächtlichen Streifzüge unternehmen. Der *Ohrenfuchs (Fenek, Zerdo)* dagegen lebt gesellschaftlich in weitläufigen Bauen, die er im Sande der Wüste anlegt, vorzüglich in der Nähe der Oasen, im Fayûm und um die Natronseen.

Nicht weniger allgemein findet sich im ganzen unteren Nilgebiet die gestreifte *Hyäne (Hyaena striata*, arab. *dab'a)*, die den Tag über gewöhnlich in Ruinen, Steinbrüchen etc. sich aufhält und Nachts das bewohnte Land durchstreift, um gefallene Hausthiere aufzusuchen. Bei der Jagd auf Raubthiere dienen die professionsmässigen Hyänenjäger (arab. *dabbâ'a*), die es an vielen Orten gibt, dem Fremden als Führer oder liefern auf Verlangen gefangene Thiere.

Selten und unseres Wissens auf die Ostabhänge der aegyptischen Küstengebirge nach dem Rothen Meere zu beschränkt kommt das *Stachelschwein (Hystrix cristata*, arab. *abu schôk*, auch *hanhan* oder *en-nis)* vor; dasselbe bewohnt selbstgegrabene, tiefe Höhlen.

Längs des Nils, häufiger in Oberaegypten, trifft man den aegyptischen *Hasen (Lepus aegyptius*, arab. *arnab)*, gewöhnlich auf Flächen, die mit Tamarisken bestanden sind, selten in Getreidefeldern.

Im sinaitischen Hochlande haust der *Klippdachs (Hyrax syriacus*, arab. *wabr)*, der in Familien auf Steinhalden und in Felsklüften sich herumtreibt und namentlich während der Vormittagsstunden gern auf überhängenden Felsplatten liegt.

Zahlreich und leicht zum Schuss zu bekommen ist das wilde Geflügel Aegyptens. Auf Stoppelfeldern und im niederen Gestrüpp hausen kettenweise die in ihrem Fluge etwas an Tauben erinnernden *Wüstenhühner (Pterocles exustus, Pt. guttatus*, in Oberaegypten auch *Pt. coronatus*, arab. *kata)*. Es ist leicht, die Stellen am Stromufer oder auf Sandbänken und Inseln ausfindig zu machen, wo sie in den Morgen- und Abendstunden in Zügen zur Tränke einfallen. Ein niedliches *Steinhuhn (Ammoperdix Heyi*, arab. *hagel)* kommt, in kleinen Völkern beisammen lebend. In den Kataraktengebirgen um Assuân, am Ostabhang des arabischen Gebirges nach dem Rothen Meere zu, sowie auf dem Sinai und seiner Umgebung bis zum Todten Meere vor; auf den höheren Bergstöcken des Sinai findet sich das *Rothhuhn* (arab. *abu serdi* oder *sena*).

Die *Wachtel* (*Coturnix communis*, arab. *summân* und *selû*) besucht meist das Nilthal nur während der Wanderung im Herbst und Frühjahr. Im October fallen die Wachteln, aus dem Norden kommend, massenhaft auf den Dünen des Delta ein, ziehen aber bald längs des Stromes südwärts.

Aus der Familie der Trappen kommt an der aegyptischen Nordküste zur Winterzeit die *Zwergtrappe* (*Otis tetrax*) vor, weiter westwärts die reizende, aber scheue *Kragentrappe* (*Otis hubara*, arab. *ḥubâra*). Zu den jagdbaren Standvögeln Aegyptens gehört ferner die *Nilgans*, allgemein auf Sandbänken und Inseln vorkommend.

Der *Strauss* (*Struthio camelus*, arab. *na'âm* oder *na'âme*) zeigt sich noch hie und da in den Niederungen der libyschen Wüste und im Küstenlande des Rothen Meeres südlich von Koṣêr. Die Araber fangen ihn in Fussschlingen, im Sûdân hetzt man ihn mit Pferden oder erlegt ihn aus dem Hinterhalte in der Nähe der Brutstellen.

Turteltauben (*Turtur senegalensis* und *T. isabellinus*, arab. *ḳâmri*) finden sich allgemein um Dörfer, Gärten etc., am zahlreichsten im August und September oder März und April, wenn die europäische Turteltaube (*T. auritus*) flugweise das Nilgebiet durchzieht. Ueberhaupt suchen zahllose Züge nordischer W a n d e r v ö g e l das Stromgebiet des Nils und die Lagunen des Delta auf. Viele dieser Gäste ziehen weiter nach Süden, aber ungleich grössere Mengen bevölkern für 3—4 Monate die Sümpfe Unteraegyptens sowie die Gegend der Natron-Seen und des Birket el-Kurûn im Fayûm. Die verschiedensten Vogelarten überschwemmen dann in wolkenartigen Flügen und unter Getöse die Lagunen der Behêre (S. 242) viele Meilen weit. Bunt durcheinander wimmelt es dort von Wildenten, Wildgänsen, Schwänen, Tauchern, Wasserhühnern, Cormoranen, Pelekanen, Strandläufern, Sumpfschnepfen, Brachvögeln, Austernfischern, Regenpfeifern, Dickfussen, Reihern, Rohrdommeln, Löfflern, Störchen, Strandreitern, Säbelschnäblern, Kiebitzen, Kranichen und Flamingos. Zwischen ihnen schweifen Möven und Seeschwalben, dazu sammeln sich Falken, Weihen, Schell- und Schreiadler, einzelne Kaiseradler und Seeadler, um ihren Bedarf an Nahrung auf bequeme Art zu erwerben, so dass der Jäger von einem günstigen Standpunkt auf den Dämmen oder vom Boote aus sich bald müde zu schiessen Gelegenheit hat. Auch weiter stromaufwärts an seichten Stellen im Flusse selbst, Sandbänken, Canälen, Brüchen, Pfützen, in denen die Wasser der Nilschwelle sich gesammelt haben, namentlich um die Seen bei Chânkâh, in den Niederungen um den Süsswassercanal und um den Bahr Yûsuf ist, vorzüglich im Winter und Frühjahr, stets Wassergeflügel anzutreffen.

Viele Schwimmvögel, wie Enten und Flamingos, vielleicht selbst Schwäne, dann mehrere Reiherformen brüten im Delta und theilweise auch im Fayûm, darunter das prachtvolle *Sultanshuhn* (*Porphyrio smaragdonotus*, arab. *dikme*) und die reizende *Goldschnepfe* (*Rhynchaea capensis*).

Schliesslich müssen wir des *Krokodils* (arab. *timsâḥ*) gedenken. Wenn auch nach und nach der Cultur weichend, zeigt es sich doch hin und wieder noch im Nilthal von Girge aufwärts, häufiger zwischen den Katarakten von Assuân und Wâdi Ḥalfa, bei Hochwasser aber gelangen verirrte Thiere zuweilen stromabwärts bis gegen das Delta. Besonders nach kühlen Nächten steigen die Krokodile gern auf flache Sandbänke oder die Spitzen niedriger Inseln, wo sie sich zu sonnen und, oft mit weit aufgesperrtem Rachen, zu schlafen pflegen. In Folge häufiger Nachstellung ist das Krokodil in Aegypten vorsichtiger als in südlicheren Gegenden, geräth aber nicht selten in Fischnetze. Die Sûdân-Araber, welche das Fleisch essen und überdies einigen Nutzen aus den Moschusdrüsen ziehen, fangen dasselbe an grossen Angeln, auf welche ein Stück Fleisch gesteckt wird.

Feuert man auf schwimmende Krokodile, so gehen sie, selbst tödtlich verwundet, im trüben Wasser meist verloren. Mit mehr Erfolg gelingt dagegen die Jagd am Lande. Doch begibt sich das Thier stets nur auf solche Stellen, von wo das Wasser mit wenigen Schritten erreicht werden kann. Bemerkt der Jäger von seinem Fahrzeuge eine dieser Riesen-eidechsen auf einer Sandbank, so ist es gerathen, ein Boot flott zu machen und sich in demselben gegen das Thier antreiben zu lassen, womöglich ohne von den Rudern Gebrauch zu machen. Noch sicherer gelingt unter günstigen Ortsverhältnissen das Beikriechen von der dem Aussteigeplatz entgegengesetzten Seite der Insel oder Landzunge. Eine Kugel tödtet übrigens selten das Krokodil auf der Stelle, und meist besitzt dasselbe noch Kraft genug, sich in den Strom zu stürzen.

Neben dem Krokodil beherbergt der Nil eine andere mächtige und äusserst gewandte Eidechse, welche bis 1,5 m Länge erreicht, nämlich den *Waran* oder *Monitor* (arab. *waran*).

III. Sonstige freilebende Säugethiere und Vögel. Die Familie der *Affen* ist nicht vertreten, dagegen werden einige Arten, aus den südlichen und westlichen Provinzen eingeführt und nach den Hauptstädten gebracht, so *Cynocephalus Hamadryas* und *C. Anubis* (beide arab. *kird* genannt), *Inuus ecaudatus* (arab. *nisnâs*), endlich *Cercopithecus ruber* und *C. griseo-viridis*, selten *C. pyrrhonotus*.

Ungemein reich ist das Nilthal und das benachbarte Wüstengebirge an *Fledermäusen* (arab. *wațwâț*). Dieselben bewohnen vorzugsweise alte Gräber, Katakomben, Tempel, Pyramiden, Felshöhlen, aber auch Magazine, Moscheen und Wohnungen, seltener hohle Bäume. Namentlich sind vertreten die Gattungen *Flederhund (Pteropus)*, *Grämler* und *Schwirrmaus (Taphozous, Nyctinomus, Plecotus, Vespertilio)* und *Blattnasen (Rhinolophus, Nycteris, Rhinopoma)*.

Ausser den oben (S. 94) aufgezählten Raubthieren ist zu nennen *Mustela africana*, endlich mehrere *Igel (Erinaceus, arab. konfud)* und *Spitzmäuse* (arab. *umm sîsî*).

An Artenzahl vielseitig vertreten sind die Nagethiere. Auf der Sinaihalbinsel findet sich eine *Schlafmaus (Eliomys melanurus)*, auf Feldern, in Wohnungen und auf Schiffen wimmelt es häufig von *Stachelmäusen (Acomys)* und *Ratten (Mus)*, arab. alle *fâr* genannt; Wüstenbewohner sind hingegen die *Springmäuse (Dipus*, arab. *yerbû'a)* und *Sandmäuse (Meriones*, arab. *gebeli)*; in den Dünen um Alexandrien haust die *Fettratte (Psammomys obesus)*.

Von See-Säugethieren erscheint ein *Delphin* nicht selten im unteren Nil; einige Arten derselben Gattung kommen schaarenweise in den Golf von Suês, wo sie *abu salâm* genannt werden. Namentlich zur Winterzeit zeigt sich, ebenfalls auf der Nordhälfte des Rothen Meeres, die *Sirene (Halicore cetacea*, arab. *gild)*, deren Haut und Zähne hochgeschätzt werden; zufällig endlich ein *Barten-Wal (Balaenoptera*, arab. *betân)*.

Von Vögeln finden sich in Aegypten sowohl einheimische Arten als auch solche, die daselbst nur den Winter zubringen, andere die nur während der Zugzeit das Nilthal berühren. Mit Sicherheit sind als in Aegypten vorkommend etwa 300 verschiedene Vogelarten nachgewiesen; wir beschränken uns hauptsächlich auf hervorragende sedentäre Typen.

Die Ordnung der *Raubvögel* ist vertreten durch *Bartgeier (Gypaëtus meridionalis*, arab. *bîg)*, *weissköpfige Geier (Vultur fulvus*, arab. *nisr)*, *Ohrengeier (V. auricularis)* und als Zugvogel *Gänsegeier (V. cinereus)*, *Aasgeier (Neophron percnopterus*, arab. *rachame)*, dann die *Gabelweihe (Milvus aegyptius*, arab. *heddâye)* und der *Gleitaar (Elanus melanopterus)*. Der weissschwänzige *See-Adler (Haliaëtus albicilla*, arab. *'ofâb* und *schumâ)* nistet im Delta, der *Flussadler (Pandion haliaëtus*, arab. *munsîr* und *kelâf)* auf Klippen des Rothen Meeres, in Palmwäldern Unteraegyptens der *Zwerg-Adler (Aquila pennata)*, auf Pyramiden und Felsgebirgen der *Lanner-Falke (Falco lanarius variet.*, arab. *schâhîn)* und *Falco barbarus*. Gross ist die Zahl der den Winter in Aegypten verlebenden *Schrei-Adler*, einzelner erscheint der *Kaiser-Adler*, der *Habicht-Adler*, der *Wander-Falke*, der *Stein-* und *Rothfuss-Falke*, der weissschwänzige *Bussard*, der *Habicht* und der *Sperber* (ar. *bâz*), allgemeiner die verschiedenen europäischen Arten von *Weihen*. *Der Thurmfalke* nistet in ganz Aegypten, wahrscheinlich auch der *Röthelfalke (Falco cenchris)*. In Oberaegypten soll sich zuweilen der *Gabar (Nisus gabar)* zeigen.

Aus der Familie der *Eulen* gedenken wir hauptsächlich des südlichen *Steinkauzes* (*Athene noctua var.*, arab. *umm ḳôḳ*) und des falben *Uhu* (*Bubo ascalaphus*, arab. *bûm* oder *bûfa*).

Die Familie der *Ziegenmelker* ist in Aegypten durch eine eigenthümliche Art, *Caprimulgus aegyptius*, vertreten; von *Seglern* findet sich der an das Gebiet der Dûmpalme sich haltende *Zwergsegler* (*Cypselus parvus*), von *Schwalben* (*chottâf* oder *'asfûr el-genne*) die rothbäuchige *Hirundo cahirica* als Standvogel, ebenso eine *Felsenschwalbe* (*Cotile obsoleta*).

Aus der Familie der *Fischvögel* ist häufig längs des ganzen Nil der *Graufischer* (*Ceryle rudis*).

Die *Bienenfresser* sind vertreten durch *Merops apiaster*, *M. aegyptius* und *M. viridissimus*, wohl alle hier nistend; Standvogel ist nur die letztgenannte Art, und zwar in Mittel- und Oberaegypten. Bei den Eingebornen heissen sie *schehagh*.

Von *Dünnschnäblern* kommt der gemeine *Wiedehopf* (arab. *hudhud*), dieser jedoch häufig, von *Promeropiden* an den Grenzen Oberaegyptens der liebliche metallglänzende *Honigsauger* (*Nectarinia metallica*) vor.

An *Singvögeln* (*'asfûr*) ist das Nilthal nicht reich, mit Ausnahme zahlreicher Formen von *Lerchen* und *Steinschmätzern*. Zu erwähnen sind überdies der *Staffelschwanz* (*Drymoeca* [*Drymoecus*] *gracilis*), der *Cistensänger* (*Cisticola cursitans*), die *Baum-Nachtigall* (*Aëdon galactodes*), der *Stentor-Sänger* (*Acrocephalus stentoreus*), die afrikanische *Bachstelze* (*Motacilla vidua*), der *Keilschwanz* (*Argia acaciae*) und der *Bulbul* (*Pycnonotus Arsinoë* im Fayûm und Nordnubien, während eine zweite Art, *P. xanthopygius*, im petraeischen Arabien und im Jordanthal zu Hause ist).

Eigenthümliche *Fliegenfänger* besitzt Aegypten nicht; von *Würgern* ist zu erwähnen der *Maskenwürger* (*Lanius nubicus*), von *Raben* (*ghurâb*) der *kurzschwänzige Rabe* (*Corvus affinis*) und der *Wüstenrabe* (*C. umbrinus*). Auf den Hochgebirgen der Sinaihalbinsel haust die *Steindohle* (*Pregilus graculus*), in den Tamariskengebüschen und auf Felsgesimsen der Thalniederungen von Arabia Petraea ein *Glanzstaar* (*Amydrus Tristramii*).

Von specifisch afrikanischen *finkenartigen* Vögeln nennen wir den *Wüstentrompeter* (*Bucanetes githagineus*); erst in der Gegend von Wâdi Halfa treten einige hierher gehörige, mehr tropische Formen auf, so der *Feuerfink* (*Euplectes franciscana*), der *Stahlfink* (*Hypochera nitens*), das *Lanzenschwänzchen* (*Uroloncha cantans*) und der *Zwerg-Blutfink* (*Lagonosticta minima*).

Spechte bewohnen das untere Nilthal nicht, aber neben dem als Zugvogel häufig erscheinenden *Wendehals* und dem grauen *Kukuk* findet sich im Delta ein *Spornkukuk* (*Centropus aegyptius*, arab. *abu burbûr*); weitere Verbreitung hat der *Häherkukuk* (*Coccystes glandarius*).

Als einheimische *Laufvögel* sind zu nennen der *Wüstenläufer* (*Cursorius isabellinus*), der *Dickfuss* (*Oedicnemus crepitans*, arab. *karawân*), der *Krokodil-Wächter* (*Pluvianus aegyptius*, arab. *ṭêr et-timsâḥ*) und der muntere *Spornkiebitz* (*Hoplopterus spinosus*, arab. *siksak*); von *Reihern* (arab. *balaschôn*, *abu 'anḳa*, *wak*), der *Kuhreiher* (*Ardea Ibis*, arab. *abu ḳerdân*) und die weissen *Edelreiher* (*Ardea alba* und *Ardea garzetta*). Bei Wâdi Halfa findet sich der *Abdim-Storch* (*Ciconia Abdimii*, arab. *simbile*). Aus der Familie der *Sichler* kommt nur selten vor der *Nimmersatt* (*Tantalus Ibis*) und der *heilige Ibis* (*Ibis aethiopica*, arab. *naḳaga*, *ḥerês* oder *abu mingal*).

Ausser den bereits kurz erwähnten, die Lagunen, Seen und Sümpfe bevölkernden europäischen Sumpf- und Wasservögeln (S. 95) zeigt sich im nördlichen Nubien aber auch der *rosenrückige Pelekan* (*Pelecanus rufescens*), im ganzen Nilthal, namentlich zur Sommerzeit der merkwürdige *Scheerenschnabel* (*Rhynchops flavirostris*, arab. *abu moḳaṣ*) und die *Fuchsgans* (*Chenalopex aegyptiacus*, arab. *wuz*), am Rothen Meer der *braune Tölpel* (*Sula fiber*, arab. *schomel*) und einige eigenthümliche *Möven* und *Seeschwalben* (*Larus leucophthalmus*, *Larus gelastes*, *Larus Hemprichii*, *Sterna media*, *Sterna Bergii*, *Sterna albigena*, *Sterna infuscata* und *Anous stolidus*, endlich die sonderbare Form *Dromas* (arab. *ḥankûr*). Der *Flamingo* (*Phoenicopterus antiquorum*, arab. *bâscho rusch*) zeigt sich das ganze Jahr über am Rothen Meer und in den Lagunen des Delta, meist in ungeheuren Flügen; derselbe nistet in der Gegend östlich vom Menzale-See.

IV. **Reptilien.** Unter den Vertretern dieser Klasse in Aegypten befinden sich wenige ganz charakteristische Formen. *Salamander* und *Batrachier* (arab. *ḍufdaʿa*) sind in Bezug auf Artenzahl allerdings nur spärlich vorhanden; aus der Ordnung der *Schlangen* (arab. *taʿâbân*) kennen wir deren gegen 20, darunter die auf den Denkmälern als Hieroglyphe verwendete *Hornviper* (*Cerastes*, arab. *moḳârene*), *Echis* (arab. *gharîbe* und *daschschâscha*), die aegyptische *Brillen-* oder *Hutschlange* (*Naja Haje*, arab. *ndscher*), *Telescopus* (arab. *abu ʿaysa*), *Psammophis* (arab. *abu siyûr*), *Tropidonotus*, *Periops* (arab. *arḳam*), *Zamenis* (arab. *gidari*) und *Eryx* (arab. *dassâs*). Von diesen ist der Biss der Hornviper, Echis und Brillenschlange giftig, der aller andern jedenfalls gefährlich. Die aegyptischen Schlangenbeschwörer (arab. *ḥâwi*), welche alle einem Zigeunerstamm (*ghagar*) angehören, produciren in der Regel einige Brillenschlangen, denen die Giftzähne ausgebrochen sind (vergl. S. 26).

Aus der Ordnung der *Saurier* nennen wir die Gattungen *Ablepharus*, *Gongylus*, *Plestiodon*, *Euprepes*, *Scincus* (arab. *saḳanḳûr*), *Ophiops*, *Eremias* und *Acanthodactylus* (arab. *schiliye*), *Psammosaurus griseus* und *Varanus niloticus* (beide arab. *waran*), *Uromastix spinipes* (arab. *ḍab*) und *U. viridis*, *Stellio vulgaris* (arab. *ḥardûn*), verschiedene *Agama-Arten*, *Chamaeleon* (arab. *ḥerbâye*) und namentlich zahlreich die *Ascalaboten* (arab. *abu burṣ*). Dann das *Nilkrokodil* (*Crocodilus vulgaris*, arab. *timsâḥ*) in verschiedenen Varietäten (vergl. S. 86). Von *Schildkröten* kommen vor die *Nilschildkröte* (*Trionyx aegyptiaca*, arab. *tirsa*) und eine kleine *Landschildkröte* (*Testudo marginata*, arab. *selḥafe*), während im Rothen Meer etwa 6 Arten von *Chelonia* (arab. *bisa* und *saḳar*) auftreten, deren einige vortreffliches Schildkrott (arab. *bagha*) liefern.

V. **Nilfische** (von *Dr. C. B. Klunzinger*). Der palmenbesäumte Nil zeigt sich auch in seinem lebenden Inhalt als tropischer, als afrikanischer Fluss. Die Formen seiner Fische stimmen mit denen anderer afrikanischer Flüsse, namentlich des Senegal überein, während fast gar keine europäischen darin vorkommen. Die Zahl der Arten beträgt ca. 70—80; die nachstehende Skizze hat nur den Zweck, eine kurze allgemeine Uebersicht der am häufigsten vorkommenden und zu Markt gebrachten Fische zu geben; in der „Description de l'Egypte" (p. 216) sind viele derselben abgebildet und beschrieben.

Während der Ueberschwemmung sind die Fische am zahlreichsten (manche Arten zeigen sich in Unteraegypten nur zu dieser Zeit, kommen also mit den Wassern von oben herunter); die Canäle, besonders nach dem Zurücktreten des Wassers, bieten alsdann reiche Beute. Ueber die Schmackhaftigkeit der Nilfische muss sich jeder selbst ein Urtheil bilden; im Allgemeinen haben sie etwas weichliches, doch mag dies auch an der Zubereitung liegen. Die Farben sind meist einförmig, weiss mit dunklerem Rücken.

Aus der Familie der *Barsche* (beschuppte Fische mit Dornen an den Rändern der Kopfknochen) haben wir den *Keschr*, aus der der *Karpfen* (beschuppte zahnlose Fische) den *Lebis* oder *Debs* ohne, und den *Binni* mit einem Stachel in der Rückenflosse. Aeusserst reich ist die Familie der *Welse* vertreten (schuppenlose Fische mit Bärteln und meist einer Fettflosse); hierher gehören die *Schilbe* (mit hohem Nacken, einer kurzen Rückenflosse weit vorn, keiner Fettflosse); Arten davon sind *schilbe ʿarabi*, *schilbe scherîfiye*, *schilbe wadni* (letztere zum Unterschied von den ersteren ohne Stachel in der Rückenflosse). Die *Schâl*, in Oberaegypten *ḳurḳâr* genannt, weil sie einen Ton von sich geben, erkennt man sofort an dem Knochenpanzer, der den Kopf bedeckt, und den gefranzten Bärteln; Arten sind *schâl beledi*, *schâl senâ* oder *scheilân*, *schâl ḳamari* oder *baiâ sôda*, letzterer mit schwärzlichem Bauch. Der *Schâl karafsche* oder *zamr* hat eine Knochenplatte über dem Nacken. Den folgenden mehr ähnlich ist der *Schâl abu rigâl*. Häufige und meist grosse Fische mit sehr langem Bartfaden sind der *Bayâd* und *Doḳmâḳ*. Die ebenfalls grossen langgestreckten Welse mit langer Rücken- und Afterflosse heissen *Ḳarmût*, und zwar *ḳarmût ʿarabi* ohne, und *ḳarmût hâle* mit Fettflosse. Zu den Welsen gehört auch der berühmte electrische Zitterwels *Ra'âd* (auf dem Rücken nur eine Fettflosse, Haut mit schwarzen Flecken).

Die folgenden Familien sind rein tropisch. Die *Characini* (Nillachse) sind beschuppt und haben eine Fettflosse. Dahin gehört der hohe, fast rhombische *Kamr, el-bahr*, der längliche *Rai* mit etwas flachen Zähnchen, der *Roschdi* oder *Kelb el-bahr* (Flusshund) mit starken conischen Zähnen, die ausserhalb des Mundes herab- und hinauflaufen, der *Nefâsch* mit dichten schmalen zweispitzigen Zähnchen und vorn etwas hohem Körper. Zu der Familie der *Chromiden* (beschuppte Stachelflosser mit unterbrochener Seitenlinie) gehört der *Bolti*.

Eine nur in Afrika vorkommende Familie sind die *Mormyriden*, beschuppte Fische mit auffallend kleinem Mund und einem mit nackter dicker Haut überzogenem Kopf. Hierher der bekannte, von den alten Aegyptern so viel abgebildete *Mormyrus oxyrrhynchus* (*Ḳanâma* oder *Chaschm el-banât*) mit langer abwärts gebogener Schnauze; ferner die stumpfschnauzigen *Bane*: *Ḳaschua*, *Ḳaschua ḥamûra* oder *'Ersat el-bahr*, letzterer mit langer fast viereckiger aber stumpfer Schnauze.

Ein nicht häufiger, aber interessanter Fisch ist der *Flösselhecht* (*Polypterus*, arab. *abu bischir*) mit vielen Rückenflösseln und rhombischen, mit Schmelz überzogenen Schuppen, einer der wenigen lebenden Ueberreste der in der Vorwelt so reich vertretenen *Schmelzschupper* (Ganoiden). Der *Kugelfisch* (*Tetrodon*, arab. *faḳâḳa*) wird nicht gegessen, aber wegen seiner merkwürdigen Form und seiner Eigenschaft sich kugelförmig aufzublasen, frisch und ausgestopft oft dem Fremden angeboten (S. 254); er unterscheidet sich von den gewöhnlichen Kugelfischen des Rothen Meeres durch sieben schräge schwärzliche oder braune Seitenstreifen. Das Rothe Meer ist reich an ähnlichen Arten, nicht aber das Mittelmeer. Aus letzterem ziehen häufig die *Harder* (Mugil) *Bûri* oder *Ghardaa* den Nil hinauf; aus ihnen werden hauptsächlich die arabischen Häringe (*fesîch*) gemacht. Dasselbe gilt von der häringsartigen *Finte* (*sabûgha*), die auch in vielen Meeren, Flüssen und Seen Europa's vorkommt. Auch der *Aal* des Nils (*ti'bân el-bahr*) ist von dem europäischen Flussaal nicht zu unterscheiden.

III. Zur aegyptischen Geschichte.

Chronologische Uebersicht.

Einleitung. Keines anderen Volkes historisches Leben lässt sich bis zu so entlegenen Zeiten verfolgen, wie das der Aegypter, denn mögen andere vielleicht ebenso früh wie sie schriftliche Aufzeichnungen zu machen verstanden haben, so sind dann jedenfalls deren Leistungen auf diesem Gebiete verloren gegangen, während vieles von dem, was die Aegypter nach Erfindung und mit ausgiebiger Benutzung der Schrift in Stein meisselten, in Thon brannten, auf Leder oder das zerschnittene und zu Blättern vereinte Mark der Papyruspflanze schrieben, sich die Jahrtausende hindurch unversehrt erhalten hat. Wesentlich hat dazu allerdings die Eigenthümlichkeit des Nilthales beigetragen, weil die trockene Luft in dem regenlosen Aegypten die Zerstörung des Vorhandenen verhütete und der heisse Wüstensand Alles, was er verdeckte, unter hermetischem Verschlusse barg.

Die sehr hohen Ziffern, mit denen die aegyptische Chronologie zu rechnen hat, sind auffallend, namentlich verglichen mit der Zahl, welche nach jüdischen und christlichen Chronographen auch heute noch zuweilen als das Jahr der Erschaffung der Welt genannt wird. Indessen werden die Zeitangaben gestützt durch die von den Denkmälern bestätigten Königslisten des Manĕthôn.

Der Priester Manĕthôn (oder *Manĕthôs*; aegypt. mai en Toth, d. i. geliebt von Toth), aus Sebennytus (heute Semennûd, S. 465), wurde, da er des Griechischen kundig war, von dem Könige Ptolemäeus II Philadelphus (284—246 v. Chr.) mit einer Uebersetzung der alten in den Tempeln aufbewahrten Geschichtsbücher beauftragt. Dieses Werk, „die aegyptischen Geschichten" des Manethon, genoss im späteren Alterthum hohes Ansehen, ging jedoch als Ganzes verloren; nur seine Königslisten mit den Zahlen sind theils durch den jüdischen Historiker Flavius Josephus (1. Jahrh. n. Chr.), theils durch christliche Chronographen auf uns gekommen.

Die Denkmäler bieten theils die Bestätigung, theils die Ergänzung dessen, was Manethos für die Ptolemäer niedergeschrieben hat: seien es nun die Reihen von Königsnamen, die auf einigen Denkmälern in Abydos, Karnak und Saḳḳâra entdeckt worden sind, seien es Papyrushandschriften, wie namentlich eine im Turiner Museum aufbewahrte, oder endlich historische und genealogische Notizen auf Tempelwänden, Statuen, Geräthen, Schmucksachen oder in Gräbern. Die methodische Verwerthung der historischen Denkmäler und Inschriften lehrte zuerst Lepsius (Professor und Oberbibliothekar in Berlin).

Die Listen der Pharaonen sind nach Königsfamilien oder Dynastien geordnet, Thiniten, Memphiten etc. Nimmt man nun an, dass alle die Fürstenhäuser hinter einander regiert haben, so zählt man einfach ihre Regierungszeiten zusammen und erhält sehr hohe Zahlen; glaubt man, dass sich unter den von Manethos aufgezählten Dynastien viele befinden, die neben einander in verschiedenen Theilen des Landes herrschten, so hat man die Zahlen der Nebendynastien von denen der Hauptdynastien abzuziehen und gelangt zu wesentlich kleineren Ziffern. Auf diese Weise kam der Engländer Sir Gardner Wilkinson dazu, den ersten König in das Jahr 2700 zu setzen, während der Franzose M. Mariette ihm eine viel frühere Periode (5004) anweist, und Lepsius das Jahr 3892 annimmt, da die Zahl 3555 (oder 3553 wegen der Differenz des aegyptischen und julianischen Jahres) diejenige ist, die Manethos für den Zeitraum angab, welcher den ersten König von Aegypten, Menes, von dem letzten einheimischen Regenten Nektanebos II. (340 v. Chr.) trennte. Mit dem Beginn des neuen Reichs (1701 v. Chr.) wächst indessen die Sicherheit der Berechnung und von der XXVI. Dynastie an (685 v. Chr.) lassen sich die Regierungszeiten der einzelnen Könige mit Jahr und Datum angeben.

Nach der von Lepsius gegebenen und allgemein angenommenen Eintheilung der Geschichte Aegyptens folgt der mythischen Epoche, welche der beglaubigten Geschichte vorangeht, das **alte Reich**, die **Hyksoszeit** und das **neue Reich**, dem sich dann die **Perser-**, **Ptolemäer-** und **Römerherrschaft** anschliessen. Diese grossen Abschnitte theilt man wieder nach Vorgang der Listen des Manĕthos in **Dynastien** oder Herrscherfamilien, welche nach den Gauen oder Nomen (S. 38), in denen ihr Gründer heimisch war, benannt werden.

Chronologische Uebersicht*).

3892–2104. **Altes Reich.**

I. DYNASTIE (*Thiniten*, d. h. von This, bei Abydos in Oberaegypten gelegen).

3892. **Menes**, erster irdischer Regent. Er soll Memphis gegründet haben (s. S. 385).

Athotis (S. 385).

Usaphaïs soll anatomische Schriften verfasst haben.

II. DYNASTIE (*Thiniten*).

III. DYNASTIE (*Memphiten*: Memphis, s. S. 385 ff., hatte bald der südlicheren Königsstadt This den Rang abgelaufen).

Tosorthros betreibt das Studium der Medicin. Auch soll damals der Kalender geordnet und das bewegliche Sonnenjahr von 365 Tagen (mit 12 dreissigtägigen Monaten und 5 Ergänzungstagen) eingeführt worden sein.

3122–2956. IV. DYNASTIE (*Memphiten*; S. 319, 354).

3122–3091. **Snefru** (S. 489, 354, 501, 514), der die 3. zur 4. Dynastie überleitet, ist der erste König, von dem gleichzeitige Denkmäler vorhanden sind. Er wird noch lange nach seinem Tode hochgepriesen, ja göttlich verehrt.

3091–3067. **Chufu** (der *Cheops* der Griechen)
3067–3043. **Chafra****) (*Chefren* der Griechen; S. 172, 356).
3043–3020. **Menkera** (*Mykerinos* der Griechen)
} sind die Erbauer der 3 grossen Pyramiden von Gîze (S. 354 f.).

Chufu und Chafra leben im Bewusstsein der Nachwelt als ruchlose Götterverächter und zwar wesentlich in Folge der Erzählung Herodot's (II. 124, s. S. 354 f.), der gerade über die älteste Periode der aegyptischen Geschichte nicht gut unterrichtet ist. Diesen Angaben gegenüber bezeugen die Denkmäler, dass Familie und Hofstaat der Erbauer der grossen Pyramiden den Göttern in Frömmigkeit dienten, dass sie in Glück und Wohlstand lebten und mit Fleiss und Ausdauer zu arbeiten verstanden. Die bildenden Künste und namentlich die Plastik gelangen in diesen Tagen zu einer Vollendung, die von den Aegyptern niemals wieder erreicht worden ist. Die Inschriften der Denkmäler zeigen einen sehr hohen Grad von Vollkommenheit.

2956–2708. V. DYNASTIE (*Memphiten*; S. 379, 382, 402, 515).

2708–2510. VI. DYNASTIE (*Elephantiner*: von Elephantine, bei Syene, heute Assuân, in Oberaegypten gelegen; S. 515).

---

*) In den einzelnen Dynastien sind nur die wichtigsten Namen angegeben.

**) Nach den Königsreihen auf den Denkmälern und bei den Griechen herrschte zwischen Chufu und Chafra oder als Mitregent des einen von ihnen ein König *Ratatef*, von dem sich keine Pyramide gefunden hat, der aber vielleicht in einer der Kammern des Chufu- oder Chaframausoleums beigesetzt ist. Eine Stele im Louvre führt fälschlich — sie entstammt der XXVI. Dynastie — den Ratutef nach Chafra an.

Pepi.
Nitokris.

VII. DYNASTIE (*Memphiten*).

VIII. DYNASTIE (*Memphiten*).

IX. DYNASTIE (*Herakleopoliten*: von Heracleopolis*) parva, dem Karba der aegyptischen und Karbanis der assyrischen Texte, im Nordosten des Delta gelegen; s. S. 428, 474).

X. DYNASTIE (*Herakleopoliten*).

XI. DYNASTIE (*Diospoliten*; von Diospolis = Theben; heute Luksor-Karnak-Medînet Habu in Oberaegypten; S. 173, 474).

An der Küste des Delta, das in frühester Zeit als ein von üppiger Sumpfvegetation bedeckter Wasserdistrikt zu denken ist, und das erst von This, dann von Memphis aus der Cultur gewonnen werden konnte, hatten sich schon früh seefahrende Völker semitischer Abkunft niedergelassen und die Städte Tanis und Heracleopolis parva gegründet. Von hier aus drangen dieselben nach Süden vor und stiessen auf die immer weiter gegen Norden vordringenden Aegypter, machten deren Cultur zu der ihrigen, behaupteten aber ihre Selbständigkeit unter eigenen Königen, welche zur Zeit der VI., VII. u. VIII. Dynastie als Nebendynastien (IX. u. X.) der Herakleopoliten von 2691 an vielleicht ganz Unteraegypten, jedenfalls das Delta beherrschten. Die XI. Dynastie, welche der Herrschaft der Herakleopoliten ein Ende machte, wird diospolitisch (thebanisch) genannt, entbehrte aber in den Augen der Aegypter der rechten Legitimität.

2354—2194. XII. DYNASTIE (*Diospoliten*; S. 173, 177, 343, 474).

Amenemha I.
Usertesen I. (S. 343, 480).
Amenemha II.
Usertesen II. (S. 515).
Usertesen III.
Amenemha III (von den Griechen *Möris* genannt; S. 477, 481, 546).
Amenemha IV.
Sebek nefru.

Unter dieser Dynastie ist das obere und untere Land unter einem Scepter vereinigt. Ein bedeutender Fürst folgt dem andern. Die Künste blühen wieder auf. Der Sonnentempel zu Heliopolis (s. S. 342) wird glänzend erneuert und im Fayûm versucht man sich wieder im Pyramidenbau (s. S. 480 f.). **Amenemha III.** ist der Schöpfer des Mörissee's, der Begründer des Labyrinths (s. S. 481). An der Nordostgrenze des Reiches werden Fortifikationen errichtet, die sich über den ganzen heutigen Isthmus von Suês hingezogen zu haben scheinen (S. 443).

---

*) Herakleopolis, d. h. Stadt des Herakles. Die Griechen nennen den phönicischen Gott Melkart überall Herakles, da er ähnliche Thaten verrichtet haben soll wie dieser. Brugsch identificirt den herakleopolitischen mit dem sethroitischen Nomos (Hauptort Pithom oder Pi-Tum); s. S. 428.

2194—1683. **Die Hyksoszeit** (S. 317, 385, 473 f., 501).

Noch in der XII. Dynastie begehren semitische Familien in Oberaegypten Einlass*). In der XIII. Dynastie werden diese Einwanderungen häufiger. Die Ankömmlinge finden in den Hafenstädten des Delta Stammesgenossen, und vereint mit ihnen und mit arabischen Stämmen werfen sie die Truppen der Pharaonen nieder, bemächtigen sich ganz Unteraegyptens, machen Tanis zu ihrer Hauptstadt und beherrschen unter dem Namen **Hyksos** (nach Josephus, Manethos u. a. = *hyk* König, *sos* Hirte, also Könighirten oder königliche Hirten, nach Neueren = *haq schas* Beduinenhauptleute) 500 Jahre lang das nördliche Aegypten, während die legitime Königsfamilie in den Süden zurückweicht. Bald treten die Hyksos in den Mitgenuss der alten Cultur des Nilthals. Sie belegen ihre Be'alim (Götter) mit dem Namen des aegyptischen Gottes Set und die zu Tanis erhaltenen Sphinxe mit den Porträtköpfen ihrer Könige (S. 317) beweisen, dass sie aegyptische Künstler in ihren Dienst genommen und vielleicht sogar die Methode und den Styl der aegyptischen Plastik sich zu eigen gemacht haben (S. 176). Sie nehmen die Titulaturen der Pharaonen an sowie das gesammte Hofceremoniell der legitimen Könige von Aegypten**).

XIII. DYNASTIE (*Diospoliten*, S. 317).

XIV. DYNASTIE (*Xoiten*, aus Xoïs, n.ö. von Saïs gelegen).

XV. DYNASTIE (*Hyksos*).

XVI. DYNASTIE (*Hyksos*).

Eine Papyrusrolle erzählt, dass der Hyksoskönig *Apophis* (XVI. Dynastie) von dem in Oberaegypten herrschenden *Raskenen* die Herausgabe einer wichtigen Quelle verlangt habe. Damit war der Anstoss zu den nun beginnenden 80 Jahre währenden Befreiungskämpfen gegeben.

---

*) In dem Grabe des Gouverneurs Chnum hotep zu Beni Ḥasan ist ein semitischer Häuptling *Abscha* mit Begleitern, Frauen und Kindern abgebildet, wie er mit Geschenken naht. Es ist nicht unmöglich, dass sich die Wanderung Abrahams und Sara's nach Aegypten (1 Mos. 12, 10 f.), welche der erste Bericht der Bibel über das Nilthal erzählt, auf dieselbe Wanderungsschicht bezieht, welche den Abscha in das Pharaonenland führte.

**) Es erhellt daraus, dass, wenn *Joseph* am Ende der Hyksoszeit nach Aegypten kam, er doch einen stammverwandten, aber durchaus in der Weise der Pharaonen lebenden Pharao antreffen konnte und musste. Vielleicht findet sich die die Söhne Jakobs nach Aegypten führende Hungersnoth in einem Grabe zu el-Ka'b erwähnt. Dieses gehörte dem Vater des Schiffsobersten Ahmes, der an der Vertreibung der Hyksoskönige theilnahm, etwa 400 Jahre vor dem Auszug der Juden gelebt haben muss und den Nachkommen Folgendes mittheilt: „Als eine Hungersnoth in vielen Jahren herrschte, da gab ich der Stadt Getreide bei jeder Hungersnoth“.

1701—525. **Neues Reich.**

1701—1597. XVII. DYNASTIE *der Befreier* (*Diospoliten*; S. 385, 444). Dabei 23 Jahre Tutmes III.

Ahmes *(Amosis)* **I.** (S. 323) erobert nach langer Belagerung zu Wasser und zu Lande Abaris (Ha-uar); die Hyksos (nach Manethos 24,000 waffenfähige Männer) müssen abziehen und sich neue Wohnsitze suchen, die sie grösstentheils in Südpalästina finden. Seine Nachfolger dringen tief in Asien ein, unterwerfen Volk auf Volk, erzwingen reiche Tribute und schmücken ihre Residenz Theben mit ungeheuren Bauten.

XVIII. DYNASTIE (*Diospoliten*; S. 176, 501).

1597—1447. **Tutmes III.** dringt bis in die Tigrisgegend vor (S. 316, 375, 287, 546 f.)

Amenophis III. (der *Memnon* der Griechen; S. 398, 420) weiss nicht nur die Völker des Ostens bis Mesopotamien tributpflichtig zu erhalten, sondern vergrössert auch sein Reich nach Süden hin. Er entfaltet eine staunenswerthe Bauthätigkeit.

Amenophis IV. kehrt zu dem roheren Gottesbewusstsein der alten Zeit des Sonnencultus zurück. Er nennt sich desshalb statt Amenophis (d. h. Ammonsfriede) *Chu-en-naten*, d. h. Abglanz der Sonnenscheibe.

Horemheb (Horus).

XIX. DYNASTIE (*Diospoliten*, S. 176, 444, 474).

1447—1273. *Ramses I.* (S. 444, 453, 474).

1447—1443. **Seti I.** (S. 444, 453, 474) unternimmt Feldzüge gegen die
1443—1392. aramäischen Stämme, die sich unter Führung einer kräftigen Vormacht, der *Cheta* (die *Chittim*, d. h. Hethiter der Bibel), zu einer Coalition vereinigt hatten, und dringt bis an den Orontes vor. Er erbaut das Memnonium in Abydos und lässt sich in Theben sein Grab in den Felsen hauen. Er lässt seinen Sohn und Nachfolger Ramses mit jungen Aegyptern aufziehen und es ist nicht unmöglich, dass auch Moses unter diesen sich befand (II Mos. 2, 10). Dem Delta und der alten Hyksosresidenz Tanis wendet er seine besondere Aufmerksamkeit zu und errichtet hier grosse Bauten mit Hilfe der Semiten, zu denen auch die Juden gerechnet werden müssen. Unter Seti wurde in Gosen (s. S. 424) ein grosser Kanal vollendet, der vom Nil aus an die Ostgrenze des Reiches und wohl auch durch die Bitterseen zum Rothen Meere führte, aber vor allen Dingen der Bewässerung Gosens diente.

1392—1326. **Ramses II.**, dessen kräftige Gestalt mit der gewaltigen seines Vaters Seti den Griechen zu einer einzigen, welche sie *Sesostris* nannten, zusammenfloss (S. 387 f., 425, 427, 422, 444, 474, 504). Er unternimmt, um die Eroberungen seiner

Vorfahren zu erhalten, Kriegszüge nach Süden bis Dongola, nach Norden bis Kleinasien, nach Osten bis an den Tigris, überall in den unterworfenen Ländern Siegesdenkmale errichtend. Er entwickelt eine gewaltige Bauthätigkeit und ist bemüht, Künste und Wissenschaften zu pflegen. Das von ihm gebaute Ramesseum in Theben bekommt als Annex eine Bibliothek. Unter ihm blühen Schriftsteller wie Pentaûr, Bek-en-Ptah, Anna, Kagabu. Er ist der in den jüdischen Berichten genannte Pharao der Bedrückung (II Mos. 1, 11).

1326—1306. **Manephta I.** (S. 316 f., S. 474, 505 f.). Unter seiner Regierung wird (nach Brandes: 1325) der Ablauf einer Sothisperiode*) gefeiert. Bei einem unter seiner Regierung ausbrechenden Conflikt mit den in Gosen heimischen Hebräern unterliegt er. Bei der Verfolgung der ausziehenden Juden soll er ruhmlos zu Grunde gegangen sein.

1273—1095. XX. DYNASTIE (*Diospoliten*; S. 237, 501).

Ramses III. (der *Rhampsinit* Herodot's; Buch II, 121) (S. 343, 424). Er sucht seine Väter, da er sie trotz mancher Waffenthat (namentlich gegen die Libyer) an Kriegsruhm nicht erreichen kann, durch äusseren Glanz zu übertreffen. Sein Grabmal zu Bibân el-Mulûk bei Theben ist eines der schönsten von allen. Die meisten Felsgrüfte dieser Stadt von Königsmausoleen wurden von seinen nächsten Nachfolgern, von denen alle, die zur XX. Dynastie gehören, den Namen Ramses führen *(Ramses IV.—XIV.)*, angelegt.

1095—965. XXI. DYNASTIE (*Taniten*: von Tanis, im NO. des Delta; S. 386, 474).

Herrschsüchtige Hierarchen, mit *Herhor*, dem Oberpriester des Ammon, an der Spitze, schwingen sich auf den Thron der Ramessiden. Der Glanz Thebens ist damit gebrochen. Diese Dynastie der Priesterkönige herrscht ruhmlos; unfähig durch Gewalt die asiatischen Vasallen im Gehorsam

---

*) Die Bahn des Sothis oder des Hundesterns (Sirius), des hellsten am aegypt. Himmel, war für Aegypten gleich dem richtigen astronomischen Jahr. Mit dem Frühaufgang dieses Sternes, der mit dem entscheidenden Ereigniss des aegypt. Jahres, der Ueberschwemmung, zusammenfiel (am 1. Toth), begannen die Aegypter das erste Jahr. Nun war das aegyptische Sonnenjahr um 6 Stunden zu kurz, musste also von dem Sothisjahr um ¼ Tag jährlich abweichen. Diese Differenz machte sich bald fühlbar. In 40 Jahren war schon das Sonnenjahr vom wahren Sothisjahr um 10, in 400 Jahren um 100 Tage abgewichen, und es war nicht schwer zu bemerken, dass endlich auch die Feste sich verrückten und in Jahreszeiten fielen, in die sie nicht gehörten. In 365mal 4 Jahren war der Fehler ausgeglichen. In diesem Zeitraume bilden sich nämlich aus den überflüssigen Vierteltagen des astronomischen Jahres 365 volle Tage, d. h. ein volles aegypt. Jahr, nach dessen Ablauf der Anfang des folgenden Jahres wieder zusammenfiel mit dem Frühaufgang des Hundesterns. Mit einer solchen Periode von 1461 Jahren (Sothisperiode) war also das Jahr zu seinem wahren Anfang zurückgekehrt.

zu halten, suchen sie durch kluges Entgegenkommen dieselben sich zu verpflichten (vergl. Salomo's Beziehungen zu Aegypten, I Könige 3, 1; 9, 15; 10, 18).

965–791. XXII. DYNASTIE (*Bubastiten:* von Bubastis der Griechen, Pibeseth der Bibel, Pibast der aegyptischen Denkmäler, dem heutigen Tell Basta im Delta; s. S. 176, 425, 478).

Scheschenk I. (der *Sesonchis* der Griechen, *Schischak* oder
949. *Schûschak* der Bibel; S. 475). Er hilft dem Jerobeam gegen Rehabeam und belagert und erobert Jerusalem.

Osarkon (der *Serach* der Bibel, II Chron. 14, 9; 16, 8; S. 478) fällt in Palästina ein, wird aber von Asa bis zur Vernichtung geschlagen.

791–733. XXIII. DYNASTIE (*Taniten;* S. 474).

733–685. XXIV. DYNASTIE (*Saïten:* von Saïs, dem heutigen Sâ el-Hager; S. 466).

Tephnachtos macht einen Feldzug nach Arabien.

Bokchoris sucht durch neue Gesetze vergeblich den Verfall des Reiches aufzuhalten. 730 fällt Aegypten in die Hände der bis dahin verachteten **Aethiopen.** Interregnum.

XXV. DYNASTIE (*Aethiopen*). Nebendynastie 40 Jahre.

Sabaku erobert Nubien und Oberaegypten, residirt in Theben, ändert aber nichts an Cultus und Verfassung.

Taharka (der *Tirhâka* der Bibel, *Tarku-u* der assyrischen Denkmäler; S. 316, 321) schlägt den König der Assyrer *Sanherib* bei Altaku, entsetzt Jerusalem und befreit den König Hiskia, wird aber von Sanherib's Sohn und Nachfolger *Asarhaddon* in Aegypten selbst geschlagen und nach Aethiopien zurückgeworfen. Ein Aufstandsversuch Taharka's wird von Asarhaddon's Sohn *Asurbanipal* (*Sardanapal*) unterdrückt. Theben wird eingenommen und das Land in 20 Provinzen mit je einem Satrapen an der Spitze eingetheilt. Bei einem neuen Aufstandsversuch wird *Necho*, einer der rebellischen Grossen Unteraegyptens, ein Nachkomme der XXIV. Dynastie, nach Assyrien geschleppt, aber bald als assyrischer Vasall mit einem Heer nach Aegypten gesandt.

Urdamani (*Mer-amen-Pianchi*), der Sohn Taharka's (S. 324, 386), erobert Memphis, schlägt den Necho und befreit das Land von der Fremdherrschaft, erliegt aber dem aufs neue in Aegypten eindringenden Asurbanipal.

Eine neue Empörung von 12 Vasallenfürsten, den sogen. „Dodekarchen", gegen die assyrische Herrschaft unter Anführung *Psamtik's*, des Sohnes Necho's, glückt hauptsächlich durch die Hülfe kleinasiatischer Griechen. Psamtik gelangt auf den Thron. Er gründet die

685–627. XXVI. DYNASTIE (*Saïten*) mit Interregnum (S. 176, 466, 474).

654—616. **Psamtik I.** (S. 398) weist, um seine Herrschaft zu befestigen, den griechischen Söldnern (Ioniern und Karern) in der fruchtbaren Gegend von Bubastis Wohnungen an, begünstigt überhaupt die fremden Elemente auf alle Weise. Die dadurch empfindlich verletzte einheimische Kriegerkaste zieht nach Aethiopien und gründet dort das Sembridenreich. Er überzieht, den Verfall der assyrischen Macht benutzend, die reichen phönicischen Küstenstädte mit Krieg, findet aber hartnäckigen Widerstand an den Philistern.

616—600. **Necho**, sein Sohn (S. 444), sucht mehr den Wohlstand seines Landes zu heben als durch Kriegsthaten zu glänzen. Unter ihm findet die erste Umsegelung der Südspitze Afrika's statt (Herod. IV, 42). Die Herstellung des Kanals vom Nil ins Rothe Meer wird begonnen, aber durch Orakelspruch (weil er nur den „Fremden" nützen würde) gehemmt. Auf die Kunde von dem Zuge der Meder und Babylonier gegen die Assyrer zieht er ebenfalls mit Heeresmacht gegen Assyrien und schlägt den ihm entgegen tretenden Bundesgenossen der Assyrer, König Josias von Juda, bei Megiddo, wird aber selbst, nachdem inzwischen Niniveh gefallen und das assyrische Reich von den Königen Cyaxares von Medien und Nabopolassar von Babylonien getheilt worden war, von weiterem Vordringen durch eine Niederlage abgehalten, die ihm der König Nebukadnezar von Baby-
604. lonien (Sohn des Nabopolassar) bei Karkemisch (Circesium) beibringt. Er verliert dadurch seine Besitzungen in Syrien und Palästina.

600—594. *Psamtik II. (Psammis).*

594—570. **Uaphris** oder *Apries* (*Hophra* der Bibel, S. 323) zieht, weil er dem Vordringen der Babylonier gegen Palästina nicht länger ruhig zusehen will, mit Heer und Flotte nach Palästina, erobert Sidon, schlägt die Cyprier und Tyrier in einer Seeschlacht und entsetzt den in Jerusalem durch Nebukadnezar belagerten Zedekia, König von Juda. Den Bewohnern Jerusalems, das nach einer zweiten Belagerung durch Nebukadnezar erobert wird, öffnet er die Grenzen seines Reiches. Eine Niederlage, die ihm der König von Ky-
571. rene, Battos II. beibringt, hat eine Empörung seines Heeres zur Folge. Der von ihm als Vermittler abgesandte *Amâsis* wird als König ausgerufen und er selbst entthront.

570—526. **Amasis** (S. 399) weiss seine Herrschaft durch Bündnisse mit Kyrene, dem Tyrannen Polykrates von Samos und den Griechen zu befestigen. Er räumt den fremden Colonisten Plätze ein, wo sie ihre heimischen Culte pflegen können und führt den Handel der halbphönicischen Deltastädte (Tanis, Mendes und Bubastis) dem griech. Naukratis (s. S. 224) zu. Die innere Wohlfahrt des Landes blüht unter ihm.

Während seiner Regierung aber haben sich die Machtverhältnisse unter den Weltmächten verschoben: Cyrus hat das persische Weltreich gestiftet und befestigt durch Eroberung des babylonischen und lydischen Reiches. Dessen Sohn *Kambyses* rückt sofort gegen Aegypten, die einzige Weltmacht, die den Persern noch gegenüber steht. Er erscheint
525. vor Pelusium mit grosser Heeresmacht, schlägt den ihm entgegentretenden **Psamtik III.**, Sohn des mittlerweile gestorbenen Amasis, aufs Haupt (S. 386), nimmt den König selbst nach der Eroberung von Memphis gefangen und lässt ihn tödten, nachdem er ihn des Versuchs, durch Volksaufstand die Fremdherrschaft abzuschütteln, überführt hat.

525—333. **Die Herrschaft der Perser.**

XXVII. DYNASTIE (*Perser*).

525—521. **Kambyses** (S. 386, 399, 466) zeigt anfangs grosse Mässigung, schont den Cultus und nimmt zu seinem eigenen den aegyptischen Namen *Ramestu*, d. h. Sonnenkind an. Erst nachdem er seinen Bruder *Bartja* (den Smerdes der Griechen) getödtet hat und ihm einige abenteuerliche Unternehmungen, z. B. ein Feldzug gegen die Aethiopier, die Bewohner der Ammonsoase, gegen Karthago misslungen sind, bemächtigt sich seiner eine düstere Stimmung, die ihn von Gewaltthat zu Gewaltthat treibt. Er stirbt auf einem Heereszug, den er unternimmt, um eine Empörung in Persien, bei der sich ein Magier als Bartja (falscher Smerdes) auf den Thron geschwungen hat, zu unterdrücken.

521—486. **Darius**, Sohn des Hystaspes (S. 445, 450 f.), wird König des persischen Weltreichs. Er sucht die Provinz Aegypten auf alle Weise zu heben, legt neue Handelswege an, scheint den oft in Angriff genommenen (s. S. 104, 107) Kanal vom Nil zum Rothen Meer fortgesetzt oder gar vollendet zu haben, verbessert die Strassen, prägt den Aegyptern, deren Zahlungsmittel bis dahin geaichte Ringe und Gewichte gewesen waren, eigene Goldmünzen und setzt den Amasis, einen Sprössling der XXVI. Dynastie, als Satrapen
488. ein. Auf die Nachricht von der Niederlage der Perser durch die Griechen fallen die Aegypter ab unter Führung eines Nachkommen der legitimen Herrscher, Namens *Chebasch*, aber

486—466. **Xerxes I.**, der Sohn des Darius, wird bald Herr des Aufstandes.

466—465. **Artabanus**.

465—425. **Artaxerxes I. Longimanus** (S. 451).

465. Zweiter Abfall der Aegypter von der persischen Herrschaft. *Inarus* und *Amyrtaeus* oder *Amenrut I.*, der letztere von königlichem Geschlechte, werden zu Königen erwählt und

Memphis erobert. Ein neues persisches Heer unter dem Satrapen Megabazus besiegt die Aegypter und die mit ihnen
456. verbündeten Athener und erobert Memphis. Inarus stirbt den Kreuzestod; Amyrtaeus entkommt.

454. *Herodot* bereist Aegypten.

423—404. **Darius II. Nothus.**

414—350. Dritter Abfall der Aegypter von der persischen Herrschaft.

410. Es gelingt *Amyrtaeus II.*, das persische Joch abzuschütteln und als selbständiger König bis 399 zu regieren.

404—360. **Artaxerxes II. Mnemon.** Er hat fortwährende Kämpfe mit den Aegyptern, die ihre Unabhängigkeit sich zu erhalten streben. *Nektanebos I.* erringt einen entscheidenden Erfolg gegen die Perser, indem er dieselben sammt ihren griechischen Miethstruppen unter Iphikrates bei Mendes vollständig besiegt. Auch er kann als unabhängiger König bis zu seinem Tode (360) regieren.

360—338. **Artaxerxes III. Ochus.**

359. *Tachos*, der Nachfolger des Nektanebos I., versucht mit griechischer Hilfe — der Athener Chabrias befehligt seine Flotte und der Spartaner Agesilaos sein Landheer — einen Angriff auf das persische Phönicien; aber in seiner Ab-
358. wesenheit bemächtigt sich sein Neffe *Nektanebos II.* der Herrschaft in Aegypten, bis Artaxerxes III. denselben nach
ca. 350. Aethiopien treibt und Aegypten aufs neue eine persische Satrapie wird.

336—332. **Darius III. Kodomannus.**

333. **Alexander der Grosse,** der König von Macedonien, zieht, nachdem er den Perserkönig Darius III. bei Issus aufs Haupt geschlagen und das philistäische Gaza genommen hat, in Pelusium ein und wird mit offenen Armen als Befreier vom persischen Joche empfangen. Er schont die einheimischen Culte, zieht zur Oase des Ammon und gründet Alexandrien (S. 223), die Stadt, die unter den Ptolemäern der Mittelpunkt sowohl des Welthandels als der griech. Weltbildung wird.

323. Alexander stirbt.

[In den Pharaonenlisten finden sich neben der Reihe der Perserkönige 3 Reihen einheimischer Könige, die indessen zum Theil nur nominell das Scepter führten (ihre Beziehungen zu den Persern s. oben). Die XXVIII. Dynastie wird von den Aegyptern unmittelbar an die XXVI. angeschlossen, da sie die XXVII. persische übergehen.

[525]—399. XXVIII. DYNASTIE (*Saïten*).
Chebasch (S. 399).
Amyrtaeus I.
Pausiris.
Amyrtaeus II.

399—378. XXIX. DYNASTIE (*Mendesiten:* von Mendes im Delta; S. 402).
399—393. *Nepherites I.*
393—380. *Achoris.*

380–379. *Psammuthis.*
379–378. *Nepherites II.*
378–340. XXX. DYNASTIE (*Sebennyten*: von Sebennytus, dem heutigen Semennûd im Delta; s. S. 465).
378–360. *Nektanebos I.* (*Nechthorheb*).
360–358. *Tachos* (*Teos*).
358–340? *Nektanebos II.* (S. 420).]

323–30. **Die Zeit der Ptolemäer.**

323–284. **Ptolemaeus I. Soter**, Sohn des Lagus, ein General Alexanders, wird König von Aegypten (S. 317), erobert das schiff-
bauholzreiche Cypern und erhält bei der definitiven Theilung
301. des macedonischen Reiches nach der Schlacht bei Ipsus Palästina, Phönicien und Cölesyrien, welche Länder ein Jahrhundert lang aegyptische Provinzen bleiben. Durch die
Stiftung des *alexandrinischen Museums* (S. 227) zur Aufnahme sowohl der Gelehrten als der literarischen Schätze
tritt Alexandria an die Stelle Athens als Hauptsitz der
griechischen Literatur.

284–246. **Ptolemaeus II. Philadelphus** (s. S. 100, 461.).

246–221. **Ptolemaeus III. Euergetes** (S. 318) erobert in zwei Feldzügen das Seleucidenreich und das cilicische Kleinasien. Unter ihm erreicht Aegypten den Höhepunkt auswärtiger Macht.

221–204. **Ptolemaeus IV. Philopator.** Er und seine Nachfolger, unwürdig ihrer Ahnen, führen das Ptolemäerreich dem Untergang entgegen. Er besiegt zwar den an der aegyptischen Grenze erscheinenden Antiochus den Grossen von Syrien in der Schlacht bei Raphia, schliesst aber einen schmählichen Frieden mit ihm ab.

204–181. **Ptolemaeus V. Epiphanes** (S. 470 f.), 5 Jahre alt, besteigt
den Thron unter der Vormundschaft der Geliebten seines
Vaters, Agathoclea, und ihres Bruders Agathocles. Eine
Rebellion der Alexandriner beseitigt diese Vormundschaft,
aber Antiochus der Grosse von Syrien und Philipp V. von
Macedonien benutzen diese inneren aegyptischen Wirren
zu einem Einfall in Aegyptens auswärtige Provinzen. Das
aegyptische Heer, das ihnen bei Paneas, im Norden des
Meromsees, entgegentritt, erleidet eine klägliche Niederlage. Aegypten rettet sich dadurch, dass die Vormundschaft
über Ptolemaeus V. dem *römischen Senat* angetragen wird.
Dieser überlässt zwar Cölesyrien und Palästina dem Antiochus, aber Aegypten selbst bleibt selbständig. Ptolemaeus V. verheirathet sich, nachdem er 196 vorzeitig mün-
192. dig erklärt worden ist, mit Kleopatra I., der Tochter des
Antiochus des Grossen. Durch diese Verbindung, die
ausserdem einen Theil der Einkünfte von Cölesyrien, Phönicien und Judaea wieder in den Alexandrinischen Schatz

leitet, ist nach Aussen hin die Ruhe wieder hergestellt, im Innern aber werden die Zustände mit jedem Jahre trauriger: eine Empörung folgt der andern, Anarchie herrscht überall.

181. Ptolemaeus V. wird vergiftet.

181. **Ptolemaeus VI. Eupator,** sein Sohn, stirbt noch in demselben Jahr.

181—145. **Ptolemaeus VII. Philometor,** sein zweiter Sohn (S. 423), besteigt 6jährig unter der Vormundschaft seiner Mutter Kleopatra I. den Thron.

170. Schlacht bei Pelusium. Philometor wird von Antiochus IV. von Syrien gefangen und Memphis eingenommen.

Ptolemaeus VIII. wird auf den Thron erhoben, aber sofort von **Ptolemaeus IX. Euergetes II.** (auch *Physkon* d. h. Dickwanst genannt) getödtet.

169—164. Ptolemaeus VII. Philometor u. Ptolemaeus IX. Physkon } regieren gemeinschaftlich, nachdem sie sich ausgesöhnt haben.

164. Entzweiung der Brüder, Philometor flieht nach Rom, wird durch den römischen Senat zurückgeführt und herrscht hin-

164—145. fort allein.

145. Philometor und Demetrius Nicator siegen am Orontes über Alexander Balas. Philometor stirbt.

Euergetes II. belagert Alexandrien, wird Vormund des minderjährigen Thronerben, wird aber

135. durch eine Revolution vertrieben, geht nach Cypern,

130. gewinnt den Thron wieder.

116. Euergetes II. stirbt; gemeinschaftliche Regierung von *Kleopatra III. Kokke* und ihrem Sohn **Ptolemaeus X. Soter II.** *(Lathyrus)*.

106. Lathyrus vertrieben. Sein Bruder *Ptolemaeus XI. Alexander* an seiner Stelle Mitregent.

89. Alexander durch einen Aufstand vertrieben.

87. Alexander fällt in einer Seeschlacht. Lathyrus zurückberufen.

Theben empört sich und wird zerstört.

81. Lathyrus stirbt. **Ptolemaeus XII. Alexander II.** heirathet *Kleopatra Berenike* und regiert mit ihr gemeinschaftlich,

80. ermordet sie und wird selbst getödtet. **Ptolemaeus XIII. Neos Dionysos** (auch *Auletes*, d. h. der Flötenspieler) besteigt den Thron und wird

59. von Rom förmlich anerkannt.

58. *Diodor* bereist Aegypten.

57. Auletes entweicht aus Alexandrien nach Rom, wird

54. durch Gabinius zurückgeführt.

52. Auletes stirbt und setzt in seinem Testament seine ältesten Kinder:

Kleopatra VII. (S. 445, 230, 237) und **Ptolemaeus XIV.**, denen er sich zu heirathen und gemeinsam zu regieren befiehlt, als Thronerben und den römischen Senat als Vormund über sie ein. **Pompejus** wird von Rom zum Vormund des jungen Paares ernannt.

49. Ptolemaeus XIV. vertreibt seine schwesterliche Gattin Kleopatra. Der Vormund Pompejus, von Cäsar in der Schlacht bei Pharsalus besiegt, sucht bei seinen Mündeln in Aegypten Zuflucht, wird aber auf Anstiften des Ptole-
48. maeus XIV. bei der Landung ermordet.

Cäsar kommt nach Alexandrien, nimmt sich der vertriebenen Kleopatra an und besiegt den aufständischen Ptolemaeus XIV.

47. Ptolemaeus XIV. ertrinkt im Nil.

Cäsar, der inzwischen Dictator in Rom geworden ist, setzt
47. *Ptolemaeus XV.*, den 11jährigen Bruder der Kleopatra VII., zum Mitregenten ein.

44. Cäsar wird ermordet.

44. Ptolemaeus XV. wird auf Anstiften der Kleopatra ermordet und

Cäsarion, ihr Sohn von Cäsar, zum Mitregenten erhoben.

42. Kleopatra weiss durch ihre Schönheit und ihren Geist den **Antonius**, der sie wegen der Hilfe, die gegen ihren Willen ihr Feldherr Allienus dem Heere des Brutus und Cassius bei Philippi geleistet hat, zur Verantwortung nach Tarsus beschieden hat, für sich zu gewinnen. Dieser verbringt Jahre der Schwelgerei an ihrer Seite und wird endlich vom
31. römischen Senat für einen Feind des Vaterlandes erklärt. *Octavianus* zieht gegen ihn. Nach der Schlacht bei Actium und der Eroberung Alexandriens durch Octavian entleibt
30. sich Antonius selbst und Kleopatra macht (durch Schlangenbiss?) ihrem Leben ein Ende.

Aegypten ist damit römische Provinz geworden und wird bis 362 n. Chr. durch Präfekten verwaltet.

30 v. Chr. — 362 n. Chr.

Die Römerzeit.

27. *Cäsar Octavianus* wird unter dem Namen **Augustus** Alleinherrscher des römischen Weltreichs (S. 230). Die aegyptischen Priester erkennen den römischen Imperatoren dieselben Rechte zu wie den alten Königen und geben ihnen in den Tempelinschriften den Titel *autokrator* (Selbstherrscher).

24. Einfall der Aethiopen unter der Königin *Kandake*.

n. Chr. *Strabo* bereist Aegypten.

14—37. **Tiberius** errichtet in Alexandrien das Sebasteum (S. 238).

16. *Germanicus* besucht Aegypten.

37—41. **Caligula.** In Alexandrien findet eine Judenverfolgung statt, der wir die in historischer Hinsicht wichtige Schutzschrift des Josephus (gegen Apion) verdanken.

41–54. **Claudius.** Den Juden werden Bürgerrechte garantirt. Der Mörissee trocknet allmählich ein.

54–68. **Nero.** Für Aegypten als Handelsstation zwischen Indien-Arabien und Rom erschliessen sich neue Quellen des Reichthums.

62. *Annianus*, erster Bischof von Alexandrien.

68–69. *Galba. Otho. Vitellius.*

69–79. **Vespasian** (S. 230) kommt nach Alexandrien. *Titus* unternimmt von hier aus seinen Zug nach Palästina, der mit der Zerstörung Jerusalems im J. 70 endigt.

81–96. **Domitian** (S. 463) leistet in Rom dem Isis- und Serapiskult Vorschub.

98–117. **Trajan** (S. 445). Wiedereröffnung des den Nil mit dem Rothen Meer verbindenden Kanals (Amnis Trajanus).

116. Empörung der Juden in Alexandrien.

117–138. **Hadrian** (S. 230) besucht (zweimal?) Aegypten. Sein Brief an Servianus (S. 234).

138. Ablauf einer Sothisperiode (vgl. S. 105).

161–180. **Marc Aurel.**

172. Empörung der *Bukolier*, der seit alter Zeit in den Marschen des Delta hausenden Rinderhirten semitischer Abkunft, durch *Avidius Cassius* unterdrückt.

175. Avidius Cassius wird von den aegyptischen Legionen zum Kaiser ausgerufen, aber in Syrien ermordet.

176. Marc Aurel besucht Alexandrien (S. 230).

ca. 190. *Demetrius*, erster Patriarch von Alexandrien.

180–192. **Commodus.**

193–211. **Septimius Severus** (S. 231).

199. Severus besucht Aegypten.

204. Uebertritt zum Christenthum durch Edict verboten. Das ganze Delta ist mit christlichen Gemeinden übersät. Katechetenschule in Alexandrien (Pantaenus, Clemens, Origenes).

211–217. **Caracalla** (S. 231) besucht Aegypten. Blutbad in Alexandrien.. Er wird von seinem Gardepräfekten

217–218. **Macrinus** ermordet und dieser von den Aegyptern als Kaiser anerkannt. Kämpfe in Alexandrien um die Thronfolge nach seinem Tode.

249–251. **Decius** (S. 231).

250. Christenverfolgung unter Decius. Das christliche Anachoreten- und Mönchthum beginnt, dessen Ursprünge — in der nächsten Folgezeit schon sagenhaft ausgeschmückt (Paulus der Eremit, S. 398, Antonius, S. 398) — auf Nachahmung des Einsiedlerlebens der Serapisdiener (S. 397) zurückzuführen sind.

253—260. *Valerianus.* Christenverfolgung (S. 231).

260—268. **Gallienus** gewährt den Christen staatliche Anerkennung. Pest in Aegypten.

260. Empörung des *Macrianus*, von den Aegyptern als Kaiser anerkannt. Er fällt in Illyrien gegen den kaiserlichen Feldherrn Domitian.

265. *Aemilianus (Alexander)* in Alexandrien von den Truppen zum Kaiser ausgerufen, vom Volk anerkannt, aber von den römischen Legionen besiegt und erdrosselt.

268. Einfall eines Heeres der Königin *Zenobia* von Palmyra in Aegypten.

268—270. *Claudius II.*

270—275. **Aurelian.**

270. Abermaliger Einfall der Palmyrener. Zenobia wird von Aegypten als Königin anerkannt.

273. Zenobia verliert die Herrschaft. Empörung des Syrers *Firmus* (S. 231). Einfälle der Blemmyer. Firmus unterliegt.

276—282. **Probus**, in Alexandrien auf den Thron erhoben (S. 231).

278. Siegreicher Feldzug gegen die Blemmyer.

284—305. **Diocletian** (S. 231, 230).

292. Aufstand in Oberaegypten.

294. Empörung der Alexandriner; Diocletian in Aegypten,

295. nimmt Alexandrien ein (S. 230),

296. zieht nach Oberaegypten. Errichtung der Pompejussäule (S. 230).

304. Christenverfolgung.

307—313. *Maximinus.* Beginn der Arianischen Streitigkeiten.

324—337. **Constantin d. Gr.**, Alleinherrscher, erster christlicher Kaiser.

325. *Concil von Nicaea.* Die Lehre des Presbyter *Arius* von Alexandrien (S. 231), der Sohn Gottes sei durch Gottes Willen *vor Zeit und Welt geschaffen*, sei also nicht eigentlich Gott sondern nur gottähnlich, wird verdammt und dagegen die Lehre des Bischofs *Alexander* von Alexandrien zur allgemeingültigen Lehrmeinung erhoben — hauptsächlich unter dem Eindruck der mächtigen Beredsamkeit des *Athanasius*, der den Alexander als Diacon nach Nicaea begleitet hatte —: der Sohn sei dem Vater *wesensgleich* (homousios).

328. Constantin gründet *Constantinopel* als neue Metropole griechischer Kunst und Wissenschaft.

337. Constantin stirbt.

337—361. **Constantius** begünstigt den Arianismus. Athanasius wird abgesetzt und der Bischof *Georgius* zum Bischof gemacht, der gegen die Anhänger des Athanasius mit dem Schwerte einschreitet.

373. Athanasius stirbt, nachdem er die letzten Jahre noch in seiner Gemeinde zugebracht hat.

379—395. **Theodosius I. der Grosse.** Nach seinem Edikt das Reich ein christliches. Verfolgung der Arianer und Heiden (S. 380, 231).

395. Theilung des römischen Reiches: *Arcadius* **Herrscher im Osten**, *Honorius* im Westen.

395—638. **Die Byzantiner.**

395—408. **Arcadius** lässt den blutdürstigen Patriarchen *Theophilus* von Alexandrien (S. 231) mit Feuer und Schwert gegen die Widersacher der Lehre, dass Gott in menschlicher Gestalt gedacht werden müsse, wüthen.

408—450. **Theodosius II.**

412. Theophilus, Patriarch von Alexandrien, **stirbt.** *Cyrillus* sein Nachfolger (S. 232).

431. Der Patriarch Cyrillus bleibt auf dem dritten ökumen. Concil in Ephesus mit seiner Ansicht von zwei Naturen in Christo und der Maria als ἡ θεοτόκος Sieger gegen Nestorius, den Patriarchen von Constantinopel.

444. Cyrillus stirbt.

450—457. **Marcianus** (S. 232).

451. Auf dem vierten ökumenischen Concil zu Chalcedon wird hauptsächlich durch den Einfluss des römischen Bischofs, Leo des Grossen, die Anschauung des Archimandriten Eutyches von Constantinopel: in Christus seien zwar zwei Naturen vor seiner Menschwerdung gewesen, aber nach derselben sei die menschliche in die göttliche aufgegangen, verdammt, und als kirchliche Lehre aufgestellt: in Christus sind zwei Naturen und zwar ἀσυγχύτως und ἀτρέπτως, aber auch ἀδιαιρέτως und ἀχωρίστως, d. h. unvermischt und unwandelbar aber auch ungesondert und ungetrennt. Die Aegypter halten an der monophysitischen Ansicht des Eutyches fest.

474—491. **Zeno.**

482. Um die Glaubensstreitigkeiten zu schlichten, lässt Zeno das sogenannte Henoticon ausgehen, in welchem der Streitpunkt: „eine oder zwei Naturen in Christo?" umgangen ist. Die Unbestimmtheit der Formel verfehlt aber ganz den Zweck der Einigung.

491—518. **Anastasius.**

502. Hungersnoth in Aegypten.

517. Empörung der Alexandriner wegen einer Patriarchenwahl.

527—565. **Justinian** (S. 232). Neue Verwaltungsmassregeln.

536. Vom Kaiser wird ein neuer orthodoxer Patriarch ernannt. Die weit zahlreicheren Monophysiten sagen sich von der herrschenden Kirche los und wählen sich einen eigenen Patriarchen. Sie erhalten in der Folge den Namen *Kopten* (S. 50).

610—641. **Heraclius** (S. 232).

619. Einfall der Perser unter *Chosroes* (S. 232). Alexandrien wird genommen. Chosroes herrscht mit Milde und Toleranz.

629. Die Perser durch Heraclius vertrieben.

Die Zeit der mohammedanischen Herrscher.

638. *'Amr Ibn el-'Âṣi*, Feldherr des Chalifen **'Omar** (S. 232, 331, 386, 445) erobert Aegypten und gründet *Fosṭâṭ*.

641. Er zieht in Alexandrien ein.

643. 'Omar wird ermordet.

644—656. **'Othmân.** Arabische Stämme werden im Nilthale angesiedelt und viele Kopten treten zum Islâm über. Fosṭâṭ wird der Mittelpunkt der neuen Regierung.

656. 'Othmân wird ermordet.

661–750. **Omayyaden.** Der letzte derselben

Merwân II. flüchtet nach einer Niederlage, die ihm Abu'l-'Abbâs beibringt, nach Aegypten und wird hier ermordet. Die Omayyaden werden ausgerottet bis auf 'Abd er-Raḥmân, der nach Spanien flüchtet und dort seiner Familie ein unab-
756. hängiges Chalifat in Cordova gründet.

750–870. **'Abbasiden** in Aegypten.

813–833. **Mâmûn** (S. 363), Sohn Harûn er-Raschîd's, besucht Aegypten, begünstigt die Wissenschaft auf alle Weise und namentlich auch die in Fosṭâṭ entstandene Gelehrtenschule.

870–884. **Aḥmed ibn Ṭulûn**, Statthalter von Aegypten (S. 260), benutzt die Schwäche der in Baghdâd regierenden 'Abbasiden und wirft sich zum unabhängigen Sulṭân auf. Er ist Gründer der **Ṭuluniden**-Dynastie. Die arabischen Quellen erzählen von seinem fabelhaften Reichthum und seiner Prachtliebe. Grosse Bauthätigkeit (S. 260, 284 f.).

884–896. **Chamarûye** (S. 260), sein Sohn.

904. Die Ṭuluniden werden ermordet durch den 'abbasidischen Chalifen *Muktafi*, der mit Heeresmacht nach Aegypten gerückt ist.

925. Die Angriffe der im Gebiet von Tunis zur Herrschaft gelangten schî'itischen *Fâṭimiden* unter 'Obêdallâh auf Aegypten werden zurückgeschlagen.

935. *Moḥammed el-Ichschîd*, ein Türke, Statthalter von Aegypten, bemächtigt sich des Thrones.

965–968. *Kâfûr*, ein schwarzer Sklave, der für den zweiten Sohn el-Ichschîd's einige Zeit die Regierung geführt hat, schwingt sich auf den Thron und erkennt die Oberherrlichkeit der 'Abbasiden an.

969. *Djôhar* erobert für seinen Gebieter, den Faṭimiden **Mu'izz**, Urenkel 'Obêdallâh's, Fosṭâṭ. Mu'izz (S. 260) nimmt den Chalifentitel an und verlegt seine Regierung nach Aegypten, nachdem er unweit Fosṭâṭ eine neue Residenz, das heutige *Kairo*, hat bauen lassen (S. 260). Aegypten wird nun das Hauptland des fâṭimidischen Reiches.

969–1171. **Fâṭimiden**-Herrscher über Aegypten. Die ersten derselben verwalten das Land musterhaft. Die Bevölkerungszahl wächst in staunenerregender Weise. Der ganze Handel Indiens wie des inneren Afrika strömt nach Aegypten.

975. Mu'izz stirbt.

975–996. **'Aziz**, sein Sohn, herrscht, von Toleranz und Liebe zu den Wissenschaften beseelt (S. 307).

996–1020. **Ḥâkim** (S. 260, 298), sein Sohn, ein schwärmerischer, fanatischer Mensch, erklärt sich für eine Verkörperung des 'Ali und wird Stifter der Drusen (s. Bädeker, Syrien S. 104).

1020–1036. **Ẓâhir**, sein Sohn, herrscht einsichtsvoll.

1036—1094. **Abu Tamim el-Mustanșir** regiert schwach und energielos. Seine Wezîre bekommen die Regierung in die Hände. Zwischen der Negergarde seiner Mutter und den türkischen Söldnern unter *Nâșir ed-daule* entbrennt ein wilder Krieg.
1074. Pest verheert das Land. *Bedr al-Djemâli*, Statthalter von
1077. Damascus, wird als leitender Wezîr nach Aegypten berufen. Die Turkmanen unter 'Azîz fallen in Aegypten ein, werden aber von Bedr wieder vertrieben.

1094—1101. **Musta'li**, Sohn Mustanșir's, erobert
1098. Jerusalem und die syrischen Küstenstädte, verliert aber seine Eroberungen wieder an das 1. Kreuzheer.
1118. König *Balduin* von Jerusalem greift Aegypten vergeblich an.

1160—1171. **'Aḍid Ledinallâh**, der letzte Fâțimide.
Unter ihm finden Streitigkeiten um das Wezirat statt zwischen *Schawer* und *Ḍargham*. Ersterer wird vertrieben und findet Unterstützung bei *Nûreddîn*, dem Beherrscher von Aleppo, der ihn durch kurdische Miethtruppen unter Anführung der tapferen Kurden *Schirkuh* und *Șalâḥeddîn* (Saladin) wieder in sein Wezirat einsetzt. Schawer über-
1164. wirft sich aber mit den Kurden und ruft den *Amalarich I.*, König von Jerusalem (1162—1173), zu Hilfe. Dieser kommt nach Aegypten und vertreibt die Kurden. Auch ein
1168. zweites Heer, das gegen Aegypten heranrückt, treibt er zurück; als er aber selbst sich Aegyptens bemächtigen will, ruft Schawer seinen Feind Nûreddîn um Hilfe an und Amalarich I. muss abziehen. Aegypten ist damit in die Hände der Kurden Schirkuh und Șalâḥeddîn gerathen. Schawer wird hingerichtet. An seine Stelle tritt Schirkuh und nach
1169. dessen Tode **Șalâḥeddîn**. Dieser regiert zunächst eine Zeit
1171. lang im Namen des ohnmächtigen Chalifen, nach dessen Tode aber als unumschränkter Gebieter. Er gründet die Dynastie der

1171—1250. **Eyyubiden.**
Șalâḥeddîn (S. 260, 281, 283, 463, 543) rottet als Sunnite die schî'itischen Lehr- und Betformen in Aegypten aus,
1173—1183. unterwirft sich nach Nûreddîn's Tode das ganze Reich desselben (Syrien) und
1187. vernichtet das Reich der Christen in Palästina durch die Schlacht bei Ḥiṭṭîn.
1193. Șalâḥeddîn stirbt.
1193—1218. **Melik el-'Âdil**, sein Bruder und Nachfolger, hält noch kurze Zeit das Reich Șalâḥeddîn's zusammen. Nach seinem Tode zerfällt das Reich. Aegypten kommt an seinen Sohn
1218—1238. **Melik el-Kâmil** (S. 364, 459), unter dem das Land in die Bewegung der Kreuzzüge hineingezogen wird.

1219. Damiette (Damyâṭ) wird von dem 5. Kreuzheere erobert, muss aber schon 1221 zurückgegeben werden (S. 463).

Während seine Söhne mit einander und mit anderen Verwandten um den Thron streiten, schwingt sich der Mamluke

1240–1249. **Melik eṣ-Ṣâleḥ** auf den Thron und begründet die **Mamlukenherrschaft** *). Im Innern durch seine baḥritische Mamlukenleibwache gehemmt, sucht er nach aussen seine Herrschaft auszubreiten. Er greift seinen Oheim Isma'îl, der in Damascus herrscht, an. Dieser verbündet sich mit anderen syrischen Fürsten und mit den Christen von Palästina, wird aber von Melik eṣ-Ṣâleḥ, der sich durch die türkischen Söldnerschaaren des eben von den Mongolen entthronten Herrschers von *Charesmien* verstärkt hat, geschlagen. Jerusalem, Damascus, Tiberias und Ascalon werden eingenommen.

1249. *Ludwig IX. der Heilige* von Frankreich zieht, bewogen durch den Verlust Jerusalems und um weitere Bedrohungen des heil. Landes durch Aegypten zu verhindern, gegen Aegypten, nimmt Damiette (S. 463), wird aber auf seinem Zuge nach Kairo in Manṣûra sammt seinem Heere gefangen und nur gegen hohes Lösegeld freigelassen.

1250–1380. Baḥritische Mamlukensultane besteigen mit *Mu'izz Eibeg* den Thron.

1260–1277. **Bêbars**, der sich vom Sklaven zum Anführer der Mamluken aufgeschwungen hat, ist einer der tüchtigsten dieser Herrscher. Er zertrümmert in vier Feldzügen die Reste des Königreichs Jerusalems, herrscht mit Einsicht, Gerechtigkeit und Mässigung. Er bringt den letzten Sprössling der 'abbasidischen Chalifen, die kurz zuvor von den Mongolen entthront worden waren, nach Kairo und lässt ihn dort, nachdem er ihn anerkannt hat, eine Scheinherrschaft führen.

1277–1290. **Kalaûn** (*Kilâwûn*, S. 294) kämpft glücklich gegen die Mongolen,

1289. erobert Tripolis.

1291. **El-Aschraf Chalîl** (S. 200, 296) erobert 'Akka, den letzten von den Christen noch behaupteten Platz im heiligen Lande.

1346–1361. **Hasan** ist unter diesen baḥritischen Mamluken, die sich alle durch Pflege arabischer Kunst und Wissenschaft aus-

*) Die Mamluken waren gekaufte Sklaven (mamlûk bedeutet Sklave), die man militärisch eingeübt hatte, um aus ihnen die Leibwache und den Kern des Heeres zu bilden. Sie hatten Melik eṣ-Ṣâleḥ auf den Thron erhoben, weil sie ihn leicht lenken zu können hofften. Als er aber seine Herrschaft befestigt sah, entledigte er sich ihrer, wenn auch nur, um bald darauf eine neue Mamlukenleibwache zu schaffen, die sog. Baḥritischen Mamluken (weil ihre Cantonnements auf der Insel Rôḍa im Nil [Baḥr] gelegen waren), welche alsbald die ganze Regierungsgewalt in ihre Hände brachten.

zeichnen, bemerkenswerth als Erbauer der schönsten unter den Moscheen Kairo's (S. 379).

1382—1517. Tscherkessische Mamlukensultane (*Borgiten*), deren Gründer

1382—1399. **Barkûk** (S. 297 u. 261) ist. Er stürzt die baḥritischen Mamluken. Unter diesen Sulṭanen wechseln Empörungen, Greuel und Gewaltthaten mit einander ab (s. S. 261).

1422—1438. **Bursbey** (*Berisbai*, S. 303) erobert Cypern.

1468—1496. **Kait Bey** (S. 287, 305).

1501—1516. **El-Ghûri** (S. 293).

1517. *Ṭûmân Bey* (S. 261 u. 291) wird von dem **Osmanen-**Sulṭân **Selim I.** von Konstantinopel entthront (S. 342 u. 232). Kairo wird mit Sturm genommen. Aegypten ist fortan ein *türkisches Paschalik*. Selim zwingt Mutawakkil, den letzten Sprössling der 'abbasidischen Chalifen, die seit Bêbars in völliger Bedeutungslosigkeit in Kairo residirten, ihm seine Hoheitsrechte zu übertragen und wird dadurch auf legalem Wege *Chalife*, somit geistliches und weltliches Oberhaupt aller Bekenner des Islâm *).

Die Osmanischen Sulṭane büssen rasch alle Autorität ein; damit sinkt auch die Autorität ihrer Statthalter. Die aegyptischen Pascha's sind mit allen ihren Massnahmen an die Zustimmung von 24 Mamlukenhäuptlingen, die unter dem Titel Bey (d. h. Fürst) verschiedene Provinzen verwalten, gebunden. Diese erheben die Steuern, befehligen die Miliz und bezahlen dem Pascha nur einen Tribut. Eine hervorragende Stellung unter diesen Bey's nimmt nur

1771. *'Ali Bey* ein, der sich vom Sklaven zum unabhängigen aegyptischen Sulṭân emporschwingt, indem er die schwierige Lage der Türken, die in einen Krieg mit Russland verwickelt sind, benutzt und Syrien erobert. Er unterliegt jedoch, wie er nach Aegypten zurückkehren will, wo sein eigener Schwiegersohn *Abu Ḍabad* die Herrschaft an sich

1773. gerissen hat, wird gefangen und stirbt wenige Tage nachher. Abu Ḍabad lässt sich seine Stellung von dem türkischen Sulṭân bestätigen. Nach dessen Tode theilen sich die Bey's *Murâd* und *Ibrâhîm* in die Herrschaft und machen sich fast ganz unabhängig.

Die Franzosen.

1798, 1. Juli. **Napoleon Bonaparte** (S. 446) rückt in der Absicht, den englischen Handel im mittelländischen Meere zu vernichten

*) Freilich wurden die türkischen Chalifen niemals anerkannt von den Schî'iten, weil sie nicht von 'Ali abstammen. Auch die meisten Sunniten namentlich unter den gelehrten Arabern betrachten sie nur als *weltliche* Herrscher, indem sie, auf eine alte Tradition gestützt, behaupten nur Abkömmlinge der Koreischiten, zu welchen Mohammed gehörte, könnten zur Würde des Imâmates d. h. des geistlichen Oberhauptes gelangen. Für sie ist der grosse Scherif von Mecca der eigentl. Imâm.

und von Aegypten aus Englands Macht in Indien Schach zu bieten, vor Alexandrien.

2. Juli. Erstürmung von Alexandrien.

13. Juli. Der Mamlukenbey Murâd geschlagen.

21. Juli. Schlacht bei den Pyramiden.

1. Aug. Vernichtung der französischen Flotte bei Abuķîr durch die Engländer unter Nelson (S. 467).

13.-25. Sept. Aufstand in Kairo unterdrückt.

1799 Jan. Mai Mittel- und Oberaegypten erobert.

25. Juli. Vernichtung der Türken bei Abuķîr.

24. Aug. Napoleon kehrt von Alexandrien nach Frankreich zurück, indem er General Kléber zurücklässt.

1800 21. März Kléber schlägt die Türken bei Maṭarîye (S. 342 f.).

14. Juni. Kléber wird in Kairo ermordet (S. 261). Menou Oberbefehlshaber.

1801. Sept. Die Franzosen, gedrängt von einer englischen Armee, kapituliren in Kairo und Alexandrien und räumen Aegypten.

Moḥammed 'Ali und seine Nachfolger. In die Zeit des Rückzuges der Franzosen fällt das erste Auftreten von **Moḥammed 'Ali**, des bedeutendsten Herrschers, den der Orient seit langem hervorgebracht hat, und dessen Geist noch heute mächtig fortwirkt in Allem, was an Gutem oder Verderblichem in der Regierung Aegyptens geschieht. Moḥammed 'Ali war 1769 zu Ḳawala in Rumelien als Sohn eines Agha der dortigen Strassenwächter geboren. Früh verwaist, wurde er vom Gouverneur seiner Vaterstadt erzogen, später von ihm mit dem Range eines Hauptmannes bekleidet und mit einer Tochter seines Wohlthäters verheirathet. Um besser leben zu können, betrieb er nun einen Tabakshandel, bis er 1800 mit dem Contingent von Kavala nach Aegypten geschickt wurde, wo es den Kampf gegen die Franzosen galt. Hier wusste sich Moḥammed auf alle Weise hervorzuthun, gewann das Vertrauen des die Expedition befehligenden Kapudân-Pascha (Admiral) und wurde von diesem dem neuen Gouverneur des Landes, *Kusruf-(Chosrew-)Pascha*, empfohlen, der ihn mit nach Kairo nahm und in dem nun beginnenden Kampfe zwischen Türken und Mamluken ihm das Commando eines albanesischen Corps übertrug. In dieser Stellung befolgte Moḥammed, mehr klug als ehrlich, die Taktik, sich in der Mitte zwischen beiden Parteien zu halten, es mit keiner von beiden offen zu verderben und doch im Stillen an der Vernichtung beider zu arbeiten. So blieb er z. B. im November 1802, als bei Damanhûr im Delta die Türken eine grosse Niederlage erlitten, ein müssiger Zuschauer des Kampfes, obwohl seine Truppen ganz in der Nähe standen. Bald darauf zwang eine Militärrevolution Kusruf zur Flucht nach Damiette; Ṭâher-Pascha, Moḥammed's College, stellte sich an die Spitze der Empörer, wurde aber binnen kurzem ermordet, und so war Moḥammed der einzige übrig gebliebene türkische Befehlshaber. Nun schloss er mit den Mamluken einen

Vertrag auf Theilung der Macht; jene besetzten die Citadelle von Kairo, während er die Stadt innehatte. Ein alsbald von der Pforte gesandter neuer Gouverneur, *'Ali-Pascha*, ward auf Anstiften der Beys, die schon vorher Damiette (S. 444) erobert und Kusruf als Gefangenen auf die Citadelle geführt hatten, umgebracht. Aber die Kassen der Beys waren leer, eine in dieser Noth auf die Stadt Kairo gelegte schwere Steuer hatte einen Aufstand zur Folge, den nun Moḥammed benutzte, um offen gegen die Mamluken aufzutreten: die Führer derselben, Ibrâhîm-Bey und Bardîssi-Bey, unterlagen nach langer Gegenwehr den Albanesen Moḥammed's und retteten sich mit Mühe nach Oberaegypten. Kusruf wurde von Moḥammed in Freiheit und im Namen des Sultans wieder als Gouverneur eingesetzt, hielt sich aber nicht lange und musste dem Gouverneur von Alexandrien, *Churschîd-Pascha*, Platz machen. Dieser, eifersüchtig auf Moḥammed's immer wachsenden Einfluss, suchte sich seines Rivalen dadurch zu entledigen, dass er ihn von der Pforte zum Pascha von Djidda in Arabien ernennen liess. Aber noch bevor Moḥammed Kairo verlassen hatte, empörten sich die durch die Excesse der vom Pascha nicht bezahlten Truppen gereizten Bewohner, und Moḥammed wurde von den Kaireuern in Gemeinschaft mit den Schêchs, den 'Ulama und dem Ḳâḍî, zum Pascha ausgerufen und Churschîd für abgesetzt erklärt. Die Pforte wagte nicht zu widerstreben und bestätigte Moḥammed als Pascha von Aegypten, der nun am 3. August 1805 von der Citadelle Besitz nahm. Mit Klug- 1805.
heit und Energie wusste er sich zu behaupten, trotz der Intriguen der Mamluken und der Engländer, die von einem kräftig regierten Aegypten für ihren Handel und ihre Colonien fürchteten; gestützt wurde er namentlich durch Frankreichs Einfluss bei der Pforte, ein Dienst, den er den Franzosen nie vergessen hat. England liess es nicht bei der diplomatischen Action bewenden, sondern sandte Truppen, welche Alexandrien und Rosette besetzten, doch gelang es Moḥammed, sich mit den Mamluken in Güte oder mit Gewalt auseinanderzusetzen und die englischen Truppen zweimal empfindlich zu schlagen, worauf die englische Flotte im Herbst 1807 zurückkehrte; zwang doch auch Napoleon's wachsende Macht die Briten, ihre Kräfte zu concentriren. Der Mamluken endlich wusste sich Moḥammed dauernd zu entledigen: nachdem er sie wiederholt in grösseren und kleineren Treffen besiegt hatte, lud er die Beys unter allerlei Vorspiegelungen nach Kairo auf die Citadelle und liess sie hier, 480 an der Zahl, am 1. März 1811 von seinen Albanesen umbringen (s. S. 281); nur ein Einziger, Amîn-Bey, soll durch einen Sprung vom Felsen sich gerettet haben. Alsbald erhielten auch sämmtliche Provinzialgouverneure Befehl, alle Mamluken niederzumachen, und Hunderte von abgeschnittenen Köpfen wurden in Folge dessen nach Kairo eingesandt.

So hielt denn Moḥammed 'Ali die Herrschaft in der Hand, aber noch war er Vasall der Pforte, die über die Kräfte seines

Landes verfügen konnte und auch wirklich noch in demselben Jahre 1811 ihn mit Führung eines Krieges beauftragte, und zwar gegen die Wahhabiten, eine mohammedanische Secte (S. 167), die sich allmählich in den Besitz von ganz Arabien gesetzt hatte. Bis 1816 dauerte der Feldzug, den Moḥammed's Sohn *Ṭusûn* führte. Gleich nach seiner Heimkehr als Sieger starb aber Ṭusûn, und als bald danach die Wahhabiten wieder anfstanden, zog Moḥammed's Adoptivsohn *Ibrâhîm-Pascha*, ein Feldherrntalent ersten Ranges, gegen sie;
1819. auch dieser Krieg endete (1819) mit einem Siege der aegyptischen Waffen. Ein Prätendent, der unterdessen, während Moḥammed in Arabien weilte, mit Unterstützung des Sultans Maḥmûd II. in Aegypten aufgetreten war, Laṭîf-Agha, erlag dem schnell herbeigeeilten Moḥammed und büsste sein Unterfangen mit dem Tode.

Gleich nach Beendigung der Wahhabitenkriege begann Moḥammed grossartige militärische Reformen. Die immer zügelloser werdenden Albanesen beschäftigte er auf einem Feldzuge in Nubien und im Sûdân (bei welcher Gelegenheit sein Sohn Isma'îl umkam) und bildete inzwischen aus den Fellachen eine schlagfertige Armee, welche die Albanesen ersetzen konnte und bald genug in Griechenland Gelegenheit fand, ihre Tüchtigkeit zu beweisen.

Ein Nationalkongress der Griechen zu Epidaurus hatte 1822 die Unabhängigkeit der griechischen Nation von der osmanischen Herrschaft ausgesprochen und zu Lande wie zur See waren die Türken wiederholt geschlagen, sodass endlich der Sultan bei Moḥammed Hülfe suchte und auch erhielt unter der Bedingung, dass alle etwa zu unterwerfenden Landestheile mit dem Paschalik Aegypten vereinigt würden. Im Jahre 1824 ging also Ibrâhîm-Pascha mit einem aegyptischen Heere nach Griechenland und unterwarf Morea. Nur die inzwischen eingetretene griechenfreundliche Stimmung der europäischen Cabinete gebot seinen Waffen Halt, die vereinigten Geschwader Russlands, Englands und Frankreichs erschienen 1827 in den griechischen Gewässern und vernichteten bei Navarin die gesammte türkisch-aegyptische Flotte. Ibrâhîm hielt sich noch ein Jahr in Morea. Ende 1828 wurde auch er in Folge von Verhandlungen der europäischen Mächte mit Moḥammed zurückgerufen.

Die grossen materiellen Verluste während des griechischen Feldzuges mussten ersetzt, neue Hülfsquellen erschlossen werden. Daher setzte nun Moḥammed Alles daran, die Kraft und Leistungsfähigkeit seines Landes zu steigern, den Ackerbau zu heben, industrielle Unternehmungen einzuführen, dem Volke zu Wohlstand und Bildung zu verhelfen. Als die Türkei in einem Kriege mit Russland 1828—1829 unterlegen war, hielt Moḥammed den Zeitpunkt für gekommen, sich von der Oberherrlichkeit der Pforte frei zu machen. Ein Zwist mit dem Pascha von 'Akka und Damaskus
1832. gab den Vorwand zu aggressivem Auftreten; zu Anfang 1832 rückte Ibrâhîm in Syrien ein, führte Schlag auf Schlag gegen die türkischen Festungen und Armeen und stand nach Jahresfrist als Sieger mitten in Kleinasien. Nun verlangte Moḥammed als Bedingung des Friedens die erbliche Herrschaft über Aegypten und die eroberten Gebiete, doch gelang es der Intervention der europäischen Mächte, für die Pforte günstigere Bedingungen zu erwirken: im Frieden

von Kutâhye oder Kônia 1833 musste Mohammed von der Forde- 1833.
rung der Erblichkeit Abstand nehmen, erhielt aber Syrien als Lehen
bis an den Taurus zugewiesen. Im Vertrauen auf die bald sich
kundgebende Unzufriedenheit der Syrer mit Ibrâhîms Verwaltung
versuchte der Sultan 1839 nochmals die Unterwerfung des nach
gänzlicher Unabhängigkeit strebenden Mohammed 'Ali, der seine
Macht auch über das südwestliche Arabien ausgedehnt hatte. Allein
das türkische Heer wurde bei Nisibi (zwischen Euphrat und Aleppo)
24. Juni 1839 von Ibrâhim bis zur Vernichtung geschlagen. So- 1839.
mit wäre Mohammed Herr der Situation gewesen, zumal da Mahmud II. 1. Juli 1839 starb und der Grossadmiral Ahmed-Pascha
mit der ganzen türkischen Flotte zu Mohammed überging. Aber
die europäischen Mächte traten nun energisch gegen letzteren auf.
Ibrâhim vermochte Syrien nicht länger zu behaupten, wurde von
dem englisch-österreichischen Landungscorps im Libanon geschlagen und kehrte mit den dürftigen Resten seiner Armee durch
die Wüste nach Aegypten zurück. Eine englische Flotte vor Alexandrien zwang Mohammed, seine bedingungslose Unterwerfung
unter die Gewalt der Pforte zu erklären, und Mohammed beugte
sich, hatte aber noch die Energie, einen unbillig strengen Firmân
der Pforte zurückzuweisen, worauf 1. Juli 1841 der Investitur- 1841.
Firmân erfolgte, der die Erblichkeit der Herrschaft über Aegypten
(nach Massgabe des in der Türkei geltenden Thronfolgegesetzes,
welches dem jedesmaligen Aeltesten der Familie die Nachfolge
zuweist) in der Familie Mohammed 'Ali's, jedoch mit Vorbehalt
erneuter Belehnung des jedesmaligen Vicekönigs, zugestand, den der
Pforte zu zahlenden Tribut auf 60,000 Beutel festsetzte, dem Vicekönig den Abschluss nicht politischer Verträge mit fremden Staaten
gestattete und die Ernennung der Beamten, der Offiziere jedoch nur
bis zum Obersten, überliess; das Heer sollte auf 18,000 Mann
beschränkt bleiben.

In seinen letzten Lebensjahren verfiel Mohammed völliger
Geisteszerrüttung, so dass im Januar 1848 die Belehnung **Ibrâhîm-** 1848.
Pascha's nöthig wurde, nachdem bereits seit 1844 Mohammed's
Söhne an der Regierung theilgenommen hatten. Ibrâhîm aber starb
bereits im November 1848, und als am 2. August 1849 Mohammed 1849.
'Ali auf seinem Schlosse Schubra verschied, folgte ihm sein Enkel
(Tusûn's Sohn) **'Abbâs-Pascha**, ein roher, lasterhafter und geld-
gieriger Mensch, den seiner schlechten Eigenschaften wegen Ibrâhîm-Pascha des Landes verwiesen hatte. Fast sein erstes Werk war,
dass er die meisten von Mohammed gegründeten Schulen aufhob,
die Armee auflöste, um das dadurch ersparte Geld anderweitig, nur
nicht zum Nutzen des Landes, zu verwenden, und die Europäer
nach Möglichkeit aus dem Lande entfernte. Nach seinem angeblich durch Ermordung im Juli 1854 erfolgten Tode trat Mohammed 1854.
'Ali's 4. Sohn **Sa'îd-Pascha** die Regierung an. Ihr sind wesentliche
Verbesserungen zu danken: eine gerechtere Vertheilung der Steuern,

Aufhebung der Monopole und grosse öffentliche Arbeiten von höchstem Nutzen, wie die Reinigung des Maḥmûdîyecanals, die Vollendung der bereits unter 'Abbâs-Pascha begonnenen Eisenbahn von Alexandrien nach Kairo, die Anlage einiger anderer Linien, z. B. der (seit 1868 verlassenen) Bahn von Kairo nach Suês, endlich und vor allem die von ihm aufs kräftigste und liberalste unterstützte Anlage des Suês-Canals. Am Krimkriege musste Sa'îd wie sein Vorgänger sich durch ein Hülfsheer und Zahlung bedeutender Summen betheiligen.

1863. Sa'îd-Pascha starb im Januar 1863 und **Ismâ'îl-Pascha**, Sohn von Ibrâhîm-Pascha, trat die Regierung an, die er schon 1861 stellvertretend auf kurze Zeit geführt hatte. Geboren 1830, hat derselbe eine sorgfältige, allerdings wesentlich französische Erziehung erhalten, wie er auch bis zum Jahre 1849 eine Zeitlang in Paris lebte. Trotzdem schien es anfänglich, als ob Ismâ'îl der europäischen Beeinflussung abgeneigt sei, indessen ist diese Sinnesrichtung bald der besseren Erkenntniss gewichen, dass die Zukunft des Orients, aller Fortschritt auf der Durchdringung mit abendländischer Bildung beruht. Und Fortschritte sind unleugbar im grossen Stil gemacht: Eisenbahnen, Canäle und Schleusen sind gebaut, Fabriken angelegt, Posten und Telegraphen in verhältnissmässig guten Zustand gebracht, Schulen errichtet, die Gerichte neu organisirt worden (s. S. 7). Die europäische Wissenschaft ist ihm für die Freigebigkeit, mit welcher er ihre Unternehmungen, so weit solche sein Land betreffen, unterstützt, zu grösstem Dank verpflichtet. Von der Pforte erlangte Ismâ'îl durch bedeutende Geldopfer die Anerkennung der auf dem Primogeniturrecht beruhenden neuen Thronfolgeordnung (1866), sowie 1867 den Titel und Rang eines Chedîw (Vicekönigs). Die Beziehungen zur Pforte erlitten zwar 1869 eine empfindliche Störung, die aber durch die persönlichen Bemühungen des Chedîw und neue Geldopfer beseitigt wurde, sodass endlich der Firmân vom 8. Juli 1873 alle ihm verliehenen Privilegien bestätigte und erweiterte (directe Erbfolge nach dem Recht der Primogenitur; Unabhängigkeit in Bezug auf Verwaltung und Justiz; das Recht Verträge mit fremden Mächten abzuschliessen; das Münzrecht; das Recht Anleihen aufzunehmen; die Befugniss zur Vermehrung der Armee auf 30,000 Mann, etc.). Der jährliche Tribut des Chedîw an die Pforte wurde auf 133,635 Beutel (ca. 14 Millionen Mark) erhöht. — Ueber die kriegerischen Erfolge des Chedîw und die mit denselben verbundenen Gebietserweiterungen s. S. 35 u. 36.

IV. Die Hieroglyphenschrift.

Von Prof. Dr. G. Ebers in Leipzig.

Die alten Aegypter besassen drei Schriftarten, die *hieroglyphische*, die *hieratische* und *demotische*, zu denen sich in nachchristl. Zeit die *koptische* gesellte. Die erste und älteste ist die reine Hieroglyphenschrift, welche aus kenntlichen Bildern concreter Gegenstände, aus allen Bereichen des Geschaffenen und Gestalteten, nebst mathematischen und frei erfundenen Figuren besteht: Eule, Schnecke, Beil, □ Quadrat, ? sentl. Sie ist die monumentale Schrift, welche öfter von dem Lapidarius in den Stein gehauen, als von dem Schreiber mit der Feder geschrieben wurde. Zur schnelleren Herstellung umfangreicher Stücke bildete sich die *hieratische Schrift*, in der die Eule kaum mehr kenntlich 3 das ist geschrieben ward und in der wir mit Ausnahme von dramatischen Dichtungen literarische Arbeiten jeder Art besitzen. Der älteste hieratische Papyrus, der erhalten blieb, ist im dritten Jahrtausend v. Chr. geschrieben worden. Sowohl das Hieroglyphische wie das Hieratische sind in dem gleichen alt-heiligen Dialect geschrieben. Das *Demotische* kommt zuerst im 8ten Jahrh. v. Chr. vor und entfernt sich so weit vom Hieroglyphischen, dass sich bei seinen einzelnen Zeichen das Vorbild, aus dem sie entstanden, schwer oder gar nicht erkennen lässt. Die Eule ward geschrieben. Es wurde meist für bürgerliche und praktische Zwecke (Abfassung von Contracten, Briefen etc.) verwendet, weswegen es auch von den Griechen 'Briefschrift' genannt ward. Je weiter sich die gesprochene Sprache von dem früh erstarrten heiligen Dialecte entfernte, je dringender machte sich das Bedürfniss nach einer neuen, der lebenden Sprache angemessenen Schreibweise geltend. So entstand die *demotische*, der ein anderer jüngerer Dialect zu Grunde liegt als der hieroglyphischen und hieratischen, und endlich, aber erst im dritten Jahrhundert nach Chr., die *koptische* Schrift, welche die zu jener Zeit gesprochene Sprache der christlichen Aegypter in griechischen und einigen dem Demotischen entlehnten Zusatzbuchstaben*) wiedergibt. Wir besitzen viele koptische Schriften, meist religiösen Inhalts und als vorzüglichste unter ihnen die biblischen Bücher des alten und neuen Testaments.

Nachdem durch die Auffindung und das Studium der mit einer griechischen Uebersetzung versehenen hieroglyphischen und demotischen Texte auf der berühmten Tafel von Rosette (s. 470) und Champollions und seiner Nachfolger Entzifferungsarbeiten der Lautwerth der meisten schriftbildenden Zeichen des Altaegyptischen

*) ϣ sch, ϥ f, ϧ ch, ϩ ḥ, ϭ c, ϫ dj, das Silbenzeichen ϯ ti.

bestimmt worden war, ist es durch unsere Kenntniss des Koptischen möglich geworden, die sich der Forschung darbietenden Schriften nicht nur zu lesen, sondern auch zu verstehen. Der Franzose Vicomte E. de Rougé († 1873) war es, der den ersten grösseren Hieroglyphentext mit philologischer Genauigkeit übersetzte. Professor Brugsch eröffnete das volle Verständniss des Demotischen.

Ein Blick auf eine einzige Tempelwand, ja selbst nur in unsere Liste der aegyptischen Königsnamen, wird den Reisenden lehren, dass wir es hier mit keiner rein alphabetischen Schrift zu thun haben können. Dazu sind der Zeichen (es gibt deren über 2000) viel zu viele. Die altaegyptischen Schriften beruhten auf zwei verschiedenen, doch innig mit einander verbundenen Systemen: 1. dem *ideographischen*, das sich durch Begriffszeichen einem gewissen Kreise verständlich zu machen suchte, und 2. dem *phonetischen*, das nur den Klang der Worte berücksichtigt und ihn durch Lautzeichen wiedergibt. Wenn uns auch die Hieroglyphenschrift selbst in den ältesten Proben als etwas durchaus Fertiges entgegentritt und es uns ihrer Entwickelung zu folgen nicht gestattet ist, so dürfen wir doch behaupten, dass das ideographische Element in ihr älter sei als das phonetische; denn wie das Kind sich vor der Rede der Geberde bedient, so gebrauchen die Völker vor der Laut- die Bilderschrift. Später besiegt das jüngere und zweckentsprechendere phonetische Element das ideographische und macht es sich solcher Gestalt dienstbar, dass in dem fertigen Systeme die Laut- und Silbenzeichen als Grundlage der Schrift zu betrachten sind, während die Begriffszeichen theils zum Behufe des sichreren Verständnisses herangezogen, theils um der zu ornamentalen Zwecken verwandten Hieroglyphik ihre Mannigfaltigkeit und geheimnissvolle Natur zu belassen, beibehalten werden. — Die phonetischen Zeichen zerfallen in alphabetische Buchstaben a. b. ḳ. f. etc. und Silbenzeichen ár hā se ānch, āuer etc. Zu den Silbenzeichen können, zum Zwecke der Sicherung ihres Lautwerths als sogenannte phonetische Complemente einer, einige oder alle von denjenigen Lauten treten, welche der Name der Silbe, die das betreffende Zeichen darstellt, enthält. ist ānch zu lesen und kann 1. nur 2. 3. 4. 5. geschrieben werden. Durch den Gebrauch tritt hier eine wesentliche Erleichterung ein, denn um die Aussprache des einzelnen Silbenzeichens zu sichern treten nur ganz bestimmte Laute aus seinem Namen zu ihm. Das Zeichen men wird

z. B. niemals [hieroglyphs] sondern selten anders als [hieroglyphs] oder [hieroglyphs] geschrieben. Es stellt ein Schachbrett mit Figuren dar etc. Die Ideographischen Zeichen treten unter dem Namen von Determinativzeichen als erklärende Elemente hinter die phonetisch ausgeschriebenen Gruppen. Sie sind unerlässlich nothwendig und erleichtern bedeutend das Verständniss der Texte, denn das in seiner Entwickelung gehemmte Aegyptische ist eine arme Sprache, in der es von Homonymen und Synonymen wimmelt. Die Wurzel [hieroglyphs] ānch bezeichnet z. B. leben, schwören, das Ohr, den Spiegel und die Ziege, wie unser 'Thor' einen nordischen Gott, einen Narren und eine Pforte. Der Leser würde nun leicht in Irrthümer verfallen und ānch nefer 'ein schönes Leben' statt 'eine schöne Ziege' übersetzen können, wenn ihm nicht die Determinativ- oder Classenzeichen zu Hülfe kämen, welche anzuzeigen bestimmt waren, zu welcher Begriffskategorie der dargestellte Gegenstand gehöre. Wie man um jeder Verwechselung vorzubeugen, hinter den Gott Thor etwa einen Hammer und hinter den Thoren eine Narrenkappe zeichnen könnte, so setzten die Aegypter hinter ānch die Ziege das Bild einer solchen oder ein Stück Fell mit dem Schwanze [hieroglyph], das als gemeinsames Zeichen für alle Quadrupeden gebraucht wird. Dasjenige Zeichen, welches einer Abbildung des lautlich ausgeschriebenen Wortes gleich ist, wird das *specielle*, dasjenige, welches gewählt ward um weitere Begriffskreise zu kennzeichnen, das *generelle* Determinativum genannt. Wenn hinter die Gruppe [hieroglyphs] āb der Elephant das Bild eines Elephanten [hieroglyph] tritt, so ist das ein specielles Determinativum, wenn hinter [hieroglyphs] senem die Trauer eine Haarlocke [hieroglyph] gesetzt wird, so ist diese ein generelles Deutzeichen, weil die Locke in conventioneller Weise gewählt ward, um den Begriff der Trauer, bei der sich die Männer die Haare abschnitten, zu determiniren. Oft treten mehrere Determinativa hinter ein Wort. So heisst die Ceder [hieroglyphs] āsch. Weil nun das Holz dieses Baumes duftet, so ward hinter die Gruppe āsch gewöhnlich nicht nur das Bild eines Baumes [hieroglyph] sondern ausserdem das Zeichen [hieroglyph] eingeführt, welches anzeigt, dass von einem nach etwas riechenden Gegenstande die Rede sei. Das specielle geht stets dem allgemeinen Determinativum voraus. Oftmals und namentlich in den schwieriger herzustellenden Steininschriften treten specielle Determinativa ohne lautliche Beigaben auf. Statt semsem das Pferd steht häufig allein. In solchen Fällen sind wir über den Sinn des Wortes im Klaren, während sich die Aussprache desselben nur durch Varianten, d. h. durch andere Stellen bestimmen lässt, in denen uns das betreffende Zeichen mit voller Ausschreibung begegnet. Folgende häufig und in verschiedener Schreibung vorkommende Formel lassen wir, um das Gesagte zu verdeutlichen, folgen:

Dafür steht in einem anderen Texte

Man vergleiche nun die drei auf einander folgenden Gruppen in der oberen und unteren Reihe. âḥu entspricht dem koptischen ⲉϩⲟⲟⲩ ehou und bedeutet Rinder, was schon das der lautlichen Gruppe Âḥu-u folgende Determinativzeichen lehrt. (Die drei Striche sind Zeichen der Mehrzahl.) apet-u bedeutet Gänse und wird mit dem Bilde dieser Vögel determinirt. Ârp (koptisch ⲏⲣⲡ erp) heisst Wein und empfängt das generelle Deutzeichen der Gefässe, in welche der Rebensaft gefüllt zu werden pflegte. — Der zweite Satz entspricht dem ersten vollkommen; nur die lautliche Ausschreibung ist fortgefallen. Der Pluralis wird hier statt durch drei Striche III, durch die dreimalige Wiederholung des Determinativzeichens ausgedrückt.

Nachstehend die lautlichen Fundamentalzeichen der alt-aegyptischen Schrift, und einige Silbenzeichen.

Das hieroglyphische Alphabet.

10. k.
11. ḳ.
12. l, (l.)
13. m.
14. , n.
15. p.
16. q.
17. r, (r.)
18. , s.
19. , š, (sch.)
20. t.
21. , θ, (th.)
22. ṭ.
23. , ṭ, (z.)
24. , u.
25. , χ, (ch.)

Die wichtigsten in unserer Königsliste (S. 132) vorkommenden Silbenzeichen.

1. men.
2. nefer.
3. rā.
4. chā.
5. ka.
6. user.
7. ṭet.
8. àn.
9. ḥā.
10. cheper.
11. neb.
12. peḥ.
13. àb, ab, à.
14. Teḥuti, Toth (der Gott der Wissenschaft etc.)
15. mes.
16. Ḥer (der Gott Horus).
17. ḥeb.
18. ser.
19. ša, š.
20. mer.
21. su.
22. Maā die Göttin der Wahrheit.
23. Set. Der Gott Seth.
24. u. se, der Sohn.
25. setep (gebilligt.),
26. Rā, der Sonnengott.
27. Amen, der Gott Ammon.
28. Ptaḥ. Der Gott Ptah.
29. ba.
30. ḥetep.
31. mer.

32. ḥaq.

33.  ān (On) Heliopolis.

34.  ta.

35.  neter.

36.  āset (Isis).

37.  Chu.

38. sa.

39.  Nit, Göttin Neith.

40.  uaḥ.

41. āb u. ḥāti.

42.  ka.

43.  ānch.

44.  necht.

45. ruṭ.

46. ba.

47. mench.

48. fuš.

49.  sen.

50.  t'ata.

51. chu.

52. seb, s. ṭua.

53. nub.

54.  maš.

55.  sebek.

56. ḥem.

Die Form der Hieroglyphenzeichen bleibt sich nicht zu allen Zeiten gleich. Einfach und gross im alten, nehmen sie im neuen Reiche an Umfang ab, an Zahl dagegen zu. Unter Tutmes III. und Seti I. (18. u. 19. Dyn.) schreibt man besonders schön. In der 20. Dynastie und den ihr folgenden Königsreihen macht sich ein Rückgang bemerklich. In der 24—26. Dynastie wird zierlich und sauber, aber nicht mit der dem alten Reiche eigenen Grösse geschrieben. In der Ptolemäerzeit gewinnen die Zeichen nur ihr eigenthümliche Formen, treten viele neue Hieroglyphen zu den alten, und wenn gewöhnlich die Feinheit der Ausführung der einzelnen Lettern nichts zu wünschen übrig lässt, so verletzt doch eine gewisse Ueberladung, Schnörkelei und Kleinlichkeit. Auch die Methode der Schreibung ändert sich. Das lautliche Element macht dem ideographischen bedeutende Concessionen und die Akrophonie nimmt überhand; d. h. es treten eine Menge von Zeichen auf, die den ersten Buchstaben ihres Namens darzustellen haben. So ist das Silbenzeichen  ser (der (Fürst) s zu lesen, weil ser mit s beginnt, die Lotosknospe nehem wird als n gebraucht, weil nehem damit anfängt etc.

Die Rahmen, welche die Hieroglyphengruppen einfassen  werden Cartouchen genannt. Wo sie auftreten, haben wir es mit Königs-, sehr selten mit Götternamen zu thun. Gewöhnlich stehen über ihnen die Gruppen suten sechet König von Ober- und Unteraegypten oder neb taui Herr beider Länder (Ober- und Unteraegypten,) oder neb chāu Herr der Diademe.

Nachfolgendes Beispiel mag demjenigen dienen, der es versuchen will mit Hülfe der vorstehenden Listen (zuerst in der des Alphabets, dann in der der Silben nachsehen) das eine oder andere Königsschild zu entziffern. Der Erbauer der grossen Pyramiden heisst d. i. Chufu, denn (25) ist ch, (24) ist u, (5) ist f, (24) ist wiederum u. Der Erbauer der zweiten Pyramide heisst Chāfrā. ist das 3te Silbenzeichen rā, das 4te Silbenzeichen chā, der fünfte Buchstabe im Alphabet f; wir hätten also rā-χā-f; doch darf hier chā-f-rā (Chafra) gelesen werden, weil die Silbe Rā, so oft sie in Königsnamen vorkommt, ohne Rücksicht auf ihren Platz in der lautlichen Gestalt des Namens, allen anderen Zeichen vorangeht. Der Sonnengott heisst Rā. Aus Ehrfurcht vor seinem heiligen Namen tritt jede andere Hieroglyphe hinter dem zurück. Der dritte Pyramidenerbauer rā-men-kau (Silbenzeichen 3, 1, 5) wird nach demselben Principe Menkaurā (nicht Rāmenkau) gelesen. — Mehrere berühmte Könige aus der 18. Dynastie schreiben sich ist das 14. Silbenzeichen mit der Lesung tehuti und tut, das 15. Silbenzeichen mit der Lesung mes, der 18. alphabetische Buchstabe, der als phonetisches Complement zu mes tritt. Der an letzter Stelle angeführte Name ist also Tut-mes zu lesen. Im Munde der Griechen ward er zu Tuthmosis.

V. Häufiger vorkommende Namen aegypt. Könige. *)

Auswahl von Prof. Dr. G. Ebers in Leipzig.

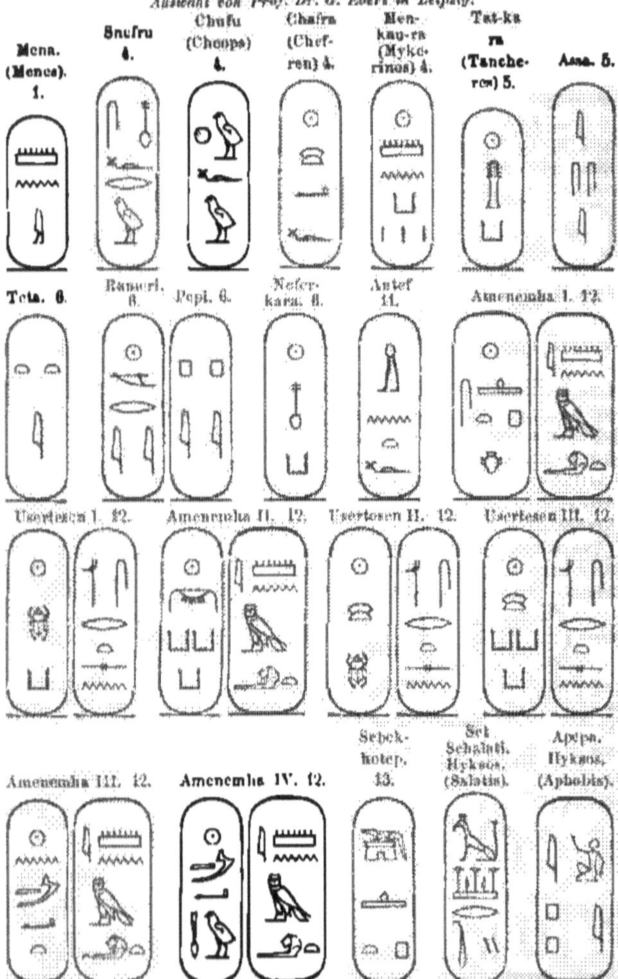

*) Die Ziffern bei den Namen beziehen sich auf die Zahlen der Dynastieen.

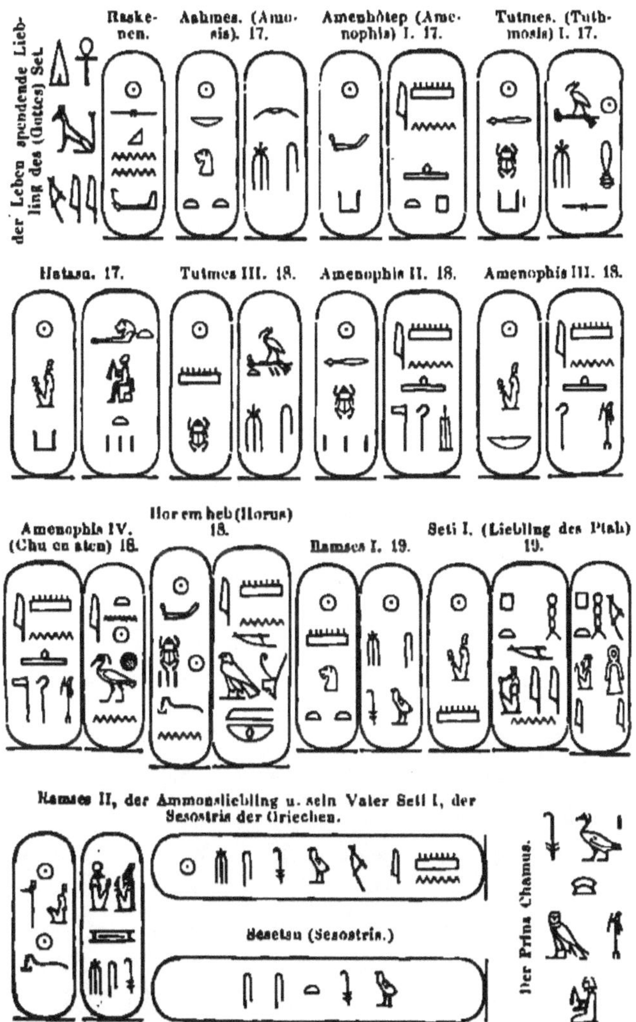
der Leben spendende Liebling des (Gottes) Set
Raskenen.
Aahmes. (Amosis). 17.
Amenhôtep (Amenophis) I. 17.
Tutmes. (Tuthmosis) I. 17.
Hatasu. 17.
Tutmes III. 18.
Amenophis II. 18.
Amenophis III. 18.
Amenophis IV. (Chu en aten) 18.
Hor em heb (Horus) 18.
Ramses I. 19.
Seti I. (Liebling des Ptah) 19.
Ramses II, der Ammonsliebling u. sein Vater Seti I, der Sesostris der Griechen.
Sesetsu (Sesostris.)
Der Prinz Chamus.

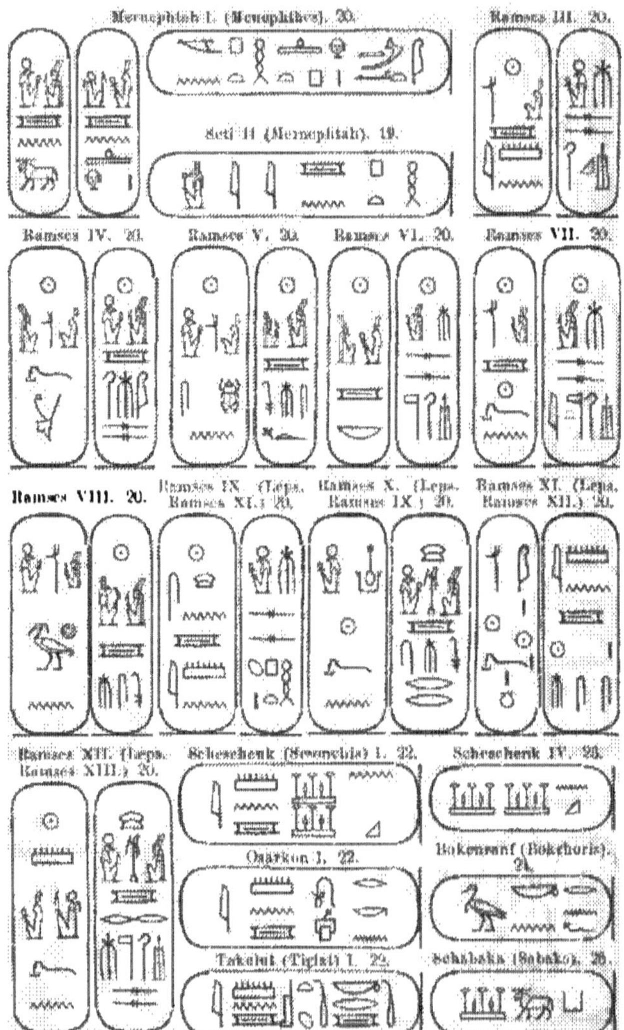
Merenphtah I. (Menephthes). 20.
Ramses III. 20.
Seti II (Merenphtah). 19.
Ramses IV. 20.
Ramses V. 20.
Ramses VI. 20.
Ramses VII. 20.
Ramses VIII. 20.
Ramses IX. (Leps. Ramses XI.) 20.
Ramses X. (Leps. Ramses IX.) 20.
Ramses XI. (Leps. Ramses XII.) 20.
Ramses XII. (Leps. Ramses XIII.) 20.
Scheschenk (Sesonchis) I. 22.
Scheschenk IV. 22.
Osarkon I. 22.
Bokenranf (Bokchoris). 24.
Takelut (Tiglat) I. 22.
Schabaka (Sabako). 25.

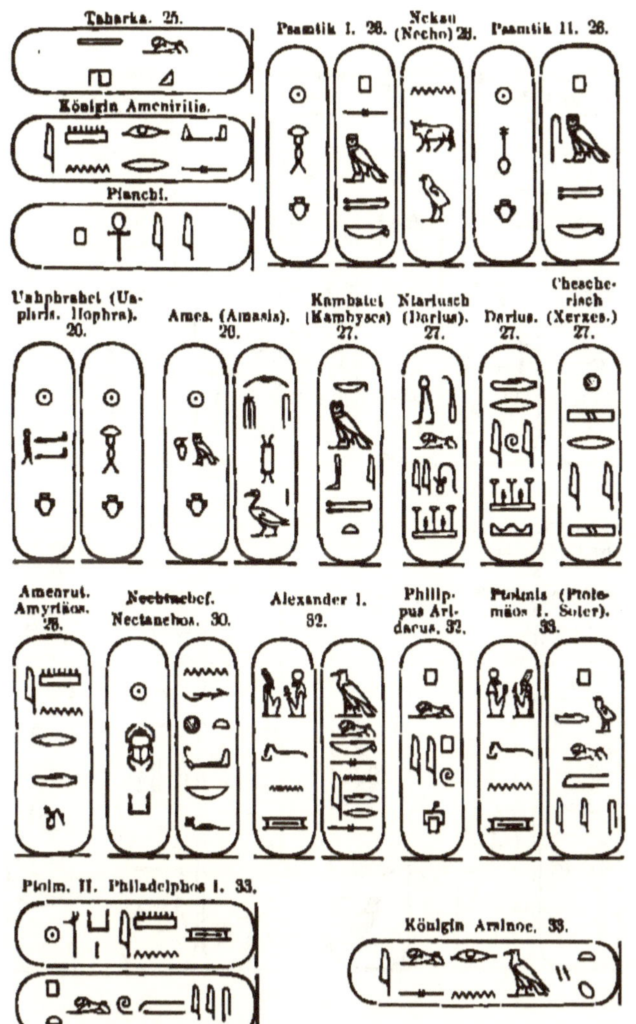
Taharka. 25.
Königin Ameniritis.
Pianchi.
Psamtik I. 26.
Nekau (Necho) 26.
Psamtik II. 26.
Uahphrahet (Uaphris. Hophra). 26.
Ames. (Amasis). 26.
Kambatet (Kambyses) 27.
Ntariusch (Darius). 27.
Darius. 27.
Chescherisch (Xerxes.) 27.
Amenrut. Amyrtäos. 28.
Nechtnebef. Nectanebos. 30.
Alexander I. 32.
Philippus Aridaeus. 32.
Ptolmis (Ptolemäos I. Soter). 33.
Ptolm. II. Philadelphos I. 33.
Königin Arsinoe. 33.

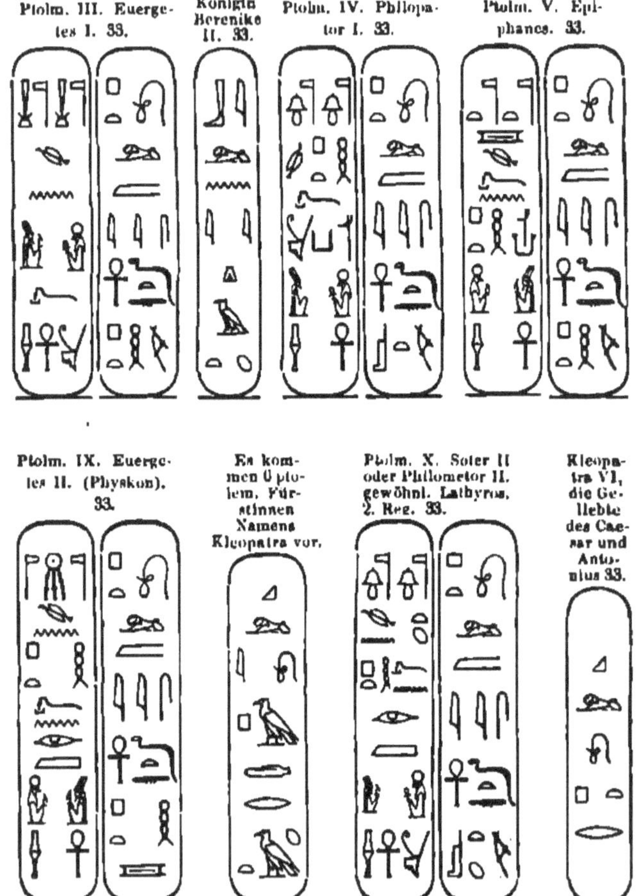
Ptolm. III. Euergetes I. 33.
Königin Berenike II. 33.
Ptolm. IV. Philopator I. 33.
Ptolm. V. Epiphanes. 33.
Ptolm. IX. Euergetes II. (Physkon). 33.
Es kommen 6 ptolem. Fürstinnen Namens Kleopatra vor.
Ptolm. X. Soter II oder Philometor II. gewöhnl. Lathyros, 2. Reg. 33.
Kleopatra VI, die Geliebte des Caesar und Antonius 33.

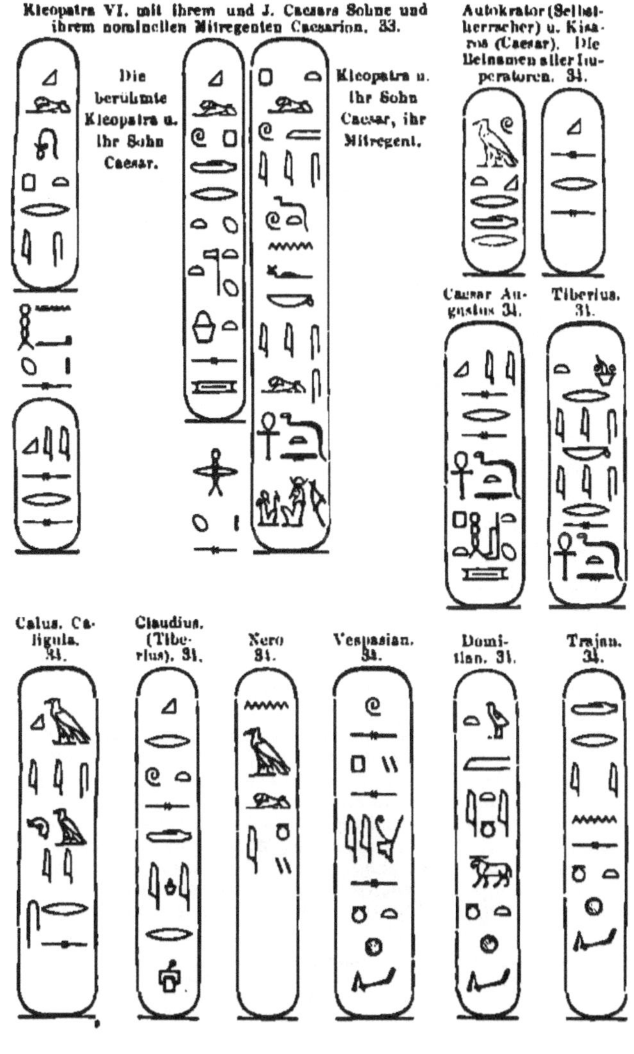
Kleopatra VI. mit ihrem und J. Caesars Sohne und ihrem nominellen Mitregenten Caesarion. 33.
Die berühmte Kleopatra u. ihr Sohn Caesar.
Kleopatra u. ihr Sohn Caesar, ihr Mitregent.
Autokrator (Selbstherrscher) u. Kisaros (Caesar). Die Beinamen aller Imperatoren. 34.
Caesar Augustus 34.
Tiberius. 34.
Caius. Caligula. 34.
Claudius. (Tiberius). 34.
Nero 34.
Vespasian. 34.
Domitian. 34.
Trajan. 34.

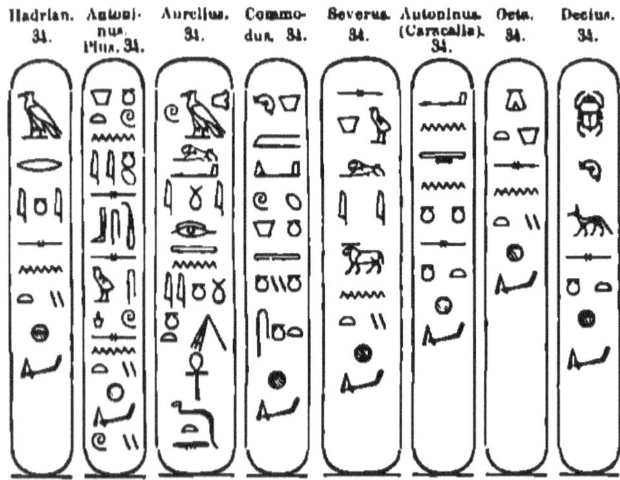

VI. Zur Götterlehre der alten Aegypter.

Die Grundanschauungen der aegyptischen Götterlehre sicher zu erfassen und zur Anschauung zu bringen, wird besonders erschwert durch zwei Umstände: einmal durch die symbolische und mysteriöse Verhüllung, mit der die Priester alle auf das Wesen der Gottheit bezüglichen Texte zu umgeben beflissen waren, und sodann dadurch, dass jeder Nomos seine eigene Localgottheit besass, für welche die ihr dienenden Priestercollegien eigene kosmologische und metaphysische Allegorien ersannen. Daher die Verschiedenheit in der Auffassung gleichbenannter Verehrungswesen und das Uebergreifen des einen Gottes in das Herrschaftsgebiet des anderen. Auch erfuhr im Laufe der Zeit die ursprüngliche schlichte Religion mit der wachsenden Befähigung zu tieferen Speculationen grosse Wandlungen, bis sich die dem Verhältnisse der Gottheiten zu einander und zu der Welt zu Grunde liegenden Ideen zu einem nur wenigen Eingeweihten zugänglichen metaphysischen System gestaltet hatten. Diese *esoterische Lehre**), der die von der Intelligenz mit bildnerischer Kraft durchdrungene

*) Esoterisch von eso, esoteros innerlich, verborgen ist das nur für die Eingeweihten bestimmte und wird namentlich gebraucht von der esoterischen Lehre, die im Gegensatz steht zu der exoterischen (von exo und exoteros aussen) d. i. der auch für die nicht Geweihten offen stehenden.

Materie als ewig und unveränderlich an Qualität und Quantität galt, die also keine Schöpfungsgeschichte und keine Vielheit der Götter kennen konnte, wurde für die grosse Menge, der sie unfassbar sein musste, in neue Formen gegossen. In der *exoterischen Lehre* wurde das der Laienschaft unzugängliche Grosse in fassliches Kleines zerlegt und die anerkannten metaphysischen Wahrheiten gewannen allegorische Formen, durch welche sie zwar wie von einem Schleier bedeckt, aber durch diesen ihres Schreckens entkleidet, verschönt und lockend der Menge entgegengebracht werden konnten. Für diese exoterische Lehre gab es allerdings eine Theogonie (Lehre von der Erzeugung und Abstammung der Götter), in welcher Kräfte und Erscheinungen in Gestalt von göttlichen Personen auftreten. Aber die Götter sind, wenn auch nicht von Ewigkeit her vorhanden, doch weder durch einen Schöpfungsact, noch durch väterliche Zeugung entstanden, sondern erzeugen sich selbst im Leibe ihrer Gebärerin und sind so „ihr eigener Vater", „ihr eigener Sohn" und die „Gatten ihrer Mutter." So sehen wir die Gottheiten selten vereinzelt auftreten, sondern gewöhnlich zu dreien, als Triade, Vater, Mutter und Sohn (vgl. S. 144).

Der Urgrund aller Dinge, das Urgewässer, aus dem alles Leben quillt, erhält persönliche Form und wird **Nun** genannt. **Chepera**, der Scarabäus mit der Sonnenscheibe, das Princip des Lichtes und der schöpferischen Kraft in der Natur, legt die Keime des Werdens und des Lichts in die Materie, wie der Käfer, der zu seinem Symbole gewählt ward (Scarabaeus sacer), kein Weibchen haben und ohne zu zeugen seine Nachkommenschaft in eine von ihm zusammengedrehte Kugel, die mit der Welt verglichen ward, bergen sollte. **Ptah** ist der Erste unter den Göttern und stellt die bildende und treibende Kraft, die sich aus dem Feuchten (Nun) entwickelt, dar. Er gibt den von Chepera gelegten Keimen die Gestalt, zerschlägt als *Sechem Nefer* die Kugel, welche Chepera, der Scarabäus daherwälzt, das Weltenei, aus dem die Gebilde des Himmels und der Erde, zunächst die Elemente, seine Kinder, hervortreten. In der Lichtgestalt der Abendsonne **Tum** zeigt sich **Ra**, die in 75 Formen in die Erscheinung tretende Gottheit, zuerst auf dem Nun, wird auf ihrem Gange durch die untere, nächtliche Hemisphäre zum *Chnum* und gebiert sich am nächsten Schöpfungsmorgen wieder, indem sie als Kind *(Harmachis)* aus einer auf dem Nun schwimmenden Lotosblume aufsteigt. Abend und Nacht gehen dem Morgen und Tage voraus und der *Amenthes* oder die Unterwelt bestand vor der oberen Region, dem Schauplatze des Menschenlebens.

Nach der Zertrümmerung des Welteneis theilte sich das All in drei Reiche. 1. Das himmlische *Nut*, dargestellt als ein über die Erde gebreitetes Weib, auf dessen Rücken die Sonnenbarke und die Planeten dahin fahren und das die Fixsterne trägt. 2. *Seb*, der Bereich der Erde, welche die Kraft besitzt, sich ewig zu verjüngen. Die Erde gilt darum den Aegyptern für das Symbol der Ewigkeit, und Seb wird dem griechischen Chronos gleichgesetzt. 3. *Die Unterwelt.* In ihr waltet die neue Gestalten formende Kraft des Ptah, der als Triebkraft der Keime (des Lichts, der Wärme etc.) auch in fratzenhafter Kindergestalt dargestellt wird, und nach ihm Ra, welcher nach dem die Wände der Königsgräber zu Theben schmückenden Texte in rein pantheistischer Auffassung „die Hülle des Alls“ und „das All“ genannt wird und der sich darum in der unteren Region ebenso wirksam zeigen muss wie in der oberen. Siehe Ra und Ammon.

Die *heiligen Thiere* und *Mischgestalten*, gewöhnlich mit thierischen Köpfen und Menschenleibern, treten häufig als Begleiter der Gottheiten auf oder werden angewendet, um die Gottheit selbst bildlich darzustellen. Gewählt wurden solche Thiere, deren einseitig angeborne Neigung und deren Verhalten an diejenige Kraft oder Naturerscheinung erinnerte, welche in der Gottheit personificirt war; man pflegte sie in und bei den Tempeln und mumisirte diejenigen vollkommenen Exemplare ihrer Gattung, die in den Heiligthümern verehrt worden waren. Den mütterlichen Gottheiten eignete die geduldige Gebärerin und Amme, die Kuh; die Göttin der Liebesglut, die Braut des Ptah, wurde mit dem Kopfe des reissenden Löwen oder der Katze abgebildet; dem Sebek, der das Wasser steigen lässt, war das Krokodil heilig. Der wie die Sonne sich zur Himmelshöhe aufschwingende Sperber gehörte dem Ra. Dem Ptah war der schwarze Apisstier geweiht, dessen ungeheure Zeugungskraft ihn geeignet erscheinen liess, die unerschöpfliche Fruchtbarkeit des schwarzen Bodens von Aegypten zu repräsentiren u. s. w.

Die Götterlehre. Der erste der Götter ist **Ptah**, der Hephaestos der Griechen, der uralte Gott von Memphis, welcher dem Ra die Elemente der Schöpfung lieferte, dem die sieben Chnumu oder Architecten helfend zur Seite stehen und welcher, da die Gesetze und Bedingungen des Werdens von ihm herrühren sollen, der „Herr der Wahrheit“ genannt wird. In Mumiengestalt wird er abgebildet, aber so, dass die werkthätigen Hände, welche das Zeichen des Lebens ☥, der Beständigkeit 𓊽, und immer das Scepter 𓌀 fassen, unberührt von den Binden freie Bewegung behalten. Der Halsschmuck „monat“ pflegt an seinem Rücken befestigt zu sein und auf seinem Haupte trägt er gewöhnlich eine Schmiedekappe. Auch begegnet er uns mit dem Scarabäus an der Stelle des Kopfes. In der Unsterblichkeitslehre und der Unterwelt tritt er gewöhnlich als *Ptah-Sokar-Osiris* auf, welcher der untergegangenen Sonne wie der Mumie des Verstorbenen die Bedingungen verleiht, deren sie zu ihrer Auferstehung und ihrem neuen Aufgange bedürfen. So finden wir den „uranfänglichen Ptah" auch an der Spitze der solaren Götter, und er wird geradezu der Schöpfer des Eies genannt, aus welchem, nachdem es zerschlagen, nach einer älteren Mythe Sonne und Mond hervorgetreten sein sollen. Daher auch sein Name, welcher „der Eröffner" bedeutet. Häufig stehen ihm zur Seite die Göttin *Sechet* (Pacht) und sein Sohn *Imhotep* (Aesculap).

Ptah.

Sein heiliges Thier ist der *Apis*, den eine von einem Mondenstrahle befruchtete weisse Kuh geboren haben sollte, und der besondere Kennzeichen besass: sein Fell musste schwarz sein, auf der Stirn sich ein weisses Dreieck, auf dem Rücken eine helle Stelle in Gestalt eines Adlers zeigen und unter der Zunge ein Auswuchs in Gestalt des heiligen Scarabäuskäfers erkennbar sein. Nach seinem Tode wurde er balsamirt und in Steinsarkophagen (S. 399) beigesetzt. Er symbolisirt die ewig wirksame umbildende Kraft der Gottheit und wurde darum auch mit dem Monde in Verbindung gebracht, der ewig gleich, sich selbst in jeder Stunde umzubilden scheint. Die nach dem Apis benannte Zeitepoche war eine Mondperiode, in welcher sich 309 mittlere synodische Monate mit 25 aegyptischen Jahren ziemlich genau ausglichen.

Ra, der grosse Gott von Heliopolis (An) in Unteraegypten, folgt als König der Götter und Menschen dem Ptah und ist in der exoterischen Auffassung der durch seine Augen die Welt erhellende Träger des Lichts und der Erwecker des Lebens, die Tagessonne. Er geht auf unter dem Namen des jungen *Harmachis* (Har em chuti), in der Mittagshöhe ist er Ra, bei seinem Untergange *Tum*, der als Greis die Feinde des Ra bezwingt, die ihm den Eingang in die untere Region, welche er bei Nacht durchläuft, verwehren wollen. Auf seinem Laufe durch die Unterwelt wird er zum widderköpfigen *Chnum* d. i. demjenigen, welcher Harmachis und Tum (Morgen und Abend) in der Nacht als Mittelglied verbindet. Doch wie im Schattenreiche der Mensch der Prüfungen viele zu bestehen hat, so fährt das Schiff der Sonne der Unterwelt, sobald es den westlichen Horizont überschritten, nicht mehr auf dem blauen Rücken der Nut einher, sondern über die Windungen des Feindes der leuchtenden Sonne, der Schlange Apep fort, welche von den Gefährten des Ra gehalten und gebändigt wird.

Bei seinem Aufgange wird Ra geboren, bei seinem Untergange stirbt er, aber nur um täglich neu gezeugt und wiedergeboren zu werden, und zwar im Schoosse der Natur, in welcher die Gottheit wirksam ist und welche *Isis*, *Muth* oder *Hathor* genannt wird. Die letztgenannte Göttin wird häufig als Gebieterin der Unterwelt bezeichnet, und kuhköpfig oder in Gestalt einer Kuh, welche zu jedem Morgen die junge Sonne gebiert, gebildet. Je 12 menschliche Gestalten mit dem Sonnendiscus oder einem Stern auf dem Haupte, stellen die Stunden des Tages und der Nacht dar. Dem Ra waren besonders heilig der Sperber, der oberaegyptische hellfarbige Mnevisstier, der auch später dem Ammon Ra eignete und von dem schon früher im Sonnentempel von Heliopolis ein Exemplar gehalten wurde, sowie Löwen mit leuchtendem Fell. Auch der *Phönix* oder der Vogel aus dem Palmenlande, der sich nach seiner Verbrennung neu bildet und seine Asche in Perioden von 500 Jahren nach Heliopolis bringt, und den die Aegypter Bennu nannten, gehört in das Gebiet des Racultus. Wie der Apis zur Seite des Ptah, so personificirt der Phönix zur Seite des Ra die Seele des Osiris. Nach dem Phönix benannten die Aegypter auch den Venusstern. — Ra wird gewöhnlich in rother Farbe und mit dem Sperberkopfe dargestellt. Er trägt das Zeichen des Lebens und der Herrschaft in den Händen und auf dem Haupte den Discus mit den Uräusschlangen. In der esoterischen pantheistischen Auffassung der Texte in den Königsgräbern ist Ra das grosse All (τὸ πᾶν) und alles Existirende, ja die Götter selbst sind nichts als Erscheinungsformen des Ra (s. Ammon Ra, S. 151).

Harmachis, der grosse Gott.

Tum von Heliopolis, der Herr der Welt.

Tum oder *Atum*. Eine Erscheinungsform des Ra, deren Name vielleicht mit temt, d. i. das All zusammenhängt. Er wurde zunächst in Unteraegypten verehrt, und zwar besonders in Heliopolis und der nach ihm benannten Stadt Pa-tum, dem biblischen Pithom (S. 410), d. i. die Stätte des Tum. Aber auch in Oberaegypten waren ihm frühe Dienste geweiht. Er ist einer der ältesten Götter, der vor dem ersten Sonnenaufgange, d. h. vor der Geburt des Harmachis aus der Lotosblume im Dunkel der ungeordneten Vorwelt „auf den Wassern“ weilte. In der späteren exoterischen Auffassung ist er die Abendsonne. Mit seinem Erscheinen am Himmel tritt die Kühlung ein. Darum ist Tum, unter dessen Regierung die Menschen von Chnum geschaffen wurden, zugleich der Spender des erwünschten Nordwinds. Er ist der bewährte Kämpfer gegen die finsteren Mächte der Unterwelt, die sich der Bahn der Sonnenbarke in den Weg stellen, und wird dargestellt als bärtiger Mann mit einer Combination der ober- und unteraegyptischen Krone oder der Sonnenscheibe auf dem Kopfe und dem Zeichen der Herrschaft und des Lebens in den Händen. Als Schöpfer wird er mit dem Scarabäus statt des Kopfes gebildet, als *Nefer-Tum* erscheint er löwenköpfig, trägt einen mit Lotosblumen gekrönten Sperber auf dem Haupte und in der Hand ein ut'a Auge. Mit Beziehung darauf, dass er den Abschluss des Niederganges (der Sonne) bedeutet, der als Vorläufer des Aufgangs betrachtet wird, kann er auch, worauf ohnehin der Sperber auf seinem Haupte deutet, als Gott der Auferstehung bezeichnet werden.

Chnum (bei den Griechen *Chnubis*, *Knuphis* und *Kneph*), ist einer der ältesten Götter, der, obgleich er seine eigenen Attribute beibehält, vielfach mit Ammon verschmilzt. Die Hauptstätten seiner Verehrung waren die Kataraktengegend und die Oasen in der lybischen Wüste. Als Mittelglied zwischen Auf- und Niedergang der Sonne empfängt er jenseit des westlichen Horizonts, hinter welchem auch die Oasen liegen, das Scepter des Ra und nimmt dessen Platz bei der Sonnenfahrt durch die Unterwelt ein. Wie Morgen und Abend so verbindet Chnum (chnem, d. i. der Verbindende) die Zeit der Dürre mit der des Gedeihens und wird so an derjenigen Stelle, bei der der Nil Aegypten betritt, der Insel Elephantine beim ersten Katarakt, zum Herrn der Ueberschwemmung und Wasserspenden. Hier stehen ihm gewöhnlich die Göttinnen *Anuke* und *Sati* zur Seite. Er gehört zu den kosmischen Göttern, welche die Bewohner des Himmels geformt haben. Mit seinen Gehülfen steht er dem Ptah zur Seite und wir sehen ihn selbst aus dem von dem letzteren bereiteten Urstoff das Weltenei auf einer Töpferscheibe drehen und Menschen bilden. Er wird meistens in grüner Farbe mit dem Widderkopf abgebildet. Er kommt ebenso oft sitzend wie stehend vor, trägt die Krone âtef auf dem Haupte,

Chnum.

das Scepter und das Zeichen des Lebens in den Händen, und jenes von dem Gürtel ausgehende schwanzartige Zeugstück, das uns bei der ältesten Form des Schurzes begegnet, sehen wir auch von seinen Hüften bis zur Erde herabhängen.

Ma, die Tochter des Ra.

Ma, die Göttin der Wahrheit und Gerechtigkeit, ist die lichte Tochter des Sonnengottes. Sie ist an der Straussenfeder auf ihrem Haupte leicht zu erkennen. In ihren Händen hält sie das Blumenscepter und das Zeichen des Lebens. In den jüngeren Sprachformen heisst sie (mit d. Artikel) t-mei und man hat von diesem Namen besonders deshalb den der griechischen Themis ableiten wollen, weil *Ma* einmal wie diese blind oder doch mit verbundenen Augen abgebildet wird.

Die Götter des Osiris und Isis-Kreises. Ueber den Mythus von Osiris und Isis verdanken wir dem Plutarch eine ausführliche und durchweg von den Denkmälern bestätigte Mittheilung, deren Inhalt und Sinn in Kürze folgender ist.

Die mythologische Dreieinigkeit oder Triade Osiris, Isis, Horus.

Isis und **Osiris** sind Kinder der Rhea und des Chronos (Nut d. i. des Raumes, und Seb d. i. der Erde, die weil sie sich stets erneuert und doch unvergänglich bleibt, die Zeit symbolisirt). Schon im Mutterleibe vermischten sich beide und gaben so ihrem Sohne *Horus* das Leben. Typhon und Nephthys entstammen denselben Eltern und vermählen sich gleichfalls. Osiris und Isis beherrschen als glückliches und beglückendes Königspaar Aegypten. Typhon stellt dem Osiris nach und veranlasst ihn sich bei einem Gastmahle in eine kunstvolle Lade zu legen, schliesst diese mit seinen 72 Genossen und setzt sie auf den Nil, der sie gen Norden und durch die Tanitische Mündung ins Meer trägt. Die Wogen spülten die Lade bei dem phönicischen Byblos ans Ufer. Indessen irrte Isis ängstlich im Lande umher, den verlorenen Gatten suchend, wusste sich endlich den ihren Gatten bergenden Sarg zu verschaffen, nahm ihn dann mit sich in die Einsamkeit und verbarg ihn, als sie zu ihrem Sohne Horus reiste, der in Buto erzogen wurde. Während ihrer Abwesenheit fand Typhon auf der Eberjagd den Leichnam des Gottes, zerstückte ihn in 14 Theile und streute sie umher. Sobald Isis das Geschehene erfahren hatte, suchte sie die einzelnen Theile wieder zusammen und errichtete überall da, wo sie eines der Glieder fand, ein Grabmal, aus welchem Grunde man auch in Aegypten so viele Osirisgräber kennt. Osiris war nicht gestorben; in der Unterwelt hatte er fortgelebt und geherrscht und begab sich (nach seiner Bestattung) zu seinem Sohne Horus, rüstete, übte und prüfte ihn. Der junge Gott begann alsbald den Kampf gegen Typhon, welcher dann endlich zum Siege, aber keineswegs zur vollen Vernichtung des Feindes führte. Osiris ist zunächst das Princip des Lichtes, Typhon die Dunkelheit, die es besiegt und in die Unterwelt zurückdrängt. Isis Hathor beklagt sein Verschwinden, folgt ihm in den Westen und gebiert aufs neue den jungen Osiris, d. h. Horus, der das Dunkel vernichtet und seinem Vater seinen verlorenen Platz zurückgibt. Wenn *Ra* die Seele des Osiris genannt wird, so geschieht es, weil er als Sonne das unsichtbare Princip des Lichts (Osiris) zur Erscheinung bringt. Ferner ist aber Osiris auch das Princip der Feuchtigkeit, das in dem Gotte Hapi, dem Nil, seinen vollendetsten Ausdruck findet; alsdann sind Typhon und seine 72 Genossen die Tage der Dürre. Wie die Leiche des Osiris, so entfliesst das Wasser gen Norden und lechzend klagt die gebärende Erde Isis über die verlorene sie befruchtende Kraft; aber bald hat im Südlande Horus den Typhon besiegt, und mit neuer Fülle tränkt der Nil den schwarzen Boden. Endlich sehen wir in Osiris die Personification des Lebens, in Isis seinen Schauplatz, die Natur, in Typhon den Tod, in Horus die Auferstehung. Setzen wir, wie dies von den Denkmälern geschieht,

Osiris, der Fürst der Ewigkeit.

Osiris, der dann den Beinamen Un-nefer, das vollkommene oder gute Wesen, erhält, gleich dem Princip des Guten und Schönen, so haben wir in Typhon die Disharmonieen zu erkennen, an denen das Leben reich ist, die aber nur gegeben zu sein scheinen, um die Reinheit der Harmonieen tiefer empfinden zu lassen, in die sie nach ihrer Auflösung durch die Vermittelung des Horus übergehen. Osiris wird in der exoterischen Auffassung zum Beherrscher der Unterwelt und zum Richter über die Seelen, die, dafern sie rein befunden worden sind, sich mit der seinen vereinigen dürfen. Darum geht auch der Todte nicht ein zu Osiris, sondern *wird* Osiris. Osiris wird stets mit dem Menschenkopfe dargestellt. Er sitzt entweder als König auf dem Throne oder erscheint in Mumiengestalt. Geissel und Krummstab führt er überall, oft auch andere Embleme. Sein Kopfschmuck, die Krone von Oberaegypten, pflegt mit den Straussenfedern der Wahrheit an der Vorder- und Hinterseite besetzt zu sein. Neben ihm steht schon in früher Zeit eine Art von Thyrsus oder Rankenstab, an dem auch ein Pantherfell, der Schmuck seiner Priester, befestigt zu sein pflegt. Die Griechen nannten ihn wegen seiner das vegetative Leben fördernden Thätigkeit, seiner Wanderungen und vielleicht auch um dieses Stabes und Felles willen Dionysos d. i. Bacchus.

Typhon Seth. Der Name Typhon ist vermuthlich griechisch. Die Aegypter nannten ihn Seth und Sutech und bildeten ihn als ein fabelhaftes Thier  oder mit dessen Kopfe  oder später als den Esel, der ihm heilig war, oder eselköpfig. Sein Name begegnet uns in den allerfrühesten Zeiten, doch scheint er ursprünglich nur als furchtbarer Kriegsgott und Gott des Auslands verehrt worden zu sein. Gewöhnlich wird er der Bruder des Horus genannt; beide heissen die Rehehui oder die feindlichen Zwillinge, welche einander in dem oben erwähnten Kampfe schwer verwundeten. Später, nachdem sich der Gott der Schlachten und der Fremde den Aegyptern dauernd ungünstig erwiesen hatte, hörte man auf ihn mit Diensten zu ehren, und sein Name wurde, wo er auf den Denkmälern vorkommt, selbst in den Cartouchen hoch gepriesener Könige, ausgekratzt. Ueber seine Rolle in der Osiris- und Isismythe s. S. 144.

Nebt-ha (Nephthys).

Nephthys, Gattin des Seth, empfing von den Griechen die Namen Aphrodite und Nike (Victoria), gewiss nur, weil sie als Gattin des Kriegsgottes (Seth) auftrat. Ihr eigentliches Gebiet ist die Unterwelt. In der Oberwelt begegnet sie uns als Amme oder Erzieherin des jungen Horus, und beim Todtencult mit Isis neben der Leiche des Osiris, den sie liebte, und der sie, indem er sie im Dunkeln mit Isis verwechselte, zur Mutter des Anubis machte, klagend und sich an die Stirn schlagend. Sie tritt auf mit Osiris und Isis, dem jungen Horus und Isis, ja in der gleichen Tetras (Vierheit) mit Osiris, Isis und Horus. Gewöhnlich wird sie dargestellt mit dem Zeichen (d. i. neb-hat, Herrin des Hauses) auf dem mit der Geierhaube geschmückten Haupte und mit dem Blumenscepter und dem Zeichen des Lebens in der Hand.

Anubis ist der Geleiter der Todten in die Unterwelt und der Wächter des Hades, als dessen Herr er genannt wird. Als Schakal oder schakalköpfig dargestellt steht er der Bestattung vor und hütet das Reich des Westens.

Horus, der Sohn der Isis, der Herr des Himmels.
Horus, der Rächer seines Vaters, der Sohn der Isis und des Osiris.

Anubis. Horus.

Horus personificirt überall, in wie verschiedenen Formen er auch auftritt, zunächst die obere, d. i. die Lichtregion und dann die Wiedergeburt, die Auferstehung, den endlichen Triumph des Guten über das Böse, des Lebens über den Tod, des Lichts über die Finsterniss, der Wahrheit über die Lüge. Tausendmal wird er 'der Rächer seines Vaters' genannt, und namentlich aus der Ptolemäerzeit sind ausführliche Schilderungen des Kampfes erhalten, den er zu bestehen hatte. In der Gestalt der geflügelten

Sonnenscheibe war er dem Typhon und seinen Genossen entgegengetreten und die Uräusschlangen an dem beschwingten Discus hatten ihm Beistand geleistet. Als Lichtgott (Harmachis, d. i. Horus am Horizonte) fliesst er mit Ra zusammen, denn er personificirt die Auferstehung des jungen Lichtes aus dem Dunkel. Als nacktes Kind mit der Jugendlocke entstelgt 'der junge Horus' der Lotosblume. Als Hor-Hut (Horus der Flügelausspanner) wirft er für Ra Harmachis, der auch dem Osiris als Lichtgott gleich gesetzt wird, den Seth und seine Genossen zu Boden. Ra ist den Griechen Helios, der junge Horus und Hor-Hut Apollo. Der Sperber, mit dessen Kopfe er dargestellt wird, wenn man ihn nicht als Sperber mit der Geissel am Rücken bildet, ist sein heiliges Thier.

Toth (aegypt. teḥuti, griech. Hermes) ist zunächst als Mondgott verehrt worden und tritt als solcher oft an die Stelle des Chunsu (S. 152). Da die Phasen des Mondes den ersten Zeitrechnungen zu Grunde lagen, wurde Toth zum Messer der Zeit und zum Herrn des Maasses, der Zahl und alles Gesetzmässigen überhaupt; endlich aber zum Vermittler, durch den sich die menschliche Intelligenz offenbart, zum Gotte der Schrift, der Wissenschaften und der Bibliotheken sowie aller das Leben veredelnden Künste. In der Unterwelt verzeichnet er das Resultat der Wägung des Herzens, führt beim Todtengerichte so zu sagen das Protocoll und ermahnt die Seelen zum leuchtenden Weltgeiste zurückzukehren. Er ist der zweite neben Osiris, der Logos, die Vernunft, die der schaffenden Kraft berathend zur Seite steht. Er wird dargestellt als Ibis auf einer Standarte oder mit dem Ibiskopfe, den häufig die Mondscheibe u. die Straussenfeder der Wahrheit krönt. In seinen Händen hält er das Rohr und die Schreibtafel oder auch statt der letzteren die Palette. Manchmal tritt er mit Krone und Scepter, fast niemals menschenköpfig auf. Der Hundsaffe und der Ibis sind seine heiligen Thiere.

Toth.

Der Hundsaffe des Toth.

Safech. Neben Toth gibt es eine Göttin, deren Name unbekannt ist, welche aber stets den Titel *Safechu*, die, welche ihre Hörner abgelegt hat (diese befinden sich umgekehrt über dem Stern auf ihrem Haupte), führt. Sie ist die Vorsteherin der Bibliotheken, heiligen Schriften und Aufzeichnungen, und also auch der Geschichte. Den Palmenzweig mit unzähligen Zeitperioden hält sie in ihrer Linken; mit der Rechten schreibt sie den zu verewigenden Namen in die Früchte oder Blätter des Persea-Baumes ein.

Safech.

Isis. Muth. Hathor. Diese drei Göttinnen werden äusserlich auseinandergehalten, doch sind sie nur als Modificationsformen der gleichen Grundidee zu betrachten. Die eine wie die andere stellt das dem männlichen, zeugenden gegenüberstehende weibliche, empfangende und gebärende Princip dar, die Behausung, in welcher die Wiedergeburt des sich selbst erzeugenden Gottes vor sich geht. *Muth*, deren Namen die Mutter bedeutet, wird als Geier oder geierköpfig dargestellt; sie ist die grosse Gebärerin, die mit ausgebreiteten Flügeln den Osiris und den Pharao schirmt; sie be-

Muth, die Nilquelle bewachend. Isis und Horus. Isis Sothis.

wacht auch die Wiege des Nils, dessen Quelle eine Schlange vertheidigt. *Isis* (S. 144), die Alles, was hienieden des Entstehens theilhaftig ist, mit allem Guten und Schönen anfüllt, trägt die Geierhaube, Kuhhörner und die Mondscheibe oder den Thron oder alle vier vereinigt auf ihrem Haupte. Als Isis *Selk* schwebt über ihrem Scheitel der Scorpion, als Isis *Neith*, die auch der Muth gleich gesetzt wird, gewöhnlich das Weberschiff, als Isis *Sothis*, d. i. der Siriusstern, fährt sie in einer Barke. Häufig erscheint sie mit dem Horuskinde, das sie säugt, auf dem Schoosse. Ihr heiliges Thier ist die Kuh, welche zugleich der Isis-*Hathor* eignet. Der Name Hathor bedeutet 'Haus des Horus', denn in dem Schoosse dieser Göttin gab sich der Gott neues Leben. Sie ist die Göttin der Liebe, die grosse Mutter, welche mit ihrem göttlichen Schutze den Müttern zur Seite steht, die Geberin aller Güter des Lebens, die mit unzähligen Namen genannt wird. In späterer Zeit ward sie geradezu zur Muse, Tanz, Gesang, Scherz, ja selbst der Genuss und Rausch beim Weintrinken standen unter

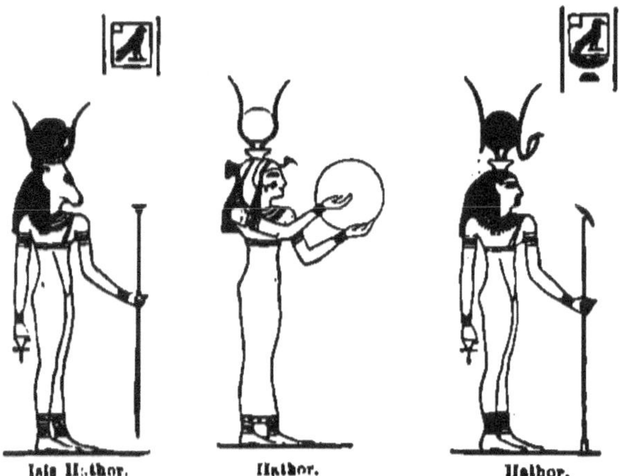

Isis Hathor. Hathor. Hathor.

ihrem Schutze, wie überhaupt ihre Auffassung mehr sinnlich als die der Isis ist. Strick und Tamburin in ihrer Hand, deuten auf die fesselnde Kraft der Liebe und die Freuden der Feste, denen sie vorstand. Sie erscheint gewöhnlich in der jugendlichen Gestalt eines kuhköpfigen Weibes, das den Discus (sie ist ja die Gebärerin der Sonne, S. 142) zwischen den Kuhhörnern trägt. Auch als Herrscherin in der Unterwelt und dann gewöhnlich unter dem Namen *Mer-sechet* spielt Hathor eine grosse Rolle.

Sechet. Pacht. Bast. Auch die Gestalt dieser Göttinn verschwimmt mit der der vielnamigen Hathor; indessen zeigt das löwen- oder katzenköpfige Verehrungswesen, welches die genannten und viele andere Namen trägt, doch einiges ihm durchaus Eigenthümliche. Sie wird die Tochter des Ra und die Braut des Ptah genannt und personificirt die Glut der die Zeugung ersehnenden Leidenschaft. Als Uräusschlange an der Krone des Ra symbolisirt sie die sengende Glut des Tagesgestirns, in der Unterwelt kämpft sie gegen die Schlange Apep und bestraft als löwenköpfiges Weib oder als Katze das Messer schwingend die Schuldigen. Aber sie hat auch ihre milde Seite. 'Als Sechet' heisst es auf Philae 'ist sie furchtbar, freundlich als Bast'. Ihr heiliges Thier, die Katze, ward lange verehrt. Sechet trägt den Discus mit der Uräusschlange auf dem Haupte, das Blumenscepter und das Zeichen des Lebens in den Händen.

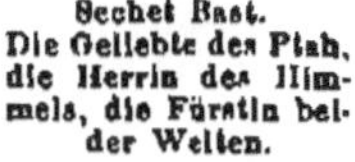

Sechet Bast.
Die Geliebte des Ptah, die Herrin des Himmels, die Fürstin beider Welten.

Sebek.

Sebek, der auch mit Ra combinirt als Sebek-Ra auftritt, wird krokodilköpfig gebildet; er wurde als eine der Nilschwelle vorstehende Gottheit betrachtet und genoss besondere Verehrung in der Kataraktengegend zu Selsele, Kôm Ombu und im Fayûm (S. 478). Zu Kôm Ombu tritt Sebek in der Trias auf mit Hathor und Chunsu. Er hat die Doppelfeder an der mit Uräusschlangen versehenen Sonnenscheibe auf dem Krokodilkopfe, Scepter und Lebenszeichen in den Händen und wird in grüner Farbe dargestellt. Sein heiliges Thier war das Krokodil, das man in klaren Teichen für ihn pflegte, dem man aber doch etwas Typhonisches zuschrieb, da die heiligen Listen diejenigen Nomen, in denen es verehrt ward, zu übergehen pflegen.

Ammon-Ra. Ra (S. 141), an dessen Cultus sich viele andere schlossen und dessen Wesen häufig mit dem des Osiris combinirt wird, hat nach den späteren Inschriften als grosser Götterfürst geherrscht, aber Ammon, der für die Exoteriker auch ein Sohn des Ptah genannt wird, nahm, während Ra in dem Amenthes, der Unterwelt, fortherrschte, den Weltenthron in Besitz. Ammon, dessen Name „der Verborgene" bedeutet, ist ein verhältnissmässig spät entstandenes Verehrungswesen, das, zunächst nur der Localgott von Theben, nach der unter seiner Aegide gelungenen Befreiung des Nilthals von den Hyksos und nachdem Oberaegypten und Theben über Unteraegypten und Memphis die Obmacht gewonnen hatte, zum Könige aller Götter erhoben ward. Bald wird von seinem hochgefeierten Wesen fast das ganze Pantheon absorbirt. Im Nun oder dem Urgewässer ruhte er als verborgene Kraft, während der Thätigkeit seiner Selbsterzeugung wird er ithyphallisch dargestellt und nennt sich *Chem*. Zur Erscheinung getreten, beseelt und durchgeistigt er als „lebendiger Osiris" das Erschaffene, welches erst durch ihn in eine höhere Existenzordnung eintritt. In dem von Tum gestalteten Menschen wirkt er geheimnissvoll als Lust zu Maass und Ordnung, zum Guten und Schönen und zugleich als Abscheu vor dem Maasslosen, Ungeordneten, Bösen und Hässlichen. Die lohnende und strafende Gerechtigkeit ist ihm unterthan und selbst die Götter „werfen sich nieder vor ihm" und erkennen die Majestät des Verborgenen, der da ist „einzig und allein und sonder gleichen". Jeder andere Gott kann eingeführt werden als eine Personification von irgend einer Seite des Ammon, dessen geheimnissvolles Wesen zu fassen ist als die das All erfüllende und ordnende göttliche Intelligenz, als Gott über den Göttern, die sich zu ihm verhalten wie die Abbilder der Theile zu der vollendeten Gestalt. Zu Theben zeigen ihn die Denkmäler thronend und stehend, blau oder schwarz gefärbt, gewöhnlich mit dem hohen Federschmucke geschmückt, oft nur mit der Krone von Oberaegypten , manchmal mit der von Ober- und Unteraegypten, mit dem Helme oder Diademe auf dem Kopfe. Die verschiedensten Attribute der Königswürde, Scepter, Geissel und Krummstab, Lebenszeichen etc. finden sich in seinen Händen. Mit dem Widderkopf ist er Ammon-Chnum, Chnuphis, Kneph (S. 142). In der grossen Trias von Theben stehen neben ihm *Muth*, das mütterliche Princip (S. 149), und *Chunsu* oder *Chons*, der die Bethätigung der gött-

Chem-Amun, der Stier (Gemahl) seiner Mutter.

lichen Intelligenz, namentlich in ihrem Verhältniss zu den menschlichen Dingen darstellt. Er ist der „Vernichter der Feinde",

Ammon-Ra, der König der Götter.

der Beistand der Menschen im Kampfe des Lebens, der Heiler der Kranken; der Mond ist an seinem mit der Kinderlocke geschmückten Scheitel befestigt. Als wandelnden Mondgott und wegen der Thatkraft, mit der er die unreinen Geister vernichtet, nannten ihn die Griechen Herakles.

Die Unsterblichkeitslehre. Aus dem Cultus des Osiris und der Isis (S. 144) geht hervor, dass die Aegypter an die Unsterblichkeit der Seele (aus der ein ausgeprägter Ahnencultus hervorging) und an eine sittliche Verantwortlichkeit mit Lohn und Strafe im Jenseits glaubten. Die Grundzüge dieses Unsterblichkeitsglaubens, der sich allerdings nicht zu jeder Zeit und an allen Orten gleich geblieben ist, sind in Kürze diese. Das menschliche Individuum bestand nach dem aegyptischen Glauben aus drei für sich bestehenden, aber während der Zeit des Lebens eng verbundenen Theilen, 1) dem Körper, der dem Stoff der Materie zugehörte, 2) dem Schemen oder der Gestalt, in der die Seele wohnte, welche der Unterwelt angehörte und zu ihr zurückkehrte, und 3) dem Chu, einem Ausflusse der göttlichen Intelligenz. Jeder dieser Theile konnte sich von dem andern trennen, war aber, so viele Umwandlungen er auch zu erfahren hatte, an Qualität und Quantität unveränderlich und ewig bestehend. Wie der Sonnengott immer gleich und doch zu jeder Stunde ein anderer, erst Horus, dann Ra, dann Tum, dann

Chnum genannt wurde, so die Seele mit der sie erfüllenden, leuchtenden Intelligenz, die für sie, sobald ihr die Thore der Gruft geöffnet worden sind, spricht und handelt. Von den Thoren der Unterwelt an warten mannigfaltige Prüfungen der Seele. Reissende Thiere sind zu besiegen, Dämonen zu bewältigen, Schlösser zu sprengen, und das Alles mit Hülfe von Sprüchen, Hymnen und Amuleten, die der Mumie auf Papyrusblättern, als Scarabäen, Utaaugen etc. beigegeben werden. Endlich gelangt sie zur Halle der doppelten Gerechtigkeit, woselbst das Herz in seiner Vase ♡ auf die eine Schale, die Göttin der Wahrheit auf die andere gestellt wird. Horus und ein Hundsaffe leiten die Wägung, Anubis bewacht sie, Toth verzeichnet das Resultat, Osiris mit 42 Beisitzern spricht den Spruch. Wird das Herz zu leicht befunden, so warten der Seele höllische Strafen, oder sie wird verdammt in Thierleibern fortzuleben, um nach einer bestimmten Zeitperiode in ihren alten Körper zurückgekehrt ein neues Leben zu beginnen, und sich nach dessen Abschluss abermals ihren Richtern darzustellen. Wird das Herz schwer genug befunden, so giebt es Osiris der Seele zurück, der Schemen darf zur Mumie zurückkehren und die Intelligenz nach einer Reinigungszeit im Gefilde der Seligen sich zu der Gottheit gesellen, der sie entstammt und als Horus, Osiris etc. in der Sonnenbarke den Himmel befahren oder in allen Gestalten, die sie wünscht, von neuem unter den Lebenden wandeln. Schemen und Intelligenz suchen dann den sich neu belebenden Leichnam auf, der durch die Mumisirung und gute Verwahrung wohl erhalten, der aus dem Amenthes oder der Reise durch die Leiber der Thiere heimkehrenden Seele harrt.

Register zur vorstehenden Götterlehre.

VII. Die Glaubenslehre des Islâm.

Einiges über Sitten und Gebräuche der Mohammedaner. Fest-Kalender.

Von Prof. Dr. Socin in Tübingen.

Einige kurze Angaben über den Islâm werden bei dem Besuche eines Landes, dessen Einwohner in der Mehrzahl dieser Glaubenslehre folgen, nicht ohne Interesse sein.

Moḥammed *) stellte sich mit seiner neuen Lehre in Gegensatz zur „Zeit der Unwissenheit, Thorheit“, wie er das Heidenthum nannte; das Wissen oder die Offenbarung aber, die er seiner Meinung nach brachte, war, wie er selbst sagte, nichts Neues; seine Religion ist uralt, und noch heute wird jeder Mensch ideell als Muslim geboren, nur seine Umgebung macht etwas anderes aus ihm. Selbst in den Schriften der Juden und Christen (Thora, Psalmen und Evangelien) sind Stellen gewesen, die von Moḥammed

---

*) Moḥammed (auch „Meḥémmed“ ausgesprochen, der Gepriesene oder zu Preisende) stammte väterlicher Seits aus der Familie Hâschim, einem weniger beachteten Zweige des edlen Stammes Kureisch, der in Mekka angesessen war und die Aufsicht über die Ka'ba führte. Der Vater, 'Abdallah, starb kurz vor oder nach der Geburt Moḥammed's (circa 570). In seinem sechsten Lebensjahre nahm ihn seine Mutter Âmina auf eine Reise nach Medîna mit; auf der Rückreise starb sie. Der Knabe wurde nun von seinem Grossvater 'Abd el-muṭṭalib, und als auch dieser nach 2 Jahren starb, von seinem Onkel Abu Ṭâlib erzogen. Moḥammed musste die Schafe hüten; später machte er, erst in Begleitung seines Onkels, dann, als er gegen 25 Jahre alt war, im Dienst einer Wittwe Chadîdja Handelsreisen, auf welchen er in Boṣra den christlichen Mönch Baḥîra kennen gelernt haben soll. Chadîdja wurde seine erste Frau.

Um jene Zeit war im religiösen Leben der Araber eine Gährung eingetreten; als Moḥammed ca. 40 Jahre alt war, fasste auch ihn das religiöse Bewusstsein, dass der Götzendienst eitel sei. Er litt an Epilepsie und glaubte während der Anfälle derselben himmlische Offenbarungen zu erhalten; einen Betrüger kann man ihn daher nicht nennen. Eine Traumerscheinung, die er auf dem Berge Hira bei Mekka hatte, gab den ersten Anstoss: Moḥammed fing an mit glühender Begeisterung den Monotheismus zu verkündigen und vor den Höllenstrafen zu warnen. Es ist nicht sicher, ob Moḥammed selbst das Schreiben und Lesen verstanden hat. Die neue Lehre wurde Islâm d. h. Unterwürfigkeit unter Gott genannt. Zuerst gewann er nur in seiner Familie Anhänger, und die „Muslimen“ hatten von den Mekkanern viel zu erdulden. Daher wanderten viele nach Medina aus, endlich auch Moḥammed selbst (622). In Medina machte die neue Religion bald grosse Fortschritte. Da Chadîdja gestorben war, nahm Moḥammed nun eine Reihe anderer Frauen, theilweise auch aus politischen Rücksichten. Von Medina aus suchte er die Mekkaner zu beunruhigen. Zuerst siegte er bei Bedr, verlor aber die Schlacht am Uhud. Von nun an hörten die kriegerischen Expeditionen nicht auf: Moḥammed gewann grossen Einfluss auf die Beduinen, und es gelang ihm, dieselben politisch zu einigen. Im Jahre 630 endlich eroberten die Muslimen die Stadt Mekka; die Götzenbilder wurden vertilgt. Aber die gewaltigen Anstrengungen der letzten 24 Jahre hatten Moḥammed's Gesundheit untergraben; er starb am 8. Juni 632 in Medina und wurde daselbst begraben.

und vom Islâm sprechen; aber diese Stellen sind verheimlicht, verdreht oder falsch ausgelegt worden. Was Moḥammed am Judenthum und Christenthum, soweit er es kannte, missfiel: der Rigorismus der Ethik, welcher eine Masse leerer Formeln erzeugte, und der Dogmatismus jener Zeit, wurde von ihm ausgeschieden. Dazu gehörte vor allem der Polytheismus, wie Moḥammed auch die Trinitätslehre nennt, durch welche dem einigen Gott etwas ihm Fremdes beigesellt wird. Jeder, dem es überhaupt möglich ist, zu glauben, ist von vorn herein verpflichtet, an die neue Offenbarung des Islâm zu glauben und der Muslim ist gehalten, diesen Glauben auszubreiten. In der Praxis freilich ist dieser Rigorismus später abgeschwächt worden, indem man sich ausserhalb Arabiens auf Verträge einlassen musste; auch wurde ein Unterschied gemacht zwischen Leuten, die bereits eine Offenbarungsschrift hatten (Juden, Christen und Sabiern) und eigentlichen Götzendienern; letztere sollen streng verfolgt werden.

Das Glaubensbekenntniss des Muslim besteht bekanntlich aus den Worten: Es ist kein Gott ausser der Gott (Allâh*) und Moḥammed ist der Gesandte des Gottes (*lâ ilâha ill'allâh, wa Muḥammedu rasûlu'llâh*). Diese Formel enthält aber nur den wichtigsten Glaubenssatz; eigentlich ist der Muslim an dreierlei Dinge zu glauben verpflichtet: 1) Gott und die Engel; 2) die schriftlichen Offenbarungen und die Propheten; 3) Auferstehung, Gericht, ewiges Leben und Vorherbestimmung.

1. Gott und die Engel. Gott ist ein alle Vollkommenheit in sich vereinigender Geist (vgl. S. 308). Aus dem Ḳorân sind daher in späterer Zeit neun und neunzig verschiedene Attribute Gottes zusammengetragen worden, die bis heute den muslimischen Rosenkranz bilden. Auf die Weltschöpfung aus dem blossen Willen wird ein Hauptgewicht gelegt (Gott spricht: „Sei", so wird es).

Die Erzählung der Schöpfung im Ḳorân ist der Bibel entnommen, doch mit Beimischungen aus anderen Quellen, rabbinischen und persischen. Zuerst schuf Gott seinen Thron; unter diesem befand sich Wasser; darauf setzte sich der Erdstoff ab. Um diesen festzuhalten, schuf Gott einen Engel; den Standpunkt desselben bildete ein grosser Fels, der seinerseits auf dem Rücken und den Hörnern des Weltstiers ruht. So steht die Welt fest.

In Verbindung mit der Schöpfung des Firmaments steht die der *ginn* (Dämonen), Mittelwesen zwischen den Menschen und den Engeln; einige derselben sind gläubig, andere ungläubig. Die spätere Zeit hat über diese im Ḳorân öfters erwähnten Ginnen viel gefabelt und sie in verschiedene Arten eingetheilt; noch heute ist der Glaube an sie allgemein verbreitet. Als die Ginnen übermüthig wurden, erhielt ein Engel den Befehl, sie zu vertrei-

*) Allâh ist auch bei den heutigen Juden und Christen, die arabisch sprechen, der Name Gottes.

ben; er drängte sie auf das die Erde umgebende Gebirge Kâf zurück, von wo sie nur bisweilen Einfälle machen. Nun erst wird Adam geschaffen, und zwar am Abend des sechsten Wochentags, daher die Muslimen den Freitag statt des Sabbats feiern. Auf die Schöpfung Adam's folgt der Fall jenes Engels, des Besiegers der Ginnen: weil er sich vor Adam nicht niederwerfen will, wird er verstossen und heisst von nun an *iblîs*, Teufel. Der Sündenfall ist mit Mekka und der Ka'ba in Verbindung gesetzt; dort fand Adam die Eva wieder; der schwarze Stein hat seine Farbe von Adam's Thränen. In Djedda, dem Hafenort von Mekka, wird das Grab der Eva noch heute gezeigt (S. 440). Adam gilt als der erste rechtgläubige Muslim; denn Gott sorgte von Anfang an für die Offenbarung.

Ausser der schöpferischen Thätigkeit Gottes wird aber auch die erhaltende betont, als stetige Einwirkung Gottes auf die Welt; seine Werkzeuge dabei sind die *Engel*. Sie tragen Gottes Thron und richten seine Befehle aus; sie sind aber auch Vermittler zwischen Gott und dem Menschen und begleiten den letzteren stets. Der Reisende, welcher einen Muslim beten sieht (dies geschieht nach dem Vorbild der Engel im Himmel), bemerkt, dass er am Schluss des Gebets sein Gesicht zuerst über die rechte, dann über die linke Schulter wendet (vgl. S. 162). Damit begrüsst er die Schreiberengel, die jedem Gläubigen zur Seite stehen; der zur Rechten schreibt die guten, der zur Linken die bösen Handlungen auf. Ebenso wird der Reisende auf muslimischen Friedhöfen die beiden Denksteine bemerken, die sich auf jedem Grabe befinden; neben diesen sitzen, sobald der Todte begraben ist (s. S. 170), die beiden Frageengel und halten das Examen mit dem Gläubigen ab; desswegen wiederholt der Führer des Leichenbegängnisses fortwährend das Glaubensbekenntniss, damit der Todte es nicht vergesse.

Neben den Legionen guter Engel, die zwar in verschiedener Form, aber doch aus reiner aetherischer Substanz gebildet sind, gibt es auch Genossen des Satans, die den Menschen zum Bösen verleiten und Zaubereien lehren. Sie suchen die Geheimnisse des Himmels zu belauschen, werden dabei aber von den guten Engeln mit Sternschnuppen beworfen (eine uralte Anschauung).

2. Die schriftlichen Offenbarungen und die Propheten. Die Offenbarungen, welche Gott den Menschen hat angedeihen lassen, beruhen auf dem Princip der ursprünglichen Sündlosigkeit, sowie der natürlichen Disposition zum Islâm noch bei jedem Kinde; die Menschen der ersten Zeit waren alle gläubig, sind aber später abgefallen. Daher musste die Offenbarung eintreten; sie findet statt durch Anschauung und durch Ansprache. Die Zahl der Propheten ist sehr gross, es sollen ihrer im Ganzen 124,000 gewesen sein; doch ist ihre Rangstufe verschieden. Einige unter ihnen wurden gesandt, um eine neue Religionsform einzuführen, andere, um die bestehende zu erhalten. Die Propheten sind frei von groben Sünden; trotz der Beglaubigungswunder, mit

denen Gott sie ausgestattet hat, sind sie gewöhnlich verhöhnt und für Lügner erklärt worden. Die grossen Propheten sind: Adam, Noah, Abraham, Moses, Jesus und Moḥammed.

Adam wurde schon oben erwähnt. Er gilt als das Muster menschlicher Vollkommenheit und heisst deshalb auch „Stellvertreter Gottes". — *Noah's* Geschichte wird im Korân wiederholt erzählt und zwar mit allerhand Zusätzen, wie z. B. dass er einen vierten, aber ungehorsamen Sohn gehabt habe. Die Predigt Noah's sowie die Fluth wird ausführlich berichtet. Die Arche soll auf dem Berge Djûdi bei Moṣṣul stehen geblieben sein. Aus der Fluth blieb der Riese 'Udj, Sohn des 'Enak übrig. Er war von fabelhafter Grösse; Sagen über ihn sind noch heute im Volksmund verbreitet.

Den *Abraham* (Ibrâhîm) hat Moḥammed nach jüdischem Vorgang zu einer der wichtigsten Personen gemacht; er heisst auch im Korân „der Freund Gottes" (vgl. Brief Jac. II, 23). Moḥammed selbst wollte die „Religion Abrahams" wieder herstellen. Abraham war ihm besonders wichtig als Stammvater der Araber durch Ismael, wesshalb Abraham auch die Ka'ba gebaut haben muss; man zeigt dort noch seine Fusstapfen. Eine der schönsten Stellen des Korân, so schön dass Göthe sie dramatisch dargestellt wünschte (Wahrh. und Dichtung III, Ausg. letzter Hand 1830, Bd. 26, S. 292) ist in Sûre VI, 76 die Darstellung, wie Abraham zum Bewusstsein des Monotheismus kommt. Sein Vater war ein Heide, und Nimrod tödtete damals alle neugeborenen Kinder (Verwechslung mit dem Kindermord in Bethlehem). Daher wird Abraham in einer Höhle erzogen; in seinem 15ten Jahr tritt er aus derselben heraus. „Und als es über ihm finstere Nacht wurde, erblickte er einen Stern und sagte: Das ist mein Herr; aber als er unterging, sprach er: Ich liebe die Untergehenden nicht. Als er nun den Mond aufsteigen sah, sprach er wieder: Das ist mein Herr; aber als jener unterging, sprach er: Wahrhaftig, mein Herr hat mich nicht geleitet, damit ich zu den *irrenden* Menschen gehöre. Als er nun die Sonne aufsteigen sah, sprach er wiederum: Das ist mein Herr, der ist grösser; aber als sie unterging, sagte er: O Leute, ich habe nichts zu thun mit dem, was ihr götzendienerisch anbetet; denn ich richte mein Antlitz unverwandt auf den, der die Himmel und die Erde aus nichts schuf, und gehöre nicht zu denen, die ihm etwas beigesellen."

Ausser den nur wenig veränderten biblischen Erzählungen finden wir noch die jüdische Legende, wie Abraham, weil er die Götzen zerschlagen hat, von Nimrod ins Feuer geworfen, aber nicht verletzt wird. [Diese Legende beruht auf der sehr alten Auffassung von Ûr Kasdîm (Wohnort des Abraham) als Feuer (Feuerofen = ûr) der Chaldäer, aus welchem Gott den Abraham herausführte.]

Ueber die Geschichte des *Moses* ist wenig Besonderes zu berichten. Er heisst der „Sprecher Gottes" und hat die Thora gebracht; es ist im Korân sehr häufig von ihm die Rede. — Ein grossartiger Anachronismus findet in der Erzählung von *Jesus* statt, indem

Maria mit der Schwester Aaron's (Mirjam) verwechselt wird. Jesus heisst im Korân 'Isa; Isa aber ist eigentlich Esau, ein bei den Juden schimpflicher Name — für uns ein Fingerzeig, woher Mohammed den grössten Theil seiner Legenden geschöpft hat. Anderseits heisst Jesus „das Wort Gottes" (nach Ev. Joh. 1). Auch im Korân wird die Geburt Jesu der Schöpfung Adam's an die Seite gestellt; auch Jesus war von Anfang an, schon als Kind, Prophet wie jener, er hat Wunder gethan, die über die aller anderen Propheten (Mohammed inbegriffen) hinausgehen. Er brachte das Evangelium und bestätigte dadurch die Thora; doch wurden einige Theile des Gesetzes durch ihn aufgehoben. An seiner Stelle wurde ein Anderer gekreuzigt; doch liess ihn Gott für einige Stunden sterben, bevor er ihn in den Himmel erhob (nach der Legende).

Die neueren Untersuchungen bringen mehr und mehr ans Licht, wie wenig Originelles an allen diesen Erzählungen ist, wie Mohammed immer nur nacherzählt und entweder trübe Quellen hat (erst jüdische, später auch christliche) oder sie missversteht. Genau dasselbe ist mit den vielen Erzählungen über andere vorgebliche Propheten der Fall. Selbst Alexander der Grosse wurde zum Propheten gestempelt und sein Zug nach Indien als im Dienste des Monotheismus unternommen dargestellt. Alexander trifft auch den *Chidr* an. Chidr ist die belebende Naturkraft; aber er wird auch mit Elias (vgl. 1 Kön. Cap. 8) und mit dem heiligen Georg identificirt. Wichtig ist für uns nur noch die religiöse Stellung, welche Mohammed selbst in der von ihm gegründeten Religion einnimmt. Moses und Christus haben sein Kommen geweissagt, aber die betreffenden Stellen sind in Thora und Evangelium unterschlagen worden. Er ist der verheissene Paraklet (Ev. Johannis 14, 16), der letzte und grösste der Propheten; aber auch er ist keineswegs frei von kleinen Sünden. Er bestätigt die früheren Offenbarungen; doch sind sie nun nach seinem Auftreten antiquirt. Seine ganze Lehre ist ein Wunder und braucht daher nicht die Bestätigung durch specielle Wunderthaten. Später wurden jedoch eine Menge Wunder von ihm erzählt, und obgleich er nicht direct vergöttert wurde, hat er doch die Stellung des Hauptvermittlers, als Fürsprecher der Menschen bei Gott erhalten. Die Vergöttlichung des Menschlichen ist überhaupt dem Semiten fremd; erst die Perser haben 'Ali und die ihm nachfolgenden Imâme (eigentlich Vorbeter) zu übermenschlichen Wesen gestempelt (s. S. 167).

Der Korân freilich wurde früh als etwas durchaus Uebernatürliches angesehen. Korân bedeutet eigentlich „Recitation, Lesung"; er ist in verschiedene Capitel, *Sûren*, eingetheilt. Die erste Offenbarung erhielt der Prophet in der „gesegneten Nacht" im Jahr 609; mit vielfachen Unterbrechungen dauerte die „Niedersendung" des Korâns nun 23 Jahre hindurch, bis das gesammte Buch, das schon vorher auf der „wohlbewahrten Tafel" im Himmel existirte, zu ihm hinuntergebracht war. Zur Zeit der 'abbasidischen Chalifen wurde die Streitfrage, ob der Ḳorân geschaffen oder ungeschaffen sei, sehr lebhaft erörtert (wie auch die orientalischen Christen für solche subtile dogmatische Fragen, wie das Ausgehen des heiligen Geistes u. a., eine besondere Empfänglichkeit bewiesen haben und noch beweisen). Die früheren Sûren, die mekkanischen, die nun ihrer Kürze wegen erst am Schlusse der Sammlung stehen, zeigen grosse Lebendigkeit und Frische; die Form freilich ist nur halb dichterisch, obwohl gereimt. In den längeren Sûren der späteren Zeit ist Alles Berechnung und die Erzählung oft schleppend. Doch gilt der Korân als das vollendete Meisterwerk arabischer Literatur; die Muslimen recitiren als Gebet fast ausschliesslich Stücke aus diesem Buche, obwohl das tiefere Verständniss desselben ihnen völlig abgeht, ja den ersten Commentatoren schon abhanden gekommen war; denn obschon Moḥammed immer auf sein „arabisches Buch" pocht, war er doch grosser Liebhaber von allerhand dunkeln Fremdwörtern. Der Ḳorân darf von den Muslimen nur in arab. Sprache benutzt werden: persische, türkische, indische Kinder lernen ihn ganz mechanisch auswendig. (Mittheilungen über die verschiedenen Ausgaben des Ḳorâns s. S. 274, 288.)

Es existiren Uebersetzungen vom Korân in deutscher, englischer, französ., italien. und lateinischer Sprache. Die besten dürften sein die deutsche von *Ullmann* (Bielefeld, 6. Aufl., 1872), die französische von *Kasimirski* (Paris 1852) und die englische von *Rodwell* (London 1861).

3. Die letzten Dinge und die Vorausbestimmung. Die Auferstehung ist vom Ḳorân und von der späteren Sage sehr reich ausgeschmückt worden; die Grundzüge dieser Lehre aber sind sicher dem Christenthum entnommen: so die Stellung des Antichrist und die grosse Rolle, welche Jesus an jenem Tage spielen soll. Er wird den Islâm als Weltreligion einführen; mit ihm wird der Mehdi, der zwölfte Imâm (S. 167), wieder erscheinen und das Thier der Erde (S. 156); die Völker Gog und Magog werden den Damm zerbrechen, hinter welchen Alexander (S. 159) sie getrieben hat. Das Ende der Dinge beginnt mit den Posaunenstössen des Engels Asrâfîl; einer derselben streckt Alles todt nieder, der andere bewirkt die Auferstehung. Hierauf folgt das Gericht; die Guten gehen über die haarscharfe Brücke ins Paradies, die Bösen fallen von ihr hinunter in den Höllenschlund. Einige glauben an eine Art Todtenreich, wie die Hebräer und Griechen es annahmen, andere aber behaupten, dass die Seelen gleich nach dem Tode vor die Pforte des Paradieses kommen. Jeder Mensch wird beim Gericht nach den Büchern der Schreiberengel (S. 170) gerichtet; der Gute bekommt das Buch in die rechte Hand, dem Bösen wird es in der linken auf den Rücken gebunden. Die Wagschale für gute und böse Handlungen spielt eine grosse Rolle, und diese Anschauung hat zu der späteren grossen Werkheiligkeit des Islâm geführt, die so weit geht, dass gute Handlungen sogar übertragen werden können. Auch die Dämonen und die Thiere werden gerichtet. Hölle sowohl als Himmel haben verschiedene Stufen;

auch der Islâm nimmt ein Fegefeuer an, aus dem eine Erlösung möglich ist. Das Paradies malt bekanntlich Moḥammed seiner tiefsinnlichen Anlage gemäss äusserst sinnlich aus.

Wie alle Dinge, so ist, was Seligkeit oder Verdammniss betrifft, das Geschick des Einzelnen nach der strikten Lehre des Ḳorân durchaus vorherbestimmt; später suchten indess einzelne Secten diesen schrecklichen Gedanken zu mildern. Gerade darauf aber basirt der Stolz des gläubigen Muslim. Er hält sich kraft seines Glaubens durchaus für auserwählt und wird daher in der Regel niemanden zu bekehren suchen, da er keine Macht hat, irgendwie in den Rathschluss Gottes einzugreifen (vgl. S. 48).

In zweiter Linie ist der Ḳorân aber auch die Norm für die Ethik, ja er enthält die Grundlage nicht nur der Sittenlehre, sondern auch des bürgerlichen Rechtes.

Die Moral des Islâm, wie sie im Ḳorân gelehrt wird, ist durchaus dem Character des Arabers angepasst. Was die allgemein menschlichen Pflichten betrifft, so wird Mildthätigkeit gepriesen, und oft noch sieht man Beispiele derselben. Die Gastfreundschaft ist bei den Beduinen, aber auch bei den Bauern überall, wo europäische Reisende noch nicht überhand genommen haben, zu Hause. Genügsamkeit ist ferner ein Hauptvorzug des arabischen Lebens, wenn auch die Geldgier dem Araber tief im Blute sitzt. Die Schuldgesetze sind sehr gelinde; das Verleihen von Geld auf Zinsen ist eigentlich im Ḳorân verboten, was indess nicht hindert, dass heute der niedrigste Procentsatz 12 % beträgt. Das Verbot, unreine Thiere, z. B. Schweine zu essen, ist älter als der Islâm und beruht, wie die Untersagung des Genusses geistiger Getränke, auf Gesundheitsrücksichten; jetzt indessen wird Wein bekanntlich von den höheren Classen, namentlich bei den Türken, in Menge getrunken, ebenso auch Branntwein.

Unter den Muslimen finden sich sehr selten Junggesellen. Die Monogamie ist in der Praxis häufiger als die Polygamie, da nur wenige Leute für mehrere Frauen (vier ist die gesetzliche Grenze) den Unterhalt erschwingen können, und überdiess die Frauen sich gewöhnlich zu viel zanken, wenn nicht jede für sich allein wohnt. Dass die Frau wie eine Waare behandelt wird, ist uralt hergebrachte Sitte des Orients und der grösste Fehler des Islâm, obwohl die Stellung der Frau bei den orientalischen Christen und Juden wenig besser ist. Sonderbarer Weise sieht der Muslim es ungern, wenn die Frau fromm ist und betet. Unverschleiert darf ein Mann nur seine eigene Frau und Sclavinnen, sowie seine Blutsverwandten sehen; bei Besuch von Freundinnen muss er sich vor Betreten des Frauengemachs (Ḥarim) anmelden lassen, damit diese sich vorher zurückziehen können. Der Schleier stammt aus dem frühesten Alterthum (1. Mose XXIV, 65; Jesaias III, 22); ob die alten Aegypter ihn getragen, scheint indessen zweifelhaft, da er auf keinem Denkmal abgebildet ist. Eine Frau würde sich für beschimpft halten, wenn man ihr zumuthete, mit der Freiheit aufzutreten, welche die Frauen in Europa geniessen. Auch in den christlichen Kirchen des Orients (mit Ausnahme der protestantischen) ist der Platz der Weiber durch ein Gitter abgesperrt. Die Bauernweiber und die Frauen der Beduinen hingegen sieht man oft schleierlos. Die Leichtigkeit der Scheidung verdankt der Islâm Moḥammed's persönlichen Neigungen. Der Muslim braucht nur „Du bist verstossen" auszusprechen, so muss die Frau sein Haus verlassen; doch behält sie das Heirathsgut, das der Mann ihr gegeben hat. Die Kinder werden in grosser Unterwürfigkeit gegen die Eltern erzogen und zeigen daher oft mehr Furcht als Liebe gegen sie.

Eine Hauptaufgabe des Muslim ist das fünfmal am Tage sich wiederholende **Gebet** *(adân)*, dessen Zeit von dem Ausrufer auf dem Minaret angezeigt wird, und zwar 1. einige Zeit nach Sonnenuntergang *(maghrib)*; 2. zur Zeit, wo es vollständig Nacht geworden ist, circa 1½ Stunde nach Sonnenuntergang *('aschâ)*; 3. bei Tagesanbruch *(ṣubḥ)*; 4. am Mittag *(ḍuhr)*; 5. am Nachmittag circa 1½ Stunde vor Sonnenuntergang *('aṣr)*. Diese Gebetszeiten geben zugleich die Eintheilung des Tages; ausserdem werden im Orient auch von Sonnenuntergang an zweimal 12 Stunden bis zum nächsten Sonnenuntergang gezählt, d. h. wo überhaupt die Leute nach Stunden und Uhren rechnen, sodass je nach der Länge der Tage die Zeit sich täglich verschiebt, und die Uhr eigentlich jeden Tag von neuem gestellt werden muss. Die meisten Leute jedoch begnügen sich mit der Angabe des Gebetrufers *(mueddin)*, der mit wohltönendem Gesang vom Minaret aus den Gläubigen zuruft: *Allâhu akbar* (3 mal); *aschhadu an lâ ilâha ill'allâh; aschhadu anna Muḥammedan rasûlu'llâh* (2 mal); *ḥeyya 'ala-ṣṣalâh* (2 mal); *ḥeyya 'ala'lfalâḥ* (2 mal); *Allâhu akbar* (2 mal); *lâ ilâha ill'allâh;* d. i. „Gott ist der Höchste; ich bezeuge, dass kein Gott ist, ausser Gott; ich bezeuge, dass Moḥammed der Gesandte Gottes ist; kommt zum Gebet; kommt zum Gottesdienst; Gott ist der Höchste; es ist kein Gott, ausser Gott." Auch in der Nacht dringt bisweilen höchst feierlich dieser „Ruf zum Gebet" durch die Stille, um die etwa wachenden Gläubigen zu einem guten Werke aufzufordern. — Sanitärisch vortrefflich ist die Pflicht, sich vor dem Gebete zu waschen; zu diesem Behuf ist im Hofe jeder Moschee ein Wasserreservoir angebracht (s. S. 199). In der Wüste darf der Gläubige sich zu dieser religiösen Waschung auch des Sandes bedienen.

Der Betende stellt sich barfuss hin, das Gesicht gegen Mekka gewendet, wie auch die Juden gegen Jerusalem gewendet gebetet haben. Das Gebet beginnt damit, dass der Betende erst die Hände an die Ohrläppchen hält, dann etwas unter dem Gürtel; er unterbricht das Hersagen des Ḳorâns mit einzelnen Niederwerfungen nach bestimmter Reihenfolge. Am Freitag findet das Mittagsgebet ¾ Stunden früher als gewöhnlich statt und es folgt darauf eine

Predigt. Doch gilt der Freitag deshalb keineswegs als Ruhetag; erst seit neuerer Zeit haben die Gerichte an diesem Tage in Nachahmung christlicher Sitte geschlossen. Die Beduinen beten selten, dagegen wird bei den Wahhabiten (S. 167) in Centralarabien beim Morgengebet Appell gehalten; wer nicht zugegen ist, wird bestraft.

Die verschiedenen Stellungen eines betenden Muslim.

Am gewöhnlichsten wird die erste Sûre des Korân, eine der kleinsten, gebetet, welche beinahe die Stelle des christlichen Vaterunsers vertritt. Sie heisst *el-fâtḥa* (die eröffnende) und lautet in der Uebersetzung folgendermassen: „Im Namen Gottes des Allbarmherzigen, des Erbarmungsreichen! Lob und Dank sei Gott, dem Herrn der Weltwesen, dem Allbarmherzigen, dem Erbarmungsreichen, dem Weltrichter des jüngsten Tages. Dich verehren wir, und Dich flehen wir um Hülfe an. Leite uns den rechten Weg, den Weg derer, denen Du Gnaden erwiesen hast, auf die Du nicht erzürnt bist, und nicht den derer, die da abirren. Amen."

Eine weitere Hauptpflicht des Gläubigen ist das Fasten während des Monats *Ramaḍân* (vgl. S. 256). Von Tagesanbruch an bis zum Abend darf nichts genossen werden, ja fromme Leute verschlucken nicht einmal ihren Speichel. Dieses Fasten wird sehr streng gehalten, aber die Nächte mit ihren langen Schmausereien bringen eine Entschädigung, an die man den ganzen Tag über denkt. Viele Geschäfte stehen während dieses Monats still. Da das arabische Jahr ein Mondjahr ist, also circa 11 Tage kürzer als das unsrige, so durchläuft das Fasten in einer Reihe von 33 Jahren alle Jahreszeiten und ist besonders im heissen Sommer wegen des Durstes drückend.

Erwähnung verdient noch die Wallfahrt nach Mekka*) (S. 203 u. 255), die jeder Muslim in seinem Leben einmal zu unternehmen verpflichtet ist, doch reisen jetzt die meisten zu Schiff hin. In der Nähe von Mekka müssen die Pilger ihre Kleider ablegen, selbst ihre Kopfbedeckung; sie dürfen nur einen Schurz umbinden und ein Stück Zeug über die linke Schulter hängen. So wandeln sie um die Ka'ba, küssen den schwarzen Stein, hören die Predigt am 'Arafât, einem Berge nahe bei Mekka, werfen den Satan im Thale Mina mit Steinchen und beschliessen ihre Wallfahrt mit einem grossen Opferfest. An dem Tage, wo dies bei Mekka geschieht, werden im ganzen Gebiet des Islâm Schafe geschlachtet und ein Fest gefeiert, das der grosse Beirâm *(el-'îd el-kebîr)* heisst (der kleine Beirâm, ar. *el-'îd eṣ-ṣughayyir*, folgt auf den Ramaḍân). Der Monat der Wallfahrt heisst Dhul-ḥigge (der der Wallfahrt) und schliesst das muslimische Jahr. Näheres über die damit verbundenen Festlichkeiten, sowie solche überhaupt siehe S. 255. — Um ein Jahr unserer Zeitrechnung in ein Jahr der muslimischen Aera zu verwandeln, subtrahirt man die Zahl 622, dividirt den Rest durch 33 und addirt das Facit zu der Summe, welche man dividirt hat: das Ergebniss ist natürlich nicht ganz genau richtig. Am 28. Jan. 1876 hat das Jahr 1292 begonnen; in Aegypten ist neuerdings der gregorianische Kalender, aber nur zur Aufstellung und Abrechnung der Staatsausgaben eingeführt worden.

An den Ḳorân schliesst sich der grösste Theil der Literatur des Islâm an. Schon früh wurden Werke über die dunkeln Stellen im Ḳorân verfasst; allmählich bildete sich eine Reihe von exegetischen Schriften, welche jede mögliche Erklärungsweise bis ins Kleinlichste verfolgten. Auch Grammatik wurde zunächst nur um des Ḳorâns willen getrieben. Die ins Ungeheure anschwellende juristische Literatur fusste zunächst durchaus auf dem Ḳorân (S. 308). Erst in neuerer Zeit sind Versuche gemacht worden, das alte Recht zu verdrängen und ein neues europäisirtes einzuführen (S. 7). Die Beduinen haben noch ihr besonderes Gewohnheitsrecht.

In Hinsicht auf theologische sowohl als juristische Fragen und noch mehr in Bezug auf das Ceremoniell war der Islâm nicht immer einig. Es gibt zunächst vier orthodoxe Secten, *Ḥanefiten*, *Schafe'iten*, *Malekiten* und *Ḥambaliten*, die nach ihren Stiftern so benannt sind. Mehr von Belang für uns sind die freidenkerischen Richtungen, welche früher, theilweise durch Einfluss der griechischen Philosophie, entstanden sind. Die orthodoxe Partei blieb nicht nur gegenüber diesen, sondern auch im Kampf mit der heiteren Lebendigkeit und Genusssucht der schönen Zeiten der Chalifen Sieger.

Nicht minder entwickelte sich auch die Askese und religiöse Ueberspanntheit innerhalb des Islâm; daneben aber auch die reine Mystik, namentlich in Persien. Der Mystiker *(Ṣûfi)* fasst viele

*) Die Kosten der Pilgerkarawane für Geschenke an die Stadt Mekka, für Repräsentation etc. betragen für die aegypt. Regierung gegenwärtig etwas über 13,000 Beutel (Gold) d. i. 1,372,000 Mark.

Aussprüche des Korân allegorisch; diese Richtung artete daher öfters in Pantheismus aus. Durch die Mystiker, welche noch innerhalb des Islâm standen (wie der berühmte Ibn el-'Arabi, geb. 1164), wurden die *Derwischorden* begründet.

Derwische (*darwisch*, plur. *darâwisch*). Die Entstehungsursachen des Mysticismus liegen theils im inneren Wesen des Islâm selbst, theils in äusseren Umständen. Es ist ein häufig wiederkehrender Gedanke des Korâns, dass das irdische Leben werthlos, eine Täuschung, nichts als eine Prüfungszeit sei. Diese pessimistische Weltanschauung wurde noch verstärkt durch eine düstere Auffassung der Gottheit, die Mohammed vorzüglich von ihrer schrecklichen Seite zu schildern geneigt war, und die in den Bekennern des Islâm ein tiefes Gefühl der Furcht hervorrufen musste. Da kehrten denn glaubensinnige Gemüther in sich selbst ein, zogen sich von der bösen Welt, der Stätte der Täuschung und des Sinnentruges, zurück, und ergaben sich ascetischen Bussübungen, um auf diese Weise wenigstens der andern Welt sich zu versichern. Die Grundbedeutung dieser ascetischen Richtung war das Streben nach Gotteserkenntniss auf intuitivem, ekstatischem Wege. Die mystische Liebe zu Gott galt als das grosse Schlagwort, um hierdurch sich in die geheimnissvolle Ekstase zu versetzen und durch vollständige Versenkung in die Contemplation sich selbst zu vernichten und durch diese Selbstvernichtung (*fanâ*) in Gott sich aufzulösen (*ittihâd*). Wie in Europa aus den Büssern und Einsiedlern die Klöster und Bettelmönche hervorgingen, so entwickelte sich auch die muslimische Ascese schnell zu einem organisirten Bettelwesen. Während anfangs edle Denker und begabte Poeten (wie z. B. die Perser Sa'di und Hâfiz) dieser Richtung sich anschlossen, ist heutzutage das Derwischthum heruntergekommen, der Geist daraus entschwunden und nur der äussere Mechanismus, soweit er sich auf die Mittel bezieht, sich in ekstatischen Zustand zu versetzen und den Körper unempfindlich gegen äussere Eindrücke zu machen, zurückgeblieben.

Die hauptsächlichsten aegyptischen Derwischorden (ṭarîḳat ed-darâwisch) sind:

1) Die *Rifâ'iye* (Sing. *Rifâ'i*), gestiftet von Seyyid Aḥmed Rifâ'a el-Kebîr. Sie besitzen ein Kloster in der Nähe der Moschee Sulṭân Ḥasan (s. S. 270), haben schwarze Fahnen und schwarze oder dunkelblaue Turbane. Zwei Sekten dieses Ordens sind namentlich bekannt: die *Aulâd 'Ilwân* oder *'Ilwâniye*-Derwische und die *Sa'adiye*-Derwische. Jene zeichnen sich durch allerlei Kunststücke aus, die sie bei Festlichkeiten zu produciren pflegen; sie stecken sich eiserne Nägel in die Augen und den Arm, zerschlagen sich auf dem Rücken liegend grosse Steine auf der Brust, verschlingen glühende Kohlen und Glas etc. Die Sa'adiye, die gewöhnlich grüne Fahnen tragen, sind Schlangenbändiger (S. 20) und lassen am Festtag der Geburt des Propheten (S. 255) den Schêch über sich wegreiten (Dôse).

2) Die *Ḳâdiriye* (Sing. *Ḳâdiri*), gestiftet von dem berühmten Seyyid 'Abd el-Ḳâdir el-Gîlâni, tragen weisse Banner und Turbane. Sie sind grossentheils Fischer und tragen bei ihren Processionen Netze von verschiedenen Farben, Angelruthen etc. umher.

3) Die *Aḥmediye* (Sing. *Aḥmedi*) oder der Orden des Seyyid Aḥmed el-Bedawi. Ihre Banner und Turbane sind roth. Der Orden zählt zahlreiche Mitglieder und ist sehr geachtet. Von den vielen Sekten, in die sich der Orden theilt, mögen hier nur 2 angeführt werden: die *Schinnâwiye*, die bei den Festen am Grabe Seyyid Aḥmeds in Ṭanṭa (S. 241) eine Hauptrolle spielen, und die *Aulâd Nûḥ*. Letztere sind meist junge Leute; sie tragen hohe spitze Mützen mit einem Büschel bunter Zeugstreifen, hölzerne Schwerter, über die Brust her eine Menge an Schnüren aufgereihte Kügelchen und eine Art Peitsche aus einem dicken Strickgeflecht.

Ausser diesen gibt es noch eine Menge anderer Orden, deren Aufzählung überflüssig ist. Die Aufnahme in die einzelnen Orden ist äusserst einfach. Wer aufgenommen werden will (*el-murîd*), geht zum Schêch des betreffenden Ordens, vollzieht die gewöhnliche Waschung und sagt dem Meister, indem er sich zu ihm auf den Boden setzt und ihm die Hand reicht, eine Formel nach, in der er Reue über seine Sünden und seinen Vorsatz sich zu bessern ausspricht und Allâh zum Zeugen anruft, dass er sich nie vom Orden trennen wolle. Den Schluss der Ceremonie bildet das dreimalige Hersagen des Glaubensbekenntnisses von Seiten des Murîd, das gemeinsame Beten der Fatḥa (S. 163) und ein Handkuss.

Die religiösen Uebungen aller Derwische bestehen hauptsächlich in der Abhaltung der *Zikr's* (s. unten und S. 257). Fast alle Derwische in Aegypten sind Krämer, Handwerker oder Landbauern. Sie sind meist verheirathet und wohnen nur von Zeit zu Zeit den heiligen Gebräuchen und Ceremonien ihrer Orden bei. Andere machen ein Geschäft daraus, an Heiligenfesten oder bei Leichenbegängnissen u. s. w. ihre Zikr's aufzuführen. Diese heissen *fukara* (sing. *fakir*), d. h. Arme. Andere verdienen ihren Unterhalt als Wasserträger (*ḥemali*, s. S. 267). Nur wenige führen ein herumziehendes Leben und erhalten sich durch Almosen. Diese sind dann meist bekleidet mit einem aus verschiedenfarbigen Lumpenfetzen zusammengenähten Rock *(dilķ)* oder nur mit einem zottigen Felle behangen und tragen einen Stock, an dessen oberem Ende verschiedenfarbige Kleiderfetzen angebunden sind. Sehr häufig sind Verrückte unter ihnen und gerade sie geniessen hohe Ehre beim Volk, denn man hält sie für heilige Personen, die von Gott ganz besonders dadurch bevorzugt seien, dass ihr Geist bereits im Himmel weile, während ihr grösserer Theil noch hier auf Erden sich befinde.

Die *Zikr's* (s. S. 257), denen der Fremde am leichtesten beizuwohnen Gelegenheit hat, sind die der *tanzenden* und *heulenden Derwische*. Erstere tragen ein langes hellfarbiges lockersitzendes Gewand, das ihnen bis unter die Kniee herabhängt. Sie halten ihren „Zikr" innerhalb eines ca. 6m im Durchmesser grossen, mit einem Geländer umgebenen kreisförmigen Raumes. Jeder geht, sobald die Reihe an ihn kommt, zum Schêch hin und macht ihm eine tiefe Verbeugung, worauf er wie im Delirium sich wie ein Kreisel zu drehen anfängt und so in der Runde sich drehend nach seinem Platze hinbewegt. Nachdem dies einzeln geschehen, kreiseln alle zusammen und zwar dreimal in der

Tanzende Derwische.

Runde linksherum. Sie drehen sich auf dem linken Fuss, und halten sich im Drehen, indem sie den rechten rasch vor demselben hergehen lassen und ihn gegen den mit Wachs bestrichenen Fussboden drücken. Die meisten machen bis zu 40 Umdrehungen in der Minute, einzelne bringen es sogar bis auf 60, ja noch mehr, und setzen dies 20—25 Minuten ohne schwindelig zu werden fort; dabei machen sie durchaus kein Gerausch; einzelne legen ihren Kopf zurück oder auf die Seite, und schliessen ihre Augen wie in andächtige Verzückung versunken. Abwechselnd ertönt eine Art rohe Musik, doch bleiben die Musikanten unsichtbar. Ein solcher Zikr dauert ca. 1 Stunde (s. S. 257).

Die heulenden oder bellenden Derwische bringen sich kniend und mit dem Oberkörper auf der Erde gekauert, durch mitunter stundenlang anhaltendes Brüllen des muslimischen Glaubensbekenntnisses „lâ ilâha" etc., das sich schliesslich in dem einen Wort „hû" d. i. er (Gott) gipfelt, in Ekstase; bei besondern Festlichkeiten fallen dabei einzelne in epileptische Krämpfe, Schaum tritt ihnen vor den Mund etc.; das bleibt aber unbeachtet, sie müssen sich von selbst wieder erholen. Auch diesen Anblick wird der Europäer wenig ergötzlich finden.

Schon früh war im Islâm der Heiligen- und Märtyrercultus ausgebildet. Man pilgerte zu den Gräbern, weil man glaubte, dass der Tod den Verkehr mit dem Verstorbenen nicht aufhebe. So wurde besonders das Grab Moḥammed's in Medîna und das seines Enkels Ḥusên in Kerbela weltberühmt. Bald hatte jedes Städtchen sein Heiligengrab. Der Reisende wird in manchen Dörfern kleine Kuppelgebäude mit Gitterfenstern finden, sog. *Welî's;* „welî" bedeutet zugleich Heiliger und ein solches Grabmal (vgl. S. 199). An den Gittern befinden sich oft Tuchläppchen, von frommen Personen oder von solchen, die ein Gelübde übernommen haben, aufgehängt, ebenso an manchen für heilig gehaltenen Bäumen; es sind dies Sitten, die aus alter Zeit herrühren.

Am Ende des vorigen Jahrhunderts erhob sich gegen die Missbräuche im Islâm eine Reaction von Centralarabien aus. Die *Wahhabiten*, so benannt von ihrem Stifter 'Abd el-Wahhâb, wollten die ursprüngliche Reinheit des Islâm wieder herstellen; sie eiferten gegen den Heiligencultus, zerstörten die Gräber, selbst Moḥammed's und Ḥusên's und suchten die Einfachheit der Sittengesetze wieder einzuführen. Bald wurden sie zu einer grossen politischen Macht; hätte es nicht im Interesse von Moḥammed 'Ali (S. 122) gelegen, sie zu bekriegen, so würden sie noch heute bedeutender sein. — Ueber den Senûsi-Orden s. S. 78.

Wir haben bisher nur von den Glaubenslehren der einen grossen Secte des Islâm, der *Sunniten* (von *sunna*, Ueberlieferung) gesprochen. Sehr früh zweigten sich die *Schî'iten* (von *schî'a*, Secte) ab; diese stellten 'Ali, den Schwiegersohn des Propheten, neben oder sogar über Moḥammed, betrachteten ihn als Incarnation der Gottheit und glaubten an die Imâme, d. h. die geistlichen Oberhäupter aus 'Ali's Nachkommenschaft. Der letzte derselben soll nicht gestorben sein, sondern sich lebend bis auf den jüngsten Tag verborgen halten (der Mehdi). Schon früh hatte sich der Schî'itismus auch im Westen verbreitet, besonders unter den Fâṭimidischen Herrschern in Aegypten. Die Schî'iten sind sehr fanatisch; sie essen mit keinem Andersgläubigen zusammen. Die Perser sind alle Schî'iten. Näheres über die andern hauptsächlich in Syrien verbreiteten Secten (*Metâwile*, *Isma'îlier*, *Nosairier*, *Drusen* etc.) s. in Baedeker's Palaestina und Syrien.

Einiges über Sitten und Gebräuche der Mohammedaner.

Kalender der Festtage.

Im 6ten oder 7ten Jahre oder noch später werden die Knaben beschnitten, und zwar mit grossem Pomp. Das zu der heiligen Handlung bestimmte Kind wird in feierlichem Aufzug durch die Strassen der Stadt geführt; um sich die grossen Kosten eines solchen Aufzuges zu erleichtern, schliesst man sich gewöhnlich einem Brautzuge an. Der Knabe trägt meist einen Turban von rothem Kaschmir, möglichst reiche Mädchenkleider und auffallenden Frauenschmuck, der den Blick auf sich ziehen und so von seiner Person abwenden soll. Ein schön aufgeputztes Pferd wird geliehen, um ihn zu tragen. Mit einem gestickten Taschentuche muss er sein Gesicht halb verdecken. Der Barbier, der die Operation vollzieht, und Musikanten schreiten voran. Den Zug eröffnet gewöhnlich der Diener des Barbiers mit dem „Heml", einer Art von Schrank aus Holz, in der Gestalt eines halben Cylinders mit 4 kurzen Beinen, dem Zeichen des Barbiers. Die vordere (flache) Seite des Heml ist mit Stücken von Spiegeln und messingenem Zierrat von getriebener Arbeit belegt, die hintere Seite mit einem Vorhang bedeckt. Oft werden zwei Knaben zugleich im Aufzuge herumgeführt; jetzt auch noch mehr und zwar in Wagen mit Musik etc.

Die Mädchen werden im 12ten oder 13ten, manchmal schon im 10ten Jahre verheirathet. Durch Verwandte oder Vermittlerinnen wird dem Jünglinge die Braut ausgesucht (S. 29), die er, wenn sie nicht einem ganz geringen Stande angehört, erst bei der Hochzeit zu sehen bekommt. Ist Alles in Ordnung, so muss der Heirathscandidat den Brautschatz, in mittleren Kreisen etwa 160 Thaler, wenn die Braut eine Jungfer ist (bei Wittwen weniger), zahlen. Gewöhnlich wird $^2/_3$ der Summe, um die weidlich gehandelt wird, sogleich erlegt, während $^1/_3$ für den Fall des Todes des Gatten oder wenn er sich gegen ihren Willen von ihr scheidet, für sie festgestellt wird. Nun wird der Ehecontract geschlossen. Bei dem Brautzuge wird die Braut in ihren besten Kleidern vor der Hochzeit ins Bad geführt. Diese Procession wird *„Zeffet el Hammâm"* genannt. Voran gehen einige Musikanten mit 1 oder 2 Hoboen und Trommeln verschiedener Art; dann folgen einige verheirathete Freundinnen und Verwandte der Braut paarweise gereiht, und hinter diesen eine Anzahl junger Mädchen. Dann folgt die Braut unter einem seidenen Baldachin von irgend einer hellen Farbe, wie nelkenroth, rosa oder gelb, oder von 2 Farben in bunten Streifen, oft rosenroth und gelb. Dieser Baldachin wird an langen, an den Ecken angebrachten Stangen von 4 Männern getragen, ist nur nach vorn offen, und an der Spitze jeder der 4 Stangen ist ein gesticktes Tuch angebunden. Die Kleidung, welche die Braut trägt, verhüllt sie vollständig; sie pflegt in einen Kaschmirshawl gänzlich eingewickelt zu sein, und auf ihrem Kopf sitzt eine kleine Mütze oder Krone von Pappe. Musikanten beschliessen den Zug. Das Freudengekräh, das Frauen niederer Stände bei jeder besonders ergreifenden Handlung ausstossen, heisst *Zaghârît*. Derselbe Zug durchschreitet die Strassen, wenn die Braut in das Haus des Gatten geführt wird.

Nicht minder auffallend wie die Hochzeitsprocessionen sind die Leichenzüge. Wenn der Tod am Morgen stattfindet, so wird die Leiche am selben Tage begraben, sonst am folgenden. Nachdem der Leichnam gewaschen und von der Familie und den Klageweibern (*Neddâbe's*) beklagt ist, nachdem Schulmeister (*Fikîh's*) Suren aus dem Korân neben ihm gelesen und man ihm das weisse oder grüne Sterbehemd angezogen hat, trägt man den Todten in feierlichem Aufzuge hinaus. Zuerst kommen etwa sechs oder mehr arme Männer, meistens Blinde, die zwei und zwei oder drei und drei zusammengehen und langsamen Schrittes wandelnd das Glaubensbekenntniss (S. 156): „Es gibt keinen Gott ausser Gott; Mohammed ist Gottes Gesandter; Gott sei ihm günstig und bewahre ihn" singen. Diesen folgen einige männliche Anverwandte des Verstorbenen, auch wohl Derwische mit den Fahnen ihres Ordens, dann 3, 4 oder mehr Schul-Knaben, von denen einer Copieen des ganzen oder eines Theiles des Korân auf einem Pulte von Palmzweigen unter einem Tuche trägt. Die Knaben singen mit höherer und lebhafter Stimme gewöhnlich einige Worte aus einem Gedichte, das die „Haschrîye" genannt wird und das Weltgericht etc. beschreibt. Die Bahre wird mit dem Kopf voran eine kurze Strecke von 3 oder 4 Freunden des Verstorbenen getragen, die später von anderen abgelöst werden. Hinter der Bahre gehen die trauernden Frauen, mit aufgelöstem Haar, schluchzend, häufig von den Klageweibern begleitet, die den Verstorbenen loben und preisen. Unter den Schmerzensrufen, welche diese ausstossen, lautet einer, wenn der Hausherr gestorben ist: „O du Kameel meines Hauses", indem das Kameel als Bild der Sorge für das Haus aufgefasst wird.

Die Leiche wird zunächst in diejenige Moschee gebracht, zu deren Heiligen man das grösste Zutrauen besitzt, und Gebete für sie gesprochen. Nachdem man die Bahre vor das Grabmal des Heiligen gestellt und nochmals vor ihr gesungen und gebetet hat, setzt sich der Zug wieder in Bewegung und zwar zum Kirchhofe, wo man den Todten so in das Grab legt, dass sein Antlitz nach Mekka schaut.

Unter den Frauen sind die Verwandten und Hausgenossen des Verstorbenen durch einen, in der Regel blauen, Streifen von Leinen, Baumwollenzeug oder Muslin kenntlich, der um den Kopf gebunden und hinten in einen Knoten geschlungen ist, dessen Enden einige Zoll herabhängen. Diese tragen in der Regel auch ein blau gefärbtes Tuch, welches sie bald über den Schultern in die Höhe halten, bald mit beiden Händen über ihrem Kopfe oder vor ihrem Gesichte zusammendrehen. Die Männer tragen keine Trauerkleider. Manche Frauen namentlich auf dem Lande beschmieren ihre Stirn und Brust mit Schlamm, oder färben ihre Hände und Unterarme blau, alles das, trotz des Verbotes des Propheten, gerade so wie es dem Reisenden namentlich zu Theben auf den Bildern begegnen wird, welche die Begräbnisse der alten Aegypter darstellen. Sehr häufig kann man aber bemerken, dass die klagenden Weiber sich alsbald ruhig auf den Boden setzen und rauchen. Reichere Bürger, fromme Schêchs und 'Ulama werden mit glänzenderen Zügen begraben, bei denen religiöse Körperschaften und Derwische mit Fahnen theilnehmen, Wasser vertheilt, das Reitpferd des Verstorbenen und ein Büffel aufgeführt wird, dessen Fleisch man, nachdem man ihn am Grabe geopfert, unter die Armen vertheilt.

Dem Muslim eigen ist die strenge Trennung der Geschlechter selbst im Tode; ein Familiengrab pflegt deswegen zwei gewölbte Kammern zu enthalten, eins für die Frauen, das andere für die Männer. Zwischen ihnen liegt der Eingang für die Todten, der der leichteren Oeffnung wegen mit einer einzigen grossen Platte bedeckt ist. Die Kammern sind so hoch, dass sich die Todten aufrecht setzen können, wenn sie in der ersten Nacht nach ihrer Beisetzung von den beiden Engeln Munkar und Nekir geprüft werden (s. S. 157). Nach dem Glauben der Muslimen bleibt nämlich die Seele noch eine Nacht bei der Leiche. Näheres über die Grabesgruft s. S. 200.

Nachstehend eine Zusammenstellung der Festtage der verschiedenen Religionen und der aegyptischen Volksfeste, die alle ihren Schwerpunkt in der Hauptstadt Kairo haben. Nähere Angaben darüber s. S. 255; Messe in Ṭanṭa s. S. 244.

	1876	1877
Röm.-kathol. Feste.		
Septuagesimae	13. Febr.	28. Jan.
Fastnachtdienstag	29. Febr.	13. Febr.
Ostern	16. April	1. April
Himmelfahrt	25. Mai	10. Mai
Pfingsten	4. Juni	20. Mai
1. Advent	3. Dec.	2. Dec.
Griech.-kathol. Feste.		
Triodium	23. Febr.	21. Jan.
Grosse Fasten	29. Febr.	11. Febr.
Jahrestag der Unabhängigkeit Griechenlands	6. April	6. April
Ostern	4. April	27. März
Himmelfahrt	13. Mai	5. Mai
Pfingsten	23. Mai	15. Mai
Allerheiligen	30. Mai	22. Mai
Geburtstag K. Georgios' I.	24. Dec.	24. Dec.
Koptische Feste.		
Weihnachten	5. Jan.	5. Jan.
Dreikönigsfest (Epiphanias)	17. Jan.	17. Jan.
Grosser Fasttag	13. Febr.	4. Febr.
Palmsonntag	28. März	20. März
Ostern	4. April	27. März
Himmelfahrt	6. Mai	28. April
Pfingsten	16. Mai	8. Mai

	1876	1877
Muslimische Feste.		
Grosser Beirâm, 4 Tage	7. Jan. 28. Dec.	17. Dec.
Neujahrstag	28. Jan.	16. Jan.
Procession Dôse	6. April	27. März
Kleiner Beirâm, 3 Tage	20. Oct.	9. Oct.
Auszug der Mekka-Karawane	12. Nov.	1. Nov.
Aegypt. Volksfeste.		
Jahrestag des Regierungs-Antritts des Chediw	18. Jan.	18. Jan.
Kleine Messe zu Ṭanṭa, 8 Tage	Jan. und April	Jan. und April
Schamm en-Nesîm		
Nukṭat en-Nil	17. Juni	17. Juni
Grosse Messe zu Ṭanṭa, 15 Tage	August	August
Durchstich des Nil-Dammes	2. Woch. d. Aug.	2. Woch. d. Aug.
Jüdische Feste.		
Purim	10. März	27. Febr.
Passah	9. April	29. März
Wochenfest	29. Mai	18. Mai
Tempelverbrennung	30. Juli	19. Juli
Neujahr	19. Sept.	8. Sept.
Versöhnungsfest	28. Sept.	17. Sept.
Laubhüttenfest	3. Oct.	22. Sept.
Tempelweihe	11. Dec.	1. Dec.

VIII. Zur aegyptischen Kunstgeschichte.

„Ewige Steine" werden in dem altaegyptischen Gedicht, welches Ramses' Grossthaten besingt, die Tempel des Nilthales genannt. Und in der That, den Ruhm ewiger Dauer scheinen die Werke aegyptischer Kunst für sich in Anspruch zu nehmen. Vierzig, vielleicht fünfzig Jahrhunderte und darüber sind seit der Schöpfung einzelner aegyptischer Denkmäler vergangen. Wir staunen dieses riesenhafte Alter an, mit welchem verglichen die künstlerischen Leistungen aller anderen Völker neu und jung erscheinen. Und unser Staunen wächst durch die Wahrnehmung, dass selbst die ältesten uns bekannten Werke der aegyptischen Kunst keineswegs den Anfang der aegyptischen Kunstthätigkeit bilden, sondern eine längere Reihe von Vorstufen voraussetzen, die sich in das absolute Dunkel verlieren. Auch die älteste aegyptische Kunst „wurzelt im Schutte eines noch älteren Zustandes."

Dem sogenannten Hamitischen Stamme angehörig, hat das aegyptische Volk wie die Semiten und die Indogermanen seine Urheimath in Asien (vergl. S. 41—43). Hat es aus derselben einzelne Kunstfertigkeiten nach dem Nilthale mitgebracht oder hat erst die Natur des letzteren den künstlerischen Sinn geweckt, Inhalt und Formen der Phantasie ausschliesslich zugeführt? Obgleich gerade die ältesten Erzeugnisse der aegyptischen Kunst jener des Orientes verwandter erscheinen als die späteren Werke, so ist doch das Gepräge der aegyptischen Kunst im Ganzen so eigenthümlich und für sich bestehend, dass das Urtheil ihrer Entstehung aus localen Wurzeln entschieden zuneigt. Freilich könnte die Frage erst dann endgültig gelöst werden, wenn wir die aegyptische Kunst mit einer gleichartigen im Orient zu vergleichen im Stande wären. Dazu fehlt uns aber ebenso sehr die Handhabe, wie zu einer Schilderung der aegyptischen Kunst in vorhistorischen Zeiten jede Quelle, aus welcher wir sichere Nachrichten schöpfen könnten. Aus der Technik der ältesten uns erhaltenen Monumente, aus den schon in der frühesten uns bekannten Zeit gebräuchlichen Formen und Zieraten allein ist ein Rückschluss auf den ursprünglichen Zustand und die erste Entwickelung der aegyptischen Kunst möglich. So enthüllt die Deckenmalerei in den Pyramidengräbern ihre Wurzeln in der textilen Kunst. Denn nur in der Weberei haben die hier vorkommenden Muster, die Nähte und Säume einen Sinn. Die Wände der ältesten Grabkammern zeigen als Schmuck horizontale und verticale Bänder, convexe Stäbe, offenbare Entlehnungen von einem Holzbau. Die abgeschrägten Mauern der Pyramiden setzen Werke aus getrockneten Ziegeln voraus, da bei diesen allein (im Gegensatze zum Quaderbau) die Rücksicht auf Dauer und Festigkeit die Böschung gebietet. So haben wir uns also die Aegypter in einer chronologisch nicht bestimmbaren Periode als Weber und Töpfer zu denken, mit dem Holz- und Ziegelbaue vertraut, und wenn es gestattet ist, den Inhalt der ältesten Darstellungen und die Formen der ältesten Bildwerke sprechen zu lassen, so waren die Aegypter in jenen Jahrhunderten, die auch für sie die Vorzeit bedeuteten, ein heiteres friedliches Volk, noch fern von dem mystisch-symbolischen Zuge, der späterhin alle ihre Geistesregungen durchzog, und dabei mit einem frischen Auge für das Lebensvolle, Naturwahre ausgestattet, das sie auch mit grösstem Eifer auf die Bildwerke, die ältesten Zeugnisse ihrer künstlerischen Phantasie, übertrugen.

Der Versuch, die aegyptische Kunst in ihrer zeitlichen Ausbildung an der Hand der Dynastienfolgen zu schildern, führt zu folgenden, durch neue Entdeckungen manche Einschränkung und Erweiterung zulassenden Resultaten. Die erste Periode aufsteigender, immer höherer Entwickelung der aegyptischen Kunst schliesst mit der sechsten Dynastie ab; die Denkmäler von Memphis sind die hervorragendsten, wenn auch nicht die einzigen Bauwerke der ersten Dynastien. Bis auf die Zeit des vierten Königs der ersten Dynastie werden einzelne derselben (die Pyramide von Kochome, S. 395) zurückgeführt; wir haben guten Grund zu dem Glauben, dass sie ursprünglich aus luftgetrockneten Ziegeln errichtet und mit einem Steinmantel verkleidet (incrustirt), erst allmählich als massive, volle Quadermassen ausgeführt wurden. Daraus würde sich die auch bei dem Quaderbau festgehaltene Construction erklären, die nach der Mitte geneigte Lagerung der Steinschichten und die wiederholte Umschalung oder Umhüllung des Werkes. Nach der bekannten

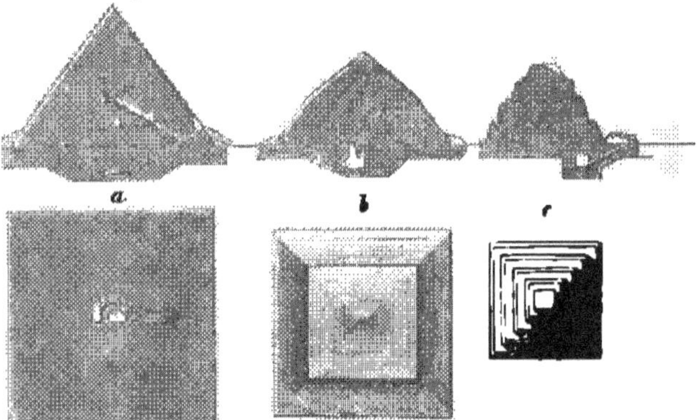

a. Cheopspyramide (gewöhnliche Pyramidenform). b. „Knickpyramide" von Dahschûr. c. Stufenpyramide von Sakkâra.

Hypothese des berühmtesten deutschen Aegyptologen Lepsius (S. 360) hätten wir an diesen Schalen ähnlich wie an den Jahresringen der Bäume die kürzere oder längere Regierung der Pharaonen zu erkennen. Die Pyramiden haben ausser der gewöhnlichen Form (Fig. 1a) in vereinzelten Fällen eine geknickte oder abgestufte Gestalt. Ein Beispiel der „Knickpyramide" findet sich bei Dahschûr (Fig. 1b), einer Stufenpyramide bei Saḳḳâra (Fig. 1c). Der Terrassen- oder Stufenbau war übrigens eine Durchgangsform aller Pyramiden, die in Absätzen bis zur (abgeplatteten?) Spitze emporgeführt wurden, und dann erst die einzelnen Absätze durch Quadern verkleidet empfingen. Kein Vernünftiger grübelt mehr heutzutage über Zweck und Bestimmung der Pyramiden; sie sind die unzugänglichen Grüfte der Könige, in deren Nähe die Höflinge und Vornehmen für sich Grabtempel (Maṣṭaba) in der Form abgestumpfter Pyramiden errichteten, um so auch nach dem Tode gleichsam die Herren huldigend zu umgeben. Der malerische Schmuck der Grabtempel sowie die gleichzeitigen plastischen Werke ergänzen in wirksamster Weise den künstlerischen Eindruck, welchen die Pyramiden hervorrufen. Wenn wir an diesen ausschliesslich die vollendete Technik anstaunen, die allerdings stets eine höher entwickelte Kunstweise voraussetzt, so erregen insbesondere die statuarischen Werke wegen ihrer packenden Naturwahrheit und ihres lebensvollen Ausdruckes unsere Bewunderung. Sie werfen die früher gangbaren Kunsturtheile über die aegyptische Plastik über den Haufen. Schon in europäischen Museen kann man sich von jenen Eigenschaften, die nur die älteste aegyptische Kunst auszeichnen, durch die Anschauung überzeugen. Unvergesslich bleibt z. B. jedem Besucher des Louvre der Eindruck des „Schreibers", dessen Augen (in einen dunklen Quarz ist eine durchsichtige Pupille von Bergkrystall mit einem kleinen Metallknöpfchen eingesetzt) so sprechend blicken, in dessen Haltung unmittelbar lebendige Wahrheit und Individualität sich offenbart. Diese Statue stammt aus der Zeit der V. oder VI. Dynastie; das Museum von Bûlâḳ bewahrt Bildwerke gleichen Alters, in welchen sich der fast derbe Realismus der Auffassung noch deutlicher ausspricht. Die Kalksteinstatue des Ra-Nefer, eines Priesters des Ptah-Sokar zu Memphis und die seit der Pariser Ausstellung populär gewordene Holzstatue des „Dorfschulzen" (S. 320) sind die bekanntesten Beispiele eines Kunststils, von dessen Dasein wir noch vor wenigen Jahrzehnten keine Ahnung hatten und welcher den früheren Glauben, die aegyptischen Bildhauer hätten ihre Werke nach einem feststehenden Kanon rein mechanisch gearbeitet, modificirt. Der Hauptvorzug der ältesten aegyptischen Plastik ist das Portraitmässige der Darstellung, so dass aus der Aehnlichkeit der Gesichtszüge zweier Statuen auf die Identität der geschilderten Person, auch wenn die letztere in verschiedenen Altersstufen abgebildet wird, mit Sicherheit geschlossen werden kann. So ist z. B. der dritte König der IV. Dynastie Chafra in acht Bildsäulen nachgewiesen worden, obgleich weder die Maasse, noch das Material der Statuen übereinstimmen und man ihn in verschiedenen Altersstufen seines Lebens abgebildet hat. Die Beobachtung der Natur erstreckt sich bei diesen ältesten Werken bis in das kleinste Detail; ein derber untersetzter Menschenschlag, an die Körperbildung der

Fellâḥ's erinnernd, wird regelmässig nachgebildet, die Musculatur bis zur Uebertreibung betont. Was die Bildner dieser Werke unfähig waren wiederzugeben, das sind grosse auf einheitliche Wirkung berechnete Massen, allgemeine Linien. Das Ensemble, wenn der Ausdruck gestattet ist, fehlt, also gerade diejenige Eigenschaft, welche die späteren Werke der aegyptischen Kunst auszeichnet. Auch die Reliefbilder in den memphitischen Grabkammern überraschen durch eine grosse Naivetät und lebendige Frische der Darstellung und lassen die Abwesenheit der tiefsinnigen Symbolik der jüngeren Periode keineswegs vermissen.

Nach der VI. Dynastie bricht diese Kunstblüthe plötzlich ab. Die politischen Spaltungen, innere Kriege, vielleicht auch ein Wandel der religiösen Anschauungen mögen die Ursache davon gewesen sein. Erst mit dem Aufstreben der XI. Dynastie ändert sich der Zustand des Landes und wird wieder die Kunstpflege eifriger betrieben. Doch knüpft die neue Weise nicht vollständig an die frühere an. Wie die alten Hauptstädte Memphis und This gegen den neuen Mittelpunkt des Reiches Theben zurücktreten, das Schriftwesen, die ständischen Ordnungen, die Verfassung grosse Neuerungen aufweisen, so ist auch im Kreise der bildenden Künste eher ein zweiter neuer Anfang, als eine Fortsetzung und Anknüpfung an die alte Kunst der IV. und VI. Dynastie wahrnehmbar. Grosse monumentale Werke haben sich auch aus dieser zweiten Periode der Kunstblüthe nicht erhalten. Die Obelisken von Heliopolis und dem Fayûm, mehrere in Tanis und Abydos ausgegrabene Colosse dürften die bedeutendsten Reste sein. Ausserdem lenken die Felsengräber von Beni Ḥasan aus der Zeit der XII. Dynastie die Aufmerksamkeit auf sich. Sie gehen auf den Felsbau zurück, der nach Lepsius mit dem Gräberbau fast gleichbedeutend ist und durch den in Aegypten herrschenden Ahnencult und das mit dem Unsterblichkeitsglauben zusammenhängende Interesse an der Unversehrtheit der Leichname hervorgerufen wurde. Das Felsgrab, vor den Nilüberschwemmungen geschützt, verhinderte die Verwesung des Körpers, ein mit dem Grabe verbundener Raum, eine Grabkapelle, gestattete den Todtencultus zu feiern, dem Bestatteten Opfer und Gebete darzubringen. Die Theilung des Raumes in Kammern, welche schliesslich zur Gruft führte, gab auch den Impuls zur architectonischen Gliederung desselben. Wo sich mehrere Kammern hinter einander befanden, empfahl schon die Rücksicht auf die Beleuchtung, die Querwände zu durchbrechen und in Pfeiler zu verwandeln, welche die Decke trugen, gleichzeitig aber dem Lichte Zugang gestatteten. Diese Pfeiler liessen sich noch weiter entwickeln; aus Gründen der Zweckmässigkeit zunächst wurden die Kanten des ursprünglich vierseitigen Pfeilers abgeplattet oder abgefast, wobei (nach Lepsius) zu oberst noch ein Stück des vierseitigen Pfeilers, gleichsam als Uebergang zu den Deckgliedern, übrig blieb; der achtseitige Pfeiler wurde wieder in einen sechzehnseitigen verwandelt, wodurch schon eine Verwandtschaft mit der Säule erzielt wurde, vor allem, wenn man die einzelnen Seiten mit einer leichten Furche versah, sie kannelirte, und die Kannelüren scharfkantig an einander stossen liess. Solche Polygonalsäulen, im zweiten Grabe von Beni Hasan vorkommend, führen nach Champollion's und Falkener's Vorgang den Namen protodorische oder aegypto-dorische Säulen. In der That erinnern die Polygonalsäulen in Beni Hasan und anderwärts im alten Reiche an die dorischen Säulen der Griechen (Fig. 11). Verwandt ist

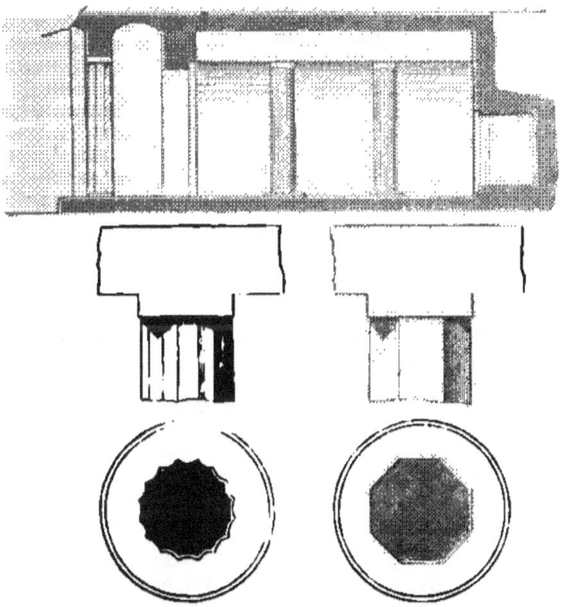

11. Grabkammer und Säulen von Beni Hasan.

die straffe Kannelirung, die Verjüngung, das unmittelbare Aufstossen des Schaftes; dagegen unterscheidet sich die protodorische von der wirklichen dorischen Säule durch den Mangel des Echinus, desjenigen Gliedes, welches sein Analogon in einem Kranze überfallender Blätter besitzt und das eigentliche Capitäl der dorischen Säule bildet. Die wesentlichste Differenz bildet aber der Umstand, dass einzelne Seiten der protodorischen Säule nicht kannelirt sind, sondern flach gehalten und zur Aufnahme von farbigen Inschriften bestimmt wurden. Dadurch verliert die Säule ihre structive Bedeutung und wird zu einer Schrifttafel herabgesetzt, dadurch erscheint sie der dorischen Säule im Wesen ziemlich schroff entgegengesetzt, bei welcher jedes Glied und an jedem Gliede jede Linie eine Function auszuüben und durch das structive Bedürfniss entstanden zu sein scheint.

Dass die Baumeister der Felsgräber von Beni Hassan auch leichte, zierliche Freibauten kannten, beweist das Vorkommen einer zweiten Säulenform, die unmöglich im Höhlenbau ihren Ursprung besitzen kann. Man denke sich als natürliches Vorbild vier Lotosstengel oben durch Bänder oder Ringe verknüpft und dieses Rohrbündel in geschlossene Lotosblüthen (als Capitäl) auslaufend (Fig. 111). Diese Säulen erinnern an eine aus Holz gezimmerte Gartenarchitectur und stehen im scharfen Contraste zu den Steinpfeilern, die den Namen protodorische Säulen führen.

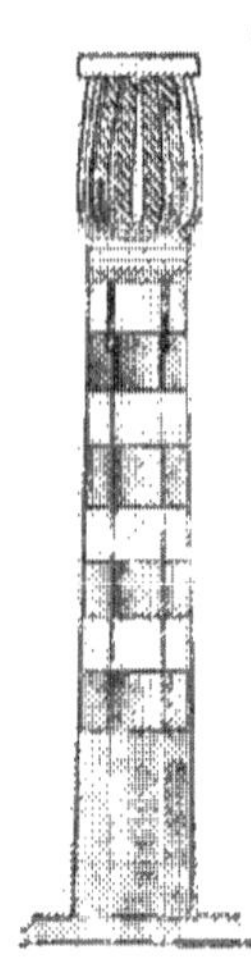

111.

Zeigt schon die Architectur der XI. und XII. Dynastie einen geringen Zusammenhang mit der älteren Kunstweise, so bietet die gleichzeitige Sculptur vollends einschneidende Abweichungen von der Ueberlieferung dar. Der derbfrische Realismus der Darstellung ist verschwunden, die Herrschaft des Kanons, der die Verhältnisse nach äusserlichen Regeln feststellt und die Formen erstarren lässt, schon fest begründet. Die technische Tüchtigkeit allein scheint keinerlei Rückschritt gemacht zu haben; die härtesten Stoffe gewinnen wie schon zur Zeit des Chafra unter der Hand des ausdauernden Arbeiters geschmeidige Fügsamkeit, die feinste Ausführung stösst nirgends auf ein unüberwundenes Hinderniss.

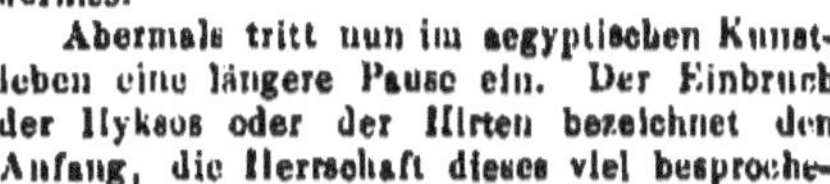

Abermals tritt nun im aegyptischen Kunstleben eine längere Pause ein. Der Einbruch der Hyksos oder der Hirten bezeichnet den Anfang, die Herrschaft dieses viel besprochenen Stammes die Dauer der öden Zwischenperiode. Den Hyksos wird die Zerstörung der älteren Monumente zugeschrieben, sie selbst haben keine architectonischen Denkmale hinterlassen. Doch völlig kunstlos sind sie nicht geblieben, und die Kunstübung der Aegypter, nachdem die ersten Schrecken der Invasion überwunden, haben sie nicht gehindert. Aehnlich wie die Normannen auf Sicilien die Cultur der besiegten Araber annahmen, so haben auch die Hyksos die Kunstkenntnisse und das Handgeschick der Aegypter verwerthet (S. 103). Die in Tanis, der Hauptstadt der Hyksos ausgegrabenen Bildwerke (ausser vier Sphinxen insbesondere eine Gruppe von Flussgöttern aus Granit) zeigen aegyptische Arbeit und verrathen nur durch den Gesichtstypus, den dichten Bart, die dicken Haarzöpfe den Ursprung in der Hyksoszeit (S. 318).

Mit der Vertreibung der Hyksos beginnt nicht allein im Kreise des Staatslebens, sondern auch auf dem Gebiete der Kunst eine neue Periode. Vor allen haben die kriegslustigen und siegreichen Könige der XVIII. und XIX. Dynastie sich durch eine staunenswerthe Fülle von Denkmälern verewigt. Die Frohnarbeit der Gefangenen gab die Mittel an die Hand, auch die riesigsten Pläne der Bauherrn zu verkörpern, die Grossthaten der Könige führten der Phantasie der Bildhauer unaufhörlich reichen Stoff zu und machten es diesen leicht, die Façaden der Tempel mit den Erzählungen aus den Kriegszügen der Tutmes, Amenophis und Ramses zu schmücken. In diese Periode des neuen Reiches fällt die grosse Masse der thebanischen Monumente. Der Sinn für das Grosse und Colossale, für die allgemeine Rhythmik der Verhältnisse, für die Pracht der Dekoration hat seine höchste Ausbildung erreicht, doch macht sich auch die Versteinerung der ursprünglich lebendigen Kunstmotive, die Abhängigkeit der Schilderung von der äussern Regel, die Ueberwucherung des Ornamentes mit symbolischen Zeichen (Uraeus, Hathormasken u. s. w.) in empfindlicher Weise bemerkbar. Noch kann man von einem eigentlichen Verfalle aegyptischer Kunst nicht reden. Dauerte doch diese Periode lange genug, um den Glauben zu veranlassen, dass Aegypten niemals einer andern Kunstweise sich erfreut habe, und die Erinnerung an die wesentlich verschiedene älteste Kunstentwickelung vollkommen zurückzudrängen. Aber ebenso fest wird im Angesicht der Monumente die Ueberzeugung, dass kein Aufschwung auf dieser Grundlage völliger Erstarrung in den späteren Jahrhunderten folgen konnte. Zwar lässt sich kurz vor der Eroberung des Landes durch die Perser eine gewisse Hebung des Kunstsinnes nicht ableugnen. Während die Monumente der XXII. und folgenden Dynastien nach keiner Richtung fesseln und wie mechanische Abklatsche älterer Werke erscheinen, offenbaren die Sculpturen aus der Zeit der XXVI. Dynastie (z. B. die Alabasterstatue der der XXV. Dyn. angehörenden Königin Ameniritis, S. 324) eine gewisse zierliche Eleganz und eine angenehm feine Weichheit der Formen. Doch besitzt diese Nachblüthe keine Dauer. Seit dem Eintritte der Ptolemaeerherrschaft verlor selbstverständlich die heimische Kunst ihre lebendigen Wurzeln und konnte nur ein künstliches Dasein fristen. Das politische Interesse gebot die Erhaltung der Heiligthümer, die Restauration der Tempel beschäftigte dauernd zahlreiche Kräfte; auch sonst wurden die hergebrachten Aufgaben der Kunst in der üblichen Weise weiter gelöst, die Kunstpflege in reichster Weise geübt. Doch kann diese letzte an Manierismus streifende Periode nicht das gleiche historische Interesse in Anspruch nehmen, wie die früheren aegyptischen Zeitalter.

Es ist nicht bloss eine verfallende Kunst, die sich seit der Ptolemaeerzeit dem Auge darbietet, trotz allem Reichthum und aller

Pracht, sondern auch eine durch fremde Einflüsse in ihrer tieferen Einheit und ihrer vollen Selbständigkeit bedrohte Kunst. Sobald Aegypten mit Hellas in Berührung kam, wirkte auch der Zauber, welcher der hellenischen Kunst innewohnt. Es konnte sich nicht das ferne Indien demselben entziehen, er traf auch das sonst so spröde und selbstbewusste Aegypten.

Das Bild der zeitlichen Entwickelung der aegyptischen Kunst muss durch die Schilderung der characteristischen Hauptzüge derselben ergänzt werden. Dass dabei die Monumente des neuen Reiches in erster Linie berücksichtigt werden, findet in ihrem räumlichen Ueberwiegen seine Erklärung.

Das wesentlichste Glied der Architectur, in Aegypten wie anderwärts, bildet die *Säule*. Wo sie fehlt, hat die Baukunst die elementarste Stufe nicht überschritten, hat die künstlerische Entwickelung noch nicht begonnen. Die Säule verleiht dem Bau den Schein des organischen Lebens, sie scheidet die Massen und schafft Kräfte, welche tragen und stützen. Mit den griechischen Säulenordnungen verglichen, zeigen allerdings die in Aegypten gebräuchlichen Säulenformen noch eine grosse Unvollkommenheit. Ihr Schmuck und ihre Form drücken nicht unmittelbar und ausschliesslich ihre Function aus, wie dies namentlich bei der dorischen Säule der Fall ist; die Abhängigkeit von dem natürlichen Vorbilde, den bebänderten und bekränzten Baldachinstangen, erscheint noch zu gross, die Masse entbehren zwar nicht der festen Regel, werden aber willkürlich gegriffen. Die Dicke und Höhe der Säulen steht nicht in richtigem Verhältniss zu der Last, welche sie tragen. Immerhin erfreuen die im Farbenglanz prunkenden Säulen das Auge, und imponirt die vollendete technische Arbeit dem Verstande.

IV.

Die Summe der in Aegypten üblichen Säulenordnungen ist ziemlich gross; einzelne Ordnungen kommen nur im alten Reiche vor, andere werden erst an Denkmälern des neuen Reiches gefunden, ohne dass sie deshalb einer höheren Entwickelungsstufe angehörten. Von den Grabkammern von Beni Hasan (XII. Dyn.) her sind die Polygonalsäule oder die protodorische (S. 175) und dann die Säule mit dem Knospen-Capitäl bekannt. Vielleicht gab zur Entstehung des letzteren eine Pfeilerform Anlass, welche in Gräbern der VI. Dynastie bei Antinoë (heute el-Bersche) vorkommt. Die Pfeilerfläche wird vertieft, auf dem vertieften Felde erheben sich Lotosstengel, von einem Bündel geschlossener Blüthen oder Knospen gekrönt (Fig. IV). Mit den Lotossäulen von Beni

Hasan ist eine Säulenordnung des neuen Reiches verwandt, welche ihren Schmuck bald von der Hand des Plastikers, bald von jener des Malers empfängt und allmählich ganz der conventionellen Form anheimfällt. Die Säule wird unten an der Basis eingezogen und hier von einem leichten Schilfblattkranze umgeben. Sie verjüngt sich nach oben und zeigt am Schafte bald horizontale Bänder und Hieroglyphen aufgemalt, bald durch Furchung die Stengel einer Pflanze (Papyros) nachgebildet und dieselben zu einem Bündel vereint. Das Capitäl, ziemlich einfach, nach oben schmaler zulaufend, hat zuweilen am untern Ende einen Kranz aufgerichteter Schilfblätter als Schmuck, zuweilen wird es wie der Schaft als Bildfläche behandelt und erinnert nur durch einzelne aufgemalte Knospen an den vegetabilischen Ursprung (Fig. V*a* und *b*).

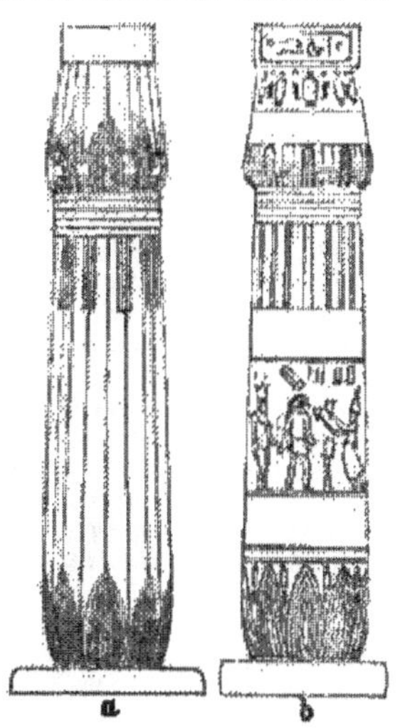

V. Papyrossäulen.

Während die bis jetzt geschilderten Säulen wirklich in den Tempeln und Grabkammern wuchtige Steindecken tragen und als Stützen functioniren, wird die Ordnung der Säulen mit *Kelchcapitälen* mit Vorliebe decorativ zur Einsäumung der Processionsstrasse in den vorderen Tempelhallen verwendet und nur wenig belastet. Die Schafte dieser Säulen sind durch eine runde scheibenartige Basis mit dem Boden verknüpft, unten eingezogen, übrigens als Bildfläche behandelt. An den Capitälen erscheinen die Blumen und Blätter bald an einem Kelche nur äusserlich angeheftet (Fig. VI*a*), bald erscheinen die Blätter als wirklicher Kranz, der aus dem Säulenstamme herauswächst und durch leises Ueberneigen der Blätter die Kelchform annimmt. Von dem Papyros sowohl (Fig. VI *b*) wie von der Palme (Fig. VI *c*) als den natürlichen Motiven ging man dabei aus und schuf selbst in ganz später Zeit noch Typen, die stets auf unbedingten Beifall rechnen dürfen. Dagegen hat eine andere ebenfalls erst in der jüngsten Periode aegyptischer selbständiger Geschichte mit Vorliebe verwendete Säulenart nur untergeordnete Bedeutung und geringen künstlerischen Werth. Der Schaft schliesst oben mit Masken ab, die an 4 Seiten angebracht sind und gewöhnlich die Göttin Hathor mit den Kuhohren vorstellen. Darauf sind noch gleichsam als Abacus kleine Tempelfronten gestülpt.

Der structive Gedanke tritt hier ebenso vollständig in den Hintergrund, wie bei den Osirispfeilern (Fig. VII), an welchen die Ge-

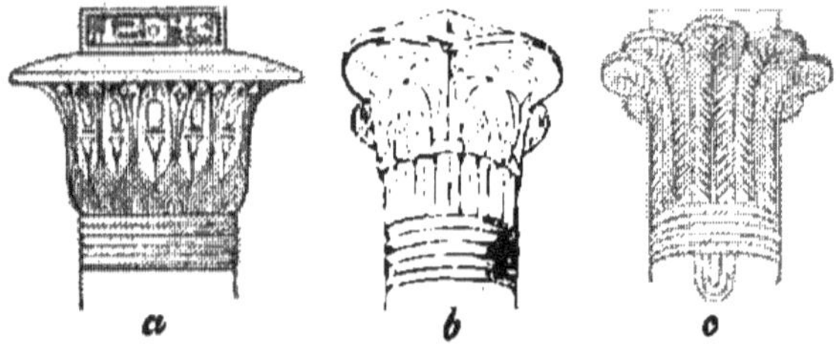

a *b* *c*

VI. Kelchcapitäle.

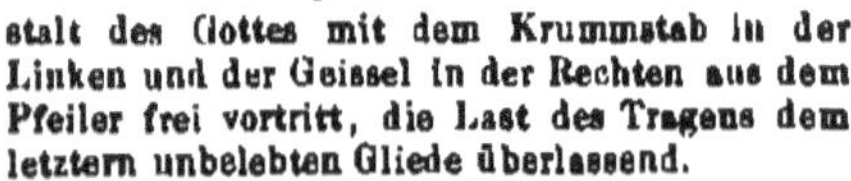

stalt des Gottes mit dem Krummstab in der Linken und der Geissel in der Rechten aus dem Pfeiler frei vortritt, die Last des Tragens dem letztern unbelebten Gliede überlassend.

VII. Osirispfeiler.

Mit den Säulen steht das *Gebälke* in unmittelbarer Verbindung. Die inneren Räume wurden ausschliesslich mit Steinbalkendecken überzogen, sodass sich von einer Deckplatte (Abacus) der Säule zur anderen ein Steinbalken spannte und in die auf solche Weise entstandenen quadratischen Felder Füllplatten, zuweilen mit astronomischen Bildern verziert, eingelassen wurden. Als äussere Gebälktheile sind der unmittelbar auf dem Abacus aufruhende *Architrav* und darüber die tief eingeschnittene *Hohlkehle*, die einen starken Schatten wirft, besonders characteristisch. Der Architrav enthält gewöhnlich hieroglyphische Inschriften und verliert dadurch seine structive Bedeutung; dagegen besitzt die Hohlkehle als krönendes Gesims einen formellen Werth (Fig. VIII *b*). Es drückt sich in derselben ein kräftiger Gegensatz gegen die abgeböschten nach oben zurückweichenden Wandmassen aus und gewinnt so der Bau einen deutlichen Abschluss. Als Ornament der Hohlkehle werden aufrechtstehende Blätter oder Rohrstäbe verwendet; wenn dieselbe ein Portal krönt, schwebt in ihrer Mitte eine geflügelte Sonnenscheibe. Das Gebälk an den Gräbern von Beni Hasan verkörpert einen wesentlich davon verschiedenen Baugedanken. Eine gerade, vorspringende Platte, durch eine Reihe von Sparren gleichsam gestützt, erhebt sich über dem Architrave (Fig. VIII *a*). Hier ist die Erinnerung an verwandte orientalische Bauformen unabweisbar, während das früher geschilderte Gebälk der aegyptischen Kunst ganz eigenthümlich angehört. Die Bekrönung der Mauermasse durch die Hohlkehle, die

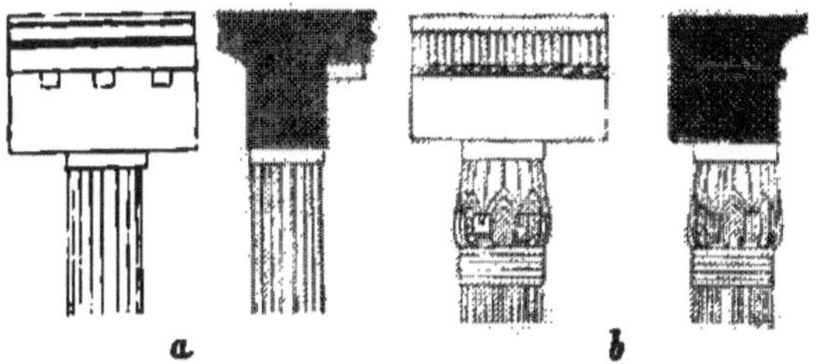

VIIIa. Gebälk von Beni Hassan. VIIIb. Gebälk mit Hohlkehlen-Gesims.

rahmenartige Einfassung durch Rundstäbe bildet die wesentlichste Gliederung der Architectur. Sie würde ungenügend erscheinen, wenn nicht insbesondere die Farbe ergänzend hinzukäme. Diese verwandelt die sonst todte Masse in prächtige, schmuckreiche Teppiche.

Zur rechten Würdigung und zum eingehenden Verständniss der aegyptischen Architectur gehört nicht allein die Kenntniss der Bauglieder und Bauformen, sondern auch die Wissenschaft von dem eigenthümlichen hier herrschenden Gottesdienste. Der kostbare Steinbau diente ausschliesslich religiösen Zwecken, sodass der Quader- und Tempelbau zusammenfallen. Die Meinung, dass die Tempel auch die Wohnung der Könige in sich bergen, beruht auf einem Irrthume. Schon aus klimatischen Gründen würden sie sich zu Wohnungen schlecht eignen. Die *Königspaläste*, die wir nur aus Grabbildern kennen, waren durchaus luftiger Art, mit Altanen, Hallen und Lauben geschmückt, von Gärten, Teichen, Blumenbeeten umgeben. Das Baumaterial derselben waren Ziegel und Holz, das Ziel, das den Architecten vorschwebte, war eine Stätte fröhlichen Lebensgenusses, daher auch die Farbe eine so grosse Rolle spielt. Auf die *Tempelanlage* wirkte entscheidend, dass der aegyptische Tempel nicht wie die christliche Kirche jedem Gemeindegliede offen stand, auch nicht wie der hellenische Tempel gleichsam nur die Umhüllung des Götterbildes bildete. In feierlicher Procession nahte sich die gläubige Menge dem Tempelbezirke, die Profanen blieben aussen stehen, die Wissenden und Eingeweihten betraten auf vorgeschriebenen Wegen das Innere und drangen entsprechend dem Grade des Wissens und der Weihe in die geringere oder grössere Nähe des Heiligthumes vor, das nur dem obersten Priester offen stand. Auf der grossen Heerstrasse, auf dem Nil, nähern sich in festlich geschmückten Barken Volksschaaren dem Tempel. Sie schreiten die Tempelstrasse entlang, die auf beiden Seiten von Sphinxen besäumt wird. Die Sphinxe (S. 373) haben stets einen Löwenleib mit einem männlichen (Androsphinxe) oder einem Widderkopfe (Kriosphinxe). Nach einer Inschrift zu Edfu symbolisiren sie den Kampf des Horus gegen Typhon-Seth. Die Sphinxallee führt zu dem eigentlichen Tempelbezirke, dem Temenos der Griechen, welcher von einer Mauer (meist aus Nilziegeln, in Edfu aus wohlgefügten Quadern) umschlossen wird und alle Tempelräume in sich birgt. Nur die heiligen Seen (in der Regel zwei) und der heilige Haiu befinden sich gewöhnlich ausserhalb der Umfassungsmauern. Zwei gewaltige Mauerthürme mit einem zwischengeschobenen Eingangsthore, die Pylonen, stehen zunächst vor Augen. Die Pylonen haben die Form abgestumpfter Pyramiden; die schräg geneigten Wände sind von Rundstäben eingefasst und bieten für farbige Reliefs, für wahre Bilderchroniken den weitesten Raum. Die Bekrönung der beiden Pylonen wie des Portalbaues erfolgt durch die bekannte Hohlkehle, welche auch über dem Portale den Abschluss bildet. Wirken schon die Pylonen mächtig durch ihre Massen, so erhöhte den Eindruck noch der temporäre Schmuck, welchen sie bei festlichem Anlasse trugen, wie z. B. das Reliefbild Fig. IX zeigt. Die Flaggen wehten den nahenden

IX. Pylonenthor im Festschmuck.

Schaaren einen fröhlichen Gruss zu. Durch das Pylonenthor gelangt man bei grösseren Tempeln in einen weiten unbedeckten

Säulenhof *(Peristyl)*, auf zwei oder drei Seiten von Säulenhallen umgeben, und von diesem in einen viersäuligen Raum *(Hypostyl)*, eine grosse Halle, in welcher aber die mittleren Säulenreihen durch ihre verschiedene Grösse und Capitälform den Processionsweg scharf markiren. Ein kleinerer Säulensaal und einzelne Räume von geringer Tiefe und immer mehr abnehmender Höhe, doch stets die Axe der Processionsstrasse einhaltend (zusammen als *Prosekos* zu bezeichnen), trennen bei vielen Tempeln das Hypostyl von dem Sanctuarium, dem kleinen, abgeschlossenen dunklen *Adyton* oder *Sekos*, das zuweilen aus einem einzigen ausgehöhlten Riesenblock besteht und in welchem hinter kostbaren Vorhängen ein Göttersymbol und ein heiliges Thier ruhte. Grössere und kleinere Kammern, an welchen es überhaupt im Tempelbaue nicht fehlte, umgeben das Heiligthum. Treppen führen auf das Dach und zu mannigfachen zimmerartigen Räumen, die entweder Wächtern, Tempeldienern zur Wohnung dienten oder zur Abhaltung gewisser Ceremonien und zur Aufbewahrung des Tempelgeräthes benutzt wurden.

Nachdem die Gliederung des Tempels erkannt wurde, lohnt es sich noch einmal den Processionsgang zu wiederholen. Die Volksmasse, die untersten Stände (die „Pasu") durften höchstens den heiligen Hain und den Raum bis zum Peristyl betreten und hier an gewissen Tagen ihre Opfer bringen. Die „Patu", die auf der untersten Stufe der Unterweisung stehenden Unterrichteten, und die „Rechiu", d. s. die Esoteriker, in die Mysterien Eingeweihten gingen über die Tempelschwelle, die „Ammiu" d. h. die Erleuchteten gelangten bis in die grosse Halle und schauten von weitem das Bild der Gottheit, das ihnen an der Pforte des Prosekos, des Saales „der Erscheinung der Majestät" (der Gottheit) gewiesen wurde. An ihnen zog der König und die lustrirenden Priester vorbei; sie begaben sich in feierlichem Zuge auf das Tempeldach, während der Oberpriester das kleine und dunkle Gemach des Gottes betrat. Der Grundriss des

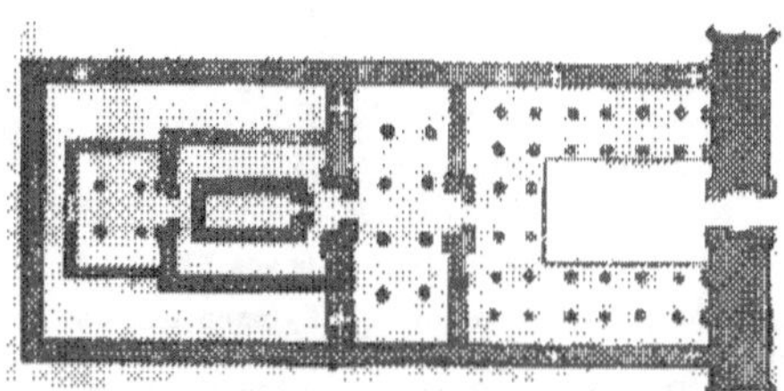

X. Grundriss des Südtempels zu Karnak.

Südtempels von Karnak (Fig. X) möge die Aufeinanderfolge der einzelnen Räume erläutern. Für diese Anordnungen und Gliederungen sind z. B. bei den semitischen Völkern Analogien leicht nachweisbar, ebenso leicht verständlich ist die Aufstellung der Obelisken oder Colosse (zuweilen beide) vor den Pylonen. Die Obelisken, schon durch ihre Gestalt wirksam die Massen unterbrechend, erzählen in den hieroglyphischen Inschriften von der Siegeskraft, welche die Gottheit dem Pharao verliehen, während die Statuen die Gegengabe des letztern an die Götter durch den Tempelbau in Erinnerung bringen. Auch die geflügelte Sonnenscheibe (S. 148) mit den Köpfen der Uraeusschlange über jedem Eingange besitzt eine gefällige Bedeutung. Sie symbolisirt den Triumph des Guten über das Böse, den Sieg des Horus über Typhon. Eine Inschrift in Edfu lehrt, dass Toth (die Vernunft) nach dem Siege des Horus befahl, dieses Symbol über allen Eingängen anzubringen. Fremdartig wirkt dagegen das durchgängige Herabdrücken der Architectur zu Bild- und Schriftflächen. Im Innern des Tempels ist jede Säule und jeder Pfeiler, jeder Deckbalken, jede Wand, jeder Baustein mit Bildern und Schriftzügen in erhöhtem oder vertieftem und regelmässig bemaltem Relief geschmückt. Die Darstellungen, welche die Siege der Pharaonen und ihren Verkehr mit den Göttern schildern, sind stets von erklärenden Inschriften begleitet, selbst die einfachen Ornamente haben (im neuen Reiche) eine inhaltliche Bedeutung und sind als Symbole zu fassen.

Abweichungen von der geschilderten Tempelform hat zuweilen die Beschaffenheit des Bodens geboten. Im untern Nubien rücken die Sandsteinfelsen so nahe an das Nilufer heran, dass die Tempel entweder theilweise oder gänzlich dem Felsen abgewonnen, die nothwendigen Räume ausgehöhlt werden mussten. In Kirsch (Gerf

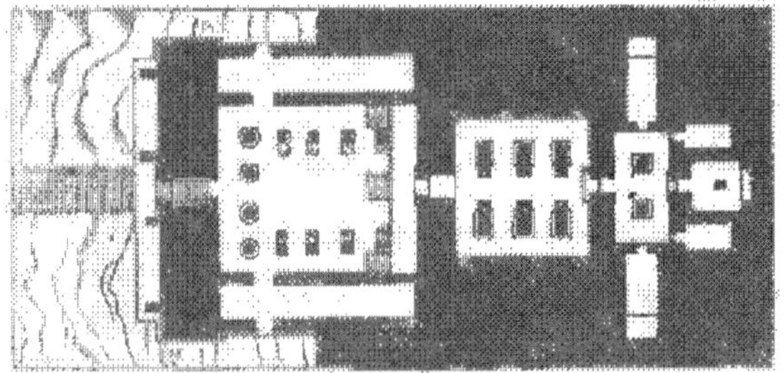

XI. Grundriss der Grotte von Kirsch.

Husên) z. B. (Fig. XI) erscheinen die Pylonen und das Peristyl frei vorgebaut und nur das Hypostyl und das Allerheiligste im Felsen ausgehauen. Der grössere Tempel von Abu Simbel ist, die Pylonen und die Colosse mit eingeschlossen, reiner Felsbau. Andere Abweichungen von den herkömmlichen Typen wurden in der Ptolemaeerzeit beliebt. Sie offenbaren sich nicht allein in verschiedenen Einzelheiten, den Capitälformen, den Ornamenten, sondern auch in einer grössern Willkür in der Aufeinanderfolge der Tempelräume und in dem Eindringen des griechischen Einflusses.

Einzelne Bauten, allseitig von Säulen umschlossen, zwischen die Säulen Brüstungsmauern bis zur Hälfte der Säulenhöhe und darüber gestellt, erinnern so deutlich an die griechischen Peripteraltempel, dass man unwillkürlich auch an eine innere Beziehung glauben möchte. An eine mechanische Copie ist natürlich nicht zu denken. Der wahrscheinliche Zweck mehrerer solcher Bauten, als Gehege heiliger Thiere zu dienen, offenbart einen rein aegyptischen Ursprung; nur hält es schwer bei der ganz unorganischen Fügung der verschiedenen Bauglieder eine stetige Entwicklung aus heimischen Wurzeln ohne Einmischung fremder Bestandtheile anzunehmen. Ausser den Tempeln auf der Insel Philae gewähren die grossartigen Anlagen von Edfu (Apollinopolis magna), Kôm Ombu (Ombos), Esne (Latopolis), Tentyris (Dendera) eine fast überreiche Gelegenheit die Ptolemaeerarchitectur zu studiren, welche auf das Gesammturtheil über die aegyptische Kunst leicht einen bestimmenderen Einfluss übt, als es sich mit der strengen historischen Wahrheit verträgt.

Während die Baudenkmäler, welche dem Gottesdienste geweiht waren, ausschliesslich den Zeiten des neuen Reiches angehören, lassen sich die Grabtempel bis in die fernsten Perioden des alten Reiches zurückverfolgen. Die ältesten *Grabtempel* sind die sogenannten *Mastaba* (vgl. S. 391), welche ausser dem Grabe noch eine Kapelle zur Feier des Todtencultus enthielten. Die Könige insbesondere begnügten sich nicht mit einem Denkmale, welches Grab und Grabkapelle vereinigte, sondern errichteten neben dem Pyramidengrabe noch Tempel, in welchen für ihr Seelenheil Opfer gebracht werden sollten. Der schöne Quaderbau von Granit und Alabaster beim grossen Sphinx (S. 376) scheint ein solches Grabdenkmal des Pyramidenerbauers Chefren zu sein. Auch im neuen Reiche trennten die Könige die eigentliche Grabstätte von dem ihrem Andenken geweihten Locale. Die tiefen Felsgrüfte in den Schluchten der Königsgräber waren ihre Todtenkammern, die grossen „Memnonien" (ausschliesslich am westlichen Nilufer Thebens angelegt) die Tempel, in welchen ihr Andenken durch Cultusacte gefeiert wurde. Den grössten Eindruck rufen die Grabtempel durch ihren malerischen Schmuck hervor. In den Memnonien gibt natürlich die Macht und die Herrlichkeit des Regimentes, die Siegesthaten und Eroberungen des Verstorbenen den Inhalt der Gemälde ab, aus dem Privatleben der Beigesetzten schöpften die Bilder in den Grabkapellen der Privatleute den Stoff. Zuweilen nehmen die Memnonien einen stattlichen Raum ein; jenes von Ramses II. (S. 105) besass eine Bibliothek und eine Schule. Es fehlen den meisten nicht die Pylonenthore und grossen Säulenhallen, doch lässt sich eine Regel in der Aufeinanderfolge der Räume, eine feste Ordnung der Anlage nicht nachweisen.

Die überwiegende Summe der aegyptischen Bildwerke steht mit den architektonischen Werken in unmittelbarer Verbindung. Colossalstatuen treten den Pylonen und Pfeilern vor, mit Reliefs sind die Wände, sind alle Flächen, welche die Architektur darbot, geschmückt. In dieser Verbindung müssen die Bildwerke aufgefasst werden, soll die Billigkeit im Urtheile walten. Mit Recht sagt Lepsius von den Colossalstatuen: „Selbst göttlicher Verehrung theilhaftig und in oder vor Tempeln an architektonisch gewählter Stelle thronend oder aus Pfeilern, sei es aus wirklich tragenden, sei es aus losgelösten Rückenpfeilern hervortretend und meistens in übergrossen Proportionen, trägt ihre Gesichtsbildung mit richtigem Verständniss den Character derselben monumentalen Ruhe, wie die der Tempelgötter selbst, unter denen sie wohnen, ohne dass gleichwohl ihre menschliche Individualität mit den allgemein typischen Zügen der Götterbildung verwechselt werden könnte.“ Dieses gilt namentlich von den sitzenden Colossalstatuen, deren Stellung (die Beine in rechtem Winkel geneigt, die Arme eng an den Körper gedrückt, der Kopf gerade aus gerichtet) wohl als hart und steif, aber nicht als conventionell bezeichnet werden kann. Ueberhaupt ist so manche Eigenheit der aegyptischen Plastik, welche auf die Rechnung des priesterlichen Machtspruches gesetzt wird, wenigstens was die ältere Periode betrifft, aus der noch im Flusse begriffenen Entwickelung zu erklären. Der Bildhauer versteht sich auf die Detailwahrheit, ist aber nicht im Stande dieselbe der Totalwahrheit unterzuordnen. Er bemüht sich, jedes einzelne Körperglied, sowie es am deutlichsten sichtbar ist, wiederzugeben, vergisst aber darüber, sie

so darzustellen wie sie im Zusammenhange geordnet dem Auge sich zeigen. Wir sehen regelmässig auf Reliefs das Gesicht im Profil, die Brust beinahe von vorn genommen, die Beine wieder im Profil gezeichnet. Diese Darstellungsweise kehrt, ausser bei den anderen Völkern des Orients, auch bei den Griechen in der ältesten Zeit wieder; sie wurde von den letzteren überwunden, blieb dagegen bei den Aegyptern typisch bestehen, ähnlich wie sie auch bei der primitiven Charakteristik der Helden der Schilderung, indem sie ihnen eine die anderen Figuren weit überragende Grösse geben. beharren. Wenn nach dieser Seite hin und in Bezug auf die starre Unveränderlichkeit der Verhältnisse — der Kanon der Proportionen erfuhr nur 2mal im Laufe der Jahrtausende eine erhebliche Wandelung — die aegyptische Kunst in ihrer Entwickelung eng begrenzt erscheint und nach einer kürzeren Blüthezeit gleichsam eine lange Periode des Byzantinismus hier eintrat: so verdient die aegyptische Plastik doch in gar mancher Hinsicht volle Bewunderung. Mit weisem Verständniss werden die Wirkungen, die aus dem bestimmten Stoffe, z. B. dem Granit gezogen werden können, berechnet, niemals demselben Gewalt angethan, niemals aber auch, was in demselben an künstlerischen Effekten verborgen lag, vernachlässigt. Bedeutend ist auch die Summe der anatomischen Kenntnisse, die Musculatur insbesondere stets richtig angegeben, nicht minder gross der Sinn für die portraitmässige Auffassung und für die Wiedergabe des thierischen Lebens. Die aegyptischen Götter sind am schlimmsten in der Kunst weggekommen; sie erscheinen uns weder in würdiger, noch in verständlicher Weise verkörpert. Sie sollten aber auch nicht bewundert, sondern verehrt werden. Von dem ausgebildeten Kunstbetrieb legt nicht allein die überaus weit getriebene Theilung der Arbeit Zeugniss ab. Den Aegyptern war auch das Verfahren bekannt, durch Quadrirung der Flächen und Uebertragung der Durchschnittspunkte Bilder zu copiren und in beliebigen Maassen wiederzugeben. Die vollendete materielle Technik und Geschicklichkeit der aegyptischen Bildhauer zu betonen, ist bei der Einstimmigkeit der Urtheile darüber völlig überflüssig.

Eigenthümlich ist der aegyptischen Plastik nicht allein die regelmässige Bemalung, sondern auch die vertiefte Zeichnung der Reliefs. Der Grund wird nicht weggemeisselt und die Figuren mehr oder weniger über denselben erhaben dargestellt, sondern sie werden in den Grund tief geschnitten und die Umrisse erhöht stehen gelassen. Koilanoglyphe oder reliefs en creux nennt man diese Darstellungsweise, welche sich wie eine Teppichstickerei ausnimmt und der malerischen Schilderung ganz nahe kommt. Jedenfalls ist die Grenze zwischen dem Relief und dem Gemälde durchaus nicht scharf gezogen. Wie ihre Bestimmung die gleiche ist, wie da und dort derselbe breite Ton der Erzählung angeschlagen wird, so ist die Composition, die Zeichnung und künstlerische Auffassung identisch. An eine kunstvolle Gruppirung, an eine regelmässige Anordnung wird nicht gedacht; es sind die Einzelscenen einfach neben und über einander gestellt, aber dieselben sind überaus deutlich und äusserlich wahr geschildert. Ihnen ist es zu danken, dass das Leben der alten Aegypter, ihre Sitten und Gewohnheiten, ihre Kriege und ihr Gottesdienst mit einer Ausführlichkeit illustrirt werden können, wie sie von keiner Chronik erreicht wird. Gegen diese äussere Wahrheit muss die künstlerische Ausstattung der Bilder zurücktreten; das Colorit hat keinen selbständigen Werth, sondern dient nur zur besseren Hervorhebung der Gestalten und geht über die äusserlichste Naturnachahmung nicht hinaus.

In dem Kreise der reinen Kunstschöpfung stösst man überall auf Schranken und Grenzen, welche die aegyptische Phantasie nicht zu überschreiten vermochte. Durchaus Vollendetes leistete das Kunsthandwerk. Insbesondere haben die altaegyptischen Goldschmiede und Metallarbeiter über das Material die vollkommenste Herrschaft sich erobert, alle die Nebenkünste des Damascirens, Emaillirens u. s. w. virtuos geübt und ihren Werken einen Reiz und einen reichen Glanz verliehen, wie er nur auf einem Höhenpunkte materieller Culturentwickelung vorkommt.

Zur Orientirung des Reisenden geben wir die Bedeutung folgender Symbole und Zeichen an, die am häufigsten an den Bildsäulen und als Ornamente an den Bauwerken vorkommen.  Krummstab oder Hirtenstab, das Zeichen des Leiters und Herrschers.  Geissel, Zeichen der königl. Gewalt. Beide in der Hand derselben Gestalt vielleicht die Macht über das Zurückhalten und Vorwärtstreiben bedeutend.  Siegel, Zeichen des Lebens.  (Nilmesser) Z. der Beständigkeit.  die rothe Krone von Unteraegypten. die weisse Krone von Oberaegypten.  die Krone von Ober- und Unteraegypten.  und  die Uräusschlange, an Diademen und Sonnenscheibe. Die schnell tödtende Uräusschlange besitzt Macht über Leben und Tod; also das Zeichen der kgl. Macht. Das Scepter  user, überwiegend nach verschiedenen Richtungen sein; an Macht herrschend, an Besitz reich, an Kraft siegreich sein. Das Scepter  , welches ūs, t'am und uab gelesen wird, den Namen des Thebaischen Gau's bezeichnend, ein Korb, bedeutet einen Herren.  ein geschmückter Korb ein Fest und eine Festversammlung (Panegyris), bei der Opfergaben in gezierten Körben herbeigebracht wurden,  mäa eine Straussenfeder Wahrheit und Gerechtigkeit, ran das die Königsnamen umgebende Schild, den Namen,  cheper der Scarabäus oder Mistkäfer das Princip des Werdens, Entstehens und der Wiedergeburt. Das Zeichen  , von dem wir nicht genau wissen, was es darstellt, wird bestimmt sam gelesen und bedeutet die Vereinigung. Umschlungen von Wasserpflanzen tritt es häufig am Piedestal von Statuen auf und bedeutet so die Vereinigung von Ober- und Unteraegypten, vielleicht auch von dieser und jener Welt. Die Locke ʔ an der Schläfe einer Figur kennzeichnet sie als Kind, gewöhnlich als Götter oder Königskind.

IX. Die Bauwerke der Araber.

Moscheen. Wohnhäuser.

Von Architect Franz-Bey in Kairo u. A.

Die mohammedanische Architectur im Nilthale bildet nicht, wie man vielleicht erwarten möchte, die unmittelbare Fortsetzung der altaegyptischen. Jahrhunderte — das altchristliche Zeitalter — trennen sie von derselben, in noch höherem Maasse wird sie durch die künstlerische Form, den Styl von ihr geschieden. Die mohammedanische Architectur ist kein Product des aegyptischen Bodens. Sie ist von aussen eingeführt und besitzt ihre Grundlage theils in den Traditionen der arabischen Halbinsel, theils und überwiegend in den Kunstformen, welche die arabischen Eroberer bei den Byzantinern und in der unter den Sassaniden aufblühenden persischen Kunst kennen lernten. So verschieden auch die arabischen Bauten in Baghdâd und Kairo von jenen in Tunis und in Spanien erscheinen mögen, einen gemeinsamen Grundzug offenbaren sie dennoch ohne Unterschied. Der aller mohammedanischen Architectur zu Grunde liegende Gedanke ist nämlich dem Nomadenleben der Araber entsprungen, und weist auf das Zelt als die Wurzelform hin. Die Wände gemahnen schon durch den teppichartigen Schmuck, nicht minder durch die Vorliebe für grosse Flächen, schwache Profilirung und überhaupt Mangel an architectonischer Gliederung an dieses Vorbild. Es ist die Architectur der wandelbaren Kinder der Wüste, welche selbst nach erlangter Sesshaftigkeit des Volkes bei monumentalen Werken das Leichte und nach gewissen Seiten hin Unsolide nicht aufgibt, und niemals zum richtigen Verständnisse des Verhältnisses der Stütze zur Last gelangte. Kommt dies auch da, wo die arabischen Bauherren unter dem Einflusse älterer Culturvölker stehen, wo bereits vorhandenes Material, wie Säulen, Gebälkstücke u. s. w. verwendet, gelegentlich sogar fremde, wie z. B. byzantinische Architecten in Sold genommen werden, nicht so zum Durchbruch wie z. B. in der Alhambra in Spanien, so ist doch die nationale Tradition nirgends gänzlich verwischt.

Den ersten Zusammenhang mit der Tradition weisen die **Cultbauten** auf, deren wesentlichsten Bestandtheil die *Hofanlage*, wie sie in Mekka selbst über die Zeit Moḥammeds hinaufreicht, bildet. Wohl verlor die Ummauerung derselben ihre einheimische Schlichtheit angesichts der Säulenhöfe Aegyptens und der syrischen Länder, und es entwickelte sich allmählich der *Säulenhof*; doch vermieden die Erbauer die altaegyptischen Säulen zu verwenden oder nachzuahmen. Sie nahmen vielmehr zu den Säulen und Säulenresten aus der alexandrinischen und römischen Periode ihre Zuflucht, da die schweren Verhältnisse des aegyptischen Styls einem leichten Hofbau weniger sich anschmiegten, als die Säulen der reich geschmückten korinthischen Ordnung.

Gesimsgliederungen und musivische Zierden, wie Rankenornamente u. s. w. entnahmen sie, die ersteren in sehr spärlicher Anwendung, den byzantinischen Vorbildern, die sie in Syrien und in den ältesten byzantinisch-christlichen Bauwerken Aegyptens vorfanden, den Spitzbogen wie den Kuppelbau zumeist den Euphratlanden. Gleichwohl wussten sie ihren Werken sofort eine gewisse Eigenart zu verleihen, sowohl durch die Schlankheit ihrer Formen als auch durch das Uebergewicht, welches sie zuerst der Flächendekoration über das Gliederungsornament (Profile und Gesimse) gaben, nicht minder aber durch das augenscheinlich Textile, d. h. Gewebe- und Geflechtartige ihrer Auszierung, das den Gedanken an den ausgespannten Teppich als Wand ebenso wenig verleugnete, wie das Gitter oder Fenster, das Schnitzwerk der Thüren, die Musterung des Estrichs, in den Formen immer auf Mattengewebe zurückgeht.

Das *Aeussere* ist dieser sich von innen entwickelnden Hofanlage entsprechend meist schlicht und bildet eine hohe rechtwinklige, gewöhnlich quadratische Ummauerung, die jedoch nicht ganz ohne Gliederung, d. h. ohne Vorsprünge und Einziehungen ist. Die allgemeine Fluchtlinie überragt gewöhnlich die Minarete und die Kuppeln; weiter treten auch die öffentlichen Brunnen (sebîl) mit den darüber befindlichen Moscheenschulen (medrese) vor, dagegen stehen zurück gegen die Hauptfaçadenfläche das Portal und gewisse senkrechte Abschnitte von verschiedener Breite, letztere gewöhnlich nur um 20 bis 30 Centim. zurückspringend und kurz unter dem Hauptgesims durch Stalaktitenvermittlung wieder die Fläche der Façade erreichend; in ihnen sind meist, oft ohne Symmetrie, die Fenster angebracht. In den Kanten der Vorsprünge, sowie auch in den übrigen Ecken der Gebäude finden wir nicht selten Säulen von Marmor eingestellt, oder Säulen in Dreiviertelprofil dort in das Material des Gebäudes eingeschnitten. Die ganze einer gewissen Grossartigkeit nicht ermangelnde Anlage der Façaden in Quaderbau gemahnt an die bei den altaegyptischen Tempeln übliche, wiewohl der Muslim, mit geringen Ausnahmen, sonst alle Formen, welche an die der alten heidnischen Tempel erinnerten, ängstlich vermied. Besonders reich ausgeführt pflegt das Portal zu sein. Die Fenster werden einfacher gehalten und dem Hauptgesims in der Regel weniger Bedeutung beigelegt, als es die Höhe und andere Dimensionen der Gebäude zu verlangen scheinen.

Die *Portale* sind in rechteckigen Nischen angelegt, welche so gross sind, dass rechts und links von der Thüre noch Platz übrig bleibt um eine steinerne Bank (maṣṭaba) anzubringen, welche dem

Thürsteher (bawwâb) als Sitz dient. Diese Thürnische nimmt bei Moscheen fast die ganze Höhe der Façade ein und ist oben sphärisch oder in polygonaler Halbkuppel geschlossen, welche theils gerippt, theils mit Stalaktiten verziert ist. Die zwei senkrechten Wandpfeiler derselben nähern sich oben entweder in Hohlkehlenform, oder sie neigen sich in einem geradlinigen Winkel gegeneinander, in beiden Fällen ist aber oberhalb dieser Verengung die Nische durch eine halb sphärische Kuppel gekrönt. Die Form des Eingangs ist sehr verschieden. Bald schliesst ein Architrav, bald ein Rundbogen oder ein Spitzbogen die Thüröffnung nach oben hin ab; phantastisch geschweifte oder gebrochene Bogenformen finden sich auch nicht selten. Bei den Moscheen ist die Architravform mit segmentförmigem Entlastungsbogen die gewöhnliche. Als Schwelle der Thür verwandte man gern ein Stück rothen oder schwarzen antiken Granites, auch wenn er mit Hieroglyphen bedeckt war, die sich heute noch auf vielen Schwellen erkennen lassen. Auf dem Ruheplatz vor der Thüre befindet sich ein niederes Gitter, welches die Grenze bezeichnet, bis zu welcher der Besucher der Moschee mit seiner Fussbekleidung vorschreiten darf. Hier angelangt, soll ein jeder sein Schuhwerk ablegen.*)

Die *Fenster*-Öffnungen sind häufiger rechteckig als bogenförmig, zuweilen auch gekuppelt zu zwei und drei; in diesem Falle pflegen dann in schöner Harmonie runde, ovale oder sternförmige durchbrochene Rosetten in Gypsguss mit bunter Verglasung angebracht zu sein. Diese Anordnung hat viel Gemeinsames mit dem byzantinischen und romanischen Styl. Die Fenster in den Façaden werden häufig von verschlungenen Ornamenten in flachem Relief eingerahmt und mit umlaufenden flachen Bändern und Rundstäben geschmückt. Nach Innen werden vorzüglich Gypsfriese mit Arabeskenschmuck angewandt.

Auf die Hauptthüren monumentaler Gebäude legte man besonderes Gewicht, sie waren in der Regel sehr massiv mit Eisen und Bronze beschlagen oder wurden auch aus künstlich zusammengestemmten Holzstücken von verschiedener Farbe hergestellt. An einigen Moscheeportalen befinden sich getriebene und ciselirte Bronzearbeiten von hoher Vollendung. Auch im Innern der Gebäude finden wir eingelegte Thüren, zu deren Verzierung hauptsächlich Ebenholz und Elfenbein verwandt wurde.

Nicht bloss häufig über das Quadrat vortretend, sondern auch die Höhe des Mauerumfangs der Moschee überragend, sind die im mohammed. Baustyl besonders beliebten und daher an Moscheen wie an Mausoleen häufig und in mannigfachen Formen angewandten Kuppelbauten. Die *Kuppel*, in überhöhter Kugelform nach oben zugespitzt, mit Knöpfen und Halbmond geschmückt, entwickelt sich im Innern durch Stalaktiten-Pendentifs aus dem quadratischen

---

*) In den besuchteren Moscheen werden für den „Franken" Pantoffeln von dem Moscheediener bereit gehalten; Bachschîsch 1 Silberpiaster.

Mausoleumsraum, während aussen der Uebergang vom Cubus in die Kuppel polygonal vermittelt wird. Zuweilen wird die Vermittlung der äusseren Kuppelfläche durch stufenförmige Absätze bewirkt, von denen jeder mit einer halben Pyramide von der Stufenhöhe bekrönt ist. Man könnte sie als die Rückwände der inneren Stalaktiten ansehen, wenn die Eintheilung der verschiedenen Abstufungen nach aussen den inneren entspräche. Gewiss bleibt es immerhin, dass die Idee der Stalaktiten im Innern dem Baumeister jene äussere Form vorgezeichnet hat. Die Kuppeln sind theils in Hausteinen, theils in Ziegeln gebaut, die Pendentifs in Stein oder Gyps mit Lattenwerk. Sie sind bald schlanker bald der gedrückten Form sich nähernd. Die schönsten möchten wohl die der Chalifengräber (S. 301) sein. Die starküberhöhten Kuppeln der Mamlukengräber haben in ihrem Inneren einen zweiten Kuppelbau. Letzterer, viel tiefer sitzend, trägt radial gestellte Mauern, die ihrerseits den äusseren hohen Kuppelmantel stützen. Eine Ruine (S. 335) unter diesen Gräbern gewährt uns einen klaren Einblick in die erwähnte Construction. In der Nähe befindet sich auch eine Kuppel mit Laterne (S. 335), eine Form, welche auf dem Gebiete des arabischen Kuppelbaus geradezu als Abnormität bezeichnet werden darf.

Es beruht auf einem Irrthume, wenn man annimmt, dass der Fugenschnitt kein gerader, sondern dass er häufig in verschiedenen runden oder gebrochenen Linien und zwar derartig ausgeführt worden sei, dass immer die Seite eines ersten, der des darangelegten zweiten Steines im entgegengesetzten Sinne entspreche. Diese Anordnung finden wir wohl bei geraden oder flachen segmentförmigen Gurten, allein auch hier ist dieser Fugenschnitt häufig nur durch eingelegte verschiedenfarbige Marmorstücke fingirt.

Meist von quadratischem Grundrisse, verjüngen sich die *Minarete* nach oben, von Etage zu Etage, quadratisch bleibend, bis sie ins Achteck oder in die cylindrische Form übergehen. Der Künstler hat hier all sein Talent concentrirt und in der That müssen die eleganten und schlanken Verhältnisse derselben unsere Bewunderung erregen. Die oberste Etage wird zuweilen von Pilastern oder Säulen gebildet, welche dann die Bedachung, einen oder mehrere kuppelförmige Knöpfe mit dem Zeichen des Islâm oder auch eine einfache Kegelspitze tragen. Sie sind meist aus Quaderstein construirt und enthalten *Wendeltreppen* vom selben Material, die zu den verschiedenen Gallerien der Etagen und den Balkonen zwischen denselben führen. Von diesen letzteren aus ruft der Mueddin die Gläubigen zum Gebet (S. 162). Die Gallerien werden von Stalaktitengesimsen getragen, die Balkone von ähnlich geformten Consolen. Die Stäbe und Winkel von Holz, welche der Beschauer auf der Höhe der Minarets bemerkt, dienen während des Fastenmonates Ramadân zum Aufhängen der Lampen. Von anderen minaretartigen Gerüsten (mabchara) wurden an hohen Feiertagen früher Rauchwerke abgebrannt, um damit die ganze Umgebung in Wohlgerüche zu hüllen; solche befinden sich jetzt nur noch an der Hâkim-Moschee (S. 208).

Die *öffentlichen Brunnen* (sebîl) mit der *Moscheenschule* (medrese) in der I. Etage sind häufig in den rechteckigen Grundriss der ganzen Moscheen-Anlage eingeschlossen, doch treten sie auch nicht selten in runden Formen vor. An ihnen und namentlich an den zu Schulzwecken bestimmten offenen Hallen erscheint auch die frei stehende Säule, die sonst am Aeussern der Cultbauten keine Stelle hat.

Um so reicher tritt der Säulenbau im *Innern* der Moscheen auf, indem gewöhnlich der Hof von einer Säulenhalle, einem Porticus umschlossen wird, der sich dann an der Seite der Gebetnische wenigstens verdopppelt. Eine ausgebildete arabische Säulenordnung kann Kairo nicht aufweisen, kaum ein arabisches Capitäl, und wenn wir wirklich von Arabern ausgeführte Capitäle namentlich an der Gebetsnische (ḳibla) der Moscheen vorfinden, so sind sie entweder byzantinischen und ptolemaeischen Vorbildern nachgeahmt und spärlich ausgebildet. Die unentwickelte Capitälform aber, welche Kairo doch wohl eigen zu sein scheint, ist sehr einfach und wird umgekehrt auch als Säulenfuss benutzt. Aus den vier Ecken des Abakus gehen in geschweiften Linien vier Flächen aus, welche sich unten an das Band der runden oder achteckigen Säule anschliessen. Die vielen in Moscheen und Privathäusern vorkommenden Säulen stammen fast ohne Ausnahme aus römischen und ptolemaeischen Gebäuden, mitunter auch aus christlichen Kirchen her. Dagegen verwandten die Mohammedaner nur solche den altaegyptischen Tempeln entstammende Säulen, welche bereits in griechischen und römischen Bauten verwandt und umgeformt worden waren. So findet man öfters römische Piedestale mit Hieroglyphenresten, die früher nur zu aegyptischen Tempeln gehört haben können. Die Moscheenbaumeister sammelten, ohne sich über Kürze oder Durchmesser Scrupel zu machen, die Säulen, die sie zu ihren Werken brauchten. Waren sie zu kurz, so wurde ihnen ein Piedestal untergeschoben oder in Ermangelung desselben auch ein umgekehrtes Capitäl, gleichviel von welcher Ordnung. Ionische und korinthische stehen friedlich bei einander und eine gewisse Uniformität der Anordnung fängt erst über dem Abakus an. Auf dem letzteren liegt ein zweiter von Sykomorenholz, in dem die Schliesse von Holz befestigt ist, welche ausser dem construktiven noch den Zweck hat, Lampen daran aufzuhängen. Der bei dem Arkadenbau angewandte Bogen ist fast durchgängig eine gewisse Art des *Spitzbogens*, nämlich eine überhöhte Form des Rundbogens, der kurz vor seinem Scheitel der Tangente folgt, oder indem er nach unten hin zu einem leichten Hufeisenbogen ausholt, schliesslich im Kielbogen ausgeschweift ist. Es gibt auch Formen, welche unserm gothischen Spitzbogen näher kommen, und es scheint festzustehen, dass, weil gerade in Kairo Spitzbogen so früh und so allgemein angewandt wurden, ihr Grundtypus von hier nach Sicilien übertragen worden ist. Ausser dieser Aehnlichkeit in der Bogenform und einiger Anordnungen in Fensterstellungen hat indessen der Spitzbogenstyl selbst nichts mit dem arabischen Styl gemein, und wir müssen das gothische Thor von Marmor zwischen den Moscheen Moḥammed en-Nâṣir und Barḳûḳîye (S. 297) in dem Derb el-Naḥḥâsîn als ein Werk betrachten, welches europäischem Einflusse entsprungen ist. Wie das Volk sagt, kam es von einer Insel.

Die Arkaden der Moscheen und andere bedeutendere Räume sind mit einem fast überall gleichhohen geraden *Plafond* mit freiliegender Deckenconstruction überdeckt. Der Uebergang von den meist weissen und kahlen Wänden zu der Decke wird gewöhnlich durch ein Stalaktitengesims oder ein Gesims mit Schriftfries vermittelt. Die zu den Plafonds verwendeten Balken pflegen an den beiden Enden auf eine Länge von 1 bis 1½ Meter viereckig im Profil zu sein, dann sind sie nach unten zu abgerundet und häufig sculptirt. Die Balkenzwischenräume sind zuweilen in Cassetten abgetheilt, auch findet man wirkliche Cassettendecken wie in der Moschee Ṣalâḥeddîn Yûsuf (S. 282) auf der Citadelle. In den Ecken der Räume, sowie unter den Hauptarchitraven sind gewöhnlich Stalaktitenpendentifs angebracht, welche die Winkel verkleiden. Die frühesten Decken scheinen durch Palmenstämme gebildet worden zu sein. Dieselben waren alsdann mit Brettern von Sykomorenholz verschalt und deren Flächen oft mit reichen Sculpturen versehen. Der Raum unmittelbar vor der Ḳibla (Nische der Gebetsrichtung) hatte in der Regel eine Kuppel, die von Säulen getragen wurde. Gewölbt wurden nur kleinere Räume, doch finden wir ausnahmsweise die Arkaden der Moschee Sulṭân Barḳûḳ (S. 301) mit flachen sphärischen Ziegelgewölben geschlossen. Ausgedehnter ist die Anwendung des Gewölbebaus in der Profanarchitectur: so sind z. B. das Stadtthor Bâb en-Naṣr (S. 299) und andere Durchfahrten mit Kreuzgewölben ausgestattet, auch kam es vor, dass die Erdgeschosse ganzer Paläste überwölbt waren, während Brücken und Aquaeducte in Tonnengewölben und Spitzbogenform ausgeführt zu werden pflegten.

Was nun die *Ausschmückung* betrifft, so hat diese wenig architectonischen, sondern vielmehr textilen Character. Eine eigentlich architektonische Gliederung, Pilaster und Gesimse fehlen fast gänzlich, und die Decorationslust macht sich zumeist in Füllungen und im Flächenschmuck geltend, welche mit der baulichen Construction in keinem Zusammenhange stehen. Das Ornament geht allenthalben auf Teppich-, Borten- und Matten-Imitation zurück. Daher ist auch dasselbe immer flach, und zumeist erst durch Anwendung von Farbe weiterhin von Wirkung. Von mehr architecton. Bedeutung, wenn auch nicht structiv und mehr phantastisches Spiel mit Kuppelausschnitten, sind nur die Stalaktitenbildungen, welche an der Stelle der abendländischen Gewölbeformen den Uebergang von den verticalen zu den horizontalen Baugliedern vermitteln.

Alles Füllungs- und Fries-Ornament entnimmt seine Motive entweder dem Blattwerk oder geometr. Figuren, oder der Schrift. Das *Blattwerk* ist rechteckig profilirt, mit einzelnen Einschnitten, um breitere Flächen zu theilen. Es folgt zwar die Bildung des Blätterwerkes in seinen Umrissen mehr oder weniger dem Geiste des classischen Styls, doch erkennen wir in dem streng stylisirten Rankenwerk die Blätter und sonstigen Theile einer südlichen Vegetation. Die *geometrischen Figuren* stellen sich entweder in kaleidoscopischer Weise durch symmetrische Wiederkehr phantastischer Formen oder in geometrischer Bandverschlingung meist in geraden aber manigfach gebrochenen Linien dar. Was endlich die *Schriftfriese* betrifft, so eignen sich die arabischen und namentlich kufischen und Sullus-Schriftzeichen ganz besonders zu Ornamenten, denn sie haben Achnlichkeit mit stylisirtem Blattwerk, wenn auch darin die streng wiederkehrenden Formen des continuirlichen ornamentalen Schmuckes fehlen. Bei sehr reicher Verwendung der Schrift in flachem Relief ist der Grund, auf welchem sie geschrieben steht, gewöhnlich noch mit leicht vortretenden Arabesken überzogen. Solche Schrifttafeln oder Schriftfriese sind sehr reich in ihrer Wirkung und anziehend für den Beschauer. In gewisser Entfernung treten die breiten Schriftzüge, und wenn Färbung vorhanden ist, mit besonderer Lebhaftigkeit hervor. Der Grund gleicht alsdann durchaus einem Spitzennetze und wir müssen näher treten um die feingeschwungenen Linien des Arabeskengrundes zu erkennen. Ein besonders schöner Fries mit Schrift befindet sich in der Sulṭân Ḥasan Moschee (S. 281). Die grossen breiten Schriftzüge an den Moscheen oder Privathäusern, welche uns zuerst ins Auge fallen, enthalten fast alle Korânsprüche, das Geschichtliche befindet sich meist auf Marmortafeln in kleiner Currentschrift über den Eingängen und dem Gitterwerk der Sebîls, wo es zuweilen auch in Holz ausgeschnitten, seltener in den inneren Hallen angebracht ist.

Wenn wir die Ornamentik in Verbindung mit dem Constructiven betrachten, so fällt uns vor allem eine gewisse Willkür in der Vertheilung der Decorationen auf. Es möchte scheinen als hätte der Künstler absichtlich den ganzen Reichthum seiner Arabesken auf gewisse Theile übertragen wollen, um diese vor anderen auszuzeichnen. Wenn wir diese Eigenthümlichkeit näher ins Auge fassen, so finden wir, dass vor allem mit Ornamenten reichlich bedacht wurden: 1) die Portale durch reiche Friese als Umfassung, durch Rosetten zur Markirung gewisser Punkte, durch künstlichen Steinschnitt in den Architraven, durch Stalaktiten in der Ueberdachung der Nische; 2) die Minarete, welche gerne über oder neben dem Portale angebracht wurden, doch nur selten aus construktiven Rücksichten; 3) die äusseren Kuppelflächen, die zuweilen mit Arabesken, zuweilen aber auch mit Rundstäben oder Wulsten bedeckt sind; 4) die Kibla mit ihrer reichen Einfassung, den in vielen Fällen schönen Kapitälen und reich verzierten Säulenschäften, den reichen Mosaikarbeiten und den niedlichen Pseudo-Zwerg-Arkaden; 5) die Stalaktitenpendentifs im Inneren der Mausoleen; 6) die Plafonds; 7) der Mimbar (Kanzel) theils aus Stein theils aus Holz. Dann möge man auch seine Augen auf Gitter, Fenster, Thüren, gewisse Bänke (Dikke), Laternen und Lampen wenden. Letztere aus Glas, manchmal auch emaillirt, sehr originell, aber dann äusserst selten; aus den Moscheen sind sie meistens verschwunden.

Die *Farbe* spielte bei den aegyptisch-arabischen Monumenten vielleicht keine so bedeutende Rolle wie bei den spanischen, allein auch hier bemerken wir, wie in der Alhambra, dass die Künstler mit Vorliebe in satten Farben arbeiteten und dass Roth, Blau, Gelb, Gold und Weiss vorwiegend waren. Bei Schriftornamenten begegnet uns als Grund häufig Tiefblau, während die Buchstaben mit Gold überzogen zu sein pflegen. Im Allgemeinen ist das Verständniss der Malerei nie zu einer so hohen Vollendung gekommen wie in Spanien, wo mit einer gewissen Berechnung der Luftperspective von dem Fusse nach der Decke hin von tiefen und dunkeln Farben zu glänzenden und immer leuchtenderen Nüancen übergegangen wurde. In den Farbentönen, wie in der Rolleornamentik lässt sich das Streben, durch Contraste zu wirken, erkennen. Den Boden schmückt reichstes Marmormosaik, meist in dunkeln Tönen, die Wände sind gewöhnlich angestrichen, Gesims und Plafond wieder in reicher Malerei und Vergoldung. In bedeutenderen Privatgebäuden finden wir zuweilen die Wände mit Majoliken bekleidet. Wir machen noch auf die prachtvolle Farbenwirkung der *musivischen Arbeiten* in den Ḳiblas gewisser Moscheen aufmerksam (Grabmal Ḳalaûn, Ṭulûn, Ḳait Bey), mit Anwendung von Marmor, Porphyr, Perlmutter und venezianischem Email. Bei *Ebenisterei* finden wir als Farben Dunkelbraun, Schwarz (Ebenholz), Weiss (Elfenbein), und Bronze als Einlage. Nach aussen hin liessen die Baumeister die schönen Töne der dunkelokerfarbigen Steine wirken; nur zuweilen wurde noch jede zweite Schichte roth oder schwarz gefärbt; an den ausgezeichneten Stellen fügte man Marmormosaik, Majoliken, künstlichen Fugenschnitt, Vergoldung der Bronzegitter und anderer Metalltheile hinzu. Das milde Klima Aegyptens hat vieles von dieser ursprünglichen Färbung erhalten. Wir dürfen aber diese nicht mit dem grellen und rohen Anstrich ganzer Quaderfaçaden und Marmortheile verwechseln, welcher zu Ehren der Gäste des Chedîw bei der Suëscanalfeier im Jahre 1869 verbrochen wurde!

Wie die Cultbauten, so haben auch die Profanwerke und hauptsächlich die Wohnhäuser ihre charakteristische Eigenthümlichkeit. Die bürgerlichen Häuser, im Erdgeschoss aus Hausteinen erbaut, lassen ihre oberen Geschosse meist vorkragen. Die vorstehenden Theile ruhen zuweilen auf Pfeilern, in der Regel aber auf schön sculptirten Consolen von eigenthümlicher Form. Diese vorspringenden Theile, welche gewöhnlich gleichfalls mit erkerartigen

Ausbanten versehen sind, haben den doppelten Zweck die Wohnungen besser zu ventiliren und den hinter dem Gitterwerk verborgenen Frauen eine Aussicht auf die Strasse zu gewähren. Die ganz kleinen durchbrochenen meist achteckigen Vorbauten mit runden Löchern im Boden dienen zur Abkühlung des Trinkwassers in den porösen Gefässen (Kullen) und geben der ganzen Anordnung den Namen *Maschrebîyen* (Scharâb, der Trank). Die Form der Maschrebîyenflächen ist rechteckig, jedoch werden von der Umrahmung zuweilen Bogen gebildet und es entstehen häufig durch das Spiel der verschieden gestellten und combinirten gedrehten Holzstückchen Zeichnungen von phantastischer Form wie in einem Stickmuster. Die Bedachung der Maschrebîyen kragt meist marquisenartig vor und gewöhnlich werden statt der Gesimse ausgeschnittene herabhängende Bretterfriese angebracht. Der Uebergang dieser Vorbauten in die Mauerfläche wird nach unten zu in der Regel durch eine reich sculptirte, elegant geschwungene Hohlkehle mit zierlichen Rosetten vermittelt. Ueber den Maschrebîyen, welche fast nie die Zimmerhöhe einnehmen, fehlen selten die schon mehrmals erwähnten Oberlichter in Gypsguss und farbigen Gläsern. — Die *Gesimse* der Gebäude haben nur geringe Ausladung. Ihr Profil zeigt eine leise Schwellung, wenn nicht Stalaktiten angewandt wurden. Zinnen auf den Gesimsen fehlen fast nie und sind oft höchst kunstreich und genau ausgeführt. Wir machen hier noch auf eine eigenthümliche Art von Gesimsen bei den sogenannten Mamlukengräbern aufmerksam, bei denen der frei endende Theil der Deckplatte spitzenförmig ausgezackt ist.

So grosse Bewunderung auch die Einzelheiten der arabischen Architectur erregen und so sehr die Pracht der Ornamentik einen zauberhaften Eindruck hervorruft, den reinen künstlerischen Genuss empfängt man nur selten. Besonders der nordische Kritiker ist leicht geneigt, das Unsymmetrische des Grundrisses, die Armuth an Profilirungen, die geringe Plastik des Baues, die Mischung von Holz- und Steinconstrucktionen tadelnd zu betonen. Die Thatsache steht fest, dass die Künstler sich vorzugsweise auf die Flächendecoration beschränkten. Und so finden wir heute bei den arabischen Architekten eine viel leichtere Auffassungsgabe für elegante Umrisse und für die schwierigsten, verwickeltsten Verschlingungen von Ornamenten und geometrischen Figuren, als selbst für die einfachsten Raumverhältnisse. Wenn wir auch einzelne schwierige Aufgaben des Steinschnittes, wie z. B. im Innern des Bâb en-Nasr (S. 299) glücklich gelöst sehen, so macht die Arbeit doch den Eindruck, als sei sie nur das Resultat der Empirie und des Probirens. Der arabische Architekt war nur glücklich in der Vermittelung contrastirender Linien durch Stalaktiten.

Wenn wir den *Gründen* dieser Nichtausbildung der Architectur nachforschen, so trägt wohl vor allem die grösste Schuld das *Klima*. Die ausserordentliche Milde desselben, der seltene Regen haben manches wegzulassen erlaubt, was dem nordischen Beobachter als ein Mangel erscheint; daher das häufige Fehlen von Gesimsen und die geringe Ausbildung der vorhandenen. Die ausserordentliche Conservirung der Hölzer hat gestattet sie selbst da in Mauern und als Theile des Steinschnittes einzuführen, wo es einem nordischen Baumeister unglaublich erscheint. Ein weiterer Grund für die Thatsache, dass die einheimischen Künstler und Handwerker nicht weiter in ihrem Fache vorschritten, ist wohl auch darin zu suchen, dass so unendlich viele fertige Säulen-Capitäle in alten Monumenten vorhanden waren und man diese mühlos nur in die neuen Bauten zu versetzen hatte. Hierzu kamen noch die politischen Hindernisse: beständige Kämpfe und Streitigkeiten im Inneren liessen die Werke des Friedens und der Kunst nicht gedeihen. Anderntheils war eine freie künstlerische Entwickelung unter dem Drucke despotischer Fürsten und ihrer sclavischen Behörden nicht möglich. Endlich darf der echt orientalische Trieb, mit eigensinniger Treue an althergebrachten Formen zu hängen und sich an Tradition und religiöse Vorschriften zu binden, nicht unberücksicht bleiben. So war das Urbild der Moschee in Mekka vorhanden, von dem nicht abgewichen werden sollte. Daher die beständige Wiederholung der Grundform dieser Anlage. Selbst als man sie in einigen Beispielen zu verlassen gewagt hatte, kehrte man doch wieder zu ihr zurück. Die äussere Architektur der Privatgebäude, auf welchen jener religiöse Zwang nicht lastete, hätte weitere Fortschritte machen können, wenn hier nicht Aberglaube und Furcht als Hindernisse gewaltet hätten. Eine reiche Entfaltung der Wohlhabenheit nach aussen zog nach dem Glauben der Bevölkerung den 'bösen Blick' auf den Besitzer und brachte Unglück oder Tod, während sie anderseits die herrschende Partei reizte, von dem Manne, der seinen Reichthum zur Schau trug, höhere Steuern zu verlangen. So war es denn Sitte, wie noch heute, den Reichthum mehr in dem Innern des Harims verborgen anzulegen, sei es nun in der Ornamentirung der Gemächer, in reichen Stoffen für die Möbel, in Draperien, in Geschirren oder endlich in Edelsteinen und Diamanten. Dies alles sahen nur die nächsten Verwandten und befreundete Frauen, während es dem Publicum und selbst dem Regenten verborgen blieb.

Was die *Plastik* und *Malerei* betrifft, so schienen Meissel und Pinsel nur für die ornamentale Auszierung der Wandflächen vorhanden zu sein. Die Darstellung thierischer Gestalten war sehr beschränkt und die menschlicher Figuren schon durch den Korân untersagt (vgl. S. 235). Dennoch kamen sie vor. So liess einer der Ṭuluniden einen Prunksaal mit seiner eigenen bemalten Holzstatue und ähnlichen Bildsäulen seiner Gattinnen und der beliebtesten Tänzerinnen schmücken. In Kairo befand sich eine berühmte Fabrik von menschlichen und thierischen Figuren. Wir hören aus dem 11. Jahrhundert nach Chr. von zwei berühmten

Malern erzählen, welche zu Kairo in der Herstellung von Reliefbildern wetteiferten. Der eine malte eine Tänzerin, welche in die Mauer zu treten, der andere eine solche, welche aus ihr herauszuschweben schien. El-Kitami's Gemälde, das Josef in der Cisterne darstellte, war hochberühmt. In figürlichen Darstellungen erreichte die Kunst in Persien sogar eine hohe Stufe; doch noch mehr warf sich das arabische Talent auf das Kunsthandwerk und auf die decorative Ausstattung des Geräthe, besonders in Metall, in Tauscharbeit, Email, Niello, in Aetzung, Gravirung u. dergl. Der Ornamentalstyl, welcher sich dadurch vielleicht noch mehr als durch die Wanddecoration ausbildete, erhielt hierin wie in der Weberei Weltbedeutung und der Name „Arabeske" wurde geradezu gleichbedeutend mit Ornament. Ursprünglich war freilich der Gegensatz zwischen der „Groteske", dem abendländischen Decorationsstyl, den Rafael und Giovanni da Udine aus den „Grotten" der Thermen des Titus in Rom entnahmen und in den vaticanischen Loggien epochemachend verwertheten, und zwischen dem mehr spielenden und mechanischen Ornament der Mohammedaner geläufig; allmählich aber hat sich diese Unterscheidung ganz verwischt.

Die **Moscheen** zerfallen ihrer religiösen Bedeutung nach in zwei Gattungen: a. in solche, in welchen das Gebet der Muslimen an jedem Tage der Woche verrichtet werden darf, *Gâm'a* genannt, b. in solche, in welchen nur an den Wochentagen mit Ausnahme des Freitags gebetet werden darf *(Mesgid, Zâwiya)*. Der Name *Mesgid* wurde von Constantinopel hierher übertragen und ist weniger gebräuchlich wie *Zâwiya*, das ist eine kleine Moschee, die gewöhnlich nur aus einem Zimmer besteht.

Der Muslim spricht auch Gebete an dem Gitterfenster der Mausoleen seiner Heiligen (*Schêch* oder *Weli*, S. 167), hinter welchem ein Katafalk, der aber keineswegs immer die Reste des verehrten Verstorbenen birgt, mit bunten Teppichen bedeckt, sichtbar ist. Solche Schêchgräber oder Weli's sind in allen Theilen des Landes zu finden, oft in die Häuser eingebaut und leicht durch ihre äussere Form zu erkennen (cubische Gebäude mit einer Kuppel, gewöhnlich in den Grunddimensionen 4 bis 6 m nicht überschreitend, meistentheils weiss getüncht, oft leer und nur von Scorpionen etc. bewohnt).

Jede Gâm'a hat einen grösseren, meist unbedeckten Hof, *Fasḥa* oder *Ṣahn el-Gâm'a* genannt, in dessen Mitte sich der Brunnen zu den religiösen Waschungen *(Ḥanefîye)* befindet. An die östliche Seite des Hofes schliesst sich der *Lîwân* (Sanctuarium) an, in welchem die religiösen Geräthe aufgestellt sind. Zwischen ihm und dem Hofe befindet sich häufig ein Maschrebîyengitter, welches die heilige Stätte der Gâm'a von dem Hofe abscheidet. Das Sanctuarium ist mit Teppichen oder Matten *(Ḥaṣîre)* belegt.

In dem Sanctuarium bemerken wir: 1) die nach Mekka gerichtete

Gebetnische, *Kibla* oder *Mihrâb;* 2) den *Mimbar*, die Kanzel rechts von der Ḳibla, von welcher der *Chaṭîb* oder *Imâm* die Rede an die Gläubigen hält; 3) den *Kursi* (plur. *Kerâsi*), das Pult, auf welchem während des Gottesdienstes der Ḳorân aufgeschlagen wird (sonst wird der Ḳorân in einem besonderen Schrank aufbewahrt); 4) die *Dikke*, ein auf Säulen aufgestelltes Podium, mit niederem Gitter umgeben, von welchem die *Moballigh* (Gehülfen des Chaṭîb) die Worte des Ḳorâns für das entferntstehende Volk wiederholen (der Ḳorân wird an der Ḳibla verlesen); 5) die verschiedenen Lampen und Laternen *(Ḳindîl* und *Fânûs)*. Seitwärts von dem Ṣaḥn el-Gâm'a befindet sich noch ein kleiner Hof mit einem Bassin in seiner Mitte und nothwendigen Kämmerchen längs der Wände. Der Muslim betritt gewöhnlich diesen Hof bevor er den Ṣaḥn el-Gâm'a besucht. Neben dem Sanctuarium steht das Mausoleum des Erbauers der Moschee, *Maḳṣûra* genannt. In weiterer Entfernung am Haupteingang befindet sich der *Sebîl* (Brunnen) mit der *Medrese* (Schule). Unter dem Sebîl befindet sich eine Cisterne, welche während des Hochwassers des Nils gefüllt wird. Diese Brunnen sind häufig sehr reich mit Marmor und grossen bronzenen Gittern verziert. Ein weit vorragendes Dach bedeckt sie, und über ihnen befindet sich eine mehr oder minder elegante Halle für die Schule. Vor den Gittern, an welchen das Wasser vertheilt wird, erheben sich gewöhnlich mehrere Stufen. Das Innere des Sebîl besteht nur aus einem grossen Raum, dessen Boden etwa 1 m über dem Strassenniveau liegt und in welchem das aus der Cisterne geschöpfte Wasser zur Vertheilung an den Gittern in Gefässe gefüllt wird. Neben diesen Sebîls befinden sich auch zuweilen Bassins zum Tränken der Thiere. Das hier in Cisternen aufbewahrte Wasser pflegt im Juni, in welcher Zeit das Nilwasser durch unzählige mikroskopische Pflänzchen grün gefärbt und ungesund ist, viel begehrt zu werden. Die *Medrese* besteht in der Regel nur aus einer Halle, einer Kammer zur Aufbewahrung von Geräthen und den bei allen Moscheen sich befindenden Abtritten.

Nach ihren Grundformen zerfallen die Moscheen in 2 Hauptgruppen: 1) solche von *rechteckiger Form* der ganzen Anlage mit *hypäthraler* Säulen- oder Pilasteranordnung um den offenen Hof (s. Plan der Moscheen 'Amr, S. 332, und Barḳûḳ, S. 302); 2) solche, bei denen der *rechteckige* oder *kreuzförmige* Hof von geschlossenen Räumen umgeben wird, wie bei der Moschee Sulṭân Ḥasan (S. 280) und den meisten Grab-Moscheen, d. h. denen, bei welchen das Grabmal im Verhältniss zu dem Ṣaḥn el-Gâm'a von bedeutendem Umfange ist.

Die Grabmäler der Muslimen (vergl. auch S. 170) werden meist an trockenen etwas höher gelegenen Plätzen (gern in der Wüste) angelegt. Die unterirdischen Grabkammern selbst sind ohne jeglichen Schmuck. Ueber ihnen steht der Katafalk von Stein auf mehr oder weniger verziertem Stylobat. Ersterer trägt zwei aufrecht-

von ihnen sind über dem Kopfe der Todten Koransprüche, Name und Alter der Verstorbenen zu lesen. Das obere Ende des Schâhid zeigt die Kopfbekleidung (Turban) der Verstorbenen, nach welcher deren Stand zu bestimmen ist. Für angesehene Personen werden über dem Katafalk Baldachine in Kuppelform, von vier Säulen oder Pilastern getragen, errichtet, oder die schon früher (S. 199) erwähnte geschlossene Form der Schêchgräber gewählt. An den Festtagen werden die Katafalke und die hohlen Räume des Stylobates mit Palmzweigen, Blumen und Basilikum belegt. Alsdann bleiben namentlich die Frauen oft Tage lang an den Gräbern ihrer Lieben mit Beten und der Labung der Armen beschäftigt. Zu ihrer Beherbergung waren Räumlichkeiten nothwendig, und so kam es, dass ein vollständiges Mausoleum fast ebenso bedeutende Nebenräume hat wie eine Moschee, d. h. Säle zur Aufnahme der Familienmitglieder, Sebîl und Schule, Ställe für Reitthiere, Wohnung für den Verwalter etc. Ausgedehntere Anlagen dieser Art gewannen daher einigermassen das Aussehen einer wenig belebten Stadt. Eine solche grössere Anlage für die Todten wird *Hôsch* genannt. Eine der grossartigsten ist die Grabmoschee des Sultân el-Aschraf (S. 301), das letzte der sogenannten Chalifengräber gegen Nordost.

Die **Privat-Wohnungen** haben selten mehr als zwei Etagen und sind in der mannigfaltigsten Weise gebaut, doch werden im allgemeinen folgende Regeln bei ihrer Anlage beobachtet: a) die Haupträume, namentlich die des *Harîm* (S. 203), blicken in den Hof oder in den Garten, wenn ein solcher vorhanden ist; b) die auf die Strasse gehenden Fenster des Erdgeschosses sind klein, sehr hoch gelegen und stark vergittert, die der oberen Stockwerke durch Maschrebiyen (S. 197) verschlossen (letztere werden aber immer mehr durch Glasfenster und Sommerläden verdrängt); c) die Eingangsthüre (Pl. I. 1), hinter welcher sich der Sitz (*Mastaba*, Pl. I. 2) des Thürhüters befindet, ist meist klein und eng, der Corridor (Pl. I. 3), welcher von der Strasse zum Hofe führt, ist gebrochen, damit man nicht von der Gasse aus in den Hof sehen kann; d) der Hof (*Hôsch*, Pl. I. 4) selbst ist ungepflastert, mit Bäumen bepflanzt und hat einen Ziehbrunnen (Pl. I. 6) mit Infiltrationswasser vom Nile. Dies pflegt indessen mehr oder weniger salzig zu sein und dient darum nur zum Aufwaschen und zum Tränken des Viehs. Gleich beim Eingange in den Hof befindet sich e) die *Mandara* (Pl. I. 7), das Empfangszimmer des Herrn für Besuche. Es hat wenigstens ein Cabinet (*Chazne*, Pl. I. 15) und einen nothwendigen Ort. Eine Mandara schöner Construction ist symmetrisch angelegt. In der Mitte einer der langen Seiten befindet sich die Thür. Der mittlere Theil des Saales, *Durkâ'a* genannt, in Marmormosaik gepflastert, mit Springbrunnen (*Faskîye*), ist nur eine Stufe niedriger wie die Theile links und rechts. Der Grundriss ist derselbe wie der der Kâ'a (Pl. I. 14). Gegenüber dem Eingange der Durkâ'a ist in der Regel eine Art Etagère (*Suffe*) von Marmor oder Stein, auf der die täglich im Gebrauch befindlichen Geräthe zum Waschen, Trinken etc. aufgestellt werden. Die höher gelegenen Theile der Manḍara, *Liwân* genannt, sind mit Teppichen oder Matten belegt und werden ohne Fussbekleidung betreten. Letztere wird auf der Durķâ'a abgelegt. Längs der Wände findet man häufig reich verzierte Wandschränke mit künstlich eingelegtem und zusammengestemmtem Täfelwerk und Majolikenverkleidung. Die Plafonds sind meist geschmackvoll ornamentirt. In dem Hofe finden wir noch eine gegen Norden offene Halle mit einer Säule. Sie heisst *Tachta bôsch* und dient ähnlichen Zwecken wie die Manḍara. In dieser Anlage ist die Tachta bôsch ein Mittelding zwischen der Maķ'ad, die aber in der Regel mehrere Säulen hat, und der Manḍara, welche letzere fast immer in gleicher Höhe mit dem Niveau des Hofes liegt. Die *Maķ'ad* (Pl. I. 5), in welcher der Hausherr im Sommer zu empfangen pflegt, ist gewöhnlich auf halber Höhe des Erdgeschosses gebaut, wie im vorliegenden Plane die Tachta bôsch und hat unter sich geringeren Zwecken dienende Räume, zuweilen Magazine, auch öfter den Brunnen mit Schöpfrädern.

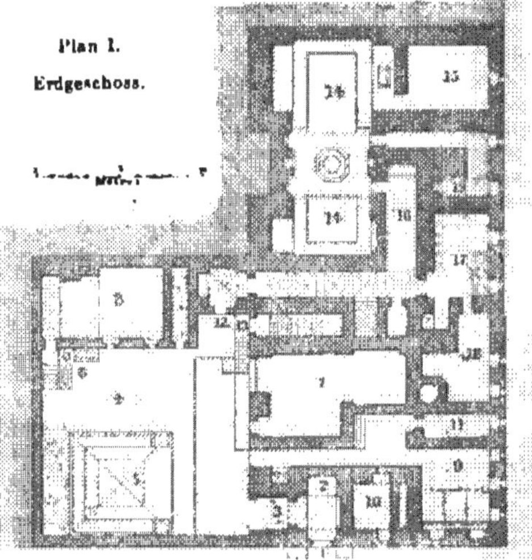

1. Eingang des Hauses. 2. Sitz (Mastaba) für den Thürhüter. 3. Corridor. 4. Hof. 5. Art Laube (Maķ'ad), in welcher des Sommers empfangen wird. 6. Brunnen. 7. Fremdenzimmer. 8. Wohnung für den Diener. 9. Stall für den Esel. 10. Sattelkammer. 11. Futterkammer. 12. Thüre zu dem Frauengemach (Bâb el-Harîm). 13. Treppe zur Wohnung des Herrn. 14. Hauptzimmer (el-Kâ'a). 15. Chasne. 16. Kleiner Hof. 17. Küche. 18. Bäckerei. 19. Abtritt.

In dem *Harim* (Frauengemach) selbst, das bei kleineren Anlagen nur vom Hofe aus durch das *Bâb el-Harim*, Harimsthür (Pl. I, 12 u. II. 3) zugänglich ist, ist das Hauptlokal die Kâ'a (Pl. I. 14). Die Durkâ'a hat höhergelegene Plafonds, wie die Lîwân und in ihrer

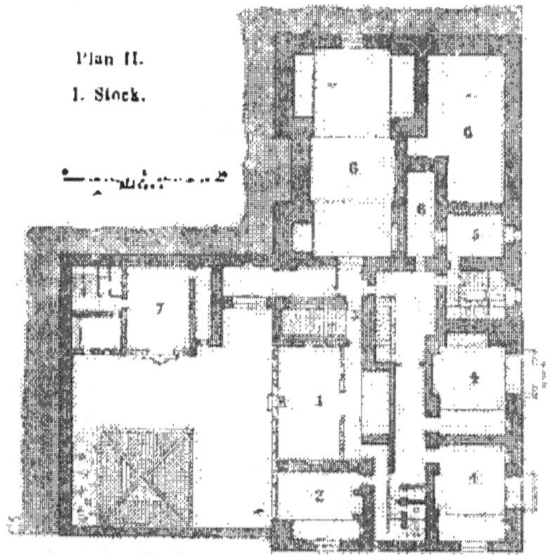

1. Offene Halle (Tachta bôsch). 2. Cabinet. 3. Thüre zum Harim. 4. Harimzimmer mit Maschrebîyen. 5. Magazin. 6. Licht und Lufthöfe. 7. Fremdenzimmer.

Mitte eine Kuppel mit Maschrebîyenöffnungen. An den Wänden der Lîwân ziehen sich häufig Etagèren hin, auf welchen kostbare Gefässe von Porzellan, Glas oder Metall aufgestellt sind. Bei grössern Anlagen führt noch eine besondere Stiege für die Dienerinnen aus dem Erdgeschoss in die oberen Stockwerke. Sie steht mit dem Zwischengeschosse in Verbindung. Letzteres beherbergt die schwarzen Sklavinnen und wird über denjenigen weniger wichtigen Gemächern des Erdgeschosses angelegt, welche dessen grosse Höhe (6 bis 7 m) nicht bedürfen. Aus den Räumen des Hausherrn führt gewöhnlich noch eine Thüre direkt in die Gemächer des Harim's (Plan I. 3). Im Hintergrunde des Gebäudes befinden sich Küchen und Ställe, häufig auch eine Mühle. — Auf dem Lande und auch wohl in Kairo sind über der Eingangsthüre zuweilen Malereien nach Kinderart, besonders Kamele, Löwen u. s. w., sodann auch Dampfschiffe angebracht: der Eigenthümer bekundet damit, dass er die Pilgerfahrt nach Mekka (S. 164) gemacht hat.

X. Die arabische Sprache.

Mit der grossen nationalen Erhebung der Araber, die durch den Islâm zum Ausbruch kam, traf auch das goldene Zeitalter ihrer Literatur zusammen; die damals entstandenen Gedichte nebst einigen aus früherer Zeit und der Ḳorân sind die classischen Werke der arabischen Literatur. Neben der Literatursprache, zu welcher der Dialect von Ḳureisch (Moḥammed's Familie) erhoben worden war, herrschten bei den einzelnen arabischen Stämmen verschiedene Volksmundarten (ungefähr wie auch bei uns im Deutschen); nur ist das Arabische trotz seiner grossen Ausdehnung von Yemen bis Mesopotamien, von Baghdâd bis Marokko, viel einheitlicher. Geschrieben wird noch heute das classische Arabisch, je nach der Bildung des Schreibenden mit mehr oder weniger Einflüssen der Volkssprache.

Das Arabische gehört zu der semitischen Sprachengruppe; eine Urverwandtschaft derselben mit unsern Sprachen ist wissenschaftlich noch nicht nachgewiesen. Mit der hebräischen Sprache hat die arabische und namentlich der Volksdialect viele Verwandtschaft. Die arabische Schrift hat sich aus der syrischen, diese wieder aus der hebräisch-phönicischen entwickelt. Die Form der Buchstaben, wie wir sie in älteren Handschriften finden, ist in der Regel schöner als heutzutage: die heutige Currentschrift ist undeutlich, klein und hässlich; die Typen, welche in den Druckereien des Orients verwendet werden, sind in Kairo in der Regel klein, in Beirût etwas grösser und deutlicher. Die Vokalzeichen werden heute fast nie mehr beigefügt, sodass das Lesen des Arabischen schon eine genaue Kenntniss der grammatischen Regeln erfordert.

Die Laute des Arabischen sind von denen unserer Sprache theilweise verschieden. Am reinsten sprechen nicht die Städter, sondern die Bauern und die Bewohner der Wüste, d. h. ihr Idiom nähert sich mehr der classischen Sprache als das der Städter. Die Muslimen sprechen durchgängig besser als die Christen, weil sie schon durch das tägliche Hersagen des Ḳorâns sich eine feinere Sprache und Aussprache aneignen. Der Hauptunterschied zwischen der Sprache des Ḳorâns und der heutigen Umgangssprache besteht darin, dass letzterer gewisse Flexionsendungen fehlen.

Die *aegyptische Mundart* unterscheidet sich von der syrischen durch etwas andere Aussprache einiger Buchstaben, namentlich des ج (s. S. 205), oft durch andere Vokale zwischen den Consonanten z. B. *kûm* syrisch und *kôm* aegyptisch, manche andere viel gebräuchliche Wortbildungen und Worte für denselben Begriff, z. B. *hene* oder *hine* aegyptisch, *hôn* syrisch = hier, und oft verschiedene Bedeutung desselben Worts, so ist z. B. *chôch* in Syrien = Pflaumen, in Aegypten = Pfirsich. Aehnlich, aber viel geringer ist auch der Unterschied zwischen der Mundart Ober- und Unteraegyptens, namentlich ist hier auffallend die verschiedene Aussprache des ق (s. S. 206). Indessen wird ein Syrer und Oberaegypter in Kairo z. B. gut verstanden, wenn er sich bemüht nicht gar zu bäurisch sich auszudrücken z. B. nicht fêan statt fên zu sagen. Wichtig ist vor allem, die so schwierige Aussprache mancher arabischen Consonanten sich anzueignen wie ح, ز, ص, ض, z. B. *bêṭ* Haus und *bêḍ* Eier zu unterscheiden, was allerdings die wenigsten Europäer auch nach viele Jahre langem Aufenthalt erlernen. · Die arabische Sprache hat namentlich in neuerer Zeit, wo der Verkehr der Eingeborenen mit den Franken immer mehr zunimmt, sehr viele Fremdwörter aus den europäischen Sprachen, namentlich der italienischen und französischen, aufgenommen, ebenso seit älterer Zeit schon eine Menge türkischer Wörter, welche die eigentlich arabischen oft verdrängt haben. Die aegyptische Mundart besitzt insbesondere noch viele koptische, altaegyptische Wörter.

Nachstehend folgt das **Alphabet** mit der Umschreibung, die in diesem Reisehandbuch angewendet ist.

1.	Elif, Alef	ا		ist der Begleiter eines Vocals im Anlaut der Wörter und wird als Consonant nicht ausgesprochen.
2.	Bê	ب	b	
3.	Tê	ت	t	
4.	Thê	ث	th	englisches *th* oder neugriechisches *ϑ*, meist wie *t*, manchmal auch, z. B. von den Türken, wie *s* gesprochen.
5.	Gîm / Djîm	ج	g, dj	In Syrien und Arabien lautet es wie *dsch* (weich ausgesprochen), in Aegypten wie *g*, und ist es daher auch mit *g* transscribirt.
6.	Ḥâ	ح	ḥ	ein verstärkter hinten im Gaumen gesprochener *h*-Laut, dem Arabischen eigenthümlich.
7.	Châ	خ	ch	scharfes westfälisches oder schweizerisches *ch*.
8.	Dâl	د	d	weiches *d*.
9.	Dhâl	ذ	dh	verhält sich zu *d* wie *th* zu *t*; meist lautet es aber wie *d*.
10.	Rê	ر	r	wie das deutsche *r*.
11.	Zê, Zên	ز	z	weiches *s*, wie das französische *z*.
12.	Sîn	س	s	wie das deutsche *s*.
13.	Schîn	ش	sch	wie das deutsche *sch*.
14.	Ṣâd	ص	ṣ	mit Emphase, mit niedergedrückter Zunge ausgesprochenes *s*.
15.	Ḍâd	ض	ḍ	beide mit Emphase, d. i. mit fester Andrückung der Zunge an den Gaumen gesprochen.
16.	Ṭâ	ط	ṭ	

17.	Ẓâ	ظ	ẓ	ein emphatisches *z*, in Aegypten und Syrien aber meist wie No. 16 ausgesprochen.
18.	ʿÊn	ع	ʿ	ein eigenthümlicher Kehllaut, der in der Kehle stark angestossen wird. Man muss ihn gehört haben.
19.	Ghên	غ	gh	ein schnarrendes „gerissenes“ *r*, zwischen *g* und *r* in der Mitte stehend; wie viele Pariser ihr Paris aussprechen, oder die Leute, welche „reisen“.
20.	Fê	ف	f	wie das deutsche *f*.
21.	Ḳâf	ق	ḳ	hinten in der Kehle mit hartem Anstoss gesprochenes *k*; in Unter-Aegypten, namentlich in Kairo, und in Syrien nur durch einen Hiatus, ein Einhalten der Stimme bezeichnet.
22.	Kâf	ك	k	wie das deutsche *k*.
23.	Lâm	ل	l	
24.	Mîm	م	m	
25.	Nûn	ن	n	
26.	Hê	ه	h	ein weiches *h*.
27.	Wau	و	w, u	wie das englische *w* in well mit hörbarem *u* ausgesprochen (in der Schriftsprache auch als Zeichen für *û*, *ô*).
28.	Ye	ى	y	das deutsche *j* (in der Schrift auch für *î*, *ê*).

Accentregeln. Endigt ein Wort auf eine mit einem Consonanten schliessende lange Silbe (d. h. eine solche, die einen langen, mit ^ bezeichneten Vocal hat) oder auf eine mit 2 Consonanten schliessende Silbe, so ruht der Wortton auf der letzten Silbe, z. B. maghnâṭîs, bâdingân, alʿmâs, ketébt, taghtámm. — Hat die letzte Silbe eine andere als die eben angegebene Gestalt, schliesst sie also nur auf einen Vocal oder besteht sie aus einem kurzen Vocal mit nachfolgendem einfachen Consonanten, so ruht beim *zweisilbigen* Wort der Ton auf der vorletzten Silbe, z. B. gézme, búrnus, fúrscha, rédi; beim *drei-* und *mehrsilbigen*, wenn die vorletzte Silbe einen kurzen (d. h. nicht mit ^ bezeichneten) Vocal hat, auf der drittletzten Silbe, z. B. mármala, mábbara, mádene; dagegen: sibâsich (weil die vorletzte Silbe lang ist) und kilyatên (wegen der ersten Regel).

In der Anrede wird bei den Städtern die II. Person Pluralis oder eine Umschreibung gebraucht: „*genâbak*“, deine Würde; „*hadretak*“, deine Gegenwärtigkeit; zum Patriarchen „*ghubtatkum*“, zum Pascha „*saʿâdetak*“. In der Anrede häufig „*yâ sîdî*“, mein Herr, zu Europäern „*yâ chawâge*.“

Die Possessiva werden durch Anhängsel ausgedrückt, z. B. *binti*, meine Tochter; *bintak*, deine Tochter, fem. *ik*; *bintu*, seine Tochter, fem. *bintha* oder *bintuha* ihre Tochter; *bintnâ* oder *bintinâ* unsere Tochter; *bintkum* oder *bintukum* eure Tochter; *bintuhum* ihre Tochter. Soll ein Eigenthumsverhältniss ausgedrückt werden, so gebraucht die aegyptische Vulgärsprache das Wort *beteʿ* = Eigenthum z. B. *el-ʿabd beteʿi* mein Sklave (der Sklave mein Eigenthum).

Das l des Artikels wird vor t und s Lauten, sowie vor n und r assimilirt, also statt *el-schems*, die Sonne, *esch-schems*, etc.

Demonstrativa: „Dieser“ heisst in Aegypten *de*, fem. *di*, z. B. dieser Mann *er-râgil de*; dieses Mädchen *el-bint di*. Die Beduinen gebrauchen das altarabische und syrische *hâda*. „Diese“ im Plur. heisst *dôl*, „Jener“ *dikha* oder *dâk*, plur. *dikhum* oder *dukhuma*.

Relativwort: *elli*, wird nach einem unbestimmten Nomen ausgelassen.

Declination. Das Substantiv hat keine Casus; der Genitiv wird einfach hinter das vom Artikel entblösste Wort gesetzt, z. B. *ibn el-bâscha*, der Sohn des Pascha. Die Feminin-Endung *a, e, i* wird dabei in *at, et, it* verwandelt, z. B. *mara*, Frau; *marat el-ḳâḍi*, die Frau des Richters.

Die **Dualendung** ist *în*, Feminin *etên*: *sene* Jahr, Dual *senetên*; *rigl* Fuss, Dual *riglên*. Die **Pluralendung** masc. *în* (z. B. *fellâḥîn*, Bauern), fem. *ât* (*ḥâra* Quartier, Stadt etc., Plur. *ḥârât*). Doch wird der Plural gewöhnlich durch innere Umwandlung der Vocale gebildet, und zwar auf 30—40 verschiedenerlei Weisen, sodass der Plural von jedem Wort besonders gemerkt werden muss; z. B. *'ain*, Quelle, Plur. *'uyûn*; *tâgir*, Kaufmann, Pl. *tuggâr*; *gebel*, Berg, Pl. *gibâl*; *ḳabîle*, Beduinenstamm, Pl. *ḳabâïl*.

Zeitwort. Das Verbum hat verschiedene Stämme, in der Weise etwa, wie z. B. im Deutschen liegen und legen zu einander gehören. Jeder Stamm hat ein Perfectum, Imperfectum (Praesens), Imperativ, Particip, Infinitiv.

Die vorstehenden kurzen Angaben sind nur des etwaigen Interesses wegen mitgetheilt, keineswegs als Anhalt zum praktischen Gebrauch; dazu gehört schon ein besonderes Studium der uns so ganz fremden Sprache, zu dem sich nur sehr wenige Reisende entschliessen werden. Dagegen lassen sich die nachstehenden zum täglichen Gebrauch gehörenden und oft wiederkehrenden Zahlen, Wörter und Sätze ohne besondere Mühe auswendig lernen, was sich auf Schritt und Tritt lohnen wird.

Arabisches Vocabular.

ein	— *wâḥed*	fem. *wâḥeda*	der erste	— *el-awwel*, fem. *el-âwwelîye*, Schriftspr. *el-ûla*.		
zwei	— *etnên*	- *etnên*	der zweite	— *tâni*	-	*tâniye*
drei	— *telâte*	- *telât*	der dritte	— *tâlet*	-	*tâleta*
vier	— *arba'a*	- *arba'*	der vierte	— *râbe'*	-	*râba'a*
fünf	— *chamse*	- *chams*	der fünfte	— *châmis*	-	*châmisa*
sechs	— *sitte*	- *sitt*	der sechste	— *sâdis*	-	*sâdisa*
sieben	— *seb'a*	- *seb'a*	der siebte	— *sâbe'*	-	*sâba'a*
acht	— *temânye*	- *temân*	der achte	— *tâmin*	-	*tâmena*
neun	— *tis'a*	- *tis'a*	der neunte	— *tâse'*	-	*tâsa'a*
zehn	— *'aschera*	- *'ascher*	der zehnte	— *'âschir*	-	*'âschera*

11—*ḥada'scher* oder *ḥadâscher*	20—*'ischrîn*	100—*mîye*, vor Subst. *mît*
12—*etna'scher* oder *etnâscher*	30—*telâtîn*	200—*mîyetên*
13—*telata'scher* oder *telatâscher*	40—*arba'în*	300—*tultemîye*
14—*arba'ta'scher* od. *arba'tâscher*	50—*chamsîn*	400—*rub'amîye*
15—*chamsta'scher* od. *chamstâscher*	60—*sittîn*	500—*chumsemîye*
16—*sitta'scher* oder *sittâscher*	70—*seba'în*	600—*sittemîye*
17—*seb'ata'scher* od. *seb'atâscher*	80—*temânîn*	700—*sub'amîye*
18—*tmanta'scher* od. *tmantâscher*	90—*tis'în*	800—*tumnemîye*
19—*tis'ata'scher* od. *tis'atâscher*		900—*tus'amîye* od. *tis'amîye*

1000 — *âlf*	3000 — *telat âlâf*	5000 — *chamast âlâf*
2000 — *âlfên*	4000 — *arb'at âlâf*	100,000 — *mît âlf*
		eine Million — *milyûn* oder *âlf âlf*.

einmal	— *marra waḥeda*, *marra* oder *nôba*	ein halb	— *nuṣ*
zweimal	— *marratên*	ein drittel	— *tult*
dreimal	— *telat marrât*	ein viertel	— *rub'a*
viermal	— *arba' marrât*	drei viertel	— *nuṣṣ u rub'a*

fünfmal — *chums (chumas) marrât* ein fünftel — *chums*
sechsmal — *sitt (sitte) marrât* ein sechstel — *suds*
siebenmal — *seb'a marrât* ein siebentel — *sub'e*
achtmal — *teman marrât* ein achtel — *tumen*
neunmal — *tis'a marrât* ein neuntel — *tus'e*
zehnmal — *'ascher marrât* ein zehntel — *'uschr*

Die Substantiva folgen den Zahlwörtorn in der Einheit, ausser bei den Zahlen von 1—10, z. B. vier Piaster — *abl' ḳrûsch*, 100 Piaster — *mît ḳirsch*.

Ich-*âna*, du-*ente*, fem. *enti*, er-*huwe*, sie-*hîye*, wir-*eḥna*, ihr-*entu* und *entum*, sie-*hum* und *huma*.

Ja-*eywa*; jawohl-*na'am*; nein-*lâ*; nein, ich will nicht-*lâ*, *musch 'âus* oder *'âiz*; es ist nicht nöthig-*musch lâzim*; nicht-*mâ*; es gibt nichts-*mâ fîsch*; ich will-*âna beddi*; willst du-*beddak*; wir wollen-*beddina*; wollt ihr-*beddukum* (seltener in Aegypten *terîdû*).

Ich gehe-*âna râîḥ*; ich werde gehen-*âna arûḥ*; wir werden gehen-*nerûḥ*; gehe-*rûḥ*; so geh doch-*mâ terûḥ*; gehet-*rûḥu*.

Siehe-*schuf*; ich habe gesehen-*schuft*.

Ich rede-*etkallem* oder *betkallem*; ich rede kein arabisch-*âna mâ betkallem-schi bil-'arabi*; wie heisst du-*ismak* ? oder *êsch ismak*.

Ich trinke-*baschrab* oder *aschrob*; ich habe getrunken-*âna schiribt*; trinke-*ischrab* oder *ischrab*.

Ich esse-*âna bâkul* oder *âna âkul*; ich habe gegessen-*âna akalt*; iss-*kul*; wir wollen essen-*beddina nâkul*.

Er schläft-*yinâm*; er schläft oben-*huwe nâim*; steht auf-*ḳûmu*; ich ruhe aus-*besteriḥ*.

Ich bin geritten-*rikibt*; ich sitze auf-*arkab*, *barkab*; ich hrcuhe auf-*âna besâfir* oder *musâfir*.

Ich komme eben-*âna gâi*; komme-*ta'âle*, *ta'âla*, *ta'âl*.

Heute-*en-nahâr-de*, *el-yûm* oder *el-yôm*; morgen-*bukra*; übermorgen-*ba'de bukra*; gestern-*embâreḥ*; vorgestern-*awwal embâreḥ*.

Viel, sehr-*ketîr*; ein wenig-*schwoyye (schwuyye, schweyye)*; gut-*ṭayyib*; nicht gut-*musch ṭayyib*; sehr gut-*ṭayyib ketîr*; langsam, langsamer! -*schwoyye schwoyye*, *'ala mahlak*; vorwärts! -*yallah yallah*, *yalla*.

Wieviel-*kâm*; für wieviel-*bikâm*; genug-*bass*; wieviel Stunden-*kam sâ'a*.

Wofür, zu welchem Zweck-*min-schân-ê*; einerlei-*mâ 'alêsch*, welches Wort man neben mâfîsch und bachschîsch häufig hört, ist dem Araber eigentlich Alles, mit Ausnahme des Geldes; es ist mâ'alêsch, wenn der Sattelgurt nicht fest sitzt, mâ'alêsch, wenn der Zügel statt aus Leder aus Bindfaden besteht etc. etc.

Alles-*kull*; zusammen-*sawa sawa*; jeder-*kull waḥed*; einer nach dem andern *waḥed-waḥed*.

Hier-*hine* oder *hene* (syr. *hôn*); komm hieher!-*ta'âl lehene*; komm von hieher, von dieser Seite-*ta'âle min hene*; dort-*henâk* (syr. *hônîk*); oben-*fôk*; unten-*taḥt*; über-*'ala*; tief-*ghamîḳ*, *ghatîr*; weit (Entfernung)-*ba'îd*; nahe-*ḳarîb*; innen-*guwwa*; aussen-*barra*; wo-*fên* (bei den Beduinen *wên*); noch, noch nicht-*lissa* (bei „noch nicht" kommt dann beim Verbum die Negation *mâ* hinzu); wann?-*emta*, *meta*; nach-*ba'd*; später, nachher-*ba'dên*; nie-*abadan*; immer-*dâimun*; vielleicht-*bâlki*, *yumkin* oder *yimkin*.

Alt-*kebîr*, *'atîḳ*; betrügerisch-*châin*; betrunken-*sakrân*; blind-*a'ma*; dumm, ungeschickt-*ghaschîm*; faul-*keslân*; fremd-*gharîb*; gesund-*salîm*, *ṣâgh salîm*, *ṭayyib*, *bis-ṣiḥḥa*, *mabsûṭ* (auch zufrieden); hungrig-*ga'ân*; klein-*ṣughayyir* od. *ṣeghîr*; kurz-*ḳuṣayyir* od. *ḳuṣîr*; lang-*ṭawîl*; lügnerisch-*kaddâb*; müde-*ta'bân*; satt-*schab'ân*; schwach-*ḍa'îf*; todt-*meyyit*; verrückt-*magnûn* (syr. *medjnûn*); zuverlässig-*amîn*.

Bitter-*murr*; sauer-*ḥâmeḍ*; süss-*ḥelu*.

Breit-*'arîḍ*; eng-*dayyiḳ*; gross-*'aẓîm*, *kebîr*; heiss (Wetter)-*ḥarr*, (Speisen u. s.) *suchn*; hoch-*'âli*; leer-*châli*, *fâḍi*; neu-*gedîd*; niedrig-*wâṭi*; schlecht-*baṭṭâl*; schmutzig-*wusech*; theuer-*ghâli*.

Weiss-*abyaḍ*; schwarz, dunkel-*iswud*, *aswad*; roth-*aḥmar*; gelb-*aṣfar*; blau-*azraḳ*; grün-*achḍar*.

Stunde, Uhr-*sâ'a*; wie viel Uhr ist es?-*es-sâ'a kâm*; es ist 3 Uhr-*es-sâ'a telâte*; es ist $4^1/_2$ ($^1/_2 5$) Uhr-*es-sâ'a arba' unuṣṣ*; es ist $^1/_4$ vor 5 Uhr-*es-sâ'a chamse illa rub'a*.

Vormittag-*ḍaḥâ*; Mittag-*ḍuhr*; Nachmittag ($2^1/_2$ Stunden vor Sonnenuntergang)-*'aṣr*; Nacht-*lêl*; Mitternacht-*nuṣṣ-el-lêl*.

Sonntag-*yôm el-ḥad*, *nehâr el-ḥad*; Montag-*yôm el-etnên*; Dienstag-*yôm et-telâte*; Mittwoch-*yôm el-arba'a*; Donnerstag-*yôm el-chamîs*; Freitag-*yôm el-gum'a*; Samstag, Sabbat-*yôm es-sabt*; *yûm* oder *yôm* (Tag) wird meist weggelassen. Die Woche-*gum'a*; der Monat-*schahr*, plur. *uschhur*.

Die syrischen Monatsnamen werden in Aegypten nicht gebraucht, sondern die koptischen (altaegyptischen) Namen für die Sonnenmonate, die aber gegen unsere europäischen um etwa 9 Tage verspätet sind. Jeder koptische Monat hat 30 Tage und um die Zahl vollzumachen, kommen am Ende des Jahres (Anfang September) 5—6 Schalttage hinzu. Auch die europäischen Monatsnamen fangen an in Aegypten sich mehr und mehr einzubürgern. Wir geben daher folgende Uebersicht:

	Januar	Februar	März	April	Mai	Juni
Syrisch	kânûn et-tâni	schobâṭ	adâr	nisân	eyâr	ḥazirân
Europäisch	yenair	febrair	mârṭ	abril	maya	yûnia
Koptisch	ṭûba	amschir	barambât	barmûde	baschens	baûna
	Juli	**August**	**September**	**October**	**November**	**December**
Syrisch	tamûz	âb	êlûl	tischrin el-awwel	tischrin et-tâni	kânûn el-awwel
Europäisch	yûlia	aghostôs	sebtember	oktôber	nowember	dezember
Koptisch	ebîb	misra	tût	bâba	hâtûr	kiâḥk
Die Schalttage (nach misra) - ayyâm en-nesî						

Die muslimischen Monate werden nach dem Mondjahr berechnet (vgl. S. 164); sie heissen: *Moḥarrem*, *Ṣafar*, *Rabî' el-awwel*, *Rabî' et-tâni*, *Gemâd el-awwel*, *Gemâd et-tâni*, *Regeb*, *Scha'bân*, *Ramaḍân* (Fastenmonat), *Schawwâl*, *Dhul-ḳa'de*, *Dhul-ḥigge* (Pilgermonat).

Winter-*schita*; Sommer-*ṣêf*, *ḳêḍ*; Frühling-*rabî'*; Herbst-*charîf*; Regen-*maṭar*; Schnee-*tálg*; Luft-*hawa*.

Himmel-*sema*; Mond-*ḳamar*; Neumond-*hilâl*; Vollmond-*bedr*; Sonne-*schems*; Sonnenaufgang-*ṭulû' esch-schems*; Sonnenuntergang-*maghreb*; Stern-*nigm*, pl. *nugûm*; Sternbild, Gestirn-*kaukab*.

Osten-*schärḳ*; Westen-*gharb*; Süden-*ḳibla*; südlich-*ḳiblî*, *ḳublî*; Norden-*schemâl*.

Vater-*abu*; Mutter-*umm*; Sohn-*ibn*, *wälâd*, plur. *aulâd*; Tochter-*bint*, plur. *benât*; Grossmutter-*gedda*, *sitt*; Bruder-*achu*, plur. *ichwân*; Schwester-*ucht*, plur. *achwât*; Eltern-*abu u umm*, *wâlidên*; Frau-*mara*, *ḥurme*; Frauen-*ḥarîm*, *niswân*; Knabe-*wäläd*; Junge, Kerl-*ged'*, plur. *ged'ân*; Mann-*râgil*, plur. *rigâl*; Mensch-*insân*, plur. *nâs* (Leute), *ibn âdam* (Adams Sohn), plur. *benî âdam*; Freund-*ḥabîb*, *ṣâḥeb*, plur. *aṣḥâb*; Nachbar-*gâr*, plur. *gîrân*; Braut-*'arûs*; Bräutigam-*'arîs*; Hochzeit-*'örs*.

Schnur zum Festhalten der Keffiye-*'ukâl*; Mantel-*'abâye*; Fez-*ṭarbûsch*; Filzkappe-*libde*; Gürtel, Leibbinde-*ḥezâm*; Ledergürtel-*kamar*; Hosen (weite für Männer) *schirwâl*; Frauenhosen-*schintyân*; europ. Männerhosen-*banṭalûn*; Jacke, Wams-*salṭa*, *'anteri*; Schlafrock, Kaftan-*kufṭân*; Rock (europ.)-*sutra*; Schweisskappe-*ṭaḳîye*, *'araḳîye*; Seide-*ḥarîr*; Stiefel-*gezma*; Pantoffel-*babûg*; Schuh-*markûb*, *ṣarma*; Holzschuh-*ḳabḳâb*; Strumpf-*gûrâb*, *schurâb*; Turban-*'emma*.

Auge-*'ên*, dual *'ênên*; Bart-*daḳn*, *leḥye*; Fuss-*rigl*, dual *riglên*; Haar-*scha'r*; Hand-*yâd*, *îd*, dual *îdên*; meine Hände-*îdeyye*; rechte Hand-*yemîn*; linke Hand-*schemâl*; Flachhand-*kâff*; Faust-*kabda*; Kopf-*râs*; Mund-*fumm*; Schnurrbart-*schenâb*, *schawârib*.

Diarrhöe-*ishâl*; Fieber-*suchûna*, *ḥômma*; China-*kîna*; Chinin-*mâlḥ el-kîna*; Opium-*afiyûn*; Schmerz-*wag'a*.

Abraham-*Ibrâhîm*; Gabriel-*Gebraîl*, *Gabriân*; Georg-*Girgis*; Jesus-*Seyyidna 'Îsa* bei den Mohammedanern, *Yesû' el-mesîḥ* bei den Christen; Johannes-*Ḥanna*; Joseph-*Yûsuf*, *Yûsef*; Maria-*Maryam*; Moses-*Mûsa*; Salomo-*Sulêmân*, *Islêmân*.

Amerikanisch-*amerikâni*; arabisch-*'arabi*; Araber plur. = Beduinen-*'arab*; sesshafte Araber, Aegypter-*aulâd 'arab*; Beduine-*bedawi*, pl. *bedwân*, *'arab*, *'orbân*; Constantinopel-*Istambûl*; Deutschland-*Alemânia*; Deutscher-*alemâni*; die deutsche (oesterreichische) Sprache-*el-lisân en-nemsâwi*; Aegypten-*bilâd maṣr*; Kairo-*Maṣr*, *Medînet Maṣr*; englisch-*inkilîzi*; England-*bilâd el-inkilîz*; Franke (Bezeichnung des Europäers) *frangi*, *afranki*, plur. *afrank*; französisch-*fransâwi*; Frankreich-*Fransa*; griechisch-*rûmi*; Griechenland-*Rûm*, *bilâd er-rûm*; italienisch-*italyâni*; Italien-*bilâd itâlia*; oesterreichisch (deutsch)-*nemsâwi*; Oesterreich-*bilâd nemsa*; preussisch-*brussiâni*; Preussen-*bilâd brûssia*; russisch-*moskûfi*, *moskôwi*; Russland-*bilâd moskof*; Schweiz-*Switzera*; Syrien-*esch-schâm*; türkisch-*turki*.

Heiliger (bei den Mohammedanern)-*wali*, *wâli*; der heilige Georg (bei den Christen)-*Girgis el-kaddîs*, *mâr Girgis*; Prophet-*nebi*, (Moḥammed) *rasûl*.

Arzt-*ḥakîm*, plur. *ḥukama*; Geldwechsler-*sarrâf*; Bäcker-*chubbâs*, *farrân*; Barbier-*ḥallâk*, *mozeyyin*; Buchhändler-*kutubi*; Consul-*konṣul*; Consulatsdiener (Gensdarm)-*kawwâs*; Diener-*chaddâm*; Dragoman-*tergumân* (S. 10); Dorfschulze-*schêch el-beled*; Beduinenschêch-*schêch el-'arab*; Fleischer-*gazzâr*; Gebetsrufer-*mueddin* (S. 162); Gelehrter-*'âlem*, plur. *'ulama*; Goldschmied-*ṣâigh*; Koch-*ṭabbâch*; Lastträger-*ḥammâl*, *scheyyâl*; Lehrer-*mo'allim*; Schullehrer-*fikîh*; Pilger (nach Mekka)-*ḥagg* (syr. *ḥâdji*), plur. *ḥegâg*; Polizei-*ẓabṭiye*; Räuber-*ḥarâmi*, plur. *ḥarâmiye*; Richter-*ḳâḍi*; Schneider-*cheyyâṭ*; Soldat-*'askari*; Heer-*'askar*; Thorwächter-*bawwâb*; Wächter-*ghafir*, plur. *ghufara*; Wäscher-*ghassâl*; Zollbeamter-*gumruktschi*.

Aprikosen-*mischmisch*; Bananen-*môz*; Baum (Strauch)-*schagara*, plur. *aschgâr*; Blume (Blüthe)-*zahr*, plur. *azhâr*; Baumwolle-*koṭn*; Bohnen (Puffbohne) *fûl*, (Feigbohne) *lûbiye*; Citronen-*lîmûn*; Datteln-*balaḥ*; Dattelpalme-*nachle*; Feigen-*tîn*; Granaten-*rummân*; Johannisbrod-*charrûb*; Knoblauch-*tôm*; Oliven-*zêtûn*; Orangen-*bortuḳân*; Pfirsich-*chôch* (in Syrien *dorrâḳ*); Pflaumen-*barḳûḳ* (in Syrien *chûch*); Pistacien-*fustuḳ*; Trauben *'ênab*, *'ânab*; Wassermelonen-*baṭṭîch*, gelbe Melonen-*ḳâwûn*, *schammâm*; Zwiebeln-*baṣal*, eine Zwiebel-*baṣala*.

Branntwein-*'araki*; Brod-*'êsch* (syr. *chubz*); Brodlaib-*rughîf*, plur. *rughfân*; Kaffe-*kahwa*; Cigarettenpapier-*waraḳat sigâra*; Ei-*bêḍ*, gesottene Eier-*bêḍ maslûḳ*, gebackene-*bêḍ maḳli*; Gift-*simm*; Honig-*'asal*; Milch-*lăbăn*; frische, süsse-*ḥalîb*, *lăbăn ḥalîb*; saure Milch-*lăbăn ḥâmeḍ* oder *ḥâdeḳ*; Oel-*zêt*; Pfeffer-*filfil*; Reis-*ruz*; Salz-*mălḥ*; Wasser-*môye*; Wein-*nebîd*; Zucker-*sukkar*.

Brief-*gawâb*, *maktûb*; Buch-*kitâb*, plur. *kutub*.

Zelt-*chêma*, plur. *chiyam*; Beduinenzelt-*'ăschscha*, *bêt*; Zeltstange-*'amûd*; Zeltpflock-*watad*, plur. *autâd*; Fenster-*schebbâk*, plur. *schebâbîk*, *ṭâḳa*; Haus-*bêt*, plur. *biyût*; Sopha-*dîwân*; Strohmatte-*ḥaṣîra*; Stuhl-*kursi*, plur. *kerâsi*; Teppich-*siyâda*, *busâṭ*; Thor-*bâb*, *bawwâba*; Tisch-*sufra*; Zimmer-*ôḍa*; Gebetsnische-*miḥrâb*; Grab-*kabr*, plur. *ḳubûr*; Kanzel-*manbar*, *mimbar*; Kloster-*dêr*; Derwischkloster-*tekîye*; Minaret-*mâdana*; Moschee-*gâm'a* (seltener *mesgid*); Spital-*isbitâlia*.

Gepäck-*'afsch*; Reisesack (über den Sattel zu legen)-*churg*; Sattel-*sărg*; Steigbügel-*rikâb*, plur. *rikâbât*; Zaum-*ligâm*; Dolch-*changar*; Flinte-*bunduḳîye*; Pistole-*tabanga*, *fărd*; Pulver-*bârûd*; Säbel-*sêf*; Kerze-*scham'a*; Laterne-*fânûs*; Messer-*sikkîn*; Stock *'aṣâye*; Strick-*ḥabl*; Trinkglas-*ḳubâye*.

Bad (warmes)-*ḥammâm*; Brunnen, öffentl.-*sebîl*; Cisterne, Wassergrube-*bîr*; Quelle-*'ain*, *'în*; Teich-*birke*, plur. *burak*.

Blei-*ruṣâṣ*; Eisen-*ḥadîd*; Feuer-*nâr*; Brennholz-*ḥaṭab*; Bauholz-*chaschab*; Kohle-*faḥm*; Licht-*nûr*; Stein-*ḥager*.

Ankerplatz-*mersa*; Hafen-*mîna*; Schiff-*mărkeb*, *markab*, plur. *marâkib*; Dampfschiff-*wabûr*; Nilbarke-*dahabîye*; Meer-*baḥr*; Land, Festland-*barr*; Fluss-*nahr*; Nilfluss-*baḥr en-nîl*, *baḥr*; Insel-*gezîre*; Sumpf-*baṭîḥa*, *ghadîr*; Vorgebirge-*râs*.

Berg (Gebirge)-*gebel* (*gâbâl*), plur. *gibâl*; Brücke-*ḳanṭara*; Damm-*gisr*; Dorf-*bălăd*, *ḳarye*, *kafr*; Ebene-*sahl*; Niederung-*waṭa*; Erde-*arḍ*; Festung-*ḳal'a*; Heimath, Land, Gegend-*bilâd*; Höhle-*maghâra*; Hügel-*tell*, plur. *tulûl*; Markt-*sûḳ*, plur. *aswâḳ*; Ruine-*charâba*, *birbe*; Schloss-*ḳaṣr*, *serâye*; Schule (Leseschule)-*kuttâb*; höhere Schule-*medrese*, plur. *madâris*; Stadt (grosse)-*medîne*, plur. *medâin*; Markt, Handelsstadt-*bandar*; Strasse, Weg-*ṭarîḳ*, *darb*, *sikke*; Hauptstrasse, Landstrasse-*ṭarîḳ sulṭâni*; Ortsstrasse-*ḥâra*, *darb*, *sikke*; Hauptstrasse in der Stadt-*schâr'a*; Gasse-*zuḳâḳ*; Thal-*wâdi*; Wald-*ghâba*; Wiese-*mărg**); Wüste-*berrîye*, *gebel*.

Biene-*naḥla*; Blutegel-*'alaḳa*, plur. *'alaḳ*; Eidechse-*seḥlîye*; Ente-*baṭṭ*; Esel-*ḥomâr*, plur. *ḥamîr*; Fisch-*semaka*, plur. *semak*; Fliege-*dubbâna*; Flöhe-*berâghît*; Gazelle-*ghazâl*; Geier-*nisr*; Aasgeier-*racham*; Hahn-*dîk*; Henne-*farrûga* (syr. *djâdje*); Küchlein-*katkût*, *bedâri*, *farcha*, plur. *ferâch* (in Ober-Aegypten = junge Tauben); Hund-*kelb*, plur. *kilâb*; Igel-*ḳunfud*; Kamel-

---

*) Wald und Wiese gibt es in Aegypten nicht, daher auch die arabischen Ausdrücke in Aegypten kaum verstanden werden.

yemel, plur. *yimâl*; Kamelstute-*nâka*; Reitkamel-*heyîn*; Lastkaml; Pferd-*hoṣân*, plur. *chîl*; Stute-*faras*; Klepper-*kedîsch*; Füllen-*muhr*; Hengst-*fahl*, *hoṣân*; Schaf, Hammel-*charûf*; weibliches Schaf-*na'ga*; Schildkröte (Land-)-*salhafa*; Nilschildkröte-*tirsa*; Schlange-*ta'bân*, *hayye*; Schwein-*chanzîr*, wildes Schwein-*chanzîr berri*, *hallûf*; Scorpion-*'akrab*, plur. *'akârib*; Taube-*hamâm*; Vogel-*ṭêr*, plur. *ṭiyûr*; kleiner Vogel-*'aṣfûr*, plur. *'aṣâfîr*; Wanze -*bakka*.

Bei der Ankunft. Um wie viel willst Du mich ans Land fahren?-*teṭallu'ni fil-barr bikâm?* (aus Schiff)-*tenezzilni fil-mirkeb bikâm?*

Um fünf Franken-*bichamas frankât*, *bichamse frank*.

Zu viel, ich gebe dir einen-*ketîr*, *a'ṭik wâhed*, *bûss*.

Du wirst mich allein führen, sonst gebe ich dir nichts!-*tâchudni* (oder *tewaddîni*) *wahdi*, *willa mâ ba'ṭîkschi hâye*.

Wir sind zu drei-*ehna telâte*.

Jeden für vier Piaster-*kull wâhed bi arba' krûsch*.

Schaffe diesen Koffer (diese Koffer) in die Barke hinunter!-*nezzil eṣ-ṣandûk-de (eṣ-ṣanâdik dôl) fil kârib*.

Beim Zoll-*gumruk*. Oeffne den Koffer-*iftah eṣ-ṣandûk*.

Ich habe nichts darin-*mâ fîsch hâge*, *mâ fihâsch hâye* (Trinkgeld *bachschîsch*.)

Gib den Pass-*hât et-teskere (basabôrt)*.

Ich habe keinen Pass-*mâ 'andîsch teskere*.

Ich stehe unter dem Schutz des deutschen Consuls-*âna fi hamâyet konṣul alemânia*, oder *âna taht konṣul alemânia*.

Im Kaffehaus(S. 22). Junge! bringe ein Tässchen Kaffe-*hât fingân kahwa*, *yâ wâlâd (kahwa bisukkar*-mit Zucker; -*miningher sukkar* oder *murra*-ohne Zucker, bitter*)*.

Bringe einen Stuhl-*hât kursi*; bringe mir Wasser-*gîb li môye*.

Bringe eine Wasserpfeife-*hât nargîle (nâfâs-Zug)*.

Bringe eine glühende Kohle-*hât wal'a (baṣṣat nâr, baṣṣa)*.

Wechsle die Pfeife, d. h. bringe einen neugefüllten Kopf -*ghâyyir en-nâfâs*.

Im Bad (S. 27) - *fil-hammâm*.

Bringe die Holzschuhe - *hât el-kabkâb*.

Führe mich hinein - *waddîni gûwwa*.

Lass mich ein wenig - *challîni schwoyye*.

Ich schwitze noch nicht - *mânîsch 'arkân lissa*.

Reibe mich tüchtig - *keyyisni ṭayyib (melîh)*.

Es ist nicht nöthig mich zu reiben - *musch lâzim tekeyyisni*.

Wasche mich mit Seife - *ghassilni biṣâbûn*.

Es genügt, genug - *yikäffi, bikäffi, bäss.*
Bringe kaltes Wasser - *hât môye bâride.*
Bringe noch mehr - *hât kamân.*
Wir wollen hinausgehen - *beddina nitla' barra.*
Bringe ein Umschlagtuch (Tücher) - *hât fûṭa (fuwaṭ).*
Bringe Wasser, Kaffe, Nargîle - *hât môye, ḳahwa, nargîle.*
Wo sind meine Kleider? - *fên hudûmi, hudûmi fên?*
Bringe die Stiefel - *hât el-yezme.*
Hier ist dein Trinkgeld - *chud buchschîschak, ûdi el-buchschîsch hitâ'ak.*

Wäsche. Trage die Kleider zum Waschen - *waddi el-hudûm lil-ghasîl* (die Stückzahl zähle man vor den Augen des Wäschers).
Wieviel kostet die Wäsche? - *kâm (ḳâddi ê) temen el-ghasîl?*

Reise. Wann werdet Ihr abreisen? - *emta (meta) tesâferu.*
Wir wollen morgen abreisen mit Sonnenaufgang - *beddina nesâfer (netwakkil) bukra, ma'asch-schems*; eine Stunde vor Sonnenaufgang - *sâ'a ḳabl esch-schems*; zwei Stunden nach Sonnenaufgang - *sa'etên ba'd esch-schems.*
Komme nicht zu spät! - *mâ tet'auwwaḳsch.*
Ist alles bereit? - *kull schê ḥâder.*
Ladet, packt auf! - *scheyyilu, scheddu* (beim Kamel).
Halte den Steigbügel - *imsik er-rikâb.*
Warte ein wenig - *istanna (istenna) schwoyye.*
Wie ist der Name dieses Dorfes, Berges, Thales, Baumes, dieser Quelle?- *ê* oder *êsch ism el-beled-de*, oder *el-beled-de ismo ê (el-gebel, wâdi, schäyara, 'ên)?*
Wir wollen ausruhen, frühstücken-*beddina nestereyyaḥ (nisterîḥ), nifṭur.*
Ist gutes Wasser da (unterwegs)? - *fî môye ṭayyiba (fid-darb)?*
Wo ist die Quelle? - *fên el-'ên?*
Bleibe etwas fern! - *challik ba'îd 'anni.*
Halt! - *ûḳaf, 'andak!*
Weiter! voran! - *yalla!*
Bringe das Essen - *hât el-akl, eṭ-ṭabîch, el-ghada!*
Nimm das Essen weg - *schîl el-akl.*
Wohin gehst Du? - *enta râiḥ fên?*
Woher kommst Du? — *gâi min ên?*
Sollen wir geradeaus gehen?-*nerûḥ dughri?*-Geradeaus-*dughri dughri.* - Links um-*ḥauwud 'ala schmâlak.*
Fürchte dich nicht vor mir - *mâ tchafsch minni.*
Was soll ich dazu thun? - *mâ lî âna?*
Ich will nichts davon, das geht mich nichts an - *âna mâlî.*
Was sollen wir thun?-*êsch el-'amal, na'mil ê?*
Ein Geschenk, o Herr - *bachschîsch yâ chawâge!*
Es gibt nichts, gehe fort - *mâfîsch, rûḥ!*
Oeffne die Thür - *iftaḥ el-bâb!*

Schliesse die Thür - *ikfil el-bâb.*

Kehre das Zimmer aus und spritze es - *iknus (iknis) el-ôde u ruschschaha.*

Wir wollen essen - *beddina nâkul.*

Reinige dieses Glas gut - *naddef ṭayyib el-ḳubâye-di.*

Koche mir ein Huhn-*iṭbuchli farrûga.*

Gib mir Wasser zu trinken - *isḳîni, iddîni scharba.*

Beim Kauf (s. S. 90). Was willst du? was suchst du? - *'âuz ?? 'âiz ??*

Was soll das kosten? - *bikâm de? de bikâm?*

Was kostet es (was ist es werth)? - *byiswa kâm?*

Das ist theuer, sehr theuer - *de ghâli, ghâli ketîr.*

Wohlfeil mein Herr - *ruchîṣ yâ sîdi.*

Nein, es geht nicht - *lâ, mâ yiṣeḥḥisch.*

Gib ein wenig zu - *zîd schwayye.*

Gib das Geld - *hât el-flûs.*

Wechsle mir ein Goldstück aus - *iṣrif li-gine.*

Für wie viel nimmst du das Goldstück? - *tâchud el-gine bikâm?*

Grüsse und Redensarten. Heil sei mit euch — *es-salâm 'aleikum*; Antwort: und mit euch sei der Friede und Gottes Barmherzigkeit und sein Segen - *u 'aleikum es-salâm waraḥmet allâh wa barakâtu.* Dieser Gruss wird indessen nur dem „Gläubigen“ d. h. dem Muselman zu Theil; der für den Christen ist: Dein Tag sei glücklich - *nehârak sa'îd*; Antwort: Dein Tag sei glücklich, gesegnet - *nehârak sa'îda mubârak (umbârak).*

Guten Morgen - *ṣabâḥkum bil-chêr* oder *el-chêr*; Antwort: Gott schenke euch einen guten Morgen - *allâh iṣabbeḥkum bil-chêr.*

Guten Abend - *mesâkum bil-chêr*, oder *messîkum bil-chêr, msalchêr;* Antwort: Gott schenke euch einen guten Abend - *allâh yimessîkum bil-chêr*, oder *messâkum allâh bil-chêr.*

Beim Schlafengehen: Deine Nacht sei glücklich - *lêletak sa'îde;* Antwort: *lêletak mubâraka.*

Bei einem Besuch oder einer Begegnung ist nach der Begrüssung die erste Frage: *ê zeyyak* oder *kêf ḥâlak (kêf kêfak)*? - wie ist dein Befinden? Antwort zuerst bloss dankend: *allâh yibârek fîk* - Gott segne dich, oder *allâh yiḥfuḍak* - Gott bewahre dich, und endlich auch: *„el-ḥamdu lillâh, ṭayyib“* Gott sei Dank, gut. Beduinen und Bauern fragen wohl ein Dutzendmal dasselbe.

Wenn Jemand getrunken hat, so sagen ihm die Andern, indem sie die Hand gegen den Kopf erheben *„haniyan yâ sîdi“* - wohl bekomm's mein Herr. Antwort: *„allâh yehannîk“* - Gott lasse es dir wohl bekommen.

Beim Darreichen: *chud* - nimm (syr. *dûnak*); Antwort: *kattar allâh cherak*, *kettar chêrak* - Gott vermehre dein Gut, d. h.

Dank (den der Tourist übrigens von den Personen, mit welchen er umgeht, selten zu hören bekommt, da diese zu jeder Geldspende von Seiten des Europäers berechtigt zu sein glauben). Duplik: *„uchêrak"* - und dein Gut.

Beim Fortgehen: *'al allâh* - auf Gott, Gott empfohlen, oder *fî amân illâh* - in Gottes Schutz, oder *chêtrak* - dein guter Sinn. Meist geht der sich Entfernende ohne alles Adieusagen fort, ausser bei grösserem Abschied vor einer Reise, wo er sagt: *ma' as-salâma*, ziehe hin im Frieden!

Unterwegs: *ahlan wasahlan* oder *marḥaba*, willkommen; Antwort: *marḥabtên*, zweimal willkommen.

Bitte gefälligst (einzutreten, etwas zu nehmen, zu essen) - *tafaḍḍal (tefaḍḍal, itfaḍḍal)*, plur. *tafaḍḍalu (itfaḍḍalu, tafaḍḍalu)*.

Willst du nicht mithalten (beim Essen) - *bismillah* = im Namen Gottes.

Gib Acht, nimm dich in Acht! - *au'â* oder *ô'â*, *dîr bâlak* oder bloss *bâlak*.

Ich stehe unter deinem Schutz, rette mich - *fa'rdak (fi'ardak) fî ḥasabak* (syr. *âna dachîlak*).

Mein Haus ist dein Haus - *bêti bêtak* (S. 30).

Sei so gut! - *'âmil ma'rûf* oder *el-ma'rûf*.

Mâschallah (Ausruf der Verwunderung), wörtl. „was Gott will" scil. geschieht; *inschallah* - so Gott will; *wallâh* oder *wallâhi* - bei Gott; *waḥyât râsak* - bei deinem Haupte; *waḥyât* oder *waḥeyât en-nâbi* - beim Leben des Propheten; *istaghfir allâh* - bewahre Gott.

XI. Zur Literatur über Aegypten.

Die nachstehende Liste einiger Werke über Aegypten hat nur den Zweck demjenigen Reisenden einen Anhalt zu geben, der sich vor der Reise eine etwas eingehendere Kenntniss des alten wie des modernen Aegyptens verschaffen will, als ein Reisehandbuch sie bieten kann, um so den Besuch dieses uns Europäern so vollständig fremden Landes genuss- und lehrreicher zu machen und sich zu befähigen die auf Schritt und Tritt auf ihn einstürmenden Eindrücke besser erfassen und verstehen zu können. Von einer selbständigen Auffassung und richtigen Beurtheilung des Landes, seiner Sitten, seiner Geschichte, Literatur und Kunst wird zwar bei der gewöhnlichen schnellen Bereisung wohl selten die Rede sein können, zumal die dazu erforderliche Kenntniss der Sprache den wenigsten Reisenden eigen sein wird.

Der Fachgelehrte oder wer überhaupt ernste Studien machen will bedarf überhaupt keines Hinweises auf Werke wie Lepsius' Denkmäler aus Aegypten und Aethiopien, Champollion's Monuments de l'Egypte et de la Nubie, Rosellini's Monumenti dell' Egitto e della Nubia, die von den Mitgliedern der französ. Expedition herausgegebene Description de l'Égypte, die kunsthistorischen Arbeiten von Schnaase, Kugler, Lübke, Erbkam, Reber, die botanischen von Forskal, Schenk, Unger, Schweinfurth, Ascherson, Boissier etc.

Griechische und römische Schriftsteller über Aegypten s. S. 254. Die arabischen Historiker ermangeln sämmtlich des Pragmatismus, sie sind einfache Chronisten, die einzelne Ueberlieferungen an einander reihen. Für die allgemeine Geschichte kommen in Betracht: *El-Mas'ûdi* († 956

n. Chr.) in Fusṭâṭ; *Ibn el-Athîr* († 1232) in Mossul in Syrien; *Ibn Chaldûn* († 1406), einer der gelehrtesten Araber, Geschichtsphilosoph, besonders berühmt durch die Vorrede zu seinem Geschichtswerke, das 1284 (arab. Zeitrechnung) in 7 Bänden in Bûlâḳ gedruckt wurde; *Abulfidâ* († 1331), Fürst von Hama in Syrien. Dann für die Specialgeschichte: *El-Maḳrîzî* († 1442 in Kairo), geograph., physikal., histor. und politische Beschreibung von Aegypten und besonders von Kairo, gedruckt in Bûlâḳ 1270 (arab. Zeitr.); *Abul-Maḥâsin* († 1469), ausführliche Geschichte Aegyptens von der Eroberung der Araber bis gegen die Todeszeit des Verfassers; *Es-Siyûṭî* († 1506) aus Siûṭ in Oberaegypten; *El-Manûfî* († 1624); *Abu Schâma* († 1274), Geschichte des Nûreddîn und Salâheddîn; *Bahâeddîn* († 1231), langjähriger Begleiter Saladin's; *'Abdellaṭîf* († 1232), Arzt in Baghdâd, sehr wichtige und interessante Beschreibung von Aegypten.

Historisches über das alte Aegypten.

Brugsch, Histoire d'Égypte. 2. Aufl. Leipzig 1874.
Mariette, Aperçu de l'histoire ancienne d'Égypte. Paris 1867.
Maspéro, Histoire ancienne des peuples de l'Orient. Paris 1875.
Duncker, Geschichte des Alterthums. Bd. I und II. 5. Aufl. Leipzig 1874. 1875.
Sharpe's Geschichte Aegyptens von der ältesten Zeit bis zur Eroberung durch die Araber 640 (641) n. Chr. Deutsch bearbeitet von Dr. H. Jolowicz. 2 Bde. Leipzig 1857. 1858. (Mit Anmerkungen von A. v. Gutschmid. Brauchbar besonders für die Zeit der Ptolemäer, Römer und Byzantiner.)
Die Bibel, das 2. Buch des Herodot, das 17. des Strabo und das 1. des Diodor werden mitzunehmen empfohlen.

Mittelalter und Neuzeit.

Für die Chalifenzeit die verschiedenen Werke von *Weil* und *Flügel*.
Rosen, Geschichte der Türkei, Leipzig 1866 (besonders interessant für die Kriege Moḥammed 'Ali's).

Mit besonderem Bezug auf den Aufenthalt der Juden in Aegypten und ihren Auszug:

Ebers, Aegypten und die Bücher Mose's. Leipzig 1868.
Brugsch, l'Exode et les monuments égyptiens. Leipzig 1875.

Zur Kenntniss der Denkmäler und des Lebens der alten Aegypter:

J. G. Wilkinson, A popular account of the ancient Egyptians. London 1855. (Ein Auszug aus desselben Verfassers grossem Werke: Manners and customs of the ancient Egyptians. 6 vols. London 1837.)

Land und Leute des heutigen Aegyptens.

Lane († 1876), An account of the manners and customs of the modern Egyptians. Written in Egypt, during the years 1833, 1834 and 1835 etc. London 1836 (5. Aufl. 1871). (Dasselbe deutsch von Zenker: Sitten und Gebräuche der heutigen Aegypter. Leipzig 1852.) Noch immer das beste Buch dieser Art, aus dem auch das vorliegende Handbuch kleinere Auszüge enthält.
Burckhardt, Arab. Sprüchwörter, oder die Sitten und Gebräuche der neueren Aegypter erklärt aus den zu Kairo umlaufenden Sprüchwörtern. Weimar 1834.
v. Kremer, Aegypten. 2 Bde. Leipzig 1863.
Stephan, das heutige Aegypten. Leipzig 1872. (Mit bemerkenswerthem Anhang über den Suez-Canal.)
Lüttke, Aegyptens neue Zeit. 2 Bde. Leipzig 1879. (Wichtig und interessant namentlich die Geschichte Moḥammed 'Ali's und seiner Nachfolger.)

Naturhistoriker und Aerzte finden das Beste in:

Brehm, Reiseskizzen aus Nord-Ost-Afrika. 2. Aufl. Jena 1862.
Hartmann, Naturgeschichtlich-medicinische Skizze der Nilländer. 2 Abth. Berlin 1865. 1866.

Fraas, Aus dem Orient. Geologische Beobachtungen. Stuttgart 1867.

Pruner, die Krankheiten des Orients vom Standpunkte der vergleichenden Nosologie betrachtet. Erlangen 1847.

Klunzinger, Bilder aus Ober-Aegypten und vom Rothen Meer. Stuttgart 1876.

Kunstgeschichte.

Du Barry de Merval, Études sur l'architecture égyptienne. Paris 1873.

Reisewerke.

Lepsius, Briefe aus Aegypten, Aethiopien und der Sinaihalbinsel. Berlin 1852.

Brugsch, Reiseberichte aus Aegypten. Leipzig 1855.

Brugsch, Aus dem Orient. Berlin 1864.

Bogumil Goltz, Ein Kleinstädter in Aegypten. Berlin 1833.

Ebers, Durch Gosen zum Sinai. Leipzig 1870.

Curtis, Nile-notes of a „Howadji", or the American in Egypt. London 1856. (Deutsch von Spielhagen. Hannover 1857.)

Unterhaltungsliteratur.

Die Märchen der Tausend und eine Nacht, übersetzt von Weil. 4 Bde. 3. Aufl. Stuttgart 1866.

Eine bessere Bearbeitung ist: The thousand and one nights, commonly called the arabian nights entertainments, by E. W. Lane (London 1841). Lane (s. oben) meint, dass dieses Werk in den Jahren 1474—1525 entstanden sei und dass die Erzählungen, obwohl zum grossen Theil auf ältern Quellen beruhend, doch so verändert worden seien, dass sie uns ein gutes Bild von dem Leben der Araber der damaligen Zeit, ganz besonders aber der Aegypter bieten, denn der Bearbeiter war wahrscheinlich ein Aegypter.

Kingsley, Hypatia. } Beide in der Tauchnitz Edition enthalten.
Th. Moore, The Epicurean. }

About, Le Fellah. Paris 1869.

H. Wachenhusen, Vom armen aegyptischen Manne. 2 Bde. Berlin 1871.

Ebers, Eine aegyptische Königstochter. 3 Bde. 4. Aufl. Stuttgart 1875.

Mark Twain, The new Pilgrim's Progress. In deutscher Bearbeitung von M. Busch. Leipzig 1875.

a Conti-
lie Stadt
ar. Der
rstreifen
lmühlen,
.nks auf
(S. 241)
isse zum
stigungs-
n diesen
len" der
der auf
h Strabo
.eue" ge-
rsandung
llständig
Schiffe.
n bedeu-

Lautsen
treiben,

arrem
. . O 5.
. K 4.
sche
neue
A B 7.
lais B 1,2
turm B 3.
Bureau,
es . F 4.
s F G 4.

er . F 4.
ter. G 4.

ope F 3.
. . F 4.
ries G3,4.

Hale
. . F 4.
evau
. . F 4.
. . G 4.

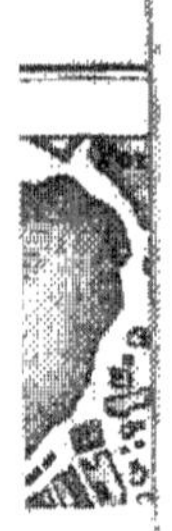

1. Alexandrien.

Ankunft. Die gänzlich flache NO.-Küste des afrikanischen Continents bietet aus der Ferne dem Auge keinen Anhalt, und auch die Stadt Alexandrien wird erst kurz vor der Einfahrt in den Hafen sichtbar. Der Leuchtthurm tritt zuerst über dem flachen und farblosen Uferstreifen deutlicher hervor; allmählich erscheinen eine Reihe von Windmühlen, hellfarbige Gebäude und der Rauch der Dampfer im Hafen, links auf dem Hügel erblickt man das Schloss des Vicekönigs in Ramle (S. 241) und rechts an der Küste, am Anfange der eigentlichen Wasserstrasse zum Hafen, das sogen. *Bâb el-'Arab* (Beduinenthor), den Kopf einer Befestigungslinie zwischen dem Meere und dem See Mareotis (S. 242). Nur in diesen westlichen Hafen, den des Eunostus oder „glücklich Heimkehrenden" der Griechen, durften früher europäische Schiffe einlaufen, während der auf der Ostseite gelegene „grosse" Hafen des Alterthums, von dem auch Strabo eine nähere Beschreibung (S. 225) gibt, jetzt irrthümlich der „neue" genannt (Mohammed 'Ali versuchte ihn, doch seiner starken Versandung wegen vergeblich, wieder in Gebrauch zu nehmen), diesen vollständig verschlossen war. Heute verkehren in letzterem nur kleinere Schiffe, meist Fischerboote, und nur selten, bei grosser Gefahr, wird er von bedeutenderen Fahrzeugen als Nothhafen benutzt.

Schon bevor man Bâb el-'Arab passirt, hat der Dampfer einen Lootsen aufgenommen, der denselben sicher durch den engen und klippenreichen,

---

Plan von Alexandrien.

1. Arsenal . . . . D 2.

Bahnhöfe.

2. Für Kairo, Isma'îlîya und Suês . . . G 5.
3. Für Ramle . . H 3.
4. Bains de Turin . F 5.

Bureaux der Dampfschiffe.

5. Aegyptische Postdampfer . . . E 3.
6. Fraissinet & Co. G 4.
7. Messageries Maritimes . . . . F 4.
8. Oesterreich. Lloyd F 4.
9. Peninsular and Oriental Co. . . F 4.
10. Rubattino & Co. F G 4.
11. Russische Dampfer F 4.

Consulate.

12. Amerikanisches . F 4.
13. Belgisches . . G 4.
14. Dänisches . . . F 3.
15. Deutsches . . . G 4.
16. Englisches . . G 4.
17. Französisches . F 3.
18. Italienisches . . F 4.
19. Niederländisches G 4.
20. Oesterreichisches F 4.
21. Russisches . . G 4.
22. Schwedisches . G 4.
23. Deutscher Verein F 4.
24. Douane . . . D E 3.

Kirchen.

25. Anglicanische . F 4.
26. Armenische . . F 5.
27. Coptische . . . G 4.
28. Griechisch-kathol. F 4.
29. Griech.-orthodoxe F 4.
30. St. Katharina (röm.-kath.) . . F 4.
31. Lazaristen . . F 4.
32. Maronitische . . F 3.
33. Presbyterianer . F 3.
34. Protestantische . F 3.
35. Mohammed 'Ali, Reiterstatue . . F 4.
36. Nadel der Kleopatra . . . . . G 3.
37. Pompejus-Säule E 6.
38. Porte de la Colonne Pompée oder du Nil F 5.
39. Porte de Moharrem Bey . . . . . G 5.
40. — de Rosette . K 4.
41. Post, aegyptische
42. Quarantaine, neue A B 7.
43. Râs-et-Tîn, Palais B 1.2
44. Römischer Thurm H 3.
45. Telegraphen-Bureau, aegyptisches . F 4.
46. —, englisches F G 4.

Theater.

47. Alfieri-Theater . F 4.
48. Zizinia-Theater . G 4.

Gasthöfe.

a. Hôtel de l'Europe F 3.
b. — Abbat . . . F 4.
c. — des Messageries G 3, 4.

Banken.

f. Banque Impériale Ottomane . . . F 4.
g. Oppenheim neveu & Co. . . . . . F 4.
49. Synagogen . . . G 4.

kaum hinreichend tiefen Einfahrtscanal (*Bôghaz*) in den Hafen steuert. Dies kann indess nur zur Tageszeit geschehen; nach Eintritt der Dunkelheit müssen alle Schiffe draussen auf offenem Meere den folgenden Morgen erwarten. Rechts an der Küste bemerken wir noch das barocke, halbverfallene, mit Kuppeln und schlanken Thürmen reich versehene *Schloss Meks* (S. 240), von dem verstorbenen Vicekönig Sa'îd Pascha (S. 123) erbaut, der hier einen grossen Theil des Jahres, umgeben von seiner Armee, zu residiren pflegte. Das ältere Schloss links auf dem vorspringenden *Râs et-Tîn* (Feigencap, S. 239) und das Arsenal bieten wenig Bemerkenswerthes, zumal sich unsere Aufmerksamkeit nunmehr dem Hafen selbst und dem darin herrschenden Leben zuwendet, besonders den zahllosen Barken, welche den langsam einfahrenden Postdampfer umschwärmen, und deren Insassen schon von weitem den Reisenden mit Zeichen ihre Dienste anbieten. Nach den gewöhnlichen kurzen Sanitätsmassregeln stürzt sich die Bemannung jener kleinen Boote gleich einer wilden beutelustigen Korsarenschaar auf das Verdeck, um sich jeder des Gepäckes eines Reisenden zu versichern, für den Europäer eines der überraschendsten Schauspiele und lebhaft an den Ueberfall in Meyerbeer's Afrikanerin erinnernd. Mit grösster Gemüthsruhe mag man dasselbe beobachten und lasse sich nicht etwa einschüchtern, denn wirklich gefährlich ist kein einziger dieser Kerle, wie dies ihre braunen und schwarzen Physiognomien fast befürchten lassen; etwa lästig werdende Zudringlichkeiten wehrt man gelassen und ruhig ab mit einem „*musch 'âuzak*" ich mag dich nicht, „*musch lâzim*" es ist nicht nöthig, „*imschi*" packe dich, „*rûh*" fort von hier, wobei man nicht unzweckmässig seinen Stock als Ausrufungszeichen gebraucht (S. 15); ferner heisst „*ta'âl*" komme, und „*schûf*" siehe. Man vergesse nicht, sich mit dem nöthigen kleinen Gelde, $^1/_2$ Franc- und Soldistücken, zu versehen.

Hat man sich an diesem Schauspiel genugsam ergötzt, so wähle man einen der Barkenführer (einerlei welchen, denn zufrieden mit der Zahlung wird keiner sein) oder in Gesellschaft von Damen (s. unten) einen der Gasthofs-Agenten, um sich und sein Gepäck auszuschiffen. Es ist von der höchsten Wichtigkeit, dass man letzteres nie aus dem Auge lasse und dass alles in dieselbe Barke, die man selbst benutzen will, gebracht werde; eine Gesellschaft wird auch hiermit leichter fertig werden, als ein Einzelner. Ist man mit seinen Sachen glücklich in der Barke und aus dem Gewirre heraus, so wird das Segel aufgehisst, denn der Araber rudert nur im äussersten Nothfall, und man segelt dem Lande, der Douane zu. Wird man auf der kurzen Fahrt dahin von dem Bootführer wegen der Bezahlung belästigt, so antworte man gleichmüthig, ohne darauf einzugehen, „*taijib, yalla, yalla*" es ist gut, schnell vorwärts.

Am Perron der *Douane* (Pl. 24) angelangt, wird der Reisende zuerst zum Passbureau (gleich links im Durchgang) geführt, woselbst er seinen Pass abgibt; er erhält ihn am folgenden Tage auf dem Consulat in Alexandrien zurück, oder kann sich ihn auch durch dasselbe nach Kairo nachschicken lassen.

Falls inzwischen alles Gepäck am Perron der Douane abgeliefert ist, so zahle der Reisende dem Bootsmann, aber nicht früher, für sich (wenn allein), kleines Gepäck und Koffer $2^1/_2$—3, für 2 Personen 4—5, und für jede Person mehr 1 fr. Den am Landungsplatz lungernden Packträgern zahlt man für jeden Koffer zur Douane und nachher in den Wagen 25 cts. Zufrieden mit dieser ganz reichlichen Zahlung wird keiner dieser Leute sein und an des Fremden Ohr wird hier zum ersten Mal das Wort „Bachschisch" (s. S. 21) dringen, das ihn auf Schritt und Tritt verfolgen und noch nachklingen wird, wenn die Grenzen des Orients längst wieder hinter ihm liegen.

Die Douane ist streng und sucht vorzüglich nach Tabak, Waffen und Diamanten. Trinkgelder dort oder bei dem Ausgang zu geben ist nicht nöthig.

In Gesellschaft von Damen ist es am empfehlenswerthesten, sich gleich an Bord des Schiffes einem Hôtelagenten anzuvertrauen, der alle die hunderterlei kleinen Scherereien, Auszahlungen etc. übernimmt und die Reisenden ohne Unannehmlichkeiten in ihrem Hôtel abliefert; hierfür erhält derselbe $2^1/_2$ fr., bei einer grösseren Gesellschaft nach Verhältniss mehr, als besondere Vergütung; er wird dann aber auch für den ganzen Aufenthalt in Alexandrien führen wollen. Wer ganz sicher gehen will, wird das Hôtel, in dem er abzusteigen gedenkt, vorher von seiner Ankunft schriftlich benachrichtigen und ersuchen, Commissionär, Wagen und Boot an den Dampfer bez. Hafen zu schicken (die ersten Hôtels schicken neuerdings ihre Boote zu jedem Dampfer); die Berechnung (für 3 Personen) pflegt dann wie folgt zu sein: Barke zum Dampfer und ans Land 5, Gepäckbarke 2, Packträger und Bachschisch an die Zollbeamten 2 fr. 75, Wagen zum Hôtel 4 fr. 50, Gepäcktransport 2 fr., in Summa 16 fr. 25 c.

Am Ausgang der Douane wird der Reisende von Eseljungen und Kutschern, natürlich ebenfalls schreiend und lärmend, empfangen. Sich zu Fuss in die 15 Min. entfernten Hôtels zu begeben, ist nicht uninteressant, indessen hat man zur Beobachtung des Strassenlebens später noch hinlänglich Zeit und Gelegenheit; seinen Eintritt auf afrikanischem Boden mit dem landesüblichen Eselsritt zu beginnen ist dem Neuling auch nicht zu empfehlen, man bediene sich also eines der stets bereit stehenden Wagen; zum Hôtel ein Wagen 2½, für mehrere Personen 3–4 fr.; Esel ½ fr.; Gepäckträger ¼ fr. für jedes grössere Stück.

Gasthöfe (es sei hier wiederholt, dass in allen Hôtels des Orients die Preise für den ganzen Tag berechnet werden, einerlei ob man an den Mahlzeiten Theil nimmt oder nicht; Getränke besonders): *Hôtel de l'Europe (Pl. a), an dem grossen Platz Méhémet-Ali (S. 235), mit guten Zimmern und Bädern, 20 fr. den Tag; *Hôtel Abbat (Pl. b), beste Küche, an der Place de l'Église, 16 fr., beide gut gelegen und mit allem europäischen Comfort eingerichtet. — Zweiten Ranges: *Hôtel des Messageries (Pl. c), in der Okella (Bezeichnung für ein aus einem einzigen grossen Gebäude bestehendes Strassenviertel; S. 270) Surnok, an der Ostseite der Stadt am neuen Hafen gelegen, 12½ fr. mit Wein, für bescheidenere Ansprüche oder Herren allein, ganz empfehlenswerth; Seebäder in der Nähe.

Café's (vergl. S. 22) nach europ. Art und meist von Griechen gehalten (die türkischen sind nicht der Erwähnung werth, solche kennen zu lernen, bietet sich noch genugsam Gelegenheit): de France, das besuchteste, und Egyptien, bei Place Méhémet-Ali, Ostseite; Piramide, Rue de la Bourse, am Meer; il Paradiso (Café-chant.), Rue de la Poste Française, gleichfalls am Meer. „Café noir" auf europ., „café fort" auf arab. Weise zubereitet; die Tasse 2 Piaster courant = 25 cts.; überall auch Bier, meist Grazer. Letzteres ferner noch in folgenden Restaurationen: de Paris, Rue d'Anastasi, von Geschäftsleuten viel besucht; de la Bourse (guter Restaurant), Rue de l'Église Anglaise; im Hôtel de Trieste, in der Nähe der Place de l'Église; Zoppich, neben dem Deutschen Verein.

Bäder, *europäische:* im Hôtel de l'Europe, s. oben; Bains de Turin, Rue de la Colonne Pompée; *arabische* (vergl. S. 27), die besten in der Rue Râs-et-Tin, der Zabtîye (Polizei) gegenüber. *Seebäder* im Port neuf.

Der **Deutsche Verein** (Pl. 23), Rue de la Mosquée d'Attarine, ist eine geschlossene Gesellschaft mit vortrefflichem Lesezimmer, in die man sich als Gast durch die Beamten des Consulats einführen lassen kann. — *Club Mohammed 'Ali*, gleichfalls geschlossene Gesellschaft, ähnlich dem Club Khédivial in Kairo (S. 253).

Wagen (europ.) sind in genügender Anzahl vorhanden. Es gibt auch einen Tarif; doch kümmert sich der arabische Kutscher durchaus nicht um ihn. An gewöhnlichen Tagen zahlt man für eine kurze Tour in der Stadt (ohne Gepäck) 1 Shilling; zum Dampfschiff s. oben, zum Bahnhof s. S. 241. Bei Zeitfahrten am Tage sollte nicht mehr als 2–2½ Shilling per Stunde bezahlt werden; doch stellen sich an Sonn- und Festtagen, bei starker Nachfrage, die Preise viel höher. Nach der ersten Stunde soll nach halben Stunden gerechnet werden. Besondere Abmachungen sind erforderlich, wenn man einen Wagen für den ganzen Tag oder für Fahrten ausserhalb der Festungswerke miethen will. Unter 20 fr. für den Tag ist ein Fuhrwerk kaum zu haben, die besseren Wagen verlangen 1 Pfund Sterling (25 fr.) und darüber.

Esel (vergl. S. 18). Ein Ritt bis 15 Min. 50 c., 1 Stunde 1½ fr., für weitere Touren accordiren, 1 Tag 5–6 fr.

Lohndiener (S. 10) als Führer für Reisende, denen es an Zeit gebricht, gibt es in Ueberfluss; sie verlangen 5—7 fr. den Tag, der Preis muss vorher festgestellt werden. Fast alle werden sich anbieten, den Fremden nach Kairo oder gar als Dragoman auf die Nilfahrt zu begleiten. Es muss entschieden abgerathen werden auf solche Anerbietungen sich einzulassen, denn die guten Dragomane halten sich im Winter in Kairo auf, und wer nur diese Stadt zu sehen und den Nil auf dem Dampfschiffe zu befahren gedenkt, braucht keinen Dolmetscher. Am Bahnhofe zu Kairo (S. 240) werden die Fremden stets von den Commissionären der grösseren Hôtels in Empfang genommen, die für sie sorgen.

Post (vergl. S. 33; Pl. 41), Place de l'Église, geöffnet von 7 Uhr Morgens bis 7½ Uhr Abends, Mittags geschlossen. Briefkasten in den Hôtels und mehrere in den Strassen. England, Frankreich, Italien und Oesterreich haben ihre eigenen Postbureaux in Alexandrien, dieselben werden jedoch in Folge des Beitritts Aegyptens zum Weltpost-Verein demnächst aufgehoben.

Telegraph (Pl. 45), Rue Chérif-Pacha. Im Inlande 5 Piaster Tarif für je 10 Worte. *Englischer Telegraph* (Pl. 40), Rue de l'Obélisque, in der Nähe des englischen Consulates (man kann denselben auch für Kairo benutzen, gleiche Preise); für Europa s. S. 34.

Consulate (vergl. S. 7): Deutschland (Pl. 15), Rue de la Porte Rosette: Generalconsul v. *Sauerma*, Viceconsul *Arendt*, Kanzler *Maury*; die Kanzlei ist nur von 9—1 Uhr geöffnet. England (Pl. 16), Boulevard de Ramlé: Generalcons. *Vivian*, Viceconsul *Calvert*. Frankreich (Pl. 17), Place Méhémet-Ali: Marquis *de Casenux*, Generalconsul; *Casay*, Consul. Oesterreich (Pl. 20), Rue de la Mosquée d'Atarine: Generalconsul *G. di Cischini*, Consul *Franceschi*. Belgien (Pl. 13), Rue de la Porte Rosette, Okella Dimitri: Comte *de Noirdans-Calf*, Kanzler *E. Keun*. Dänemark (Pl. 14), Okella Dumreicher: *A. F. de Dumreicher*, Kanzler *E. Serra*. Italien (Pl. 18), Boulevard Ismaʿîl: Consul *G. de Martino*, Vice-Consul *E. Villo*. Niederlande (Pl. 19), 31 Rue de la Citerne-du-Four: Kanzler *R. van Lennep*. Vereinigte Staaten von Amerika (Pl. 12), Place Méhémet-Ali, St. Mark's Buildings: Vice-Consul *Salvago*. Russland (Pl. 21), Rue de l'Obélisque 97: *Jean de Lex*, secrét. interprète *L. Eberhard*. Schweden (Pl. 22), Boulevard de Ramlé: *Anker Bödiker*. Spanien: *Rameau de la Chica*.

Bureaux der Dampfschiffe (Kurse und Preise s. S. 8). *Messageries Maritimes* (Pl. 7), *Peninsular and Oriental Company* (Pl. 9), *Oesterreichischer Lloyd* (Pl. 6), *Russische Dampfer* (Pl. 11), ital. Gesellschaft *Rubattino & Co.* (Pl. 10), franz. Gesellschaft *A. & L. Fraissinet & Co.* (Pl. 6), *Aegypt. Post-Dampfer* (Pl. 5), alle an oder in der Nähe der Place Méhémet-Ali.

Bahnhöfe. Der neue Bahnhof für *Kairo* (S. 241), *Suês* (S. 423) und *Rosette* (S. 467) ist vor der Porte Moharrem Bey, 10 Min. von der Place Méhémet-Ali (der alte Bahnhof am Hafen jenseit des Maḥmûdîye-Canals dient nur noch dem Güterverkehr); nach *Ramle* (Pl. 3) unfern der Nadel der Kleopatra (S. 240).

Buchhandlungen: *Stationers & Booksellers Co.* (früher *Robertson*), hauptsächlich für englische Bücher, St. Mark's Buildings, an der Place Méhémet-Ali; *Penasson*, hauptsächlich für französische Bücher, an der Nordseite der Place Méhémet-Ali. — Sechs Zeitungen (in französischer, englischer und italienischer Sprache) erscheinen in Alexandrien, darunter der officielle *Moniteur Egyptien*, der in allen Cafés und Hôtels aufliegt.

An **Banken** und **Bankiers** mangelt es nicht, beinahe alle haben eine Filiale in Kairo, doch stehen die wenigsten mit Syrien in Verbindung. Ueber den ganzen Orient verbreitet ist die *Banque Impériale Ottomane* (über der Börse, Pl. f). Der Verkehr mit Deutschland ist nicht bedeutend, daher die Provision meist hoch. *Oppenheim neveu & Co.* (Pl. g), Rue Mosquée d'Atarine. *Stross, Norsa & Schlesinger*, neue deutsche Firma. Andere Bankfirmen sind: *Anglo-Egyptian Banking Company*, *Austro-Egyptienne*, diese beiden an der Place Méhémet-Ali; *Franco-Egyptienne*, Rue de l'Obélisque; *Bank of Egypt*, Rue Méhémet Tewfik; *Crédit Lyonnais*, Rue Chérif Pacha; *Bank of Alexandria*, Rue Chérif Pacha.

Aerzte. *Dr. Varenhorst*, *Dr. Kulp*, *Dr. Neruzzos-Bey* (Grieche, spricht Deutsch und hat in München studirt), *Gaillardot* (Franzose), *Mackie* (Engländer), *Dr. Fenger*, *Ibrahim Sousa*, guter Zahnarzt, Araber, der in Berlin studirt hat und vollkommen Deutsch spricht; *Pinney-Bey* und *Ed. Waller* (Engländer), *Dr. Love* (Deutscher); die näheren Adressen in der Apotheke von Ludwig (s. unten).

Apotheke, deutsche und englische: **Ludwig*, Rue Râs-et-Tîn 10, gleich am Anfang derselben rechts; *Otto Huber*, Rue Chérif Pacha.

Kaufläden für europäische Artikel alle an der Place Méhémet-Ali, die grösste Auswahl bei *Cordier*, St. Mark's Buildings neben der englischen Kirche; sodann bei *Chalons*, in der Nähe desselben; fertige Kleider bei *Meyer & Co.* Der arabische Bazar bietet nichts Bemerkenswerthes. — Speditionsgeschäft (vgl. S. 30, 254): *A. Maury & Co.*

Kirchen. *Protestantische Kirche* (Pl. 34), ein hübsches neues Gebäude in der Rue de l'Église Anglaise; Pastor *von Tippelskirch*. Sonntags um 10 Uhr Gottesdienst, abwechselnd Deutsch und Französisch. *Anglicanische Kirche* (Pl. 25), Place Méhémet-Ali; *Rev. Davis*. Sonntag 11 Uhr Vorm., 3 Uhr Nachm. Gottesdienst. Kirche der *Schottischen Presbyterianer* (Pl. 33); *Rev. Yule*. Sonntag 11 Uhr Vorm. Zwei römisch-katholische Kirchen (St. Catharina, Pl. 30, und Kirche der Lazaristen, Pl. 31). Griech. orthod. (Pl. 29) und kath. Kirche (Pl. 28). Armenische Kirche (Pl. 26). Maronitische Kirche (Pl. 32). Koptische Kirche (Pl. 27). Mehrere Synagogen; die grösste in der Nähe des Ramlebahnhofs, die stattlichste Rue de l'Okello neuve 46.

Alexandrien hat ferner 8 Freimaurer-Logen, aber nur zwei Gebäude hierfür, das eine *Loge des Pyramides*, Boulevard Ismaïl, das andere *Loge Écossaise*; neuerdings auch eine ital. Loge im Gebäude des deutschen Vereins (S. 221).

Theater. Das *Zizinia-Theater* (Pl. 48), in der Rue de la Porte Rosette, dem deutschen Consulat gegenüber, grosses Gebäude, doch häufig geschlossen, selbst den Winter über. In dem kleinen *Alfieri-Theater* (Pl. 47), Rue d'Anastasi, werden italienische Schauspiele gegeben. *Casino*, Place Méhémet-Ali, ist ein gewöhnliches Café-chantant und nur für Herren.

Zeiteintheilung: Wer den geschichtlichen Erinnerungen Alexandriens nicht nachgehen will, kann die wenigen noch vorhandenen Alterthümer der Stadt leicht, zumal zu Wagen, in einem Vor- oder Nachmittag besichtigen; will man auch eine Fahrt zu den neuen Hafenbauten in Meks (S. 240) sowie entlang des Mahmûdîye-Canals unternehmen, so braucht man alles in allem einen Tag. Der Europäer, der in Alexandrien zum erstenmal eine orientalische Stadt betritt, wird sich durch das bunte ihm neue Strassenleben immerhin angezogen fühlen, und ist es rathsam, dies gleich beim ersten Besuche mitzunehmen, denn auf der Rückreise, wo das Interesse durch stärkere Eindrücke bereits abgestumpft ist, fehlt zur Besichtigung der Stadt häufig nicht allein die Zeit, sondern auch die Lust; Alexandrien macht dann schon eher den Eindruck einer europ. Stadt. Von der Place Méhémet-Ali (S. 233) ausgehend, reite oder besser fahre man zur *Pompejus-Säule* (S. 235), dann ausserhalb der Mauern zur Porte de Moharrem-Bey und hinunter zum sogenannten „neuen" Hafen; bei der Ankunft an demselben hat man gleich r. die *Nadel der Kleopatra* (S. 237), die unmittelbar neben dem Ramle-Bahnhof (S. 240) steht; dann zurück zur Place Méhémet-Ali und durch die lange Rue *Râs-et-Tîn* zum Palais gleichen Namens; daran schliesse man etwa eine Fahrt nach *Meks* zu den neuen *Hafenbauten* (S. 240) an. Noch freie Zeit, besonders Nachmittags, sei zur Fahrt (nur im Wagen) entlang des *Mahmûdîye-Canals* und zu dem *Palais No. 3* (Nimre Telâte), sowie zu dem öffentlichen Garten *Ginênet en-Nuzha* (S. 239), welche beide am Canal liegen, verwendet.

Geschichte. Alexander d. Gr. gründete Alexandrien 332 v. Chr. und gab dadurch seinem Zuge nach Aegypten eine ungeheure, bis in unsere Zeit fortwirkende Bedeutung. An die Gründung des Ortes knüpfen sich mancherlei Sagen, die von göttlichen Winken und guten Vorbedeutungen zu erzählen wissen*), welche dem grossen Macedonier den neu zu erbauenden Hafenplatz an der der Insel Pharos gegenüber liegenden Küste anzulegen gerathen und ihn dazu ermuthigt haben sollen. Es gab zu seiner Zeit an der nord-aegyptischen Küste mehrere Häfen. Die bedeutendsten waren der an der westlichsten (kanopischen) Mündung des Nils gelegene von Naukratis, in den seit der 26. Dyn. (S. 107) namentlich die griechischen Schiffe einliefen, und die von Tanis und Pelusium im Nordosten des Delta an den Nilmündungen gleichen Namens, die ausschliesslich den aegyptischen und phönicischen Fahrzeugen geöffnet gewesen zu sein scheinen. Alexander, der die Schranken umriss, welche die den Osten des Mittelmeeres umwohnenden Völker trennten, fasste den Plan, eine neue grossartige Hafenstadt in Aegypten anzulegen, die nach Norden hin Reichthum auf Griechenland und die hellenische Inselwelt auszustreuen bestimmt war, und nach Süden das Pharaonenvolk mit materiellen und ideellen Banden an jenes griechische Weltreich fesseln sollte, dessen Gründung dem Macedonier als höchstes Lebensziel vorschwebte. Die Stätte, an der er Alexandria gründete, war kein wüster Küstenstrich; vielmehr stand hier schon, wie die Denkmäler lehren, seit langer Zeit der Insel Pharos (S. 225) gegenüber ein ægyptischer Ort Rhakotis, in dem auch nach Strabo eine Grenzwache gehalten wurde. Es wird auf den ersten Blick schwer einleuchten, warum Alexander den neuen Hafen gerade hier im äussersten Westen der Deltaküste und nicht im Osten derselben, in nächster Nähe des Rothen Meeres und der von Syrien nach Aegypten führenden Karawanenstrasse anlegte, wo ausserdem der alte Hafen von Pelusium nur zu erweitern gewesen wäre. Und doch blieb dem umsichtigen Städtegründer keine Wahl, denn es ist jetzt genau festgestellt, dass eine Strömung im Mittelmeer, die von der Strasse von Gibraltar ausgeht, die nordafrikanische Küste beleckt und endlich auf ihrem Wege gen Osten nach Aegypten kommt. Hier ergiesst der Nil seine Wogen in das Mittelmeer und mit ihnen, gerade wenn er seine bedeutendste Fülle erreicht hat, eine ungeheure Masse von Schlamm. Dieser, der die Deltabildung stets weiter und weiter ins Meer hinausgeschoben hat, wird von der Strömung in dicken schwimmenden Massen ostwärts geführt, hat den grossen alten Hafen von

*) Ein Greis soll dem Könige im Traum erschienen sein und ihm folgende Homerische Verse (Od. 4, 54 und 55) gesagt haben:

„Eine der Inseln liegt in der weitaufwogenden Meerfluth,
Vor des Aegyptos Strom, und *Pharos* wird sie geheissen."

Günstiges Vorzeichen: Es wünschte sein Baumeister Dinocrates den Plan für die Stadt und die Plätze für die wichtigsten Bauten zu bezeichnen. Die weisse Erde mit der dies zu geschehen hatte war ausgegangen und so streute er das Mehl der Arbeiter aus, welches schnell unzählige Vögel herbeilockte, die es verzehrten. Aristander erklärte dies sofort für ein den künftigen Reichthum und ausgebreiteten Handel der Stadt verheissendes Vorzeichen.

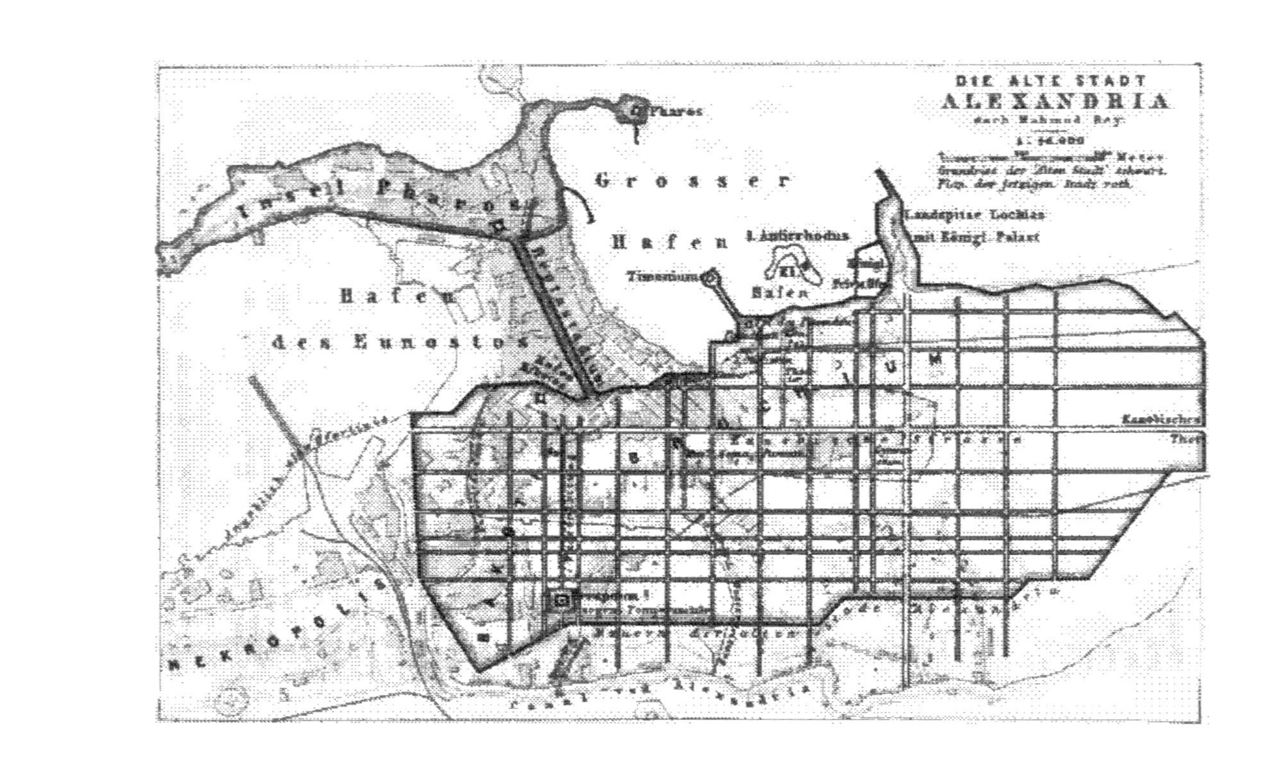
DIE ALTE STADT
ALEXANDRIA
nach Mahmud Bey.
Pharos
Grosser
Hafen
Landspitze Lochias
mit Königl. Palast
Antirrhodus
Timonium
Hafen
Insel Pharos
Heptastadium
Hafen
des Eunostos
Kanobisches
Thor
Kanal von Alexandria
Nekropolis

Pelusium verschlammt, gefährdet den neuen (Port Sa'îd, S. 454), und verdarb auf seinem weiteren Wege gen Norden die altberühmten Häfen von Ascalon, Sidon und Tyrus. Schon Herodot hatte von dem Schlamme gesprochen, mit dem der Nil das Fahrwasser vor der Deltaküste verflachte, und so wurde ein geeigneter Platz in ihrem Westen zur Anlage des Verkehrsmittelpunktes, welcher den Namen Alexanders führen sollte, ausgewählt.

Topographie des alten Alexandria. Die Stelle, für die man sich entschied, an der der vorzügliche Architect Dinocrates die neue Stadt in Gestalt eines macedonischen Mantels (chlamys) zu bauen begann, war nach jeder Richtung hin glücklich gewählt. Im Norden bespülte sie das Mittelmeer, im Süden der Mareotische Landsee, welcher aus dem Nil durch viele Kanäle reichliche Speisung erhielt. Aegyptens Güter konnten auf dem Fluss bis zu dem Meereshafen befördert werden, in welchem man sie zur Fahrt nach Norden, Osten und Westen verlud. Die Insel *Pharos* lag quer vor dem Festlande. „Pharus aber", sagt Strabo (66–24 v. Chr.), der uns im XVII. Buche seiner Erdbeschreibung eine Schilderung von Alexandrien gibt, „ist eine längliche, fast mit dem Festlande zusammenhängende und an diesem einen Hafen mit zwei Eingängen bildende Insel. Denn das zwei Landspitzen ins Meer vorstreckende Ufer bildet eine Bucht, und zwischen beiden liegt die den Busen schliessende Insel .... Von den beiden Spitzen der Insel Pharus ist die östliche dem Festlande und seiner Landspitze, welche *Lochias* heisst, näher und macht die Mündung des Hafens eng. Zu dieser Enge des dazwischen liegenden Sundes kommen noch theils vom Meere bedeckte, theils hervorragende Klippen, welche beständig die aus dem Meer eindringenden Wogen in Brandung setzen. Aber auch die Spitze der Insel selbst ist ein vom Meere umspülter Felsen mit einem wundervoll aus weissem Gestein mit vielen Deckgebälken erbauten und der Insel gleichnamigen Thurm. Diesen errichtete der Knidier Sostratos." Es ist dies der berühmte, unter Ptolemäus Philadelphus erbaute Leuchtthurm, den die Alten zu den Wundern der Welt zählten und der allen später errichteten Leuchtthürmen ihren Namen „Pharus" gegeben hat. Er trug die Inschrift: 'Sostratos der Knidier, des Dexiphanes Sohn, den rettenden Göttern für die Seefahrer'. Er hat an der östlichsten Stelle der heute *Burg ez-Zefer* genannten Halbinsel gestanden und soll, wenn wir dem arabischen Schriftsteller glauben dürfen, der seine Trümmer beschreibt, an seinem quadratischen Unterbau 110, an seinem achteckigen zweiten Stockwerke 60 und an dem runden Aufsatze auf diesem 63, also noch zu seiner Zeit 233 Ellen hoch gewesen sein, während er ursprünglich eine Höhe von 400 Ellen (180m) gehabt haben soll.

„Auch die westliche Mündung", fährt Strabo XVII, 6 fort, „ist nicht leicht zugänglich, bedarf jedoch keiner so grossen Vorsicht. Auch sie aber bildet einen zweiten Hafen, welcher der Hafen *Eunostus* *) (d. i. der glücklichen Rückkehr) heisst. Dieser liegt vor dem ausgegrabenen und geschlossenen Hafen. Jener, der an dem erwähnten Thurme auf Pharus die Einfahrt hat, ist der *grosse Hafen* (vergl. S. 219); diese andern liegen durch einen *Heptastadium* genannten Damm von ihm getrennt, in der Vertiefung der Bucht zusammenhängend neben ihm. Der Damm aber ist eine sich vom Festlande nach dem westlichen Theile der Insel hin erstreckende Brücke, welche nur zwei gleichfalls überbrückte Durchfahrten in den Hafen Eunostus offen lässt. Dieses Bauwerk war jedoch nicht bloss eine Brücke zur Insel, sondern zugleich eine Wasserleitung, als jene noch bewohnt wurde; jetzt aber hat sie (nämlich die Insel) der göttliche Cäsar, weil sie es mit den Königen hielt, in dem Kriege gegen Alexandria verödet."

---

*) Heute der „alte Hafen", in den die Schiffe einfahren und welchen der Vicekönig mit grossartigen Neubauten versieht (vgl. S. 240).

Ptolemäus Soter oder sein Sohn Philadelphus errichtete dieses grossartige, wie sein Name besagt, 7 Stadien (1300m) lange Werk, welches durch Anschwemmung, die in das Meer geworfenen Trümmer der alten Stadt und künstliche Vergrösserung da, wo es mit dem Festlande zusammenhängt, bis auf diesen Tag eine Breite von mehr als 1500m erreicht hat. Heute trägt es einen grossen Theil des neuen Alexandria und der Reisende wird zugleich mit dem aegyptischen Boden die Westseite des erweiterten Heptastadiums betreten, denn dort befinden sich gegenwärtig die Douane-Gebäude.

„An dem grossen Hafen", heisst es weiter bei Strabo XVII, 9, „liegt rechts neben der Einfahrt die Insel und der Thurm Pharus, auf der andern Seite aber die Riffe und die Landspitze Lochias*) mit einer königlichen Burg. Dem Einschiffenden zur Linken sind die mit jenem auf Lochias zusammenhängenden inneren königlichen Gebäude, welche viele und verschiedenartige Säle und Lusthaine umfassen; unter diesen liegt der den Königen eigenthümliche ausgegrabene und verschlossene Hafen und Antirrhodus, ein vor dem ausgegrabenen Hafen gelegenes Inselchen mit einem königlichen Schlosse und kleinen Hafen. Man nannte es aber so gleichsam als eine Nebenbuhlerin von Rhodus. Ueber ihm liegt das Theater, dann das Poseidium, eine vom sogenannten Emporium (d. i. Marktplatz) vorlaufende Krümmung, welcher Antonius einen noch mehr gegen die Mitte des Hafens hingeneigten Damm anfügte und auf dessen Spitze er ein königliches Wohnhaus erbaute, welches er Timonium nannte. Dieses war sein letztes Werk, als er nach dem Unglück bei Actium von seinen Freunden verlassen nach Alexandria überschiffte und für einige Zeit das Leben eines Timon (d. h. eines Menschenfeindes) wählte . . . Dann folgt das Cäsarium (d. h. Tempel des Cäsar), der Marktplatz und die Waarenlager; nach diesen aber bis zum Heptastadium hin die Schiffslager. Dies sind die Umgebungen des Grossen Hafens. Gleich nach dem Heptastadium folgt der Hafen Eunostos (s. S. 225) und über diesem der ausgegrabene, der auch Cibotus (d. h. eigentlich der Kasten, die Kiste) heisst und gleichfalls Schiffslager hat. Von seinem Inneren aus erstreckt sich ein schiffbarer Kanal zum See Mareotis."

Als *Hauptquartiere* der alten Stadt sind zu nennen im äussersten Westen die Necropolis oder Todtenstadt „worin sich viele Gärten, Begräbnisse und Herbergen zum Einbalsamiren der Todten finden" (Strabo XVII, 10), dann kam Rhakotis, der „oberhalb der Schiffslager gelegene Theil von Alexandria" (Strabo XVII, 6), der älteste Stadttheil, meist von Aegyptern bewohnt. Das ummauerte Bruchium mit Palästen und öffentlichen Bauten lag auf dem Festlande zwischen der Lochias und dem Heptastadium, das Judenviertel östlich von der Lochias zwischen der See und der grossen Hauptstrasse, an deren östlichem Ende sich das Kanobische Thor erhob. Ausserhalb dieses letzteren lag das Hippodrom und noch weiter nach Osten an die Vorstadt Nicopolis, 30 Stadien von Alexandrien, mit einem Amphitheater und einer Kampfbahn; dort wurden die fünfjährlichen Kampfspiele gefeiert (Strabo XVII, 10).

Von den *Strassen* des alten Alexandria sagt Strabo XVII, 8 folgendes: „Zwar ist die ganze Stadt mit für Reiter und Wagen passirbaren Strassen durchschnitten, zwei aber, die sich auf mehr als hundert Fuss öffnen und einander unter rechten Winkeln in zwei schneiden, sind die breitesten." Diese Angaben haben die Nachgrabungen Mahmud-Bey's bestätigt und ergänzt, denn er hat ein völlig rechtwinkliges Netz von 7 der Länge nach von WSW. nach ONO. und 12 der Breite nach von NNW. nach SSO. die Stadt durchschneidenden Hauptstrassen nachzuweisen vermocht und auch die erwähnten beiden Verkehrsadern wieder aufgefunden, unter denen diejenige, welche bei dem Thor von Rosette, dem alten Kanobischen Thore, beginnt, und nachdem sie die Stadt unter dem Namen der Rue de la Porte Rosette durchschnitten, im Westen von der geraden Linie abweicht, die bedeutendere gewesen zu sein scheint. Sie ist heute noch

---

*) Dieses hat durch den Verfall der Uferbauten und durch Erdbeben wesentliche Verkleinerungen erfahren.

die grösste Strasse der Stadt und verdankt ihr langes Fortbestehen der in früher Zeit unter ihr angelegten Wasserleitung, die noch jetzt den städtischen Cisternen das Nilwasser zuführt. Freilich haben sich nur ärmliche Trümmer von den alten Bauwerken an ihrer Seite erhalten, doch gelang es durch Nachgrabungen deutliche Spuren des alten Pflasters wiederzufinden und zu constatiren, dass dieses letztere 14m, d. h. doppelt so breit wie das in den übrigen Hauptstrassen gewesen sei und aus Granitblöcken bestanden habe. Zu beiden Seiten dieses Dammes zogen sich Fusswege mit Säulenarcaden hin, von denen aber nur geringe Spuren übrig geblieben sind. — Auch die von Strabo erwähnte bedeutende Querstrasse ist von Mahmûd-Bey und zwar im Osten der Stadt aufgefunden worden. Zwischen zwei je 6,5 m breiten Fahrdämmen fand er hier einen Streifen tiefer Humuserde, welche wahrscheinlich einen Baumgang trug. Auch sie war mit einer Wasserleitung versehen. Die nur 7m breiten Nebenstrassen pflegten durch Abstände von 278m von einander getrennt zu sein.

Von den *Hauptgebäuden* des alten Alexandria hat sich nichts mehr erhalten als Trümmerstücke, die nicht einmal gestatten auch nur vermuthungsweise anzugeben, welcher Art von Bauwerk sie angehörten. (Die sogenannte Nadel der Kleopatra und Pompejussäule s. S. 236, 237.) Am wenigsten zweifelhaft darf die Lage des **Paneum** genannt werden, nach Strabo XVII, 10 „eine von Menschenhänden gemachte, kreiselförmige, einem felsigen Hügel ähnliche Anhöhe, zu welcher man auf einem Schneckenwege hinansteigt. Von ihrem Gipfel kann man die ganze umliegende Stadt nach allen Seiten hin übersehen.“ Es ist gewiss an dem 35m hohen erhabensten Punkte der Stadt, welcher heute den Namen Kôm ed-Dik mit dem Reservoir der Wasserleitung (S. 213) trägt, zu suchen.

Das **Gymnasium** möchte nach Kieperts kritischer Ueberarbeitung der Pläne Mahmûd-Bey's eher als Sema und Museum an derjenigen Stelle gestanden haben, die von dem alten deutschen Generalconsulate mit seinem Garten eingenommen wird. Von ihm berichtet Strabo XVII, 10: „Das schönste (in der Stadt) aber ist der Uebungsplatz mit Säulenhallen, die länger als ein Stadium sind. In der Mitte aber liegen sowohl das Gerichtsgebäude als die Lusthaine.“

Das **Theater**, Sema oder Soma und Museum lagen in dem zum Bruchium gehörenden Quartier der *Königspaläste* (S. 220), „welche den vierten oder selbst den dritten Theil des ganzen Umfanges einnehmen“ (Strabo XVII, 8); es muss nördlich von der grossen zum Kanobischen Thore führenden Strasse, südlich von der Lochias gelegen haben, zusammenhängend „mit dem Hafen und mit Allem, was ausserhalb desselben ist.“ Das alexandrinische **Theater** lag der Insel Antirrhodus gegenüber (S. 226); es war herkömmlich in den griechischen Hafenstädten, das Theater an das Meer zu verlegen, damit es die blaue Fluth zu überblicken gestatte. Vom **Sema** heisst es bei Strabo XVII, 8: „Ein anderer Theil der königlichen Gebäude ist das sogenannte Sema, ein umschlossener Raum, innerhalb dessen sich die Grüfte der Könige und des Alexander befinden. Denn Ptolemäus, der Sohn des Lagus, hatte den Leichnam des letzteren dem Perdikkas, der ihn von Babylon brachte, zuvorkommend weggenommen. . . . . Den Leichnam Alexanders aber brachte Ptolemäus nach Alexandria und bestattete ihn da, wo er noch liegt, jedoch nicht in demselben Sarge; denn der jetzige ist von Glas, jener aber legte ihn in einen goldenen. Diesen jedoch raubte Ptolemäus mit den Beinamen Kokkes und Parisaktos“ (d. i. Bastard). Der von den Franzosen weggenommene und später von den englischen Siegern in das Britische Museum übergeführte Sarkophag, den man vor der Entzifferung der Hieroglyphen für den des Alexander gehalten, steht in keiner Beziehung zu dem grossen Macedonier.

Das **Museum** gehörte wie das Sema zu dem Quartier der Königspaläste und darf wohl an der Stelle gesucht werden, an welcher 1853 bei dem Bau einer griechischen Schule colossale von Brugsch beschriebene Trümmerreste gefunden worden sind, die im Süden des Platzes Mehémet-Ali im Westen der Nadel der Kleopatra, also an derjenigen Stelle aufgedeckt wurden, an der das Quartier der Königspaläste doch wohl gelegen haben muss. Da die Bibliothek keinenfalls am Hafen gesucht werden darf und bestimmt mit dem Museum zusammenhing, so ist es immerhin bemerkenswerth, dass unter den bezeichneten Trümmern ein ausgehöhlter Stein, der aber kaum zur Aufbewahrung einer Schriftrolle gedient haben kann, mit der Inschrift: 'Dioskorides, 3 Bände' gefunden worden ist. Von diesen nunmehr von der Erde vertilgten Mauern aus ergossen sich reiche Ströme der Erkenntniss, die heute noch ihre befruchtende Kraft nicht vollständig eingebüsst haben. Das Museum enthielt nach Strabo XVII, 8 „eine Halle zum Herumwandeln, eine andere zum Sitzen und einen grossen Bau, worin sich der Speisesaal der am Museum angestellten Gelehrten befindet. Dieser Verein hat auch gemeinsame Einkünfte und einen dem Museum damals von den Königen, jetzt aber vom Kaiser vorgesetzten Priester." Die „Halle zum Herumwandeln" war ein weiter von Bäumen beschatteter Hof mit Brunnen und Ruhesitzen, die Sitzhalle diente den Geschäften des Tages. Sie war ein bedeckter, nach der einen Seite geschlossener Säulengang, wo die Gelehrten sich versammelten und lernbegierige Schüler den Reden der Meister lauschten. Wie alle aegyptischen *Speisesäle*, so wird auch der im Museum ein flaches Dach mit geglättetem Boden und einem Geländer von kleinen Säulen gehabt haben. Die Gelehrten lagen bei der Mahlzeit geordnet je nach den Schulen, denen sie angehörten, Aristoteliker, Platoniker, Stoiker bei einander. Jede Genossenschaft wählte ihren Vorsteher und die Gesammtheit der Vorsteher bildete einen 'Verwaltungsrath', dessen Verhandlungen der von der Regierung eingesetzte 'neutrale' Oberpriester leitete. Grossartige öffentliche Anstalten waren mit dem reich und künstlerisch schön ausgestatteten Riesenbau verbunden; sicher die Bibliothek mit Abschreiberstuben und Buchbinderwerkstätten, in denen die Rollen vervielfältigt, für den Gebrauch hergerichtet, mit Kapseln und Stäben versehen wurden. Reiche Einkünfte waren nicht nur der Anstalt zugewiesen, sondern jeder einzelne Gelehrte erhielt auch von den Tagen des Philadelphos an einen Jahresgehalt. Parthey schätzt die Zahl der Mitglieder zur Zeit der ersten Ptolemäer auf wenigstens 100. Später mag sie bedeutend abgenommen haben. Das Bedeutendste ist von den Mitgliedern des Museums auf dem Gebiete der Grammatik, der Philologie im modernen Sinne, geleistet worden. „Darf es überhaupt als höchste Aufgabe der Philologie angesehen werden die ganze Masse der geistigen Schöpfungen und Kenntnisse der Vorwelt in einer geläuterten Form der Nachwelt zu überliefern, so genügte die alexandrinische Philologie diesen Anforderungen im weitesten Sinne. Ihren kritischen Bestrebungen verdanken wir die Erhaltung der hellenischen Literatur, deren Einfluss auf die Bildung des ganzen Abendlandes, mithin auf die Geschichte der neuen und neuesten Zeit von der grössten Wichtigkeit ist." Diese Worte Parthey's fassen Alles zusammen, was ein genaueres und an dieser Stelle versagtes Eingehen auf die Leistungen der einzelnen Grammatiker als Resultat ergeben würde.

Von den alexandrinischen **Bibliotheken** gehörte die grösste zum Museum. Ptolemäus Lagi hatte die Sammlung mit Hülfe des Demetrius Phalereus angelegt. Unter Philadelphus ward sie geordnet und durch Aufstellung im Museum nutzbar gemacht. Zenodotus, Kallimachus und Eratosthenes waren die ersten Bibliothekare. Kallimachus versah die Rollen mit Titeln. Ueber die Zahl der in der Museumsbibliothek aufbewahrten Bände ist durch ein Scholion zu Plautus und seine Behandlung durch F. Ritschl einige Sicherheit gewonnen. Sie enthielt zur Zeit des P. Philadelphus im Ganzen 400,000 Rollen, die sich nach Ausscheidung der Doubletten auf 90,000 reducirten. Bis zu Caesars Zeit, wo sie verbrannten, mögen sie auf 900,000 gestiegen sein. Die Pergamenische Büchersammlung, die Antonius der Kleopatra schenkte, enthielt 200,000 Rollen. Diese an einem Orte aufgestellten, leicht zugänglichen Schätze gaben den Arbeiten vieler Mitglieder des Museums ihre Richtung. Die zweite Bibliothek hatte in den Räumen des Serapeum Platz gefunden.

Die Lage des **Serapeum** (d. h. des grossen Serapistempels), von Strabo nur kurz erwähnt, nicht beschrieben, wird wenigstens ungefähr bestimmbar, weil wir wissen, dass es in der Nähe der sogenannten Pom pejussäule gestanden haben muss. Der Gott, dem es geweiht war, ist von den Ptolemäern eingeführt worden, um Aegyptern und Hellenen ein von beiden anerkanntes und anzubetendes Verehrungswesen zu geben (vgl. S. 396). Auf einen Traum hin liess ihn Ptolemäus Soter aus Sinope am Pontus kommen. Es war schwer die früheren Besitzer zur Herausgabe zu bestimmen. Endlich soll (nach 3 Jahren) der Koloss selbst ins Schiff gestiegen und durch ein Wunder in drei Tagen nach Alexandrien gelangt sein. Den Griechen wurde er als Pluto dargestellt, während aegyptische Priester ihn als Osiris-Apis bezeichneten. Beiden war er zunächst ein Gott der Unterwelt, und wie die Hellenen ihn neben Pluto stellen, so setzen ihn die Aegypter neben Ptah. Die Einführung des Gottes konnte mit Erfolg in Scene gesetzt werden, weil griechische und aegyptische Priester den wohlgemeinten religiösen Handstreich begünstigten, durch welchen fromme Beter beider Völker in das gleiche Heiligthum geführt wurden und eine Verschmelzung des religiösen Bewusstseins der Griechen und Afrikaner wenigstens an einer Stelle angebahnt ward. Dass der Serapis in Aegypten zu einem ganz neuen Gotte und sein Cultus, theils nach griechischem und besonders nach aegyptischem Muster gänzlich umgebildet wurde, versteht sich von selbst. Die Stätte der Verehrung des Apisstiers ist nachweislich bis in die späteste Zeit Memphis geblieben (S. 386). Der *Serapistempel* wurde zu einem Bau, der nur von dem römischen Capitol übertroffen worden sein soll. Er lag im Westen von Alexandrien im Bereich der Vorstadt Rhakotis nicht zu weit von der Nekropolis entfernt auf einer Erhebung, zu der von der einen Seite ein Fahrweg, von der anderen eine Treppe hinaufführte, deren Stufen sich nach oben zu verbreiterten und die zu einer Plattform führte, über welche vier Säulen ein gewölbtes Dach breiteten. Es folgten Säulenhallen, in denen sich theils die der Verehrung des Gottes geöffneten Räume, theils hohe Säle befanden, in denen die berühmte *Bibliothek des Serapeums* aufgestellt war, welche zur Zeit des Pt. Philadelphus 42,000 Bände enthielt, aber später so bedeutend gewachsen zu sein scheint, dass von 300,000 Bänden gesprochen wird, die sie enthalten haben soll. Unterirdische Räume in grosser Anzahl dienten zu verschiedenartigen Zwecken, und wie bei dem Serapeum zu Memphis fehlte es nicht an mancherlei Annexen (S. 307). Das Innere der Säulenhallen war ungemein glänzend ausgestattet. Die Mauern prangten in reicher Bemalung, die Decken und Säulencapitäle waren vergoldet. Im Allerheiligsten stand die Statue des Gottes, welche jedenfalls aus verschiedenen kostbaren metallischen Stoffen zusammengesetzt war, die sich um einen hölzernen Kern legten. Durch eine kunstreich angebrachte Oeffnung im Sanctuarium fielen Lichtstrahlen auf den Mund des Gottes 'als wollten sie ihn küssen'. Die meisten erhaltenen Serapisbilder sind aus dunklem Stein gearbeitet; das von Alexandria, von dem auch gesagt wird, es habe aus Smaragd bestanden, soll dunkel, wahrscheinlich blau gefärbt gewesen sein. Es trug den Kalathos auf dem Haupte und zu seinen Füssen lag ein Cerberus mit den Köpfen eines Wolfes, eines Löwen und eines Hundes, um die sich eine Schlange wand.

Als nach Alexanders Tode sein Reich unter seine Generale getheilt ward, gelangte Ptolemäus, der Sohn des Lagus (S. 110), in den Besitz Aegyptens, und Alexandrien wurde seine Residenz. Die Bevölkerung der Stadt mehrte sich schnell, namentlich wandten sich viele Juden dorthin, denen Ptolemäus eine im Osten der Stadt am Meere gelegene Vorstadt anwies. Unter seiner weisen und gerechten Regierung wurde Alexandrien der Sammelplatz der Künstler und Gelehrten: der Redner Demetrius Phalereus (S. 228), die Maler Apelles und Antiphilus, der Mathematiker Euklid, die Aerzte Erasistratus und Herophilus lebten in beständigem Umgange mit dem Herrscher, der selber eine uns leider verlorene Geschichte Alexanders d. Gr. schrieb. Unter seinem Nachfolger Ptolemäus II. Philadelphus (S. 110) gelangte das Museum (S. 227) zu hoher

Blüthe; an demselben wirkten u. a. die Grammatiker Sosibius und Zoilus, der Physiker Straton, die Astronomen Timocharis und Aristarch, der Arzt Apollodorus, der Philosoph Hegesias, dann die Dichter Zenodot, Theokrit, Kallimachus, Philetas und der vielseitige Timon. Um diese Zeit entstand auch die griechische Uebersetzung der hebräischen Bibel, die sog. Septuaginta, der Sage nach das Werk von 70 Dolmetschern. Unter Ptolemäus III. Euergetes (S. 110) war der Grammatiker und Kritiker Aristophanes von Byzanz Vorstand des Museums, während die mathematische Schule Eratosthenes von Kyrene leitete, der Begründer der astronomischen Geographie; gleichzeitig lebten in Alexandrien der Redner Lykon aus Troas, die Dichter Apollonius von Rhodus und Lykophron und der grosse Astronom Konon.

Die fortwährenden Thronstreitigkeiten der Ptolemäer (S. 110) mussten Alexandrien nur zu leicht in Mitleidenschaft ziehen, vermochten indess die glanzvolle Entwickelung der Stadt als erster Handelsplatz der Welt und Hauptsitz der griechischen Gelehrsamkeit nicht aufzuhalten. Ihre höchste Blüthe hatte sie erreicht, als 48 v. Chr. in die Streitigkeiten zwischen Kleopatra VII. und ihrem Bruder und Gatten Ptolemäus XIV. die Römer sich einmischten. Nach des Pompejus Ermordung in Pelusium hielt Cäsar (S. 112) einen pomphaften Einzug in Alexandrien, wurde aber von den Bürgern und dem Heere des Ptolemäus XIV. angegriffen und hielt sich nur mit Mühe im Bruchium (vgl. S. 226). Wie den Cäsar, so bestrickte Kleopatra auch den Antonius, der mit ihr Jahre der Schwelgerei in Alexandrien verlebte (vgl. S. 112). Augustus behandelte Alexandrien gütig und vergrösserte es durch die Anlage der Vorstadt Nicopolis im Osten der Stadt.

Unter seinen Nachfolgern war Alexandrien fast unausgesetzt Schauplatz blutiger Bürgerzwiste, und zwar waren die Ursachen derselben meist die Juden, die unter Tiberius ein Drittel der ganzen Bevölkerung ausmachten. Im J. 69 n. Chr. wurde Vespasian von den Alexandrinern zum Kaiser proclamirt; zu seiner Anerkennung hatten die Philosophen viel beigetragen, von denen Dion, Euphrates und Apollonius von Tyana zu jener Zeit im Museum lehrten. Auch unter den folgenden Kaisern blühten in Alexandrien die Wissenschaften. Unter Hadrian lebten hier die Grammatiker Valerius Pollio und sein Sohn Diodorus, Apollonius Dyskolos, der Mythograph Ptolemäus Chennus, der Historiker Appian und der Astronom Claudius Ptolemäus, und der Kaiser, der zweimal Alexandrien besuchte, hielt selbst im Museum öffentliche Disputationen mit den Professoren. Auch Marc Aurel, der 176 zwar um eine Empörung zu unterdrücken nach Alexandrien gekommen war, aber mit grosser Milde verfuhr, wohnte den Vorlesungen der Gelehrten, unter denen die Grammatiker Athenäus, Harpokration, Hephästion und Julius Pollux hervorragten, bei. Lucian lebte damals in Alexandrien als Sekretär des aegyptischen Präfecten.

Unter Marc Aurel verbrannte der Serapistempel, doch blieb die Bibliothek unversehrt und auch der Tempel wurde wieder aufgebaut. Severus besuchte Alexandrien 199 und gab den Bürgern einen Senat und eine Municipalverfassung. Verhängnissvoll wurde für Alexandrien der Besuch des Caracalla, den die Alexandriner früher arg verspottet hatten; er wusste die gesammte waffenfähige Mannschaft der Stadt auf einen Platz ausserhalb der Stadt zu locken und liess sie niedermachen; ausserdem hob er die Schauspiele und öffentlichen Lehranstalten auf und liess zur Verhinderung künftiger Rebellionen zwischen dem Bruchium und der übrigen Stadt eine mit Thürmen besetzte Mauer ziehen.

Die erste grosse Christenverfolgung unter Decius (250) traf auch Alexandrien hart. Schon seit längerer Zeit war die Stadt Sitz eines Bischofs und seit 190 auch einer Katechetenschule, der Pantänus und zu Anfang des 3. Jahrh. Clemens Alexandrinus vorstanden, welche die Lehren des Christenthums mit dem um dieselbe Zeit in Alexandrien entstandenen und durch Männer wie Ammonius Sakkas, Herennius, Plotin, Porphyrius, Jamblichus u. A. vertretenen Neuplatonismus zu vereinigen wussten. Eine zweite Christenverfolgung brach 257 unter Valerianus aus und bald danach unter Gallienus die Pest, welche einen grossen Theil der Bevölkerung Alexandriens hinraffte. Die Aufstände, welche in Aegypten und Alexandrien kein Ende nahmen, führten wiederholt zur Erhebung von Usurpatoren und Gegenkaisern; so wurde Firmus in Alexandrien als Gegenkaiser gegen Aurelian ausgerufen, und Probus verdankte den Purpur wesentlich den aegyptischen Legionen. Gegen Diocletian erregten die Alexandriner einen Aufstand und erklärten sich für Achilleus; Diocletian aber belagerte und erstürmte die Stadt und strafte ihre Bewohner aufs strengste.

Trotzdem wurden die Fortschritte des Christenthums nicht aufgehalten, ja Alexandrien galt als Hauptsitz der christlichen Gelehrsamkeit und des rechten Glaubens, ein Ruhm, der freilich eigenthümlich illustrirt wird durch die folgenschweren dogmatischen Streitigkeiten zwischen Arius und Athanasius, welche beide, jeder bedeutend in seiner Art, ein kirchliches Amt in Alexandrien bekleideten: Arius als Presbyter, Athanasius später als Bischof. Auch musste Alexandrien bald seine Stellung als Mittelpunkt griechischen Wissens und Denkens an das neu gegründete Konstantinopel abgeben und sank nun schnell. Dazu trugen die kirchlichen Wirren nicht wenig bei. Sowohl die Partei des Athanasius wie die Arianer unter ihrem unwürdigen Bischof Georgius erregten blutige Aufstände; als Julian zur Herrschaft gelangte, setzten auch die Heiden Alexandriens wieder eine Christenverfolgung in Scene, deren Opfer Georgius wurde. Aber unter Theodosius erhielt das Heidenthum den Todesstoss und der Patriarch von Alexandrien, Theophilus, wüthete gegen die heidnischen Tempel und Monumente; die berühmte Statue des Serapis wurde zertrümmert und im Amphitheater unter den Spottrufen der Zuschauer verbrannt. Die wenigen namhaften Gelehrten dieser Zeit waren der Mathematiker Theon, Pappus, Diophantes und Paulus. Der materielle Niedergang der Stadt folgte auf dem Fusse: unter Theodosius war die Commune Alexandriens nicht mehr im Stande, die Kosten der Reinigung des Nils und der Offenhaltung der Canäle aufzubringen. Ihre Einkünfte minderten sich noch mehr, als nach dem Tode des Theophilus († 413) der neue Patriarch Cyrillus den bewaffneten Pöbel gegen die Synagogen führte und die Juden aus der Stadt trieb. Auch die schöne und gelehrte Heidin Hypatia, Tochter des Theon und eine Hauptgegnerin des fanatischen Cyrillus, wurde 415 von dem wüthenden Pöbel gesteinigt.

Neue Aufstände, zu denen meist die religiösen Spaltungen Anlass gaben, folgten unter den Kaisern Marcian, Leo I. und Justinian. Unter dem letztern wurden endlich sämmtliche noch bestehenden heidnischen Schulen geschlossen und damit auch die wenigen Gelehrten von Bedeutung, die noch in Alexandrien ausgehalten hatten, zum Fortgang veranlasst. Unter Phokas kam es noch einmal zum Aufstande, der aber diesmal erfolgreicher war, insofern der von den Alexandrinern zum Kaiser ausgerufene Heraclius 610 wirklich sich im Besitz dieser Würde behauptete. Indessen ging es nun bald mit der Herrschaft der oströmischen Kaiser in Aegypten zu Ende. Im J. 619 eroberte der Perserkönig Chosroes Alexandrien, doch blieben die Christen unbehelligt. Zwar gewann nach zehn Jahren Heraclius Aegypten wieder, aber bald darauf drangen die Schaaren des Chalifen 'Omar in das Land ein und nach längerer Belagerung fiel auch Alexandrien: im December 641 zog 'Omar's Feldherr 'Amr ibn el-'Âṣi in die Stadt ein, die aber auf des Chalifen Befehl mit Schonung behandelt wurde. Von da an sank Alexandria mehr und mehr. 'Amr hatte durch die Gründung von Fosṭâṭ (S. 260) eine neue von christlichen Elementen freie Haupt- und Residenzstadt geschaffen, aus der nach und nach das heutige Kairo entstehen sollte. Auf Kosten des sich glänzend entwickelnden Herrschersitzes ward die berühmte Griechenstadt zurückgesetzt. Während des Mittelalters konnte sie kaum noch irgend welche Bedeutung beanspruchen und ihr Handel empfing den Todesstoss, als mit der Umsegelung des Caps der guten Hoffnung der Seeweg nach Indien gefunden war. Die Entdeckung von Amerika brachte neue Verluste. Nach der Eroberung Aegyptens durch die Türken (1517) verfielen unter der schmählichen Wirthschaft der Mamluken die Canäle, versandeten die Häfen, ward die Umgebung der Stadt, die einst mehr als eine halbe Million Einwohner gezählt hatte und bis auf 5000 heruntergekommen war, zu Sumpf und Wüste. Die Geschichte der französischen Invasion 1798 s. S. 119.

Moḥammed 'Ali's kräftige Hand hielt den Rückgang der wichtigen Hafenstadt nicht nur auf, sondern schenkte ihr die Bedingungen zu neuem Aufschwunge, namentlich durch seine Fürsorge für die

Verbesserung der Häfen und die Anlage von Canälen. Die grösste Wohlthat, die er Alexandrien erwies, ist die Anlage des nach dem damaligen Sultan Maḥmûd benannten Maḥmûdîye-Canals. Dieser, der vom Rosette-Arm ausgeht, brachte der Stadt süsses Wasser, befruchtete von neuem die ihr benachbarten Fluren und verband sie wiederum mit dem Nil und dem übrigen Aegypten, das sich seine Exportwaaren über Rosette (Raschîd) und Damiette (Dumyâṭ) zu verschiffen gewöhnt hatte. 1819 ging er an das Werk, welches von 250,000 Menschen mit einem Aufwande von 7½ Millionen Francs vollendet wurde. Das ganze Canalsystem des Delta ward verbessert, fast überall unter Leitung französischer Ingenieure, unter denen der greise Generaldirector der öffentlichen Bauten Linant de Bellefonds-Pascha mit besonderer Anerkennung genannt werden muss. Auch die späteren Vicekönige und unter ihnen in erster Reihe Isma'îl Pascha sorgten für die Hebung der Stadt, die in Folge des amerikanischen Kriegs und des durch ihn verursachten ungeheuren Baumwollenexports schnell aufblühte, und nunmehr durch verschiedene regelmässige Dampferlinien und zwei Telegraphenkabel mit Europa und durch ein Netz von Schienen und Drähten mit dem übrigen Aegypten verbunden ist.

Die *Gasbeleuchtung* ward schon 1865 angelegt und die Versorgung Alexandriens mit *Wasser* ist sehr gut. An Stelle der Cisternen, von denen es noch weit mehr als 1000 geben soll, nach deren Lage sich die Richtung der alten Strassen bestimmen lässt, ist eine 1858 begründete und 1860 dem Gebrauch übergebene *Wasserleitung* getreten, die aus dem Canal Moharrem-Bey, einem Zweige des Maḥmûdîye-Canals, ihre Speisung empfängt. Das Reservoir, in welches das filtrirte Wasser durch Dampfkraft gehoben wird, befindet sich auf der Höhe des Hügels Kôm ed-Dik, auf dem im Alterthume das Paneum (S. 227) gestanden hat. Es vermag 10,000 Kubikmeter Wasser zu halten. Der K.Meter kommt auf 1 Franc zu stehen, während dem Wasserträger, welcher das Wasser ins Haus bringt, 2 fr. 25 für den K.Meter bezahlt werden muss.

Wohlthätigkeitsanstalten und *Hospitäler*. 1. Das Diaconissen-Haus, Avenue de Moharrem Bey. Vortreffliche und der Unterstützung der Reisenden zu empfehlende Anstalt. Der deutsche General-Consul nimmt gern Beiträge entgegen. 2. Das grosse europäische Hospital, Boulevard Isma'îl-Pascha. 3. Das grosse aegyptische Hospital mit Findelhaus, unweit des Bahnhofs nach Ramle. 4. Das griechische Hospital.

Die *Häfen* (vergl. S. 219 und S. 240). Der Verkehr ist ein ziemlich bedeutender, doch soll derselbe seit Eröffnung des Suês-Canals im Rückgange sein. 1871 liefen ein 2813 Schiffe, darunter 72 Kriegsschiffe, 373 Post-Packetboote, 1838 Segel-Kauffahrer und 330 Dampf-Kauffahrer. Die von Alexandrien ausgeführten Waaren haben einen Werth von rund 1300 Millionen Piaster jährlich. Darunter nimmt Baumwolle und Baumwollensame meist die erste Stelle ein; dann Korn und Hülsenfrüchte, Zucker, Mokka-Kaffe, Wolle, Flachs. Bemerkenswerth sind die Posten 3,903,840 Piaster für Perlmutter, 4,806,100 für Straussenfedern und 6,282,900 für Elephantenzähne.

Alexandrien hat gegenwärtig mehr als 200,000 Einwohner, darunter über 50,000 Europäer. In den Glanztagen der Stadt soll ihre Bevölkerung aus mehr als einer halben Million Menschen bestanden haben, die, so verschiedenartig auch die Mischung ihres Blutes war, und mochten sie aegyptischen, griechischen, jüdischen, phönicischen oder italischen Stammes sein, doch das gleiche Erbgut, das ist die Unternehmungslust, theilten, welche sie in die neu gegründete Stadt geführt hatte. Das griechische war das herrschende Element, neben ihm behauptete sich das aegyptische und in sich abgeschlossen die schon seit dem 4. Jahrh. v. Chr. hier bestehende Judengemeinde. Ob schon der Evangelist Marcus, wie die Tradition behauptet, den Alexandrinern die Lehre des Heilands verkündet hat, ist ungewiss. Zu Hadrians Zeit (2. Jahrh.) fiel die christliche Gemeinde schon stark ins Auge, wie ein Brief dieses Kaisers an den Servianus erweist.

„Aegypten, mein theurer Servianus", schreibt der Kaiser, „das Du mir angepriesen, habe ich als ein durchaus leichtsinniges, schwankendes und jedem Gerüchte gleich nachrennendes Volk kennen gelernt. Diejenigen, welche den Serapis verehren, sind die Christen; Menschen, die sich Bischöfe Christi nennen, sind nichts desto weniger dem Serapis ergeben. Da gibt es keinen Vorsteher der jüdischen Synagoge, keinen Samariter, keinen christlichen Presbyter, der nicht Astrolog, Zeichendeuter, Quacksalber wäre. Der Patriarch selbst wird, so oft er nach Aegypten kommt, von der einen Partei gezwungen den Serapis, von der andern, den Christus anzubeten. Es ist eine aufsässige, nichtsnutzige, schmähsüchtige Menschenklasse. — Die Stadt (Alexandria) ist mächtig an Schätzen und Hülfsquellen. Niemand legt da die Hände in den Schooss. Hier wird Glas gearbeitet, dort in Papier, dort in Leinwand. Alle diese geschäftigen Menschen scheinen irgend ein Handwerk zu betreiben. Podagristen, Blinde, selbst Chiragristen machen sich zu thun. Alle kennen nur den einen Gott (Mammon?), Christen, Juden, alle Nationen verehren ihn. Nur schade, dass diese Stadt so schlecht geartet ist, ihre Bedeutung machte sie wohl werth, auch ihrer Grösse nach das Haupt von ganz Aegypten zu sein. Ich habe ihr Alles zugestanden, ihr die alten Privilegien wiedergegeben, neue so hinzugefügt, dass mir die Bürger persönlich danken kamen, und doch machten sie, sobald ich die Stadt verlassen hatte, meinem Sohne Verus eine üble Nachrede etc."

Wie damals, so bietet Alexandrien noch heute das Bild einer aus allen Nationen, welche die Küsten des Mittelmeeres bewohnen, zusammengesetzten Bevölkerung. Griechen und Italiener sind in grosser Menge vertreten, und wenn hier schon von einer allgemein verstandenen Sprache die Rede sein kann, so ist es die italienische, deren Erlernung auch den Arabern besonders leicht wird.

Sehenswürdigkeiten. Wer nicht als Archäolog topographische Studien zu machen und nach Resten aus der alten Zeit in Alexandrien zu suchen gedenkt, der kann in einem Tage Alles besuchen, was die Stadt an Sehenswürdigkeiten bietet (vergl. S. 223). Um das Leben des Orients kennen zu lernen, bietet Kairo hundertfach günstigere Gelegenheit, als die halbeuropäische Handelsstadt. Auch sind trotz der geringen Entfernung, welche beide Orte trennt, im Winter die klimatischen Verhältnisse Alexandriens wenig günstig, während die von Kairo unvergleichlich angenehm genannt werden müssen. Im Sommer ändert sich das Verhältniss in Folge der kühlenden Seeluft, doch gibt es schon im April namentlich bei Süd- und Südostwinden auch in Alexandrien heisse und staubige Tage.

Das Durchwandern der Strassen wird dem Neuling immerhin viel Interessantes bieten, namentlich wenn er seine Aufmerksamkeit zwischen dem geschäftigen orientalischen und europäischen

Leben, das die Strassen durchwogt, und den Trümmern aus alter Zeit zu theilen versteht, die ihm doch namentlich ausserhalb des Frankenquartiers häufig, wenn auch in sehr fragmentarischer Gestalt, als Säulenstücke, Quadern, Scherbenhügel etc. begegnen. Der Mittelpunkt des europäischen Lebens ist die 95 Schritt breite und 576 Schritt lange **Place Méhémet-Ali** (früher *Place des Consuls*), mit Baumpflanzungen und zwei Fontainen. In ihrer Mitte erhebt sich die **Reiterstatue Mohammed 'Ali's** (Pl. 35), des Gründers der jetzt in Aegypten herrschenden Dynastie, nach *Jaquemard's* Modell in Paris gegossen, 5m hoch, auf einem 6,5m hohen Sockel von toscanischem Marmor (Gesammthöhe 11,5m). Da die mohammedanische Religion verbietet Bildwerke in menschlicher Gestalt zu errichten, so hatten sich die Spitzen der arabischen „Gottes- und Rechtsgelehrsamkeit", die 'Ulama, der Enthüllung dieses Denkmals lange Zeit widersetzt. Im NO. steht die *englische Kirche* (Pl. 25). Von der SO.-Ecke dieses Square gelangt man zu der dreieckigen, nach der katholischen *St. Katharinenkirche* (Pl. 30) benannten *Place de l'Église* oder *Square Ibrahim*; unter den kleinen dahin führenden Durchgängen ist einer nach Bismarck, der andere nach Cavour benannt.

Es ist schwer, die Wege, welche der Reisende zu nehmen hat, genau anzugeben, weil nur die grössten Strassen benannt sind. Die neuen von der Regierung gegebenen Namen sind den Europäern sowohl wie den Arabern meist unbekannt und haben die früheren Namen nur in sehr vereinzelten Fällen verdrängt; einige Strassen bezeichnen Europäer verschiedener Nationalität mit verschiedenen Namen. Wenn man sich verirrt, findet man schnell einen Eseljungen, der zum Hôtel zurückführt (vergl. S. 221). Im Westen der Stadt und auf dem Landstücke zwischen beiden Häfen, dem alten Heptastadium nördlich von der Place Méhémet-Ali, wird der Reisende arabisches Leben (S. 223) finden; weiter nach Norden auf der früheren Insel Pharus wohnen die Türken in weniger engen Strassen, oft in hübschen, ja stattlichen Häusern mit Gärten etc.

Die Wahrzeichen der Stadt, die Pompejus-Säule und die sogen. Nadel der Kleopatra sind leicht zu finden und schnell zu besuchen. Der Reisende sei hier aber nochmals darauf aufmerksam gemacht, dass körperliche Anstrengungen, besonders vieles Gehen für den Europäer leicht nachtheilige Folgen haben können, abgesehen von der schnell eintretenden Ermüdung. Wem das Eselreiten durchaus nicht behagen will, oder wer in Gesellschaft von Damen reist, der nehme einen Wagen (S. 221).

Von der Südseite der Place de l'Église (s. oben) führt südlich die Rue de la Colonne Pompée zur *Porte de la Colonne Pompée* oder *Porte du Nil*; ausserhalb dieses Thores geht man an einem grossen arabischen Friedhof vorbei, der rechts liegen bleibt, und erreicht alsbald die kahle, mit Schutt und Trümmern bedeckte Erhebung, auf der die ***Pompejus-Säule** (Pl. 37) steht, ausser der Nadel der Kleopatra das einzige wohlerhaltene Monument aus dem einst an Denkmälern so reichen alten Alexandria. Dem rothen Granit von Assuân, aus dem sie besteht, haben die Jahrhunderte wenig anzuhaben vermocht. Die Unterlage, die aus mehreren Blöcken, welche früher anderen Bauten angehörten, aufgemauert ist und früher vom Boden bedeckt war, hat stark gelitten. Die Höhe der Säule beträgt mit dem verwitterten oder niemals ganz vollendeten korinthischen Capitäl und dem Sockel $31{,}_8$ m; der Schaft ist $20{,}_4$m hoch und hat oben $2{,}_3$m, unten $2{,}_7$m im Durchmesser. Die Säule ist ein Meisterstück der Proportion.

Der grosse Pompejus, der nach der Schlacht bei Pharsalus an der aegyptischen Küste ermordet ward (S. 112), hat mit unserer Säule nichts zu thun; vielmehr wurde sie, wie die Inschrift besagt, von einem römischen Präfecten Pompejus zu Ehren des allerheiligsten Autokrators, des *πολιοῦχος* 'Stadtgenius' von Alexandria, des unbesiegten Diocletian*) errichtet. Es darf nicht angenommen werden, dass unsere Säule das eherne Pferd getragen habe, welches die Bürger der Stadt, wie eine Sage erzählt, aus Dankbarkeit errichtet haben sollen. Nachdem Diocletian, so heisst es, Alexandria acht Monate belagert und nach Zerstörung der Wasserwerke endlich die Stadt genommen und den Prätendenten Achilleus getödtet hatte, gebot er den Henkern so viele aufrührerische Bürger zu tödten, bis das Blut der Hingerichteten die Kniee seines Pferdes berühren würde. Das Gemetzel begann. Da strauchelte das Pferd über eine Leiche, sein Knie wurde dabei von Menschenblut benetzt, der Kaiser sah sein Gebot für erfüllt an und liess das Morden einstellen. Zum Dank namentlich gegen das Ross hätten dann die Bürger ein chernes Pferd errichtet. Ein solches muss vorhanden gewesen und ὁ *ἵππος Διοκλητιανοῦ*, das Ross Diocletians, genannt worden sein, hat aber nicht auf unserer Säule gestanden, denn wenn auch das Capitäl entschieden für die Aufstellung einer Statue eingerichtet war, so zeigt doch ein alter illustrirter Plan der Stadt eine männliche Figur auf der Höhe der Pompejussäule, die, wie die Inschrift deutlich bezeugt, erst unter Pompejus II., der seine Präfectur um 302 n. Chr. antrat, errichtet worden ist, während die Tödtung des Achilleus um 296 gesetzt werden muss. Der Gouverneur liess das schöne Denkmal dem Poliuchos, 'Stadtgenius', besonders auf Grund von bestimmten Kornvertheilungen errichten, welche den Alexandrinern als Geschenk Diocletians zugewiesen wurden.

Der Friedhof unterhalb der Säule ist sehr ausgedehnt und in ihrer Nähe findet sich eine Anzahl von Säulenfragmenten, die wohl zum *Serapeum* (S. 228) gehörten, wenn man den Nachrichten des Makrîzi und 'Abdullaṭîf, sie habe in der Mitte einer Halle von 400 Säulen gestanden, in der die durch 'Omar verbrannte Bibliothek aufgestellt gewesen sei, glauben darf.

Verfolgt man die breite Strasse noch ein Stück und biegt in der Nähe einer Fabrik rechts ab, so erreicht man, den Südabhang des niedrigen Plateaus entlang gehend in ca. 10 Minuten die **Katakomben** (Pl. D, 7) von Alexandrien.

Das hier abfallende felsige Terrain ist bis in die Nähe des Serapeum (s. oben) von einer grossen Anzahl unterirdischer Gänge und Grabkammern durchzogen. Da es jetzt in einen Steinbruch verwandelt ist, sind diese Anlagen natürlich dem völligen Ruin preisgegeben. Man sieht vereinzelt ornamentirte Sarkophage herumliegen. Dem Fremden werden hier gefundene Münzen meist aus Constantinischer Zeit von den Arbeitern zum

*) *Τὸν (ὁσ)ιώτατον αὐτοκράτορα, τὸν πολιοῦχον Ἀλεξανδρείας Διοκλητιανὸν τὸν ἀνίκητον (Πομπή)ιος ἔπαρχος Αἰγύπτου (τὸν εὐεργέτην).*

Kauf angeboten. Die Entstehung der Anlagen muss in diese Zeit gesetzt werden. Leidlich erhalten ist nur eine 1858 entdeckte Grabkammer, durch den Einsturz darüberliegender Stockwerke jetzt dem Tageslicht ausgesetzt. Man tritt ein durch eine nicht verschlossene Holzthüre und steigt auf einer antiken Treppe (w.) von 24 Stufen in einen Complex von 3 Räumen hinab. Gleich links hat man eine Apsis (n.) mit Spuren von Malereien und griechischen Inschriften (Christus zwischen Petrus und Andreas in der Mitte, zu den Seiten Liebesmahle). Die dem Zugang gegenüber liegende Krypte mit Resten guter Stuckdecoration enthält drei Arkosolien (Grabnischen), deren Malereien die Marien am Grabe Jesu (w.), Christus (n.) gleich dem Gott Horus der Aegypter auf Schlangen tretend nach dem beigeschriebenen Citat Psalm 91, 13, und die Himmelfahrt (ö.) darstellen. Zu den Seiten des mittleren Arkosoliums erblickt man noch ein grosses griechisches Kreuz mit der Beischrift in den vier Ecken IC XC NIKA (Jesus Christus siegt). Diese sehr rohen Fresken dürften dem 8. Jahrh. angehören und müssen für eine zweite Erneuerung der ursprünglichen Decoration gelten; denn deutlich erkennt man drei verschiedene über einander liegende Kalkschichten, eine jede mit Farbresten. Der dritte langgestreckte Raum (ö.) enthält 16 sogenannte Schiebgräber, welche einst durch senkrechte Steinplatten geschlossen waren. Die herabführende Treppe (s.) mit vermauertem Ausgang vermittelte die Verbindung mit dem unteren Stockwerke.

Wir wenden uns von hier zur Porte de la Colonne Pompée (Pl. 38) zurück, dann innerhalb der Stadtmauer rechts zur Porte de Moharrem Bey (Pl. 39) und durch die direct nach Norden führende Rue Caffarelli zum Boulevard de Ramlé. Kurz bevor man auf diesem den gleichnamigen Bahnhof erreicht, steht links von einem Bretterzaun umgeben (ein Steinmetz hat hier seine Werkstatt aufgeschlagen) die sogenannte ***Nadel der Kleopatra** (Pl. 36), ein Obelisk aus der Pharaonenzeit, der nichts mit der Kleopatra, deren Name ihm beigelegt worden ist, zu thun hat. Wie fast alle Obelisken, besteht er aus *einem* Stücke des harten röthlichen Granits von Assuân (Syene) am ersten Katarakt, in Form einer möglichst schlanken abgestumpften Pyramide mit einem Pyramidion auf der Spitze. Sein Gefährte liegt längst umgestürzt am Boden. Mohammed 'Ali schenkte ihn vor Jahren den Engländern, die ihn jetzt fortzuschaffen und auf dem neuen Londoner Themsequai aufzustellen beabsichtigen. Diese sogenannte Nadel ist 21,6 m hoch und an der Basis 2,3 m breit. Der am Boden liegende Monolith soll kleiner sein. Beide stammen, wie die Inschriften lehren, aus Heliopolis (S. 342), da auf dem umgestürzten Obelisken auch das Haus des Phönix genannt wird, und die Sonnenstadt, wie der flaminische Obelisk zu Rom sagt, voll war von Obelisken.

Die mittlere Inschriftenreihe auf den vier Seiten des unseren zeigt, dass er in der XVIII. Dyn. von Tutmes III. (S. 104) angefertigt worden ist. „Ra men cheper", heisst es in der best erhaltenen Inscription aus alter Zeit, „der siegreiche und zufriedene Horus, der die Fürsten der Völker schlägt, Hunderttausende sind sein, wenn er sein Schlachtbeil erhebt, und es verleiht dem Ra die Macht über alle Lande. Alle Kraft findet sich vereint in seinen Händen, um weit zu machen die Freudigkeit des Sonnensohnes Tutmes, der begabt ist mit Macht, Leben und Beständigkeit." Die Hieroglyphenreihen links und rechts sind Hinzufügungen Ramses II. (S. 104). Seinen Namen hat noch ein anderer Pharao, wahrscheinlich der der XIX. Dyn. angehörende Seti II. Menephta in den Stein gegraben. Beide folgten einer alten Unsitte, das Werk eines Vorgängers zu benutzen, um seinen eignen Namen zu verewigen. Die Obelisken wurden als Symbole der Beständigkeit, des Bleibenden und Dauernden, zugleich als sinnbildliche Darstellung der Sonnenstrahlen geradezu verehrt. Wir wissen durch hieroglyphische Texte, dass die in den Stein geschnittenen Lettern mit Gold, Electrum oder doch vergoldeter Bronze ausgelegt zu werden pflegten, und es heisst darum von ihnen, dass sie „mit ihren Strahlen die Welt erleuchteten". Dem Sonnengotte Ra und dem Ammon-Ra waren darum, diesem zu Heliopolis, jenem zu Theben, die meisten Obelisken gewidmet und wir erfahren, dass man den schlanken Granitsäulen besondere Feste celebrirte und zu deren Verherrlichung Gaben verschiedener Art stiftete. Der umgestürzte lehrt, dass der Metallschmuck an ihm aus Electrum (Silbergold) bestanden habe. Später, namentlich unter den Römern und Byzantinern, wurden zahlreiche Obelisken von den Fronten der ägyptischen Pylonenthore entfernt und z. B. zu Rom paarweise vor das Mausoleum des Augustus, als Sonnenzeiger auf das Marsfeld oder sonst als Zierath auf öffentliche Plätze hingestellt. Die „Nadel der Kleopatra" ist keiner der grössten Obelisken. Ein Papyrus spricht von einem solchen Denkmal von 110 Ellen Höhe; der grösste Obelisk in Theben (Karnak), welcher heute noch steht, misst 28m. Die 'Nadel der Kleopatra' wurde sammt ihrem nunmehr zu Boden liegenden Gefährten unter *Tiberius* nach Alexandria gebracht und vor der Pforte des doch kaum von Kleopatra nach der Geburt des Cäsarion angelegten Gebäudes aufgestellt, welches bestimmt zu Ehren des Tiberius von den Alexandrinern vollendet, mit Säulengängen geschmückt, reich mit Gemälden, Statuen und Büchersammlungen sowie mit einem heiligen Haine versehen ward und unter dem Namen des *Caesareums* (Tempel Cäsars) oder des *Sebasteions* zu den schönsten und berühmtesten Gebäuden von Alexandrien gehörte. 366 n. Chr. wurde es bei einem Aufstande der Heiden niedergebrannt, aber wieder aufgebaut. Wann es auf immer vernichtet worden ist, kann nicht bestimmt werden. Die Nadel der Kleopatra ist in ihrer heutigen Umgebung von geringer Wirkung. Der Name der Obelisken ist griechisch und gewiss, da sie Herodot noch steinerne Spiesse (*ὀβελοὺς λιθίνους*) nennt, in Alexandria entstanden. Die sarkastischen und witzelnden Bürger dieser Stadt nannten die ungeheuren Monolithe, von denen die Aegypter verlangten, dass sie ihnen durch ihre Grösse imponiren sollten, mit der Diminutivform von obelós der Spiess, d. i. obeliskos das Spiesschen.

Wenige Schritte östlich von der Nadel der Kleopatra befindet sich, von der See bespült, der sogenannte *römische Thurm* (Pl. 44), der aber weit eher von Arabern in früher Zeit als von Römern erbaut worden zu sein scheint.

Dem Boulevard de Ramlé abwärts folgend und später in eine der verschiedenen Strassen links einbiegend, gelangen wir nach wenigen Minuten wieder zur Place Méhémet-Ali (S. 235), in deren NW.-Ecke die längste Strasse Alexandriens, die *Rue Râs et-Tîn*, mündet. Dieselbe führt in einem weiten Bogen durch das arabische Viertel, das auf dem alten Heptastadium (S. 226) liegt, dann durch das türkische mit theilweise ganz stattlichen Häusern auf der alten Insel Pharos (S. 225) zum *vicekönglichen Palais* auf dem **Râs et-Tîn** (Pl. 43), dem „Feigencap". Diese Wanderung ist wegen des Strassenlebens nicht uninteressant. Das Palais selbst, von Moḥammed 'Alî erbaut und von Ismâ'îl Pascha renovirt, bietet nichts Bemerkenswerthes, zumal die Dîwâns- oder Conseilräume 1870 abgebrannt sind; wohl aber ist die prächtige Aussicht vom Altan des Schlosses auf den weiten Hafen lohnend (zum Eintritt bedarf man einer durch das Consulat zu erlangenden Einlasskarte; Hôtel-Commissionäre pflegen auch mittelst Bachschîsch durchzukommen). Der Harem, ein für sich bestehendes Gebäude, ward nach dem Muster des Serail zu Constantinopel erbaut und ist der See zugekehrt. Der nahe *Leuchtthurm* ist Fremden nicht mehr zugänglich und der Besuch des nach europäischen Begriffen ganz unbedeutenden *Arsenals* (Pl. 1) nicht der Mühe werth.

Als Spazierfahrt (zu Fuss eine gute Stunde, Weg äusserst staubig; Wagen Nachmittags 10, von 5 Uhr ab 5-7 fr., Trinkgeld 1 fr.) empfiehlt sich noch der Besuch des öffentlichen Gartens *Ginênet en-Nuzha* (gewöhnlich *Jardin Pastré* genannt). Vor der Porte de Rosette (Pl. 40) rechts abbiegend (links die europäischen Friedhöfe, geradeaus der Weg nach Ramle) und die Wasserwerke der Stadt links liegen lassend, gelangt man über eine kleine Anhöhe von altem Schutt an den *Mahmûdîye-Canal* (S. 233). Hier wendet man sich zunächst links, fährt kurze Zeit am Canal entlang, der rechts bleibt, und erreicht bald den Eingang in den Garten, in welchem Freitags und Sonntags von 4—6 Uhr Militärmusik spielt und die elegante Welt Alexandriens zu Pferde und zu Wagen sich einzufinden pflegt. Der Anblick der hier im Freien wachsenden tropischen Pflanzen wird den Europäer überraschen.

Von hier zurück und wieder am Canal entlang fahrend, welchen man nun zur linken Seite behält, hat man auf der rechten eine ununterbrochene Reihe von Villen und Gärten, worunter das vicekönigliche Palais *Nimre Telâte* (Nummer Drei) mit stattlichem Einfahrtsthor, sowie Schloss und Garten *Moharrem-Bey* hervorzuheben sind. Endlich entweder durch die Porte Moharrem-Bey oder durch die Porte de la Colonne Pompée wieder in die Stadt.

An die Westseite der Stadt schliesst sich das Gebiet der frühesten (macedonischen) *Nekropolis* an, deren Namen sich in der arabischen Bezeichnung *Gabari* (s. unten) erhalten hat; nennenswerthe Reste sind nicht mehr vorhanden und eine schmutzige Vorstadt mit schlechten Wegen bedeckt sie. 1½ St. weiter W. liegen die *Steinbrüche von Meks* (s. unten), die indessen nur bei reichlicher Zeit (zu Wagen 2-3 St., ca. 10-12 fr.) zu besuchen sind.

Von der Place Méhémet-Ali folgen wir der neuen, durch ein altes arabisches Stadtviertel gebrochenen schnurgeraden *Rue Ibrâhîm* (Pl. EF, 4, 5), überschreiten am Ende derselben den Mahmûdîye-Canal und biegen hier links (über Eisenbahnschienen, die zu dem grossen in der Anlage begriffenen Hafendamm führen) und gleich darauf rechts in die sich am Meere hinziehende *Route du Meks* (Pl. A, B, 6) ab. Etwas entfernt l. von der Strasse das neue *Hippodrom*, der Rennplatz Alexandriens, auch unter dem Namen *Gabari* (s. oben) bekannt; in der Nähe (w.) ein altes Palais mit einer Moschee, neuerdings zur *Quarantaine* (Pl. 42) eingerichtet. In den schlechten Kalkstein der Uferhügel sind ehemalige, jetzt grösstentheils vom Meere zerstörte und bedeckte Grabanlagen eingearbeitet, deren Dächer ausgesparte Pfeiler vor dem Einsturz schützen sollten. Diese Räume haben den Namen *Bäder der Kleopatra* erhalten; zu sehen ist nichts. Weiter links von der Strasse das Schloss Sa'îd Pascha's (S. 220) und rechts dicht am Meere das *Bâb el-'Arab* (S. 219).

Meks ist der Mittelpunkt der Arbeiten des englischen Hauses Greenfield & Co., welches die Ausführung der grossartigen **neuen Hafenanlagen** von Alexandrien unternommen hat. Dieselben bestehen zunächst aus einem äussern Wogenbrecher, der in der Nähe der Westspitze der Insel Pharus (Râs et-Tîn, S. 238) beginnt und über 3 Kil. lang in einem stumpfen Winkel in SW. Richtung gegen Meks sich hinzieht. Dieses gewaltige Werk, das am 8. Mai 1871 begonnen und im Dec. 1873 vollendet wurde, besteht aus einem Kern von 26,000, je 20 Tonnen (20,000 Kilogr.) schweren künstlichen Werkstücken, die an der Seeseite mit natürlichen 1500—2500 Kilogr. schweren Blöcken bekleidet sind, und überragt mit seiner 6m breiten Krone zur Ebbezeit den Wasserspiegel um 3 m. Die durch den Wogenbrecher abgeschlossene, völlig geschützte Rhede ist 700 Hectaren gross, von denen 400 eine Wassertiefe von 7—18 m haben. Ein zweiter, über 900m langer Molo oder Quai, durch Schienenstränge mit dem (alten) Bahnhof verbunden, schützt den innern Hafen, der bei einem Flächeninhalt von 190 Hect. durchschnittlich 8,5m tief ist. Vom Beginn dieses Molo (an der SW.-Spitze der Stadt bei Gabari) erstreckt sich eine Reihe neuer Quais an der ganzen Ostseite des alten Hafens entlang bis zum Arsenal, durch deren Anlage an 30 Hectaren höchst werthvollen Terrains gewonnen wurden; die disponible Quailänge für grosse Schiffe beträgt incl. der Innenseite des (innern) Molo über 3 Kil. Zum Bau des Hafens wurden bis Dec. 1875 30,000 Werkstücke von je 20 Tonn. Gewicht und 2 Millionen Tonnen Steinblöcke verwendet, die sämmtlich in Meks theils künstlich verfertigt, theils aus den dortigen Steinbrüchen ausgearbeitet wurden.

Oestlich von Meks der auf der ganzen Südseite des Weges sich hinziehende *Mareotis-See* (S. 242).

Nach **Ramle** (wenig lohnender Ausflug) führen zwei Eisenbahnen, eine directe (Bahnhof bei der Nadel der Kleopatra) in 1/2 St. für 5 1/2, 4 1/4 und 3 1/4 P.T. (jede Stunde ein Zug), und die Rosette-Bahn (Bahnhof vor Porte Moharrem-Bey) in 22 Min. für 1 P. 20, 3 P. 20, 2 P. 20 p. (9 Züge täglich). Auch eine neu angelegte Strasse führt hin (Wagen ca. 10 fr.), die derjenige benutzen mag, der die im Felde liegenden Statuenreste und halb ausgegrabenen Gebäudetrümmer besichtigen will.

Die directe Local-Bahn führt durch die Scherbenhügel des alten *Nicopolis* (s. unten). Links in das Meer hineinragend das kleine *Fort Silsele*; kurzer Rückblick auf die sichelförmige SO.-Seite der Stadt.

Nicopolis, das hinter dem gänzlich verschwundenen Hippodrom etwa 30 Stadien östlich von der Stadt lag und 'nicht kleiner wie eine Stadt' gewesen sein soll, hatte von Octavian (Caesar Augustus) seinen Namen 'Siegesstadt' empfangen, weil er hier die mit Antonius sich

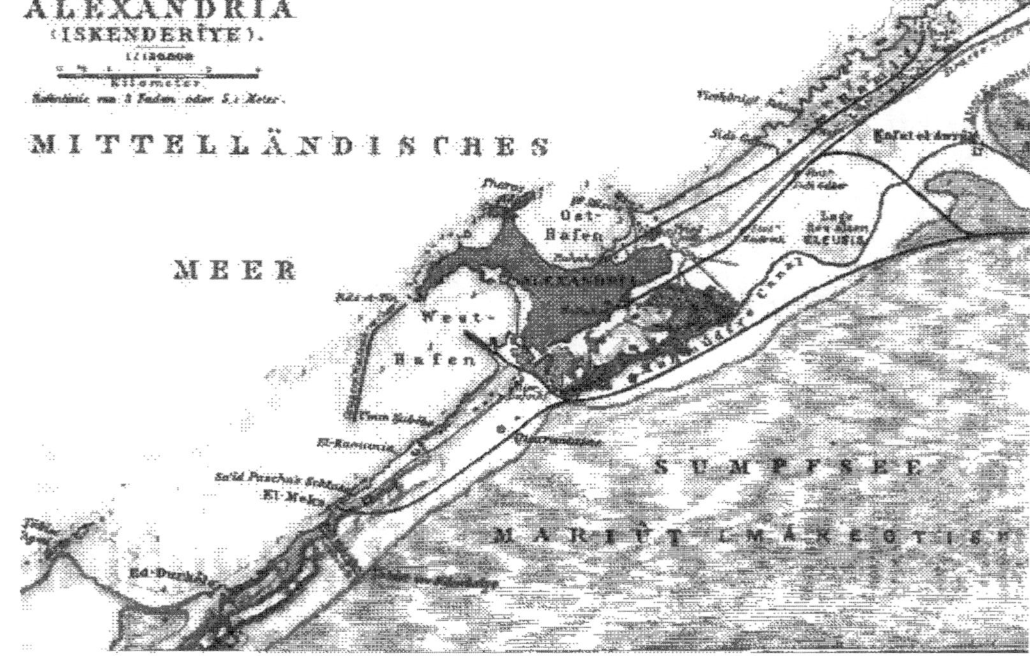
UMGEBUNG
von
ALEXANDRIA
(ISKENDERÎYE).
Kilometer
MITTELLÄNDISCHES
MEER
Ost-
Hafen
West-
Hafen
El-Meks
Ed-Durhâle
SUMPFSEE
Alexandria Canal

ihm Widersetzenden besiegte. Es scheint, als habe ein vor wenigen Jahren entdecktes *Tempelchen* hart am Ufer des Meeres zu ihm gehört, welches NW. von den Trümmern des *Kaṣr el - Kaṣâsere* (Caesaren-Schloss), dessen Mauerreste zum Bau des neuen Vicekönigl. Palais (s. unten) verwendet worden, zu suchen ist.

R. am Maḥmûdiye-Canal die Bahn nach Rosette (S. 467), dann bei der Haltestelle *Sîdi Gaber*, nicht weit von dem oben genannten Castrum, l. auf einer kleinen Anhöhe ein neues vicekönigl. Palais, *Muṣṭafa Pascha* genannt. Die NO. von hier gelegenen *Katakomben* sind fast ganz zerstört. Weiter r. ein anderes vicekönigl. Palais mit Thürmen. Nun stets zwischen Villen und Gartenanlagen mit üppiger Vegetation, besonders hinter der vierten Haltestelle (es sind deren im Ganzen fünf).

Ramle (d. i. „Sand") ist ein aus vielen Landhäusern bestehender moderner Ort (*Pension Beauséjour*, anscheinend gut), der in letzter Zeit sehr zunimmt, da viele Familien Alexandrien ganz verlassen und hier Sommer und Winter wohnen. Es besitzt seine eigene Wasserleitung, wodurch die Anlage der Gärten sehr erleichtert wird. Auf dem Wege zum Meere hin findet man hin und wieder Reste aus griechischer und römischer Zeit.

Von Alexandrien auf der *Rosette-Bahn* nach Ramle und weiter über *Abuḳir* nach Rosette s. S. 467.

2. Von Alexandrien nach Kairo.

211 Kilom. (131 engl. Meilen). Schnellzug in 4½ St. für 35 fr. 90 c. (138 Piaster) oder 30 fr. 20 c. (80 P.); gewöhnlicher Zug in 6 St. für 30 fr. 20, 19 fr. 65, und 12 fr. 25 c. Freigepäck I. Cl. 33, II. Cl. 26, III. Cl. 17 Kilogr.; für jeden Kanṭar (44 Kilogr.) darüber 12 fr. 25 c. Von der Benutzung der III. Cl. ist selbst dem unbemittelten Reisenden abzurathen; die Wagen II. und I. Cl. sind ähnlich wie die in Frankreich und Italien. — 3 Züge gehen täglich hin und her; von Alexandrien Morgens 8 U. der Schnellzug und 9 U. 45 M. und 2 U. 10 M. die beiden gewöhnl. Züge; von Kairo Morgens 8 Uhr der Schnellzug und 9 U. 30 und 2 U. die beiden gewöhnlichen Züge. Von Stat. Benha über Zaḳâzîḳ direct nach Suês 12 U. Mittags, in Zaḳâzîḳ 1 U. 33 M. (½ St. Aufenthalt, gutes Buffet), in Suês 7 U. Abends. Preise von Alexandrien nach Suês I. Cl. 199, II. Cl. 130 P. Tarif. In Kafr ez-Zaiyât (S. 243) ist eine europ. Restauration, an den übrigen Stationen werden nur gesottene Eier (bêḍ), arabisches Brod ('êsch) und Wasser (môye) angeboten, je nach der Jahreszeit auch noch Apfelsinen (bortuḳân) und Zuckerrohr (ḳaṣab); als Zahlung genügen ½—2 Kupferpiaster vollständig.

Der neue Bahnhof (Pl. 2) bei der Porte de Moharrem-Bey ist zwar nicht sehr weit von den Hôtels entfernt, doch breche man mindestens ½ Stunde vor Abgang des Zuges auf und benutze einen Wagen. Für Neulinge oder mit grossem Gepäck Reisende ist es rathsam, sich die Hülfe des Commissionärs des Hôtels oder eines Lohndieners (2 Shilling) zu sichern, denn die Expedition des Gepäcks geht mit jenem Gemisch von träger Indolenz und lauter Ueberstürzung vor sich, dem man im Orient so häufig begegnet. Die Alexandria-Kairo-Bahn ward unter Sa'îd-Pascha 1855 als erste Eisenbahn im ganzen Orient erbaut und sollte in Verbindung mit dem nunmehr aufgegebenen durch die Wüste führenden Schienenwege von Kairo nach Suês die Verbindung zwischen dem Mittelländischen und dem Rothen Meere herstellen. Die Namen der Stationen werden nicht ausgerufen. Höchst eigenthümlich ist der Anblick der arabischen Dörfer (vergl. S. 45) mit ihren kleinen kaum bedeckten Lehmhütten, in die hineinzusehen die Höhe des Bahndammes häufig gestattet. Der Staub, den der Zug von dem trockenen Bahnkörper aufwirbelt, dringt auch bei geschlossenen Fenstern in die Coupé's, was an heissen Tagen äusserst unangenehm werden kann.

Die Bahn führt zunächst ONO. durch Gärten und zweigt dann halbwegs Ramle (S. 241), dessen Schloss man in der Ferne sieht, unweit der am Meer gelegenen Ruine *Kaṣr el-Kayâṣere* (S. 241) von der neuen Bahn nach Rosette (S. 467) r. ab; gleich darauf über den *Maḥmûdîye-Canal* (S. 233), an dessen südl. Ufer die Bahn bis vor Stat. Damanhûr (s. unten) entlang führt. L. der *See von Abuḳîr (Beḥêret Ma'adîye)*, r. der *Mareotische See (Beḥêret Maryûṭ)*, dessen Wasser in der Ueberschwemmungszeit an manchen Stellen bis an den Bahnkörper reicht, während es im Sommer nur aus der Ferne sichtbar bleibt.

Der **Mareotische See**, der von den Alten auch *Mareia* genannt wird, lag und liegt im Süden der Stadt. Zu Strabo's Zeit füllte ihn der Nil mittelst vieler Kanäle sowohl von oben (Süden) als seitwärts (vom Osten), und auf ihnen war die Zufuhr viel stärker als die auf dem Seewege eingebrachte, so dass der Binnenhafen reicher war als der Seehafen, der dann wieder in Bezug auf die Ausfuhr den Mareotischen übertraf. Der im Alterthume so wichtige See liegt 2.5m unter dem Meeresspiegel und die Landschaft, welche ihn umgab, war ausserordentlich fruchtbar und schon zu Herodots Zeit vom Nil bewässert. Sie erzeugte vortrefflichen weissen Wein, von dem Horaz und Virgil singen und Athenæus hervorhebt, dass er besonders gut bekomme. Jetzt wird in Aegypten kaum noch Wein bereitet, aber die Erinnerung an die Weinkultur von früher hat sich in der Mareotischen Landschaft erhalten (S. 244), denn die Araber nennen dort die Trümmer aus alter Zeit Karm (Plur. Kurûm), d. i. der Weinberg, und viele in den Felsen gehauene Keltern sind nachweisbar. Maḥmûd Bey und Professor Kiepert theilen diese Landschaft in vier der Küste parallele Zonen: 1. Die Dünenkette am Meer mit zahlreichen Trümmern aus alten Zeiten; 2. die Senkung des Wâdi Maryûṭ, eine westliche Fortsetzung des See's, dessen Wasser die untere östliche Hälfte bedeckt, während die westliche aus Sumpfboden mit mehreren Inseln besteht, welche Ruinen alter Gebäude tragen; 3. die südlich daran grenzende 7—8 Kilom. (1 deutsche Meile) breite Hügelkette fruchtbaren Landes mit 40 Trümmerstätten alter Orte; 4. die gleichfalls ruinenreiche, sich bis an den Rand der Wüste ausdehnende mareotische Ebene.

Unter den Arabern und Türken trocknete der See mehr und mehr aus, bis die Engländer während der Belagerung von Alexandrien 1801 bei der sogenannten Maison carrée ein wenig westlich von Abuḳîr die Landnehrung durchstachen, welche den See vom Meere trennte und dadurch den salzigen Wogen, die 150 Ortschaften zu Grunde richteten, Einlass in das Fruchtland der Mareotis gewährten. Das heutige es-Sett bezeichnet die Stelle, an der die verhängnissvolle Oeffnung wieder zugedämmt wurde. Muḥammed 'Ali sparte weder Mühe noch Kosten, um den verursachten Schaden wieder gut zu machen und die Umgegend von Alexandrien zu heben; doch soll das Salzwasser des See's immer noch 40,000 Hectaren cultivirbaren Bodens bedecken. Jetzt wird nur Salz daraus gewonnen, dessen Ausbeutung die Regierung für jährlich 4000 Beutel (40,000 *M*) verpachtet hat.

Hin und wieder tauchen die Segel der den Maḥmûdîye-Canal befahrenden Boote auf und auf den Dämmen sieht man lange Reihen von Lastkameelen einherziehen.

Bei (28 Kilom.) Stat. *Kafr ed-Dawâr*, einem grossen Meierhof ähnlich, zeigen sich rechts die ersten Baumwollenfelder. (40 Kil.) Stat. *Abu Homṣ*, aus einigen Lehmhütten bestehend; dann

(62 Kil.) Stat. **Damanhûr** (erste Station des Schnellzugs, Fahrzeit $1^1/_4$ St.), Hauptort der vom Rosette-Arm bis zur libyschen Wüste reichenden Mudirîye (S. 98) *Beḥêre*, mit 25,000 Einwohnern, das altaegyptische *Tema-en-Hor* (Horusstadt), die römische *Hermopolis parva*. Aus den auf einer Anhöhe gelegenen, theilweise leidlich aussehenden Häusern, darunter auch einige Fabriken zur Befreiung der Baumwolle von den Samenkörnern (Egrainirungs-Fabriken), ragen mehrere Minarets hervor; dicht an der Bahn der arabische Kirchhof. General Bonaparte hatte auf seinem Zuge nach Kairo, im Juli 1798, den Weg über Damanhûr gewählt, der zu der Zeit durchaus dürr und der Wüste gleichend, Soldaten und Offiziere mit Entmuthigung erfüllte, und er selbst war in Gefahr, in Gefangenschaft zu gerathen, doch schon am 21. Juli warf er die Schaaren der Mamluken in der Schlacht „bei den Pyramiden“ nieder und hielt am 25. Juli seinen Einzug in Kairo. In Damanhûr findet Sonntags ein grosser Wochenmarkt statt, ein kleinerer Freitags.

Von Damanhûr nach Fum el-Baḥr und Rosette s. S. 468.

(86 Kilom.) Stat. *Tell el-Bârûd*, Dorf mit grossem Ruinenhügel.

Von Tell el-Bârûd zweigt die 1875 eröffnete directe Bahn nach Bûlâk ed-Dakrûr (S. 250), zum Anschluss an die Oberaegyptische Linie (S. 477) ab. Der Reisende nach Kairo wird dieselbe nur im Nothfall benutzen. Der Zug geht 9 U. Ab. von Alexandrien ab, ist in (86 Kil.) Tell el-Bârûd 12 U. 47 M. Nachts (40 M. Aufenthalt), in (216 Kil.) Bûlâk ed-Dakrûr 6 U. 08 M. Morg., geht von hier weiter 8 U. und trifft in Siûṭ (574 Kil.) um 7 U. 22 M. Ab. ein. Aus Siûṭ zurück 7 U. 30 M. Morg., in Bûlâk 6 U. 52 M. Ab.; aus Bûlâk 8 U. 30 M. Ab., in Tell el-Bârûd 2 U. Nachts, in Alexandrien 5 U. 3 M. Morg. Preise: bis Bûlâk I. Cl. 120 P. 20 P., II. Cl. 80 P.; bis Siûṭ I. Cl. 290 P. 20 P., II. Cl. 175 P.

Bis Bûlâk führt die Bahn auf dem w. Ufer des Nilarms von Rosette an der Grenze der Libyschen Wüste und des bebauten Nildeltas hin. Stationen zwischen Tell el-Bârûd und Bûlâk: *Kôm Ḥamâde*, *et-Ṭurye*, *Kafr Dâûd*, *el-Wardân* und *el-Mendschi*. Der Bahnhof in Bûlâk ist ca. $^1/_2$ St. von der Muski entfernt. Wagen nicht immer zu haben.

Das Fruchtland wird reicher, es zeigen sich Dörfer und Baumgruppen, auch Tamarisken. Der Zug erreicht den breiten Nilarm von Rosette, überschreitet denselben auf einer langen Eisenbrücke (schöner Blick links) und fährt gleich darauf in den Bahnhof von (105 Kil.) **Kafr ez-Zaiyât** (2. Station des Schnellzugs, Fahrzeit von Alexandrien 2 St., Aufenthalt 15 Min., Restauration). Die Stadt, welche mit den Bodenproducten (S. 85) des Delta, namentlich Getreide und Baumwolle, sehr lebhaften Handel treibt, liegt am rechten Ufer des Wassers. Nach der Ruinenstätte von *Saïs*, dem heutigen *Ṣâ el-Ḥager*, s. R. 8 d.

Die Landschaft des Delta im Winter. „Hier und da steht noch das Nass in den Aeckern. In geraden Linien ziehen sich die Kanäle hin . . . Alle Getreidearten des Alterthums grünen noch heute, die Palme steht noch immer schlank und fruchtschwer neben der seltneren blätterreichen Sykomore, die ihr Schattendach weithin ausbreitet. Die Baumwollenstauden werden an den bestbewässerten Orten wohl gepflegt und bilden ausgedehnte niedrige Buschwälder, an denen jetzt gelbe, rothe und weisse

Blüthen, denen der wilden Rosen nicht unähnlich, in Fülle prangen. Weinplantagen sind selten, aber namentlich im nördlichen Delta vorhanden, und die Rebe rankt sich noch immer nicht um Stöcke oder Bäume, sondern um jene Spalierlauben, die wir durch die bildlichen Darstellungen in den Gräbern der alten Aegypter kennen. Die Schöpfräder (Sâkiye) werden von Büffeln und Eseln, auch wohl von Kameelen oder Dampfmaschinen gedreht, und Schöpfeimer (Schâdûf), seltener zwar wie in Oberägypten, von spärlich bekleideten Burschen und Männern gezogen. An den Seiten der Canäle erheben sich Dämme, aufgeschüttet um die Fülle des allzureichen Wassersegens von den Fluren abzuwehren. Auf den Dämmen ziehen sich Wege hin, welche von Kameelzügen, Eselreitern, Männern, Weibern und Kindern zu Fuss bevölkert genug erscheinen. Die Dörfer nehmen sich von fern wie runde, graue Hügel aus mit Löchern und Höhlen, die von den Taubenschlägen und Palmen überragt werden. Man kommt näher und unterscheidet die Schlammhütten, welche sich eng auf den niedrigen, vor dem Andrang des Wassers gesicherten Erdhügeln an einander drängen.... Viele Weiler zieren gar stattliche, schlanke Palmengruppen, und die Minarets, welche die grösseren Dörfer und Städte überragen, weisen so fromm gen Himmel, wie unsere gothischen Kirchthürme. (*Ebers*, durch Gosen etc.)

(123 Kilom.) Stat. **Ṭanṭa.**

Dem ziemlich grossen Bahnhof gegenüber das einladend aussehende *Gasthaus* eines Griechen, doch wird das, wenn auch unscheinbare Haus des Italieners *Quaranta* rechts vom Bahnhof mehr empfohlen. In der Restauration des letztern pflegen die in der Messzeit sich in Ṭanṭa aufhaltenden europ. Kaufleute aus Kairo und Alexandrien zu speisen.

Consularagenten. Deutschland: *D. Dahan*; England: *T. Joyce*; Frankreich: *Athanasi*. Apotheker Hr. *Friedrich*, ein Deutscher, der seinen Landsleuten gern Rath ertheilt.

Ṭanṭa ist der stattliche Hauptort der zwischen den Nilarmen von Rosette und Damiette gelegenen Provinz *Gharbîye*, mit angeblich 60,000 Einw., grossen öffentlichen Gebäuden und einem geräumigen Schloss des Vicekönigs. Die Bazare sind zu den Messzeiten (s. unten) sehr belebt.

Die *Moschee des Seyyid el-Bedawî* ist ein neuerer kürzlich restaurirter, daher innen und aussen schmuck aussehender Bau mit grossem Hof, in welchem das Bassin für die Waschungen (S. 162, 199).

Seyyid Aḥmed el-Bedawî ist wohl der populärste und in Aegypten am häufigsten angerufene Heilige, der im 12. Jahrh. zu Fez, nach Andern in Tunis geboren sein und sich nach einer Pilgerfahrt nach Mekka in Ṭanṭa niedergelassen haben soll. Er soll ein starker Held gewesen sein, dessen Hülfe namentlich in Zeiten der Gefahr, und bei körperlichen Anstrengungen erfleht wird; auch soll er den Frauen zu Kindersegen verhelfen.

Für gewöhnlich mag man unbesorgt, nachdem man die Schuhe abgelegt hat, die Moschee betreten, während der Messe, die auch die fanatischen Söhne vieler von Europäern wenig besuchten mohammedanischen Länder nach Ṭanṭa zieht, wird man gut thun, sich durch den Consularagenten oder einen Beamten des Mudîrs dem Schêch der Moschee vorstellen und sich von diesem führen zu lassen. 1–2 fr. Trinkgeld.

Der Katafalk des Heiligen ist mit rothem mit reicher Goldstickerei versehenen Sammet beschlagen, und wird von einem schönen Bronzegitter umhegt. Die Kuppel hat man nicht vollendet. Eine grosse und zwei kleine Schulen gehören zu der Moschee. Der Brunnen (sebîl) mit der darüber befindlichen kleineren Medrese (Schule) an dem Platze bei der Moschee ist ein älteres ansprechendes Gebäude.

Die Messe von Ṭanṭa wird dreimal abgehalten, die grösste am „mô.

lid (Geburtsfeste) des Heiligen im August, die kleineren im Januar und April. Sie dauert stets von einem Freitag zum andern und ist der bedeutendste von allen Jahrmärkten in ganz Aegypten. Der Besuch derselben, so interessant er ist, kann füglich nur Herren empfohlen werden, da sich die Sinnlichkeit des Orients hier allzu offen sehen lässt. Im August strömen mehr als ½ Million Menschen aus allen Theilen des mediterraneischen Orients und des dem Islâm anhängenden Afrika, besonders zahlreich aber die aegyptischen Bauern, welche Vieh, Geräth, Kleider, Schmuck etc. in Ṭanṭa zu kaufen lieben, hierselbst, wo es zur Messzeit auch nicht an europäischen Kaufleuten fehlt, zusammen. 1870 im August etwa 500,000, im April 200,000, im Januar 50,000 Messbesucher; dazu ungefähr 1 Million Stück Vieh. 1872 sollen diese Zahlen noch überschritten worden sein. Hülfe suchende und fromme Pilger mischen sich unter die Händler und gewöhnlich verbinden die Kaufleute das fromme Werk des Besuches einer heiligen Stätte mit der merkantilen Thätigkeit; hat doch der Prophet selbst den Mekkapilgern, denen viel Angenehmes verboten und viel Unbequemes befohlen wird, auf der Wallfahrt Handel zu treiben erlaubt. Im August und April findet sich hier ebenfalls die Mehrzahl der Ghawâzi und 'Awâlim (vergl. S. 25), der Sängerinnen und Tänzerinnen und aller unverschleiert und geputzt einhergehenden Weiber, die an den Ufern des Nils wohnen, sowie der Gaukler, Taschenspieler und Schausteller jeder Art zusammen. Es scheint fast, als sei der Besuch des Jahrmarkts von Ṭanṭa als späte Nachfeier der von Herodot geschilderten Wallfahrt nach Bubastis (S. 426) zu betrachten. Frauen mit dem eigenthümlichen Gekrah, das sie bei heftigen Gemüthsbewegungen auszustossen pflegen, nähern sich jetzt wie damals in Kähnen der heiligen Stätte, die Sinnlichkeit geht entfesselt einher. — Lange Kameelzüge mit Kisten und Ballen nähern sich der Stadt und mit ihnen grosse Menschenhaufen und Viehheerden. Am Ufer des Canals drängen sich die sich waschenden und Wasser schöpfenden Menschen. Die Strassen der Stadt sind überfüllt und ähnlich wie bei unseren Jahrmärkten reiht sich Bude an Bude. In vielen von ihnen sieht man den Verkäufer arbeiten. Derwische mit struppigem Haar und in zerlumpten Kleidern, Krüppel und mit Ehrerbietung behandelte Blödsinnige hoffen auf Geschenke. Heimkehrende Mekkapilger werden mit ihren Fahnen und Zeichen an der Pforte der Moschee begrüsst. Am Freitag, an dem die Messe beginnt, bewegt sich in unabsehbarem Aufzuge, angeführt von den Spitzen der Behörden, die Menge der hier Erschienenen durch die Stadt und zur Moschee des heiligen Seyyid. Auf dem grossen, den Schaustellungen eingeräumten Platze, neben dem sich der Rossmarkt befindet, locken Spassmacher das Publikum an. Wenn sie den Namen Allâh aussprechen, so neigt sich der ganze Kreis der auf dem Boden kauernden kleinen und grossen Zuschauer wie auf Commando. Besonders ergötzlich sind die Zeichen des Entsetzens und der Bewunderung bei Kindern und Negern. Höchst beliebt ist die komische Figur der unflätigen Ḳaragyûz und die von einem Manne parodirte Tänzerin (vgl. S. 26).

Von Ṭanṭa nach *Mahallet Rûḥ*, *Manṣûra* und *Damiette* s. S. 460, 462.

Von Ṭanṭa führt südl. eine kurze Zweigbahn nach *Schibîn el-Kôm*, einem unbedeutenden Ort diesseit des Rosette-Arms in der *Menûfîye*, einer der reichsten Gegenden des Delta's.

In fruchtbaren Fluren führt die Bahn von Ṭanṭa aus weiter und überschreitet hinter (141 Kil.) Stat. *Birket es-Sab'a* einen kleinen Nilarm. Mehrere Baumwoll-Egrainirungs-Fabriken bekunden den Reichthum der Gegend. Bald darauf, unweit Benha, am Nilarm von Damiette ein grosses vicekönigliches Schloss, in welchem 'Abbâs Pascha (S. 123), der Vorgänger Sa'îd Pascha's, 1854 ermordet wurde. Die Bahn überschreitet auf einer Eisenbrücke den Nilarm von Damiette und erreicht gleich darauf

(163 Kil.) Stat. **Benha** (Fahrzeit von Alexandrien 3½, nach

Kairo $^3/_4$ St.; Aufenthalt 10 Min. Eisenbahn nach Zaḳâziḳ, Isma'îlîya und Suês s. S. 423), *Benha l-'Asal*, „Benha des Honigs", wegen eines Topfes mit Honig, den der Kopte Makaukas (S. 386) dem Propheten von hier übersandt haben soll. Ausser den rothen Apfelsinen werden in Kairo die Mandarinen Yûsuf Efendi von Benha am meisten geschätzt.

Nordöstlich von Benha, unweit der Stadt und von der Eisenbahn durchschnitten, liegen die Trümmer des alten **Athribis**, der im 10. unterägyptischen Nomos gelegenen „Herzstadt" der Alten, die von den Bewohnern des Dorfes *Atrîb* oder *Etrîb Kôm el-Atrîb* genannt werden. Die Kopten nennen den Ort *Athrebi*. Die Spuren des alten Ortes sind zwar immer noch nachweisbar, doch zu unbedeutend, um selbst den Forscher zu einem Besuche veranlassen zu können; Inschriften sind keine mehr vorhanden; die Scherbenlager beginnen beim Arm von Rosette und enden in einem kleinen Canal. Ein Löwe mit Ramses II. Namen, der hier gefunden und nach Europa gebracht wurde, sowie die Erwähnung der Stadt und ihr angehörender Gottheiten in wenigen hieroglyphischen Texten sprechen für deren Entstehung in der Pharaonenzeit. Eine römisch-aegyptische Necropolis war am Ende der langen Strasse auf den Resten älterer Gebäude angebracht. Brugsch besuchte die Stätte 1854 und sagt: „Die Todten lagen in ihren Truhen in Grabkammern, die sich dicht unter der Oberfläche des Schuttberges öffneten und aus schwarzen an der Sonne getrockneten Nilziegeln aufgeführt waren. Die Kammern waren gewölbt und lagen nebeneinander. Schrift und Malerei hatte ich vergeblich zu entdecken gesucht, nur eines der Zimmer war roth übertüncht. Die aufgefundenen Särge sind viereckigen Kasten ähnlich, von Cedernholz mit einer Wandung von über einen Zoll. Die Mumien waren sehr schön erhalten und kunstvoll eingewickelt. Keine derselben und ebensowenig die Särge zeigten eine Spur hieroglyphischer Inschriften, dagegen hatte ein Kasten auf dem Deckel die Inschrift *ΠΑΤΡΑΣ* nebst einer Jahreszahl. Ausserdem sind viele Statuen und Büsten aus griechisch-römischer Zeit hier aufgefunden worden, welche das Zeugniss ablegen, dass die Stadt Athribis in dieser späten Epoche der aegyptischen Geschichte eine besondere Bedeutung haben musste".

Bei (176 Kil.) Stat. *Ṭûch* dämmern die den Nil begleitenden Bergketten auf, so zwar, dass das östliche (arabische) niedriger erscheint als das westliche (libysche) Gebirge. Nach weiteren 5 Minuten treten die Umrisse der Pyramiden im Südwesten hervor, die bei der (195 Kil.) Stat. **Kalyûb** deutlich sichtbar werden. 5 Kilom. westl. von hier ist der *Barrage du Nil* (S. 420), wohin eine unbenutzte Zweigbahn führt. Eisenbahn nach Zaḳâziḳ, Isma'îlîya, Suês s. R. 5. Die libysche Kette wird deutlicher sichtbar, ebenso das Moḳaṭṭam-Gebirge mit der Citadelle und der Moschee Moḥammed 'Ali's mit ihren schlanken Minarets. Die Gegend wird immer freundlicher. Viele Bäume stehen in den Aeckern und in Pflanzungen, Gärten und Landhäuser erscheinen, zur Linken bleibt die Trümmerstätte von Heliopolis (der Obelisk ist von der Bahn nicht sichtbar) und der Garten von Maṭarîye mit seinen Sycomoren und endlich das grosse, 'Abbâsîye genannte', Schloss liegen, während man zur Rechten die herrliche Allee erblickt, welche nach Schubra (S. 339) führt. Die Nähe der Grossstadt macht sich mehr und mehr bemerklich und kaum 50 Minuten nach der Abfahrt von Benha befindet sich der Reisende im Bahnhofe von (211 Kil.) **Kairo**.

Zahlenerklärung zu dem Plan von Kairo.

1. Bahnhof . . . . A 5
2. Bêt el-Kâḍi . . . . . C 2
3. Bibliothek, vicekönigl., im Derb el-Gamâmîz . . . E 3, 4
4. Börse . . . . C 4, 5
5. Burckhardt's Grab . . . B 2
6. Citadelle . . . . . . F, G 1, 2
7. Club Khédivial . . . . C 4

Consulate.

8. Deutsches . . . . . . B 4
9. Englisches . . . . . . C 4
10. Französisches . . . . B 5
11. Derwischkloster in der Habbaniye . . . . . E 3
12. Fum el-Chalîg . . . . H 6
13. Geograph. Gesellschaft . C 4
14. Hippodrom . . . . . . C 5
15. Josefsbrunnen . . . . F 4
16. Kaṣr el-'Ain, Hospital . G 6
17. Ḳaṣr en-Nil, Caserne . D 6

Kirchen.

18. Armenische . . . . C 3
19. Armen.-katholische . C 3
20. Deutsche . . . . . . C 5
21. Englische . . . . . . C 5
22. Französische . . . . C 3
23. Griech.-kathol. . . . C 3
24. Koptisch-kathol. . . C 3, E 4
25. Koptisch-jacobit. . . B 4, 5
26. Maronitische . . . . C 3
27. Römisch-kathol. (latein.) C 3
28. Schwestern v. h. Herzen B 4
29. Syrische . . . . . . C 3
30. Kriegsschule . . . . . E 6
31. Medrese Gameliye . . . C 2
32. Mission, amerikan . . . C 5

Moscheen.

33. Gâm'a 'Abbâs Pascha . B 3
34. — Abul Ḳeba . . . . . D 5
35. — el-Achḍar . . . . . E 4
36. — el-Akbar . . . . . F 3
37. — el-Aschraf . . . . . C 2
38. — el-Azhar . . . . . C 2
39. — Barḳûḳiye . . . . . C 2
40. — el-Benât . . . . . D 3
41. — Gamborraḥmân . . . F 2
42. — el-Ghûri . . . . . . C, D 2
43. — Ḥâkim . . . . . . B 2
44. — Sulṭân Ḥasan . . . . [illegible] 2
45. — Ḥasan Pascha . . . F 3
46. — Ḥasanên . . . . . C 2
47. — Ibrâhîm Agha . . . E 2
48. — Kait Bey . . . . . G 5
49. — Ḳaṣr el-'Ain . . . . G 6
50. — Ḳesûn . . . . . . E 3
51. — el-Kirkis C52
52. — Maḥmûdi . . . . . F 2
53. — Moḥammed 'Ali . . F 2
54. Gâm'a Moḥammed Bey . C 2
55. — Moh. Bey Mahdûl . E 4
56. — Moh. en-Nâṣir . . C 2
57. — el-Muaiyad . . . . D 2, 3
58. — Nûreddîn . . . . . G 2
59. — Rifâ'iye . . . . . F 2
60. — Salâheddîn Yûsuf . F 1
61. — Schêch Ramaḍân . E 4
62. — Schêch Sâleḥ . . E 4
63. — Schechûn . . . . F 3
64. — Sidi Bedreddîn . . G 2
65. — Sidi el-Isma'îli . . F 4
66. — Sitte Safîya . . . E 3
67. — Sulêmân Pascha . F 1
68. — ibn Tulûn . . . . G 3
69. — el-Werdâni . . . E 3
70. — Yûsuf Gamali . . C 2
71. — ez-Ẓâhir . . . . A 2, 3
72. — Sitte Zênab . . . F, G 4
73. Muristân Kalaûn . . . C 2
74. Okella Sulfiḳar Pascha . C 2
75. Opernhaus . . . . . . C 4

Palais.

76. 'Âbidîn (vicekönigl.) D, E 4, 5
77. 'Ali-Pascha . . . . D 4
78. Chérif-Pascha . . . D 5
79. Helmîye . . . . . . E, F 3
80. Ibrâhîm-Pascha . . . F 5
81. Isma'îliye . . . . . E 6
82. Kaṣr 'Ali . . . . . F, G 6, 7
83. — ed-Dubara . . . . E 6
84. Kiâmil-Pascha . . . C 5
85. Manṣûr-Pascha . . . D 3
86. Pferdemarkt . . . . . F, G 2
87. Polizei . . . . C 4
88. Post u. Telegraph, aegypt. C 4
89. Richtplatz . . . . . . D 2
90. Rosetti-Garten . . . . C 4
91. Sebil 'Abderraḥmân Kichya's . . . . C 2
92. — Moḥammed 'Ali's . . D 2
93. — der Mutter des Chediw B 5
94. — — 'Abbâs Pascha's . F 3
95. Schêch Mufti (ul-Islâm) C 3
96. — es-Sadad . . . . E 3
97. Telegraph, englischer . C 4
98. Theater, französ. . . . C 4
99. Tribunal, internat. . . C 4
100. Wasserleitung, Kopf der alten . . . . H 6

S. Synagogen . . . . . . C 3

Hôtels.

a. New Hotel . . . . . . C 5
b. Shepheard's Hotel . . . C 5
c. Hôtel du Nil . . . . . C 3
d. — Auric . . . . . . C 4
e. — Royal . . . . . . B 4
f. — d'Orient . . . . . C 4
g. — Abbat . . . . . . B 5

Strassenverzeichniss.

Thore.

Bâb 'Arab el-Isar	G 1,2
— el-'Attabey	E 1
— el-'Azab	F 2
— Derb el-Mâruk	D 1
— Faghalla	B 3
— el-Futûḥ	B 2
— el-Gebel	F 1
— el-Gedîd	F 1
— el-Ghorâyib	C, D 1
— Ḥusêniye	A 2
— el-Kabasse	G 3
— el-Karâfe	G 2
— Kaṣr en-Nil	D 6
— en-Naṣr	B 2
— esch-Scha'rîye	B 3
— Sitte Nefîse	H 3
— Sitte Zênab	G 5
— Ṭulûn	G 3
— el-Wezir	E 2
— el-Wusṭâni	F 1
— ez-Zuwêle (Mutawelli)	D 2

Bazare.

Chân el-Chalîli	C 2
Buchhändler	C 2
Gamelîye	C 2
Sûḳ el-'Aṭṭârîn	C 2
— el-Faḥḥâmîn	D 2
— el-Gôhargîye	C 2
— el-Ḥamzâwi	C 2
— en-Naḥḥâsîn	C 2
— eṣ-Ṣâigh	C 2
— es-Selâḥa	E, F 2
— es-Selâf	B 3
— es-Sûdân	C 2
Sukkarîye	D 2

Plätze.

'Âbidîn	D, 4, 5
Atab el-Kadra	C 4
Bâb el-Chalk	D 3
Bâb el-Lûḳ (Square)	D 5
de la Bourse	C 4
Ezbekîye	C, 4, 5
Fischmarkt	B 4
Karamêdân	F, G 2
Sulṭân Ḥasan	F 2
Méhémet Ali (Menschîye Gedîde)	F, G 2
de l'Opéra	C 4,5
Rumêle	F 2
Rond-point du Bâb el-Lûḳ	D 5
— — de Faghalla	B 5
— — de l'Hippodrome	C 5
— — du Caracol de Kaṣr en-Nil	D 6
— — du Mouski	C 3
— — de Naṣrîye	E 5

Strassen.

'Abbâsîye, Route de l'	A, B 2,5
Boulaq, Route de	C 5,6
Boulevard 'Abdul 'Azîz	C, D 4
— Clot Bey	B 4,5
— Fum el-Chalig	G, H 6
— Kaṣr 'Ali	E, F 5
— Moḥammed 'Ali	C, D, E 3, 4
— Schêch Riḥân	E 3,4
— Soliman Pascha	D 5,6
Derb el-Aḥmar	D, E 2
— el-Gamâmîz	E, F 4
— el-Yahûdi	C 3
Gâmi'a el-Benât, Sikket	C, D 3
Gamelîye	C 2
Ghûrîye	C, D 2
Habbanîye	E 3,4
Ḥawala, Route de	D 4
Ḳanṭarat ed-Dikke, Sikket	B 5
Margûsche, Sikket	B 2,3
Muski	C 2,3
Neuve, Rue	C 1,3
Rageb Agha, Rue	D, E 4
Rughîye	F, G 3
Salîbe	F 2,3
Schubra-Allee	A 5,6
Sérafs, Rue des	C 3
Siûfîye	F 3
Sukkarîye	D 2
Tribunal, Rue du	C 4

3. Kairo.

Ankunft. Beim Eintreffen der Züge warten die Commissionäre der Hôtels mit Wagen oder Omnibus und besorgen pünktlich das Gepäck der Reisenden; nicht selten jedoch sind alle Hôtels überfüllt, daher rathsam sich gleich bei der Ankunft in Alexandrien durch den Telegraphen ein Unterkommen zu sichern. Zweispänner vom Bahnhof zum Hôtel, mit Gepäck 2½–3 fr., Esel 50 c., Kofferesel ebensoviel; zufrieden sind die Leute natürlich damit nicht (vergl. S. 15).

Hôtels (vergl. Bemerkung auf S. 221). NEW HOTEL (Pl. a) an der Ezbekîye, ein grosses Gebäude mit schönen aber nicht gerade behaglichen Räumen (Pächter *Pantellini*); *SHEPHEARD'S HOTEL (Pl. b), ebenfalls an der Ezbekîye (Besitzer *Zech*, Director *Gross*, beide Deutsche), von Engländern und Amerikanern bevorzugt, bekannt als früheres einziges Absteigequartier für die Reisenden nach Indien; beide mit Terrasse und Garten, 20–25 fr. den Tag. *HÔTEL DU NIL (Pl. c) in einer engen Seitengasse der Muski (S. 271), der Hauptverkehrsader der Stadt, zwar versteckt und der Eingang etwas abschreckend, dafür aber sehr bequem und ruhig gelegen, mit gut gehaltenem vor Wind geschützten *Garten, behaglich und für längern Aufenthalt besonders empfehlenswerth, vortreffliche Verpflegung (Besitzer *Friedmann*, Director der unermüdliche *Leander Scharfnagel*, Deutsche, beide zuvorkommend), 16–20 fr. den Tag. Diese drei Hôtels entsprechen allen europäischen Anforderungen; Bäder, Lesezimmer etc. Herr Friedmann übernimmt auch die Weinlieferung für eine etwaige Nilreise und nimmt die etwa übrig bleibenden Flaschen des Rothweins wieder zurück. — *HÔTEL AURIC (Pl. d), Rue du Tribunal, nicht viel Zimmer, Pension 20 fr., im Parterre eine gute Restauration; HÔTEL ROYAL (Pl. e) an der Ezbekîye, nicht viel Zimmer; HÔTEL D'ORIENT (Pl. f) an der Ezbekîye (dahinter und daneben liegen geräuschvolle Cafés-chantants); HÔTEL ABBAT (Pl. g), das nächste beim Bahnhof. Diese vier, von Franzosen gehalten, sind etwas kleiner, genügen jedoch bescheideneren Ansprüchen vollkommen.

Neuerdings hält es auch nicht schwer, *Privatwohnungen* für den Winter zu finden. Hierzu gehört vor allem Kenntniss der Sprache, um mit der Bedienung fertig zu werden. Billiger ist eine solche Einrichtung für Familien, jedoch nur bei längerem Aufenthalt. Man achte auf Sonnenlage und vergesse nicht, einen schriftlichen Vertrag aufzusetzen, in welchem vorher alles genau festgestellt ist. Für die Verpflegung verständigt man sich mit einem nahe gelegenen Restaurant; Wein s. S. 251. Auskunft in dieser Beziehung erhält man in dem Cigarrengeschäft von *Livadas* an der Ezbekîye.

Restaurants wird der Fremde bei den in den Hôtels bestehenden Pensionsverhältnissen kaum benutzen; immerhin mögen folgende aufgeführt werden: DE LA BOURSE, DE PARIS, beide an der Ezbekîye; SANTI, im Garten der Ezbekîye, ganz gut, Frühstück 3, Mittagsessen 3½ fr.; HÔTEL AURIC (s. oben); HÔTEL DES COLONIES; PANAIOTTI in der engen zum Hôtel du Nil führenden Gasse, und viele andere ähnliche, meist von Griechen gehalten und wenig einladend.

Conditorei: BEKTI (Italiener) an der Ezbekîye und in der Muski.

Cafés nach europ. Art gibt es in Menge; in allen wird auch Bier (meist Grazer oder Wiener, das Glas ½ fr.) sowie andere spirit. Getränke, Limonade etc.) verabreicht; die meisten haben ein nur durch einen Vorhang getrenntes besonderes Zimmer, in welchem Roulette gespielt wird; den Fremden davor zu warnen, sich auch nur versuchshalber daran zu betheiligen, wird wohl kaum nöthig sein. *DE LA BOURSE (s. oben), stark besucht; *CERCLE ORIENTAL, beide an der Ezbekîye; sodann im EZBEKÎYE-GARTEN selbst, bei den Musikzelten (S. 277); ferner Bier bei MAYER, bei der Post; MÜLLER bei Shepheard's Hotel; KOVATS, neben dem Café Egyptien (s. unten); ZUR SPHINX, links am Eingang in die Muski, guter Ort, um das gerade hier sehr stark bewegte Strassenleben (S. 263) zu beobachten, und viele andere. — *Cafés chantants*, in welchen Abends böhmische Musikanten und Sängerinnen ihre Künste zum Besten geben: Hôtel d'Orient (s. oben); Café Égyptien gegenüber Shepheard's Hotel; Eldorado, in der engen Gasse hinter dem Hôtel d'Orient (soll an die Ezbekiye verlegt werden).

Die *arabischen Cafés* (S. 22), die aus einer engen Bude mit einigen Sitzen von Rohrgeflecht bestehen und deren es weit über 1000 in Kairo gibt, sind keines Besuches werth, man begnüge sich hier und da einen Blick hinein zu werfen; Tässchen Kaffe mit Zucker 30, ohne Zucker 20. Kaffe stambûlî 40 para Kupfer. — Vor den europ. Cafés pflegt sich eine Schaar kleiner Stiefelputzer („bôye", türk. = Farbe) aufzuhalten, ein munteres wenn auch zudringliches Corps, die viele Aeusserungen der Fremden, nicht immer die zartesten, aufschnappen und papageiartig wiedergeben. Für das Putzen zahlt man ihnen ½—1 Kupferpiaster. Nicht uninteressant ist es zu beobachten, wie gerade der Neger auf blankes, schwarzes Schuhzeug hält.

Geldwechsler, arab. *Ṣarrâf* (vergl. S. 4) sitzen in jeder Strasse und suchen durch Klappern mit den Münzstücken die Aufmerksamkeit auf sich zu ziehen. So sehr es rathsam ist stets mit kleiner Münze versehen zu sein (und jeden Morgen sollte man vor dem Ausgehen daran denken), ebenso sehr sei derjenige Fremde dem die Werthe nicht ganz geläufig sind, vor diesen Leuten gewarnt, denn nur zu häufig wird von ihnen die Unkenntniss zur Uebervortheilung benutzt; neuerdings sollen auch falsche Silberrubel vielfach kursiren. Für den Nap.d'or pflegt man 150 Piaster courant, und für den Franken 7 Piaster 10 Para zu erhalten.

Bankiers (vergl. S. 4): *Oppenheim neveu & Co.*, Place de l'Opéra, Ecke der Hawala-Strasse; *Tod, Müller & Co.* im Rosettigarten; *X. Mayer*, Rue du Tribunal, Agent der Ottoman. Bank und der Austro-Egypt. Bank; *Credit Lyonnais* im aegypt. Postgebäude; *Bank of Egypt*, Rondpoint du Mouski und andere, sowie ferner Filialen der Alexandriner Häuser (S. 222). Deutsches Geld hat keinen Kurs; engl. und franz. Banknoten werden gern genommen.

Consulate (vergl. S. 7). Der Sitz der General-Consulate ist zwar in Alexandrien, jedoch residiren den Winter über fast sämmtliche General-Consuln in Kairo. Deutschland (Pl. 8) an der Ezbekiye: Consul *Travers*, Kanzler *Tilling*, Secretair *Wilhelm*. Oesterreich im Rosettigarten: Consul *Sax*, Viceconsul vacat, Consular-Eleve *v. Schreiner*. England (Pl. 9) an der Ezbekiye: Consul *Wallis*, Kanzler *Borg*. Frankreich (Pl. 10) an der Ezbekiye: Consul *R. de Pélissier*, Kanzler *Eymar*. Vereinigte Staaten: Consul *Comanos*, Kanzler *Walmass*. Belgien an der Ezbekiye: Viceconsul *Eid*. Dänemark im Rosettigarten: Viceconsul *Wolf*. Griechenland am Opernplatz: Consul *Michos*, Kanzler *Durushi*. Holland an der Muski, in der engen Strasse zum Hôtel du Nil: Consul *Dutilh*. Italien am Opernplatz: Consul *Malmusi*, Viceconsul *Bottesini*. Persien an der Ezbekiye: General-Consul *Merimon Chan*, Viceconsul *Mirza Riza Bey*. Russland und Portugal Avenue Isma'îlîye: Consul *Faggola*. Schweden im Quartier Isma'îlîya: Viceconsul *Heggermann*. Spanien Strasse Derb el-Barâbra: Consul *Raucès y Villanueva*.

Post (vergl. S. 33), an der Ostseite der Ezbekiye (Pl. 88), geöffnet von 7 Uhr Morgens bis 9 Uhr Abends, und dann nochmals für kurze Zeit nach Ankunft des letzten Postzugs, für längere Zeit wenn dieser die überseeischen Briefe bringt. Briefkasten befinden sich u. a. in den meisten Hôtels, beim Conditor Bertl und im Bahnhof.

Bahnhöfe (vergl. S. 11). Der Bahnhof für die Züge nach Alexandrien (R. 2), Zakâzîk, Isma'îlîya und Suês (R. 5) sowie für das ganze Delta liegt jenseit des Isma'îlîye-Canals (Pl. A, 5), 10 Min. vom Ausgang der Muski entfernt. Der Bahnhof für Bedraschên (Saḳḳâra), das Fayûm und die Nilbahn bis Siûṭ (S. 383), sowie für die in Tell el-Bârûd mündende (1875 eröffnete) Nebenlinie der Alexandrien-Kairo Bahn (S. 213), ist in Bûlâḳ ed-Dakrûr, ½ Stunde von der Muski. Ein besonderer Bahnhof für die im Bau begriffene Linie nach Ṭurra und Ḥelwân (S. 417) soll am südl. Ende der Stadt errichtet werden.

Telegraph, *aegyptischer* (Pl. 88) im neuen Postgebäude (s. oben), *englischer* (Pl. 97) in der alten aegyptischen Post. Vergl. S. 31. Nach Oberaegypten werden Depeschen nur in arabischer Sprache angenommen.

Wagen gibt es sehr viele in Kairo, durchweg gut und zweispännig. Haupthalteplatz rechts vor dem Eingang zur Muski, dann an der Ezbekîye beim Hôtel d'Orient und am 'Abdînplatz beim Finanzministerium. Es besteht zwar ein alter Tarif aus dem Jahre 1867, doch fällt es keinem Kutscher ein sich danach zu richten und den wenigsten wird er überhaupt bekannt sein. Die Preise, die jetzt ungefähr bezahlt werden, finden sich nachstehend und bei den betreffenden Touren angegeben; eine einfache Fahrt pflegt man mit 1½—2 fr., ½—1 Stunde mit 2—3 fr., den Tag mit 20, die bessern Wagen mit 25 fr. zu zahlen. Ein neuer Tarif soll Herbst 1870 in Kraft treten.

Stationen nach	Zweispänner Franken	Zweispänner Bachschîsch	Stationen: nach	Zweispänner Franken	Zweispänner Bachschîsch
Bahnhof	2	—	Fum el-Chalîg	3—4	—
mit Gepäck	2½	—	Kaṣr en-Nil (Abfahrtsort der Nildampfer)	2	—
Bahnh. Bûlâḳ ed-Dakrûr	5	½	Kaṣr el-'Ain	3	—
Citadelle	5	½	Alt-Kairo (Maṣr el-'Atîḳa, Insel Rôḍa)	5	½
Bûlâḳ (Museum)	4—5	—	Atar en-Nebi	6	½
Schubra-Garten	7—8	½	Pyramiden von Gîze, 2 Pers.	20	1½—2
Schubra-Allee bis Kaṣr en-Nuzha	5	½	Pyramiden von Gîze, 4 Pers.	25	2—2½
'Abbâsîye	5	½			
Kubbe	2—3	¾			
Maṭarîye (Heliopolis, Marienbaum)	9—10	1			

Im Allgemeinen wird man gut thun sich bei weiteren Fahrten vom Wirth oder Director des Hôtels, in dem man wohnt, den Preis angeben zu lassen und nicht davon abzugehen. Fährt der erste Kutscher nicht dafür, so fährt der zweite oder dritte. An Sonn- und Festtagen steigen die Preise bedeutend; auch ist es oft schwer einen guten Wagen zu bekommen. Der Knabe, der dem Fuhrwerke durch die belebten Strassen voranzulaufen pflegt, wird *Saïs* genannt und ist sehr nützlich, da er die Menge, durch die der Wagen zu fahren hat, aufmerksam macht, Platz schafft und so in dem Gedränge der Gassen manches Unglück verhütet und ein schnelleres Vorwärtskommen ermöglicht (S. 208). Er gehört zwar eigentlich mit zum Wagen, bittet aber natürlich am Ende der Fahrt um sein Bachschîsch.

Esel (vergl. S. 13) sind für die engen Strassen Kairo's das beste und schnellste Transportmittel. Tag und Nacht stehen sie dem Wanderer nicht allein zu Diensten, sondern selbst (wenn man nicht reitet) im Wege, wenigstens werden sie von den Treibern in den Weg gestellt. Will man freie Bahn haben, so ist es zweckmässig diesen letzteren zu drohen, mitunter fühlbar, und suche man nicht etwa selbst das Grauthier auf die Seite zu schieben. In zahlloser Menge stehen sie an allen frequentirten Punkten der Stadt und durchziehen die Strassen, und ist um Mitternacht nicht gerade einer zur Hand, so bedarf es nur des Rufes „hammâr" (S. 14) um sogleich eine grössere Auswahl vor sich zu haben. Den Eseljungen in Kairo merkt man sogleich an, dass sie Bürger einer Grossstadt sind, ihr Humor ist ausgezeichnet, besonders wenn sie gut bezahlt werden; Touren aufs Land (z. B. nach Saḳḳâra) sind ihnen ein besonderes Vergnügen, eine Fantasîya (vgl. S. 23), und der Europäer wird staunen wie wenig Thier und Treiber zur Nahrung bedürfen. In den engen Seitengassen der arabischen Viertel, die schattig und kühl, aber von Wagen nicht zu befahren sind, leisten sie vortreffliche Dienste. Man zahlt für einen kurzen Ritt in der Stadt 1—2 Piaster (25—50 c.) Tarif, 1 Stunde 1 fr.; für einen Vormittag in der Stadt 2½ fr., bei Excursionen für den Tag 4—6 fr. (Damensattel 1 fr. extra) und dem Eseljungen, sofern er keinen Grund zur Unzufriedenheit gegeben hat, $^{1}/_{2}$—$^{3}/_{4}$ fr. Bachschîsch; hat man einen Packesel mit sich, so achte man darauf, dass derselbe mit seinem Treiber folgt, und nicht andere, etwa kürzende Wege einzuschlagen versucht. — Bei längerm Aufenthalte mag man sich einen bestimmten Eseljungen mit seinem Thiere miethen. Sind Junge, Thier, Sattel und Zeug sehr gut, so wird man mehr zahlen, um den erstern zum Wiederkommen zu veranlassen. Bei der Wahl des Esels ist besonders auf gute Vorderbeine zu achten.

Lohndiener (vgl. S. 18). Wer eilig ist und in wenigen Tagen viel sehen will, wird einen Führer nicht entbehren können, man lässt sich ihn am besten im Hôtel anweisen (5 bis 8 fr. den Tag), hüte sich aber seinen unausbleiblichen Versuchen, den Reisenden auf grössere Touren z. B. zum Sinai oder auf der Nilfahrt zu begleiten, nachzugehen, denn hierfür eignet sich solch ein gewöhnlicher Führer durch die Stadt durchaus nicht; auch vermeide man Einkäufe in seiner Begleitung zu machen. Wer längere Zeit für Kairo hat, wird, sofern er sich einige Worte der arab. Sprache aneignet, weder für Stadt noch Umgebung einen besonderen Führer nöthig haben; der Eseljunge wird sich schon überall zurecht zu finden wissen.

Dragomane (vergl. S. 16 und S. 222). Einzelne Leute aus dieser Kaste besonders zu empfehlen vermag der Herausgeber vorläufig nicht, doch wird man genügende Auskunft in den Hôtels, bei dem Buchhändler *Kauffmann*, oder bei *Zigada* in der Muski erhalten; auch das Consulat wird gern bereit sein den nöthigen Rath zu geben. Nähere Angaben hierüber wird der 2. Band dieses Buches enthalten.

Theater. Ital. Oper (Pl. 75) meist sehr gut besetzt. Aïda, die von Verdi für den Vicekönig componirte Oper, wird in glänzender Ausstattung gegeben. Parket 10 fr. Die vicekönigliehen Logen für den Harem sind vergittert, um den Einblick zu verhindern. — Franz. Comödie (Pl. 98) ganz in der Nähe der Oper. Parket 5 fr. Beide werden vom Vicekönig unterhalten. — Circus und Hippodrom (Pl. 14) sind seit einigen Jahren eingegangen. — Sommertheater im Ezbekîyegarten (S. 277).

Aerzte. *Dr. Reil*, Specialarzt für Brustkranke, mit langjähriger Erfahrung, *Dr. Sachs* (geschickter Operateur), *Dr. Hess* (Schweizer), *Dr. Grant* (Engländer), *Dr. Rothmann* (für Frauenkrankheiten), *Dr. Mises*, *Dr. Bull* (Däne), *Dacorogna* (Grieche, hat in Paris studirt). — Augenarzt: *Dr. Tachau* (Deutscher), *Dutrieux* (Belgier). — Zahnärzte: *Broadway*, *Walter* (beide Engländer). Die Wohnungen derselben erfährt man in den Hôtels.

Apotheken. *Sommer* (Deutscher) an der Ezbekîye und in der Muski (engl., deutsche und homöopath. Apotheke); *Ducros* (Franzose) in der Muski; *Nardi* (Italiener) ebendaselbst; *Perrot* an der Ezbekîye.

Kirchen und Gottesdienst. *Protestantische Kirche* (Pl. 20) im Quartier Isma'îlîya; Pfarrer *Dr. A. Trauvetter* (wohnt neben der Kirche); Gottesdienst in deutscher Sprache im Winter um 10, im Sommer um 8$^{1}/_{2}$ Uhr Morgens; Nachmittags in französischer Sprache. — *Englische Kirche* (Pl. 21) ebenfalls im Quartier Isma'îlîya, zwar noch nicht im Bau vollendet, doch für den Gottesdienst schon eingerichtet. — *Amerikanischer Gottesdienst* in einem Hause des Koptenviertels. — *Römisch-katholische Kirche* (Pl. 27) in einer Seitenstrasse der Muski gegenüber der Strasse des Hôtel du Nil; deutscher Coadjutor *P. Wenceslaus*, Pfarrer *Bonaventura*. — *Orthodox-griechische Kirche* (Pl. 23) in der Hamzâwî (S. 272). — *Koptisch-katholische Kirche* (Pl. 24) hinter der römisch-kath. Kirche und *koptisch-jacobitische Kirche* (Pl. 25) in einer Seitenstrasse zwischen Boulevard Clot Bey und der Ezbekîye, Gottesdienst Sonntags 10 Uhr Morgens, am Weihnachtstag und Charsamstag 10 Uhr Nachts; beide Sekten zusammen besitzen 82 Kirchen in Kairo. — Die *Israeliten* zerfallen in zwei Sekten, Talmudisten und Karaïten, von denen die ersteren die bei weitem zahlreicheren sind; sie besitzen 13 Synagogen, die meist im Judenviertel (Derb el-Yahûdi, Pl. 2, 3) liegen; ein Oberrabbiner leitet die religiösen Angelegenheiten beider.

Schulen. Die *deutsche Schule* neben der protestantischen Kirche, unter Leitung von *Dr. Trautretter* (s. oben), erfreut sich des Vertrauens der Familien der verschiedensten Nationalitäten und Religionen. — Die *amerikanische Missionsschule* wirkt sehr viel unter den Kopten (S. 92); ein eigenes Haus dafür (Pl. 32) ist neben dem engl. Consulate an der Ezbekîye im Bau; Missionare Reverend *Lansing* und *Watson*. — Die *anglikanische Missionsschule* wird von Miss *Whately* geleitet. Sodann bestehen noch eine *École gratuite*, *École des soeurs du sacré coeur* (Mädchenschule), *École de frères*, und ein *Europäisches Mädcheninstitut* von Mad. *Castel* und Fräulein *Petersen*. — Erlaubniss zur Besichtigung der aegyptischen Schulen erhält man von der General-Inspection in Derb el-Gamâmîz (S. 281).

Hospitäler. Das grosse Hospital *Kasr el-'Ain* (Pl. 16) mit der Hochschule für Mediciner, liegt am Nil, auf dem Wege nach Alt-Kairo (S. 325). In dem nördlichen Flügel ist das *europäische Hospital* (Arzt *Dr. Martini*), das unter Aufsicht der Consuln steht und vortrefflich eingerichtet ist (neun barmherzige Schwestern haben die Krankenpflege); man zahlt in der I. Klasse 12, in der II. 6 und in der III. 3 fr. per Tag. Mit dem Hospital ist ein kleiner botan. Garten verbunden; Besuchstage sind Sonntag, Dienstag und Donnerstag.

Lehrer *der arabischen Sprache: James Sanua*, bekannt als Verfasser arab. Comödien. *Gloward*, Derb el-Geníne; *Schêch Husên el-Marsafi; Kadri Efendi*. Freundliche Auskunft ertheilt in dieser Beziehung auch Herr *Dr. Spitta*, Director der viceköniglichen Bibliothek in Derb el-Gamâmîz (S. 287).

Vereine. *Geographische Gesellschaft* (Pl. 13), gegründet von *Dr. Schweinfurth*, dem verdienstvollen Afrikareisenden, mit reichhaltiger Bibliothek und Lesecabinet, auch den Fremden zu bestimmten Stunden geöffnet. — *Club Khédivial* (Pl. 7), im Hause des Herzogs von Sutherland an der Ezbekîye, auf englischem Fuss eingerichtet, auch von höheren Beamten besucht; Eintritt für Fremde mit Schwierigkeiten verknüpft.

Bäder (vergl. S. 20): *europ.*, ausser in den Hôtels, im Rosettigarten, von einem Triestiner gehalten (reinlich). Unter den vielen *arabischen* ist das beste *Tombalg* beim Bâb esch-Scha'rîye (Pl. B, 3) und in Bûlâk.

Buchhändler. *Kauffmann* in der Muski, durch langjährigen Aufenthalt mit den verschiedensten Verhältnissen des Landes vertraut. *Ebeuer*, Buch- und Kunsthandlung, Bilderausstellung und Lesezimmer gegenüber dem Hôtel d'Orient. *Monferrato* (früher *Robertson*), neben Shepheard's Hotel (Pl. b), besonders reichhaltige engl. Literatur über den Orient. Bei allen drei Photographien (s. auch unten). — Für Schreib- und Zeichenmaterial, Anfertigung von Visitenkarten etc. *Zollikofer*, *Granier*, beide in der Muski.

Photographen. *Schoefft*, 'Abbâsîye-Strasse (Faghalla-Platz) mit schönem Hintergrund für Gruppenaufnahmen; er hat auch eine schöne Sammlung von *Gruppen aus dem Volksleben und einige Wüstenbilder herausgegeben, unter denen prachtvolle Blätter (Preise verschieden; eine kleine Sammlung von 25 Stück in kleiner Ausgabe 25 fr.). *Helios*, Rue du Tribunal, schönes Atelier; *Columdia*, Rosettigarten; *Héchart* im Ezbekîyegarten u. a. Photographien aegypt. Landschaften und Tempel gibt es in grosser Auswahl, die besten wohl die von **Sebah* in Constantinopel, der neuerdings auf der Ezbekîye neben dem franz. Consulat ein Depôt errichtet hat (auch bei Buchhändler Kauffmann vorräthig). Der Conservator des Bûlâker Museums (S. 316), Herr *Emil Brugsch*, hat unter seiner Leitung eine Auswahl der dortigen Alterthümer photographiren lassen; die Sammlung kostet 25 fr., man kauft sie am besten im Museum selbst, da sie von den übrigen Photographen nicht geführt wird (Buchh. Kauffmann hat Exemplare vorräthig).

Europäische Waaren findet man jetzt in so genügender Auswahl in Kairo, dass sich selbst aussergewöhnliche Bedürfnisse schnell befriedigen lassen. Man kaufe aber nur fertige und vorräthige Sachen und lasse sich auf keinerlei Bestellungen ein, da die Ausführung unverhältnissmässig viel Zeit und Geld kostet, auch meist schlecht ausfällt. Kleidungsstücke, Schuhe, und alle möglichen anderen Artikel, besonders für die Reise, die Jagd etc. in dem grossen Laden von **Paschal & Co.* an der Ezbekîye; ferner bei *Costa*, *Robert*, beide in der Muski, und im *Bazar Universel*, gegenüber der aegypt. Post (S. 250). Damenartikel bei *Cécile*, *Camille* u. a. an der Ezbekîye.

Speditionsgeschäft. Um für die Rückreise den Umfang seines Gepäcks möglichst zu verringern und dadurch aller Scheerereien mit den Gepäckträgern, der Revisionen an den Grenzen etc. enthoben zu sein, ist es nicht unzweckmässig, alle unterwegs überflüssigen Gegenstände, etwaige Geschenke, einen Theil der Winterkleider und dergl. direct nach Hause expediren zu lassen. In Kairo übernimmt *Charles Hasselbach*, Vertreter der Firma *C. Maury & Comp.* in Alexandrien, derartige directe Versendungen. Die Commissionsgebühren und die Portoauslagen sind verhältnissmässig nicht bedeutend. So kostete eine Kiste im Gewicht von 65 Kilogr. von Kairo nach Leipzig, einschliesslich aller Gebühren in Kairo, Alexandrien und Triest, sowie der Eisenbahnfracht etc., 32 Mark 56 Pfg.; eine kleine Blechrolle, im Gewicht von 200 gr. u. mit Post expedirt, 5 M. 26 Pf.

Friseure an allen Seiten der Ezbekiye, Preise sehr hoch, Haarschneiden $1\frac{1}{2}$–$2\frac{1}{2}$ fr., Rasiren 1 fr. In den *arabischen Barbierstuben*, meist ganz offen an der Strasse, wird das Haar nicht geschnitten, sondern gleich der ganze Kopf rasirt, was, um Missverständnissen vorzubeugen, hier bemerkt sein möge. Uebrigens ist der arab. Barbier in der Ausübung seiner Kunst besonders geschickt; wenn er fertig ist, hält er seinen Kunden den Spiegel vor und sagt *„na'iman"*, es bekomme angenehm; Antwort: *„allâh yin'im 'alêk"*, Gott mache es dir angenehm.

Wein und Conserven bei °*Bourdon* in der Nähe des Hôtel Auric (Pl. d); *Nicolo Zigada*, Ecke der Muski.

Tabak (vergl. S. 33). Syrischen Tabak (Koráni und Gebeli) kauft man am besten in kleinen Quantitäten in der Strasse Gâmi'a el-Benât (S. 201) in der Nähe der Muski. Türkischer Tabak (Stambûli) unter vielen Andern bei *Caracopolo* in der Muski l. unweit des Eingangs; er hat auch eine grosse Auswahl anderer Tabake und Cigarren. Letztere, meist holländische, Bremer oder Hamburger Waare, findet man ausserdem in den Hôtels und in dem dem Buchhändler Kauffmann gehörigen Geschäft „à la ville de Hambourg" beim östl. Eingangsthor des Ezbekiyegartens.

Arabische Bazare, s. S. 20 und S. 270. Unfern des Ausgangs der Muski hält ein Nubier verschiedene zu Geschenken geeignete *aegyptische und nubische Artikel* zum Verkauf. Die Preise dafür dürften etwa folgende sein: Straussen-Ei von 3 fr. an, bemalte und ciselirte theurer, der dickbauchige Kugelfisch (Fakâka, S. 99) 3–5 fr., nubische Lanze 1 fr., Bogen mit 6 Pfeilen 12–15 fr., kleine Geige 12, viereckige 20 fr.; Leoparden-Felle 15–30 fr., doch ist zu Hause mit diesen letztern gar nichts anzufangen, da sie ungenügend gegerbt sind und von den Haaren fast nichts übrig bleibt. Hat der Nubier gerade genug Geld, so lässt er nur schwer mit sich handeln, schliesst mitunter auch seine Bude ganz.

Arabische Holzarbeiten bei dem Italiener °*Parvis* vor dem Eingang in die Muski, links in dem Hof; auch ohne zu kaufen kann man seine Werkstatt durchwandern und sich die fertigen Schränke, Tische, Stühle etc. ansehen.

Stöcke und Reitpeitschen aus **Nilpferdhaut** bei einem Polen (spricht etwas italien.) in der Gasse zum Hôtel du Nil (S. 219).

Die religiösen Feste der Mohammedaner, deren Hauptschauplatz natürlich Kairo ist, lassen sich bei der schwankenden Natur des arabischen Mondjahrs nach unseren Daten nicht genau bestimmen, doch gibt der auf Seite 194 eingefügte Kalender einigen Anhalt dazu.

Der erste Monat des arabischen Jahres ist der *Moḥarrem*, in dem die ersten 10 Tage (*'aschr*) und unter diesen wieder der 10. (*yôm 'aschûra*) besonders heilig sind. Man vertheilt an diesen Tagen Almosen und verschafft sich Amulete. Die Mütter (selbst gut gestellte) tragen in dieser Zeit ihr Kind auf der Schulter (vergl. S. 200) durch die Strassen oder lassen es tragen und nähen ihm das Kupferstück, welches es erhält, in die Mütze. Am 10. Moḥarrem, dem hochgefeierten *'Aschûra*-Tage, an dem Adam und Eva nach der Vertreibung aus dem Paradiese zum ersten Mal wieder zusammengekommen sein sollen, Noah seine Arche verlassen haben soll und Ḥusên, der Enkel des Propheten, in der Schlacht bei Kerbela den Märtyrertod fand, wird die Gâmi'a Ḥasanên (S. 311) zum Schauplatz eines ungeheuren Getümmels. Damen sind vor dem Besuch derselben zu warnen, denn die Männer drängen oft geflissentlich die Frauen. Gegen Abend daselbst ein grosser Zikr der drehenden Derwische (S. 257).

Am Ende des *Ṣafar*, d. i. des zweiten oder am Anfang des dritten Monats, *Rabî' el-awwel*, kehrt die Mekka-Karawane (S. 164) heim. Vorreiter verkünden ihre Ankunft, einige ziehen ihr drei Tagereisen weit, die meisten nur bis zum *Birket el-Ḥagg* (S. 344) oder Pilgersee entgegen. Einzelne Trupps von der Karawane kehren auch schon vorher zurück, allemal mit Pauken und Trommelschlag. Ein pyramidenförmiges Holzgestell, *Maḥmal* genannt, mit schön gestickten Stoffen behangen und von einem Kamel getragen, wird als Symbol der Königswürde mit im Zuge geführt. Das Innere des Maḥmal ist leer, aussen sind zwei Korânexemplare befestigt. Der Eintritt der Procession pflegt durch das Bâb en-Naṣr (S. 299) zu erfolgen. Nach $1^1/_2$—2 Stunden ist die Rumêle (S. 281), der grosse Platz vor und unter der Citadelle erreicht, auf welcher letztern zwölf Kanonenschüsse abgefeuert werden; der Platz wird umgangen und die Procession zieht endlich in das Bâb el-Wezîr (Pl. E, 2) genannte Thor der Citadelle ein. Auch der Auszug der Pilger (S. 256) ist mit ähnlichen Feierlichkeiten verbunden.

Das grosse Fest des Geburtstages des Propheten, der Mûlid en-Nebi, wird im Anfang des dritten Monats *Rabî' el-awwel* gefeiert. Am zweiten Tage des Monats beginnen die Vorbereitungen; die Hauptfestnacht ist die dem zwölften Tage des Monats vorangehende. Illumination, namentlich auf dem Festplatze mit an besonderen Holzgerüsten (*Kâim*) aufgehängten Lampen. Derwische (S. 165) ziehen bei Tage mit Fahnen und sobald es dunkelt mit Stangen, an denen Lampen hängen, durch die Strassen. Die Verkäufer von Süssigkeiten rufen häufig in dieser Nacht: „Ein Salzkorn in das Auge dessen, der den Propheten nicht segnet!" Am 11. des Monats geht das Ueberreiten der Derwische, *Dôse* genannt, vor sich. Ueber 50, 60 und mehr Leute, dicht neben einander auf die Erde gelegt, reitet der Schêch der Sa'adîye-Derwische auf einem Pferde. Selten geschieht dabei ein Unglück, obgleich das Pferd auf jeden am Boden Liegenden tritt. Während des Rittes schreien die Zuschauer unaufhörlich: „Allâh lâ lâ lâ lâh lâh!" In der Nacht grosser Zikr der Derwische (S. 257). An diesem Feste wie bei allen Mûlids allerlei Vorstellungen von Gauklern, Spassmachern etc. (vergl. S. 165).

Im vierten Monat *Rabî' el-Âchir (et-tâni)* das besonders hoch gefeierte *Geburtsfest* (Mûlid) *Ḥusên's*, Enkels des Propheten. Hauptschauplatz der Feier die Moschee Ḥasanên, in der der Kopf Ḥusên's bestattet sein soll. Dauer 15 Tage und 14 Nächte. Hauptfesttag immer ein Dienstag (*yôm et-telât*). Mitunter Vorstellungen der *'Ilwânîye-Derwische* (S. 165), die glühende Kohlen, Glas etc. kauen und verschlucken und wilde Tänze aufführen. An den Haupttagen und den ihnen vorangehenden Nächten grosses Gedränge in der Moschee und deren Nähe, namentlich beim Grabe des Sultân eṣ-Ṣâleḥ (S. 118) im Bazar der Naḥḥâsîn (S. 275). Vorlesungen des Korân, Illumination der der Moschee benachbarten Strassen, geöffnete Läden, Märchenerzähler, Gaukler etc.

In der Mitte des siebenten Monats (*Regeb*) der Mûlid unserer Frau

Zênab (Sitte Zênab), der Enkelin des Propheten. Dauer 14 Tage. Haupttag ein Dienstag. Schauplatz die Moschee der Sitte Zênab (S. 287), in der sie begraben sein soll.

Am 27. des 7. Monats (Regeb) die *Lêlet el-Mi'râg* oder Nacht der Himmelfahrt des Propheten. Schauplatz ausserhalb des Bâb el-'Adawi in der nördlichen Vorstadt von Kairo.

Am ersten, manchmal auch am zweiten Mittwoch des achten Monats *Scha'bân* der Môlid des *Imâm Schafe'i*. Hauptschauplatz die Begräbnissstätte el-Karâfe (S. 335). Von vielen gefeierter Môlid, da die meisten Kairener der Secte des Imâm Schafe'i (S. 164) angehören. Die Festlichkeiten wie an den andern Môlids; auch Ueberreitung (Dôse).

Der neunte Monat *Ramadân* (S. 169) ist der Monat des Fastens, welches beginnt, sobald auch nur ein Muslim den Neumond gesehen zu haben versichert, und das sich natürlich nur auf die *Tage* bezieht, während die Gläubigen in den *Nächten* sich um so eifriger dem Genuss von Speise, Trank und Tabak hingeben. Sobald es dunkelt, füllen sich die Strassen, vor den Kaffehäusern lauschen Zuhörer in grosser Zahl den Märchenerzählern und in den Moscheen versammeln sich viele Gläubige. Die Nacht vor dem 27. des Monats gilt für besonders heilig. Sie wird die *Lêlet el-Kadr* oder „Nacht des Werthes" genannt, denn in ihr soll der Korân zu Mohammed herabgesandt worden sein. In ihr steigen die Engel zu den Sterblichen herab, sie segnend; die Thore des Himmels stehen offen und gewähren den Gebeten Einlass, die sicher Erhörung finden. Man versäume es nicht, in ihr die Moschee Hasanên oder, und dies ist namentlich für Damen empfehlenswerther, die Moschee Mohammed 'Ali's (S. 281) auf der Citadelle zu besuchen, um den grossen Zikrs der drehenden und heulenden Derwische zuzuschauen. Diese Vorstellungen, an denen 30, 40 und mehr Derwische Theil nehmen, wirken aufregend, namentlich wenn einzelne Dreher oder Heuler „*melbûs*" werden, d. h. in einen den epileptischen Krämpfen gleichenden Zustand gerathen (S. 167).

Dem Ramadân folgt der Monat *Schawwâl*, in dessen ersten drei Tagen das erste und kleinere Freudenfest begangen wird, welches die Araber *el-'îd es-sughayyir* (das kleine Fest) nennen, das aber unter seinem türkischen Namen *Beirâm* bekannter ist. Es wird gefeiert, um der Freude über das Aufhören des Fastens Ausdruck zu geben, und wie an unserm Weihnachten beschenken an ihm die Eltern ihre Kinder und die Herren ihre Diener. Freunde, die einander begegnen, umarmen sich und es werden wie an unserm Neujahr Besuche gemacht. In Folge dieser letzteren Sitte empfängt der Chediw am Beirâm die Würdenträger, höheren Beamten, das gesammte diplomatische Corps etc.

Nicht ohne Interesse ist an diesem Tag ein Gang auf die Kirchhöfe (am besten der bei dem Bâb en-Nasr), wohin die Kairener bei diesem Feste in grossen Zügen wandern, um Palmenzweige oder Basilicum (*Rihân*) auf die Gräber ihrer Verstorbenen zu legen und Datteln, Brod und ähnliches unter die Armen zu vertheilen.

Wenige Tage nach dem Beirâm werden die auf Kosten des Sultan zu Constantinopel gewebten Stücke der *Kiswe*, d. i. der Decke, welche alljährlich zur Verhüllung der Ka'ba (des höchsten Heiligthums im Innern des Tempels zu Mekka) von den Pilgern nach der Stadt des Propheten gebracht wird, in Procession zur Citadelle getragen, wo man sie zusammennäht und füttert. Was hierbei zu sehen ist, wiederholt sich in grossem Massstabe in der letzten Hälfte des Monats *Schawwâl* (gewöhnlich am 23sten) bei dem glänzenden Aufzuge der Escorte der nach Mekka aufbrechenden Pilgerkarawane, welche auch den Mahmal (S. 255) mit sich führt. — Alles, was Leben hat und dem Propheten anhängt, erfüllt von früh an die Strassen der Stadt. Die Frauen sind geputzt. Viele Haremsfenster sind geöffnet und die verschleierten Schönen blicken auf die Strasse hinaus. Hauptschauplatz der Ceremonien ist der Rumêle-Platz (Pl. F, 2), wo am Fusse der Citadelle ein glänzendes Zelt von rothem Sammet und Gold für die Würdenträger aufgeschlagen ist. Soldaten reiten dem Zuge voran. Es folgen mit bunten Teppichen geschmückte Kameele, auf deren Höckern Büschel von Palmzweigen, an denen Orangen hängen, befestigt sind. Eine arabische Musikbande geht jeder Abtheilung des Zuges voran; die grösste der mit rothem Stoff bedeckten Sänfte (*Tacht rawân*) des Emir el-Hagg, welche von zwei Kameelen getragen wird, und der der *Delîl el-Hagg* oder Führer der Pilger mit mehreren Begleitern folgen; dann erscheinen Pilgerabtheilungen und Derwische mit Fahnen und endlich der Mahmal (s. oben). Einen malerischen Anblick gewährt das Lager der versammelten Pilger (Haggi) am Birket el-Hagg (S. 344), von wo die ganze Karawane nach Mekka aufbricht.

Am 10. Tage des 12. Monats (*Dhul-higge*) beginnt das grosse Fest *el 'Id el-kebîr*, welches ähnlich wie das kleine Fest (el-'Id eṣ-ṣughayyir, s. oben) gefeiert wird.

Von besonderm Interesse sind noch die Feste, welche sich auf das Steigen des Nils beziehen und sich auf das engste an ähnliche aus der Pharaonenzeit, welche selbst die christliche Epoche nicht auszulöschen vermochte, schliessen. Da sie in den Sommer fallen, so werden nur wenige an ihnen Theil zu nehmen Gelegenheit haben. Es ist natürlich, dass diese auf ein regelmässig wiederkehrendes Naturereigniss bezüglichen Feste nicht nach dem schwankenden Mondjahre der Araber, sondern nach dem festen Sonnenjahre der Kopten bestimmt werden. — Die Nacht des 11. Tages des koptischen Monats Ba'ûna (17. Juni) wird *Lêlet en-Nukta* d. i. die Nacht des Tropfens genannt, weil man glaubt, dass in dieser Nacht ein göttlicher Tropfen (nach der Lehre der alten Aegypter eine Thräne der Isis) in den Nil falle und sein Wachsen verursache. Die Astrologen bezeichnen genau die Stunde des Falls. Die Kairener verbringen diese Nacht am Ufer des Nil, entweder in den Häusern von dort wohnenden Bekannten oder im Freien. Dabei verrichtet man allerlei abergläubische Gebräuche. So legen z. B. die einzelnen Mitglieder der Familie Teigstücke auf das Dach des Hauses; wessen Teig aufgeht, dem steht Glück bevor, und umgekehrt. Am 21. Juni beginnt das langsame Steigen des Stromes (vergl. S. 68), am 27. des kopt. Ba'ûna (3. Juli) begegnet man den Nilrufern (*Munâdi en-Nil*), welche gewöhnlich am Morgen mit lauter Stimme in den Strassen die Zahl der Zolle, welche der Strom gewachsen ist, den Bürgern verkünden. In Begleitung des Munâdi befindet sich ein Knabe, mit dem er als Einleitung zu seinen übrigens ungenauen Angaben ein religiöses weithin vernehmliches Zwiegespräch hält. Es folgt der Tag des *Durchstichs des Dammes* (*yôm gebr el-bahr* oder *yôm wefa el-bahr*, zwischen dem 1. und 14. des koptischen Monats Misra, d. i. dem 6. bis 19. August). Hauptschauplatz die Insel Rôda (S. 328) und ihre Umgebung. Der Nilrufer, von fahnentragenden Knaben begleitet, verkündet das „*Wefa en-Nil*“ (die Erfüllung oder den Ueberfluss des Nil), d. h. dass das Wasser die Höhe von 16 Ellen (S. 68) erreicht habe.

Der Durchstich des Dammes erfolgt unter grossem Jubel des Volkes und geräuschvollen Festlichkeiten. Aus Nilstelen am Gebel Selsele in Oberaegypten lässt sich nachweisen, dass bereits im 14. Jahrhundert v. Chr. diese auf das Schwellen des Nils bezüglichen Feste gefeiert worden sind.

Derwische (vergl. S. 165). Die „tanzenden Derwische“ halten jeden Freitag Nachmittag von 2—3 ihren Zikr in der Gâm'a el-Akbar (S. 284); man geht einfach hinein und setzt sich ausserhalb des mit Brettern gezogenen Kreises auf einen Stuhl; beim Fortgehen gibt man ein Bachschîsch von 1—2 Piaster. In gleicher Weise gestaltet sich der Besuch der „heulenden Derwische“, die ihren Zikr ebenfalls Freitags von 2—3 Uhr in der Gâm'a Kaṣr el-'Ain (S. 325) halten. Um beide hintereinander zu sehen, begebe man sich etwas vor 2 Uhr zur Hasanên-Moschee, sehe sich die tanzenden Derwische 20—25 Min. lang an und begebe sich alsdann direct zur Gâm'a Kaṣr el-'Ain, um dem Schluss des Zikrs der heulenden Derwische beizuwohnen. Auf diese Weise sieht man von beiden gerade genug, um ihrer nicht überdrüssig zu werden.

Zeiteintheilung und Sehenswürdigkeiten.

Ueber die Dauer des Aufenthaltes in Kairo bestimmte Vorschriften zu geben ist kaum thunlich, da Neigung und Stimmung des Einzelnen zu sehr in Betracht kommen. Der Eine wird sich mehr dem Strassenleben als dem Besuch der Moscheen widmen, sich allein oder doch nur mit Hülfe seines Hammârs (S. 251) zurechtzufinden suchen, während der Andere Lohndiener und Wagen nicht entbehren zu können glaubt. Mit einiger Ausdauer, frühem Aufstehen und vorheriger Orientirung über das, was man sehen will, wird man in 6 Tagen alle Merkwürdigkeiten besichtigen können, aber die doppelte Zeit reicht nicht aus, um neben diesen Sehenswürdigkeiten auch das orientalische Leben kennen zu lernen.

Bei beschränkter Zeit. a. In der Stadt: Strassenleben (S. 263), Ezbekiyegarten (S. 277), Citadelle (S. 281) Abends bei Sonnenuntergang oder Vormittags bis elf; Chalifen- (S. 301) und Mamluken-Gräber (S. 335); die Moscheen Sulṭân Ḥasan (S. 279), 'Amr (S. 331) in Alt-Kairo, Ibn Ṭulûn (S. 284), Ḳalaûn (S. 294), Barḳûḳiye (S. 297) und el-Azhar (S. 306), letztere nur mit einer durch das Consulat zu erlangenden Erlaubniss; Bâb en-Naṣr (S. 299); Museum in Bûlâḳ (S. 314).

b. Ausflüge in die Umgebung (bei beschränkter Zeit nur im Wagen): Pyramiden von Gîze (S. 351), Apisgräber und Masṭaba von Saḳḳâra (S. 383), Heliopolis (S. 340), Schubra-Allee (S. 339).

Diese Angaben mögen als Anhaltspunkte für einen ganz flüchtigen Besuch dienen; unsere Beschreibung ist wie folgt eingetheilt.

1. Tag. *Vormittags* (auch zu Wagen): *Citadelle (S. 281: *Aussicht auf Kairo und Besuch der Gâm'a Moḥammed 'Ali); Gâm'a Sulṭân Ḥasan (S. 279), Gâm'a ibn Ṭulûn (S. 284), Bâb Mutawelli (oder Zuwêle, S. 291), Gâm'a el-Muaiyad (S. 291), Strasse und Gâm'a el-Ghûri (S. 293). — *Nachmittags* im Wagen auf der 'Abbâsîye-Strasse über Ḳubbe nach Maṭariye, Marienbaum, Heliopolis (S. 342).

2. Tag. *Vormittags* (zu Esel): Bazare (denen man auch zu Fuss einen ganzen Tag widmen kann), Muristân Ḳalaûn, Grabmoschee Sulṭân Moḥammed en-Nâṣir ibn Kalaûn (S. 296), Gâm'a Barḳûḳiye (S. 297), Gâm'a Ḥâkim (S. 298), Bâb en-Naṣr (S. 299), Chalifengräber (S. 301). — *Nachmittags* (zu Wagen): Nilbrücke (S. 337; zwischen 1 und $2^1/_2$ Uhr geschlossen), Garten und Palast von Gezîre (S. 337; Eintritt nur mit Erlaubnisskarte des Consulats).

3. Tag. *Vormittags:* Museum von Bûlâḳ (S. 314). — *Nachmittags* (zu Esel; im Winter früh aufbrechen): Mosesquelle und kleiner versteinerter Wald (S. 346), zurück über den Moḳaṭṭam (Aussicht auf Kairo bei Sonnenuntergang) und bei der Citadelle vorbei (S. 345).

4. Tag. *Vormittags:* Die Moscheen el-Azhar (S. 306) und Ḥasanên (S. 311), am besten hintereinander besucht, da dieselben nur

mit specieller Erlaubniss und in Begleitung eines Kawwâs zu besichtigen sind; das gleiche gilt für den Besuch der Gâm'a Sitte Zênab (S. 287), indessen ist letztere weit abgelegen und für den grossen Umweg vielleicht nicht lohnend genug; auch ist der Freitag zu vermeiden, da an diesem Tage in der el-Azhar-Moschee kein Unterricht ertheilt wird und somit das Hauptinteresse wegfällt. — *Nachmittags* (zu Wagen): Alt-Kairo (S. 325): Insel Rôḍa (S. 326), Babylon mit den altchristlichen Kirchen (S. 328), Gâm'a 'Amr (S. 331), dann wenn man Zeit hat, Imâm Schafe'i, Hôsch el-Bâscha (S. 336), Mamlukengräber und durch den Stadttheil der Tuluniden (S. 284) zurück.

5. Tag (zu Wagen): Pyramiden von Gîze (S. 351; lassen sich zur Noth auch in einem Vormittag „abmachen"); eventuell Nachmittags nach Schubra (zur Besichtigung der Gärten und des Kiosk ist eine Erlaubniss des Consulats erforderlich).

6. Tag (Eisenbahn und Esel): Memphis und Saḳḳâra (S. 383).

7. Tag (Eisenbahn): Bäder von Heluân (S. 417) und (zu Esel) Steinbrüche von Ṭurra und Ma'ṣara (S. 419).

8. Tag (Eisenbahn) Barrage du Nil (S. 420).

Bedient man sich ausschliesslich eines Esels, so werden einige dieser Touren manchem zu stark sein; doch dürfte die vorstehende Reihenfolge der Sehenswürdigkeiten wohl die zweckmässigste sein.

Wiederholte Besuche verdienen das Museum in Bûlâḳ; die Citadelle oder die Windmühlenhügel am östl. Ausgang der Rue Neuve (Verlängerung der Muski) namentlich Nachmittags vor Sonnenuntergang wegen des Blickes auf die Chalifengräber und die Moḳaṭṭam-Höhen; die Chalifengräber, der Ezbekîye-Garten, die Schubra-Allee an einem Freitag, die Bazare (Strassenleben) an einem Donnerstag.

Besondere Erlaubniss ist nothwendig:

a. Durch Vermittlung des Consulats von der Polizei (Zabṭîye, S. 203) für 1) Gâm'a el-Azhar (S. 306), 2) Gâm'a Ḥasanên (S. 311), 3) Gâm'a Sitte Zênab (S. 287) und 4) Gâm'a Schêch Ṣâleḥ (Pl. 62; modern, durch den Vicekönig gebaut und nicht sehenswerth). Der Freitag und hohe Festtage eignen sich nicht zum Besuch derselben; dem Ḳawwâs, den man zur Begleitung erhält, pflegt eine Gesellschaft 5 fr. zu zahlen.

b. Durch Vermittelung des Consulats von dem Kriegsministerium für 1) Gâm'a Ṣalâḥeddîn Yûsuf (S. 283), 2) Gâm'a Sulêmân Pascha (S. 289), 3) Fortificationen am Barrage du Nil (S. 420).

c. Durch das Consulat und das Ceremonien-Amt für Garten und Schloss Gezîre (S. 387).

d. Direct vom Consulat für den Garten von Schubra (S. 389).

e. Endlich ist eine Empfehlung des Consulats erforderlich für das Haus des Schêch es-Sadad und das des Schêch Mufti (den Eintritt in das letztere erreicht man mitunter auch durch ein Bachschisch).

Zur Geschichte Kairo's. Bei der Eroberung Aegyptens durch Kambyses (525 v. Chr.) sollen die Babylonier an der Stelle, wo heute Alt-Kairo steht, Neu-Babylon, welches zur Römerzeit das Standquartier einer der drei in Aegypten stehenden Legionen wurde, gegründet haben. Trümmer des Castrums blieben erhalten. *'Amr ibn el-'Asi*, der Feldherr des Chalifen 'Omar, eroberte Babylon (638 n. Chr.) und befahl, als er seinen Siegeslauf weiter gegen Alexandrien richtete, das Zelt (fosṭâṭ), welches er während der Belagerung bewohnt hatte, abzubrechen; es ergab sich jedoch, dass auf der Spitze desselben eine brütende Taube sich niedergelassen hatte, und so bestimmte 'Amr, das Zelt stehen zu lassen, bis die Jungen flügge geworden seien. Nach der Eroberung Alexandriens bat er den Chalifen, dort seinen Wohnsitz nehmen zu dürfen; 'Omar aber, dem das von unruhigen Elementen erfüllte Alexandrien, welches ausserdem zu fern vom Mittelpunkt des eroberten Landes lag, zur Residenz wenig geeignet erschien, verweigerte die Erlaubniss. So kehrte 'Amr zu seinem Zelte zurück, und um dasselbe herum schlugen seine Genossen die ihrigen auf. So entstand die neue Stadt, welche in Erinnerung an ihren Ursprung den Namen Fosṭâṭ behielt. 'Amr erbaute eine Moschee (S. 331); ihm wird die Gründung des Kanals (*Chalîg*) zugeschrieben, der, gegenüber der Insel Rôḍa beginnend, die Stadt durchschneidet und den Zweck gehabt haben soll, den Nil mit dem Rothen Meere zu verbinden. Eine wesentliche Vergrösserung erfuhr die Stadt unter dem prachtliebenden *Aḥmed ibn Ṭulûn*, dem Gründer der Ṭuluniden-Dynastie, durch das neue Stadtviertel *el-Chaṭîya* SW. von der heutigen Citadelle; von den von ihm aufgeführten Bauten ist die nach ihm benannte Moschee (S. 284) noch vorhanden. Auch seine Nachfolger, besonders sein Sohn *Chumarûye*, der sich ebenfalls hier einen Palast errichtete, begünstigten die neue Stadt, an die sich erst unter den Fâṭimidischen Chalifen (S. 116) das heutige Kairo schliessen sollte. *Djôhar*, der Feldherr des Fâṭimiden *Mu'izz*, gründete das Kairo von heute im Norden von el-Chaṭîya als Residenz des Chalifen, als Garnison für die von ihm befehligten Soldaten. In der Stunde, als man die Anlage der Umfassungsmauern begann, durchlief der Planet Mars den Meridian der neuen Stadt. Die Araber nennen diesen Stern Kâhir, d. h. der Siegreiche, und Mu'izz befahl, seiner neuen Schöpfung den Namen *Maṣr el-Kâhira* oder *Kâhira* zu geben. Maṣr ist der Name Aegyptens oder seiner Hauptstadt; diesen Namen hatte, wie es scheint, auch Fosṭâṭ bereits geführt; um es von Maṣr el-Kâhira zu unterscheiden, nannte man es *Maṣr el-'Atîka* (Alt-Kairo). Der Bau schritt rasch fort: Ziegel waren leicht aus Nilschlamm zu bereiten, das Mokaṭṭam-Gebirge bot herrliche Blöcke, die Riesentrümmer des alten Memphis am andern Ufer des Stromes wurden geplündert und bei der Fundamentirung der neuen Häuser (wie sich noch heute nachweisen lässt) verwandt. 973 n. Chr. wurde Kairo zur Residenz erhoben und es wurden seitdem Jahrhunderte lang die Geschicke Aegyptens hier entschieden. Ṣalâḥeddîn (Saladin) legte die Citadelle (S. 281) am Abhange des Mokaṭṭam-Gebirges an, welche noch heute die Stadt beherrscht; sie wie die Stadt selbst liess er mit einer Mauer umgeben, deren Länge 29,000 Ellen betrug. Unter den folgenden prachtliebenden und verschwenderischen Sulṭanen entwickelte sich Kairo auf das glänzendste. Namentlich wird von den arabischen Historikern die Bauthätigkeit des Sulṭâns Mohammed en-Nâṣir († 1341) gerühmt; ausser Kanälen und Wegen liess er zahlreiche Luxusbauten innerhalb und ausserhalb der Citadelle aufführen, so dass die ganze Umgebung der Residenz, früher nur Ruinen und Sandhügel, mit Palästen und Anlagen bedeckt ward. Doch wurde Kairo zu jener Zeit, wie schon früher (1067, 1295) und mehrfach später, von der Pest furchtbar heimgesucht, an der nach Makrîzi vom Nov. 1348 bis Jan. 1349 in Alt- und Neu-Kairo 900,000 (?) Menschen starben. Auch sonst hatte die Stadt viel zu leiden; ihre ganze Geschichte, soweit sie sich verfolgen lässt, ist wie die der Sulṭâns- und Mamlukenherrschaft selbst, eine fast ununterbrochene Reihe von Revolutionen, Plünderungen und sonstigen Greuelthaten. Wie die meisten der auf der Citadelle residirenden Mamlukensultane keines natürlichen Todes starben, so begann auch keine Regierung ohne erbitterte und blutige Kämpfe der Emire um das Wezîrat, und nur wenige Regierungen sind es, die nicht durch Empörungen in der Hauptstadt gestört wurden. Unter dem dritten Sultanat Moḥammed en-Nâṣir's — zweimal wurde er abgesetzt und gelangte wieder auf den Thron — fand in Kairo eine Christenverfolgung statt. Das Volk beschuldigte die Christen, die zahlreich in Kairo und ganz Aegypten wohnten, der Brandstiftung; ihre Kirchen wurden geschlossen oder niedergerissen, sie selbst misshandelt und namentlich unter dem Sulṭân Sâleḥ (1351—54) derart bedrückt, dass viele zum Islâm übertraten. Von blutigen Strassenkämpfen feindlicher Mamlukenparteien wird 1360 und 1367 unter Sulṭân *Scha'bân* berichtet; im Jahre 1377 wurde Scha'bân selbst nach vorgängiger Revolution in Kairo auf der Citadelle gefoltert und erdrosselt. Noch schlimmere Zustände begleiteten die Thronentsetzung des Sulṭâns *Barḳûḳ* (1389): in Kairo herrschte die wildeste Anarchie, die Verbrecher hatten ihre Gefängnisse erbrochen und vereint mit dem Pöbel die Häuser der Emire und die öffentlichen Magazine ausgeplündert; doch schon im folgenden Jahre brachte eine Rebellion der Mamluken, welche die Citadelle stürmten, Barḳûḳ wieder auf den Thron, von dem er durch feierlichen Einzug in Kairo Besitz nahm. Kaum aber hatte er 1399 die Augen geschlossen und war ihm Farag in der Regierung gefolgt, als sich die Mamluken wieder empörten; es erfolgten neue heftige Kämpfe um den Besitz der Citadelle, die von einer theilweisen Plünderung der Stadt begleitet waren. Aehnliche Scenen wiederholten sich fast bei jedem Regierungswechsel. Immer unerträglicher wurde der fortwährend steigende Uebermuth der von den Sulṭanen allzu schonend behandelten Mamluken, welche die Marktleute beraubten, die Bewohner der Residenz auf offener Strasse misshandelten und gegen die Frauen sich die grössten Frechheiten erlaubten. Bisher hatte das Eingreifen dieser Truppen doch meist politische Zwecke gehabt aber seit der Mitte des 15. Jahrh. nahmen bei ihnen auch diejenigen Verbrechen überhand, die nichts anderes bezweckten als Raub. Im Jahre 1458, als wiederholte Feuersbrünste in Kairo und Bûlâḳ ausbrachen, war die allgemeine Meinung, dass die Mamluken die Brandstifter seien, um nach Lust plündern zu können; im folgenden Jahre drangen sie in die Moschee 'Amr's in Altkairo ein, in welcher viele Frauen dem Freitagsgottesdienste beiwohnten, und raubten sie aus; unter dem Sulṭanat Choschkâdem's (1461 bis 67) plünderten die Mamluken die Bazare Altkairo's; aus Moḥammed's, Sohnes von Ḳait Bey, Regierung (1496—98) wird berichtet, dass sie Nachts in den Strassen umherschwärmten, die Polizeibeamten misshandelten und bald diesen bald jenen Stadttheil ausplünderten; dass sie die politischen Wirren der Hauptstadt, in deren Strassen 1496 nebenbuhlerische Emire fast täglich Kämpfe lieferten, zu räuberischen Excessen benutzten, ist selbstverständlich.

Am 26. Januar 1517 zog, nach vorgängiger Schlacht in der Nähe der Stadt (S. 341), der osmanische Sulṭân *Selim I.* in Kairo ein. Der letzte Mamlukensulṭân, Ṭûmân Bey, überfiel am 28. Januar noch einmal die schlecht bewachte Stadt, musste sie aber schon folgenden Tages wieder räumen, wurde gefangen und hingerichtet (S. 291). Bevor Selim nach Constantinopel zurückkehrte, liess er die schönsten Marmorsäulen, welche den Palast der Citadelle schmückten, abbrechen und nach Stambûl schaffen. Kairo war hinfort anstatt Residenz einfache Provinzialhauptstadt, ihre Schicksale hüllen sich in Dunkel, aus dem sie erst wieder mit dem Zeitpunkt der französischen Expedition auftauchen. Nach der Schlacht an den Pyramiden fiel 22. Juli 1798 Kairo in die Hände *Bonaparte's*, der einige Monate hier sein Hauptquartier hatte und einen Aufstand der Bevölkerung (23.—25. Sept.) mit blutiger Gewalt unterdrückte. Anfang 1799 trat von Kairo aus Bonaparte seinen Zug nach Syrien an; als er nach Frankreich zurückkehrte, blieb Kléber als Oberbefehlshaber der französischen Truppen in Kairo, wo er 14. Juni 1800 ermordet wurde. 1801 musste die vom Grossvezir bedrängte französische Besatzung von Kairo unter Belliard capituliren. Am 3. August 1805 nahm *Moḥammed 'Ali* als anerkannter Pascha von Aegypten Besitz von der Citadelle, die durch ihn zum letzten Male zur Zeugin eines Blutbades gemacht wurde, als am 1. März 1811 die Beys der Mamluken niedergemetzelt wurden. Seitdem hat nichts die friedliche Weiterentwicklung Kairo's mehr gehemmt.

Kairo, *Ḳâhira*, *Maṣr el-Ḳâhira*, d. h. Maṣr (der alte Name Aegyptens bei den semitischen Nachbarvölkern) die Siegreiche (S. 260), oder auch kurzweg *Maṣr* oder *Miṣr* genannt, unterm 30° 6′ nördl. Br. und 31° 26′ östl. L. von Greenwich, liegt am rechten Ufer des Nil, etwa 3 St. südl. des sogen. „Kuhbauchs", der Stelle, wo der Strom sich in den Rosette- und den Damiette-Arm theilt, und ist nicht untreffend „der schönste Diamant am Griffe des grünen Deltafächers" genannt worden. Am Ostrande der Stadt, die über eine halbe Quadratmeile bedeckt, erheben sich die nackten röthlichen Felswände des 200m hohen Moḳaṭṭam-Gebirges (S. 344), des Anfangs der östlichen Wüste. Nach Westen hin hat sich die Stadt in den letzten Jahren so ausgedehnt, dass sie die Ufer des Nils berührt und die frühere Hafenstadt Bûlâḳ (S. 313) ganz in sich aufgenommen hat.

Kairo ist die grösste Stadt von Afrika und der arabischen Welt, die zweite des türkischen Reichs. Es ist die Residenz des Chediw, sowie der Sitz der Ministerien und aller obersten Behörden und hat einen eigenen Generalgouverneur. Die Zahl der Einwohner lässt sich schwer bestimmen, da bei der Abgeschlossenheit der arabischen Familien und der grossen Zahl des ohne eigentliche Wohnung lebenden eingebornen Proletariats eine Volkszählung in unserm Sinne unausführbar erscheint. Nach der mittleren Zahl der Geburten in Aegypten und Kairo würde man rund 400,000 Einwohner zu rechnen haben; nach der Berechnung des Guide annuaire d'Égypte 1872—1873 nur 368,500 (in Kairo wohnhafte Europäer 20—21,000; darunter 7000 Italiener, 4200 Griechen, 4000 Franzosen, 1600 Engländer, 1600 Oesterreicher, 1200 Deutsche). Ausserdem senden alle Staaten des Orients Repräsentanten in diese Stadt. Die Einwohner sind zusammengesetzt aus aegypto-arabischen Städtern (S. 57), zugewanderten Fellâḥ's (S. 44), Kopten (S. 48), Türken (S. 61) und Juden (S. 62), deren Gemeinde 7000 Seelen zählt. Auf den Strassen wird der Reisende neben den Eingebornen und Europäern, Negern von den verschiedensten Stämmen, Nordafrikanern, Beduinen, Syrern, Persern, Indern etc. begegnen.

Ausser dem S. 253 genannten *Hospital* bestehen in Kairo nach dem Muster europ. Einrichtungen eine *Kriegsschule (les écoles militaires*, Pl. 30) in 4 Abtheilungen (Generalstab, Artillerie, Cavallerie und Infanterie) und damit verbunden eine *Veterinärschule* unter Dr. Hamont; dann eine ebenfalls vom Staate unterhaltene *Mädchenschule* (durch die Bemühungen des Dr. Dor, eines Schweizers, ins Leben gerufen); endlich ein *chemisch-pharmaceut. Laboratorium*, unter Leitung des französ. Chemikers Gastinel, das eine vortreffliche pharmacent. Sammlung besitzt, und in welchem alle für die Hospitäler des Landes nöthigen Medicamente in grossem Maasstabe hergestellt, sowie ausserdem die Producte der 12 Salpeterfabriken (Production gegen 20,000 Centner im Jahr) Aegyptens geprüft werden.

Die *Polizei* (*Zabtîye*, Pl. 87), aus ca. 300 Beamten, darunter auch Europäer (meist Italiener), bestehend, ist vortrefflich geordnet und gegen den Fremden in jeder Weise zuvorkommend, sodass man sich selbst in den entlegensten und schmutzigsten Strassen und Gässchen der Stadt überall vollständig sicher fühlt; hat man Grund zu Beschwerden, so wende man sich sofort an sein Consulat (S. 250).

Das ****Strassenleben** in der Chalifenstadt ist eine reiche Quelle der Unterhaltung und Ueberraschung, der ganze Zauber der orientalischen Mährchenwelt ist darin verwebt, und wird auf jeden Europäer einen unvergesslichen Eindruck üben. „Die Kontraste von wilden und zivilisirten Situationen, Scenen und Historien sind es, welche Kahira so romantisch, abenteuerlich machen, die den Reisenden vom ersten bis zum letzten Augenblick frappiren und unterhalten, die selbst das blasirteste, europamüdeste Narrenexemplar aufrischen und sich durch alle Sphären und Erscheinungen dieser Araber- und Wüstenhauptstadt wie durch ganz Aegyptenland ziehen! Kahira ist die bunteste, keckste Mosaik und Musterkarte aller Nationen, Lebensarten und kulturhistorischen Epochen, ein lebendiges Museum von allen möglichen und unmöglichen Formen, Fragmenten, Fetzen und Fratzen der Bildung, Missbildung, der Artung, der Ausartung, der Rohheit, der Sitte, der Künste, der Wissenschaft, des Heidenthums, des Christenthums, des Muhamedanismus etc. . . . . In den Pariser Boulevards und auf der London Bridge hatte ich nur den Schatten, in Alexandrien nur das Vorspiel einer babylonischen Verwirrung gesehen, und der römische oder venetianische Carneval sind eben nur ein Spass. — Hier aber gehts jedermann ohne Unterschied und besonders dem allzuneugierigen Neuling geradeswegs an den Leib. Hier möchte man hinten und vorne Augen und die gleichmässige Schiebekraft eines Lastenkameels haben etc." (*B. Goltz*). Auch ohne diese „Schiebekraft" kommt man durch das Gedränge der Muski, aber es ist thatsächlich ein bunter Carneval, der nicht lebhaft genug beschrieben werden kann. — Noch immer sind die meisten Strassen der alten Stadtviertel für Wagen unzugänglich und nicht gepflastert (sie werden mit flüssigen Abfällen aller Art begossen und sind meist feucht), obgleich der Vicekönig durch grossartige Demolirungen und neue Anlagen dafür gesorgt hat, dass die Zahl der fahrbaren Verkehrsadern von Jahr zu Jahr wächst. In den arabischen Vierteln werden die Häuserreihen durch Wege getrennt, die so schmal sind, dass zwei Reiter in ihnen kaum einander auszuweichen vermögen und die vorspringenden Erker mit den Harimsgittern diejenigen des gegenüberliegenden Hauses beinah berühren. Der neue Stadttheil im Westen hat breite, schattenlose Strassen, schöne Avenuen und den prächtigen Ezbekîyegarten (S. 277), aber hier fühlt sich anscheinend das orientalische Leben nicht wohl, das findet man nur in den alten Stadttheilen, am besten in der Muski, der Hauptverkehrsader derselben, die häufig „wie ein verworrener, verschlungener, endloser Knäuel von Thieren und Menschen, Fussgängern, Reitern, Fahrenden, Frauen und Männern aller Art“ aussieht. „Dazu der Peitschenknall der Rosselenker, das Klirren der Münzen auf den an allen Strassenecken etablirten Wechslertischen; das Klappern der Messingschalen der Wasserträger, das Gebrülle der Kameele, Schreien der Esel, Bellen der Hunde etc. Kurz es ist ein wahrer Höllenscandal.“ Europäer, Herren wie Damen, können ohne die geringste Gefahr etwaiger Unannehmlichkeiten sich getrost in das dickste Gewühl stürzen und sich ganz dem Genuss dieses für sie so ganz neuen Lebens hingeben; die heitersten und spasshaftesten Scenen werden sich ihnen darbieten, und gar oft weiss man nicht wie es möglich, weiter durchzukommen, doch dafür lasse man nur seinen ḥammâr sorgen.

„Das: »anne aus humar« (ich will einen Esel) und: »bekam di Görsch oder Grubsch« (wie viel Piaster), das hatte ich gleichwohl richtig fortbekommen; und so genoss ich jetzt den Kitzel, mich für eigene Rechnung und Gefahr in arabische Handlungen, Redensarten und Reitgeschäfte verwickelt zu sehen“.

„Ich gab also meine Redehieroglyphen mit der Satisfaktion eines Kindes von mir, das zum erstenmal artikulirte Lautzeichen ausstösst. Als ich vollends von zehn und zwanzig Eselbuben augenblicklich so wunderschön verstanden wurde, dass sie mir alle auf einmal ihre Esel offerirten, welches sie wahrscheinlich auch gethan hätten, wenn ich nicht gesprochen, da fühlte ich mich wie einen Zauberer, der die Beschwörungsformel richtig getroffen hat“.

„Ich schwang mich also nach dieser »Aktnahme« meines Reise-Genies mit einer Sicherheit und Leichtigkeit in den Sattel, als wenn ich in Masr zu Hause gewesen wäre. Der Eseljunge fragte mich wahrscheinlich »wohin«, ich fühlte mich aber für den Augenblick mit meinen arabischen Formulirungen und Zauberparolen am Rande und sagte in einem sehr abbrevirten Styl: »kullo, kullo«, — so viel wie »Alles, Alles« (nämlich will ich sehen). Der Eseljunge nickte dann sein »teib anne aref« — gut ich verstehe. Ich selbst war jetzo meiner Sprachfähigkeit absolut sicher: der Esel wurde auf die ewig wund erhaltenen Hinterstellen (die stehenden Fontanellen seines Eigensinns und seiner Faulheit) gekitzelt und geprickelt, bis er sich in Galopp mit mir setzte, und ich flog in den ersten besten Knäuel von Fussgängern, Reitern und Gassen hinein, dass es nur so eine Art, oder dass es eben keine hatte, denn ich wusste weder wohin, warum, wie weit oder wie so; — aber das war eben der Witz und die Lust.“

Herren mögen es Goltz dreist nachmachen, es liegt wirklich ein köstlicher Reiz in solchen Ritten. „Lil muski yâ ḥammâr“ heisst „zur Muski, Eseljunge“, aus welcher Strasse sich jeder schnell nach seinem Hôtel finden wird. Aus dem auf- und abfluthenden Menschenstrom kann man täglich lernen, welche Völkerschaften in Kairo wohnen oder sich hier aufhalten, wahrlich eine interessante Musterkarte.

Vermag man es erst, die einzelnen Individuen, die sich hier in Strassen und Gassen durcheinander drängen, zu unterscheiden und dem nachzuforschen, was sie sind und thun und treiben, so fängt das Wandeln und Sehen und Hören erst an seine Früchte zu tragen. Hier nur eine kurze Beschreibung der auffallendsten Erscheinungen und Scenen, die dem Spaziergänger begegnen werden. Dem Reisenden wird zunächst die verschiedene Farbe der *Turbane* auffallen. Die Unterscheidung der Secten, Familien, Dynastien etc. durch die Farbe des Turbans unter den Arabern selbst ist sehr alt. Grüne Turbane eignen den „Scherif" oder Nachkommen des Propheten, sodann aber auch vielfach den Mekkapilgern (bekanntlich hat die Fahne des Propheten die grüne Farbe). Die 'Ulama oder Geistlichen und Gelehrten überhaupt tragen gewöhnlich einen ausserordentlich weiten und breiten, gleichmässig gewickelten Turban von heller Farbe. Der echte Turban *soll* sieben Kopfeslängen haben, damit er die Körperlänge darstelle und dem Gläubigen einst als Bahrtuch diene, durch dessen Tragen er sich mit dem Gedanken des Todes vertraut machen soll. Kleidung und Turban der Kopten, Juden und anderer nicht muslimischer Unterthanen ist meist von dunkler Farbe, für erstere blau, für letztere gelb, nach einer Bestimmung aus dem 14. Jahrh. (S. 292). Blau ist ferner die Farbe der Trauer (S. 169). Die *Frauen* der Armen und Bauern tragen nur ein blaues hemdartiges Gewand und den Schleier; ihr Schmuck besteht in silbernen oder auch nur kupfernen Armbändern, Ohrringen und Fussringen, die über dem Knöchel sitzen; am Kinn, an den Armen und auf der Brust sind sie häufig blau tätowirt (in Ober-Aegypten sieht man auch häufig noch Nasenringe). Die den besseren Ständen angehörenden Frauen, denen man auf der Strasse begegnet, zeigen nie die reiche Tracht, die sie im Hause tragen. Die Gestalt der schlanken, aufrecht gehenden Aegypterinnen pflegt in frühester Jugend schön zu sein. Sie färben ihre Augenwimpern und Lieder dunkel, die Nägel der Hände und Füsse mit Ḥenna braungelb und die ärmeren Frauen tätowiren sich Stirn, Kinn und Brust nicht selten mit blauen Figuren. Wenn die Damen ausreiten oder gehen, so tragen sie über dem Hausanzuge einen hellfarbigen seidenen Mantel mit sehr grossen Aermeln (*Tôb* oder *Seble*). Nächst diesem wird der *Burḳo'* oder Gesichtsschleier angelegt, der aus einem langen Muslin-Streifen besteht, welcher das ganze Gesicht bis auf die Augen verhüllt und beinah bis auf die Füsse reicht. Sodann bedeckt sich die Dame noch mit einer „*Ḥabara*", die bei verheiratheten Frauen aus zwei Brei-

ten glänzend schwarzen Seidenzeuges besteht. Die so vermummten Frauen sehen unförmlich breit und wie Fledermäuse aus. Vornehme Damen, die man unter Begleitung von Eunuchen in Equipagen fahren sieht, pflegen den untern Theil des Gesichts nach der Mode von Stambûl mit dünner Gaze bis zu den Augen, die frei bleiben, zu verschleiern. Ueber Beschneidung, Hochzeit und Leichenzüge, denen man in anderen Städten ebenso wie in Kairo begegnet, s. S. 168. Eigenthümlich ist u. a. noch, wie die kleinen Kinder getragen werden, nicht etwa auf dem Arme, sondern entweder auf der Hüfte oder, was man am meisten sieht, auf der Schulter.

In diesem Gewühl von Menschen und Thieren ertönen nun die verschiedensten Stimmen der hausirenden Gewerbsleute und all der Personen, welche ihre Geschäfte auf offener Strasse abmachen, dazu die nicht aufhörenden Warnungsrufe der Vorläufer (Sâis), der Kutscher, Eseltreiber und Kameelführer. „*Riglak*"! „*riglak*"! — „*schemâlak*"! — „*yemînak*"! — „*guarda*"! „*guarda*"! „*ûâ! ûâ*"! das ungefähr sind die Worte, die das Ohr des Fremden zuerst erfasst und denen er, auf die Seite springend, folgen wird, aber gar schnell wird er erkennen, dass der Kairener diesen allgemeinen Rufen wenig Beachtung schenkt, er verlangt um Folge zu leisten, dass der Warnende jeden persönlich avisirt, sonst lässt er sich in seiner Ruhe nicht stören, und in der That wird den Rufen meist die Eigenschaft des zu Warnenden hinzugefügt, also: „*riglak yâ chawâge*" dein Fuss (nimm in Acht) o Herr! (chawâge ist die Anrede des Arabers dem Europäer gegenüber und soll in früheren Zeiten nur europ. Kaufmann bedeutet haben); „*schemâlak yâ schêch*"! deine linke (Seite) o Schêch! „*yemînak yâ bint*"! deine rechte (Seite) o Mädchen! „*dahrak yâ sitt*"! deinen Rücken (nimm in Acht) o gnädige Frau! „*yâ 'arûs*"! o Braut! „*yâ scherîf*"! o Nachkomme des Propheten; „*yâ efendi*"! ruft man einem Türken (Beamten) zu. — Bettler, deren es viele, meist blind, gibt, suchen durch Anrufen an Allah das Mitleid zu erwecken: „*yâ Mohammed yâ Rabb*"! o Mitleiderwecker, oh Herr; „*âna tâlib min 'and Rabbî raghîf 'êsch*"! ich suche von meinem Herrn (Allâh) einen Kuchen Brod; „*âna dêf Allâh wa'n-nebi*"! ich bin der Gast Gottes und des Propheten, u. a. m. Man antwortet ihm: „*Allâh yersuk*"! Gott wird unterstützen; „*Allâh ya'tîk*"! Gott gebe dir (vgl. S. 20).

Eine der populärsten Persönlichkeiten in den Strassen von Kairo ist der Sakka oder Wasserträger, der uns mit dem Ziegenschlauche auf dem eigenen oder dem Rücken seines Esels oft genug begegnet, obgleich die neu angelegte Wasserleitung (S. 300) ausreichen würde, alle Häuser der Stadt mit Trank zu versorgen, und auch den Armen in den Sebils (S. 193) und durch häufig an den Häusern angebrachte kleine messingene Saugröhren, aus welchen jeder trinken kann, Wasser genug gespendet wird. Er ruft: „*Yâ 'auwad Allâh!*" O möge Gott (mir) Ersatz geben! Und in der That wird der weite Weg unter einer schweren Last, den der Saḳḳa 8 Monate des Jahrs vom Nil bis in die Stadt zurückzulegen hat, jämmerlich schlecht bezahlt. In den vier dem Beginn der Nilschwelle folgenden Monaten kann er das Wasser dem Kairo durchschneidenden Kanale entnehmen. Die Brunnen sind etwas salzig und dienen darum nicht zur Löschung des Durstes. Viele Saḳḳa's versorgen auch die Leute auf der Strasse mit Wasser. Sie heissen „*Saḳḳa Scharbe*" und nehmen das Wasser entweder aus einem Schlauche oder einem grossen Thongefässe auf ihrem Rücken. In einer Messingschale oder einer Ḳulle (porösen Flasche) reichen sie den Vorübergehenden zu trinken und erhalten dafür ein Kupferstückchen, manchmal gar nichts.

Bei manchen Festen, namentlich den Mólids (Geburtstagen) der Heiligen werden sie von solchen, die ein frommes Werk verrichten wollen, gedungen, um ohne Entgelt Wasser unter die Vorübergehenden zu vertheilen; sie rufen alsdann singend mit „*sebîl Allâh yâ 'atschân yâ môye!*" alle Durstigen zum freien Trinken heran. Der Saḳḳa wendet sich bei jedem Trunk, den er reicht, gegen den Trinkspender, der sich in der Nähe aufzuhalten pflegt, mit den Worten: „Verzeihe dir Gott deine Sünde, o Spender des Opfertranks"; oder: „Gott erbarme sich deiner Eltern, o Spender des Opfertranks", worauf der Getränkte spricht: „amîn" (Amen) oder: „Gott erbarme sich ihrer und unserer!" Noch viele derartige Segenssprüche ertönen herüber und hinüber, bis der Saḳḳa die letzte Wassertasse dem Trankspender mit den Worten überreicht: „Den Ueberrest dem Freigebigen und das Paradies dem Einheitsbekenner! Gesegne dir's Gott, du Spender des Opfertranks!"

Die sogenannten *Ḥemali*, einem Derwischorden (S. 166) angehörend, denen man ebenso häufig wie den Saḳḳa's begegnet, befassen sich ebenfalls mit dem Verkauf des Wassers, mischen dies

jedoch mit Orangenblüthen *(zahr)*; andere Leute verbinden damit einen Aufguss von Branntwein (*'erk-sûs*) oder Trauben (*zebîb*). Viele Süssigkeiten werden auch durch ambulante Träger ausgerufen, für den Europäer jedoch wenig verlockend; *sahlab* ist ein dünnes Gelée, das aus Weizenstärke und Zucker besteht; „*halâwe, yâ sukkar bimismâr yâ halâwe!*" Confect, o Zuckerwerk! für einen Nagel, o Confect! In der That nehmen die Verkäufer von Kindern alte Eisenstücke an, wie die Lumpensammler in kleinen Städten Europas Hadern für Flitterkram kaufen. Endlich gibt es wandelnde Garküchen, in welchen gebratene Fleischklösschen, Fische etc. ausgestellt sind; der Gast setzt sich einfach an eine Seite der Strasse und hält seine Mahlzeit. Schon Sebastian Münster († 1552) sagt: „Die Stadt Alkair soll fünfmal grösser sein, denn Pariz in Frankreich, dazu überaus volkreich. Wenig Leut' sind da, welche (wie bey uns brauchig) einkauffen, ihr Speysz und Kost daheim rüsten, sondern wann sie essen wollen, nemen sie es bey den Köchen und Brätern, deren ob dreissigtausend darin zu finden."

Einzig in ihrer Art sind die Anpreisungen der Früchte, Gemüse etc.; diejenigen, die man am häufigsten hört, sind etwa folgende: „*Allâh yehawwinhe yâ lêmûn!*" Gott wird sie leicht machen (d. h. die Körbe, in denen sie liegen, durch schnellen Verkauf), o Citronen; „*'asal yâ burtukân 'asal!*" Honig, o Orangen (diese sind gemeint), Honig; „*meded yâ Embâbe meded! tirmis Embâbe yaghlib el-lôz!*" „*yâ mahlâ bunei el-bahr!*" Hülfe, o Embâbe (der Ort in Oberaegypten, wo die besten Lupinen wachsen und auch der Name des Heiligen dieses Ortes), Hülfe! Die Tirmis (Lupinen) von Embâbe sind besser als Mandeln; o wie süss das kleine Söhnlein des Flusses! Söhnlein des Flusses wird die Lupine genannt, weil sie, bevor man sie kocht, lange in Nilwasser wässern muss; „*yâ museili'l-ghalbân yâ libb!*" O Tröster dessen, der in Noth! o

Kerne (der Melone), meist jedoch einfach „*el-moḥammas!*“ geröstete Kerne; „*yâ fustuḳ gedîd!*“ Neue Salzpistazien! „*el-ward kân schôk min 'araḳ en-nebi fettaḥ!*“ die Rose war ein Dorn; vom Schweisse des Propheten ist er aufgeblüht. Das erinnert an die Dornen zu Subiaco im Sabinergebirge, die sich durch das Blut des heiligen Franciscus mit Rosen bekleideten. „*Rawâyeḥ el-yenne yâ temer ḥenna!*“ Düfte des Paradieses! O Blumen des Henna! Die wohlriechenden Blüthen des Hennabaumes (S. 87).

Ist endlich das Tagewerk vollbracht, dann beginnt in feierlicher Weise der lang gezogene Ruf des Mueddin zum Gebet (s. S. 162) von den Minarets der Moscheen herab; das bunte und mannigfaltige Strassenleben selbst kommt aber erst in später Nachtstunde (im Monat Ramaḍân selbst dann nicht) zur Ruhe, die häufig durch das Gebell der hungrigen Hunde und das Geschrei der Esel unterbrochen wird. Schon sehr früh am Morgen beginnt das Treiben von neuem, und tritt man aus seinem Hôtel heraus, so fühlt man sich immer wieder zu glauben versucht, dass man sich in einem grossen Carneval befinde.

Bei den Gängen durch die Stadt wird der Reisende oft in die nach der Strasse zu geöffneten *Kinderschulen (kuttâb)* zu schauen Gelegenheit haben. Fast zu jedem Brunnen gehört eine solche und es ist höchst ergötzlich mit anzusehen, wie der *fiḳîh* oder Schulmeister mit Wort und Stock die Jugend belehrt, wie die Buben beim Recitiren des Ḳorân den Oberkörper hin und her bewegen, sich über ihre Tafel von Metall beugen und dabei doch Zeit behalten für die nämlichen dummen Streiche, welche ein europäischer Schuljunge auszuüben nicht umhin kann. Allzulanges Beobachten stört den Fiḳîh in seiner Ruhe und dann wirft er dem unberufenen Zuschauer wohl ein „Schmutz auf Dein Haupt“ zu.

Diese Schulen haben alle einen rein religiösen Charakter und sind Schöpfungen des Islâm. Das Lesen und Sprechen einzelner Korânverse ist ein verdienstliches Werk und so ist das Bedürfniss begreiflich, den Korân lesen zu können. Der ganze Unterricht in diesen Schulen zweckt daher auch in erster Linie darauf ab, den Ḳorân dem Gedächtniss der Schüler einzuprägen. Der Knabe, dessen Schulausrüstung in einem Ḳorânexemplar, wenn er ein solches aufzubringen vermag, einem Tinten- und Rohrfederbehälter *(dawâye)* und einer Metall- oder weissangestrichenen Holztafel besteht, lernt zuerst das Alphabet schreiben, dann die Aussprache, Verbindungen und Zahlenwerthe kennen. Dann schreibt ihm der Lehrer auf die Tafel einige leichte Worte, wie die Namen von Bekannten, dann die 99 „schönen“ Namen Gottes, die im Korân enthalten sind und deren Kenntniss für das Abbeten des aus 99 Kügelchen bestehenden Rosenkranzes (sebḥa) nothwendig ist; dann wird die *Fâtḥa*, das 1. Capitel (Sûre) des Ḳorâns, aufgeschrieben, welche der Knabe unter Schaukelbewegungen seines Oberkörpers, die er ausführt, in der Meinung sein Gedächtniss dadurch geschmeidiger zu machen, so oft liest, bis er sie vollkommen auswendig kann, worauf er zu einem andern Kapitel des Korâns übergeht. Nach dem 1. Kapitel kommt das letzte an die Reihe, dann das vorletzte, dann das vorvorletzte und so weiter von hinten nach vorn, bis er mit dem 2. Kapitel endigt, weil die Kapitel in der Regel vom letzten bis zum zweiten allmählich an Länge zunehmen. Erklärt wird natürlich den Knaben der Ḳorân nicht, sodass gewöhnlich bei der Schwierigkeit der Sprache des Korâns der Knabe seinen Ḳorân auswendig kann ohne ihn zu verstehen. Ist ein Knabe nach oft 4—6jährigem Unterrichte so weit, den ganzen Korân auswendig zu können, so wird zur Feier der Beendigung seiner Studien unter Beiziehung des Schulmeisters das Familienfest der *Chatme*, d. h. des vollständig gelernten Korân gefeiert.

Diese Schulen sind Privatunternehmen der einzelnen Schulmeister; die Schüler müssen denselben ein Schulgeld oft von einem bis zwei Piaster die Woche bezahlen. In Kairo gibt es (1875) im Ganzen 220 solcher Schulen mit 239 Lehrern und 7175 Schülern; ausserdem sind noch in Altkairo: 24 Schulen mit 29 Lehrern und 908 Schülern; in Bûlâk 31 Schulen mit 31 Lehrern und 1020 Schülern.

Interessant ist auch in den Bazaren (s. unten) sowie in den andern Strassen zu beobachten, mit welch primitivem Werkzeug die meist fleissigen Handwerker arbeiten; so der Drechsler, der Hände und Füsse in gleicher Weise gebraucht. — Eine höchst eigenthümliche Erscheinung wird dem Europäer ferner des Abends nach Schluss der Läden in den Hauptstrassen auffallen; dann bringen nämlich die Hausdiener oder Hauswächter ihre aus Palmenstäbchen bestehenden Betten *(serîr)* aus dem Hause heraus und stellen solche draussen auf der Strasse vor die Eingangsthüre des Ladens, wo sie die Nacht über schlafen.

Die **Bazare***) in Kairo (vgl. S. 29), denen in Damascus und Constantinopel zwar nachstehend, bieten dem Europäer so viel Neues, er lernt dort das orientalische Leben und Treiben, den Handel und Wandel von so mancherlei Seiten kennen, dass wiederholte Wanderungen in denselben um so mehr von Interesse sind, als man beim ersten Besuch nicht die genügende Ruhe zu einer näheren Beobachtung finden wird.

Die meisten Bazare bilden einfache, häufig schmutzige, zur Abhaltung der Sonnenstrahlen meist ganz überdeckte Gassen und Gässchen, deren Häuser zu ebener Erde in kleinere und grössere, etwa 1m über dem Boden nach der Strasse zu offene Räume abgetheilt sind (vergl. S. 29). Diese Gassen umschliessen ein grösseres meist massives aus 2 Stockwerken bestehendes Gebäude *(Chân)* mit innerm Hofe, um welchen sich grössere Lagerräume gruppiren. Die älteren dieser Gebäude besonders in der Gameliye (S. 276) und in dem Chân el-Chalîlî (S. 274) sind zuweilen architectonisch interessant mit bemerkenswerthen Maschrebîyen. Eine grössere Anzahl dieser Châne bilden unter sich wieder ein Stadtviertel *(Hâra)*, die früher durch noch jetzt theilweise erhaltene schwere mit Eisen beschlagene Thore abgesperrt und sorgfältig jede Nacht durch besondere Wächter geschlossen wurden. Jeder, der passiren wollte, hatte sich einer Prüfung des Wächters zu unterziehen, wie dies in Damascus und in den oberaegypt. Städten, z. B. Siût, noch heute der Fall ist. Bei den in früheren Jahren häufig in der Stadt ausbrechenden Mamlukenkämpfen, die mit Beraubung und Ermordung der friedliebenden Bürger verbunden waren, blieben die Thore oft

*) *Bazâr* ist eigentlich ein persisches Wort; die arab. Bezeichnung ist *Sûk*. Die Gebäude mit grossem Hofe, die als Waarenniederlage für die Grosshändler dienen, heissen *Wakkâle*, woraus die Franken *Occaleh*, *Occal* und *Okella* (S. 221, 276, 298) gemacht haben.

Tage lang geschlossen und bildeten so die einzige Abwehr der draussen in andern Vierteln tobenden Söldnerschaaren.

Die Hauptmarkttage sind Montag und Donnerstag; der Verkehr in den engen Gassen ist dann an vielen Stellen derart, dass ein Durchkommen schwer ist oder doch sehr viel Zeit in Anspruch nimmt, aber gerade dann entfaltet sich das echt orientalische Leben. Hausirende Kleinhändler bieten ihre Waaren nicht selten sogar auf einem Tisch aus, sich trotz des Gedränges durcharbeitend, laut schreiend, häufig auch versteigernd. Wandernde Kaffehändler, Wasserverkäufer, Nargileträger, Alles zwängt sich durch und kommt auch ohne Unfall davon. Eine der lärmendsten Figuren des Bazarlebens ist der *Dallâl*, der Auktionator oder Versteigerer. Auf Kopf oder Schulter die Waare tragend, die ihm zum Versteigern übergeben ist, läuft er in den Bazarreihen auf und ab mit dem Rufe *„ḥarâg, ḥarâg"*, den Preis des Angebots mit lauter Stimme hinzufügend. Mag der Lärm noch so gross sein, so hört sein Ohr dennoch den leisesten Zuruf aus einem dukkân, das Weitergebot sogleich verkündend, *„bi'ischrîn kirsch"*, *„bi'ischrîn u nuṣ"* u. s. f. Der Verkäufer der Waare hält sich stets in der Nähe des Dallâl, um den Zuschlag zu geben.

Preise für einzelne Gegenstände anzugeben ist nicht möglich, da sich dieselben sowohl nach der Nachfrage, die im Winter grösser ist als im Sommer, als auch nach dem Benehmen des Käufers richten. Hier mag auch erwähnt werden, dass viele der sog. oriental. Artikel, besonders die Seiden- und Wollenstoffe, jetzt in europäischen Fabriken, und zwar in geringerer Qualität, hergestellt und nach Aegypten importirt werden; andere Artikel wie Teppiche und dergleichen gefallen wohl im Orient, eignen sich aber selten für europ. Zimmer, oder sind in einzelnen Städten (wie Wien, Berlin, Leipzig) zu gleichen, ja billigeren Preisen zu haben, als bei den orientalischen Händlern, mit welchen man sich zudem schwer verständigen kann. Sogenannte Antiquitäten werden besonders in den Hôtels massenweise angeboten und dafür von den Reisenden so hohe Preise gezahlt, dass jeder Begriff ihres thatsächlichen Werths abhanden gekommen ist; auch die Fabrikation von Antiquitäten wird stark betrieben. Vorsicht ist bei jedem Einkauf im Orient in weit grösserem Maasse nothwendig als in Europa, denn den Käufer zu übervortheilen gilt dem Orientalen als eine lobenswerthe geschäftliche Klugheit. Will man dennoch grössere Einkäufe machen, so warte man, bis man mit den Verhältnissen etwas vertrauter ist, und lasse sich in keinem Fall auf den Rath und die Empfehlungen der Lohndiener etc. ein (vergl. S. 252). Kann man sich bei Einheimischen vorher Raths erholen und nach den Preisen erkundigen, so ist dies natürlich von Nutzen, obschon der Reisende nicht erwarten darf, nun auch zu diesen Preisen einkaufen zu können.

Die nachfolgende Beschreibung gibt zwar ziemlich genau die einzuschlagenden Wege an, so dass selbst der Neuling, der sich einige kleinere Um- und Irrwege nicht verdriessen lässt, mit Hülfe des beigefügten Planes sich wohl allein zurecht zu finden vermag; indess dürfte zur ersten Durchwanderung manchem die Begleitung eines Platzdragomans (S. 252) angenehm sein, dem man die Bazare in der Reihenfolge nennen möge, wie solche nachstehend angegeben sind.

Die **Muski**, die Hauptverkehrsader von Kairo, zieht sich in ziemlich gerader Richtung in einer Länge von etwas über $1^1/_2$ Kilom. (ca. 2400 Schritt) in WO. Richtung vom Ezbekîye-Platz bis zu den Chalifengräbern hin. Diese Strasse, deren Anfang durch Abbildungen auch in Europa bekannter geworden ist, hat in Bezug auf Läden — Tabak- u. Cigarrenhandlungen, europ. Kleider- und Modengeschäfte etc., und eine ganze Reihe von Fez- (Ṭarbûsch, von 2-15 fr. und mehr je nach dem inneren Futter) Verkäufern mit einer Art Bügel-Ofen zum Aufstutzen derselben — ihr oriental. Aeussere grossentheils eingebüsst, doch bietet das Leben in derselben die grösste Mannigfaltigkeit (vgl. S. 263).

Beim Eintritt in die Muski oben r. eine arabische Schule (S. 269). Wir wandern in der Strasse aufwärts bis zu dem kleinen, *Rond-Point* (Pl. C,3) genannten Platze. Unmittelbar vor demselben biegen wir rechts ab und nehmen die erste Gasse (parallel der Muski) links an einer gelb und ziegelroth in Oel angestrichenen Moschee (r.) vorüber, die europ. Glaswaaren unbeachtet lassend. Immer geradeaus*) (rechts durch ein enges Gässchen sieht man den Eingang zu einer griechischen Kirche, ohne Interesse) und vor dem bedeckten Eingang eines abgebrannten Bazars uns links, dann wieder rechts wendend, betreten wir den **Sûḳ el-Ḥamzâwi** (Pl. C, 2,3), den Bazar der „christlichen Kaufleute“ (Syrer und Kopten), die sich indessen in ihren Ueberforderungen von ihren muslimischen Collegen in keiner Weise unterscheiden, mit europ. Kattunstoffen, Porzellan und Droguen (letztere finden sich zerstreut in allen Bazaren). Gegen das Ende dieser Gasse, kurz bevor wir die breitere, fahrbare Strasse *el-Ghûrîye* (s. unten) vor uns haben, macht sich rechts der **Sûḳ el-'Aṭṭârîn**, der Markt der Gewürzhändler, dem Geruchssinn bemerkbar. Arabien's Wohlgerüche, echt und verfälscht, werden hier verkauft, auch Wachslichte, Droguen etc.; Rosenöl nach Gewicht und zu hohen Preisen; das Innere der Fläschchen ist der Art, dass nur ein Tropfen hineingeht; man achte darauf, dass das Fläschchen zuerst gewogen wird.

Die Fortsetzung dieses 'Aṭṭârîn-Bazars (die oben genannte Fahrstrasse el-Ghûrîye behält man stets links) bildet der **Sûḳ el-Faḥḥâmi** (eigentlich „Kohlenmarkt“; Pl. D, 2), der Bazar für Waaren aus Tunis und Algier; zuerst wieder Droguen, dann hellfarbige Wollenstoffe etc., die indess jetzt meist aus dem südlichen Frankreich (Nimes) importirt werden; in Tunis selbst soll man die Fabrikation gar nicht mehr kennen.

In gleicher Richtung parallel der el-Ghûrîye-Strasse, ohne diese zu betreten, weiter wandernd, an Schuhmachern (bawâbîschi) vor-

*) Diese Bezeichnung passt zwar schlecht für die winkligen Gässchen Kairo's, indessen wird sie an Ort und Stelle wohl nicht zu Missverständnissen führen.

bei, stossen wir auf einen breiteren bedeckten Gang (gerade gegenüber eine moderne Okella, in die man hineintreten mag, doch bietet sie kein Interesse), dem wir rechts einige Schritte folgen, um dann den ersten schmalen Pfad links zu nehmen. Am Ende dieses Pfades kommt wieder eine breitere Stelle, wo rohe Wolle zum Verkauf ausliegt. Unten, etwas links, gelangen wir auf die **Sukkarîye**, den Markt für Zucker, getrocknete Früchte (nuḳl) etc., an dem rechts die im Umbau begriffene *Gâm'a el-Muaiyad* (S. 291) liegt, während vor uns das stattliche *Bâb ez-Zuwêle* (s. S. 291, auch *Mutawelli* genannt) die Strasse abschliesst. Dem Ausgang des Thores gegenüber ein Haus mit einem grossen Gitterfenster und in der Ecke eine eingemauerte Säule, an der früher die Hinrichtungen durch den Strang stattfanden. Geradeaus der **Schuhmacher-Bazar**, ein interessanter Bau, dessen erster vorspringender Stock von grossen Consolen getragen wird, ein früheres Schulhaus; das grosse Thor (r.) ist noch erhalten, das Innere theils im Umbau, theils in Verfall. — Folgt man dieser Strasse weiter, so gelangt man an Zelten und Fahnenverfertigern vorbei auf den *Boulevard Moḥammed 'Ali* (S. 279), an dessen westl. Ende die beiden Moscheen Sulṭân Ḥasan (S. 279) und die im Bau begriffene Rifâ'îye (S. 279). Bevor man die letztere erreicht, ist links der Eingang zu dem ehemals berühmten **Sûḳ es-Sellâḥa** (Pl. E, 2), dem Bazar der Waffenhändler, jetzt auf 3-4 elende Buden mit europ. Waffen beschränkt und ohne jede Bedeutung. Sich links haltend gelangt man durch winkelige Gässchen zu dem Sebîl Moḥammed 'Ali (s. unten) in der Ghûrîye-Strasse. Dieser ganze Umweg ist jedoch ohne Interesse.

Wir kehren von dem Schuhmacher-Bazar zum Bâb ez-Zuwêle zurück, lassen bevor wir dasselbe wieder betreten (r. an der Ecke eine Polizeistation) den **Bazar der Sattler** (*Sûḳ es-Surûgîye*, ohne Interesse) unberührt und wandern geradeaus durch die breitere Strasse, die, in ihrem Anfang Sukkarîye (s. oben) genannt, von dem Sebîl Moḥammed 'Ali (S. 293) an den Namen **el-Ghûrîye** erhält, nach der von dem Sulṭân *el-Ghûri* erbauten Moschee (S. 293), deren kleines mit Kuppeln versehenes Minaret ungefähr in der Mitte der Strasse die Häuser überragt.

Wir gehen in dieser Strasse geradeaus bis zu dem (untern) Wachtposten links und biegen etwas vor demselben rechts in den **Sûḳ es-Sûdân**, den Bazar für Waaren aus dem Sûdân; anfangs Kisten, dann Gummi, Dûmpalm-Nüsse, unbrauchbare Tigerfelle etc. (S. 254). In gerader Richtung weiter **Buchhändler** und **Buchbinder**.

Die Buchhändler sind meist zugleich Gelehrte, doch nicht so fanatisch wie z. B. ihre Collegen in Damascus, die dem Christen nur ungern oder auch gar nicht ihre Bücher verkaufen. Man trifft auf ihren Maṣṭaba's (S. 29) die auf gelehrte Bildung Anspruch machende Welt Kairo's bei tagelangem Gespräche versammelt. Einige Buchhändler debitiren nur diejenigen Werke, die sie selbst haben drucken lassen, andere versehen ihr Lager aus den verschiedenen Druckereien, z. B. aus Bûlâḳ (S. 314); sie erhalten zwar dort ihren Rabatt, doch sind die Preise je nach der Nachfrage und den vorhandenen Exemplaren grossen Schwankungen unterworfen (so ist die Kairener Ausgabe der 1001 Nacht jetzt beinahe vergriffen und daher sehr hoch im Preise) wie überhaupt ein fester Ladenpreis nicht existirt; wer daher den Preis eines Buches nicht kennt, mag sich vor Uebervortheilungen hüten. Wie bei einer Menge anderer Waaren wird auch bei den Büchern im Orient nicht der rigorose Unterschied zwischen alt und neu, d. h. gebraucht und nicht gebraucht, gemacht, wie bei uns. Ellenlange geschriebene Listen ergänzen das Gedächtniss des Verkäufers über den Bestand seines Lagers. Die Ḳorân-Ausgaben, die dem Nicht-Muslim sehr ungern vorgelegt werden, werden meistens unter besonderem Verschluss gehalten, oder doch abgesondert von den übrigen Werken. Die Bücher werden im Orient nicht nach unserer Weise aufgestellt, sondern in Lagen übereinander gelegt. Viele werden in losen Bogen verkauft und müssen vom Käufer sorgfältig revidirt werden, da häufig Defecte vorkommen. Die Einbände bestehen aus Leder und einfachen Pappbänden; werthvollere Bücher werden ausserdem in Behälter aus rothem Schafleder gesteckt, aus welchen sie mittelst einer Schleife herausgezogen werden. Der Titel des Buches wird entweder auf den Schnitt oder auf ein auf die Umhüllung geklebtes Blatt geschrieben. — Die Buchbinder, die wie alle Handwerker im Orient offen an der Strasse arbeiten, liefern ebenso solide wie billige Waare; roth ist ihre Lieblingsfarbe.

In der kleinen Erweiterung der Gasse, bevor man an dem schönen Westeingang der el-Azhar-Moschee (S. 306) angelangt ist, finden sich an einigen Häusern interessante Maschrebîyen (S. 197). Das nächste Gässchen links führt uns über die Rue Neuve, die Verlängerung der Muski (rechts an der Ecke eine grosse neue Schule), auf das neue grosse Minaret der Ḥasanên-Moschee (S. 311) zu. Hier gegenüber, links durch einen Thorweg, gelangen wir in den **Chân el-Chalîli**, den ehemaligen Mittelpunkt des geschäftlichen Lebens Kairo's. Der Chân el-Chalîli soll bereits Ende des 13. Jahrh. unter dem baḥrit. Mamlukensulṭân el-Aschraf Ṣalâḥeddîn Chalîl (1290—1293) auf zerstörten Chalifengräbern gegründet sein und bildet ein besonderes Stadtviertel mit einer Hauptstrasse und vielen engen Nebengassen, die von langen Reihen nebeneinander liegender Buden der Kaufleute und Handwerker gebildet und alle überdeckt sind. Seiden- und Teppichhändler, Verkäufer von Schmucksachen etc. haben hier ihren Hauptsitz.

Der Preis einer leichten *Keffîye* (Kopftuch) ist 12—14 fr., der schweren mit gelben und rothen Streifen und mit Gold durchwirkt 20—25 fr. Gewöhnlich werden die Fransen, welche daran hängen, erst gelöst und in Ordnung gebracht, wenn der Kauf abgeschlossen ist. Unter dem sogenannten Damascener Seidenzeug befindet sich viel Lyoner und Crefelder Waare, so sollen z. B. alle die leichteren Keffîyen (s. oben) mit gefälligeren Farben von dort kommen. Eigenthümlich sind die Tischteppiche (35—100 fr.) mit Stickereien von bunter Seide auf rothem, blauem oder schwarzem Wolltuch; die Buchstaben darauf haben indessen selten eine Bedeutung.

Zwei grosse Teppichbazare befinden sich im Chan Chalîli, der eine (kleinere) gleich rechts vom Eingang (s. oben), der andere am westl. Ende links, kurz bevor man in die durch grössere Helligkeit sich bemerkbar machende breitere Strasse (Sûḳ en-Naḥḥâsîn, S. 275) gelangt. Der letztere Bazar, in dem Hofe eines Gebäudes im altarabischen Styl gelegen, ist eine Lieblingsstudie der Maler und aus vielfachen Abbildungen auch in Europa bekannt.

Die Preise der Teppiche variiren sehr (vergl. S. 271); mitunter findet man sehr schöne Waare darunter. Die aus Bagdad und Brussa (in Kleinasien) ist die bevorzugtere, aber auch Brüssel soll einen nicht geringen Theil „orientalischer" Teppiche liefern. Sehen die Händler, dass man kaufen will, so ist schnell der ganze Hof mit Stoffen belegt. Nur keine Uebereilung bei dem Handel! Ein ganzer Morgen oder Nachmittag darf hier nicht in Anrechnung gebracht werden.

Aus diesem Hofe wieder heraustretend, überschreiten wir den Sûḳ en-Naḥḥâsîn (s. unten) in etwas schräger Richtung und treten durch eine niedere enge, leicht zu übersehende Pforte in den **Sûḳ eṣ-Ṣâigh** (Plur. *Ṣiyâgh*), den Markt der Gold- und Silberarbeiter, aus mehreren kaum einen Meter breiten winkeligen Gässchen bestehend, in welchen man sich in Acht nehmen muss, nicht hinten und vorn anzustossen. Wer etwa mit besondern Erwartungen hierherkommt, wird sich sehr getäuscht finden; auf ganz engem Raum hält der Arbeiter seine selbst verfertigte Waare in einem Glaskasten oder auch unter einer Glasglocke feil. Hervorragendes leisten sie nicht; ihre Filigranarbeiten kommen den italienischen nicht gleich. Man hüte sich vor Gold- und Silber-Imitationen.

Das feinste Silber ist 90 karätig, wird nur im rohen Zustande verkauft und nur unter Aufsicht des Käufers verarbeitet, in der Regel im Hause des letzteren, um jedem Betruge vorzubeugen. Vorräthig verarbeitet findet man erstens 90 kar. (d. i. die Legirung des Maria Theresien-Thalers), das roh 4—5 kleine Silber-Piaster kostet und bei gewöhnlicher Verarbeitung auf 5—7 kl. S.-Piaster (einschliessl. des Silberwerthes) steigt5 zweitens 75 kar. Silber (die Legirung des span. Thalers), drittens 14—4; kar., die schlechteste Waare. Das in den Bazaren verarbeitete Silber *soll* den Stempel der Regierung und die Zahl der Karate tragen, worauf also zu achten. Ist man über den Preis einig, so wird das Gewicht der Waare in dirhem (drachmen) nach der von dem Verkäufer angegebenen Legirung bezahlt; letztere soll von einem dort stets anwesenden Regierungsbeamten, der den Gegenstand auf das Controlbureau bringt (um die Steuer dafür von dem Verkäufer zu erheben), bescheinigt werden. Der Handel ist, wie man sieht, complicirt und auch die Bescheinigung des Regierungsbeamten bietet durchaus keine Gewähr, dass die gekaufte Waare echt ist. Wer ganz sicher gehen will, mache es wie die Eingeborenen, lasse den Arbeiter zu sich kommen und bewache ihn.

Westl. hinter diesem Bazar im Judenviertel die Buden der *Juweliere (Gôhargîye)*, bei welchen indessen gar nichts zu sehen ist, da sie ihre Waaren ganz verschlossen halten.

Aus diesem Gewirr von Gässchen kehren wir zurück in den **Sûḳ en-Naḥḥâsîn** (aus dem wir gekommen sind), den Markt der Kupferschmiede, an dem gleich links die imposante Façadenreihe verschiedener zusammenhängender Moscheen, von welchen die beiden ersten die Gräber Sulṭân Ḳalaûn's und seines Sohnes Moḥammed en-Nâṣir (S. 296) einschliessen. Der Sûḳ en-Naḥḥâsîn bietet kein besonderes Interesse, doch eignen sich die kupfernen arab. Tintenfässer (*dawâye*, im Preise von 4—10 fr. je nach den darauf angebrachten Gravirungen) zu Geschenken für die Heimath; auch einige Pfeifenmacher *(schibukschi)* sitzen hier.

Wir verlassen hier auf kurze Zeit die Bazare und wandern (weil gerade in der Nähe) rechts durch die neugebrochene breite Strasse zum **Bêt el-Ḳâḍi** (Pl. 2), dem Haus des Richters. Die Stelle des Ḳâḍi wird von Constantinopel aus besetzt und hauptsächlich an

18*

Günstlinge vergeben, da sie sehr einträglich sein soll. In dem grossen Hof rechts eine offene Veranda, gestützt auf Säulen mit altarab. Kapitälchen (Tachta bôsch, S. 202). Das Gebäude stammt theilweise noch aus der Zeit Saladin's (1193). Im Gebäude selbst, zu dem die offene Veranda den Eingang bildet, sitzt (Donnerstags) der Kâḍi zu Gericht. Dasselbe bildete früher das Hauptgericht im ganzen Lande, jetzt indess nur noch in denjenigen Fällen, in welchen der Korân als Grundlage der Rechtsprechung dient, besonders aber für Klagen zwischen Eheleuten. Der starke Zuspruch, den das Gericht hat, ist ein deutlicher Beweis, dass die Vielweiberei leicht zu zweierlei Meinung führt.

In der gleichen Richtung den Hof durchschreitend und das gegenüberliegende Thor passirend, folgen wir den Windungen der engen Gasse nach links bis zu dem bei einer Moschee *(Gâmi'a Yûsuf Gamali)* gelegenen Wachtposten.

[Hier beginnt rechts die Gameliye genannte Strasse, die zum Bâb en-Naṣr (S. 299) führt; sie besteht aus grossen Lagerräumen (Okellen, S. 270) und ist der Sitz des Grosshandels für die vom Rothen Meer kommenden Waaren.

Die Haupthandelsartikel sind verschiedene Gummisorten, Kaffe, Perlmutterschalen, Schildpatt, Felle, Straussfedern, Wachs, Weihrauch, Zibett, Rosenöl und Essenzen. Die Hafenplätze, von welchen sie kommen, sind Djedda (S. 440), Hodêda, 'Aden, Zêla', Berbera, Maṣau'a (S. 439), Sauâkin (S. 430) und Koṣêr (S. 439).

Da wir die Gameliye bei dem Besuch der Chalifengräber zu durchwandern haben, so können wir uns hier den Umweg sparen.]

Bei der Theilung der Strasse (von dem obengenannten Wachtposten aus) halten wir uns immer links, bis wir an einem Brunnen (Sebîl 'Abder-Raḥmân Kichya, S. 298) wieder in den Sûḳ en-Naḥḥâsîn gelangen. Derselbe führt rechts zu dem Bâb el-Futûḥ (S. 299) und links geradeaus zu der Rue Neuve (Muski, S. 272).

Dies wären die hauptsächlichsten Bazare; die anderen sind keines besonderen Besuches werth. Die arabische Bezeichnung einiger hier nicht genannten Handelsgeschäfte ist (nach Lane): für Tuchhändler und Verkäufer von Stoffen zu Kleidungsstücken, „*Tâgir*“; Verkäufer von Eisenwaaren und Kurzwaaren überhaupt, „*Churdagi*“; Schneider, „*Chaiyâṭ*“; Färber, „*Ṣabbâgh*“; Strumpfwirker, „*Reffa*“; Sticker und Scheriṭmacher oder Verfertiger seidener Spitzen u. s. w., „*Ḥabbâk*“; Verfertiger seidener Schnuren u. s. w., „*'Akkâd*“; Droguisten und Parfumeure, „*'Aṭṭâr*“; Tabakshändler, „*Duchâchni*“; Fruchthändler, „*Fâkihâni*“; Oelhändler, „*Zeiyât*“, welche ausser dem Oele auch Butter, Käse, Honig u. s. w. verkaufen; Gemüsehändler, „*Chuḍari*“; Fleischer, „*Gezzâr*“; Bäcker „*Farrân*“; Kaffeverkäufer, „*Ḳahwegi*“; Wachs- und Lichterhändler, „*Schammâ'a*“; Mäkler „*Simsâr*“; Klempner, „*Samkari*“; Schmied, „*Ḥaddâd*“; Uhrenmacher und Händler. „*Sâ'âti*“; Kuchenverkäufer, „*Faṭâṭri*“; Fischhändler, „*Sammâk*“; Drechsler, „*Charrâṭ*“.

Den Mittelpunkt der von grossen und breiten, aber schattenlosen, mit französischen Namen bezeichneten Strassen durchschnittenen *Neustadt Isma'ilîya* (S. 278) bildet der

Ezbekîye-Platz (Pl. C, 4, 5); auch einfach *Ezbekîye* nach dem heldenhaften Emîr Ezbeki benannt, der als General des Sulṭâns Kait Bey (S. 287) den Feldherrn und Schwiegersohn Bajesids II. als Gefangenen nach Kairo führte. Zu Ehren seines Sieges wurde eine jetzt verschwundene Moschee erbaut und nach dieser ward dann der Platz genannt. In früheren Jahren war er der Mittelpunkt des orientalischen Lebens, das nun von dem europäischen immer mehr verdrängt wird. Freilich behält auch hier das einheimische Element sein Recht und erinnert den Reisenden auf Schritt und Tritt, dass er sich im Orient befindet. Die grösseren Hôtels, mehrere Consulate, ganze Reihen von Cafés, grossartige Wohnhäuser, schöne Läden, die Schauspielhäuser etc. liegen an diesem prächtigen Platze, in dessen Mitte die herrlichen *Parkanlagen* sich so köstlich entfalten, wie das eben nur in diesem einzigen Klima möglich ist. Der Besuch dieser Anlagen namentlich in späterer Nachmittagszeit und Abends, wenn die Gasflammen brennen, ist von grossem Reiz. Der Garten, 1870 von dem ehemal. Chefgärtner der Stadt Paris, Barillet († 1874), angelegt, hat die Form eines Achtecks und umfasst $8^1/_4$ Hectaren; die Länge der Wege beträgt $2^1/_2$ Kilom. Er enthält seltene Baum- und Straucharten; die freien Stellen sind in Ermangelung des stets zu Grunde gehenden Grases hier wie in allen andern Gärten Aegyptens mit einem kleinen Kraute (Lippia nodiflora) bepflanzt. Eintritt Vormittags frei, Nachmittags 1 Piaster T. (40 Para Kupfer); an der Kasse wird nicht gewechselt, daher das Geld abgezählt bereit zu halten. Von 5 Uhr ab bis gegen 8 Uhr Nm. täglich aegypt. Militärmusik (meist europ. Stücke). Verschiedene Cafés (Bier, Limonade etc.), auch ein Café-chantant (im chinesischen Styl), in welchem im Sommer italienische, zuweilen auch arabische Comödie gespielt wird (S. 252); sodann ein französisches Café-Restaurant, wo man gut zu Nacht speisen kann; Schiessstand, Photograph und dergl. mehr. Hübsche Grotte unter einer künstlichen Anhöhe mit Belvedere, von welchem bester Rundblick. Sonntags und Freitags Abend ist der ganze Park illuminirt und ist dann namentlich das grosse Bassin, das von 2500 Flammen umleuchtet wird, sehr wirkungsvoll, wennschon die kleinen Glocken in Tulpenform an europ. Tivolis erinnern; ausserdem sind in dem Garten 106 fünfarmige Gascandelaber vertheilt. Gewöhnlich fällt die Beleuchtung mit den Speisestunden der Hôtels zusammen; es ist aber dringend anzurathen, den Park gerade des Abends wenigstens einmal zu besuchen. Der Garten, zuerst fast ausschliesslich von Europäern benutzt, kommt nach und nach bei den Arabern, von denen auch wohlhabende ihre tief verschleierten Frauen und Kinder hierher schicken, immer mehr in Aufnahme. Das Umherwandeln unter den hier vortrefflich gedeihenden Bäumen, Sträuchern und Blumen jeder Art ist köstlich (Mai und Juni ist die Hauptblüthezeit), und wer seiner Gesundheit wegen in Kairo den Winter verlebt, sollte diesen Garten fleissig benutzen.

Ausser diesen Gartenanlagen bestehen noch ähnliche, wenn auch nicht so grosse in Gezîre (S. 347), auf der Insel Rôḍa (S. 326), in Schubra (S. 339), Ḳubbe (S. 341) und in Gîze (S. 351), alle von Barillet (s. oben) herrührend. Jetziger Obergärtner ist Delchevallerie. — Privatgarten von Ciccolani s. S. 339.

Die **Neustadt Isma'îlîya** ist erst in den letzten zehn Jahren entstanden, indem der Vicekönig Jedem ein Grundstück unentgeltlich überliess, der sich verpflichtete innerhalb 18 Monaten ein Haus im Werthe von mindesten 30,000 fr. darauf zu erbauen. Besonderes in architecton. Hinsicht wurde nicht geleistet, doch machen immerhin einige Häuser eine rühmliche Ausnahme von der allgemeinen Schablone.

Am Ausgang der Muski links der kleine Platz *Atab el-Kadra* (Pl. C, 3), mit einem ähnlichen *Reiterstandbild Mohammed'Ali's* wie das in Alexandrien (S. 235). An der Westseite des Platzes ein Ministerial-Gebäude, weiter das *Théâtre Français* (Pl. 98), dann an der Südseite der Ezbekîye das *Opernhaus* (Pl. 75) mit dem gleichnam. Platz, an dessen Südseite das Haus des Bankiers Oppenheim, rechts (W.) der schwerfällige Bau des *New Hotel* (Pl. a). Gegenüber an der Westseite der Ezbekîye das grosse Miethhaus des Bankiers Matatia, im Styl Ludwig XV. Westl. vom New Hotel die *deutsche Kirche* (Pl. 20), daneben die noch nicht vollendete *englische Kirche* (Pl. 21). Noch weiter westl. das im altarabischen Styl erbaute Haus des Bankiers Delort mit sehenswerther innerer Einrichtung, theilweise aus alten abgebrochenen arabischen Häusern herrührend. Auch die Ministerien und einige vicekönigl. Palais, so das ausgedehnte in Hufeisenform gebaute *Palais 'Âbidîn* (Pl. 76), an einem grossen noch in der Anlage begriffenen Platz gelegen, befinden sich in diesem Stadttheil (vgl. den Plan); doch sind die letzteren unzugänglich und meist mit so hohen Mauern umgeben, dass nur die Dächer hervorragen. Auf unsern Wegen werden wir das eine oder andere passiren und dann kurz nennen (S. 325, 351).

Diese ganze Neustadt kann indessen nicht das Interesse des Europäers erwecken, der den „Orient" besucht, und wir wenden uns daher sogleich den arabischen Stadttheilen zu.

Die südl. Theile der inneren Stadt. Boulevard Moḥammed 'Ali. Gâmi'a Sulṭân Ḥasan. Citadelle. Gâmi'a Moḥammed 'Ali. Gâmi'a Ṣalâḥeddîn Yûsuf und Sulêmân Pascha. Josefsbrunnen. Gâmi'a ibn Ṭulûn, Kait Bey und Sitte Zênab. Die vicekönigl. Bibliothek in Derb el-Gamâmîz. Derwischkloster in der Habbanîye. Bâb ez-Zuwêle. Gâmi'a el-Muaiyad. Gâmi'a el-Ghûri.

Von dem Platze Atab el-Kadra, zwischen Muski und Ezbekîye (s. oben), führt östl. in schnurgerader Linie der neugebrochene 1700m lange *Boulevard Moḥammed 'Ali* zu dem Fusse der Citadelle. Am Ende dieser langen Strasse erheben sich zwei grosse Moscheen: l. die nach einem Derwischorden (S. 165) benannte **Gâmi'a Rifâ'iye** (Pl. 58), ganz auf Kosten der Vicekönigin Mutter erbaut und noch nicht vollendet, rechts die altberühmte

****Gâmi'a Sulṭân Ḥasan** (Pl. 44), die „prächtige", das bedeutendste Monument der arabischen Baukunst, 757 d. H. (1356 n. Chr.) begonnen und 760 (1359) von Melik en-Nâṣir Abu'l-Ma'âli Ḥasan ibn Ḳalaûn vollendet, gegenwärtig vernachlässigt und baufällig.

Sulṭân Ḥasan, der sechste Sohn Sulṭân Nâṣir's (S. 290), war noch minderjährig als er (1346 n. Chr.) den Thron bestieg. Mamluken und Emire revoltirten, als die 43jähr. energische Regierung Nâṣir's († 1341) zu Ende war, und konnten um so mehr nach Willkür schalten, als in dieser Zeit (1348—1349) die Pest (der schwarze Tod) in Aegypten herrschte, die das Aussterben ganzer Familien, deren Vermögen einfach eingezogen wurde, zur Folge hatte. Maḳrîzi (S. 260) berichtet (in orient. Weise übertreibend), dass in Kairo allein an 15—20,000 Menschen an manchen Tagen gestorben seien. Ḥasan wurde zuerst 1351, dann nach 7jähr. abermaliger Regierung 1361 nochmals entthront und ermordet.

Die Moschee liegt unmittelbar am Rumêle-Platz (S. 281). Die majestätisch hohen Wände mit den flachen Nischen, welche 6—7 Fenster übereinander zeigen, das mächtige Thor (s. unten) und das erhaltene (südl.) Minaret gewähren, besonders seitdem neuerdings die früheren Anbauten entfernt wurden, einen imposanten Anblick. Das Gebäude bildet ein unregelmässiges Fünfeck, dessen Ostseite durch die Minarets und das Mausoleum (s. unten) symmetrische Vorsprünge erhalten hat. Einzelne Unregelmässigkeiten sind in den Fensteröffnungen der Langseite. Breit ausgelegtes Gesims. Die Ecken des Gebäudes sind mit eingesetzten Säulen verziert, die statt der gewöhnlichen Capitälbildungen einen Stalaktitenkranz tragen, durch den gewissermassen eine neue Capitälordnung gebildet wird.

Die Legende berichtet, dass Sulṭân Ḥasan dem Baumeister nach Vollendung seines Werkes die Hände habe abhauen lassen, damit er keinen zweiten so schönen Bau aufführen könne (die deutsche Sage lässt solche Architecten blenden). Die Ḥasan-Moschee diente von jeher als Sammelpunkt bei Aufständen, Demonstrationen u. dergl.

Von den *Minareten* stürzte eines, wie Maḳrîzi erzählt, bei einem Erdbeben ein und tödtete 300 Menschen. Das südlichste ist das höchste aller vorhandenen und misst 86 m (das von *el Ghûri* 65m, *Kalaûn* 59m, *Muaiyad* 51m, *el-Azhar* 51m, *Kait Bey* und *Barkûk* 50m, *Ṭulûn* 40m, *'Amr* 32m).

Das **Thor an der Nordseite (Boulevard Moḥammed 'Ali), ca. 3m über der Strasse gelegen, ist einzig in seinen colossalen Verhältnissen; es bildet eine ca. 20m hohe Nische, mit regelmässigen Arabesken in Steinschnitt, das Hauptgesims in Stalaktitenform. Eine gewöhnliche schmale Steintreppe führt zum Eingang.

Vom Eingang (Pl. 1) wendet man sich zuerst links, dann rechts und wieder links und betritt (nach Anlegung der Strohschuhe, Bachschîsch 1 Piaster, beim Ausgang zu zahlen) den inneren Hof (Pl. 3), 35m l. und 32m breit, der einen überraschenden, interessanten Anblick gewährt. In der Mitte die *Mêḍa'e* (Pl. 4), d. h. der Brunnen für die Waschungen der Aegypter, daneben r. die *Hane-*

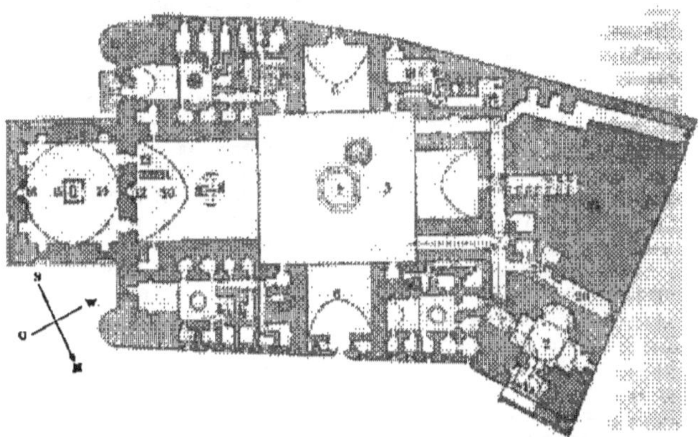

1. Haupteingang (vom Boulev. Moḥammed 'Ali aus). 2. Vestibül. 3. Ḥôsch el-Gâmi'a. 4. Mêḍa'e, Brunnen für die Waschungen der Aegypter. 5. Hanefiye, Brunnen für die Waschungen der Türken. 6. Offene Gebetsäle. 8. Dikke. 9. Kursi. 10. Sanctuarium. 11. Mimbar. 12. Kibla. 13. Eingang zum Mausoleum. 14. Maksûra. 15. Grab Sulṭân Ḥasan's. 16. Kibla. 17. Minaret. 18. Brunnen. 19. Schulen. 20. Kammern für Teppiche. 21. Administrationsräume. 22. Eingang für den Sulṭân.

fiye (Pl. 5), der Brunnen für die Türken, die sich früher streng getrennt hielten. Beide Brunnen gewähren trotz ihres verfallenden Zustandes ein charakteristisches Bild. Ueber dem Eingang zur Hauptkuppel ist die Jahreszahl 764 d. H. (= 1363 n. Chr.) angebracht.

Das Innere der Moschee hat die Form eines Kreuzes, dessen vier Arme mit hochstrebenden Spitzbogentonnen überwölbt sind. Im östl. Theil der *Liwân el-Gâmi'a*, das Sanctuarium, mit steinernem Mimbar (Pl. 11), welchen der Sultan zuweilen betrat um zum Volke zu sprechen. Von der Decke hängen eine grosse Anzahl Lampen. Rechts vom Mimbar ist der Eingang (Pl. 13) zur *Maksûra* (Pl. 14), einem mächtigen 55m hohen Kuppelgewölbe, welches das Grab Sulṭân Hasan's enthält und trotz des verfallenen Zustandes ein ungewöhnliches Interesse erweckt. Die theilweise erhaltene Stalaktiten-Ausschmückung in den Ecken lässt den classischen Styl nicht verkennen. An den Wänden ein Fries mit Korânsprüchen in grossen verschlungenen Buchstaben.

Von dieser Moschee aus gelangt man östl. (r.) auf den kreisförmigen **Rumêle-Platz**, von wo die Mekka-Karawane auszieht (S. 256), und die südl. anstossende **Place Méhémet Ali** (*Menschîye Gedîde*, neuer Platz), früher *Karamêdan* genannt. Von der Ostseite der Rumêle führt ein breiter Fahrweg an (l.) zwei Moscheen vorbei (die vordere *Gâm'a Maḥmûdi*, Pl. 52, die dahinter mit baufälligem Minaret *Gâm'a Gamberraḥmân*, Pl. 41) in Windungen (l. Blick auf die Chalifengräber) auf die Citadelle. Ein kürzerer und steilerer Weg, den man hinauf zu Esel benutzen mag, führt beim Beginn des Fahrwegs r. ab durch das von mächtigen Thürmen flankirte *Bâb el-Azab*. In dieser engen und winkeligen, von hohen Mauern umschlossenen Gasse, dem frühern Hauptzugang zur Citadelle, fand am 1. März 1811 auf Befehl Moḥammed 'Ali's die Niedermetzelung der Mamluken statt (S. 121); alle bis auf einen, Amîn Bey, der durch einen Sprung mit dem Pferde durch eine Mauerlücke in den Festungsgraben entkam, wurden erschossen.

Die **Citadelle** (*el-ḳal'a*; Pl. F, G, 1, 2), deren wiederholter Besuch der Aussicht wegen zu empfehlen ist, wurde von Salâḥeddîn (S. 260) im J. 1166 mit von den kleinen Pyramiden bei Gîze entnommenen Steinen erbaut, und zwar nach Angabe der arabischen Geschichtschreiber, weil das Fleisch hier doppelt so lange frisch blieb als irgendwo sonst in Kairo. Die Wahl des Platzes war nur insofern ungünstig, als die Festung zwar die Stadt beherrscht, aber selbst von den unmittelbar südl. sie überragenden Höhen des Moḳaṭṭam vollständig beherrscht wird, sodass Moḥammed 'Ali 1805 durch eine auf dem Gebel Giyûschi (S. 344) errichtete Batterie den auf der Citadelle befehligenden Churschîd-Pascha zur Uebergabe zwang.

Man betritt den innern Hof der Citadelle durch *Bâb el-Gedîd* (neues Thor) und hat, einen gemauerten Hohlweg passirend, vor sich die auf einer Terrasse gelegene (rechts eine Wache) —

***Gâm'a Moḥammed 'Ali** (Pl. 53), die „Alabaster-Moschee", deren hohe, zierliche Minarets weithin sichtbar, und gewissermassen ein Wahrzeichen der Stadt geworden sind. Begonnen wurde der Bau von Moḥammed 'Ali, dem Begründer des aegyptischen Herrscherhauses, und zwar auf der Stelle eines 1824 durch eine Pulverexplosion zerstörten Palastes, und 1857 unter der Regierung Sa'îd Pascha's (S. 123) soweit vollendet, wie er heute ist. Im Plane erinnert die Moschee an die nach dem Vorbild der Hagia Sofia zu Constantinopel erbauten türkischen Moscheen. Die Ausführung ist wenig künstlerisch, auch die Behandlung des Materials unvollkommen. Der Alabaster wurde theils in Blöcken, theils in Tafeln zur Verkleidung verwandt, und stammt aus den im Alterthum zwar schon bekannten, dann aber eine lange Zeit ganz in Vergessenheit gerathenen Brüchen bei Beni Suêf; die schöne gelbe Farbe dieses Steines verblasst schnell an der Sonne. Die noch nicht ganz verblendete Südfaçade der Moschee gibt uns nähere Aufschlüsse über die Art und Weise der Anwendung des Alabasters (S. 73).

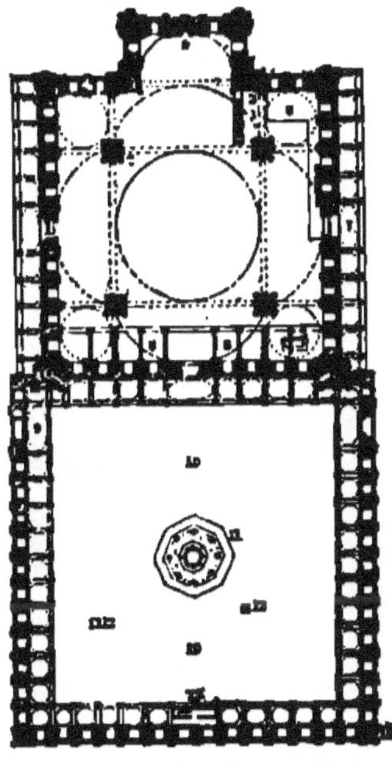

1. Eingang. 2. Kursi. 3. Mimbar. 4. Kibla. 5. Vergitterte Loge für den Sultan. 6. Grab Moḥammed 'Ali's. 7. Eingang für den Sultan. 8. Grosse Gallerie. 9. Eingang in den 10. Saḥn el-Gâm'a. 11. Hanefîye. 12. Kleine Brunnen. 13. Aufgang zum Uhrthurm. 13. Aussichtspunkt.

Der Eingang (Pl. 1; Strohschuhe anziehen, Bachschisch 1 P. T.) ist an der Nordseite. Das Innere, ein einziger grosser quadratischer Raum, dessen Kuppeln von vier mächtigen Pfeilern getragen werden, macht einen imposanten Eindruck; auch die Malerei der Kuppel ist effektvoll. Kursi, Mimbar und Kibla (s. d. Plan) sind ohne besonderes Interesse. In der SO.-Ecke das *Grab Moḥammed 'Ali's* († 1849), von einem schönen Gitter umschlossen (Pl. 6); gegenüber ein umgitterter Raum (Pl. 5) für den Sulṭân.

Der südlich anstossende *Saḥn el-Gâm'a* (Pl. 10), der Vorhof, ist von eingewölbten Gallerien umgeben, in deren oberen Theilen der Albaster durch einfachen Kalkstein ersetzt ist; in der Mitte die Hanefîye (S. 199) im türkischen zopfigen Geschmack. An der W.-Seite der Aufgang zu einem Thurm, der in eine Art chinesischen Pavillons endigt und eine Uhr trägt, die Louis Philipp von Frankreich Moḥammed 'Ali zum Geschenk machte.

Um die prächtige **Aussicht zu geniessen, gehe man um die Moschee herum bis an die Brüstung am SW.-Ende derselben (das europäisch eingerichtete vicekönigl. Palais ist nicht sehenswerth). Man überblickt die gelbgraue Stadt mit ihren zahllosen Minarets, Kuppeln und Gärten; zu den Füssen die Sultân Hasan Moschee; im Norden und Westen Windmühlenhügel*) und grünes Flachland, durch welches sich der Nil zieht; geradeaus im Westen ragen die Pyramiden aus dem Wüstenmeer empor. Auf den Dächern der Häuser sieht man zahllose offene Luftgänge, Malkaf oder mit der persischen Bezeichnung Bâdgîr genannt, die wie Souffleurkasten auf den ebenen Dächern angebracht sind und den Nordwind in das Innere derselben führen.

Der Besuch der übrigen Moscheen auf der Citadelle ist ohne besondere Erlaubniss (S. 259) nicht ausführbar; die Räume derselben dienen vielfach anderen Zwecken, die die Besichtigung hindern, und sind zudem in einem sehr verfallenen Zustande.

Gâm'a Salâheddîn Yûsuf (Pl. 60), SO. von der Mohammed 'Ali-Moschee gelegen, wurde 1171—1193 n. Chr. wohl unter dem Einfluss abendländischer Kunstrichtung erbaut; sie gleicht in manchen Stücken einer Basilika. Auch in ihr ist der Spitzbogen vorherrschend. Die Oeffnungen über den Arkaden sind kielbogenförmig. Die Kuppel wurde einst von 9 prachtvollen Granitsäulen getragen; jetzt ist sie eingestürzt und es ist von ihr nichts erhalten geblieben als die hochgeschnitzten Pendentifs. Die Säulen sind wie bei den meisten Moscheen antiken Monumenten entnommen, die Kibla ist mit Zwergarkaden, deren Grund in reichen Arabesken, schön dekorirt. Plafond, casettenförmig eingetheilt, in Holz geschnitzt und gemalt (Gold in weiss auf blauem Grunde). Die Fensteröffnungen sind noch theilweise mit durchbrochenen Gypsgittern verschlossen. Der Bau ward bis zum Plafond in Quadern ausgeführt. Die Minarets, aus dem Viereck in den Cylinder übergehend, sind an ihren oberen Enden mit grünen Faienceplatten bedeckt und haben einen Gürtel von Suluschrift in weisser Farbe auf braunem Grunde.

Südöstl. dicht hinter der Moschee Salâheddîn Yûsuf befindet sich der sogenannte **Josefsbrunnen** (Pl. 15), ein viereckiger Schacht, der gegen 89m tief in den Kalkfelsen abgeteuft ist. Um denselben ist eine schiefe Ebene in Gallerienform in den Felsen gehauen, auf welcher die Ochsen bis zur Hälfte der Tiefe hinabsteigen und dort die Schöpfmaschine in Bewegung setzen; es sind zwei übereinanderliegende Sâkiyen, welche das etwas salzige Infiltrationswasser auf die Oberfläche befördern. Seit der Vollendung der Dampfpumpwerke (S. 300) hat er seine Bedeutung verloren. Bei dem Bau der Citadelle im 12. Jahrh. fand man hier einen in alter Zeit angelegten aber versandeten Schacht, den *Salâheddîn Yûsuf* wieder herstellen liess und ihm seinen Namen (Yûsuf = Josef) gab; die Legende (besonders bei den Juden) zog den biblischen Josef mit hinein und machte aus diesem Schacht das Gefängniss Joseph's, was auch heute noch die Dragomane treulich berichten.

Die **Gâm'a Sulêmân Pascha** (Pl. 67) ward 931 d. H. von Sulêmân, dem Mamluken Sultân Selim's, gebaut. Arabisch-türkischer Styl, Grundriss mehr byzantinisch. Die Moschee ist klein, indessen von sorgfältiger Ausführung. Kufische Inschriften, Marmormosaiken, Mimbar aus Marmor.

Von der Citadelle auf den *Mokattam* und zum *versteinerten Wald* s. S. 344.

---

*) Die Franzosen waren die ersten, die Windmühlen in Aegypten errichteten; bis dahin wurde alles Getreide in den Häusern mit Handmühlen (râha) gemahlen, wie man solche auch heute noch in den Dörfern sehen kann.

Von der Place Méhémet Ali (S. 281) führt in westl. Richtung (dem Nil zu) ein Strassenzug, *Salîbe* genannt, durch den ältesten von den Ṭuluniden (S. 116) erbauten Stadttheil Kairo's, der fast ausschliesslich von den ärmern Klassen der Bevölkerung bewohnt wird und zum Theil in Ruinen liegt. Nach ungefähr 400m wird derselbe von einer von N. nach S. gehenden Strasse, deren (r.) nördl. Theil *Siûfîye* und der südl. (l.) *Rugbîye* heisst, gekreuzt. In der erstern gleich r. eine neue arab. Mädchenschule und etwas weiter ebenfalls r. die *Gâm'a el-Akbar* (Pl. 36), in der die Derwische tanzen (S. 257), mit sorgfältig ausgemeisselten Arabesken in der Kuppel (die Strasse mündet in den Boulevard Moḥammed 'Ali). Gegenüber an der Ecke der neue noch nicht lange vollendete *Marmor-Sebîl der Mutter 'Abbâs Pascha's* (Pl. 94), der einen reichen und hübschen Eindruck macht, obwohl die Detailformen ziemlich styllos sind; darüber eine grössere Schule ohne besonderes Interesse.

Wir wenden uns links in die Rugbîye-Strasse, dann nach ca. 280m rechts und haben nach ungefähr 120m (von dieser letzten Kreuzung) rechts vor uns die älteste Moschee Kairo's, die

***Gâm'a ibn Ṭulûn** (Pl. 68), von Abu'l-'Abbâs Aḥmed ibn Ṭulûn, selbständigem Gouverneur Aegyptens unter der Oberhoheit des Chalifen Mu'tamid (870—892) im Jahre 265 d. H. (879 n. Chr.) auf einem einst befestigten Hügel *Ḳal'at el-Kebsch* (s. unten) errichtet.

Aḥmed ibn Ṭulûn, der Gründer der Ṭuluniden-Dynastie (S. 116), dehnte durch glückliche Kriege die Grenzen Aegyptens über Syrien bis nach Mesopotamien aus, erlag aber in Syrien 884 einer Krankheit, nachdem ihn der in Baghdâd residirende 'abbasidische Chalife el-Mu'tamid (s. oben) von allen Mimbar's herab als Rebellen hatte verfluchen lassen.

Nach der einen Legende steht die Moschee auf der Stelle, wo Abraham den Widder (*Kebsch*) statt des Isma'îl geopfert haben soll, daher die Bezeichnung Ḳal'at el-Kebsch = Widderschloss; nach der andern steht sie auf dem Hügel, auf dem die Arche Noah's am 10. Moḥarrem (S. 265) festfuhr, trotzdem nach der allgemeinen Annahme der Muslimen sich dies auf dem Berg Djûdi bei Moṣul in Syrien ereignete (s. S. 108). Nach einer dritten Ansicht rührt der Name von der Wendeltreppe her, die sich gleich einem gewundenen Widderhorn um das noch erhaltene Minaret (s. unten) zieht.

Der ganze Bau, wie Maḳrîzi (S. 217) erzählt, nach den Plänen eines Christen mit dem Vorbilde der Ka'ba zu Mekka, währte zwei Jahre. Im Gegensatz zu den früher erbauten Moscheen wurden sämmtliche Theile des Bauwerkes aus neuen Materialien errichtet und nichts von früheren Monumenten verwendet. Das Mauerwerk bestand aus gebrannten mit Gypsstuck überzogenen Ziegelsteinen.

Der Eingang (Pl. a) zur Moschee befindet sich an der Ostseite und durchschreitet man zu demselben den südl. Theil des Liwân. Ursprünglich gingen von den drei äussern Höfen (s. den Plan) je zwei Eingänge zur Moschee. Der Ṣaḥn el-Gâm'a, den man vor sich hat, ist ein grosser, 90m im Quadrat messender Hof. Das Kuppelgewölbe (Pl. 6) in der Mitte desselben sollte ursprünglich das Grab des Erbauers umschliessen; als aber derselbe in Syrien starb (s. oben), wurde der Raum zur Ḥanefîye, dem Bassin für die Waschungen vor dem Gebet hergerichtet und dient auch heute noch diesem Zweck.

Die ehemal. Arkadenöffnungen der N., W. und S.-Seite des Moscheenhofes sind jetzt als Zellen und Wohnungen für Arme und Krüppel eingerichtet (äusserst zudringliche Bettler), wodurch der

Westseite.

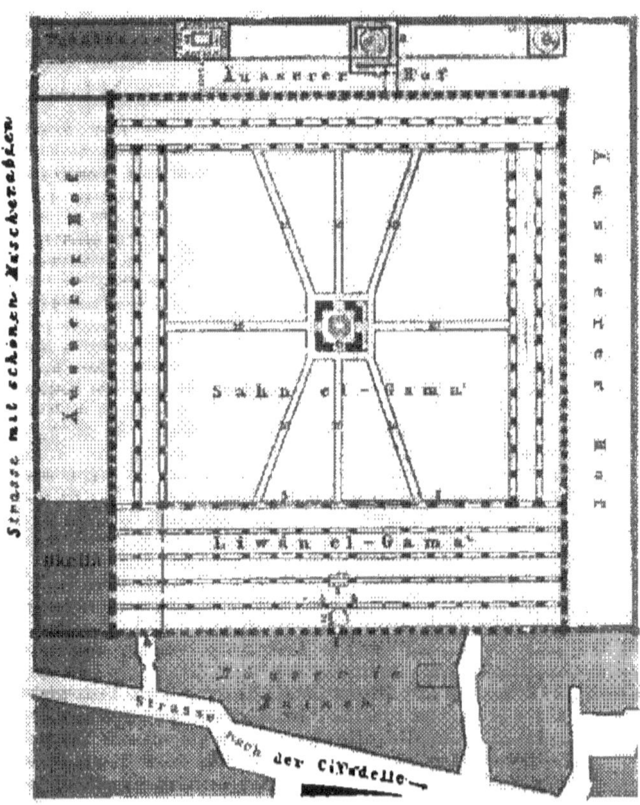

a. Eingang. 1. Kibla. 2. Mimbar. 3. Dikke. 4. Kursi. 5. Gitter und Pfeiler (1875 alle eingestürzt), den Liwân el-Gâmi'a (Sanctuarium) von dem Moscheenhof abgeschliessend. 6. Hanefîye. 7. Abtritte. 8. Minaret. 9. Sâkiye. 10. Gepflasterte Wege.

Charakter des Ganzen, das ehemals von grossartigem und harmonischem Eindruck gewesen sein muss, natürlich sehr gelitten hat. Arabische Schriftsteller erzählen, Aḥmed sei nach der Vollendung so entzückt über den Bau gewesen, dass er dem Architekten 10,000 Dinâr schenkte. Er soll alle Baukosten mit einem der von ihm gefundenen Schätze (S. 116) bestritten haben.

Die Bogen der Arkaden sind gedrückte Spitzbogen mit leiser Hinneigung zur Hufeisenform, welche letztere sich vollkommen ausgebildet in den unteren Etagen des Minarets (s. unten) findet. Zwischen den Arkadenöffnungen sind theils zur Entlastung, theils zur Belebung der Architektur spitzbogenförmige Oeffnungen oder Nischen angebracht. An den 1814 eingestürzten mittleren Pfeilern der Ostseite waren Marmortafeln mit kufischen Inschriften, die über die Bauzeit berichteten, angebracht, die ebenfalls zu Grunde gegangen sind.

Der Lîwân (Sanctuarium, an der Ostseite), durch den wir gekommen sind, enthält fünf, die übrigen Hofseiten je zwei Arkadenreihen. Um die Moschee dem Geräusch der Welt zu entrücken, wurde die äussere Seite dieses Gebetsraums durch Anbringung von Kaufläden und die übrigen drei Seiten durch mit hohen Mauern umgebene äussere Höfe isolirt (vgl. den Plan).

Alle Ecken im Inneren des Gebäudes haben gemauerte, mit dem Mauerwerk selbst verbundene Dreiviertel-Säulen ohne Basis mit wenig scharf modellirten Gypscapitälen. An gewissen Stellen der Pfeiler und des Mauerwerks sind zur Längenverbindung Schliessen aus Holz eingemauert, jedoch nur da sichtbar, wo der Verputz herabgefallen ist. Die durchbrochenen Attiken, die Gitter in Gypsguss, Ornamente und kufischen Schriften in Stuck sind streng im byzantinisch-arabischen Styl ausgeführt. Nur an der Ḳibla (Pl. 1) bemerken wir zwei Marmorsäulen mit Capitälen von noch mehr ausgesprochen byzantinischen Formen. Am oberen Theil der Nische Goldmosaik, die Basis derselben in musivischer Marmorarbeit. Der **Mimbar* (Pl. 2), ein Meisterstück der Holzschnitzerei, scheint bei der Restauration der Moschee durch el-Melik el-Manṣûr 696 d. H. hergestellt worden zu sein. Manṣûr veränderte übrigens nichts an der Moschee, sondern beschränkte sich auf eine Auffrischung des Ganzen.

Die Bedachung in sichtbarer Balkenconstruction und achteckiger Feldereintheilung, aus Dattelpalmenstämmen verfertigt und mit sculptirten Sykomorenbrettern verschalt, ruhte ehemals auf 158 rechteckigen Pfeilern aus gebrannten, mit Gypsstuck überzogenen Ziegelsteinen. Die Friese, mit kufischen Inschriften, sind ebenfalls aus Sykomorenholz.

In dem äussern Hof an der Westseite befindet sich eine Sâḳiye (Pl. 9) und das eigenthümliche Minaret (Pl. 8) mit gewundenen, ausserhalb der Mauern aufsteigenden Treppengängen (ein Papierstreifen, den Sultan Ṭulûn um seinen Finger wickelte, soll ihm die Idee dazu gegeben haben), welches nur der Mabchara von Gâm'a Hâkim (S. 298) ähnelt. Die Besteigung des Minarets, von dem man einen guten Ueberblick über die ältesten Bauwerke Kairo's hatte, ist neuerdings wegen Baufälligkeit verboten (dem Führer im Liwân 1—2 Piaster; um Ruhe vor der bettelnden Kinderschaar zu bekommen versehe man sich mit etlichen Kupferstücken).

Wenden wir uns vor dem Eingange der Moschee rechts und gleich wieder rechts, so gelangen wir, an der Südseite der Moschee (an der linken Strassenseite schöne Maschrebîyen) vorbei und dann etwas links, durch verschiedene Gassen und Gässchen, die den ehem. Hügel Kal'at el-Kebsch (S. 284) durchziehen, zu der kleinen und ehemals eleganten

Gâm'a Kait Bey (Pl. 48), die aber wie die meisten dieser Bauten sich in verwahrlostem Zustande befindet und bald vollständig Ruine sein wird. Sie stammt aus dem 15. Jahrh. und gleicht in ihren Grundformen dem Grabmal Kait Bey's (S. 305).

Kâid oder Kait Bey (1468—96 n. Chr.) ist einer der letzten selbständigen Mamlukensultâne Aegyptens. Er wusste als tüchtiger Feldherr und Diplomat sich gegen die Pforte (Sultân Mohammed und Bajesid) zu halten, ja den Türken selbst empfindliche Verluste beizubringen, aber die widerspenstigen Mamluken lähmten seine Unternehmungen und nöthigten ihn zuletzt, noch vor seinem Tode (7. Aug. 1496) zu Gunsten seines 14jähr. Sohnes Mohammed abzudanken.

Das Thor mit Bronzeverkleidung ist etwa 14m hoch, die Moschee selbst ca. 24m lang und über 20m breit. Die Attiken sind grösstentheils herabgestürzt. Das noch erhaltene Minaret ist elegant. Gegenüber der Kibla ohne Tribüne, als Dikke dienend, von der Minaretstiege aus zugänglich. Die Archivolten der Hauptgurten, der Hufeisenform sich nähernd, jedoch mit ausgesprochener Spitze, sind geschmackvoll verziert. Der Mimbar hat reiche Holzschnitzereien; am Fussboden und an den Wänden bemerkenswerthe Musivarbeit. Bachschîsch $1/2$ Piaster die Person.

Etwa 500 m NW. von hier liegt an einem kleinen Platze am Stadtkanal (Chalîg) die **Gâm'a Sitte Zênab** (Pl. 72), Ende des vor. Jahrh. begonnen, aber erst nach der französ. Invasion beendet und neuerdings vergrössert, reich an antiken Säulen, mit dem Grabe der Tochter des Imâm 'Ali und Enkelin des Propheten (ihr Môlid S. 256), einem von einem Bronzegitter umgebenen Sarkophag unter hoher Kuppel (nur mit besonderer Erlaubniss zugänglich). — Vor der Moschee (r. vom Eingang) der Sarkophag irgend eines Heiligen.

Von hier führt unweit des Stadtkanals entlang ein langer vielgewundener Strassenzug, *Derb el-Gamâmîz* (Sykomorenstrasse), in nördl. Richtung nach dem Boulevard Mehémét Ali. Nach etwa 1 Kilom. stehen links an einem kleinen, dicht am Kanal gelegenen Platz schöne Sykomoren; das Thor rechts führt zur *vicekönig-lichen* ***Bibliothek** (*Kutubchâne*, Pl. 9), von dem Chedîw Isma'il am 24. März 1870 in dem linken Flügel des Cultusministeriums gegründet, indem er eine Menge vorher in verschiedenen Stiftungen zerstreuter Bücher zum allgemeinen Nutzen hier vereinigte und durch Ankäufe und Geschenke vermehrte, wobei besonders die Schenkung der werthvollen Bibliothek Muṣṭafa-Pascha's, die hier in einem besonderen Saale aufgestellt ist, Erwähnung verdient. Die Sammlung umfasst jetzt gegen 23,000 Bände und besteht hauptsächlich aus arabischen und türkischen Büchern, indem die europäische Abtheilung, die eine Auswahl von wissenschaftlichen, namentlich polytechnischen Büchern in französischer Sprache enthält, erst allmählich vervollkommnet werden kann. Die Bibliothek ist von 3—6 und von 7—10 Uhr arabischer Zeit geöffnet, also etwa 3 Stunden Vormittags und 3 Stunden Nachmittags. Der Besuch ist Jedem gestattet, und die Beamten sind angewiesen, den Fremden überall die gewünschte Auskunft zu geben. Wer die Bücher benutzen will — was nur im Lesezimmer geschehen kann — hat von seinem Consul einen Bürgschein beizubringen, worauf ihm eine auf seinen Namen lautende und für ein Jahr gültige Erlaubnisskarte in der Bibliothek eingehändigt wird. Am Freitag ist die Bibliothek geschlossen und im Monat Ramaḍân nur in den Nachmittagsstunden geöffnet. Bibliothekar Herr Dr. Spitta, ein Deutscher.

Die Liberalität, mit welcher die Schätze muslimischer Litteratur auch dem europäischen Publicum gezeigt werden, verdient die höchste Anerkennung. Einzig in dieser Bibliothek und vielleicht im ganzen Morgenlande nicht zu finden, wenigstens sonst für Franken ganz unzugänglich, sind die *Maṣâḥif* oder Exemplare des Ḳorâns, welche verschiedenen Moscheen Kairo's entnommen, nun in der Bibliothek von Derb el-Gamâmîz aufgelegt sind, indem sie so vor gänzlicher Verstaubung und Verwitterung bewahrt bleiben. Sie zeichnen sich aus durch grosses Format, Pracht der Ausführung und hohes Alter. Sie vereinigen Alles in sich, was die arabische Kunst Schönes zu leisten vermocht hat.

Das älteste Exemplar des Ḳorâns ist eins in *kufischer* oder altarabischer Schrift, 31 Centimeter hoch und 23 Centimeter breit. Es enthält nur die Hälfte des Ḳorâns und hat leider viel gelitten, einmal sogar durch das Feuer. Die Titel der Sûren sind von Gold eingefasst, der sorgfältig geschriebene Text mit farbigen Lesezeichen versehen. Wie ein Schêch bezeugt, der mit seinen Augen noch das vollständige Exemplar des „edlen Buches" gesehen, ist dieser Ḳorân geschrieben von *Ga'far eṣ-Ṣâdiḳ*, dem Sohne des Mohammed el-Bâkir, dem Sohne des 'Ali Zên el-'Âbidîn, dem Sohne des Ḥusên, dem Sohne des 'Ali, dem Sohne des Abu Ṭâlib und Schwiegersohne des Propheten. Dieser Ga'far war ein grosser Chemiker und gelehrter Mann, der Lehrer des Ṭarsûsi, nach dessen Zeugniss, wie Ibn Challikân I,147 (Ausg. von Bûlâḳ) berichtet, er an 500 Broschüren geschrieben hat. Er lebte vom Jahre 80—148 nach der Flucht, und dieser Ḳorân hätte mithin das ehrwürdige Alter von nahezu 1150 Jahren, wenn man nicht Grund hätte, die Richtigkeit dieser Angabe zu bezweifeln. Jedenfalls ist das Manuscript sehr alt.

Die übrigen grossen und schönen Ḳorâne (es sind einige zwanzig) sind minder alt; sie wurden meist für die Sultane von den baḥritischen Mamluken (1250—1382) und den tscherkessischen Mamluken (1382—1516) geschrieben; einige spätere stammen aus der Zeit der osmanischen Sultane.

Da ist das Exemplar des *'Abd er-razzâḳ*, welches 499 nach der Flucht von *'Abd er-raḥmân ibn Abilfatḥ* geschrieben und der Moschee Ḥusên's geweiht wurde, 29 Centimeter hoch, 23 Centimeter breit. Es zeichnet sich weniger durch Pracht als durch Alterthümlichkeit aus; in den Ueber-

riften jeder Sûre ist die Anzahl nicht nur der Verse derselben, sondern
h ihrer Wörter und Buchstaben verzeichnet, sowie Aussprüche des
pheten über die einzelnen Sûren nach den Traditionen hinzugefügt,
gleichen mühsame Arbeiten auch die jüdischen Gelehrten mit dem
en Testamente vorgenommen haben. Nicht viel grösser ist ein an-
es Exemplar aus dem Jahre 635, 33 Centimeter hoch, 27 Centimenter
it; es entstammt der Moschee Huseins, die Titel sind in Gold, es hat
r etwas gelitten.

Aus dem Jahre 730 stammt der Korân des Sultân *Mohammed en-Nâsir
Seifeddin Kalaûn* (1293—1341), der von *Ahmed Yûsuf* dem Türken gerieben wurde. Er ist 54 Centimeter hoch, 30 Centimeter breit und
z in Gold geschrieben, wie noch ein anderer. Mehrere Exemp-
rühren vom Sultân *Scha'bân*, dem Enkel des vorhergehenden
âns, her (1363—77), aus dessen Moschee sie entstammen. Das
e von 769 ist 71 Centimeter hoch, 50 Centimeter breit, die Titel
Sûren nicht wie gewöhnlich in kufischer Schrift, die Anfänge

der Hand des *Mohammed ibn Ahmed el-Chalil el-Tebrîzi* vom Jahre 838, von 36 Centimeter Höhe und 24 Centimeter Breite, indem eine goldene Zeile mit einer schwarzen abwechselt wie noch in einem andern Mushaf; die ersten Seiten sind wunderschön. In kleinerer Handschrift ist das Exemplar des *Husein-Bey Tschemaschürgi* von 55 Centimeter Höhe und 43 Centimeter Breite.

Die Bibliothek enthält ausserdem noch viele andere kostbar geschriebene Korâne, namentlich in persischer Handschrift, wie ein 45 Centimeter hoher, 31 Centimeter breiter Korân, welcher zwischen den Zeilen eine persische Erklärung in roth enthält, mit sehr zarten Verzierungen zu Anfang und Ende — das Geschenk eines indischen Hokmdârs an den Chediw. Ferner schickte ein Fürst von Buchâra ein Exemplar mit beigeschriebenen vier Commentaren, zwei arabischen, dem des Bêdâwi und Gelalên und zwei persischen, so wie auch ein Gebetbuch „*Dalâil el chairât*", dessen Text ganz auf goldenem Grunde geschrieben und mit persischer Uebersetzung versehen ist. Da ist ferner ein Korân kaum eine Spanne hoch mit goldenen Blumen eingefasst aus dem Jahre 1109 der Flucht; er ist geschrieben von Muhammed Rûh allâh und enthält auf 30 Blättern die 30 Theile des Korans, und jede Zeile beginnt mit einem *alif* ا dem ersten Buchstaben des arabischen Alphabets, eine mühsame Arbeit! Ein Korân des Sultâns *Elgaelyusfi* von 52 Centimeter Höhe und 41 Centimeter Breite ist in zwei Handschriften geschrieben, der grössern, Thuluthi genannt und der kleinern Naschi. Moghrebinische Handschriften zeigen uns ferner alle Kunst der arabischen Schrift und der Arabeske, die auch auf einzelnen Blättern entfaltet ist, welche Sprüche aus dem Korân oder Aussprüche des Propheten enthalten.

Gross ist die Sorgfalt, welche die Muslimen der alten Zeit auf die Prachthandschriften des Korâns verwendeten, und gross die Ehrfurcht, die noch die heutigen Muslimen dem heiligen Buche, das vom Himmel gesandt, erweisen. Die sonstigen Handschriften der Bibliothek, deren viele und alte sind, werden durch den Glanz der Masâhif in Schatten gestellt. Die Bibliothek ist sehr reich an Commentaren zum Korân und an Büchern, die die Traditionen vom Propheten enthalten; sie ist auch reich an Werken über muslimisches Recht der vier Sekten, besonders das hanefitische und schâfe'itische. Auch an geschichtlichen, sprachlichen und astrologischen Werken fehlt es nicht; theilweise sind sie sehr alt und manche in der Handschrift des Verfassers. Unter den Dichtern ist Mutanebbi besonders vertreten, eine Handschrift von 553 der Flucht mit dem Commentar des Ibn Ginni, der auch die Hamâsa commentirte. Eine Handschrift „die Dichtungen der Araber" ist aus dem nämlichen Jahre; und unter den Handschriften der Hamâsa ist eine moghrebinische oder algerische, geschrieben „nach der Recitation der Kundigsten" aus dem Jahre 597. Vom Commentar des Merzûki zu dessen Gedichtsammlung ist gleichfalls eine alte Handschrift vorhanden. Vom Schah von Persien kam eine schöne Handschrift des Firdusi, die mit vielen colorirten Bildern geschmückt ist. Der ganze Reichthum der Bibliothek kann hier nicht erörtert werden; darüber wird ein Katalog, der vorbereitet wird, Auskunft geben. Die Zahl der gedruckten Bücher ist geringer; es sind meist die Drucke von Bûlâk, von denen einige der Bibliothek in grosser Anzahl überkommen sind und von ihr verkauft werden.

Mit dem Besuch der Bibliothek kann der des nahen *Derwisch-Klosters* in der *Habbanîye* (Pl. 11) verbunden werden (Erlaubniss dazu muss im Cultusministerium eingeholt werden). Das Kloster wurde von dem Wezîr des Sultan Selim Mustafa Agha im J. 1174 d. H. erbaut. Das sehenswertheste der Anlage ist das Sebil mit rundem Grundriss. Das Gebäude hat einen grossen, bedeutend über die Strasse erhöhten Hof mit einigen Anpflanzungen, um den sich die Zellen der Derwische reihen und bei dem sich eine kleine Moschee erhebt. Ueber die Derwische s. S. 165.

Der Strasse weiter folgend, kreuzen wir den in der Anlage begriffenen *Boulevard Schêch Riḥân*, weiter den Boulevard Moḥammed ʿAli (s. oben). Jenseit des letzteren lassen wir an einem freien Platz r. das *Palais Manṣûr Pascha* (Pl. 85, ohne Interesse) und betreten die nach einer r. gelegenen Moschee *Gâmʿa el-Benât* (Pl. 40; Moschee der Mädchen) benannte Strasse. Etwas hinter der Moschee ist l. der Eingang (jenseit des Kanals) zu dem Hause des *Schêch Mufti* oder *Schêch ul-Islâm* (Pl. 95), dessen Inneres sehenswerth, aber nur mit einer besondern Erlaubniss (S. 259) zugänglich ist. Die Strasse mündet nördl. (geradeaus) in die Muski, dicht bei dem Hôtel du Nil. (S. 249).

Lassen wir das Palais Manṣûr Pascha (s. oben) links und verfolgen die Gasse, die in der s.ö. (r.) Ecke des kleinen nach einem ehemal. Thor *Bâb el-Chalk* benannten Platzes einmündet, so gelangen wir nach ca. 500 m an das (l.) ehem. Stadtthor **Bâb ez-Zuwêle**, massiv aus Quadern gebaut, mit ähnlichem Grundriss wie das Bâb el-Futûḥ (S. 300). Die Südseite desselben bilden zwei mächtige Thürme; an dem rechts Holz- und Steinkugeln, wohl aus den Mamlukenkämpfen herrührend. An ihm wurde der letzte der aegyptischen Tscherkessen-Sulṭâne Ṭûmân Bey von Sulṭân Selim II. am 19. Rabîʿ el-Awwel 923 d. H. (15. April 1517) gehängt (S. 261). Dieses Thor wird auch *Bâb el-Mutawelli* genannt, weil nach einer alten Sage hinter dem einen (westl.) Thorflügel der höchste Heilige Ḳuṭb*) el-Mutawelli sich aufhalten und seine Anwesenheit manchmal durch einen Schimmer zeigen soll; ein Bettler, der daselbst tagsüber sitzt, sucht durch Anrufen des Heiligen (Mutawelli! Mutawelli!) die Mildthätigkeit der Vorübergehenden zu erflehen. An dem innern (östl.) Thorflügel hängen Haarbündel, Zähne, Kleiderfetzen etc., die von Kranken herrühren, welche dadurch Heilung von ihren Leiden erhoffen.

Wir treten durch das Thor in die *Sukkarîye* (S. 273) genannte Strasse und haben hier gleich zur Linken das schöne Portal der mit dem Stadtthor verbundenen **Gâmʿa el-Muaiyad** (Pl. 57), deren Inneres gegenwärtig einer grösseren Restauration unterworfen wird, wodurch die Besichtigung sehr erschwert ist. Erbaut wurde sie von Sulṭân Schêch el-Maḥmûdi Muaiyad (1412—21), aus der Dynastie der tscherkessischen Mamluken (818 d. Fl.), der eine Zeit lang an dieser Stelle eingekerkert war, als ihn, der stets an der Spitze

*) Ḳuṭb heisst eigentlich Pol oder Achse. Der höchste Heilige wird so genannt, weil die andern Weli's, in Rangstufen eingetheilt: naḳîb (plur. nuḳabâ), negîb (plur. nugabâ), bedîl (plur. abdâl), gleichsam um ihn sich drehend gedacht werden. Als Hauptaufenthaltsort dieses ḳuṭb gilt freilich in der muslimischen Welt eigentlich das Dach der Kaʿba, aber daneben gilt den Aegyptern doch wenigstens als zweiter Lieblingsaufenthalt das Bâb ez-Zuwêle, das eben deswegen auch el-Mutawelli genannt wird, d. h. das Thor des regierenden ḳuṭb. Auch am Grabe des Seyyid Aḥmed el-Bedawi (S. 24[illegible]) ist eine Station des ḳuṭb, wie er denn im Stande ist, in einem Augenblick sich von Mekka nach Kairo und wohin er will zu versetzen.

der Widerspenstigen gegen Sulṭân Farag (S. 303) stand, dieser in Kairo in offenem Kampfe besiegt hatte. Die Moschee ist auch unter dem Namen *Gâm'a el-aḥmar*, die rothe Moschee, nach ihrem äusseren Anstrich, bekannt.

Der *Sulṭân Scheich el-Mahmûdi Muaiyad* bahnte sich durch Hinrichtung seines Vorgängers, des Sulṭâns Farag, des Sohnes des Begründers der tscherkessischen Mamlukendynastie der Burgiten (so genannt von dem Dienst auf den Festungen, arab. = burg), Barḳûḳ, den Weg zum Throne, den er im November des Jahres 1412 bestieg. Siegreiche Kämpfe gegen widerspenstige Vasallen in Syrien, bei denen ihm namentlich das Feldherrntalent seines Sohnes Ibrâhim zu Statten kam, füllten die Zeit seiner Regierung aus. Der Tod eben dieses seines Sohnes Ibrâhim — nach einigen Berichten soll er ihn aus Eifersucht, weil das Volk demselben zu sehr gehuldigt habe, durch Gift aus den Wege haben räumen lassen — zerstörte seinen ohnehin schwächlichen Körper. Er starb 13. Januar 1421. Er hinterliess nach aegyptischen Quellen grosse Reichthümer und doch fehlte es bei seinem Tode an dem Nöthigen zur Bestattung, weil Alles gleich von den Emiren weggeschafft wurde und kein Mensch sich um die Leiche kümmerte. Er hatte sich während seiner nach Aussen freilich glücklichen Regierung die Liebe seiner Unterthanen keineswegs zu erwerben gewusst. Die Emire waren unter ihm ihres Lebens nicht sicher, denn viele wurden auf den geringsten Verdacht hin enthauptet oder eingekerkert; das Volk wurde von seinen Gerichts- und Verwaltungsbeamten ausgesogen und misshandelt, denn die meisten Aemter wurden an den Meistbietenden verkauft, der sich dafür wieder am Volke durch allerlei Erpressungen entschädigte. Dessenungeachtet fehlte es nicht an Lobrednern Schêch's, die alles Unglück, das er über Aegypten gebracht, und alle Schlechtigkeit, die er durch seine Geldgier hervorgerufen hatte, vergassen, weil er ein frommer Muslim war, viel mit Gelehrten umging, in der Theologie bewandert war, als Redner und Dichter sich ausgezeichnet, eine Moschee, ein Spital und eine theologische Schule (medrese) gestiftet hatte. Sein ganzes Leben ist reich an Contrasten. Wenn er durch Meineid einen Mord an seinen Gegnern begangen hatte, brachte er gewöhnlich mehrere Tage in einem Derwischkloster zu, machte die Zikr's mit und überhäufte das Kloster mit Geschenken. Er trug gewöhnlich wie ein Derwisch nur ein wollenes Gewand und befahl den Predigern, wenn sie beim Kanzelgebet seinen Namen erwähnten, eine Stufe herabzusteigen. Gegen Andersgläubige war er im höchsten Grade intolerant. Juden und Christen mussten ausserordentliche Steuern bezahlen, alle alten, schon durch 'Omar (634—644 n. Chr.), Mutawakkil (849—850 n. Chr.), den fâṭimidischen Chalifen Ḥâkim (996—1020, s. S. 298) und Sulṭân Mohammed en-Nâṣir (1293—1341, S. 297) gegebenen Kleiderordnungen wurden wieder erneuert und verschärft. Man begnügte sich nicht mehr damit, ihnen die Farben vorzuschreiben (Christen: dunkelblaue Kleider, schwarze Turbane und ein langes 5 Pfund schweres hölzernes Kreuz am Halse; Juden: gelbe Kleider, schwarze Turbane und eine schwarze Kugel am Halse); auch das Mass der Aermel und Kopfbinden wurde geregelt, so dass selbst der Schnitt der Kleider verschieden von denen der Muslimen war, und sogar den Frauen wurden neue, sie beim ersten Anblick kennzeichnende Kleidungsstücke aufgezwungen.

Das schöne Bronzethor am Eingang befand sich ursprünglich an der Sulṭân Ḥasan Moschee (S. 279). Der Grundplan gleicht dem der 'Amr-Moschee (S. 332), nur hat hier die Anlage eine reichere Ausbildung erfahren, jedoch ohne scharf ausgeprägten Charakter; auch hier wurden Säulen der verschiedensten Art verwendet. Rechts an der Maḳṣûra befindet sich das Mausoleum des Sulṭân's, links das seiner Familie. Das Sanctuarium selbst ist von dem Innern Hof (Ṣaḥn el-Gâm'a), in dem Akazien und Sykomoren stehen, durch ein Gitter getrennt. Die Trümmer an der Südseite gehörten zu einem ehem. öffentlichen Bade, das mit der Moschee in Verbindung stand, doch ist wenig mehr davon zu erkennen. Die Moschee hat 3 Minarets, von denen zwei über den Vorbauten des der Gâm'a angefügten *Bâb ez-Zuwêle* (s. oben) sich befinden.

[S.ö. ausserhalb des Thors, zur Linken des Wachtpostens, führt der *Derb el-Aḥmar*, der „rothe Weg", neuerdings Rue de la Citadelle genannt, zur Citadelle (S. 281). Etwa 420m vom Bâb Mutawelli, an der Biegung nach rechts, liegt die *Gâm'a el-Werdâni* (oder *Mardâni*; Pl. 69), mit zierlichem Minaret; der verschlossene Hof mit schlanken Säulen und Spitzbogen dient zu Magazinzwecken.]

Der Sukkarîye-Strasse links (N.) folgend haben wir in derselben nach ca. 100m rechts der moderne *Marmor-Sebîl Moḥammed 'Ali's* (Pl. 92), von angenehmem Totaleindruck; Detailformen weniger stylvoll. In gleicher Richtung ca. 250m weiter ist l. an der nun *el-Ghûrîye* (S. 273) genannten Strasse, etwas über die Strassenlinie vortretend, die ***Gâm'a el-Ghûri** (Pl. 42) und ihr gegenüber der **Sebîl* und die *Medrese* desselben Erbauers; beide Façaden aus der zweiten Hälfte des 10. Jahrhunderts d. H., höchst beachtenswerth und harmonisch in ihrem Effekte. Im Innern der Moschee eingelegte Wandfiguren. Sulṭân el-Ghûri hatte ein Hemd des Propheten aus Mekka mitgebracht, das früher in dieser Moschee aufbewahrt wurde; dasselbe soll sich jetzt auf der Citadelle befinden und jährlich einmal gezeigt werden, aber nur höheren Beamten, die diese Reliquie küssen dürfen.

Kanṣuwe el-Ghûri (1501—1516), ein ehemaliger Sklave des Sulṭân Ḳaît Bey, wurde am 20. April 1501 nach dem Sturze des nur 100 Tage regierenden Sulṭâns Ṭûmân Bey zum Sulṭân gewählt. Er war schon über 60 Jahre alt, als er den Thron bestieg, aber noch mit jugendlicher Kraft und Energie ausgerüstet. Er wusste die aufrührerischen Emire im Zaum zu halten und machte durch den Ankauf neuer Sklaven die älteren Mamluken unschädlich. Obgleich ein emporgekommener Sklave, brachte er doch die Prunkliebe eines Herrschers von altfürstlichem Geschlechte mit auf den Thron. In seinen Ställen waren die schönsten Pferde, an seinen Ringen glänzten die kostbarsten Edelsteine, sein Küchengeschirr war vom reinsten Golde, sein Palast auf der Citadelle wimmelte von Dichtern, Sängern und Märchenerzählern. Er sorgte freilich auch für Verbesserung der Strassen und Wasserleitungen, gründete Schulen, baute Moscheen und legte Befestigungswerke an. Um aber dies zu erreichen, legte er schwere Abgaben auf sein Volk; von sämmtlichen Liegenschaften in Aegypten und Syrien wurde der Ertrag von 10 Monaten als ausserordentliche Steuer erhoben, und die frommen Stiftungen wurden noch höher besteuert als die Güter der Privatleute. Eine ähnliche Steuer wurde auf Mühlen, Schiffe, Lastthiere, Bewässerungsmaschinen gelegt, von allen Pensionen der Betrag von 10 Monaten zurückgehalten und den Kaufleuten je nach Gutdünken beliebige Summen abgepresst. Durch hohe Zölle auf Ein- und Ausfuhrartikel, durch Verschlechterung der Münzen, durch Besteuerung der Marktaufseher, die ihrerseits sich wieder an den Händlern entschädigten, gab er dem aegyptischen Handel einen schweren Stoss, der ohnehin durch die Umseglung des Kaps der guten Hoffnung von Seiten der Portugiesen und die dadurch herbeigeführte Vernichtung des aegyptischen Handels mit Indien schwer geschädigt war. Kanṣuwe el-Ghûri, von den Venetianern auf die Gefahr aufmerksam gemacht, die seinem Handel drohte, versuchte durch eine Flotte, die er nach Indien gegen die Portugiesen ausrüstete, denselben zu schützen, besiegte auch 1508 in einem Seetreffen bei Schaul den Lorenzo, Sohn des Vicekönigs Francisco d'Almeida, aber schon im folgenden Jahre mussten sich die Trümmer seiner Flotte nach Arabien zurückziehen. Ehe aber seine neu ausgerüstete Flotte nach Indien kam, war er selbst nicht mehr, und das Ḥidjâz und Yemen, das Ḥusèn in der letzten Zeit dem aegyptischen Scepter unterworfen hatte — bei dieser Gelegenheit liess el-Ghûri die ganze Südseite des Ḥarâm in Mekka neu bauen (906 d. H.), wie eine Inschrift über dem Bâb Ibrâhîm daselbst angibt — huldigten den Osmanen. Am 24. Aug. 1516 fiel er in der Schlacht in der Ebene Dâbik (nördlich von Aleppo) gegen das Heer des Osmanensultâns Selim I. Er soll, vom Schlage gerührt, ohnmächtig zu Boden gefallen und von seinen eigenen Leuten entweder aus Habsucht oder um zu verhüten, dass er in die Gewalt des Feindes komme, getödtet und ausgezogen worden sein. Seine Leiche wurde gefunden und sein Haupt dem Sieger gebracht.

Weiterhin lassen wir die *Gâm'a el-Aschraf* (Pl. 37, ohne Interesse) links und gelangen (ca. 200m von der Gâm'a el-Ghûri) in die Rue Neuve (Muski, S. 272).

Die nordöstlichen Stadttheile. Muristân Kalaûn. Grab Sulṭân Moḥammed en-Nâṣir ibn Kalaûn. Gâm'a Barkûkîye. Gâm'a Ḥâkim. Bâb en-Naṣr. Bâb el-Futûḥ. Chalifen-Gräber.

Von der Ezbekîye aus östl. die Muski hinauf wandernd bis zur Einmündung der el-Ghûrîye-Strasse rechts und des Bazars en-Naḥḥâsîn (Kupferschmiede; S. 275 und Pl. C, 2) links, folgen wir dem letzteren (gleich rechts der Eingang zum Chan el-Chalîli, S. 274) und haben nach wenigen Minuten links drei zusammenhängende Moscheenbauten vor uns, die durch ihre grell roth und weiss gestreiften Façaden (s. S. 196) in die Augen fallen. Der erste Bau ist der

Muristân Kalaûn (Pl. 73), eine ehemalige grossartige Spital-(Muristân, von dem persischen Wort bîmaristân)-Anlage, deren grösster Theil in verfallenem Zustande ist und jetzt Kupferschmieden und Kesselflickern als Werkstatt dient; doch ist das Grab des Gründers, das gleichzeitig als Moschee dient, leidlich erhalten. Sulṭân el-Manṣûr Kalaûn (1279—1290) legte den Grundstein 683 d. H. und soll das ganze Gebäude innerhalb 13 Monaten vollendet haben.

Kalaûn bestieg mit Beiseiteschiebung eines unmündigen Sohnes des Bêbars November 1279 den aegyptischen Thron. Er kämpfte siegreich gegen einen aufständischen Statthalter von Damascus, besiegte die Mongolen, die gegen Syrien herangerückt waren, bei Ḥoms, züchtigte die Fürsten von Armenien und Georgien wegen ihres Bündnisses mit den Mongolen, die den Papst Nicolaus IV., den König Eduard I. von England und Philipp den Schönen von Frankreich zu einem Angriff auf Syrien und Aegypten, unter dem Anerbieten, die nöthigen Pferde, Lastthiere und Lebensmittel zu liefern, aufgefordert hatten, knüpfte Verbindungen mit dem Kaiser Rudolf, den Genuesern, mit Alfons III. von Kastilien und Jakob von Sicilien, mit dem Fürsten von Yemen und dem von Ceylon an, nahm dem Fürsten von Tripoli zunächst die Stadt Lâdiḳîye (Laodicea), dann Tripoli selbst, welches nach dem Tode Boëmund's in die Hände Bertram's von Gibelet gefallen war, und traf alle Anstalten um auch 'Akka (Acco), die einzige den Christen noch übrige bedeutende Festung zu erobern, starb aber noch ehe er sein Vorhaben ausführen konnte am 10. November 1290. Er wird von den Geschichtschreibern übermässig gelobt. Er war allerdings nicht so blutgierig wie Bêbars und drückte auch seine Unterthanen weniger als dieser, aber auch ihm ging die Ausdehnung seiner Macht über die Gerechtigkeitsliebe und Treue. Kein Vertrag war ihm heilig, sobald er aus einer Verletzung desselben Gewinn ziehen konnte.

Der Muristân, das schönste Denkmal das Kalaûn hinterliess, war von so grossem Umfang, dass für jede Krankheit ein besonderer Saal bestimmt war (vgl. den Plan), nebst Nebengemächern für Frauen; auch enthielt er geräumige Magazine, mit Lebensmitteln und Medikamenten angefüllt. Ferner war ein grosser Hörsaal darin, in welchem der Oberarzt medicinische Vorlesungen hielt. Der Verbrauch war so gross, denn selbst Bemittelte fanden darin unentgeltliche Aufnahme, dass mehrere Administratoren angestellt waren, die nichts zu thun hatten, als den Einkauf des Bedarfes zu besorgen und zu verrechnen. Ausserdem waren wieder mehrere Verwalter und Aufseher angestellt, welche die dem Spital ange-

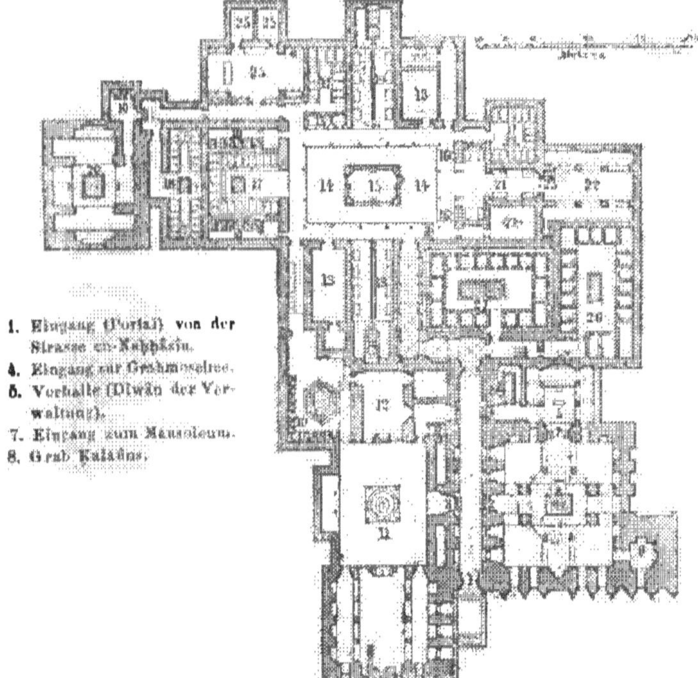

Die übrigen Nummern im Plan, der, wie oben bemerkt, die *ehemalige* Anlage veranschaulichen soll, bezeichnen Räume, die theils verfallen sind, theils zu andern Zwecken benutzt werden: No. 2. Verschlossener Eingang zum Mausoleum, 3. Eingang zu 11. einem ehemal. Moscheeraum, 6. ohne Interesse, 9. Minaret, 10. Bassin, 12. Gebetssaal, 13. Magazine, 14. Verbandplatz, 15. Zimmer der Aerzte, 16. 17. Krankensäle, 18. 19. desgl., 20. Krankenwärter, 21. Hof, 22. Schêch, 23. Magazin, 24. Todtenkammer, 25. Küche, 26. 27. Zellen für Geisteskranke.

wiesenen Einkünfte aus den verschiedenen Stiftungen eintreiben mussten. Im Grabdome wurde der Korân und die Traditionsurkunde gelehrt und sowohl Lehrer wie Schüler empfingen ihren Unterhalt vom Staate. Ein grosser, daranstossender Saal enthielt die Bibliothek, welche reich an Werken über Korânexegese, Tradition, Sprachkunde, Medicin, praktische Theologie, Jurisprudenz und Belletristik war, und welche ein besonderer Bibliothekar mit 6 Dienern in gutem Stande hielt. Das Schulgebäude umfasste 4 Hörsäle für Lehrer der islamitischen 4 Schulen (S. 161); ausserdem noch eine Kinderschule, in welche 60 arme Waisenkinder aufgenommen wurden, die freie Wohnung, Kost und Kleidung hatten.

Im Grabraume werden noch Kleidungsstücke von Kalaûn aufbewahrt, denen das Volk besondere Heilkräfte zuschreibt. Der Shawl (Timme) seines Turbans hilft gegen Kopfweh, einer seiner schweren Kaftâne gegen kalte Fieber, wenn der Kranke sich 24 Stunden darein wickelt. Dieser Glauben der Heilkraft der Kleider Kalaûns mag sich davon herschreiben, dass derselbe sich viel mit Medicin beschäftigt hat.

Das Portal (Pl. 1; der Plan gibt die ehemalige Anlage, von der heute nur die Nummern 1—8 erhalten sind) ist der bemerkenswertheste Theil des ganzen Bau's; in schwarz und weissem Marmor, mit Resten von Bronzeverkleidung auf den Thorflügeln, ist es von mächtiger Höhe; die Decke des Eingangs in sichtbarer Balkenconstruction ist ebenfalls effectvoll.

Die übrigen Gänge, meist in gothischen Kreuzgewölben ausgeführt, scheinen durch die letzte Restauration in diesem Jahrhundert durch Seyyid el-Mabrûki und Aḥmed Pascha Ṭâher an ihrer früheren Regelmässigkeit eingebüsst zu haben.

Die zweite Thür (Pl. 4) rechts führt zur Vorhalle (Pl. 5) des *Grabes Kalaûn's*. Dieselbe wird gegenwärtig von der Administration der Moscheengüter als Bureau benutzt. In dem Grabe selbst bemerkenswerth eine Granitsäule und die Mosaiken der Ḳibla (Gebetsnische) mit schönen Zwergarkaden und Muschelformen als Decoration, und die musivische Marmorverkleidung der unteren Theile der Wände. Die Anordnung der gekuppelten Fenster hat Aehnlichkeit mit denen in den christlichen Gotteshäusern der romanischen Periode. Der Fensterverschluss mit durchbrochenen Gypsgittern ist beachtenswerth.

Der zweite Bau daneben ist das ***Grab Sulṭân Moḥammed en-Nâṣir ibn Ḳalaûn** (1293—1341, Pl. 56), vom J. 698 d. H.

Moḥammed en-Nâṣir ibn Ḳalaûn, Sohn des oben genannten Kalaûn, folgte im Jahre 1293, 9 Jahre alt, seinem älteren Bruder Chalil, der unter dem Namen El-Aschraf (S. 274) bekannt ist. In den Anfang seiner Regierung fielen blutige Streitigkeiten zwischen dem Reichsverweser Ketboga und dem Wezir Schudjâî. Als Ketboga seinen Gegner aus dem Weg geräumt hatte, bemächtigte er sich (December 1294) des Thrones, wurde aber durch eine Verschwörung der unzufriedenen Emire wieder (Nov. 1296) verdrängt. Darauf gelangte Ladjîn, ein ehemaliger Sklave Ḳalaûns und angeblich von deutscher Abkunft (er kam als Knabe von kaum 10 Jahren nach Aegypten), Schwiegersohn des Sulṭân Bêbars, zur Herrschaft, fiel jedoch (Januar 1299) durch Mörderhand. Nâṣir, der inzwischen in Kerak, einer syrischen Festung im Osten des Todten Meeres sich aufgehalten hatte, wurde zurückberufen. Trotzdem er siegreich gegen die Syrien und selbst Aegypten bedrohenden Mongolen war, wurde er immer noch von seinen Emiren als unmündiger Knabe behandelt. Namentlich waren der Reichsverweser Sallar und der Palastpräfekt (ein früherer tscherkessischer Sklave) Bêbars II. Djaschengir die eigentlichen Regenten. 1309 zog Nâṣir unter dem Vorgeben, eine Pilgerreise nach Mekka zu machen, nach Kerak, setzte sich dort fest und erklärte von hier aus, er sei der Bevormundung überdrüssig und werde vorläufig in Kerak residiren. Die Folge war, dass er in Kairo des Thrones verlustig erklärt und an seiner Stelle Bêbars II. zum Sulṭân ausgerufen wurde (April 1309). Allein die syrischen Emire blieben auf der Seite Nâṣir's und mit ihrer Hilfe vermochte er, trotzdem der in Kairo residirende 'abbasidische Schatten-Chalife (s. S. 118) die Acht über ihn ausgesprochen und zum heiligen Krieg gegen ihn aufgefordert hatte, den Thron wieder zu besteigen. Die drei Hauptzüge des Charakters Nâṣir's, Argwohn, Rachsucht und Habgier traten jetzt mit aller Macht hervor; kein gegebenes Versprechen, kein geschworner Eid waren ihm heilig. Seine Emire behandelte er ganz nach Willkür, er beschenkte sie und liess sie tödten, so dass ein arab. Schriftsteller erzählt: „Nâṣir mästete seine Emire und wenn sie recht fett waren, schlachtete er sie und alles von ihnen Verschlungene kehrte wieder zu ihm zurück." Nur einem einzigen von ihnen, dem als Historiker bekannten Ismaʿîl Abul fidâ (S. 217), bewahrte er seine Gunst bis zu seinem Tode, ja verlieh ihm sogar die Würde eines Sulṭâns. Gegen die Masse des Volkes zeigte er sich stets leutselig und freigebig, er schaffte drückende Steuern ab, bestrafte die Kornwucherer und vertheilte Getreide in Zeiten von Hungersnoth. Auch gegen die Christen war er tolerant und wollte sogar die ihm von Fanatikern in der Jugend abgepresste Kleiderverordnung (S. 202) wieder zurücknehmen, doch konnte er damit nicht durchdringen. Nichtsdestoweniger stellte er christliche Beamte an, namentlich im Steuer- und Finanzwesen. Er brauchte Leute, die Geld zu schaffen wussten, denn sein Hof verschlang ungeheure Summen, ebenso seine Pferdeliebhaberei — in seinen Ställen sollen jährlich 3000 Stuten geboren worden sein — und seine Baulust. Er verband Alexandrien wieder durch einen schiffbaren Kanal mit dem Nil und legte andere Kanäle, z. B. einen von Chânkâh nach Siryâkûs, und Dämme an. So kam es, dass er trotz aller Tyrannei doch eine gewisse Popularität erlangte, wozu auch seine Wachsamkeit über die Beobachtung der religiösen Gesetze und seine Nachsicht gegen die Geistlichkeit, so lange sie sich nicht in Staatsangelegenheiten mischte, nicht wenig beitrug. Nâṣir starb 6. Juni 1341 als frommer Muslim und reuiger Sünder. Sobald die Emire bemerkt hatten, dass sein Ende nahe sei, hatten sie schon sein Erbe angetreten und seine Diener fanden nicht einmal mehr das nöthige Gewand vor, in welches seine Leiche gehüllt werden sollte. Seiner Bestattung, die Nachts stattfand, wohnten nur wenige Emire bei und nur eine Wachskerze und eine Laterne wurden dem ärmlichen Leichenzuge vorangetragen. So kam es, dass, wie einer seiner arabischen Biographen bemerkt, der reiche Sulṭân, dessen Herrschaft sich von der Grenze von Abessinien bis nach Kleinasien und vom Euphrat bis nach Tunis hin erstreckt hatte, und welcher der Vater einer grossen Familie — von 12 Söhnen — war, wie ein Fremdling sein Leben schloss, wie ein Dürftiger ausgestattet und wie ein Familienloser zu Grabe gebracht wurde.

Das spätromanische Portal, in Marmor und gebrochenem Rundbogen, hat einen mit arabischem Steinschnitt versehenen Architrav. Dasselbe, so auffallend verschieden von allen andern arabischen Portalen, wurde nach der Zerstörung 'Akka's in Syrien durch den aegyptischen Mamlukensulṭân el-Aschraf (S. 118) 1291 nach Chr. nach Kairo gebracht und als Siegestrophäe hier wieder aufgebaut. Das Innere bietet ausser Resten scharf und schön geschnittener arabischer Gypsmuster nichts Bemerkenswerthes.

Das dritte grosse Gebäude ist die * **Barkûkiye-Moschee** (Pl. 39), zugleich Grabmal der Tochter Barkûk's (Barkûk 1382—1399), mit Marmorportal und Bronzethür. Inneres ohne Interesse.

Barkûk (1382-1399), ein tscherkessischer Sklave, bahnte sich den Weg zum Throne durch Beiseiteschiebung des sechsjährigen Ḥâggî, eines Urenkels von Moḥammed en-Nâṣir. Er wurde Nov. 1382 Sulṭân und eröffnete die Reihe der tscherkessischen Mamlukensultane (S. 119). Seine Thronbesteigung, die durch Intriguen aller Art, durch Wortbruch und Verrath zu Stande gekommen war, rief unter den Emiren grosse Erbitterung gegen ihn hervor, sodass er Juni 1389 entthront wurde; doch schon Januar 1390 hielt er einen siegreichen Einzug in Kairo, nachdem er seine Gegner niedergeschlagen hatte. Während seiner Regierung beunruhigten die Mongolen unter Timur und die Osmanen unter Bajesid die Reichsgrenzen, aber Barkûk zeigte nicht die erforderliche Thatkraft, um ihren Eroberungen Einhalt zu thun. Er starb 1399.

Die drei Moscheen mit ihren drei hohen Minarets bilden eine grossartige, wenn auch nicht ganz regelmässige Façade. Gegenüber ein modernes Sebil. In dem Naḥḥâsîn-Bazar (S. 275), in dem meist ein reges Leben herrscht, (l.) weiter wandernd, stossen wir auf einen andern Brunnen mit Schule (Pl. 91), von einem gewissen *'Abder-Raḥmân Kichya* errichtet, der verschiedene religiöse Bauten aufführen liess (S. 310). Zwischen dem Grabe Ḳalaûn's und diesem Brunnen soll einst ein Nilarm geflossen sein.

An dem letzteren Brunnen rechts vorbei gelangen wir in den Anfang der *Gamelîye* genannten Gasse, den Sitz des Grosshandels Kairo's (S. 276), dessen Niederlagen die inneren, „Okellen" (S. 270) genannte Höfe dieses Stadttheils einnehmen. Von besonderm Interesse sind dieselben nicht, doch mag man immerhin in die eine oder andere einen Blick werfen. Die bemerkenswertheste ist die *Okella Sulfiḳar Pascha* (Pl. 74) gegenüber der Ecke, wo unsere Strasse nach N. umbiegt. Der Eingang mit einer Art Sterngewölbe ist nicht uninteressant, ebenso der Hof mit seinen Hallen und Maschrebîyen. Die Ecke links an der Gasse, aus der wir gekommen sind, bildet die *Medrese Gamelîye* (Pl. 31) mit einem spätromanischen Thor, dessen Formen indessen durch späteren Verputz und Aufklatschen von Farben kaum mehr zu erkennen sind. Hinter dieser Schule ist eine Grabmoschee. Wir folgen dieser Gasse weiter in N. Richtung und gelangen nach ca. 500 Schritt zu einem Quergässchen (l.), das zu dem Eingange der

***Gâm'a Ḥâkim** (Pl. 43) führt, die im Anfange des 5. Jahrh. d. H. (eine kufische Inschrift über dem östl. Thor gibt das Jahr 393 d. H. = 1003 n. Chr. an) nach dem Vorbild der Gâm'a ibn Ṭulûn von dem Chalifen Ḥâkim, aus der Fâṭimidendynastie (S. 116), dem Gründer der Drusensekte, erbaut wurde.

El-Ḥâkim (996—1020), der dritte fâṭimidische Chalife, folgte, kaum 11 Jahre alt, seinem Vater 'Azîz. Seine schî'itischen (S. 167) Extravaganzen, seine Intoleranz gegen die Sunniten (S. 167), Christen und Juden machten ihn bei einem grossen Theil der Angesehenen unbeliebt. Die grosse Masse, die selbst zwischen Schî'iten und Sunniten getheilt war, gewann er für sich durch seine Freigebigkeit, sein religiöses anspruchsloses Leben — er trug die einfachste Kleidung und betete täglich unter dem Volke —, seine Sorge für Zucht und Ordnung unter seinen Soldaten, durch strenge Rechtspflege und seine Verfolgung der Juden und Christen. Wezire und Beamte liess er nach Belieben tödten. So war El Ḥâkim bis 1017 ein blutiger Tyrann gegen die Grossen, die Hofbeamten und Andersgläubigen, aber ein mildthätiger Fürst gegen das gemeine Volk. Er lebte als frommer Schî'it und verlangte Gehorsam als rechtmässiger Imâm, verbat sich aber jede an Vergötterung streifende Ehrenbezeugung. Von da an warf er sich in die Arme der Ultra-Schî'iten, die ihn zu einem Gotte machten. Namentlich war es der schlaue persische Sektirer Muḥammed Ibn Isma'îl ed-Darazi, der ihn von seiner Göttlichkeit überzeugte und das Volk aufforderte, ihn als Gottheit anzuerkennen. El-Ḥâkim besuchte nun keine Moschee mehr, ordnete keine Pilgerfahrt mehr an und verlangte göttliche Verehrung. Der Islâm wurde ihm sehr gleichgültig; den Christen und Juden, die zum Islâm übergetreten waren, gestattete er wieder zu ihrem Glauben zurückzukehren, was nach mohammedanischem Rechte mit dem Tode bestraft werden sollte. Alle eingezogenen Kirchen und Synagogen sammt den dazu gehörigen Gütern wurden zurückerstattet; die Kleiderverordnungen wurden aufgehoben. In der Nacht vom 12. auf den 13. Februar 1021 verschwand El-Ḥâkim. Er war ohne Zweifel auf einem Spaziergang, den er jede Nacht auf dem Mokaṭṭamgebirge zu machen pflegte, ermordet worden. Die Drusen (gestiftet von dem eben genannten Ed-Darazi) glauben, El-Ḥâkim habe sich wegen der Sünde der Menschheit zurückgezogen, werde einst wieder erscheinen, und als die letzte Personifikation der Gottheit auf der ganzen Erde angebetet werden.

Der grösste Theil der ehemaligen Moschee liegt in Ruinen, aus welchen sich nur schwer die einstigen Architecturformen erkennen lassen. Nur noch einige Pfeiler in Backstein mit Stuck überzogen stehen und haben an ihren vier Ecken starke Rundstäbe; Säulen ohne Fuss und Capitäl. Die Arkaden bestehen aus Spitzbogen, zur Hufeisenform ausholend; auch wirkliche Hufeisenbogen sind vorhanden, einige davon mit elliptischem Zuschnitt. Zur Deckenconstruction und für die Schliessen sind Dattelstämme angewandt worden; die Inschriften in kufischer Schrift. Das Minaret, dessen massive Basis den Styl der aegypt. Pylonen (S. 182) nachahmt, wurde 1799 von den Franzosen befestigt (s. unten). In der Ecke links vom Eingange haben Syrer eine kleine Glashütte eingerichtet, welche wegen ihrer primitiven Einrichtung eines Blickes werth ist.

Zurückgekehrt in die Gasse, aus der wir gekommen sind, folgen wir derselben nach N.; l. eine Okella, deren Stalaktitenthor und Façade mit arab. Holzsculptur beachtenswerth ist. Dann haben wir vor uns das

Bâb en-Naṣr, das „Siegesthor", einen Quaderbau, dessen Grundformen wohl von dem römischen Castell Babylon (S. 328) genommen sind. Es ist durch die alte Stadtmauer (W.) mit dem **Bâb el-Futûḥ**, einem ähnlichen Bau, verbunden. Beide mit der dazwischen liegenden befestigten Moschee Sulṭân Ḥâkim (s. oben) bildeten eine starke Position für die Truppen Napoleons, dessen Kanonen man erst neuerdings von den Terrassen der Thore fortgeschafft hat. Die Casematten und Thürme zeigen noch jetzt französische Namen, welche in die Bastoimauern eingemeisselt sind. Gegen ein kleines Bachschîsch kann man das Bâb en-Naṣr und die Stadtmauer besteigen und auf ihnen bis zum Bâb el-Futûḥ fortwandern. Beide Thore, die bedeutendsten der 60 Pforten, welche Kairo einst in seiner Ringmauer besass, wurden vom Wezîr Bedr Gamali im 11. Jahrh. n. Chr. erbaut. Bâb en-Naṣr hat besonders reinen Steinschnitt, gewölbte Wendeltreppen im Innern, Kreuzgewölbe in der grossen Durchfahrt, Gurten mit gebrochenem Fugenschnitt und Gesimse mit Kragstein-Fries. Ueber dem Eingang eine Tafel in kufischer Schrift. Schilder als Dekoration. Der Hauptein-

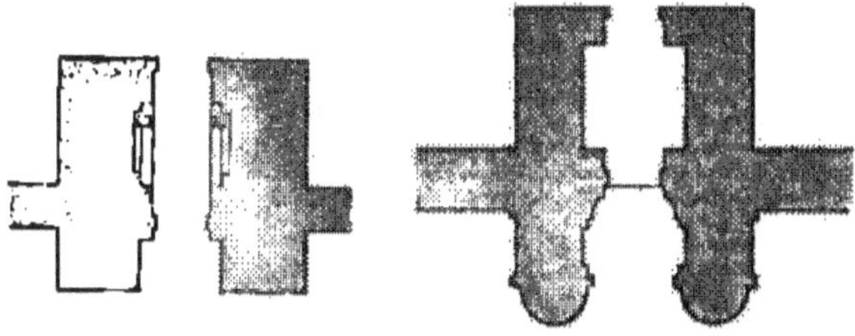

Bâb en-Naṣr *Bâb el-Futûḥ* *(von der Stadtseite).*

gang von Bâb el-Futûḥ ist von halbrunden, der von Bâb en-Naṣr von viereckigen Thürmen flankirt. Die Räume zwischen dem äusseren und inneren Thore sind gewölbt.

Von Bâb en-Naṣr wenden wir uns rechts. Der Weg führt zunächst über einen mohammedanischen Friedhof. Hier auf der linken Seite nicht weit vom Wege ruht auf einer kleinen Erhöhung *Johann Ludwig Burckhardt*, der Reisende († 1817), dessen Beschreibungen seiner Fahrten im Orient bis jetzt unübertroffen sind.

Ehe man die Stadtmauer zur Rechten verlassen hat, erblickt man links zwei Thürme mit eisernen Bassins, die Reservoirs der **Wasserleitung** für die Palais des Chedîw in der ʿAbbâsîye und für die Citadelle. Vor ihnen, aber weniger sichtbar, sind die fünf grossen Filter für die Stadt.

Das Wasser wird in letztere durch Maschinen von 150 Pferdekraft, welche sich im Quartier Ismaʿîlîya an dem Canal gleichen Namens befinden, hinaufgepumpt. Neben dem Filter ist noch eine kleinere Pumpe in Thätigkeit, welche die Citadelle mit Wasser versorgt. Das erste provisorische Pumpwerk, bei Kaṣr el-ʿAin, welches das Wasser für die grossen Bassin-Bauten in der Wüste hob, zugleich auch einen kleinen Stadttheil speiste, wurde von Anfang 1865 bis Ende 1866 errichtet. Die Wasservertheilung geschieht durch ein doppeltes Röhrensystem, das eine für filtrirtes Wasser mit einer Pression von 25m oberhalb des Reservoirs des Pumpwerkes, das andere für unfiltrirtes Wasser bei Bûlâḳ zum Benetzen der Strassen und Bewässern der Gärten mit etwa 9m Pression über dem Strassenniveau. Die Maschine in der Ismaʿîlîya kann täglich 30,000 Kubikmeter Wasser liefern. Die Regierung zahlt für jeden Kubikmeter unfiltrirtes Wasser 25 Centimes, für das filtrirte 40 Centimes. Das geringste Abonnement auf filtrirtes Wasser für eine kleine Familie beträgt 8 Francs per Monat. Die Länge der gelegten Röhren für filtrirtes Wasser, deren grösster Durchmesser 60 Centim. beträgt, ist 30 Kilom., für unfiltrirtes 13 Kilom. Die ganze Anlage hat 5 Millionen Francs gekostet.

Weiter auf äusserst staubigem Wege gelangen wir zu dem Grab eines *Schêch Galal* (ohne Bedeutung) und haben vor uns die sogenannten

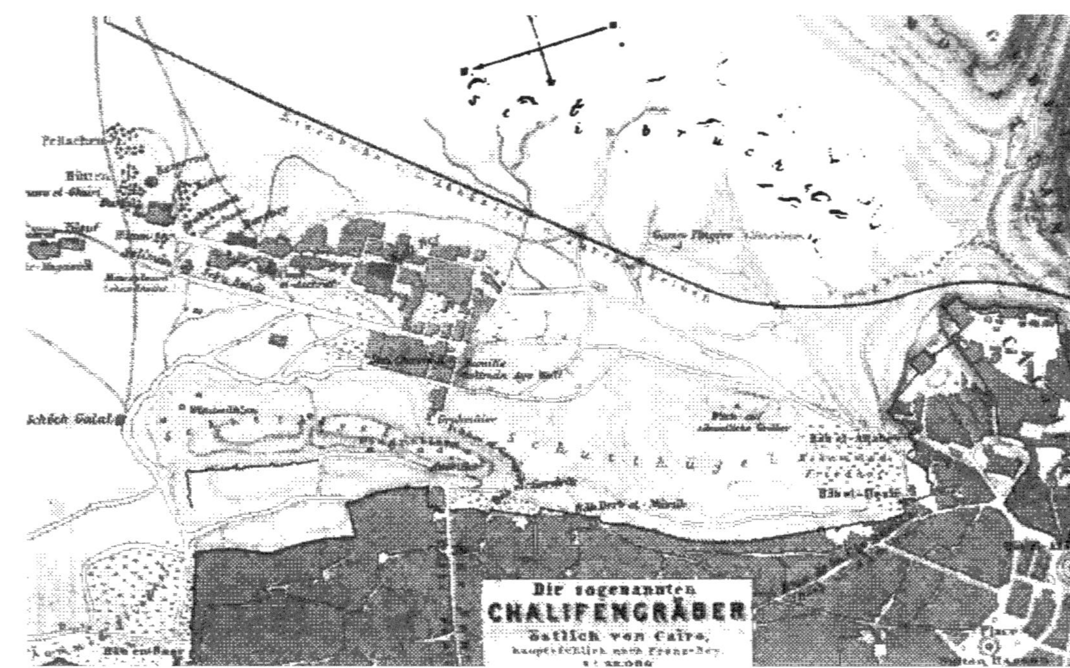
Die sogenannten
CHALIFENGRÄBER
östlich von Cairo,
Pellacheri
Schêch Galal

****Chalifengräber,**

die sich an der ganzen Ostseite der Stadt ausdehnen und jenseit der Citadelle Mamlukengräber (S. 335) genannt werden*).

Alle diese meist sehr ausgedehnten Grabanlagen waren ehemals reich dotirt, für jede waren zahlreiche Schêchs und Diener angestellt, die sammt ihren Familien auch Wohnungen in denselben hatten. Seitdem Anfang dieses Jahrh. diese sogenannten Kirchengüter eingezogen, d. h. die von den verstorbenen Sultânen dafür bestimmten Gelder nicht mehr ausgezahlt wurden, ist Alles in Verfall gerathen. Die Nachkommen der ehem. Moscheediener und andere Araber haben sich in den Ruinen angebaut und so ist aus der ehemal. Gräberstadt gleichsam eine Vorstadt Kairo's geworden, deren Einwohner den Fremden häufig in zudringlichster Weise belästigen.

Der Besuch derselben ist sowohl wegen der einzelnen Baureste als auch ganz besonders wegen des höchst eigenthümlichen Anblicks, den dieselben zumal bei Sonnenuntergang gewähren, sehr interessant und lohnend. Man kann zwar die Hauptstrasse in einem Wagen befahren, indessen ist man zu Esel freier in seinen Bewegungen.

Die besten Ueberblicke hat man: 1. aus Bâb en-Naṣr kommend, etwas hinter dem Schêchgrab; 2. von der SW.-Ecke (vergl. Plan) vor der Citadelle, und 3. von dem **Windmühlenhügel, der dicht hinter der Rue Neuve (der östl. Fortsetzung der Muski) liegt. Dieser letztere Punkt ist um so empfehlenswerther, als er gleichzeitig einen prächtigen Blick auf die Stadt, den Nil und die Pyramiden gewährt und zu jeder Zeit leicht und schnell zu erreichen ist. Eine freie halbe Stunde vor Sonnenuntergang wird man nirgends besser ausfüllen können als auf diesem Hügel (s. S. 306). An zudringlichen Bettlern fehlt es natürlich auch hier nicht.

Die nordöstlichste Gruppe (von Bâb en-Naṣr kommend links) dieser Mausoleen besteht aus dem *Grab des Sulṭân Abu Sa'îd Kanṣuwe el-Ghûri* (S. 293), einem Würfel mit überhöhter Kuppel, und den beiden Grabmoscheen *Sulṭân el-Aschraf* mit schönem Minaret, und *Emir Yûsuf*, Sohn des Bursbey (s. unten). Die beiden letzteren Moscheen dienen militärischen Zwecken und ist deren (nicht lohnende) Besichtigung nur mit besonderer Erlaubniss des Kriegsministers gestattet. Da man schon auf 1000 Schritt Entfernung durch die Wache an der Annäherung verhindert wird, so lassen wir dieselben links liegen und erreichen geradeaus die

***Grabmoschee des Sulṭân Barḳûḳ** (S. 297) mit zwei prachtvollen Kuppeln und zwei Minarets. Die nördliche Kuppel überwölbt die Gräber der männlichen, die südliche die der weiblichen Mitglieder der Familie. Der jetzige Eingang (Pl. 1) an der SW.-Ecke ist sehr baufällig. Der ehemalige jetzt verschlossene Haupteingang (Pl. 18) in der NW.-Ecke hat einen Architrav von Alabaster; die Schwelle ist von Granit und der Plafond mit Stalaktiten-Kuppel.

---

*) Die Bezeichnung „Chalifengräber" entbehrt geschichtlicher Begründung, denn sowohl die Bahritischen (1258—1382, oder 656—792 d. H.) als auch die Tscherkessischen Mamlukensulṭâne (1382—1517, oder 792—923 d. H.) standen zwar nominell unter in Aegypten lebenden Chalifen aus dem Hause der 'Abbasiden (S. 116), doch waren diese letzteren nur ohnmächtige Titelträger und willenlose Werkzeuge in den Händen der Mamlukensulṭâne, welche als die eigentlichen Beherrscher Aegyptens diese grossen prächtigen Mausoleen erbaut haben.

Dieser Grundriss der Grabmoschee Sultan Barkûk's soll die ehemalige Gesammt-Anlage zur Veranschaulichung bringen; heute liegt davon vieles in Ruinen.

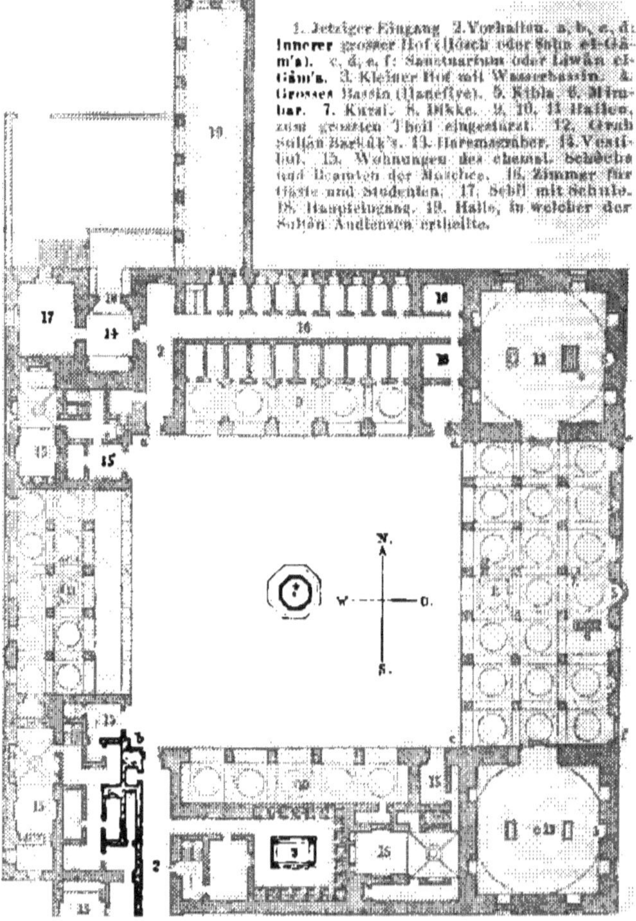

1. Jetziger Eingang. 2. Vorhallen. a, b, c, d: innerer grosser Hof (Hôsch oder Sahn el-Gâmi'a). c, d, e, f: Sanctuarium oder Liwân el-Gâmi'a. 3. Kleiner Hof mit Wasserbassin. 4. Grosses Bassin (Hanefîye). 5. Kibla. 6. Mimbar. 7. Kursi. 8. Dikke. 9, 10, 11 Hallen, zum grössten Theil eingestürzt. 12. Grab Sultân Barkûk's. 13. Haremsgräber. 14. Vestibul. 15. Wohnungen des ehemal. Schêchs und Beamten der Moschee. 16. Zimmer für Gäste und Studenten. 17. Sebîl mit Schule. 18. Haupteingang. 19. Halle, in welcher der Sultân Audienzen ertheilte.
N.
W
O.
S.

Die Vorhalle (Pl. 2) der Südfront, von der man das Innere betritt, hat eine schöne sternförmige Kuppel. Aus dieser Vorhalle gelangt man in den innern offenen Hof (Pl. 20), den Hôsch oder Saḥn el-Gâmi'a, in dessen Mitte der Brunnen (Pl. 4) für die Waschungen. Unter der grösseren (NO.)-Kuppel ist das Grab des Sulṭâns Barḳûḳ (Pl. 12), der vom 19. Ramaḍân 784 bis zum 15. Schawâl 801 regierte (vergl. S. 297). Neben dem Grabe eine Säule, auf der einige biographische Notizen eingeschnitten sind, angeblich das Maass der Grösse Barḳûḳ's. Ein schwarzer Stein (Eisenstein), der auf Granit unter Hinzufügung von Wasser gerieben wird, soll nach dem Glauben der Mohammedaner Heilungskraft besitzen, wenn man das gefärbte Wasser trinkt.

Das Grab daneben ist das des Sohnes und Nachfolgers Barḳûḳ's, *Sulṭân Farag.*

Farag (1399—1412) hatte als 13jähriger Jüngling kaum den Thron bestiegen (20. Juni 1399), als die Osmanen die syrischen Besitzungen des aegyptischen Reiches beunruhigten und bald darauf auch Timur in seinem Kriege gegen die Osmanen die ihm entgegentretenden syrischen Emire in der Nähe von Aleppo schlug. Farag selbst zog gegen Timur, doch musste er, trotz siegreichen Vordringens bis nach Damascus, wegen Streitigkeiten unter seinen Emiren nach Kairo zurückkehren und Syrien seinem Schicksal überlassen. Als in der Schlacht von Angora die Türken unter Bajesid durch die Mongolen unter Timur aufs Haupt geschlagen waren, musste auch Farag mit Timur unterhandeln, ja er soll demselben sogar aegyptische Münzen mit Timur's Namen geschickt haben, ein Zeichen der Unterwerfung. Timur's Tod allein (18. Dec. 1405) rettete Aegypten vor einer mongolischen Eroberung. Die letzten Jahre der Regierung Farag's sind angefüllt mit Empörungen seiner Emire, vor allen des Schêch el-Maḥmûdi Muaiyad (s. S. 292). Er wurde schliesslich in Damascus, wohin er mit seinem Heere gezogen war, von den Aufständischen umzingelt, zur Kapitulation genöthigt und hingerichtet (Mai 1412).

Das dritte birgt die Reste von Farag's Bruder, der nur 70 Tage regierte. Das südliche Mausoleum (Pl. 13) enthält die Gräber des Harem. Der *Mimbar (Pl. 6), eine der schönsten Bildhauerarbeiten der arabischen Kunst, in hartem Kalkstein, wurde von Kaït Bey (S. 305) hierher gestiftet. Die *Minarete, mit drei Gallerien (ausser etwas tiefer liegenden Balkonen), sind durch Stalaktitengesimse getragen.

Die symmetrische Anlage des Planes, der regelmässige Quaderbau, die strenge Durchführung der Pilasterstellungen mit Kuppelwölbungen stellen diesen Bau zu den vollkommensten der arabischen Kunst, und der Eindruck des Ganzen, selbst in seinem heutigen ruinenhaften Zustande, ist imposant.

Westl. (r.) von dieser Grabmoschee das *Grab Sulṭân Sulêmân's*, mit bemerkenswerther Kuppelsculptur und theilweise zerstörten Fayenceinschriften. Oestl. hiervon (südl. von der Barḳûḳ-Moschee) ebenfalls eine schöne Grabkuppel (Erbauer unbekannt); überhaupt haben wir hier um uns eine Anzahl der mannigfaltigsten Kuppelformen, die wegen ihrer sorgfältigen Ausführung unser Interesse erregen, wenn wir auch die Namen der Erbauer nicht kennen. Anstossend an das Mausoleum Sulêmâns das Grab der *Seb'a Benât* (sieben Mädchen); die Form der Kuppel, stark überhöht mit Stalaktitengesimse, weicht sehr von den Mausoleen der Umgebung ab und schliesst sich mehr den sogenannten Mamlukengräbern (S. 335) an.

Oestl. (l.) gegenüber die **Grabmoschee von Bursbey** (*Berisbei*), beendet 834 d. H. (1431 n. Chr.).

Bursbey (1422—1438) bestieg, nachdem er eine Zeit lang als Reichsverweser neben dem 10jährigen Sulṭân, einem Sohne Ṭaṭar's, die Gewalt in Händen gehabt hatte, am 1. April 1422 den Thron. Nachdem er mit einigen aufrührerischen Vasallen fertig geworden war, beschloss er, Cypern, einen Hauptheerd der Seeräuberei, anzugreifen. Auf der dritten Expedition gelang es ihm, den König Janus von Cypern gefangen zu nehmen und ihn in einer Art Triumphzug nach Kairo zu bringen. Durch ein Lösegeld von 200,000 Denaren und das Versprechen, dem Sulṭân einen jährlichen Tribut zu bezahlen wurde er wieder als Vasall des ägyptischen Thrones nach Cypern zurückgeschickt. Mit geringerem Erfolg kämpfte Bursbey gegen den Turkomanen Kara Yelek, der sich dem Mongolenfürsten Timur angeschlossen hatte. Ein beabsichtigter Angriff Schah Roch's, eines Sohnes Timurs, gegen Aegypten wurde durch eine im ganzen Orient ausgebrochene Pest vereitelt. Um aber Kara Yelek an einer Vereinigung mit Schah Roch zu hindern, griff ihn Bursbey 1436 in Nordsyrien an; aber seine widerspenstigen Emire nöthigten ihn zu einem schimpflichen Friedensschluss. Nichtsdestoweniger gab er sich den Anschein eines Siegers und zog 1433 als Triumphator in Kairo ein. Schah Roch verlangte aber nachträglich, dass ihm das Recht eingeräumt werde, Stoffe zur Bekleidung der Ka'ba von Mekka zu senden, ein Recht, das seit dem Verfall des Chalifates von Baghdâd ein Privilegium der ägyptischen Sulṭâne war. Bursbey konnte diesen Anspruch zurückweisen. Er kämpfte ausserdem glücklich gegen den Scherif von Mekka und wurde dadurch einerseits Schutzherr der heiligen Stadt und andererseits brachte ihm der Besitz von Djedda, der Hafenstadt Mekka's (s. S. 440), wesentliche commercielle Vortheile. Djedda war nämlich gerade damals, wo 'Aden wegen der Bedrückungen, welche die mit indischen Spezereien beladenen Schiffe von den Fürsten Yemens zu erleiden hatten, gemieden wurde, ein Haupthandelsplatz geworden. Bursbey nützte seine Stellung so gut aus, dass er deswegen mit Venedig, Katalonien und Arragonien in Konflikt gerieth. Es gelang ihm jedoch die bedeutendsten Handelsartikel in seinen Händen zu concentriren, wodurch der Privathandel sehr gedrückt wurde. Bursbey starb 1438 eines natürlichen Todes.

Daten über den Bau und die Legate für die Erhaltung der Moschee waren auf einem langen Marmorfries an der r. anstossenden Okella einsculptirt, ein langes Stück desselben befindet sich noch jetzt am Platze. Im Liwân feine Mosaiken. Von den schönen durchbrochenen Gypsfenstern sind noch einige vorhanden, die Bronzegitter dagegen entfernt und die Oeffnungen einfach vermauert. Man erzählt von hartnäckigen Kämpfen um diese Moschee zwischen Franzosen und Mamluken.

Das sehr rein geschnittene Stalaktitenthor und die Umfassungsmauer der drei Grabmonumente wurde durch den Intendanten des Hôsch Mohammed um 1142 d. H. aufgeführt.

Anstossend das durch seine gedrückte Kuppel auffallende Mausoleum *Ma'bed er-Rifâ'î*, dann das im Allgemeinen schlecht ausgeführte *Grab der Mutter von Bursbey;* bei letzterm ist die Bildung der Oeffnungen bemerkenswerth, da die Form der geraden unter einem spitzen Winkel gegeneinander gestellten Gurten, wenn auch

Chalifengräber.

(Ansicht von Süd-Ost 200 Meter vor dem Anfang der Gräber wenn man von der Citadelle kommt.)

nicht selten, so doch gewöhnlich nicht allein vorkommt. Die ältesten Bogen dieser Art finden sich u. a. in der 'Amr- und Azhar-Moschee.

Der Strasse südl. weiter folgend haben wir nach einigen Schritten zu unserer Rechten die lange *Okella Kait Bey* mit sorgfältig ausgeführtem Stalaktitenthor und charakteristischen Ornamenten. Die Façade ist in Bausteinen ziemlich regelmässig ausgeführt, die Maschrebiyen sind ordinär und stammen wohl aus späterer Zeit. Das Thor ist mit groben Eisennägeln beschlagen, der untere Stock gewölbt, der obere mit sichtbarer Deckenconstruction. Das Bauwerk ward 877 d. H. vollendet.

Etwas weiter gegen Süden in vorspringendem Winkel ein öffentlicher Brunnen in Ruinen, ebenfalls von Kait Bey. Die flachen Nischen, deren oberer Theil muschelartig ausgeschnitten, in phantastischer Bogenform.

An diesem Sebîl vorbei gelangen wir auf einen freien Platz, an dessen rechter Seite sich die ***Grabmoschee Kait Bey** (S. 287) befindet, das eleganteste Monument der Chalifengräber. Dasselbe zeichnet sich durch seine hohe Kuppel und seine Minarets unter allen eben besprochenen Monumenten aus.

Der Sahn el-Gâm'a war einst durch eine Maschrebîyen-Laterne geschlossen; dieselbe ist aber 1872 eingestürzt. Das Ganze sonst mit sichtbarer Deckenconstruction plafonnirt, in derselben Weise wie dies bei den Mandara's (S. 202) der Fall ist. Die *Dikke*, in Balkonform, ist ähnlich wie bei der Moschee Kait Bey neben Tulûn. Die Ausführung der Details ist sehr sorgfältig. In dem eigentlichen Mausoleum werden zwei Steine gezeigt, der eine von rothem, der andere von schwarzem Granit, angeblich durch Kait Bey von Mekka hierhergebracht; der eine mit Holzüberdachung, der andere mit kleiner Bronzekuppel. Die Steine enthalten Abdrücke der Füsse des Propheten! — Ausserdem befindet sich hier noch ein schöngeschnitzter Kursi für den Korân. Das ganze Gebäude in regelmässigem Steinschnitt. *Minaret* von höchst elegantrer Form. *Kuppel* mit reichen bandartigen Sculpturen bedeckt, Material Kalkstein.

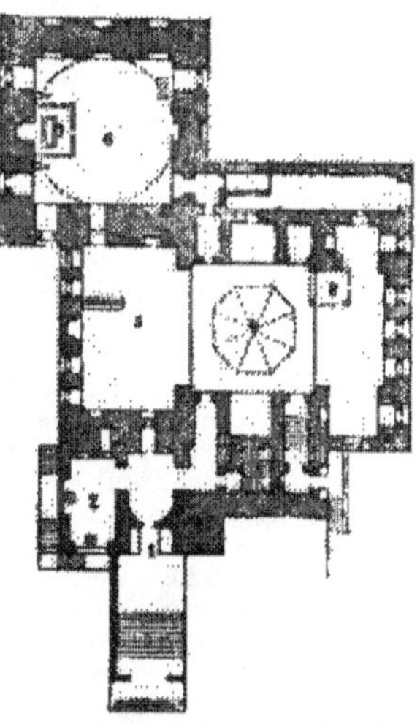

1. Haupteingang. 2. *Sebil* mit *Medrese*. 3. Unterer Theil des *Minarets*. 4. *Sahn el-Gâm'a*. 5. *Liwân* mit *Kibla* und *Mimbar*. 6. *Mausoleum*. 7. *Grab Kait Bey's*. 8. *Dikke*.

Hiermit kann die Besichtigung der grossen Gräberstadt beschlossen werden. Diejenigen Reisenden, welche sich noch nicht ermüdet fühlen, mögen ihren Weg nach der Citadelle (S. 281) zu fortsetzen und rechts und links die verschiedenen Hôsch, Kuppeln und kleinern Denkmäler, sowie jenseits der Citadelle die sogen. Mamlukengräber (S. 335) besichtigen. Von dem Damm der neuen Eisenbahn, der sich zwischen den Chalifengräbern und den Steinbrüchen des Moḳaṭṭam hinzieht, guter Ueberblick. Wer bei Sonnenuntergang die Chalifengräber verlässt, versäume nicht zum Schluss des guten Ueberblicks wegen die *Schutthügel mit den Windmühlen* von der Stadtseite aus (vergl. Plan S. 301) zu besteigen. Von grosser Wirkung ist namentlich bei Abendbeleuchtung das plastische Hervortreten der verschiedenen Kuppeln und das merkwürdige Farbenspiel, das sich hier über dem Thal und an den jenseitigen Höhen des Moḳaṭṭam zeigt. Ueberhaupt kann dieser Schutthügel zu wiederholten Besuchen empfohlen werden (vergl. S. 301). Westl. die Stadt, die Nilaue und die Pyramiden. Das rothe Gebäude im NO. ist die 'Abbâsiye (S. 341), daneben links eine Moschee (Gâm'a el-'Âdil), davor die nordöstl. Gruppe der Chalifengräber (S. 301), etwas rechts die beiden Minarete von Sulṭân Barḳûḳ (S. 301), dahinter der Gebel el-Aḥmar (S. 345), an ihn anschliessend die Moḳaṭṭam-Höhen und vor denselben die übrigen Chalifengräber.

Die Moscheen el-Azhar und Ḥasanên.

Zu dem Besuch dieser beiden Moscheen die r. und l. von der Rue Neuve, ziemlich in der Mitte derselben liegen, ist eine besondere Erlaubniss von der Polizei (S. 259) und die Begleitung eines Consulats-Ḳawwâs erforderlich. Dem Ḳawwâs je nach der Zahl der Gesellschaft 3—5 fr. Bachschisch, dem Führer in der Moschee etwas weniger.

Die **Gâm'a el-Azhar** (Pl. 38) hat in ihrer Bauart nichts besonders Merkwürdiges und ist zudem so von Häusern eingeschlossen, dass man von ihrem Aeussern nur sehr wenig sehen kann. Dem Haupttheil wurde in seiner ursprünglichen Anlage der Plan der 'Amr-Moschee (S. 332) zu Grunde gelegt. Hinzufügungen der verschiedensten Epochen haben ihre Form etwas verändert und in Folge der Umwandlung der Moschee in eine Lehranstalt (s. unten) wurden die Schiffe namentlich gegen die Hofseite hin vermauert oder vergittert. Grössere Umbauten erfolgten zuerst unter Moḥammed ibn Murâd 1004 d. H., dann durch den Schêch Isma'îl Bey 1131 d. H. und schliesslich durch Sa'îd Pascha gegen Ende der fünfziger Jahre d. Jahrh.; doch zeigen alle diese Hinzufügungen nur den Verfall der arab. Baukunst.

Die *Minarets* (Pl. 12), von welchen einige bunt bemalt sind, wurden zu verschiedenen Zeiten errichtet, eins durch 'Abder Raḥmân Kichya (S. 310).

Die **Moschee** hat sechs *Thore: Bâb el-Muzeiyinîn* (Pl. a), das Thor der **Barbiere** (s. unten), der Haupteingang, mit interessantem Portal, im Westen; *Bâb Gôhariye* (Pl. b) im Norden; *Bâb esch-Schurba* (Pl. c), das Suppenthor (schurba-Suppe) im Osten; *Bâb es-Sa'îdîye* (Pl. d), das Thor der Ober-Aegypter; *Bâb esch-Schawwâm* (Pl. e), das syrische Thor, und *Bâb el-Maghârbe* (Pl. f), das Thor der Nordafrikaner; diese drei im Süden.

Die Moschee erhielt ihre Bestimmung als **Universität** (gegenwärtig die bedeutendste des Islâm) durch den Chalifen 'Azîz Billâh (975—996 n. Chr.) auf Vorschlag seines Wezîrs **Abu'l-Farag Ya'kûb** 378 d. H. und wird von Wissbegierigen aus fast allen dem Islâm anhängenden Ländern besucht.

Auf der einen nach Mekka gerichteten Seite des Hofraumes — ein geräumiger Säulengang (s. unten) — ist die hauptsächlichste Gebets- und Unterrichtshalle. An den drei anderen Seiten sind kleinere Säulengänge, die durch hölzerne Querverschläge oder Gitter in eine Anzahl Gemächer, *Riwâk*, d. h. Säulenhallen, genannt, eingetheilt sind. Jedes dieser Gemächer ist für den Gebrauch der Eingebornen eines bestimmten Landes oder einer bestimmten Provinz Aegyptens bestimmt. Die bedeutendsten dieser Riwâk sind:

Riwâk et-Turk (Türken, d. h. alle Mohammedaner aus den nördlichen Provinzen des türkischen Reiches) mit	60	Schülern
R. el-Maghârbe (Westafrikaner) mit	118	"
R. esch-Schawwâm (Syrer) mit	250	"
R. el-Baghdâdiye (von Baghdâd) mit	3	"
R. el-Hunûd (Inder) mit	4	"
R. el-Akrâd (Kurden) mit	15	"
R. ed-Dakârna od. *Dârfûrîye* (Darfurier) mit	11	"
R. es-Sennârîye (Sennârier) mit	28	"
R. el-Berâbra (nubische Berbern) mit	42	"
R. el-Gabart (Ostafrikaner von der Somâlküste, aus Zêla, Berbera und Tadjurra) mit	260	"
R. el-Haramên (Bewohner der zwei heiligen Städte Mekka und Medîna) mit	2	"
R. el-Yemen (Yemenser) mit	60	"
R. esch-Scharâkwe (aus der aegypt. Provinz Scherkîye) mit	420	"
R. el-Faschnîye (aus Faschne in Oberaegypten) mit	480	"
R. el-Fayyûme (oder Fayâyîme) (aus dem Fayûm) mit	200	"
R. el-Bahârwe (aus Unteraegypten) mit	475	"
R. es-Sa'îdîye (aus Oberaegypten, Sa'îd) mit	1180	"

Im Ganzen studirten in der Azharmoschee im Jahre 1874/75: 10,780 Schüler unter 321 Schêchen oder Professoren.

Nach den Riten vertheilten sie sich:

Schafe'iten	5651	mit 147	Schêch.
Malekiten	3826	mit 99	Schêch.
Hanefiten	1278	mit 72	Schêch.
Hambaliten	25	mit 3	Schêch.

Die Studenten, *Mugâwirîn* genannt, bleiben gewöhnlich 3, manche 4—6 Jahre in der Moschee. Sie bezahlen kein Lehrgeld, sondern jeder Riwâk erhält eine gewisse Dotation aus dem Einkommen der Moschee, das freilich durch die Finanzmassregel Mohammed 'Ali's, der das Einkommen aller frommen Stiftungen für Staatszwecke einzog, sehr geschmälert ist. Die Schêche oder Professoren beziehen keinen Gehalt von der Moschee oder der Regierung. Sie erhalten sich durch Unterricht in Privathäusern, Kopiren von Büchern, Geschenke reicherer Schüler, oder bekleiden religiöse Aemter, die mit einem Gehalte verbunden sind. Der Unterricht findet in der Weise statt, dass der Schêch einer Schülerabtheilung mit gekreuzten Beinen auf einer Strohmatte sitzend aus einem Buche, das auf einem Lesepult (*rahle*) vor ihm aufgeschlagen liegt, vorliest und

Satz für Satz erklärt, oder einen der besseren Schüler lesen lässt und nur stellenweise seine Erklärungen beifügt. Die Schüler sitzen im Kreise um ihn herum, hören entweder nur zu oder schreiben aufmerksam nach. Wenn ein Schüler das vorgetragene Buch ganz auswendig weiss und zugleich die Erklärung dazu geben kann, so erhält er von dem Schêch durch einen Eintrag in sein Exemplar die *igâze*, d. h. die Erlaubniss, seinerseits Vorlesungen halten zu dürfen. Vorsteher der Schule ist gewöhnlich der Angesehenste unter den Schêchen. Er führt den Titel: *Schêch el-Azhar* und bezieht ein Einkommen von etwa 20 Beuteln, d. h. 10,000 Piastern.

Was den Studiengang betrifft, so wird gewöhnlich, vor allem aber von denen, deren Muttersprache nicht das Arabische ist, begonnen mit der Grammatik (*'ilm en-nahu*). Ist der grammatische Cursus absolvirt, so geht der Schüler zunächst zum Studium der Religionswissenschaft (*'ilm el-kelâm*) über, das mit einem propädeutischen Vorcursus über die Eigenschaften Gottes und des Propheten (*'ilm et-tauhîd*, d. h. Lehre von der Anerkennung der Einheit Gottes) begonnen wird. Es werden hierbei 13 Haupteigenschaften Gottes aufgezählt: Das Sein, die Uranfänglichkeit, die Ewigkeit (= fortdauernd in der Existenz), Selbständigkeit, die Einheit, die Allmacht, der Wille (er ist wollend in Bezug auf die existirenden Dinge, er ordnet die Ereignisse an; der Mensch kann von der Sünde sich nur retten durch seine Unterstützung und Gnade und hat keine Macht fromm zu sein, es sei denn durch Gottes Willen); Allwissenheit (er weiss alles, was sich ereignet von den untersten Grenzen der Erde bis zur höchsten Stelle am Firmamente); Leben; Gesicht (nichts Sichtbares entgeht seinem Sehen und wenn es auch noch so klein wäre, keine Finsterniss verhindert ihn zu sehen; er sieht ohne Pupillen); Gehör (kein Laut, wenn auch noch so schwach, entgeht seinem Gehör, keine Entfernung beeinträchtigt sein Hören, er hört ohne Ohren, wie er weiss ohne Herz und niederwirft ohne Hände); Rede (er redet befehlend oder gebietend mit einer anfanglosen Sprache ohne Buchstaben und Laute, die in seinem Wesen beruht und der Rede der Geschöpfe nicht gleicht) u. s. w.

Nach Beendigung des Religions-Studiums geht der Schüler zu dem der Rechtswissenschaft (*'ilm el-fikh*) über.

„Die Rechtswissenschaft, sagt Ibn Chaldûn, einer der grössten Denker der Araber, ist die Kenntniss der Satzungen Gottes in Betreff der Handlungen der Menschen, je nachdem sie geboten oder verboten, anempfohlen, untersagt oder gestattet sind, und diese Kenntniss wird abgeleitet aus dem Buch Gottes, d. h. dem Korân, der Sunna (d. h. der Tradition) und aus dem, was der Gesetzgeber (Muhammed) aus genügenden Beweisen des Korân gefolgert hat". So bildet denn die Grundlage des Studiums der Gesetzeswissenschaft das Studium der Korânexegese (*tafsîr*) und der Tradition (*hadîth*).

Die Rechtswissenschaft selbst theilt sich in zwei Theile:

1. In die Lehre von den *religiösen Hauptgeboten* des Islâm. Diese sind a. die Anerkennung der Einheit Gottes und Mohammeds als Propheten (*et-tauhîd*); b. das kanonische Gebet in Verbindung mit den Reinigungen (*salât* u. *tahâra*); c. das Almosengeben und die Religionssteuer (*sadaka* u. *zekât*); d. das Fasten im Monat Ramadân (*siyâm*); e. die Wallfahrt nach Mekka (*hâgg*).

2. In die Lehre vom *weltlichen* Rechte. Diese Lehre befasst sich mit Aufstellung der Gebote und Vorschriften für weltliche Rechtsverhältnisse, welche der Korân entweder unmittelbar verkündigt, oder die doch aus dem Korân abgeleitet werden können, und umfasst das Civil- und Criminalrecht. Die Rechtsliteratur scheidet sich dem Inhalte nach in 2 Klassen, je nachdem die Verfasser systematisch eine Theorie des koranischen Rechtes geben oder mehr praktisch die Entscheidungen (fetwa) berühmter Rechtslehrer für specielle Fälle und schwierige Rechtsfragen zusammenstellen.

Ausser diesen Hauptfächern werden noch studirt die Logik (*'ilm el-mantik*), Rhetorik (*'ilm el-ma'âni wal bayân*), Verslehre (*'ilm el-'arûd*), die richtige Lesung des Korân und richtige Aussprache der Buchstaben (*'ilm el-kirâ'a* und *'ilm et-tedjwîd*).

Dieser Ueberblick über die Lehrgegenstände der ersten Schule des mohammedanischen Orients wirft zugleich ein helles Licht auf das gei-

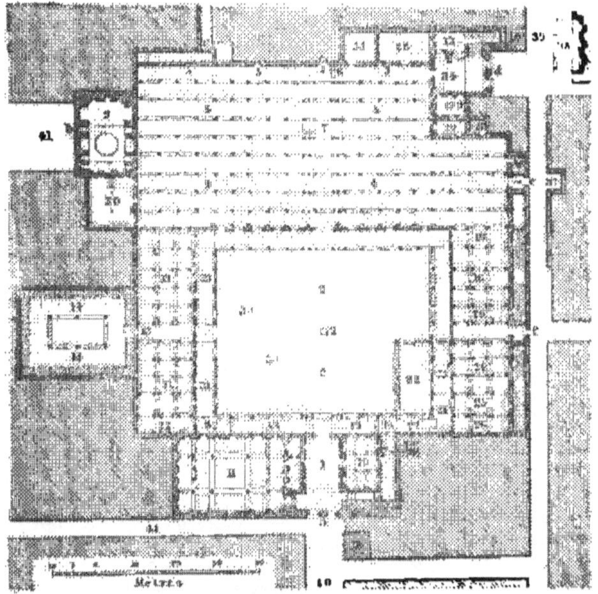

a, b, c, d, e, f Thore (s. S. 307). 1. Eingangshof (Barbiere). 2. Ḥôsch el-Gâmi'a, der grosse Hof. 3. Cisternen. 4. Liwân el-Gâmi'a oder Sanctuarium, der Hauptlehrsaal. 5. Kibla. 6. Minbar. 7. Dikke. 8. Grab 'Abder-Rahmân Kichya. 9. Mesgid (Moschee) Gôhariye. 10. Mesgid Tabarset. 11. Mesgid Ebthabawîye (in Ruinen). 12. Minarets. 13. Brunnen. 14. Abtritte. 15—34. Riwâks (Arbeitsräume) der Studenten und zwar: 15. Riwâk et-Turk (nördl. Provinzen des türk. Reichs), 16. R. el-Maghârbe (Westafrikaner). 17. Treppe zum R. esch-Schawwâm (Syrer). 18. Treppe zum R. el-Baghdâdiye (Bagdad) und zum R. el-Hindd (Inder). 19. R. el-Akrâd (Kurden). 20. R. ed-Dakarna oder Dârfûriye (Darfûr). 21—27. R. es-Sennâriye (Sennârier), R. el-Barâbra (nubische Berbern), R. el-Gabart (Ostafrikaner: Somâliküste, Zêla', Berbera und Tadjurra), 28. R. el-Ḥaramên (Mekka und Medina). 29. R. el-Yemen (Yemenser), 30. R. esch-Scharâkwe (Provinz Scherkiye). 31. R. el-Faschnîye (Faschne), 32. R. el-Fayûmo oder Fayâyime (Fayûm), 33. R. el-Bahârwe (Unter-Aegypten), 34. R. es-Sa'îdîye (Sa'îd = Ober-Aegypten). 35. Magazin für die Teppiche. 36. Treppe zur Terrasse. 37. Thor der Okella Kait Bey. 38. Oeffentl. Brunnen. 39. Strasse zu den Chalifengräbern. 40. Buchhändler-Strasse (S. 273). 41. Strasse zu der Rue Neuve (Muski).

stige Leben der orientalischen Völker in unserer Zeit. Das eigenthümlich Charakteristische desselben bleibt der Mangel an Selbständigkeit des

Denkens, wovon die natürliche Folge ist, dass man sich zu der vorangehenden Zeit nur receptiv verhält. Wie die geistige Thätigkeit auf diese Weise auf den untersten Grad geistiger Arbeit beschränkt bleibt, so ist sie auch darin eine rein formelle, dass sie, je weniger sie selbst Neues zu produciren vermag, um so mehr darauf gerichtet ist, das aus der früheren Zeit Ueberkommene zu ordnen und in eine systematische Uebersicht zu bringen, oder in Form von Encyklopädien zusammenzutragen. Es gibt unter den Schêchs der Azhar Leute von staunenswerther Gelehrsamkeit, aber es fehlt der schöpferische Geist, der sie befähigt, das Alte zu Bausteinen eines neuen Gebäudes zu verwenden. Von ihren Vätern haben sie gelernt, dass die geistige Beschäftigung ihre Triumphe feiert, wenn eine allgemein anerkannte literarische Autorität ins Gedächtniss aufgenommen ist. Der Zweifel, die Kritik, die zwar zerstören, aber auch Neues schaffen, fehlen bei ihnen, die Naturwissenschaft ist ihnen unbekannt, und selbst Geometrie, Algebra und Astronomie, die von den alten Arabern so eifrig getriebenen Disciplinen, sind in Vergessenheit gerathen; dennoch, oder wohl in Folge dessen, wird die Wissenschaft des Abendlandes (Europas) von ihnen verachtet.

Man betritt die Moschee durch das Thor der Barbiere (Pl. a) im Westen von der Strasse der Buchhändler (S. 273) aus. R. und l. im Eingang (Pl. 1), der durch Edhem Pascha Anfang d. Jahrh. restaurirt wurde, lassen sich die Studenten ihr Haupthaar rasiren, wobei man die Geschicklichkeit der Barbiere bewundern kann, aber natürlich nur im Vorübergehen, denn Stehenbleiben und längeres Zusehen würde die Herren beleidigen. Ueberhaupt lasse man nicht ausser Acht, dass man hier sich an der Pflanzstätte mohammed. Fanatismus befindet und daher gut thut, sich jeder in die Augen fallenden Aeusserung zu enthalten. Aus diesem vorhofartigen Eingang betreten wir den Hôsch el-Gâm'a (Pl. 2), den grossen Hof, in welchem die Studenten gruppenweise auf Matten zusammen hocken und ihren Studien obliegen (s. oben). Der in diesem Hof sonst übliche Brunnen für die Waschungen fehlt, dagegen befinden sich drei kleinere Cisternen (Pl. 3) in demselben. Die Bogenformen der den Hof umgebenden Arkaden nähern sich dem Kielbogen, dessen aufsteigende Formen nur gerader gehalten sind als gewöhnlich; die Oeffnungen und Nischen über denselben sind nicht mit der Strenge durchgeführt wie in der Ṭulûn-Moschee (S. 285), aus der man die Vorlagen genommen zu haben scheint.

Auf der Ostseite, der Richtung nach Mekka, ist der Lîwân el-Gâm'a (Pl. 4) oder das Sanctuarium, der Hauptlehrsaal, gegen 3000 □m gross, dessen niedrige Decke von 380 Granit- und Marmor-Säulen, alle antiken Ursprungs und willkürlich zusammengestellt, getragen wird. Der ganze Raum ist ohne jegliche architectonische Schönheit und macht einen gedrückten und düstern Eindruck. Hier ebenfalls, wie im Hof, Gruppen hockender Studenten; einzelne sind im eifrigen Gebet vor den Ḳibla's (Pl. 5), den Gebetsnischen, deren es vier gibt, für die vier anerkannten Secten: Schafe'iten, Malekiten, Ḥanefiten und Ḥambaliten (vergl. S. 164). In den Kuppeln über diesen Ḳibla's und an den Wänden einige nicht unschöne Gypsornamente. An der Südseite das Grab 'Abd er-Raḥmân Kichya (Pl. 8), der den s.ö. Theil der Moschee restauriren liess (er starb Mitte vor. Jahrh.). Westl. (r.) vor diesem Grab ist der Riwâḳ (s. oben) der Studenten aus Dâr-Fûr (Pl. 34) und l. von diesem, an der Ostseite, derer aus Mekka und Medina (Pl. 28). Die Nordseite wird von der kleinern *Moschee (Mesgid) Gôhariye* (Pl. 9), dem ältesten Theil der ganzen Anlage begrenzt.

Aus dieser Haupthalle wird man noch in verschiedene andere Räume (Riwâḳ) geführt, indessen ist besonderes nicht darin zu bemerken; eine Anzahl davon sind auf dem Plane angegeben. Auch die erblindeten Studenten, die aus einem besonderen Fonds unterhalten werden, haben ihren eigenen Riwâḳ, *Zâwiyet el-'Omyân* genannt. Diese Blinden, die ihren besondern Schêch haben, liessen sich in früheren Jahren häufig zu aufrührerischen und gewaltthätigen Handlungen hinreissen, sie durchzogen, geführt und mit Knitteln bewaffnet die Strassen, wenn sie sich in ihren Rechten (meist auf ihre Nahrung bezüglich) beeinträchtigt glaubten. Auch heute noch sollen gerade sie den Fanatismus besonders pflegen und den Kâfir, den ungläubigen Christen am stärksten hassen und verachten.

R. und l. vom W. Eingang (Pl. a) zwei ehemalige Moscheeräume: in der südl., *Mesgid Schêch Tabarset* (Pl. 10), eine reich mit Mosaik geschmückte Ḳibla; die nördl. Moschee (Pl. 11) ist eingestürzt, wie überhaupt noch verschiedene andere Theil der Moschee el-Azhar (der „blühenden") in Verfall sind.

Zur Rue Neuve zurückgekehrt hat man nördl. gerade vor sich das stattliche Minaret der im Neubau begriffenen

***Gâm'a el-Ḥasanên** (Pl. 46), der Moschee der Söhne 'Ali's, des Schwiegersohnes des Propheten (S. 167) Ḥasan und Husên (die Dualendung ên bedeutet beide), deren Inneres ziemlich symmetrisch und sorgfältig ausgeführt ist. Die Holzdecke, von der eine Anzahl Lampen herabhängen, ist bemalt. Eine Marmorsäule soll den Kopf Ḥusên's, der auf Befehl Yezîd's von Schemîr Ibn el-Gauschan in Kerbela getödtet wurde, enthalten; derselbe soll in einem grünseidenen Beutel nach Kairo gebracht worden sein. Diese Grabmoschee wird Donnerstags hauptsächlich von Männern und Sonnabends von Frauen besucht *).

---

*) Der Besuch der Gräber, Grabmoscheen und Weligräber, wie sich solche fast bei jedem Dorf finden, hat einen doppelten Zweck. Einmal wollen die Besucher den Verstorbenen eine Ehre erweisen und die göttliche Segnung auf sie herabrufen und sodann wollen sie die Vermittlung des betreffenden Verstorbenen zur Erlangung irgend eines Herzenswunsches dadurch erreichen. Der Besucher muss dabei, wenn er beim Grabe angekommen ist, gegen das Gesicht des Todten gewendet dem Verstorbenen den Friedensgruss wünschen. Dann geht er um die Maḳṣûra oder das Monument herum und zwar von der linken zur rechten, wobei er vor der Thüre oder an den vier Seiten unhörbar oder mit sehr leiser Stimme die Fâtḥa betet. Zuweilen wird noch die eine oder andere Sûre des Korân's hinzugefügt und manchmal auch eine Chatme, d. h. eine Recitation des ganzen Ḳorâns abgehalten. Den Schluss macht dann gewöhn-

Die Schlacht bei Kerbela, in der Ḥusên fiel, war am 10. Moḥarrem des Jahres 61 der H. (10. Octbr. 680). Die Geschichte berichtet, dass Ḥusên's Haupt nach Damascus geschickt wurde, während sein Rumpf im Meschhed Ḥusên an der nordöstl. Grenze Persiens beerdigt wurde, wohin alljährlich die Perser in Menge wallfahren.

Ḥasan wie *Ḥusên* ragen beide weder durch moralische Grösse noch durch politische oder sonstige Bedeutung hervor. Die Verehrung der Muslimen für diese zwei jugendlichen Gestalten erklärt sich einzig aus den Verfolgungen, denen 'Ali's ganzes Geschlecht, das noch dazu vom Propheten stammte, anheimfiel. Diese mussten zuerst ein tiefes Mitleid erwecken, und dann eine Art Vergötterung hervorrufen — letztere namentlich bei den Persern, wo ehedem den Fürsten als Abkömmlingen höherer Wesen ebenfalls göttliche Verehrung gezollt wurde. In Persien werden im Monat Moḥarrem in 9 aufeinanderfolgenden Theateraufführungen (ta'ziye-schebîh) die Begebenheiten zur Darstellung gebracht, die zum Tode Ḥusêns geführt haben (eine Art Passionsspiele).

Dem Ausgang der Moschee gegenüber ist der Eingang zum Chân Chalîli (S. 274). Am östl. Ende der Rue Neuve ist der S. 301 u. 306 genannte Windmühlenhügel und daneben der Weg zu den Chalifengräbern (S. 301—306).

---

lich ein Lobpreis Gottes und des Propheten mit der Bitte, das Verdienst der stattgehabten Korânrecitation auf die Seele des Weli zu übertragen. Vor diesem Schlussgebet schiebt der Besucher auch zuweilen ein Gebet für sein zeitliches und geistliches Wohl ein. Die Reichen und Wohlhabenden vertheilen, wenn sie das Grab eines Heiligen besuchen, Geld und Brot unter die Armen und lassen durch einen oder mehrere Saḳḳa's Wasser vertheilen. Es gibt besondere Tage in der Woche, an denen gewisse Gräber hauptsächlich besucht werden.

Bûlâk und das Museum der aegyptischen Alterthümer.

Durch die immer noch zunehmende Ausdehnung Kairo's nach W., zum Nil hin, ist **Bûlâk**, jenseit des Isma'iliye-Kanals gelegen und früher eine Insel, der Nilhafen der Chalifenstadt geworden. Ein äusserst reges Treiben herrscht in seinen engen Strassen, das orientalische Leben ist hier ausgeprägter, weil hier die Bewohner der entfernteren Provinzen mehr zur Geltung kommen als in der Residenz des Chediw. Dâr-Fûr, Wadai, Donkola, Kordofân, Chartûm und die verschiedenen Negerstämme sind hier bunt durcheinander vertreten und Volksbelustigungen u. Festlichkeiten finden namentlich Abends sehr häufig statt. Aus Oberaegypten, aus Nubien, aus dem Innern Afrika's sowie dem fruchtreichen Delta werden Waaren hierher gebracht, die Nilschiffe ausgeladen und neu befrachtet. Der Hauptlagerplatz befindet sich dem Palais von Gezire ziemlich gegenüber, neben einem grossen Holzlager. Je nach der Höhe des Nils strömen die Schiffe und Barken hier zusammen. Die beste Zeit ist October bis December, weil die Boote alsdann die verschiedenen Stromschnellen am leichtesten passiren. Zum Abschluss von Handelsgeschäften eilen die Kaufleute aus Kairo jeden Morgen, häufig schon gegen 7 Uhr hierher. Ist wenig Waare am Platz, so fahren sie auch den Schiffen entgegen; im entgegengesetzten Fall kommen die Waaren in Bûlâk zur Versteigerung. Auch Karawanen-Transporte sind nicht selten. Unter diesen sind die aus Tunis, die über Kufra und Siwa ins Nilthal kommen, und die aus Wadai und Dâr-Fûr die bedeutendsten. Auf letzterem Zuge soll es eine Strecke geben, auf der man 12 Tage lang kein Wasser antrifft.

Die Waaren, die hauptsächlich nach Bûlâk gebracht werden, sind Gummi, Straussfedern, Elfenbein und Sennesblätter. Die beste Qualität des Gummi heisst „Ṣamgh kordofâni“ und kommt aus Kordofân, die schlechtere „Talḥ“, aus Sennâr. — Die Straussfedern kommen aus Kordofân, wo dieser Vogel gezüchtet wird, sowie auch aus Wadai und Dâr-Fûr. Die Federn werden in Bündeln mit Bindfaden sorgfältig zusammengebunden, mit Pfeffer stark bestreut (gegen den Mottenfrass) und nach dem Gewicht einschliesslich des Bindfadens verkauft. Das Roṭl (engl. Pfund) guter, schöner weisser Federn kostet bis 30 Pfd. St.; schwarze und graue sind viel billiger; alle aber müssen in Europa noch zubereitet (gewaschen) werden. In neuester Zeit werden übrigens die schönsten Federn ausgesucht und schon in Assuân dem Fremden einzeln zu hohen Preisen verkauft.

Hier und an den nördlicher gelegenen Ankerplätzen von *Embâbe* findet der Reisende die Dahabiye genannten, für die Reise nach Oberaegypten eingerichteten Nilboote. Am Nordende des Orts liegt das 1835 gegründete *Arsenal*, mit einer Waffenfabrik verbunden. Hier werden auch die aus Europa anlangenden Theile von Maschinen, welche in den verschiedenen Etablissements des Landes Verwendung finden sollen, zusammengesetzt, sowie endlich alle Reparaturen an Maschinen vorgenommen. Ausserdem hat Bûlâk eine grosse *Eisengiesserei*, eine *Ecole des arts et métiers*, eine *Papierfabrik*, das *Zuchthaus* für Frauen, das *Irrenhaus* und die *Staatsdruckerei*, alles Gebäude ohne Interesse für den gewöhnlichen Reisenden.

Die **vicekönigliche Buchdruckerei** (*el-maṭbaʿa*; Vorsteher *Hosein Bey*, erster Corrector der auch in Europa bereits bekannte Gelehrte *Schêch ed-Dusûḳi*, spricht etwas französisch) ist eine Schöpfung Moḥammed ʿAli's und hatte zunächst den Zweck, Uebersetzungen europäischer Werke aus allen Wissenschaften, besonders aber auch Schulbücher zu verbreiten. Die Neuerung des Bücherdruckens stiess auf grosse Vorurtheile, da viele Muslimen fürchteten, dass der Name Gottes bei dem Drucke mit irgend einem verunreinigenden Element in Berührung kommen könnte. Auch heute noch wird der Korân mit Vorliebe in Handschriften gekauft, indessen ist die Abneigung gegen gedruckte Bücher in Aegypten, Dank dem kräftigen Eingreifen der Regierung, ziemlich verschwunden; ja, es hat sich vielleicht keine der vielen Schöpfungen der neuen Aera Aegyptens so bewährt, wie die Einrichtung der Staatsdruckerei. So wurden in den letzten fünfzig Jahren in der vicekönglichen Druckerei laut officieller Statistik 226 Werke (333 Bände) verschiedenen Inhalts in einer Gesammtbandezahl von 418,375 Exemplaren gedruckt, diejenigen Werke nicht eingerechnet, die auf Kosten von Privaten hergestellt wurden.

Auch die Zahl der Privatdruckereien wächst von Jahr zu Jahr. Unter diesen ist die des Muṣṭafa Wahabi hervorzuheben, der für eine Gesellschaft der Wissenschaften (gemʿîyet el-maʿârif) arbeitet. Neben dem Letterndruck kommt auch die Lithographie in Aufnahme, deren Correctheit jedoch viel zu wünschen übrig lässt.

Die von der aegyptischen Presse erzielten Resultate sind auch insofern von Interesse, weil uns die Thatsache, dass die aus ihr in Auflagen von 1000-4000 Exemplaren hervorgehenden Werke gewöhnlich in einigen Jahren vergriffen sind, beweist, wie rege der literarische Sinn im Orient noch ist. Werke wie die Traditionssammlung des Bochâri finden geradezu reissenden Absatz. Das Streben, europäische Werke durch Uebersetzungen, besonders aus dem Französischen, zugänglich zu machen, waltet immer noch stark vor; so ist z. B. von juristischer Literatur der Code Napoléon, von geographischer die Werke von Malte Brun u. a., von historischer das Leben Karls XII. von Voltaire u. a. übersetzt worden, ja vor einigen Jahren sogar das Libretto zu Offenbach's schöner Helena in der Staatsdruckerei von Bûlâḳ arabisch gedruckt worden. — Doch sind ausser diesen auch wichtige Erzeugnisse der altarabischen Literatur gedruckt, also neben der Einführung des Fremden auch das Nationale an's Tageslicht gezogen worden; so die historischen Werke des *Ibn el-Athîr* (vgl. S. 217), des *Maḳrîzi* (ebd.), des spanischen Geschichtschreibers *el-Maḳḳari* (17tes Jahrh.), das „Buch der Gesänge“ des *Abulfarag el-Isbahâni* († 966) etc.

Eine Besonderheit neuer Bûlâḳer Drucke ist die, dass öfters am Rande derselben kleinere, dem Inhalte nach mit dem Hauptwerke verwandte Schriften abgedruckt werden. Das zum Druck verwendete Papier stammt aus inländischen Fabriken und wird hauptsächlich aus Maisstroh hergestellt, daher die gelbliche Farbe.

Die eigentliche Sehenswürdigkeit von Bûlâḳ ist das

****Museum der aegyptischen Alterthümer** (*Musée d'antiquités égyptiennes*). (Mit „il Antikât“ weiss jeder Eselsjunge wohin er zu führen hat.) Diese herrliche Sammlung ist schon heute, obgleich eine Menge von kostbaren Schätzen wegen der ungenügenden Localitäten des jetzigen Museums nicht aufgestellt werden können und sich in verschlossenen Magazinen (die nach besonderer Rücksprache mit Herrn Mariette fremden Gelehrten wohl geöffnet werden) befinden, einzig in ihrer Art. Das neue zur Aufbewahrung der Antiquitäten bestimmte Gebäude wird in grossem Styl jenseit des Nil auf dem Territorium von Gîze errichtet (S. 351). Herrn Mariette-Bey's (S. 390) unermüdlichem Eifer verdankt diese überaus reiche Sammlung ihr Entstehen und aus seiner Feder rührt der vorzügliche Katalog (in franz. Sprache) her, der über alles Bemerkenswerthe die eingehendste Auskunft ertheilt. Zum näheren Studium ist die Anschaffung (5 fr.) desselben erforderlich; wir müssen uns natürlich auf eine kleine Auswahl von Monumenten beschränken, die wir mit ganz kurzen, dem erwähnten Kataloge entlehnten Notizen geben. Als besondern von keinem europäischen Museum getheilten Vorzug dieser schönen Sammlung rühmt Herr Mariette mit Recht, dass sie nur solche Denkmäler enthält, deren *Fundort* bekannt ist, und dass auch monumentale Fragmente, wenn sie nur nach irgend welcher Richtung hin interessant erschienen sind, in ihr Platz gefunden haben. Das Museum ist täglich ausser Freitag von $8^1/_2$—5 Uhr geöffnet (kein Trinkgeld).

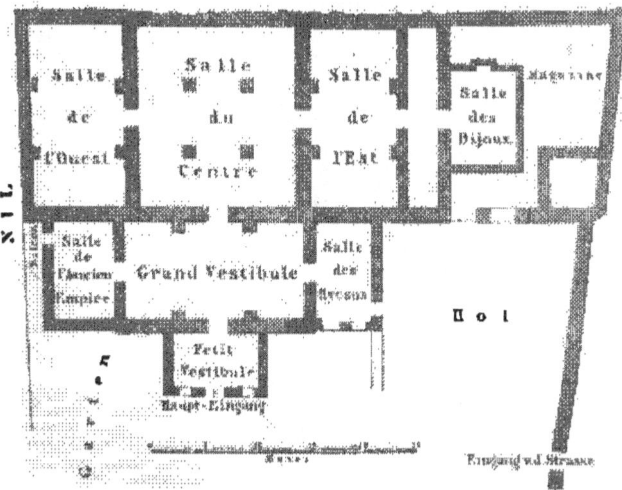

Man gelangt zuerst in den Garten. Rechts vom Eingange des Museums etwas zurückliegend *Colossalstatue eines Königs in sitzender Stellung aus grauem Granit, zu Tanis gefunden und der Zeit der XII. Dynastie angehörig, trotz der sich darauf findenden Königsschilder Ramses II. Davor 3 herrliche Sphinxe. Verschiedene mehr oder weniger verstümmelte Statuen von schwarzem Granit. Links vom Eingange: Römische Statue von weissem Marmor (wahrscheinlich Portrait). Rechts daneben *Sockel von Rosengranit, welcher früher die Colossalstatue des Antinous trug, des 122 n. Chr. im Nil ertrunkenen Lieblings des Kaisers Hadrian, gefunden in der Stadt Antinoë, die nach ihm benannt ist, und von Fidus Aquila, Gouverneur des Districtes Theben, ihm zu Ehren errichtet. Dahinter *Stein von Athribis mit 12 Zeilen griechischer Inschrift, die besagt, dass unter der Regierung der Kaiser Valentinian, Valens und Gratian dem Valens ein Tetrapylon (Halle mit 4 Eingängen) errichtet wurde. Man nahm diesen Stein aus einem altaegyptischen Tempel, wie **die Cartouchen** Psamtik's I. und Sabaco's zeigen.

Petit Vestibule. Der *Catalog (5 fr.), sowie Mariette's Aperçu de l'histoire d'Égypte, Itinéraire de la Haute-Égypte und Plan du grand temple de Karnak, auch *Photographien der im Museum befindlichen Gegenstände (S. 253) sind hier käuflich zu haben. Weniger bemerkenswerthe Monumente: einige römische Büsten; an der Westseite *No. 15 schöne Marmorbüste des Nilgottes (?), dem Zeus von Otricoli nahestehend; an der Nordseite, links neben der Innenthür ein von E. de Rougé publicirtes Militärregister; an der Ostseite No. 16. Büste des römischen Kaisers Maximianus Hercules (304—310 n. Chr.), darunter 18. Portraitbüste aus der ersten Römerzeit.

Grand Vestibule. Sämmtliche Wände sind mit Stelen bedeckt, von denen hier nur die wichtigsten erwähnt werden. *Südseite* links von der Eingangsthür: Nr. 32. Knieende Person von grauem Granit, einen merkwürdig geformten, mit einem Hathorkopfe und einem aufgeblühten Lotus versehenen Opfertisch vor sich haltend. *80. Sarg von grünem Basalt, an dem trotz des schwer zu bearbeitenden Materials die Hieroglyphen mit wunderbarer Feinheit gemeisselt sind. No. 31. Torso der Statue eines Würdenträgers, die im Tempel zu Karnak aufgestellt war, charakteristisch für den Styl der Kunst im alten Reiche. — *Westseite:* No. 38. Grosse funeräre Stele des Hapi aus der Zeit nach der VI. Dynastie. **82, 83. (zu beiden Seiten der Thür) Sargdeckel und -Kasten des Un-nefer: oben unter dem durch ein Sternenband dargestellten Himmel die Göttin Chu, die in jeder Hand ihrer ausgestreckten Arme eine Straussenfeder, als Symbol der Gerechtigkeit und Wahrheit hält; darunter die drei rituellen Gottheiten Ra, Tum und Chepera; darunter die Seele des Verstorbenen, ein Vogel mit Menschenkopf, an dessen Halse das Tat (Zeichen der Unvergänglichkeit) hängt; zu seinen Seiten andere funeräre Gottheiten. 38. Funeräre Stele des Katai in Form einer Hausfaçade, aus der Zeit der V. Dynastie. 84, in der Ecke: Sargdeckel des Menei, der auf dem Todtenbette liegend dargestellt ist; seine Seele nähert sich mit ausgebreiteten Flügeln dem Körper. Darüber geht, von Isis und Nephthys gestützt, die Sonne auf, so den unendlichen Eingang zum ewigen Leben, den der Verstorbene durch seine gerechten Handlungen verdient hat, symbolisirend. — *Nordseite:* 73. Funeräre Stele des Mai in Façadenform aus der Zeit des neuen Reiches: in der obersten Reihe betet der Todte in Begleitung einiger Familienmitglieder den Osiris an, während er in der darunter befindlichen Reihe die Huldigungen seiner Familie empfängt. Davor **22. Portraitkopf mit sehr sanften, regelmässigen Zügen, von schwarzem Granit, wahrscheinlich der Pharao des Auszuges der Juden, Menephta I.; die Doppelkrone ungewöhnlich gross und stark geborsten. *86 u. 85 (an beiden Seiten der Thür zu der Salle du Centre) Deckel und Kasten des Sarges Hor-em-heb's, aus der Zeit der saitischen Fürsten (S. 106): grüner Basalt, der überall höchst sorgfältig polirt und in feiner Ausführung innen und aussen mit Hieroglyphen und bildlichen Darstellungen bedeckt ist. 100. Naos, wie ein Reliquienkästchen früher mit zwei Thürflügeln verschlossen, deren Angellöcher noch sichtbar: Mann und Frau empfangen die dem Todten gebührenden Ehren. 99. (an der andern Seite der Thür) ähnliche Darstellung eines Todten, knieend und mit erhobenen Händen. No. 28. Statue (stark untersetzt). *20. Portraitkopf des Königs Taharka aus der 25. (aethiopischen) Dynastie, von grauem Granit; Nase verstümmelt, negerhafte Physiognomie. — *Ostseite:* **63. Berühmte Stele von schwarzem Granit aus der Zeit Tutmes' III. in dem reinen und grossen Styl der XVIII. Dynastie. In 25 Inschriftzeilen werden die Siege dieses Pharao in schwungvoller Rede gefeiert. Besonders interessant sind die Namen der von Tutmes, der bis Mesopotamien vordrang, besiegten Völkerschaften. An der anderen Seite der Thür No. 72. Sonnenhymnus des Anana. — *Südseite:* No. 21. Königskopf, auffallend roh gearbeitet. *91. Mumiensarg von Kalkstein in feiner Ausführung. Die Seele kommt, den Körper von neuem zu beleben; unter dem Bette die 4 Todesgenien (das am unteren Ende aufgestellte Stück). In der Mitte des grösseren Stückes das Zeichen der Unveränderlichkeit Tat umgeben von phantastischen Thieren. 33. Statue des Hornecht (XIX. Dynastie) in sitzender

Stellung, roh gearbeitet. Mitte: *No. 19. Statue von Rosengranit, den König Sebek-em-saf aus der XIII. Dynastie darstellend. Gestalt gedrungen, Gesicht beschädigt. Links davon *96. Opferstein aus Granit (in Karnak gefunden), mit ursprünglich 16 Vertiefungen zur Aufnahme wohlriechender Essenzen versehen, von denen jetzt eine fehlt. Links daneben *92. Opferstein aus Alabaster, aus der Zeit der V. Dyn. und zu Sakkâra gefunden, der einfach, wie alle Werke dieser Epoche, 4 Vertiefungen in Verbindung mit dem Bilde des Opfertisches zeigt. Darüber **24. *Statue des Ti* (s. S. 402), weniger wegen ihrer Ausführung, als wegen der Porträtähnlichkeit dieses uralten Würdenträgers merkwürdig. Rechts daneben *No. 20. Statue des Num-Hotep, Würdenträger aus der XII. Dyn., mit vollkommen frisch erhaltenen Farben. Auf der anderen Seite von 19 Opfertisch *No. 95. (Gegenstück zu 96), mit 25 Vertiefungen und dem Namen eines bisher unbekannten Königs der XIII. Dynastie, Ra-sanch-het Amreni Antef Amenemhat. Dahinter No. 23. Porträtstatue eines Priesters Ra nefer. Rechts und links daneben *93 u. 94 zwei funeräre Opfertische aus Alabaster, kunstreich von zwei Löwen getragen.

Salle des Hyksos (rechts neben dem Grand Vestibule). Ausser durch einen Kopf in der Villa Ludovisi zu Rom ist die Zeit der Hyksos (S. 103) in keinem anderen Museum vertreten. *Westseite* (l.) No. 1001 eine Art Altar aus Granit mit dem Namen des Hyksoskönigs Ra-au-kenen Apapi, der einen schon früher dort eingegrabenen Königsnamen einer ihm feindlichen Dynastie wegmeisseln liess. Darüber ** 808. Hyksossphinx von schwarzem Granit, nur das Vordertheil erhalten; er zeigt die barbarischen und fremdländischen Züge der langjährigen Unterdrücker Aegyptens. Eine Inschrift auf der rechten Schulter nennt Apapi (Apophis), einen der letzten Hyksoskönige. Später schrieb Menephta, der Pharao des Auszugs, der häufig in Tanis, dem Sitze der Hyksos, residirt haben muss, seinen Namen auf dieses Denkmal; nach ihm ein König aus der XX. Dynastie. — *Nordseite:* Funeräre Stelen an der Wand. Davor ** No. 1013 die schöne sog. *Diadochenstele*, in den Fundamenten eines baufällig gewordenen Hauses zu Kairo entdeckt, aus schwarzem Granit. In dem Bogen über der eigentlichen Inschrift Darstellung Ptolemäus I. Lagi (S. 110) vor seiner Thronbesteigung. Er wird hier noch „Satrap“ genannt, aber die leeren Königsschilder neben seiner Gestalt deuten gleichsam darauf hin, dass es ihm freistehe den Thron zu besteigen. Links weiht er Horus, dem Rächer seines Vaters ein Stück bepflanztes Land , rechts bringt er der Isis-Buto, Herrin der Städte Pe und Tep, Opfer dar. Auf der Inschrift wird der Satrap Ptolemäus als Held gepriesen, der das von Asien aus aegyptischen Tempeln Geraubte zum Nil zurückführte und seine Residenz in der „*Festung Alexanders I., die früher Rhakotis hiess*“ (also Alexandria) aufgerichtet hatte. Seine Siege über Syrien und die Westmarken Aegyptens und seine Wohlthaten gegen die aegyptischen Götter werden gepriesen und nun folgt der emphatische Bericht von der Erneuerung einer Schenkungsurkunde an die Gottheiten (d. i. die Priesterschaft) der im Delta gelegenen Städte Pe und Tep, die sogen. Quartiere des bekannten Buto, die der „Erzfeind Xerxes“ aufgehoben hatte. — *Ostseite:* No. 2. Torso einer interessanten Hyksosstatue von grauem Granit aus Crocodilopolis. In der Mitte der Wand * No. 952 eine gut erhaltene und sorgfältig ausgeführte funeräre Stele des Pi-ra-unnu-ef aus der XIX. Dyn. Auf dem oberen Theile der Stele erscheint der Verstorbene nebst seiner Schwester vor Osiris, Isis und Nephthys, wozu die dabeigeschriebene Anbetung des Osiris gehört; darunter haben die beiden, selbst Osiris geworden, den göttlichen Stuhl eingenommen und empfangen die üblichen Ehren, die ihnen eine mit einem Pantherfelle bekleidete Person darbringt. - *Südseite:* ** No. 1014 (unter Glas und Rahmen) das berühmte *Dekret von Kanopus* (S. 458), zu Tanis gefunden (daher, und um es von einem gleichen Exemplar im Louvre zu Paris zu unterscheiden, *Tafel von Tanis* genannt). Durch dieses ward die Richtigkeit der Entzifferungsmethode bestätigt, nach der die Aegyptologen seit dem Funde der Tafel von Rosette (S. 470) und der grossen Entdeckung Champollions gearbeitet haben. Die Kalksteinstele enthält das gleiche Dekret oben in *altaegyptischer* Schriftsprache und in Hieroglyphenschrift, unten in *griechischer* Schrift und Sprache und am Rande in dem vom Volke geredeten Dialekte und in *demotischer* Schrift. Das Dekret ist gegeben von der im Tempel zu Kanopus am 7. März (17 Tybi) 238 v. Chr. unter Ptolemäus III. Euergetes I. versammelten Priesterschaft, die den König wegen mancherlei Wohlthaten preist, ihn lobt, die nach Asien fortgeführten Götterbilder zurückerobert, mancherlei Siege erfochten, das Land in Frieden erhalten, es bei drohender Hungersnoth durch Fürsorge und Getreidezufuhr gerettet zu haben, und endlich beschliesst, zum Danke für das Alles dem Königshause göttliche Ehren zu erweisen, sich selbst „die Priesterschaft der Götter Euergeten“ zu nennen, eine neue Priesterphyle, die nach den Euergeten benannt werden solle, zu gründen, dem Könige und der Königin neue Feste einzusetzen und zu Ehren der Herrscher eine Verbesserung des Volkskalenders eintreten zu lassen. Ferner wird beschlossen der als Jungfrau früh verstorbenen Prinzessin Berenike in allen Heiligthümern des Landes unvergängliche Ehren zu erweisen und ihrem Andenken bestimmte Feste zu feiern. Ihr „der Fürstin der Jungfrauen“ sollen in allen Tempeln 1. und 2. Ordnung kostbare und reich ausgestattete Bildsäulen aufgestellt und diesen mannigfaltige Dienste und Opfer dargebracht werden. Sie soll von besonderen Chören gefeiert und namentlich auch von Jungfrauen besungen, das den Priesterinnen zu liefernde Brot aber mit einem Stempel als „Brot der Berenike“ gekennzeichnet werden. Das Dekret, so enden die Inschriften, ist auf eine eherne oder steinerne Stele in *heiliger* (hieroglyphischer), *aegyptischer* (demotischer) und hellenischer Schrift einzutragen und soll an einer in die Augen fallenden Stelle jeden Tempels 1. u. 2. Ordnung aufgestellt werden. — *Westseite*: *No. 1004. Schöne Basreliefs auf Kalkstein aus dem Grabe des Hor-min in Sakkâra: links der an dem Verstorbenen und seiner Gattin Iai durch Hathor vorgenommene Reinigungsprocess und darunter die ihnen von den Mitgliedern des Hauses dargebrachten Opferspenden, rechts sein Leichenbegängniss. Darüber No. 906, ebenfalls Basreliefs aus dem Grabe des Hor-em-heb, einer hohen Militärperson aus der Zeit der XIX. Dyn. 992. Stück Basrelief, eine Scene aus dem Feldzuge der Königin Hatasu (XVIII. Dyn.) gegen die Araber: der Führer der Feinde erscheint in Begleitung seiner Frau unterwürfig vor dem Anführer der aegyptischen Truppen. Darüber 1004. Balkenbänder aus dem Tempel Seti's I. in Abydos mit der Cartouche des Gründers. *Mitte*: **No. 1. *Doppelstatue* von grauem Granit, zu Tanis gefunden und aus der Hyksoszeit stammend. Zwei fremdländische Gestalten stehen vor Opfertischen, die mit Wasserpflanzen, Fischen und Vögeln reichlich ausgestattet sind. Die Züge der Figuren gleichen denen der Sphinxe; ihr starker, geflochtener Bart, das in dicken Quasten weibisch zusammengedrehte Haar und die zahlreichen Gehänge am Unterarm unterscheiden sie besonders scharf von den übrigen aegyptischen Monumenten. Dahinter No. 705. Interessanter Naos aus der Zeit Tutmes' III.

Auf der Westseite des Grand Vestibule befindet sich die **Salle de l'Ancien Empire**. *Ostseite*: Zu beiden Seiten der Thür ** No. 997 und 998, grosse funeräre Stelen des Sabu aus Sakkâra. Die erstere zeigt uns den Verstorbenen vor einem Tische sitzend, der mit den verschiedensten Arten von Opferspenden: geschlachtetem Vieh, Eiern, Blumen, Früchten, von Dienern herbei getragen, bedeckt ist; auf der andern sitzt Sabu in einer Art Sänfte, während Männer und Frauen neue Spenden der Grabkammer zuführen. Darunter zerstückt man geschlachtetes Vieh, der Verstorbene befährt den Nil, man führt ihm seine Heerden zur Abzählung vor: alles Bilder, die andeuten, dass der Gerechte im Jenseits dasselbe Leben, aber in glücklicherer Weise fortführt, das er hier gehabt hat. — In der rechten Ecke der Wand ein Stück altes Holz (ohne Nummer) mit Eingravirungen aus Memphis. — *Südseite*: No. 922 desgl. * No. 792 Portraitstatue des Königs Chefren aus grünem Basalt, etwas verstümmelt und unvollkommen gearbeitet. Man vergleiche sie mit der grossen Chefrenstatue (578) der Salle du Centre. — *Westseite*: *987. Kalksteingruppe von Ass nebst Frau und Sohn (verstümmelt). Die Farben, durch welche die Frau wesentlich von den beiden Männern sich unterscheidet, haben sich besonders frisch erhalten. 991 und am entgegengesetzten Ende der Wand 995: zwei Thürpfeiler von Kalkstein, darstellend die Herrin Hathor-nefer-hotep; die grüne Binde unter den Augen ist characteristisch. In der Mitte *993, eine Art falsche Thür, die in den Mastaba's oft als Stelen verwendet wurden, darstellend den Gatten der Hathor-nefer-hotep, Namens Sokar-ka-ba-u; die Art der Arbeit zeigt das sehr hohe Alter. — In der Ecke der Wand ist eine kleine Thür, die auf einen Balkon führt, von dem man eine schöne Aussicht auf den vorbeiströmenden Nil hat. — Die *Nordseite* wird ganz eingenommen von **No. 999, 12 Reliefs auf Kalkstein aus den Mastaba von Sakkâra, sehr flach und von grosser Feinheit, aus den besten Zeiten des alten Reiches. Ueberall wird die Freiheit und Heiterkeit des Lebens betont, ohne Darstellung von Gottheiten. Oberste Reihe: Herbeibringen von Todtenspenden, eine Art Fischerstechen, eine von Dienern herbeigeführte Gazelle und Antilope. Mittlere Reihe: Weiber, Gefässe anfüllend, Opferspenden, Zertheilung der geschlachteten Opferthiere, den Fluss durchwatende Kühe, hinter ihnen eine Rohrbarke. Untere Reihe: Ein Mann mit 2 Affen, von denen der eine einem zweiten Manne an das Gemüse will. Darunter: Zubereitung von Fischen. Daneben die mannigfaltigsten Scenen aus der Verwaltung der Güter des Verstorbenen. — *Ostseite:* 992. Stück aus einem Holzgetäfel in Sakkâra. Mitte *No. 989 und 990. die dazu gehörigen Stücke. Die Arbeit des Holzschnitzers sowie die schärfere Charakterisirung des Portraitkopfes ist bemerkenswerth; die Stücke datiren etwa aus der Zeit der Pyramidenerbauer. Dahinter **970. grosser, sehr vollkommen gearbeiteter Sarkophag aus Rosengranit aus sehr alter Zeit, einem Grossen Namens Chufu anch angehörig (IV. Dyn.). Er zeigt an den Langseiten nicht sowohl die Architektur des Grabes als die des Wohnhauses, die freilich in vielen Stücken mit der der Mastaba übereinstimmte. Die Aegypter nannten ja ihre Erdenwohnungen „Herbergen", ihre Gräber aber „ewige Häuser". Man beachte die triglyphenartigen Balkenköpfe.

Salle du Centre. Er wird von 2 Pfeilerreihen in 3 Theile getheilt und hat vortreffliches Oberlicht durch 24 Fenster. Die wichtigsten Monumente werden durch die sie umgebenden Gitter von Messingstäben mit Holzgeländern ausgezeichnet. Die Schränke sind zweckmässig und geschmackvoll eingerichtet. *Südseite* (links von der Eingangsthür): 580. u. 579. Aufrechtstehende Osirisstatuen von grauem Granit. *Schrank B.* Osiris und die zu seinem Mythus gehörigen Gottheiten (s. S. 144). In der Mitte eine schöne Statue von ihm, umgeben von einer Anzahl Darstellungen des Apis-Stieres, der ja als Incarnation des Osiris betrachtet wurde. Darüber eine Reihe von Apisstelen aus dem Serapeum zu Sakkâra (S. 399). Aus Theben stammen die beiden schönen Statuen No. 196 u. 197: links, Osiris als Todter eingewickelt; an der andern Seite (rechts) sehen wir den wiederbelebten, lebenskräftigen Gott unter dem Namen Neferhotep (gute Ruhe).

Westseite. Schrank C: Fortsetzung des Osiriskreises. No. 220—231. Osiris mit dem Sperberkopfe. 224. Osiris, Gebete empfangend, 228. als Gott der Unterwelt. 243. als Harpokrates (d. h. als Kind). 240. Die vier zu seinem Cultus gehörigen Todtengenien. 248 (5 kleine Gruppen) Harpokrates, geführt von Isis und Nephthys. Darüber *223. Stele in Form einer kleinen Kapelle: in der Nische sieht man den aufrechtstehenden Osiris, während oben auf dem Bogen der Façade zwei Hundskopfsaffen die aufgehende Sonne anbeten, die dargestellt ist durch eine rothe Scheibe mit einem Scarabaeus (Symbol der Auferstehung). *238. Osiris, die aus dem Blumenkelche aufgehende Sonne. 244. Harpokrates mit der Doppelkrone (Pschent). — Davor befindet sich ein Glaskasten mit einer Mumiendecke aus später Zeit, bemerkenswerth wegen der kunstvollen Arbeit. — *Schrank D.* Fortsetzung des Osiriskreises. No. 260, 261, 259, 262, 263, 258. Anubisstatuen. Darunter ein Schakal. 251. Schöne Osirisstatue. 264. Ein auf die Seite gelegter Schakal. Schakalkopf von Holz. Darüber No. 273. Stele: Anbetung des Osiris. In der Mitte eine Reihe schöner Osirisstatuen von Bronze. Rechts Osiris mit goldbedecktem Oberkörper und Antlitz. 267, 268, 270. Hundskopfsaffen. Darunter Ibisstatuen. — *Schrank E:* Fortsetzung des Osiriskreises. In der Mitte 276. Osiris, zu beiden Seiten Isis und Nephthys in verschiedenen Auffassungen. Rechts 284.

eine „flügeltragende“ Isis aus dem Serapeum. *Schrank F:* Links noch einige Gestalten aus dem Osirismythus. Daneben 236. Ammon, 304. Chons, 307. mehrere Chnuphis. 323. die Göttin Pacht. Gott Ptah in zwei grossen Statuen in der Mitte und in No. 313 und 314 darunter. Am rechten Ende die katzenköpfige Pacht mit ihren Katzen. — Davor ein Glaskasten mit Holzmalereien und Schnitzereien aus ganz später, christlicher Zeit. (Links daneben No. 492, s. unten.) — *Nordseite. Schrank G:* Ausser den bekannten und leicht zu erkennenden Gottheiten: No. 349. Göttin Ma, *330, der Nil, 337—339. Göttin Neith, *346. (in der Mitte) Nefer Tum, 351—353. Gott Ra. — Rechts neben dem Schrank *No. 794. Doppelstatue: die weiten Gewänder, die Haartracht, das Band, welches er in der Hand, und die Blume, welche sie in der Hand hält, sind Zeichen der Kunst des neuen Reiches. — Die Mitte der Wand nimmt ein Holzgestell mit schönen Kanopen (S. 108) ein, in deren Mitte **Holzfigur eines Mannes von grosser Schönheit (altes Reich); dahinter an der Wand Papyrusstücke (s. u.). — Daneben ein Glasschrank mit Stelen, Statuen, Köpfen von geringerer Bedeutung. — *Schrank V.* Leichenmonumente: Kanopen, kleine Mumien, hölzerne Kopfstützen, in der Mitte ein Naos. — Davor *No. 754. Schöne Gruppe aus der Zeit der XIX. Dynastie, ein Geschwisterpaar darstellend. Die Vorderseite (zwischen den beiden Figuren) und die Rückseite enthält die den Todtenstelen gewöhnlichen Darstellungen. — *Westseite. Schrank U:* Schöne Holzmalerei; 691. Holzkasten mit einem Opfertisch darin, der bedeckt ist mit den verschiedensten Geräthen im kleinsten Maassstabe. — *Schrank T:* Gemalter und ciselirter Blumenschmuck, grosse mit Hieroglyphen beschriebene Holztafel aus einem Sarkophag. Gegenüber No. 581. Stele, sehr bemerkenswerth wegen der Inschrift, weil sie lehrt, dass der grosse Sphinx von Gize schon vor Cheops vorhanden war (S. 375). — *Schrank S:* Kleine Sarkophage, Mumienkasten von Holz, funeräre Statuetten, Sandalen. Auf der Rückwand Papyrusstücke. — *Schrank R:* Bemalte Stücke, Mumiendecken, Kasten für funeräre Statuetten; links in der Ecke 423. zwei einbalsamirte Ibisse; 424. einbalsamirter Sperber. In der Mitte kleine einbalsamirte Krokodille. — *Südseite. Schrank Q:* 415. Keile aus gebranntem Thon mit Inschriften aus Theben, die zur Bezeichnung eines Grabes dienten. — Daneben 391. Sitzende Figur aus Granit, mit einem Papyrus auf den Knieen. — Davor *Kasten P:* Besonders schöne Statuetten aus Serpentin und Bronze. Kanopen. In der Mitte No. 389. Pappstück, einzelne Capitel des Todtenbuches, des grossen Rituals der Aegypter, enthaltend. Darunter *390. Bemalte Stele aus dem Grabe einer Frau, die besonders in dem unteren Theile merkwürdig ist. — An der anderen Seite des Pfeilers *Kasten Y:* Interessante Sammlung von Modellen zu Statuen und Reliefs. — Daneben, vor der Thür der Salle de l'Est: **No. 492. (umgittert) Holzstatue aus Sakkâra, unter dem Namen *Schêch el-beled* (Dorfschulze) bekannt, den ihm die Araber wegen seiner Aehnlichkeit mit einem recht behäbigen Exemplare eines solchen gegeben haben. Der hier dargestellte Beamte stammt aus der frühen Zeit des alten Reiches und liefert für sich den Beweis, dass die aegyptische Plastik überall da, wo sie sich den Banden des Kanon zu entziehen vermochte, auch diejenigen Anforderungen, welche wir an ein Kunstwerk stellen, zu befriedigen verstand. Die naturwahre und realistische Behandlung dieser Figur wird jeden freudig überraschen, dem es schwer geworden, den gleichsam versteinerten Formen der aegyptischen Kunst Geschmack abzugewinnen. Die Füsse waren abgebrochen und sind erneuert, alles übrige unverändert. Der Oberkörper und die Beine sind nackt, von den Hüften fällt ein vorn zusammengenommener rockartiger Schurz hernieder; die Hand hält den langen Commandostab; das runde Haupt ist kurz behaart und das porträtartig behandelte, wohlwollend dreinschauende Gesicht ist ungemein ausdrucksvoll. Die Augen sind etwas starr, wie bei vielen anderen Statuen wurden sie in das Gesicht eingesetzt. Sie werden nach Innen von einem Bronzeplättchen umfasst, dessen Kanten die Wimpern darstellen. Ein undurchsichtiger weisser Quarzkörper bildet das Auge und ein Stück Bergkrystall in seiner Mitte die Pupille, welche durch einen polirten Metallstift in ihrer Mitte Glanz und Halt gewinnt. Die ganze Figur war gefärbt. — An der anderen Seite des Pfeilers *Kasten Z:* historische Monumente. Scarabaeen mit verschiedenen Königsschildern. *540. Schöne Porzellanvase. 572. Assyrische Sphinx aus der Zeit des Darius. 515. Alabastervase mit einer Scheibe bedeckt. *558. Buste des Amasis. *554. Sockel einer Bronzestatue des Königs Taharka. 533. Hacke. 563. Hohle Bronzewürfel mit concaven Hieroglyphen, in deren Vertiefungen sich silberne Einlagen befinden; Gebrauch zweifelhaft. Darüber Alabasterkrüge. Mittelgang: **No. 578. (umgittert) **Chefrenstatue** (vergl. No. 792 der Salle de l'Ancien Empire). Portraitbildsäule des 2. Pyramidenerbauers Chefren (Chafra), 1860 mit acht ähnlichen mehr oder minder beschädigten Statuen in einem Brunnen des S. 377 beschriebenen ältesten bis auf uns gekommenen Freibaus gefunden. Sie ist von ausserordentlich harter, grüner, von langen gelblichen Adern durchzogener Breccia und zeugt so von dem bis heute nicht überbotenen technischen Können jener Bildhauer vor 5000 Jahren. Der König sitzt in Lebensgrösse auf einem Throne, dessen Armlehnen in Löwenköpfen enden. An den Seiten des Sitzes winden sich hier Papyrus, dort Lotospflanzen um das Zeichen der Vereinigung , gewöhnlich die Zusammengehörigkeit von Unter- und Oberaegypten, vielleicht der diesseitigen und jenseitigen Welt symbolisirend. Auf dem Sockel rechts und links von den Füssen der Statue liest man in deutlicher Hieroglyphenschrift: „Der Fürst und siegreiche Horus, Chefra, der gute Gott und Herr des Diadems“. Die rechte Hand des Pharao hält eine Binde. An der Spitze der Thronlehne breitet ein aufrecht stehender Sperber seine Flügel aus und umfängt damit zum Zeichen des Schutzes das Hinterhaupt des Königs. Der Torso ist untersetzter als bei den Statuen des neuen Reichs, dem hieratischen Kanon entsprechend, der in der frühesten Zeit gedrungenere Formen vorschrieb als in der späteren. Der Leib ist muskelstark, sein Gesicht milde. — In der Mitte achteckiges Holzgestell mit Glaskästen, über dem *1015. Granitstele „Horus auf den Krokodilen“ wie man sie zum Schutze gegen schädliche Thiere in den Häusern aufstellte. In acht einzelnen Kasten eine Menge kleiner Antiquitäten: Amulete, Leichenzierath von gebrannter Erde, Glasfluss und einer eigenthümlichen buntglasirten Steingutmasse. Göttin Ma (Wahrheit) mit grünem Angesicht, grüner Feder, blauem Hauptschmuck und buntem Oberkörper. Anubisthiere aus schwarzem, die Feder aus blauem Glasfluss. Kleiner Isiskopf. *Vitrine H* n. *O:* Embleme und Gottheiten aus Glasfluss, Achat, Karneol etc. Uräusschlangen , Doppelfeder , Kuhhörner mit Di c s, Königskronen von Ober- u. Unteraegypten (Pschent) , , . Hundsaffe Siesta haltend und philosophirend. Verschiedene andere Thiere. *Vitrine K:* Sammlung heiliger Thiere, Affen, Kühe, Hunde, Nilpferde u. s. w. *Vitrine I:* Reliefstatuen der Götter Chons, Ptah, Besa (Toilettengott). *Vitrine N:* An und in der Mumie gefundene Amulete und Embleme: das Herz, Leben, Beständigkeit, Aufgang der Sonne, Vollendung und Schönheit, Herzen mit dem Scarabäus der symbolisch das Herz darstellt und dieses Organ in der Mumie, aus der es entfernt ward, zu vertreten hat (S. 154) und dem Phönix oder Benu.

Vitrine M. Sogenannte ut'a Augen von gebranntem Thon. Sehr häufige Amulete, mit Bezug auf die Augen des Ra, welche die Welt erleuchten, und von denen das rechte die Sonne, das linke der Mond genannt, jenes mit dem Könige, dieses mit der Königin verglichen wird. Die Auferstehenden treten als Ut'auge aus der dunkeln Gruft. Kleine Kopfstützen, Symbole der ewigen Ruhe der reinen Seele. Zeichen des Winkels und Dreiecks, Symbole des Ebenmasses und der Ewigkeit.

Vitrine L: Säulchen von grünem Feldspath oder Steingut, die das frische Ergrünen, oder die Wiederverjüngung des Verstorbenen symbolisiren. Siegel mit grünem Porzellanrande und Karneol in der Mitte mit der Verheissung, dass dem Todten die Verklärung warte. Bananenförmige Perlcylinder aus Karneol. — Alles hier Aufbewahrte ist unzweifelhaft echt und mag von dem Reisenden mit den gefälschten Stücken verglichen werden. — Gegenüber *Thueris-Statue (Nilpferdweibchen) aus Serpentin (ohne Nummer). Dahinter umgittert **No. 385—387 schöne Proben des weichen glatten Styls der aegyptischen Renaissancezeit, aus dem Grabe des Würdenträgers Psamtik zu Sakkâra. Die mittlere Statue stellt Hathor, die Gebieterin der Unterwelt dar, wie sie zum Schutze ihr mit dem Diskus und der Doppelfeder geschmücktes Haupt über den verstorbenen Psamtik neigt. Die weiche und treue Behandlung des Kuhkopfes und des männlichen Oberkörpers ist hervorragend schön. Zu beiden Seiten Isis und Osiris. Dahinter aus demselben Grabe No. 446 Opferplatte.

Links davon vor dem ersten Pfeiler **Kasten A.* Aegypt. Pantheon. Vorn: 105. Osiris mit Isis und Nephthys, 138. 127. Harpokrates, *158. Pacht, 136. Toth, *167. 180. Hathor, 107. 108. Osiris, 142. Ammon. Darüber 159-161. Pacht, 134. 200. Toth, 170--173. Elementargott Schu, der auf erhobenen Händen die Sonnenscheibe trägt, *192. anbetender Genius. Rechts: 162. Pacht, 135. Toth, 116. Isis, *131. Anubis. Darüber: *117. Isis, *110. Osiris zwischen Harpokrates und Nefer-Tum. Rückwärts: *167. Hathor, *132. Anubis, 181. Zweigesichtige Gottheit (vorn Sperber, hinten Widder), 144. Mut, 194. Hundsaffe, 124. Set. Darüber: 176. Neith, 188. Toilettengott Besa. Links: 106. Osiris mit Isis und Horus, 240 u. 241. Harpokrates, 206. Apis, 112—114. Apis mit Isis und Nephthys, *180. Göttin Nechebt. Darüber: 140. Anubis, Osiris, Ptah-Sokar, Horus und Isis, 146. Mut, 154, 155. Ptah, 269. Hundsaffe, *139. Osiris. — Zwischen dem ersten und zweiten Pfeiler Kasten ohne Nummer; vorn: 266. Ammon, 226. Osiris, *118. Isis mit dem Bilde des Osiris auf den Knieen, 290. 115. Isis mit Horus, unnumerirte Statue mit einer Papyrusrolle auf den Knieen; daneben 388. Nefer-Tum, 320. Pacht, 191. Ichneumon, das als sich selbst befruchtendes ein Abbild des unendlichen in sich selbst vollkommenen göttlichen Wesens ist, 137. aufrechtstehender Gott (Harpokrates oder Toth), 232. Harpokrates, 297. Ammon. Darüber liegende Figur mit der Sonnenscheibe zwischen den Hörnern und Federn auf dem Haupte. Links: Nilbarke aus Bronze. Darüber: Krokodil mit Sperberkopf. Rückwärts: Osiris, Isis und andere Götter; Nilbarke von Krokodilen getragen; Katze. Links: ähnliche Nilbarke. Hathorkopf. — Hinter diesem Kasten umgittert **No. 582. lebensgrosse Porträtstatue des Ra-nefer aus dem alten Reiche, in schöner lebensvoller Ausführung. Die Hände halten Papyrusrollen; der Dargestellte war Priester des Ptah und Sokar. — Zwischen dem zweiten *Pfeiler* und der Rückwand des Saales *Kasten X.* Vorn 465. sitzende Statue (XIII. Dyn.); 467. schöne Frauenstatue mit grosser Perrücke aus Holz (XVIII. Dyn.); 463. schlanke, feingebaute Statue mit interessantem Kopfe aus grünem Basalt; 475. 476. Spiegel; 474. gut gearbeiteter Brettspielkasten von Holz mit Schieblade, der, wie sein Fundort und der fromme Spruch an ihm andeutet, dem Todten beigegeben worden zu sein scheint, damit er in den Gefilden der Seligen sein Lieblingsspiel nicht zu entbehren brauche; 694. desgl. mit Verzierungen von Knochen. Darüber: 472. Nilpferd aus blauem Porzellan. Kugeln, Spielbälle, Fläschchen etc. Rechts: *689. schöne Granitstatue eines knieenden Priesters aus der XVIII. Dyn.; 788. zwei Frauenstatuen aus derselben Zeit. Rückwärts: 487. bemalter Binsenkorb (XI. Dyn.) neben mehreren anderen Körben; Spiegel, Thonflaschen. Links: Glasflaschen, 699. eine Anzahl Bronzestatuetten, die man in den für typhonisch und unrein gehaltenen Sand legte, um ihn zu reinigen, wenn er einen Tempel tragen sollte (aus dem Serapeum zu Sakkâra, S. 396). Feuerzange. 479. 480. Fläschchen für Augenpulver mit dem Bilde des Toilettengottes Besa.

Salle de l'Est. *Westseite: Kasten A L:* No. 777. Statue des Rahotep, nach orientalischer Weise sitzend. Dahinter 772. Khepaar. Daneben sitzender Mann aus schwarzem Granit mit einem Papyrus auf den Knieen.

769. An der Erde sitzende Person, die Hand an den Kopf haltend als Zeichen der Trauer. 770. Statue in Kleidung u. Stellung, welche sie deutlich in die römische Zeit verweisen. Dahinter in der Ecke Osiris aus Holz (eine gleiche Statue in der anderen Ecke). 766. Mann mit einem Kruge zwischen den Beinen, in den er die Hand steckt. 757–764. (unten u. oben) acht Statuen den Brodteig knetend, in derselben Weise, wie dies heute noch in Nubien geschieht. — *Nordseite. Schrank AD, AF, AE:* Kanopen (S. 468). — *Ostseite. Schrank AM:* in der Mitte *781. schöne Holzstatue aus der Zeit des alten Reiches. Dahinter Waffen. Unten 791. Formen mit dem Vogel Bennu (Phönix). *Schrank AN* (rechts von der Thür): *Gegenstände aus dem häuslichen Leben der verschiedensten und interessantesten Art. — *Südseite. Schrank AO:* gleiche Gegenstände. Spiegel, Wassergefässe, Schminktöpfchen; *AG.* gemalte Stelen, in der Mitte 700. weibliche Holzfigur aus der Zeit des alten Reiches; *AQ* wie *AO.* — *Westseite. Schrank BA:* Gegenstände aus griechischer und römischer Zeit. Schöne Amphora, in roth auf Terracotta gemalt zwei kämpfende Stiere, weidende Widder, Antilopen etc. Viele Lampen in verschiedenen Formen. Amor und Venus und tanzende Nymphen aus Knochen geschnitten. Aegyptische Gottheiten, denen man die Hand griechischer Bildner ansieht. *Christliche Lampen aus dem 3. u. 4. Jahrh., dem alten Krokodilopolis (S. 479) entstammend. — In der Mitte 4 Mumiendeckel und 4 Kanopen. Vor demselben (westl.) *No. 1000. Löwe von Bronze von eigenthümlicher Arbeit aus der Zeit des Hophra (XXVI. Dyn.); zwischen den Klauen ist eine Kette befestigt, vielleicht zum Halten einer Barke. — In dem achteckigen Glasschrank links davor (Vitrinen AA – AH) eine schöne Sammlung Scarabäen, AK Schmuck- und Toilettengegenstände, AC kleine Embleme. Darüber No. 755. lebensvolle Statue aus der Zeit des alten Reiches, mit besonders frisch erhaltenen Farben. Ueber dem rechten (südl.) Schrank No. 758. Gegenstück dazu. Vitrine AX – AV (rechts herum) Schmuck- und Toilettengegenstände, Farbenkasten, Würfel etc. AY und AZ Steinwerkzeuge, die bei Esne, Girge, Bibân el-Mulûk und Helnân (S. 419) gefunden worden sind.

Salle des Bijoux. Diejenigen Gegenstände, welche M. Mariette zu Drâ Abu'l negga (Theben) an der Mumie der Königin Ahhotep, Frau des Ahmes (XVII. Dyn.) gefunden hat, sind hier mit anderen Schmucksachen und kostbaren Denkmalern vereinigt worden. *Südseite:* Unter Glas der mumienförmige Deckel des Sarges der mit so grossem Aufwande bestatteten Königin; äussere Vergoldung und an Augen und Ohren eingelegte Arbeit. In ihm ruhte der fürstliche Leichnam, leicht umgeben von Tüchern (nicht in Binden gewickelt), in und auf denen 213 der köstlichen Gegenstände lagen, die nunmehr hier aufbewahrt sind in dem davor stehenden **Glaskasten BB.* Vorn: Armband für den Oberarm; vorn Geier, in den Flügeln Lapis lazuli, Carneol und Glasfluss, in Goldcassetten eingelegt (keine Emailarbeit); hinten Türkise. Dolch von Gold, von hervorragend anmuthiger und einheitlicher Behandlung. Beil mit goldbekleidetem Griff von Cedernholz, worauf in Hieroglyphen die volle Titulatur des Ahmes zu lesen; die Schneide von Bronze, die mit Gold bekleidet und mit Figuren und Steineinlagen geschmückt ist. Goldene Fliegen vom Halsband. Eine goldene Kette von feinster Arbeit und Geschmeidigkeit, 90 Centimeter lang und an beiden Seiten in Gänseköpfen, an deren Hals der Name des Ahmes zu lesen, endend. An ihr hängt vielleicht der schönste von allen bis jetzt gefundenen Scarabäen; Brustschild und Flügeldecken von Glasfluss in zartem Blau und wie übersponnen mit Goldfäden; äusserst fein die an den Leib gelötheten Füsse. — Auf der Glasscheibe: Armbänder von Gold mit dem Namen des Ahmes in aufgelegter Arbeit aus Perlen, Lapis lazuli, Carneol und Glasfluss; Verschluss durch Nadel. Das Diadem der Königin Ahhotep: zwei kleine Sphinxe von Gold bewachen den Namen des Pharao Ahmes. Armband von Gold mit schönem blauen Glasfluss, der Lapis lazuli nachahmt, und aus dem in Gold der knieende König Ahmes und die Gestalten des Gottes Seb und seiner Gefährten hervortreten. Rechts: Schönes Halsband usech, das der Mumie vorschriftsmässig umgelegt werden musste. Ammon und Ra giessen dem auf einer Barke in einem Kapellchen stehenden König Ahmes das Wasser

des Lebens auf das Haupt; zwei Sperber fliegen aufwärts, in Gold und Steinen gearbeitet. Halsband mit einer Art Emaille. Löwenkopf von vergoldeter Bronze, wie das Silbenzeichen peḥ geformt, das im Vornamen des Ahmes (Ra-neb-peḥti) auftritt. Rückwärts: Neun Beilchen neteru, 3 golden, 6 silbern, den Kreis der 9 Hauptgötter darstellend.
Schwarzer am Ende umgebogener Holzstab, mit Goldblech umwunden, in den Gräften selten, in der Hand der heutigen Bewohner des Nilthals häufig. Fliegenwedel, Holz mit Goldblech; die Straussenfedern sind zu Grunde gegangen. Links: Spiegel, Kette mit Goldplatten als Gehängen. Darüber Barke von Gold, bedient von 12 Matrosen aus Silber, auf einem Gestell mit 4 bronzenen Rädern stehend; in der Mitte der Barke kleine Figur mit Beil und gebogenem Stab, vorn auf dem Kasten eine andere Figur, hinten der Steuermann, alle drei von Gold. — *Ostseite:* **No. 967 (unter Glas) Portraitstatuen des jungen Prinzen Rahotep und seiner Gattin Nefert, vielleicht die ältesten bis jetzt bekannten Bildsäulen (S. 491). Beide sind bemalt: er röthlich braun, sie sehr hellgelb. Ihre Züge sind sehr ansprechend und vornehm, trotz der grossen und schweren Perrücke, die ihre Stirn fast bis zu den Augenbrauen bedeckt und von einem Diadem umgeben wird. Nordseite: **No. 866. Die Statue der Königin Ameniritis aus der XXV. Dyn., Schwester des Sabaka, Gemahlin des Aethiopiers Pianchi und Mutter der Gemahlin Psamtik's I., von Alabaster auf graugranitnem Sockel. Vortrefflich in den Details. Ist das Verhältniss des Oberkörpers zum Unterkörper auch merkwürdig incorrect, so wird der Beschauer doch reichlich entschädigt durch die ausserordentliche Schönheit des Hauptes und den reinen Adel der Gesichtszüge. Auf dem Hauptschmucke waren vielleicht goldene Federn befestigt, die geraubt worden sind. — Davor *Kasten B C.* Vorn: *471. Stiel einer Büchse für Wohlgeruch, ein nacktes Weib in schwimmender Lage darstellend; unter den künstlerisch geordneten Locken erkennt man die grosse Hängelocke der Prinzessinnen über dem rechten Ohre. 481. hübsches Kästchen. Schmucksachen: Kopfschmuck mit Medusenhaupt, 5 schlangenförmige Armbänder etc. Rechts: Silbergeschirr. Rückwärts: Alabastervasen. Kanopen von blauglasirtem Steingut. No. 696. Schlange aus Bronze. Nilbarke. Darüber: 175. Göttin Ma von blauem Glasfluss. 529. Schieferröhre mit sehr fein gravirten Inschriften. Links: Kleine Mumien, Thierfiguren etc.

An der Westseite der Salle du Centre hat man neuerdings eine **Salle de l'Ouest** eingerichtet. Bis jetzt enthält dieser Raum mit seinem Inhalte von Grabstelen, Statuen, Thongefässen, Erzeugnissen altaegyptischer Industrie, Kanopen, Sarkophagen, Mumiendeckeln etc. nur für den Aegyptologen interessante Sachen, und der Reisende, der die anderen Säle sich gründlich angesehen, kann sich den Besuch desselben sparen.

Die Papyrus. Die hier conservirten Papyrus sind zum Theil von höchstem Werthe, doch besitzen gerade auf diesem Gebiete die grossen europäischen Museen reichere Schätze. Unter den in hieroglyphischer Schrift geschriebenen befinden sich die in keinem Museum fehlenden Todten-Papyrus, die sich in den Sarkophagen oder an Mumien finden. Sie begleiten die Seele als Wegweiser und Helfer bei allen Prüfungen und Wanderungen, die sie zu bestehen hat, bis sie zur Verklärung gelangt (S. 153). Fast alle sind mit Vignetten versehen. Pap. 1 und 2 der Mariette'schen Publication beziehen sich auf den Morissee, seine Umgebung etc. No. 4 enthält moralische Vorschriften, die namentlich in Bezug auf das Verhältniss der Eltern zu den Kindern vortrefflich genannt werden müssen. No. 5 enthält eine höchst interessante romanartige Erzählung in demotischer Schrift, besonders ausgezeichnet durch die Correctheit der grammatischen Formen und die Klarheit der Erzählungsweise. No. 6. ist medicinischen Inhalts. No. 9. Das Buch von dem, was sich in der Unterwelt befindet, mit linearen Darstellungen der Fahrt der Seele und der Genien etc. des Amenti. No. 17 enthält einen ebenso schönen wie interessanten Hymnus an Ammon, dem wir bedeutende Aufschlüsse über das Wesen dieses Gottes verdanken.

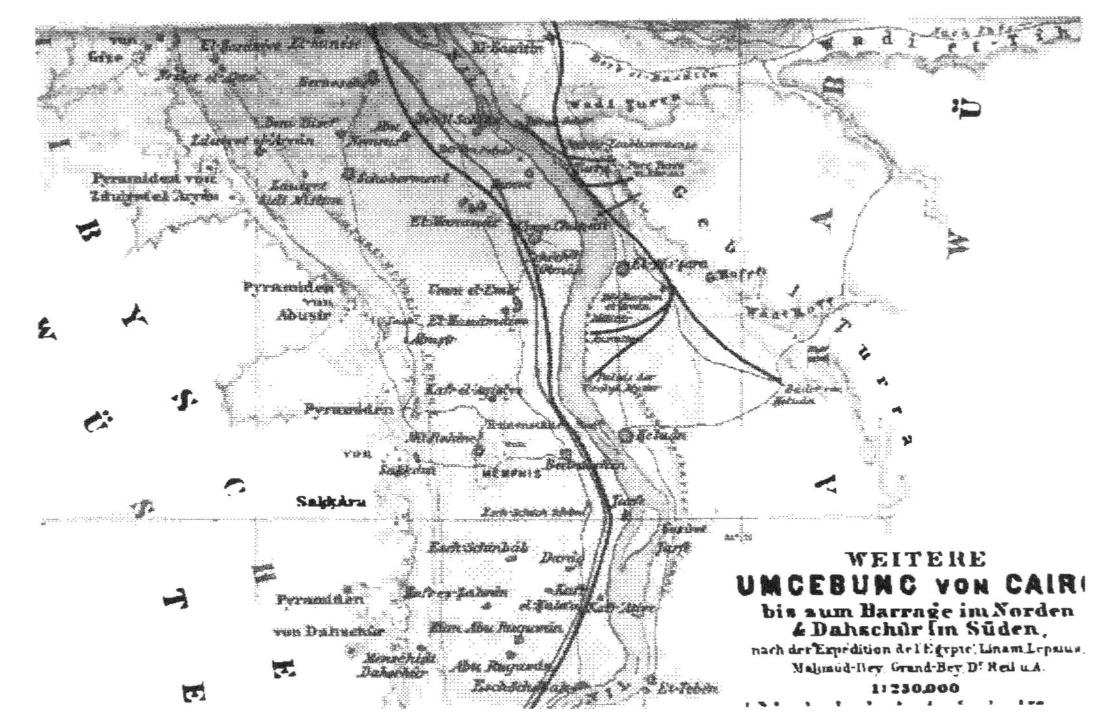
WEITERE
UMGEBUNG VON CAIR
bis zum Barrage im Norden
& Dahschûr im Süden,
nach der Expédition de l'Egypte, Linant, Lepsius,
Mahmûd-Bey, Grand-Bey, Dr. Reil u. A.
1:250,000
Pyramiden von Abusir
Pyramiden
von
Sakkâra
Pyramiden
von Dahschûr
Gize
Wadi Turra
Gebel Turra
Helwân
Memphis
Dahschûr
Abu Rugwâsch
Mit Rahîne
Bedraschên
Abusir
Kafr el-Ayyât
LIBYSCHE WÜSTE
ARABISCHE WÜSTE

4. Umgebungen von Kairo.

Alt-Kairo, Gezire, Schubra, Heliopolis und die Pyramiden von Gize wird man am besten im Wagen, die Mokattamhöhen, Mosesquelle, den Versteinerten Wald und Gebel el-Aḥmar zu Esel besuchen (für die ersteren Partien lässt sich diese Beförderungsweise natürlich gleichfalls anwenden, ist aber ermüdender).

Alt-Kairo *(Maṣr el-'Atîḳa).*

Fum el-Chalîg. Alte Wasserleitung. Christliche Friedhöfe. Insel Rôḍa. Castell Babylon. Koptische Marienkirche. Gâm'a 'Amr. Mamlukengräber. Ḥôsch el-Bâscha.

Die Neustadt Isma'îlîya (S. 278) in SW. Richtung durchziehend, gelangen wir über den *Boulevard 'Abdul 'Azîz*, den *Rond-Point Bâb el-Lûḳ* und den *Square* gleichen Namens — dem eine besondere Sorgfalt zugewendet wird und der meist in prächtigem Blumenflor (in den türkischen Farben) prangt — an dem unbenutzten *Hippodrom* vorbei (r. die *deutsche* und *engl. Kirche*, S. 278), zu einem freien Platz, von dem südl. eine Strasse zur grossen Nilbrücke (S. 337) führt. Hier wenden wir uns links und folgen dem *Boulevard Kaṣr 'Ali.* Gleich l. an der Ecke das *Palais Husên Pascha* (Sohn des Chediw) und r. gegenüber das *Palais Ibrâhîm Pascha* (Schwiegersohn des Chediw), beide von hohen Mauern umgeben; weiter r. ein vicekönigl. Palais (im Bau), l. die neue Kriegsschule (S. 262), dann r. die weitläufigen Bauten des *Kaṣr 'Ali*, das Palais der Mutter des Chediw. Weiter folgt *Kaṣr el-'Ain*, das grosse Hospital (S. 253) mit der *Moschee* (Gâm'a) *Kaṣr el-'Ain*, in der die heulenden Derwische ihren Zikr halten (S. 257). Nach einem Wege von ca. 4 Kilom. (vom W. Ende der Muski aus) r. und l. grosse Lager von Stroh *(tibn)* und geradeaus der

Fum el-Chalîg, die Einmündung des Stadtkanals in den Nilarm, der indess vom Mai bis zur Ueberschwemmungszeit trocken liegt. Hier finden die Festlichkeiten des Nilschnittes (im August) statt. Der südliche Theil des Strohmarktes wird durch die *alte Wasserleitung der Citadelle* begrenzt, welche seit Vollendung der Dampfpumpe (1872) ausser Gebrauch gesetzt wurde; Theile derselben sind auch bereits eingestürzt.

Der *Kopf* dieser Wasserleitung, nur durch eine Strasse von dem genannten Nilarme getrennt, ist in Quadern aufgeführt, sechseckig, von etwa 48 m Durchmesser und in 3 Etagen gebaut. Das Erdgeschoss enthält Ställe und Magazine, der erste und zweite Stock Casernen für etwa 130 Mann; auf der Terrasse, mit 6 Schöpfrädern (Sâḳiye), jedes von 2 Ochsen betrieben, ein grosses sechseckiges Bassin, von welchem das Wasser in den eigentlichen Aquaedukt lief. Auf der Plattform befinden sich auch Ställe für Ochsen und Räume für die Wärter; der Aquaedukt selbst, in Quaderbau auf Spitzbogen ausgeführt, hat in seinen 4 verschiedenen Niveaus bis zur Citadelle eine Gesammtlänge von 3640 m, Totalhöhe 85 m, beim niedrigsten Stande des Nils directe Hebung des Wassers in das erste Bassin 25 m. Eine Abzweigung dieser Leitung gab Wasser für das Judenviertel in der Umgebung von Imâm Schâfe'i (S. 335). Die Anlage datirt aus den Zeiten des Salâheddin Yûsuf Ibn Eyyûb (Saladin) (12. Jahrh., S. 281). Der Eingang befindet sich in der nördl. Umfassungsmauer in der hintern Seite des Kopfes; ein Berberiner ist hier als Wächter angestellt (Trinkgeld ¹/₂ fr. per Person). *Aussichten aus den Oeffnungen der Plattform sehr schön; eine schiefe Ebene führt bequem hinauf.

Einige Minuten von dem Thore des Kopfes der Wasserleitung nach links hin liegen die *Friedhöfe der Christen*, von hohen Mauern umgeben. Auf dem ersten, dem der Engländer, liegen viele Deutsche begraben; hier ruht auch an der Quermauer unter einer weissen gegen die Mauer gelehnten Marmorplatte der Afrikareisende Baron Neimanns. Auf dem zweiten, dem der Katholiken, Prof. Dr. Th. Bilharz, deutscher Arzt, und C. v. Diebitsch, bekannter Architekt. Diesen Friedhöfen schliessen sich noch die der Armenier, Griechen und Kopten an, bieten aber nichts von Interesse.

Vom Kopfe der Wasserleitung setzen wir unsern Weg längs des Nilarmes fort, der aber nicht immer sichtbar bleibt, da zwischen der Strasse und dem Wasser Häuser und Mauern stehen, und gelangen in gerader Entfernung von 1900m an die vormalige Besitzung *Sulêmân Pascha's el-Fransâwi* (des Colonel Solves), mit zwei schönen arabischen Portalen (Eintritt nicht gestattet).

Die zweite schmale und kurze Strasse (r.) hinter diesem Palais führt zur Ueberfahrt nach der **Insel Rôḍa.** Man steigt die dort befindliche schiefe Ebene hinab, fährt in dem bereitstehenden Kahne hinüber (¹/₄ fr. hin und her; Gesellschaft nach Verhältniss, erst bei der Rückfahrt zu zahlen), steigt die gegenüberliegende Rampe wieder hinauf und wendet sich nach rechts. Ein Gärtnerbursche pflegt bei der Ueberfahrt zu warten, der den Reisenden durch verschlungene Gassen in den Garten bringt. Auf der äussersten Südspitze befindet sich der *Nilmesser (Miḳyâs)* in einer Besitzung der *Erben Ḥasan Pascha's*. Die Wege des im arabischen Styl angelegten, aber äusserst verwahrlosten Gartens sind mit einer Art Mosaik aus kugelförmigen Steinchen, theils aus der Wüste, theils von der Insel Rhodus stammend, belegt und die Hauptwege mit Sockelmauern eingefasst, als Basen für die Holzveranden und Laubengänge, zu denen sich mächtige Weinstöcke hinanschlingen. Die Felder des Gartens enthalten meist Orangenbäume, Citronen, Rosen, Datteln, Palmen und Bananen, ausserdem die in den öffentlichen Gärten Kairo's nicht zu treffende Hennapflanze.

Der **Nilmesser** *(Miḳyâs)*, ein Brunnen, dessen Grundriss ein Quadrat von 5 m Durchm. bildet, steht durch einen Canal mit dem Nil in Verbindung und hat in seiner Mitte eine achteckige Säule, worauf die altarabischen Maasse und kufische Inschriften eingegraben sind. Die vier geraden Wände sind in Quadern ausgeführt mit Nischen, die durch Säulen mit byzantinischen Capitälen geschmückt sind. Längs der Wände Marmortafeln mit kufisch. Inschriften. Das altarabische Maass ist die Elle *drâ'* (ذراع) = $0_{,540}$ m, in 24 Kirat eingetheilt. — Die Säule des Miḳyâs hat 17 Ellen Höhe, wovon die erste in das Fundament eingemauert ist. Der obere Theil wird durch einen in die gegenüberstehenden Wände befestigten Balken gehalten, der im Laufe der Jahrhunderte öfter verfaulte und den Umsturz der Säule veranlasste, sodass häufige Reparaturen nöthig wurden. Der Nullpunkt des Miḳyâs ist (nach Maḥmûd-Bey) $8,_{65}$ m höher als der mittlere Stand des Mittelmeeres, daher der höchste Punkt desselben $17,_{60}$ m ü. M. Bei Tiefstand des Nils bedeckt das Wasser 7 Ellen des Miḳyâs, bei einer Höhe von 15 Ellen 16 Kirat proclamirt der Schêch der Nilmessungen den *Wefa* (S. 257), d. h. die Höhe des Nilstandes, welche für die Bewässerung aller Theile des Nilthales nöthig ist. Der Eintritt des Wefa gibt das Zeichen zur Vollführung des Nilschnittes. Der Schêch der Nilmessungen hat indessen seinen eignen geheimen Nilmesser*), dessen Nullpunkt etwa $0,_{18}$ m tiefer steht, als der des alten Nilometers. Bis zum Wefa rechnet er 16 Ellen zu $0,_{27}$ m und fährt mit dieser Elle bis incl. 22 Ellen zu messen fort; für weitere Notirungen wird dann wieder die Elle zu 54 Centim. angenommen.

Die mittlere Differenz zwischen dem niedern und hohen Stand des Nils ist bei Kairo $7,_{50}$ m. Bei 23 Ellen nach der Berechnung des Schêchs wird die Insel Rôḍa überschwemmt.

Der Miḳyâs wurde im Jahr 97 d. H. (716 n. Chr.) auf Befehl des Omayyadischen Chalifen Sulêmân (715–717) erbaut. Mâmûn, 'Abbâsiden-Chalife (809—833 n. Chr.), fügte die kufischen Inschriften an der nördl. und westl. Wand hinzu und reparirte das Ganze 199 d. H. (814 nach Chr.). Nach den südl. und östl. kufischen Inschriften fand im Jahre 233 d. H. wieder eine Restauration statt. Der Chalife Mutawakkil (847—861) besserte ebenfalls den Miḳyâs 247 d. H. (861 n. Chr.) aus und übertrug das Amt der Nilmessung, welches bis dahin die Kopten innehatten, an die muslimische Familie des Abu Radah. Im Jahre 485 d. H. (1092 n. Chr.) liess der fâṭimid. Chalife Mustanṣir Billâh (1036—1094) eine von Säulen getragene Kuppel errichten, welche indessen bei der Belagerung dieses Theiles der Insel im aegypt. Feldzuge Napoleons zerstört wurde; jetzt befindet sich über dem Brunnen eine von Holzsäulen getragene Bedeckung im türkischen Geschmacke.

Neben dem Miḳyâs steht ein grösserer *Kiosk*, im türkischen Styl gebaut. Wenn sich kein Harem darin befindet, so ist er zu sehen. Die Architektur verdient keine Beachtung, indessen sind die grossen Raumverhältnisse der Zimmer, welche auf Sommerwohnung berechnet sind, beachtenswerth; auch das Bad. Von der südlichen

*) Nach dem Ausfall der Nilschwelle wurde im Alterthum die Höhe der Steuern bestimmt. Von Herodot bis Leo Africanus stimmen alle Autoren darin überein, dass der Nil 16 cubitus oder aeg. Ellen steigen müsse, um ein gutes Getreidejahr zu ergeben. Diese 16 Ellen umspielen als 16 Genien die berühmte Statue des Vater Nil im Vatican. Heute noch übt der Ausfall der Ueberschwemmung Einfluss auf die Besteuerung. Ausserdem sind die künstlich überschwemmten Gründe niedriger eingeschätzt als die vom Nil erreichten. Es kommt der Regierung darauf an den Glauben an eine gute Ueberschwemmung zu erwecken. Daher steht der vereidete Schêch der Messung am Miḳyâs unter dem Einfluss der Polizei von Kairo. „Dieselben Motive der Politik, die im Alterthum nur den Priestern die Wache bei den Nilometern anvertraute und das Volk davon abhielt, schliessen auch heute noch den Eingang des Miḳyâs auf der Insel Rôḍa dem Volk der Aegypter zu. Der wahre Wasserstand wird durch falsche Angaben verborgen gehalten, weil der Fiscus die volle Erhebung der ganzen Abgabe jedes Jahr, bei jedem Nilstande zu erlangen strebte. Dies war der herkömmliche Betrug am Nilmesser, der zuerst von den französischen Ingenieuren, bei der Besitznahme Aegyptens mit den Waffen, entdeckt werden konnte.“ C. Ritter.

Veranda des Kiosk freier *Blick auf den Nil, rechts Gîze, im Hintergrunde die Pyramiden, links Alt-Kairo (Trinkg. 1 fr.).

Am jenseitigen Ufer wieder angelangt, verfolgt man die oben verlassene Strasse von **Alt-Kairo** weiter, bis man nach 5 Minuten an das Ende des Bazars dieser kleinen Stadt gelangt. Dann wendet man sich nach links. Nach einigen Minuten läuft diese Strasse in eine von Norden nach Süden gehende aus. Man verfolgt die letztere gegen Norden (l.) hin und hat gleich darauf zur Rechten ein abgeschlossenes Stadtviertel, auf den Ruinen von *Fosṭâṭ* (S. 260) erbaut in einem alten *Römischen Castell*, dem einstigen **Babylon**. Der Grundriss des letzteren ist ziemlich deutlich durch die vielen charakteristischen Ueberbleibsel der römischen Umfassungsmauern zu erkennen. Auf der Südseite zwischen vorspringenden Thurmbauten ein Ausfallthor mit Giebeldach, zum grossen Theil verschüttet. Das Castell soll einst eine der drei in Aegypten stationirten römischen Legionen (S. 260) beherbergt haben und durch eine Brücke mit Rôḍa und mit Gîze, wo gleichfalls ein römischer Ort gelegen haben soll, verbunden gewesen sein. Inmitten des Kopten-Viertels (140 Schr. geradeaus, dann 46 Schr. rechts von der an der Westseite in einer Vertiefung gelegenen niedrigen, von einer kleinen Mauer verdeckten Eingangsthüre), im Innern einer eng zusammengebauten Häusermasse, die viel besuchte

***Abu Serge** oder *Koptische Marienkirche*, nach der Aussage

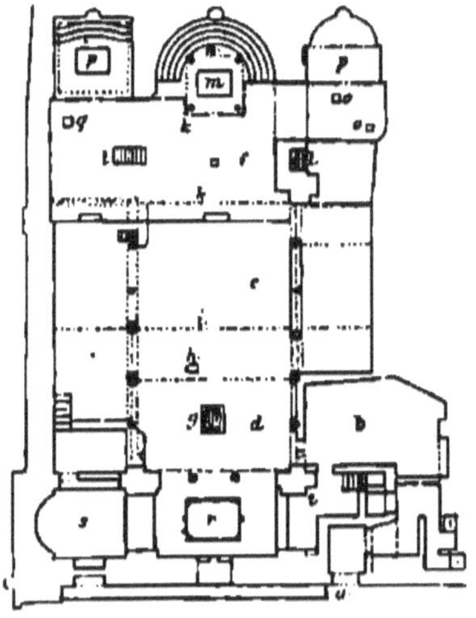

a. Eingang von der Gasse.
b. Vorhof.
c. Eingang in d. Kirche.
d. Vorraum.
e. Frauenabtheilung.
f. Männerabtheilung.
g. Brunnen.
h. Sessel für den Hauptpriester.
i. Holzwand.
k. Holzwände mit Schnitzereien.
l. Treppen zur Krypta.
m. Altar.
n. Presbyterium.
o. Pulte.
p. Seitencapellen.
q. Ziehbrunnen.
r. Brunnen.
s. Sacristei.
t. Magazine.

der Priester aus dem 6., wahrscheinlich aus dem 8. Jahrh. (man lasse sich von einem koptischen Jungen dahinführen, 1 Piaster). Unter Abu Serge ist wohl ein heiliger Sergius zu verstehen. Nach einer Tradition soll in der Krypta dieser Kirche Maria mit dem Kinde auf der Flucht nach Aegypten einen Monat verweilt haben. Die Kirche enthält interessante byzantinische Schnitzereien und musivische Arbeiten von jetzt vergilbtem und verschwärztem Elfenbein, die von einem aegyptischen Priester gezeigt werden, der auch ein Trinkgeld verlangt (1 P. T. die Person). Manche werthvolle Kunstreste verschwanden von hier in den letzten 15 Jahren. Viele alte Heiligenbilder sind noch vorhanden, zum Theil auf Goldgrund und mit gut erhaltenen Farben, aber ohne Kunstwerth. Rechts vor dem Hochaltar über einer Thür in Holz eingeschnitten die kopt. Inschrift: Sei gegrüsst, Tempel des Vaters! und darunter eine neu-arab. mit der Jahrzahl 1195. — Die Kirche kann als Grundtypus aller früheren aegyptisch-byzantinischen Basiliken betrachtet werden, in denen gegenwärtig koptische Christen ihren Gottesdienst † halten.

---

† **Gottesdienst der Kopten.** Die Kirchenbesucher begrüssen beim Eintritt in die Kirche zunächst eine Anzahl der an der Wand hängenden Heiligenbilder (der Heiligen- und Marienkultus ist bei den Kopten sehr ausgebildet) und den Altar durch Kniebeugung und küssen dann dem Priester die Hand. Darauf nehmen sie in den für die Einzelnen bestimmten sitzlosen Räumen Platz, indem sie zur Unterstützung beim Stehen — der Gottesdienst dauert oft 3 Stunden — auf mitgebrachte Krücken sich stützen. Der Gottesdienst beginnt mit dem Lesen oder singenden Hersagen von Gebeten und Evangelienabschnitten, theils in koptischer, theils in arabischer Sprache, wobei dem Priester ein Schullehrer mit einem Knabenchor assistirt. Während dieser Recitationen unterhalten sich die Zuhörer ganz ungezwungen mit einander; von Andacht ist nur wenig zu sehen, und hie und da soll es vorkommen, dass der Priester mit einem derben Worte aus dem Hêkel heraustritt und Ruhe gebietet. Nach einiger Zeit beginnt das Räuchern. Der Priester, ein Räucherbecken mit brennendem Weihrauch schwingend, tritt aus dem Hêkel heraus unter die versammelte Gemeinde und spricht seinen Segen über sie, indem er Einzelnen die Hand auf das Haupt legt. Er endigt diese Ceremonie in der Abtheilung der Weiber. Damit ist der gewöhnliche Gottesdienst zu Ende.

Die *Feier des h. Abendmahls* findet bei den Kopten sehr häufig statt und schliesst sich dann unmittelbar an den gewöhnlichen Gottesdienst an. Der Priester trägt dabei ein weisses, bunt gesticktes, bis auf die Füsse reichendes Gewand mit dem koptischen Kreuz auf der Brust und Aermeln. Nachdem er seine Hände gewaschen hat, lässt er sich durch einen Knaben einige kleine runde Brote mit eingepresstem koptischen Kreuze bringen, wählt das schönste darunter aus, legt es auf einen Teller und spricht den Segen des dreieinigen Gottes darüber aus. Dann bringt er dasselbe in den Hêkel, stellt es auf den Altar, deckt es mit weissen Tüchern zu, macht mit den Chorknaben, die brennende Lichter in den Händen tragen, einige Umgänge um den Altar, koptische Gebete recitirend, tritt dann wieder mit dem Brot auf dem Teller aus dem Hêkel heraus und hält es vor dem Volke in die Höhe, worauf Alles niederfällt. Der Priester geht dann wieder in den Hêkel zurück, bricht das Brot in kleine Theile, wirft dieselben in einen Kelch, giesst Wein darauf und isst dann mit einem Löffel den Kelch aus, indem er den assistirenden Klerikern und Messknaben einige Stücke austheilt. Damit aber ja nichts

Die Anlage der Basilika ist dreischiffig. Die Tribuna, die beiden Seitenkapellen, das Sanctuarium und die Theile, welche dem Senatorium und Matroneum nordischer Basiliken entsprechen, sind um einige Stufen über dem Niveau der Schiffe erhöht und haben fast durchgängig die volle Höhe des Mittelschiffes, während die Seitenschiffe mit Emporen versehen sind. Mittelschiff und Tribuna haben stehende Dachstühle unter Anwendung elliptischer Bohlenbogen für letztere — Dachconstructionen, welche wohl einer späteren Zeit angehören —, die linke Seitenkapelle ist mit arabischer Kuppel überwölbt, während die Seitenschiffe flache Decken haben. Die hohen Seitenwände des Mittelschiffes bestehen aus zwei übereinandergebauten Säulenstellungen, wovon die untere mit überhöhten kielbogenartigen Gurten, die obere, die der Emporen, abwechselnd aus zwei Säulen und einem gemauerten Pfeiler zusammengestellt und durch Architrave verbunden ist. Die Säulen aus carrarischem Marmor stammen von antiken Monumenten und wurden in gleicher Weise wie die der älteren Moscheen ohne Rücksicht auf Durchmesser, Capitäle oder andere architektonische Formen aufgestellt. Von den ursprünglichen drei Eingängen sind zwei vermauert, der dritte nach Landessitte durch eingebaute Mauern so hergerichtet, dass der Vorübergehende nicht in den Vorhof sehen

---

verloren gehe, wäscht er sämmtliches Geschirr: Kelch, Teller und Löffel sowie seine Hände sauber ab und trinkt das Spülwasser. Inzwischen hat in der Gemeinde jeder Einzelne ebenfalls eines oder mehrere dieser runden Brötchen erhalten, die in einem an die Kirche anstossenden Raume zubereitet werden, und diese werden nun verzehrt. Seltener findet — dann nach vorangegangener Beichte — ein Mitgenuss der Laien am Weine beim Abendmahl statt. Die Communikanten treten dann an die Thüre des Hêkel und empfangen vom Priester mittelst des Löffels ein Stück von dem in Wein eingetauchten Brote.

Am Palmsonntag (*'îd esch-scha'dnîn*) findet eine eigenthümliche Feier statt. Es werden hier nach dem gewöhnlichen Gottesdienst mit Abendmahl einige Wasserkessel in die Abtheilung vor dem Hêkel gestellt; der Priester in seinem weissen Gewande stellt sich das Gesicht gegen den Hêkel gewendet davor, ein anderer in gewöhnlicher Kleidung liest das Evangelium in arabischer Sprache vor, dann spricht der Priester Segensworte über das Wasser und weiht dasselbe. Kaum ist er zu Ende, so stürzt sich die Gemeinde, die während dieser Feierlichkeit um die Wasserbecken sich her gruppirt hat, auf die Wasserbecken los, um in Palmblätter eingeflochtene Abendmahlsbrötchen oder kleine viereckige Palmgeflechte einzutauchen. Das Gedränge dabei ist der Art, dass oft der Priester mit dem Stock die Ordnung herstellen muss. Diese Palmgeflechte werden von den Kopten das ganze Jahr hindurch im Ṭarbûsch getragen als Amulet gegen den bösen Blick, Skorpionenstich und alle Gefahren des Leibes und der Seele.

Am Tauffeste Christi (*'îd el-ghiṭâs*) 18—19. Januar tauchen Knaben, Jünglinge und Männer im Taufbrunnen oder Badeteich, der in den meisten koptischen Kirchen sich findet, nachdem der Priester das Wasser gesegnet, unter, oder auch mehr zur Belustigung im Nil, in welchen sie heiliges Wasser giessen: der Fluss wimmelt dann in koptischen Gegenden von Booten. Am Vorabend dieses Tauffestes sowie am grünen Donnerstag und am Feste der Apostel wäscht der koptische Priester sämmtlichen Gemeindegliedern die Füsse.

Der koptische Gottesdienst ist — dieses Eindrucks wird sich kein Europäer erwehren können — zu einem rein äusserlichen Ceremoniendienst ausgeartet, wie dies übrigens auch einsichtige Kopten zugeben. Daher kommt auch der grosse Werth, den die Kopten auf das korrekte Fasten legen. Es wird dem Reisenden nur selten ein nicht fastender Kopte begegnen. Während seines Fastens muss der Kopte sich jeglicher animalischen Nahrung (ausgeschlossen sind auch Fett, Eier, Butter, Käse) enthalten und er geniesst nichts als Brot, Zwiebeln, Fûl (Bohnen) mit Baum- oder Senföl zubereitet und Dukka (eine Art Salat). — Kopt. Feste s. S. 170.

kann. In der Sakristei, heute eigentlich nur ein schmutziger dunkler Raum ohne Thür, befinden sich Ueberreste von koptischer Malerei an der rechten Wand.

Der Raum des Mittelschiffs wird durch hölzernes Gitterwerk in drei hintereinander liegende Abtheilungen getheilt. Die erste dient als Vorhof, die zweite soll den Frauen, die dritte den Männern vorbehalten sein. Im Vorhofe (innerhalb des Schiffs), wie bei den ältesten christlichen Kirchen überhaupt, im Boden ein Brunnen für Waschungen, namentlich der Füsse. Hinter den drei Abtheilungen der um einige Stufen erhöhte Chorraum, die Stätte der priesterlichen Functionen, und endlich ein durch Wand, Thüren und Vorhänge abgeschlossener Raum, in welchem sich der Altar befindet, und welcher das Allerheiligste oder *Hêkel* bildet. An der Innenseite der Rundung steigen mehrere gemauerte Stufen, gleich amphitheatralischen Sitzreihen, zu dem Platze empor, der im Abendland als Bischofssitz, im Morgenland zur Aufnahme von Christusbildern dient. Die Wand, welche das Allerheiligste vom Chor trennt, ist getäfelt und mit Schnitzereien in Holz und Elfenbein reich bedeckt. Die ältesten Stücke, wohl so alt wie das Gebäude selbst, stellen die Geburt Christi, das h. Abendmahl und die Schutzpatrone dar und sind von Holzornamenten umgeben, die aus geradlinigem Figurenwerk bestehen und denen fast überall die Formen des koptischen Kreuzes ✢ zu Grunde liegen, oft auch, wie in Jerusalem, dasselbe Kreuz mit vier kleinen Kreuzen in den Ecken, ein Zeichen, das sich viele Kopten in den Arm tätowiren. — Eine schmale Treppe von 12 Stufen führt hinab in die *Krypta*, einen kleinen in 3 Schiffe zerlegten gewölbten Betraum. Am Ende des Mittelschiffs ein Altar in der Form altchristl. Grabnischen; in der Mitte der Seitenschiffe Apsiden. Im r. Seitenschiff der Taufbrunnen, in dem nach koptischem Ritus der Täufling dreimal untergetaucht wird.

In demselben koptischen Viertel befinden sich noch verschiedene dem koptischen, griechischen und israelitischen Cultus gewidmete Basiliken, jedoch nur für Specialforscher von Interesse, unter andern: die zweite *Sitte Maryam* oder griech. Marienkirche, hoch im Castell von Babylon, auch *el-Mo'allaḳa* oder die hängende genannt, mit Elfenbeinschnitzwerk und Fenstern in Glasmalerei. In der Kirche *Mâri Mena* ein schöner Leuchter. In *Abu Sefîn* Kanzel von farbigem Marmor mit Perlmutter; Kanne und Becken mit altarabischer Emailarbeit. Die *Synagoge* (*esch-Schamyân*, auch *Keniset Eliyâhu* genannt) gehörte früher dem heiligen Michael an. Die Juden sagen, Elias sei in ihr erschienen und behaupten in diesem Gebethause eine Thorarolle von Esra's Hand zu besitzen. Benjamin von Tudela gedenkt einer Synagoge Alt-Kairo's, wo Moses um das Aufhören der sieben Plagen Aegyptens gebetet habe (II. Mos. 9, 29), „daher sie noch das Bethaus Mosis heisst." — Die Kirche der *h. Barbara* besitzt vieles Schnitzwerk in Holz und Elfenbein und bessere Malereien als gewöhnlich.

Von der Thüre des Castells aus setzen wir unsern Weg nach Norden über Schutthügel des alten Fosṭâṭ (S. 260) neben der Stadtmauer von Alt-Kairo fort und gelangen nach ca. 600m zur

***Gâm'a 'Amr**, der ältesten Moscheeanlage Aegyptens, auch die „Krone der Moscheen" genannt. Die Westseite mit den Eingängen,

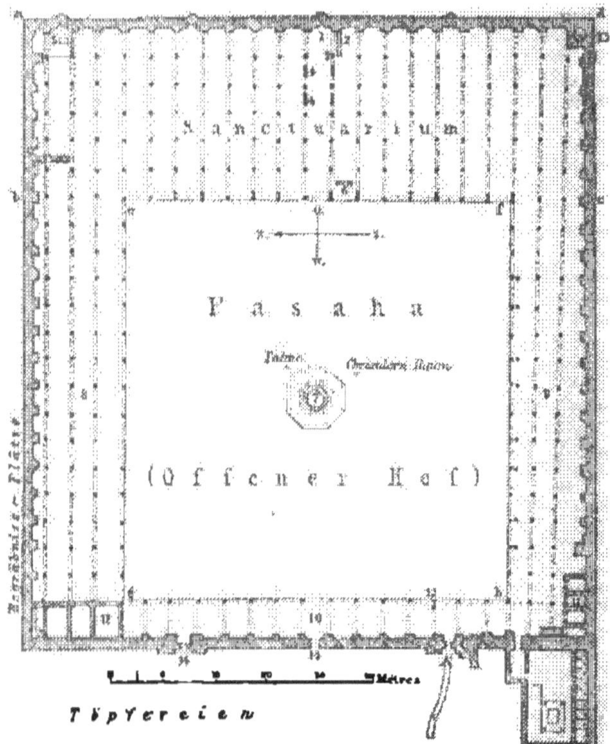

A. Eingang.
a b c d Sanctuarium.
e f g h Fasḥa (grosser offener Hof).
1. Kibla.
2. Mimbar.
3. Säule mit Moḥammed's Namenszug.
4. Kursi (zerstört).
5. Grab Schêch 'Abdallah's ('Amr's Sohn).
6. Dikke.
7. Ḥanefiye.
8. Vierschiffige Halle (zerfallen).
9. Dreischiffige Halle (zum grössten Theil zerfallen).
10. Einschiffige Halle.
11. Zimmer aus späterer Zeit.
12. Doppelsäule für die Rechtgläubigen.
13. Minarets.
14. Ehemalige Eingänge.
15. Töpfereien und Fellachen-Wohnungen.
* Säulen.

von welchen zwei vermauert und nur der südwestl. (Pl. A) offen ist, ist theilweise von Fellâḥhütten und Töpfereien (Ḳullenfabriken. S. 334), deren Bewohner in zudringlichster Weise Bachschisch verlangen, umgeben und hierdurch nicht gleich erkennbar. Das Terrain, auf welchem sie erbaut ist, gehörte vor der Vertheilung an die siegreiche Armee des Islâm Griechen und Armeniern. Der General Ḳésabat ibn Kulthum schenkte seinen Antheil zur Erbauung der Moschee. Als letztere zu klein befunden wurde, folgten andere Befehlshaber dem Beispiel; auch 'Amr ibn el-'Âṣi, Feldherr des Chalifen 'Omar (S. 260), gab seinen Antheil zur Erweiterung des Gotteshauses her, und legte damit den Grund zu dem jetzigen Bau im Jahre 21 d. H. (643 n. Chr.).

Beim Eintritt hat man den grossen offenen Hof vor sich. Es scheint, als habe die Moschee im Jahre 357 d. H. ihre jetzige Grösse erreicht, nachdem sie 275 (897 n. Chr.) theilweise durch einen Brand zerstört war (die erste Anlage soll nur 30 zu 50 Ellen Durchm. gehabt haben). Im Jahre 387 soll sie sehr reich dekorirt und vergoldet gewesen sein; heute sind nur noch ganz kleine Reste von Malerei nachweisbar und auch diese scheinen nicht so alten Datums zu sein. Die Moschee besass nach Maḳrîzî im Jahre 407 d. H. 1290 Exemplare des Korân und wurde jede Nacht durch 18,000 Lampen erleuchtet. Ein Schatzhaus der Muslimen soll neben der Moschee gestanden haben. Die Nord- und Südmauern sind nicht gerade, sondern gebrochen, parallel mit den Schiffen, die nördlichen und südlichen Hallen ganz in Ruinen.

Die Anlage dieses Bauwerks entspricht genau der Grundform der Moscheen im Rechteck mit hypäthraler Säulenanordnung um den offenen Hof (S. 200). Der letztere ist 106 m breit, 119 m lang, und tausende von Betern würden in ihm Platz finden. „Bei dieser einfachen Anlage aber ist es ein stolzer und umfassender Bau und macht noch jetzt, wiewohl zum grossen Theil in Trümmern liegend, einen höchst bedeutenden Eindruck. Man ist über denselben beim Eintritt um so mehr erstaunt, als man beim Herankommen von aussen her nichts dergleichen erwarten oder vermuthen kann: man sieht von aussen, wie es auch in der Natur der Sache liegt, nichts anderes als die langgestreckte graue Umfassungsmauer, an welche nach innen hin die Hallen sich anlehnen; und da diese Mauer fensterlos und ohne jede architectonische Gliederung ist, so erscheint sie noch um so kahler, nackter und nichtssagender. Ganz anders aber im Innern. Trotz der Einfachheit und Unfruchtbarkeit der constructiven Anlage erhält man sofort den Eindruck, ein imposantes Bauwerk vor sich zu haben. Die Grossartigkeit liegt in der gewaltigen Ausdehnung des Raumes, in der Höhe der Hallen, in der ungemein grossen Anzahl der Säulen und in der Schönheit des Materials, aus dem sie sämmtlich bestehen." M. Lüttke.

Wir durchschreiten den grossen Hof in westl. Richtung an dem Brunnen (Pl. 7) vorbei, bei dem eine Palme und ein Christdornbaum stehen, und betreten die östliche, von 6 Säulenreihen getragene Halle des Sanctuariums (Pl. a, b, c, d). Vor dem Mimbar (Pl. 2) ist in einer Säule (Pl. 3) der Name des Propheten Moḥammed in arab. Schrift und sein Kurbatsch durch ein Naturspiel in hellweissem Ton eingezeichnet, während der Grund des Marmors grau erscheint. Diese Säule soll nach dem Glauben der Muslimen von Mekka nach Kairo durch die Luft geflogen sein †. In der Nordost-

† Moritz Busch erzählt diese Legende so: 'Amr bat sich, als er diese Moschee baute, von seinem Gebieter, dem Chalifen 'Omar, eine Säule aus

ecke das Grab (Pl. 5) des Sohnes 'Amr's, des Schêch 'Abdallah. Die Zahl der Säulen, alle von mehr oder weniger schönem Marmor, ist grösser als die der Tage im Jahr (366). Das Mauerwerk besteht aus gebrannten Ziegeln und stammt augenscheinlich aus verschiedenen Epochen; der älteste Theil ist gleich beim Eingang in der Südfaçade des Hofes. Die Form der Bogen ist sehr verschieden; der Spitzbogen nähert sich bald mehr dem Rundbogen, bald besteht er, namentlich an den Maueröffnungen, aus fast geraden Gurten, die, unter einem spitzen Winkel zusammengestellt, die Archivolte der Oeffnungen bilden, und vielfach finden sich willkürliche phantastisch zusammengestellte Formen. Auch Hufeisenbogen kommen vor. Die Capitäle zeigen römische und byzantinische Formen in grösster Mannigfaltigkeit. Interessant einige nicht ganz vollendete Capitäle in der verfallenen nördl. Halle, die als Nachahmung ptolemäischer Capitäle vielleicht in arabischen Zeiten geschaffen wurden. Von den zu der Moschee gehörenden Bädern und Bauten ist nichts mehr zu erkennen.

Die Hallen an der W.(Eingangs)-Seite sind nur von einer Säulenreihe getragen. Früher standen hier Doppelsäulen, von denen aber nur noch *ein Paar* (Pl. 12) stehen geblieben ist: zwischen den beiden Säulen, die recht nah zusammenstehen, sollen sich nur rechtschaffene Männer durchzwängen können. — Im J. 1808 bot die Moschee, die jetzt nur selten mehr benutzt wird, ein merkwürdiges Schauspiel. Der Nil war statt zu steigen, gefallen. In dieser Noth versammelte sich einmüthig nicht nur die gesammte mohammedanische, sondern auch die christliche Geistlichkeit aller Confessionen und das jüdische Rabbinat zu einem gemeinsamen Gebete in der 'Amr-Moschee, das von so gutem Erfolge war, dass der Nil bald die gewöhnliche Höhe erreichte. (1/2—1 fr. Bachschisch an den begleitenden Wächter.) — Von der 'Amr-Moschee geht die Sage, dass mit ihrem Einsturz es auch mit der Religion Moḥammed's zu Ende sein werde.

Für denjenigen, der die Nilfahrt nicht unternimmt, ist es nicht uninteressant, bei dem Austritte aus der Moschee in eine jener oben genannten *Kullenfabriken* einzutreten und deren primitive Arbeitsmaschinen und Werkzeuge anzusehen (Bachschisch einige Kupferpiaster).

Die in ganz Aegypten gebräuchlichen porösen Wasserflaschen (arab. *Ḳulle*) werden hauptsächlich in Ḳene in Oberaegypten aus hellgrauem Thon von vollkommener Homogenität angefertigt; durch Beimengung von Asche, die sich bei der ersten Füllung dem Wasser mittheilt, wird die ausserordentlich gleichmässige und feine Porosität erzielt, welche bei beschleunigter Verdunstung den Inhalt der Kulle um 5—6° kühler macht als die sie umgebende Luft. — Der Transport dieser Ḳullen aus Ober-

---

dem Harâm in Mekka. Der Chalife wendete sich an eine der dortigen Säulen und gebot ihr, sofort nach dem Nil auszuwandern. Die Säule rührte sich nicht. Er wiederholte seinen Befehl dringender, aber sie blieb stehen. Er hiess sie zum dritten Mal sich aufmachen und fügte zornig einen Schlag mit dem Kurbatsch hinzu. Die Säule aber blieb stehen. Da rief 'Omar: „Ich gebiete dir im Namen Gottes, o Säule, hebe dich hinweg und begieb dich nach Kairo!“ Und siehe da, die Säule ging und die Spur des Peitschenhiebes ist noch zu sehen.

Mamelukengräber.
(Namen unbekannt.)

Chalifengräber.
(Östl. Ansicht.)

Aegypten geschieht mittelst Flössen. Tausende von Töpfen werden nämlich mit verklebten Mündungen und zusammengebundenen Henkeln in den Nil gelegt, und so auf dem Nil nach Kairo hinunter gesteuert.

Die eben verlassene Strasse über Fosṭâṭ's Schutthügel fortsetzend, haben wir r. neben uns einen muslimischen Friedhof. In einiger Entfernung vor uns die alte Wasserleitung, etwas rechts auf einer Anhöhe eine alte zerfallene Moschee *(Gâmi'a Abu Su'ûd)*, darüber hinaus die Citadelle mit der Moschee Moḥammed 'Ali's, weiter die Höhen des Moḳaṭṭam mit der Giyûschi-Moschee (S. 344), bei Sonnenuntergang ein prächtiger Blick.

Der Fahrweg, von hier ab schlecht, umzieht die oben genannte alte Moschee und steigt über Schutthügel hinan. Auf der Höhe theilt er sich: links gelangt man zur Stadt, aus deren Häusern die Sulṭân Ḥasan-Moschee (S. 279) weit hervortritt; geradeaus, dann etwas rechts, zu der Imâm Schafe'i (s. unten) genannten Gräberstadt, mit der Grabmoschee der vicekönigl. Familie. Besonderes Interesse bietet dieselbe nicht, wer aber beritten ist und Zeit hat, mag diesen kleinen Abstecher machen.

Oestl. bis zum Fuss des Moḳaṭṭam und theilweise noch auf seinen steilen Abhängen haben wir ein weites Todtenfeld, mit einzelnen hervortretenden grossen aber sehr zerstörten Mausoleen vorans, die sogenannten

Mamlukengräber, die bis dicht an die Stadt herantreten. Ihre Geschichte lässt sich gleich der der sogen. Chalifengräber (S. 301) nicht genau feststellen; selbst die Namen der Familien der Erbauer sind unbekannt und keine Inschriften erhalten. Aber selbst aus den Ruinen dieser Monumente erkennt man noch ihre ehemal. Kunstvollendung, namentlich sind einzelne Minarete von seltener Schönheit.

Ziemlich vereinzelt, etwas gegen das Gebirge hin, sehen wir die S. 192 erwähnte Kuppel mit Laterne, wenn auch nur als Ruine, und dicht vor der Stadt mitten in einer Gruppe von Grabanlagen die Ruine eines Mausoleums mit doppelter Kuppel, von der die innere die fächerförmig gestellten Mauern trägt, die ihrerseits den äusseren jetzt eingestürzten Kuppelmantel unterstützten.

Diese ganze Gegend dient auch heute noch als Friedhof der Muslimen; zum Theil haben neuere Familien sich jener alten Mausoleen bemächtigt um darin ihre Todten beizusetzen.

Das Thor, durch welches wir hier die Stadt wieder betreten, ist das *Bâb el-Karâfe* (Pl. G, 2). Verlassen wir die Hauptstrasse bei der zweiten Seitengasse nach links, so gelangen wir durch die Strasse Abroṭawil nach etwa 10 Minuten in den ältesten, südwestlichen Theil der Stadt Kairo, in welchem die *Gâm'a ibn Ṭulûn* (S. 284), die bei ausreichender Zeit von hier aus besucht werden mag.

Um die vicekönigl. Grabmoschee in der Gräberstadt Imâm Schafe'i zu besuchen, reitet man, nach dem man die alte Moschee Abu Su'ûd (s. oben) passirt hat, bei der Wegetheilung den Hügel hinab und auf die ca. 1500m entfernte Gruppe von Kuppeln zu, unter welchen sich die des *Imâm Schafe'i* in ihrer mächtigen Form in blaugrauem Ton hervorhebt. Ganz in der Nähe dieses Mausoleums ist die Grabmoschee der vicekönigl. Familie, **Ḥôsch el-Bâscha** genannt.

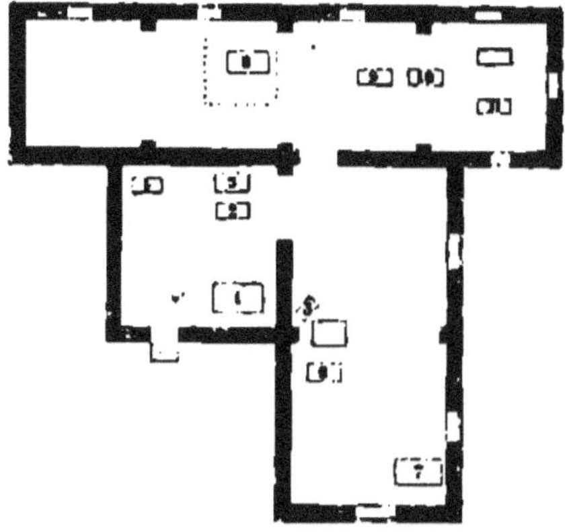

1. Mutter (Sitte) des 'Abbâs Pascha.
2. 'Abbâs Pascha (S. 123).
3. El-Hâmi, 'Abbâs' Sohn.
4. Aḥmed Pascha Yeken.
5. Moḥammed 'Ali Defterdâr.
6. Ibrâhîm Pascha.
8. Ṭusûn Pascha, 'Abbâs' Vater, u. seine Familie.
9. Grab des im Sûdân verbrannten Ṭusûn Ismâ'îl Bey.
10. Tusûn 'Ali Sefer.

Ausser diesen genannten enthält die Moschee noch viele andere Gräber, jedoch ohne Bedeutung, meist dem Harem angehörend.

Links vom Eingang ein Sebîl; rechts und links von dem überwachsenen Bogengang, der zur Gruft führt, Lokalitäten zum Aufenthalt der Frauen, die an den Gräbern beten. Am Ende dieses bedeckten Ganges ist links ein kleiner freier Raum, aus dem geradeaus eine kleine Thüre zu dem Eingang der eigentlichen Grabmoschee führt (gleich davor links führt eine andere Thüre zu dem Mausoleum einer verstorbenen Gemahlin des Chediw). Wie in allen Moscheen, so hat man auch hier Pantoffeln oder leinene Socken über seine Schuhe zu ziehen (Bachschîsch ein Einzelner 2, dem Führer 3 P. T.). Die Grabmonumente, in weissem Marmor, sind von griechischen und armenischen Bildhauern gefertigt, Schrift und Ornamente reich gemalt und vergoldet. An den Gräbern beständig Korânlectüre.

Ist man wieder an dem vorhergenannten Sebîl angelangt, so kann man sich zu dem nahe gelegenen sogen. *Ḥôsch el-Memâlîk*, einer Grabanlage aus dem vorletzten Jahrhundert führen lassen. Fälschlich wird hier das Grab des berühmten Mamlukenführers Murâd Bey (*Ḥôsch Murâd Bey*) gezeigt, denn dieser liegt in der Moschee Suhag bei Girge in Ober-Aegypten begraben. Es ist vielmehr die Ruhestätte eines Mamlukenführers 'Ali Bey und seiner Familie. Die Hauptmonumente stehen auf hohlem Stylobat, und Marmorsäulen tragen die Kuppeln.

Babylon

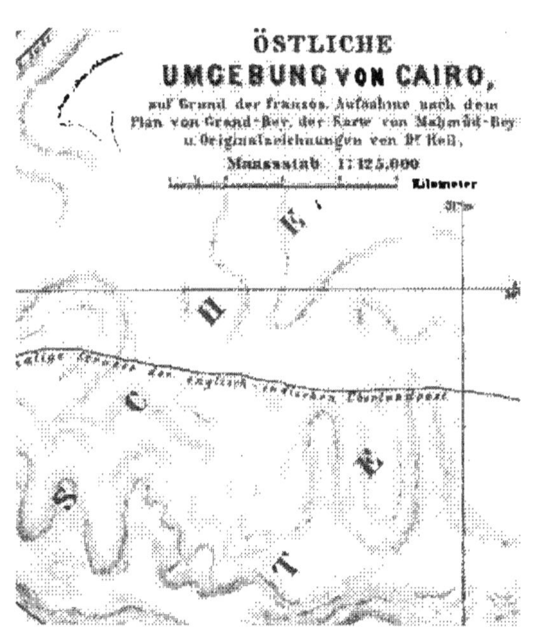
ÖSTLICHE
UMGEBUNG VON CAIRO,
auf Grund der französ. Aufnahme nach dem
Plan von Grand-Bey, der Karte von Mahmûd-Bey
u. Originalzeichnungen von Dr. Reil,
Maassstab 1:125,000
Kilometer

Schloss und Park Gezire.

Eintritt nur mit Erlaubnisskarte des Consulats (S. 250). Entfernung ½ St. Fahrens; zu beachten dass die Nilbrücke Nachmittags von ungefähr 1–3 Uhr, je nach der Zahl der Schiffe die passiren wollen, geschlossen ist. Der Besuch lässt sich auch mit dem Ausflug zu den Pyramiden (auf dem Rückweg) verbinden.

Der Weg zu dem Schlosse Gezire führt über die stattliche *Gitterbrücke* neben *Kasr en-Nil* (Pl. 17), der grossen Caserne von Kairo, in welcher sich auch ein Absteigequartier für den Landesfürsten befindet. Die 532 Schritt (ca. 390m) lange Brücke wurde von einem französischen Eisenwerke gebaut, die Eisenträger auf der Landseite montirt und auf die steinernen Pfeiler geschoben. Der Abstand der Pfeiler, die aus Quadersteinen erbaut und mit Hülfe von Caissons und comprimirter Luft fundirt wurden, beträgt 50m. Die Basis der Fundamente ist etwa 14m unter dem tiefsten Wasserstande des Nils. Morgens, allerdings in aller Frühe, drängt sich die Landbevölkerung auf der Brücke zusammen, um hier die auf den Markt zu bringenden Waaren zu versteuern; ein origineller Anblick.

Ist die Brücke überschritten, so wendet man sich rechts, worauf man dicht am Nil einen der nördlichen Punkte des grossen Parkes, der gegenwärtig in der Anlage begriffen ist, erblickt. Derselbe soll sich zwischen Gize und Embâbe ausdehnen, etwa 9 Kilometer lang und 5 Kilometer breit werden. Die Pläne dazu rühren von dem Gartenarchitekten Barillet her († 1874).

Der westliche Nilarm, welcher „Gezire“ zu einer Insel macht, ist gegenwärtig zwar abgesperrt, so dass er bei niederm Wasser sich nur bis kurz oberhalb Embâbe füllt; er hat aber die Bestimmung, später als Ventil zu dienen, d. h. bei sehr hohem Wasser, wenn dem östlichen Ufer bei Kasr en-Nil und der Neustadt Isma'îliya Gefahr droht, geöffnet zu werden. Es wird durch ihn fast ein Drittel der gesammten Nilwassermasse seinen Abfluss erhalten können, denn der Arm von Embâbe ist durch das Terrassement, welches mit dem aus seiner Vertiefung und Verbreiterung gewonnenen Erdreich hergestellt wird (eine Arbeit, welche, im Jahr 1860 begonnen, noch einige Jahre bis zur Vollendung bedarf), zu einem bedeutenden Strombett umgestaltet worden. Die Arbeiten des Terrassements werden mittelst einer kleinen transportabeln Eisenbahn ausgeführt. Die ganze Insel Gezire musste um 1,4m erhöht werden, um sie über den höchsten Wasserstand zu bringen; in früherer Zeit wurde sie oft gänzlich überfluthet, was natürlich jede Art von Gartenanlagen unmöglich machte.

Vom Eingang (Pl. 1) aus durchschreitet man den Vorhof (Pl. 2) nach links und wendet sich (Pl. 3) an den wachhabenden Beamten, meist ein Franzose, der die Führung (kein Trinkgeld) übernimmt. — Das **Schloss**, in seinen äussern Formen einfach gehalten, wurde 1863—1868 mit vielen Unterbrechungen und Umänderungen von dem deutschen Architekten Franz-Bey erbaut. Es beherbergte bei der Eröffnung des Suês-Canals alle als Gäste erschienenen höchsten Herrschaften; jetzt wohnt zeitweise der Chediw mit seiner Familie darin.

Das Mauerwerk wurde von einheimischen Arbeitern hergestellt, die Tischlerarbeit von J. Mannstein in Wien bezogen, Marmorarbeiten von Bonani in Carrara. Die Dekorationen der Wände in den Hauptzimmern der Nordfaçade von C. v. Diebitsch (S. 320) entworfen, alle Seidenstoffe nach von Franz gegebener Zeichnung durch Detrogat in Lyon angefertigt. Die meisten Gussarbeiten aus Lauchhammer bei Dresden. Die Möbel des Nordflügels grössern Theils aus Paris, das übrige von Parvis (S. 254) und aus Berlin.

An der Nordseite das grosse prächtige Entrée (Pl. a) mit Bambusmöbeln (aus Paris); östl. anstossend das Wartezimmer (Pl. b) und der grosse Empfangssaal (Pl. c); dahinter Salon (Pl. d) und Cabinet des Vicekönigs; zu beachten die Onyxcamine mit Spiegel, von welchen jeder 3000 Pf. St. (60,000 Mark) kostete; in dem Cabinet ein schöner Metallschrank. Westl. (r.) vom Entrée grosser (Pl. e) und kleiner Speisesaal, in letzterem arab. Schränke von Parvis (S. 254).

Die beiden übrigen (W. und S.) Flügel, welche die Gartenanlagen umgeben, sind in Appartements von je einem Salon und Schlaf- und Toilettezimmer abgetheilt. — Der obere Stock hat ähnliche Räume, einer davon wurde s. Z. für die Kaiserin Eugenie in blauem capitonirten Atlas ausgeschlagen, ein anderer für die Prinzessin von Wales hergerichtet.

Wir wenden uns nun zur *Grotte*, die, in geringer Entfernung NW. von dem Palais, leicht durch ihre Felsen zu erkennen ist. Im Inneren befindet sich ein schöner Sommersaal. Das Material zu diesem Bauwerk wurde hauptsächlich von den ausgewaschenen Felsen am Meeresufer von Alexandrien genommen; anderes lieferte der versteinerte Wald (S. 348); die Kiesel kamen von der Insel Rhodus im mittelländischen Meer, die Korallen und Muscheln vom rothen Meer.

Pl. 4: Fontaine, den jungen Nil vorstellend, von Bonani ausgeführt. Nördl. davon das Haremsgebäude, zum Theil noch von Mohammed 'Ali herrührend (wird den Fremden nicht gezeigt). Pl. 5: Schöner Ruheplatz, eine Volière mit interessanten Pflanzen umgeben. Pl. 6: Fontaine. — Mitten im Garten der langgestreckte **Kiosk*, wohl das schönste der modernen arabischen Gebäude Aegyptens. Ornamente in der Manier der Alhambra in Eisen gegossen. Der Grundplan ist nicht ganz regelmässig, da einzelne Zimmer eines früher hier stehenden Kiosks benutzt wurden. Die schöne Halle, sowie die Fontaine wurden von der Eisenhütte Lauchhammer gegossen; sie wogen 8000 Centner und kosteten über 2000 Pf. St. Transport, die Halle selbst 8000 Pf. St. ohne Montirung und Dekoration. Die Ostseite des Kioske enthält die Empfangslokalitäten, die Westseite die Privatgemächer des Chediw: Vorzimmer (Pl. f. g), kleiner (Pl. i) und grosser Speisesaal (Pl. k), Rauchzimmer (Pl. h), Silberkammer, Lese-, Ruhe- und Badezimmer.

Die Marmorarbeiten sind ebenfalls von Bonani, die Hauptdekorationen von Diebitsch, andere von Ercoleni, Furcy, Girard und Parvis. Ein römischer Mosaiktisch, Geschenk des Papstes an Mohammed 'Ali. Einige schöne florentinische Mosaiktische. Gussmöbel von Barbedienne in Paris. Die Bronzen für die Beleuchtung sowohl für das Palais wie für den Kiosk wurden meist aus anderen Palais zusammengetragen; daher ist auch wenig Harmonie darin zu finden. Möbel aus Frankreich und England.

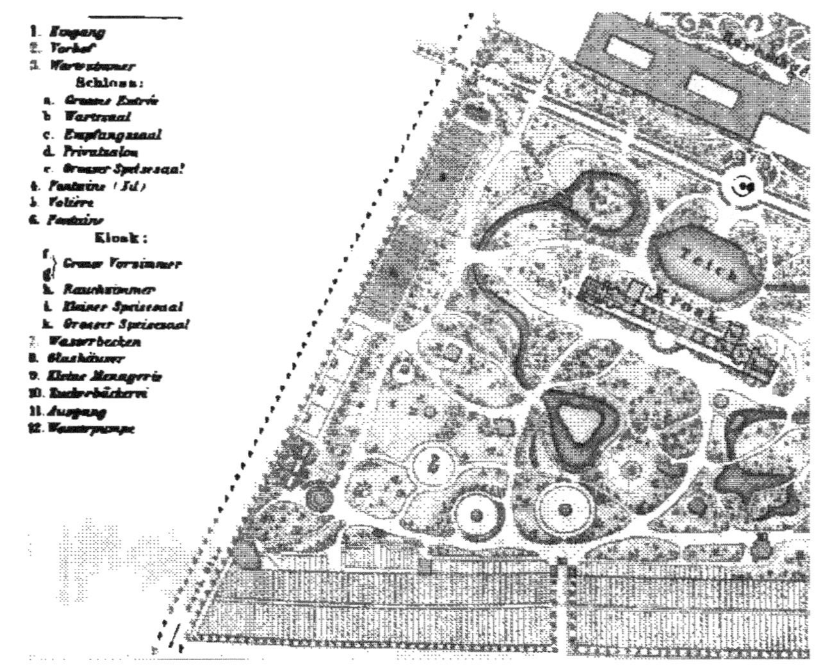
1. Eingang
2. Vorhof
3. Wartezimmer
Schloss:
a. Grosses Entrée
b Wartesaal
c. Empfangssaal
d. Privatsalon
e. Grosser Speisesaal
4. Fontaine (Jd)
5. Volière
6. Fontaine
Kiosk:
f. g. Grosse Vorzimmer
h. Rauchzimmer
i. Kleiner Speisesaal
k. Grosser Speisesaal
7. Wasserbecken
8. Glashäuser
9. Kleine Menagerie
10. Zuckerbäckerei
11. Ausgang
12. Wasserpumpe
Teich
Kiosk

Pl. 8: Glashäuser mit Victoria Regia an der nördl. Spitze. Pl. 9: Kleine Menagerie, mit Thieren aus Centralafrika (nichts besonderes). Pl. 10: Zuckerbäckerei. Pl. 11: Gewöhnlicher Ausgang. Pl. 12: Pumpwerke, welche die Anlagen und die nach Gîze führenden Alleen mit Wasser versorgen. Daselbst eine Eisfabrik.

Die Schubra-Allee.

Eine kleine Stunde nördlich von Kairo liegt am Nil das Dorf *Schubra* mit einem jetzt vernachlässigten, im grossen Massstab angelegten Garten und Kiosk Moḥammed 'Ali's (Erlaubniss zum Eintritt durch Vermittelung des Consulats). Die dahin führende breite ***Schubra-Allee** ist beschattet von prächtigen Sykomoren und Lebbach-Bäumen (S. 89), letztere irrthümlich Nilakazien genannt. Diese Allee ist die Avenue de Boulogne oder der Rotten Row von Kairo. Fast täglich, besonders aber Freitags und Sonntags sucht in späterer Nachmittagsstunde die vornehmere Welt, die christliche wie die mohammedanische zu Wagen oder zu Pferde hier Erholung; auch schön gezäumte Kamele aus den vicekönigl. Ställen sieht man mitunter, und ein lebhaftes Treiben bewegt sich hin und her, an die Corso-Fahrten der europ. Hauptstädte erinnernd, aber durch Mannigfaltigkeit wie sie eben nur der Orient zu bieten vermag, weit interessanter. Die Equipagen der leicht verschleierten Haremsdamen, der Minister, der Consuln und Kaufleute folgen sich in bunter Reihe, daneben sucht rechts und links das edle Grauthier Schritt zu halten. Jenseit des Bahnhofs (Pl. A, 5), wo die Allee beginnt, stehen an beiden Seiten Kaffehäuser; Orangen und andere Erfrischungen werden feil geboten. Dann folgen am Anfang einige Landhäuser, darunter rechts etwas abseits gelegen die schöne *Ciccolanische Villa*, deren Besuch (am besten auf der Rückfahrt) gestattet und lohnend ist; von ihrem Thurme schöner Ueberblick über die Umgebung (Trinkgeld 1 fr.). Links das vicekönigl. Palais *Kasr en-Nuzha*, das zur Aufnahme fremden fürstlichen Besuchs bestimmt ist; Besichtigung nicht gestattet. Halbwegs links eine europ. Restauration.

Am Ende der Allee und nachdem man die ersten Häuser von Schubra passirt hat, biegt man etwas rechts ab und befindet sich am Eingang zum Garten, wo man seine Erlaubnisskarte abgibt. Man lenkt seine Schritte zuerst zum Kiosk (Trinkgeld 1 fr.) und wird nach dessen Besichtigung von einem Gärtner, der jedem Fremden ein Sträusschen pflückt, in den Anlagen umhergeführt (Trinkgeld ebenfalls 1 fr.).

Ḥalîm Pascha, der Sohn Moḥammed 'Ali's, errichtete statt des alten dies neue Gartenschloss, von geringem architektonischen Werthe, aber immerhin sehenswerth als ein Beispiel von prächtiger und wirkungsvoller Gartenarchitectur. Unverändert blieb das nicht unberühmte grosse Bassin mit umlaufenden Balustraden und Gallerien. In den Ecken und Achsen des viereckigen Reservoirs sind kleine Kioske eingeschaltet. Marmorlöwen speien Wasser und in der Mitte des Beckens erhebt sich eine Art von Altan, der auf 24 marmornen wasserspeienden Krokodilen ruht, die daran erinnern, dass man sich am Ufer des Nils befindet. Fussboden, Bassin, Säulen bestehen aus italienischem Marmor, dagegen die oberen Constructionen nur aus Holz und Gyps. Das Ganze wird, wie schon bemerkt, schlecht gehalten. Aus einigen Fenstern schöner Blick auf den Nil. In den ziemlich reich eingerichteten Räumen hängt unter andern Bildern ein mittelmässiges Portrait Moḥammed 'Ali's.

Der *Garten, der einen Flächenraum von 3½ Hectaren einnimmt, ist jüngst von dem Franzosen Barillet (S. 277) seltsamerweise im altfranzösischen Styl zugestutzt worden, mit welchem die tropische Vegetation eigenthümlich contrastirt, aber auch schöne Rosen- und Geranienbeete befinden sich darin. Unter den tropischen Gewächsen, die mit latein. Namen versehen sind, zeichnen sich die indischen Limonensträucher aus; sodann ein mächtiger Lebbachbaum (S. 89). Ein künstl. Hügel gewährt einen guten Ueberblick. Das grosse Gebäude, das man nach Norden hin sieht, ist zu einem vicekönigl. Zucht- und Marstall bestimmt.

Heliopolis.

Der Besuch des 8 Kilom. NO. von Kairo gelegenen Dorfes *Maṭarîye* mit dem Marienbaum und dem Obelisken von Heliopolis bietet ebenfalls eine angenehme Spazierfahrt. Von der Stadt ¾ St. bis zum Palais Ḳubbe, von hier nach Maṭarîye ½ St., dann bis zum Obelisk ¼ St., im Ganzen also 1½ St. zu Wagen; zu Esel mehr.

Man folgt dem von der Ezbekîye zum Bahnhof oder nach Schubra (S. 339) führenden *Boulevard Clot Bey*, biegt bei dem *Rond-Point de Faghalla* (l. der neue stattliche Sebil der Mutter des Chediw. Pl. 93) rechts ab, lässt das neue Wachthaus links und folgt nun der *Route de l'Abbasieh*, die nach einer kurzen Strecke sich etwas links wendet. Noch bis vor wenigen Jahren lagen r. und l. von diesem Wege hohe Schutthügel, die nun nivellirt und zu Bauplätzen hergerichtet sind; auch die Lebbach-Akazie (S. 89) wird bald den nöthigen Schatten auf der Fahrt gewähren. Gleich nachdem man den Chalîg (Stadtcanal) überschritten hat, umzieht die 'Abbâsîye-Strasse ein grosses Gebäude-Viereck, die alte Moschee *eẓ-Ẓâhir* (Pl. 71), zur Zeit der Franzosen *Fort Sulkowsky* genannt, dann verlassen, später Regierungsbäckerei, jetzt Wachtposten. Einige Schritt hinter diesem Gebäude gelangen wir zum (r.) *Bâb Ḥuseinîye*, durch welches man, ehe die neue Strasse angelegt war, zur 'Abbâsîye hinausritt (zu Esel mag man diese abkürzende Richtung beibehalten). Von diesem Thore ab führt die Chaussee in NO. Richtung am Rande der Wüste hin. Gleich am Anfang links das Schlachthaus; der Weg rechts geht zu den Pumpwerken der Wassercompagnie.

Nach wenigen Minuten theilt sich unsere Strasse nochmals; die Abzweigung rechts, die alte Suês-Strasse, führt zu einem vicekönigl. Schlosse am Fusse des *Gebel el-Aḥmar* (S. 345); ersteres ist ohne Interesse, die Besteigung des letzteren dagegen lohnend.

Die linke (unsere) Abzweigung der 'Abbâsîye-Strasse führt direct in die eigentliche '**Abbâsîye**; rechts am Wege ein neuer öffentlicher Brunnen, links eine alte Grabmoschee und das „europäische Hospital". Die 'Abbâsîye ist ein Häuser- u. Hüttencomplex, von 'Abbâs Pascha 1849 gegründet. Ein früherer grosser Palast hat Casernenbauten neuester Construction weichen müssen; ausserdem sind hier zahlreiche frühere Casernen und das Militärschulgebäude nebst Turnplatz. Nahe der letzten Caserne links ein Palais der Mutter des Chediw, etwas weiter, ebenfalls links, das meteorologische und astronomische Observatorium. Am Ende der zur 'Abbâsîye gehörigen Häuser beginnen die neuen, der Wüste abgerungenen Gärten, durch welche die Strasse über zwei Eisenbahnen hinweg erst nach dem Dorfe *Kubbe* (l.) und von da durch prächtige Frucht- und Weingärten und unter schattigen Akazien an zahlreichen Sâkiyen vorbei zu dem *Palais Taufîk Pascha* (des Erbprinzen) führt. Die Weingärten, von Ibrâhîm Pascha, Vater des Chedîw, angelegt und durch Fontainebleau-Sorten veredelt, sind berühmt. Die Besitzung war früher Eigenthum des verstorbenen Muṣṭafa Fazyl-Pascha, Bruders des Chediw; das jetzige Palais mit allen Appartements ist dagegen ganz neu von Taufîk Pascha erbaut. Vom Wege aus bemerkt man rechts in der Wüste auf $^1/_4$ St. Entfernung den *Rennplatz*, auf welchem alljährlich im Januar die Rennen abgehalten werden.

Kurz vor Taufîk Pascha's Palais biegt die Strasse links um die zum Palais gehörige Gartenbesitzung herum, tritt in eine Olivenpflanzung und führt in gerader Richtung auf Maṭarîye zu. Zweimal wurde in dieser Ebene gekämpft. 1517 machte die Schlacht von Heliopolis Selîm und die Türken zu Herren von Aegypten (S. 119); am 20. März 1800 gelang es hier unter Kléber 10,000 Franzosen 60,000 Orientalen zu schlagen und in rascher Benutzung dieses Sieges, wenn auch für nur kurze Zeit, Kairo zurückzuerobern.

Bei dem Dorfe **Maṭarîye** befinden sich als Sehenswürdigkeiten der sogenannte Marienbaum und -Brunnen und der Obelisk von Heliopolis. Der *Marienbaum* (im Garten rechts vom Wege) ist eine Sykomore mit ganz zerfressenem, zerspaltenen und zerkritzelten Stamm (jetzt mit einem Gitter umgeben), dessen Krone noch leidlich erhalten ist. Die Legende berichtet, dass die heilige Jungfrau auf der Flucht nach Aegypten mit dem Jesuskindlein in seinem Schatten geruht habe, oder auch die verfolgte Maria habe sich mit dem Säugling in der Höhlung des gespaltenen Baumes verborgen und eine Spinne die Oeffnung so fest umwoben, dass kein Auge die Fliehende zu erspähen vermochte. Der jetzige Baum ist erst nach 1672 gepflanzt worden, nachdem sein Vorgänger 1665 abgestorben war. In der Zeit der Inauguration des Suêscanals schenkte ihn der Chedîw der Kaiserin Eugenie. — Der Garten wird getränkt durch eine doppelte Sâḳîye, die das Wasser einem flachen Quellenreservoir entnimmt. Während alle ähnlichen durch Bodenfiltrirung aus dem Nil gespeisten Brunnen salzig zu sein pflegen, bietet dieser einen recht angenehmen Trunk. Er wird schon früh „Wasser von An“ genannt und die Kopten verweben auch dieses in die mitgetheilte Legende. (Die Araber nannten Heliopolis „'Ain Schems“, was gewöhnlich auf diese Quelle bezogen worden ist, aber doch wohl mit „Sonnenauge“ übersetzt werden muss.) Nicht weniger interessant als die Legende ist die Thatsache, dass ehemals in dieser Gegend die berühmte Balsamstaude gedieh, aus welcher der Balsam gewonnen wurde und mit der die Königin von Saba Salomon beschenkt haben soll. Jetzt hat sich diese Pflanze bis nach Yemen zurückgezogen und nur noch von dort kommt der Balsam in den Handel. Unter Kleopatra sollen neue Anpflanzungen stattgefunden haben. Neuerdings, d. h. in den dreissiger Jahren wurden hier die ersten Versuche mit der Baumwollenstaude (S. 82), die jetzt von so grosser Wichtigkeit für ganz Aegypten geworden ist, gemacht. Im April gibt es hier eine Menge Wachteln (S. 95).

15 Min. hinter dem Garten liegen die Trümmer der altberühmten Sonnenstadt **Heliopolis**, von welchen indess wenig mehr als ein Obelisk und Umfassungsmauern übrig geblieben sind. Die Sonnenstadt (Ἡλιούπολις) wurde von den Aegyptern Wohnung oder Sitz des Ra (Helios) oder Wohnung des Tum (Abendsonne etc., S. 141) oder Haus des Phönix (Bennu) oder *An* genannt, welcher letztere, der vulgäre Name des Orts, von den Hebräern in der Form *„On“* mehrfach in den biblischen Büchern genannt wird. So heisst es schon in der Genesis, dass der Pharao dem Joseph die Tochter eines heliopolitanischen Priesters Potiphera (d. h. der dem Ra geweihte), Namens Asnath, zur Gattin gab. On gehörte noch mit zu Gosen und die Denkmäler lehren, dass es auch nach dem Auszuge von einer ziemlich grossen Anzahl von Semiten bewohnt ward.

In dem Sonnentempel des Ra (Tum-Harmachis, S. 141), dem vornehmsten und ältesten Heiligthume ausser dem des memphitischen Ptah, wurden von den frühesten Zeiten an glänzende Culte dem hohen Kreise der mit dem Sonnendienste zusammenhängenden Gottheiten gefeiert, besonders dem Tum und Ra-Harmachis, mit seinem Begleiter Toth, dem Schu und der Tefnut, den Kindern des Tum, Osiris als Seele des Ra (der Uralte von Heliopolis genannt) und neben ihm dem Horus und der Isis, letzterer vornehmlich als der hier besonders hoch verehrten Isis-Hathor, der Venus Urania, die auch Isis von An genannt wird. Der Mnevisstier, dem man schwarze Kühe hielt, ward hier verehrt und eignete dem Ra, wie der memphitische Apis, welcher übrigens vor seiner Einführung in sein Heiligthum in der Pyramidenstadt eine Zeit lang in Heliopolis zu verweilen hatte, dem Ptah angehörte. Die Löwen, welche hier gehalten wurden, bezichen sich vielleicht auf die als Löwen dargestellten Geschwister Schu und Tefnut, vielleicht wegen ihres leuchtenden Felles und der ihnen innewohnenden Wuth auf das glänzende und glühende Tagesgestirn. Näheres über den hier verehrten *Phönix*, den Vogel des

Ra, der seine Asche nach Heliopolis bringt, S. 142. Auch Katzen und eine weisse Sau wurden hier heilig gehalten.

Die Gründung des Tempels geht in die früheste Zeit zurück. Hier in der „grossen Halle“ wurden die Wunden des Horus (S. 146) geheilt, welche er in dem Kampfe gegen Seth Typhon davon getragen hatte. Der erste König der XII. Dynastie Amenemha I. musste das Heiligthum des Tum restauriren und legte den Grundstein zu dem Sonnentempel, vor welchem sein Sohn Usertesen den heute noch stehenden Obelisken errichtete.

Welche ungeheuren Mittel diesem Heiligthume zu Gebote standen, zeigt unter andern die im Pap. Harris zu London erhaltene Liste der Geschenke, welche der einzige Ramses III. ihm verehrte. An höchsten, höheren und niederen Beamten, Wächtern, Dienern etc. werden allein 12,913 erwähnt. Da jeder Pharao für eine menschliche Erscheinungsform des Ra gehalten wurde, so war es natürlich, dass er die vorzüglichste Cultusstätte des Sonnengottes mit besonderen Gaben bedachte und mit Stolz unter seine Titel denjenigen eines „Herrn von Heliopolis“ aufnahm. Dem Lichte des Wissens war hier die berühmteste Schule geöffnet, mit deren Lehrern Herodot verkehrte, während zur Zeit des Strabo (geb. 60 v. Chr.) wohl noch die Häuser der priesterlichen Gelehrten dastanden, der berühmte Lehrkörper aber sich aufgelöst hatte. Man zeigte dem grossen Geographen die Quartiere, in denen Plato und Eudoxos 13 (oder 3?) Jahre gewohnt hatten, „denn“, so sagt er von den Professoren an dieser Hochschule: „denn diese in Kenntniss himmlischer Dinge vorzüglich unterrichteten, aber geheimnissvollen und jeder Mittheilung abgeneigten Menschen konnten sie nur durch Zeit und Gefälligkeiten dahin bringen, ihnen einige ihrer Lehren mitzutheilen; die meisten hielten diese Barbaren dennoch geheim“. — Es ist selbstverständlich, dass dem Sonnengotte und seinem Tempel Obelisken, die Symbole der Sonnenstrahlen, gewidmet werden mussten, und es heisst denn auch von Heliopolis, dass es „voll gewesen sei von Obelisken“ (s. S. 237).

Der heute noch aufrechtstehende *O b e l i s k besteht aus rothem Granit von Syene (Assuân) und hat eine Höhe von 20,27 m. Er ist mit Ausnahme eines kleinen von Lepsius in der Nekropolis von Memphis gefundenen der älteste von allen in Aegypten vorhandenen, denn sein Begründer ist Usertesen mit dem Vornamen Ra-Cheper-ka, d. i. der zweite König der XII. Dynastie. Der mit ihm zugleich aufgerichtete Obelisk (alle Obelisken standen paarweise) ist, wie el-Gizri berichtet, erst im Jahre 656 n. Chr. gestürzt. Alle vier Seiten sind mit je einer Inschriftenreihe in dem einfachen und grossen Styl des alten Reiches versehen; 2 Seiten unlesbar wegen der Bienen, deren Zellen die tief in den Stein geschnittenen Hieroglyphen ausfüllen. Das Pyramidion auf der Spitze war noch spät mit Metall bekleidet. Der Boden, auf dem er steht, hat sich so bedeutend durch Ablagerungen des Schlamms erhoben, dass der Obelisk jetzt tief in der Erde steckt. Die auf allen Seiten gleichen Inscriptionen sagen, der König von Ober- und Unteraegypten, der Herr der Diademe und Sohn der Sonne Usertesen I. (Ra-Cheper-ka), den die (göttlichen) Geister von An (Heliopolis) lieben etc. habe am ersten Tage des eine dreissigjährige Zeitperiode abschliessenden Setfestes den Obelisken gestiftet. Kambyses wird mit Unrecht der Zerstörer von Heliopolis genannt, das noch in späterer mohammedanischer Zeit des Sehenswerthen Vieles enthielt. Makrizi nennt es eine kleine Stadt, deren Trümmer verriethen, dass es einst ein Götzentempel gewesen sei. „Darin befinden sich“, so sagt er, „die schrecklichen, grossen Götzenbilder aus behauenem Stein; jedes Bildes Länge ist 30 Ellen und die Glieder im Verhältniss. Jeder Götze steht auf einem Postamente und einige sitzen auf wunderbaren und wohl gemessenen Untersätzen. Auf diesen Steinen sind meist Bilder in Menschen- und Thiergestalt und viel Schrift in verborgener Sprache; und kaum sieht man einen Stein ohne Schrift oder Sculptur oder Bild. In dieser Stadt sind auch die beiden berühmten Obelisken, genannt die Obelisken des Pharao; auf ihnen sind gleichfalls Inschriften in jener Sprache.“

Von einer weiteren Fahrt nach dem Dorfe *el-Merg* (einige Trümmer aus der 18. Dyn.) und dem am Rande der Wüste gelegenen, einst blühenden, nun ganz verfallenen *Chânkâh* ($2^1/_2$ St. von Matariye) ist abzurathen, wenn man nicht bei den Teichen in der Nähe von Chânkâh Enten oder Schnepfen zu jagen gedenkt.

Der **Birket el-Hagg** oder Pilgersee (7 Kilom. östl. von Matariye) lohnt nur einen Besuch, wenn sich dort in der letzten Hälfte des Mondmonats Schawwâl beim sogenannten Mahmalfeste (S. 255) die grosse Karawane versammelt, welche die neue Kiswe oder Decke für die Ka'ba nach Mekka begleitet. Doch kann man sich dieses Vergnügen bequemer in der 'Abbâsiye selbst verschaffen, wo auf dem Platze links und rechts von der Strasse, ehe sie an die Theilungsstelle gelangt, zur Zeit des Abganges und der Ankunft des Teppichs zahlreiche Zelte aufgepflanzt sind und Festlichkeiten veranstaltet werden.

Die Mokattam-Höhen.

Die ***Mokattam-Höhen** auch als Abschluss der Partie zum versteinerten Walde (S. 346) zu Esel zu besuchen, sollte zur Zeit des Sonnenuntergangs oder des Morgens zwischen 8—9 Uhr nicht versäumt werden; doch können sich bequemere Reisende mit dem Ersteigen der Windmühlenhügel (S. 306) am Ende der Muski oder mit dem Besuch der Citadelle (S. 281) begnügen.

Man gelangt zum Mokattam oder *Gebel Giyûschi*, wie der im Osten von Kairo gelegene Gebirgszug nach der von allen Seiten sichtbaren alten Moschee auf der Höhe genannt wird, sowohl von den Chalifengräbern als von der Citadelle aus. Am besten wählt man für den Hinweg die erstere und für den Rückweg die letztere Richtung. Der Ausflug nimmt ca. 3 St. in Anspruch.

Man reitet durch die Chalifengräber und jenseit des Eisenbahndamms auf den dunkeln Felsvorsprung zu; dann diesen rechts lassend und ansteigend, an der SO.-Seite des grossen rechts liegenden Steinbruchs entlang, indem man sich immer etwas rechts hält; ein leidlicher Weg ist vorhanden. Nach $^3/_4$ St. erreicht man ein grosses Plateau, an dessen W. Rande die zerfallene *Moschee Giyûschi* steht.

Die **Aussicht und das Farbenspiel, das sich hier bei Eintritt der Abenddämmerung bietet, ist prächtig; über den tausend Minareten der Stadt schwebt ein zarter, rosiger Hauch, der auch die malerischen Gebäudemassen der Citadelle umfängt. Der grossartigste von allen Wüstenfriedhöfen mit seinen zahlreichen Mausoleen bildet einen grandiosen Vordergrund, der alte Nil, von lateinischen Segeln bedeckt, fliesst unter uns in stiller Majestät und im Westen, vergoldet und geröthet von der scheidenden Sonne erheben sich am Rande des unermesslichen Sandmeers die ehrwürdigen Riesenbauten der Pyramiden. Zu unsern Füssen die Citadelle mit der Moḥammed 'Ali Moschee, l. die alte Wasserleitung, die Kuppeln von Imâm Schafe'i (S. 336); auf einem Felsvorsprung die malerischen Trümmer verschiedener Grabmoscheen, die vom Nilthal aus, wegen der gleichen Farbe mit dem Felsen, leicht unbemerkt bleiben.

Der Moḳaṭṭam und die angrenzenden Berge des Nilthals gehören zu dem grossen Zuge des Nummulitengebirges, das sich vom westl. Nordafrika über Aegypten und Indien bis nach China hinüberzieht. Dieses Nummulitengebirge gehört zu den ältesten Ablagerungen der Tertiärzeit (zum Eocän) und folgt gleich auf die Kreide. Ausgezeichnet ist dasselbe durch seinen grossen Reichthum an Versteinerungen, deren Hauptmasse Milliarden von Nummuliten (Kammerschnecken), grossen Rhizopoden aus der Polythalamica-Gruppe bilden. Die grösseren Arten erreichen den Durchmesser eines Markstücks, die kleineren den einer Linse. Beim Aufschlagen des scheibenförmigen Kalkgehäuses zeigt sich ein zierliches Kammermark. Viele natürliche Präparate derselben (in der Mitte halbirt) findet man auf den Pyramiden, deren Gesteinsmasse grossentheils aus Nummulitenkalk besteht. Schon die Griechen haben diese auffallenden Bildungen bemerkt und Herodot spricht von den kleinsten Sorten als von versteinerten Linsen, von den Linsenmahlzeiten der alten Aegypter herrührend (vgl. S. 350).

Die am ganzen Bergabhange eröffneten Steinbrüche und die oberen Seitenthäler des Moḳaṭṭams bieten ausserdem reiche Ausbeute an Seeigeln (Clypeaster, Cidaris, Echinolampas etc.), an Austernarten, an Cerithium, Ovula, Strombus, Nerina, Turritella, Nautilus, an Bivalven, Haifischzähnen, Halicoreknochen. Ebenso finden sich schöne Krystalle von Marienglas und von Strontian, in welches letztere Mineral die Schalen der Schnecken meist übergegangen sind.

An dem nördl. Ende des Plateau's ein altes türkisches Fort, von dem ein Brückenweg, dessen Betreten dem Fremden verboten ist, zur Citadelle hinabführt. Auf dem östl. höheren Rücken des Moḳaṭṭams r. neben dem höchsten Gipfel eine Signalstange, von den Engländern 1875 bei der Beobachtung des Venusdurchganges errichtet. An dem südl. (r.) Ende dieser Höhen mündet der Weg zu dem kleinen versteinerten Wald, der von hier aus in ca. $^{3}/_{4}$ St. zu erreichen ist.

Auf dem Rückweg halte man sich etwas rechts, nicht links, da man sonst an die hohen senkrechten Abhänge des oben genannten Steinbruchs kommt. Um über die Citadelle zur Stadt hinab zu reiten, wendet man sich nach $^{1}/_{4}$ St. bei alten Grabhöhlen links, passirt eine neue Brücke, die über die tief in den Felsen gebrochene Eisenbahn führt, und betritt die Citadelle an unsaubern Cantinen vorbei durch das *Bâb el-Gebel*; hier gleich rechts gelangt man an (l.) den Josephsbrunnen (S. 283) vorbei auf den breiten Fahrweg, der zur Stadt führt.

Der **Gebel el-Aḥmar** oder *Rothe Berg*, n. ö. vom Gebel Giyûschi (S. 344) gelegen (am zweckmässigsten von der 'Abbâsîye, S. 341, zu Esel zu besuchen) und durch seine ebenfalls aus Kalkstein bestehende Unterlage mit diesem zusammenhängend, besteht aus miocänem, der Schweizer Molasse ähnlichen Conglomerat von Sand, Rollkieseln und versteinerten Holzresten, durch Kieselsäure zusammengekittet und durch Eisenoxyd roth oder gelbbraun gefärbt. Die Härte dieses Steines ist sehr gross. Nach Fraas sollen die beiden Colossstatuen in Theben aus dem Material des rothen Berges gearbeitet sein. Wie vor vielen Jahrhunderten, so wird auch gegenwärtig der rothe Berg als Steinbruch für sehr feste und brauchbare Mühlsteine benutzt, auch alles Material zum Bau der Macadamstrassen in Kairo und Alexandrien kommt von seinen enormen Schutthalden. Aehnliche Miocänformen, welche einer Eruption kieselsaurer heisser Quellen ihre Entstehung verdanken, befinden sich südöstlich vom Gebel el-Ahmar gegen den grossen versteinerten Wald hin und sogar in einem Seitenthale des Gebel Giyûschi. Gegenwärtig umzieht eine Eisenbahn den ganzen rothen Berg vollständig behufs Ausbeutung desselben sowie seiner Kalksteinunterlage. Fraas und Unger fanden vereinzelt Süsswasserkonchylien versteinert im Gebel el-Ahmar.

Sowie der rothe Berg seine Entstehung ohne allen Zweifel dem Ausbruch kieselsaurer Quellen verdankt, die den unten liegenden tertiären Kalkfelsen durchdrangen, so lässt sich die Existenz eines Schlammvulkans 4—5 Stunden nördlich bei *Abu Za'bel* hinter Chânkâh nachweisen. Daselbst steht östlich von Abu Za'bel, am Rande der sehr flach ansteigenden sandigen Wüste ein schwarzer Fels zu Tage, basaltischer Tuff. Zur Bildung der bekannten Krystallisationsform des Basaltes ist es nicht gekommen, die Masse ist amorph und gleicht vollkommen den schwarzen Blöcken, die dem Besucher der Pyramiden von Gize vor der östl. Seite der grossen Pyramide auffallen. Da Spuren von uralter Bearbeitung bei Abu Za'bel sichtbar sind, so dürfte es nicht unmöglich sein, dass jene Stücke von dorther stammen.

Mosesquelle und versteinerter Wald.

Seit den Zeiten der napoleonischen Expedition ist der „versteinerte Wald bei Kairo", wie man diese Stelle des *Gebel Chaschab* benannt hat, zu einem Wunder Aegyptens geworden, zu dem jeder Fremde zu pilgern pflegt. Man unterscheidet einen grossen und einen kleinen Gebel Chaschâb (unter diesem Namen ist der versteinerte Wald den Eingebornen bekannt); der Besuch des ersteren ist für Naturforscher allerdings äusserst interessant. Indessen mag sich der gewöhnliche Reisende mit dem des letzteren begnügen; derselbe lässt sich zu Esel (Wagen müssen Vorspann haben und bleiben trotzdem häufig im Sande stecken) an einem Morgen oder Nachmittag ausführen (1½ St. bis zu den ersten Stämmen).

Einige Tropfen salzigbitteren Wassers, welche in einem Spalt eines Seitenthales des Mokattam ausschwitzen, führen sehr mit Unrecht den Namen *Mosesquelle*, *'Ain Mûsa*; Moses hat nichts mit diesem Wasser zu thun gehabt. Immerhin ist der mit dem Besuch des kleinen versteinerten Waldes zu verbindende Abstecher in das enge Felsenthal lohnend (vom Thaleingang eine kleine ½ St.).

Zu der Excursion nach der Mosesquelle und dem kleinen versteinerten Wald braucht man keinen besonderen Führer; jeder Eseljunge kennt diese Orte. Dagegen wird der grosse versteinerte Wald beim Bir el-Faḥme so selten besucht und die Eseljungen haben so wenig Ortserinnerung, dass es dem Reisenden schwer werden wird, sich ohne die Führung eines gut instruirten Dragoman dahin zu finden.

Vom Bâb en-Naṣr aus (S. 299, Pl. B, 2) wendet man sich rechts zu den Chalifengräbern, reitet dicht an der Grabmoschee Sulṭân Barḳûḳ (S. 301) vorbei und betritt zwischen dem Moḳaṭṭam und der Kalksteinunterlage des rothen Berges (S. 345) über eine als eine einzige Felsbank erscheinende erhöhte Schwelle in östlicher Richtung das erste Wüstenthal, in welches die östlichen Ausläufer des Moḳaṭṭam sich abflachen. Bei einem wenig tiefen Steinbruch wendet sich der deutlich erkennbare Wüstenweg südlich, in der Mitte des Thales. Nach einem viertelstündigen Ritt, während dessen man einen dem rothen Berge ähnlichen Hügel von rothem und schwarzen Sandstein zur Linken hat, der isolirt aus der Wüste aufsteigt, durchschneidet man einen vertieften Wasserlauf (ohne Wasser). Hier scheiden sich die Wege; der rechts führt zur Mosesquelle und dem kleinen versteinerten Walde (s. unten), der andere links zum grossen versteinerten Walde und dem Bir el-Faḥme (S. 349).

Den ersteren Weg (r.) weiter verfolgend bemerkt man einen gelben Hügel am Fusse der Moḳaṭṭam-Ausläufer; derselbe ist in $^1/_4$ St. erreicht und an ihm öffnet sich das enge $^1/_2$ St. lange gewundene Thal, durch das der Weg über grosse Steinblöcke und Geröll hinanführt. Das Ende der Schlucht ist durch eine hohe und steile, Schatten bietende Felswand amphitheatralisch abgeschlossen. Vor ihr ein Feigenbaum, von den Steinbrechern zum Schutze gegen Wind mit einem Steinwall umgeben; in der rechten etwas erhöhten Ecke der Schlucht die Spalte, welche den euphemistischen Namen „**Mosesquelle**“ führt. Zahlreiche Wüstenpflanzen und Versteinerungen lohnen den Besuch der Schlucht.

Um zum kleinen versteinerten Walde zu gelangen, muss man an den Ausgang der Schlucht und an den Fuss des erwähnten Hügels zurück, wendet sich dann rechts, in südl. Richtung im Thale hart an den hier steileren Abfällen des Moḳaṭṭam entlang, passirt eine wie schwarz glasirt aussehende Felsenecke, dann einen viereckigen Einschnitt in die Felswand, hat gleich darauf einige sanft aufsteigende, aus Kalk, Mergel und Austernbänken bestehende Hügel vor sich, wendet sich etwas rechts zwischen ihnen hinauf und bemerkt an den auf dem Plateau beginnenden umhergestreuten Stücken versteinerten Holzes, dass man am **Gebel Chaschab**, dem *kleinen versteinerten Walde* angekommen ist. Je weiter man auf diesem Plateau südlich vordringt, um so zahlreicher werden die Stämme, erreichen aber nicht die Länge und Stärke derer am Bir el-Faḥme (S. 349). Die Holzart, welcher fast alle diese Stämme und Stücke angehört haben, wurde von Unger bestimmt und Nicolia aegyptiaca genannt; der Baum stand seiner mikroskopisch untersuchten Zellenanlage nach der Baumwollenstaude am nächsten und war keine Palmenart. Man bemerkt noch Astansätze an ihm, aber keine Wurzeln noch Zweige. Ob die Bäume hier einst wirklich gestanden haben oder ob sie wie Treibholz angeschwommt im Sande eingebettet wurden und versteinerten, darüber sind die Gelehrten nicht einig. Fraas vergleicht (s. unten) dieses Vorkommen mit den Braunkohlengruben aus der Miocänzeit, und erklärt die Verkieselung, welche hier an Stelle der Kohlenbildung trat, einfach aus dem Kieselreichthum des Sandsteins, in welchem die Stämme als in ihrem Flötze liegen, und den klimatischen Verschiedenheiten Aegyptens, welche zu jener Epoche, nach allen Analogien, schon keine wesentlich anderen gewesen sind, als die der Jetztzeit.

„Zahlreiche gewaltige Stämme eines Balsambaumes liegen die Kreuz und die Quer im Sand, beziehungsweise in dem Liegenden des miocaenen Sandsteingebirges. Der anatomische Charakter dieses Holzes ist folgender: Jahresringe fehlen, das Holz aus Prosenchym- und Parenchymzellen in mannigfacher Vertheilung, diese dick- und dünnwandig. Getüpfelte Gefässe zerstreut, mit Zellen erfüllt, einzeln oder zu mehreren vereint, kurzgliederig. Die Tüpfeln behoft, an allen Wänden gleich, oder an den äusseren Wänden ohne Höfe, Markstrahlen verlängert aus 1—4 nebeneinanderliegenden Parenchymzellen. Die Vergleichung mit lebenden Hölzern zeigt, dass die Gefässe von Sterculea- und Astra-paea-Arten ebenso gruppirt sind, und hält es Unger nicht für zu gewagt, das Holz der Nicolia als einer Büttneriacee oder Sterculiacee angehörig zu betrachten. Diese Nicolienstämme liegen nun nicht etwa zu Dutzenden, oder gar zu Hunderten, sondern vielmehr in Wahrheit zu Tausenden in der Wüste Chaschab zu Tage. Wo der Sandstein verwitterte und im Laufe der Zeiten das Material für den Wüstensand abgab, da witterten zugleich aus den Sandbänken, darin sie als in ihrem Flötze lagen, die verkieselten Stämme heraus und decken über 2—3 Meilen bis im „kleinen", noch weit mehr aber im „grossen" Chaschab die Oberfläche." „Für Reisende, denen der Anblick von Kohlenflötzen unbekannt ist, sind das überraschende Thatsachen, über welche die abenteuerlichsten Phantasien schon niedergeschrieben worden sind. Der Geognost sieht darin nichts anderes, als was ihm jede Kohlengrube aus der Miocänzeit bietet, mit dem einzigen Unterschied, dass sich unter den Wassern Deutschlands Kohlenstoff und Pflanzenfaser erhielt, während unter dem Einfluss des kieseligen Sandsteins im Mokattam die Holzfaser sich in Kieselsäure verwandelte. Die climatischen Veränderungen aber, welche seit der Zeit der Miocaene mit den Nilländern vor sich gingen, sind offenbar keine anderen, als die auch innerhalb Deutschlands sich bemerklich machen, wo Balsampappeln und Cypressen vorherrschend das Material für die deutsche Braunkohle lieferten." Fraas.

Geht man auf dem Plateau des versteinerten Waldes noch 20 Minuten südlich, so befindet man sich plötzlich am südl. Absturz des Mokaṭṭam, an welchem an einer mit Flugsand verwehten Stelle ein Einschnitt an tafelförmig ausgewaschenen Kalkmergelbänken vorbei in das „Thal der Verirrungen" *Wâdi et-Tîh* hinabführt. Am südlichen Horizont das Gebirge von Ṭurra (S. 419), markirt durch die alte Befestigung auf seinem rechten Ausläufer und durch zwei Bergkuppen gerade vor dem Reisenden, deren linke sargähnlich, die rechts daneben halbkugelförmig ist. Ueberschreitet man in dieser Richtung, also südlich, die Sohle des Thales, so bemerkt man an dem Ṭurragebirge den Eingang in ein enges, von hohen steilen Wänden eingefasstes Wüstenthal. Dasselbe geht Stunden weit in verschiedenen Krümmungen weiter, communicirt mit den bei Heluân am Gebel Hoff beginnenden Wüstenschluchten und ist sehr reich an Wüstenvegetation.

Den Rückweg vom kleinen versteinerten Wald kann man durch das Thal der Verirrungen, den südlichen und westlichen Abhängen des Moḳaṭṭam folgend über die Mamlukengräber nehmen und über den Platz Moḥammed ʿAli unterhalb der Citadelle die Stadt betreten. — Lohnend ist auch der Rückweg über die Höhen des Moḳaṭṭams, derselbe mündet auf dem Giyûschi (S. 344) genannten Bergvorsprung. Von hier zur Stadt s. S. 345.

Der Besuch des **grossen versteinerten Waldes** bei Bir el-Faḥme (4 St. östl. von Kairo, $2^1/_2$ St. vom kleinen versteinerten Wald) erfordert einen ganzen Tag, ist ermüdend (Morgens auf dem Hinweg und Nachmittags auf dem Rückweg hat man stets die Sonne im Gesicht) und nur lohnend als „Wüstentour“ oder für den Geologen vom Fach. Der Weg dahin ist, wie bereits bemerkt (S. 347), nicht leicht zu finden; am besten wird man noch an das Ziel gelangen, wenn man das Wâdi et-Tîh (S. 348) als Ausgang nimmt (vergl. Karte S. 325 u. 336).

Man verlässt Kairo durch das *Bâb el-Kabusse* (Pl. G, 3), passirt die Mamlukengräber und wendet sich, das Dorf Basâtîn rechts lassend, bei dem Judenkirchhof links bergan. Auf der Höhe im Wâdi et-Tîh angekommen (rechts entfernt der Eingang des S. 348 genannten engen Felsenthales), muss man dasselbe noch $1^1/_4$—$1^1/_2$ St. lang in östlicher Richtung verfolgen. Dann hat man zur Linken an den $^1/_2$ St. entfernten sanften Wüstenabhängen mehrere Hügel von rother Färbung und einen letzten von gelber vor sich. Man schlägt die Richtung auf letzteren ein und findet an seinem östlichen Absturze die Halden des **Bir el-Faḥme** („Kohlenbrunnen“) und einige Mauerreste, aus der Zeit (1840) herrührend, als Moḥammed ʿAli hier nach Kohlen suchen liess. Der Schacht soll 600 Fuss tief sein und 200 Fuss unter dem Niveau des Nil sein Ende erreicht haben. Kohlen fand man keine. Die Anhöhen der Wüste n., nordw. und westl. vom Bir el-Faḥme sind mit Trümmern und Baumstämmen versteinerten Holzes wie übersäet. Einzelne Stämme haben, soweit man sie, ohne den Sand zu entfernen, abmessen kann, 20 bis 30m Länge bei 1m Dicke am untersten Ende. Sie sind meist wie polirt, glänzend braun und schwarz, oft Chalcedon einschliessend.

Ein vom Bir el-Faḥme in n. Richtung nur $^1/_2$ St. entfernter Sandhügel, bis an dessen Fuss sich der steinerne Wald ausdehnt, mag zur Orientirung bestiegen werden. Gegen NW. hin der Moḳaṭṭam, der rothe Berg (S. 345), die ʿAbbâsîye und die Nilaue. Den Rückweg kann man in dieser Richtung, sich nördl. der Moḳaṭṭam-Höhen haltend (vgl. Karte S. 336), einem flachen Wüstenthale folgend, ohne zu fehlen, einschlagen. Dagegen empfiehlt es sich nicht, auf diesem Wege von Kairo aus den grossen versteinerten Wald ohne sehr kundigen Führer aufzusuchen, weil das

Ziel nicht von Weitem her sichtbar ist und der Weg von der Mosesquelle an, welcher gegenüber er in das Thal zwischen Mokaṭṭam und Gebel el-Aḥmar einmündet, keine besonderen Merkzeichen bietet.

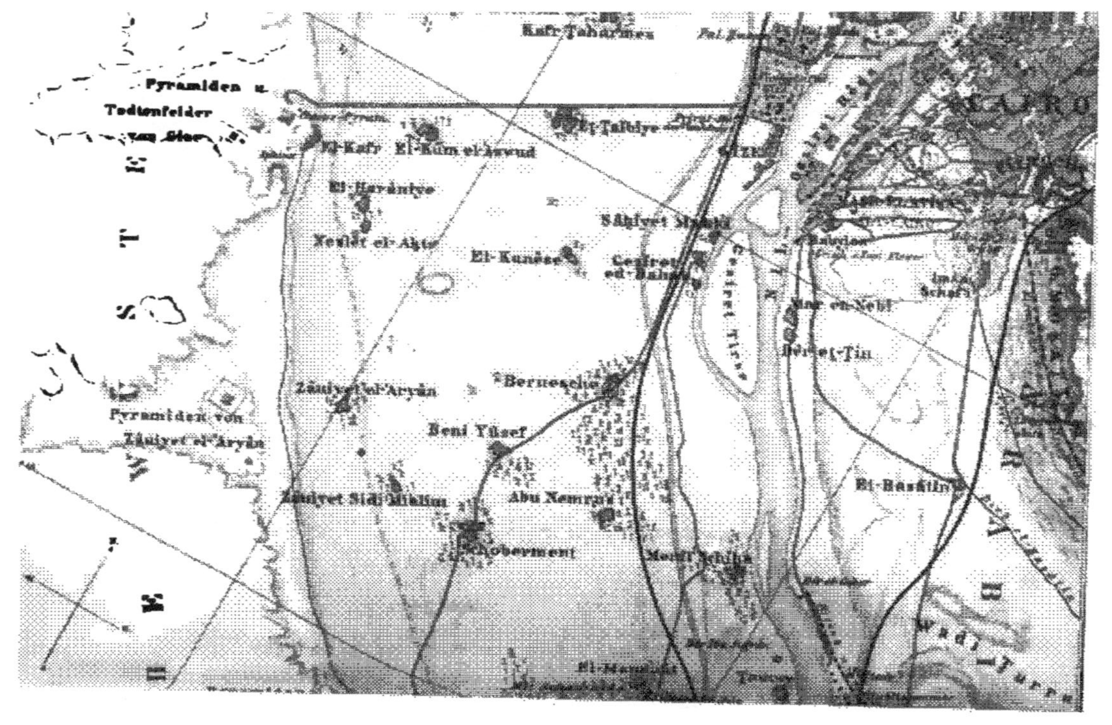
Kafr Tahármes
Pyramiden u.
Todtenfelder
El-Talbiye
El-Kafr
El-Kûm el-Aswad
El-Havâniye
Sâkiyet Mekki
El-Kunêse
Gesiret ed-Dahab
Gesiret Tirsa
Mar en-Nebi
Dêr et-Tîn
Berneschet
Zâuiyet el-Aryân
Pyramiden von
Zâuiyet el-Aryân
Beni Yûsef
Zâuiyet Sidi Mislim
Abu Nemrus
Schoberment
El-Basâtîn
El-Mansûriye
Wadi Jurra

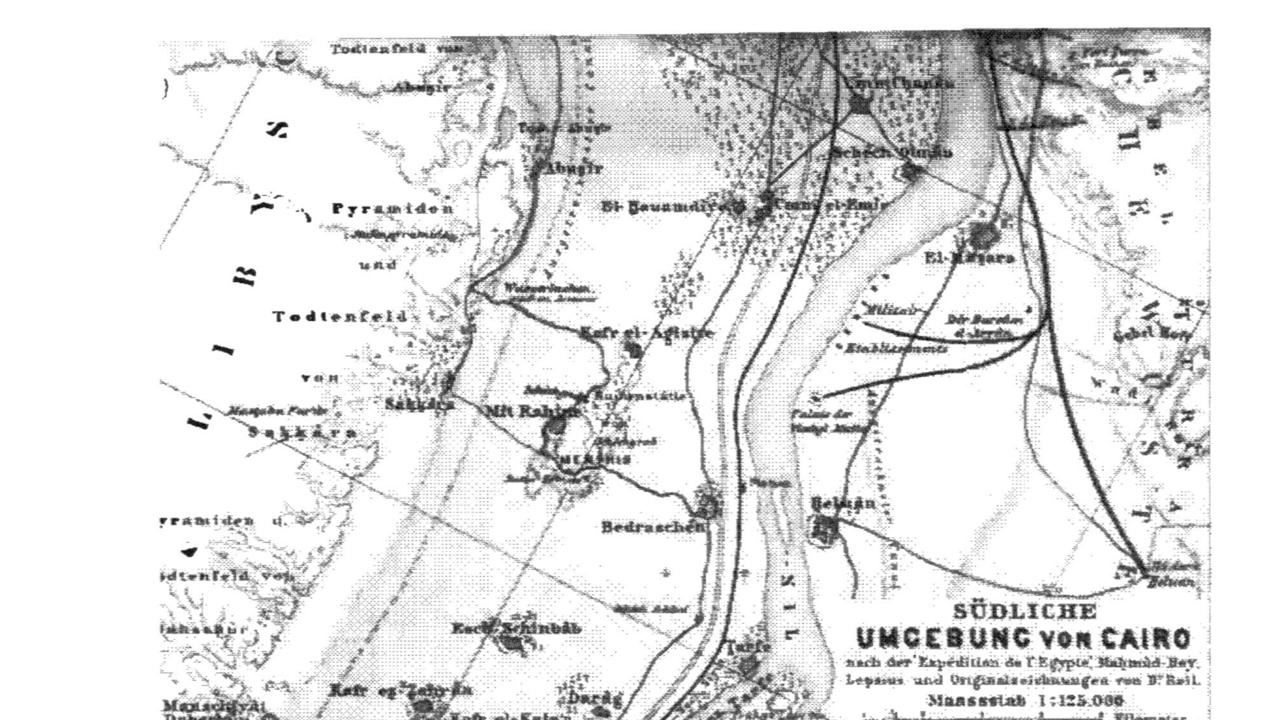
SÜDLICHE
UMGEBUNG VON CAIRO
nach der Expedition de l'Egypte, Mahmud-Bey, Lepsius und Originalzeichnungen von Dr. Reil.
Maassstab 1:125.000
Kilometer
Todtenfeld von Abusir
Abusir
Pyramiden
und
Todtenfeld
von
Sakkâra
Sakkâra
Mit Rahine
Bedraschen
Kafr el-Ajâtre
El-Ma'sara
Helwân
Tura
NIL
Darâg
Kafr eṣ-Ṣejjâde
Kafr el-Kaja'a
Todtenfeld von
Pyramiden u.
Dahschûr
Etablissements
Militair
L I B Y S
W Ü S T E
M. ARABISCHE

Das Pyramidenfeld von Gise.

Der Ausflug zu den Pyramiden von Gize wird, seitdem eine gute Chaussee dahin führt, kaum mehr anders als zu Wagen (20–25 fr.) gemacht (früher musste man sich bei Alt-Kairo über den Nil setzen lassen und ritt von dort über Gize zu den Pyramiden); Fahrzeit 1½ St.; zu Esel 2 bis 2½ St. Eine flüchtige Besichtigung (S. 353) des Pyramidenfeldes erfordert 2 St., der ganze Ausflug also etwa 5 St., sodass man gegen Mittag bequem wieder in Kairo sein kann. Wer einen ganzen Tag auf den Ausflug verwenden will, nehme etwas Mundvorrath mit. Ferner sind Lichter (Magnesiumlicht zweckmässig) zum Besuch des Innern (s. S. 357) der grossen Pyramide und einiger Gräber erforderlich.

Wer den Besuch von Saḳḳâra (S. 383) mit dem von Gize verbinden will, bedarf zwei Tage, und sofern man sich nicht mit einem Nachtlager in Höhlen begnügen will, auch Zelt und Dragoman, was die ganze Tour umständlich und kostspielig macht. Man schickt (sofern man nicht reiten will) in diesem Fall die Esel am Tage vorher nach Gize, fährt Morgens mit dem Wagen dahin, entlässt denselben dort (wodurch sich eine Preisermässigung aber kaum wird erzielen lassen) und reitet am Nachmittag oder Abend entlang dem Rande der Wüste nach Saḳḳâra. Hier übernachtet man, besucht am folgenden Morgen die Reste dieser Nekropolis und reitet zuletzt über die Stätte des alten Memphis und durch Palmenwälder zu der Eisenbahnstation Bedraschên. Eisenbahnfahrt (Zeit und Preise) von hier nach Bûlâḳ ed-Dakrûr, der Station für Kairo, s. S. 383.

Man kann auch den Besuch von Ḥeluân (S. 417) mit dieser letzteren Tour verbinden, indem man sich bei Bedraschên mit den Eseln über den Nil setzen lässt und die zweite Nacht in dem dortigen Hôtel zubringt, dann den dritten Tag nach Kairo zurück reitet oder die neue Eisenbahn (S. 417) benutzt.

Man wähle einen der hellen windstillen Tage, an denen es nicht fehlt. Jedenfalls bleibe man bei starkem Winde, wenn die Zeit nicht sehr drängt, zu Hause, denn der dem Wandrer ins Gesicht wehende Sand verwandelt das Vergnügen leicht ins Gegentheil.

Bei *Kasr en-Nîl* (S. 337) passirt man auf der grossen Eisenbrücke (S. 337) den Strom. Am jenseitigen Ufer bleibt rechts das Schloss *Gezîre* (S. 337), wohin eine Allee führt; ebenfalls rechts Gewächshäuser mit Gärtnerwohnungen, dem Chedîw gehörig. Links von dem über die Insel weiterführenden Weg sieht man die Fundamente des neuen aegyptischen Museums (S. 314), den hohen Schornstein einer Wasserpumpe und die Privat-Gasfabrik des Chedîw; dann führt eine zweite kleinere Brücke über den anderen lange Zeit verschlammten Nilarm, welcher jedoch neuerdings den Fluthen des Nils wieder eröffnet wurde und so den Namen „Gezire" d. h. Insel rechtfertigt (vgl. S. 337). Ein Ḳaraḳol (türk. = Wachthaus) liegt unmittelbar hinter der Brücke, in deren Verlängerung die Chaussee nach dem Bahnhof von Bûlâḳ ed-Dakrûr (S. 383) und zu einem Palais Ṭusûn Pascha's führt. Die von prächtigen Lebbachbäumen beschattete und gut gehaltene Strasse nach Gize biegt an der zweiten Brücke links ab. Kurz vor dem Eingange in die viceköniglichen Gärten von Gize, welche im Süden durch umfangreiche Palastbauten begrenzt werden, steht eine Wasserkunst zur Hebung und Leitung des Wassers; gleich hinter ihr wendet sich die Chaussee nach rechts, zur Linken hat man die hohe Umfassungsmauer der vicekönigl. Besitzung, zur Rechten Paläste der Prinzen Ḥusên und Ḥasan Pascha (Eintritt in keinen derselben gestattet). Nach Ueberschreitung der Schienen der oberaegyptischen Eisenbahn führt die Chaussee zwischen Eisenbahn (links) und Canal (rechts) in südl. Richtung bis an die Privatstation des Chedîw und von da rechts abbiegend in schnurgerader Richtung auf die Pyramiden los. Von dem jetzt heruntergekommenen Flecken **Gîze** (bis vor kurzem Eisenbahnstation, seit Eröffnung der Station Bûlâķ ed-Dakrûr jedoch als solche aufgegeben), den man links lässt, berichtet Leo Africanus, dass prächtige Paläste dort standen, welche den Mamlukenfürsten als Sommerwohnung dienten; im Mittelalter soll sein Handel bedeutend gewesen sein. Von der Fortificationslinie, die einst vom Nil bis hierher den Zugang zu der Hauptstadt auf dem l. Nilufer absperrte, ist jede Spur verschwunden. Die Chaussee ist auf dieser letzten Strecke von zwei Brücken unterbrochen, links die Hütten zweier Fellachen-Dörfer. Zu beiden Seiten breiten sich Felder aus, je nach der Jahreszeit von mehr oder minder vollen Canälen und Wasserlachen durchschnitten. Auf den Feldern erblickt man kleine fälschlich für Ibis gehaltene weisse Kuhreiher, sowie Geier mit hellem und dunkelm Gefieder. Die Pyramiden treten deutlicher aus dem Morgennebel hervor, erst als mächtige dreieckige Formen, dann scharf umrissen mit allen Beschädigungen, die sie im Laufe der Jahrtausende erlitten haben.

Einige hundert Meter vor Anfang der Steigung der Chaussee ist diese gegen Sandverwehung mit einer 1,5m hohen Rampe versehen; links eine Sâķiye (Schöpfrad) und Stallungen und rechts ein einst zu einem Hôtel bestimmtes Gebäude, dessen Zustandekommen die Beduinen (s. unten), die in ihrer Ausbeutung der Reisenden beeinträchtigt zu werden fürchteten, zu vereiteln wussten. Von hier windet sich der Weg zwischen 2m hohen Mauern bei einer Breite von 8m am Bergabhange links hinauf und mündet 120m von der NW.-Ecke der Cheopspyramide auf dem Felsenplateau.

Man steigt am besten bei dem nahe der NO.-Ecke der Cheopspyramide gelegenen *vicekönigl. Kiosk* (Pl. a) aus, dessen untere Räume vom Castellan gegen ein Bachschîsch wohl zum zeitweiligen Aufenthalt überlassen werden.

Die „Beduinen von Gîze", die den Wagen schon lange vor der Ankunft umringen und die Reisenden bestürmen (die letzte Strecke des Weges lassen sie absichtlich versanden, um einen Vorwand zu haben dem Wagen hinaufzuhelfen), sind durch den starken Besuch verwöhnt und äusserst zudringlich und habgierig. Man lasse das Gesindel zuerst ganz unbeachtet (sich ärgern ist hier am wenigsten angebracht) und nehme ihre Dienste erst in Anspruch wenn man sich zur Besteigung (S. 365) der grossen Pyramide und zur Besichtigung der übrigen Alterthümer anschickt. Mit Hülfe des beigegebenen Planes wird man sich auf dem weiten Felde auch ohne ihre Führung zurecht finden; doch dürfte es selten gelingen sich der Begleitung eines der Gesellen ganz zu erwehren, sie sehen eben die Führung als ein ihnen zustehendes Recht an.

Das **Pyramidenfeld von Gîze** nimmt ein von O. nach W. allmählich ansteigendes Plateau ein, dessen O.- und N.-Rand zum Theil sehr steil abstürzt; Ausdehnung von O. nach W. 1500m, von N. nach S. 1200m. Auf dem Plateau sind die drei grossen Pyramiden in der Weise erbaut, dass eine von der NO.- zur SW.-Ecke der grössten Pyramide gezogene Linie mit der Axe der zweiten Pyramide genau zusammenfällt, während die Axe der dritten kleineren Pyramide zwar nicht in die Verlängerung dieser Linie fällt, aber derselben parallel läuft. Die Pyramiden sind also gleichmässig und zwar genau nach den Himmelsgegenden orientirt, wenngleich die Magnetnadel eine westliche Abweichung von 8° 30′ zeigt. Kleinere Pyramiden (ohne Interesse) stehen östl. von der grossen, und unmittelbar südl. von der dritten Pyramide. Der Sphinx, der benachbarte Quaderbau oder Granittempel, ein tiefes Felsengrab (Campbell's Grab) und ein freistehender Steinbau befinden sich SO. von der grossen, O. von der zweiten und dritten Pyramide. Zahlreiche fast durchweg zerstörte Gräber (Masṭaba) umgeben theils die grosse Pyramide, theils breiten sie sich auf dem O. und W. von ihr gelegenen Plateau aus oder sind als Grotten in den äusseren östlichen Felsabhang und in einen SO. von der zweiten Pyramide befindlichen Felsrand eingehauen.

Sehenswürdigkeiten. Wer wenig Zeit hat, begnüge sich mit der ***grossen Pyramide* (S. 365, Inneres besuchen und hinaufsteigen), dem ***Sphinx* (S. 373), **Granittempel* (S. 376), **Campbell's Grab* (S. 378) und *Zahlengrab* (S. 378). Wir lassen die Beschreibung dieser Hauptobjecte zunächst folgen; die Besichtigung derselben nimmt höchstens etwa 2 Stunden in Anspruch. Wer dagegen genügende Zeit zur Verfügung hat und einen besseren Einblick in die Topographie des ganzen Pyramidenfeldes gewinnen will, unternehme den S. 379 beschriebenen **Rundgang*, zu dem man weitere 1½—2 Stunden gebrauchen wird. Die Gräber (S. 379) sind meist so schlecht erhalten, dass nur wer die Tour nach Saḳḳâra nicht unternehmen kann, sie besuchen mag.

Die Pyramiden *).

Alles fürchtet die Zeit, aber die
Zeit fürchtet die Pyramiden.
'Abdellaṭîf, arab. Arzt
(geb. 1161 zu Bagdad).

Die Pyramiden im Bereich der Nekropole der alten Hauptstadt Memphis sind die ältesten Baudenkmale des Menschengeschlechtes. Sie stehen am Rande des libyschen Wüstenplateaus auf einer Strecke von 5 geogr. Meilen und lassen sich in die fünf Gruppen von Abu Roâsch (S. 381), Gîze (S. 365), Zâwyet el-'Aryân und Abuṣîr (S. 382), Saḳḳâra (S. 394) und Dahschûr (S. 416) eintheilen. Ausserhalb Aegyptens kommen im Süden noch vor die aethiopischen Pyramidengruppen auf der Insel Meroë bei Begerawîye, bei Nûri und am Gebel Barkal; doch ist diese aethiopische Kunst, wie Lepsius nachgewiesen hat, nur eine Nachblüthe der aegyptischen und stam-

*) Die Bezeichnung für Pyramide soll nach der einen Angabe von dem aegypt. Pi-Rama (der Berg), nach einer andern von dem Griechischen: πυρός Weizen und μέτρον Maass stammen.

men die Pyramiden von Nûri und vom Gebel Barkal frühestens aus dem 7., die von Begerawîye aus dem 1. Jahrh. v. Chr.

Geschichte der Erbauung der Pyramiden. Eine Notiz Manethon's leitet die Erbauung der 1. Pyramide, welche den Beinamen „von Kochome" (vgl. S. 395) führte, auf den vierten König der 1. thinitischen Dynastie (S. 101) zurück, doch ist dies wenig glaublich. Die ersten mit dem Namen ihres Erbauers bezeichneten Denkmale Aegyptens entstammen der Zeit des *Snefru*, der die 3. zur 4. Dynastie überleitete. Er ist der unmittelbare Vorgänger der Erbauer der grossen Pyramiden: *Chufu* (*Cheops*, 3091—3067 v. Chr.), *Chafra* (*Chefren*, 3067—3043) und *Menkaura* (Mykerinos, 3043—3020); vgl. S. 101, 357, 358. Man baute Pyramiden bis in die 12. Dynastie (2300 v. Chr.); dann werden, namentlich nachdem die Residenz der Pharaonen von Memphis nach Theben verlegt worden war, auch von den Königen Felsengräber den freigebauten Mausoleen vorgezogen. Sobald die *Griechen* nach Aegypten kamen, fielen ihnen diese Denkmale besonders auf, ja sie errichteten selbst ähnliche, den Maṣṭaba (S. 391) verwandte (z. B. zu Kenchreae). Wer von ihnen und ihren römischen Nachfolgern Aegypten besuchte und beschrieb*), gedachte der Pyramiden, die später unter den Wundern der Welt eine hervorragende Stelle einnahmen.

Herodot, der über die Geschichte der Begründer der Pyramiden schlecht unterrichtet war, beschreibt sie, wie alles was er selbst gesehen, vortrefflich. Cheops (Chufu) soll nach ihm allen Lastern ergeben gewesen sein, soll die Tempel geschlossen, die Opfer untersagt und das ganze Volk zu Frohnarbeiten angehalten haben. Einige liess er aus den Steinbrüchen im arabischen Gebirge Werkstücke an den Nil ziehen, andere mussten diese zu Schiff über den Nil und wieder andere die Steine an den Fuss des libyschen Gebirges schaffen**). „Es waren aber je an 100,000 Menschen immer auf drei Monate mit dieser Arbeit beschäftigt. Zehn Jahre brauchten sie zur Anlage des Weges, auf welchem sie die Steine fortzogen, was meines Dafürhaltens eine nicht viel geringere Arbeit war, als der Bau der Pyramide: denn die Länge des Weges beträgt fünf Stadien (925m), seine Breite zehn Klafter (19m), die Höhe, an den höchsten Stellen, acht Klafter (15m), und er besteht ganz aus polirtem Stein mit eingehauenen Figuren***). Also verstrichen zehn

*) Nach Plinius beschrieben die Pyramiden Herodot, Euhemerus, Duris Samius, Aristagoras, Dionysius, Artemidorus, Alexander Polyhistor, Butorides, Antisthenes, Demetrius, Demoteles und Apion, denen wir Strabo, Diodor, Pomponius Mela und andere zufügen könnten. Aristoteles erwähnt sie.

**) Hier ist Herodot gut unterrichtet, denn thatsächlich stammt der grösste Theil des zum Bau der Pyramiden verwendeten Materials aus den Steinbrüchen am östlichen Nilufer (S. 419).

***) Dieser Weg ist heute noch nachweisbar und ward sogar später restaurirt, um Steine von den Pyramiden fort und an den Nil zu schaffen. Er mündet an der Ostseite der Cheops-Pyramide (vgl. den Plan).

Jahre über der Anlage dieses Weges und der an dem Hügel, auf welchem die Pyramiden stehen, befindlichen unterirdischen Kammern, welche der König sich zum Begräbniss bauen liess auf einer Insel, nachdem er einen Kanal des Nil dahin geleitet hatte (über das Irrige dieser Angabe vgl. S. 369). Ueber dem Bau der Pyramide verstrich aber eine Zeit von zwanzig Jahren*): eine jede ihrer Seiten nach allen Richtungen hin, denn sie ist vierseitig, beträgt acht Plethren (250m), und eben so viel beträgt die Höhe; sie ist mit geglätteten, wohl in einander gefügten Steinen verkleidet, und ist keiner dieser Steine unter dreissig Fuss.

Diese Pyramide wurde zuerst in der Art einer Treppe mit Stufen oder Absätzen erbaut. Nachdem die Bauleute die Pyramide in dieser Gestalt angelegt hatten, hoben sie die übrigen [zur Verkleidung nöthigen] Steine mit Maschinen, die aus kurzen Balken gemacht waren, von der Erde auf die erste Stufenreihe empor, und wenn der Stein auf dieselbe gebracht war, ward er auf eine andere Maschine gelegt, welche auf der ersten Stufenreihe sich befand; von dieser ward er dann auf die zweite Reihe auf einer andern Maschine gezogen: denn es waren eben so viele Maschinen, als Reihen der Stufen; oder man brachte auch ein und dieselbe Maschine, wenn sie leicht beweglich war, von einer Reihe zur andern, wie es zum Heben der Steine nöthig war (um nämlich beide Arten anzugeben, auf welche man es anfing). So wurde nun zuerst der oberste Theil der Pyramide fertig gemacht, nachher machte man sich an die nächst folgenden Theile und dann vollendete man den letzten Theil, der an die Erde stiess und ganz unten war**). Mit aegyptischer Schrift war an der Pyramide angegeben, wie viel für Rettiche, Zwiebeln und Knoblauch für die Arbeiter ausgegeben worden, und wenn ich mich recht erinnere dessen, was der Dolmetscher (S. 16), der die Schrift las, mir sagte***), so wurden darauf sechzehnhundert Talente Silbers (über 7 Millionen Mark) verwendet. Wenn sich dies wirklich so verhält, wie viel muss dann natürlich noch weiter aufgewendet worden sein für das Eisen, mit dem man arbeitete, und für die Nahrung und Kleidung der Arbeiter? da sie ja die angegebene Zeit an dem Werke bauten und, wie ich glaube, keine ge-

*) Es lässt sich hier nicht mit Sicherheit ersehen, ob Herodot die 100,000 Mann 20 oder 30 Jahre an der Cheopspyramide bauen lässt, da er nicht sagt ob nur der Bau *über* den unterirdischen Gemächern oder die ganze Anlage 20 Jahre erforderte.

**) Dieser Bericht über die Bauart der grossen Pyramide hat durch neuere Untersuchungen vollkommene Bestätigung gefunden; vgl. S. 360.

***) Waren zu Herodots Zeit wirklich Inschriften an der Aussenseite der Pyramide vorhanden (heute ist dies nicht mehr der Fall), so enthielten sie wahrscheinlich wohl wichtigere Dinge als das von dem Dolmetscher angeblich Gelesene. Dass die Dolmetscher, welche damals die Reisenden in der Art der jetzigen Dragomane (S. 16) führten, Hieroglyphen lesen konnten, scheint wenig glaublich; sie erzählten wohl nur die Sagen, die sich im Volksmunde an die Pyramiden und andere Denkmale knüpften, mit eigenen Ausschmückungen und Uebertreibungen.

ringere Zeit verstrich mit dem Brechen und Fortschaffen der Steine, sowie mit der Arbeit und dem Graben unter der Erde.

Cheops habe 50 Jahre über Aegypten geherrscht; nach seinem Tode sei das Königthum an seinen Bruder Chephren gekommen, der es ganz auf dieselbe Weise getrieben habe wie sein Bruder, und insbesondere gleichfalls eine Pyramide errichtet, die jedoch nicht bis zu dem Maasse jener sich erhebt (denn wir haben auch diese gemessen); es befinden sich auch weder unterirdische Kammern darunter, noch ist ein Kanal vom Nil hinein geleitet (vgl. S. 355). Den Unterbau führte Chephren aus buntem aethiopischen Steine (Assuân-Granit) auf, wobei er jedoch 40 Fuss tiefer unter der Grösse der andern Pyramide blieb, in deren Nähe er diese aufführte: beide nämlich stehen auf demselben Hügel, in einer Höhe von ungefähr 100 Fuss. 56 Jahre aber soll Chephren regiert haben.

Dies macht zusammengerechnet 106 Jahre, in welcher Zeit die Aegypter alle mögliche Drangsal erlitten und die Tempel während der ganzen Zeit verschlossen, nicht geöffnet wurden. Diese beiden Könige wollen auch die Aegypter aus Hass gar nicht mit ihren Namen nennen, sogar die Pyramiden nennen sie nach dem Hirten Philitis, welcher zu dieser Zeit sein Vieh in diesen Gegenden weidete*). —

Nach diesem (Chephren), habe Mycerinus, des Cheops Sohn, über Aegypten geherrscht: dieser habe keinen Gefallen gehabt an dem Treiben seines Vaters, sondern die Tempel geöffnet und das bis zur äussersten Noth gedrückte Volk wieder gehen lassen zu seinen Beschäftigungen und zum Opferdienst; auch habe er unter allen Königen am gerechtesten Recht gesprochen.

Auch er hinterliess eine Pyramide, aber eine viel kleinere als die welche sein Vater erbaut hatte; ihre Seiten messen jede nur 280 Fuss, zur Hälfte besteht sie aus aethiopischem Stein. Diese, behaupten Einige von den Hellenen, soll die Pyramide der Rhodopis sein, einer Buhlerin, aber sie haben Unrecht; ja es scheint mir, dass sie, wenn sie dies behaupten, gar nicht einmal wissen, wer diese Rhodopis war, die erst zur Zeit des Königs Amasis blühte, aber nicht unter diesem König" (vgl. S. 359).

Diodor berichtet: „Der achte König war Chemmis von Memphis, welcher 50 Jahre regierte. Er erbaute die grösste der drei Pyramiden, die zu den sieben Wunderwerken der Welt gerechnet werden. Man findet sie gegen Libyen hin, 120 Stadien von Memphis entfernt, und 45 vom Nil. Der Anblick der grossen Massen und der kunstreichen Arbeit erregt Staunen und Bewunderung. Die grösste Pyramide ist vierseitig, und jede Seite der Grundfläche misst 700 Fuss; die Höhe aber beträgt 600 Fuss. Die Seitenflächen

*) Unzweifelhaft eine Erinnerung an die Hyksos (S. 103), denen man gern jede Unbill, die dem Volke zu Theil geworden, auch später noch in die Schuhe schob.

werden nach und nach immer schmäler bis zum Gipfel, wo jede noch 6 Ellen breit ist. Das ganze Gebäude ist von hartem Stein, der schwer zu behauen ist, aber eine ewige Dauer hat. Denn nicht weniger als 1000 (nach einigen Schriftstellern sogar über 3000) Jahre sollen (seit Erbauung der Pyramiden) bis auf unsere Zeiten verflossen sein, und doch haben sich diese Steine bis jetzt in ihrer ursprünglichen Zusammenfügung und der ganze Bau unverwittert erhalten. Die Steine, sagt man, seien aus weiter Entfernung von Arabien hergebracht, und der Bau durch Dämme ausgeführt worden, weil damals noch keine Hebewerkzeuge erfunden waren. Und was das Wunderbarste ist, auf dem Platz, wo ein so ungeheures Werk erbaut ist, findet man rings umher lauter sandigen Boden, und keine Spur mehr weder von dem Damm noch vom Behauen der Steine; so dass man glauben sollte, es wäre nicht durch Menschenarbeit nach und nach entstanden, sondern die ganze Masse wäre schon fertig von einem Gott in die Sandebene gesetzt worden. Die Aegypter suchen das zum Theil durch die Wunder-Erzählung zu erklären, die Dämme hätten aus Salz und Salpeter bestanden und bei einer Ueberschwemmung sich aufgelöst im Strom; so seien sie ganz verschwunden und nur das Hauptgebäude sei stehen geblieben. So verhält es sich aber in der That nicht; vielmehr ist durch dieselbe Menge von Menschenhänden, wodurch die Dämme aufgeworfen waren, das ganze Gerüst wieder abgetragen und der Platz aufgeräumt worden. Es sollen 360,000 Menschen mit den Frohnarbeiten beschäftigt gewesen, und das ganze Werk kaum im Laufe von zwanzig Jahren vollendet worden sein*).

Nach dem Tode dieses Königs kam sein Bruder Kephren auf den Thron; er regierte 56 Jahre. Nach Andern wäre der Nachfolger nicht ein Bruder, sondern ein Sohn des Vorigen gewesen, Namens Chabryes. Darin aber stimmen alle Nachrichten überein, dass er, seinem Vorgänger nacheifernd, die zweite Pyramide erbaut hat, die zwar ebenso kunstvoll gebaut ist wie die erste, aber weit nicht so gross, indem jede Seite der Grundfläche nur ein Stadium (185m) beträgt. . . . . . Auf einer Seite derselben ist eine Treppe eingehauen, dass man hinaufsteigen kann. Die Könige hatten sich die Pyramiden zu Grabmälern erbaut, und doch sollte keiner von beiden darin begraben werden. Dem Volke waren nämlich wegen der höchst beschwerlichen Arbeit und wegen vieler Grausamkeiten und Bedrückungen diese Könige so verhasst, dass es drohte, mit Hohn die Leichen aus den Gräbern heraus zu reissen und zu zerfleischen. Daher gaben beide vor ihrem Tode ihren Angehörigen den Befehl, sie an einem unbekannten Ort in der Stille zu begraben.

*) Diese 360,000 Arbeiter (das altaegypt. Jahr hatte 360 Tage) sind ebenso wie die 100,000 Arbeiter Herodots, die alle 3 Monate wechselten, unzweifelhaft eine Erfindung der späteren Zeit.

Auf diese Könige folgte Mykerinus (Einige nennen ihn Mencherinus), ein Sohn von dem Erbauer der ersten Pyramide. Er entschloss sich, eine dritte zu errichten, starb aber noch ehe das Werk vollendet war. Jede Seite der Grundfläche machte er 300 Fuss lang; die Seitenwände liess er bis zur fünfzehnten Reihe aus schwarzem Stein aufführen, der dem Thebaischen gleicht; was noch fehlte, wurde dann mit der Steinart ergänzt, die man zu den andern Pyramiden gebraucht hatte. Steht gleich dieses Werk an Grösse den beiden andern nach, so zeichnet es sich doch durch einen viel künstlicheren Bau und durch eine kostbare Steinart aus. Auf der nördlichen Seite ist der Name des Erbauers Mykerinus eingeschrieben.

Dieser König, sagt man, habe die Grausamkeit seiner Vorgänger verabscheut, und sich bemüht, Jedermann freundlich zu begegnen und der Wohlthäter seiner Unterthanen zu werden. Er habe sich immer auf alle mögliche Weise die Zuneigung des Volks zu erwerben gesucht, und unter anderem bei öffentlichen Gerichten grosse Summen zu Geschenken an rechtschaffene Leute verwendet, von denen man geglaubt, sie hätten im Rechtsstreit nicht den Bescheid erhalten, den sie verdient. Es gibt noch drei andere Pyramiden, deren Seiten 200 Fuss lang sind. In der ganzen Bauart sind sie den vorigen gleich, nur nicht in der Grösse. Die vorhin genannten drei Könige sollen sie für ihre Gemahlinnen erbaut haben. Diese Werke sind unstreitig die ausgezeichnetsten in ganz Aegypten, man mag auf den Umfang der Gebäude und die Kosten, oder auf die Geschicklichkeit der Künstler Rücksicht nehmen. Und man glaubt, die Baumeister verdienen sogar noch mehr Bewunderung als die Könige, welche die Kosten dazu gegeben haben; denn jene haben durch eigene Geisteskraft und rühmliche Anstrengung, diese nur durch ererbten Reichthum und durch die Mühe Anderer zur Vollendung der Arbeit mitgewirkt. Ueber die Pyramiden findet man übrigens bei den Eingebornen sowohl als bei den Geschichtsschreibern durchaus keine übereinstimmenden Nachrichten. Denn Einige behaupten, sie seien von jenen drei Königen Andere, sie seien von Andern gebaut."

Strabo's Bericht zeichnet sich durch Kürze und Anschaulichkeit aus. Er sagt: „Geht man vierzig Stadien von der Stadt (Memphis) weg, so ist da eine Berghöhe, auf welcher viele Pyramiden stehen, Begräbnisse der Könige; drei aber sind besonders merkwürdig, und zwei von ihnen werden sogar zu den sieben Wunderwerken gerechnet. Sie haben nämlich bei viereckiger Gestalt die Höhe eines Stadium und diese Höhe ist nur wenig grösser als die Länge jeder Seite. Auch ist die eine Pyramide nur wenig grösser, als die andere. Diese hat in mässiger Höhe auf einer der Seiten einen Stein, der herausgenommen werden kann. Wird er herausgehoben, so führt ein gekrümmter Gang bis zur Gruft. Diese Pyramiden nun stehen einander nahe auf derselben Fläche; entfernter aber ist auf einer grössern Erhöhung der Bergfläche die dritte, viel kleiner, als jene beiden, jedoch mit viel grösseren Kosten erbaut. Denn von der Grundlage an fast bis zur Mitte besteht sie aus einem schwarzen Gestein, woraus man auch die Mörser macht, und das man weit herholt, nämlich von den Gebirgen Aethiopiens; und durch seine Härte und schwierige Bearbeitung machte es den Bau kostspielig."

Strabo spricht dann auch von den S. 345 erwähnten linsenförmigen Petrefacten, theilt aber nicht die damals verbreitete Ansicht dass es versteinerte Ueberreste der Speise der Arbeiter seien. Von der S. 356 erwähnten Rhodopis weiss er folgende an unser Aschenbrödelmärchen erinnernde Sage zu erzählen. Als Rhodopis badete, entriss ein Adler der Dienerin einen ihrer Schuhe, trug ihn nach Memphis und liess ihn dort in den Schooss des Recht sprechenden Königs fallen. Dieser, der die Niedlichkeit des Schuhs und die Eigenthümlichkeit des Ereignisses bewunderte, sandte Boten aus, um die Besitzerin des Schuhs zu suchen. In Naukratis fand man sie und brachte sie vor den König, der sie zu seiner Gemahlin machte und ihr, nachdem sie gestorben war, die dritte Pyramide errichten liess.

Plinius äussert sich über die Pyramiden ziemlich absprechend. „Im Vorbeigehen soll auch von den Pyramiden in demselben Aegypten, einem müssigen und thörichten Prunke der Könige mit ihrem Gelde, gesprochen werden und in der That hatten diese, wie die Meisten behaupten, zu ihrer Erbauung keine andere Veranlassung, als die Absicht, ihren Nachfolgern und den ihnen nachstellenden Nebenbuhlern kein Geld in die Hände zu geben oder auch das Volk nicht müssig zu lassen. Die Eitelkeit jener Menschen war in dieser Beziehung gross" u. s. w.

Seine Beschreibung der Pyramiden ist im Uebrigen aus früheren Autoren ohne Kritik zusammengeschrieben; so scheut er sich z. B. nicht zu wiederholen, man habe Gerüste, um die Steine aufwärts zu befördern, aus Natron, der später weggeschwemmt wurde, oder aus Ziegelsteinen hergestellt, welche man, als die Pyramide fertig war, an Privatleute vertheilte. Auch er nennt Rhodopis.

Von den *Arabern* lässt *Mas'ûdî* die Pyramiden 300 Jahre vor der Sündfluth von Sûrîd erbaut sein, und zwar in Folge der Deutung eines Traumes, welche die grosse Fluth in Aussicht stellte. Nachdem Sûrîd sich vergewissert hatte, dass *nach* der Fluth neues Gedeihen zu erwarten sei, liess er die Pyramiden erbauen, in die zu ihnen gehörenden Steine die Prophezeiung eingraben, und in die sie durchziehenden Gänge seine Schätze, die Leiber seiner Vorfahren und Aufzeichnungen des gesammten Wissensschatzes seiner Priester etc. etc. bergen, um sie für diejenigen, welche nach der Fluth kommen würden, zu bewahren. Nach den Kopten hätte er eine der Pyramiden mit folgender Inschrift versehen: „Ich, der König Sûrîd, habe diese Pyramiden erbaut und sie in 61 Jahren vollendet. Möge derjenige, welcher nach mir kommt und sich dünkt ein König zu sein von meiner Art', es versuchen sie in 600 (Jahren) zu zerstören. Zerstören ist leichter als aufbauen. Ich habe sie mit Seide bekleidet, mag er den Versuch wagen, sie mit Matten zu überziehen!" Eine Sage wird von demselben Autor erzählt, die an unsere Loreleymäre erinnert: „Auf der westlichen Pyramide thront ein nacktes Weib mit blendenden Zähnen, das den von Süden und Westen kommenden Wüstenwandrer sich ihr zu ergeben verführt und ihn in ihren Armen um den Verstand bringt."

„Fair Rhodope, as story tells,
The bright unearthly nymph, who dwells
'Mid sunless gold and jewels hid,
The lady of the Pyramid." Moore.

Auch von einem Pyramidengeiste in Knabengestalt und in der eines Mannes, der Weihrauch verbrennend umherschreitet, wird erzählt.

Von christlichen Palästinareisenden, die über Aegypten kamen, werden die Pyramiden häufig besucht und erwähnt. In dem gefälschten Itinerarium des Antoninus von Piacenza aus dem 6. Jahrhundert ist zu lesen, dass er die 12 Kornspeicher des Joseph (die Pyramiden) besucht habe, die noch alle voll Getreide gewesen seien, und diese Ansicht wird selbst im 14., 15. und 16. Jahrhundert von Pilgern wiederholt. Bemerkenswerth erscheint es, dass viele selbst noch von den späteren Reisenden im 17. Jahrhundert, übereinstimmend mit den getreuesten der arabischen Berichterstatter, Inschriften auf den Pyramiden gesehen haben wollen. So sagt der fast überall zuverlässige Ritter von Nygenhusen, der sich als Pilger den Namen Wilhelm von Boldensele beilegte (14. Jahrh.), er habe Inschriften in verschiedenen Sprachen auf den Pyramiden gesehen und theilt 6 Verse einer lateinischen Inscription mit. 'Abdellaṭîf sagt von den Inschriften auf den Pyramiden, die niemand zu seiner Zeit entziffern konnte: Sie sind in so grosser Anzahl vorhanden, dass, wenn man nur diejenigen, welche man allein an der Oberfläche dieser beiden Pyramiden (der des Cheops und Chefren) sieht, auf Papier copiren wollte, damit mehr als 10,000 Seiten füllen würde. Mas'ûdi, Maḳrîzi, Ibn Haukal, Edrisi und andere Araber berichten Aehnliches; und doch zeigt die erhaltene Bedeckung an der Spitze der Chefren-Pyramide keinen Buchstaben! Es muss wohl angenommen werden, dass einzelne Deckplatten, welche vielleicht geflissentlich vernichtet wurden, Inschriften trugen.

Der Bau der Pyramiden. Durch die Forschungen von Lepsius und Erbkam ist es sicher festgestellt worden, in welcher Art und Weise die Pyramiden errichtet worden sind und der Bericht, welchen Herodot von dem Bau der Pyramiden gibt, verstanden werden muss. Lepsius stellte sich folgende Fragen: 1) Woher die grosse Verschiedenheit in der Grösse der Pyramiden? 2) Wie konnten, nachdem Cheops und Chefren ihre Riesenmausoleen hergestellt hatten, spätere Könige sich mit so kleinen Monumenten gleicher Art begnügen und auch dann noch so verschiedene Maasse wählen? 3) Woher kommt es, dass wir nicht eine einzige unvollendete Pyramide nachweisen können? 4) Wie konnte Cheops, als er zur Regierung kam und sich einen Platz von 740,000 □Fuss für sein Grabmal auswählte, wissen, dass ihm eine ungewöhnlich lange Regiernng vergönnt sein würde, deren er doch bedurfte, um seinen gigantischen Plan zur Ausführung zu bringen? Wäre einer der Erbauer der grossen Pyramiden etwa im 2. oder 3. Regierungsjahre gestorben, welchem Sohne oder Nachfolger wäre es möglich gewesen, selbst bei der bereitwilligsten Pietät, einen solchen Plan seines Vorfahren zu Ende zu führen und dabei noch für sich selbst zu sorgen? und warum hatten nicht 20 andere Könige gleichfalls den Muth, sich eine 30jährige Regierung zu versprechen und ein solches Werk zu beginnen, dessen Bau auf dem Papiere so bald angefertigt, so leicht übersehen und gewiss so gern genehmigt worden wäre? Auf all diese Fragen gibt das Resultat der Untersuchungen von Lepsius und Erbkam eine nach jeder Richtung hin genügende Antwort. „Jeder König“, so sagt Lepsius in seinen Briefen aus Aegypten u. s. w. „begann den Bau seiner Pyramide, sobald er den Thron bestieg; er legte sie nur klein an, um sich ein vollständiges Grab zu sichern, auch wenn ihm nur wenige Jahre auf dem Thron beschieden waren. Mit den fortschreitenden Jahren seiner Regierung vergrösserte er sie aber durch umgelegte Mäntel, bis er seinem Lebensziele nahe zu sein glaubte. Starb er während des Baues, so wurde nur der äusserste Mantel noch vollendet, und immer stand zuletzt das Todtenmonument mit der Lebenslänge des Königs in Verhältniss. Wären sich im Laufe der Zeiten die übrigen bestimmenden Verhältnisse gleich geblieben, so würde man noch jetzt an den Schalen der Pyramiden, wie an Baumringen, die Regierungsjahre der einzelnen Könige, die sie erbauten, abzählen können.“ — Zunächst ebnete der Architect des Pharao den Felsen, auf den die Pyramide hingestellt werden sollte. Nur etwaige Erhöhungen in der Mitte des Bauplatzes liess man stehen und zwar als Kern, durch den man, wenn man ihn ummauerte, viel Mühe und Material sparen konnte. Die unterirdischen Räume wurden zuerst im Felsen angelegt und dann im freistehenden Gemäuer fortgeführt. Ein kleines Bauwerk in Gestalt einer abgestumpften Pyramide mit sehr steilen Wänden ward zuerst errichtet. Starb der König, so setzte man ihm eine Spitze auf und verlängerte die Neigungsfläche derselben bis auf den Boden. War weitere Zeit vergönnt, so wurde ein neuer Mantel um die fertige Pyramide gelegt und so immer fort, bis man endlich zu einem Punkte gelangte, wo jede neue Vergrösserung schon allein ein Riesenwerk war. Die Ausfüllung der Stufen konnte der König der Pietät seiner Nachfolger überlassen. Der nachstehende Plan wird zur Verdeutlichung beitragen.

Der als Kern mitunter benutzte Felsen ist *a*; der erste Aufbau *b*; auf diesen ward die Spitze *c* gesetzt, die Stufen *d* wurden ausgefüllt und der erste Bau einer Pyramide war fertig. Bei gegebener Zeit fuhr man mit den Stufen *e* fort, setzte den zweiten Aufbau *f* darauf und auf diesen die Spitze *g*, stellte erst die Füllungen *h*, dann die Füllungen *i* her und so weiter. Unterliess man aus irgend einem Grunde die Ausfüllungen, so blieb eine Stufenpyramide.

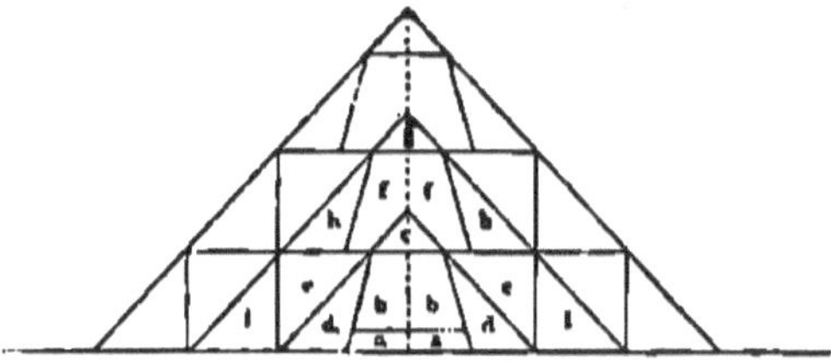

Eine Bestätigung für die Richtigkeit dieser Annahme bietet die Beobachtung, dass „je weiter im Innern der Pyramide, desto besser und sorgfältiger der Bau, je weiter nach aussen, um so schlechter und eiliger, da jeder neue Mantel immer weniger Wahrscheinlichkeit für eine gemächliche Beendigung hatte“. Die kleinsten Pyramiden bestehen gemeinhin aus einem einzigen Bau, der ersten Anlage. Die an die Oberfläche tretenden Seiten der Füllsteine wurden von oben nach unten polirt, wenn man nicht das Bauwerk, wie namentlich bei der dritten Pyramide, mit Granitplatten gleichsam furnirte.

Bestimmung der Pyramiden. Schon die Unsterblichkeitslehre der alten Aegypter (S. 153) musste es ihnen nothwendig erscheinen lassen, dass die irdische Hülle der Seele erhalten blieb. Um die Leichen vor den Ueberfluthungen des Nil zu sichern, legte man sie in den trocknen Felsboden der Wüste; die Vornehmeren liessen sich Grabkammern (S. 391) bauen; die Könige vor allen nahmen auf die Festigkeit und Dauer ihrer Gräber Bedacht, sie wollten auch im Tode noch Könige sein. Die Stätte, wo ein König ruhte, sollte königlich bezeichnet und weithin sichtbar sein, sein Grabmal sollte alle anderen überragen, seine Grabkammer sollte am wenigsten zu eröffnen sein. So mochte man zuerst Steinblöcke auf das geschlossene Felsengrab eines Königs wälzen, oder einen Erdhügel darüber aufschütten, wenn Sand und Erde in der Nähe waren. Die heftigen Winde, welche aus der Wüste her wehten, machten es jedoch nöthig, diese Erdhügel mit Steinen zu befestigen und zu bekleiden. Dadurch gewannen die Grabeshügel allmählich eine bestimmte Gestalt; sie wurden viereckige nach oben verjüngte Bauten, die dann mit breiter Basis und starker Neigung zur Pyramidenform übergingen und dadurch die grösstmögliche Festigkeit und Solidität erlangten.

Eröffnung der Pyramiden und die *Versuche sie zu zerstören.* Schon unter den Persern (527—333 v. Chr.) sollen die Pyramiden geöffnet worden sein; sie wurden es sicher in der Römerzeit und die Araber versuchten es, zunächst nur in der Hoffnung Schätze zu finden, in das Innere jener Bauwerke einzudringen, die je fester sie verschlossen waren, je Kostbareres und des Verschlusses Würdigeres zu enthalten schienen. Nach 'Abdullaṭîf war es der Chalife Mâmûn (813—833 n. Chr.), Sohn des Harûn er-Raschîd (S. 116), der die *grosse Pyramide* eröffnen liess; doch setzte dieser Fürst wohl nur frühere Untersuchungen fort, weil der Jacobitische Patriarch von Antiochia Dionysios, der Mâmûn nach Aegypten begleitete, sie schon offen fand. Die Arbeiter des Mâmûn sollen neben dem alten einen neuen Eingang (S. 368) hergestellt haben, und zwar mit Hülfe von Feuer, Essig und Geschossen. Ueber ihr weiteres Vordringen finden sich mehr oder minder ausgeschmückte Berichte bei den arabischen Schriftstellern, aus denen alles in allem doch nur hervorgeht, dass die Hoffnung der Eröffner unerfüllt blieb und man so gut wie nichts in den schon früher durchsuchten Gängen und Kammern entdeckte. Das Gold, das man nach Einigen hier vorfand, soll die Kosten gedeckt haben und ist vielleicht von dem Chalifen selbst, der den Vorwurf, grosse Summen für nichts verschwendet zu haben, von sich abwenden wollte, in die Pyramide gelegt worden. Mehrere Araber erzählen, dass, nachdem man ziemlich tief in das alte Bauwerk eingedrungen, ein Gefäss gefunden worden sei, das ziemlich viel gemünztes Gold enthalten habe. Merkwürdigerweise gerade eben so viel, wie man für die Eröffnungsarbeiten verausgabt hatte! Bei dem Schatze befand sich dann auch eine Marmortafel mit einer alten Inschrift, welche sagte, dass das hier liegende Gold die Arbeit des neugierigen Königs N. N. zu bezahlen genüge; wenn er weiter vorzudringen gedenke, so würde er viel ausgeben und nichts gewinnen. Das Gefäss soll aus Smaragd bestanden haben und von Mâmûn mit nach Baghdâd genommen worden sein. Auch von goldenen mit Edelsteinen besetzten Bildsäulen, Amuleten, Talismanen und Mumien, die man hier in einem goldenen Schranke, in einem Kasten in Menschengestalt, in einer Steinkiste u. s. O. gefunden, wird gefabelt. Maḳrîzî spricht von dem Sarkophag, der sich heute noch, wie zu seiner Zeit, in der Königskammer befindet, und ein anderer Autor sagt, dass auf seinem Deckel gestanden habe: „Abu Amad baute die Pyramide in 1000 Tagen“.

Ueber die Eröffnung der zweiten Pyramide fehlen bestimmtere Angaben, desto genauer unterrichtet sind wir über die der *dritten Pyramide* und zwar durch 'Abdellaṭîf, der sich selbst einen Augenzeugen des Zerstörungswerkes nennt. Schon unter Saladin (1169—1193 n. Chr.) hatte dessen Wezîr Ḳara Gyûz, ein Sonderling, von dem bald närrische, bald weise Geschichten erzählt werden und dessen Namen heute noch der Hanswurst der Aegypter trägt, die Pyramiden als Steinbrüche für die Anlage mancher grossartigen Bauten in Kairo (auch der Citadelle) benutzt. Saladins Nachfolger Melik el-Kâmil (1218—1238) liess sich von Höflingen überreden die sogenannte rothe, d. i. die Pyramide des Menkaura zu zerstören. Der Sulṭân schickte geeignete Handwerker unter vornehmer Leitung aus, liess eine Menge von Arbeitern zusammenführen, ein Lager unter der Pyramide aufschlagen und befahl das Zerstörungswerk auszuführen. Nach 8 Monaten der mühevollsten Arbeit musste man von dem unsinnigen Unternehmen ablassen, das ungeheure Summen verschlungen und unglaubliche Anstrengungen gekostet hatte. 'Abdellaṭîf sagt: „Man gewann nichts anderes durch das Unternehmen, als eine schmähliche Verstümmelung der Pyramide und die Gewissheit der eigenen Ohnmacht und Schwäche. Dies ereignete sich um 593 d. H. (1196 n. Chr.). Wenn man heute die ausgebrochenen Steine ansieht, so glaubt man, das Bauwerk sei von Grund aus zerstört, wenn man aber sodann seinen Blick auf die Pyramide selbst richtet, so meint man, dass sie keine wesentliche Beschädigung erfahren und dass sich nur auf der einen Seite ein Theil der Bekleidung losgelöst habe.“ — Als Steinbrüche sind die Pyramiden auch später benutzt worden; selbst noch unter Moḥammed 'Ali, dem ausserdem ein Prophet den Rath ertheilt haben soll, die Pyramiden zu zerstören. Was den Arbeitern des Chalifen misslungen war, würde ihm mit Hülfe von Schiesspulver vielleicht geglückt sein, wenn ihm nicht seine europäischen Freunde vorgestellt hätten, dass bei der Sprengung die Stadt Kairo wahrscheinlich beschädigt werden würde.

Von neueren Reisenden, die sich um die Erforschung der Pyramiden besonders verdient gemacht haben, ist zuerst zu erwähnen Nicolaus Shaw 1721, der sie mit Fleiss und Erfolg untersuchte. Er weist die Vermuthung noch nicht zurück, dass der Sphinx mit der grossen Pyramide eine unterirdische Verbindung besitze. Norden 1737. Pococke 1743 gibt Plan und Maasse. Fourmont 1755. Karsten Niebuhr 1761. Davison 1763, höchst verdienstvoller Forscher, der die Kenntniss des Inneren der grossen Pyramide wesentlich bereicherte. Bruce 1768. Volney 1783. Browne 1792—1798. Die Gelehrten des französischen Eroberungszuges unter Bonaparte 1799—1801: Denon, Coutelle, Jomard u. A. Namentlich Jomard erwarb sich durch seine Messungen grosse Verdienste, legte aber mit mehr Geist als Glück den gewonnenen Zahlen Bedeutungen unter, die sie nicht besitzen. Hamilton 1801, ruhiger und kritischer Beobachter. Caviglia 1817, kühner, aber ungelehrter und phantastischer Seemann, der mit Glück die Kenntniss des Innern der grossen Pyramide förderte, den Sphinx ausgrub u. s. w. Belzoni 1817 (S. 370), einsichtsvoller Forscher und Entdecker, der das Innere der 2. Pyramide klar legte. Sir Gardner Wilkinson 1831. Colonel Howard Vyse und Mr. Perring 1837 und 1838, deren gründliche Forschungen und genaue Messungen für immer gültig bleiben werden. R. Lepsius, der erste jetzt lebende deutsche Aegyptologe, der als Leiter der Preussischen Expedition von 1842—45 auch auf dem Gebiete der Pyramidenfelder die Wissenschaft mit den wichtigsten Entdeckungen und Aufschlüssen bereicherte. Er fand allein 30 allen Reisenden vor ihm unbekannt gebliebene Pyramiden. A. Mariette, der namentlich auf den Todtenfeldern von Saḳḳâra (S. 390. 401) grosse Ausbeute erzielte.

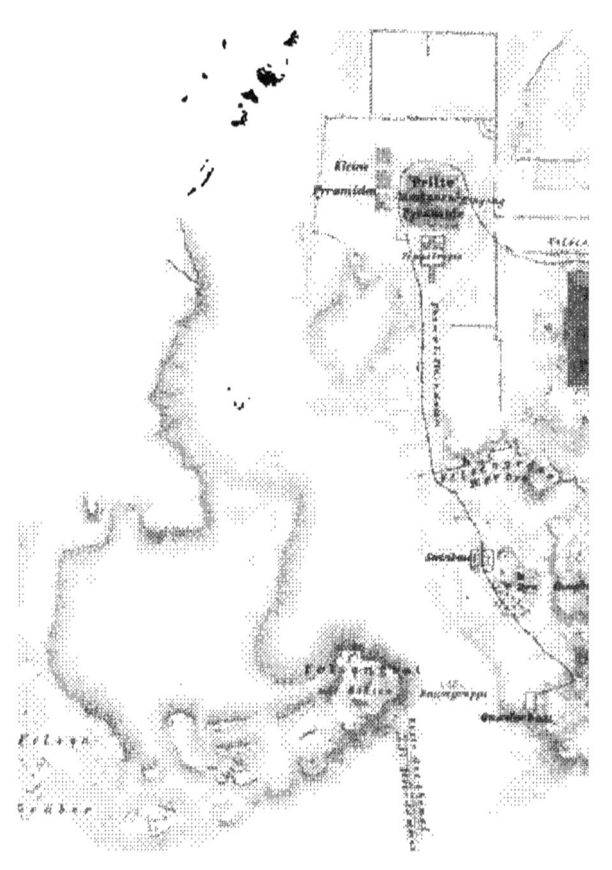

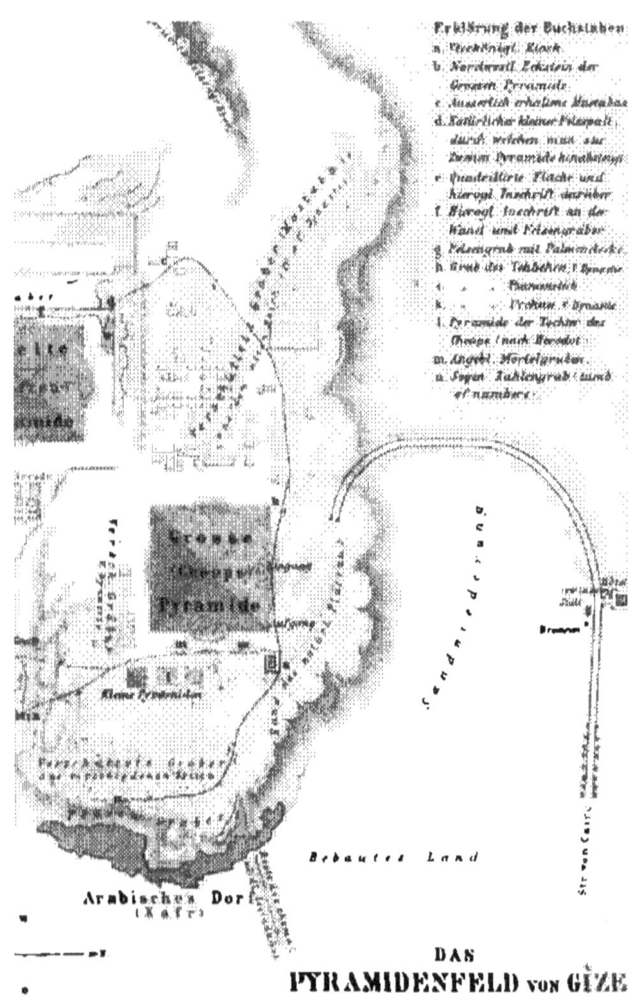

Erklärung der Buchstaben
b. Nordwestl. Eckstein der Grossen Pyramide.
c. Äusserlich erhaltene Mastabas
d. Natürlicher kleiner Felsspalt, durch welchen man zur Zweiten Pyramide hinaufsteigt.
e. Quadrilirte Fläche und hierogl. Inschrift darüber
f. Hierogl. Inschrift an der Wand und Felsengräber
g. Felsengrab mit Palmendecke
h. Grab des Tehbehen, 4 Dynastie
l. Pyramide der Tochter des Cheops (nach Herodot)
m. Angebl. Mörtelgruben.
n. Sogen. Zahlengrab (tomb of numbers)
Grosse (Cheops) Pyramide
Kleine Pyramiden
Sandniederung
Bebautes Land
Arabisches Dorf (Kafr)
Str. von Cairo
DAS PYRAMIDENFELD von GIZE

Besteigung der grossen Pyramide.

Hat man sich zur Besteigung der grossen Pyramide entschlossen, so nehme man zwei von den herumstehenden zudringlichen Gesellen (Bezahlung s. unten; dieselben sollen zwar von dem Schêch bestimmt werden, was aber selten oder niemals geschieht und auch nichts helfen würde, da doch alle den Reisenden mit ihrem fortwährenden Bachschîsch-Anrufen belästigen) und begebe sich an die NO.-Ecke der Pyramide, wo der Anstieg beginnt. Die gewandten und kräftigen Leute schieben, ziehen und stützen den Steigenden und lassen ihn, bevor die Spitze erklommen ist, kaum zum Ausruhen kommen. Da dieses schnelle und anstrengende, weil meist ungewohnte Klettern erhitzt und das Blut in den Kopf treibt, so lasse man sich durch ihr Geschrei nicht irre machen und ruhe verschiedentlich aus, denn nichts ist unangenehmer als in einem erhitzten Zustande oben auf der Spitze anzukommen. Für Damen ist eine angemessene Kleidung erforderlich oder eine mitzubringende Fussbank um die Höhe der Stufen (s. unten) zu theilen. Die ganze Besteigung lässt sich in 10—15 Minuten wohl ausführen, man wird es aber nicht bereuen, die doppelte Zeit darauf verwendet zu haben. Man lasse hier jeden Ehrgeiz möglichst schnell hinaufzukommen bei Seite, auch nehme man die Hülfe der Beduinen wirklich in Anspruch, denn das fortwährende Steigen auf den meist 1m hohen Blöcken greift die Muskeln ungewöhnlich an. Schwierig oder gar gefährlich ist das Hinaufsteigen nicht; dennoch möchte es für nicht Schwindelfreie, namentlich des Hinabsteigens wegen, gerathen erscheinen, unten zu bleiben. Auch auf dem Wege hinauf und hinunter weise man alle Bitten um ein Bachschîsch, an denen es nicht fehlen wird, zurück und verheisse nur ein Trinkgeld nach Vollendung der Arbeit. Auf der Spitze der Pyramide halte man die überlästigen Gesellen mit Entschiedenheit fern, welche Antiquitäten anbieten und Geld zu wechseln wünschen. Diese Plagegeister stören den hier zu gewinnenden Genuss, und wer sich mit ihnen einlässt, wird betrogen werden, denn sie bieten hier nur und nur *falsche* Antiquitäten zum Kaufe an und beim Wechseln benachtheiligen sie sich niemals selbst. Da man auf der Spitze der Pyramide den Sonnenstrahlen ausgesetzt ist, so ist das Mitbringen eines Schirmes zweckmässig, auch blaue Brillen sind wegen des grellen Lichtes von Nutzen.

Der Besuch des Innern der Pyramide ist wohl interessant, aber ebenfalls beschwerlich und unangenehm und sollte erst unternommen werden, nachdem man sich vorher von der Besteigung vollständig ausgeruht hat. Man lasse sich durch das fortwährende Drängen der Führer in keiner Weise irre machen. Es ist ein Kriechen und Klettern in dunkeln, an einigen Stellen, namentlich am Anfang, nicht über 1 m hohen und 1,2 m breiten Räumen und daher ein tiefes Bücken erforderlich. Etwas vollsäftigen oder engbrüstigen Reisenden ist das Eindringen in dieselben entschieden abzurathen. Das Gestein des Bodens ist an manchen Stellen ausserordentlich glatt und die Dumpfheit der mit Fledermausduft erfüllten Luft sowie die mit dem tieferen Eindringen steigende Hitze*) erschweren die Wanderung.

Für die Hülfe beim Hinaufsteigen und beim Besuch des Innern hat man an die Beduinen (beim Hinaufsteigen nehme ein Einzelner zwei derselben in Anspruch; bei einer Gesellschaft genügen drei für zwei Reisende, für den Besuch des Innern einer für jeden Reisenden) einen, wenn auch nicht tarifirten, so doch eingebürgerten Preis von 2½ fr. zu zahlen, einerlei ob man 1, 2 oder 3 Beduinen gebraucht hat. Zufrieden sind die Beduinen mit dieser ganz ausreichenden Vergütung natürlich nicht oder stellen sich doch wenigstens so; falls man keinen Grund zur Unzufriedenheit und von ihren gewöhnlichen Belästigungen nicht zu leiden hatte, mag man jedem 1-2 Silberpiaster Bachschîsch geben. *Aber unter keinen Um-*

---

*) Unterirdische Räume bewahren bekanntlich die mittlere Jahrestemperatur der Gegend, in welcher sie sich befinden, und diese ist bei Kairo 21° Réaumur.

ständen zahle man irgend etwas bevor man nicht die ganze Besichtigung hinter sich hat. Für die Führung zu den andern Sehenswürdigkeiten, wozu natürlich einer genügt, mag man je nach der gebrauchten Zeit 1—2 fr. zahlen.

Die ****grosse Pyramide** wird von den Aegyptern genannt Chufu chut Glanzsitz des Chufu.

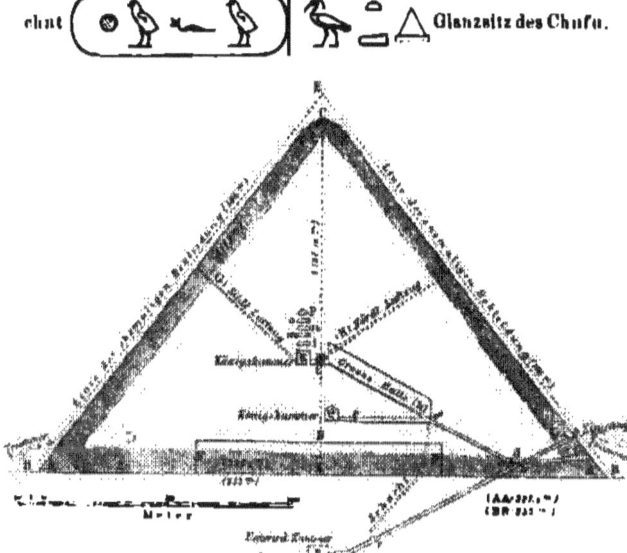

Die Länge ihrer heutigen Grundlinie (Pl. *A A*) beträgt 227,5 m, die der früheren (Pl. *B B*) 233 m; ihre senkrechte Höhe (Pl. *E C*) gegenwärtig 137,18 m, während die frühere (Pl. *E E*) sammt dem dem Felsen angehörigen Sockel (Pl. *F F*) und der jetzt weggefallenen Spitze (Pl. *C E*) 146,52 m betragen haben soll. Höhe der geneigten Seitenflächen (Pl. *A C A*) jetzt 173 m, die der früheren (Pl. *B E B*) 186m. Erhebungswinkel 51° 50'. Das Mauerwerk stellte mit Abzug des Felsenkerns, den es umgibt, und der hohlen Innenräume früher 2,521,000 Cub.-Met., gegenwärtig noch 2,352,000 Cub.-Met. oder 6,848,000 Schiffstonnen dar. Grössenverhältnisse anderer Bauten s. Karte S. 364. Das Material besteht aus den Steinen vom Moḳaṭṭam und von Ṭurra, es enthält viele Petrefacten, unter welchen die Nummuliten (S. 315), die Strabo erwähnt (S. 359), den Hauptbestand bilden. Ueber die Geschichte ihres Baues s. S. 354 und die ihrer Eröffnung S. 363; das Innere s. unten.

Mit zwei Beduinen, denen man die Hände gibt, an der Seite und für denjenigen, welcher es wünscht, noch einem dritten (in dem Preise einbegriffen), der von hinten schiebt, geht es nun, indem man die grossen Granitblöcke ersteigt, aufwärts. *„Iskut walla mâfîsch bachschîsch"* heisst *„schweige oder du erhältst kein Trink-*

Quaderbau, Sphinx & Grosse (Cheops-) Pyramide.
(Ansicht von Süd-Ost.)

Der Sphinx
(Ansicht von Nord Ost.)

geld". Man sehe sich vor, dass bei dem steten Klettern nichts aus den Taschen falle, namentlich kein Geld. Nochmals sei Ausruhen empfohlen und wäre es noch auf der letzten Stufe. Die Fläche auf der Spitze misst gegenwärtig 10m im Quadrat, so dass selbst eine grössere Gesellschaft vollkommen Platz zur freien Bewegung hat.

Die **Aussicht ist äusserst lohnend und überraschend. Nirgends auf der Welt möchte sich so schroff wie hier der Gegensatz zeigen zwischen Leben und Tod, Fruchtbarkeit und Dürre. Im Westen (südl. und nordwestl.) dehnen sich gelbbraune heisse Sandflächen zwischen nackten Klippen aus. Was die thätige Menschenhand hier errichtet, ist farblos und ungeheuer und mahnend zugleich an den Tod und die Unendlichkeit, wie die Wüste. Auf nackter Felsenplatte stehen die anderen Pyramiden und der Sphinx, dessen Kopf aus dem Sande hervorragt, wie der eines Unthiers, das im Staube erstickt. Südwärts in der Ferne die Pyramiden von Abuṣîr, Saḳḳâra und Dahschûr; nördl. die von Abu Roâsch. Alles ist gelb und braun und todt. Gegen Osten dagegen leuchtet der Strom und zu seinen beiden Seiten prangt in freundlichem Blaugrün, bald schmäler, bald breiter, das Fruchtland. Ueberall ziehen Canäle durch die Aecker, an den Ufern wiegen die Kronen der Palmen ihre biegsamen Fächer und werfen durchbrochene Schatten auf die an Dämmen und auf Hügeln Ameisenhaufen gleichenden Fellâḥdörfer. In langer, schnurgerader Linie zieht die Strasse gen Kairo hin. Die Citadelle mit ihren so wirkungsvollen Minarets an der Moschee Moḥammed 'Ali's liegt deutlich vor uns, das Moḳaṭṭam-Gebirge, der Farbenträger dieser Landschaft, leuchtet des Morgens in gelblichen Tönen, am Abend in lichtem Purpur.

Das Hinabsteigen von der Pyramide geht schneller als das Hinaufsteigen, ist aber, wie bereits gesagt, nicht minder beschwerlich, und auch hierbei nehme man die Hülfe der Araber in Anspruch.

Einige Theile des Inneren dieser Pyramide (vgl. Plan S. 366) sind gegenwärtig unzugänglich; wir werden sie, um nicht zu verwirren, nach dem Besuche derjenigen Räume, durch welche man von den Arabern geführt wird, erwähnen. Nochmals sei hier gerathen, sich vorher gehörig auszuruhen.

Der Eingang (Pl. *a*) öffnet sich auf 15m senkr. Höhe bei der dreizehnten Steinlage an der Nordseite*) des Bauwerks. Der grosse Gang *ar*, nur $1,_{06}$m hoch und $1,_{22}$m breit, steigt in einem Winkel von 26° 41′ schnurgerade abwärts und zwar in einer Länge von $97,_{78}$m; indessen hat man ihn nur 19m bis Pl. *d* zu verfolgen. Ein mächtiger dreieckiger Fallstein von Granit (Pl. *b*), der in die Decke eingelassen und zunächst durch Eisenklammern in der Schwebe

*) Die Eingänge zu allen Pyramiden befinden sich an der Nordseite. Die Leichen lagen in Steinsärgen von Norden nach Süden.

gehalten wurde, versperrt hier die Fortsetzung des Ganges. Die Härte des Materials, aus dem er besteht, zwang die arabischen Schatzgräber (S. 363), ihn zu umgehen und eine neue Bahn (Pl. *d*) durch den weicheren Kalkstein zu brechen. Diese Stelle ist die fatalste auf dem ganzen Wege. Von diesen rohen Blöcken aus gelangt man in den 38 m langen Gang (Pl. *c e*), hinter dem die grosse Halle (Pl. *h*) beginnt. Bevor man diese betritt, wende man sich zu dem bei *e* beginnenden horizontalen Gang *ef*, der zu der sogenannten *Königinnenkammer* (Pl. *g*) führt und zuerst nur $1,_{18}$ m hoch, durch eine Vertiefung des Bodens $5,_{46}$ m vor der Kammer $1,_{72}$ m Höhe erreicht. Die Königinnenkammer misst an der N.- und S.-Seite $5,_{18}$ m, an der O.- und W.-Seite $5,_{71}$ m und erreicht die Höhe von $6,_{17}$ m mit Einschluss des spitzen Daches, welches die Wände um $1,_{67}$ m überragt und von gewaltigen, schräg gegen einander gestellten und tief in das Gemäuer eingelassenen Blöcken gebildet wird. Man kehrt zu *e* zurück und betritt die *grosse Halle* (Pl. *h*), den schönsten Theil der kleinlichen Innenräume dieses Riesenbaues. Besonders beachtenswerth ist die Fügung und Politur des feinkörnigen Moḳaṭṭamkalks, ein unübertreffliches Meisterwerk der Steinmetzenkunst. Da man in dieser Gallerie leichter zu athmen und sich freier zu bewegen vermag, so kann man sich überzeugen, dass 'Abdellaṭîf (S. 353) recht hat, wenn er sagt, dass man zwischen die Fugen der Blöcke weder eine Nadel, noch ein Haar zu schieben vermöge. Die grosse Halle ist $8,_{5}$ m hoch und im Ganzen 47 m lang, unten $1,_{04}$ m und von da, wo die unteren je $0,_{51}$ m starken und $0,_{60}$ m hohen Steinpaneele aufhören, $2,_{14}$ m breit. Die Steinlagen der Decke scheinen den Bogen nachahmen zu sollen und zwar durch sieben Lagen nur wenig vorragender Steine, welche dem Abschluss durch horizontale Werkstücke grössere Festigkeit geben und seine Herstellung erleichtern. Die parallelen Einschnitte am Boden und an den Wänden scheinen den Zweck gehabt zu haben, die Heraufschaffung des Sarkophags zu erleichtern; jetzt geben sie dem Fusse des Besuchers besseren Halt auf dem glatten Boden. Am Ende der grossen Halle befindet sich ein kleinerer horizontaler Gang, $6,_{73}$ m lang und $1,_{10}$ m hoch, der sich etwa in der Mitte zu einem Vorgemach (Pl. *i*) erweitert, das durch vier Fallsteine von Granit geschlossen war. Man achte auf die in schwebender Lage befindlichen Reste einer dieser Verschlussplatten. Es folgt nun die *Königskammer* (Pl. *k*), der bemerkenswertheste Raum des ganzen Bauwerks. Länge der Nord- und Süd-Seite $5,_{20}$ m, Ost- und West-Seite $10,_{43}$ m. Höhe $5,_{81}$ m; Höhe von der Grundfläche der Pyramide bis zu ihrem Boden $42,_{28}$ m. Das ganze Gemach ist mit Granit bekleidet und wird von 9 ungeheuren $5,_{64}$ m langen Granitplatten so bedeckt, dass sich diese letzteren mit ihren Enden auf die Seitenwände legen. Es enthält nichts wie einen leeren und verstümmelten Sarkophag von Granit, ohne jede Spur einer Inschrift; der Deckel fehlte schon zur Zeit der französischen Expedition. Länge 2,30 m, Breite 0,[illegible] m, Höhe 1,08 m. Die sehr starken Wände geben, wenn man sie schlägt, einen hellen Ton. Die Königskammer liegt merkwürdiger Weise nicht in der Achse der Pyramide; ihre nördliche Seite ist vielmehr 4,95 m nach Süden zu von dieser entfernt. Die Bedeckung mit langen Platten würde aber bei der furchtbaren Schwere der Lasten über derselben äusserst gewagt sein und hätte wohl zum Einsturz der Decke führen können, wenn die vorsichtigen Architecten des Cheops nicht für die Entlastung der Decke Sorge getragen hätten. Zu diesem Behufe wurden fünf hohle Räume über der Kammer ausgespart. Die vier ersten (*l m n o*) haben flache Decken, der letzte (*p*) wird durch schräg aneinandergelegte Blöcke dachförmig abgeschlossen. Diese Kammern sind nur mit grosser Schwierigkeit von der grossen Halle (s. oben) aus zugänglich.

Die erste *l* heisst nach ihrem Entdecker (1763) Davison's Raum, die vier folgenden fanden die Engländer Vyse und Perring und nannten sie Wellington's (*m*), Nelson's (*n*), Lady Arbuthnot's (*o*) und Col. Campbell's (*p*) Kammer. Die Entdeckung der letzten war besonders wichtig, weil sich in ihr der Name des Chufu (S. 351) gefunden hat. In Lady Arbuthnot's Kammer findet sich der Name Chnum (der Erbauer) Chufu. Diese Inschriften sind in rother Farbe als Bauzeichen auf die Steine geschrieben worden, und zwar schon in den Brüchen, da sie auf den vermauerten Blöcken theilweis auf dem Kopfe stehen.

Die 0,90 m über dem Boden der Königskammer mündenden und an die Oberfläche der Pyramide führenden durch Vyse eröffneten *Luftzüge w* und *x*, durch welche die Königskammer ventilirt wird, sind nur 0,15 m hoch und 0,20 m breit und erweitern sich nach aussen hin um wenige Zoll. Der nördl. Luftgang ist 71 m, der südliche 53,2 m lang. Man geht den Weg zurück, den man gekommen, und begrüsst, wenn man dem finsteren Schachte entstiegen ist, Luft und Licht so freudig wie ein aus dem Grabe Erstandener.

Die weiteren *nicht zu besuchenden* bisher bekannt gewordenen *inneren Räume* der grossen Pyramide sind folgende: Der erste nach unten führende Gang *a b r* setzt sich in gerader Linie 97,[illegible] m fort und verläuft in einen horizontalen Gang von 8,[illegible] m Länge, 0,[illegible] m Höhe und 0,[illegible] m Breite, der in eine unterirdische aus dem Felsen gehauene Kammer *s* führt. Ost- und West-Seite 14 m, Nord- und Süd-Seite 8,[illegible] m lang, Höhe 3,[illegible] m. Sie liegt nicht genau in der Achse der Pyramide und ihr Boden 30,[illegible] m unter der Basis derselben. Der unterirdische Horizontalgang *t* führt zu keinem Ziele. Herodots Bericht (S. 355), dass die zu Cheops eigenem Gebrauche hergerichtete unterirdische Kammer auf einer Art von Insel gestanden, die ein aus dem Nil hierher geleiteter Kanal umflossen habe, beruht auf einem Irrthume, denn dieselbe liegt über dem höchsten Ueberschwemmungsniveau des Nils und Untersuchungen ergaben, dass vom Strome aus kein Gang hierher geführt habe. — Vom untern Ende der grossen Halle führt ein roh gearbeiteter Schacht, den Davison bereits 1763 gefunden hat, in die Tiefe. Durch Engländer hat derselbe in Folge einer falschen Uebersetzung den Namen des „well" d. i. Brunnen erhalten. Der unternehmende Seemann Caviglia fand seine Mündung in dem zu der unterirdischen Kammer führenden Gang (*r*) und Wilkinson bemerkte richtig 1831, dass er für die Arbeiter, welche die oberen Gänge mit Blöcken versperrt hatten, angelegt worden sei, um durch ihn die Pyramide zu verlassen. Jedenfalls ist er später hergestellt worden als das Gemäuer, da man deutlich sehen kann, dass er in dieses eingeschlagen worden ist.

Die **zweite Pyramide** (weder zu besteigen noch im Innern zu besuchen), von den Aegyptern ur, die grosse, ansehnliche genannt, ist von Chefren, den die Aegypter Chafra nennen, und dessen Portraitstatue im Museum von Bûlâk zu sehen ist (S. 321), erbaut worden, doch hat man bis jetzt seinen Namen an derselben nirgends entdeckt. Sie scheint höher zu sein als ihre grössere Nachbarin und zwar in Folge des Umstandes, dass der Felsen, auf dem sie erbaut ist, die Basis der Cheopspyramide überragt. Um sie auf eine horizontale Fläche zu stellen, musste viel von dem namentlich nach W. und N. zu sich erhebenden Felsboden abgetragen werden. Die geglättete Umgangsfläche an der Basis der Pyramide wurde mit Kalksteinplatten belegt (s. S. 380). Im Osten Reste des wohl bei allen grossen Pyramiden für den Todtencult der in ihnen begrabenen Pharaonen errichteten Tempels (S. 380). Es scheint, als wären die Bekleidungsplatten, die noch in der Mitte des 17. Jahrh. müssen erhalten gewesen sein, roh aufgelegt und erst an der Pyramide geglättet worden, und zwar begannen die Polirer an der Spitze und setzten ihre Arbeit nach unten fort. Die Lagen an der Basis blieben ungeglättet, ein Umstand, der die Franzosen auf die Vermuthung führte, die zweite Pyramide habe auf einem Sockel gestanden. Dem kühnen und glücklichen Entdecker *Belzoni**) gebührt fast ausschliesslich das Verdienst, diese Pyramide eröffnet zu haben.

Zu dem *Innern* führen zwei jetzt verschüttete Eingänge, beide an der Nordseite. Der eine mündet in der geglätteten Fläche vor der Pyramide und war durch das Pflaster verborgen; der andere an der N.-Seite der Pyramide selbst, jetzt 11,54m, früher 15m über der Grundfläche. Dieser höher gelegene Gang, Anfangs mit Granit bekleidet, führt in einem Winkel von 25° 55' 32m abwärts, und zwar zunächst in einen

---

*) *Giambattista Belzoni's* Name wird dem Reisenden so oft und in Verbindung mit so wichtigen Entdeckungen begegnen, dass eine kurze Notiz über diese merkwürdige Persönlichkeit nicht ohne Interesse sein wird. Geboren 1778 zu Padua als Sohn eines armen Barbiers, ward er als Mönch erzogen, und zwar zu Rom, wo er, mit besonderen Gaben des Geistes und Körpers ausgerüstet, sich wie er nur konnte im Zeichnen übte. Als die Franzosen Rom besetzten, verliess er diese Stadt, ging nach England, und musste in London, um sein Leben zu fristen, als Apollo und Herkules auftreten, benutzte aber seine Zeit zur weitern Ausbildung seiner Kenntnisse, namentlich in der Wasserbaukunde. Mit seiner kühnen Frau begab er sich nach Aegypten, wo er 1815 anlangte und zunächst wiederum als Tänzer sein Dasein fristen musste. Mohammed 'Ali ward aufmerksam auf ihn und lieh ihm seine Unterstützung. Sein erstes grösseres Unternehmen bestand in der Eröffnung der Chefren-Pyramide. Ferner entdeckte er das schönste aller Königsgräber, No. 17, zu Theben (Seti I), eröffnete den Felsentempel von Abu Simbel, fand die Smaragdgruben von Zabara und die Trümmer des alten Berenike am rothen Meere. Er starb auf einer Reise ins Innere Afrika 1823. Ein Riese an Gestalt, imponirte er den Arabern so sehr, dass er sie zu den ungewöhnlichsten Leistungen zu veranlassen wusste. Dabei war er ein einsichtiger Forscher, ein genauer und sehr geschickter Zeichner. Seine theils von ihm selbst, theils von seiner Wittwe herausgegebenen Schriften haben heute noch Werth.

horizontalen Stollen und dann zu der Grabkammer, welche nach ihrem Entdecker „Belzoni's Kammer" genannt wird und 1,16m östl. von der Achse der Pyramide endet. Sie ist im Winkel der Pyramide mit bemalten Kalksteinplatten schräg bedacht, sonst aus dem Felsen gehauen. Höchste Höhe 5,86m, Länge von O. nach W. 14,20m, Breite von N. nach S. 4,94m. Belzoni fand hier einen mit Geröll erfüllten granitenen 0,9m hohen, 2,08m langen und 1,00m breiten Sarkophag ohne Inschriften in den Boden eingelassen. Der Deckel war zerbrochen. Der *untere*, im Pflaster an der Nordseite der Pyramide mündende Gang führt zuerst in einem Winkel von 21° 40' abwärts, gelangt zu einer Fallthür, läuft 18m in horizontaler Richtung fort und wendet sich wiederum aufwärts, um, nachdem er eine Länge von 29,23m erreicht hat, in den wagerechten zu Belzoni's Kammer führenden Stollen einzumünden. Oestlich von der Mitte des horizontalen Theiles dieses unteren Ganges war eine kleine Kammer eingelassen, und westlich durch einen 6,7m langen gesenkten Gang mit ihm verbunden ein in den Felsen gehauener Raum, 2,56m h., 10,36m l. und 3,14m breit. Die heutige senkrechte Höhe dieser zweiten Pyramide beträgt 136,40m (früher 138,14m), die Grundfläche 210,46m (früher 215,16m), die Höhe der geneigten Seitenfläche 171,74m (früher 174,50m) und der Neigungswinkel 52° 20'. Das Mauerwerk ist heute noch 1,659,200 Cubikmeter oder 4,883,000 Schiffstonnen (früher 1,886,700 C. M. oder 5,300,000 Tonnen) mächtig.

Die **dritte Pyramide** (ebenfalls nicht zu besteigen) wird von den Aegyptern her, die obere genannt und wurde von Menkaura, dem Mykerinos des Herodot errichtet. Die Felsenbasis, auf der man sie errichtete, war abschüssig und man stellte die nothwendige Horizontalfläche nicht durch Abtragung des Gesteins, sondern durch Aufmauerung mit Hülfe von ungeheuren Blöcken her. Die Werkstücke, aus denen ihr Körper besteht, sind besonders gross und fein bearbeitet; sie ist im unteren Theil mit polirten Granitplatten bekleidet, weiter nach oben hin mit ungeglätteten Steinen. Der Mantel und die Füllung der Stufen sind so beschädigt, dass man fast überall die Absätze, aus denen ihr Kern besteht, erkennen kann. An der Ostseite ebenfalls Reste eines Tempels (vergl. S. 380). Ueber den Bau und die Zerstörungsversuche der dritten Pyramide s. S. 356 u. S. 363.

Das *Innere* dieses Bauwerks bietet nach mancher Richtung hin besonderes Interesse und würde auch leicht (und bequemer als das der Cheops-Pyramide) zu besuchen sein, wenn die faulen, nur auf Bachschisch bedachten Beduinen nicht den Eingang versanden liessen. Eingang im Norden 3,9m über der Grundfläche. Ein im Winkel von 26° 2' geneigter Gang *a c* führt 31,75m abwärts, 8,38m mit Granitbekleidung durch das Mauerwerk *a b*, dann durch den Felsen *b c*. Von *c* aus führt ein leise nach unten geneigter Horizontalgang *c d* zu einem grossen Gemach *e*; aber nicht ohne Hinderniss, denn ein 2,13m hohes, 3,63m langes und 3,45m breites, weiss getünchtes Vorzimmer *f* ist zu durchschreiten und mächtige Blöcke, sowie 3 Fallthüren *g* (hinter ihm) wurden verwendet, um ein weiteres Vordringen zu hindern. Endlich führt ein beinah wagerechter (Neigung 4°) 12,43m langer Gang *h d* in das grosse Gemach *e*, welches, wegen der Ungleichheit des Felsens unter dem fortgerissenen Pflaster 3,54m–4,64m hoch, 10,48m lang und 3,84m breit ist. Die Trümmer eines in den Boden eingelassenen Sarkophags wurden gefunden; doch gehörte dieser nicht dem Menkaura, dessen Grabkammer sich noch weiter nach unten sorglich verwahrt befindet.

Das Pflaster des Gemaches *e* verdeckt die Mündung eines Schachtes von 9m Länge, der durch eine Fallthür verschlossen und an jeder Seite mit Granitvorsprüngen von je $3,_{3}$m Breite und $0,_{71}$m Höhe versehen ist, welche die Fortschaffung des in der Kammer *i* aufbewahrten Sarkophags verhindern sollen. Hinter dem Fallsteine setzt sich der geneigte Gang

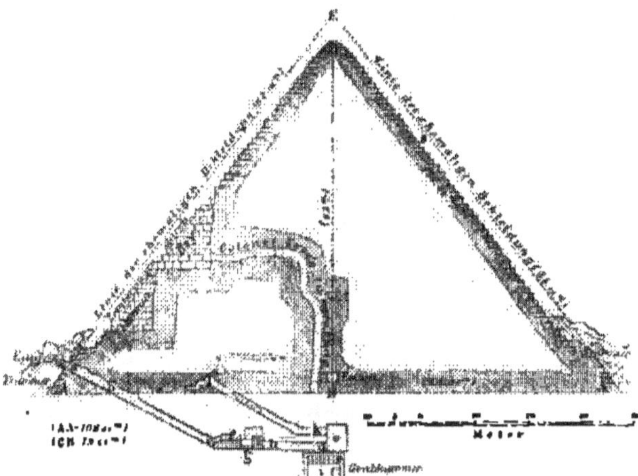

Gegenwärtige senkrechte Höhe (Pl. *B D*) der *dritten Pyramide* 62m, frühere (Pl. *BC*) senkrechte Höhe $66,_{4}$m, Grundfläche (*A A*) $108,_{04}$m, geneigte Seitenflächen (*A B A*) gegenwärtig $79,_{61}$m, früher (*A C A*) $84,_{78}$m, Neigungswinkel 51°.

noch $0,_{74}$m fort und endlich führt ein 3m langer horizontaler Stollen in die eigentliche *Grabkammer* (Pl. *i*). Von allen in den Pyramiden gefundenen Räumen ist dieser weitaus der interessanteste. Er ist mit $0,_{76}$m starken Werkstücken von Granit belegt, seine Decke trägt die Form des Bogens der sogenannten englischen Gothik. Er wurde hergestellt, indem man die dachförmig gegen einander gelegten Blöcke der Decke so ausmeisselte, dass sie diese Gestalt gewannen. Es wurde in ihr der Sarkophag des Menkaura gefunden. Derselbe, von aussen $0,_{89}$m hoch, $2,_{44}$m lang und $0,_{94}$m breit, war wohlerhalten, als Vyse ihn fand, der Deckel fehlte; seine Trümmer lagen aber in der Kammer *e* und bei ihm der obere Theil des hölzernen Sarges, der, wie die ihn bedeckende Inschrift lehrte, die Leiche des Menkaura geborgen hatte. Der Steinsarkophag bestand aus braunem, im Bruche blauem Basalt. Er ging mit dem Schiffe, das ihn nach England führen sollte, in der Nähe von Carthagena in Süd-Spanien zu Grunde, doch haben sich Abbildungen seiner feinen architektonischen Gliederung erhalten. Die Inschrift des im britischen Museum conservirten Holzdeckels lautet folgendermassen: „Osirischer König Men-kau-ra [cartouche] ewig lebender, der Du dem Himmel entstammst, der unter dem Herzen getragen ward von Nut und Erbe des Seb. Deine Mutter Nut breitet sich aus über Dich in ihrem Namen, der da ist das Mysterium des Himmels. Sie hat Dir gegeben zu sein wie ein Gott, zunichtemachend Deine Feinde, König Menkaura, ewiglebender." Herodot hat demnach ohne Zweifel Recht, wenn er Mykerinos (Menkaura) als Bauherrn der dritten Pyramide nennt, doch lässt Manetho die Königin Nitokris aus der VI. Dynastie (S. 102) dabei betheiligt sein.

Die drei *kleinen* südlich dahinter liegenden Pyramiden bieten kein Interesse. In der Todtenkammer der mittleren findet sich an der Decke (gemalt) der Name Menkaura nochmals.

Etwa 600 Schritt östlich von dem Plateau der zweiten Pyramide erhebt sich aus dem Wüstensande der

****Sphinx** †), ausser den Pyramiden das berühmteste Denkmal auf diesem weiten Todtenfelde. Er ist aus dem lebenden Felsen gehauen, dem man da, wo das natürliche Gestein nicht ausreichte, versucht hat mit Hülfe von Mauerwerk die Form eines liegenden Löwen mit dem Haupte eines Menschen zu geben. Den Leib liess man unbearbeitet, oder gab ihm doch nur ungefähre Formen, dagegen war der Kopf ursprünglich höchst sorgfältig ausgehauen. Die ganze Höhe dieses Denkmals soll vom Scheitel bis zu dem Pflaster, auf dem die Vorderbeine des Löwen ruhen, 20m betragen (s. unten), indessen ragen meist nur Kopf, Hals und ein kleiner Theil des Rückens aus dem sich stets verändernden Wüstensande empor. Das Ohr ist (nach Mariette) $1,_{37}$m, die Nase $1,_{70}$m, der Mund $2,_{32}$m gross und die grösste Breite des Gesichts beträgt $4,_{15}$m. Wenn man sich auf die obere Rundung des Ohres stellt, ist man doch nicht im Stande mit der Hand die Höhe des Scheitels zu berühren. Früher wäre das noch weniger möglich gewesen, da der Sphinx einen Kopfschmuck trug, der aber ebenso wie der grösste Theil des Bartes abgebrochen ist. Beklagenswerther sind die Beschädigungen des Angesichtes, das erst durch den Wahnglauben eines bilderstürmenden Schêch, dann durch die Rohheit der Mamluken, welche das Gesicht des Sphinx als Schiessscheibe benutzten, schwer verletzt worden ist. Man sollte meinen, dass es zu 'Abdellaṭîf's (S. 353) Zeiten vollkommen erhalten gewesen sei, denn er sagt von ihm „dieses Gesicht ist sehr ansprechend und trägt den Stempel der Anmuth und Schönheit; man möchte sagen, es lächle liebreizend“ und hebt die Genauigkeit der Proportionen an dem Haupte des Sphinx besonders hervor; aber ein älterer Schriftsteller spricht schon von seiner verstümmelten Nase, die jetzt vollkommen zerstört ist, und wohl nur in Folge dieses Umstandes gewinnt das ursprünglich schöne Gesicht, dessen Mund noch immer zu lächeln scheint, etwas Negerhaftes. Die früheren röthlichen Farben an dem Stein sind jetzt gänzlich verloschen. Die Araber nannten den Sphinx „abu'l hôl“, Vater des Schreckens, oder früher Belhit, ein Wort, das sich aus dem koptischen ⲃⲉⲗ-ϩⲏⲧ (bel-hit) erklären lässt und Einen, der das Herz oder die Intelligenz in den Augen trägt, also einen Wachsamen bedeu-

---

†) Der Sphinx (S. 181) ist aegyptisch männlichen Geschlechts und erscheint mit Widder- und Männer-, niemals aber mit Frauenköpfen.

ten würde. Wie oft ist später, unabhängig hiervon, der Sphinx der Wächter der Pyramiden genannt worden! Die Araber glaubten, dass er mit dämonischer Macht den Sand zurückzuhalten vermöge. Der S. 364 genannte Seemann Caviglia unternahm zuerst auf Kosten (450 Pfund St.) einer englischen Gesellschaft die vollkommene Freilegung des Sphinx. Er fand den zu dem ungeheuren Denkmale führenden Stufenweg und zwischen den Löwenbeinen einen sorgfältig gepflasterten Boden, an dessen Ende (nach der Brust des Sphinx hin) sich eine offene tempelartige Anlage erhob, die durch zwei von einem Durchgang, in dessen Mitte ein dem Sphinx zugewandter kleiner Löwe lag, unterbrochene Schranken abgeschlossen war. Im Hintergrunde und an den Seiten stand als Mauer je eine Stele. Die bei der Brust des Sphinx stehende bot das besondere Interesse, dass sie datirt war, und zwar aus der Zeit des der 18. Dynastie angehörenden Tutmes III. Einige dieser Funde werden im Britischen Museum conservirt. Auch Mariette hat den ganzen Sphinx blossgelegt.

Die Sphinxstatue zur Zeit der Ausgrabung.

Geschichte des Sphinx. Schon Lepsius wies 1843 darauf hin, dass der Sphinx nicht erst in der 18. Dynastie, wie doch die erwähnte Stele zu glauben veranlasste, gegründet sein könne. Diese ist aus dem 1. Jahre Tutmes III. datirt, und in 12 Monaten war kein solches Riesenwerk herzustellen, ferner lag es den Königen, die in Theben residirten, fern, die memphitische Todtenstadt mit solchem Weltwunder zu schmücken und endlich fand sich links auf der zweitletzten der zusammenhängenden Zeilen der Steleninschrift

☉ vernichtet war. Da der Sphinx mit der Pyramide dieses Königs ungefähr in der gleichen Richtung liegt, so empfahl es sich, den Erbauer der zweiten Pyramide zugleich für den Schöpfer des Sphinx zu halten. Diese Vermuthung gewann neuen Halt durch den Fund der Chefren-Statuen in dem dem Sphinx benachbarten Felsentempel (S. 376). Und doch scheint unser Denkmal auf ein noch höheres Alter Anspruch erheben zu dürfen, denn M. Mariette fand bei einem zertrümmerten Bauwerk am Fusse der südlichsten jener drei Pyramiden, welche sich östlich von der grossen Pyramide erhoben, einen seiner Zeit eingemauerten Stein (S. 320) mit Inschriften, aus denen hervorzugehen scheint, dass der Sphinx schon in den Tagen des Chufu existirt habe und also vor der ersten Pyramide hergestellt worden sei. Es heisst auf der rechten Seite des Steins wörtlich: ‚Der lebende Horus, der König von Ober- und Unteraegypten Chufu, der Leben spendende, fand (durch Ausgrabung) den Tempel der Isis, der Patronin (ḥant) der Pyramide an der Stätte (d. i. in unmittelbarer Nachbarschaft) des Tempels des Sphinx.‘

Der Sphinx wird hu geschrieben, was *behüten*, *bewachen* und den *Wächter* bedeutet, ganz wie das spätere bel-hit (S. 373). Auf unserer Stele, die, wenn sie nicht dem Chufu selbst entstammt, als Erneuerung einer anderen von dem Erbauer der ersten Pyramide hergestellten betrachtet werden muss, wird der Sphinx auch „hu des Harmachis“ genannt und seine blosse Erwähnung durch Chufu beweist, dass er zu seiner Zeit vorhanden war. Die grosse Stele Tutmes III. zwischen den Tatzen des Hüters der Todtenstadt haben wir schon erwähnt. Der berühmte Pharao (S. 104), der sie aufstellen liess, restaurirte den Sphinx und hielt ihn besonders in Ehren, wie zahlreiche kleine Monumente beweisen, auf denen das Bild des Sphinx neben dem seinen oder seinem Namen zu sehen ist. Auf der erwähnten Stele redet der Sphinx zu ihm „wie ein Vater zu seinem Sohne“ und sagt dem Pharao „ich bin Dein Vater Harmachis“. Zu verschiedenen Zeiten mehr oder minder versandet, genoss unser Denkmal noch unter den römischen Kaisern grosse Bewunderung und Verehrung, wie eine nicht geringe Anzahl von jetzt vom Sande bedeckten Inschriften beweist, durch die sich römische Unterthanen auf dem Sphinx, der merkwürdigerweise weder von Herodot, noch von einem späteren griechischen Reisenden genannt wird, verewigten.

Bedeutung des Sphinx. Die Griechen und Römer nennen ihn Harmachis oder Armachis, was dem altaegyptischen Har-em-chu d. i. Horus am Horizonte, oder der Sonne im Stadium des Aufgangs entspricht. Harmachis ist das junge Licht welches das Dunkel, die Seele welche den Tod, die Fruchtbarkeit welche die Dürre besiegt. Er, der kraftvolle Kämpfer gegen Typhon, hat den Bösen in verschiedenen Gestalten besiegt. Die glänzendsten Thaten verrichtete er als geflügelte Sonnenscheibe; aber auch als Löwe mit dem Menschenhaupte, also als Sphinx, warf er die Feinde zu Boden und zwar in dem nach dieser That der Leontopolitanische genannten Nomos, und in einem Berliner Papyrus heisst es, die solare Gottheit erzeuge sich selbst und zwar in Löwengestalt zu neuen Formen. Harmachis in der Gräberstadt verheisst den Verstorbenen die Auferstehung; Harmachis, der genau gen Morgen gerichtet ist und dessen Angesicht zuerst wiedererscheint vom Glanz der aufgehenden Sonne, bringt der Welt das Licht nach dem nächtigen Dunkel; Harmachis am Saume des Fruchtlands besiegt die Dürre und wehrt dem Sande die Aecker zu verschlingen. Diese Kraft ward dem Sphinx-Harmachis, den grichische Inschriften geradezu Agathodämon, den guten Geist, nennen, noch in später Zeit von den Arabern zugeschrieben. Dem Harmachis eignet der Morgen des Tages und von Morgen her zeigt er sich der Oberwelt. Der Osten gehört ihm, und es ist deswegen leicht erklärlich, warum Tutmes III., welcher weiter nach Morgen vordrang, als irgend ein König vor ihm, dem Sphinx-Harmachis besondere Ehrfurcht erweisen und ihn zu seinem „Schutzpatron" erwählen mochte. Jeder Pharao ward, wie wir wissen, als eine irdische Erscheinungsform des Ra, und wie mehrere Denkmäler bezeugen, des Ra Harmachis betrachtet. Darum wählten die Könige später den Sphinx, um die Göttlichkeit ihrer Herrschermission zu symbolisiren und liessen gern an dem den Löwenleib krönenden Menschenhaupte ihr eigenes Bildniss anbringen. Der Königssphinx wird neb, d. i. der Herr genannt. Die Assyrer versahen ihre Sphinxgestalten mit Flügeln, den Symbolen der Schnelligkeit und des Vermögens sich über die irdischen Dinge zu erheben.

3/4 St. direct südl. vom Sphinx befindet sich am Rande der Wüste eine den Beduinen bekannte Stelle, wo aus einem miocänen Sande eine grosse Menge von Petrefacten zu Tage tritt. Liebhaber hiervon können hier zu reicher Ausbeute gelangen; namentlich sind es die merkwürdigen Seesterne (Clypeaster), welche von den Beduinen so vielfach zum Kauf angeboten werden. — 1 St. weiter in der Wüste soll versteinertes Holz (vgl. S. 348) vorkommen.

Wenige Schritte südöstl. vom Sphinx entdeckte 1853 M. Mariette einen grossen ***Quaderbau** aus Granit und Alabaster, dessen innere Räume jetzt frei von Sand gehalten werden, sodass man ihn in allen Theilen bequem zu besichtigen vermag. Seine Bestimmung hat man noch nicht ergründet, nur das scheint sicher zu sein, dass der Sphinx und dieser Bau zusammengehörten. Die S. 320 erwähnte Stele des Chufu spricht von einem Tempel des Sphinx. Nach den hier gefundenen Statuen des Chefren (S. 321) liesse sich annehmen dass wohl er der Gründer dieses Bauwerkes sei, und wir hätten vor uns die einzige uns erhaltene tempelartige Anlage aus dem *alten* Reich. Dennoch gleicht es einer Mastaba (S. 391) so sehr, dass man es, zumal es zu der Nekropole von Memphis gehört, für ein dem Todtencult gewidmetes Monument halten möchte. Es ist nicht unwahrscheinlich, dass es, wie die zweite Pyramide als Grab des Chefren, als Versammlungsstätte der Verehrer der Manen desselben Königs errichtet worden ist. Das Bauwerk selbst kann als schönes Muster der grossartigen Einfachheit der Baukunst in jenen frühen Tagen betrachtet werden. Die Technik der Behandlung des härtesten Materials hat ihren Gipfel erreicht. Der Meissel, welcher in der Hand des Steinmetzen solche Granitblöcke so zu bearbeiten verstand, konnte von Künstlerhand geführt, zum Schöpfer der Chefrenstatuen werden.

Nachdem man durch einen erst neuerdings künstlich hergestellten treppenartigen und gegen Sandverwehungen durch Seitenmauern geschützten Gang (Pl. *aa*) hinabgestiegen ist, tritt man durch eine Thür (*b*) in einen 25m langen gegen Osten niedersteigenden Gang (*bb*) von 2m Breite. Auf der Hälfte desselben ist r. ein Zugang zu einer ganz aus Alabasterblöcken bestehenden Kammer (*c*), gegenüber l. der Eingang (*d*) zu einer Treppe, die in rechtem Winkel in eine kleine Kammer ansteigt, deren nach Süden sehende Oeffnung auf die Granitbedachung des früheren Tempels führt. Gang und Kammer sind ebenfalls von Alabasterblöcken. Am östlichen Ende des Corridors betritt man einen, von N. nach S. 25m langen, 7m breiten und mit 6 monolithischen Granitpfeilern von 1 bis 1,4m Durchm. geschmückten Raum (Pl. *e*). Die Pfeiler sind durch ebenso colossale Verbindungs-Deckstücke verbunden, die noch am Platze sind. An diesen Raum stösst gegen W. ein ähnlicher (Pl. *f*) von 17,4m Tiefe bei 9m

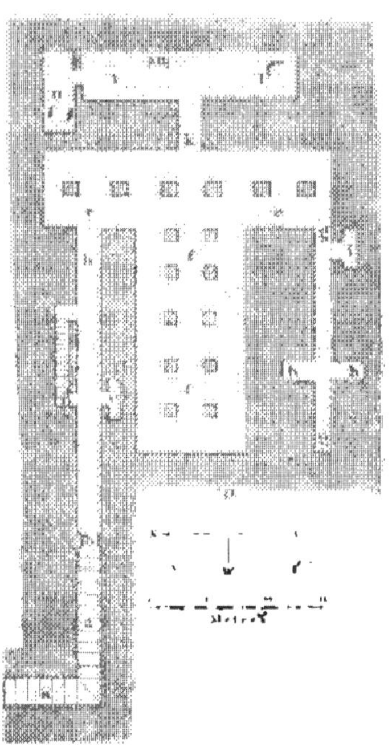

Breite, dessen Decke von zwei Reihen von je 5, also 10 Granitpfeilern getragen wurde. In der SW.-Ecke des ersteren Raumes *e* öffnet sich eine Thür *g*, durch welche man in einen Corridor *gg* tritt, von dem sich gleich links ein kleines kammerartiges Gemach *i* abzweigt. Weiterhin bei *hh* und ebenso am Ende von *gg* öffnen sich in zwei Etagen über einander Nischen, die wahrscheinlich zur Aufnahme von Mumien bestimmt waren. Aus dem Corridor in den Raum *e* zurückkehrend hat man an dessen östlicher Seite in der Mitte einen Durchgang *k* zwischen 4m starken Mauern, der in einen letzten östlichen Raum *l* ohne Säulen führt. In diesem fand Mariette an der mit *m* bezeichneten Stelle des Planes in einem tiefen, Wasser haltenden, jetzt ganz mit Sand ausgefüllten Brunnen neun verschiedene Statuen des Chefren, von welchen die besten im Museum von Bûlâk (S. 321) aufbewahrt werden; auch mehrere aus Stein gearbeitete Hundsaffen (S. 154) fanden sich im Sande. An der nördlichen und südlichen Schmalseite dieses Raumes *l* befinden sich zwei Nebenkammern, von denen jedoch nur die nördliche (*n*) sichtbar, die südliche vermauert ist.

Von den Gräbern, die um die einzelnen Pyramiden herliegen, und in denen die Verwandten, Priester und hohen Beamten der königlichen Erbauer begraben liegen, wird gewöhnlich besucht das

Zahlengrab (Pl. *n*), den Beduinen unter der engl. Bezeichnung *tomb of numbers* bekannter, wegen der numerischen Aufzählung (die sich in den meisten Gräbern wiederfindet) des Viehstandes seines Besitzers so genannt, am östlichen Abhang des Pyramidenplateaus (S. 352). Dieses Grab gehörte einem gewissen *Chafra anch* und seiner Gattin *Hemeka*. Die Darstellungen und Hieroglyphen in demselben sind theils ganz zerstört, theils nur schwer mehr zu erkennen. Chafra anch war ein „semer" oder Genosse, ein „suten rech" oder Blutsverwandter des Königs, dem auch seine Gattin, eine Priesterin der Neith, durch ihre Geburt nahe stand. Er selbst rühmt sich der erlauchte Priester der Pyramide des Chafra, genannt „die Grosse", gewesen zu sein. An der östlichen Wand des Hauptgemachs sehen wir Schreiber, welche aufzeichnen wie viel Stück Vieh von jeder Art ihr Gebieter besessen. Die Repräsentanten der Heerden, bei denen die Zahlen stehen, sind vortrefflich ausgeführt und naturwahr selbst in ihren Bewegungen. 𓍢 = 100, 𓎆 = 10, 𓏺 = 1. Durch Wiederholungen der 𓍢 wird die Zahl der Hunderte, durch Wiederholungen der 𓎆 die Zahl der Zehner ausgedrückt.

𓍢𓍢𓍢𓍢𓎆𓎆𓏺𓏺𓏺
𓍢𓍢𓍢𓍢 𓎆 𓏺𓏺 = 835 und Chafra anch besass 835 Stiere, 220 Rinder ohne Hörner, 760 Esel, 2235 antilopenartige Ziegen, 974 Ziegen. Ausser den Thieren sieht man in mehr oder weniger zerstörtem Zustande eine Bootfahrt, die Vermessung des Korns, das Fällen von Bäumen etc. und an der Südwand das Bildniss des Besitzers mit seiner Gemahlin, beide in sitzender Stellung, davor beladene Opfertische.

***Campbell's Tomb**, das man auf dem Rückwege von dem Sphinx zur grossen Pyramide besuchen möge, ist in seinen Dimensionen bedeutender als viele der S. 379 genannten Grüfte. Es entstammt, wie die Inschriften lehren, erst dem 7. Jahrhundert und der 26. Dynastie. Sein oberer Theil ist ganz zerstört; der tiefe und weite Schacht, auf dessen Boden eine mit wirklichen Bogen von 3,35m Spannung überwölbte Grabkammer angelegt ward, liegt jetzt ganz offen zu Tage. Colonel Vyse entdeckte es 1837 bei seinen Grabungen und benannte es nach dem damaligen englischen General-Consul in Aegypten Colonel Campbell. Der Schacht ist 9,20m breit von O. nach W., 8m von N. nach S. und 16,30m tief. Die Sarkophage, welche man hier fand, standen nicht in dem überwölbten Bau, sondern in Grotten. Der eine, der sich im British Museum befindet, besteht aus rothem Granit, trägt auf dem prismatischen, reich beschriebenen Kasten einen gewölbten Deckel mit der bärtigen Mumienmaske am Kopfende und eine reiche Menge von funerären Darstellungen und Inschriften im Styl der 26. Dynastie. Ein zweiter Sarkophag von Basalt, ein dritter von weissem quarzigen Gestein, und ein vierter von Basalt wurden in den Grotten gefunden. Alle waren geöffnet und der Leichen beraubt. Auch in die gewölbte Kapelle hatte man an der Westseite einen Eingang gebrochen, doch ist derselbe jetzt nicht mehr zugänglich.

***Rundgang um das Pyramidenfeld von Gise** (vgl. S. 353). Nach Besteigung und Besichtigung des Innern der grossen Pyramide (S. 366) wenden wir uns, der punktirten Linie auf dem Kärtchen (S. 364) folgend, vor dem Eingang links (W.) den Schutthügel hinab und wandern zur NW.-Ecke der Pyramide, wo deren Grundstein (Pl. *b*) blossgelegt ist. Im W. und SW. hat man eine grosse Anzahl von Gräbern (Maṣṭaba, S. 391) vor sich, jedoch fast alle sehr schlecht erhalten, grösstentheils verschüttet und kaum aus dem Sande hervorragend, sodass das Innere unzugänglich und für den Laien überhaupt nichts an denselben zu sehen ist.

Nicht weit von dem obengenannten Grundstein (Pl. *b*) liegen u. a. zwei unter dem Sande verdeckte Maṣṭaba, von welchen die eine sich ein gewisser Senef'em-ab bauen liess, und in welcher sich unter andern sorgfältig ausgeführten Darstellungen das Bild des Verstorbenen, der auf einer Sänfte sitzt, die von 13 Leuten getragen wird und welcher zwei Jagdhunde folgen, fand. Die andere gehörte ebenfalls einem Senef'em-ab mit dem Beinamen Meba d. i. „schöner Name", der einer der höchsten Würdenträger jener Zeit gewesen zu sein scheint und mit der Königstochter Chent-kau-s vermählt war. Er bekleidete hohe priesterliche Aemter, war Schatzmeister und Vorsteher der Getreidemagazine, eine schon so früh vorkommende Würde, die an Joseph den Hebräer erinnert. Ausserdem war er Kriegsminister, wörtlich: „Vorsteher des doppelten Kriegshauses".

Ferner liegen der n.w. Ecke der zweiten Pyramide gegenüber (ebenfalls vom Sande verschüttet und nicht zu sehen) Gräber von drei aegypt. Reichsgrossen aus der 5. Dynastie, welche die Genealogie einer Familie enthalten, die sich durch vier Generationen suten rech (S. 378) oder königliche Blutsverwandte nennen darf. Da sich hier auch die Könige erwähnt fanden, denen die Verstorbenen dienten, so haben diese Gräber wesentliche Hülfe bei der Herstellung der Regierungsfolgen in der 5. Dynastie geleistet. Der Ahnherr des Hauses Schepseskaf anch lebte unter dem Pharao Schepseskaf. Sein ältester Sohn Aimeri diente noch dem Nefer ar ka ra, und dessen Sohn Ptah bau nefer war Priester des Ra en user, und nennt sich auch einen Propheten des Chufu, d. h. der Manen des Erbauers der ersten Pyramide. Zwei Pfeiler sowie der sie verbindende Architrav dieses Mastaba befinden sich im Berliner Museum. Ptah bau nefers ältester Sohn hiess Ptah nefer sam. Ata gehörte gleichfalls zu dieser Familie und diente ebenfalls dem Ra en user, an dessen Hofe er die Würde eines Musikdirectors bekleidete, da er sich nennt den „Vorsteher des Gesanges, welcher erfreut das Herz seines Gebieters durch schönen Gesang in den inneren Gemächern (chennu) der hohen Pforte", aegyptisch „peraa", ein Wort, aus dem das biblische Pharao entstanden ist.

Die äusserlich am besten erhaltenen und auch die grössten von diesen Gräbern befinden sich in nordwestl. Richtung von der zweiten Pyramide (vergl. die punktirte Linie auf dem Plan S. 352) bei Pl. *e*. Hier ist eine schöne Thürtrommel und eine gut erhaltene Hieroglyphen-Inschrift zu sehen. Auch nördl. hiervon befinden sich noch verschüttete Gräberreihen

Wir wandern von hier um die W.-Seite des weiten Todtenfeldes nach der NW.-Ecke der Felsenumfassung des Hofes der *zweiten Pyramide*. Ein natürlicher Spalt (Pl. *d*) im Felsen erleichtert das Hinabsteigen von der 5m hohen Wand. Unten angekommen steht man auf dem Plateau, welches aus dem Felsen ausgehauen wurde, um eine gerade Fläche zum Bau der zweiten Pyramide (S. 370) zu gewinnen. An der Nordseite ist ein Stück der Fläche durch tiefe Einschnitte und Querfurchen in sechs Reihen von Quadraten getheilt (zu welchem Zweck ist unsicher); in die Felswand darüber sind Hieroglyphen (der Name Ramses II.) eingeschnitten. An der Ostseite der zweiten Pyramide finden sich Reste des dazu gehörigen Tempels (S. 370). Wir folgen der Westseite der Pyramide; in der Felswand r. eine hieroglyphische Inschrift (Pl. *f*; der Name eines Architecten, ohne Interesse) und mehrere Felsengräber, deren eines (Pl. *g*), fast der SW.-Ecke der Pyramide gegenüber, eine in den Fels gehauene *Decke hat, welche Dattelstämme imitirt (man nehme sich vor dem Mumienbrunnen in Acht).

Bei dieser Wanderung auf der Westseite der Pyramide hat man Gelegenheit, sich aus umherliegenden Stücken zu überzeugen, dass zwar hie und da einige dreieckige Blöcke, die vielleicht zur Bekleidung des unteren Theils der Pyramide gedient haben mögen, aus Granit bestehen, dagegen die noch auf dem oberen Viertel befindliche Abglättung der Pyramide *nicht* aus Granitplatten besteht, sondern aus einem aus Kalk, Gyps und zerschlagenen Ziegelstücken bestehenden cementartig harten Kitt.

Unser Weg führt nun SW. der *dritten Pyramide* (S. 371) zu, welche ganz mit colossalen Granitblöcken bekleidet war, deren untere Lagen noch ziemlich gut erhalten sind. Wir umgehen die Pyramide an der W.- und S.-Seite, an welcher letzteren drei kleinere Pyramiden (S. 373) stehen, lassen den zur dritten Pyramide gehörigen Tempel (S. 371) l. und steigen auf gutem Wege gegen Osten hinab.

Hier links wieder eine Reihe Felsengräber, der 4. und 5. Dynastie angehörend, darunter (Pl. *h*) das des Tebehen, das eine reichhaltige Opferliste enthält und Tänzer zeigt, die mit erhobenen Füssen und Armen vor dem Altar den Reihen schlingen. In der kleinen Vertiefung etwas weiter nördl. ein mit vier Säulen geschmücktes Grab (Pl. *i*), in dessen gut erhaltenen Inschriften der Name Psamtik vorkommt. Ein anderes Grab gehörte einem Priester, einem Verwandten des Chafra „der die Pyramide Uer (die Grosse) des Königs Chafra zu ehren“ hatte.

Vor uns im Thale rechts erhebt sich ein nasenartig vorspringender Felsgrat mit Höhlen ohne Interesse, links in der Einsenkung neben demselben stehen zwei Sykomoren und ein Dattelbaum neben einem arabischen Begräbnissplatz; noch weiter östlich bemerkt man die Reste des aus der Nilebene zur dritten Pyramide führenden Steindammes (S. 354). Links von den Bäumen steht ein abgestumpfter *thurmartiger Steinbau*, halb aus dem natürlichen Felsen, halb aus Mauerwerk bestehend, dessen Bestimmung zweifelhaft ist (vermuthlich war es eine Grabanlage). Durch denselben hindurchgehend stossen wir gleich links auf ebenfalls vom Sande verwehte Gräber, deren eins (Pl. *k*) einem *Urchuu* angehört, der die Würde etwa eines Cultusministers unter Nofer-ar-ka-ra bekleidet zu haben scheint, da er folgende Titel führte: „Der königliche gelehrte Schreiber der hohen Pforte, der gelehrte Vorsteher des Schriftwesens, der Licht bringt in die Schriften des doppelten Grabhauses etc." Dann gelangen wir zum *Sphinx* (S. 373); 150 Schritt SO. von demselben ist der Eingang des *Granittempels* (S. 376). Südlich am Horizont zeigen sich die 10 Kil. in Luftlinie entfernten Pyramiden von Abuṣîr (S. 382) und die Stufenpyramide von Saḳḳâra (S. 391).

Um unsern Rundgang um das Pyramidenfeld zu vollenden, wenden wir uns vom Sphinx westl. nach dem sog. „Campbell's tomb" (S. 378), steigen von da zur grossen Pyramide aufwärts, lassen rechts drei kleine Pyramiden, ohne Interesse (die mittlere nach Herodot die einer Tochter des Cheops, die südl. nach einer im Museum zu Bûlâḳ aufbewahrten Inschrift die einer andern Tochter Hentsen), links die Ostseite der grossen Pyramide mit den beiden als „Mörtelgruben" (Pl. *m*) gedeuteten langen Vertiefungen, und gelangen zu unserm Ausgangspunkt, dem Kiosk des Chedîw (S. 352), zurück. Das sog. Zahlengrab (S. 378) befindet sich an der Ostseite des Plateaus, etwas oberhalb der am Fusse gelegenen Lehmhütten der Beduinen.

Die **Pyramiden von Abu Roâsch**, die nördlichste Pyramidengruppe des Todtenfeldes von Memphis, bieten wenig Interessantes und lohnen keinen Besuch. Steht man auf dem Plateau der grossen Pyramide von Gize vor dem vicekönigl. Kiosk, so bemerkt man gegen Norden einen steil nach dem Nilarm abfallenden Felsengrat und rechts an seinem Fusse zwei Dörfer unter Dattelpalmen. Das vorderste ist *Kerdâsa*, dessen Einwohner das Zuhauen von Flintensteinen als Industriezweig betreiben; da grosse Massen von Kieselsplittern als Abfall übrig bleiben, so ist es vielleicht nicht unmöglich, dass die sogen. „Steinwerkzeuge" (S. 323), die sich an einzelnen anderen Orten in Aegypten vorgefunden haben, von ähnlichen Werkstätten aus früheren Zeiten herrühren. Gleich dahinter liegt *Abu Roâsch*. Die Entfernung beträgt 1¾ bis 2 Stunden. Der Weg führt am Rande der Wüste hin. Unmittelbar n.w. vom Dorfe Abu Roâsch steht am Rande des Plateau's der unförmliche Rest einer *Nilschlammpyramide*, um einen massiven Kern herum erbaut. Auf dem steil zum Wüstenrand abfallenden Felsengrat, zu welchem der Weg in einer Wüsteneinsenkung ¼ St. vor der Nilschlammpyramide unweit des weissen Grabmals eines Schêch hinaufführt, befinden sich die Reste von zwei Pyramiden. Die eine besteht nur noch aus 4 bis 5 Steinlagen und enthält (nach Vyse) eine Kammer, zu welcher in einem Winkel von 22 Grad ein 49m langer Gang an der Nordseite führt; die Breite jeder Seite der Pyramide ist 113m. Die andere Pyramide westlich von der ersten bildet nur noch einen Trümmerhaufen. Ein ca. 500m langer Steindamm führt von Norden her zu dem Hügel auf welchem beide Pyramiden stehen. Zahlreiche Granitfragmente beweisen, dass man dieses Material entweder zur Anlage der Grabkammern und Gänge oder zur äusseren Bekleidung benutzt hat. Inschriften fand man keine. Die deutlichen Spuren einer gänzlich zerstörten Nekropole finden sich sowohl in der Umgebung der zwei genannten Pyramidenreste als auch auf dem von der Nilschlammpyramide westlich aufsteigenden Plateau. Die Pyramiden von Abu Roâsch scheinen einer der ersten Dynastien anzugehören, doch weiss man absolut nichts Positives über sie.

Von Gize über Abuṣir nach Saḳḳâra (S. 383) am Rande der Wüste entlang reitet man ca. $2^{3}/_{4}$ St. Links cultivirte Landstreifen, der Nilarm Bahr Yûsuf (S. 477), dem man an keiner Stelle nahe kommt, sowie je nach dem Stande der Ueberschwemmung mehr oder minder volle, bewachsene und von Vögeln stark besuchte Wasserlachen. Nach 1 St. hat man zur Rechten Reste zweier Pyramiden; die erste (nördl.) bei dem Dorfe *Zâwyet el-'Aryân* kann nicht unbedeutend gewesen sein, denn die Länge ihrer Seiten beträgt heute noch an 90m; die zweite (südl.) bei den Hütten von *Rîga* ist nur mehr ein Schutthügel. In einer weitern Stunde (links das Dorf *Schobermant*) erreicht man die **Pyramiden von Abuṣir** (vergl. Karte S. 300), dem alten *Busiris* (2 St. SSO. von den Pyramiden von Gize und $^{3}/_{4}$ St. NNO. von Saḳḳâra), die auf einer felsigen, von Sand bedeckten Erhebung liegen. Ihr von Anfang an weniger sorgfältig gefügtes Gemäuer hat stark gelitten und dichter Sand bedeckt ihren Fuss, so dass ihr Besuch kein Interesse bietet. Könige der V. Dynastie haben sie errichtet. Die Eingänge befinden sich an der Nordseite und auch das gänzlich zerstörte Innere gleicht dem aller andern Pyramiden; ein erst geneigter, dann horizontaler Gang und in der Mitte die Grabkammer. Von den dicht bei einander liegenden drei (ehemals 14) grössten Pyramiden gehörte die nördlichste einem *Sahura* und trug den Namen des „glänzenden Hervortretens" (aus dem Diesseits ins Jenseits des Besitzers). Schon früh wurden diesem Pharao göttliche Ehren zu Theil und selbst spät in der Zeit der Ptolemäer opferte man noch seinen Manen. Sie war von einer Mauer umgeben, zu der ein noch nachweisbarer Weg von einem in der Ebene stehenden Bauwerke (wohl ein Tempel) her hinaufführte. Ihre senkrechte Höhe betrug 49,[illegible]m, jetzt 36m, ihre Basis 78,[illegible]m, jetzt 65,[illegible]m, Neigungswinkel 51° 42' 35''. Von der südl. von dieser gelegenen (mittleren) Pyramide heisst es „fest steht die Wohnung des *Ra-en-user*". Ti (S. 402) und andere Priester, deren Mastaba man in Saḳḳâra fand, dienten dieser Pyramide. Nach alten Inschriften soll ein eigenthümliches, der Sonne geweihtes Monument (ein Obelisk auf einer abgestumpften Pyramide), das den Namen Raschepuab trug, wie einige Inschriften lehren, in der Nähe der Pyramide des Ra-en-user gestanden haben. Von der grössten (frühere Basis 109,[illegible] m, jetzt 99 m; Höhe 69,[illegible], jetzt 50 m) etwas weiter nach SW. gelegenen Pyramide kennt man keinen Namen. Perring (S. 364) fand alle Räume geöffnet und ausgeraubt. Die übrigen Pyramiden sind nur noch Trümmerhaufen, eine (SW. von der grossen) scheint niemals vollendet gewesen zu sein.

Den Weg nach Saḳḳâra fortsetzend, lässt man einen Teich und das nach SO. hinter Palmen gelegene Dorf *Abuṣir* links liegen und gelangt bald zu den sandigen Erhebungen der eigentlichen Nekropolis von Memphis, an deren Anfang das Grab des Ti (S. 402) liegt.

Die Stätte des alten Memphis und die Todtenfelder von Saḳḳâra.

Mit Benutzung der Eisenbahn lässt sich der Besuch von Memphis und Saḳḳâra bequem in einem Tage ausführen, indessen lohnen auch $1\frac{1}{2}$–2 Tage, denn obgleich dem gewöhnlichen Reisenden nur wenige Gräber auf dem Todtenfelde von Saḳḳâra offen stehen, so erregt das Innere derselben doch in so hohem Maasse das Interesse, dass Vielen eine wiederholte und eingehendere Besichtigung wünschenswerth erscheinen wird. Ein Zelt ist dazu nicht gerade erforderlich. Man kann in dem Mariette'schen Hause (S. 390), oder doch auf der bedeckten Terrasse desselben übernachten, oder auch zur Noth in einer der vielen Felsenhöhlen in der Nähe; im Frühjahr genügt eine Decke. Proviant nicht zu vergessen, auch Getränke; letztere kann man in Bedraschên (hinter der Brücke rechts) bei einem griech. Baḳḳâl ergänzen.

Eisenbahn (*ligne de la Haute-Égypte*) tägl. Morgens 8 Uhr von der am linken Ufer gelegenen, 1 Stunde (zu Wagen $\frac{1}{2}$ St., 5 fr.) von Kairo entfernten Station *Bûlâḳ ed-Daḳrûr* nach Bedraschên (s. unten) in $\frac{1}{2}$–$\frac{3}{4}$ St.; I. Cl. $2\frac{1}{2}$ fr. Esel und Treiber (vgl. unten) jeder $1\frac{1}{4}$ fr. Zur Besichtigung der Stätte von Memphis und für den Ritt nach dem Mariette'schen Hause bedarf man 2 Stunden, hat dort zum Frühstücken und zum Besuch der Gräber 4 Stunden, und zur Rückkehr zur Station Bedraschên weitere 2 Stunden Zeit. Der Zug aus Ober-Aegypten pflegt zwischen 5 und 6 Uhr in Bedraschên einzutreffen, man hat also von Saḳḳâra um 4 Uhr aufzubrechen, und ist alsdann zwischen 7 und 8 Uhr wieder in seinem Hôtel in Kairo.

Will man eine Nacht in Saḳḳâra verweilen, so kann man von Bedraschên entweder den anderen Abend (s. oben) oder schon Mittags 12 Uhr mit dem Fayûmer Specialzug (s. S. 477) zurückkehren; oder man kann auch umgekehrt mit diesem Fayûmzug Nachm. $2\frac{1}{2}$ Uhr *von* Bûlâḳ ed-Daḳrûr *nach* Bedraschên fahren und den Abend nach Saḳḳâra reiten, um den ganzen andern Tag von früh an zur Verfügung zu haben. Nur ist zu bemerken, dass der Fayûmzug insofern eine Unbequemlichkeit bietet, als er gerade zu der Zeit Bûlâḳ ed-Daḳrûr verlässt oder dort ankommt, während welcher die Nil-Brücke bei Gezîre für die Schifffahrt geöffnet, also für Fuhrwerk oder Esel nicht passirbar ist (während 2 St.). Von dem Uebersetzen in einem Kahn ist der dabei herrschenden grossen Unordnung wegen entschieden abzurathen.

Rathsam ist, die nöthigen Esel schon von Kairo aus mitzunehmen (die Packwagen der Eisenbahn, $1\frac{1}{4}$ fr. pro Esel, Junge ebensoviel, sind dazu eingerichtet), da in Bedraschên wenige und schlechte Esel zu haben sind. Fährt man (s. oben) von Kairo zur Station Bûlâḳ ed-Daḳrûr, so hat man sich vorzusehen, dass die Esel rechtzeitig (1 St. vor Abgang des Zugs) aufbrechen. Aber auch der Reisende suche etwas frühzeitig einzutreffen, da auf dieser Linie die Zeit nicht pünktlich eingehalten wird und die Züge mitunter etwas früher abfahren, meist freilich später.

Um nach Heluân (S. 417) zu gelangen, reitet man von Bedraschên an das Nilufer, lässt sich dort mit seinem Esel übersetzen (1 fr.) und erreicht in $\frac{3}{4}$ St. das Badhaus.

Von Saḳḳâra entlang dem Rande der Wüste über Abuṣîr zu den Pyramidenfeldern von Gîze (2 St.), s. S. 382. Von Saḳḳâra ins Fayûm s. S. 477 (letzteres nur mit Zelt und Dragoman ausführbar).

Bei der Ausfahrt z. die Pyramiden von Gîze (S. 353), die von hier aus in einem solchen Winkel stehen, dass die Cheops-Pyramide die beiden andern genau deckt. Die Aussicht links ist zuerst verdeckt durch hohe, die grosse vicekönigl. Besitzung von Gîze (S. 351) umgebende Mauern, an deren südl. Ende die Privatstation des Chedîw; dann zeigt sich links, jenseit des Nils, Alt-Kairo mit seinen Windmühlenhügeln, darüber hinaus der lange

Rücken des Moḳaṭṭam, durch die breite Einsenkung des Wâdi et Tih (S. 348) von den südl. gelegenen Höhen des Gebel Ṭurra (S. 417) getrennt; am Nil die grossen Militär-Etablissements von Ṭurra. Rechts die Höhen der libyschen Wüste mit den Pyramiden von Abuṣir (S. 382); dann zeigt sich die Stufenpyramide, die jedoch bald hinter einem Palmenwald verschwindet; rechts und links der Bahn flaches Fruchtland.

Der Bahnhof von Bedraschên liegt links der Bahn: in der Nähe ein uralter und höchst interessanter jüdischer Friedhof. Man reitet quer über die Bahn, dann rechts abbiegend über eine Brücke den von spärlichen Palmen beschatteten Lehmhütten von *Bedraschên* zu. Jenseit der Brücke (r. der S. 383 gen. griech. Baḳḳâl) wendet man sich südl. (links), das Dorf rechts lassend, und reitet dann auf dem Damme dem gegen Westen hervortretenden Dattelwalde zu. Gleich hinter den letzten Häusern von Bedraschên bemerkt man rechts in einer Entfernung von $^1/_4$ St. einen hohen Schutthügel; derselbe gehört noch nicht zu dem Ruinenfelde von Memphis, sondern ist künstlich aufgeführt und dient einer Salpeterfabrik der Regierung. Rechts und links vom Damme je nach der Jahreszeit grünende Fluren im Frühling und Sommer, weite Wasserflächen im Herbst und in der ersten Hälfte des Winters. Der Damm erreicht sein vorläufiges Ende an den ersten Bäumen des Dattelwaldes (20 Min. vom Bahnhof).

Von hier nach Saḳḳâra gibt es je nach der Ueberschwemmungszeit zwei Wege; der eine (sogen. Sommerweg) führt gerade westlich am Coloss Ramses II. vorbei, das Dorf *Mîtrahîne* rechts lassend nach dem Dorfe Saḳḳâra, ist jedoch während der Ueberschwemmungsperiode nicht passirbar. Der andere (Winter-)Weg biegt vom Damme rechts ab, passirt den ganzen Dattelwald, lässt das Dorf Mitrahine weit links und mündet jenseit desselben auf einen andern Damm. Der Coloss Ramses II. (s. S. 387) liegt 5 Minuten westl. (links) vom Ende dieses Dammes in einer Vertiefung (am Sommerweg), die im Winter meist mit Wasser gefüllt ist und erst im Februar oder März leer wird, so dass dann erst der Coloss ganz zu sehen ist.

Die unansehnlichen Schutthügel vor uns, beschattet von einem bald lichtern, bald dichtern Dattelwald, auf sandigem, mit einzelnen Granitblöcken, Scherben und Ziegelresten überstreuten Boden bieten dem heutigen Besucher kein Interesse: man erkennt aus diesen Trümmerhaufen, dass die alten Aegypter ihre Häuser, mit Ausnahme ihrer Tempel und Königsschlösser, von grossen an der Luft getrockneten Steinen aus Nilschlamm erbaut haben. Desto grösser aber ist das geschichtliche Interesse, denn wir befinden uns auf der **Stätte von Memphis**. Zeugten nicht die weiten Todtenfelder in ihrem Westen für ihre frühere Grösse, Niemand würde ahnen, dass hier eine der berühmtesten und volkreichsten Metropolen der alten Welt gestanden habe. Selbst ein Bild der Lage

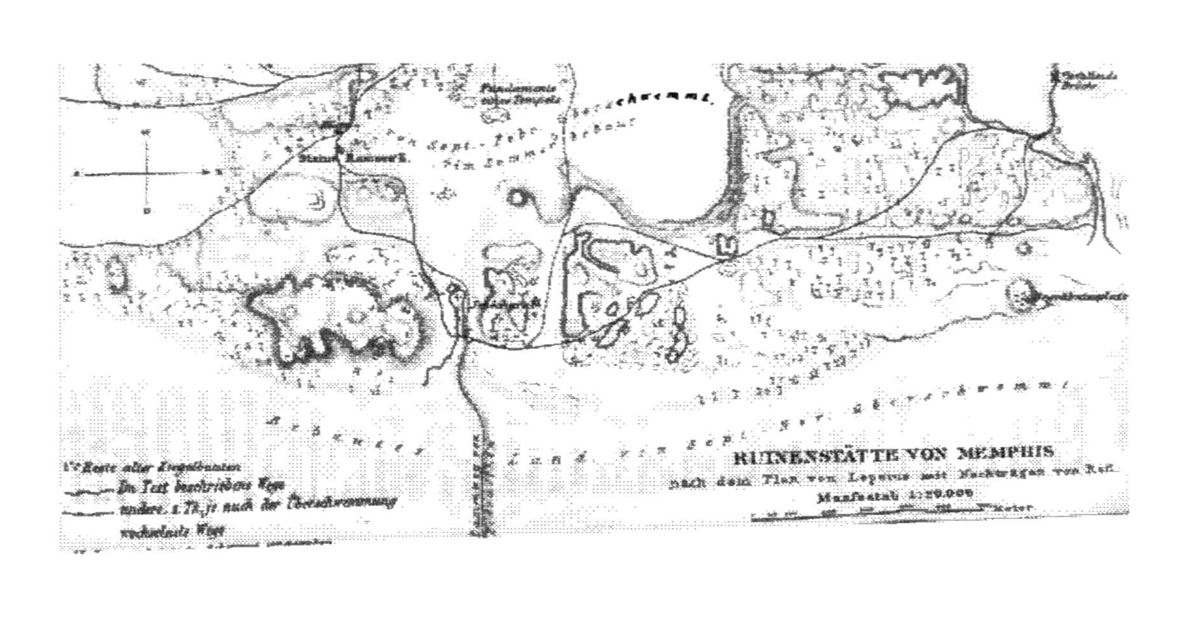

RUINENSTÄTTE VON MEMPHIS
Statue Ramses II.

der ehemal. Stadt lässt sich heute kaum mehr machen, und auch die hier gefundenen Reste waren äusserst spärlich, weil man schon in frühen Jahrhunderten begonnen hatte, die Steine zu andern Bauten am rechten Ufer des Nils (s. S. 386) zu benutzen. Schmal und noch im 12. Jahrh. eine halbe Tagereise lang, streckten sich ihre Strassen zwischen dem Nil und dem Bahr Yûsuf hin, im Norden bis Gize, im Süden etwa unter dem Grade der Pyramiden von Dahschûr endend. Ihre vornehmsten Stadttheile und öffentlichen Bauten scheinen auf den Fluren der Dörfer Bedraschên, Mitrahîne und Kaṣrîye gestanden zu haben.

Menes, „der Beständige“. „der Ewige“, den die Königslisten der Aegypter an die Spitze ihrer Herrscherfolge (der die Dynastie der Götter voranging) stellen, und als einen Mann von This (in der Nähe von Abydos in Mittelaegypten, dessen Gebiet Diodor für den ältesten Theil Aegyptens erklärt) bezeichnen, gilt für den Gründer des Reichs, für den Erbauer von *Memphis*. Herodot berichtet: die aegyptischen Priester hätten ihm erzählt, Menes habe etwa hundert Stadien oberhalb Memphis dem Nil einen Damm vorgelegt und dadurch den Fluss, der vordem an der libyschen Kette geflossen sei, gezwungen, sein altes Bett aufzugeben und mitten zwischen den beiden Bergreihen zu fliessen. Nachdem dann das abgedämmte Land fest geworden, habe er hier die Stadt gebaut, welche heute Memphis heisse und noch in der Enge Aegyptens liege. Gegen Norden und Westen der Stadt aber habe Menes zum Schutze derselben einen See ausgraben lassen und aus dem Flusse gefüllt — im Osten habe dieser selbst die Stadt geschützt — und in ihr den grossen und denkwürdigsten *Tempel des Ptah* erbaut. Die ganze Geschichte der Stadt knüpft sich an dieses grossartige Heiligthum, das, verbunden mit Tempeln anderer Götter und umgeben von einer Mauer, die Stadt einer Burg ähnlich überragt haben muss.

Memphis hatte, wie alle aegyptischen Städte, mehrere Namen. Zunächst hiess es nach der auch den Griechen wohlbekannten Burg, mitsammt dem Nomos, der es umgab, „die Stadt der weissen Mauer“, ferner nach der von seinen Bürgern am höchsten verehrten Gottheit, Haus des Ptah (*ha Ptah*), was die Griechen *Hephaistopolis* übersetzten, und endlich mit dem profanen Namen *Men-nefer*, d. i. „Gut-Ort“ oder „Hafen der Guten“. In späterer Zeit fiel das r am Ende von Men-nefer ab und so entstand das koptische *Menfi* und *Memfi*, das im Munde der Griechen und Römer zu *Memphis*, in dem der Araber zu *Menf* wurde. Das Quartier, in dem der aegyptischen und phönicischen Göttin der Liebe ausschweifende Culte gefeiert wurden und in dem die Fremden sich später ansiedeln durften, hiess *ta anch*, d. i. die Welt des Lebens.

Dem Menes folgte sein Sohn Athotis, der Memphis zu seiner Residenz erhob und den Königspalast erbaut haben soll. Unter ihm und seinen Nachfolgern im alten Reich erreichte Memphis seine höchste Blüthe. Jeder dieser Pharaonen erweiterte und verschönerte die Tempelanlage. Unter dem Einfall und der Herrschaft der Hyksos (2194-1683) hatte Memphis schwer zu leiden. Die Befreier von den Eindringlingen, die Pharaonen des neuen Reiches (S. 104), welche zu Theben residirten, vergassen zwar die alte Metropole, die Stadt des Ptah und des Apis keineswegs, doch blieb die Hofhaltung in der Ammonsstadt (Theben). Von der XXI. Dyn. an sehen wir den Herrschersitz nach Saïs (S. 466) verlegt; die Nähe desselben gab auch Memphis wieder einigen Glanz, der jedoch nur von kurzer Dauer war. Assyrische Eroberer belagern und nehmen die Stadt zu verschiedenen Malen, der Aethiopier Pianchi zieht vor sie und bringt dem Ptah grosse Opfer dar, nachdem er die Stadt der „weissen Mauer" nach einer regelmässigen Belagerung eingenommen. Kambyses, der erste der Perserherrschaft, stürmte nach dem Siege bei Pelusium (525 v. Chr.) über Psamtik III. (dem letzten der XXVI. Dynastie) die Stadt, und zwei Jahrhunderte später wurde ihr durch die Gründung Alexandria's (332 v. Chr.) die Lebensluft entzogen, wennschon sie noch unter der Römerzeit (30 v. Chr.) von Bedeutung war. In Folge der Edicte des Theodosius (379-395 v. Chr., vergl. S. 114) wurden Tempel und Bildsäulen vernichtet und unter den späteren Byzantinern scheint hier die monophysitische Ketzergemeinde (S. 115) besonders zahlreich gewesen zu sein. Makaukas, der Führer der Kopten, verhandelte von Memphis aus mit 'Amr Ibn el-'Âṣi, dem Feldherrn 'Omars. Die mohammedanischen Eroberer verlegten ihre Residenz auf das rechte Nilufer (vgl. S. 260), dem nördlichsten Theile von Memphis gegenüber, und die wohlbehauenen Blöcke, aus denen die ehrwürdigen Prachtbauten der Menesstadt bestanden, werden als gutes und billiges Baumaterial bei der Errichtung von Palästen, Castellen und Moscheen verwerthet. Aber Memphis war so gross, dass es bei aller Rücksichtslosigkeit der Plünderer langer Zeit bedurfte, um es völlig zu vernichten. Noch spät erregten seine Trümmer die Bewunderung seiner Besucher; 'Abdullaṭîf (Ende des 12. Jahrh.), der, nachdem er lebhaft geschildert hat, welchen Angriffen die ungeheure Stadt fortwährend ausgesetzt war, versichert, dass ihre Trümmer noch zu seiner Zeit eine Fülle von Wundern, die den Verstand verwirrten und deren Beschreibung selbst dem beredtesten Menschen unmöglich sein würde, den Augen des Besuchers dargeboten hätten. „Je tiefer man sich ihrer Betrachtung hingiebt", sagt er, „je höher fühlt man die Bewunderung steigen, die sie einflösst, und jeder neue Blick, den man auf ihre Trümmer heftet, wird zu einer neuen Quelle des Entzückens etc." Bei ihrem Anblick findet er den Volksglauben verzeihlich, dass die alten Aegypter lang lebende Riesen gewesen wären, die mit einem Zauberstabe Felsblöcke zu bewegen verstanden. — *Nach* 'Abdullaṭîf wird nur noch selten der mehr und mehr verschwindenden Trümmer von Memphis gedacht, Stein auf Stein wandert auf das andere Nilufer und wir hören von systematisch arbeitenden Schatzgräbern sprechen, die den Boden so lange durchwühlen, bis er, der in langen Jahrhunderten nicht ganz erschöpft werden konnte, der Habgier die Befriedigung versagte.

Der ****Coloss Ramses' II.** liegt in einer Vertiefung am Boden und ist leider so gefallen, dass nur der Rücken dem Lichte zugekehrt ist; der Kopf weist nach Südwesten. Diese mächtige Statue ward 1820 von Caviglia und Sloane (S. 364) gefunden und dem Britischen Museum geschenkt; doch wartet sie wegen der Schwierigkeit des Transports vergeblich auf ihre Ueberführung nach England. Sie besteht aus besonders hartem und feinkörnigem Kalkstein und hatte vor der Beschädigung eine Höhe von etwas über 13m. Die Arbeit ist vortrefflich, und das Gesicht zeigt in voller Porträtähnlichkeit dieselben, dem semitischen Typus sich nähernden Züge, denen man auf den Monumenten dieses grossen Kriegs- und Friedensfürsten (des Sesostris der Griechen) namentlich in Theben so häufig begegnet. Die Königsmütze (Pschent) mit der Uräusschlange schmückt das Haupt und wird von einem dem Modius auf dem Kopfe des Serapis ähnlichen, am oberen Rande leicht ausladenden Cylinder gekrönt. Ein künstlicher Bart ist am Kinne befestigt. Auf der Brust trägt der König ein mit der Hohlkehle bekröntes Schild (vielleicht eine Tasche, wie sie die jüdischen und die Serapispriester trugen), in dessen Mitte sein Vorname Ra-user-ma sotep en Ra, d. i. „Sonnengott mächtig durch die Wahrheit, gebilligt von der Sonne" zu lesen ist, während der Gott Ptah (S. 140) und die löwenköpfige Sechet (Pacht) wie Wappenhalter neben ihm stehen. Auf dem Gürtel, der einen Dolch trägt, steht bei seinem Vornamen sein Zuname Ramses der Ammonsliebling, welcher auch auf der Vorderseite der Schriftrolle oder des Stabes zu sehen ist, den er in der linken Hand hält. An der Stütze des linken vorwärtsschreitenden Beines hinter diesem, stehen zwei unten abgebrochene verticale Hieroglyphenreihen, 1. Zeile, näher am Beine: „Die Prinzessin und Grosse . . . ., 2. Zeile: „Die Königs(Tochter), die grosse . . . ." Diese Inschriftfragmente zeigen, dass das Bild einer Tochter des Königs zu seinen Füssen angebracht war; das eines Sohnes ist noch gut erkennbar, namentlich der betend erhobene Arm und die die Kniekehle der Statue berührende Hand. — Es kann nicht bezweifelt werden, dass wir in dieser Bildsäule, deren Antlitz, als sie aufrecht stand, wohl nach Norden gerichtet war, eine von denen zu sehen haben, welche Ramses II. vor dem Tempel des Ptah (S. 385) zu Memphis aufstellen liess. Vielleicht stand sie schon zu Strabos Zeit allein auf dem Vorhofe, der zum Schauplatz für die Stiergefechte benutzt wurde, denn dieser sagt: „Vor ihm (dem Ptahtempel) steht auf der Vorbahn ein Coloss aus einem Stein. Hier wurden Stierkämpfe angestellt, zu denen Einige nur für diesen Zweck dienende Stiere unterhalten, wie die Rennpferdzüchter Rosse." Zwei dieser Bildsäulen waren nach Herodot 30 Ellen hoch, was, da die griechische Elle nur 0,$_{45}$m betrug, 13,$_{5}$m gibt, die gut mit den 13m des Colosses stimmen. Herodot sowohl wie Diodor erzählen, Sesostris (Ramses II.) sei bei der Heimkehr von seinem grossen Eroberungszuge zu Pelusium an der aegyptischen Grenze eingeladen worden, mit Weib und Kind an einem Gastmahle im Hause seines Bruders Theil zu nehmen. Der letztere, welcher Ramses aus dem Wege zu schaffen wünschte, liess nach der Schmauserei, als sich Alles trunken zur Ruhe begeben hatte, dürres Schilfrohr um das Zelt der Schläfer häufen und zündete es an. Die trunkene Dienerschaft leistete schlechte Hülfe. Die Frau und die Kinder schwebten in grosser Gefahr. Da erhob der König betend die Hände, stürzte sich in die Flammen und rettete die Seinen. Dankbaren Herzens errichtete er dann die Statue, an deren Fuss die Bilder eines Prinzen und einer Prinzessin angebracht waren. Uebrigens befinden sich solche Nebenbilder bei vielen Statuen, von denen nichts ähnliches erzählt wird.

In unmittelbarster Nähe des Colosses links liegen vor einer Fellâḥhütte, welche früher Mariette Bey als Magazin benutzte, Statuenreste, unter anderm ein colossaler verstümmelter Fuss, aber wohl nicht zur Ramses-Statue gehörig, da er aus Sandstein besteht, während der Coloss aus Kalkstein ist. Rechts vom Coloss finden sich, gleichfalls in Vertiefungen, Fundamentreste, die grössten 5 Min. nordwestl. hinter der vorspringenden Spitze des Dattelwaldes, genau östlich vom Dorfe Mîtrahîne. Mariette hält dieselben für die Fundamente des Ptah (Vulcan)-Tempels. Zur Ueberschwemmungszeit liegt diese ganze Bodensenkung unter Wasser und gleicht dann einem von Dattelwäldern umgebenen See.

Der Armenier Hekekyan Bey unternahm 1851—54 im Auftrage der Londoner geologischen Gesellschaft Bohrungen, die die Zahl 96 erreichten und bald in grösserer, bald in geringerer Tiefe Knochen von Hausthieren, Scherben, Ziegelstücken und Geräth (z. B. ein Kupfermesser) zu Tage förderten. In der Nähe des Colosses wurde unter Schichten reinen Nilschlammes, die nicht vom Wüstensande überweht worden waren, aus 11,9m Tiefe ein roth gebrannter Thonscherben hervorgezogen. Seit das Ramsesbild errichtet wurde, also seit der Mitte des vierzehnten Jahrhunderts v. Chr., hatte sich um dieses eine Nilschicht von 2,8m, ungerechnet eine Sandschicht von 0,2m Mächtigkeit, angehauft. Der Massstab der Alluvialbildung an jener Stelle hat also seit der Mitte des vierzehnten Jahrh. v. Chr. 3½ Zoll im Jahrhundert betragen. Wäre daher in gleicher Geschwindigkeit jener Töpferscherben vom Nilschlamm eingehüllt worden, dann müssten schon 11,646 Jahre vor unserer Zeitrechnung Gefässe aus Thon am Nil gebrannt worden sein. Eine Art der Berechnung, der begreiflicher Weise jeder sichere Anhalt fehlt. „Aber wer hätte trotzdem den Muth, noch zu bestreiten, dass jener Scherben aus 39' Tiefe mindestens um 4000 Jahre älter sein müsse, als das Denkmal des grossen Ramses?" (Peschel, Völkerkunde.)

Von Mîtrahîne (Memphis) *nach Saḳḳâra.* a. Frühjahrsweg. Vom Coloss reitet man in w. Richtung weiter, das Dorf Mîtrahîne in einiger Entfernung r. lassend (vgl. die Karten S. 384 u. 390). Beim Heraustreten aus dem Dattelwalde entfaltet sich ein interessanter Blick: Unmittelbar r. unter Dattelpalmen und Lebbach-Akazien eine kleine Villa, Tigran Bey, einem Neffen Nubar Pascha's, gehörig; ½ St. w. ein zweiter langer Dattelwald, der Saḳḳâra umgibt und die Wüste besäumt; hinter demselben auf dem gelben Sand der Wüste 11 deutlich erkennbare Pyramiden: zuerst links die äusserste Nilschlammpyramide, dann die Knickpyramide, die erste Nilschlamm- und die grosse Pyramide, alle zur Gruppe von Dahschûr (S. 416) gehörig. Dann folgt in nahem Abstande die Maṣṭaba Far'ûn mit einer Pyramide daneben, ferner genau über den Häusern von Saḳḳâra eine grössere und eine kleinere zerfallene Pyramide, endlich rechts die grosse und zwei kleine Stufenpyramiden; diese letzteren 7 sichtbaren Pyramiden gehören zur Gruppe von Saḳḳâra. — Ist man (in 45 Min. vom Ramses-Coloss) dicht vor Saḳḳâra angelangt, so wendet man sich, das Dorf, das kein Interesse bietet, hart zur Linken lassend, gegen Norden (rechts), reitet am Saum der Dattelpflanzungen entlang (am Ende derselben links eine schönbelaubte *Sykomore, mit einem Trinkbrunnen und einem Schêchgrab daneben), und betritt dann den Rand der Wüste, von wo der Weg sich ebenfalls noch nördlich hält, um auf das Plateau der Nekropole (S. 391) zu steigen.

b. Winterweg. Während der Ueberschwemmungsperiode reitet man nach Besichtigung des Colosses zurück zum (5 Min.) Ende des Dammes (s. S. 384), auf welchem man von Bedraschên aus den Dattelwald betrat, und wendet sich dann nördlich, den ganzen Wald durchreitend, bis man auf einen anderen Damm gelangt, welcher sich in Krümmungen und von zwei Brücken unterbrochen durch die Ebene nach Westen zieht. Entfernungen: Vom Coloss bis zur ersten Brücke 20 Min., von da bis zur zweiten Brücke 15 Min., von hier bis zum Rande der Wüste 20 Min., im Ganzen 55 Min. (von hier bis zu Mariette's Haus 20 Min.; für den Rückweg bis zur Station Bedraschên wird man also ohne Aufenthalt $1^1/_4$—$1^1/_2$ St. gebrauchen).

Am Rande der Wüste treffen sich beide Wege, um über die Ruinen eines uralten Dorfes, welches vielleicht einmal die Ateliers der Einbalsamirer barg, nach dem Plateau hinaufzusteigen. Rechts in den Felsen gehauene Grotten. Bei der ersten befand sich ein tiefer Mumienschacht, der neben Katzenmumien auch solche von Menschen barg, jetzt aber verschüttet ist. In der dritten Grotte von dort rechts ein aus dem Felsen gehauenes noch erhaltenes Bild einer Kuh, die Göttin Hathor (S. 149) darstellend.

Rathsam ist die weitere Besichtigung des Gräberfeldes von Saḳḳâra, mit Ausnahme der am Wege liegenden Stufenpyramide (S. 394), von dem Hause Mariette's aus vorzunehmen, nachdem man sich dort ausgeruht hat. Man gelangt dahin auf den beiden gleich weiten auf dem Kärtchen (S. 390) angegebenen Wegen in 20 Minuten. Der eine führt gerade nördlich um die der Stufenpyramide zunächststehende kleine Pyramide herum, dann westlich sich wendend in einer sandigen Einsenkung des Wüstenbodens hin, der andere etwas mehr links (NW.) über und neben Gräbern und Mumienschachten vorbei gerade auf die *Stufenpyramide* los (Beschreibung s. S. 394; man besichtigt sie am besten auf dem Hin- oder Rückweg). Hat man ihre östliche Umfassungsmauer überschritten und biegt um die NO.-Ecke, so öffnet sich bei dem verschütteten Eingang an der N.-Seite eine überraschende Aussicht nach N. hin: im Vordergrunde das grüne von Dattelbäumen eingefasste Nilthal, zu beiden Seiten von der graugelben Wüste eingerahmt, und die Alabastermoschee Moḥammed 'Ali's in Kairo; l. ragen die drei Pyramiden von Gîze (14 Kil. in Luftlinie entfernt) und die nahen drei Pyramiden von Abuṣîr über die Wüste hervor. Der Weg behält kurze Zeit eine W. Richtung, wendet sich hinter dem nächsten Schutthügel rechts (NW.), überschreitet die Thalsenkung und führt mit dem oben erwähnten Wege zusammentreffend zu Mariette's Haus.

Obschon das Haus eine Privatbesitzung dieses unermüdlichen Forschers ist, der schon während seiner in den 50er Jahren auf franz. Kosten gemachten Ausgrabungen den Bau begann, so hat derselbe doch in zuvorkommendster Weise die schöne breite überdeckte Terrasse den Fremden zur Disposition gestellt, ausgenommen wenn der Dienst der Ausgrabungen das Haus für ihn selbst und seine Leute in Anspruch nimmt. Das Betreten der Terrasse und die Benutzung derselben steht demnach jedem Reisenden frei; die die Aufsicht übenden Beduinen, die sich in vortheilhafter Weise von ihren zudringlichen Brüdern in Gîze unterscheiden, haben zwar kein Bachschîsch zu beanspruchen, doch wird man ihnen gern (der einzelne ½ fr., eine Gesellschaft nach Verhältniss) ein solches zukommen lassen. In dem Hause Mariette's nimmt man auch einen Führer, ohne welchen die Besichtigung der Gräber nicht gestattet ist (Bachschîsch für die Apisgräber und das Grab des Ti 2 fr.).

Für den gewöhnlichen Reisenden beschränken sich die Sehenswürdigkeiten auf dem Todtenfelde von Saḳḳâra auf die *Stufenpyramide (S. 394), die **Gräber der Apisstiere (S. 398) und das **Grab des Ti (S. 402). Zwar beläuft sich die Zahl der von Mariette gefundenen Gräber des alten Reichs auf nahe 150, allein nicht nur dass die meisten gänzlich zerstört aufgefunden wurden, wenn sie auch immerhin in ihren Resten werthvolles Material für den Forscher bargen, sind sie auch, nachdem Copien der Stelen und Darstellungen genommen worden, wieder mit dem schützenden Wüstensande bedeckt worden, um sie dadurch vor den Zerstörungen der Luft und mehr noch der — Reisenden zu schützen, so dass man von ihrer Existenz keine Ahnung hat, wenn man vorbei oder darüber hinschreitet. Nur dieser Fürsorge Mariette's ist es zu danken, dass diese kostbaren Schätze möglichst erhalten blieben. Mit einer besondern Erlaubniss von ihm kann man das eine oder andere dieser Gräber, besonders das interessante des Ptahhotep (S. 414) von dem Sande befreien lassen.

In den äusseren Felsenrändern des Wüstenplateau's vom Dorfe Abuṣîr (S. 382) an bis zu dem von Saḳḳâra heraufführenden Wege befinden sich in den Felsen gehauen zahlreiche aber gänzlich zerstörte *Grabkammern* (vgl. S. 394), doch sind dieselben mit Ausnahme vielleicht einer einzigen, der des Bekenranf aus der Zeit Psamtik I., keines Besuches werth. Maṣṭaba Far'ûn s. S. 415; Pyramiden von Dahschûr S. 410.

Die früher besuchten *Grotten der Ibismumien und der Katzen*, Gruben mit aufeinandergeschichteten Mumien, sind nicht mehr zu sehen, sie wurden der Gefahr wegen zugeschüttet. Ueberhaupt ist ernstlich zur Vorsicht zu rathen, wenn man etwa das sehr coupirte Terrain der Nekropole durchstreift; es gähnen hie und da Mumienbrunnen, die bis zu 16m Tiefe haben.

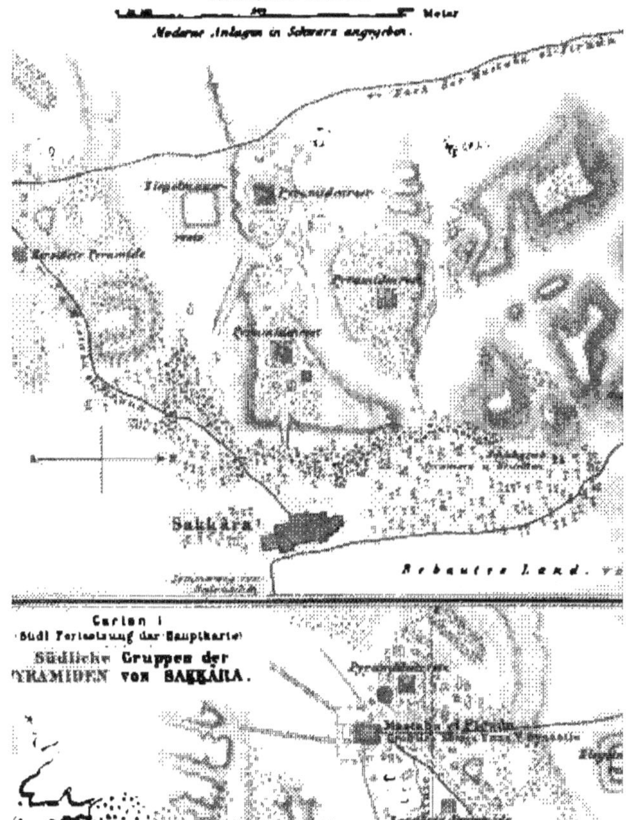
YRAMIDEN UND TODTENFELD VON SAKKARA
nach den Plänen von Lepsius mit Nachträgen
Maassstab 1:25.000
Meter
Moderne Anlagen in Schwarz angegeben.
Sakkâra
Bebautes Land
Carton I
(Südl. Fortsetzung der Hauptkarte)
Südliche Gruppen der
YRAMIDEN VON SAKKÂRA.

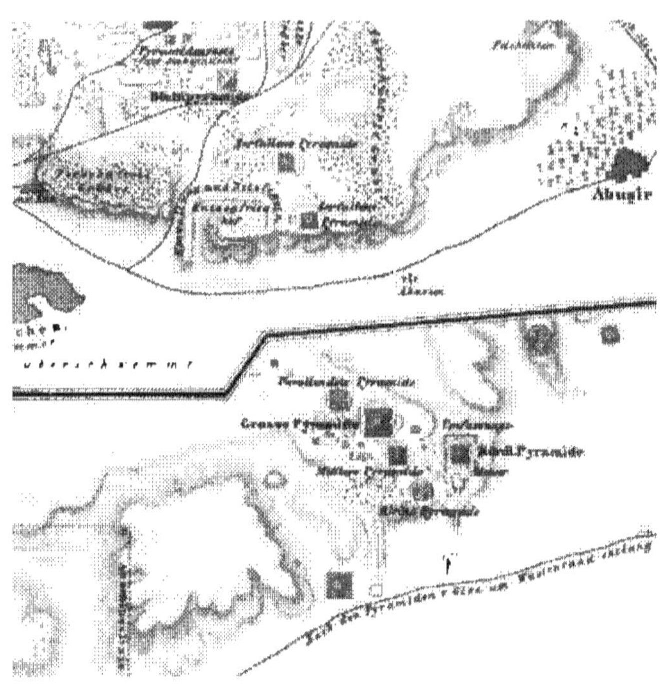
Abugir

> The traveller is lost in the immense expanse of desert, which he sees full of Pyramids before him; is struck with terror at the unusual scene of vastness, and shrinks from attempting any discovery amidst the moving sands of Saccara. *Bruce.*

Die **Todtenfelder von Sakkâra** (von Sokar, S. 140) dehnen sich auf wüsten Erhebungen und in verschiedenen Senkungen nach Mariette's Schätzung in einer Länge von 7000 Metern und einer Breite von 500—1500 Metern aus. Sie enthalten aus dem alten sowohl wie aus dem neuen Reiche funeräre Monumente jeder Art, von der Pyramide bis zur Felsenhöhle. Wo der Sand hellfarbige lockere Haufen bildet, haben in jüngerer Zeit Nachgrabungen stattgefunden. Die ganze Nekropolis ist wieder und wieder aufgewühlt worden, auch schon in alter Zeit, namentlich unter den Byzantinern und Chalifen. Sie hat lange Generationen bereichert und doch noch eine so grosse Fülle von Schätzen bewahrt, dass die von M. Mariette gerade hier gemachten Funde besonders reich ausfielen. Und wie viel verbirgt wohl noch dieser unerschöpfliche Boden, der Alles, was man ihm anvertraut, unverändert zu erhalten versteht und doch fortdauernd seine Gestalt wechselt!

Die Alten haben Manches von den Todtenfeldern des alten Memphis erzählt und einzelne Stellen in ihnen mit Namen genannt; nun haben zwar die Pyramiden (11 an der Zahl) ihren Platz behalten und das Serapeum ist freigelegt worden; wo aber der heilige See zu suchen sei, über den man die Apismumie in einem Kahne führte und die herrlichen mit der homerischen Asphodeloswiese verglichenen Triften in seiner Nähe, wo der Tempel der finsteren Hekate und die Pforten des Kokytos und der Wahrheit, wo die Statue der Gerechtigkeit ohne Haupt gestanden und sich jene grosse Anzahl von heiligen und profanen Bauten befunden habe, von der die späteren griechischen Papyrus als zu diesem Friedhofe gehörend reden, das wird niemals bestimmt werden können. Dagegen geben die zahlreichen Gräber im weiten Gebiete dieser Todtenstadt genügende Auskunft über die Epochen, in denen man ihr stille Bewohner zuführte.

Die Grabanlagen zerfallen in *Maṣṭaba* (arab. Bänke) und in *Felsengrüfte*. Die **Maṣṭaba** sind im Freibau aus Quadern construirte Mausoleen. Ihre Grundfläche pflegt rechteckig zu sein und die Wände sind nach oben hin geneigt, so dass das ganze Bauwerk eine nicht gar weit über dem Boden abgestumpfte Pyramide bildet. Viele bestehen aus mässig grossen Kalksteinblöcken, andere aus Nilziegeln. Während der Eingang der Pyramiden sich im Norden zu öffnen pflegt, ist das Thor der Maṣṭaba gewöhnlich im Osten angebracht. Auf den steinernen Thürpfosten pflegt ein cylindrisch behauener Block, die Trommel, zu ruhen, wohl eine Nachahmung des runden Stückes eines Palmenstammes, der die Thüren der Hütten von Nilschlamm oder ungebrannten Ziegeln gewöhnlich noch heute bedeckt. Auf der Trommel pflegt der Name des Verstorbenen angebracht zu sein, selten seine oft sehr reiche Titulatur; dagegen wo es anging das suten rech, eine ehrende Bezeichnung, die gewöhnlich den Enkeln, sonst aber auch den näheren Verwandten des Pharao zukam und die man mit „Blutsverwandter des Königs“ übersetzen kann. Auf den Thürpfeilern sehen wir nicht selten das Bild des Verstorbenen in ganzer Figur und, wo die Trommel fehlt, auf der Oberschwelle eine Inschrift. Die Eintheilung des Innenraumes ist verschieden. Gewöhnlich befindet sich im Hintergrunde des vorzüglichsten Gemaches eine Stele mit reichen Inschriften, welche uns mit der vollen Titulatur des Verstorbenen bekannt machen, seine nächsten Angehörigen zu nennen, und Gebete, gewöhnlich an Anubis, den Führer der Seelen in die Unterwelt und den Schirmherrn der Todtenregion, zu enthalten pflegen. Vor ihnen wurden die Ahnenculte von dazu bestellten Priestern im Beisein der Familie verrichtet (S. 153). Osiris wird selten genannt, und des Todes geschieht kaum Erwähnung. Unweit des Hauptraumes befindet sich gewöhnlich eine vermauerte Nische, die von M. Mariette den Namen „Serdâb“, d. i. hohler Raum, erhalten hat, und in der in vielen Maṣṭaba die Statue des Verstorbenen steht oder doch gestanden hat. Die meisten Serdâb sind durchaus verschlossen, in anderen zeigen sich kleine Oeffnungen, durch welche man wohl den Bildsäulen räucherte. Der Brunnen, d. h. der senkrecht in den Felsen eingehauene Schacht, in den man die Leiche versenkte, befindet sich gewöhnlich im Westen der Maṣṭaba. Da, wo die Sonne untergeht, betrat ja auch die Seele die Schwelle des Jenseits. Der Sarkophag (vgl. S. 319) selbst trägt gewöhnlich die Form einer langen Steinkiste mit flachem Deckel und enthielt einen nach den Füssen zu sich verjüngenden Holzkasten mit einem menschlichen Antlitz an der Stelle des Hauptes. In ihm lag der Verstorbene, entweder nur in einem Tuche oder ganz unbedeckt. Von der sorgfältigen Mumisirung der späteren Zeiten zeigt sich hier noch keine Spur.

Die innere Ausschmückung der Maṣṭaba ist sehr reich. In dem ersten Raume pflegen sich in flachen und feinen, meistens bemalten Basreliefs die Bilder der Familie des Verstorbenen und kurze hieroglyphische Inschriften in dem einfachen an Determinativzeichen armen Styl jener frühen Zeit zu befinden, welche uns von den Würden des Dahingegangenen erzählen und uns mittheilen, von welchen Domainen des entschlafenen Grossen die Opfergaben stammen (S. 410), die von treuen Dienern und Dienerinnen zum Altar der Manen ihres Herrn gebracht werden. In anderen Gemächern finden sich tabellarisch geordnet die Listen der mannigfachen, zu verschiedenen Jahres- und Festeszeiten zu spendenden Todtenopfer an Fleisch und Geflügel, Gemüse und Früchten, Getränken und Essenzen sammt den Bildern der überfüllten Opferaltäre und der verschiedenen auf ihnen niederzulegenden Gegenstände; doch hören und sehen wir wenig oder gar nichts von dem Tode und dem Leben im Jenseits, wohl aber hat man die Lieblingsbeschäftigungen des Dahingegangenen (meist Vogelfang, Fischerei u. s. w.), seinen werthvollsten Besitz (Viehheerden, doch merkwürdiger Weise weder Kameele noch Schafe; auch Pferde, die von den Hyksos eingeführt worden zu sein scheinen, kommen erst im neuen Reiche vor; Schiffe etc.) und die Leistungen seiner Untergebenen (Bestellung der Felder und Weinlese, Tischlerei, Glasbläserei, Goldwäsche, Papyrusernten, schriftliche Arbeiten etc.) treulich darzustellen sich bemüht. Diese Gemälde in flachem Hautrelief bieten ein ganz ungewöhnliches culturhistorisches Interesse und sind wohl geeignet, auch des Laien Aufmerksamkeit zu fesseln. Wir dürfen sie ein steinernes Bilderbuch nennen, welches uns in treuen Illustrationen die frühesten Anfänge der menschlichen Cultur auf mannigfaltigen Gebieten des Lebens greifbar vorführt.

„Forschen wir dem geheimnissvollen Gedanken nach", sagt H. Brugsch, „welcher in dieser ältesten Epoche der menschlichen Geschichte die Urbewohner des Nilthales veranlasst hat, mit so seltsamen Bildern die Wände dieser und aller übrigen gleichzeitigen Grabkapellen zu schmücken, so scheint demselben die Absicht zu Grunde zu liegen, der Nachwelt Kunde zu geben von den ersten Eroberungen des Menschengeschlechts in Bezug auf Cultur und Sitte. Der Mensch ist kaum aus der Einfalt des ersten Daseins in die Gesittung eingetreten, mit Stolz breitet er den Inhalt seiner friedlichen Siege über die lebende und leblose Welt um sich her aus, er lässt die Nachkommen Theil nehmen an der eigenen, inschriftlich ausgedrückten Freude über den Anblick seiner Triumphe über die nächste Umgebung. Und das Anschauen ist in diesen Zeiten, auch sprachlich, gleichbedeutend mit dem Bewundern. Die Arbeit seiner Tage ist der höchste Schmuck seines Grabdenkmals. Es ist die bildliche Bauurkunde, die als Denkmal der gleichzeitigen Epoche in die Grabkapelle niedergelegt ist etc."

Die Entstehung eines solchen Grabes hat man sich etwa folgendermassen zu denken. Jeder etwas wohlhabende Aegypter, der Reiche und Grosse um so eher, dachte schon bei seinen Lebzeiten an die Erbauung eines seiner Stellung und seines Reichthums würdigen Grabmals. Je länger er lebte, um so reicher wurde es ausgeführt, auch durch Anbau vergrössert. Wenn der Baumeister das Innere mit den geglätteten Steinen aus den Brüchen von Ṭurra ausgekleidet hatte, kam der Decorateur und Zeichner. Nach einer gewissen gewohnheitsmässig feststehenden Regel in Bezug auf die Objecte und deren Zusammenstellung, man möchte sagen, nach gewissen in allen ähnlichen Gräbern angewendeten Schablonen, theilte der Meister die Wände mit Rothstift in Felder verschiedener Grösse, bisweilen auch in eine Menge kleinerer oder grösserer regelmässiger Quadrate ein und zeichnete dann ebenfalls mit Rothstift die auszuführenden Darstellungen und Hieroglyphen hinein. Dann kam der Steinmetz, welcher die vorgezeichneten Umrisse mit dem Meissel in Reliefiguren verwandelte, theils flach, theils erhaben, bisweilen mehr als 5 Millimeter vorstehend. Endlich kam der Maler und trug die Farben auf, deren hervorstechendste

Abstufungen schwarz, rothbraun, hellbraun, gelb, dunkelblau, hellblau und grün waren. Weiss wurde nicht aufgetragen sondern ausgespart. Alle Farben, soweit man sie chemisch untersucht hat, sind Erdfarben und haben sich, wo sie nicht zu lange Wind und Sonne ausgesetzt waren, wunderbar schön erhalten. Die Frauen sind immer hellgelb, die Männer rothbraun gemalt. Auch die Metalle haben ihre besondere Farbe: Eisentheile blau, Bronze gelb oder roth Holz, braun, in Stämmen grüngrau. An den Thieren suchte man die natürliche Zeichnung ihrer Felle nachzuahmen, man sieht daher braune, schwarze, scheckige Kühe und Kälber. — Starb nun der Besitzer des Grabes, und war seine Mumie im Mumienbrunnen und dessen Seitenkammern beigesetzt, so hörte jede weitere Arbeit in den Verzierungen auf; daher bemerkt man neben den vollendeten Sculpturen noch blosse Rothstiftcontouren. Starben andere Familienglieder, so bekamen ihre Mumien zwar auch einen Platz in dem gemeinschaftlichen Mumienschachte, allein im grossen Grabgemach wurde ihrer nicht weiter gedacht. Nur mit der Gemahlin des Verstorbenen wurde eine Ausnahme gemacht und ihre Statue neben der des Gatten an der Westseite der Grabkammer aufgestellt, wie im Grabe Ti auch. Zu bemerken ist noch, dass der Name dessen, dem das Grab gehörte, immer auf der sogenannten Thürtrommel des Einganges und auf der Trommel der eine Thür imitirenden Stele an der Westseite jedes Grabes hieroglyphisch eingegraben ist (so bei Ti, S. 402). In manchen Gräbern nimmt man wahr, dass, während Alles noch intact und wohl erhalten ist, bisweilen eine einzige Figur ausgemeisselt und unkenntlich gemacht ist. Man nimmt an, dass diese einen ungetreuen Diener darstellte, dessen Unterschleife oder schlechtes Betragen nach dem Tode des Herrn den Grund abgaben, sein Gedächtniss zu verlöschen. Von Zeit zu Zeit, an Festtagen und wohl auch am Todestage versammelten sich die Angehörigen in der geschmückten Grabkammer und dem Vorhofe, Opfergaben bringend und sie zu Ehren des Verstorbenen verzehrend, während letzterer sich mit Räucherungen begnügen musste.

Die *Felsengräber*, die in langen Reihen, meist an den Ost- und Südabhängen des Plateaus eingearbeitet sind, sind ungleich einfacher als die Maṣṭaba, sowohl in der Anlage als in der innern Ausschmückung, doch finden sich auch hier ähnliche Darstellungen, besonders in denen in Oberaegypten.

Ueber den *Pyramidenbau* s. S. 300; über die etwas abweichende Form und Eintheilung des Innern der Stufenpyramide s. unten.

Die ***Stufenpyramide** von Saḳḳâra (arab. el-haram el-medarraga, die mit Stufen versehene), die man von allen Seiten schon aus weiter Ferne erblickt und welche als das „Wahrzeichen von Saḳḳâ-

Stufenpyramide von Sakkârah.
(Südost-Seite.)

Inneres der Apisgräber.
(Hauptgang.)

ra“ gilt, mag man auf dem Hin- oder Rückwege von aussen betrachten. Ueber die Zeit ihrer Erbauung sind die Ansichten der Aegyptologen verschieden; einige schreiben sie einem Könige aus der I. Dynastie zu und stützen sich dabei auf eine Stelle des Manethon, in der es heisst: „Er (Uenephes) erbaute die Pyramide bei Kochome“. Dies ist der graecisirte Ortsname für das hierogl. Ka-kam („der schwarze Stier“), das sich in Stelen und Sarkophaginschriften der Apisgräber als zur Umgebung der Nekropolis gehörig vorgefunden hat. Falls dies richtig wäre, hätten wir nicht allein das älteste Bauwerk von Aegypten, sondern der Welt vor uns. Andere verwerfen diese Annahme gänzlich und verlegen den Bau in die Zeit der V. Dynastie, aber ebenfalls ohne entscheidende Gründe dafür anzuführen. Die Pyramide besteht aus 6 Etagen, deren erste (unterste) $11,_{48}$m hat, die zweite $10,_{05}$m, die dritte $10,_{43}$m, die vierte $9,_{82}$m, die fünfte $9,_{39}$m, und die sechste $8,_{89}$m; der jedesmalige Einsprung beträgt ca. 2m. Die Stufenform ist nicht eigentlich ungewöhnlich, und jede andere Pyramide würde der grossen von Saḳḳâra gleichen, wenn ihr wie dieser die letzte Ausfüllung von oben nach unten fehlte (vergl. S. 361). Der Stufenpyramide eigenthümlich ist ihre keineswegs genaue Orientirung nach den Himmelsrichtungen. Ihre nicht quadratische, sondern rechteckige Grundfläche (Nord- und Südseite $107,_{3}$m, Ost- und Westseite $120,_{6}$m), ihre Umfassungsmauer, von der sich noch Spuren finden, namentlich aber ihr sehr complicirtes und aus zahlreichen Gängen und mehreren Kammern bestehendes Innere, das 1821 von General von Minutoli eröffnet worden ist und dessen Eigenart M. Mariette auf die Vermuthung führte, unter der Stufenpyramide hätten sich die Apisgrüfte des alten Reiches befunden. Zwei Kammern sollen mit grünen convexen Fayencestücken, die mittelst einer besondern Vorrichtung in Stuck eingesetzt wurden, mosaikartig bekleidet sein. Ein stark vergoldeter Schädel und vergoldete Fusssohlen, nebst anderen interessanten hier gefundenen Denkmälern gingen mit zahlreichen von Minutoli gesammelten Schätzen an der Mündung der Elbe unter. Die Thüre der Stufenpyramide sammt ihrer mit Hieroglyphen bedeckten Oberschwelle von weissem Kalkstein und ihren abwechselnd aus wenig bearbeiteten Kalkblöcken und grün emaillirten Ziegelwürfeln aufgerichteten Seitenpfosten, welche den Eingang in die Grabkammer bildete, ist von Lepsius 1845 ausgebrochen und dem Museum in Berlin einverleibt worden. — Diese Pyramide hat noch anderen Zwecken gedient wie ihre Schwestern. Welchen? kann bei der Aermlichkeit der hier gefundenen Inschriften nicht bestimmt werden. An der Südseite kann man an einer Stelle, wo die äussere Vermauerung zerstört ist, das Gefüge der Steine betrachten. Das Material, in der Umgebung selbst gebrochen, ist mangelhaft, da die libysche Wüste hier schlechtere thonige Kalke im Untergrund hat. Man kann die Pyramide zwar erklettern, doch nicht ohne

Gefahr und keinenfalls ohne Hülfe der Beduinen, eben weil das Material sehr bröcklig ist. (Mariette hat während der Ueberschwemmungsperiode einmal ein Rudel Wildschweine auf der dritten Stufe angetroffen.) Uebrigens ist der Blick von oben bei weitem nicht so grossartig als der von der Spitze der Cheopspyramide (S. 367), denn die Höhe der Stufenpyramide beträgt nur 59,89m über der Grundfläche.

Das Serapeum. Steht man auf der Terrasse des Mariette'schen Hauses, so hat man unmittelbar nördlich eine sandige, von einigen Steinanhäufungen und Sandhügeln unterbrochene Vertiefung vor sich. Die kleinen Hügel geben die Stellen der dort noch befindlichen aber sehr zerstörten und absichtlich mit Sand bedeckten Statuen (u. a. ein Cerberus von Marmor in Gestalt eines Löwen, dessen Schwanz in einen Schlangenkopf ausläuft) aus griechisch-aegyptischer Zeit an, die auf den Mauern stehen, welche den Weg (Dromos) vom aegyptischen zum griechischen Serapeum (s. unten) einfassten. Das im Westen gelegene *aegypt. Serapeum* ist das *Mausoleum des Apis*, des *verstorbenen* Stiers, der zu seinen Lebzeiten seinen Tempel (Apieum) in Memphis (S. 85) hatte, und nach seinem Tode in den Grüften von Saḳḳâra beigesetzt wurde. Nur durch eine irrthümliche Uebersetzung hielten die Griechen den Serapis für eine besondere aegyptische Gottheit.

Der *verstorbene Apis*, Osiris-Apis (Asar-Hapi oder *Serapis*), wird „der wieder auflebende Ptah" (S. 140) genannt und symbolisirte wohl die ewig wirksame umbildende Kraft der Gottheit. So wurde Apis auch mit dem Monde in Verbindung gebracht, der immer gleich sich selbst in jeder Stunde umzubilden scheint. Der Todtengenius Hapi trägt den Kopf des dem Monde zugehörenden Hundsaffen. Der *Nil*, der grosse Umbildner des dürren Landes, trägt seinen Namen (Hapi), und sein Steigen ward in Beziehung gesetzt zu dem Lichte des Mondes, der mit einem seiner Strahlen die Kuh schwängerte, welche den Apis gebar. Als Verkörperung der Seele des Osiris in der Unterwelt ist er das alles Verstorbene zu neuem Leben erweckende Princip. Das grosse Fest der Schwelle des Nils, der an manchen Orten so viele Ellen stieg, wie eine einzelne Mondphase Tage enthält, ward auch „das Geburtsfest des Apis" genannt und die nach dem Apis benannte Zeitepoche von 25 Jahren war eine Mondperiode, in welcher sich 309 mittlere synodische Monate mit 25 aegyptischen Jahren ziemlich genau ausglichen. Es wird erzählt, dass der Apis, wenn er die 25 Jahre seiner Periode überlebt habe, im Nil ersäuft worden sei. Dies ist aber keinenfalls immer geschehen, da die Apisstelen einen Stier, der 26 Jahre gelebt hat, erwähnen.

Entdeckt und s. Z. blossgelegt wurde die ganze Anlage von M. Mariette, der 1850 in mehreren Privatgärten Sphinxe sah, die aus Saḳḳâra stammten, und dadurch auf die Vermuthung kam, dass diese zu dem von Strabo und in griech. Papyrus häufig erwähnten *Serapistempel* gehören müssten. Die betr. Stelle in Strabo lautet: „Auch ein Serapistempel ist daselbst an einer sehr sandigen Stelle, so dass vom Winde Staubhügel aufgehäuft werden, von welchen wir die Sphinxe theils bis zum Kopfe verschüttet, theils halb sichtbar erblicken, woraus man die Gefahr entnehmen könnte, wenn den zum Tempel Gehenden ein Windstoss überfiele." Mariette begann zu graben und stiess auf die *Sphinxallee*, die er blosslegen liess. Sie führte von den Apisgräbern zu einem Serapeum aus griechischer Zeit und mündete hier im Osten, wo sich der Haupteingang befand, in einen Halbkreis, der von 11 Statuen griechischer Philosophen und Dichter gebildet ward, die nunmehr eine Zierde des Louvre in Paris bilden. Der schmale Weg (Dromos) wurde von einer Doppelmauer eingefasst, auf der sich die S. 396 erwähnten Thiergestalten fanden.

Der am besten erhalten gewesene Bau des griechischen Serapeums gehörte der einfachsten Form des „in antis" genannten griechischen Tempels an und bestand aus einer Cella und einem Pronaos, zu dem eine Treppe führte, mit 2 corinthischen Säulen zwischen den Anten (Stirnpfeilern). Neben diesem griechischen kleinen Tempel stand eine aegyptische Kapelle mit geneigten Wänden und dem Hohlkehlengesims, in dem sich eine schöne, jetzt ebenfalls im Louvre conservirte Statue des Apisstieres vorfand. Unter den Platten des ziemlich sauber gelegten Pflasters vor diesen Gebäuden entdeckte man im Sande so viele Götterfigürchen von Bronze, dass man an einem Tage 534 Stück sammeln konnte. Die Wüste und der unfruchtbare Sand, der sie bedeckt, galt den Aegyptern für typhonisch und sollte durch die Götterbilder gereinigt und geweiht werden.

Von den obengenannten Kapellen und Gebäuden des griech. Serapeums sowohl als auch von dem ehemals vorhanden gewesenen Oberbau des aegypt. Serapeums, das anscheinend in ähnlicher Weise angelegt war wie alle übrigen aegypt. Tempel (mit zwei Pylonen, Vorhof etc.), ist gar nichts mehr vorhanden, oder doch durch die Ausgrabungen theils zerstört, theils umgeworfen und jetzt wieder gänzlich mit Wüstensand so hoch (angebl. über 20m) bedeckt, dass nichts mehr zu erkennen ist.

Das Serapeum umschloss in seinen weiten Räumen auch eine Gesellschaft von Eremiten, welche hier in Jahre langer, unverbrüchlicher Clausur lebten in Zellen, die an die einzelnen Kapellen der Tempelgebäude angebaut waren, wie aus den in jüngster Zeit entzifferten griechischen Papyrushandschriften des britischen Museums und des Louvre, die aus Memphis stammen, hervorgeht. Mit dem Dienst des Serapis, des in der alexandrinischen Zeit vor allen verehrten Gottes, war ein vollständig organisirtes Mönchs- und Klosterwesen verbunden. Diese Mönche, *κάτοχοι*, *ἐγκάτοχοι* oder *οἱ ἐν κατοχῇ ὄντες*, d. h. die in Verschluss Gehaltenen (reclusi), liessen bei ihrem Eintritt all ihr Hab und Gut zurück und waren auf das Brot angewiesen, das ihnen Verwandte brachten; denn sie selbst durften ihre Zelle nicht verlassen und verkehrten mit der Aussenwelt nur durch eine Art Luftloch. Sie nannten sich Brüder und sprachen von ihrem Vater. Es sind von ihnen Träume und Gesichte aufgezeichnet, in welche Kämpfe mit Dämonen hineingespielt zu haben scheinen. In ihr lebendiges Grab führte diese Leute die Hoffnung, rein zu werden in möglichst langem Dienst des Serapis. Wir erfahren aus den Papyrus auch, dass noch an anderen Serapis- und den oft mit diesen verbundenen Isistempeln das Mönchthum heimisch war. Es unterliegt keinem Zweifel mehr, dass in diesen *κάτοχοι* des Serapiskultus der Ursprung des aegyptisch-christlichen und somit des christlichen Mönch- und Asketenthums überhaupt zu suchen ist. Auch von den ersten christlichen reclusi, *ἐγκεκλεισμένοι* = Eingeschlossenen wird erzählt, dass sie ihre Nahrung nur von Dienern oder Verwandten durch das Luftloch ihrer Klause erhielten; auch sie hatten kein anderes Ideal als das der *ἀπάθεια*, der immer höheren gradus impassibilitatis (d. h. der Unempfindlichkeit für alle sinnlichen Eindrücke).

— Es wird zwar gewöhnlich das christl. Mönch- und Asketenthum auf den h. Antonius und Paulus von Theben zurückgeführt, doch ohne ausreichende historische Begründung (S. 113).

An der Stätte der Stiergrüfte (dem in den Felsen gehauenen unterirdischen aegypt. Serapeum) wurden an 3000 Denkmäler gefunden und es liess sich nachweisen, dass man die Apis in den verschiedenen Epochen der aegyptischen Geschichte in verschiedener Art zu bestatten pflegte. Aus dem alten Reiche wurde kein Apissarg gefunden, vielmehr hier der erste Apis erst unter Amenophis III. (XVIII. Dyn.) beigesetzt. Ueber dem Boden errichtete man dem Stier eine Grabkapelle (von welcher jetzt nichts mehr vorhanden ist), während man seine Leiche in einer in den lebenden Felsen gearbeiteten viereckigen Kammer beisetzte, zu der ein schräger Gang (aus der betr. Grabkapelle) führte. In dieser Weise wurden alle Apis bis in das 30. Jahr Ramses II. (XIX. Dyn.) bestattet. Von da an gewannen die Grüfte eine neue Gestalt. Man legte in dem Felsen eine 100 Meter lange unterirdische Gallerie an und höhlte zu ihrer Rechten und Linken 40 roh gearbeitete Kammern aus, die, nachdem sie die Leiche empfangen hatten, zugemauert wurden. So verfuhr man bis zum 20. Jahre Psamtik I., des ersten Königs der XXVI. Dyn. Damals stürzten die Gewölbe von 4 Apiskammern ein und eine neue Stätte ward als Gruft für die folgenden Apis gewählt. Wiederum legte man (und zwar im 33. Jahre desselben Psamtik) eine Gallerie mit Seitengemächern an, welche sich in Bezug auf die Sorgfalt der Herstellung nach jeder Richtung hin vor den früheren ähnlichen Anlagen auszeichnet. Während die erste und zweite Abtheilung der Apisgräber längst wieder unzugänglich geworden, steht die dritte späteste und schönste derselben noch heute offen.

Aus Mariette's Haus heraustretend, wendet man sich links und und hat N. zur Rechten die oben genannte Vertiefung mit den kleinen Sand- und Steinerhöhungen, die die schlecht erhaltenen Statuen aus griech.-aegypt. Zeit bergen. Von hier führt der betretene Weg in nordwestl. Richtung nach 260 Schritten zu dem zwischen scharf eingehauenen Felswänden sich öffnenden Eingang (Pl. *a*) der ****Gräber der Apisstiere** (aegyptisches Serapeum). Seit 1869 verschliesst ein festes Thor diese Souterrains, deren Decken, früher zum Theil dem Einsturz nahe, der Chediw mit bedeutendem Kostenaufwande vollständig restauriren liess und damit jede Gefahr für den Besucher beseitigte.

Die 64 dem Besuch geöffneten Apisgrüfte, die, angelegt unter Psamtik I., bis unter den letzten Ptolemäern Erweiterungen erfuhren, liegen als Nischen auf beiden Seiten eines hohen in den lebenden Felsen gearbeiteten horizontalen Ganges. Die einzelnen Kammern zur Linken und Rechten des Hauptganges sind durchschnittlich 8m hoch, und die gewölbten Decken und der Fussboden in ihnen tragen eine Bekleidung von schönem Mokattamstein.

Die Gänge, an denen sie liegen, haben eine Längenentwicklung von etwa 350m bei einer Breite von 3m und einer Höhe von 5½m. In 24 von ihnen steht heute noch der riesige Sarkophag, der die Mumie des Apis barg. Durchschnittlich haben diese ungeheuersten aller Särge eine Länge von 4m, eine Breite von 2,30m und eine Höhe von 3,30m. Ihr Gewicht beträgt (mit Abzug des Inhalts der Höhlung) durchschnittlich 65,000 Kilogramm. Die Deckel vieler Särge (5 wurden aus einzelnen Steinen zusammengemauert) sind zurückgeschoben; auf einigen befinden sich rohe Mauerstücke, von den Arabern aus unbekannten Gründen aufgesetzt. Alle waren, als Mariette sie entdeckte, durchwühlt und ausgeraubt, mit Ausnahme von zweien, in denen sich Schmucksachen fanden.

24 Granitsärge sind noch vorhanden, jedoch nur an 3 von diesen ganz kurze Inschriften angebracht, welche lehren, welchem Könige sie ihre Entstehung verdankten. Der eine trägt den Namen des *Amasis* (vorletzten Königs der XXVI. Dyn.), ein anderer den des *Kambyses*, ein dritter den des *Chebasch* (S. 108), eines Königs aus dem Saïtischen Hause, der sich unter Darius des Thrones bemächtigte und ihn bis in das zweite Jahr des Xerxes behauptete. Die Namensschilder an einem vierten sind leer, doch gehört er einem der letzten Ptolemäer an. Sehr lehrreich waren aber die sogenannten *Apisstelen*, kleine Steintafeln, die von Pilgern an der Gruft des jüngst bestatteten heiligen Stiers zum Andenken an ihren Besuch, der übrigens nur an den 70 dem Tode des Apis folgenden Tagen gestattet gewesen sein soll, befestigt worden sind; in ältester Zeit an der Basis des über den unterirdischen Räumen stehenden Apistempels, später an dem Gemäuer, das die Oeffnungen der Kammern nach dem Gange hin verschloss, und endlich weiter von der heiligen Leiche entfernt, obgleich es sonderbarer Weise Bevorzugten noch spät gestattet war, mit ähnlichen Texten wie die der Stelen versehene *Statuetten* bei dem Sarkophage niederzulegen. Diese Apisstelen haben für die Zeitrechnung der alten Aegypter und besonders für die späteren Abschnitte ihrer Geschichte so ausgezeichnete Dienste geleistet, weil sie besagen, an welchem Tage, Monat und Jahr eines bestimmten Königs der Apis, welchen X oder Y be-

suchte, geboren, inthronisirt und bestattet worden sei. So ward es möglich, die Regierungsdauer vieler Könige durch sie aufs genaueste zu bestimmen und, da eine ziemlich grosse Anzahl von Stieren unter mehreren Pharaonen verehrt worden war, die Folge vieler Herrscher von Aegypten sicher festzustellen. Diese Denkmäler haben zum grössten Theile im Museum des Louvre Aufnahme gefunden. Wenn der bei der Bestattung beliebte Pomp dem Aufwande für die Herstellung des Sarkophags entsprach, so wird Diodor nicht übertreiben, wenn er erzählt, dass kurz nach Alexanders Tod und des Ptolemäus Lagi Regierungsantritt ein Apis in Memphis an Altersschwäche gestorben sei und der Vorsteher seines Cultus bei dem Begräbnisse nicht nur die gesammten zur Verpflegung des Thiers vorhandenen Mittel, die sehr beträchtlich waren, sondern ausserdem 50 vom Könige vorgestreckte Silbertalente, d. s. 78,000 Thaler, ausgegeben habe. — Auch zu seiner Zeit, versichert Diodor, hatte der Apispfleger (gewiss ein hohes Ehrenamt) sich die Bestattung des Stieres nicht weniger als 100 Talente, d. s. 157,000 Thaler kosten lassen.

Hinter dem Thore tritt man in einen weiteren Raum (Pl. *b*), in dessen kahlen Kalksteinwänden man noch Nischen verschiedener Grösse erkennen kann, welche die oben erwähnten Stelen enthielten. Hier zündet man die mitgebrachten Lichter an. Der Führer, welcher den Schlüssel hat, schreitet, sich vom Thore rechts wendend, voran. Nach wenigen Schritten sieht man zu seinen Füssen ein ungeheures Stück schwarzen Granits (Pl. *c*), den Deckel eines Sarkophags; man wendet sich gleich hinter ihm nach links und steht nach 10 Schritten vor einem mächtigen Granitsarge (Pl. *d*), welcher den Gang so ausfüllt, dass man kaum Raum hat an seiner rechten Seite vorbei zu kommen. Beide, Sarkophag und Deckel, gehören zusammen, wahrscheinlich zur Truhe für einen gestorbenen Apis bestimmt, die nicht an den Ort ihrer Bestimmung kam. Welthistorische Ereignisse, die über Aegypten hereinbrachen, stürzten den Apisdienst um, und der Sarg blieb am Eingange des Souterrains stehen. Hinter diesem Sarkophag schreitet man in derselben (westl.) Richtung eine Strecke zwischen schmucklos ausgehauenen Felswänden hin, wendet sich dann links (südlich), durchschreitet auch diesen ebenso schmucklosen Gang und trifft auf den mit dem ersten parallel laufenden Hauptgang (Pl. A, B), welcher rechts (westl.) und links (östl.) den Felsen durchbricht. Derselbe enthält in r. und l. sich öffnenden Seitenkammern von 8m Höhe die Kolossalsärge der Apisstiere (s. oben), alle aus einem einzigen Block theils schwarzen oder rothen polirten Granits, theils Kalksteins bestehend. Einer der schönsten (Pl. *e*) aus schwarzem Granit mit den besten hieroglyphischen Inschriften auf der polirten Aussenfläche kann vermittelst einer bereitstehenden Treppenleiter auch im Innern besichtigt werden. Hat man die ganze Länge der westlichen Gallerie zurück durchwandelt und tritt an dem Kreuzungspunkte in die östliche Fortsetzung ein, so sind auch hier noch einige Sarkophage zu sehen, dann rechts ein 20m langer Seitengang (Pl. *f*), von welchem, abermals rechts, also mit der Hauptgallerie parallel, eine ähnliche Gallerie sich abzweigt, welche aber der Gefahr wegen vermauert ist. Bald dahinter erreicht die östliche Abzweigung des Hauptganges ihr Ende (Pl. B). Einige Schritte rückwärts steht man vor einer Treppe, die an einem ebenfalls stehen gebliebenen Sarkophag (Pl. *g*) neuerdings angemauert ist; man betritt sie, steigt über den Sarkophag auf der anderen Seite hinunter und steht wieder an der Pforte, von welcher aus die unterirdische Wanderung begann. — Es herrscht in diesen nie der Ventilation ausgesetzten Räumen Jahr aus Jahr ein die mittlere Temperatur Kairo's, nämlich 21° Réaumur. Darum Vorsicht beim Hinaustreten (Ueberrock!). —

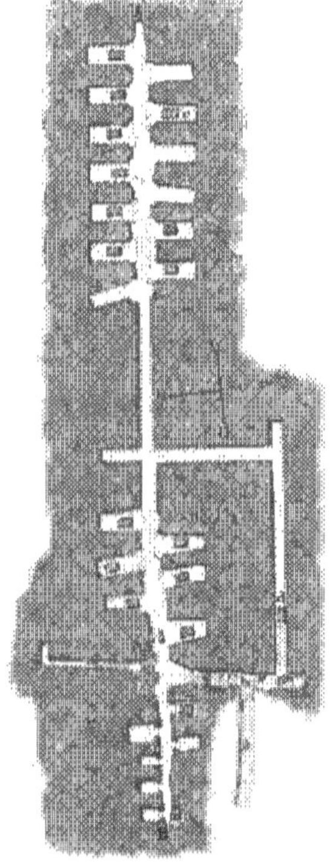

Ehe wir die Apisgräber verlassen, hören wir zum Schluss noch den Bericht ihres Entdeckers.

„Ich gestehe", sagt M. Mariette, „dass, als ich am 12. November 1851 zum ersten Male in die Apisgruft eindrang, ich so tief von Erstaunen ergriffen ward, dass diese Empfindung, obgleich 5 Jahre seitdem vergangen sind, noch immer in meiner Seele nachklingt. Durch ein mir schwer erklärliches Ungefähr war ein Gemach des Apisgrabes, das man im 30. Jahre Ramses II. vermauert hatte, den Plünderern des Denkmals entgangen und ich war so glücklich, es unberührt wieder zu finden. 3700 Jahre hatten nichts an seiner ursprünglichen Gestalt zu ändern vermocht. Die Finger des Aegypters, der den letzten Stein in das Gemäuer einsetzte, welches man, um die Thür zu verkleiden, errichtet hatte, waren noch auf dem Kalke erkennbar. Nackte Füsse hatten ihren Eindruck auf der Sandschicht zurückgelassen, die in einer Ecke der Todtenkammer lag. Nichts fehlte an dieser Stätte des Todes, an der seit beinah 14 Jahrhunderten ein balsamirter Ochse ruhte. Mehr als einem Reisenden wird es schrecklich erscheinen, hier Jahre lang allein in einer Wüste zu leben; aber Entdeckungen wie die der Kammer Ramses II. lassen Eindrücke zurück, denen gegenüber Alles in's Nichts versinkt und die man immer neu zu beleben wünscht."

Die ****Maṣṭaba des Ti** (260 Schritt n. ö. von Mariette's Haus, s. Karte S. 390) ist das interessanteste und am besten erhaltene Bauwerk dieser Art (vergl. S. 391) auf dem ausgedehnten Begräbnissplatze der Hauptstadt des alten Reichs. Es liegt an einer alten jetzt verschütteten Gräberstrasse, und der Boden ist so hoch mit Wüstensand bedeckt, dass es den Eindruck macht, als sei dieser ehemalige Freibau ein Felsengrab. Kann man daher von der Aussenseite des Grabes nur wenig sehen, so zeigt dagegen das ganz frei gelegte Innere überall sowohl bei der Fügung der Steine als auch bei den Bildhauerarbeiten an den Wänden die höchste Sorgfalt und ein Können, das wahrhaft staunenswerth genannt werden muss, wenn man bedenkt dass dies Mausoleum in der V. Dyn. zur Zeit der Erbauer der Pyramiden von Abuṣîr, also vor ca. 4500 Jahren errichtet ward. Sowohl die Gemälde wie die Hieroglyphen, welche die Wände bedecken, sind in ausserordentlich zartem und flachem Basrelief ausgeführt, das bei aller Schärfe der Conturen in der Ausführung sich durch massvolle und weiche Behandlung der hervortretenden Theile auszeichnet. Der hieratische Kanon (S. 176) gibt schon hier den menschlichen Figuren bei aller Lebhaftigkeit der Bewegung, die sie auszeichnet, etwas Typisches, wogegen besonders bei Thieren das Bestreben des Künstlers, der Natur möglichst nahe zu kommen, dem Beschauer erfreulich entgegentritt. Die Bemalung der Figuren hat sich an einigen Stellen erhalten. Gebietend und überwachend steht das Bild des hier bestatteten Ti zur Seite jeder grösseren Bildergruppe, durch seine Grösse gegenüber den anderen Figuren leicht kenntlich. Die Lockenperrücke schmückt sein Haupt, sein Angesicht ist portraitähnlich, wie seine nunmehr zu Bûlâḳ (S. 321) conservirte Statue beweist (bisweilen wird sein Kinn durch ein falsches Bärtchen verlängert), ein nach vorn hin zugespitzter, schurzartiger, fein gefältelter Rock umgibt seine Hüften, ein breites Collier reicht von seinem Halse bis auf die Brust. Mit der einen Hand stützt er sich auf einen langen Stock, in der andern führt er den Commandostab, das Zeichen seiner hohen Würde. Ti (hierogl.) war thatsächlich ein Würdenträger ersten Ranges und die an historischen Daten freilich wenig inhaltreichen Hieroglyphen, besonders die Stelen in der Grabkammer (S. 410) lehren uns, dass er seine Dienste den der V. Dyn. angehörenden Ra-nefer-ar-ka, Ra-en-user und Kaka geweiht habe. Er war ein „semer“ (Genosse, Adjutant oder Kammerherr) des Königs, „thronend im Herzen seines Herrn“, ein „Herr des Geheimnisses (Geheimrath), „liebend seinen Gebieter“, ein „Vorsteher der Pforte des Palastes“, ein „Geheimrath des Königs an all' seinen Herrschersitzen“, ein „Geheimrath, zur Ausführung bringend die Befehle des Königs“, ein „Vorsteher aller Arbeiten des Königs und des königlichen Schriftwesens“. An den Pyramiden von Abuṣîr (S. 382) hatte er ein hohes priesterliches Amt zu verwalten, und anderwärts wird er ein Oberster der Propheten, ein Vorsteher der Opfer und Reinigungen, ein Wart des Mysteriums der göttlichen Rede genannt. Er selbst war ein verdienstvoller Emporkömmling und gehörte nicht der königlichen Familie an, wohl aber seine Gemahlin Nefer-hotep-s, der wir öfter an seiner Seite begegnen. Seine Söhne Ti und Tamut' (Tamuz) durften in Folge der hohen Geburt ihrer Mutter den Prinzentitel führen. Wie alle aegyptischen Gattinnen, so empfing auch die des Ti ehrende Namen wie „die von ihrem Gemahl geliebte", „die Herrin des Hauses", „die Palme der Liebenswürdigkeit gegenüber ihrem Gatten".

Drei Zugänge (Pl. *A*), deren Seitenwände aus etwas schräg aufsteigenden Blöcken gemauert sind, führen zu dem ersten kleinern Vorhof (Pl. *B*) mit zwei Pfeilerresten. An der östl. Wand (Pl. *a*) Darbringung von Opfergaben, an der südl. Wand links vom Eingang (Pl. *b*) ein Geflügelhof und Stopfen von Gänsen (s. unten). r. vom Eingang (Pl. *c*) Fischfang in Reusen; diese drei Darstellungen klein und schon verwittert. An den Vorderseiten des Eingangs r. u. l. das Bild des Ti (s. oben), darüber verstümmelte Hieroglyphen, die einige seiner Titel nennen. Von hier betreten wir den grossen Vorhof (Pl. *C*), einen weiten rechteckigen Raum, dessen flache jetzt verschwundene Decke früher von 12 viereckigen, glatten Pfeilern getragen wurde, die zum Theil noch aufrecht stehen. Diese Pfeilerhalle wird als der Schauplatz des Ahnencultus, der Opferung der Thiere etc. bezeichnet. Von der Mitte derselben führte der jetzt verschüttete Mumienschacht (Pl. *d*), und zwar abweichend von der gewöhnlichen Sitte nicht in senkrechter sondern in schräger Richtung, zu der unter dem Boden liegenden Grabkammer, in welcher ein Sarkophag ohne Inschrift stand.

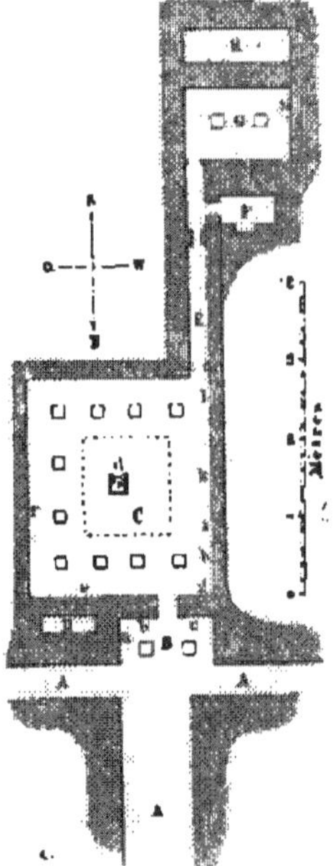

An der Nordseite (Pl. *e*; diese sowie die Ostseite sind sehr verwittert) Darbringung von Opfergaben, Opfern (Schlachten) des Viehes, Transport einer Statue in einer Barke. Besonders wohlgelungen ist der langgehörnte Stier, dem ein Mann die Hinterbeine mit sichtlicher Kraftanstrengung zusammenschnürt, während ihn ein anderer zu Boden zieht. Neben ihm liegt ein schon abgethanes Opfer. Die Inschrift über ihm lehrt, dass „nach dem Urtheil des des Schlachtens Kundigen" der junge hier geopferte Stier 50 Men, d. s. Töpfe (wohl Fett) geben werde.

„Geschlachtetes" „Kochfleisch".

Hinter dieser Stelle befindet sich eingemauert und nicht sichtbar ein hohler Raum (serdâb; Pl. *D*), der jedoch leer war.

Ostseite (Pl. *f*): Opfergaben, Hausbediente etc. An der Südseite finden sich keine Darstellungen; die Darstellungen der Westseite sind dagegen mit Ausnahme des obern Randes gut erhalten.

Gleich beim Eingange rechts (Pl. *g*) die höchst interessante Scene des Fettmachens der Gänse, das die alten Aegypter also auch schon kannten, und

Die Wiedergabe einiger der besseren Darstellungen aus diesem Grabe erschien dem Herausgeber zur Orientirung, selbst für den Besucher an Ort und Stelle, nicht unzweckmässig, sie werden sich dadurch der Erinnerung besser einprägen. Dieselben sind nach Abklatschen des Herrn Dr. Reil photographirt worden und können in ihren Umrissen als ganz getreu bezeichnet werden. Sie sind mit Ausnahme des grossen Tableau's Ti auf der Jagd (S. 382) auf 1/12 der Originalgrösse reducirt. Herr Dr. Reil wird seine, wohl einzig dastehende Sammlung an Abklatschen aus den Gräbern von Saḳḳâra demnächst in 1/4 der Original-Grösse mit beschreibendem Texte erscheinen lassen.

„das Füttern des Kranichs", darüber die Zubereitung „das Hineinlegen zum Kochen der Stopfnudeln"; darauf folgt (Pl. *h*) ein vollständiger Hühnerhof mit Gänsen, Tauben und Kranichen, welche mit Korn gefüttert werden;

das Bild des Ti (Pl. *i*); dann auf einer $2{,}_{75}$m langen und $0{,}_{45}$m hohen Steinplatte (Pl. *k*) unten 4 Nilbarken (die 4. rechts ohne Ruderer), die mit „vielem Getreide den Nil hinab fahren", darüber Antilopen, eine hübsche Taubengruppe, Kraniche, 1 Steinbock, 2 Antilopen, und links in der Ecke wieder 4 Steinböcke. Anstossend l. (Pl. *l*) Bild des Ti.

In der rechten Ecke der Südseite (s. oben) schliesst sich an diesen Pfeilerhof ein Corridor an, welcher früher durch eine Thür geschlossen und auch in der Mitte noch einmal abgetheilt war; gegenwärtig ist er durch eine Holzthür verschlossen, zu welcher der Führer den Schlüssel hat.

Corridor (Pl. *E*). Rechts und links mehrere Reihen Opfergabenträger (vergl. S. 392) über einander; r. eine $2{,}_{80}$m hohe und $1{,}_{60}$m br. Nische mit einer Stele, der Gemahlin des Ti gewidmet; l. (innerer Thürpfeiler) Ti mit seinen Titeln; dann (zwischen der 1. und 2. Thür) Transport der Statue des Ti und Weihgabenbringer. Von der Statue berichten die Hieroglyphen an verschiedenen Stellen: „Das ist die Bildsäule aus Dornakazienholz des verstorbenen Ti"; „das ist die Bildsäule aus Ebenholz, man zieht sie. Das Ziehen der Bildsäule ein gutes Ziehen." — „Die Diener giessen Wasser aus", da wo ein Diener die Kufen des Schlittens begleitet, auf welchem die Statue steht. — R. (zwischen Nische und 2. Thür) wieder mehrere Reihen Opfergabenträger; Thürpfeiler (l.): 2 Männerfiguren, (r.) Ti mit seinen Titeln; über der Thür (Nordseite) Musiker und Tänzerinnen, (Südseite) Ti in einer Barke (verstümmelt). Dann führt r. eine Thür in ein längliches, bedecktes, daher etwas dunkles Gemach (Pl. *F*), dessen Bilder uns in das Innere der Häuslichkeit des Verstorbenen zu sehen gestatten, darunter namentlich eine vollständige Töpferei und Bäckerei; Gefässe in allen Formen und zu den verschiedensten Zwecken. Am linken oberen Thürpfosten dieses Gemachs ist noch das Stück Sykomorenholz an seinem Platze, in welches die Thür eingelassen war.

Oberhalb, links und rechts der Thür zu diesem Gemach (Ostseite des Corridors) Schiffe, einige davon sind schnelle Boote und werden von mehreren Steuerleuten mit breiten Schaufeln gelenkt, andere fahren mit dem lateinischen Segel und bedürfen stärkerer Steuerkraft, immer noch der Ruder, da das bewegliche Steuer noch nicht erfunden ist. An der Spitze des Bootes wird mit einer langen Stange der Wasserstand sondirt, ganz so wie dies heute noch geschieht. Sie bringen die Hörigen zum Besuche ihres verstorbenen Herrn nach Saḳḳâra, denn neben dem einen Segelboote ist zu lesen: „Ankunft vom Nordlande aus den Ortschaften des Familiengutes, auf dass sie schauen den Kammerherrn, der vollkommen ist in Folge seiner Auszeichnung an der ersten Stelle des Herzens seines Gebieters, den Meister des Mysteriums des Todtenreichs, Ti". Auf

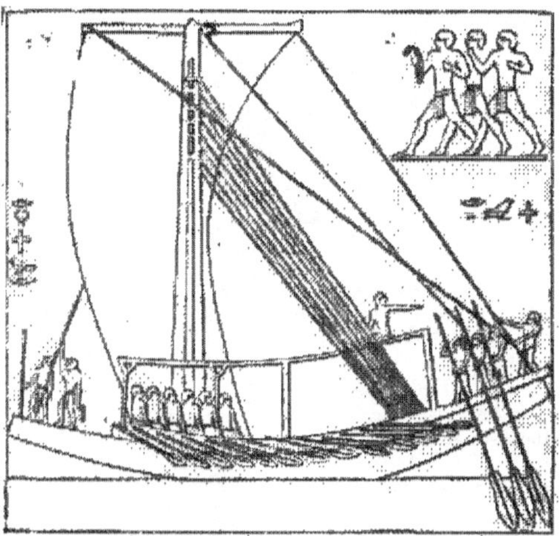

unserer Abbildung commandirt der Bootsmann, der am Westufer des Stromes landen will: „Richtung, Steuerbord, Steuerbord."

Vom Corridor aus treten wir durch die sich nach Süden öffnende Pforte (r. und l. wieder Abbildungen des Ti) in die eigentliche, besonders reich ausgeschmückte, 6,90m br., 7,20 l. und 3,80m hohe Grabkammer (Pl. *G*). Zwei starke viereckige, durch Stuck in der Färbung rothen Granits gehaltene Pfeiler tragen die Palmstämme imitirende Decke, in die an der Ostseite Oeffnungen gebrochen wurden, um das Tageslicht hineinzulassen.

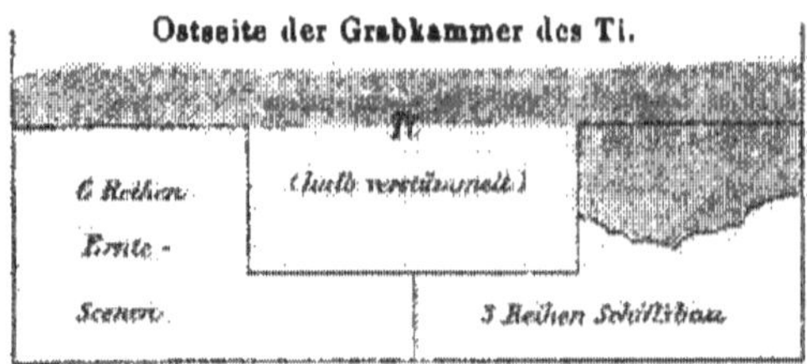

Ostseite (l. vom Eingang): 6 Reihen Erntescenen: Sicheln, Aufspeichern, Transportiren des Getreides, Ausdreschen desselben durch Ochsen oder Esel, die darauf herumgehen, Absondern des Strohes durch dreizinkige Gabeln, Sieben und Einfüllen des Ge-

treides. von Frauen besorgt; die Kleidung der letzteren liegt glatt am Körper an und ist in der Ausführung im Stein so gehalten, dass die Körpertheile sich deutlich abzeichnen. Dabei widmet sich jeder mit Hingabe seinem Geschäft und selbst das Leblose gewinnt Leben für die Kinder dieser jugendlichen, phantasiereichen Zeit. Der Schnitter sagt den Aehren: „Ihr seid zeitig“ oder „Ihr seid nun gross“; an einer andern Stelle „das ist das Sicheln, wenn man diese Arbeit verrichtet, so bleibt ein Mann sanftmüthig und das bin ich.“ Der Eselheerde ruft der Treiber zu: „Man liebt den, der hurtig vorwärts kommt, und schlägt den Faulen“. „Wenn du doch dein Thun und Treiben sehen könntest.“ Erinnernd an das Buch Ruth wird auch der Nachlese, des Restes (sep) gedacht.

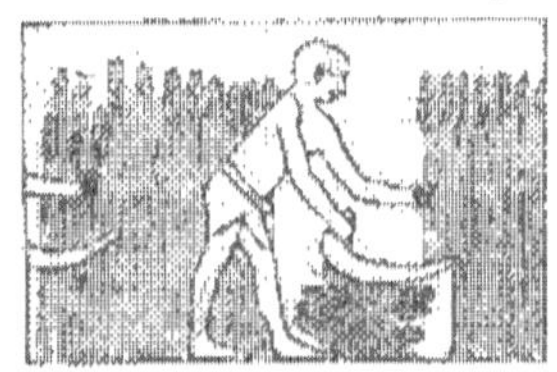

In der Mitte dieser Wand eine halb verstümmelte Abbildung des Ti. Rechts derselben zwei vollständig erhaltene und mehrere theilweise zerstörte Darstellungen des gesammten Schiffbaues, vom Behauen der Stämme an bis zum Kalfatern des auf Stapel ruhenden

Schiffes: die Säge, das Beil, der Hammer und Drillbohrer, kurz das gesammte Handwerkszeug der Arbeiter bietet in seiner Einfachheit ein nicht geringes Interesse.

Südseite der Grabkammer des Ti.

<table>
<tr><td colspan="8">Verstümmelt</td></tr>
<tr><td rowspan="5">Ver-
stüm-
melt</td><td rowspan="4">Ti</td><td colspan="2">Antilopen</td><td rowspan="4">Ti</td><td>Opfer-</td><td rowspan="4">Ti</td></tr>
<tr><td colspan="2">Antilopen u. Hirsche</td><td>gaben-</td></tr>
<tr><td colspan="2">Ochsen</td><td>trä-</td></tr>
<tr><td colspan="2">Ochsen</td><td>ger</td></tr>
<tr><td>Gänse, Kälber</td><td>Ochsen</td><td>Gerichtsscene</td><td>Opfergaben</td><td colspan="2">Musiker</td></tr>
<tr><td colspan="2">Handwerker</td><td colspan="2">Ochsen</td><td colspan="3">Opfergabenträger</td></tr>
<tr><td colspan="2">Handwerker</td><td colspan="2">Ochsen</td><td colspan="3">Schlächter</td></tr>
<tr><td colspan="2">Handwerker</td><td colspan="2">Tauben, Gänse, Kraniche</td><td colspan="3">Schlächter</td></tr>
</table>

Die Südseite ist an Darstellungen sehr reich, aber in den oberen Theilen verstümmelt. Sie enthält u. a. Aufzeichnungen des ge-

sammten Viehstandes an Ochsen, Gazellen und Antilopen, die damals zu den Hausthieren gehörten, sodann einen Hirsch der von den Schreibern besonders notirt wird. Abbildungen des Ti und Opfergabenträger. In der untern Hälfte der Wand links drei Reihen Handwerker verschiedener Art: Zimmerleute und Tischler, Steinmetzen, Bildhauer, Glasbläser, Stuhlmacher, Lederarbeiter, Wasserträger etc., dann gegen die Mitte zu abermals Gänse, Enten, Tauben und Kraniche: darüber eine Gerichtsscene: Missethäter werden herbeigeschleppt, eine Anzahl Schreiber bilden

das Tribunal. Dann rechts in der Ecke wieder Opfer bringende Gestalten; darunter Schlachtung verschiedener Thiere.

Hinter dieser Wand befindet sich eingemauert ein zweites Serdâb (Pl. *H*), in welchem mehrere zerbrochene und eine erhaltene, jetzt im Museum in Bûlâk aufbewahrte Statue des Ti gefunden wurden; dagegen keine von seiner Gemahlin.

An der Westseite zwei grosse Stelen, deren Inhalt (S. 402) im Auszug angegeben ist; auch Anubis der schakalköpfige Wächter der Unterwelt, der den Verstorbenen in seinen Schutz nehmen soll, wird darin angerufen. Vor der linken Stele eine Opferplatte (S. 394) wie sich solche in jeder Grabkammer befindet (dieselbe war nur für Opfergaben bestimmt). In der Mitte der Wand Schlächter und Darbringung von Weihgaben (beschädigt). Davor standen die Statuen des Ti und seiner Gemahlin, die im Museum zu Bûlâk aufbewahrt werden.

Nordseite der Grabkammer des Ti.

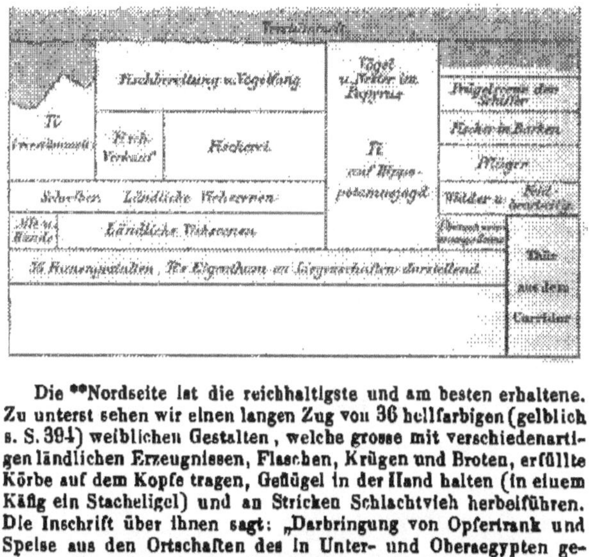

Die **Nordseite ist die reichhaltigste und am besten erhaltene. Zu unterst sehen wir einen langen Zug von 36 hellfarbigen (gelblich s. S. 394) weiblichen Gestalten, welche grosse mit verschiedenartigen ländlichen Erzeugnissen, Flaschen, Krügen und Broten, erfüllte Körbe auf dem Kopfe tragen, Geflügel in der Hand halten (in einem Käfig ein Stacheligel) und an Stricken Schlachtvieh herbeiführen. Die Inschrift über ihnen sagt: „Darbringung von Opfertrank und Speise aus den Ortschaften des in Unter- und Oberaegypten gelegenen Familiengutes des Kammerherrn Ti“. Neben jeder Frau steht der Name der Ortschaft, die sie repräsentirt. Jeder Name wird von dem des Besitzers Ti eingeleitet und richtet sich im Uebrigen nach den in den einzelnen Dörfern gewonnenen vorzüglichsten Producten, der in ihnen geübten Thätigkeit und der Beschaffenheit ihrer Lage. Da gibt es, wahrscheinlich wegen vieler Schöpfräder

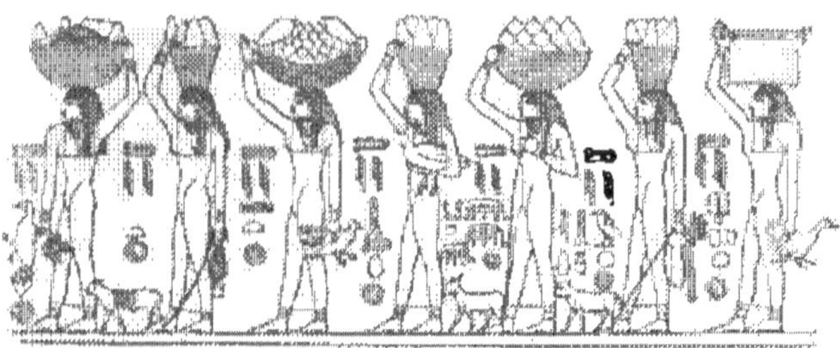

in ihm, ein Schöpf-Ti, ein Acker-Ti, ein Palmen-Ti, ein Schiffs-Ti, ein Insel-Ti, ein Sykomoren-Ti, ein Brot- und ein Kuchen-Ti etc.

Dann folgen links darüber Darstellungen aus der Viehzucht: eine Kuh kalbt, eine andere wird gemolken, während ein vom

Nichtsthun ermüdeter Aufseher, der sich auf einen Stab stützt, den Knechten befiehlt: „Melke, während du festhältst das junge Kalb am Knie“; an Pflöcken angebundene muntere Kälbchen hüpfen und fressen. Nahe der linken Ecke fällt uns ein Zwerg auf, der einen Affen von der Art der sudanesischen Meerkatzen, und ein an der Schulter verwachsener Mensch, der zwei der im nördlichen Afrika Slughi (S. 415) genannten spitzohrigen Windspiele herbeiführt.

Weiter folgt (vergl. Skizze S. 410) Vogelfang, Fischfang in Netzen und Reusen: „Lass herab fallen was darin ist“, „das Ausschütten des aus Binsen geflochtenen Behälters“ ergänzen die hieroglyph. Inschriften.

Rechts nach der Thüre zu ist ein grosses prächtiges Tableau: **Ti auf einem leichten Papyrusboote stehend und auf einen Stab gestützt, wohl doppelt so gross dargestellt als seine Leute, befindet sich auf der Hippopotamusjagd. Die Jagd auf die Wasserbestien des Nilstroms, auf Krokodil und Hippopotamus, gehörte mit zu den Lieblingsbeschäftigungen des vornehmen Aegypters, und Darstellungen dieser Art finden sich vielfach, namentlich in den den ältesten Zeiten des aegypt. Reichs angehörenden Grabkapellen. Ti selbst bewahrt seine volle Ruhe, auch der Schiffs-

Diese Darstellung ist in ihren Verhältnissen beinahe doppelt so gross als die übrigen; um solche hier ganz wiedergeben zu können war daher eine grössere Reduction (ungefähr auf 1:19) erforderlich.

meister „der Oberste über die Leute des Vogelteiches Atet" ihm gegenüber greift nicht zu, sondern lauscht den Anordnungen seines Herrn, die er den Dienern zu übermitteln hat. In dem vorderen Boote sind drei derselben beschäftigt sich zweier der im Wasser tobenden Bestien zu bemächtigen, eins davon ist mit einer Art Maulsperre gefangen und von den Harpunen der Jäger bedroht. Eine Anspielung auf diese Scene will man in einer Stelle der Bibel herausfinden, wo im Buche Hiob im 40. Cap. vom Behemot und Leviathan die Rede ist und es Vers 20 heisst: „Kannst du den Leviathan ziehen mit dem Hamen und seine Zunge mit einem Strick fassen u. s. w." Ein Nilpferd hat ein Krokodil im Rachen. Am hinteren Ende befindet sich noch ein kleinerer Kahn mit einem Jungen darin, welcher eben im Begriff steht, dem an einer Angel gefangenen Wels eins auf den Kopf zu geben. Im Wasser andere Nilfische, so characteristisch gezeichnet, dass sie sich genau bestimmen lassen. Die drei Schiffe selbst sind von Papyrusstauden umgeben, in deren Kronen Vögel flattern und nisten. Ein Eisvogelpaar auf einem treu nach der Natur copirten Neste mit Jungen, vertheidigt sich gegen den beabsichtigten Angriff eines wieselartigen Thieres.

Unter diesen Jagdscenen befindet sich die S. 360 beschriebene lange Reihe Opfer bringende Frauen; daneben reihen sich rechts gegen die Thür zu und zum Theil über derselben: Treiben von

Ochsen und Kühen durch das Wasser während der Ueberschwemmungszeit.

Darüber Widder; nach Herodot streuten die Aegypter das Saatkorn auf den nassen Schlamm und liessen es von Schweinen eintreten, hier sehen wir diese Arbeit durch Widder verrichten, mit Schlägen und durch Futter, das man ihnen vorhält, werden sie angetrieben; „wohl dem, der die Arbeit liebt" ergänzt die hieroglyph. Inschrift.

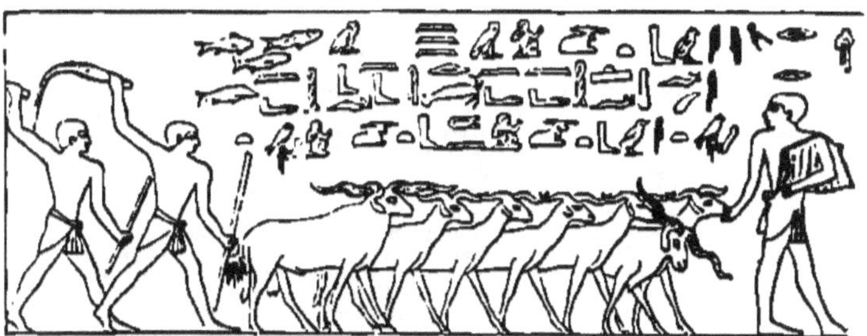

Ueber diesem Bilde das Pflügen des Feldes durch Ochsen, sowie die Bearbeitung des Bodens durch Hacken.

Bei dem Fischfang (darüber) sagt der auf einen Stock sich stützende Aufseher: „Ihr seid doch affenartig" und die gutmüthigen Diener antworten: „Dein Befehl ist vollbracht, vortrefflich wird's gemacht." Ganz oben (schwer kenntlich) eine Zankscene zwischen Matrosen, wobei es nicht ohne heftige Stösse und Klagen abgeht „du bist von herausgehender Hand (d. h. gewaltthätig) und ich bin so sanft".

Unter denjenigen Maṣṭaba, die nur mit besonderer Erlaubniss des Herrn Mariette noch besichtigt werden können, nachdem der sie umschliessende Sand entfernt ist, sind hervorzuheben die nach dem des Ti am besten erhaltene und in Bezug auf die darin befindlichen Darstellungen sehr interessante

Maṣṭaba des Ptahhotep, die etwas westl. vom Wege von der Stufenpyramide zu dem Mariette'schen Hause liegt.

Ptahhotep lebte wie Ti in der V. Dyn. und war Priester der Pyramiden des Assa und Ra-en-user sowie der Pyramide „göttliche Wohnung des Men-kau-Hor". An Titeln fehlte es ihm nicht. Sein gelungenstes Bild befindet sich auf der Ostwand. Er ist ähnlich angethan wie Ti (S. 402). Sein Söhnlein mit der Jugendlocke umfasst mit der Rechten seinen Stab, während die Linke einen Wiedehopf hält. Man beachte die Ernte des Papyrusrohres und die Ringspiele, die wohl in Zusammenhang stehen mit dem Fest der Weinlese. Die Trauben werden gepflückt, getreten und gepresst. Eine Jagdscene weiter unten ist voller Humor und Lebendigkeit. Die einzelnen Thiere werden dem Zoologen Interesse gewähren. Unter den Jagdhunden nehmen die Slughi (S. 411) den ersten Platz ein. Mit grosser Energie überfällt und würgt der Solofänger eine Gazelle. Auch mit der Löwenjagd befasst sich Ptahhotep. Ein Löwe beisst in die Schnauze der als Lockspeise festgebundenen Kuh und schlägt seine Krallen in ihren Hals; in ihrer Angst gibt sie Koth von sich, das Kälbchen steht ohne sich zu regen hinter der Mutter, und der knieende Jäger, der zwei Windhunde an der Leine hält, zeigt ihnen den Löwen, auf den sie stürzen sollen, wenn er sie loslässt. Fischerei und Vogelfang sind ausnehmend ergiebig. Wohl gelungen ist auch der auf der gleichen Wand dargestellte Aufzug der Hörigen des Ptahhotep mit den Gaben der einzelnen Ortschaften seiner Domaine. Wie dem Aufzuge der Pilger zu Kairo Klopffechter vorangehen, so dieser Procession Faust- und Ringkämpfer. Gefangene Löwen und anderes kleineres Wild in Käfigen wird herangeführt, der Hundemeister hält nicht nur Windspiele, sondern auch eine den Hyänen gleichende Doggenart an der Leine. Steinböcke und Antilopen folgen. Rinder werden herbeigeführt. Eine Kuh wirft mit Hülfe eines Thierarztes, und die Kälber lehnen sich heftig gegen die Stricke auf, mit denen man sie am Boden angebunden hat. Es folgt das zahme Geflügel. Darf man den Inschriften glauben, so besass Ptahhotep von einer Gänseart 121,200, von einer anderen 11,210 Stück. An Schwänen hatte er 1225. Kleine Gänse gab es 120,000, Tauben 121,022 und junge Gänse 111,200. Auch Kraniche gehören zu den Hausthieren, die von dem Aufseher wohl geordnet und gezählt seinem Herrn vorgeführt werden. Ptahhotep mustert, bekleidet mit dem Pantherfelle und seinen Leib mit Oel salbend, von seinem Throne aus den reichen Besitz seines Erbgutes, sieht der Schlachtung der Rinder zu, billigt die durch seine Schreiber aufrecht erhaltene Ordnung und lässt von Harfen- und Flötenspielern sein Herz erfreuen. Die Liste ist ausserordentlich lehrreich geworden durch die deutlich gezeichneten Determinativa, welche die gut ausgeschriebenen Worte begleiten. — Die Blendthür mit der symbolischen Grabesöffnung befindet sich auch in dieser Maṣṭaba an der Westwand.

Die **Maṣṭaba des Sabu**, oestl. von der des Ti, enthält ähnliche Darstellungen und reiche Aufzählungen des Besitzstandes verschiedener Arten Rinder.

Von einer Gattung Rinder hatte er 405, von einer anderen 1237 und einer dritten 1300 Stück, und dazu Kälber von einer Gattung 1220 und von einer zweiten 1138. Ausserdem 1308 Antilopen, 1135 Gazellen, 1244 antilopenartige Ziegen, 1010 Reiher. Das Geflügel (Gänse, Enten, Tauben) wird nach Tausenden (𓆼 = 1000) gerechnet.

Bei ausreichender Zeit kann man nach Besichtigung der Nekropole noch die zur südlichen Gruppe von Saḳḳâra gehörende „**Maṣṭaba Far'ûn**“ besuchen. Von Mariette's Hause erreicht man sie in gerader Richtung südlich reitend in 1¼ St. Man lässt die Stufenpyramide links, ebenso sämmtliche westlich von ihr noch befindlichen Grabhügel. Genau in der Axe der Stufenpyramide, parallel mit ihrer Westseite und etwa 1000 Schritte westl. von ihr, gewahrt man bei diesem Ritte ein gegen O., N. und W. durch sehr breite, massive, jetzt aber fast zerfallene Mauern umgrenztes Terrain, welches nur an der Südseite keine Mauern, sonst natürliche Erhebungen des Wüstenterrains hat. Die Bedeutung dieser

Reste konnten die Aegyptologen nicht ergründen. Sehr viel hat die Conjectur Mariette's für sich, dass hier wahrscheinlich der Aufbewahrungsort (Schlachthaus, abattoir) des zahlreichen Schlacht- oder Opferviehes gewesen sei, welches täglich oder an bestimmten Festtagen geschlachtet wurde. Wiederholte Nachgrabungen im Bereiche dieses grossen ummauerten Raumes blieben ohne Resultat. Jede Seite hat eine Längenausdehnung von 400m.

Im weiteren Wege nach der Maṣṭaba Far'ûn kann man sich nicht irren, da man sie fast beständig vor sich sieht. An der Maṣṭaba angekommen, vor welcher NW. eine jetzt als Steinbruch von den Arabern benutzte sehr beschädigte Pyramide steht, kann man sie besteigen. Sie ist in Form aller Maṣṭaba länglich viereckig, schräg aufsteigend erbaut, hat die Eingangsöffnung gegen Norden und wurde zuerst von Mariette geöffnet, welcher constatirte, dass sie die Grabstätte des Königs Unas von der V. Dyn. sei.

Den Rückweg nehme man durch die nördlich von der Maṣṭaba sich nach Osten öffnende Einsenkung der Wüste, die gerade auf das Dorf Saḳḳâra zu führt, oder man gehe zu Mariette's Haus zurück.

Hat man für den Ausflug nach Saḳḳâra mehrere Tage bestimmt, so mag man sich auch nach dem ¾ St. (von der Maṣṭaba Far'ûn) weiter südl. gelegenen **Dahschûr** begeben, das vielleicht für jenes alte *Acanthus* des Diodor gehalten werden darf (am Rande der Wüste heute noch viele Suntbäume), woselbst ein durchlöchertes Fass gestanden haben soll, in welches 360 Priester jeden Tag Wasser aus dem Nil trugen. Zwei grössere und eine kleinere Pyramide von Kalkstein und zwei von Ziegeln stehen nebst andern Pyramidenresten und ziemlich entfernt von einander auf dem Wüstenplateau von Dahschûr. Bemerkenswerth die nördliche Ziegelpyramide, die einst mit Steinplatten bekleidet war; sie wird, jedoch ohne Grund für die fabelhafte Pyramide gehalten, die nach Herodot König Asychis bauen liess, indem er die Arbeiter freventlich zwang, eine Stange in einen See zu stossen und aus dem an ihr hängen bleibenden Schlamm die Ziegel zu formen. Zu ihrem Eingang im Norden führte eine Vorhalle. Die jetzige Höhe beträgt nur 27½m.

An der Südseite der von hier SW. gelegenen Pyramidenruine ziehen sich zwei noch erkennbare Dämme (S. 334) gegen Osten hinab, die von der westl. grösseren *Steinpyramide* ausgehen. Diese hat heute noch eine Höhe von 99m, bei einer Breite von 213m, kommt der grossen Pyramide von Gizeh (S. 300) also ziemlich gleich und bleibt in ihrer Einsamkeit auf diesem Wüstenplateau nicht ohne Wirkung selbst auf das an derartige Blicke schon gewöhnten Auge.

Oestl. und südlich verschiedene Pyramidenreste. Noch weiter südl. steht die wegen ihrer ungewöhnlichen Form sogenannte *Knickpyramide* (vergl. S. 173). Sie zeigt nämlich verschiedene Neigungswinkel an der äusseren Bekleidungsfläche, unten 54° 41′, oben 42° 59′. Der obere Winkel ist, was auch durch den Neigungswinkel der benachbarten Pyramide (43° 36′) bestätigt wird, der ursprünglich beabsichtigte. Die Spitze ist also fertig geworden, während der untere Theil nicht vollendet werden konnte. Basis 188,54m, totale Höhe 97,26m. Sie ward sehr früh (1660) von dem englischen Reisenden M. Melton eröffnet; 1860 fand Le Brun ein kleines Zimmer in ihrem Innern. Für den Namen des Erbauers fand man keinen Anhalt. Ganz im Süden endlich bezeichnet ein 30m hoher Ziegelbau den südl. Endpunct des 5 Meilen langen bis hinunter (nördl.) nach Abu Roâsch (S. 381) sich ausdehnenden Todtenfeldes von Memphis. — Von Dahschûr zur Pyramide von Mêdûm und zum Fayûm s. R. 8.

Die Steinbrüche von Ṭurra und die Bäder von Ḥeluân.

Eisenbahn auf dem r. Nilufer im Bau und soll bis Ende d. J. eröffnet werden. Preise und Fahrzeit waren beim Druck des Handbuchs noch nicht festgestellt.

Eisenbahn auf dem l. Nilufer nach Bedraschên s. S. 383. Von hier reitet man (Esel am Bahnhof 2 P.) hinunter zum Nil, wo eine Fähre (1 fr.). Am jenseitigen Ufer steht bei Ankunft der Züge von Kairo ein Wagen aus dem Bade Heluân, der in $\frac{1}{2}$ St. dahin fährt. Diese Einrichtung wird indessen mit der Eröffnung der Bahn auf dem linken Ufer eingehen.

Die Bäder von Ḥeluân liegen ca. 23 Kilom. südl. von Kairo. Diese Tour ist besonders auf dem Rückwege wegen der Abendbeleuchtung des Moḳaṭṭams (s. S. 344) sehr lohnend. Zu Esel (5–7 fr., gute Thiere aussuchen) legt man diese Strecke in $3\frac{1}{2}$–$4\frac{1}{2}$ St. zurück. Wagen bedürfen wegen des Sandes Vorspann und bleiben dennoch häufig stecken, zudem werden 50–70 fr. dafür verlangt, also eine Auslage, der sich nur wenige Reisende für die kurze Strecke zu unterziehen geneigt sein werden.

Die neue Bahn auf dem rechten Ufer, hauptsächlich zur Verbindung der grossen Militäretablissements in Ṭurra mit der Citadelle erbaut, führt zwischen dieser (r.) und dem Moḳaṭṭam (l.) in einem tiefen Einschnitt um die Stadt (der neue Bahnhof für Reisende soll hier am Südende der Stadt, am Moḥammed 'Ali-Platz oder doch in dessen Nähe errichtet werden), dann längs des Fusses des Moḳaṭṭams, an dessen Abhängen interessante Moscheenreste, durch das Gräberfeld der Mamluken (S. 335). Rechts der älteste, während der Herrschaft der Ṭuluniden (Ende des 9. Jahrh.) erbaute Theil Kairo's mit der Ṭulûn-Moschee (S. 284); dann r. die Gräberstadt Imâm Schafe'i (S. 336), weiterhin das Nilthal, darüber hinaus die verschiedenen Pyramidengruppen (S. 418).

Vor dem Dorfe (Stat.) *Basâtîn*, das in der Ecke eines in die Wüste tief einschneidenden, bebauten Dreiecks liegt, l. der Judenkirchhof, dann die breite Einsattelung des Wâdi et-Tîh (S. 348), das die Höhen des Moḳaṭṭam von denen des Gebel Ṭurra trennt. Auf Wüstensand sich hinziehend nähert sich die Bahn dem Ufer des Nils, an dem neuerdings grosse Militäretablissements und Pulverfabriken errichtet wurden. R. am Nil das Kloster *Dêr el-Gebel* und links die *Steinbrüche von Ṭurra* (s. S. 419), auf der Höhe die Ruinen eines alten Forts. Stat. *Ma'ṣara*, ein Dorf am Nil, das wegen seiner Steinfliesen bekannt ist, die unter dem Namen „Palatten" den Fussboden fast aller bessern Häuser Aegyptens bilden. Von hier aus lassen sich die Steinbrüche von Ṭurra, die schon das Material zu den Tempeln lieferten und heute noch in Gebrauch sind und sich als grössere und kleinere Oeffnungen in den Felswänden von der Bahn aus zeigen, besuchen (Ritt dahin $\frac{1}{2}$ St.), doch ist es zweckmässiger, dies von Ḥeluân ($1\frac{1}{2}$ St.) zu thun, da dort Esel leichter und besser zu beschaffen sind.

Von Stat. Ma'ṣara zieht sich die Bahn an den Abhängen des *Gebel Ṭurra* hin und erreicht in ziemlicher Steigung das Plateau, auf dem die Bäder von Ḥeluân liegen.

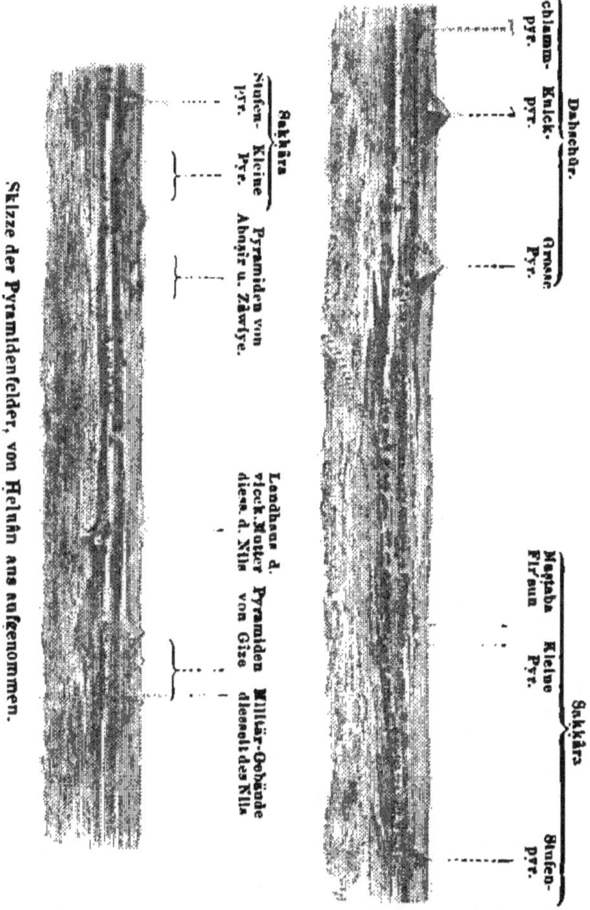

Skizze der Pyramidenfelder, von Heluân aus aufgenommen.

Heluân, eine künstliche Oase in der Wüste, 5 Kilom. vom Nil entfernt, besteht aus einigen villenartigen Häusern, dem Hôtel und den Baderäumen. Die ganze Anlage ist zwar noch äusserst einförmig und auch die Bepflanzung noch eine sehr spärliche, indessen wird das befruchtende Nilwasser, das durch eine Dampfpumpe in hinreichender Menge heraufgebracht wird, in kurzer Zeit den der Wüste abgerungenen Boden in Boskets und kleine Gartenanlagen verwandeln; an Promenaden ist aber natürlich nicht zu denken, und so ist ein längerer Aufenthalt nur demjenigen zu empfehlen, der ganz seiner Gesundheit leben und auf jede Unterhaltung ausserhalb des Hauses verzichten will. In einer Höhe von 35m über dem Nil auf festem Sandboden gelegen, zeichnet sich dieses Stück der Wüste durch eine äusserst reine fast staublose Luft (vergl. S. 79) aus.

Das Hôtel, ein grosser viereckiger Bau mit innerm, bepflanztem Hof und ca. 40 über 5m h. Zimmern, bietet ziemlich den gleichen Comfort wie die Hôtels in Kairo. Pensionspr. 15 fr. den Tag, Salons 10—15 fr. extra. Von der cementirten Terrasse des Hauses interessanter Blick nach Westen auf das Nilthal und die Höhen der libyschen Wüste mit den Pyramidenfeldern von Gize bis hinauf nach Dahschûr; östl. die Gebirgszüge der arab. Wüste.

Die wahrscheinlich schon im Alterthume benutzten Schwefelquellen, deren Gehalt dem der Quellen von Aix in Savoyen am nächsten stehen soll, wurden 1871 im Auftrage Isma'il Pascha's durch Dr. Reil (S. 252) von neuem in Verwerthung genommen. Die Hauptquellen sind überbaut; das Badehaus für die Europäer enthält 14 Cabinen, in denen man warme und kühlere Bäder nehmen kann, Douchen und Inhalationsraum. In einem cementirten Bassin mit einer Oberfläche von 1000 □m und einer Tiefe von $1^1/_2$—2m steht stark schwefelhaltiges Wasser. Das Badehaus des Vicekönigs kann im Innern besichtigt werden.

In der Nähe der Schwefelquellen, namentlich der weiter nach Westen zu gelegenen, noch unüberbauten sind eine Menge von Feuersteinsplittern gefunden worden; die grösseren hiervon befinden sich im Museum von Bûlâk (S. 323). Die Ufer des Nils bieten gute Gelegenheit zur Jagd auf Vögel, dagegen sind die Thiere der Wüste sehr scheu und äusserst schwer zu erreichen.

Die Steinbrüche von **Ma'ṣara** und **Ṭurra** werden heute noch ausgebeutet und die ungeheuren Hallen, denen die beim Bau der Pyramiden verwandten Quadern entnommen wurden, mögen bei ausreichender Zeit besucht werden. Ritt von Heluân dahin $1^1/_2$ St. Licht und Feuerzeug nicht zu vergessen. Verschiedene Pferdebahnen, Kamele, Maulthiere und Karren sind die Transportmittel, um das Material zum Nil hinunter zu schaffen.

Grossartig wie die Pyramiden selbst sind die mächtigen Säle, denen die Quadern entnommen sind, mit deren Hülfe man sie erbaute. Der Araber ist ein schlechter Bergmann und scheut das Dunkel der Stollen und Schachte. Er baut die Felsenhänge von aussen ab, während die Steinmetzen der Pharaonen in das Innere des Berges eindrangen und Säle aushöhlten. Man bohrte den Berg an, bis man auf brauchbares Gestein traf, und liess das schlechte unberücksichtigt stehen. Die Decken der Felsenhallen, deren Dimensionen verschieden sind, wurden durch ausgesparte Pfeilerstücke vor dem Einsturze geschützt. Vereinzelte Hieroglyphenreste und Basreliefs mit Farbentönen, jedoch ohne historischen Werth, sind noch erhalten. Bei dem Bau der Bahn wurden 1875 in einem Sandhügel Sarkophage aus weichem Kalkstein, ohne jede Inschrift, gefunden, wahrscheinlich von einem Begräbnissplatz der pharaon. Steinmetzen herrührend.

Noch unter den Ptolemäern und Römern wurden diese Brüche ausgebeutet, und der zuverlässige Strabo sagt von ihnen, auf dem arabischen Ufer des Nils befinde sich der Bruch der Steine, aus denen die Pyramiden beständen. Er gehöre zu einem sehr felsigen Berge, der „der *Troische*“ heisse und unterhöhlt sei. In seiner und des Stromes Nähe liege der Flecken *Troja*, „ein alter Wohnort der gefangenen Trojaner, die dem Menelaos nach Aegypten gefolgt und dort zurückgeblieben wären“. Diodor bringt dieselbe Geschichte von der Gründung des aegyptischen Troja, setzt aber hinzu, dass Ktesias sie anders erzähle. Beide denken an Herodots Mittheilung, dass der von der Belagerung Ilions mit Helena heimkehrende Menelaos in Aegypten gastliche Aufnahme gefunden habe. Aber unser Troja, bestimmt das heutige Ṭurra, hat mit der Stadt des Priamos nichts zu thun, vielmehr lehren Inschriften aus dem alten und andere, in den Brüchen selbst gefundene, aus dem neuen Reiche, dass die Heimath der Blöcke, die wir bei den Pyramiden kennen lernten, Ta-ru-fu und in jüngeren Formen Ta-roue, die Gegend des weiten Felsenthors genannt worden sei. Aus diesem Ta-roue meinten die Griechen „Troja“ herauszuhören, und weil meistens Staats- und Kriegsgefangene in den Brüchen beschäftigt wurden, unter denen sich manche Asiaten befunden haben mögen, machten sie den Arbeiterflecken am Fusse des Berges zu einer Colonie von gefangenen Trojanern. Wir geben die Uebersetzung von zwei Felsentafeln, die sich mit anderen ähnlichen in einer der grossen Felsenhallen von Ṭurra gefunden haben. Der König Amenophis III. (XVIII. Dyn.) steht opfernd vor den Göttern Ammon, Horus und Herscheft, und auf einer anderen vor Ammon, welchem Anubis, Sechet und Hathor folgen. Die Inschrift unter der ersten Tafel (die der zweiten ist fast gleichlautend) sagt von der 2. Zeile an: „Es befahl S. Maj. zu öffnen neue Säle (ḥet-u), um hellen, vortrefflichen Stein von An zu brechen zur Construction seiner für die Ewigkeit gegründeten Bauten, nachdem S. Maj. gefunden hatte, dass die Säle von Rufu (Troja) einem grossen Verfall entgegengingen, seit der Zeit derer, die am Anfange existirt hatten (d. h. der früheren Geschlechter). Durch S. Maj. wurden sie hergestellt in Neuheit.“ Eine andere Inschrift aus der Zeit Nectanebos II. sagt: „Es ward eröffnet dieser vortreffliche Steinbruch von Rufu, um herzustellen den Bau an dem Tempel des Toth des zweimalgrossen, des zweifachen Apheru, des Gebieters der göttlichen Rede etc. … Dauernd sei (sein) Bleiben ewiglich!“

Der Barrage du Nil.

Eisenbahn von Station *Bûlâk ed-Dakrûr* (S. 250) zur Barrage-Station *el-Menâschi* (S. 243) nur des Abends, und des Morgens zurück, deren Benutzung zum Besuch des Barrage daher unthunlich. Man bedient sich also der Eisenbahn der Linie Kairo-Alexandrien bis zu der (25 Min.) Stat. *Kalyûb* (S. 246), I. Cl. 7 P. T. 20 p., II. Cl. 5 P. T. Esel und Treiber s. S. 251; Abgang der Züge s. S. 241. In Ḳalyûb gibt es zwar auch Esel, doch sind diese schlecht gesattelt, was selbst für den kurzen Ritt zum ($1^1/_4$ St.)

Barrage unangenehm werden kann. Leidliche Restauration bei *Georg Politi* im Bazar des zum Barrage gehörenden Dorfes.

Zur Besichtigung der Anlagen des Barrage bedarf man einer Erlaubniss des Kriegsministers, die man durch Vermittelung des Consulats erhält.

Das Stauwerk in Form von zwei Brücken über die beiden Nilarme an der südlichsten Spitze des Delta's stammt aus den Zeiten Moḥammed 'Ali's, wurde aber bis heute noch nicht vollendet, da die Verschlussmittel der Brückenöffnungen und der grössere Theil der Canäle zur Ableitung des gestauten Wassers noch fehlen.

Sa'îd Pascha legte an dieser Stelle bedeutende Festungswerke an, um den Vormarsch einer Invasionsarmee hier aufzuhalten und Kriegsvorräthe aufzubewahren. Der Ort hiess auch *Kal'at Sa'îdîye*, welcher Name aber in den von *„Kanâtir“* (Brücken) umgewandelt wurde.

Der Barrage hatte zum Zwecke, die Wasser des Nil zu allen Jahreszeiten auf gleicher Höhe zu erhalten, sodass Schöpfmaschinen jeder Art für alle Ländereien nördlich der Stauwerke und für die südlich derselben, soweit die Stauung reicht, gelegenen Aecker entbehrlich würden. Ausserdem sollte derselbe die durch die Seichtheit des Wassers in den drei Monaten des tiefsten Nilstands entstehenden Hindernisse beseitigen. Bewegliche Sandbänke und unzureichende Wassertiefen machen während dieser Zeit die Fahrt mit grossen Schiffen unmöglich und die mit kleinen schwierig und zeitraubend, daher sollte in dieser Epoche die gesammte Communication zu Wasser auf die grossen Canäle verlegt werden.

Von den beiden ursprünglichen und im Principe gleichen Projekten von Linant-Bey und Mougel-Bey wurde das letztere gewählt und in Angriff genommen. Sie differirten nur in dem Ausführungsmodus. Linant wollte die Brücken am Land und etwas nördlicher an einem weniger exponirten Orte als die Deltaspitze ausführen; eine spätere Flusscorrection sollte dann die Nilarme unter die Brücken führen. Das Projekt wurde aber wegen der grossen Terrassements verworfen und der Plan Mougel-Bey's angenommen, wie er auf der Skizze der Umgebungen von Kairo angedeutet ist.

Heute bezweifelt wohl Niemand mehr, dass Linant Recht hatte, da die Fundamente der Brücken bedeutend angegriffen zu sein scheinen und das Wasser an einzelnen Theilen dieselben passirt. Ein französischer Unternehmer hat in Folge dessen Untersuchungen angestellt und die Reparaturkosten auf 50 Millionen Franken berechnet, eine Summe, welche hinreichen würde, ein bewegliches Stauwerk neu herzustellen.

Der Barrage in seinem heutigen Zustande ist nur ein Hemmniss für die Schiffer, welche ein hohes Schleusengeld zahlen und manche Stunde bei der Durchschleusung, welche sogar nicht ganz ungefährlich ist, versäumen müssen. Bis jetzt wurden nur die

Oeffnungen des Rosette-Armes zeitweise geschlossen, natürlich strömte der grösste Theil des Nilwassers in den Damiette-Arm, für welchen die Verschlussmittel noch nicht geschaffen sind. Auch bezweifelt man, ob die Stauwerke in ihrem jetzigen Zustande bei geschlossenen Brückenöffnungen den Wasserdruck aushalten würden und so wird diese kostspielige Anlage schwerlich jemals ihren eigentlichen Zweck erfüllen, während sie in fortificatorischer Hinsicht nicht ohne Bedeutung sein soll.

---

5. Von Kairo nach Suês.

Besonderer Vorbereitungen zu dieser Reise bedarf es nicht; man braucht weder Zelt noch Dragoman. In Suês, Isma'îlîya und Port Sa'îd sind gute nach europ. Art eingerichtete und von Europaern gehaltene Hôtels, in welchen man auch Platz-Commissionäre haben kann. Besondere Sehenswürdigkeiten enthält zwar keine der drei Städte, doch bietet ihre Lage, die Hafenanlagen, das Rothe Meer sowie endlich der maritime Canal genügendes Interesse, um diesen Ausflug lohnend zu machen. Zudem lässt sich derselbe gut mit der Heimreise verbinden, da Port Sa'îd von den meisten Dampfern, die Alexandrien mit den europ. Häfen verbinden, berührt wird.

Die Reise nimmt 4 Tage in Anspruch. 1. Tag: Mit Eisenbahn 9 Uhr (vom 15. April ab um 10 Uhr) Morgens aus Kairo, 7 U. Ab. in Suês; 2. Tag: Morgens Ausflug zur Moses-Quelle, Nachmittags Hafenbauten in Suês; 3. Tag: Mit Eisenbahn 6 Uhr Morg. aus Suês, 11 U. in Isma'îlîya (oder mit Dampfer wenn sich die Gelegenheit dazu bietet, s. S. 441), Nachmittags Ausflug nach el-Gisr; 4. Tag: 9 U. Morg. mit Canaldampfer (S. 441) nach Port Sa'îd, Ankunft daselbst 4 U. Nachm.

Von Kairo nach Suês (245,5 Kil.) Eisenbahn in 10 St., I. Cl. 110 P. (35 fr.), II. Cl. 76 P. (23 fr.) (die Preise sind in Piaster T. verstanden); bis Isma'îlîya (160 Kil.) in 7 St. für 79 P. 20, 52 P. 20 und 32 P. 20 Para. Tägl. nur ein durchgehender Zug (s. oben). In Zakâzîk (12 U. 30 Min.) 1 St. Aufenthalt, Mittagessen mit 1/2 Fl. Wein 6 1/2 fr., auch Nachtquartier. Zurück aus Suês 8 U. Morg., in Isma'îlîya 10 U. 55 Min., in Zakâzîk 1 U. 27 Min. Nachm. (1/2 St. Aufenthalt), in Kairo 5 U. 25 Min. (Nach Alexandrien direct über Benha aus Zakâzîk 1 U. 57 Min. Nm., in Alexandrien 7 Uhr 45 Min. Ab.) — Vor einigen Jahren ging auch eine directe Eisenbahn durch die Wüste von Kairo nach Suês (vergl. Karte von Unter-Aegypten), dieselbe musste aber theils wegen Wassermangel, theils wegen häufiger Verwehungen wieder aufgegeben werden.

Von Kairo bis (15,5 Kil.) Station *Ḳalyûb* s. S. 240. Südl. bleiben die schlanken Minarets der Moschee Moḥammed 'Ali (S. 281) und die Höhen des Moḳaṭṭam (S. 344) lange in Sicht, vor Ḳalyûb treten westl. die Pyramiden von Gize scharf hervor. Hinter Ḳalyûb zweigt l. zuerst das Bahngeleise zum Barrage (S. 420), dann die Hauptlinie nach Alexandrien (R. 2) ab. Unsere Bahn wendet sich NO. durch fruchtbares, gut bewässertes und baumreiches Land. Folgen Stat. (23 Kil.) *Nawa*, (34,9 Kil.) *Schibîn el-Ḳanâṭir*.

1/2 St. SO. von Schibîn el-Ḳanâṭir die Trümmerstätte **Tell el-Yehûdîye** (Hügel der Juden). Onia, der Hohepriester der Juden, Sohn Onia's III. liess mit Beihülfe des Ptolemäus Philometor einen Tempel für seine durch die syrische Partei aus Palästina vertriebenen Landsleute, welche in Aegypten gastliche Aufnahme gefunden hatten, bauen. Dem Einwande, dass nur in Jerusalem ein Tempel sein dürfe, begegnete er mit den Jesaia XIX, 18 ff. zu findenden Worten: „Zu selbiger Zeit werden fünf Städte im Lande Aegypten sein, welche die Sprache Canaans reden, und bei Jehova der Heerschaaren schwören; 'ir ha heres (d. h. Stadt der Zerstörung, andere: Stadt der Errettung) wird man die Eine nennen. Zur selbigen Zeit wird ein Altar Jehova's mitten im Lande Aegypten sein, und ein Steinmal an seiner Grenze Jehova heilig." Von einigen Seiten werden diese und die folgenden Verse für eine Einschiebung in den Text des Jesaia gehalten, welche die Bewilligung des Tempelbaues am Nil zu erlangen helfen sollte. Jedenfalls wurde der Zweck erreicht und der Tempel gebaut. Nach alten Nachrichten soll er an der Stelle eines verfallenen Heiligthums der Pacht (Sechet) erbaut worden sein, und die jüngsten Ausgrabungen beweisen in der That, dass hier bereits in der Zeit Ramses' II. eine Stadt gestanden, die namentlich unter Ramses III., dem reichen Rhampsinit des Herodot, einen hohen Glanz erreicht haben muss. Der Vor- und Zuname dieses Pharao (Ramses ḥak Ân) kommt hier häufig vor. Ihm verdankt wohl auch das ganz zertrümmerte ältere Heiligthum seine Entstehung. Lange war jede Spur des letzteren und des nach dem Muster des Salomonischen Tempels von Onia erbauten Heiligthums, durch welches die Spaltung zwischen den palästinäischen und aegyptischen Juden wesentlich gefördert ward, verloren, und erst 1871 fand E. Brugsch hier unter den Schutthaufen grossartig angelegte Substructionen von orientalischem Alabaster und merkwürdige Faiencemosaiken, welche die Wände eines grossen Bauwerks bekleidet und nicht nur Rosetten und ornamentale Figuren, sondern auch bildliche Darstellungen von Schlachten, Huldigungen, Darbringungen etc. gebildet hatten. Sehr häufig kehrte an den Köpfen der bekannte von den aegypt. Künstlern scharf aufgefasste orientalische Typus wieder. Auch Ramses' III. Namensschilder in Faience und sein leicht kenntliches Portrait in Alabaster sind mehrfach gefunden worden. Im Museum zu Bûlâḳ (S. 314) werden einige der bessern Gegenstände aufbewahrt. Von den Fundamenten ist wenig mehr zu sehen und ein Besuch trotz des angenehmen Wegs und der hübschen Aussicht von den Ruinenhügeln, namentlich des Abends, nicht lohnend.

Stationen (50,4 Kil.) *Inschâṣ*, (62,8 Kil.) *Belbês*, angeblich das alte *Pharbaethus*. Die Stadt besass früher als Knotenpunkt der meisten von Osten her nach Kairo führenden Strassen einige Bedeutung. Hier nähert sich die Eisenbahn dem **Süsswassercanal**, der wohl schon in der Pharaonenzeit, sicher schon im 14. Jahrh. vor Chr. angelegt ward, dann verfiel und erst beim Bau des Canals wieder hergestellt wurde.

Unweit Zaḳâzîḳ hatte diese Wasserader ihren Ursprung, welche, das biblische Gosen durchschneidend und ihm seine gepriesene Fruchtbarkeit verleihend, in die bitteren Seen mündet, welche wiederum durch einen gegrabenen Canal mit dem Rothen Meere in Verbindung standen. Strabo sagt darüber: „Ein anderer Canal aber ergiesst sich in das rothe Meer und den arabischen Busen bei der Stadt Arsinoe, welche einige Kleopatris nennen. Er durchströmt auch die sogenannten Bitterseen, welche vormals bitter waren; als aber der Canal gezogen war, änderten sie sich durch Zumischung des Stroms, so dass sie jetzt fischreich sind und besetzt mit Wasservögeln." Das Bett des alten Canals, welches bei der französischen Expedition (1798) wieder aufgefunden wurde, ist noch an manchen Stellen erkennbar und mehrfach ist ihm von den Ingenieuren des Herrn von Lesseps gefolgt worden. Seinen Trümmern, von denen sich nicht unbedeutende bei Belbês befinden, lässt sich entnehmen, dass er 45 m (die 100 Ellen des Strabo) breit und 5—5,5 m tief gewesen sei. Seine ziemlich steilen Böschungen sind heute noch an einigen Stellen mit Quadern ausgemauert. Nach Herodot würde seine Länge vier Tagereisen, nach Plinius 62 römische Millien betragen haben. Einen Seitenarm versandte er sicher nach Nordosten, wenn er nicht, statt in die bitteren Seen, in den Timsâḥ (d. i. Krokodil) See mündete. Dieser letztere (S. 451) muss schon wegen seiner gefrässigen Bewohner, die ihm den Namen gegeben, mit dem Nil in Verbindung gestanden haben. Im Alterthume war der Canal vor allen Dingen zu nautischen Zwecken angelegt worden; jetzt ist er zwar auch als Träger zahlreicher kleinerer Fahrzeuge, welche die Producte des aegyptischen Bodens nach Ismâ'îlîya und in den Weltverkehr bringen und dafür Kohlen und andere importirte Waaren als Rückfracht aufnehmen, nicht ohne Wichtigkeit, doch gibt ihm das süsse Wasser, welches er den Städten an seinem Ufer, namentlich Ismâ'îlîya und Suês zuführt, und das befruchtende Nass, mit dessen Hülfe wüste Strecken, die er durchmisst, nach und nach culturfähig gemacht werden können, seine heutige Bedeutung. (Vergl. S. 446). Bei Kairo zweigt er sich nördlich vom viceköniglichen Palaste Kaṣr en-Nîl vom Nile ab. Schleusenwerke geben die Möglichkeit ihm eine grössere oder geringere

Wassermenge zuzuführen (zwischen Nefîsche und Suês befinden sich drei Schleusen, bei Suês ein viertes grösseres Stauwerk). Auf dem Wasserspiegel erreicht er eine Breite von 17, an seinem Grunde von 8m und ist durchschnittlich 2,25 m tief. — Der Bau eines neuen grösseren Süsswassercanals von Kairo nach Isma'îlîya wurde 1876 begonnen.

(72 Kil.) Stat. *Burdên*; (83,3 Kil.) Stat.

Zaḳâzîḳ (ca. 1 St. Aufenthalt, gutes Buffet, auch Nachtquartier, gefälliger italienischer Wirth; Dienstags arab. Wochenmarkt). In der Nähe, bei *Tell Basta*, ist das alte *Bubastis* oder *Bubastus* (aegypt. *Pi-bast*, Hesekiel 30, 17: *Pibeseth*), der Hauptort des bubastitischen Nomos (S. 106) zu suchen. Zaḳâzîḳ, ein erblühender arabisch-europäischer Ort, an einem Zweige des Süsswassercanals (s. oben) und dem von hier aus nach NO. führenden *Mu'izz-Canal* (dem alten Tanitischen Nilarme, S. 458) gelegen, ist die Hauptstadt der Provinz des Ostens *Scherḳîye*, Sitz des Mudîr und soll gegenwärtig 40,000 Einwohner zählen.

Die Lage von Zaḳâzîḳ auf fruchtbarem, durch mehrere Canäle bewässerten und mit den gesegnetsten Theilen des Delta verbundenen Boden, auf dessen Cultur seit Moḥammed 'Ali (1826) wieder besondere Sorgfalt verwendet wird, ist ausserordentlich günstig und hat das schnelle Wachsthum der Stadt veranlasst, welche als Hauptort des aegyptischen Baumwollen- und Getreidehandels bezeichnet werden kann. Durchschnittlich soll der Umsatz an Baumwolle sich jährlich ungefähr auf 2,000,000 Ḳanṭâr belaufen. Während des amerikanischen Krieges stieg die Baumwollenproduction in dieser Gegend zu einer Höhe, welche den Bau anderer Bodenerzeugnisse in verhängnissvoller, jetzt aber wieder ausgeglichener Weise beeinträchtigte. Viele europäische Kaufleute haben hier Comptoire und die grossen Spinnereien geben manchen Theilen der Stadt einen abendländischen Anstrich. Zaḳâzîḳ ist auch wichtiger Eisenbahnknotenpunkt.

Die Trümmer des alten **Bubastis** zeigen sich von der Bahn in mächtigen dunkeln Schutthügeln und sind vom Bahnhof zwar in 15 Min. zu erreichen, gewähren indess nur dann einiges Interesse, wenn man es versucht, den Bericht des Herodot (2, 137 u. 158) über die Stadt und den Tempel der aegyptischen Artemis (Sechet, Pacht oder Bast) mit den formlosen Ueberresten in Einklang zu bringen. *Malus* entdeckte sie. Erd-, Geröll- und Scherbenanhäufungen, die die Araber „Kôm" nennen, fehlen nirgends, wo eine alte aegyptische Stadt gestanden; hier sind sie besonders hoch und erinnern an Herodots Erzählung, dass der Aethiopier Sabako in seiner 50jährigen Regierung keine Verbrecher hingerichtet, sondern sie vielmehr, je nach ihrer Schuld, verurtheilt habe, zu den Orten, aus denen sie stammten, Schutt zu tragen, wodurch dann die Lage der Städte (deren Boden man schon unter Ramses II. erhöht habe) höher geworden sei. Vor allen war es die Stadt Bubastis, in der sich der merkwürdige Tempel der Bubastis befand, welcher (jedenfalls ein schlimmes Zeugniss für ihre Bewohner) eine beträchtliche Aufschüttung erhielt. Eben diese „Aufschüttung" sieht man vom Bahnhofe aus, während der „merkwürdige Tempel", von dem Herodot weiter sagt: „Es gibt zwar viele grössere und kostbarere wie ihn, an Schönheit der Form hat er jedoch nicht seines Gleichen", von der Erde verschwunden ist. Er erhob sich auf einer nur gegenüber seinem Eingange mit dem Lande verbundenen Insel, die von zwei aus dem Nil kommenden Wassergräben umgeben war, welche durch die vor dem Eingange befindliche Landenge zusammen zu fliessen verhindert wurden. Jeder war 100' breit und wurde von Baumen beschattet. „Da der Tempel in der Mitte der Stadt steht", sagt Herodot, „so kann man ihn von allen Seiten sehen, und weil er, als die Stadt erhöht ward, unverändert stehen blieb, so überschaut man ihn, wo man sich auch befinde. Eine Mauer mit erhabener Steinarbeit umgibt ihn und eine andre umschliesst zugleich den Tempel, in dem das Bild der Göttin steht, und einen Hain mit Bäumen von bedeutender Höhe. Der Tempel ist ein Stadium lang und breit. Von seinem Eingange führt ein mit Steinen gepflasterter 3 Stadien langer und 400' breiter Weg in östlicher Richtung gerade über den Markt hin zum Tempel des Hermes. An seinen beiden Seiten stehen riesenhaft hohe Bäume." Der Tempel der hier verehrten Göttin Sechet war der vornehmste von allen Wallfahrtsorten in Unteraegypten, und dieselben ausgelassenen Freudenfeste, welche man in Dendera der Hathor feierte, wurden unter den Augen der Bubastis, einer anderen Form der Isis Hathor, mit gleichem Glanze und gleicher Tollheit begangen. „Die junge Mannschaft zu On (S. 342) und Pibeseth sollen durchs Schwert fallen und die Weiber gefangen weggeführt werden", heisst es Hesekiel 30, 17. Die Bubastis ist die Fremdenaphrodite, die goldene Kypris und zugleich die Artemis der Griechen, als Bast die Aschera, als Sechet die Astarte der Phönicier (S. 151). Zu Dendera feierte Oberaegypten während der ersten Hälfte unseres Octobers seine Freudenfeste, zu Bubastis Unteraegypten wahrscheinlich in derselben Zeit, dann aber auch an unserem Weihnachten, dem 16. Choiak (Kiahk vulg. Kiâk), dem „sehr glücklichen" Kalendertage unserer Göttin. Sie wird löwen- und katzenköpfig gebildet (S. 151). Die Katze war ihr heiliges Thier, und zu Bubastis sollen nach Herodot die Katzen begraben worden sein.

„Wenn die Aegypter nach Bubastis fahren", sagt Herodot, „so halten sie es also: Männer und Frauen segeln in Gemeinschaft, und auf jedem Schiff befinden sich viele Personen beiderlei Geschlechts. Einige von den Weibern machen Lärm mit Klappern, einige von den Männern aber blasen auf der ganzen Fahrt auf Pfeifen, die übrigen Frauen und Männer singen und klatschen in die Hände. Kommen sie unterwegs an eine Stadt, so legen sie an, und ein Theil der Weiber geht ans Land, schreit und höhnt die Frauen des Ortes, während ein anderer tanzt und Unfug treibt. Dies thun sie bei jeder Stadt, die am Nil liegt; kommen sie aber nach Bubastis, so beginnen sie das Fest mit grossen Opfern, an welchem mehr Wein als sonst während des ganzen Jahres aufgeht. Alle Leute männlichen und weiblichen Geschlechts (nur nicht die Kinder) pilgern dahin, wie die Aegypter versichern an 700,000 Menschen." Die Messe zu Ṭanṭa (S. 244) erinnert noch heute an dieses ausgelassene Freudenfest.

Bei der Ausfahrt aus Zaḳâzîḳ umzieht der Zug den Ort, auf dessen Markt man r. hinabblickt; gleich darauf zweigt l. die Bahn nach Manṣûra ab (S. 458). Das fruchtbare Land, welches der Schienenweg nun durchschneidet, ist ein Theil des Landes *Gosen* der Bibel, das unter den Türken gänzlich verkommen, durch den Süsswassercanal so schnell der Cultur wiedergegeben worden ist, dass während im Anfange dieses Jahrhunderts hier kaum 4000 Araber spärliche Nahrung fanden, gegenwärtig mehr als 12,000 Landbauer reiche Ernten gewinnen. Der Vicekönig Sa'îd Pascha hatte dieses Territorium der Gesellschaft des Herrn von Lesseps überlassen; sein Nachfolger Isma'îl Pascha kaufte es für 10 Millionen Francs zurück, machte es zu einem selbständigen Verwaltungsbezirk und legte Cavallerie hierher.

Das biblische Gosen (*Goschen*; aegypt. *Gosem*) wird erwähnt 1 Mos. 45, 10, wo der Pharao zu Joseph sagt: „Und du sollst wohnen im Lande Gosen und nahe bei mir sein, du und deine Söhne und die Söhne deiner Söhne und deine

Schafe und deine Rinder und Alles, was dein ist. 1 Mos. 46, 28: Als Jakob zu Joseph nach Aegypten kam, sandte er Juda vor sich her zu Joseph, um vor ihm her zu weisen gen Gosen; und sie kamen ins Land Gosen; v. 29: Da spannte Joseph seinen Wagen an, und zog Israel, seinem Vater, entgegen gen Gosen. 1 Mos. 47, 5: Und Pharao sprach zu Joseph: Dein Vater und dein Brüder sind zu dir gekommen. v. 6: Das Land Aegypten liegt vor dir, im besten Theile des Landes lass deinen Vater und deine Brüder wohnen; sie mögen im Lande Gosen wohnen. 1 Mos. 47, 27: Und Israel wohnete im Lande Aegypten, im Lande Gosen und sie fassten Besitz darin, und waren fruchtbar und mehreten sich sehr.“ Weiter werden die Städte in Gosen genannt, in denen die Israeliten zur Zeit der Bedrückung zu Frohnarbeiten angehalten wurden. II Mos. 1, 11 heisst es: Und sie setzten Frohnvögte über das Volk, um es zu drücken mit ihren Lastarbeiten; und es bauete dem Pharao Vorrathsstädte *Pithom* und *Ramses*. Endlich werden die ersten Stationen der ausziehenden Juden aufgeführt und im Verzeichnisse der Lagerplätze IV Mos. 33, 5 ff. also genannt: 1. Ramses, 2. Succoth, 3. Etham, 4. Pihachiroth, welches vor Baal Zephon liegt, wo sie „lagerten gegen Migdol“. Von Pihachiroth aus zogen sie durch das Meer in die Wüste.

Wir sehen, dass die Bibel eine ziemlich grosse Anzahl von Orten bei Namen nennt, welche zu Gosen gehörten und da sich die Lage von einigen derselben bestimmen lässt und die aegyptischen Denkmäler hier helfend eintreten, so ist es möglich, die Grenzen des biblischen Gosen, zu dem auch Tell el-Yehûdiye (S. 423), Belbês (S. 424) und Bubastis (S. 425) gehört haben müssen, annähernd zu bestimmen. Dass es im Osten des Delta lag, unterliegt keinem Zweifel, da es zwischen der Wohnung des Pharao und Palästina lag und die Schrift von einer Ueberschreitung des Nils nichts weiss. Auch erhält diese Provinz später den Namen des arabischen Gau's (Nomos Arabia) und das altaegyptische Gosem wird unter den östlichen Districten des Reiches genannt. Der Name ist noch erhalten in dem Namen einer Stadt, welche die Kopten *Ḳôs*, die Araber *Fakûs* nennen (das alte *Phacusa*, vgl. S. 472).

Als südlichster Punkt des Dreiecks, welches es bildet, ist Heliopolis (Maṭarîye) anzunehmen. Von dort aus scheint es als schmaler Streifen bis nach Belbês gereicht zu haben. Seine Südgrenze zog sich alsdann in der Breite des heutigen Süsswassercanals bis zum Timsâḥsee, sein Westen ward wohl vom Tanitischen Nilarme, sein Norden vom Menzalesee bespült und in seinem Osten wogte ein Ausläufer desselben Wassers und ausserdem der Balaḥ- und Timsâḥsee, welche in ältester Zeit durch eine Fortificationslinie verbunden waren und gleichsam die Festungsgräben hinter den Bastionen bildeten, die die kriegerischen Stämme des westlichen Arabiens von Aegypten fern zu halten hatten. Im Süden der Landschaft breitete sich ein von Höhenzügen durchschnittener Wüstenstrich aus. Diese (Ausläufer des arabischen Grenzgebirges des Nilthals) streichen meistens von West nach Ost und erreichen ihre höchste Höhe in dem das nordwestliche Ufer des Golfs von Suês überragenden 'Atâka-Gebirge. Es ist wahrscheinlich, dass die Juden, welche als Viehhirten in Gosen einzogen und uns später ebendaselbst als Städtebewohner begegnen, bei der Bewirthschaftung des Landes, welches ihnen zum Wohnsitz angewiesen worden war, mithelfen mussten. Jedenfalls stand zur Zeit des Auszuges die Fruchtbarkeit von Gosen in höchster Blüthe. Einige in jenen Tagen abgefasste Berichte aegyptischer Beamten, welche sich auf Papyrusrollen erhalten haben, schildern mit lebhaften Farben die Reize jener Landschaft, in der das Leben „süss“ war und der Boden überreiche Gaben jeder Art spendete. In einem zu Leyden conservirten Papyrus berichtet der Schreiber Keniamen seinem Vorgesetzten Hui, der zu den hohen Beamten des Pharao der Bedrückung (Ramses II.) gehörte, folgendes: „Darum hörte ich die Botschaft des Auges (Beamtentitel) meines Herrn, lautend: „Gib Korn den aegyptischen Soldaten und den Hebräern, welche Steine schleifen zum Bau der grossen Vorrathshäuser (bechennu) in der Stadt Ramses etc.“ Gewiss sind die Juden auch zum Bau neuer Canäle herangezogen worden, welche das dürre Land in Aecker verwandelten, die Mensch und Vieh reichlich nährten und die Auswanderer mit Sehnsucht nach den „Fleischtöpfen" Aegyptens erfüllten. *Pithom*, in dem die Juden Ziegel strichen, ist wie unten gesagt bei *Abu Sulêmân* zu suchen, das zwischen Zakâzîk und Tell el-Kebîr südlich von der Eisenbahn liegen bleibt und in dessen Nähe sich ein kleiner See befindet. Weiter hin bei dem Ruinenhügel *Rigâbe* stehen lachenartige Teiche, die in der Ueberschwemmungszeit nicht unbeträchtliche Wassermengen enthalten und doch wohl unter den „Barkabuta" ([illegible]) oder Teichen von Pithom gemeint sind, welche ein Papyrus (Anastasi VI) erwähnt*). Als zweiter Schauplatz der Frohnarbeiten wird *Ramses* genannt, das von Lepsius in der Trümmerstätte von Tell el-Maschûta (s. unten) wieder entdeckt worden ist (Brugsch und andere identificiren Ramses mit Tanis-Zoân, dem heutigen Sân; s. Anm. zu S. 473). Die Umgebungen dieser Orte waren reich bebaut, während damals wie heute ein anderer Theil von Gosen unbestellbar und höchstens zu gewissen Jahreszeiten zur Viehweide geeignet gewesen sein kann. In dieser Ostmark des Reiches wohnte nur in den Städten eine vorwiegend aegyptische Bevölkerung. Am Strande sassen Phönicier, auf den Wüstenflächen, welche hier das Fruchtland begrenzen und in dasselbe hineinragen, hausten damals wie noch heute zeltbewohnende Beduinen, während in den Marschen der Menzalegegend Rinderhirten, über deren semitische Herkunft die Denkmäler keinen Zweifel lassen, ihre Heerden hüteten. So war der an Asien grenzende Theil des nordöstl. Aegyptens, d. i. Gosen, von semitischen Elementen in ähnlicher Weise erfüllt, wie die Ostmarken Deutschlands von slavischen. Mochte auch das stärkere Culturelement der Aegypter die Fremden in Gehorsam erhalten, und viele von ihnen anziehen und zu Aegyptern umbilden, so sorgte doch von der anderen Seite der Zustrom aus dem gewaltigen Nachbarerdtheile dafür, dass die semitischen Insassen dieses Theils des Pharaonenreichs der Aegyptisirung nicht vollkommen verfielen. So ist es auch in späterer Zeit und im Osten und Norden der Landschaft Gosen bis heute geblieben. Die europäischen Kaufleute vertreten die Phönicier, die Beduinen auf den uncultivirten Flächen die semitischen Wanderstämme und die eigenartigen Bewohner der Menzalegegend (S. 472) die Rinderhirten der alten Zeit.

Hinter (100,3 Kil.) Stat. *Abu Hammâd* beginnt l. die arabische Wüste, hier eine leicht gehügelte Sandebene mit spärlichem Wüstenkraut, welche durch das fruchtbare *Wâdi Ṭûmîlât* und den Süsswassercanal in östl. Richtung durchschnitten wird, ein überraschender Anblick. Rechts jenseit des Canals ein schöner grüner Landstrich, dahinter die Höhen der Wüste.

(110,8 Kil.) Stat. *Tell el-Kebîr*, unbedeutender Ort, dem auch nicht der Ruhm gebührt, an der Stelle des biblischen *Pithom* zu stehen, das weiter nach Südwesten hin an der Stelle des heutigen *Tell Abu Sulêmân* gesucht werden muss (s. oben). Hinter Tell el-Kebîr wird ein Thurm und ein Palast sichtbar.

---

*) Nach Brugsch, der sich auf geographische und topographische Angaben der Denkmäler stützt, lag *Pithom* in dem Sethroïtischen Nomos, zwischen dem pelusischen und tanitischen Nilarm. Dieser Distrikt führte nach den Denkmälern auch den semitischen Namen *Sukkôt* = Zelte, ein Name, der ohne Zweifel von den Zeltlagern der nomadisirenden semitischen Hirtenvölker, die seit alter Zeit mit Erlaubniss der Pharaonen dort ihre Weideplätze hatten, herstammt. Als Hauptort dieses Nomos nennen die klassischen Schriftsteller Heracleopolis parva (s. S. 102, 474), die Denkmäler Pi-tom. Alte Itinerare ermöglichen durch ihre Angabe, dass Pithom gerade auf der Mitte der Strasse von Pelusium nach Tanis (S. 504) gelegen habe, die Fixirung der Lage von Pithom. Die Stadt lag in einer von Canälen nach allen Richtungen durchschnittenen und mit Seen und Sümpfen bedeckten Gegend. Heute ist die Gegend halb Wüste halb Sumpf; sie wird von dem Reisenden durchfahren, der von Port Sa'îd nach el-Ḳanṭara auf dem Kanal fährt.

(132,4 Kil.) Stat. **Mahsame**, mit den Resten eines Denkmals, welches wohl einer der Ramsesstädte angehörte, in welcher die Juden für den Pharao Ziegel strichen. Folgt die Haltestelle *Ramses*, besonders für die Arbeiten an dem neuen Süsswasserkanal (S. 425).

In der Nähe am Süsswassercanal liegt die Trümmerstätte **Tell el-Maschûta**. Die ärmlichen Erd- und Scherbenhaufen, die sich hier befinden, sind keines Besuches werth; doch wird diese Stätte bedeutungsvoll durch einen grossen Granitblock, auf dessen Vorderseite eine ursprünglich fein gearbeitete, aber jetzt namentlich an den Köpfen stark verwitterte Darstellung Ramses' II., der zwischen den Göttern Ra und Tum thront, zu sehen ist. Auf der Rückseite des Blocks steht der Name desselben Ramses in sechsmaliger Wiederholung. In dieser Stätte ist wohl mit Lepsius das biblische *Ramses* zu suchen. Diese Vermuthung wird namentlich verstärkt durch riesige Nilziegel, welche zu der Umfassungsmauer der versunkenen Stadt gehörten, noch heute mit geschnittenem Stroh vermischt sind und an die biblische Erzählung II Mos. 1, 13 u. 14 erinnern: „Und die Aegypter zwangen die Söhne Israels zum Dienste mit Härte, und verbitterten ihnen das Leben mit schwerem Dienste in Thon und Ziegeln etc.", und Exod. 5, 6 und 7, wo es heisst: „Da gebot Pharao selbigen Tages den Treibern des Volks und seinen Vorstehern und sprach: Ihr sollt nicht mehr dem Volke Stroh geben, Ziegel zu machen, wie gestern und vorgestern; sie sollen selbst gehen, das Stroh zusammenzustoppeln."

Weiterhin führt die Bahn ganz durch die Wüste und erreicht an der kleinen Kreuzungsstation *Nefische* vorbei —

(159,8 Kil.) Stat. **Isma'îliya** (S. 452). Bei der Ankunft Blick auf den azurblauen *Timsâḥ-See* (S. 451), nach der Wüstenfahrt äusserst überraschend, zumal wenn gerade grosse Seedampfer vorbei passiren, deren Masten die niedrigen Häuser überragen. Isma'îliya ist Kopfstation; am Bahnhof rechts das arabische Viertel.

Der Zug nach Suês geht bis zur Stat. Nefische (gutes Buffet; das Zimmer, geschmückt mit prächtigen Geweihen, ausgestopften Vögeln etc., gleicht einem kleinen Naturalienkabinet) auf demselben Geleise zurück und biegt dann gegen Süden (l.) ab; r. eine ausgedehnte Baumschule, der Mutter des Vicekönigs gehörend. Die Bahn führt durch die Wüste, an vielen Stellen in unmittelbarer Nähe des Süsswassercanals, den der Zug hinter Nefische überschreitet, und der, zwischen der Eisenbahn und dem maritimen Canal hinlaufend, nur wenige kleinere Schiffe trägt. Die von den grossen Dampfern benutzte Wasserstrasse, welche das Mittelländische und das Rothe Meer verbindet, und die ausgedehnten Bassins der Bitterseen bleiben links (vgl. S. 451). Gegen SW. der *Gebel Geneffe* oder *Gebel Aḥmed Ḍaher* mit ergiebigen Steinbrüchen, die man beim Bau des Canals ausbeutete. Hinter (173 Kil.) Stat. *Serapeum* (S. 451) öffnet sich l. ein schöner Blick auf die blaugrünen Bitterseen (S. 442). Weiter rechts die Höhen des *Gebel 'Uwêbid*. (189 Kil.) Stat. *Fâyid*. Vor (204,4 Kil.) Stat. *Geneffe* ist das südl. Ende der Bitterseen erreicht. Links wieder eine grosse Sandebene, rechts über die vorderen Hügel hin treten die dunkeln Massen des *'Atâka-Gebirges* (S. 432) hervor, das sich bei Sonnenuntergang besonders scharf am Horizont abzeichnet.

Vor (227,5 Kil.) Stat. *Schalûf* (S. 450) zeigt sich der Canal auf kurze Zeit, dann (245,8 Kil.) *Suês* (s. S. 430).

6. Suês, 'Ain Mûsa und das Rothe Meer.

Bei der Ankunft am Bahnhof ziemliches Gedränge und Anerbietungen von radebrechenden Cicerones. Gasthöfe: Hôtel Suês (Pl. a) entfernt vom Bahnhof am Meere gelegen, I. Ranges, ehemals Absteigequartier der nach Indien Reisenden und auf englischem Fuss eingerichtet (neuerdings von einem Deutschen gepachtet), der Tag 16 s. (bei längerem Aufenthalt billiger). Einzelpreise sind angeschlagen und zwar für 2 Klassen: I. Kl. Breakfast 4, Tiffin 4, Dinner 6 s.; II. Kl. 2, 2 und 4 s. Flasche Ale oder Porter 1 s. 6 d. Die Bedienung wird von Indiern besorgt, stillen aufmerksamen Menschen mit feinen Gesichtszügen und schmaler Brust. Sonntags engl. Gottesdienst. Angenehmer Aufenthalt in dem mit Buffet versehenen schattigen Hofe des Hôtels. Zeitungen liegen aus. Hôtel d'Orient, 5 Min. vom Bahnhof in der Hauptstrasse Rue de Colmar, Pens. 10 fr. mit Wein, einfach aber bescheidenen Ansprüchen genügend. Einige Café's und Bierwirthschaften von zweideutigem Aussehen; für Damen ist es nicht rathsam nach Dunkelwerden durch die Strassen von Suês zu wandern.

Post u. Telegraph (aegypt.) auf dem Bahnhof.

Consulate. Deutschland: Viceconsul *Meyer*; England: Consul *West*; Oesterreich: *Remy Bergenowich*; Frankreich: *Eynaud*; Russland und Spanien: *Costa* (S. 436).

Zeiteintheilung. Zur Besichtigung der Hafenanlagen und der Einfahrt des Canals in einem Boote ist ruhiges Wetter erforderlich, wenigstens verliert die Fahrt viel von ihrer Annehmlichkeit durch den hier allerdings nicht sehr häufig herrschenden Wind; dieser verursacht auch, je nach seiner Heftigkeit, grössere oder geringere Beschwerden durch den aufwirbelnden Wüstensand auf dem Ausfluge zu Lande zu den Mosesquellen (S. 435). Zu einer Bootfahrt ladet freilich die durchsichtige Klarheit des grünen, im Sonnenschein opalartig schimmernden Wassers mit mancherlei Seegethier (s. unten) und Gewächs an seinem Grunde, sowie das hier fast jeden Abend wiederkehrende Schauspiel eines Sonnenunterganges von unbeschreiblicher Farbenpracht dringend ein. Während der Ebbezeit sind die Rinne des Fahrwassers und die breiten Sandbänke und Untiefen gut zu überblicken.

Für ein Boot wird man für den Morgen etwa 7—10 fr. zahlen müssen; hier wie überall im Orient richten sich die Preise ganz nach der Nachfrage, zudem sind die Leute durch die nach Indien etc. Reisenden, denen es wegen der Kürze der Zeit meist auf ein Paar Rupien (S. 6) nicht ankommt, sehr verwöhnt. Bei ruhigem Wetter also dürfte folgende Eintheilung wohl am zweckmässigsten sein. Morgens, nicht zu spät, mit Boot den Golf hinunter bis zur Einmündung des Canals fahren, dann in diesem eine kleine Strecke hinauf bis zu der Stelle, wo man auszusteigen pflegt um zu Lande zu den Mosesquellen zu gelangen. Esel (5—6 fr. für den ganzen Tag) nimmt man mit ins Boot. Von hier reitet man durch die Wüste, die bis dicht ans Meer reicht, in zwei kleinen Stunden zu den Quellen, wo man das mitgebrachte Frühstück verzehrt. Aufenthalt daselbst und Muschelsuchen am Strande 1—2 Stunden; Rückweg 2 Stunden (7 kleine Stunden im Ganzen). Mit dem Boot (den Esel immer bei sich behaltend) fährt man alsdann zu den Hafenanlagen, steigt hier aus und lohnt die Bootsleute ab. Mit dem Esel begiebt man sich hierauf zu den Bassins und nachdem man auch diese in Augenschein genommen hat, reitet man nach Belieben wieder nach Hause. So wird die ganze Tour etwa 8 Stunden in Anspruch nehmen und bei der mannigfaltigen Art der Beförderungsweise nicht zu sehr ermüden. Bei günstigem Winde kann man auch bis zu dem sogen. Karawanen-Aussteigepunct (vergl. Karte S. 434) im Boote fahren und von hier die Quellen zu Fuss in einer halben Stunde erreichen. Indessen wird man je nach der Richtung des Windes bei der Hin- oder Rückfahrt längere Zeit gebrauchen und in diesem Falle natürlich auch mehr zahlen müssen. Bei stürmischem Wetter ist man auf die Besichtigung des Dammes und der Hafenanlagen beschränkt, da die Meerfahrt dann durch den Wellenschlag und der Wüstenritt durch den aufwirbelnden Sand unerquicklich werden.

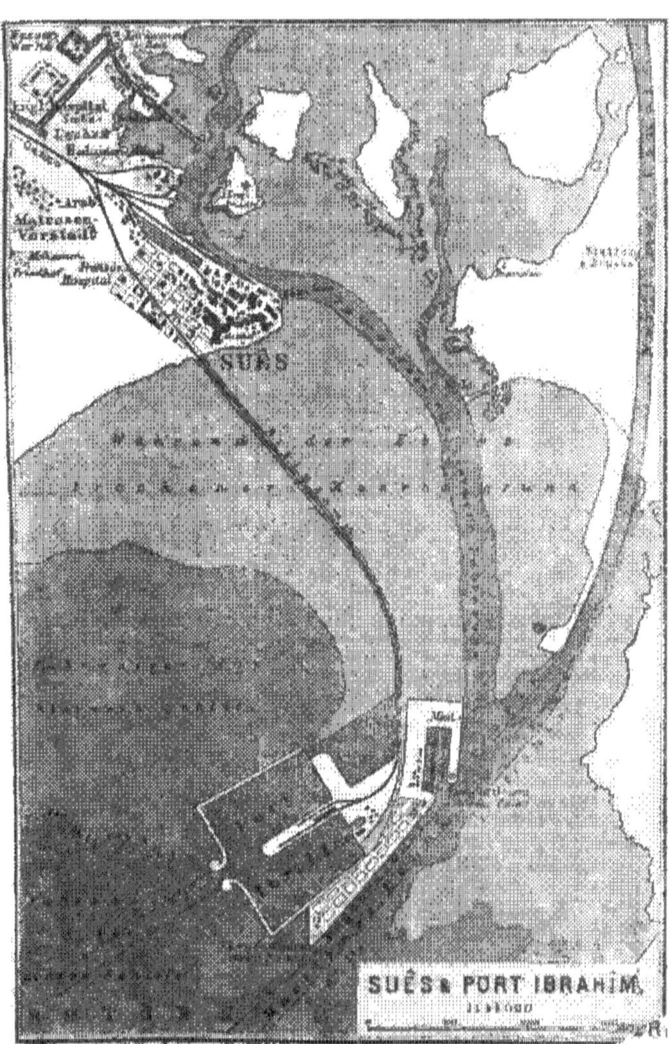
SUÊS & PORT IBRAHÎM
SUÊS
Matrosen-Vorstadt

Das 'Atâka-Gebirge (S. 429) lässt sich von seiner südwestl. Seite zwar besteigen, jedoch unter grossen Mühseligkeiten, da die Felsen durchaus nackt sind; auch fehlt es an kundigen Führern. Die Aussicht von der Höhe muss allerdings prachtvoll und lehrreich sein, denn der ganze Isthmus und die Canalanlage sind (nach Fraas) von hier wie aus der Vogelperspective zu überblicken.

Naturgegenstände aus dem Rothen Meer (*von Dr. C. B. Klunzinger*). Unter der grossen Menge von Naturgegenständen, welche das Rothe Meer, ein echtes Tropenmeer mit vom Mittelmeer fast gänzlich verschiedener Fauna, in seinem Schosse birgt, erwähnen wir nur solche, die im Handel vorkommen, oder als Merkwürdigkeiten häufig dem Fremden angeboten werden. Die verlangten Preise sind meist exorbitant, die Leute lassen aber mit sich handeln.

Der Handel mit *Perlmuscheln* („Ṣadaf") ist bedeutend; sie haben aber bei der starken und irrationellen Ausbeutung in neuerer Zeit sehr abgenommen. Die Küstenbeduinen betreiben den Sommer über den Fang durch Tauchen, wozu sie ihre Sklaven abrichten. Eine Oḳḳa kostet je nach der Grösse 12—15 Piaster Tarif; selten werden sie bis 1 Oḳḳa schwer, die grösseren sind häufig von Bohrwürmern angefressen und dann unbrauchbar. Der Haupthandelsplatz für Perlmuscheln, sowie für Perlen am Rothen Meere ist Djedda (S. 440), die Hafenstadt von Mekka. Nicht selten bekommt man schöne Perlen auch unter der Hand durch Beduinen oder deren Sklaven; sie fordern freilich meist mehr, als die Perlen in Europa werth sind; unter 4—5 fr. bekommt man nicht leicht eine gute kleine. Die ganz kleinen unreinen, die oft angeboten werden, haben keinen Werth; die Araber brauchen sie pulverisirt als Augenpulver.

Von andern zweischaligen Muscheln bekommt man häufig die grosse *Dreispaltmuschel* (Tridacna), „Busr"; das getrocknete, schwer verdauliche Fleisch derselben „Surumbâḳ" wird von Aermeren viel gegessen und auf dem Markt verkauft. Diese Muschel gibt auch Perlen, aber trübe und daher werthlose.

Unter den einschaligen Muscheln oder Schnecken steht obenan das *Tritons-* oder *Kinkhorn* „Būḳ", worauf der Jahrmarktszauberer, der „Ḥâwi" bläst. Schöne unverfärbte grosse Exemplare sind ziemlich selten und immerhin 2—4 fr. werth. Weniger Werth haben andere grosse Arten dieses Geschlechts. Sehr gemein ist die grosse *Fingerschnecke* oder *Teufelsklaue* (Pterocera lambis), arab. „Gemel" oder „Abu Ṣub'âa", mit den 6 langen Fingerfortsätzen am Rand; ihr Fleisch wird auch getrocknet als „Surumbâḳ" (s. oben) verkauft. Die durch Taucher heraufgebrachte grosse *Sturmhaube* (Cassis cornuta) „Ḥolḥo", ist aussen steingrau, an der Mündung mit einer dicken gelben Substanz überzogen, aus welcher Cameen geschnitten werden können. Sehr reich ist das Meer an *Porzellanschnecken* (Cypraea) „Wad'a" und *Kegelschnecken* (Conus) „Ḥorsî'a"; sie sind höchstens einige Para oder Piaster werth. Eine kleine weisse Cypraea wird als Spielstein beim „Löcherspiel" gebraucht. Ein kleines, schwarz und gelb gebändertes Schneckchen (Columbella mendicaria) „Sildim" wird zuweilen packweise in den Sudan verführt, wo sie Geldeswerth hat. Dasselbe geschieht auch zuweilen mit der am Ufer sehr häufigen polirten *Mondschnecke* (Nerita polita) „Ḥosm'a." Eine der zierlichsten Konchylien ist die kleine karminrothe, mit weissen und schwarzen Perlkörnern besetzte, häufige *Monodonta Pharaonis* „Wardân" oder „Silesēfu." Von andern oft verkauften Konchylien sind noch zu erwähnen: die *Stachelschnecken* (Murex) mit den langen Dornen, die *Olivenschnecken* (Oliva) „Gibrîn"; die *Nabelschnecken*, besonders eine milchweisse Art; die langen spitz conischen *Schraubenschnecken* (Terebra) „Mirwad", die grossen dünnen bauchigen *Tonnenschnecken* (Dolium), das kleine *Meerohr* (Haliotis). Die *Eckmundschnecken* (Trochus) „Nehêd" und *Kreiselschnecken* (Turbo) „Sâr'a" können durch Behandeln mit Salzsäure perlmutterglänzend gemacht werden und dürfen so auf jedem Prunktisch paradiren. Die schwarze *Coralle* „Yusr" bildet einen ziemlich theuren Handelsartikel; man verfertigt daraus Rosenkränze, Pfeifenspitzen u. dgl. Die purpurrothe *Orgelkoralle* „Dem el-Achwân" wird zuweilen als Farbstoff benutzt, die Blöcke der *Porenkoralle* (Porites) als Bausteine. Auch andere Korallen oder

Steinzoophyten „Scha'ab" sieht man nicht selten, schön weiss gebleicht in Läden; sie gleichen rosen-, baum-, blatt- oder knollenförmigen Gewächsen. Wer es aber irgend machen kann, der versäume nicht, den zauberhaften Anblick der **unterseeischen Korallgärten** zu geniessen. Man fährt mit einem Boot vor den Abhang der Korallklippe „Scha'ab" hin, welche sich längs des Ufers hinzieht (in Suês freilich weniger entwickelt, als etwas weiter entfernt); das Meer muss aber ruhig sein. Wer sich für die Thierwelt im Meere interessirt*), dem ist auch ein Gang auf die bei Ebbe fast trockene Klippe sehr zu empfehlen, da liegen die Schätze tausendweise blossgelegt, oder unter Steinen oder in den Tümpeln der Klippe. Dabei kann man sich auch mit Essen von *Napfschnecken*, von *Miessmuscheln*, dem Caviar aufgeklopfter *Seeigel* ergötzen, und dem Treiben der drolligen *Uferkrabben* zusehen. Der Besuch des **Fischmarkts** ist empfehlenswerth; man kann hier die seltsamen und oft so feurig gefärbten Tropenfische betrachten, wie man sie weder auf europäischen Seeplätzen, noch in gleicher Farbenfrische in Naturaliencabineten zu sehen bekommt. Die sonderbaren *Kugelfische* (S. 99) werden sehr häufig ausgestopft angeboten. Dem Gastronomen wird der grosse *Meerkrebs* „bint umm er-rubbân", der bei Mondschein leicht und in ziemlicher Menge auf der Klippe gefangen wird, mit seinem eigenthümlich süsslichen Fleisch wohl munden. Handelsartikel sind noch das Schildkrott von der Carettschildkröte und die dicke Haut der Seejungfer (Halicore cetacea), arab. „gild". Nach einigen Forschern soll aus dieser die Bundeslade der Israeliten gefertigt worden sein.

Historisches. Ueber die Geschichte von Suês im Alterthum ist wenig bekannt. Eine Stadt, die von Lucian zuerst als *Klysma* oder *Kleisma* erwähnt wird, scheint schon in sehr früher Zeit hier gestanden zu haben; sie war befestigt und die Besatzung hatte besonders für den Schutz und die Instandhaltung des alten, von Darius vollendeten Isthmus-Canals (S. 445) zu sorgen. Ptolemäus nennt den Ort *Clysma Praesidium*, legt ihn aber viel weiter südlich. Unter den Arabern, die den alten Canal auf kurze Zeit wieder eröffneten (S. 445), hiess die Stadt *Kolzum* oder *Kolzim*, scheint aber seit dem 8. Jahrh. ganz unbedeutend gewesen zu sein; doch erwähnt Abulfidâ Kolzum als Ausgangspunct für Ṭûr (S. 496). — Historisches Interesse hat die Lage von Suês besonders deshalb, weil nach der gewöhnlichen Annahme in unmittelbarer Nähe der Durchzug der Israeliten durch das Rothe Meere stattfand (vgl. S. 436, 507).

Suês, mit ca. 10,000 Einw. liegt an der äussersten Nordspitze des Rothen Meeres, das hier im Golf von Suês ausläuft, SW. von der Canalmündung, und wird im W. überragt von den malerischen bläulichen Höhen des 'Atâkagebirges, während die östl. Höhen zum asiatischen Küstengebirge gehören. Vor dem Beginn des grossen Lesseps'schen Unternehmens war Suês ein elender arabischer Flecken mit höchstens 1500 Einwohnern.

„Noch stehen verworrene Klumpen elender Erdhütten, verfallene halbeuropäische Bauten von Fachwerk und Thon, am Kai sieht man das einstöckige Viereck des Englischen Hôtels, davor die auf leichtem Eisengerüst ruhende Eisenbahnhalle, einige Speicher und schliesslich die Consulatsgebäude der Westmächte. So armselig erscheint die Stadt, in welcher, trotzdem sich über ihren Mauern 3 Welttheile die Hände reichen, eine Ruhe des Todes herrscht. Kein Baum, kein Quell, nicht einmal Salzpflanzen an dem weiten, flachen Meeresgestade, kurz nicht die geringste Spur einer Vegetation kann man im weiten Umkreise des Orts wahrnehmen. Dem Auge des Wanderers bietet sich keine andere Erquickung dar, als das Blau des Himmels und des Meeres, auf welchem ein halbes Dutzend Dampfer und einige Segelfahrer vor Anker liegen." Schweinfurth 1864.

*) Vergl. „*Arabische Korallen*. Ein Ausflug nach den Korallenbänken des rothen Meeres und ein Blick in das Leben der Korallenthiere von *Ernst Haeckel*", mit Farbendrucktafeln und Holzschnitten. Berlin 1876.

Aber auch heute noch gewährt die Stadt einen trostlosen Anblick, denn weder die Eröffnung des Canals noch die grossen Hafenanlagen haben einen nachhaltigen Einfluss auf ihre Entwickelung gehabt, und ihr Handel liegt ganz darnieder. Weder das arabische Viertel mit sieben unbedeutenden Moscheen, noch die Strassen des europäischen mit einigen grösseren Häusern und Waarenlagern bieten etwas Bemerkenswerthes. Der arab. Bazâr ist ganz unbedeutend, doch stehen an seinem Eingange hübsche Muscheln, Korallenstücke etc. aus dem Rothen Meere zum Verkauf, für die hohe Preise verlangt werden (vergl. S. 432). In der Nähe des Suêshôtels einige Verkaufsstellen von chinesischen Artikeln.

Auf einem Schutthügel nördl. der Stadt, unweit des Bahnhofs und der Magazine der englischen 'Oriental and Peninsular Steam Navigation Company', deren „O"-„P" dem Orientreisenden so häufig begegnet, liegt ein Kiosk des Vicekönigs mit schöner Aussicht auf die Berge der Sinaihalbinsel, das Meer, den Hafen und die Stadt. Der Hügel wird von den Arabern *Kôm el-'Olzum* genannt und ist wahrscheinlich die Stelle des alten *Kolzum* (*Clysma*, S. 433).

Noch weiter nördl. mündet der *Süsswassercanal* (S. 424)†. Ein grosses Schleusenwerk regelt den Zufluss des Wassers in die Leitungen und seinen Abfluss ins Meer. Das Niveau des Canals ist hier 2m höher als das des Rothen Meeres. Die grossen Gebäude nördl. davon sind das *engl. Marinehospital* und das *Maschinenhaus 'Compagnie des Eaux'*; östl. vom Canal der grosse Lagerplatz der der aus Arabien kommenden Karawanen, die mitunter an 1000 Kamele stark sind und einen äusserst interessanten Anblick gewähren. Auf dem Wege von dem vicekönigl. Kiosk zu dem Canal trifft man eine Menge Salzlachen, deren rothe Farbe von einem zeitweise in Menge darin lebenden kleinen fast mikroskopischen Krebs aus der Familie der Blattfüssler herrührt und welche namentlich Morgens einen veilchenähnlichen Geruch verbreiten. Die benachbarte kleine Anhöhe heisst der Beduinenhügel. Oestl. gegenüber, jenseit der Bahn, das arab. Matrosenviertel, schmutzige Lehmbaracken.

Ein gewaltiger an 3000m langer **Damm* auf 15m breiten Unterbauten aus künstlichen Steinblöcken führt südl. der Stadt zu den weit in das Meer hinein angelegten **Hafenbauten* (Bootfahrt s. S. 430). Dem Damm sowohl wie den ganzen Hafenanlagen dient als feste Grundlage eine hakenförmige Sandbank, und zwar wurden die grossen bei der südlichsten Section des maritimen Canals ausgebaggerten Erdmassen verwandt, um dieselbe zu erhöhen und eine

† Es ist berechnet worden, dass vor Anlage des Canals jede Familie für das schlechte, erst aus den Mosesquellen (S. 435) auf Kamelen und Eseln, dann mittelst der Eisenbahn vom Nil nach Suês geschaffte Wasser jährlich 45 Francs auszugeben hatte (das Liter kostete 1½ Centimes). „Welch ein Tag (d. 29. December 1863) im Leben der Stadt, als der Süsswassercanal eröffnet wurde und plötzlich dieses Lebenselement in unerschöpflicher Menge aus der Wüste quoll! Die Wunder Moses' schienen sich in unserer Zeit zu wiederholen!" H. Stephan.

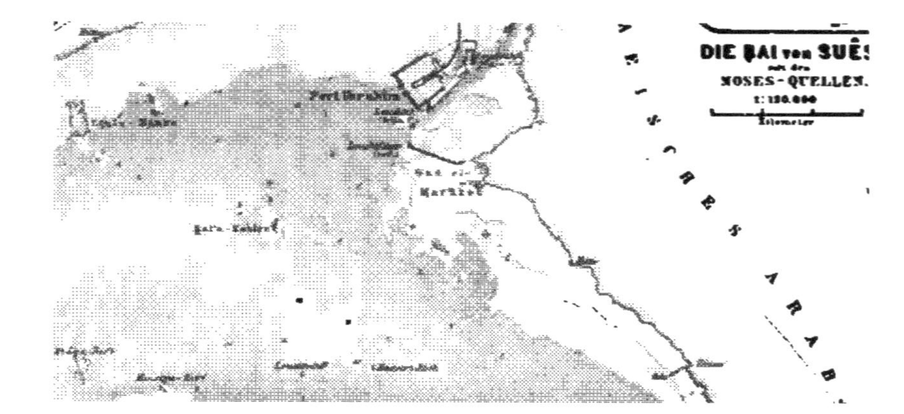

DIE BAI von SUÊS
MOSES-QUELLEN.
1:120.000
Port Ibrahim
Kara-Kahire

das Meer überragende Fläche zu gewinnen, auf der man das Arsenal, Magazine, Werkstellen und die zu den Docks gehörenden Bauten errichten konnte. Durch diese Aufschüttungen sind nicht weniger als 20 Hectaren Landes dem Meere abgewonnen worden.

Der Damm gewährt einen ebenso angenehmen als interessanten Spaziergang (Esel je nach der Zeit 1—2 fr.) mit prächtigen Blicken auf den Golf und die ihn einfassenden Gebirge. Während der Ebbezeit lässt sich die Ausdehnung der Sandbank gut überschauen.

„Das Atakagebirge im Westen der Stadt sah aus, als bestehe es aus einem noch im Fluss befindlichen Gemisch von geschmolzenen Granaten und Amethysten. So spiegelte es sich in den Wellen, die zu seinen Füssen ihr Spiel trieben, sich ebbend immer weiter und weiter zurückzogen und immer mehr und mehr von den Wällen und Bauten sehen liessen, die den Hafen und den Canaleingang umschliessen. Der hohe Damm, welcher die Schienen trägt, die von dem Ankerplatze der grossen Schiffe zur Stadt führen (S. 434), überragte alles andere Gemäuer und die Bänke und Untiefen, welche jetzt in der Ebbezeit wie Inseln dalagen. Menschen auf Eseln und mit Kameelen zogen über ihn hin, und je tiefer die Sonne sank, je schärfer hoben sich ihre Umrisse von dem glühenden Horizonte ab, bis es endlich aussah, als bewegten sich schwarze Schattenrisse an einer durchleuchteten, goldgelben und violetten Glaswand hin. Endlich fiel das Dunkel ein und die Nacht breitete sich über die Wege."

Am Ende des Dammes gelangt man (l.) zunächst zu dem kleinern Bassin der Canal-Compagnie mit einem eigenen Leuchtthurm (weisses Licht), dann folgt der sogenannte *Quai Waghorn* mit einer dem in den maritimen Canal Einfahrenden zugewandten *Statue des Lieutenant Waghorn*, eines thatkräftigen Briten, der, nachdem er die beste Kraft seines Lebens der Einrichtung einer regelmässigen Verbindung von England und Indien über Aegypten gewidmet hatte, von seiner Regierung abgewiesen, verkannt und verarmt, 1850 in London starb. Eine Inschrift in französischer Sprache an der Westseite des Denkmals drückt die Huldigung des Herrn von Lesseps aus.

Das südliche bedeutendere Bassin hat den Namen *Port Ibrâhîm* erhalten; es fasst 500 der grössten Schiffe und wird durch starke Mauern in zwei Theile zerlegt, der eine für Kriegs-, der andere für Post- und Kauffahrteischiffe.

Schleusenwerke wehren dem allzustarken Wogendrang. Die Mauerung, namentlich auch an dem starken Wogenbrecher vor den Docks, ist vortrefflich. Das Trockendock hat eine Länge von 112, eine lichte Weite von 23 und eine Höhe von 9m.

An der Ostseite dieser Hafenanlagen bezeichnen Pfähle die Einfahrt in den maritimen Canal (S. 449); diese liegt sich also nicht an der äussersten Nordspitze des Golfs, sondern sehr viel weiter südlich, und bildet eine Strasse im Meere (Bootfahrt s. S. 430).

Die **Mosesquellen**, arab. *'Ain* (Plur. *'Ayûn*) *Mûsa* (Boot und Reitthier s. S. 430) liegen ca. 12 Kilom. SSO. von Suês (7 Kil. von den neuen Hafenanlagen) auf der östl. Seite des Golfes. Der ganze Landweg dahin führt durch Wüstensand, unfern des grünlich schimmernden Meeres, das zur Rechten bleibt, westlich von dem stattlichen 'Atâka-Gebirge (S. 432) überragt, auf welches man auf dem Rückweg stets die prächtigsten Blicke hat; links die gelblichen nach Südosten hin gewandten Bergreihen des *Gebel er-Râha*, zu der lang ausgedehnten Kette des *Gebel et-Tîh* gehörig. Der Reisende wandelt auf dem Boden Asiens und sein Auge überblickt einen Theil des afrikanischen Continents.

„Hier stehen sich, wie am Hellespont, zwei Welttheile nachbarlich gegenüber; statt des kleineren Europa's hat sich hier das grosse Afrika im Westen neben Asien hingestellt. Wie ganz anders nimmt sich aber dieses nachbarliche Begegnen hier aus denn dort. Europa und Asien stehen sich am Bosporus und Hellespont geschmückt mit dem Kranze des Lorbeers im grünenden Gewande gegenüber, wie zwei Kämpfer, welche nicht einen Wettstreit der Fäuste und der ehernen Waffen, sondern den edleren der Lieder beginnen wollen; hier aber am rothen Meere und an der Meerenge von Sues erscheinen Asien und Afrika wie zwei Ringer, welche das Gewand von sich warfen, weil ihnen der härtere Kampf der Fäuste bevorsteht. Afrika erhebt sich noch einmal im Gebirge des Ataka mit seiner ganzen Macht; Asien beut ihm die Stirn mit den Schrecknissen der Wüste, welche in dem Ruhsigebirge (Gebel er Râha) ihren Sitz haben." Schubert.

Wer den Weg zur See vorzieht, den möchten wir an die welthistorische Bedeutung der Wogen erinnern, die sein Fahrzeug durchschneidet.

„Dort ist die Stätte, wo Pharao den Durchzug versuchte; diese Fluten durchschnitten die Schiffe König Hiram's und Salomo's, um in dreijähriger Fahrt das Gold von Ophir, das Elfenbein, Ebenholz und den Weihrauch nach den Häfen von Elath und Ezeon Geber zu holen; die Rohrschiffe aus Mohrenland, deren das alte Testament erwähnt, fuhren über die glatte Fläche, und noch heute gleichen ihnen die Barken der Indoaraber; hier begannen die Phönizier König Necho's um das Jahr 600 v. Chr. ihre berühmte Umfahrt Afrika's; von hier aus versuchten unternehmende griechische Seefahrer das grosse geographische Problem der althellenischen Welt, die eigentliche Beschaffenheit Indiens, zu lösen. Auf diesem Meere segelten die Handelsschiffe der Ptolemäer und der Römer, um die kostbaren Stoffe Indiens und die Würzen Arabiens zu holen; die Gewänder und Perlen, mit denen eine Kleopatra sich schmückte, und das Larimon, dessen Wohlgerüche die Paläste auf dem Palatinischen Hügel durchdufteten. Die Fluten dieses Meeres bespülen die heiligen Stätten zweier Religionen: den Sinai und das Gestade von Dscheddah, dem Hafen Mekka's." Stephan.

Ueber den Auszug der Juden und ihre Wanderung durch das Schilfmeer s. S. 503. Hier nur die Bemerkung, dass, wenn das „Schilfmeer" wirklich das „Rothe Meer" ist, der Durchgang der Israeliten schwerlich an einer anderen Stelle als in unmittelbarer Nähe des heutigen Sues stattgefunden haben kann.

'Ain Mûsa ist eine von mehreren Quellen bewässerte, Herrn *Costa* (S. 430) gehörige Oase von etwa 1 Kilom. Umfang mit stattlicher Vegetation (in einer Laube kann man sein Frühstück verzehren). Hochstämmige Dattelpalmen und wild aufwachsendes Palmengebüsch, Tamarisken, Akazien etc. gedeihen gut, und die Araber, welche ihre Lehmhäuser in der Nähe der Brunnen erbaut haben, treiben mit Erfolg Gemüsezucht und bieten Zwiebeln und dergl. an, um das Bachschisch für das Betreten ihrer Besitzung zu erhöhen. Ihre Gärten sind von einer Opuntia-Hecke und Zaunwerk umgeben,

an dessen Eingang Hunde den Reisenden belästigen. In Mitten der von den Arabern angelegten Beete finden sich die Brunnen, trübe Lachen mit keineswegs wohlschmeckendem, etwas salzigem Wasser. Die grösste Quelle ist mit altem Gemäuer umgeben und wird für den Brunnen ausgegeben, den Moses mit Hülfe seines Stabes der Erde entlockte, oder als der bittere Wüstenquell, welchen derselbe Führer des Volks durch hineingeworfene Zweige versüsste. Indessen müssen, wenn der biblische Bericht auf einige Treue Anspruch machen darf, beide Stätten weiter nach Süden hin gesucht werden. Dagegen lässt sich die Oase der Mosesbrunnen sehr wohl für diejenige Stätte halten, an welcher Moses und die Kinder Israel nach dem Untergange des Pharao dem Herrn jenes wunderbare Loblied sangen, das im Munde des Volkes fortlebte und II Mos. 15, 1 verzeichnet ward:

„Ich will dem Herrn singen, denn er hat eine herrliche That gethan, Ross und Wagen hat er in's Meer gestürzt. 2. Der Herr ist meine Stärke und Lobgesang, und ist mein Heil. Das ist mein Gott, ich will ihn preisen; er ist meines Vaters Gott, ich will ihn erheben. 3. Der Herr ist der rechte Kriegsmann; Herr ist sein Name. 4. Die Wagen Pharao und seine Macht warf er in's Meer, seine auserwählten Hauptleute versanken im Schilfmeer. 5. Die Tiefe hat sie bedeckt, sie fielen zu Grunde, wie die Steine. 6. Herr, Deine rechte Hand thut grosse Wunder: Herr, Deine rechte Hand hat die Feinde zerschlagen. 7. Und mit Deiner grossen Herrlichkeit hast Du Deine Widerwärtigen gestürzt; denn da Du Deinen Grimm ausliessest, verzehrte er sie wie Stoppeln. 8. Durch Dein Blasen that sich das Wasser auf, und die Fluten standen auf Haufen; die Tiefe wallete von einander mitten im Meere. 9. Der Feind gedachte: Ich will ihnen nachjagen und sie erhaschen, und den Raub austheilen und meinen Muth an ihnen kühlen; ich will mein Schwert ausziehen und meine Hand soll sie verderben. 10. Da liessest Du Deinen Wind blasen, und das Meer bedeckte sie, und sanken unter wie Blei im mächtigen Wasser."

Wie dem Bibelfreunde, so bietet dem Geologen diese Oase ein nicht unbedeutendes Interesse, namentlich wegen der Bildung der auf der Spitze isolirter $1{,}3$—$1{,}6$m hoher kegelförmiger Hügel zum Vorschein kommenden Quellen, die in trichterförmigen Oeffnungen stehen. Die Wahrnehmungen des Geologen Fraas finden sich am besten bestätigt bei einer 10 Min. SO. von den Gärten gelegenen Erhebung, auf der eine einsame Palme sich schlank erhebt (Aussicht).

„Die Temperatur und Beschaffenheit dieser Quellen ist verschieden, erstere variirt zwischen 17 und 23° R., letztere zwischen einem kaum merklich gesalzenen Trinkwasser und einem ungeniessbaren Bitterwasser. Die Quellen selber brechen innerhalb der Gärten, wo die Cultur die natürlichen Hügel geebnet hat, aus trichterförmigen Bassins, innerhalb deren das Wasser in zahlreichen Einzelquellen wie durch Mauslöcher aufquillt und jedes Loch, das man mit dem Stock in den weichen Boden sticht, wird zum neuen Quellrohr. Doch lassen sich die natürlichen Verhältnisse besser als innerhalb der Gärten ausserhalb des Opuntia-Haages in der Wüste erkennen. 1000 Schritte östl. von der Oase steht eine einsame Palme am Fusse eines 5 Meter über die Ebene aufsteigenden Hügels: auf dessen Spitze steht eine Wasserlache von 1,3m Durchmesser und 0,6m Tiefe. Das Wasser ist ungeniessbar gesalzen und bitter, sowie 17° R. warm, ein tintenschwarzer Schlamm bedeckt den Boden. Der Abfluss geschieht in einer handbreiten Rinne, doch erreicht das Wasser kaum die Ebene, indem der Wüstensand am Fusse des Hügels alsbald das Wasser wieder verschlingt. Zahlreiche Wasserkäfer, die sich an der Hand festbeissen, Melanien (*M. fasciolata* Oliv.), die lustig im lauen Wasser herumkriechen, und wie ich bald zu meiner Freude bemerkte, Hunderttausende von durchsichtigen Pinselflöhen (*Cypris delecta* Müll.) füllten das kleine Bassin. Mit der hohlen Hand schöpfend, fing ich Dutzende, die mit ihren gefranzten Fühlern herumruderten und schliesslich auf der Hand strandeten. Bald auch zeigten sich im Schlamm zahllose durchsichtig gewordene Schalen abgestandener Thiere und schliesslich erwies sich der Fels, der den Hügel umschliesst, durchgängig von Cyprisschalen gebildet. Die Sache lag klar vor Augen: die Cypridinen bauten den Hügel, die Millionen Thierchen cementirten mit ihren Kalkschalen im Laufe der Zeit den Sand, durch den die Quelle aufsteigt, und bauten schliesslich die Quelle ein, zunächst so hoch sie stauend, als es überhaupt nach physikalischen Gesetzen möglich war, hernach aber sie förmlich abschliessend, so dass ein Theil der früheren Quellen gar keinen Ausfluss aus der Cyprismauer mehr findet.... Der Druck auf das Wasser stammt offenbar aus dem, wenn auch 2—3 Meilen entfernten Râhah-Gebirge ... Ruhig wären von jeher die Wasser im Sande verronnen, wenn nicht das organische Leben, speciell also die Schalen der Cypris allmählich die Quellgänge eingemauert und an einigen Stellen bis zu 12 und 15 Meter über die Ebene der Wüste und 30 M. über die Flutmarken getrieben hätten." O. Fraas.

Muschelfreunde werden während der Ebbezeit am Meeresstrande manches auflesen können, doch befinden sich die besten Fundstätten nach Süden hin (S. 432).

Weiter als bis zu diesen Mosesquellen wird wohl kaum ein Reisender, welcher den Sinai nicht zu besuchen wünscht, vordringen, doch dürfte nachstehende kurze Skizze des Rothen Meeres und seiner Küsten hier an Ort und Stelle Manchem nicht unwillkommen sein.

Das Rothe Meer und seine Küsten, von *Dr. C. B. Klunzinger* (vergl. Karte S. 36). Das Rothe Meer, arab. *el-Bahr el-Ahmar* oder *Bahr el-Hedjâz*, der *Sinus Arabicus* der Alten, zieht sich als 300 Meilen langer Meeresarm vom Indischen Ocean zwischen Arabien und Afrika in NW. Richtung hin. Der südliche Eingang, die Strasse *Bâb el-Mandeb*, ist nur 4 Meilen breit; seine grösste Breite (in 16° N. Breite) ist 48 Meilen, gegen N. verengt es sich dann wieder allmählich und spaltet sich endlich in zwei Ausläufer, den Golf von 'Aḳaba (*Sinus Aelanites*) und den von Suês (*Sinus Heroopolites*, das Schilfmeer der Alten, arab. *Bahr Suês* oder *Bahr Kolzum* nach dem alten Klysma). Der Grund dieses Meeres ist in der Mitte 400—600, stellenweise 1000 Faden tief, während die Seiten oft bis zu bedeutender Entfernung vom Ufer hin durch Korallen verbaut sind, wodurch sich Uferriffe, unterseeische Klippen, Inseln, selbst Berge bilden. Diese sind es hauptsächlich, welche die Schifffahrt auf diesem Meere so gefährlich machen, besonders an den verengten Stellen desselben; der berüchtigtste Ort ist der sog. *Bahr Far'ûn* (S. 511) in der Gegend von Tûr. Die grossen Schiffe (Dampfer) halten sich an die korallenlose tiefe Mitte, die kleineren arabischen dagegen gerade an diese klippenreiche Küste, da sie hier, bei genauer Localkenntniss, jederzeit hinter den Klippen in den zahlreichen Spalten derselben („Scherm") geborgen werden können. Auch fährt der arab. Schiffer nur bei Tage und bei ruhiger See, und für die Ueberfahrt von einer Seite zur anderen wartet er gutes Wetter ab, daher sind Schiffbrüche trotz der schlechten Bauart der einheimischen Schiffe im Ganzen ziemlich selten.

Flüsse nimmt das Rothe Meer keine auf, nur periodische Regenbäche. Das Wasser ist schön blau, Klippen verrathen sich durch hellere grüne Farbe. Warum man dieses Meer das „rothe" genannt hat, ist noch ganz unausgemacht. Ebbe und Fluth sind bedeutend (1—2 Meter). Die herrschenden Winde sind im nördlichen Theil, zumal im Sommer, der N., im südlichen im Winter der SO., im Sommer der NW.Wind; daher ist das Meer nur für Dampfer und die kleineren einheimischen Segelschiffe geeignet, grössere gehen besser um das Cap herum.

Die Küsten des Rothen Meeres sind fast durchaus öde, Sand oder kahle Felsen, und wenig bewohnt; dahinter aber erheben sich Berge von 1300–2300m Höhe. Im Alterthum, schon zur Zeit Salomo's, war die Schifffahrt auf dem Rothen Meere bedeutend, manche Hafenstädte, wie Berenike, Myos Hormos, waren berühmt. Seit der Eröffnung des Suêscanals wird das Meer von einer Menge Indiadampfer durchfahren, die direct von Suês bis Aden fahren. Den Verkehr zwischen den einzelnen Küstenorten vermitteln die arabischen Segelschiffe (*Katîra* = Barke, *Sambûk* = Schiff mittlerer Grösse mit kurzem Schnabel, *Baghle* = dasselbe ohne Schnabel, *Dau* ein grösseres Schiff mit sehr entwickeltem Kajütentheil, *Kanga* ebenso mit langem Schnabel); einen regelmässigen Verkehr zwischen einigen Hauptplätzen besorgen aegyptische Dampfer, die alle 14 Tage von Suês nach Djedda und von da nach Sauâkin und Masau'a fahren und auf demselben Wege wieder zurück. Zur Zeit der Mekkapilgerschaft helfen auch andere Dampfergesellschaften, namentlich der österreichische Lloyd, mit.

Auf der afrikanischen Seite findet sich von Suês bis Koṣêr kein einziger Ort von Bedeutung. *Gimsâh*, gegenüber von Tûr, wurde vor einigen Jahren auf Schwefel abgebaut und zeigte damals ein lebhaftes Treiben. Der ganze Strich wird nur von wenigen Beduinen nomadisch durchzogen.

Koṣêr (1200 Ew.) ist der Hafen Oberaegyptens, von dem es in gerader Linie 4½ Tagereisen entfernt ist. Früher hatte es als Hafen für die Producte Aegyptens, besonders Korn, und für die Pilger grosse Bedeutung; seit der Eröffnung der Eisenbahn nach Suês hat dieses ihm aber den Rang völlig abgelaufen. Als Stadt blühte es erst im vierten Jahrzehnt dieses Jahrhunderts unter Moḥammed 'Ali auf und hatte gegen 7000 Einw. Jetzt ist es sehr herabgekommen, da die Pilger den Weg über Suês nehmen und nur noch die ärmsten hier durchkommen; ja es ist ihm gar noch sein letzter Lebensnerv, die Kornausfuhr, fast abgeschnitten, da die Dampfer das Getreide jetzt aus anderen Gegenden billiger ins kornarme Hedjâz bringen. Von Dampfern wird Koṣêr fast nie besucht und die einheimischen Schiffe verkehren nur mit Djedda, Yenbo' und Wedj, fast gar nicht mit Suês.

Koṣêr ist Sitz eines Gouverneurs, eines Quarantaineamtes, eines Getreidemagazins für die Korn-Lieferungen der Regierung ins Hedjâz (Dachîre) und eines Telegraphenamtes zur Verbindung mit dem Nilthal. Die Stadt ist sauber, von einer vom Sultan Selim im 16. Jahrhundert erbauten Citadelle gekrönt, worin aus der Franzosenzeit noch einige Kanonen und ein Mörser mit der Inschrift „l'an III de la Rép. française" geblieben sind; im fernen Hintergrunde erheben sich malerisch die Gebirge mit dem 1300m hohen *Gebel Abu Ṭiyûr* und *Abu Sube'a*. Der Hafen ist nur gegen den herrschenden Nordwind geschützt. Das Trinkwasser wird über eine Tagereise weit aus dem Gebirge in Schläuchen geholt.

1 Meile nördlich ist *Alt-Koṣêr* mit den Resten des alten *Leukos Limen*, zur Ptolemäerzeit ein berühmter Hafen, jetzt durch Korallen verengt und kaum noch für kleine Barken zugänglich.

Von Koṣêr bis *Râs Benâs*, wo *Berenike* stand, wohnen nomadisch die „Ababde" (S. 53), von da bis Sauâkin die „Bischarîn" (S. 53), beide von nubischem Typus.

Sauâkin (10,000 Ew.), in dürrer salzreicher Gegend, mit gutem Hafen, ist, wie Masau'a, seit 1865 aegyptisch (früher türkisch) und hat sich seitdem sehr gehoben. Die eigentliche Stadt liegt auf einer kleinen Insel und hat zum Theil ansehnliche steinerne Häuser auf dem festen Lande. Dahinter dehnt sich die von eingeborenen Bischarîn bewohnte lebhafte Ortschaft *Gef* aus. ½ Stunde weiter landeinwärts sind die Brunnen, welche die Stadt versorgen und die Anlage von Gärten ermöglicht haben. Die Ausfuhr besteht hauptsächlich aus Producten des Landes, Vieh, Fellen, Butter, Gummi, Tamarinde, auch Perlmuscheln, und denen des Sûdâns, besonders Elfenbein, Straussenfedern, die über Kassala und Berber kommen. Sauâkin war früher ein Hauptplatz für Sklavenhandel, der auch jetzt noch nicht ganz aufgehört hat; dieser Hafen ist bis jetzt die nächste und bequemste Pforte für Reisen in den Sûdân.

Masau'a (5000 Ew.), die Hafenstadt von Abessinien, aber schon seit

1557 türkisch, jetzt aegyptisch, liegt ebenfalls auf einer unfruchtbaren Insel, während auf dem Festlande sich freundliche, cultivirte Ortschaften mit Landhäusern, *Arkiko* und *Mokullu* anschliessen. Der Handel ist lebhaft, die Producte ähnlich denen von Sauâkin. Die Bevölkerung ist gemischt aus Aethiopiern und Arabern; auch finden sich einige Europäer. Das Klima ist sehr heiss, doch nicht ungesund.

Die Häfen der gegenüberliegenden Provinz Yemen auf der arabischen Seite des Rothen Meeres sind *Mochâ*, *Hodêda* und *Lohêya*, von denen Mochâ ganz zerfallen ist und nur Hodêda monatlich einmal von den österreichischen Lloyddampfern besucht wird. Der englische Hafen *'Aden* hat diese Städte längst überflügelt.

Die bedeutendste Handelsstadt am Rothen Meere, ein Brennpunkt des orientalischen Handels überhaupt und eine der reichsten Städte des türkischen Reiches ist **Djedda**, 10 Meilen westlich von **Mekka**, dessen Hafen es ist. Hier sammeln sich die Pilgerzüge aus allen Ländern des Islâm und die Kaufleute machen hier bei der Hin- und Rückreise ihre Geschäfte ab. Die Stadt steht in Handelsverkehr mit dem übrigen Arabien, Aegypten, Ost-Afrika bis Mozambik, Mesopotamien, Persien, Indien und den malaischen Inseln. Djedda ist der Hauptmarkt für Perlen und Perlmuscheln, schwarze Korallen, die Producte Arabiens: Kaffe, Balsam, Sennesblätter, Räucherwerk, Pferde, Esel, und es versorgt den mohammedanischen Occident mit den hier aufgestapelten Producten des Orients: Teppichen, Musselinen, Wollen und Seidenstoffen, Gewürzen, Kokosnüssen, aetherischen Oelen u. s. w. Eingeführt werden Korn, Reis, Butter, Oel, auch Sklaven. Die bedeckten Basare und Châns sind daher sehr interessant, auch ist der Markt reich an Früchten, welche aber nicht in der völlig unfruchtbaren Umgegend wachsen, sondern theils zu Schiffe aus Yemen, theils zu Lande besonders von *Tâif* hergebracht werden. Die Rhede ist weit von der Stadt entfernt, nur kleine Schiffe können bis zur Stadt fahren. Cisternen liefern das Trinkwasser. Die Häuser sind ansehnlich und hoch, es finden sich stattliche Regierungsgebäude und ein Castell. Ausserhalb der Mauer zeigen die Muslimen einen 110m langen und 5,5m breiten Steinbau als Eva's Grab. Ueber dem heiligen Nabel befindet sich eine Capelle, in deren Innern man durch ein Loch einer kleinen Kuppel auf einen unmittelbar auf dem Nabel ruhenden Stein hinabsehen kann. Der heilige Nabel befindet sich nur um ein Drittel der Körperlänge (30m) von den Füssen entfernt, so dass der Oberkörper unverhältnissmässig lang bleibt. Die Stadt war zur Zeit der Wahhabitenkriege aegyptisch, seit 1840 wieder türkisch. 1858 fand die bekannte Christenmetzelei hier statt, wobei der französische und englische Consul ermordet wurden, worauf die Stadt von den Engländern bombardirt wurde.

Weiter nördlich folgt **Yenbo'**, die Hafenstadt des etwa 20 Meilen östlich liegenden **Medina**; *Yenbo' el-bahr* hat nur etwa 2000 Ew. und liegt in unfruchtbarer Gegend, während die grössere Stadt *Yenbo' en-nachl* fast eine Tagereise weit im Innern liegt, fruchtbar, namentlich an Dattelpalmen ist, und gegen 5000 Ew. hat. Die Ausfuhr besteht hauptsächlich in Schafen, Fellen, Honig und Datteln in Schläuchen. Dampfer berühren den Hafen nur zur Pilgerzeit. In Yenbo' en-nachl haben die Türken wenig zu sagen, und Europäer können nur unter dem Schutz eines angesehenen Yenbaers dorthin gelangen. **Medina** ist, wie **Mekka**, den Christen ganz verboten.

Von hier bis Suês finden sich keine bedeutenden Häfen mehr, wichtig ist aber **el-Wedj**, gegenüber von Koṣêr, als Quarantainestation. Seit im Jahre 1865 die Mekkapilger die Cholera einschleppten, wird alljährlich zur Zeit der Rückkehr der Pilger vom grossen Beirâm an 1½—2 Monate lang daselbst eine Quarantaine errichtet, der sich sowohl die zu Lande reisenden Karawanen, als auch die Schiffe, und ebenso die Dampfer jeder Nation, die von arabischen Häfen kommen, unterziehen müssen; sie dauert meist 5 Tage, bei Verdacht oder Ausbruch einer Epidemie auch länger, und dann auch ausser der Pilgerzeit. Schiffe, welche hier die Quarantaine nicht durchgemacht haben, werden in keinen aegyptischen Hafen eingelassen. Zur Quarantainezeit ist Wedj sehr lebhaft; die grosse Mekkakarawane, die über 'Aḳaba geht, kommt im Hin- und

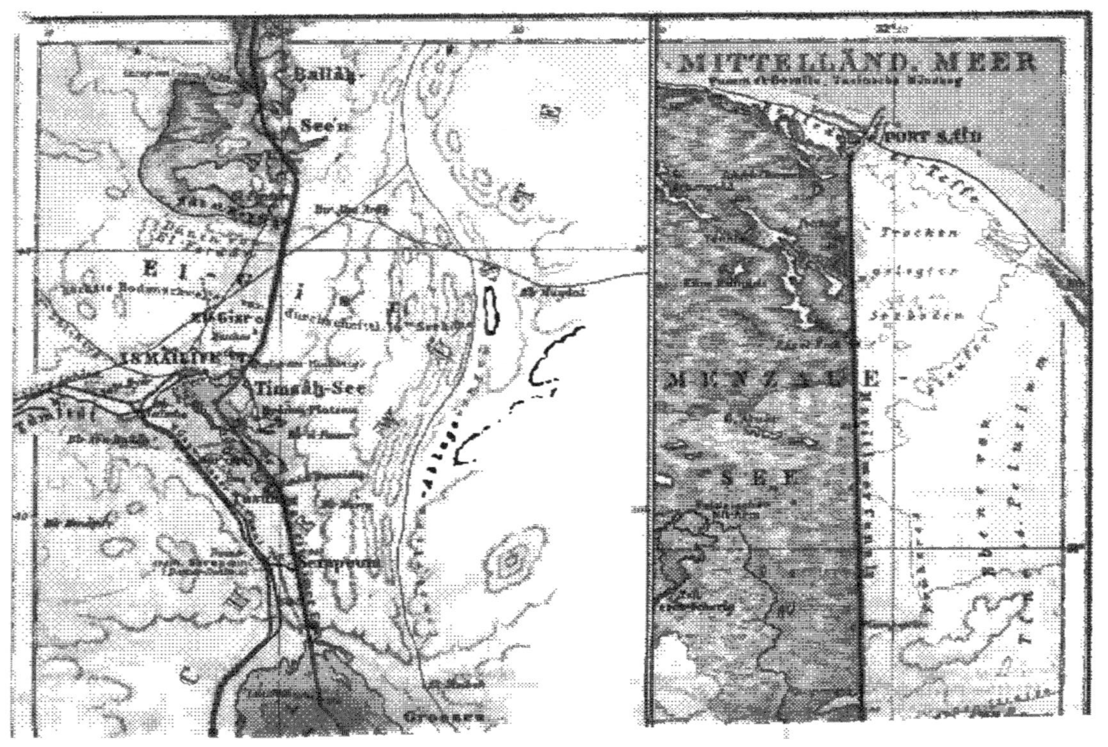
MITTELLÄND. MEER
PORT SAÏD
Trocken
Seeboden
MENZALE
SEE
Ballâh
See'n
Timsâh-See
ISMAÏLIYE
Serapeum

DER
SUÈS-CANAL

nach engl. u. französ. Admiralitäts-Karten
und anderen amtlichen Quellen.

Maassstab 1:500.000

Kilometer.

ʃ am Schifffahrts-Canal bezeichnet Ausweichestelle, ʃ dto am Süsswasser-Canal Schleuse. Die am Canal befindlichen Zahlen in feiner Schrift (10, 20 etc.) beziehen sich auf die Numerirung der Kilometer-Marken. — Spuren alter Canalanlagen. × Rettungsboje von 3 Faden [illegible]

Rückweg über Wedj. Der Ort selbst hat nur etwa 6—800 Ew., ein vom Sultan Selim erbautes Castell mit einigen Soldaten, einen Süsswasserbrunnen, und da dieser zur Zeit der Quarantaine nicht ausreicht, eine Dampfmaschine zur Destillation des Seewassers. — Der nördl. Theil des arabischen Küstenlandes bis el-Wedj steht unter aegyptischer Herrschaft.

7. Von Suês nach Port Sa'îd. Der maritime Canal.

Von Suês nach Isma'îlîya besteht keine regelmässige Verbindung auf dem Canal. Wer diese Strecke dennoch befahren will, ist auf die Mitnahme auf einem der grossen Dampfer angewiesen, die auf ihrer Fahrt nach Indien und China den Canal (jetzt täglich) passiren. Man wende sich mit einer Empfehlung seines Consuls an den betr. Dampfschiffsagenten. Für die Fahrt selbst hat man meist nur die von der Canalgesellschaft für jeden Reisenden festgesetzten 10 fr. zu zahlen (die Mitnahme ist eine Gefälligkeit des Capitans des betr. Schiffs). Für die Verpflegung wird man sich mit dem Stewart zu verständigen haben. Nur die Messageries Maritimes (S. 12) machen eine Ausnahme, indem sie Billets für die ganze Strecke (Suês—Port Sa'îd) einschliesslich Canalgebühren, Verpflegung, Wein etc. für 100 fr. (1. Cl.) ausgeben.

Der südl. Theil (Suês-Isma'îlîya) des Canals mit den Bitterseen und der Einfahrt in den Timsâh-See (von Suês her) ist der interessantere, doch halten in Suês die Dampfer meist nur ganz kurze Zeit, dagegen in Port Sa'îd immer ½—1 Tag; auch legen sie hier dicht am Quai an, so dass man nicht genöthigt ist, sich wie in Suês in einer Barke hinfahren zu lassen. Dauer der ganzen Fahrt zwischen Suês und Port Sa'îd 16 St. (s. unten); doch ist es schon vorgekommen, dass sich Dampfer festfuhren und einen Theil ihrer Ladung löschen mussten, wodurch unterwegs ein Aufenthalt von mehreren Tagen entstand.

Interesse bietet die Canalfahrt nur auf einem grossen Dampfer, von dessen Deck man über die den Canal einfassenden Erdwälle hinweg die ganze Umgebung überblicken kann. Dagegen sieht man auf den kleinen Dampfbarkassen, die eine regelmässige Verbindung (s. unten) zwischen Isma'îlîya und Port Sa'îd unterhalten, gar nichts, da die Dämme viel höher sind als das Schiff.

Eisenbahn von Suês nach Isma'îlîya (jeden Morgen 8 Uhr, in Isma'îlîya 10 Uhr 50 Min.) s. S. 428. Von Isma'îlîya nach Port Sa'îd fährt täglich Abends 5½ Uhr nach Ankunft des Zugs aus Kairo und Alexandrien ein kleiner Dampfer der aegypt. Post (ein Platz 24½ fr.), der gegen Mitternacht in Port Sa'îd eintrifft; ein anderer kleiner Schraubendampfer der Canal-Compagnie fährt einen um den anderen Tag Morgens 7½ Uhr ebenfalls nach Port Sa'îd, auf welchem der Platz nur 18½ fr. kostet (das Postschiff muss nämlich für jeden Passagier 6 fr. an die Compagnie vergüten). Beide Dampfer sind so klein, dass sie nur etwa 20—25 Personen fassen können; Platz schafft man sich am besten selbst mit seinem Gepäck auf dem Verdeck, viel Raum ist wie gesagt weder unten noch oben. Fahrzeit bis zur Station Kantara (S. 453), wo ½—¾ St. Mittagshalt, 2½, von hier bis Port Sa'îd 3¼ St., im Ganzen also ca. 6 Stunden, für welche Zeit diese Strecke des Canals ein genügendes Interesse bietet. Die Fahrzeit für die grossen Dampfer (s. oben) ist auf 16 Stunden festgesetzt; schneller dürfen dieselben nicht fahren, um keinen Wellenschlag zu verursachen, der den Dämmen schaden würde.

Die ganze Länge des Canals beträgt 160 Kilom. (90 Seemeilen), die von 5 zu 5 Kilom. am östl. Ufer markirt sind. In der Nähe der Stationen, die meist nur aus einigen Bretterbuden bestehen, sind Ausweichestellen für die sich begegnenden grossen Dampfer angebracht und mit „Gare du Nord" und „Gare du Sud" bezeichnet. Die Tiefe des Canals beträgt 8m und erlaubt Schiffen von 7.50m Tiefgang den Durchgang; die Breite des Wasserspiegels ist 110m bis 60m, die des Canalbodens 22m. Die Benutzung (S. 448) steht den Schiffen aller Nationen frei; die Abgaben betragen 10 fr. pr. Netto Tonne, 3 fr. als derzeitiger Zuschlag und 10 fr. für jeden Passagier, sodann noch 10—20 fr. Lootsengeld, je nach dem Tiefgang des Schiffes.

Der **Isthmus von Suês** ist eine Asien und Afrika mehr trennende als verbindende Landenge, die an ihrer schmalsten Stelle in gerader Linie 113 Kilometer ($15^1/_2$ deutsche Meilen) breit ist. Im Süden wird sie bespült von dem nördlichsten Theile des westlichen Armes, welchen das Rothe Meer zwischen den asiatischen und afrikanischen Continent hineinschiebt, und der von uns *Golf von Suês*, von den Arabern *Bahr Kolzum* genannt wird, bei den Griechen aber der *Heroopolitische Meerbusen* hiess. Der Isthmus selbst ist als eine den Golf fortsetzende Bodensenkung zu betrachten, die in ihrer Mitte von einer 16 Meter hohen Erhebung, der sogenannten „Schwelle" el-Gisr (S. 453), durchschnitten wird, welche die Landenge in zwei ziemlich gleiche Hälften, eine nördliche und eine südliche, scheidet. In der südlichen liegt zunächst der „Schwelle" der Timsâḥ- oder Krokodil-See (S. 451), in dessen Nähe westl. das von dem Süsswassercanal durchflossene, zum Theil der Cultur wiedergegebene Querthal Wâdi Ṭûmîlât (S. 428) beginnt. Es folgt eine etwa 16 Kilom. breite Dünenkette in der Gegend der Serapeum (S. 451) genannten Stelle, und endlich die grossen Bassins der Bitterseen (S. 451), welche in ein grösseres (das nördliche) und ein kleineres (das südliche) Becken zerfallen. Schon vor der Anlage des Suêscanals lag ihr mit einer Salzkruste überzogener Boden an seinen tiefsten Stellen $7_{,35}$ m unter dem mittleren Niveau des Rothen Meeres. Zwischen diesen Bassins, welche schon 1856, bevor das Wasser des Mittelmeeres in sie eingeströmt war, einen Raum von 40 □Kilometern einnahmen, und dem Rothen Meer dehnt sich ein nur $0_{,75}$m über dem Spiegel des letzteren erhabener Wüstenstrich von 20 Kilometern Breite aus. Im Norden folgt der Schwelle el-Gisr der Balaḥ- oder Dattelsee (S. 453) und diesem sehr bald der ursprünglich seichte Menzale-See (S. 454), welcher sich weit nach Westen hin, bis zum Nilarme von Damiette ausbreitet und vom Mittelmeere nur durch eine schmale Landnehrung getrennt wird, welche gegenwärtig an vier Stellen durchbrochen ist. An der zweiten Oeffnung von Osten aus ist der Hafen von Port Sa'îd angelegt worden. Das Wasser des See's bedeckt, wie zahlreiche Trümmer beweisen, gegenwärtig viele Stellen, welche im Alterthume cultivirt und mit Städten besetzt waren (S. 454).

In frühester Zeit werden das Rothe und das Mittelländische Meer wohl zusammengehangen und das erstere wenigstens bis zum Timsâḥ-See gereicht haben, da in diesem fossile Konchylien, namentlich Spondylusarten gefunden worden sind, welche wohl im Rothen, aber nicht im Mittelländischen Meere vorkommen. Jedenfalls ist die Bildung der Landenge ausserordentlich früh vor sich gegangen, und es kann keinem Zweifel unterliegen, dass sie wenigstens zur Zeit der Reise des Herodot (454 vor Chr.) auch bei Suês nicht kleiner war wie heute. Ueber die Entstehung des Isthmus sagt M. J. Schleiden:

„Denken wir uns die Meerenge noch gegenwärtig offen, so lässt sich voraussagen, was eintreten muss. Von der Seite des rothen Meeres her dringen die Flutwellen in dieselbe hinein und bringen den Meeressand mit sich. Vom mittelländischen Meere wird durch die dort überwiegend häufigen Nord- und Nordwestwinde, die etesischen Winde der Alten, das Wasser ebenfalls in die Meerenge hineingetrieben und auch dieses bringt seinen Meeressand mit. Wo beide Bewegungen zusammentreffen und sich gegenseitig aufheben, lassen sie ihren mitgebrachten Sand fallen und bilden eine Barre, die natürlich, da die Flutwellen bei weitem ununterbrochener wirken als die vom Wind bewegten Wasser und daher überwiegen, nicht genau in der Mitte der Meerenge, sondern etwas mehr nach Norden entstehen muss. Diese Barre wird sich so lange durch die Wellen erhöhen (und zwar, da sie selbst mehr und mehr ein Hinderniss für die Bewegung wird, mit steigender Schnelligkeit), bis sie über dem Niveau der Ebbe liegt und dann auf der Oberfläche während der Ebbezeit austrocknend ein Spiel des Windes wird, der daraus Dünenhügel zusammenweht, wie das an jedem Meeresstrande stattfindet. Dadurch wird dann die Verbindung beider Meere unterbrochen und die Schwelle von el Gisr ist hergestellt."

Der Isthmus von Suês ist von frühester Zeit an eine Völkerstrasse von hoher Bedeutung gewesen. Was auch von Asien her den afrikanischen Boden zu betreten wünschte, musste sie passiren. Zum grossen Theile war sie erfüllt von Seen und Sümpfen, und an den Erhebungen des Bodens wehrten Fortificationswerke die Eindringlinge ab. Bei Pelusium, dem „Schlüssel von Aegypten" an der östlichen Basis des die Deltaküste bildenden Bogens, südöstlich von Port Sa'îd befanden sich die Eingangspässe in das eigentliche Pharaonenreich. Die Hauptstrasse von Asien aus ging entlang der Küste des Mittelmeers über Rhinokolura (das heutige el-'Arîsch, S. 500), passirte die den Sirbonischen See vom Mittelmeere trennende Landnehrung und Casium (s. unten) mit dem Heiligthume des Jupiter Casius [das heutige Râs el-Kasrûn*)], die Stadt Gerrha**) und endete zu Pelusium (S. 454), von wo aus mehrere Wege in das innere Delta führten. Ausserdem führten drei Strassen, die eine östlich vom

*) Brugsch leitet den Beinamen des Zeus Casius ab von dem semitisch-aegyptischen Worte *Hazi* oder *Hasion* = Land des Asyls, Asyl, ein Name, der allerdings vortrefflich stimmt mit der Lage eines Heiligthums, das an dem am weitesten gegen Osten vorgerückten Punkte der aegyptischen Grenze lag. Er identificirt ausserdem das *Ba'al Zephon* der Bibel, 1 Mos. 33, 5: „Und so brachen die Söhne Israels auf von Ramses und lagerten zu Sukkot und sie brachen auf von Sukkot und lagerten zu Etham und wandten sich um gen Pi Hachiroth, welches vor Ba'al Zephon liegt" (s. S. 506) mit diesem Berg und Heiligthum des Zeus Casius. Der Ba'al Zephon erscheint nämlich in einem Papyrus des britischen Museums als *Baali Zepûna* und ist nur der semitische Repräsentant (eigentlich = Herr des Nordens) des aegyptischen Ammon. Pi hachiroth bedeutet wörtlich Eintritt in die Rohr-, Binsen- und Papyrusstaudensümpfe, welche in dem Sirbonischen See wiedergefunden werden müssten, so dass das Pihachiroth selbst an die Westspitze des Sees beim Eintritt auf die Landnehrung von Aegypten her zu versetzen wäre (s. S. 506).

**) Brugsch identificirt *Gerrha* (griech. plur. von gerrhon = Mauer, befestigter Platz) mit der schon seit der 19. Dynastie *Anbu* genannten Festung (Anbu bedeutet ebenfalls: mauerbefestigter Platz). Von den Hebräern wurde derselbe Ort: *Schûr* (= Mauer) genannt, s. I Mos. 16, 7; 25, 18; II Mos. 15, 22; IV Mos. 33, 8; I Sam. 15, 7; 27, 8; und nach diesem Orte hiess der nördliche Theil der Wüste südlich vom Sirbonischen See: Wüste Schûr. Die Stadt selbst lag wenig südwestlich von dem obengenannten Pihachiroth.

Casiusberge*), die andere von Gerrha, die dritte von Pelusium aus in die Mitte des Isthmus (wohl in die Gegend der Schwelle el-Gisr), wo sie sich vereinigten und dann, nachdem sie das Serapeum und das Westufer der Bitteren Seen passirt hatten, an der Nordspitze des Golfs von Suês (beim alten Arsinoe) ihr gemeinsames Ende fanden. So war das Mittelländische mit dem Rothen Meere schon sehr früh durch Landwege verbunden. Nachdem durch die kräftigen Könige von Theben, welche die Hyksos vertrieben und sich einen grossen Theil des westlichen asiatischen Continents tributpflichtig gemacht hatten, und durch aegyptische Flotten nicht nur die Küstenländer von Südarabien unterworfen und ausgebeutet, sondern auch viele Inseln und Küstenstädte des Mittelmeers unterworfen waren, trat der Wunsch an die grossen Kriegsfürsten der XIX. Dyn., Seti I. und Ramses II. (S. 104), heran, eine maritime Verbindung des Nils mit dem Rothen Meere und dadurch auch mit dem Mittelmeere herzustellen und so die Möglichkeit zu erwerben, mit den gleichen Schiffen nach Norden und Süden hin bei kriegerischen und kaufmännischen Unternehmungen operiren zu können. Zur Ausführung gekommen ist dieser Wunsch jedenfalls bereits in der Zeit Seti I., denn eine bildliche, von Inschriften erläuterte Darstellung aus den Tagen dieses Königs an der äusseren Nordwand des grossen Festsaales zu Karnak (s. d. II. Bd. d. Hdb.) lehrt, dass Seti, als er siegreich aus Asien heimkehrte, einen Canal (ta tenat, der Durchschnitt) zu passiren hatte, der von Krokodilen wimmelte und also mit dem Nil zusammenhing und mit Bastionen besetzt war, deren Namen keinen Zweifel lassen, dass er an der Landesgrenze gesucht werden muss. Ausserdem wird dem Sesostris (Seti I. und Ramses II.) die Gründung des Canals von vielen alten Schriftstellern (Herodot, Aristoteles, Strabo, Plinius etc.) zugeschrieben. Es ist möglich, dass dieser Canal sogar vom Timsâḥ-See aus nach Pelusium führte und also eine directe Verbindung beider Meere herstellte. Dafür sprechen die bei Ḳanṭara (S. 453) gefundenen Blöcke mit den Namen Ramses I., Seti I. und Ramses II. Sehr viel später, nachdem das Unternehmen Seti's wahrscheinlich durch Vernachlässigung zu Grunde gegangen war, unternahm es der Pharao Necho (S. 107), den Nil mit dem Rothen Meere zu verbinden. Der neue Canal empfing bei Bubastis (S. 425) seine Speisung vom Nil und ging bei dem alten Patumos in den arabischen Meerbusen. 120,000 Aegypter gingen bei der Arbeit zu Grunde. Der König liess das Unternehmen unvollendet, weil ihm nach diesen Unglücksfällen ein Orakel voraussagte, er werde nur für die Barbaren arbeiten. Unter den „Barbaren" sind hier zunächst die Phönicier gemeint, deren Flotten damals beide Meere beherrschten. Der Canal ist

*) Brugsch führt aus, dass es in der Wüste Schûr (südlich vom Sirbonischen See) einen wenig betretenen Weg nach dem Golf von Suês gab, den Plinius so charakterisirt hat: asperum montibus et inops aquarum, d. h. bergig und wasserlos.

nach der Eroberung Aegyptens durch die Perser vermuthlich, trotz der Mittheilung, erst Ptolemäus Philadolphus habe ihn fertig gestellt, von Darius, dem Sohn des Hystaspes, dem grossen Organisator des persischen Weltreichs vollendet worden. Zahlreiche Spuren dieser Anlage und Denkmälerfragmente, welche persische Schrift und Art mit aegyptischer verbinden, sind gefunden worden (S. 450). Unter den Ptolemäern wurde der Canalanlage eine bedeutendere Ausdehnung gegeben, denn während man von der Nilstadt Phakusa aus zu den Seen südlich von Pelusium, also durch die mit einander verbundenen Balaḥ- und Menzale-Seen ins Mittelmeer zu gelangen vermochte, führte ein nach Süden gewandter Canal aus dem Balaḥsee in die Bitteren Seen, in welche sich auch der das biblische Gosen bewässernde Süsswassercanal (S. 424) ergoss. So war es zur Zeit der Ptolemäer möglich, vom Nil aus in den südlicheren und nördlicheren Theil einer Wasserstrasse zu gelangen, welche ähnlich wie der heutige maritime Canal das Mittelländische und Rothe Meer in ziemlich directer Linie verband. Als Antonius nach der Schlacht bei Actium 31 v. Chr. nach Aegypten kam, war Kleopatra dabei, ihre Schiffe über die Landenge von Suês zu ziehen, um mit ihren Schätzen auf ihnen dem Octavian zu entfliehen. Bei der Grösse ihrer Schiffe ist es undenkbar, dass sie es versucht haben sollte, sie zu Lande fortschaffen zu lassen. Der Canal war noch zu ihrer Zeit vorhanden, aber stellenweis verfallen und unbrauchbar. Ihr Unternehmen missglückte.

Unter den Römern soll der Canal restaurirt worden sein. Eine in der Gegend von Kairo beginnende und am Golf von Suês endende Wasserstrasse, deren nicht genau beschriebener Lauf wahrscheinlich dem alten Canalbette folgte, soll den Namen des *Amnis Trajanus* (Trajansfluss) geführt haben und ist also wohl zur Zeit dieses Kaisers (98—117 n. Chr.) angelegt worden. Auch von einem Hadrianscanal wird gesprochen; doch unterliegt es keinem Zweifel, dass in der Kaiserzeit die mercantile Verbindung zwischen dem Rothen Meere und Italien ganz anderen Wegen folgte, als der von Suês aus den Nil erreichenden Wasserstrasse. Die römischen Indienfahrer landeten bei Berenike wenig nördlich vom Wendekreise des Krebses und häufiger noch bei Leukos Limen, dem heutigen Ḳoṣêr, oder Myos Hormos in der Breite von Siûṭ (Lykopolis) am Rothen Meere. Von den beiden letztgenannten, namentlich im Monat September stark besuchten Hafenplätzen wanderten die Waaren auf einer grossen Karawanenstrasse zum Nil nach Koptos (in der Nähe des heutigen Ḳene) und wurden dann auf Nilbooten stromabwärts nach Alexandria und von da, nachdem man sie auf Seeschiffe verladen hatte, weiter befördert. Nach der Eroberung Aegyptens durch die Araber musste diesen daran gelegen sein, das Rothe Meer mit dem unteraegyptischen Nil möglichst gut zu verbinden. 'Amr ibn el-'Âṣî (S. 260) stellte den alten Canal wieder her (nach alter Tradition wäre der Chalîg zu Kairo ein Theil desselben) und benutzte ihn zu

Transporten von Getreide, welches in Fosṭâṭ (S. 260) verladen, nach Kolzum (Suês) ging und von dort aus über das Rothe Meer nach Arabien wanderte. Ein Kopte soll ihm gegen Erlass der Kopfsteuer das Bett des *alten* Canals gezeigt haben. Ob es wahr ist, dass später unter dem krankhaft misstrauischen Chalifen Al Manṣûr ibn Moḥammed (754—775) der Canal zugeschüttet wurde, um dem Heere des Rebellen Moḥammed ibn Abu Ṭâlib in Medîna die Zufuhr abzuschneiden, mag dahingestellt bleiben. Seit dem achten Jahrhundert konnte der Canal jedenfalls nicht mehr benutzt werden, und wenn auch später in Venedig mehrfach daran gedacht ward, den Isthmus zu durchstechen, um die durch die Umschiffung des Caps der guten Hoffnung gefährdete Blüthe des venezianischen Handels zu retten und denselben neu zu beleben, obgleich von einzelnen Reisenden das Project der Durchstechung befürwortet und von kühnen Kartenzeichnern ein die beiden Meere verbindender Canal quer über den Isthmus von Suês hin gezeichnet wurde, so dachte doch niemand ernstlich an die Ausführung des schwierigen Unternehmens, obgleich schon Leibnitz 1671 in seinem Vorschlag einer Expedition nach Aegypten, die er dem mächtigsten Fürsten seiner Zeit, Ludwig XIV. ans Herz legte, eine solche aufs wärmste empfiehlt. Er sagt:

„Der Herr von Aegypten kann aber nicht bloss den allgemeinen Angelegenheiten einen grossen Nachtheil zufügen, wie der Türke durch die Sperrung des Handels unzweifelhaft gethan hat, sondern er kann andererseits auch das menschliche Geschlecht sich durch eine Wohlthat verpflichten, wenn er das rothe Meer mit dem Nile oder dem Mittelmeere durch einen Canal verbindet, wie Frankreich durch die Grabung des Canales am Fusse der Pyrenäen bis Europa sich zur Dankbarkeit verpflichtet. Dass der Spiegel des rothen Meeres höher liege als Aegypten (wie dem Darius versichert ward), ist eine Fabel; aber auch selbst, wenn dies der Fall wäre, so würde doch die Oeffnung eines Canals Aegypten noch nicht der Gefahr der Ueberflutung aussetzen."

Der Bewunderer Friedrichs des Grossen, Sulṭân Muṣṭafa III., hatte die Absicht, den Canal, von dem er sich Vortheile versprach, graben zu lassen, doch kam er ebenso wenig zur Ausführung dieses Planes wie der thatkräftige Mamlukenführer 'Ali Bey und später der General Bonaparte, welcher bei seiner Expedition nach Aegypten 1798 (S. 119) die Vorarbeiten zur Herstellung eines maritimen, beide Meere direct verbindenden Canals herstellen liess. Lepère, der Chef seiner Wegebaumeister, ein ausgezeichneter Ingenieur, arbeitete hier, oft gefährdet, unter den ungünstigsten Umständen und hatte das Unglück, die Ausführbarkeit des Unternehmens durch einen groben Beobachtungsfehler von vorn herein und auf lange Zeit in Frage zu stellen. Während thatsächlich die Höhen des Spiegels beider Meere kaum merklich von einander abweichen, sollte nach Lepère das Niveau des Rothen das des Mittelländischen Meeres um $9_{,908}$ m überragen. Zwar protestirte namentlich Laplace gegen dieses aller Gesetze der Hydrostatik spottende Resultat; doch war es einmal angenommen worden und stellte sich als Schreckgespenst vor die Ausführung des immer wieder befürworteten Unternehmens, bis Lesseps demselben seine Aufmerksamkeit zuwandte. Diesem klugen und energischen Privatmanne sollte es gelingen, das Werk, welches den mächtigsten Fürsten unausführbar erschien, zu Ende zu führen. 1831 war er als junger élève consul von Tunis nach Aegypten gesandt worden. Das Segelschiff Diogenes brachte ihn nach Alexandrien, woselbst er längere Zeit in Quarantaine gehalten, von dem französischen Consul Mimaut mit Büchern versorgt ward. Unter diesen befand sich Lepère's oben erwähntes Mémoire über die Verbindung der beiden Meere, welches ihn zur Erkenntniss der Wichtigkeit einer Durchstechung des Isthmus führte, an deren Möglichkeit aber, wie wir wissen, Lepère selbst zweifelte. 1838 machte er die Bekanntschaft des Lieutenant Waghorn (S. 435), dessen Eifer für die Herstellung einer Verbindung von Europa und Indien über Aegypten seinen eigenen für die ähnliche Idee anfeuerte. Der Wasserbaumeister des Vicekönigs, Linant Bey, sowie Stephenson, Negrelli und Bourdaloue hatten 1841 und 1847 bereits festgestellt, dass Lepère's Beobachtungen irrthümlich, die Differenz des Spiegels beider Meere klein und die Anlage eines maritimen Canals möglich sei. Lesseps legte 1854 sein wohldurchdachtes Project dem damaligen Vicekönige Sa'îd Pascha vor und dieser beschloss es zur Ausführung zu bringen. Die Schwierigkeiten, welche England unter dem Ministerium Palmerston demselben entgegenstellte, sind bekannt. Am 5. Januar 1856 wurde die Concessionsurkunde vom Vicekönige unterzeichnet, aber erst am 25. April 1858, nachdem die nothwendigsten Gelder beschafft waren, konnte der erste Spatenstich erfolgen. Der Vicekönig sorgte für flüssiges Capital und stellte 25,000, alle 3 Monate abzulösende Arbeiter gegen bescheidene Besoldung und Verpflegung derselben zur Verfügung. Allein zur Beschaffung des Wassers für diese Arbeiter mussten 4000 bequem für Kamele tragbare Wasserfässer hergestellt werden. 1600 dieser Thiere führten sie täglich den Arbeitern zu, von denen jeder täglich für 40 Centimes Wasser bedurfte. Im Ganzen kostete die Tränkung des gesammten Personals wöchentlich 56,000, jährlich beinah 3 Million Francs. Am 29. Dec. 1863 war der Süsswassercanal (S. 424) beendet und somit der Compagnie die Sorge für die Tränkung der Arbeiter abgenommen worden, die nun weniger zahlreich als früher, zum Theil aus Europäern bestanden und von Maschinenkräften (im Ganzen 22,000 Pferdekräfte) im grossartigsten Massstabe unterstützt wurden.

Am 18. März 1869 konnten die Wasser des Mittelmeers in die in ihren nördlichen Theilen 8—12 Meter unter dem Meeresspiegel liegenden, mit Salz überzogenen, beinahe trockenen Bassins der bitteren Seen, die nur in ihrem Süden grössere Ausbaggerungen erforderten, eingelassen werden.

„Die erste Begegnung beider Meere war ein nicht eben freundschaftlicher Anprall, die Wasser schäumten und wichen zurück; dann aber, wie auf ein neptunisches „Quos ego!" vereinigten sie friedlich ihre Wellen un[illegible] Ocean nahm wieder Besitz von dem Terrain, das ihm schon einst gehört, nicht aber um in träger Ruhe hier zu verweilen, sondern um die Schiffe des Weltverkehrs zu tragen.“ Stephan.

Die Baukosten des Canals beliefen sich auf ca. 19 Mill. Pfd. St., von denen 12,800,000 durch Actienzeichnungen aufgebracht worden. Der Rest wurde fast ausschliesslich vom Chediw gedeckt.

Das Actiencapital wurde in folgender Weise aufgebracht:

	Pfd. St.
Grundcapital, bestehend aus 400,000 Actien à 20 Pfd. St.	8,000,000
Anleihe vom Jahre 1867—1868, rückzahlbar durch Amortisation in 50 Jahren und eine jährliche Belastung des Unternehmens von ungefähr 400,000 Pfd. St. zur Folge habend	4,000,000
Anleihe vom Jahre 1871, welche während 30 Jahren eine jährliche Belastung des Unternehmens von 61,000 Pfd. St. zur Folge hat	800,000
Summa	12,800,000

Neben dem Suêscanal besitzt die Gesellschaft noch bedeutende Ländereien.

Die Eröffnung des maritimen Canals fand am 16. November 1869 statt. Die zu Ehren derselben veranstalteten Festlichkeiten, die dem Vicekönig an 28 Millionen Thaler gekostet haben sollen, sind noch in Aller Erinnerung.

Für die Bedeutung des Canals für den Weltverkehr sprechen die folgenden Zahlen: Der alte Seeweg von Hamburg nach Bombay um das Cap betrug 11,220 Seemeilen (60 auf den Grad) und beträgt auf dem neuen durch den Suêscanal 6420. Abkürzung 43%. — Von London nach Bombay früher 10,912 S.-M., jetzt 6112 S.-M. Abkürzung 44%. — Von London nach Hongkong früher 13,352 S.-M., jetzt 9872 S.-M. Abkürzung 26%. — Von Triest (Venedig) nach Bombay früher 11,504 S.-M., jetzt 4188 S.-M. Abkürzung 63%. — Von Odessa nach Hongkong früher 14,460 S.-M., jetzt 7596 S.-M. Abkürzung 47%. — Von Marseille nach Bombay früher 10,560 S.-M., jetzt 4308 S.-M. Abkürzung 59%. — Von Constantinopel nach Zanzibar früher 8932 S.-M., jetzt 3796 S.-M. Abkürzung 57%. — Von Rotterdam nach der Sundastrasse früher 11,524 S.-M., jetzt 8504 S.-M. Abkürzung 26%.

Der Verkehr des Suêscanals wuchs seit der Eröffnung desselben in wahrhaft erstaunenswerthem Grade; viele Dampferlinien durchschiffen ihn in regelmässigen Fahrten (mit Schiffen bis zu 130m Länge).

Auch die Nettoeinnahmen bessern sich fast stetig. Dieselben betrugen:

1871	340,000 Pf. Sterl.
1872	418,000 „ „
1873	910,000 „ „
1874	808,000 „ „
1875	1,151,000 „ „

Die Ursache, dass im letzten Betriebsjahre die Einnahmen mit der Vermehrung der Tonnenzahl nicht Schritt gehalten haben, ist in der Herabsetzung des Tarifs für Kriegsschiffe und grosse Postdampfer zu suchen. Herr v. Lesseps schätzt den Ausfall in den Einnahmen, welcher aus dieser Ursache resultirt, am 30. Juni 1875 auf über 9 Millionen Franken.

Die Ausgaben der Gesellschaft resultirten im Jahre 1874 aus folgenden Posten:

	Pf. St.
Für die Verwaltung	38,000
„ „ Ländereien	18,000
„ den Betrieb und die Instandhaltung des Canals	182,000
„ die Versorgung mit Wasser	10,000
Summa:	248,000

Die Einnahmen der Gesellschaft resultiren aus folgenden Posten:

	Pf. St.
Aus den Zinsen der im Besitze der Gesellschaft befindlichen Fonds	19,000
Aus den Ländereien	20,000
Aus den Canalgebühren	1,005,000
Aus dem Verkaufe alten Materials	8,000
Aus der Versorgung mit Wasser	4,000
Summa . . .	1,056,000
Ausgaben	248,000
Nettoeinnahmen für 1874	808,000

Die Nettoeinnahmen des vorigen Jahres genügten, um das Actiencapital zu 5 pCt. zu verzinsen. Der Reservefonds hat eine Höhe von 105,000 Pfd. Sterl.

Fahrt durch den Suêscanal. Die Einfahrt des Canals befindet sich nicht an der äussersten Nordspitze des Golfs, sondern sehr viel weiter südlich, als eine Strasse im Meere nur für die Kenner des Fahrwassers und der Fahrzeichen bemerkbar (S. 435). Das einfahrende Schiff hat zuerst den am Ende des vom asiatischen Ufer ausgehenden Wogenbrechers stehenden Leuchtthurm (rothes Licht) zu passiren, dem ein anderer (grünes Licht) bei den Docks am Ende des grossen Eisenbahndammes gegenüberliegt. Von hier aus folgt es dem tiefen und am Ende des Canals 275m breiten Fahrwasser, das immer schmäler wird. Zur Fluthzeit mit Wasser bedeckte Untiefen bleiben erst östlich, dann westlich des Schiffes liegen, das ungefähr in der Breite von Suês, nachdem es an einem stattlichen Damm, von dessen Südende aus das nach Suês führende, von Untiefen eingefasste Fahrwasser nach Nordwesten abschwenkt, zu seiner Linken vorbeigefahren ist, in die von festem Lande begrenzte Wasserstrasse eintritt. Auf dem westlichen Uferstücke, das durch den Canal zur Insel wird, erheben sich Werkstätten und Kohlenmagazine der Compagnie, sowie die Quarantaine. Zur Zeit der Ebbe lassen sich die Untiefen im Norden des Golfs wohl erkennen, zu jeder Zeit die Inseln, welche sich an der Spitze der Bucht, die man heute noch, wenn der maritime Canal nicht wäre, zur Zeit der Ebbe gefahrlos durchschreiten könnte, an einander reihen. Auf dem westlichsten Eilande, das dem Bahnhofe und dem Hotel gegenüberliegt, befindet sich ein ehemaliger Begräbnissplatz, auf einer grösseren Insel weiter nach Osten hin Oefen und Werkstätten der Compagnie.

Beim Kilometer 150 (83 des Süsswassercanals) bildet die Wüste eine kleine Anhöhe, auf und an welcher mächtige Granitblöcke liegen, die Trümmer zweier grosser Denksteine, die zur Perserzeit von Darius aufgestellt wurden. Spuren von Hieroglyphen und persischer Keilschrift sind erkennbar geblieben.

„Sie sollten ohne Zweifel von dem auf dem Canal Vorbeifahrenden gesehen werden, und waren eben deshalb von so kolossalen Verhältnissen und auf einen ansehnlichen massiven Unterbau gestellt. Auch lässt sich in ihrer Nähe das alte Canalbett nachweisen. Es ist mir nicht wahrscheinlich, dass sich Darius auf die bis jetzt bekannten drei Monumente beschränkt haben sollte. Namentlich ist der Abstand des zweiten und dritten (bei Schalûf und Serapeum) zu gross gegen den des ersten und zweiten Monuments, um nicht vermuthen zu lassen, dass wenigstens noch ein Monument sich zwischen dem zweiten und dritten befand . . . . Alle 3 Denkmäler sind gewaltsam zerstört worden, vielleicht schon während des siegreichen Aufstandes der Aegypter unter Artaxerxes, oder nach völliger Abschüttelung der ersten persischen Oberherrschaft. Man hatte Feuer angelegt, das namentlich dem Granit sehr schnell verderblich wird.“ Lepsius.

Bei *Schalûf et-Terrâbe*, einer links am Kilometer 139 gelegenen Station mit grünendem, von der Compagnie angelegten Flecken, in dessen Nähe 35,000 Kubikmeter durch Eisenerde roth und braun gefärbter Kalkfelsen zu entfernen waren (S. 72), haben sich interessante geologische Formationen gezeigt.

„Im Liegenden der Bank findet sich ein Lager von Haifischzähnen (Carcharodon megalodon Ag.) . . . . Die Kalkbank ist ein zu Tage leicht verwitternder, von Salz und Gyps durchdrungener Kalkfels, der sich als die reinste Meeresbildung kundgibt, denn abgesehen von den in seinem Liegenden so häufig beobachteten Zähnen und Wirbeln von Carcharodon finden sich in ihm selbst Schalen von Bivalven und Bryozoenreste, die bei seiner raschen Verwitterung zu Tage aus ihm herausfallen . . . . Zunächst über der Kalkbank folgt loser Sand. Eine dünne Schichte, reich an Schalentrümmern von bohrenden Conchylien und an Crocodilzähnen, ist zugleich das Lager von Knochen und Zähnen grosser Quadrupeden, Cetaceen und Haifischen. Bezeichnend vor allem sind die hier vorkommenden Reste von Hippopotamus.“ O. Fraas.

In der Nähe von Schalûf befindet sich das zweite Dariusdenkmal (s. oben), welches bereits von den Gelehrten der Französischen Expedition, Rozière und Devilliers entdeckt, durch Lesseps 1866 freigelegt ward. Auf rothen, zwei verschiedenen Denkmälern angehörenden Blöcken finden sich persische Keilschriften und hieroglyphische Inschriften. In den letzteren der Name des Darius. Die erhaltenen Darstellungen vereinigen in merkwürdiger Weise persische und aegyptische Art. Die aegyptische geflügelte Sonnenscheibe ist ähnlich dem Feruer der persischen Monumente. Die Häupter zweier einander gegenüberstehender Könige schmückt die persische Tiara. Die Figuren sind im aegyptischen Styl gehalten und zwischen den vorgestreckten Händen einer jeden schwebt ein aegyptisches Königsschild. Auf einem und demselben Blocke finden sich (verwittert) vorn Hieroglyphen und hinten Keilschrift.

Der Canal tritt nun in das sogen. *Kleine Bassin* des Isthmus, das ganz aus Muschelbildungen besteht, und dann in das *Grosse Bassin* der **Bitterseen** *) (S. 442). An seinem Eingange und Ausgange ein Leuchtthurm von Eisen, je 20 m hoch. Das Wasser schimmert in klarem Blaugrün. Die Ufer sind flach und sandig; nur links der nicht unmalerische Höhenzug des *Gebel Geneffe* (S. 429). Es folgt nach kurzer Fahrt (beim Kilometer 89) der Durchstich bei der Felsenschwelle des **Serapeum**. Die Eisenbahnstation (S. 429) ist in der Nähe des Süsswassercanals. Zur Höhe des linken Canalufers führt eine Treppe hinauf. Der 1860 gegründete Flecken enthält einige nette Gärtchen.

Die Trümmer, welche der Station ihren Namen gegeben, sind für diejenigen eines Serapeums gehalten worden, welches in der That (nach dem antoninischen Itinerar) in dieser Gegend gestanden haben soll; und doch können dieselben weder einem Serapis- noch irgend einem anderen Heiligthume angehören; Lepsius hat vielmehr vollkommen recht, wenn er in ihnen die Reste des dritten von Darius errichteten Erinnerungsmales (S. 450) sieht. Als beste Bestätigung seiner Ansicht fand er ein Stück Flügel eines Discus im persischen Styl, einen Stein mit Keilschrift und einen dritten mit Hieroglyphen. Die am Boden liegenden Kalksteinblöcke gehörten den Sockeln der Monumente an, die darauf ruhten. Die Trümmer des echten Serapeum sind anderwärts zu suchen, wahrscheinlich in den Resten eines 74 Schritt langen (von W. nach O.) und 53 Schritt breiten (von N. nach S.) Gebäudes von Stein, das ½ Kilometer von Kilom. 14 des Süsswassercanals (nach Süden zu) gelegen ist. Bei den Grabungen in der Section des Serapeum sind einige römisch-aegyptische Antiquitäten gefunden worden, die wohl dem Flecken entstammen, zu dem das Serapeum gehörte. Alle Serapistempel mussten ausserhalb der Ringmauern der Städte angelegt werden.

Es folgt beim Kilometer 85 *Ṭusûn*, leicht kenntlich durch den weiss getünchten Kuppelbau des Grabes eines *Schêch Ennedek*, eines reichen Stammhauptes, der nach seiner Pilgerfahrt gen Mekka sein Vieh und seine Gärten den Armen geschenkt und in frommen Betrachtungen auf dem Gebel Maryam am Timsâḥ-See gelebt haben soll. Bei den Grabungen in der Zone von Ṭusûn sind manche interessante fossile Ueberreste von grossen Thieren der miocänen Tertiärformation gefunden worden; auch finden sich hier Stücke von versteinertem Holz (S. 348). — Ehe man in den *Timsâḥ-See* einfährt, passirt man den Fuss des *Gebel Maryam*, den die arabische Legende für die Stelle erklärt, an welcher Mirjam 7 Tage lang ausserhalb des Lagers der Juden „aussätzig wie Schnee", wegen ihrer Missbilligung der Verheirathung Mosis mit einer Aethiopierin, zuzubringen hatte.

Bei dem Kilometer 80 tritt der Canal in den **Timsâḥ- oder Krokodil-See** (S. 424), an dessen nördl. Ufer die Stadt *Ismâʿîlîya* angelegt wurde. Dieser ganze jetzt an 15 □ Kilom. umfassende See mit seiner schönen hellblauen Farbe war vor dem Bau des Canals ein Teich mit brackigem Wasser und voll von Schilfgewächs. Am

*) Brugsch identificirt die Bitterseen mit dem *Marah* der Bibel II Mos. 15, 23: Und sie kamen gen Marah und konnten das Wasser von Marah nicht trinken (s. S. 506 u. 509).

18. Nov. 1862 wurde das Wasser des Mittelmeers in dieses Becken eingelassen, das von zwei ausgebaggerten Canälen durchzogen wird.

Isma'îlîya (Station der Eisenbahn s. S. 429; Dampfboot nach Port Sa'îd s. S. 423. — Zwischen Bahnhof und Hafen liegt am Platze Champollion das *Hôtel de Paris* mit sehr bescheidener Einrichtung, aber reinlich und gut. Am See das kleine *Hôtel des bains de mer*, gleichfalls reinlich und behaglich, Pension 12 fr., Bad 1 fr. — Post, Telegraph und Apotheke in der Nähe des Bahnhofs.)

Zur Zeit des Baues des Canals war die Stadt der Mittelpunkt aller Arbeiten und hatte durch die vielen dort wohnenden Beamten, Geschäftsleute etc. schnell einen grossen Verkehr erhalten, sodass es schon als ein neues „Wunder in der Wüste" bezeichnet und be-

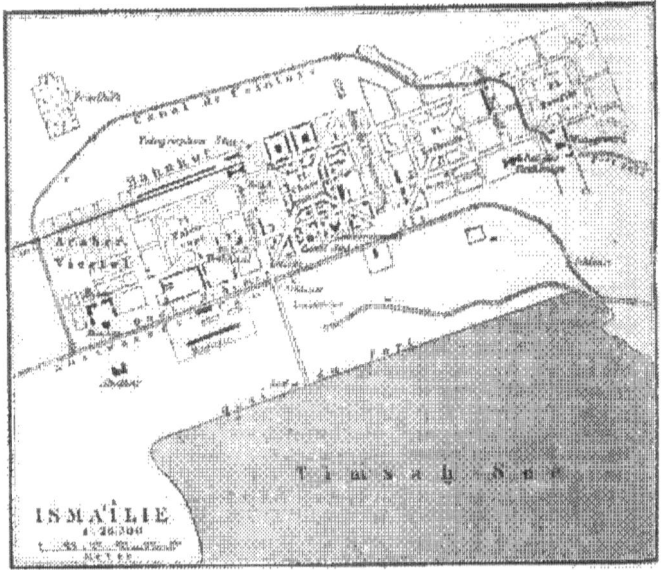

sungen wurde. Sein über Nacht gekommener Glanz war mit der Beendigung der Arbeiten und dem Weggang der dabei beschäftigten Menschen ebenso schnell wieder verschwunden, doch ist die Stadt neuerdings, besonders seit der Errichtung eines Gerichtshofs erster Instanz (vgl. S. 8), wieder belebter geworden. Die schon in Verfall gerathenen Häuser und Gärten hat man von neuem hergestellt, ebenso das vicekönigl. Schloss. Herr v. Lesseps wohnt einen Theil des Winters hier und zieht zahlreiche Fremde hierher. Die Luft ist schön und trotz der Nähe des Wassers nicht feucht. Auf dem der Wüste durch Bewässerung abgerungenen Boden sind schöne

Gärten, Baum- und Gemüseanpflanzungen entstanden. Im NO. der Stadt das vicekönigl. Palais und die Wasserwerke; im W. das arabische Quartier.

Einen freien Nachmittag benutzt man am besten zu einem Besuche (etwa 1—2 St.) der Anhöhe von *el-Gisr* (s. unten); Esel 1 fr. Auf dem Wege dahin die Pierre'schen Gärten und das Maschinenhaus der Wasserwerke.

Auf der Fahrt nach Port Sa'îd steuert der Schraubendampfer (S. 441) zuerst dem durch Pfähle bezeichneten Tiefwasser zu. Gegen S. das Gebirge *Gebel Abu Balaḥ*. Nach 15 Min. erreicht man den Eingang des Canals, der in gerader Linie das Plateau **el-Gisr**, d. i. die Schwelle durchschneidet. Diese Hügel erstrecken sich nördlich vom Timsâḥ-See quer über den Isthmus von Suês und legten der Anlage des maritimen Canals das grösste Hinderniss in den Weg. Durchschnittlich 16m über den Meeresspiegel sich erhebend, überragt jetzt die „Schwelle" den Boden des Canals um $25_{,88}$ m. Um sie zu durchstechen, waren 14,100,000 Kubikmeter Erde zu beseitigen; 20,000 Fellâḥ's wurden, bevor Maschinen arbeiten konnten, dabei beschäftigt. Auf der Höhe das verlassene Dorf *el-Gisr* mit einer Kapelle der Jungfrau Maria von der Wüste, einem kleinen Schweizerhäuschen und einer Moschee. Eine Treppe führt vom Kanal hinauf; oben überblickt man bei hellem Wetter einen grossen Theil des Isthmus, das Suês überragende stattliche 'Atâḳagebirge, die majestätischen Berge der Sinaihalbinsel, den Lauf des Canals und den grünen Spiegel der Bitteren Seen.

Zu beiden Seiten hohe gelbe Sandwälle; bei der nächsten Ausweichestelle kurzer Blick auf die Wüste; dann folgt der Durchstich bei *el-Ferdân* (Kilom. 63) und die Fahrt durch den *Balaḥ-See*, durch einen niedrigen Damm vom Canal getrennt, beginnt. Hinter diesem das bemerkenswerthe **el-Ḳanṭara**, d. i. die Brücke, vollständig *Ḳanṭarat el-Chazne*, „die Brücke des Schatzes", auf einer Bodenerhöhung zwischen dem Menzale- und Balaḥ-See gelegen, „eine recht eigentliche Naturbrücke" zwischen Afrika und Asien. Seit langer Zeit passiren die Karawanen, welche von der Stadt Ṣâliḥiye, einem am alten Pelusischen Nilarme gelegenen Knotenpunkt der Verkehrswege des nordöstlichen Delta, ausziehen, diese Stelle, und die projectirte aegyptisch-syrische Eisenbahn soll sie berühren. Die alte Brücke ist von der Lesseps'schen Compagnie abgerissen und durch eine Fähre ersetzt worden. In dem hier eingerichteten Campement sind einige Restaurationen (*Hôtel de la Poste*, Frühstück m. W. 4 fr. ganz gut; gegenüber „Refreshment Rooms" und „Buffet des voyageurs"; Aufenthalt $\frac{1}{2}$—$\frac{3}{4}$ St.). Von dem Hügel links leidlicher Ueberblick über die Umgebung.

$\frac{1}{2}$ Stunde entfernt liegen bearbeitete Werkstücke von demselben Sandsteinconglomerat, aus dem die Memnonscolosse bestehen. Sie scheinen als Altäre ein monumentales Bauwerk geschmückt zu haben, das, wie die Inschriften lehren, Seti I. zu Ehren seines Vaters Ramses I.

errichtete und welches Seti's Sohn Ramses II. vollendete. Welcher alten Stadt diese Trümmer angehörten, hat sich noch nicht bestimmen lassen. Von hier aus eine mässige Tagereise entfernt die grosse aber aller Denkmaler beraubte Trümmerstatte von **Pelusium**, dem berühmten Osthafen und „Schlüssel" von Aegypten. Die Trümmerhaufen von *Tell el-Herr* und das grössere Scherbenfeld der sogenannten *Gezîret el-Farama* bezeichnen die Stätte der alten Festung.

Gleich hinter Ḳanṭara beginnt der **Menzale-See**, durch welchen der Canal in schnurgerader Linie (bis Port Sa'îd 45 Kilom.) gelegt ist.

„Seine Brackwasser bedecken eine Fläche von 45—48 Quadratmeilen. Einst war dieser Landstrich eine der fruchtbarsten Gegenden Aegyptens: er wurde von den im Alterthum bedeutendsten drei Nilarmen: dem pelusischen, tanitischen und mendesischen durchströmt. In ihm lagen zahlreiche, bevölkerte Ortschaften, vor allen die bedeutenden Städte: Avaris, dessen Name, später in Pelusium (s. oben) umgeändert, auf gewichtigen, zum Theil erschütternden Blättern der Geschichte verzeichnet steht; Tanis (S. 473), am tanitischen Arm und einem Canal gelegen, der diesen mit dem mendesischen Arm verband, blühend durch Handel, Schifffahrt und Wissenschaft; und Tennis (S. 472), von dessen Ruinen sich noch heute Spuren auf einer Insel des Menzalesees zeigen. Nicht allein dass alle diese Cultur unter den Fluten des Sees begraben liegt, auch in seiner Umgebung hatte die lange Vernachlässigung die traurigsten Wirkungen gehabt . . . . Selten habe ich eine trostlosere Gegend gesehen, als diesen einst so blühenden Landstrich. Den einzigen Ruhepunkt für das Auge in der unabsehbaren Sand-, Sumpf- und Wasserwüste gewährten die auf den kleinen Inseln und Sandbänken zu ungeheuren Trupps vereinigten Pelikane und Silberreiher, sowie einzelne Büffelheerden. Die Verpachtung der Fischerei gewährt der Regierung zur Zeit eine jährliche Einnahme von 1,000,000 Frcs. Was will dies aber gegen den Bodenverlust besagen!" (Stephan.)

Die Austrocknung des Sees hat nun begonnen, besonders dem Canal entlang. Interessante Luftspiegelungen kommen hier vor.

Râs el-'Êsch heisst die letzte (15.) Station. Bald darauf erkennt man den Mastenwald von Port Sa'îd, das man nach weitern $^3/_4$ St. erreicht. NW. die weissen Steine des Kirchhofs (die Gräber sind in gemauerten Kammern über der Erde angelegt, da schon auf 2 Fuss Grabens das Salzwasser hervorquillt).

Port Sa'îd.

Gasthöfe. *Hôtel der Nederlanden (Pl. a; Oct. 1876 eröffnet) in dem palastartig angelegten Hauptgebäude der holländ. Handelsniederlage (S. 457) mit über 60 Zimmern und Sälen; der Tag 20—25 fr. Hôtel du Louvre (Pl. b) und Hôtel de France (Pl. c), 16 und 12 fr. der Tag, beide erträglich. Verschiedene „Brasseries", die beste im Hôtel du Louvre; auch ein *Café chantant* mit Roulette (vgl. S. 249) und ein *Alcazar* mit musikal. Vorträgen.

Post, aegypt. (Pl. 15); *franz.* (Pl. 16). *Telegraph* (Pl. 1).

Consulate. Deutschland, Viceconsul *Bronn*, sehr zuvorkommend, zugleich Gérant des nicht besetzten russischen Consulats; England, Consul *Perceval*; Frankreich, Consul *Chaffray*; America, acting consul *Broadbent*; Holland, Consul *Brouwer*; Oesterreich, Consul *v. Stefenelli*; Italien, Viceconsul *Alberici*; Griechenland, Viceconsul *Mataranga*; Schweden, Viceconsul *Manché*.

Dampfboote s. S. 8. Fahrzeit nach Yâfa oder Alexandrien 15 St. Bei der Ankunft zur See bleibt wie bei Alexandrien (S. 243) die aus niederen Sanddünen bestehende Küste dem Auge noch verborgen, wenn man bereits in nächster Nähe derselben in dem gelbgrünen, von den schlammi-

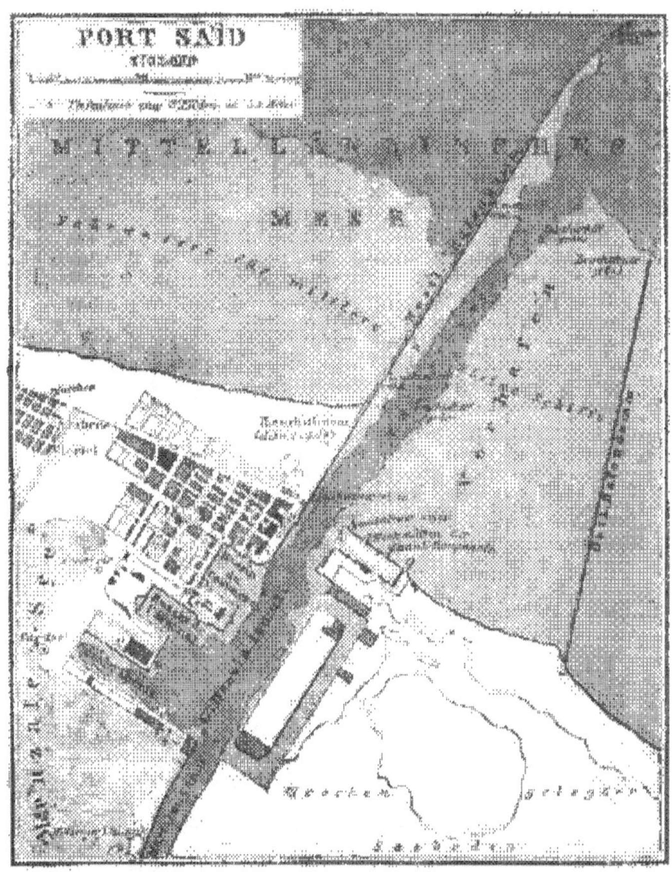

a. Hôtel der Neederlanden. b. Hôtel du Louvre. c. Hôtel de France. 1. Pass- u. Zollbureau u. aegypt. Telegraph. 2. Oesterr. Lloyd. 3. Messageries Maritimes. 4. Peninsular u. Orient. Co. 5. Russ. Dampfer. Consulate: 6. Deutschland und Russland. 7. Oesterreich. 8. England. 9. Amerika. 10. Frankreich. 11. Italien. 12. Schweden und Norwegen. 13. Aegypt. Gouvernement. 14. Holländ. Etablissement. 15. Aegypt. Post. 16. Franz. Post.

gen Fluthen des Nils getrübten Uferwasser fährt; dann tauchen der Leuchtthurm und die Masten der vor Anker liegenden Schiffe und endlich die riesigen Wellenbrecher (s. unten) der Einfahrt hintereinander am Horizont empor. Die Zollabfertigung findet gleich am Lande statt. Legt das Schiff nicht dicht am Quai an, so zahlt man für die Fahrt dahin 1/2 fr. Pass erforderlich. Für die syrischen Schiffe sichere man sich in der Reisesaison (Februar—April) durch den Telegraphen einen Platz.

Die *Jagd* (S. 93) auf dem Menzale-See (s. oben) bietet in den Monaten März und April reiche Beute an Wasservögeln; auch Flamingos nisten hier. Die Preise für die zu miethenden Boote richten sich ganz nach den Verhältnissen. Zur Nacht wird man gut thun, immer wieder nach Port Sa'îd zurückzukehren, denn kalte Nächte und Regengüsse sind um diese Jahreszeit hier nicht selten. Mit der nöthigen Ausstattung (Zelt, Koch etc.) kann man auch von Insel zu Insel ziehen.

Die Stadt *Port Sa'îd*, welche dem Canal ihren Ursprung verdankt, liegt im äussersten Westen einer Insel, die zu der das Mittelmeer vom Menzale-See trennenden Landnehrung gehört. Die Hoffnungen auf ein schnelles Wachsthum, die man bei ihrer Anlage gehegt, scheinen sich nur langsam zu verwirklichen; immerhin ist sie im Aufblühen begriffen (s. unten). Bei regelmässiger Anlage und breiten Strassen besteht Port Sa'îd dennoch hauptsächlich aus leichten provisorischen Backsteinbauten. Die Bevölkerung (ca. 10,000 Einw.) besteht aus denselben Elementen wie die von Suês, nur dass hier das französische noch mehr das vorherrschende ist. Die Herstellung des Hafens an dieser Stelle hat ungeheure Schwierigkeiten bereitet. Gegenwärtig nimmt er einen Flächenraum von 230 Hektaren (900 preussischen Morgen) ein und hat eine durch mühsame Baggerung erlangte Tiefe von 8m. Zwei ungeheure in das Meer hinausgebaute Molen sichern ihn; der östliche läuft ziemlich genau nach Norden und misst 1600m, der westliche läuft nach Nordosten, ist über 2250m lang und wird noch weiter geführt. Bei ihrem Ausgang vom Lande liegen sie 1400m von einander und nähern sich an ihren nördlichen Enden auf 700m. Die eigentliche 100—150m breite Fahrstrasse in diesem Vorhafen ist durch schwimmende Bojen bezeichnet, die bei Nacht rothe und grüne Leuchtfeuer erhalten. (Bootfahrt, die mit dem Besuch eines der grossen Indien- und China-Dampfer verbunden werden mag, nicht ohne Interesse.) Eine der grössten Gefahren für den Hafen liegt in dem Umstande, dass die westliche Strömung des Mittelmeers die Schlammmassen, die der Nil ihm zuführt, ostwärts wälzt und der Erhaltung eines Hafenbeckens an der Pelusischen Küste Schwierigkeiten in den Weg legt, die Heinrich Barth 1860 „fast unbesieglich" nannte (vgl. S. 224). Diese Sand- und Schlammmengen hat der Westmolo von Port Sa'îd fern zu halten und ebenso fällt ihm die Aufgabe zu, sich den fast 2/3 des Jahres von NW. her wehenden Winden entgegenzustellen. Daher auch seine bedeutende Länge und Festigkeit. Beide Molen sind von den Frères Dussaud mit Hülfe von Blöcken errichtet worden, die man in Port Sa'îd selbst aus 1 Theil hydraulischen, von Frankreich (Ardèche) bezogenen Kalks und 7 Theilen Wüstensand fabricirte. Diese Combination wurde mit Hülfe von Maschinen mit Wasser vermischt und in grosse Holzformen gegossen. Nach mehreren Wochen entfernte man die Kisten, liess den dann schon harten Block vollends trocknen und versenkte ihn erst, nachdem er an der Luft die Festigkeit des Felsens gewonnen hatte. Jeder Block enthält 10 Kubikmeter und wiegt 20 Tonnen oder 20,000 Kilogr. Täglich konnten 30 fabricirt werden und es waren nicht weniger als 25,000 nöthig.

„Um die fertigen Blöcke an den Ort ihrer Bestimmung zu bringen, war über die Holzkisten, die einen grossen Platz bedeckten, ein Schienengeleis gelegt, auf welchem ein Krahn, mit Hülfe einer Locomobile, an jeden beliebigen Punkt befördert werden konnte. Der Krahn hob die Blöcke empor und trug sie an das Boot, wo sie zu 2 oder 3 auf einer schiefen Ebene durch Hemmblöcke befestigt wurden. Das Boot führte sie an Ort und Stelle, man entfernte die Hemmblöcke, und nun setzte sich die 400 Centner schwere Masse in Bewegung, glitt auf der schrägen Fläche mit wachsender Gewalt hinab, so dass die Balken zersplitterten und Flammen aufschlugen, stürzte über den Bord des Bootes mit gewaltigem Schlage in das Wasser und sank in die Tiefe, während das schwankende Boot von den emporschlagenden Wellen überspült wurde. Wie sie fielen, blieben diese gewaltigen Blöcke, diese pierres perdues, wie sie der technische Ausdruck nennt, liegen und thürmten sich allmählich übereinander empor, bis endlich ein an Bord eines Dampfschiffes befindlicher Krahn die letzten, das Wasser etwas überragenden Schichten darauf niederlegte.“

Auf der den Menzale-See vom Mittelmeer trennenden Landnehrung erhebt sich der 53 m hohe *Leuchtthurm (aus Beton), einer der grössten der Welt, mit einem 21 Seemeilen weit sichtbaren elektrischen Lichte. Oestlich von hier Werfte und Werkstätten. Die Strassen ziehen sich an der westlichen Seite des *Binnenhafens* hin, der hier drei sichere Bassins enthält, in denen sich die Schiffsfrachten leicht laden und löschen lassen: von Norden aus 1) das Bassin des Handelshafens, 2) das der Werfte, 3) das Bassin Chérif, mit grossartigen von dem Prinzen Heinrich der Niederlande auf eigene Kosten in den letzten Jahren erbauten holländ. Etablissements, die die Handelsbeziehungen und den Passagier-Verkehr zwischen den holländischen Colonien und Europa erleichtern sollen. Die Anlage umfasst grosse Lagerhäuser, Quais, Krahnen, Schifffahrts- und Handelsagenturen, Bazar, Hôtel etc. und ist schon der Idee des Gründers wegen höchst beachtenswerth.

8. Die Städte des mittleren und des nördlichen Deltas.

Die Bereisung des innern und nördlichen Deltas, der Besuch der Städte Manṣûra, Damiette und Rosette, sowie einiger Trümmerstätten an den Mündungsarmen des Nils ist mit mancherlei Schwierigkeiten und Entbehrungen verbunden und kann lohnend (?) nur für solche Reisende genannt werden, welche ihrer Wissbegier auf einige Zeit jedes persönliche Behagen zu opfern geneigt sind. Eine ganze Woche ist dazu erforderlich, sofern man sich nicht auf die von der Eisenbahn berührten Orte beschränken will.

Für den der Sprache Unkundigen, der sich von der Eisenbahn zu entfernen beabsichtigt, ist ein Dragoman oder Diener (S. 16) nöthig, auch Zelt und Koch, da sich nur in Ṭanṭa, Damiette und Rosette leidliche Gasthäuser befinden. Jedenfalls darf man nicht unterlassen sich

Empfehlungen an die Consular-Agenten in Manṣûra, Rosette und Damiette durch das Consulat in Kairo zu verschaffen; nach Tanis an den Schêch der Fischerei.

Im Winter gibt es im Delta häufig Regen und kalte Nächte, daher warme Kleidung und Decken nicht zu vergessen; selbst einiger Mundvorrath, besonders Wein, kann unter Umständen gute Dienste leisten.

Zeiteintheilung. Der Verkehr auf den Eisenbahnen ist ein sehr beschränkter, meist geht nur ein Zug (hin und zurück) am Tage, und hat jede Unterbrechung der Fahrt einen Zeitverlust von 24 Stunden zur Folge; auch auf Anschlüsse ist kein Bedacht genommen, so dass man so gut wie gar keine Wahl hat. — Fahrzeiten und Preise, letztere durchweg in Piaster-Tarif verstanden, finden sich zwar in nachfolgenden Routen allemal voran gestellt, indessen können immerhin Veränderungen eintreten, so dass vorherige Erkundigungen an Ort und Stelle rathsam sind.

1. Tag: Von Kairo (9 Uhr Morgens) nach Manṣûra (5 Uhr 7 Min. Abends); 2. Tag: In Manṣûra, Ausflug nach Behbît el-Hager und (4 Uhr 19 Min. Nachm.) von Ṭalcha, Manṣûra gegenüber, nach Damiette (6 Uhr 17 Min. Abends). 3. Tag: Aus Damiette geht der Zug nach Ṭanṭa schon 7 Uhr Morgens ab, man muss also um etwas zu sehen einen ganzen Tag dort bleiben. 4. Tag: Aus Damiette (7 Uhr Morgens) nach Ṭanṭa (11 Uhr 20 M.), aus Ṭanṭa geht 4 Uhr 25 M. zwar ein Zug nach Damanhûr (6 Uhr 2 M.); indessen kann man in Damanhûr nur durch Empfehlung an einen dort Ansässigen Nachtquartier erhalten. 5. Tag: Nach Rosette und 6. Tag: Nach Alexandrien. Der Besuch von Tanis erfordert weitere 2 Tage, der von Saïs ebenso viel.

Je nachdem man nun seine Heim- oder Weiterreise festgesetzt hat, kann man diese ganze Tour auch umgekehrt machen und wird vielleicht von Tanis direct nach Port Saʿîd zu gelangen suchen.

Auf der Fahrt selbst ist selten etwas besonderes zu sehen. Weite, oft überaus fruchtbare Felder, Canäle und von Palmen umgebene schmutzige Dörfer, das ist der Charakter der gleichförmigen Gegend.

a) Von Kairo nach Manṣûra.

158,5 Kil. Eisenbahn (9 Uhr Morgens) in 8 Stunden, I. Kl. 87, II. Kl. 57 Piaster 20 Para.

Von Kairo bis (83,3 Kil.) *Zaḳâzîḳ* s. R. 5; hier 1 St. Aufenthalt, gutes Buffet. Die Bahn nach Manṣûra überschreitet den Pelusischen Arm des Nils und zieht sich NNO. Richtung am östlichen Ufer des *Muʿizz-Canals*, des alten Tanitischen Nilarms, in fruchtbarer Gegend hin. Stat. (96 Kil.) *Mehîye* und (107,4 Kil.) *Abu Kebîr*. Von hier über Tell el-Faḳûs, das alte Phacusa, nach Tanis s. S. 472.

Von Abu Kebîr wendet sich die Bahn NW., überschreitet den Muʿizz-Canal und eine Menge anderer kleiner Canäle und erreicht über Stat. (115 Kil.) *el-Bûha*, (122,6 Kil.) *Abu Scheḳûḳ* und (137 Kil.) *Sinbelâwîn* (von hier nach Tanis s. S. 472) —

(158,5 Kil.) **Manṣûra.** Sieben grosse von Griechen gehaltene *Kaffehäuser*, zugleich schlechte Restaurants. Im *Bazar universel* reiche Auswahl von Speisen und Getränken; stets frisches Eis. Gegenüber ein neues einstöckiges Holzgebäude mit ziemlich gut eingerichteten Zimmern für Durchreisende. — Deutscher und englischer Consularagent. Herr *Kunzemüller*, der Besitzer einer Maschinenfabrik, ein Deutscher, steht seinen Landsleuten gern mit Rath zur Seite.

Die Stadt (16,000 Einw.) liegt, von Baumwollenfeldern umgeben, am r. Ufer des alten Bukolischen oder Phatnitischen Nilarmes, des heutigen Damiettearms, von dem aus hier der Canal *Aschmûn* oder *Ṣughayyir*, d. i. der kleine, abzweigt. Neben Ṭanṭa die bedeutendste Provinzialstadt des Delta und Residenz des Mudîr der Provinz *Dacheliye*, ist sie der Stapelplatz für die grossen Mengen der in diesem Theile des Delta gewonnenen Bodenproducte, Brotfrüchte, Baumwolle, Indigo, Tabak, Hanf und Flachs. Grosse Fabrikanlagen und viele europäische Einwohner, vorwiegend Griechen. Die Häuser sind schlecht gebaut und meist in verfallenem Zustande, die modernen von barackenartigem Ansehen.

Geschichte. Manṣûra (= die Siegreiche) ist eine verhältnissmässig neue Stadt, welche vom Sultan Melik el-Kâmil 1221 nach der Einnahme von Damiette durch die Christen (S. 463) erbaut ward, wahrscheinlich in der Absicht, durch den in einem von dem Arm von Damiette und dem Aschmûncanal gebildeten Winkel entstehenden und also strategisch vortheilhaft gelegenen Orte einen Ersatz fur das verlorene Damiette zu gewinnen. Wenigstens nennt die Chronik des Jordanus die neue Festung, welche den Namen Manṣûra, d. i. die Siegreiche, erhielt, Neu-Damiette. Melik el-Kâmil stattete sie reichlich aus and schlug über den Nil eine feste mit Eisen beschlagene Brücke, durch die ihm selbst das jenseitige Stromufer zugänglich blieb, den Christen aber der obere Theil des Flusses versperrt wurde. 1250 sollte Manṣûra seine erste schwerere Probe bestehen, und zwar gegen die unter Ludwig IX. von Frankreich kämpfenden Kreuzfahrer. Mit grossen Schwierigkeiten passirten diese den Aschmûncanal und hatten schon am ersten Schlachttage harte aber schliesslich siegreiche Kämpfe zu bestehen. Unter des jungen Sulṭân el-Mo'aẓẓam Turanschah Führung erlitten die Franzosen vor Manṣûra Schaden auf Schaden. Ihre Flotte ward vernichtet, ihre Zufuhr abgeschnitten, und Hungertyphus brach aus. Angeknüpfte Verhandlungen blieben fruchtlos und der Versuch, unbemerkt zu entfliehen, scheiterte an der Wachsamkeit der Türken, welche die Schaaren der geschwächten Krieger furchtbar lichteten und den König mit seinem Bruder Carl von Anjou und den ihm am nächsten stehenden Rittern gefangen nahmen. Ludwig spricht sich in einem bis auf uns gekommenen Briefe über sein Missgeschick vor Manṣûra also aus: „Die Saracenen überfielen mit ihrer gesammten Macht und in unendlicher Menge auf unserem Rückzuge das christliche Heer, und es geschah, dass wir mit göttlicher Bewilligung und wie es unsere Sünden verdienten, in die Hände der Feinde geriethen; wir selbst, unsere Brüder, die Grafen Alfons von Poitiers und Carl von Anjou, und alle, welche mit uns zu Lande zurückkehrten, fielen nicht ohne grossen Verlust an Todten und das Vergiessen vielen christlichen Blutes in Gefangenschaft, und keiner entrann.“ Ludwig IX. wurde bei seiner Haft in Manṣûra rücksichtsvoll behandelt; auch noch, nachdem unter seinen Augen der junge Mo'aẓẓam Turanschah ermordet und die Krone Aegyptens von dem Hause des Ṣalâḥeddîn auf die sogenannten Bahritischen Mamluken (S. 118) übergegangen war. Am 6. Mai 1250 wurde Ludwig mit seinen Baronen freigelassen und zwar um den Preis eines hohen Lösegeldes und der Räumung der Stadt Damiette (S. 463).

Von der Mudirîye aus dem Bogen der Strasse folgend, eine kl. Moschee links und das deutsche Consulat rechts lassend, erreicht man nach einigen hundert Schritten die an einem Gässchen (l.) gelegene *Gâm'a es-Sign* (hier Sagna ausgesprochen), d. i. Moschee des Gefängnisses, angeblich der Aufenthalt Ludwigs IX. während seiner Gefangenschaft, trotz der Berichte Abulfeda's, welche besagen, dass das Haus am Nil gestanden und dem Stadtschreiber Ibn Fachreddîn gehört habe (der kleine Raum am Nil, der noch heute dafür gezeigt wird, kann natürlich nichts damit zu thun haben). Sie enthält Säulen, die aus älteren Bauwerken stammen, mit byzantinischen korinthisirenden Capitälen, welche saracenische

Bogen tragen. Am Mimbar (Kanzel) und der Decke haben sich Reste von schöner, ursprünglich bemalter Holzschnitzerei erhalten.

Weitere Sehenswürdigkeiten bietet die Stadt nicht. Der Palast des Vicekönigs ist ein grosses unschönes Gebäude.

Ausflug nach Behbît el-Ḥager mit den Trümmern eines Isistempels. Zu Boot die Fahrt stromauf 2 Stunden, stromab $1^1/_2$ Stunden. Mit Aufenthalt von 2 Stunden nimmt die ganze Excursion 6—7 Stunden in Anspruch. Für ein gutes Boot 6—8 fr. Schlechte Fussgänger mögen Esel mitnehmen. — Bei der Fahrt stromauf bleibt die hart am Ufer sich erhebende Stadt links liegen. Rechts das Dorf *Gôger*, von früher her auch *Tell el-Yehûdîye* (Judenhügel) genannt, in dem Araber wohnen. Hierhin lassen heute noch viele Israeliten von Manṣûra ihre Leichen schaffen. Es folgt rechts *Mît Nâbit* und links *Kafr Wisch*. Der Schêch el-beled (Dorfschulze) dieses Dorfes hat einen hübschen Garten, den besonders an Festtagen die Bewohner von Manṣûra besuchen, um „Luft zu riechen". Schräg gegenüber diesem Dorfe (rechts) steigt man ans Land bei altem Ufergemäuer von Kalkblöcken und Ziegeln, in der Nähe einer die Ufer eines Canals, der hier mündet, verbindenden Brücke *Ḳanṭarat el-Wisch*. — Vom Ufer zu den Ruinen angenehmer Spaziergang von 40 Minuten. Die reiche Baumvegetation an diesem Wege hat europäisches Ansehen, denn ausser Ṣunṭbäumen, Lebbach, Tamarisken und Bernûfsträuchern wachsen hier Linden, Silberpappeln und Weiden. Man durchwandert gut bestellte Felder und steht, ehe man es erwartet, vor den deutlich erkennbaren Spuren einer Umfassungsmauer, in deren Mitte ein riesiger, von den Arabern auch „ḥager el-gâmûs" (Büffelstein) genannter Trümmerhaufen sich erhebt, die Reste des glänzenden **Isistempels von Hebt** oder **Hebit**, mit dem Artikel Pa ḥebit, d. i. die Stadt der Panegyrie oder Festversammlung. Aus Pa ḥebit wurde im Munde der Araber Behbît. Die Kopten nannten den Ort nach seinem heiligen Namen *Naisi* (ⲛⲁⲏⲥⲓ) und die Römer *Iseum* oder *Isidis oppidum*. Er lag im Sebennytischen Nomos, dessen Hauptstadt Sebennytus, die an der Stelle des heutigen Semennûd (S. 465) gelegene Heimat des Manethon, 10—11 Kilom. von Paḥebit entfernt war. Als ein Beleg für die ungeheuren Veränderungen, welche seit der Zeit, in der man Hieroglyphen schrieb, bis heute gerade hier namentlich in Bezug auf die Vegetation des Landes vor sich gegangen sind, möge der Umstand dienen, dass in der Nähe von Sebennytus, also auch von Semennûd und Behbît die Zucht der Papyrusstaude an beiden Ufern des Nils mit besonderem Eifer und Erfolg betrieben wurde, während sich jetzt, wie im ganzen Delta so auch hier, auch nicht mehr ein einziges Exemplar dieser nützlichen Pflanzengattung findet. Im Nordwesten der Tempelruinen steht das Dorf Behbît und neben ihm hat sich der heilige See des Tempels erhalten, in dem heute noch Wasser steht. Die Trümmer des alten Heiligthums der Isis bilden einen gewaltigen höchst malerischen Haufen von Blöcken, Säulenfragmenten, Architravstücken, Deckplatten etc., mit einem Umkreise von 400 Schritten. Die Erhaltung der Erinnerung an das heilige Thier der Isis ward unterstützt durch die Reliefdarstellungen auf den Blöcken des Trümmerhaufens, welche mehrere Kuhbilder und kuhköpfige Gestalten zeigen. Der Name des Erbauers dieses Isistempels kommt an verschiedenen Stellen vor; es ist Ptolemäus II. Philadelphus I. (284—246 v. Chr.). Das Werk, welches dieser Herrscher hier der Isis herstellte, war ein besonders kostbares, denn es bestand ganz aus schönem, zum grössten Theile grauen, aber auch rothen Granit, der aus weiter Ferne hierher geschafft worden musste. Die Sculpturen (hautrelief und relief en creux) sind äusserst sorgfältig ausgeführt. Es befinden sich unter den Frauenköpfen und Büsten, sowie unter den Kuhhäuptern einige von besonderer Schönheit. Die Hieroglyphen erreichen in manchen Inschriften eine ungewöhnliche Grösse; in anderen sind sie zierlich, überall in dem etwas schnörkelhaften Style der Ptolemäerzeit ausgeführt. Die Hauptgottheiten, welche hier verehrt wurden, waren Isis mit Osiris und Horus; ausserdem kommen vor Seb und Nut, Hathor und Chunsu, eine Trias Sehu, Tefnut und Anhur, Sebek, Hapi (der Nil) und häufig Anubis als Horus der Rächer des Vaters. Es sei bemerkt, dass der Märtyrer Anubis aus Naesi, d. i. das Iseum, auf dessen Boden wir stehen, stammte. Zu beachten im Westen des Trümmerhaufens eine grosse graue Granitplatte mit rothen Adern. Der König bringt dem Osiris und der Isis, „der grossen göttlichen Herrin von Ḥebit", Ackerland dar. Weiter nach oben hin auf einem anderen Block von grauem Granit Isis auf dem Thron. Der König bringt „seiner Mutter" in zwei Säckchen ein grünes Mineral, Mafkat, und Augenschminke, Mesṭem dar. Unweit von diesem Blocke nach Osten hin ein anderer von grauem Granit, der mit seiner höchsten Ecke nach Südosten weist und mit Hautreliefs geschmückt ist. Die Inschriften geben nichts wie die gewöhnlichen Darbringungsformeln, an vollständigen fehlt es leider gänzlich, doch muss Vieles von den oberen Blöcken begraben sein. Die Pylonen sind verschwunden, mit ihnen die historischen Inschriften. Bei einer Procession von Nomengöttern fehlen leider die Namen. Einmal nennt Isis den König ihren „Bruder". Es heisst neben dem Bilde dieser Göttin: „Isis, die Herrin von Ḥebit, die da legt alle Dinge vor ihren königlichen Bruder." Auf einem grauen in schräger Neigung daliegenden Granitblocke die heilige Barke der Isis, wie sie ähnlich nur in Bronzen vorhanden ist. Die Kajüte gleicht einem zweistöckigen Hause. In dem oberen sitzt die Göttin mit Kuhhörnern und Discus auf einer Lotosblume, zu deren Linken und Rechten je ein weiblicher Genius mit langen, gesenkten Flügeln steht. Beide halten in der ausgestreckten Hand die Feder der Göttin der Wahrheit. Die vorhandenen

Trümmer gestatten uns nicht, den Plan des Tempels auch nur ungefähr zu reconstruiren. Jedenfalls hatten, wie mehrere Blöcke in der Form von Mühlsteinen beweisen, die Säulen runde Schäfte. Diese trugen Capitäle mit der Hathormaske. Nach Norden hin liegt ein ungewöhnlich grosses, aus Granit gearbeitet, das 10 Spannen unserer Hand im Quadrat misst. Von den Pfeilern und Architraven sind zahlreiche Trümmer vorhanden. Auch die Treppen, welche denen glichen, die zu Dendera und Edfu auf das Tempeldach führen, waren von Granit. Ein mächtiger Block liegt zu Tage, an dem noch vier flache Stufen hängen.

Von Manṣûra aus lassen sich auch in einem Tage die Trümmer von *Mendes* (18 Kilom. östl.) besuchen. Sie sind jüngst freigelegt worden und können gelehrten Reisenden vielleicht grosse Ausbeute gewähren.

b) Von Manṣûra nach Damiette.

61,8 Kil. Eisenbahn aus *Talcha* (am l. Ufer des Nilarms, Manṣûra gegenüber; Ueberfahrt in 5 Min., 1/2 fr.) 4 Uhr 19 Min. Nachm., in Damiette 6 Uhr 17 M. Abends; I. Kl. 38 P. 20 P., II. Kl. 25 Piaster. — Von Ṭanṭa (der Zug kommt aus Ṭanṭa) nach Damiette 116,8 Kil., Fahrzeit 4¼ St.; Fahrpreise I. Kl. 68 P. 20 P., II. Kl. 45 P.

Die Bahn bleibt auf dem linken Ufer des Damiettearms; an vielen Stellen sind Dampfmaschinen zur Bewässerung des Landes, das in der Nähe von Manṣûra besonders sorgfältig cultivirt wird, aufgestellt. 23 Kil. Stat. *Schirbîn*, unbedeutendes aus Erdziegeln erbautes Städtchen; weiter Stat. *Râs el-Chalîg*, dann *Kafr el-Baṭtîch*, in einförmiger bis zum Burlus-See sich ausdehnender Sandniederung, welche während des Sommers von Wassermelonenfeldern bedeckt ist (im Juli grosser Melonenmarkt). Die Eisenbahnstation von Damiette ist am l. Ufer des Nilarms (Ueberfahrt in 5 Min., 1 fr.).

63,6 Kil. **Damiette**, arab. *Dumyâṭ*, 1½ Stunde vom Meere zwischen dem Damiette-Arm und dem Menzale-See gelegen, mit Hafen, in welchen jährlich an 500 Schiffe mit ca. 40,000 Tonnengehalt einlaufen.

Gute Unterkunft und Küche in dem kleinen Gasthaus von *Bertrand*, einem Franzosen. Europ. Kaffehaus von *Costi* (Grieche), gleichfalls mit Unterkunft. Deutscher und englischer Consularagent *Surûr*, ein reicher Levantiner, gefälliger und gastfreier Herr. Studirter aegyptischer Arzt. Post und arabischer Telegraph. Röm.-kathol. und griech. Kirche.

Vom Bahnhof, der nahe dem Hafen liegt, gewährt Damiette (gegenwärtig 28,000 Einw.) durch die hohen Häuser, die sich am Nil hinziehen, einen stattlichen Anblick, dem indess sein Inneres wenig entspricht; überall erblickt man nur verwitterte alte Mauern und Ruinen, ein grosser Theil der Häuser scheint ganz unbewohnt und Neubauten sucht man vergeblich. Nur wenige Europäer wohnen in Damiette und der gesammte (übrigens unbedeutende) Handel ist in den Händen eingeborner Kaufleute (Araber und Levantiner). Nur kleine Schiffe können in den Damiette-Arm einfahren, da eine Sandbarre vor der Mündung liegt, die sich durch Wind und Wellenschlag beständig ändert und alle Fahrzeuge zu langem Warten auf offner Rhede zwingt; im günstigsten Fall ist das Fahrwasser an der Einfahrtsstelle 2—5m tief. Der Gewerbefleiss, dem die Stadt einst ihren dahingeschwundenen Reichthum verdankte (s. unten), hat sich zum Theil noch erhalten und ein Besuch einer der von Seiden- und Baumwollenwebern bewohnten Gassen ist ganz interessant.

Von der *Geschichte* Damiettes im Alterthume wissen wir so viel wie gar nichts (Stephanus von Byzanz nennt es *Tamiathis*, ein Name, der sich in dem koptischen *Tamiati* erhalten hat); aber es scheint unter den Römern nicht unbedeutend gewesen zu sein, wenn die vielen zum Theil recht schönen in den Moscheen befindlichen Säulen aus alter Zeit nicht erst unter den Arabern aus Alexandria oder Pelusium zur See hierher gebracht worden sind. — Domitian könnte den Ort besucht oder ihn wenigstens berücksichtigt haben, denn vor dem Hause des Kâḍî befindet sich ein gewiss aus dem alten Ort hierhergebrachter Stein mit seinem Namen. Später kann es ihm nicht an christlichen Einwohnern gefehlt haben, da eine besonders schöne christliche Kirche, welche im alten Damiette stand, von den Kreuzfahrern zerstört ward. Unter den Arabern sollte Damiette, namentlich durch den Widerstand, den es den Kreuzfahrern leistete, zu hoher Berühmtheit gelangen; doch sei hier bemerkt, dass das damalige Damiette nördlicher gelegen war als das heutige (s. weiter unten). Zunächst ward es von Amalarich und den Truppen des griechischen Kaisers Manuel um 1196 belagert, doch ohne Erfolg. Saladin wandte der Befestigung dieser Stadt seine besondere Aufmerksamkeit zu. 1218 wurde Damiette von dem König Johann von Jerusalem mit deutschen und niederländischen Streitern, auch englischen und französischen unter Führung des Grafen von Saarbrück und 3 geistlichen Orden mit ihrer Ritterschaft belagert. Das Heer der Christen, zu dem später frische italienische Kräfte stiessen, war sehr zahlreich, wenn auch nicht, wie berichtet ward, 70,000 Reiter und 40,000 Fussgänger stark. Mit Hülfe eines kunstreich nach Angabe des Meisters Oliverius aus Köln verbundenen und befestigten Doppelschiffs gelang es namentlich den Friesen und Deutschen, den Thurm, an dem die den Strom sperrende Kette befestigt war, nach heissem 25stündigen Kampfe zu nehmen. Die Erfolge der Belagerer wurden wesentlich aufgehalten durch die Dazwischenkunft des herrschsüchtigen aber energischen Legaten des Papstes, Pelagius Galvani, und die Umsicht des aegyptischen Fürsten Melik el-Kâmil. 1219 verliessen viele Pilger, die ihrer Pflicht genügt zu haben glaubten (auch Leopold von Oesterreich) das Lager. Nach wechselndem Glück auf beiden Seiten gelang es endlich, die Stadt zu nehmen. Man machte grosse Beute, schickte die überlebenden Bürger in die Sclaverei und verwandelte die Moscheen in Kirchen. Durch einen Vertrag 1221 mussten die Christen Damiette wiederum räumen. Als 1249 Ludwig IX. bei dieser Stadt landete, wurde sie von allen ihren Einwohnern, nachdem sie die Lagerhäuser und Magazine in Brand gesteckt hatten, verlassen. Ohne Schwertstreich konnten die Kreuzfahrer in die öden Gassen der Festung einziehen; doch mussten sie dieselbe nach Ludwigs Gefangennahme bei Manṣûra (S. 458) 1250 wiederum den Saracenen ausliefern, welche sie im nämlichen Jahre auf Beschluss der Emire selbst zerstörten und sie am östlichen Ufer des Flusses, weiter südlich, da wo sie jetzt steht, wieder aufbauten. Bald erhob sich die neue Stadt zu mercantiler und industrieller Bedeutung. Ihre Leder- und Zeugfabriken, sowie ihr Jasminöl waren weit und breit bekannt und ihr Hafen zog die Schiffe vieler Nationen an, bis Mohammed 'Ali 1808 die Türken bei Damiette besiegte und Alexandria durch die Anlegung des Mahmûdîyecanals seine alte Stellung wiederzugeben versuchte. Der Handel von Damiette wurde in der That durch Alexandria und jüngst durch die Hafenstädte am Suezcanal lahm gelegt.

Sehenswürdigkeiten bietet die Stadt nicht. Die Hauptmoschee

ist ein unförmiger gewaltiger Bau, dem nur die hohen Minarete und die weite Kuppel einiges Interesse verleihen. Interessant sind die unzähligen hübsch geschnitzten, meist uralten Holz-Erker und Gitter, welche alle mehrstöckigen Häuser zieren und sich in ihrem Styl wesentlich von den Maschrebîyen Kairo's unterscheiden. Die fast $^1/_2$ St. lange Hauptstrasse bildet den sehr belebten, mit Handelsartikeln der verschiedensten Art reich versehenen Bazar.

Lohnender Ausflug zu der Moschee *el-Gebâne*, nördl. von der Stadt in der Nähe eines Friedhofs (s. unten). Der Bau scheint aus der Zeit des alten Damiette zu stammen und hat vorn kufische Inschriften. Im Innern viele Säulen, welche der Römerzeit entstammen und deren Basen an Im unter dem Pflaster des Schiffes stehen; zwei mit merkwürdigen Inschriften. Einige Schäfte sind von schönem verde antico, andere von Porphyr, die Capitäle, unter denen sich einige korinthische befinden, theils von römischer, theils von byzantinischer Arbeit. Zwei auf dem gleichen Sockel stehenden Säulen werden, wie denen in der 'Amr-Moschee zu Kairo (S. 334), geheimnissvolle Kräfte zugeschrieben (die eine soll diejenigen, welche sie belecken, vom Fieber befreien). Am Minaret altarabische Ornamente.

15—20 Minuten weiter entfernt von der Stadt befindet sich eine Senkung mit einem Kirchhofe und Häusern von gebrannten Ziegeln. Der Boden und die Abhänge der sie begrenzenden Hügel haben eine tiefrothe Farbe, weshalb diese Stätte *Bahr ed-dem*, d. i. Blutmeer genannt wird; eine Sage berichtet von 30,000 hier hingeschlachteten Märtyrern des Islâm. Namentlich die Hügel rechts in der Nähe werden *Tell* (Pl. tulûl) *el-'Azm* oder Knochenhügel genannt, weil sie sich auf grossen Lagern von menschlichen Gebeinen erheben sollen. Erinnerungen an die Belagerung von Damiette durch die Kreuzfahrer 1219 und die Schlacht, welche hier Mohammed 'Ali 1803 gegen die Türken gewann, haben sich seltsam vermischt und zur Bildung von mancherlei wunderlichen Sagen geführt. Es ist nicht unwahrscheinlich, dass ein Theil des alten Damiette an der Stelle von Tell el-'Azm gestanden hat.

Liebhabern der Jagd und Fischerei dürfte der Besuch Damiette's und des nur 15 Min. von der Stadt entfernten *Menzale-See's* (S. 464) grosses Interesse bieten. Die Stadt ist auf beiden Seiten des Nilarms, dessen Anschwemmungen einen terrassenartig sich zu den starkgesalzenen vielbuchtigen Seen an der Mündung absenkenden Damm gebildet haben, von Reisfeldern umgeben, deren Erntezeit in den September und October fällt. Nach allen Richtungen hin durchziehen Gräben die Felder, ohne indess das Umhergehen zu erschweren; denn in Folge des sehr zahlreichen Viehstandes (Damiette hat die beste Milch und Butter in Aegypten) hat man sich genöthigt gesehen, aller Orten die Gräben und Canäle zu überbrücken, sodass man trockenen Fusses einen Rundgang durch die eigenthümliche, mit häufigen Baumanpflanzungen (viel Sycomoren und Cordia) geschmückte Landschaft machen kann. Interessante Wasserpflanzen erfüllen die Gräben, namentlich schöne weisse und blaue Wasserlilien (Nymphaea Lotus, N. caerulea und N. stellata) schwimmen in Menge auf der Oberfläche. Hohes Röhricht umsäumt die grösseren Canäle, der Schlupfwinkel der Ichneumon, welche auf jedem Ausflug in der Umgegend von Damiette den Fremden durch ihr fast zutrauliches und unerschrockenes Gebahren überraschen. Ungeachtet dieser Umgebung von überschwemmten Niederungen, Gräben und Seen bewahrt das Klima von Damiette zu allen Jahreszeiten einen durchaus gesunden Charakter; die Feuchtigkeit der Luft ist hier nie so gross wie in dem unmittelbar am Meer gelegenen Alexandrien, und auch die Sommermonate sind durch ihre erfrischende Kühle ausgezeichnet.

Die Bootfahrt nach der *Nilmündung (Bôghaz)* erfordert (hin) 3—3½, bei gutem Winde 1½ Stunden (hin und zurück 5 fr.). Im Fluss in der Nähe der Mündung eine auffallende Menge von Delphinen.

Von Damiette nach Rosette (S. 469) über den *Burlus (Burullus)-See* (nicht rathsam) braucht man mindestens 2—3 Tage, und unter Umständen ist sehr viel längere Zeit erforderlich.

c) Von Damiette nach Ṭanṭa.

110,8 Kil. Eisenbahn (7 Uhr Morgens) in 4½ St., I. Kl. 68 P. 20 P., II. Kl. 45 P.; bis Maḥallet-Rûḥ (Station der Bahn nach Desûḳ) in 3¾ St., I. Kl. 60, II. Kl. 30 P.

Von Damiette nach (63,6 Kil.) *Ṭalcha (Manṣûra)* s. S. 462. Die Bahn führt in geringer Entfernung westl. vom Damiettearm weiter nach (83 Kil.) **Semennûd**, aus einer dicht zusammengedrängten Masse niederer Erdhütten bestehendes Städtchen (ohne Unterkommen), das nichts Sehenswerthes bietet; auch die Trümmer des alten *Sebennytus*, dessen Platz Semennûd jetzt einnimmt, sind unbedeutend. Der altaegyptische Name von Sebennytus war *Teb en nuter*, was die Keilschriften mit *Zabnuti* wiedergeben (koptisch *Sjemnouti* und *Sebennetu*). Es war die Hauptstadt des Nomos Sebennytes superior, in welcher Manethon (S. 100) geboren worden sein soll, und von der die Mythe erzählt, dass auf ihrem Gebiet Horus einen seiner Siege über Seth erfochten habe. Der Krieger auf den Münzen des Gaus stellt den streitbaren Horus dar.

Ueber einige Canäle und die Stat. **Maḥallet el-Kebîr**, volkreiche Stadt mit vielen europ. Häusern, Baumwoll-Egrainirungs-Fabriken und bedeutendem Handelsverkehr, führt die Bahn südl. nach (100 Kil.) **Maḥallet Rûḥ**, der Kreuzungsstation unserer Linie mit der von Zifte nach Desûḳ (s. unten). Folgt (110,8 Kil.) **Ṭanṭa**, s. S. 244.

Von Maḥallet Rûḥ nach Zifte (37,5 Kil.) Zweigbahn in 1½ St. für 30 P. 20 P. und 14 P. Stationen *Bedraschîye*, *Ṣonṭa* und **Zifte** am l. Ufer des Damiettearms.

Von Maḥallet Rûḥ nach Desûḳ (58,3 Kil.) Eisenbahn (3 Uhr 8 Min., aus Ṭanṭa 2 Uhr 1 Min.) in 2½ St., I. Kl. 32 P., II. Kl. 20 P. (von Ṭanṭa I. Kl. 41 P. 20 P., II. Kl. 28 P.). Man wird diese Strecke nur befahren, wenn man von Desûḳ weiter nach Rosette will.

Die Bahn führt in NW. Richtung (viele Canäle) über Stat. *Kofr* nach *Neschart*, unbedeutender Ort am r. Ufer des *Bahr Kalîn*, den sie gleich darauf überschreitet. Stat. *Schabbâs* und **Desûḳ**, das alte *Naukratis*, am r. Ufer des hier schon breiten Rosettearms. Unterkunft bietet die Stadt keine, auch hat man Schwierigkeiten mit der Beschaffung eines Bootes, wenigstens bis ganz nach Rosette; im Nothfall begnüge man sich mit einem kleinern Kahn und fahre bis *Fûa*, wo sich leichter grössere Boote nach Rosette finden.

d) **Saïs.**

Von der Station *Kafr ez-Zaiyât* (S. 268) die Ruinenstätte der alten berühmten Saïs, der Heimath mehrerer Königshäuser (24., 26., 28. Dyn.), zu besuchen, kann selbst dem Forscher, wofern er nicht umfängliche und kostspielige Grabungen unternimmt, nur geringen Gewinn bieten. Jedenfalls ist es rathsamer die Stätte Sâ el-Hager bei einem Besuche des Delta, als bei der ersten Fahrt nach Kairo zu besichtigen. In Kafr ez-Zaiyât sind Esel zu haben, 15 Piaster T. für den Tag; bequemer und für mehrere Reisende billiger ist es, in einem Boote, das man leicht miethen kann (für 2 Tage etwa 25 fr.), zu fahren. Zu Lande braucht man 5 Stunden, zu Wasser, je nach dem Winde, 3–8 Stunden.

Die Ebene, welche der Arm von Rosette bewässert, ist ausserordentlich fruchtbar. Etwas nördl. von Kafr ez-Zaiyât macht der Fluss einen grossen Bogen und etwas weiter nordwärts liegt am w. Ufer in einiger Entfernung vom Wasser, aber von diesem aus sichtbar, die grosse *ed-Dahariye* genannte Trümmeranhäufung, eine Reihe von Schuttbergen, welche die Lage einer grösseren Stadt anzeigt. Weiterhin am w. Ufer der nette Flecken *Nachle*. Das Dorf *Sâ el-Hager* (östl. Ufer), bei dem man aussteigt, liegt südlich von den Ruinen.

Das alte **Saïs** wird sehr früh erwähnt und galt schon in der 18. Dynastie für eine Stätte der Priesterweisheit. Die Göttin Neith, welche die Griechen mit ihrer Athene verglichen, war die Localgöttin des Orts. Sie gehört zu den mütterlichen Gottheiten, ist eine Form der Isis (S. 144), wird die grosse Kuh, welche die Sonne gebar, genannt und wurde nicht nur von den Aegyptern, sondern auch von den Libyern verehrt. Auf den römischen Münzen des saïtischen Nomos sieht man eine Minerva mit einer Eule auf der Rechten und einer Lanze in der Linken. Neith-Athene hat Pausanias wohl auf den Gedanken gebracht, dass Pallas-Athene aus Libyen, zu dem Saïs mehrfach gerechnet wird, stamme. Nach einer alten Sage sollte Athen durch Kekrops von Saïs aus gegründet worden sein, und es wird auf die phonetische Spielerei hingewiesen, dass A-neth-a umgekehrt Athena gäbe. Die meisten griechischen Weisen, welche Aegypten besuchten, um dort zu lernen, begaben sich wie nach Heliopolis, so auch nach Saïs. Nach Plato verkehrte hier Solon mit den aegyptischen Gelehrten, Herodot erfuhr hier mancherlei, und der Ruhm der saïtischen Mysterienweisheit erhielt sich bis in späte Zeit. Wir erinnern an Schillers „verschleiertes Bild zu Saïs." Die Könige der 26. Dynastie stammten aus der Stadt der Neith, waren dieser Göttin besonders ergeben und errichteten ihr Denkmäler von vorzüglicher Herrlichkeit. Auch Kambyses besuchte nach der Eroberung von Aegypten Saïs und zeigte sich dem Tempel und den Diensten der Göttin freundlich. Wann sie zerstört ward ist ungewiss; jedenfalls war sie noch in früher christlicher Zeit ein Bischofssitz.

Von den berühmten Bauwerken, welche namentlich Amasis (S. 107) hier herstellen liess, blieb nichts erhalten; auch nicht von der Kapelle aus einem Stück Granit, die von Elephantine nach

Saïs gebracht worden war und wenigstens eine halbe Million Pfund gewogen haben muss. Ebensowenig lassen sich unzweifelhafte Spuren des Neithtempels, welcher mit dem Palaste des Königs zusammenhing und zu welchem das Mausoleum der Pharaonen aus der 26. Dynastie gehörte, nachweisen. Die Säulen mit Palmencapitälen, das Osirisgrab hinter dem Heiligthum neben der Umfassungsmauer, die Obelisken, Statuen und Androsphinxe, von denen Herodot berichtet, sind gänzlich verschwunden; dagegen hat sich der heilige See, auf dem nach Herodot in der Nacht zu Ehren des Osiris geheimnissvolle Schauspiele aufgeführt wurden, wohl erhalten. Er liegt im Norden einer colossalen Umfassungsmauer, die eine Fläche umschliesst, an deren Ostseite die Mauer 790 Schritt lang und beinahe 20 Meter dick ist. Der See, der auch jetzt noch Wasser enthält und wohl ursprünglich elliptisch war, zeigt jetzt ganz unregelmässige Umrisse. In seinem Südosten erheben sich gewaltige Schutthügel, welche die Stelle anzeigen, an der das Königsschloss und der mit ihm verbundene Tempel standen. Den Grundriss irgend eines Gebäudes zu reconstruiren ist nicht möglich; auch nicht unter den Trümmern zwischen dem Dorfe Ṣâ el-Ḥager und der Umfassungsmauer der Akropolis, welche im Norden der bescheidenen Fellâḥwohnungen liegt, die den stolzen Namen Saïs in der Form Ṣâ geerbt haben. M. Mariette's Grabungen an dieser Stelle haben einige Alterthümer zu Tage gefördert, sind aber sonst ohne wesentliche Resultate geblieben.

c) Rosette.

Von Alexandrien nach Rosette Eisenbahn in 3 St., I. Cl. 43 P. 20 p., 2. Cl. 27 P. 20, 3. Cl. 17 P. 20 p. (bis Rosette täglich ein Zug, bis Abuḳîr 3, bis Siyûf 9 Züge). Bahnhof vor der Porte Moharrem-Bey, von wo jetzt auch die Züge nach Kairo abfahren (s. S. 241). — Von Damanhûr (S. 243) nach Rosette ist es eine Tagereise, doch breche man früh auf. Bis Fum el-Maḥmûdiye Eselritt von 2½—3 Stunden für etwa 4 fr., von hier nach Rosette Bootfahrt, je nach dem Winde in 5—7 Stunden für etwa 20—30 fr., mit Aufenthalt (der besonders auszumachen ist) und Rückfahrt das Doppelte.

Von Alexandrien nach Rosette führt am Meeresufer entlang eine kürzlich eröffnete Eisenbahn, die nach den Küstenbefestigungen hin kleine Zweiglinien erhalten soll. Die Fahrt ist einförmig und reizlos; die berühmten Städte, die im Alterthum an dieser Küste lagen, sind gänzlich verschwunden. Die Bahn läuft bis zur zweiten Haltstelle *Sîdî Gaber* (S. 241) parallel der Bahn nach Kairo und behält dann, während letztere r. abzweigt, die NO. Richtung bei. Mehrere unbedeutende Haltstellen, dann *Ramle* (S. 240; der Bahnhof liegt 10 Min. O. vom Ort). Folgen Stat. *el-Moḥammadîye* und *'Azabet es-Siyûf*, letzteres ein ziemlich ansehnliches Dorf. Bei Stat. *el-Mandara* tritt die Bahn auf die Landnehrung, welche den See von Abuḳîr (*Beḥêret Ma'adîye*) vom Mittelmeer trennt, und erreicht Stat. **Abuḳîr** (2 St. NO. von Ramle), unbedeutendes Dorf, aber viel genannt als Schauplatz der grossen Seeschlacht, in der am 1. August 1798 die englische Flotte unter Nelson die französische so vernichtete, dass von 17 nur 4 Schiffe übrig blieben. Wo die Trümmer von *Herakleopolis* und *Kanopus* zu suchen sind, ist ungewiss; das letztere wahrscheinlich (es war 120 Stadien von Alexandria entfernt) wenig östlich von Abuḳîr. Zwischen diesem Dorfe und einer Oeffnung der Landnehrung, welche den *Edku-See* vom Meere trennt, befinden sich Trümmerhaufen, welche vielleicht dem alten **Kanopus** angehören.

Diese Stadt, die, wie das hier verfasste Decret von Tanis (S. 317) lehrt, mit dem heiligen Namen Pakot, mit dem profanen, im Koptischen erhaltenen „kah en nub" oder „goldener Boden" hiess, war hochberühmt im Alterthume. Die Aehnlichkeit des Namens Kahennub mit Kanobos, dem des Steuermanns des Menelaos, gab unter den Griechen einer Sage das Leben, dass dieser Pilot hier begraben worden sei. Strabo beschreibt die übermüthige Stadt also: „Kanobos ist eine Stadt, 120 Stadien von Alexandria, wenn man zu Lande geht, gleichnamig dem dort verstorbenen Steuermann des Menelaos. Sie enthält des Serapis mit hoher Heiligkeit verehrten Tempel, welcher auch solche Heilungen bewirkt, dass auch die angesehensten Männer daran glauben und entweder selbst darin schlafen oder andere für sich darin schlummern lassen. Einige schreiben auch die Heilungen auf, andere die Wirkungen der dortigen Orakelträume. Besonders merkwürdig ist aber die Menge der von Alexandria den Canal hinabfahrenden Lustgesellschaften; denn Tag und Nacht wimmelt er von Männern und Weibern, welche auf den Schiffen Flötenspiel und zügellose Tänze mit äusserster Ausgelassenheit aufführen, oder zu Kanobos selbst am Canale liegende und für solcherlei Ergötzlichkeit und Schwelgerei geeignete Herbergen haben." — Die „Kanopen" genannten Krüge (S. 323) verdanken dieser Stadt ihren Namen.

Am Strande der halbkreisförmigen Bucht von Abuḳîr mehrere kleine Forts und auf dem Vorgebirge ein Leuchtthurm. Die Bahn führt weiter über die schmale Landnehrung zwischen dem See von Abuḳîr und weiterhin dem *Edku-See* r. und dem Mittelmeer l.; Stat. *el-Ma'adîye*, in der Nähe der ehemaligen Kanopischen Nilmündung (S. 71), dann *Edku* (r. auf einem Sandhügel das Dorf); endlich durch eine trostlose öde Sandfläche nach *Rosette* (S. 469).

Von Damanhûr nach Rosette. Man reitet an Brunnen vorbei und an einem kleinen Canal entlang, durch Aecker und indem man die Trümmerstätte *Kôm es-Zargûn* rechts liegen lässt, in 1 St. 15 M. bis zum *Maḥmûdîye-Canal* (S. 233), zwischen dessen hohen Ufern Lastschiffe und kleine Dampfer den Verkehr zwischen Alexandrien und Rosette vermitteln. Nach einem Ritte von etwa 10 Min. sieht man jenseit des Canals ein langes, einstöckiges, ödes Haus, die jetzt verlassene Wohnung der bei der Reinigung des Canals unter Sa'îd Pascha beschäftigten Arbeiter. Die Herstellung dieser Wasserstrasse, welche Alexandrien mit Kairo und dem Delta verbindet und ersteres zugleich mit Nilwasser speist (vgl. S. 233), bewerkstelligte Moḥammed 'Ali 1819 mit einem Kostenaufwand von 7½ Mill. Francs und mit Zwangsarbeit von 250,000 Fellachen, von welchen 20,000 durch Krankheiten und Ueberanstrengung ums Leben gekommen sein sollen. Man bleibt am Ufer des Canals und gelangt etwa 2 Kilometer vor Fum el-Maḥmûdîye zu zwei Reihen der schönsten Bäume, in deren Schatten man sich seinem Ziele nähert. Bei *Fum el-Maḥmûdîye*, wo der Canal seine Speisung aus dem Rosettearme erhält, sind seine Ufer mit festem Ziegelgemäuer gefüttert. Zahlreiche Fahrzeuge liegen zwischen ihnen und warten der Eröffnung der Schleusenthore, welche den Canal vom Strome trennen. Die Maschinen, durch welche dem Nilwasser seine Richtung nach Alexandria gegeben wird, sind grossartig und stehen in sauberen dem Reisenden zugänglichen Sälen. Vier Maschinen von je 100 Pferdekraft sind thätig; dabei befindet sich eine Werkstätte für Reparaturen.

Die Ufer des Rosette-Arms sind einförmig, aber nicht arm an Städten. Der erste Ort auf dem r. Ufer ist *Sindyûn* mit artigem Minaret; gegenüber links *Dêrût*. Die Holzwinkel auf den Spitzen der Minarets sind da, um an Feiertagen mit Lampen behängt zu werden. Viele Wasserpumpen am Ufer. Es folgen links *Minyet es-Sa'îd* und *Fezâr*, rechts *Schemschîr*; dann links *Adfîne* mit einem von Sa'îd Pascha erbauten Palast und rechts *Metûbis*. Weiter nördlich bleibt links *Dîbe*, rechts *Kunî* und *Minyet el-Murschid*, dann die nicht unbedeutend erscheinende Stadt *Derimbâl*. Auf dem gleichen Ufer liegen *Yeygârîn* und das Dorf *Kascha*, gegenüber links die mit 2 Minarets gekrönte Stadt *Mahallet el-Emîr*. Weiter folgen rechts *Furas*, links *Schemâsme* und *el-Chimmâd*; dann rechts *el-Basre* und links *el-Gediye*. Das erste, was man von Reschîd (Rosette) erblickt, ist eine Citadelle, welche schlechtweg *Kal'a*, d. i. die Festung genannt wird; dabei (gleichfalls links) ein schöner, dicht bei der Stadt gelegener Palmenhain und der Hügel Abu Mandûr (s. unten).

Rosette, arab. *Reschîd*, das alte *Bolbitine* (der Name ist koptisch, *Ti Raschit* kann „Freudenstadt" übersetzt werden), mit 15,000 Einw., liegt am Ausflusse des Bolbitinischen Nilarms, der auch *Taly* (Taλυ) genannt ward. Da die Tafel von Rosette (S. 470) bei dem $1^1/_2$ St. nördl. von der Stadt gelegenen Fort St. Julien gefunden worden ist, so darf man annehmen, dass die Stadt früher nördlicher gelegen war als heute.

Ein Gasthaus existirt nicht, doch findet man zur Noth Unterkunft bei den gastfreundlichen Franciscanermönchen.

Von der *Geschichte* der Stadt ist wenig bekannt. Sie wurde an Stelle des alten *Bolbitine* erbaut und gewann schon im Mittelalter eine grosse merkantile Bedeutung, welche sie zu bewahren wusste, bis sie namentlich durch die Anlage des Mahmûdîye-Canals und die Verbesserung des Hafens von Alexandria schnell zurückging. Heute hat Rosette nur noch einige 20,000 Einwohner, unter denen sich wenige Fremde befinden. In den Hafen liefen 1871 nur drei grosse Schiffe und 900 kleinere Küstenfahrer ein. Der Handel mit Reis ist nicht unbedeutend; auch wird Schiffbauerei betrieben.

Die Stadt hat viele Gärten, in denen heute noch vortreffliche Früchte gezogen werden. Von dem Hügel *Abu Mandûr*, südl. von der Stadt, schöne Aussicht; einige wollen hier die Stätte des alten Bolbitine suchen. Am lohnendsten sind Spaziergänge durch die Strassen, in denen viele massive kleinere Häuser von eigen-

zugewandten Fenstern stehen. Zahlreiche Säulen, die alten Bauwerken aus heidnischer und christlicher Zeit entstammen und unter denen viele aus Granit und einige aus Marmor bestehen, liegen mitten auf Plätzen, namentlich auf einem grösseren dem Strome benachbarten, umher und wurden vielfach mit in die Häuser eingebaut. Reich an alten Säulen ist die sehr grosse, aber nichts Ungewöhnliches bietende *Moschee Sachlûn*. Die Festungswerke im Norden der Stadt sind nur mit specieller Erlaubniss des Commandanten (z. Z. Sibley-Pascha, ein Amerikaner) zu besichtigen. In dem *Fort St. Julien* entdeckte der französische Ingenieurcapitain Bouchard 1799 die berühmte Stele, welche, bekannt unter dem Namen der *Tafel* oder des *Schlüssels von Rosette*, den europäischen Forschern die Möglichkeit gewährte, das beinah 14 Jahrhunderte lang verloren gegangene Verständniss der Schrift und Sprache der alten Aegypter wieder zu eröffnen.

Die **Tafel von Rosette**, welche gegenwärtig im British Museum aufbewahrt wird, ist eine Stele von schwarzem Basalt, welche leider mehrere ziemlich grosse Ecken verloren hat, und auf deren Vorderseite drei verschiedene Inschriften zu sehen sind. Alle drei enthalten die gleiche Verordnung; die erste aber giebt diese in der heiligen Sprache der alten Aegypter und in hieroglyphischer Schrift, die zweite in der Volkssprache der Aegypter und in demotischer oder Briefschrift und die dritte in griechischer Sprache und Schrift wieder. Die 54 Zeilen des mit griechischen Uncialbuchstaben geschriebenen Textes sind wohl erhalten, während von den 14 hieroglyphischen Zeilen alle auf der rechten und 12 auf der linken Seite, starke Beschädigungen erlitten haben. Das Ganze enthält ein Decret der Priester zu Ehren Ptolemäus V. Epiphanes I. (204—181 v. Chr.) und ward verfasst am 27. März 196, als der im vierten Lebensjahre zur Regierung gekommene König noch ein Knabe von 14 Jahren war. Zunächst wird die prunkende Titulatur des Königs, die Zeit und der Ort (Memphis) der Abfassung in 8 Zeilen aufgeführt. Dann folgen in 28 Zeilen die Erwägungen und Gründe, welche die Priesterschaft veranlassten, das Decret zu erlassen: die zahlreichen von dem Könige dem Lande erwiesenen Wohlthaten und die dem Klerus und den Tempeln dargebrachten Geschenke und gewährten Ermässigungen der Abgaben, der Erlass von Steuern, die Amnestie von Verbrechern, die milden Maassregeln gegen die zur Ruhe „zurückgekehrten" Aufständischen, und die kräftigen gegen die zu Wasser und zu Lande heranrückenden Feinde und die Stadt Lykopolis, seine Vorsicht beim Eintritt einer zu hohen Ueberschwemmung im 8. Jahre seiner Regierung, seine grossen Gaben für die heiligen Thiere und die Ausbesserung und Ausschmückung der Tempel. Es folgt bis zum Ende der Beschluss selbst, durch welchen verordnet wird, dass eine Statue, eine Capelle von Gold und ein Bild des Königs in jedem Tempel aufgestellt und an Festtagen geschmückt, verehrt werden sollte. Endlich wird decretirt, dass dieser Beschluss, auf eine Tafel von hartem Stein in *hieroglyphischer, Volks- und griechischer Schrift zu schreiben* und in jedem Tempel erster und zweiter Ordnung aufzustellen sei. — Dieser letzte Abschnitt der griechischen Inschrift lehrt, dass man neben ihr zwei Uebertragungen, die eine in der heiligen, die andere in der Volksschrift der Aegypter finden werde. Beide waren vorhanden und es kam nun zunächst darauf an, das Alphabet zu finden. Anfänglich wurde nur der *demotische* Theil des Textes ins Auge gefasst und es gelang zuerst S. de Sacy und dem Schweden Ackerblad herauszurechnen, welche Gruppen den Namen Ptolemäus enthielten. In dem *hieroglyphisch* geschriebenen Abschnitte (S. 125) waren einige Gruppen eingerahmt und in diesen waren schon vor dem Funde der Tafel von Rosette, da man sie besonders von den römischen Obelisken her kannte, Königsnamen vermuthet worden. Dem Engländer Th. Young und dem Franzosen F. Champollion gelang es ziemlich gleichzeitig aber unabhängig von einander (Young 1819, Champollion 1822) mit Hülfe der Vergleichung von Königsnamen das gesuchte Alphabet zu finden. Champollion hat seine Entdeckung später mit so wunderbarem Erfolge ausgebeutet, dass man ihn mit Recht den Entzifferer der Hieroglyphen nennen darf. Neben der am häufigsten auf der Tafel von Rosette in der Einrahmung vorkommenden Gruppe, die, wenn sie einen Königsnamen enthielt, wie die griechische Inschrift lehrt, nur den des Ptolemäus darstellen konnte, fasste er andere gleichfalls eingerahmte Zeichen in's Auge, die sich auf einem zu Philae gefundenen Obelisken zugleich mit der nach der Tafel von Rosette für Ptolemaios zu haltenden Gruppe fanden. Diese Zeichen konnten ihrer Zahl nach, und da sie mit Ptolemaios zusammen erwähnt wurden, den Namen Kleopatra darstellen. Champollion begab sich an die Vergleichung der beiden Gruppen.

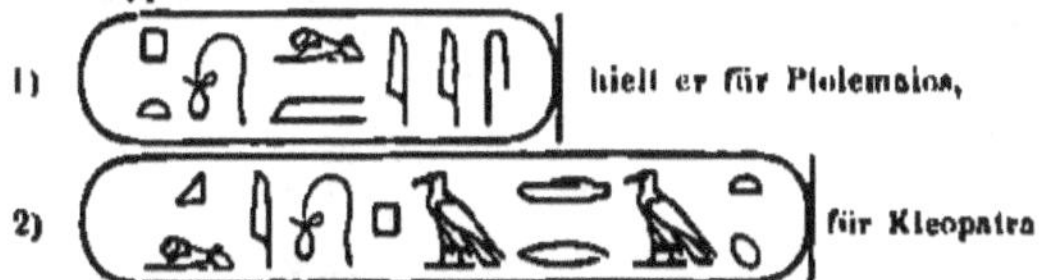

1) hielt er für Ptolemaios,

2) für Kleopatra.

Das erste Bild in 2. ist ein Dreieck, musste ein k sein, durfte sich nicht in 1. (Ptolemaios) finden und fand sich auch nicht. Das zweite Zeichen in 2., ein Löwe, musste l bedeuten und fand sich richtig in KLeopatra an der 2., in PtoLemaios an der 4. Stelle. Das dritte Zeichen in 2. ein Schilfblatt musste e gelesen werden und fand sich in PtolemAios und zwar doppelt, da, wo man das griechische Αι zu suchen hatte. Das vierte Zeichen in 2. ein Strick mit einer Schleife, fand sich, wie zu erwarten war, als dritter Buchstabe in PtOlemaios. Ebenso richtig fand sich das Quadrat welches an der fünften Stelle in KleoPatra ein P darstellen musste, als erster Buchstabe in Ptolemaios wieder. Der sechste Buchstabe in 2. ein Adler, musste a ausgesprochen werden, fand sich nicht in Ptolemaios, wohl aber zum zweiten Male an der rechten Stelle in KleopAtrA. Das siebente Zeichen in 2. eine Hand musste t ausgesprochen werden; im Namen Ptolemaios fand sich aber ein anderes t, der Halbkreis, und dies hätte den Entzifferer irre führen können, wenn er nicht die Möglichkeit, dass ein Laut durch verschiedene Zeichen ausgedrückt werden könne, geahnt, wenn er nicht richtig geschlossen hätte, dass der Halbkreis am Ende des Namens der Kleopatra, den er auch später hinter vielen Frauennamen entdeckte, den koptischen weiblichen Artikel t darzustellen bestimmt sei. Das achte Zeichen in 2. ein Mund musste r bedeuten und fehlte in Ptolemaios. Als neuntes Zeichen fand sich, wie zu erwarten stand, derselbe Buchstabe a, den wir als sechsten in KleopAtrA kennen gelernt haben. — So blieb kein Laut in Kleopatra unerwiesen, elf, mit dem Artikel zwölf alphabetische Zeichen waren gefunden, und die in dem Namen Ptolemaios unsicher bleibenden Zeichen liessen sich leicht durch Vergleichung von anderen Königsnamen feststellen, zunächst dem Alexanders des Grossen. Die übrigen im weiteren Verlaufe der Entzifferungsarbeiten gefundenen Elemente der Hieroglyphenschrift sind S. 150 besprochen worden.

f) Ṣân (*Tanis*).

Der Besuch der Trümmerstätte von Tanis ist nicht allein zeitraubend und mit mancherlei Unbequemlichkeiten verbunden, sondern auch insofern in keiner Weise lohnend, als alle Reste von Denkmälern mit Sand verschüttet sind; zudem sind die besten für das Museum in Bûlâk nach Kairo gebracht worden. Die Reise lässt sich für den gewöhnlichen Reisenden nicht ohne Dragoman, Zelt und Decken ausführen.

Von der Station *Abu Scheḳûḳ* (S. 458) kann man bis Mitte Januar, also bevor die Wasser des Nils anfangen zu fallen (man unterlasse nicht, sich schon in Zaḳâzîḳ nach dem Stande derselben zu erkundigen), den an Ṣân vorbei führenden Mu'izz Canal benutzen. Der Zug von Zaḳâzîḳ trifft 3 Uhr 45 Min. in Abu Scheḳûḳ ein. Hier besteige man ein Boot, das man durch den Dragoman schon am Tage vorher bestellen und reisefertig machen lasse, und fahre noch an demselben Tage nach Ṣân, die Nacht im Boote zubringend. Fahrt nach Ṣân ca. 7–8 Stunden, je nach Wind und Wasserfülle zurück mehr. Preis des Bootes für die Hinfahrt etwa 45 fr., mit Benutzung zur Rückreise und Aufenthalt, der vorher auszumachen ist, etwa 80 fr. Die Fahrzeuge sind geräumig aber schmutzig. Ist der Stand des Wassers im Canal nicht mehr ausreichend, so verlasse man schon auf der Station *Abu Kebîr* (S. 458), wo man 3 Uhr 7 Min. anlangt, die Eisenbahn, suche sich dort Pferde oder Esel zu verschaffen und reite bis in die Nähe des $1^1/_2$ St. entfernten am linken Ufer gelegenen Dorfe *Tell Faḳûs* (eine Zweigbahn über *Tell Faḳûs* nach *Ṣâliḥîye*, S. 453, wird im Herbst 1876 eröffnet). Am jenseitigen Arme des Canals steht 25 Min. von den Trümmern des alten Phacusa bei dem heutigen *Mît el-'Azz* die Baumwollenfabrik eines Bey. Der freundliche Director derselben, ein englischer Ingenieur, Herr *Robertson*, spendet Nachtquartier.

Die nur für den Aegyptologen sehenswerthen Trümmerhaufen von Tell Faḳûs bezeichnen die Stätte des alten *Phacusa* (φακοῦσα, φακοῦσσα), einst die Hauptstadt des arabischen Nomos und von Gosen, welche die Kopten Phakos, ohne Artikel Kos nennen. Die Landschaft Gosen (S. 426) und die alte Stadt tragen einen und denselben Namen. Spärliche Reste mit Inschriften, auch aus der Zeit Ramses II.

In Mît el-'Azz sorge man noch den Abend für Reitthier und Führer und breche den folgenden Morgen früh auf.

Der Weg führt durch fruchtbare meist mit Baumwolle bestandene Aecker, durch viele oft mit Unbequemlichkeit zu durchreitende und zu durchwatende Gräben, die Viehweiden der alten *Amu* (S. 473) mit Riedgras, Sumpf- und Heidegewächs. Je nach dem Wasserstande ist der Weg näher oder weiter, berührt man heute diese, in wenigen Wochen jene Striche und Ortschaften. Die Dörfer gleichen denen am oberen Nil, aber es fehlen die grossen Taubenschläge. Nach Mittag gelangt man zum Saume der Wüste, auf deren trockenem, geborstenen Boden hier und da Salzlachen stehen. Bei Sonnenuntergang erreicht man wieder das Fruchtland, wird nach langem Warten und Rufen über den Mu'izz-Canal gesetzt und schlägt entweder sein Zelt unter den Trümmern des alten Tanis auf oder ersucht den wohlhabenden Aufseher (Schêch) der Fischerei Aḥmed um Unterkunft. Sein Sohn Muṣṭafa ist ein gefälliger junger Mann. Insectenpulver nicht zu vergessen.

Von Port Sa'îd (S. 454) nach Tanis fährt man in einem Boote in 15–35 Stunden, je nach dem Winde, über den *Menzale-See* (S. 454); Preise dafür sehr verschieden. Auf der Insel *Tenis* die Trümmer des alten *Tennis*, von denen die meisten aus der Zeit der Kreuzzüge zu sein scheinen. Auch auf manchem anderen Eiland finden sich Ruinen, welche beweisen, dass ein grosser Theil des Sees einst cultivirt und mit Städten besetzt war (s. S. 454). Beim Eingang in den Mu'izz-Canal (S. 458), den alten Tanitischen Nilarm, verlässt man den See und befindet sich nach einer Fahrt von 1—2 Stunden gegenüber Ṣân.

Von Tanis nach Damiette oder Manṣûra Bootfahrt je nach dem Winde in 18 St. über *Maṭarîye*, einen elenden Fischerflecken. Man kann auch zu Lande (eine Tagereise) von Tanis nach Station Sinbelâwîn (S. 458) gelangen und die Bahn zur Weiterreise benutzen, doch sehe man sich in Ṣân früh nach den hier schwer zu habenden Reitthieren um.

Ṣân ist ein Fischerdorf (S. 454); die Fischauctionen, welche bei dem Hause Aḥmed's Dienstags und Freitags stattfinden, sind sehr ergötzlich. Bemerkenswerth sind die Gesichter und Gestalten der Einwohner, welche man mit denen der Hyksossphinxe vergleichen möge. Das sind die Nachkommen jener aufsätzigen und wilden Baschmuriten und Biamiten, welche den Truppen der Chalifen Merwân II. (744—750 n. Chr.) und Mâmûn (813—833) so grosse Schwierigkeiten bereiteten und die Nachkommen der semitischen Rindshirten, welche seit der frühesten Zeit die Menzalegegend bewohnten. Sie wurden von den Aegyptern Amu, mit dem Artikel Pi-Amu genannt. Daraus wurde Biamiten. Aus einem anderen Namen Pi-schemer wurde der der Baschmuriten. In christlicher Zeit gehörten sie der orthodoxen Kirche an und nannten sich Melekiten oder königliche, ein Name, den sie sich noch heute in der Form von „Malakiyîn" beilegen, obgleich sie längst dem Islâm angehören. Das zu erwartende Bachschîsch macht sie gegen die Reisenden freundlich gesinnt.

Das alte Tanis. Der Name Tanis ist die gräcisirte, der heutige Name Ṣân die arabisirte Form von *Zân* oder *Zoân* (Psalm 78, 12). Gerade so wie in der Bibel wird die Stadt auf aegyptischen Denkmälern genannt; namentlich auf einer hier gefundenen, nunmehr zu Bûlâḳ conservirten Statue, auf der ein Würdenträger sich rühmt gewesen zu sein „ein Gebieter in seiner Stadt, ein Grosser in seinem Gau, ein Vorsteher der Orte des Gefildes Tān (d. i. Zan oder Zoān"). Ausserdem ward die Stadt von den sie bewohnenden Semiten T'ar, d. i. Zar, von den Aegyptern T'a, d. i. Za, Zor u. plur. Zoru (= fester Platz) und mit den heiligen Namen Chont ab, Mesent, der Horus- und der Phönixort und das Edfu des Nordens genannt*). Tanis war die Metropolis des 14. unteraegyptischen Nomos und lag an dem nach ihm benannten Stromarme, dem heutigen Mu'izzcanal, an den sich viele alte Sagen knüpften. Namentlich sollte durch ihn die Leiche des von Typhon (Seth) erschlagenen Osiris ins Meer geschwommen sein. Um dieses Umstandes willen, aber thatsächlich wegen der ihn umwohnenden Semiten und der an seinen Ufern blühenden Culte des unter dem Namen Seth verehrten Ba'al wurde der Tanitische Nilarm von den Aegyptern für hassenswerth gehalten. Ausserdem fanden hier besondere Verehrung Ammon von Theben mit Chunsu und Muth, Tum neb On d. i. der Herr von Heliopolis, Horus neben Isis und Sokar Osiris; besonders häufig Tum und Chunsu, der Mondgott, welcher in einer seiner Auffassungen von den Griechen Herakles genannt ward. Die aegyptischen Priester, die in dieser Stadt den Dienst „der Götter des Ramses" ver-

---

*) Brugsch identificirt Tanis mit dem biblischen *Ramses* (vgl. S. 429) und bezeichnet es als die Stadt, wo Moses seine Wunder vor dem Pharao (Ramses II.) verrichtete und von wo die Israeliten bei ihrem Auszug aus Aegypten aufbrachen. Die heute öde und unfruchtbare Ebene, die Zoān umgibt, führt auf den Denkmälern den Namen *Sochet Zoān*, d. h. die Ebene von Zoan. Den Namen *Pi-Ramses* (Ramsesstadt) bekam die Stadt erst, als unter Ramses II. neben dem alten festen Platz Zor oder Zoru eine neue Stadt mit Heiligthümern und Tempeln errichtet worden war (s. oben).

sehen, führten nach den Denkmälern den Namen: Char-tot = Krieger, ein Name, welchen auch die Bibel den aegyptischen Zauberern, die Moses seine Wunder nachmachten (II Mos. 8 u. 9) gibt: Charṭummim.

Die Bibel (IV Mos. 13, 23) berichtet, dass Tanis 7 Jahre später gegründet worden sei wie Hebron, das doch als eine besonders alte Stadt schon in der Zeit Abrahams erwähnt wird. Diese Notiz sieht aus, als wäre sie aus einem älteren phönicischen Werke in die heilige Schrift der Israeliten übergegangen. Jedenfalls ist es schon im alten Reiche, und zwar wahrscheinlich von phönicischen Seefahrern angelegt worden, zu einer Zeit, in welcher es der See weit näher lag als heute. Der Nilschlamm bildete das breite Landstück, welches die Stätte von Tanis vom Menzale-See trennt. In dem Tanis benachbarten Sethroitischen Nomos lag Herakleopolis (S. 102, 428), aus welchem die Könige der IX. und X. herakleopolitischen Dynastien stammten, welche, von ausländischer Herkunft, wenigstens Unteraegypten so lange beherrschten, bis sie von den Fürsten der XI. und XII. Dyn. gänzlich unterworfen wurden. Die Amenemha und Usertesen (S. 102) errichteten Denkmäler zu Tanis; eine Statue aus der XIII. Dyn. kann später hierher gebracht worden sein. Die *Hyksos* fanden, als sie Aegypten überschwemmten, in Tanis eine ihnen verwandte Einwohnerschaft vor. Während Abaris (Hanâr) an der Ostmark des Landes ihren strategischen Stützpunkt bildete, machten sie Tanis zu ihrer Hauptstadt. Aegyptische Künstler hatten in ihren Dienst zu treten und in dem geheiligten Styl ihrer Plastik Bildwerke herzustellen, welche heute noch die Züge der Eroberer in treuer Nachbildung zeigen (S. 318). Nach der Vertreibung der Hyksos wurde deren Residenz von den aegyptischen Königen vernachlässigt, bis ihr die grossen Fürsten der XIX. Dyn. ihre besondere Aufmerksamkeit zuwandten. Seti I., Ramses II. und der Pharao des Auszugs Menephta hielten hier häufig Hof, verschmähten es nicht, den Setcultus der Taniten zu theilen, und wussten die Stadt so zu schmücken und zu heben, dass in einigen Papyrus das Leben in ihr als besonders schön und reizend geschildert und ihr Name von den Späteren ϪⲀⲚⲎ, d. i. die schöne und angenehme (wie Heluân), geschrieben wird. Zur Zeit des Jesaia und Hesekiel (8. und 6. Jahrh.) muss Tanis ein Hauptort von Aegypten gewesen sein. „Die Fürsten von *Zoan*", heisst es Jes. 19, 11, „sind Thoren und die weisen Räthe Pharao's sind im Rath zu Narren geworden." Schon früher hatte sich die Stadt den assyrischen Heeren unterworfen, wie wir auch aus den Keilschrifttexten erfahren, in denen zur Zeit des Assurbanipal Tanis (Zoan) Sanu und sein Fürst Pu-tu-bis-ti (Petubastes) erwähnt wird. In der den Fremden freundlichen XXVI. Dyn. blühte es auf, erlitt aber bedeutende Einbusse durch Amasis, der Saïs und das griechische Naukratis zum Schaden der halb semitischen Deltastädte Tanis, Mendes und Bubastus parteiisch begünstigte. Immerhin ging es nur langsam zurück. Wenn es Fl. Josephus auch nur „ein Städtchen" *πολίχνη* nennt, so heisst es bei Strabo und Stephanus von Byzanz „das grosse". Bei den meisten Invasionen von Osten her wurde nach Pelusium zuerst Tanis berührt, Denkmal auf Denkmal ward vernichtet, nicht am wenigsten durch die Edicte des Theodosius. Die Missregierung der Türken that das ihre und so ist „das grosse Tanis" zu dem Fischerdorfe Ṣân, dem nur ein Trümmerhaufen einige Bedeutung verleiht, geworden.

Die Trümmer von Tanis. Die Umfassungsmauer von Nilziegeln, welche den Tempel Ramses II. umgab, dessen Sanctuarium vielleicht schon früh im alten Reiche angelegt ward, war 250 Schritt lang und etwa 150 Schritt breit. Das Heiligthum stand in Mitten der Stadt, die an dem Rande von Hügeln sich erhob, welche zu beiden Seiten des Tempels aufgeschüttet worden waren, theils um den Tempel, theils um die Wohnungen vor der Ueberschwemmungsflut zu sichern (S. 425). Nachdem man vom Dorfe mit wenigen Schritten eine mässige Erhebung erstiegen hat, gelangt man zuerst zu einem sehr verstümmelten, grossen Koloss von Granit. Dann begegnet man einer durch M. Mariette's Grabungen gewonnenen Tiefe mit starken Baufundamenten von grossen Kalkmonolithen, an deren Längsseite sich eine kleine Kapelle befindet. Es folgt (immer nach Osten zu) eine andere grössere, jüngst freigelegte, aber wie die meisten nachstehend genannten Denkmäler wieder versandete Trümmerstätte. Unter den hier ruhenden zerbrochenen Figuren von schwarzem Basalt ist ein weiblicher Torso mit üppig ausgebildeter linker und weit kleinerer und zarterer rechter Brust bemerkenswerth. Ein beschädigt am Boden liegender Koloss ist der Beachtung werth, weil er zeigt, dass auch Monumente von Granit bemalt worden sind. Die tanitische in polychromer Manier behandelte Statue ward an den Fleischtheilen hochroth, fast roth bemalt, den Augenbrauen gab man ein röthliches Braun, der Kalantika d. i. dem perrückenartigen Kopfschmucke helleres und dunkleres Gelb. Auf den meisten Statuen und Blöcken findet sich der Name Ramses II. Die besten Stücke aus dem alten Reiche (wie der Koloss des Usortesen zu Berlin) sind in die Museen gewandert. Der Name des Menephta zeigt sich noch auf mehreren Trümmern; ebenso, aber immer nur auf solchen Architectur- und Sculpturfragmenten, welche Ramses II. ihren Ursprung verdanken, das Königsschild des der XXII. Dyn. von Bubastis angehörenden Scheschenk oder Sesonchis III. Etwas weiter gen Osten hin befand sich wohl der Hypostyl (vielsäulige Raum) des Tempels, denn hier liegen gebrochene Säulen am Boden, unter denen sich gewaltige Schäfte von Granit, welche von schöngearbeiteten Palmencapitälen gekrönt werden, besonders auszeichnen. In der Tiefe der durch die jüngsten Grabungen gewonnenen Oeffnung liegen in grossartigem Durcheinander zertrümmerte Obelisken, Kolosse, Säulencapitäle, Schäfte und Basen. Alles besteht aus hartem Stein, Granit oder dunkler Grauwacke. Auf einer schwärzlichen Sitzstatue der Name Ramses II., der hier der Herr der Diademe, der Schützer Aegyptens und Vernichter der Fremdvölker genannt wird. Auf einem mächtigen Säulenschafte ist noch der von einem seiner Nachfolger ausgemeisselte Name erkennbar. 20 Schritt weiter ruht ein grosser gebrochener Obelisk am Boden. Zehn andere Obelisken, vollständiger zerbrochene Zeugen für die einstige Grösse dieses Tempels. Die höchsten hier aufgestellten Obelisken massen 14 und 15 Meter und waren 1½ Meter breit. Einige bestanden aus tief dunklem, andere aus hellem Syenit. Selbst der grosse Reichstempel von Theben enthielt weniger Obelisken wie dieses gewaltige Heiligthum. Sie alle verdanken Ramses II. ihre Entstehung. Im Museum zu Bûlâk stehen die schönsten der hier gefundenen Hyksossphinxe (S. 317); vier andere, mehr beschädigte sind zurückgeblieben. Ausser ihnen ein Sphinx im aegyptischen Styl aus der XIX. Dyn. Ferner ist noch bemerkenswerth eine sarkophagartige Kapelle aus einem einzigen körnigen, alabasterartigen Blocke; die Oeffnung der Höhlung ist nicht viel breiter als die sie umgebenden

Wände, auf dem Grunde die Trias Ammon, Tum und Mut. Ein Koloss besteht aus beinah purpurnem Rosengranit. Ihn wie eine löwenköpfige Sechetstatue liess Ramses II. herstellen. Daneben eine zweite Statue Ramses II. von kieseligem Sandstein, farbig behandelt. Weiter nach Süden zu lenke man seine Aufmerksamkeit einer grossen schön beschriebenen Granitstele mit etwas verwitterter, aber immer noch gut lesbarer Schrift zu, die einer Zeitrechnung Erwähnung thut, welche sonst nirgend vorkommt. Ein hoher Beamter in der Zeit Ramses II. rechnet hier nach dem vierhundertsten Jahre seit dem Pharao Aset pehti, einem Hyksoskönige. Vielleicht begann man bei diesem Könige eine Aera, weil unter ihm die aegyptischen Götter von den Fremden adoptirt worden sind. Weit hinter diesem Monumente eine in Folge der Grabungen entstandene Vertiefung mit Tempelfragmenten, unter denen Säulen mit eigenthümlichen Palmencapitälchen besonders bemerkenswerth sind. Das Capitäl setzt sich nämlich so auf den Schaft (alles von Rosengranit), dass dieser über die Basis des Capitäls hinausragt. Diese Säulen sind alle gestürzt, zeichnen sich durch Schlankheit aus und haben auf Basen von sonst in Aegypten unerhörter Höhe (au 1 m) gestanden. Weiter nach Südosten zu runde Blöcke, die, wie zwei Inschriften lehren, wohl der Ptolemäerzeit angehören. Von der Vertiefung mit den Palmensäulen steigt man leicht zu dem Schêchgrabe empor, von welchem aus man die Ruinen von Tanis am besten zu überschauen vermag. Um den grauen Boden des Stadtbezirks bilden die einst mit Wohnhäusern besetzten Hügel, auf deren einem das Schêchgrab steht, fast einen Kreis. Die Tempelruinen zeigen ein Gehäuf von Würfelblöcken und Obeliskenstücken in roth und schwarz, die Schutthügel sind mit Millionen Scherben durchschossen und besät. Die leeren Wohnungen sehen aus wie Höhleneingänge und zeigen, dass die Taniten sich mit kleinen Häusern und Gemächern begnügten. Die von Lepsius hier 1866 entdeckte Kalksteinstele, welche unter dem Namen der *Tafel von Tanis* oder des Decrets von Kanopus bekannt ist, befindet sich nebst andern werthvollen Resten im Museum zu Bûlâk (S. 317).

9. Das Fayûm.

Die Bereisung des Fayûm nimmt 6 bis 8 Tage in Anspruch, sofern man sich nicht auf einen flüchtigen Besuch (wenig lohnend) der an der Eisenbahn gelegenen Stadt Medînet el-Fayûm (S. 479) beschränken will, sondern auch beabsichtigt, das Labyrinth, die Spuren des Mörissees, den an Pelikanen und Wildenten reichen Birket el-Kurûn und die in seiner Nähe gelegenen Trümmer aufzusuchen. Zelt, Proviant und Dragoman sind dazu erforderlich. Letzterer erhält je nach den Ansprüchen des Reisenden (vergl. S. 16) 30—40 fr. pro Tag und Person und hat dafür alle Unkosten für Eisenbahn, Esel und sonstige Transportmittel, sowie für Zelt und Proviant zu bestreiten. Ein schriftlicher Vertrag (vgl. S. 403) unter Feststellung der Punkte, die man besuchen will, ist vor der Abreise abzuschliessen, wobei der besondere Preis für einen Ruhetag oder sonst als wünschenswerth sich geltend machenden Aufenthalt

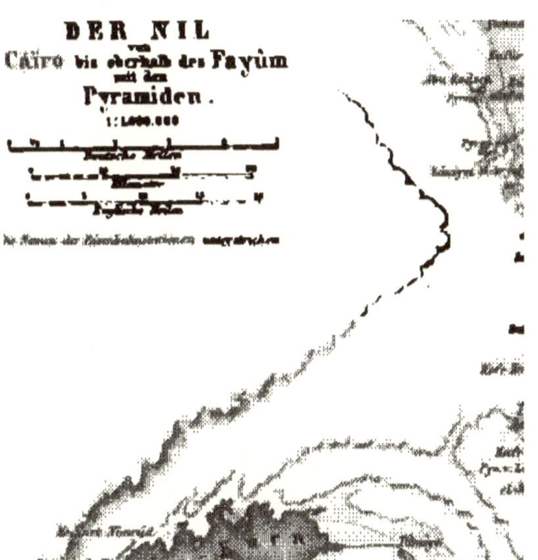
DER NIL
Cairo bis oberhalb des Fayûm
Pyramiden.
1:1.000.000

nicht ausser Acht zu lassen ist. Wer sich jedoch mit dem Besuch der Stadt Medînet el-Fayûm und deren nächster Umgebung begnügen will und die Bedürfnisse eines bequemen Nachtlagers für 1 bis 2 Nächte entbehren kann, wird auch allein durchkommen; einigen Mundvorrath mitzunehmen ist immerhin rathsam. Sehr gute Dienste leistet eine Empfehlung an den Mudîr, zur Beschaffung der nöthigen Pferde oder Esel, da die Einwohner ihre Thiere nur ungern hergeben (vgl. S. 479).

Seit Eröffnung der Eisenbahn empfiehlt es sich am meisten, diesen Ausflug von Kairo aus zu unternehmen, doch kann er auch mit dem Besuche von Saḳḳâra (S. 383) verbunden werden. Früher wurde er gewöhnlich mit der Nilreise vereinigt, wovon aber jetzt entschieden abzurathen ist, schon der Kosten wegen, da man während des mehrtägigen Ausflugs auch das Nilboot mit seiner Bemannung zu bezahlen hat. Wer dennoch die letztere Weise wählt, steige in Waṣṭa aus und schicke seine Dahabîye nach Beni Suêf, wohin man später mit der Bahn folgt, voraus.

Eisenbahn von Kairo nach Medînet el-Fayûm *(ligne de la Haute-Egypte)*, 130,4 Kil. Täglich geht Morgens 8 Uhr ein Zug von dem auf dem linken Ufer gelegenen Bahnhof Bûlâḳ ed-Dakrûr (1/2 St. Fahrens von der Ezbekîye entfernt; vergl. auch S. 378) ab, der um 11 Uhr 10 Min. in Waṣṭa ist. Hier Wagenwechsel und Aufenthalt bis 2 Uhr 10 Min. Bis Medîne alsdann Zweigbahn in 1¼ St. Zurück aus Medîne tägl. 9 Uhr 10 Min., in Waṣṭa 10 Uhr 53 M.; aus Waṣṭa 1 Uhr 53 M., in Bûlâḳ ed-Dakrûr 5 Uhr 12 M. Häufig treten Verspätungen ein.

Lage und Geschichte des Fayûm. In dem grossen, 100 bis 130 m über dem Meeresspiegel sich erhebenden Plateau der *Libyschen Wüste* bildet das Fayûm (vom altaegypt. „Phiom" d. i. Sumpf, Seeland), jetzt Provinz, die erste, gewöhnlich noch zum Nilthal gerechnete Oase (S. 74), deren ausserordentliche Fruchtbarkeit (s. unten) mit Recht berühmt ist. Sie hat die Form eines länglich runden Thales oder Beckens, das von der hier niedrigen libyschen Gebirgskette umschlossen ist; 2/3 Grad südlicher als Kairo gelegen, ist ihr Klima ganz besonders günstig, und selbst die Pest kam selten dahin. Dieses „Land der Rosen" ist noch heutzutage einer der schönsten Theile von Aegypten und besser als auf irgend einen andern Theil des Nilthals passt auf diese Landschaft das bekannte Wort Herodot's, Aegypten sei ein Geschenk des Nils, denn diese 40 □Meilen grosse Oase, welche 150,000 Menschen ernährt, hat vor Zeiten als wüstes Land der Wüste angehört und ist erst durch künstliche Berieselung mit dem Schlamm führenden Wasser des Nils zu dem geworden, was es ist, die fruchtbarste Provinz von Aegypten. Der Bahr Yûsuf genannte 45 Meilen lange Wasserlauf, der eher für einen alten durch Menschenhände regulirten Stromarm, als für einen künstlichen vom Nil abgeleiteten Canal gehalten werden muss, zweigt sich nördlich von Siûṭ vom Nil ab und tritt durch eine schmale Oeffnung der libyschen Gebirgskette bei el-Lâhûn in die Landschaft ein, welche er, sich verästelnd, reichlich tränkt. Einen Theil seines Wassers wälzt er entlang dem östlichen Rande der libyschen Bergkette nach Norden hin. Da, wo er in die Oase eintritt, kann diese als mässig hohes Plateau bezeichnet werden, das nach Westen hin in zwei Stufen bis zu dem mehr östlichen Ufer des von SW. nach NO. lang hingestreckten und schmalen Birket el-Ḳurûn abfällt. Auf der höchsten östlichen Stufe war das Labyrinth und der Mörissee (S. 483) gelegen, auf der mittleren grünt das berühmte Fruchtland der Provinz Fayûm und die westlichste besteht zum grössten Theil aus dürrem Wüstenland. Hinter dem Birket el-Ḳurûn und im Norden desselben dehnt sich im Rücken von steil abfallenden Kalkbergen die unermessliche Sandfläche der Ṣaḥâra aus. Schon in sehr früher Zeit ist das Fayûm der Wüste abgerungen worden, jedenfalls im alten Reiche, wahrscheinlich unter Amenemha III., von dem sich Denkmäler erhalten haben, welche beweisen, dass er vielleicht als erster von allen Pharaonen die Regelung des gesammten Nillaufes ins Auge gefasst habe. Hoch am oberen Nil hat Lepsius von ihm hergestellte Nilmesser und im Fayûm an der Stelle des Labyrinths mit seinem Namen versehene Werkstücke gefunden. Die Griechen nannten ihn *Möris* und glaubten, der See, welchen sie „Mörissee" hiessen, und welcher als eines der grössten Wunder der Wasserbaukunst bezeichnet ward, trage seinen Namen. Indessen bedeutet *meri* aegyptisch der See und die Ueberschwemmung, und das grosse Bassin im Fayûm ward einfach „der See" und Amenemha III. wegen des Phänomens, auf welches sich seine Wirksamkeit hauptsächlich richtete, „der Ueberschwemmungskönig" genannt. Durch einige Inschriften und eine das Fayûm behandelnde Papyrusrolle erfahren wir, dass diese Provinz in der Pharaonenzeit ta schet, d. i. das Seeland, der Mörissee aber huu-t, d. i. das Abflussgewässer oder der Hintersee genannt ward. An seinem Ufer erhob sich der berühmte Bau des Labyrinths, der wohl in der XXII. Dyn. der Bubastiten eine Erneuerung erfuhr. In der gleichen Epoche unter Osarkon I. ward die am Mörissee gelegene Stadt Krokodilopolis, welche nach der Gemahlin des Ptolemäus Philadelphus den Namen Arsinoë empfing, so sehr vergrössert und erweitert, dass sie auf der berühmten Pianchistele „Stadt Osarkon's I." genannt werden konnte. Die gesammte Provinz wurde in ältester Zeit das Seeland, der Gau von Krokodilopolis und endlich der Arsinoitische Nomos genannt. Die hier vor allen anderen verehrte Gottheit war der krokodilköpfige Sebek (S. 151), dessen heiliges Thier in dem Mörissee besondere Pflege und Berücksichtigung fand. Immerhin galt die gefrässige und gefährliche Bestie, trotz der Verehrung, die man ihr wegen ihres Zusammenhanges mit der Ueberschwemmung zollte, für typhonisch, weswegen auch der krokodilopolitanische Gau in den Nomoslisten übergangen ward. — In der den Psamtikiden der XXVI. Dyn. vorangehenden Zeit scheint man das Labyrinth als Local für grosse Reichsversammlungen benutzt zu haben. Unter den Ptolemäern und Römern werden die Producte des Fayûm gepriesen. Strabo sagt hierüber: „Der arsinoitische Landgau ist der merkwürdigste unter allen, sowohl in Bezug auf sein landschaftliches Aussehen und seine Vortrefflichkeit, wie auf seine Ausstattung. Denn er allein ist mit grossen, vollkommenen und fruchtschönen Oelbäumen bewachsen, und das Oel ist gut, wenn man mit Sorgfalt einsammelt; wer das vernachlässigt, gewinnt zwar viel Oel, dies ist aber schlecht im Geruch. Im übrigen Aegypten fehlt der Oelbaum allenthalben, ausser in den Gärten von Alexandria, welche zwar im besten Falle Oliven hervorbringen, aber kein Oel geben. Auch nicht wenig Wein, Getreide, Schotenfrüchte und sehr viele andere Gewächse gedeihen in jener Landschaft." Was Strabo hier mittheilt, ist heute noch zutreffend. Die hier reifenden Orangen und Mandarinen, die Pfirsiche, Oliven, Edel- und Cactusfeigen, Granatäpfel und Weintrauben werden hoch geschätzt, und die Rosen aus den Gärten des Fayûm, welche bei den Gastmählern der Kleopatra verschwenderisch ausgestreut wurden, blühen heute noch in besonders schönem Roth. Am Bahnhofe zu Medînet el-Fayûm pflegen kleine Fläschchen mit hier gewonnenem, aber schlechtem Rosenöl zum Kauf angeboten zu werden. Die Regierung Ismâ'îl Paschas wendet dieser Landschaft ihre besondere Aufmerksamkeit zu. Auf den durch Schöpfräder von eigenthümlicher Construction reich bewässerten Fluren gedeihen ausser den gewöhnlichen Brotfrüchten Reis und Zuckerrohr, Baumwolle, Flachs und Hanf. Wer Anfangs November das Fayûm bereist, den wird der Augenschein lehren, dass es mit Recht durch seine Fruchtbarkeit berühmt geworden. Die *Einwohner* der Provinz sind Ackerbauer (Fellachen) oder Beduinen. Zu den letzteren rechnen sich auch die armen Fischer, welche die Ufer des Birket el-Kurûn bewohnen. Selbst viele Bauern wollen für „Araber" gehalten sein und die wohlhabenderen unter ihnen sind gut beritten.

Die Fahrt auf der Eisenbahn hat vor der auf dem Nil den Vorzug, dass man schnell vorwärts kommt und das linke, ja häufig auch das jenseitige Ufer des Flusses überblickt. Der Nil mit den lateinischen Segeln auf ihm erscheint häufig l., während r. Pyramiden, üppiges Fruchtland, Canäle, Schöpfräder, Palmenhaine, sowie Dörfer mit hohen Taubenschlägen in schneller und immer wiederkehrender Folge sich an einander reihen. Bis Stat.

Bedraschên s. S. 383; dann zeigen sich r. die Pyramiden von Dahschûr und die sogen. falsche Pyramide von Mêdûm (s. S. 480). Folgen die unbedeutenden Stat. *Abu Ragwân*, *Kafr ed-Dabal*, *Kafr el-'Ayât*, *Kafr Amar*, *Girze* und

90 Kil. **Wasṭa** (Post und Telegraph), das einige Minuten l. von der Bahn dem Nil zu in einem grossen Palmenwalde liegt. Wagenwechsel und langer Aufenthalt, der sich zu nichts benutzen lässt.

Die Zweigbahn nach dem Fayûm führt westl. durch Fruchtland bis zum Dorfe *Büsch*, dessen Taubenschläge mit Aufsätzen gekrönt sind, welche ihnen das Ansehen der Giebel europäischer Häuser aus dem 17. Jahrhundert geben; von hier aus 35 Min. durch Wüste. Dann durchbricht der Schienenweg die niedrigen Höhen der öden libyschen Bergkette. Hinter ihnen zeigt sich rechts das erste Fruchtland und das Dorf (Stat.) *'Adua*. Links Kirchhof mit verfallenen Schêchgräbern. Bei den Denksteinen viele Palmenzweige als Liebesgaben. Nachdem die Station *Maslûb* passirt ist, gelangt man nach einer kurzen Fahrt durch üppiges Fruchtland nach

Medînet el-Fayûm, der Stadt der *Seelandschaft*, die südlich von der alten Metropolis der Provinz *Krokodilopolis-Arsinoë* erbaut worden ist. Sie ist eine der freundlicheren aegyptischen Städte mit ungefähr 9000 Einwohnern. Zwischen Bahnhof und Ort (wie an mehreren Stellen des Fayûm) ein eigenthümliches, durch das Wasser selbst getriebenes „unterschlächtiges" Schöpfrad (Sâḳiye). Der bedeckte Bazar ist sehr lang, enthält aber nichts Ungewöhnliches. Dem Mudîr seinen Besuch zu machen, auch ohne Empfehlung an ihn, darf man nicht unterlassen, schon wegen der etwa nöthigen Unterstützung gegen die Forderungen der Esel- und Pferdevermiether (vergl. S. 21). Unterkunft bei dem italien. Geistlichen (man versehe sich in Kairo mit einem Empfehlungsschreiben der franz. Patres); Nachtquartier sonst nicht leicht zu bekommen. Durch die Stadt fliesst ein breiter Arm des Baḥr Yûsuf (S. 477). Unter den Moscheen ist nur die schon etwas verfallene des Sulṭâns *Ḳait Bey* (S. 287) an der N.-Seite der Stadt zu nennen, und zwar wegen der vielen antiken Säulen, welche, dem alten Arsinoë entnommen, bei ihrem Bau verwandt wurden, einige mit Schäften von polirtem Marmor mit arab. Inschriften, sowie korinthischen und anderen Capitälen. Unterhalb der Moschee findet sich am Ufer des Baḥr Yûsuf altes Mauerwerk. Antike Inschriften sind nicht vorhanden, wohl aber in dem Gemäuer einiger Häuser Fragmente aus alten Tempeln nachweisbar. — Im Norden der Stadt die bedeutenden Trümmer von *Krokodilopolis-Arsinoë*, das von Grund aus vernichtet ward. Die Ruinenstätte wird heute *Kôm Fâris* genannt; mancherlei Alterthümer, besonders aus römischer und christlicher Zeit wurden hier gefunden, darunter sehr viele kleine Lampen von Terracotta; der sehr ausgedehnte Friedhof der Stadt mit hübschen Gräbern bedeckt einen Theil der Trümmerstätte, von deren höchsten Schutthügeln man das ganze Fayûm überblickt. Am westlichen

Empfehlungen an die Consular-Agenten in Manṣûra, Rosette und Damiette durch das Consulat in Kairo zu verschaffen; nach Tanis an den Schêch der Fischerei.

Im Winter gibt es im Delta häufig Regen und kalte Nächte, daher warme Kleidung und Decken nicht zu vergessen; selbst einiger Mundvorrath, besonders Wein, kann unter Umständen gute Dienste leisten.

Zeiteintheilung. Der Verkehr auf den Eisenbahnen ist ein sehr beschränkter, meist geht nur ein Zug (hin und zurück) am Tage, und hat jede Unterbrechung der Fahrt einen Zeitverlust von 24 Stunden zur Folge; auch auf Anschlüsse ist kein Bedacht genommen, so dass man so gut wie gar keine Wahl hat. — Fahrzeiten und Preise, letztere durchweg in Piaster Tarif verstanden, finden sich zwar in nachfolgenden Routen allemal voran gestellt, indessen können immerhin Veränderungen eintreten, so dass vorherige Erkundigungen an Ort und Stelle rathsam sind.

1. Tag. Von Kairo (9 Uhr Morgens) nach Manṣûra (5 Uhr 7 Min. Abends); 2. Tag: In Manṣûra, Ausflug nach Behbît el-Hager und (4 Uhr 19 Min. Nachm.) von Ṭalcha, Manṣûra gegenüber, nach Damiette (6 Uhr 17 Min. Abends). 3. Tag: Aus Damiette geht der Zug nach Ṭanṭa schon 7 Uhr Morgens ab, man muss also um etwas zu sehen einen ganzen Tag dort bleiben. 4. Tag: Aus Damiette (7 Uhr Morgens) nach Ṭanṭa (11 Uhr 20 M.); aus Ṭanṭa geht 4 Uhr 25 M. zwar ein Zug nach Damanhûr (6 Uhr 2 M.); indessen kann man in Damanhûr nur durch Empfehlung an einen dort Ansässigen Nachtquartier erhalten. 5. Tag: Nach Rosette und 6. Tag: Nach Alexandrien. Der Besuch von Tanis erfordert weitere 2 Tage, der von Saïs ebenso viel.

Je nachdem man nun seine Heim- oder Weiterreise festgesetzt hat, kann man diese ganze Tour auch umgekehrt machen und wird vielleicht von Tanis direct nach Port Saʿîd zu gelangen suchen.

Auf der Fahrt selbst ist selten etwas besonderes zu sehen. Weite, oft überaus fruchtbare Felder, Canäle und von Palmen umgebene schmutzige Dörfer, das ist der Charakter der gleichförmigen Gegend.

a) Von Kairo nach Manṣûra.

$158{,}_5$ Kil. Eisenbahn (9 Uhr Morgens) in 8 Stunden, I. Kl. 87, II. Kl. 57 Piaster 20 Para.

Von Kairo bis ($83{,}_3$ Kil.) *Zaḳâzîḳ* s. R. 5; hier 1 St. Aufenthalt, gutes Buffet. Die Bahn nach Manṣûra überschreitet den Pelusischen Arm des Nils und zieht sich NNO. Richtung am östlichen Ufer des *Muʿizz-Canals*, des alten Tanitischen Nilarms, in fruchtbarer Gegend hin. Stat. (96 Kil.) *Mehîye* und ($107{,}_4$ Kil.) *Abu Kebîr*. Von hier über Tell el-Faḳûs, das alte Phacusa, nach Tanis s. S. 472.

Von Abu Kebîr wendet sich die Bahn NW., überschreitet den Muʿizz-Canal und eine Menge anderer kleiner Canäle und erreicht über Stat. (115 Kil.) *el-Bûha*, ($122{,}_5$ Kil.) *Abu Scheḳûḳ* und (137 Kil.) *Sinbelâwîn* (von hier nach Tanis s. S. 472) —

($158{,}_5$ Kil.) **Manṣûra.** Sieben grosse von Griechen gehaltene *Kaffehäuser*, zugleich schlechte Restaurants. Im *Bazar universel* reiche Auswahl von Speisen und Getränken, stets frisches Eis. Gegenüber ein neues einstöckiges Holzgebäude mit ziemlich gut eingerichteten Zimmern für Durchreisende. — Deutscher und englischer Consularagent. Herr *Kunzemüller*, der Besitzer einer Maschinenfabrik, ein Deutscher, steht seinen Landsleuten gern mit Rath zur Seite.

Die Stadt (16,000 Einw.) liegt, von Baumwollenfeldern umgeben, am r. Ufer des alten Bukolischen oder Phatnitischen Nilarmes, des heutigen Damiettearms, von dem aus hier der Canal *Aschmûn* oder *Ṣughayyir*, d. i. der kleine, abzweigt. Neben Ṭanṭa

[illegible]

sich [illegible]

[illegible] gebi[illegible]

[illegible]

sie reichlic[illegible]

[illegible]

den [illegible]

[illegible]

unter Lau[illegible]

[illegible]

Ende der Stadt theilt sich der Baḥr Yûsuf in zahlreiche, strahlenförmig die Landschaft durchziehende Zweige. Die hier gelegene verfallene Moschee *Ṣôfi* bildet einen malerischen Vordergrund.

Das Dorf **Beyahmu**, $1^1/_2$ St. nördl. von Medîne, hat gewiss einst am Ufer des Mörissees gelegen und enthält einige formlose Monumente aus alter Zeit, die, obgleich keine Inschrift hier erhalten ist, immerhin einiges Interesse gewähren, da man sie vielleicht für die Reste der Pyramiden halten darf, welche nach Herodot im Mörissee standen. Sie werden heute *Kursi Far'ûn*, d. i. Stuhl Pharao's, genannt und erheben sich in festem Gemäuer wie stark beschädigte Altarbauten über dem mit anderen Resten von fester Quaderconstruction bedeckten Boden. Sind es Pyramiden gewesen, so hat man sie zum grösseren Theile abgetragen, da sich ihre Aussenwände von der Basis bis zur Spitze nur wenig neigen. Sieht man gleich heute noch entschiedene Spuren von dem Wasser, das sie einst umgeben hat, an ihrer Basis, so ist es doch schwer zu sagen, was die Umfassungsmauern sollten, die sie einst und auch heute noch erkennbar umgeben haben.

Bei **Ebgig**, 1 St. SW. von Medîne, liegt ein schöner Obelisk mitten durchgebrochen im Felde, der eine Höhe von wenigstens 14m besessen hat (Weg sehr beschwerlich und schmutzig). Sein Querdurchschnitt bildet wie bei anderen Obelisken ein längliches Rechteck, seine Spitze ist abgerundet. Die Inschriften sind an vielen Stellen verwittert, doch lehren sie, dass Usertesen I., der auch den Obelisken von Heliopolis (S. 349) errichtete und derselben Familie (XII. Dyn.) angehörte, wie der Gründer des Labyrinths Amenemha III., diese Denksäule aufgerichtet habe. — Der Besuch von Beyahmu und Ebgig ist nur für Archäologen und allenfalls für Botaniker von Interesse.

Ausflüge. Zum Besuch von *Hawâra el-Kebîr*, der *Pyramide von Hawâra* und des *Labyrinths* bedarf man nicht ganz einen Tag; Pferd 10, Esel 5 fr. Der Weg führt zunächst $^3/_4$ St. dem Baḥr Yûsuf entlang. Das erste grössere Dorf heisst *Ḳahâfe*. Man reitet stets durch wohl bebautes Land mit vielen gut gehaltenen Schöpfrädern. Viele schattige Sykomoren, Lebbach, Palmen und andere Bäume überragen die Brotfrucht- und Baumwollenfelder. $^1/_2$ Stunde, nachdem man Ḳahâfe verlassen und zwei kleinere Dörfer passirt hat, erreicht man eine Brücke von altem Ziegelgemäuer und bald darauf nach einem kleinen Ritte durch leicht gewelltes Land den *Baḥr belâ mâ* („Fluss ohne Wasser"), ein tiefes, sich in weitem Halbbogen hinstreckendes ausgetrocknetes Flussbett, dass bei der nordöstlichen Spitze des Birket el-Ḳurûn (S. 486) sein Ende findet und auch im Winter nur spärliche, durch Filtrirung aus der Erde kommende Wasserlachen enthält. Der Boden dieses hochufrigen Bettes erzeugt Schilf und Tamarisken. Sein südlicheres Ufer erhebt sich stellenweis fast senkrecht bis zur Höhe von 8m und man kann an ihm die Uebereinanderlagerung der Erdschichten gut beobachten. Nun steigt man das Plateau (das höchste der Provinz) hinan, auf welchem *Hawâra el-Kebîr* (auch *Hawâra el-Kaṣal* oder *Hawâra el-Ma'âta*), ein ziemlich grosses Dorf mit Moschee, gelegen ist (von Medînet el-Fayûm in $1^3/_4$ St. zu erreichen). Beim Schêch el-beled (Dorfschulzen) Führer zu der Pyramide von Hawâra. Bei hohem Wasserstande gelangt man, wenn man die Canäle umgeht, in fast 2 Stunden auf weitem Umwege zu dem Labyrinth, während man, wenn man sich nicht scheut das Wasser zu durchreiten, in $^{3}/_{4}$ Stunden dorthin zu gelangen vermag. Der weitere Weg bietet den Vortheil, dass man auf ihm einigen Bauresten aus alter Zeit begegnet. Bald hinter dem Dorfe die Brücke *Kanâtir el-Ayani*, deren 10 Pfeiler auf einem Unterbau von hartem Stein ruhen. Man reitet auf einem alten Damme fort und gelangt zu den *Kaṭuṣanta* genannten Dammbauten, die aus einer Terrasse von 6 sauber gefügten Stufen bestehen. Die grossen zu diesem Bau verwandten Werkstücke sind sorgfältig behauen, zeigen aber an keiner Stelle eine Inschrift. Man überschreitet den vom Bahr Yûsuf abgeleiteten *Bahr Eyîb* und kommt zu dem wasserreichen *Bahr Wardâni*, der nunmehr die Trümmerstätte bei der *Pyramide von Hauâra* durchschneidet, und welchen die Araber auch *Bahr esch-Scherki* d. i. den Fluss des Ostens nennen. An seiner Linken liegt die Gebäudemasse, welche seit Lepsius für das **Labyrinth** gehalten wird. Um eine Uebersicht über dieses interessante Ruinenfeld zu erlangen, thut man wohl, die Pyramide sogleich zu besteigen. Sie besteht aus ungebrannten, mit Stroh vermischten Nilziegeln (vergl. S. 384) und bedeckte, bevor die Zeit ihre Seiten zerbröckelte, eine Fläche von etwa 106 m im Quadrat. Als Kern, um den sie erbaut ward, hat man einen natürlichen Felsblock von 12 m Höhe erkannt. Die zerstörte Spitze ist auf einem ausgetretenen Wege in wenigen Minuten leicht erreichbar. Gen Süden bemerkt man rechts ein Convolut von Gemächern und Gängen aus ungebrannten Ziegeln, das von dem Bahr esch-Scherki begrenzt wird und von Lepsius für die rechte, einigermassen erhaltene Seite des Labyrinths erklärt ward. Auf der anderen Seite der Pyramide würde ein gleicher Zimmercomplex, der aber nunmehr von der Erde verschwunden ist, und dahinter ein hier und da nachweisbares Bauwerk reconstruirt werden müssen. Das ganze Labyrinth würde also die Gestalt eines Hufeisens besessen haben. Zwischen dem vorhandenen und verschwundenen Labyrinthflügel liegt eine wüste mit Scherben durchschossene Fläche, in deren Mitte sich grosse Trümmerstücke eines alten, prächtigen Tempelbaues finden. Bemerkenswerth der Fuss eines Papyrussäulenschaftes und ein derselben Ordnung angehörendes Capitäl, beide von rothem Assuânstein, Stengel und Blattwerk sculptirt. Die hier gefundenen Blöcke mit Amenemha's III. Namen sind wieder vom Sande bedeckt. Auch einige grosse Kalkblöcke zeigen sich in Mitten dieses grossen Innenhofes des Labyrinths. Die Inschriften sind so ganz zerstört, dass man nur noch ärmliche Spuren ihrer Bemalung und die Zeichen āa und u erkennen kann. Das gesammte Bauwerk scheint, nach den vorhandenen Spuren eine Fläche von beinahe 8000 □m bedeckt und der grosse Innenhof einen Raum von etwa 24 Hectaren eingenommen zu haben.

Die erhaltenen Gemächer des Labyrinths liegen jenseit des Bahr esch-Scherḳi, den man zu Pferde oder auf dem Rücken eines Arabers leicht überschreiten kann. Die Zahl der hier vorhandenen längst ihrer Decken beraubten Kammern und Zimmer ist sehr beträchtlich. Durch die gesammte Anlage, welche die Araber für den Sûḳ (Bazâr) einer zerstörten Stadt halten, führen mehrere Gänge. Die Stuben und Kammern haben verschiedene Grösse. Obgleich fast die gesammte Anlage aus Nilziegeln besteht, so fehlt es nicht an würfel- und scheibenförmigen Blöcken von Kalkstein, die am Boden liegen; im Nordosten ein niedriger Doppelgang von grossen, sauber behauenen Kalkblöcken. Die erste sowie die zweite Etage dieses eigenthümlichen Bauwerks ist bedeckt mit mächtigen Platten von Kalkstein. Das Ende des Ganges wird durch einen Füllstein geschlossen, der vielleicht zu weiteren Corridoren führt. — Auch an der Stelle des verschwundenen Flügels des Labyrinths (jenseit des Wassers) zeigt sich einiges Mauerwerk von Nilziegeln. Dahinter eine verschüttete Gräberstätte mit Grüften, von denen M. Mariette mehrere freilegte. Einige Brunnen sind mit Kalkblöcken sauber ausgemauert.

Das alte Labyrinth. Nach Brugsch würde der verschiedentlich gedeutete griechische Name Labyrinthos aus „erpa" oder „elpa-rohunt", d. i. der Tempel der Seemündung, entstanden sein. Wie die hier von Lepsius gefundenen Inschriften beweisen, war Amenemha III. in der XII. Dynastie (S. 102) sein Begründer. Herodot erklärt das Labyrinth, welches man später zu „den Wundern der Welt" rechnete, für so grossartig, dass sich alle Bauwerke der Griechen zusammengenommen nicht damit messen könnten und dass es selbst die Pyramiden überbiete. Die beste Beschreibung verdanken wir dem Geographen Strabo, der das Labyrinth selbst besuchte. Er sagt: „Ausserdem ist hier das Labyrinth, ein den Pyramiden gleichkommendes Bauwerk, und nebenstehend das Grab des Königs, welcher den Labyrinthos erbaute. Nämlich dem neben der ersten Einfahrt in den Canal etwa 30 oder 40 Stadien Vorschreitenden begegnet eine tafelähnliche Fläche, welche einen Flecken und einen grossen, aus so vielen Königshäusern als vorher Landgaue waren, bestehenden Palastbau enthält; denn so viele mit Säulen eingefasste und einander berührende Hallen sind dort, alle in einer Reihe und in einer Wand, welche die Hallen wie vor einer langen Mauer vor sich liegen hat; die Wege aber zu ihnen sind der Mauer gegenüber. Vor den Eingängen liegen viele und lange Deckgänge, welche krumme (verschlungene?) Wege durcheinander haben, sodass der Zugang und Ausgang jeder Palasthalle keinem Fremden ohne Führer möglich ist. Bewunderungswürdig ist, dass die Decken aller Gemächer einsteinig, und auch der Deckgänge Breiten gleicherweise mit einsteinigen Platten von ausserordentlicher Grösse überdeckt sind, indem nirgend weder Holz noch anderes Baumaterial zugemischt ist. Besteigt man das Dach, dessen Höhe bei einem Geschoss nicht gross ist, so erblickt man eine steinerne Fläche von ebenso grossen Steinen; von hier wieder gegen die Hallen hinausblickend sieht man sie, von 27 einsteinigen Säulen unterstützt, in einer Reihe liegen. Auch die Wände sind aus Steinen von nicht geringerer Grösse zusammengefügt. Am Ende dieses über ein Stadium einnehmenden Bauwerks ist das Grabmal, eine viereckige, in jeder Seite etwa 4 Plethra oder 400 Fuss und gleiche Höhe haltende Pyramide. Der darin Begrabene heisst Imandes. Uebrigens behauptet man, so viele Paläste wären aufgebaut worden, weil es Sitte war, dass alle Landgaue in auserwählten Landesgrossen mit ihren eigenen Priestern und Opferthieren dort zusammenkamen, um Opfer und Göttergeschenke darzubringen und über die wichtigsten Angelegenheiten zu entscheiden. Jeder der Landgaue bezog dann den ihm bestimmten Palast. Diesem Orte auf 100 Stadien vorbeischiffend erreicht man die Stadt Arsinoë etc."

Im Ganzen stimmt dieser Bericht zu den vorhandenen Trümmern, doch nicht im Einzelnen. Da man von dem Dache der einen Hallenreihe eine andere zu überblicken vermochte, so müssen zwei Gebäudeflügel einander gegenüber gelegen haben. Die Pyramide „am Ende des Labyrinths" ist gleichfalls vorhanden; während aber Strabo versichert, die einzelnen Hallen oder Zimmer hätten aus grossen Blöcken bestanden, so ist ausser den erwähnten Räumen im Nordosten der Ruine, die aus Werkstücken von Kalkstein und mächtigen Deckplatten errichtet wurden, gerade hier kein anderes Material wie Nilziegel verwandt worden. Eine Erklärung dieses Umstandes lässt sich immerhin versuchen. Der zerstörte Gebäudeflügel bestand vielleicht aus massiven Blöcken, welche abgetragen und anderweitig verbaut wurden, während man die werthlosen Nilziegel der Verwitterung Preis gab. Vielleicht ist nur der schönere und festere Bau des zerstörten Flügels dem Strabo gezeigt worden und der erhaltene glich wohl von aussen, als er noch mit Stuck beworfen und bemalt war, dem ersteren. Von den erwähnten Säulen sind in Mitten beider Flügel heute noch Trümmer vorhanden. Dass die Stadt Arsinoë erst nach einer Fahrt von 100 Stadien zu erreichen war, stimmt mit dem wahren Sachverhalte, da diese im Norden des heutigen Medînet el-Fayûm zu suchen ist.

Der Mörissee. In früherer Zeit ward der Birket el-Ḳurûn (See der Hörner, S. 486) für den Mörissee gehalten, bis Linant Bey mit unwiderleglichen Gründen erwies, dass dieser See niemals und unter keiner Bedingung dem Zweck entsprechen konnte, dem er nach dem einstimmigen Zeugnisse der Alten gewidmet war, und dass der längst vertrocknete Mörissee weiter nach Süd-Osten hin und näher dem Labyrinth, el-Lâhûn und der Stadt Medînet Fayûm (Arsinoë) verlegt werden muss. Der Zweck des Sees war der, bei zu hohem Wasserstande das überflüssige Wasser aufzunehmen und bei zu geringem seinen Inhalt über die Felder zu ergiessen. Die tiefe Lage des Birket el-Ḳurûn war dazu nicht geeignet, wohl aber ein See, der wie der von Linant wiedergefundene, auf der höchsten Fläche des Fayûm gelegen war. Strabo beschreibt den Mörissee folgendermassen: „Er vermag wegen seiner Grösse und Tiefe während der Ueberschwemmung die steigende Flut zu fassen, so dass sie nicht überlaufe auf die bewohnten und besäten Gefilde; hernach aber beim Sinken, nachdem er den Ueberfluss in demselben Canale durch die eine der beiden Mündungen zurückgegeben hat, bewahrt er das für die Ueberschwemmung nöthige Wasser, sowohl er selbst wie der Canal. Dies thut die Natur, aber an beiden Mündungen des Canals liegen auch Hemmschleusen, vermittelst welcher die Wasserbaumeister den Ein- und Ausfluss des Wassers ermässigen." Die Schleuse, welche im Alterthum dem aus dem Nil abgeleiteten Canal Einlass in den See gewährte, ist bei dem heutigen *el-Lâhûn* zu suchen, dessen Name aus dem altaegyptischen ro-hun oder lo-hun, d. i. Seemündung erklärt werden muss. An Stelle des heutigen durch seine Pyramide berühmten el-Lâhûn stand wohl später die Stadt Ptolemais. Wäre der Birket el-Ḳurûn der Mörissee gewesen, so hätte sein Wasser, um gen Osten zurückfliessen zu können, so beträchtlich ansteigen müssen, dass keine Wasserkunst der Welt dies zu bewerkstelligen im Stande gewesen wäre. Lag der See da, wo Linant ihn sucht, so hat er die von den Alten ihm zugeschriebenen Bedingungen vollkommen erfüllen können und nicht unbeträchtliche, freilich an vielen Stellen durchbrochene Dammbauten (bis [illegible] Meter breit und 3 Meter hoch) zeigen thatsächlich an, wo seine Grenzen zu suchen sind.

Wer sich selbst von der *früheren Lage und Gestalt des Sees* zu überzeugen wünscht, der wird in 2—3 Tagereisen folgende nicht unbeschwerliche Reise zu machen haben. Er reite in SSW. Richtung von Medînet el-Fayûm zum *Birket el-Gharaḳ*, durchschneide die Wüste *Schêch Ahmed*, woselbst man noch die, die heutige weit überbietende Wasserhöhe constatiren kann, bis *Ḳalamscha*, wende sich nördlich bis *Dêr*, dann nach Osten und Südosten bis *Dimischḳîne*, folge dem Damm von *Pillawâne*, passire *Hawâra el-Aḳilun* und besuche die Brücke von *el-Lâhûn*, in deren Nähe die Pyramide von el-Lâhûn steht und sich einst das Schleussenwerk befunden haben muss, welches den Zustrom des Nilwassers regelte. Der See hat hier, wie es scheint, eine Art von Zipfel gebildet. An dem nordöstlichen Theile liegt Hawâra el-Kebîr (S. 480). Von hier aus geht man über *Demo* nach Nordosten bis *Sele*, wendet sich gen Westen bis *Beyahmu* (S. 480) und von da nach Süden, bis man wiederum Medinet el-Fayûm erreicht. — So wird man das ganze nunmehr trockene Bett des Sees umgangen haben. Seine Grösse ist viel geringer, als man früher annahm, und man wird nicht irren, wenn man die 3600 Stadien, die sein Umfang nach Herodot gemessen haben soll, in 360 verwandelt. Nach den neuen Forschungen misst sein Bett etwa 3 Quadratmeilen. Bedenkt man, dass sich alljährlich auf dem Boden desselben Nilschlamm ablagerte, so ist es leicht verständlich, dass, nachdem man die Dämme zu erhöhen und den Grund zu reinigen aufgehört hatte, der See unbrauchbar werden musste, zumal nachdem die Zuflussschleusen bei el-Lâhûn eingegangen waren, deren Oeffnung nach Diodor jedesmal 50 Talente, d. i. 75,000 Thaler gekostet haben soll(?). Der Abfluss des überflüssigen Wassers nahm wohl seinen Weg durch den Bahr belâ mâ, den wir kennen (S. 480), oder das Wâdi Nezle (S. 485), welche alle beide in den Birket el-Ḳurûn münden. Diesem letzteren einen Abfluss in die Ṣaḥâra (Herodot sagt „die Libysche Syrte") anzudichten, war nicht schwer.

Ein Besuch der Pyramide von *el-Lâhûn* ist nur für denjenigen lohnend, der sich von der Richtigkeit der Linant'schen Hypothese überzeugen und die Grenzen des alten Seebeckens (s. oben) umgehen will. Sie ist von Hawâra el-Kebîr aus in 4—5, vom Labyrinth in 3—4 Stunden zu erreichen und besteht aus Nilziegeln. Die Reste der alten Dämme, die noch in der Chalifenzeit ziemlich gut erhalten waren, nicht uninteressant; auch mag es Freunden der Wasserbaukunst empfohlen werden, hierselbst den Eintritt des Bahr Yûsuf in das Fayûm zu besichtigen.

Birket el-Ḳurûn und *Ḳaṣr Ḳârûn* (Zelt, Pferde, Proviant etc. vergl. S. 476). Die von Medînet el-Fayûm nach Abu-Kesl führende Eisenbahn dient ausschliesslich für den Transport des Zuckerrohrs in die Fabriken des Chedîw. Wenn ein Zug geht (gewöhnlich nur zur Zeit der Zuckerrohrernte), so soll er auch Passagiere befördern. Misslich bleibt die Benutzung der Eisenbahn immerhin, wenn man nicht für die Weiterbeförderung Reitthiere mitnimmt. Folgende Routen lassen sich ausführen; der dritten dürfte der Vorzug zu geben sein:

1. Ueber *Nezle*, wo man Boote für die Seefahrt zu bestellen hat, nach Ḳaṣr Ḳârûn zu Lande, zu Wasser nach Dîme und wieder zu Wasser bis zum Südufer des Sees in der Breite des $1^1/_2$ Stunden landeinwärts gelegenen Senhûr. Dahin schicke man von Ḳaṣr Ḳârûn aus die Reitthiere, wenn anders sich ihre keineswegs gefügigen Führer dazu verstehen wollen, reite nach Senhûr und von da nach Medînet el-Fayûm. Vier bis fünf Tage sind erforderlich; die einzelnen zu berührenden Punkte bei Route 3. Der Weg von Nezle (s. unten) nach Ḳaṣr Ḳârûn (4 St.) führt durch die Wüste an den Resten eines kleinen Tempels vorbei, den die Araber *Ḳaṣr el-Benât* oder Mädchenburg nennen.

2. Will man Dime und Ḳaṣr Ḳârûn aufgeben und sich mit der Jagd im Baḥr el-Wâdi und am See begnügen, so lässt sich der Ausflug bequem in $2^1/_2$—3 Tagen machen. Am ersten längs der Eisenbahn (s. oben) nach (2 St.) *Sinerû;* dann durch eine Opuntien-Pflanzung, die mit ihren Riesenexemplaren fast einem Walde gleicht, in 2 St. über sandiges, mit Tamarisken bewachsenes Terrain nach *Abu Kesi*, auf einer Anhöhe gelegen, von der man einen hübschen Ueberblick über den See und die libyschen Bergketten hat. In der Nähe eine Zuckerfabrik, bei deren Director, einem Franzosen, man freundliche Aufnahme und einen Imbiss findet. Von hier SW. über Wiesenflächen und durch etwas sumpfige Gegend in $2^1/_2$ St. nach *Absche*, in unmittelbarer Nähe von *Nezle* gelegen (Uebernachten bei den Beduinen nicht anzurathen, weit besser im Freien unter Zelten). Am folgenden Tage durch das von hohen Schlammhügeln eingefasste Thal des *Baḥr el-Wâdi* (oder *Baḥr Nezle*) in $2^1/_2$ St. zum See, wo man den Tag über bleibt (Aufenthalt am Ufer wegen der vielen verwesenden Fische unangenehm; Kähne bei den Beduinen zu bekommen); Abends zurück nach Absche und am dritten Tage nach Medînet el-Fayûm.

3. Zu der dritten etwas weiteren Route über Ṣenhûr und den See nach Ḳaṣr Ḳurûn sind, wenn man Dîme besuchen und auf dem Wasser jagen will, unter den günstigsten Umständen und grosser Eile vier Tage nöthig. Der Weg führt erst an den Schienen und der Villa Maḥmûd Bey's entlang, dann gelangt man zu einem Schêchgrabe, bei dem der Wanderer von einem heiteren Derwisch mit frischem Wasser getränkt wird. Viele trockene Erdgräben sind zu passiren und mehrmals Canäle zu durchreiten, die bei hohem Wasserstande selbst dem ein grosses Pferd reitenden Reisenden die Füsse netzen. Wer Esel benutzt, lässt sich und sein Sattelzeug von Arabern tragen. Die Aecker zur Seite des Wegs sind besonders wohl bestellt und es fehlt nicht an Bäumen verschiedener Art, unter denen schöne Oliven in Gärten mit Hecken von Feigencactus angenehm auffallen. Diese zeigen nirgend eine mannigfaltigere Vegetation als bei dem an einer Hügelwand malerisch gelegenen Dorfe *Fidimîn*, dessen Einwohner sich keines guten Rufes erfreuen. Hier ist ein grösserer Canal *Baḥr eṭ-Ṭâḥûne* (Mühlenfluss) zu passiren. Bald geht es nun durch bewässerte und grüne, bald durch trockene und wüste Landstücke. Einmal ist Schlamm zu durchreiten, an dessen Seiten sich Gärten mit besonders schönen Oelbäumen, Granaten und Feigensträuchern befinden. Nach einem Ritte von drei guten Stunden gelangt man zu dem Schleusenbau mit der Brücke *Ḳanâṭir Ḥasan*. Hier stürzt das Wasser des vom Baḥr Yûsuf abgezweigten Canals in gewaltigem Gefälle in das Bett, welches dasselbe, vielfach verzweigt, auf die Aecker von Ṣenhûr leitet.

Das grosse Dorf **Ṣenhûr** liegt am Rande des zweiten Plateaus der Provinz. Die Höhe des ersten erreicht man bei einem Besuche von Hawâra el-Kebîr (S. 480), das zweite haben wir auf dem Wege nach

Senhûr überschritten und das dritte breitet sich aus zu Füssen des Wanderers, der von dem grossen *Kôm*, d. i. Trümmerhügel im Norden des Dorfes aus auf den Birket el-Ḳurûn herniederschaut. In dem stattlichen Hause des Schêch el-beled findet der Reisende einen gastlichen Ruheplatz und auch wohl ein Nachtquartier. In seinem Hause mache man mit dem Schêch der Fischer seinen Accord. 30 Francs für den Tag und ein Bachschîsch für die Ruderer (um schnell vorwärts zu kommen, 6—8 nothwendig) werden gefordert.

Senhûr steht auf dem Boden einer alten, nicht unbedeutenden Stadt, von der grosse Trümmerhaufen übrig geblieben sind. An vielen Stellen zeigt sich römisches Gemäuer. Ein grosses Gebäude ist in jüngster Zeit von den Bauern, welche die harten Ziegelsteine zu benutzen wünschten, freigelegt, aber schon zum Theil abgetragen worden. Säulenreste oder Inschriften sind uns nicht begegnet.

Man vergesse nicht, nachdem man bis zum See geritten ist, die Reitthiere, welche leer nach Senhûr zurückkehren, für die Heimkehr entweder an den Platz, wo man sie verlassen, oder an den See bei Nezle zur rechten Zeit zu bestellen (s. S. 488).

Der **Birket el-Ḳurûn** (See der Hörner) verdankt seinen Namen seiner Form, die der von sehr wenig gebogenen Kuhhörnern gleicht. Er misst in seiner Länge 54, an seiner breitesten Stelle 10—11 Kilometer. Ungefähr auf der Höhe des Mittelmeeres gelegen, hat er eine durchschnittliche Tiefe von 4 Metern. Sein grünliches Wasser ist schwach salzig (zum Trinken nicht unangenehm) und viele zum Theil recht wohlschmeckende Fische bevölkern ihn. Die Regierung hat die Fischerei verpachtet und die gesammten Fischfang treibenden Anwohner des Sees arbeiten im Dienste des Pächters, der ihnen statt jeder anderen Besoldung die Hälfte ihres Fanges überlässt. Die Boote (márkeb) sind höchst einfach, ohne Dach und Mast. Der Reisende muss es sich auf dem Bretterboden am Steuer so bequem wie möglich machen. Kein einziger Kahn trägt ein Segel und zwar, wie wir hörten, weil die Fische stets mit dem Winde schwimmen und die Fischer, um sie zu fangen, ihnen entgegen, also gegen den Wind, fahren müssen. Wasservögel in Menge bevölkern das Gewässer, besonders zahlreich Pelikane und Wildenten. Die Ufer des Sees sind äusserst steril. An seinem nördlichen Strande erheben sich nackte Wüstenberge zu ziemlich beträchtlicher Höhe. In seiner Mitte dient eine tafelförmige Felsmasse als Richtpunkt. Unweit des südlichen Ufers liegen von Osten nach Westen die Dörfer *Kafr Tamîye*, *Senhûr*, *Abu Kesi*, *Bische*, *Abu Genschûn* und *Nezle*, am nördlichen sind keine Ortschaften zu nennen, wohl aber die Trümmerstätte von *Dime*.

Fahrt auf dem Birket el-Ḳurûn nach Ḳasr Ḳârûn. Man fahre zu der mit Tamariskengebüsch und Schilf reich bewachsenen Landzunge *Chaschm Chalîl*, in deren Buchten man bequem landet. Von hier durch die Wüste ansteigend erreicht man in ca. $1^1/_4$ St. den Wüstentempel. Die Fischer übernachten nicht gern am Ufer in der Höhe von Kaṣr Kârûn oder in dem Tempel, weil sie die Beduinen und 'Afârît (böse Geister) fürchten.

Kaṣr Kârûn ist ein im Ganzen gut erhaltener Tempel aus später, wahrscheinlich erst römischer, frühestens aber ptolemäischer Zeit. Schon bevor man zu dem Tempel gelangt, zeigen sich viele Spuren einer von der Erde verschwundenen, zertrümmerten und verwehten alten Stadt. Behauene Blöcke, gebrannte Ziegel, Topfscherben und Glasstücke liegen in Menge am Boden. Ein kreisrundes Mauerfundament bezeichnet die Stelle einer alten Cisterne. Anderes Gemäuer sieht aus, als habe es zu Weinbergen gehört. Das Mauerwerk des Tempels besteht aus wohlbehauenen Blöcken von sehr hartem Kalkstein. Er war, wie fast alle Heiligthümer in den Oasen, dem widderköpfigen Ammon-Chnum gewidmet, wie zwei noch vorhandene (die einzigen) Bilder dieser Gottheit beweisen. Sie stehen einander gegenüber, und zwar an dem höchsten Theile der Hinterwand des obersten offenen Dach-Stockwerks. — Der Tempel misst an der Front $19{,}_{20}$m und ist 27 m lang. Der Eingang ist nach Osten gewandt und zu betreten, nachdem man eine hoch und sorgfältig aufgemauerte, 13 m vorspringende Plattform, den Vorhof, überschritten hat, an dessen Nordseite sich ein massiver thurmartiger Bau befindet. An die Front des Tempels und zwar an die Wand nördlich von der Eingangsthür schmiegt sich, wie eine gewaltige Halbsäule, ein halbrunder massiver Erker. Im unteren Stockwerk befinden sich die dem Cultus geweihten Räume des Tempels, die als dreimal getheilter Prosekos zum Sekos oder Sanctuarium leiten. Der Boden der drei ersten Räume senkt sich nach dem Sanctuarium hin, das sich, cellaartig eingebaut, dicht an den dritten Raum des Prosekos schliesst und (wie auch anderwärts) nach hinten zu in drei kleine Räume zerlegt ward. Zwei schmale Gänge, an denen je 3 Kammern liegen, umgeben es zur Rechten und Linken. Auch die Gemächer des Prosekos haben Nebenräume, aus denen man in unterirdische Keller und auf 2 Treppen in ein oberes Stockwerk mit mehreren Zimmern und endlich auf das Dach zu gelangen vermag, von dem aus sich ein weiter Blick auf die erhaltenen Reste der verwehten Stadt, den See und die Wüste eröffnet. Ueber jeder Pforte dieses eigenthümlichen Bauwerks befindet sich die geflügelte Sonnenscheibe und über den Thüren, die Einlass in den zweiten und dritten Raum des Prosekos und in das Sanctuarium gewähren, statt des gewöhnlichen Hohlkehlengesimses eine Reihe von Uräusschlangen, die durch ihre vorgestreckten Köpfe und gebogenen Hälse zusammen die Form eines Hohlkehlenkarnieses darstellen. Wenige Touristen haben ihre Namen in den Stein des ersten Gemachs des Prosekos gegraben; unter ihnen befinden sich: Paul Lucas, R. Pococke, Jomard, d'Anville, Coutelle, Bellier, Burton, Belzoni, Hyde und Paul Martin. Auch Lepsius besuchte Kaṣr Kârûn. Inschriften aus alter Zeit sind nicht vorhanden.

Oestlich von dem grossen liegen zwei kleine, ziemlich gut erhaltene römische Tempelchen, von denen das zweite grössere, 300 Schritt von dem ersten entfernte nicht uninteressant ist. Seine Wände (5,[illegible]m zu 5,[illegible]m) bestehen aus guten gebrannten Ziegeln, seine Substructionen aus Quadern. Seine Cella schliesst ab mit einer apsisartigen Nische. An den Seitenwänden befinden sich als Halbpilaster je zwei Halbsäulen, die, wie an der Erde liegende Trümmer beweisen, der ionischen Ordnung angehört haben. Die ausser diesen Ruinen vorhandenen kleineren Trümmer bedecken eine weite Fläche, aber es ist bis jetzt unter ihnen nichts gefunden worden, was einer früheren als der Römerzeit entstammte. Die Construction des Gemäuers, die architectonischen Formen und viele hier gefundene Imperatorenmunzen sind römisch. Dabei ist keines von jenen kleinen Alterthümern aus der Pharaonenzeit hier entdeckt worden, an denen die Trümmer aegyptischer Städte so reich zu sein pflegen. Vielleicht stehen wir hier auf dem Boden des alten *Dionysias*, vielleicht auf den Trümmern einer weit nach Westen vorgeschobenen römischen Militärstation, die sich zur Stadt erweiterte. Mauerspuren im weiteren Kreise der Trümmer gehörten vielleicht zu Gärten. Immerhin muss einst eine Wasserleitung hierher geführt und die Bewohner dieser Stadt und ihre Gärten getränkt haben.

Von Kaṣr Ḳurûn nach Dîme ist eine Tagereise. **Dîme** liegt gegenüber der Stelle, an der man von Ṣenhûr aus den See erreicht. Die spärlichen Ruinen am S.-Ufer des See's (*el-Ḥammâmât* u. a.) sind keiner Besichtigung werth; dagegen bieten die Trümmer Dîme, obgleich auch hier keine Inschriften erhalten sind, einiges Interesse. Eine einst mit den Figuren von Löwen geschmückte, 370m lange Strasse führt zu einer Plattform, auf der eine bedeutende Tempelanlage stand. Viele mühlsteinförmige Blöcke liegen umher und scheinen auf den ersten Blick der Menschenhand ihre Rundung zu verdanken, während man mit Recht natürliche Gebilde in ihnen erkannt hat. Der gepflasterte Tempelhof war mit einer Umfassungsmauer von Ziegeln umgeben. Das Heiligthum selbst enthielt mehrere Räume. Ein Peristyl mit nunmehr schwer beschädigten und zerbrochenen Säulen führte zu seinem Eingange. Hat auch die Zeit diese Anlage zerstört, so lässt sich doch noch aus dem Erhaltenen schliessen, dass hier eine Stadt von nicht zu unterschätzender Bedeutung gestanden habe; vielleicht das alte *Bacchis*.

Von Dîme nach Ṣenhûr. Man übernachte am Fusse der erwähnten Strasse, fahre am folgenden Morgen zu Boote entweder bis zur Höhe von Ṣenhûr, wohin man die Reitthiere, welche in Ṣenhûr gute Unterkunft finden, bestellen muss, oder bis zur Mündung des Baḥr Nezle (s. S. 485) und kehre zu Land, entweder wiederum über Ṣenhûr oder über Nezle nach Medînet el-Fayûm zurück. In letzterem Falle lasse man, während man den See befährt, die Reitthiere nach Nezle gehen, dort bleiben und an einem vorher zu bestimmenden Tage an der Mündung des Baḥr Nezle warten.

Ausflug nach Mêdûm.

Von der Station *Wasta* (S. 479) oder sofern man auf dem Nil gekommen ist, von dem am Ufer desselben gelegenen Dorf *Riḳḳa*, kann man die Pyramide von Mêdûm besuchen.

Der Name des Dorfes Mêdûm scheint der älteste von allen bekannten Lokalnamen zu sein, da wir ihm bereits in den Maṣṭaba aus der Zeit des Snefru begegnen.

Die Pyramide von Mêdûm (½ St. n. w. vom Dorfe) unterscheidet sich so wesentlich von allen anderen Bauwerken dieser Art, dass sie von den Arabern „el-Haram el-Kaddâb", oder die falsche Pyramide genannt wird. Aus einem grossen ihren Fuss bedeckenden Schutthaufen steigt ihr Oberbau glatt und steil in drei Absätzen mit einem Neigungswinkel von 74° 10′ heute noch bis zur Höhe von 38m in die Höhe. Die erste freiliegende Stufe ist 21,5m, die zweite 6,5m und die dritte fast ganz zerstörte 9,5m hoch. Die sichtbaren Wände bestehen aus feinen, vortrefflich gefügten und polirten Moḳaṭṭam-Blöcken. Die Löcher in einer der Flächen rühren von den Untersuchungen Lepsius' und Erbkam's her, denen gerade die Bauart dieser Pyramide die belangreichsten Hülfsmittel an die Hand gab, die Methode der Construction der übrigen zu erkennen (S. 363). Die Pyramide von Mêdûm ist niemals vollendet worden; der Schuttberg an ihrem Fusse entstand durch das Herabsinken der Füllungen, welche dem Stufenbau die Pyramidengestalt geben sollten.

Die Maṣṭaba von Mêdûm, vor wenigen Jahren durch M. Mariette eröffnet liegen im N. der Pyramide. Angehörige des Snefru (S. 101) wurden in ihnen beigesetzt; sie gleichen in vieler Beziehung den Mausoleen in Saḳḳâra, die denselben Namen führen (S. 391). Die Façaden der bedeutendsten unter ihnen liegen theilweise offen. Die zugängliche Gräberstrasse macht den Eindruck, als wäre die dem Besucher zugekehrte Hügelwand schräg ausgemauert, mit Stuck beworfen und mit Vorräumen versehen worden. Die Grabesöffnung ist nach Osten gekehrt; die geneigten Aussenwände bestehen bei den meisten aus Nilziegeln, welche mit jenen Linienornamenten reich verziert sind, die man später an den Seiten der Sarkophage (als Nachahmung der Gruftfronten) anzubringen liebte. Die Vorhalle pflegt verhältnissmässig weit zu sein, die folgenden Gänge sind schmal, nach unten hin geneigt und mit Darstellungen bedeckt, deren alterthümliche Formen sich durch grosse Einfachheit auszeichnen. Der archaistische Styl der Bilder und die Hieroglyphen lehren uns, dass wir es hier mit sehr alten Denkmälern zu thun haben. Der hieratische Kanon ist bereits nachweisbar, aber er beengt die Hand des Künstlers weniger wie in späteren Epochen. Besonders sind die vortrefflich erhaltenen Farben weniger conventionell wie in späterer Zeit.

In dem ersten offenen Grabe von Süden aus ruhte der Prinz (Erpa Ha) Nefermat aus dem Hause des Snefru. An der linken Wand des schmalen zur Grabkammer führenden Ganges sehen wir den Verstorbenen in sitzender, an der rechten in stehender Stellung und hinter ihm seine Gattin. Dabei Gaben bringende Männer und Frauen, wie in den Maṣṭaba des Ti und Ptahhotep (S. 402). Die Fleischfarbe der Männer ist entschieden roth, die der Weiber hellgelb; ein Umstand, der gerade in dieser frühen Zeit nicht übersehen werden darf, da er als Beweis für die asiatische Herkunft der vornehmen Aegypter herangezogen werden darf. Die Züge der Dargestellten sind die der kaukasischen, nicht die der äthiopischen Rasse. Unter den Repräsentanten der Gaben bringenden Ortschaften des Nefermat findet sich links die Domaine Meiun des Schlachtviehs. Meiun ist die älteste Form des Namens Mêdûm. Aus dem Nacken des Ochsen, welcher die Schlacht- oder Opferthiere darstellt, quillt ein schwarzer Blutstrom. Auf der rechten Seite finden wir unter anderen eine Domaine, welche beweist, dass schon in der Zeit des Snefru das Schwein in Aegypten gepflegt ward, denn sie wird die Ortschaft der weissen San genannt. Das Schwein in der Gruppe sehr naturgetreu. In dem Namen der Domaine *kat en sek* oder Stätte des Pflügens findet sich als Determinativzeichen das Bild der ältesten Form des Pfluges. Wie vorgeschritten in jener frühen Zeit die industriellen Leistungen der alten Aegypter waren, beweist z. B. der Anzug der auf der rechten Seite des ersten Ganges abgebildeten Frauen, welche Kleider von schwarz und weissem Kattun tragen, deren Ränder mit hübschen Mustern in schwarz und roth bedruckt sind und darauf hinzuweisen scheinen, dass man schon damals eine Kunst zu üben verstand, welche Plinius als eine den Aegyptern eigene Fertigkeit rühmt. Nach ihm pflegte man am Nil die Kleiderstoffe nicht zuerst zu bemalen, sondern in gewisse Flüssigkeiten einzutauchen. Dann erst wurden sie in siedende Farbestoffe getaucht und mit Mustern versehen herausgezogen. In den Kesseln soll nur eine Farbe gewesen, das Zeug jedoch bunt aus ihnen hervorgegangen und in der Farbe echt gewesen sein. — Um die grösseren unter den hier dargestellten Figuren mit unvergänglichen Farben zu versehen, bediente man sich eines nirgends anders wiederkehrenden Verfahrens. Man grub die Umrisse in den Stein, zerlegte die von ihnen begrenzten Flächen in stark vertiefte Vierecke und füllte diese letzteren in der Weise der Emailleure mit einer Paste von verschiedenartig gefärbtem Stucco aus; das Fleisch der Männer mit rothem, das der Frauen mit gelbem, die Gewänder mit weissem etc.

Weiter nach Norden hin liegt das Grab der Dame Atet, der Gattin des Nefermat. Ueber dem Thore sehen wir auf dem Architrav den Gemahl der Verstorbenen beim Vogelfang. Ein Diener überreicht die Beute der Herrin des Hauses, deren Haut in sehr hellem Gelb leuchtet. An der Aussenwand links sieht man die Schilfgras nagenden Rinder des Ehepaares. Rechts steht Nefermat, der, wie die Inschrift lehrt, „dieses herstellen liess für seine Götter in unzerstörbarer Schrift“. Unter den Hausthieren fallen sehr bunte Rinder auf. Bemerkenswerth eine Gazelle; der Schlächter hält sie an den Hörnern fest und schneidet ihr mit einem Messer den Kopf ab. Weinspenden werden schon in dieser frühesten Zeit dargebracht. In dem zum Serdâb führenden Gange findet sich das Bild von Erdarbeitern in lebhafter Bewegung. Eigenthümlich und bei aller Schlichtheit der Zeichnung naturwahr sind die Jagdscenen, namentlich ein Windhund, der einer Gazelle sein Gebiss in das Bein schlägt und ein anderer, der einen Hasen mit sehr langen Ohren gefangen hat und apportirt.

Wenige Schritte weiter nach Nordosten hin ist ein anderes Mastaba aus wohl behauenen Blöcken von Kalkstein. Hieroglyphen und Bilder in flachem Relief, ähnlich denen im Ti-Grabe zu Saḳḳâra (S. 402), sind sehr sauber ausgeführt. Der hier Beigesetzte hiess Chent, seine Gattin Mara. Aus der Vorhalle gelangt man durch einen schmalen Gang in eine Grabkapelle mit Opfertisch. Rechts im Gange schöne männliche Figur mit Lasso, links Steinmetzen, beschäftigt mit der Herstellung von Sarkophagen. In der hintersten Nische dieses Grabes sieht man links den Verstorbenen, rechts seine Gattin stehen. Es folgt ein ganz zerstörtes Mastaba und ein anderes halb aufgelegtes Grab, welches für den leiblichen Sohn Snefru's Rahotep, der die höchsten Civil- und Militärämter bekleidete und seine Gattin, die königliche Anverwandte Nefert, hergestellt ward. Hier sind die Sitzstatuen dieses jung verstorbenen oder doch als jugendliche Ehegenossen dargestellten Paars, die nunmehr zu den schönsten Zierden des Museums von Bûlâḳ gehören (S. 324), gefunden worden. Weiter nach Westen zu liegen noch einige andere verschüttete Gräber.

Gegenüber Riḳḳa am rechten Nilufer eine gute halbe Stunde landeinwärts liegt der Flecken Aṭfîḥ mit einem Erd- und Scherbenhaufen, den spärlichen Resten des alten *Aphroditopolis*, dessen Gebiet nach Strabo sich an das von Akanthus (Dahschûr) schloss, während seine Hauptstadt am arabischen Nilufer gelegen war. Eine Stadt der Aphrodite muss die der aegyptischen Hathor sein, der auch die weisse Kuh, welche nach Strabo hier verehrt ward, heilig war; doch lehren die Denkmäler, dass in dem aphroditopolitanischen Nomos Horus Sohn der Isis, der vor allen anderen Göttern, zu denen freilich auch eine Hathor gehörte, Anbetung empfing. Auf koptisch hiess dieser Ort in älterer Zeit Tpeh, daraus ward Atbo und das arabische *Atfîh*.

In christlicher Zeit um 310 wurde Aphroditopolis berühmt durch den h. Antonius, der in dem Gebirge ö. von der Stadt eine Anachoretenwohnung aufgeschlagen hatte. So viele Leute jeden Standes und Alters wallfahrteten zu ihm, dass eine eigene Postroute mit Kameelen eingerichtet werden musste, welche die Pilger durch die Wüste zu der bei Palmen und einer Quelle gelegenen Zelle des Eremiten führten. Er entfloh den Besuchern, indem er höher und weiter in das Gebirge zog (s. unten).

In der Nähe des Dorfes *Zâwiye* (W.Ufer) führt ein kleiner Canal aus dem Nil zum Bahr Yûsuf (S. 477). Ein tiefer Wassergraben scheint ausserdem den Strom in der Breite von Aḥnas el-Medîne und Beni Suêf mit dem Bahr Yûsuf verbunden zu haben. Diese vier Gewässer umschlossen eine Insel, in der wir den *herakleopolitanischen Gau*, welchen die Griechen einstimmig als ein Eiland bezeichneten, wiedererkennen. Strabo betrat ihn auf seiner Reise in das Fayûm, nachdem er den aphroditopolitanischen Nomos verlassen hatte, nennt ihn eine grosse Insel und erzählt, dass in der Stadt *Herakleopolis* selbst das Ichneumon, der grösste Feind des im arsinoitischen Nomos heilig gehaltenen Krokodils, das es tödte, indem es ihm, wenn es schlafe, in den Rachen krieche und ihm die Eingeweide zerfresse, verehrt worden sei. Als Trümmer dieses Herakleopolis sind mit Recht die grossen Schutthügel bei *Ahnas el-Medîne* erkannt worden, welche in westlicher Richtung von Beni Suêf 18 Kil. landeinwärts liegen und von den Arabern *umm el-kimân* (Mutter der Schutthaufen) genannt werden. Ihr Besuch kann nur denen empfohlen werden, welche von Beni Suêf aus das Fayûm besuchen.

Am westlichen Ufer des Nils treten die Berge verhältnissmässig weit vom Strome zurück, während sie am östlichen ihre Ausläufer ziemlich hoch und steil oft bis zum Ufer, an manchen Stellen in ziemlich malerischen Formen, vorschieben. Von den Nilorten bis Beni Suêf ist keiner der Erwähnung werth; 3 Kil. landeinwärts (W.Ufer), der von vielen Kopten bewohnte Flecken *Bûsch*, mit zwei nicht uninteressanten Kirchen und vielen Töpfereien.

Beni Suêf, 115 Kil. von Kairo mit 5—6000 Einw., der erste Halteplatz des Dampfschiffs und Eisenbahnstation ist eine freundlich gelegene Stadt mit schönen und schattigen Alleen und schlecht gehaltenem Schlosse, Hauptort der Provinz gleichen Namens, welche 160 Dörfer mit nahe an 100,000 Einwohnern umfassen soll, und Residenz eines Mudir. Post und Telegraphenamt; kleiner Bazâr. An Markttagen lebendiges Leben; sonst Stille in den wenig sauberen Strassen. Die im Mittelalter berühmte Leinenindustrie dieser Stadt ist heruntergekommen.

Von Beni Suêf aus führt eine namentlich vor der Vollendung der Eisenbahn stark frequentirte Strasse ins Fayûm.

Eine andere Strasse führt durch das am östlichen Nilufer gegenüber Beni Suêf beim Dorfe *Bayâd* mündende Wâdi gleichen Namens in die Wüste und zu den wenige Meilen vom rothen Meere entfernten Klöstern des *h. Antonius* und *Paul* (S. 113, 398). Die Brüderschaft des Klosters des h. Antonius nimmt gegenwärtig den ersten Rang unter allen geistlichen Genossenschaften monophysitischer Confession ein.

Von Beni Suêf Eisenbahn nach Kairo in $4\frac{1}{2}$ St.

10. Die Sinaihalbinsel.

Die Reise zum Sinai gehört, namentlich für den Bibelfreund*), vielleicht zu den interessantesten des ganzen Orients, da man den gleichen oder doch ähnlichen Weg zu ziehen hat, den die Bibel die auswandernden Hebräer zurücklegen lässt (S. 503). Den Schicksalen der letzteren und den Thaten Mose's in diesen Einöden verdankt die Sinaihalbinsel ihre Verherrlichung und ihren unvergänglichen Ruhm; aber auch in landschaftlicher Beziehung bietet sie so vielfältige Abwechselung, dass man die Mühen und Entbehrungen, die die Beförderungsweise auferlegt, gerne vergisst. Zudem sind solche nicht grösser als z. B. auf der Wanderung durch das Innere von Palästina. Unter 18—30 Tagen lässt sich die Sinaitour von dem gewöhnlichen Reisenden nicht machen (vgl. indess S. 497).

Die beste Jahreszeit ist zwischen Mitte Februar und Ende April und Anfang October bis Mitte November. In den Monaten November, December und Januar sind die Nächte meist sehr kalt, und in den Sommermonaten strahlt die Sonne erdrückend heiss auf die Granitwände der Sinaigruppe; schon Ende Mai ist es sehr warm, auch herrscht alsdann (auch schon im April) der Chamsin (S. 80), doch bietet diese Jahreszeit das besondere Interesse, dass in ihr die Frucht des Ṭarfagebüsches, das Manna (S. 523) zur Reife gelangt.

Den Vorbereitungen ist eine besondere Aufmerksamkeit zu widmen. Der Ausgangspunkt der Reise ist zwar Suês, doch sind alle Vorbereitungen in Kairo zu treffen, weil nur dort die nöthigen Dragomane zu finden und die Schêchs der Ṭawâra-Beduinen (S. 500), die als Führer dienen und von welchen man die Kamele miethet, während der Reisesaison sich aufzuhalten pflegen. Das erste ist, einen Dragoman zu miethen (S. 10). Dieser hat für die Beschaffung der Kamele, der Zelte, Betten, Decken und des Proviants zu sorgen; alles dieses hat man sich in Kairo vorführen, zeigen und die Zelte probeweise aufschlagen zu lassen, genau so, als wenn man abzureisen gedächte. Je eingehender diese Musterung stattfindet und etwaige Mängel monirt, d. h. vorher beseitigt werden, desto weniger ist man späterem Aerger ausgesetzt; besonders erforderlich ist dies bei Begleitung von Damen. Orientalischen „Versprechungen" in dieser Beziehung zu trauen, hat stets nur Enttäuschungen zur Folge.

Mit Einschluss der Beförderungsmittel (Kamel), Unterkunft (Zelt, auf dem Sinai im Kloster, eventuell auch im Hôtel in Suês), Proviant (ausser den Spirituosen), des Lohnes an den Dragoman mit Einschluss aller Ansprüche an Bachschîsch Seitens der begleitenden Mannschaften, wird man je nach der Nachfrage nach den gerade vorhandenen Kamelen und je nach den von dem Reisenden zu stellenden Ansprüchen an die Verpflegung, in Gesellschaft von 3—4 Personen täglich 35—40 fr. zu zahlen haben. In noch grösserer Gesellschaft verringert sich zwar der Preis, indessen ist zu bedenken, dass solche leicht grössere Verzögerungen unterwegs zur Folge hat, abgesehen von den zwischen Mehreren leichter entstehenden Meinungsdifferenzen.

Mit dem nachstehenden Contract werden sich die gewöhnlichen Schwierigkeiten wohl vermeiden lassen.

---

*) Es liegt dem Zwecke dieses Buches natürlich fern, sich mit eingehender Bibelkritik zu befassen; die Ansichten der Hauptforscher finden sich an den betr. Orten kurz zusammengestellt. Da es besonders die biblischen Erzählungen vom Auszuge der Israeliten und der Gesetzgebung sind, welche dem Wege durch die Sinaihalbinsel einen so grossen Reiz verleihen (S. 503), so sollte niemand versäumen, das 2. Buch Mose's (Exodus) und das 4. (Numeri) mit dem Verzeichnisse der Stationen (Cap. 33) mitzunehmen.

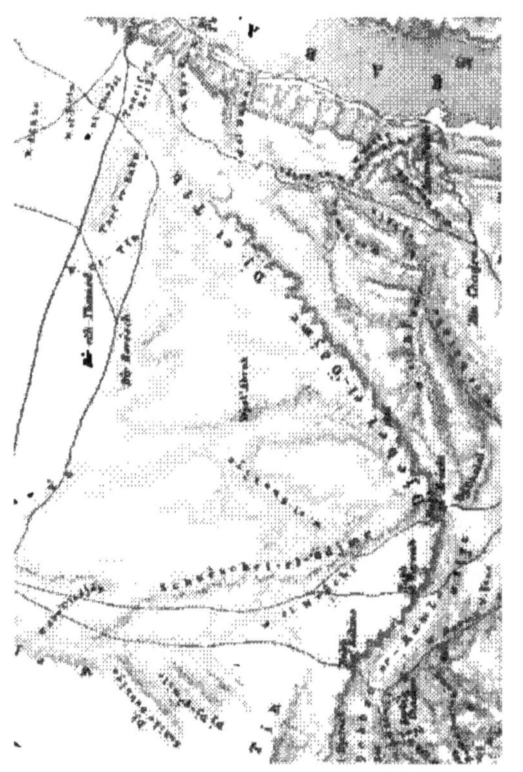

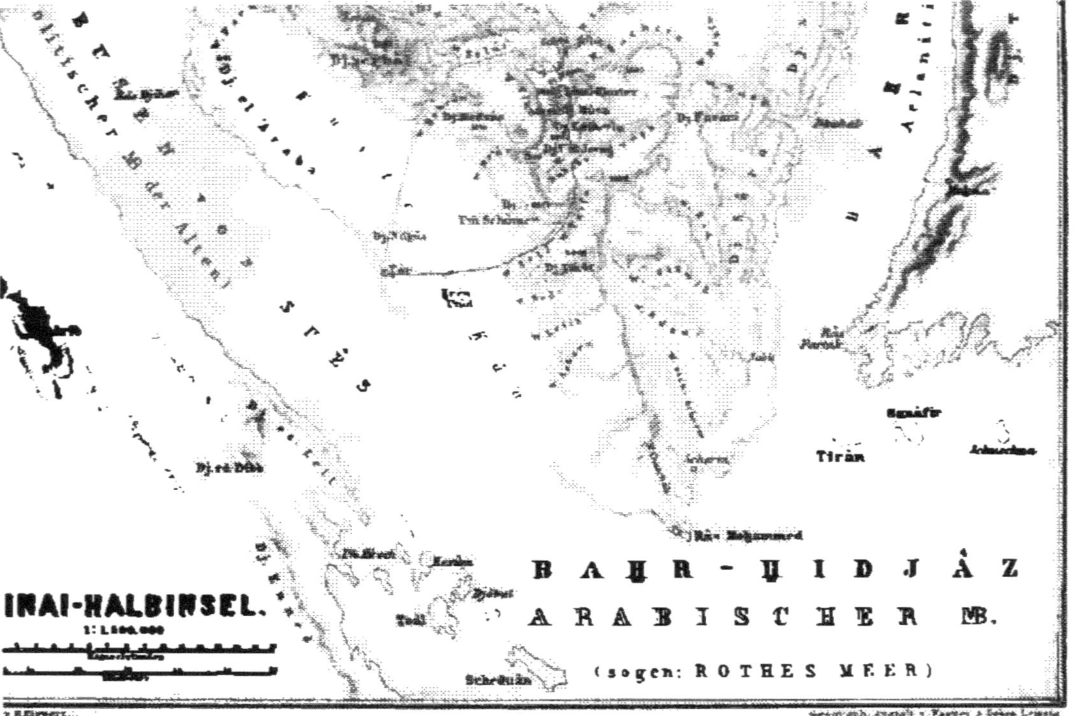
INAI-HALBINSEL.
BAHR-HIDJÂZ
ARABISCHER M.
(sogen: ROTHES MEER)
Tirân
Dj. el 'Araba
Dj. ed-Dêh

Contract. Herr X. und seine Reisegefährten einerseits und Dragoman Y. andererseits haben folgenden Vertrag mit einander abgeschlossen:

1) Dragoman Y. verpflichtet sich Herrn X. etc. sicher durch die Arabia Petraea zum Kloster des Sinai und zurück zu führen und zwar über .... (folgt die Route, die man einzuschlagen gedenkt) für den Preis von x Shilling pro Tag. Für die 3 Tage, welche die Kamele von Kairo nach Suês zu gehen haben, erhält Dragoman Y. ein Drittel des ausgemachten Tagespreises. Dragoman Y. hat dort den Reisenden am x. des x. Monats vollkommen reisefertig zu erwarten. Der Tag des Aufbruchs von Suês ist als erster Reisetag zu betrachten. Für jeden Tag über 20 Tage vom Tage des Aufbruchs der Kamele an wird ein geringerer Preis als für die ersten 20 Tage zu erwirken sein, ebenso für Ruhetage.

(Es ist rathsam, die ganze Route unter Anführung der zu passirenden Thäler vorher genau festzusetzen, doch richten sich die Etappen nach den Quellen; der Preis für die Ruhetage, die zu bestimmen man sich vorbehalten muss, ist besonders auszumachen. (Es sei hier wiederholt darauf aufmerksam gemacht, dass dem Orientalen, und dem Beduinen in erhöhtem Masse, ein Werth der Zeit unbekannt, diese also bei der Berechnung nicht in Anschlag zu bringen ist.)

2) Alle Kosten für den Transport zu Wasser und zu Lande: Boote, Kamele etc., die Ernährung der Reisegesellschaft, ihre Wohnung im Zelt oder in von ihnen selbst zu wählenden Gasthäusern im Falle eines Aufenthalts in Suês, Beleuchtung, Bedienung, Führer, Bachschisch *an wen es auch sei*, und namentlich auch die an die Beduinen, deren Gebiet passirt wird, zu zahlenden Geleitsgelder kommen ausschliesslich auf Rechnung des Dragoman Y., welcher auch für alle durch den Aufenthalt im Sinaikloster entstehenden Kosten mit Einschluss der üblichen Steuer an die Mönche aufzukommen haben wird. Für die von der Reisegesellschaft zu consumirenden geistigen Getränke hat Herr X. zu sorgen.

(Einige Flaschen französischen Rothweins und Cognac oder Brandy, um das oft keineswegs wohlschmeckende Wasser trinkbar zu machen, und zur Erwärmung nach kalten Nächten sollten jedenfalls extra mitgenommen werden.)

3) Der Dragoman hat einen guten Koch, sowie eine genügende Zahl von Dienstboten mitzunehmen und darauf zu achten, dass sich dieselben stets gefällig und dienstwillig den Reisenden gegenüber erweisen und sich des Nachts ruhig verhalten, um den Schlaf der ersteren nicht zu stören, überhaupt auf Ordnung unter seinen Leuten sowohl als unter den Kameltreibern zu halten. Endlich verspricht der Dragoman selbst, sich jederzeit den Reisenden gegenüber gesittet zu betragen (S. 17) und auf deren etwaige Wünsche so viel wie möglich einzugehen.

(Es liegt in der Gewohnheit dieser Leute, für jeden kleinen Dienst ein Bachschisch zu verlangen; Stillschweigen ist das beste Mittel dagegen. Ferner ist es eine gewöhnliche Unsitte der Leute, die Thiere ganz in der Nähe der Zelte anzubinden und des Nachts über vor denselben zu plaudern; hiergegen trete man sofort mit aller Strenge auf.)

4) Der Dragoman wird liefern x Zelte zu 2 oder 3 Personen (eventuell für alle noch ein Tageszelt) und für jeden Reisenden ein vollständiges Bett mit reinen Matratzen, Decken, Leintüchern und Kissen. Jede Person erhält zwei reine Handtücher alle 5 Tage und müssen die Betten einmal die Woche frisch überzogen werden. Allmorgentlich ist genügendes Waschwasser zu liefern und Trinkwasser den Tag ganz nach Bedürfniss des Reisenden.

(Die Beduinen des Sinai transportiren das Wasser in kleinen länglichen Fässern; um davon stets etwas zur Hand zu haben wird der Reisende gut thun, ein eigenes Gefäss (Kullen sind am besten, brechen aber auch leicht) zu seinem Privatgebrauch mitzunehmen.)

5) Das erste Frühstück, das den Reisenden vorgesetzt wird, soll täglich bestehen aus Eiern, Fleisch etc. nebst Kaffe (Thee, Chocolade), das zweite, unterwegs, aus kalter Küche (Braten, Huhn, Eiern, Früchten), das Mittagessen nach der Tagesreise, aus x Gängen. Orangen, Datteln sind stets zur Disposition der Reisenden zu halten. Der Dragoman sorgt für Wein, täglich $\frac{1}{2}$—1 Flasche (oder der Dragoman ist verpflichtet, die Ge-

tränke, die die Reisenden anschaffen werden, ohne besondere Entschädigung zu transportiren).

(Jeder Reisende kann sich den Küchenzettel nach seinen Bedürfnissen selbst ausbedingen; die Wüstenluft zehrt, daher nichts zu knapp nehmen; man kann sich auch Conserven ausbedingen; ausser im Sinaikloster, wo Reis, Hülsenfrüchte, Brot, Datteln und vortrefflicher Dattelbranntwein zu haben, findet man unterwegs nichts zu kaufen. Die Hauptmahlzeit verlege man stets auf den Abend, d. h. an den Schluss der Tagereise.

Während der Hitze viel geistige Getränke zu sich zu nehmen, macht schläfrig, was beim Reiten doppelt unangenehm ist; kalter Thee ist bekanntlich am besten gegen den Durst. Man lasse sich vorher das *Brot* zeigen, welches der Dragoman mitnehmen will; der arabische, dünne, runde, tellergrosse Fladen schmeckt nur, wenn er frisch ist; es ist also auf fränkisches Brot zu halten. — Hier sei ferner erwähnt, dass der Raucher sich genügend mit Tabak versehe, nicht allein für sich, sondern auch für die Begleiter und die Beduinen. Ein feines Kraut (S. 33) ist für letztere natürlich nicht erforderlich; man hüte sich aber, besonders in den ersten Tagen, vor zu grosser Freigebigkeit; die Leute nehmen dies zu leicht als eine berechtigte Forderung ihrerseits an.)

6) Die Kamele müssen in genügender Anzahl vorhanden, gut und tüchtig sein. Die Reitkamele (s. unten) für die Herren X. etc. werden von ihnen vor dem Aufbruche zu versuchen und im Fall sie ihnen nicht anstehen, mit andern zu vertauschen sein. Dasselbe gilt vom Sattelzeuge (auf dessen Beschaffenheit aufmerksam gesehen werden muss).

7) Für Krankheit oder Tod der Kamele hat Dragoman Y. allein einzustehen.

8) Weder Dragoman Y. noch die Araber dürfen ohne die besondere Erlaubniss des Herrn X. etc. irgend jemandem, heisse er wie er wolle, die Mitreise gestatten.

9) Dragoman Y. verpflichtet sich Herrn X. etc. zu jeder zu bezeichnenden Stelle im Bereiche der Arabia Petraea zu begleiten, die Reise unterbrechen zu lassen, wann und auf wie lange Zeit die Reisenden begehren, und jedem Einzelnen bei Ausflügen Führer zu stellen und ein Frühstück mitzugeben. Doch ist Dragoman Y. nur verpflichtet, *ein* Mittagsmahl und *ein* Nachtquartier für alle drei (oder vier) zu geben.

10) Dragoman Y. entsagt jedem Anspruch auf Zahlung, falls die Reise einen Aufschub von nicht länger als einem halben Tage erleiden sollte, es sei denn, dass Herr X. etc. selbst oder zwingende Mächte der Natur Ursache des Aufschubs gewesen sind. Den Kamelen zustossende Unfälle oder durch Schuld der Araber erwachsende Schwierigkeiten werden als solche Hindernisse betrachtet, für welche Dragoman Y. die Verantwortlichkeit trägt.

(Der letztere Satz ist nicht unbillig, da die Araber in der Arabia Petraea jeder Zeit in wenigen Stunden neue Kamele zu schaffen vermögen.)

11) Der Tag des Aufbruchs von Sués ist auf den x. festgesetzt worden. Für eine etwaige, gegen den Wunsch des Herrn X. etc. entstehende Verzögerung der Abreise zahlt Dragoman Y. x Pfund Sterling Strafe.

Die Art der **Kamele** (S. 14), welche zum Reiten benutzt wird, ist eine ganz besondere; man nennt sie *„hegîn"*, in Syrien *„delûl"* (d. h. fügsam). Die eigentlichen Dhelûl's sind ausgewählte Thiere edler Rasse und entschieden schöner als das gewöhnliche Lastkamel der Karawanen. Der Sattel, welcher auf den Höcker des Thieres gelegt wird, besteht aus einem Holzgerüst, aus welchem vorn und hinten zwei hohe runde Knäufe hervorragen; auf dem Gerüst liegt ein Lederpolster (der Sitz, den man sich mit seinen eigenen Decken noch zu verbessern hat), vor dem vordern Knauf befindet sich ein zweites Kissen. Der Reiter schlingt nach der Art, wie Damen zu Pferde sitzen, ein Bein um den Vorderknauf und legt die Ferse des einen Fusses auf den Rist des andern (abwechslungsweise). Man treibt das Thier mit dem Absatz des Fusses oder mit einer Gerte an. Die Kamele gehen gewöhnlich in langer Reihe hinter einander in bedächtigen aber weiten Schritten, immer rechts und links nach Kräutern haschend; man kann ihnen dies nicht wehren. Trab und Galopp sind unangenehm. Ein Kamel kann auch zwei Personen (und mehr) in einer Sänfte tragen, oder mit dem Gepäck des Reiters belastet werden. Das Aufsteigen macht dem Anfänger Mühe: man fasst, nachdem das Thier sich gelegt hat, die beiden hohen Knäufe an und kniet mit einem Bein auf das Polster; mit dem andern Bein schwingt man sich über den hinteren Knauf in den Sattel. Das Kamel ist gewohnt, sich zu erheben, während der Reiter noch in der Bewegung des Aufsteigens begriffen ist. Dies wird dadurch verhindert, dass der Kameltreiber den Fuss auf eines der zurückgeschlagenen Vorderbeine des Thieres legt. Die nun folgenden Bewegungen des Kamels sind immerhin noch heftig, und der Neuling muss sich dabei an den Sattelknäufen festhalten; da das Kamel zuerst mit den Hinterfüssen aufsteht, so lehne man sich erst nach hinten, hierauf nach vorn. Das Reiten ist sehr angenehm; wer einmal daran gewöhnt ist, wird für längere Reisen das Kameel immer dem Pferde vorziehen. Man kann zu Kameel bequem lesen; auch braucht man die Zügel nicht in der Hand zu halten.

Sehr zweckmässig ist die Beschaffung arab. Satteltaschen (churg, auch unter dem englischen Namen Saddle-bags bekannt), um Nachtzeug, Bücher, Tabak u. s. w. stets zur Hand zu haben.

Ueber Bekleidung und Kopfbedeckung s. S. 17—19. Hier sei noch hinzugefügt, dass Ueberzieher, Mantel oder Burnus ('abâye, s. S. 40) nicht zu vergessen sind, ebenso Pantoffeln. Sodann muss man für festes Schuhwerk sorgen, wenn man Bergbesteigungen ausführen will, da der Fels der Serbâl- und Djebel Mûsa-Höhen scharf und kantig ist.

Schliesslich mögen hier auch einige ärztliche Rathschläge (S. 19, Apotheken S. 252) wiederholt werden, wennschon das Klima der Halbinsel äusserst gesund ist, namentlich wenn der Reisende die Morgen- und Abendstunden zu Fusswanderungen auf den festen Flächen und Pässen dieser Steinwüste benutzt. Man nehme eine blaue Brille (vielleicht eine zweite zur Reserve) mit, denn das grelle Sonnenlicht verursacht leicht Augenentzündungen; gegen diese ist mit Wasser zu mischendes Colyr gut; Ricinusöl ist gegen Durchfälle, selbst von bedenklicherer Art (2 grosse Esslöffel zu nehmen). Englisches Brausepulver gegen gehemmte Verdauung; Chininpillen gegen Fieberanfälle (woran die meisten Beduinen leiden) und etwas Glycerin, um Abends die Haut an denjenigen Stellen zu bestreichen, welche sich durch den Sonnenbrand häuten (besonders häufig an den Handgelenken und der Nase). Für jede Eventualität ist es gut, etwas englische Wundwatte, Englisch Pflaster und alte Leinewand bei sich zu haben. — Man sorge dafür, dass man stets bei der Mittagsrast eine Tasse Kaffe oder Thee erhalte. Feuerungsmaterial (Kamelmist und dürre Pflanzenstücke) können die Beduinen überall zusammenlesen und nichts ist erfrischender als Kaffe. Wer schnell reist, wird in gutem Cacaopulver ein angenehmes Stärkungsmittel finden. Die Zubereitung einer Tasse Chocolade nimmt eine kleine halbe Stunde in Anspruch. Sie erfrischt und sättigt zugleich und erspart also die Nothwendigkeit einer längeren Frühstücksrast. Auch leistet Liebig's Fleischextract bekanntlich vorzügliche Dienste.

In Kairo (oder in Suês) lasse man sich durch das Consulat von dem Kloster der Sinaiten zu Kairo ein Empfehlungsschreiben verschaffen, durch welches man Aufnahme und freundliche Berücksichtigung im St. Katharinenkloster empfängt und erfährt. Wer 'Aḳaba zu besuchen wünscht, dem kann eine Empfehlung an den Commandanten der dortigen Festung gute Dienste leisten, namentlich wenn er von dort aus nach Petra vorzudringen beabsichtigt. — In Kairo erkundige man sich auch, ob eine Reise nach Petra überhaupt rathsam erscheint.

Die einzuschlagenden Wege (Entfernungen s. unten) sind:

a. Landweg: Man geht über Wâdi Maghâra (S. 514), Wâdi Mokatteb (S. 517), Wâdi Firân (S. 517) und Naḳb el-Hâwi (S. 525) zum Sinaikloster und kehrt über Wâdi esch-Schêch (S. 544), Ṣarbûṭ el-Châdem (S. 546) und Wâdi el-Ḥamr (S. 548) in die Nähe des Meeres und zu der nach Suês führenden Strasse zurück; so berührt man nur einen Theil des Weges, den man gekommen ist, doppelt.

(Die Reise vom Sinai nach 'Akaba und über Petra nach Palaestina werden nur ganz wenige Reisende unternehmen und sind die genauesten Erkundigungen wegen der Sicherheit vorher einzuziehen.)

b. Seeweg: Man fährt mit einem arab. Boote das Rothe Meer hinunter bis Tûr (S. 539) und reitet von da in $2^1/_2$ Tagen zum Sinai. Diese Fahrt nimmt bei gutem Nordwinde, der im Rothen Meer fast ununterbrochen weht, etwa 20 Stunden in Anspruch. Windstille kann allerdings zum Ankern zwingen und die Fahrt verlängern. Da es sich um eine Küstenfahrt handelt, und, von den im April und Mai zuweilen plötzlich ausbrechenden Chamsinstürmen abgesehen, Stürme im Rothen Meere nie mit grosser Heftigkeit auftreten, so ist, wenn man ein Boot von etwa 20 Tonnen wählt, diese Reise so ungefährlich (immerhin kann sie in einem schlechten Boote unangenehm werden), wie jede andere. Vor einer Rückfahrt zur See ist durchaus zu warnen: die Regelmässigkeit des Nordwindes stellt ein ununterbrochenes Laviren und damit eine Dauer der Reise von acht, zehn und noch mehr Tagen in Aussicht. Für ein Boot von 20 Tonnen mit 4 Schiffern würde man für diesen Ausflug 100 bis 150 Franken zahlen müssen.

Man verpflichte den Schiffer dazu, die Schiffspapiere selber zu besorgen und nehme nöthigenfalls die freundliche Vermittlung des deutschen Viceconsuls, Herrn Meyer (S. 430) in Anspruch. Derselbe dürfte sich vielleicht auch bereit finden, dem Reisenden ein Empfehlungsschreiben an den in Ṭûr wohnenden Araber Herrn Hennen mitzugeben, was dort die Beschaffung von Kamelen sehr erleichtert. Auch ohne ein solches Schreiben wende man sich an den letztgenannten, welcher ein höchst ehrenwerther und zuvorkommender Mann ist; er versteht nur Arabisch.

Die beste Zeit für die Abfahrt ist Abends. Man steige an dem Quai am Suêshotel ein. Nachdem man den schmalen Meerbusen, an dessen oberem Ende Suês liegt, durchfahren hat, und in den Endabschnitt des Suêskanals gelangt ist, erreicht man gleich darauf die Rhede. Rechts das 'Atâkagebirge (S. 432) mit dem gleichnamigen Vorgebirge, links die Palmen von 'Ain Mûsa (S. 435) und dahinter die niedrige Kette der Tihberge. Hinter Cap 'Atâka öffnet sich das weite *Wâdi Mûsa*, die Berge treten zurück. Links die zwischen dem Tihgebirge und dem Meere liegende Wüste. Rechts im Vorblick der Leuchtthurm auf *Râs Za'ferâne*; gegenüber links der dicht ans Meer vorspringende *Djebel Hammâm Far'ûn* (s. S. 511). Nun bleiben links die Berge eine Strecke weit dicht am Meere (s. S. 512). Der Golf erweitert sich. Rechts im Vorblick taucht die gewaltige malerische Gebirgsmasse des *Djebel Ghârib* (c. 1800m) auf, an dessen Fuss ein zweiter Leuchtthurm. Links die kegelförmigen Spitzen des *Djebel el-'Araba*. Man fährt an diesem entlang. Hinter dem immer mächtiger sich erhebenden Djebel Ghârib taucht das steinölhaltige Hochland *Djebel ez-Zêt* auf. Die Kette des Djebel el-'Araba setzt sich in dem sandreichen *Djebel Nâḳûs* (S. 540) und dem *Djebel Hammâm Mûsa* (S. 540) fort. Wir erblicken die Palmenhaine und bald die Gebäude von Ṭûr, dahinter die vegetationslose Wüste *el-Ḳâ'a* (S. 542), aus welcher die grandiosen Gebirgsmassen des Serbâl (links) und des Umm Schômar (rechts), und dazwischen die den Sinai umgebenden Berge aufragen. *Ṭûr* s. S. 539.

Ob man die eine oder die andere Tour machen will, wird hauptsächlich von dem Geschmacke des Reisenden abhängen. Die Vorzüge der Seefahrt bestehen darin, dass man wesentlich Zeit und Geld spart, nicht genöthigt ist, den angreifenden und einförmigen Weg zwischen Suês und Wâdi Schebêke zweimal zu machen, Ṭûr und event. den schönen Weg durch das Wâdi es-Slê (S. 541) kennen lernt, endlich den Umm Schomar (S. 539) besteigen kann, ohne seinetwegen einen Umweg zu machen. Dem gegenüber kommt der Wegfall der Route über Sarbûṭ el-Châdem (S. 546) nicht in Betracht, natürlich vorausgesetzt, dass man auf dem ganzen Landweg zurückkehrt, denn sonst würde dem Reisenden die Gelegenheit entzogen werden, den majestätischen Serbâl (S. 521), die Oase Fîrân (S. 518), das Wâdi Mokatteb (S. 517) mit seinen Inschriften und die Bergwerke von Wâdi Maghâra (S. 514) zu sehen und damit die ganze Reise wesentlich an Interesse verlieren.

In Ṭûr sollen Kamele zwar immer zu haben sein, selten aber gute Sattel (jedenfalls muss der Dragoman eine grössere Anzahl Decken aus Kairo mitnehmen) und zudem lassen sich, einmal dort, Verständigungen über die Preise schwerer erzielen als in dem sichern Kairo, wennschon der dortige Schêch Hennen (s. S. 496) das grösste Vertrauen verdient. Ist die Reisegesellschaft zahlreich, oder will man ganz sicher gehen, so lasse man die Kamele von Suês nach Ṭûr (für unbelastete Thiere 3 Tage) vorausgehen; die Kosten hierfür sind nicht sehr bedeutend.

Schliesslich mögen hier noch einige kurze Angaben folgen, die der Herausgeber einem Reisenden verdankt, der sowohl der Sprache mächtig ist, als auch mit den Beduinen zu verkehren weiss und Entbehrungen zu ertragen vermag. Von Kairo nach Suês mit der Eisenbahn. Auf Zelt und Bett verzichten, dagegen mindestens zwei warme Decken mitnehmen, sowohl um den Sitz auf dem Kamel zu verbessern, als auch der Nachtkälte wegen. In Suês Boot miethen und sich mit einer Empfehlung an Hennen in Ṭûr und an das Kloster versehen. Conserven und das nöthigste Kochgeschirr in zwei Körbe packen. Als Begleitung, nur wenn man gar kein Arabisch kann, einen Dolmetsch mitnehmen. In Ṭûr bei Hennen schlafen, von ihm Kamel mit einem Beduinen zu Fuss miethen (30 fr. bis Suês). Am frühesten Morgen durch die Wüste bis Wâdi es-Slê (siehe S. 542). Am nächsten Abend trifft man am Sinaikloster ein. Von dort bis Wâdi Ba'ba' langsam reisen. Dann aber in Gewaltmärschen bis Suês, etwa in zwei Tagen und einer Nacht. So kann man, ohne den Aufenthalt im Kloster und eventuell in Firân zu rechnen, die ganze Reise in acht Tagen machen, und wird das in den Gebirgsgegenden, wo man immer einen schattigen Ruheplatz findet, entbehrliche Zelt nur am letzten Reisetage etwas vermissen.

Entfernungen und Zeiteintheilung. Der einzuschlagenden Landwege zum Sinaikloster gibt es natürlich verschiedene, es kann aber nicht der Zweck dieses Buches sein dieselben alle zu beschreiben, sondern wir beschränken uns auf die von den Reisenden gewöhnlich gemachten und interessantesten Wege. Die nachstehenden Entfernungen sind so angegeben wie man solche auf dem Rücken des Kamels zurückzulegen pflegt. Die Berechnung nach „Kamelstunden" ist auf Wüstenreisen die allgemein übliche, 1 Kamelstunde = 1/2 deutsche Meile = c. 4 Kilometer.

„Tritt an am frühen Morgen und lasse heim die Sorgen" ist am ersten Tage einer mehrere Tage dauernden Reise im Orient nicht durchführbar; den Schiffern auf dem Nil sowohl, wie den Söhnen der Wüste ist es gegen die Natur den Aufbruch am ersten Tage am frühen Morgen zu bewerkstelligen, für sie ist der Nachmittag in möglichst später Stunde die richtige Zeit des Antritts der Reise und wird am ersten Tage nur ein ganz kleines Stück zurückgelegt. So ist auf der Sinai-Reise schon 'Ain Mûsa (s. unten) das erste Nachtquartier, auf dem Rückweg vom Sinai das Wâdi Ṣuwêriye, an den folgenden Tagen geht es besser. Der Reisende wappne sich für den Aufbruch mit Geduld. Im Allgemeinen reist man Tag für Tag weiter und pflegt sich nur bei den Bergwerken von W. Maghâra 3—4, im Wâdi Mokatteb 2—3 Stunden (langsamer reiten), am Djebel Serbâl (wenn man ihn besteigt) 1 Tag, bei Ṣarbûṭ el-Châdem 1/2—1 Tag aufzuhalten. Der Sinai ist das Hauptziel der Reise und sind für dort 3—4 Tage erforderlich.

Routen zum Sinal.

Route I. Zu Lande über Suês, Wâdi Maghâra und Wâdi Firân.

1. Tag. Von Suês nach 'Ain Mûsa (S. 435) $2^1/_2$ St.

Mehr lässt sich am ersten Tage nicht erreichen (s. oben), doch kann man bis dahin auch die Karawane vorausschicken und am Abend oder am folgenden Morgen früh mit einem Boote allein dahin fahren und dort erst die Kamele besteigen.

2. **Tag.** Von 'Ain Mûsa bis Wâdi Werdân (S. 508). 9 St. 30 Min.

3. **Tag.** Von Wâdi Werdân nach Wâdi Gharandel (S. 510). 7 St. 35 Min.

Von Wâdi Werdân bis Wâdi 'Amâra (S. 509) 4 St. 15 Min.
Von Wâdi 'Amâra bis Wâdi Hawâra (S. 509) 1 St. 25 Min.
Von Wâdi Hawâra bis Wâdi Gharandel 1 St. 55 Min.

4. **Tag.** Von Wâdi Gharandel bis Râs Abu Zenime (S. 512). 10 St. 20 Min.

Von Wâdi Gharandel bis Wâdi Uṣêt (S. 511) 2 St. 40 Min.

Von Wâdi Uṣêt bis zur Gabelung (S. 512) des Wâdi Ṭayyibe und Schebêke (wo R. 2 abzweigt) 4 St. 20 Min.

Von der Gabelung zum Meere nördl. von Râs Abu Zenîme (S. 512) 3 St. 20 Min.

Der 4. Tag ist in 2 Tage zu zerlegen, wenn der Djebel Ḥammâm Far'ûn (S. 511) besucht werden soll. Man lagert dann am besten am Eingange des W. Ḳuwêse.

5. **Tag.** Von Râs Abu Zenîme bis Wâdi Maghâra (S. 514). 10 St. 20 Min.

Von Râs Abu Zenime nach Wâdi Schellâl (S. 513) 6 St.
Von W. Schellâl bis zum Ende des Wâdi Budra (S. 514) 3 St. 50 Min.
Vom Ende des Wâdi Budra bis Wâdi Maghâra (S. 514) 30 Min.

6. **Tag.** Von Wâdi Maghâra bis Wâdi Fîrân (S. 517). 8—10 St.

Die Oase Fîrân kann nicht erreicht werden, da diese starke 12 Stunden von W. Maghâra entfernt ist. Man zerlege den 6. Tag in 2 Theile, um die alten Bergwerke von Wâdi Maghâra und die Inschriften im Wâdi Mokatteb zu besichtigen. Am 7. Tage gelangt man dann zeitig bis zum Fusse des Serbâl oder zur Oase Fîrân (S. 519).

7. **Tag.** Vom Wâdi Fîrân zur Oase, je nach der am 6. Tage zurückgelegten Strecke, $4^1/_2$—2 Stunden.

Wer den Serbâl besteigen will (S. 521), zerlege den 7. Tag in 2 Tage und lasse seine Beduinen schon am 6. Tage von diesem Vorhaben unterrichten. Sie sorgen für Führer und schlagen in der Nähe derjenigen Stelle das Zelt auf, von welcher aus die Besteigung, welche man am passendsten in aller Frühe antritt, in Angriff genommen werden soll.

8. **Tag.** Vom Passe el-Buwêb (S. 524) am Ende der Oase Fîrân (die Oase ist etwa 2 St. lang) über den Naḳb el-Hawi (S. 525) zum Sinaikloster 11 St.

Wählt man den bequemern aber längern Weg durch das Wâdi esch-Schêch (s. unten) zum (14 St.) Sinaikloster, so hat man nach etwa 10 St. Marsch sein Zelt im Wâdi esch-Schêch aufzuschlagen und erreicht erst am 9. Tag das Kloster.

Aufenthalt im Sinaikloster (S. 526) wenigstens 3 Tage.

Route 11. Vom Sinaikloster über Ṣarbûṭ el-Châdem nach Suês.

1. **Tag.** Vom Sinaikloster bis zum Wâdi Ṣuwêriye (S. 544) im Wâdi esch-Schêch. 3 St. 45 Min.

Halbe Tagereise, da es selten oder niemals gelingt, zeitig vom Sinai, dafern man im Kloster selbst abgestiegen ist, aufzubrechen.

2. **Tag.** Vom Wâdi Ṣuwêriye durch Wâdi esch-Schêch bis zum Wâdi eṭ-Ṭarr (S. 545) ca. 8 St.

3. **Tag.** Vom Wâdi eṭ-Ṭarr durch Wâdi Ṣolêf, Wâdi Berâḥ und

Wâdi Lebwe bis zum Eingange des Wâdi Baraḳ (S. 545). 8 St. 45 Min.

4. Tag. Vom Wâdi Baraḳ bis zu dem vom Djebel el-Gharâbi (S. 546) überragten Plateau 6 St.

Man kann noch am selben Tage bis in das Wâdi Sûwîk (S. 546), am Fusse der Denkmälerstätte Ṣarbûṭ el-Châdem (S. 546) gelangen, $2^1/_2$ St. ziemlich beschwerlichen Weges.

5. Tag. Besichtigung der Höhe von Ṣarbûṭ el-Châdem (S. 546) mit ihren Denkmälern und Untersuchung des Wâdi Naṣb (S. 547).

6. Tag. Von Ṣarbûṭ el-Châdem durch das Wâdi el-Ḥamr bis zum Djebel Ṣarbûṭ el-Djemel (S. 548). 9 St. 5 Min.

7. Tag. Von Ṣarbûṭ el-Djemel bis zur Vereinigungsstelle des Wâdi Ṭayyibe und Schebêke (S. 512). 3 St. 10 Min.

8.—10. Tag. Von Wâdi Schebêke nach Suês s. R. I.

Route III. Von Suês zur See nach Ṭûr und zu Lande zum Sinai.

1. Tag. Seefahrt von Suês nach Ṭûr (S. 496). 15—30 St.

2. Tag. Reisevorbereitungen in Ṭûr (S. 539).

3. Tag. Besuch des Djebel Nâḳûs (S. 540). Unter günstigen Umständen können der 2. und 3. Tag vereint werden.

Von Ṭûr zum Sinaikloster $2^1/_2$ Tage. Der Pass, den die Mönche benutzen, ist weit näher als der zu bezeichnende Weg, aber äusserst beschwerlich.

4. Tag. Durch die el-Ḳâ'a-Ebene (S. 542) bis in das Wâdi Ḥebrân (S. 542). 9 St.

5. Tag. Durch Wâdi Ḥebrân über den Naḳb el-'Eddjâwi bis zum Wâdi Selâf (S. 525). 10 St.

6. Tag. Passage des Naḳb el-Hâwi (S. 525) und durch das Wâdi er-Râḥa (S. 526) zum Sinaikloster 5 St. 20 Min.

Formation der Halbinsel. Das Rothe Meer streckt zwei schmale Arme, westl. den Golf von Suês, östl. den Golf von 'Aḳaba in den Continent hinein. So entsteht die zu Arabien gehörende, unter dem Namen der Sinaihalbinsel oder Arabia Petraea (nach der Hauptstadt Petra) bekannte Halbinsel, welche ganz von vegetationsarmen, wüsten Gebirgszügen erfüllt und durchfurcht von Wâdi's, d. s. Tiefthäler oder trockene Flussbetten, in welchen nur nach starken Regengüssen spärliche Wassermengen zu Thale rinnen, höchst interessante geologische Formationen zeigt. Die Südspitze der Halbinsel trägt den Namen des Râs oder Cap Moḥammed. Das Dreieck, welches sie bildet, ist 450 □ Meilen gross und also in seiner Flächenausdehnung etwa mit Sicilien zu vergleichen. Es kann mit Recht die *Sinaihalbinsel* genannt werden, „weil des Sinai Gebirgsmasse den Hauptkern der Grundgestaltung ausmacht und in seiner physicalischen Unabhängigkeit von allen Umgebungen eine gleiche historische Selbständigkeit behauptet; denn abgelöst durch Meer und Wüsten von der sie umgebenden Natur und Geschichte, hat sie zu deren Tempeln doch zu allen Zeiten die ehrwürdige, die heilig gehaltene Vorhalle gebildet.“ C. Ritter. Die Sinaigruppe füllt mit ihren

Granitmassen die Südwesthälfte der Halbinsel aus, während das lang hingestreckte Kalkgebirge des Djebel et-Tîh, beim Isthmus von Suês beginnend, sich erst gen Südosten wendet, dann aber sich in mehreren Ketten nach Osten und Nordosten hin verzweigt. Der Sinaistock bildet eine Wasserscheide, von der aus Wâdi's nach Osten und Westen, d. h. in den Meerbusen von Suês und 'Aḳaba führen, während vom Djebel et-Tîh andere Flussbetten und unter ihnen der biblische Grenzfluss von Palaestina „der Bach von Aegypten", das heutige Wâdi el-'Arîsch, gen Norden und ins Mittelmeer führen. Diejenigen Theile des *Tîh-Gebirges*, welche wir zu passiren haben, erheben sich zu mässiger Höhe und gehören zum Theil der Kalk- und Kreide-, zum geringeren Theil der Sandsteinformation an.

Die Sinaigruppe. „Starr und steil in ungestörter ruhiger Majestät erhebt sich vom Serbâl bis zum Om Schomar und vom Om Schomar bis zum Ras Mohammed in verticaler Zerklüftung der uranfängliche Gneis und Granit, oder, um mineralogisch zu sprechen, die Masse farblosen Quarzes, fleischrothen Feldspats, grünlicher Hornblenden und schwarzen Glimmers. Nie seit den Zeiten ihrer Bildung haben diese crystallinischen Massen irgend eine geologische Periode mitgemacht, von Uranfang der Dinge ragten ihre Gipfel aus dem Ocean, unberührt von Silur und Devon, von Dyas und Trias, von Jura und Kreide: am Fusse nur der alten Bergfeste hat einestheils das rothe Meer einen Kranz von Corallen um den Sinai gezogen und mit ihrer Hilfe in jüngster Zeit ein Küstenland geschaffen, anderntheils hat das Meer zur Kreidezeit im Norden das Kalkplateau der Wüste Tîh angelagert (4000 Fuss über dem Meer), das sich über ganz Syrien bis zum Libanon hinzieht. Grosse Unterschiede zu machen unter den crystallinischen Massen der Sinaikette, die sich in einer Ausdehnung von etwa 8 geogr. Meilen fast über einen Breitegrad von Nord nach Süden ziehen, ist kaum möglich. Das ganze Gebirge bildet einen centralen Kern, durchzogen von Dioriten und Porphyren." O. Fraas.

Bewohner. 4—5000 Beduinen finden Nahrung im Bereich der wüsten Höhen und Tiefen der Halbinsel. Sie sind gemeinhin ausserordentlich schlank gewachsen und von scharf geschnittener aber regelmässiger Gesichtsbildung. Besonders anmuthig und heiter sind die Knaben, welche den Kamelen folgen und den Reisenden dienstfertig zur Hand sind. Die Männer führen Mühlsteine, Holzkohlen u. s. w. nach Aegypten und versehen die Reisenden (jetzt zum grösseren Theil Pilger griechischer Confession) mit Kamelen, jagen den Steinbock, feiern Feste und denken im westlichen Theile der Halbinsel nur noch selten an blutige Fehden, welche früher auch hier Stamm gegen Stamm zu führen pflegte. Im Osten und Nordosten der Arabia Petraea hausen wildere und kriegerischere Stämme. Die Mädchen und Knaben, weit seltener die Männer, führen die Ziegen und bunten lebhaft an die List des Jacob erinnernden Schafe auf die im Sommer mühsam aufzusuchenden Weideplätze, und mit Kinderpflege, Haus- und Handarbeit beschäftigt, bleibt im Zelte das Weib zurück. An den am besten bewässerten Stellen der Halbinsel haben sich die Beduinen einfache Häuser gebaut und werden Dattelpflanzungen von ihnen cultivirt, am erfolgreichsten im Wâdi Firân (S. 496) und in der Nähe von Ṭûr am Rothen Meere; sonst sind Zelte ihre Wohnung. Die Ṭawâra sind wohlgesinnt, ehrlich und meist von würdiger Haltung. Die bettelhafte Habgier der unteren Klassen in Aegypten ist ihnen fremd und der Name „Fellâḥ" gilt bei ihnen als Schimpfwort. Vielweiberei üben sie nicht, aus ihren Ehen erwächst gewöhnlich ein spärlicher Kindersegen. Der junge Beduine hat Gelegenheit die Mädchen seines Stammes, welche unverschleiert die Ziegen auf den Bergen hüten, kennen und wohl auch lieben zu lernen. Oftmals werden darum hier Ehen aus Neigung geschlossen, aber die Sitte gebietet, dass der Jüngling das Mädchen dem Vater abkauft, gewöhnlich für einige Kamele und etwas Geld, oft nach langem Feilschen, das von einem Vermittler besorgt wird. Von dieser Verhandlung zwischen Vater, Freier und Notar (Kâtib) darf das Mädchen nichts wissen. Wird sie zufällig Zeugin derselben, so verlangt es die Schicklichkeit, dass sie sich, wenn auch nur auf einige Stunden und zum Schein in die Berge zurückziehe, ja bei einigen Stämmen bleibt sie während der drei der Hochzeit vorangehenden Tage, die sie bei den Tawâra in einem für sie neben dem väterlichen errichteten Zelte zuzubringen hat, in den Bergen und wird von dort aus in die Wohnung ihres künftigen Gatten abgeholt. Es soll heute noch begegnen, dass sich das in das Gebirge geflohene Mädchen mit Steinwürfen ernstlich gegen den ungeliebten sie verfolgenden Freier zur Wehr setzt (vgl. S. 502). Jeder Stamm hat seinen Führer, den Schêch, ein Ehrenname, mit dem übrigens auch andere würdige ältere Männer in reifen Jahren belegt werden. Die Kleidung dieser Beduinen ist sehr einfach. Sie tragen einen Ṭarbûsch oder einen Turban und ein graues über den Hüften von einem Gürtel zusammengehaltenes Hemde. Gegen die Kälte schützt sie ein Burnus von grobem Stoff. Viele gehen barfuss, vornehmere binden Sandalen von Fischhaut mit Bindfaden unter die Sohlen. Bewaffnet sind sie gewöhnlich nur mit Säbeln und Messern. Die Flinten, mit denen sie jagen, sind ungeheuer lang und von einfacher Construction. Pferde und Lanzen gebrauchen sie nicht, wohl aber führen die Männer Stäbe, welche heute noch genau die Form des aegyptischen ← tragen. An ihrem Gürtel pflegen Amulete, Feuerzeuge und Rauchutensilien zu hängen. Diejenigen Stämme, mit denen der Reisende vornehmlich zu thun haben wird, nennen sich Ṭawâra (Leute von Ṭûr) und können durchweg als ehrlich bezeichnet werden. Zu ihnen gehören die Sawâliha, Sa'îdîye, Awârime und 'Alêkât; ferner sind zu nennen die Hadânîye, die Schahîn u. a. m. Die Beduinen des Ostens und Nordostens, namentlich die 'Alawîn sind wilde, kriegerische und unverschämte Leute. Besser die Tiyâhe, welche von Nachle nach Hebron zu führen haben. Ueber die Hörigen des Klosters (Djebelîye) und die zu ihnen gehörenden sesshaften Familien in der Oase Fîrân und Ṭûr s. S. 527. Jeder Stamm hat seine bestimmten Districte, deren Grenzen er an zweifelhaften Stellen durch Steine bezeichnet. Seit langer Zeit gehören diese Beduinen zu den Bekennern des Islâm, aber sie wissen so viel wie gar nichts von dem Propheten und seiner Religion. Man sieht sie auch selten beten; doch feiern sie die Feste ihrer Nationalheiligen, Ṣâliḥ und Mûsa (Moses) und schlachten ihnen Opfer (s. S. 524 u. 544).

Geschichte der Sinaihalbinsel. Sie ist so alt wie die von Aegypten, denn der erste Pharao, von welchem wir gleichzeitige geschriebene Denkmäler besitzen (Snefru), hat sich hier als Besieger der Bergvölker und Begründer des Bergbaues verewigt. Die Minen von Wâdi Maghâra (S. 514) und Sarbût el-Châdem (S. 516) führten schon vor länger als 5000 Jahren aegyptische Arbeiter in diese Einöden und Kupfer, Malachit, grüne Glasflüsse und Türkise in die Schatzkammern von Memphis. Bis zur Zeit des Einfalles der Hyksos (S. 108) in Aegypten finden wir die Sinaihalbinsel abhängig und ausgebeutet von den Pharaonen. Während diese letzteren sich, zurückgedrängt von den Eindringlingen, im Süden des Nilthals behaupteten, scheinen die Grubenarbeiten geruht und die Bergvölker das Joch ihrer Bezwinger abgeschüttelt zu haben. Gleich nach der Vertreibung der Hyksos werden sie von neuem durch die kräftigen Könige der XVIII. Dyn., die alle Aegypten benachbarten Staaten des Ostens unterwarfen, zum Gehorsam zurückgeführt. Das bezeugen Inschriften, die in Ṣarbûṭ el-Châdem bis in die XX. Dynastie herabreichen. Die an den Exodus erinnernden Namen von Quellen und Bergen und Thälern, sowie biblische Sagen, welche die Beduinen an die letzteren heften, verdanken ihren Ursprung bestimmt den Christen, die sich frühzeitig in diesen Einöden niederliessen. Ueber die Wanderung der Juden, den Schauplatz der Schlacht gegen die Amalekiter, den Sinai als Stätte der Gesetzgebung etc. s. S. 538 u. a. O. Hier sei nur bemerkt, dass die späteren Israeliten niemals von Palaestina aus zum Berge des Herrn wallfahrteten und dass in der ganzen Bibel nach Mose nur noch Elias (S. 535) als Besucher des Sinai genannt wird. Bis zur Zeit des Einzugs der ersten Christen in die Arabia Petraea hören wir sie nur selten erwähnen; hier und da auf aegyptischen Denkmälern, bei Gelegenheit der Ophirfahrten (1 Könige 9. 26) und endlich in wenigen Quellen, die von der Geschichte der Nabatäer handeln, eines von Nordosten her eingewanderten Volkes, das die von den Phöniciern aufgegebenen Handelswege in Besitz genommen hatte und von der berühmten Felsenstadt Petra aus in den an die Geburt Christi grenzenden Jahrhunderten die Sinaihalbinsel beherrschte. Zahlreiche Felswände der zu besuchenden Gegenden tragen Inschriften (S. 517), welche heidnischen Nabatäern ihren Ursprung verdanken. Bis zur Zeit der Geburt Christi wird das Völkerleben auf unserer Halbinsel demjenigen von heute in vielen Stücken ähnlich gewesen sein. Hirten trieben hier ihre Heerden und Kaufleute und Pilger zogen auf Kamelen durch die Wâdis oder bestiegen die Spitze des ihnen heiligen Berges Serbâl. Freilich waren die Handelskarawanen reicher beladen als heute und statt zu Allâh und dem Propheten betete man zu den glänzenden Gestirnen des unbewölkten Firmaments dieser regenarmen Zone. Mit der Verbreitung des Christenthums bevölkern neue Gestalten die Einöden der Halbinsel und verleihen ihr eine neue Gestalt und Bedeutung. Die Arabia Petraea lag inmitten zweier Länder, die das Christenthum am schnellsten und mit der heissesten Hingabe aufgenommen hatten, Syriens und Aegyptens, und wurde bald zur Zufluchtsstätte aller Gläubigen dieser beiden Länder, die sich nach Busse und Erlösung sehnten und die durch Elend und Entsagung *hier* die Seligkeit *dort* zu erbüssen trachteten. Ihre Vorbilder waren Mose und Elias, und die Halbinsel, welche beide durch ihren Fuss geweiht hatten, galt ihnen für das würdigste Ziel ihres Auszuges aus dem Gedränge und ihrer Flucht vor den Freuden der Welt. Schon Paulus mag hier 40 n. Chr. die ersten Samenkörner des Christenthums gestreut haben, welche unter Trajan Früchte trugen. Zur selben Zeit 105 n. Chr. wurde die Halbinsel dem römischen Reiche einverleibt durch den Präfecten von Syrien, Cornelius Palma. Von der Mitte des 4. Jahrh. an bevölkerte sich die Halbinsel mit Anachoreten und grossen Genossenschaften von Coenobiten, die unter einer gemeinsamen Regel in mönchischer Verbrüderung lebten. Die Tradition führt die Stiftung des Anachoreten- und Mönchthums auf den Paulus von Theben und den h. Antonius von Koma zurück, aber die neuesten Forschungen (vgl. S. 397) haben diese Annahme als wenig glaubwürdig hingestellt. Am Serbâl und im Wâdi Firân, dem alten Pharan, hat die am stärksten bevölkerte Gasse (laura) von Anachoretenzellen gestanden, welche bisher an irgend einem Schauplatze der frühesten christlichen Glaubensübungen gefunden worden ist. Nicht nur Entbehrungen aller Art, sondern auch den Ueberfällen raublustiger und grausamer Schaaren von Blemmyern und Saracenen waren die Büsser ausgesetzt. Um 305 wurden 40 Mönche vom Sinai von den Saracenen niedergemacht; 361—363 gründete der h. Julian auf dem Sinai (Serbâl?) eine Kirche; von der traurigen Niedermetzelung der Mönche vom Sinai durch die Saracenen 373 und 395 oder 411 haben Ammonius und Nilus, beide als Augenzeugen, Berichte hinterlassen. Im 5. Jahrh. wenden sich viele der Mönche und Anachoreten ketzerischen Lehren zu, die sie mancherlei Verfolgungen aussetzen. Unter Justinian wird nach dem Berichte des Procopius in halber Höhe des Sinaiberges, da wo heute die Eliaskapelle steht, der Mutter Gottes eine Kirche erbaut und am Fuss des Berges ein sehr festes Kastell errichtet und mit einem starken Militärposten versehen, um die Einfälle der Saracenen von der Halbinsel nach Palästina zu verhindern (s. S. 523). Im 7. Jahrh. beginnen die Heere Mohammed's ihren Siegeslauf. Sie berührten nicht das Innere der Halbinsel, jedenfalls aber das meist von Juden bewohnte Aila (ʿAḳaba). Spätere Streifzüge fanden auf der Sinaihalbinsel eine fast ausschliesslich christliche Bevölkerung vor. Die wandernden Stämme der Eingebornen wandten sich der neuen Religion ohne Widerstreben zu, die Zellen der Anachoreten leerten sich und die Klöster verödeten. Nur das Verklärungs-Kloster am Sinai wusste sich trotz mancher Anfechtungen durch Entschlossenheit und List (S. 527) zu halten. In der Zeit der Kreuzzüge wurde namentlich Aila (S. 543) der Schauplatz von Kämpfen zwischen Saladin, der es 1170 eroberte, und den Franken, die es auch später nicht, trotz des Grafen Rainold Rettungsversuchen, zu halten wussten. Nach den Kreuzzügen theilte die Halbinsel die Geschichte Aegyptens. Mekkapilger in grossen Schaaren zogen durch ihre stillen Thäler, aber es fehlte auch und fehlt noch heute nicht an christlichen Wallfahrern griechischer Confession, die an die Pforte des Sinaiklosters pochen.

Der Auszug der Juden. Bis vor kurzem gab es für die Kenntniss dieser Ereignisse keine andere gleichzeitige Quelle wie die biblischen Bücher; jetzt aber ist es durch die aus dem alten Aegypten auf uns gekommenen Denkmäler und Papyrusrollen und die Entzifferung der Hieroglyphen möglich geworden, uns eine beglaubigte Vorstellung von dem Zustande Aegyptens zur Zeit des Exodus zu bilden und die biblischen mit anderen gleichzeitigen Berichten zu vergleichen. Zunächst ergibt eine Vergleichung des biblischen Berichts mit den Denkmälern, dass der erstere auf historischen Grundlagen steht; zweitens aber, dass die Erinnerungen an die Ereignisse, welche dem Volke Gottes in Aegypten begegnet und ihm bei seinem Auszuge widerfahren waren, bevor sie zur Aufzeichnung gelangten, nach und nach durch legendarische Ausschmückungen und poetische Zusätze bereichert wurden, welche allesammt erwachsen zu sein scheinen aus der Tiefe des dankerfüllten Gemüthes des Volks, welches nacherzählend und singend es nicht lassen konnte die Grösse dessen, was sein Gott an ihm gethan, mit den sattesten Farben zu malen und mit Worten zu preisen, denen die Phantasie Schwingen und die mächtig angeregte poetische Empfindung einen helleren Klang verlieh. Die meisten Lagerplätze des Volkes scheinen, wie wir sehen werden, bestimmbar zu sein, weil die nüchterne Liste der Stationen in der Wüste (IV Mos. 33) wahrscheinlich gleichzeitigen Aufzeichnungen ihren Ursprung verdankt*).

Die Zeit der Bedrückung. Die Juden hatten sich nach Josephs Tode stark vermehrt und erfüllten mit anderen semitischen Elementen den gesammten Nordosten des Delta, während die ersten Pharaonen der XIX. Dyn. in ununterbrochene Kämpfe mit denjenigen Völkern ver-

---

*) *Brugsch* hat eine bereits im vorigen Jahrhundert von G. H. Richter und neuerdings von Schleiden aufgestellte Ansicht über den Auszug der Juden aus Aegypten wieder aufgenommen, die wir hier kurz folgen lassen (vergl. übrigens Anmerkung zu S. 474).

Nach den Denkmalern führte der Sethroitische Nomos auch den Namen: *Suku* oder *Sukot*. Dieser Distrikt war bedeckt mit Sümpfen, Seen und Kanälen, so dass die Gründung von Städten in seinem *Innern* unmöglich war. Die aegyptischen Texte wie die klassischen Autoren geben denn auch nur Kunde von Plätzen an seinen Grenzen. Als solche werden hauptsächlich 3 genannt: einer, der den Namen *Chetam* (d. h. Festung) *von Sukot* führte und im Norden, bei Pelusium angelegt war mit der Bestimmung, den Eintritt in Sukot von Norden her zu verwehren; ein zweiter, der den semitischen Namen *Segol* oder *Segor* (d. h. Verschluss) *von Sukot* führte und an der Südwestgrenze des Distriktes angelegt war mit der Bestimmung, den Uebertritt der Fremden auf den Distrikt von Tanis-Ramses zu hindern; ein dritter endlich, der den semitischen Namen *Migdol* (= Thurm) und den aegyptischen *Samut* (ebenfalls = Thurm) führte und im Osten des Distriktes von Sukot am Saum der arabischen Wüste angelegt war und unschwer in dem heute *Tell es-Samût* (s. die Karte des Suêskanals östl. von Kantara) genannten Trümmerhügel wiedergefunden werden kann. Brugsch identificirt nun das biblische *Sukkot* mit Segol in Sukot, und *Migdol* mit dem obengenannten Migdol-Samut. Das biblische *Etham* aber, das einzig noch fehlt, um das Stationenverzeichniss zu vervollständigen, ist ebenfalls zweifellos festzustellen. Etham kann nur das aegyptische *Chetam* sein, welches die Appellativbedeutung Festung hat (wie denn dieses Wort auch in Chetam in Sukot (s. o.) erhalten ist). Die Denkmäler nun geben ein Chetam an, das zum Unterschied von anderen ebenso genannten Festungen den Namen: *Chetam in der Provinz Zor* (d. h. Tanis-Ramses, S. 473) führt. Eine Zeichnung dieses Chetam ist erhalten auf einem Monument Seti I. in Karnak.

wickelt waren, deren Gebiet an das nordöstliche Delta grenzte. Die Besorgniss, dass sich während der Abwesenheit des Königs und des Kernes

Statue Ramses II., des Pharao's der Bedrückung (in Tanis gefunden).

Kopf einer Statue Menephta's, des Pharao's des Auszugs (in Karnak gefunden).

(Beide im Museum im Bûlâk befindlich.)

der national-aegyptischen Streitkraft die Juden zu den ihnen stammverwandten Feinden des Reichs schlagen möchten, lag nahe und wird in der

---

Auf derselben sieht man diese Festung auf den beiden Ufern eines Flusses (des pelusischen Nilarms) liegen; die beiden einander gegenüberliegenden Theile der Festung sind durch eine Brücke (*Ḳanṭara*) verbunden; in der Nähe liegt eine Stadt, die den Namen *Tabenet* führt. [Dieses Tabenet darf man wohl identificiren mit dem „pelusischen *Daphnai*" (plur. wegen der Doppelfestung), von dem Herodot II. 30 ausdrücklich anführt, dass es zu seiner Zeit und früher eine aegyptische Besatzung hatte, um die Grenze gegen Arabien und Syrien zu schützen.] Dieses Chetam mit der Stadt Tabenet ist nun wohl wiederzufinden in dem Trümmerhügel *Tell Defenne* (s. die Karte des Kanals von Suês westlich von Ḳanṭara, S. 440). Die Erinnerung an die Brücke (Kanṭara), welche die Doppelfestung verband, ist erhalten geblieben in *Kanṭara* (s. S. 543), das wenig östlich von Tell Defenne liegt. Die Richtigkeit dieser Annahme wird nun nach Brugsch auch erwiesen durch das, was uns die aegyptischen und klassischen Texte berichten über die Strassen, die von Ramses (d. h. Tanis-Ṣân) nach Osten führten. Darnach gab es zwei Wege: einen, der nordöstlich über Pithom (S. 428) durch das sumpfige, von Kanälen durchschnittene Terrain des Distriktes von Sukot führte und der nach aegyptischen Texten und Plinius nur für einzelne Reisende praktikabel und somit sehr wenig begangen war; einen zweiten, den die Pharaonen einschlugen, wenn sie mit ihren Reitern und Wagen auszogen gegen Osten. Dieser letztere führte von Ramses über Segol in Sukot nach Chetam und Migdol. Es ist in einem Papyrus des britischen Museums ein mehr als 3000 Jahre alter Brief erhalten geblieben, in dem ein aegyptischer Schreiber seine Abreise von dem königlichen Palast in Ram-

Bibel geradezu vom Pharao ausgesprochen. *Ramses II.*, dessen Namen der eine Schauplatz der jüdischen Frohnarbeiten führte, ist der Pharao der Bedrückung, sein Sohn *Menephta* (der Menephthes des Manethon) der Pharao des Auszugs. Die Denkmäler lehren, dass beide die alte Hyksosstadt Tanis, welche von ihren Vorgängern wegen der in ihr geübten semitischen Culte gemieden ward, wiederum mit prachtvollen Monumenten schmückten. Tanis ist das biblische Zoan, in dem „Mose seine Wunder that vor Pharao". Hier hielt sich ohne Zweifel der mächtige Städtegründer und Eroberer häufig auf, nicht nur bevor er ins Feld rückte oder wenn er als Sieger heimkehrte, sondern auch, weil seine Gegenwart häufig nothwendig erscheinen musste in den von fremden und aufsässigen Elementen wimmelnden Ostmarken. Die Juden wissen nur von den Bedrückungen zu erzählen, die sie in der letzten Zeit ihres Aufenthalts in Aegypten zu erfahren hatten. Ramses war aber kein sinnloser Tyrann, sondern ein umsichtiger und strenger Kriegsfürst, der die Kraft der in seinem Reiche sesshaft gewordenen Semiten zur Herstellung nützlicher Werke benutzte, um sie zu verhindern ihm selbst gefährlich zu werden. Vielleicht mussten die Juden auch helfen jene doppelte Bastionenreihe zu verstärken, welche unter dem Namen der Sesostrismauer bekannt, aber schon vor Ramses angelegt, den Isthmus von Sues versperrte und sich später den Ausziehenden in den Weg stellte. Die „aegyptische Mauer" mit ihren Forts und Grenzfestungen war zugleich eine Schutzwehr gegen die Asiaten und ein „Zwing-Gosen".

Der Pharao des Auszugs. Nach Ramses' II. Tode folgte ihm sein dreizehnter Sohn Menephta (S. 106) in reifem Mannesalter. Gleich am Anfang seiner Regierung galt es schwere Kämpfe zu bestehen gegen die Libyer, welche sich mit streitbaren Inselbewohnern des Mittelmeeres verbündet und von der See her Aegypten überfallen hatten. Aber es gelang ihm sie niederzuwerfen. Siegreich konnte er in Theben einziehen, dort grosse Bauten aufführen lassen und den wissenschaftlichen Arbeiten der Priester Vorschub leisten. Gleich seinem Vater, residirte auch er, wie die Monumente lehren, zeitweilig in Tanis und scheint den semitischen Deltabewohnern freiere Bewegung gegönnt zu haben wie der erstere. Weniger kräftig und fest wie dieser hatte er auch von den asiatischen Nachbarreichen mehr zu fürchten als Ramses, der sie nicht nur tributpflichtig gemacht, sondern auch durch Heirathen und Friedensverträge, von denen wichtige Proben erhalten blieben, an sich gefesselt hatte.

---

ses mit der Bemerkung motivirt, dass er fortgezogen sei, um zwei geflohene Dienstboten zu verfolgen. In diesem Briefe sagt der Schreiber, dass er am 9. Tage des 3. Sommermonats von Ramses abgegangen, am 10. in Segol in Sukot, am 12. in Chetam angekommen sei; dort habe er gehört, dass die Flüchtigen den Weg gegen die Mauer (d. h. Anbu-Gerrha-Schûr, s. S. 443) nördlich von Migdol eingeschlagen hätten. Denkt man sich in diesem Brief an die Stelle der 2 flüchtigen Bedienten den Moses und die Hebräer und an die des Schreibers den verfolgenden Pharao, so ist damit genau der Weg angegeben, den die Hebräer bei ihrem Auszug einschlugen. Wie der Schreiber am ersten Tag nach Segol, am dritten nach Etham kam, so auch die Hebräer, und wie die Flüchtigen von dort den Weg nach Migdol und Anbu-Gerrha-Schûr einschlugen, so auch die Hebräer. Dort angekommen, standen die Hebräer vor dem *Sirbonischen See* (s. S. 443 und Reiseroutenkarte: den lang gestreckten See östlich von Port Sa'îd). Dieser See war den Alten wohl bekannt, ist aber schon lange fast ganz versandet und deshalb in Vergessenheit gerathen. Nach den Berichten der Alten zog sich derselbe als langer Streifen, nur durch eine schmale Landbarre vom Mittelmeer getrennt, längs der Küste hin. Der See, berichtet Diodor, sei ganz von Schilf und Papyrusstauden überwachsen und den Reisenden, namentlich wenn der heftige Südwind den Wüstensand auf die Seeoberfläche geworfen habe, so dass das Wasser unter dem Sande ganz unsichtbar geworden sei, sehr gefährlich gewesen, weil dieselben die Seeoberfläche dann für festen Boden angesehen hätten und so aus Unkenntniss hineingerathen und darin umgekommen seien. Diodor erzählt von einem Heereszug des Perserkönigs Artaxerxes gegen

Ueberdem war schon vor seinem Regierungsantritte die Befestigung der Ostgrenze des Reichs vollendet worden. Die Frohnarbeiter in Gosen wurden nichtsdestoweniger auch unter ihm ausgenutzt und überwacht, denn es lag nahe, dass sie in dem Augenblicke ausserordentlich gefährlich werden konnten, in welchem es ihnen gelang sich zu vereinen und als compacte Masse gegen das eigentliche Aegypten zu wenden. Als Mose nun vor den Pharao trat, um ihn zu ersuchen sein Volk in die Wüste führen zu dürfen, konnte Menephta seinem Verlangen nicht willfahren, denn gerade die Vereinigung der Stammgenossen des Bittstellers musste unter allen Umständen verhindert werden. Darum weigert er sich so hartnäckig auf das scheinbar bescheidene Verlangen des Mose einzugehen. Die Geschichte von den Landplagen und dem Würgengel ist bekannt. Als historischer Kern der legendarisch ausgeschmückten Erzählung ergiebt sich der auch von aegyptischen und griechischen Berichterstattern bestätigte Umstand, dass Menephta die Fremden („die Aussätzigen“, wie es in aegyptischen Berichten heisst), von verhängnissvollen Unglücksfällen gezwungen, ziehen lassen musste.

Der Auszug. Von Ramses aus brach Mose auf. Es ist schwierig, den Weg zu verfolgen, den die Auswanderer in den ersten Tagen genommen. Trotz der entgegenstehenden Ansicht von Brugsch (s. S. [illegible] Anmerk.) bleiben wir in der Erwägung, dass eine Festungslinie den Auswanderern den Weg nach Osten versperrte, bei unserer Ansicht stehen, dass in dem Meere, welches die Israeliten durchschritten, das Rothe Meer zu erkennen ist. So gelingt es uns die Stationen wiederzufinden, an denen die Juden rasteten und die scheinbar seltsame Wahl des Weges zu erklären, den Mose sie führte. Numeri 33, 5 ff. heisst es: Und so brachen die Söhne Israels auf von *Ramses* und lagerten zu *Suchot*, und sie brachen auf von Suchot und lagerten zu *Etham* und *wandten sich um* gen *Pi-Hachiroth*, welches vor *Baal Zephon* lieget, und lagerten vor Migdol, und sie brachen auf von Hachiroth und gingen durchs Meer in die Wüste. — Ramses (Maschûta) am Süsswassercanal zwischen Tell el-Kebir und dem Timsâhsee war der Sammelplatz. Hier strömten die Juden aus On (Heliopolis), Belbês, Bubastis und Pithom, von Südosten und Osten her zusammen und vereinten sich mit denen, die von Tanis und aus den nördlichen Weidedistricten gekommen waren. Hier ordneten sich die einzelnen Schaaren zu einem Ganzen, frohe Hoffnung auf das reiche gelobte Land erfüllte die Herzen und bereit auch mit dem Schwerte

---

Aegypten, auf dem ein Theil der persischen Armee in den Untiefen des Sirbonissees umgekommen sei, weil Niemand die Gefahren dieser Gegend gekannt habe. Die Hauptstrasse von Aegypten nach Syrien führte auf der schmalen Landnehrung zwischen dem Sirbonissee und dem mittelländischen Meere hin (s. S. 443). Die Juden, am Sirbonissee angekommen, lagerten sich zunächst in *Pi-Hachiroth* (= Mündung der mit Schilf bedeckten Abgründe), zogen dann auf der gewöhnlichen Heerstrasse durch die Untiefen hindurch bis zum Heiligthum des Ba'al Zephôn (s. S. 443), wandten sofort auf göttlichen Befehl um nach Süden, durchzogen die Wüste *Schûr* (s. S. 443) und kamen nach 3 Tagen nach Marah (= bitter), d. h. zu den Bitterseen auf dem Isthmus (s. S. 451). Von dort zogen sie weiter nach *Elim*, worunter zweifellos der von den Denkmälern Aa-lim oder Tentlim (= Stadt der Fische) genannte und nahe beim Golf von Suês gelegene Ort zu verstehen ist. Die Aegypter aber wurden auf der Verfolgung, eben wie sie auf der schmalen Landbarre zwischen Sirbonissee und Mittelmeer hinzogen, von einer Sturmfluth überrascht, verloren den Weg, kamen in den Sirbonissee und versanken in dessen Abgründen. Dass solche Sturmfluthen in dieser Gegend vorkommen, erhellt aus einer Notiz Strabo's: zur Zeit seines Aufenthalts habe eine grosse Fluth in der Gegend des Mons Casius (s. S. 443 Anm.) stattgefunden, wodurch die ganze Gegend so überschwemmt worden sei, dass der Mons Casius wie eine Insel erschienen, und der Weg, der nahe an ihm vorbei nach Palästina führte, für Schiffe fahrbar geworden sei. Das biblische Schilfmeer, durch das die Juden gezogen, wäre somit nicht das Rothe Meer, sondern der Sirbonische See."

Widerstand zu leisten zogen die Juden „gerüstet“ und „mit erhobener Hand“ aus Aegypten. Nach dem Aufbruche von Ramses ward die nach Syrien führende Strasse betreten und zu *Suchot* im Süden des heutigen Balaḥsees gelagert. Am folgenden Tage ward *Etham* (Chetam, die Umwallung), d. i. die erwähnte Festungslinie berührt. Thürme und Gräben und Schaaren von wohlbewaffneten Soldaten zeigten sich. Da ward das Volk, welches unter dem Stocke seiner Zwingherren nicht gelernt hatte dem Schwert mit dem Schwerte zu begegnen, kleinmüthig und verlangte zurückzukehren. Mose kannte die ihm anvertrauten Schaaren und wusste, dass sie noch nicht befähigt waren disciplinirten Regimentern die Stirn zu bieten und dem Tode zu trotzen, um die Freiheit zu gewinnen. „Da führte nun“, so heisst es Exod. 13, 17, „Gott sie nicht auf den Weg nach dem Lande der Philister, welches doch der nächste war, denn Gott gedachte, es möchte das Volk gereuen, wenn sie den Streit vor sich sähen, und sie möchten zurückkehren nach Aegypten. Und Gott liess das Volk sich wenden (vor Etham) auf den Weg nach der Wüste am Schilfmeere etc.“ Bei den Bastionen, etwa in der Nähe des heutigen Bir Machdal, dessen alter Name Migdol, wie das aegyptische Chetam (Etham) eine Burg und einen Festungsthurm bedeutet, liess sie Mose die syrische Strasse verlassen und sich gen Süden wenden. Ihm selbst waren während seines langen Aufenthalts in der Wüste nach der Ermordung des Aegypters alle Wege in dieser Gegend bekannt geworden und sobald er die Schwäche der ihm anvertrauten Schaaren erkannt hatte, blieb ihm kaum noch etwas anderes übrig, als sie die Bastionen umgehen zu lassen und sie zunächst nach Süden, um die nördl. Spitze des heutigen Golfs von Sues herum und endlich durch die Wüste der Arabia Petraea nach Canaan zu führen. Das doppelte Ziel, erstens das Volk mit möglichst geringen Verlusten aus Aegypten heraus zu retten, und zweitens es an einer geeigneten Stelle zu discipliniren, an Ordnung, Gehorsam und edlere Lebenszwecke zu gewöhnen, muss ihm von Anfang an vorgeschwebt haben. Bei *Etham* (den Bastionen) änderten also die Wandrer die Richtung ihres Weges und zogen gen Mittag zwischen dem westl. Ufer der Bitterseen und dem östl. Abhange des Gebel Aḥmed Ṭaher hindurch und lagerten nach einem starken Eilmarsche bei *Pi-Hachiroth*, dessen Name sich kenntlich in dem des heutigen *'Agrûd* (Pi ist aegyptisch „Ort“) erhalten hat. In der Nähe des Rothen Meeres zwischen Migdol, einem Grenzfort, das in der Nähe des alten Kambysu, wo sich unter den Römern eine Quarantaineanstalt für kranke Soldaten befand (kaum zwei Meilen nördl. von der Spitze des Golfs und den spärlichen Resten des alten Arsinoë) gelegen war, und dem 'Atâḳagebirge schlugen die Juden zum letzten Male ein Lager in Aegypten auf. Das 'Atâḳagebirge ist Baal Zephon, eine alte Cultusstätte, auf dessen imposanter Höhe die phönicischen Seefahrer dem Baal Zephon oder dem Nordwinde, der ihre Schiffe gen Süden führte, Opfer darbrachten. — Als dem Pharao berichtet ward dass das Volk die Festungslinie nicht passirt und den Weg nach Syrien, an dem der berühmte Wüstentempel am Mons Casius gelegen war, bei dem Mose seinem Gotte opfern zu wollen vorgegeben hatte, verlassen habe, konnte er leicht auf die Vermuthung kommen: „Verirrt (irren sie) im Lande, so schliesst die Wüste sie ein“. II Mos. 14, 3. Dann erwachte das Misstrauen. „Und als dem Könige von Aegypten berichtet ward, dass das Volk geflohen, verwandelte sich das Herz Pharao's und seiner Knechte gegen das Volk, und sie sprachen: Warum haben wir das gethan, dass wir Israel entlassen aus unserem Dienste?“ II Mos. 14, 5. Die Verfolgung begann. „Er spannte seine Wagen an und nahm sein Volk mit sich und nahm 600 auserlesene Wagen und alle übrigen Wagen in Aegypten, und Wagenkämpfer auf alle. Und Jehovah verhärtete das Herz Pharao's, des Königs von Aegypten, dass er den Söhnen Israels nachjagte.“ Während die Juden bei Pi-Hachiroth lagern, nähert sich ihnen die kriegstüchtige Heerschaar. Sie brechen eilig auf und gelangen beim Beginn der Ebbezeit an die Spitze des Golfs, den sie, wie das vor der Anlage des maritimen Canals manche Karawane gethan, überschreiten. Die heftig nachsetzenden Aegypter betreten die Furt, ehe die Fluth zu steigen begonnen. Da erhebt sich von Südwesten her ein heftiger Sturm, in jähem Wachsen hebt sich die See „und bedeckte die Wagen und Reiter vom ganzen Heere Pharao's, die hinter ihnen ins Meer gekommen waren: es blieb von ihnen übrig auch nicht Einer."

Von Suês zum Sinai über Maghâra und Wâdi Fîrân.

Von Suês bis ($2^1/_2$ St.) *'Ain Mûsa* s. S. 485.

Von 'Ain Mûsa führt der Weg weiter über den Boden der Wüste hin. Zur Rechten hat man das Meer und jenseits die Ausläufer des 'Atâka-Gebirges (S. 432), zur Linken die Höhenzüge des *Djebel er Râha*, später die der *Tîhkette* (S. 548). Zunächst wird ($^1/_4$ St.) das *Wâdi er-Rîine*, dann ($1^1/_2$ St.) das *Wâdi Kurdîye* überschritten. Hier beginnt eine monotone Fläche; überhaupt bietet die Strecke bis zum Wâdi Gharandel (S. 510), die zwei Tage in Anspruch nimmt, in keiner Weise eine Abwechslung und wird besonders auf dem Rückwege, selbst bei schönem Wetter, recht ermüdend; tritt der Chamsîn (S. 80) aber hinzu und wirbelt den Sand in dicken Wolken auf, dann wird die Geduld des Reisenden auf eine harte Probe gestellt, man glaubt sich dem Ziele gar nicht zu nähern. Bevor man (2 kl. St.) *Wâdi el-Ahte* erreicht, zweigt sich rechts der Küste entlang der sogen. *Derb Far'ûn* (Pharaonenweg) zum Djebel Hammâm Far'ûn (S. 511) ab, links führt ein Weg zum *Djebel er-Râha* in die Wüste et-Tîh. Wir folgen den in der Mitte bleibenden Kamelpfaden. Die nördl. Abhänge der Sandhügel enthalten viel Marienglas.

(2 St.) *Wâdi Soddur*, das (links) der *Djebel Bischr* schliesst, und welches die Höhenzüge er-Râha und et-Tîh trennt. Rechts streckt sich das *Râs Soddur* in das Meer. Halbwegs bis zum (2 St.) **Wâdi Werdân** ist rechts etwas entfernt der *Bîr Abu Suwêra*, eine kleine Quelle mit bitterlichem Wasser. Der Boden der Wüste ist ganz mit Stücken von scharfem Feuerstein bedeckt, welche an die bibl. Erzählung II Mos. 4, 24 erinnern. Zippora hatte sich nur zu bücken, um das Messer zu finden, mit dem sie ihren Sohn beschnitt. Die Feuersteine (silex) sind vielleicht Theile der von der Hitze zersprengten Drusen, und gleichen künstlich behauenen Steingeräthen (vergl. S. 381), Pfeilspitzen, Schabern, Messern etc.

Gelbe Dünenberge zur Rechten des Wegs; auch das Meer und die afrikan. Küste bleiben anfänglich sichtbar. Links nähern sich die Höhenzüge der zur Tîh-Kette gehörenden *Wuta-Berge* dem Wege. Schöner Rückblick auf den Djebel Soddur (s. oben). Das Meer verschwindet und erscheint wieder. Die Erhebungen gewinnen entschiedenere landschaftliche Formen. Die hellen Kalkberge und der weisslich gelbe Wüstenboden vereinen sich zu einem besonders farblosen Bilde; doch ist namentlich im Frühling die Wüste nicht ganz vegetationslos. Besonders häufig das *Betharânkraut* (Cantolina fragrantissima), das die Kamele sehr gern fressen und das ganz von wohlriechenden Säften erfüllt ist; im Norden der Halbinsel wird es gesammelt. Auch goldgelbe Coloquinten(*Handal*-)Aepfel (Citrullus colocynthis) liegen, wenn auch selten, abseits von ihren dunkelgrünen Ranken am Wege. Die trockenen Schalen werden von den Beduinen benutzt, um Wasser zu schöpfen und Butter zu bewahren. Das Innere der Frucht findet als Arzneimittel Verwendung. Der *Seyâlbaum* (Acacia tortilis) wird weiter nach Süden hin häufiger. Den erhärteten Saft, welchen er ausschwitzt (Gummi arabicum) sammeln die Beduinen und verkaufen ihn; das Kauen des Gummi's soll gegen Durst schützen.

($2^1/_2$ St.) **Wâdi 'Amâra**, dahinter der *Hadjer er-Rekkûb* (Reiterstein), aus einigen Felsblöcken bestehend. Der Boden wird welliger. In der Ferne tritt südl. der *Djebel Hammâm Far'ûn* (S. 511) und der sich lang hinstreckende *Djebel Gharandel* (S. 510) hervor. Nach 2 Stunden kommt man zu dem Sandhügel im **Wâdi Hawâra**, auf dessen Spitze eine bittere Quelle mit geringem Hochdrucke zu Tage tritt, um deren Rand unedles Palmengebüsch und wenige Dornsträucher wachsen und welche für das biblische *Marah* gehalten wird. II Mos. 15, 23—25 wird diese Quelle erwähnt*). Burckhardt vermuthet, der Saft der Beere des in dem benachbarten W. Gharandel wachsenden Gharkadstrauches (Nitrasia tridentata Desf.) könne, wie Granatensaft, den Geschmack von bitterem Wasser verbessern; doch vermuthet er es eben nur und die Araber kennen *keine* Pflanze, welche die Kraft des Strauches besässe, welchen Mose in den Quell geworfen haben soll.

Die Stationen der Juden in der Wüste und die Zahl der Auswanderer. Das Stationenverzeichniss IV Mos. 33 fährt Vers 8 also fort: „... und gingen durch's Meer in die Wüste und zogen 3 Tagereisen in der Wüste Etham, und lagerten zu Marah. 9. Und sie brachen auf von Marah und kamen gen Elim; zu Elim aber waren zwölf Wasserquellen und 70 Palmenbäume; und sie lagerten daselbst." Die Wüste Etham (die den Bastionen Chetam benachbarte) ist diejenige, welche der mit leichtem Gepäck reisende Sinaipilger schneller, ein wanderndes Volk jedoch schwer in kurzerer Zeit als in 3 Tagen zu durchmessen vermag. *Marah* ist dann der bittere Quell im *W. Hawâra* und *Elim* mit den 12 Quellen und 70 Palmen wird seit langer Zeit im *W. Gharandel* gesucht, obgleich, wie wir sehen werden, die Entfernung von Hawâra nach Gharandel ($2^1/_2$ Kamelstunden) für die Tagereise selbst eines wandernden *Volkes* sehr klein ist.

Kein denkender Reisender wird sich gegenüber einer Quelle wie der von Hawâra der Frage verschliessen können, wie es denn möglich gewesen, dass 600,000 Manner mit Weib und Kind, also wenigstens 2 Millionen Menschen**) aus ihr getränkt werden konnten. Nehmen wir auch an, eine reichere Vegetation habe zur Zeit des Exodus grössere Wassermengen zu Tage gefördert als heute, so würden doch zahlreiche andere Umstände sich vereinen, ernstliche Bedenken gegen die 600,000 Männer und 2 Millionen Wanderer aufkommen zu lassen. Die Grösse dieser Zahlen ist sicher ein Product der mythischen Ausschmückung der historischen Erinnerungen an den Exodus. Schleiden hat gezeigt, dass, wenn die 2 Millionen Köpfe starken Juden nicht nur, wie die Bibel erzahlt, *eine* Strasse gezogen, sondern auf der ganzen Sinaihalbinsel vertheilt ge-

*) 23. Und sie kamen gen Marah, und konnten das Wasser von Marah nicht trinken, denn es war bitter; darum nennt man den Namen des Orts *Marah* (d. i. Bitterkeit). 24. Da murrte das Volk wider Mose und sprach: Was sollen wir trinken? 25. Und er schrie zu Jehovah und der Herr zeigte ihm einen Baum, den warf er ins Wasser, da wurde es süss.

**) II Mos. 12, 37. Und so zogen die Söhne Israels aus von Ramses nach Succot bei 600,000 Mann zu Fuss, die Männer ohne die Kinder.

wesen wären, sie diese um 10% dichter bevölkert haben würden, als die Weimaraner ihr Grossherzogthum. 33,000 Eimer Wasser würden täglich (ohne das Vieh zu rechnen) für eine solche Riesenkarawane nöthig gewesen sein und die Beduinen gerathen heute schon in Besorgniss, wenn eine Gafla von mehreren hundert Reisenden an ihren Quellen lagert. Die Zahl 600,000 ist bei den poetischen Schilderungen der wunderbaren Rettung des Volkes entstanden, das dankbar dem helfenden Gotte um so grössere Wunder zuschrieb, je höher es seine Macht zu preisen bemüht war. Wir werden diese Zahl ausserordentlich stark zu vermindern haben; ebenso die 40 Jahre, welche die Juden in der Wüste zugebracht haben sollen. Jedenfalls muss es in der Absicht der Führer gelegen haben, das Volk in der Einöde zu stählen und für die in Palästina zu bestehenden Kämpfe tüchtig zu machen; aber die heilige Zahl 40, welche sich überall und überall wiederholt, und für die Lebensdauer einer Generation galt, bedeutet eben immer eine Reihe von Jahren. Wir erinnern daran, dass Mose 40 Jahre alt war, da er floh, 40 + 40, d. i. 80, als er das Volk in die Wüste führte, 40 + 40 + 40 = 120 als er starb. Die arabische Literatur besitzt eine Reihe von Schriften, die sogenannten arbaînât, in denen nichts weiter enthalten ist wie Erzählungen, in denen die Zahl 40 eine Rolle spielt.

Dicht vor uns liegt der an seinen Abhängen, die mit „verhärtetem Polsterwerk" verglichen worden sind, eigenthümlich geformte *Djebel Gharandel*, dessen Name (Gerendel, Charandel, Gurundel) schon früh genannt wird. Vielleicht hat das in den Golf von Suês mündende Wâdi dem nördlichen Theil des arabischen Meerbusens, an dem Ptolemäus II. die Stadt Arsinoe gründete, seinen in der Römerzeit gebrauchten Namen *Charandra* gegeben. Im Itinerarium des Antoninus heisst er *Gurandela*.

Das ($4\frac{1}{2}$ St. von Wâdi 'Amâra) gleichnamige **Wâdi Gharandel**, das sich nach Nordosten hin weit verfolgen lässt, besitzt in der Nähe des Meeres und namentlich an derjenigen Stelle, welche der Weg zum Sinai berührt, einiges, nach starkem Regen ziemlich reichliches, nur wenig gesalzenes, trinkbares Wasser und als Gabe desselben eine, wenn auch nicht reiche, so doch hier in der Wüste freundlich anmuthende Vegetation, so einige hochstämmige und buschige Palmen, Seyâlbäume (S. 509), Gharkadsträucher und Tamarisken. Kleine Felspartien an den Oasenrändern steigern den immerhin bescheidenen Reiz des Thales, das früher vielleicht wasser- und vegetationsreicher war als heute. B. von Breydenbach (15. Jahrh.), der schon Gharandel („Orondeu") für „Helym" (Elim) hält, sah dort z. B. einen nunmehr hierselbst ausgestorbenen Strauch mit Nüssen, in der Grösse von Haselnüssen, welche den Namen Pharaonis-Nüsse führten. War es das *Elim* der Bibel, so haben sich seitdem die 12 Quellen und 70 Palmen stark vermindert. Zwei in den Stein gehauene, zerstörte Eremitenzellen sind keines Besuches werth.

Weiter hat man zur Linken den dunkelgrauen *Djebel Useṭ*, rechts wir der Djebel Ḥammâm Far'ûn (s. unten) in seinen Umrissen deutlich sichtbar. Der Weg steigt zunächst langsam an. Nach $1\frac{1}{2}$ Stunden gelangt man zu dem Grabhügel *Hoṣân Abu Zenne* (Pferd des Abu Zenne), auf den die Beduinen beim Vorüberziehen mit den Worten „füttere das Pferd des Abu Zenne" einen Stein oder Sand als Zeichen der Verachtung zu werfen pflegen. Es wird erzählt, ein Araber Abu Zenne habe eine trächtige Stute grausam gejagt und ihr, als sie nicht weiter konnte, so stark die Sporen gegeben, dass sie nur noch einen ungeheuren Satz machte und dann sterbend zusammenbrach. Der hartherzige Reiter bezeichnete die wunderbare Länge des letzten Sprunges seines Pferdes mit Steinen, zu denen jeder Vorübergehende einen andern als Zeichen der Missbilligung fügt.

Geradeaus der dreigipfelige *Ṣurbûṭ el-Djemel* (S. 548), SO. die höchsten Spitzen des *Djebel Serbâl* und *Djebel el-Benât*, links die *et-Tîh* Höhen und rechts der *Djebel Ḥammâm Far'ûn* und *Djebel Uṣêṭ*. (2 St.) *Wâdi Uṣêṭ*, in dem einige Wasserlachen sich befinden, Palmenwildlinge stehen und das gewiss mit Unrecht für das Elim der Bibel gehalten worden ist (s. oben). Dafür würde nichts sprechen, wie der Umstand, dass W. Uṣêṭ weiter von W. Hawâra (Marah) entfernt liegt, als das dem letzteren freilich für das Ende einer Tagereise sehr nah benachbarte Wâdi Gharandel.

Aus dem Wâdi Uṣêṭ treten wir in das *Wâdi Ḳuwêse*, das sich durch Kalkfelsen 2 St. lang am Fusse des Djebel Ḥammâm Far'ûn hinzieht.

Der **Djebel Ḥammâm Far'ûn** (478m ü. M.), das *Pharaobad*, wird am besten von hier aus bestiegen und ist besonders für Geologen von Interesse; ein halber, unter Umständen auch ein ganzer Tag ist dazu erforderlich; Proviant mitnehmen. Seine Basis ist breit und hat die Form einer abgestumpften Pyramide. Der Kalkstein an seinen Abhängen ist ausserordentlich zerrissen und zerklüftet. An mehreren Stellen treten warme Quellen zu Tage, welche heute noch von den Arabern namentlich gegen Rheumatismus gebraucht werden. Ehe sie das Wasser benutzen, pflegen sie dem diese Stätte beherrschenden Geiste des Pharao, um seinen üblen Willen zu beschwichtigen, ein Opfer, gewöhnlich einen Kuchen, darzubringen. Sie erzählen, der Pharao liege hier in heissem Wasser und werde für seine Sünden bis in Ewigkeit gesotten, oder auch der Pharao habe, als er im Rothen Meere ertrank, Mose auf einem Felsen des Djebel Hammâm Fir'aun stehen sehen und sei über diesen Anblick in solche Wuth gerathen, dass er, bevor er untersank, so heftig schnaubte, dass sich die Wogen, die über ihm zusammenschlugen, stark aufbäumten. Seitdem geht sein Geist an dieser Stelle um, und jedes Schiff, welches sich dem Dj. Ḥammâm Far'ûn nähert, muss untersinken. — Diese Sage erfährt eine Ergänzung durch eine andere, gleichfalls von den Arabern erzählte, nach der die Juden nicht glauben wollten, dass der Pharao wirklich ertrunken sei, bis Gott der See befahl, seinen Leichnam auszuwerfen. Seit jener Zeit soll das Meer jeden Ertrunkenen ans Ufer spülen.

„Die Gestalt der Höhlen in dem Gebel Ḥammâm Far'ûn ist häufig eine röhrenförmige und die meisten derselben, wahre Schlotten, gehen in der Richtung der Gesteinsschichten von W. nach O. und von S.-W. nach N.-O. steil in die Tiefe, wo sie ohne Zweifel mit den Thermen communiciren, da ich sie mit dem Dunste derselben ganz erfüllt fand. In der grössten dieser Höhlen, deren Eingang 4' Diameter misst und die einige Klafter über den heissen Quellen liegt, beobachtete ich 2 Klafter innerhalb des Einganges bei einer Temperatur der äusseren Luft im freien Schatten von 20, 8°R. eine Temperatur der inneren Luft = 31°R. Der Dunst, welcher den inneren Raum erfüllte, roch nach Schwefelwasserstoff und ein leichter Schwefelanflug bedeckte stellenweis die Wände." J. Russegger.

Man findet die heissen Quellen an der dem Meere zugekehrten nördlichen Seite des Berges. Sie sind auch ohne Führer leicht zu finden durch die Dämpfe, von denen sie umgeben werden. Da, wo sie von dem weissen Felsen ins Meer fliessen, kann man baden, doch ist Vorsicht vor Haifischen nöthig. Weiter nach oben hin sind sie sehr heiss; bei einer Lufttemperatur von 26,3° R. waren sie 55,7° R. warm. Das Wasser schmeckt schwach salzig; nach einer von J. Russegger in Wien vorgenommenen qualitativen Analyse enthält es an Basen: Natron, Kalkerde und Talkerde; an Säuren: Chlorwasserstoff und Schwefelsäure etc.

Das Wâdi Ḳuwêse wird an seinem (2 St.) südl. Ende durch das hier ziemlich breite *Wâdi eth-Thâl*, das in einer engen Schlucht SW. zum Meere hinunter führt, durchkreuzt. Jenseit desselben betreten wir das *Wâdi Schebêke*, das sich nach $2^1/_2$ St. in l. *Wâdi el Ḥamr* und r. *W. Ṭayyibe* gabelt. Durch das erstere führt (östl.) der S. 548 beschriebene Weg über *Ṣarbûṭ el-Châdem* zum Sinai; wir folgen dem letzteren und wandern südl. dem Meere zu.

Das **Wâdi Ṭayyibe**, mit grossen Krümmungen, hat sehr merkwürdige Felsbildungen, einige schlechte Quellen und wenig Palmenwildlinge. Der Weg führt durch mehrere mässig grosse runde Flächen, welche amphitheatralisch von nackten weissgelben Sandwällen und Felsen rings umschlossen werden. Viele von diesen steilen Kesselwänden ist man aus der Ferne für Menschenwerk zu halten geneigt. Sie schliessen die Arena in ihrer Mitte derartig ab, dass man sich vergeblich nach einem Ausgange umsieht. Jede Viertelstunde bietet ein neues, freilich dem vorigen namentlich in der Farbe gleichendes Bild. Ganz eigenthümlich der unweit des Meeres gelegene *Djebel Ṭayyibe*, der aus schräg über einander gestellten in ihrer Färbung verschiedenen Lagen besteht. Die unterste ist goldgelb, auf diese folgt eine rothe, auf diese eine braunschwarze und auf diese endlich als Krönung eine gelbe Schicht.

Nach 2 St. (von der oben erwähnten Gabelung) öffnet sich das Thal und wir haben das offene Meer, das die Ufer der Sandebene *el-Murchêye* bespült, vor uns. Das **Râs Abu Zenîme**, an dem das Grabmal des Heiligen noch vorhanden, bietet einen geschützten Lagerplatz. Hier (schwerlich wie einige wollen im W. Ṭayyibe) ist das Lager am *Schilfmeer* zu suchen (IV Mos. 33, 10: „Und sie brachen auf und lagerten am Schilfmeere"). Der Hafen, welcher sich hier früher befand, wird nur noch selten von arabischen Fischerbarken benutzt. Im Alterthum mündeten hier die Strassen, auf denen man die in den Minen von W. Maghâra und Ṣarbûṭ el-Châdem gewonnenen Erze und Steine zur Weiterbeförderung auf Schiffen zum Meere schaffte.

Von Abu Zenîme nach Wâdi Schellâl (6 St.) führt der Weg zunächst am Ufer des Meeres hin. Man gehe zu Fuss und suche Muscheln, eine Thätigkeit, die gerade hier von den Sinaireisenden aller Zeiten geübt wurde; so schon von dem alten Thiedmarus (13. Jahrh.), von Fabri und Breydenbach, welcher letztere sagt: „Item an dem roten Meer uff dem Land fyndet man mancherlei Muscheln, auch weiss Korallen und viel edel Gestein." Mit dem letzteren meint er wohl die glatten Quarzstücke am Strande. Zur Linken des Weges erheben sich am Rande der schmalen Strandebene eigenthümlich geformte gelbliche Kalkberge, die in Schichten aufgethürmt auf riesigen muschelförmig ausgewaschenen Consolen zu ruhen scheinen. Stattlich und sich scharf abhebend von den hellen Bergen in seiner Nachbarschaft, erhebt sich in schwarzer Farbe der **Djebel el-Marcha** (180m), der sich am ($1^1/_2$ St.) Ende dieser Ebene in einem kräftigen Felsvorsprung gerade vor die Strasse legt und dicht an das Meer herantritt, und zwar so, dass er zur Fluthzeit von den Wogen berührt wird und dann zu Fuss auf einem stufenartigen Wege überstiegen werden muss; an seiner südl. Wand, aber $^1/_2$ St. vom Wege abseits, ist eine Quelle.

Jenseits gelangt man zu einer zweiten Küstenebene, *el-Marcha* genannt, die von ziemlich bedeutendem Umfange und nicht vegetationslos ist, und tritt nach einem Marsche von 3 Stunden in SO. Richtung in den Eingang des in das eigentliche Gebirgsland der Halbinsel führenden *W. Schellâl* ein. Je heisser die Sonne bis hierher auf den Reisenden herniederschien, je willkommener wird ihm der Schatten des Ruheplatzes sein, welchen eine Felsenbucht an der rechten Seite des Thals bietet.

Das **Wâdi Schellâl**, in seinem Anfange auch *Sîh Ba'ba'* („Eröffnung" des Ba'ba'thals) genannt, ist ein enges schluchtartiges Gebirgsthal mit nackten, röthlichen und grauen Felswänden. Nachdem man es $^3/_4$ Stunden durchwandert hat, mündet nördl. das **Wâdi Ba'ba'**, welches von dem dunklen *Djebel Ba'ba'* überragt wird. Der Weg steigt langsam an. Einige Gebirgsabhänge, an denen man vorüberzieht, sehen wie gigantische von Menschenhänden aus Quaderwürfeln zusammengefügte Mauern aus. Weiterhin im W. Schellâl zeigen sich Granitfelsen in grau und roth zwischen weniger festen Formationen. Ueberall liegen in langen Haufen schwarze, von vulkanischen Feuern ausgebrannte Schlacken, welche der Laie für Hüttenschlacken zu halten geneigt ist. Daneben lagern in Menge braune, graue und rothe Steinfragmente; darunter Felsitporphyr, ausgezeichnet durch die grell ziegelrothe Farbe des Orthoklas-Feldspathes. An den Berghängen ragen Klippen und Zinken in mannigfaltigen Farben und seltsamen Formen in die Höhe. Der Weg führt von Kessel zu Kessel, von denen jeder seinen eigenen Horizont hat. Nähert man sich einem neuen und sieht die Spitzen seiner Randberge, so glaubt man ein Tiefthal mit ungemein hohen Einschlussbergen zu finden; aber die letzteren sind niemals von bedeutender Höhe. Wie die Stufen an einer Treppe, so reiht sich hier ein umschlossenes Hochthal an das andere. Jeder neue Kessel steht auf höherer Basis als der, welchen der Reisende verlassen, und gewährt einen leichten Aufgang zu dem nächsten höher gelegenen, bis eine schroffe Wand den Weg abschliesst und das weitere Vordringen zur Unmöglichkeit zu machen scheint. Bald zeigt es sich, dass ein ziemlich steiler Saumpfad, **Nakb el-Budra** (Pass der Schwertspitze, 385m) über die den Weg versperrende Höhe führt. Schon im Alterthume ist er von den Lastthieren beschritten worden, welche die in Wâdi Maghâra gewonnenen Mineralien zum Meere führten; dann verfiel er, wurde aber 1863 von Major Macdonald, einem Engländer, der in den alten Minen Türkise brechen wollte, aber dabei verarmte, wieder hergestellt. Von dem ($1\frac{1}{2}$ St.) höchsten Punkte dieses Passes aus bietet sich eine *Aussicht von unbeschreiblicher Wildheit und Oede den überraschten Blicken dar. Man schaut in ein Hochthal, das von nackten 30m hohen Felsen, Zacken, Zinken und Hängen in grau, roth, braun, grün und schwarz umsäumt und von höheren Bergspitzen überragt wird. Jenseit der Höhe erhält das Thal den Namen *Wâdi Nakb el-Budra*; in demselben steigt man zum **Wâdi Sidr**, das einen von rothem Granitfels umschlossenen Bergkessel bildet, hinab.

Bald zweigt sich links zuerst das kleine *Wâdi Umm Themân*, in welchem Palmer und Wilson 1869 ähnliche Gruben wie bei Maghâra entdeckten, dann das *Wâdi Maghâra* ab. Mit diesem bildet das von Osten kommende Seitenthal *Wâdi Kene* einen Winkel. Hier liegen die altberühmten *Bergwerke von Maghâra*, deren Besuch lohnend ist; er nimmt $\frac{1}{2}$ Tag in Anspruch.

Die Bergwerke von Maghâra. Die braunen und ziegelrothen Wandungen des ziemlich breiten Wâdi Kene steigen steil und hoch an. Die Abhänge gehören theils der Sandstein-, theils der Granitformation an. In den ersteren (NW.) befinden sich die alten Minen etwa 45m über der Thalsohle. Man hat viel Geröll zu überklettern, bis man zu den breiten, aber niedrigen Oeffnungen der Gruben gelangt, welche einst von einer nur noch in kaum nachweisbaren Spuren erhaltenen Gallerie geschützt wurden. Der Schacht geht ziemlich tief in den Felsen hinein, anfänglich sehr weit, dann immer schmäler werdend. Ueberall stehen ausgesparte Pfeiler, welche die niedrige Decke vor dem Einfallen schützen. Die alten Meisselhiebe sind noch wohl erkennbar. An vielen Stellen hängen in dem röthlichen Gestein kleine blau-grüne und sehr unreine Türkise, die man mit dem Taschenmesser leicht loszulösen vermag. Nach einigen Jahren verblassen diese Steine gänzlich. Auf dem Wege zum W. Fîrân (S. 517) pflegen Beduinen solche werthlose Türkise oft in beträchtlicher Grösse dem Reisenden zum Kauf anzubieten und hohe Preise dafür zu verlangen.

Kleine Stelen mit hieroglyphischen Inschriften geben Kunde von der hier geübten Thätigkeit der pharaonischen Bergbeamten. Auf grösseren geglätteten Flächen der Felsenwände erzählen alte Könige in Bild und Schrift den Nachgeborenen, dass sie die Bewohner dieser Gegenden, die Mentu, bezwungen und für die Bedürfnisse der Knappschaft gesorgt haben. Der riesige Pharao hält die Schöpfe kleiner Unterworfener in der einen Hand und mit der anderen schwingt er eine Waffe (chopsch) gegen sie. Opfer werden dargebracht, Feste und der Besuch hochgestellter Grubeninspectoren erwähnt. Der älteste hier genannte König ist Snefru, der erste König der IV. Dyn. Es folgen Chufu (Cheops, S. 101), der Erbauer der grossen Pyramide von Gize, aus der V. Dyn. Sahura, Kaka, Raenuser, Menkauhor, Tatkara (Assa), aus der VI. Dyn. Pepi-Merira und Neferkara, aus der XII. Dyn. (S. 102) Usertesen II. und Ameuemha III. Unter den Hyksos wurden die Gruben vernachlässigt, aber nach ihrer Vertreibung von der energischen Schwester und Mitregentin Tutmes III., Hatasu, welche zu Dêr el-Bahri (Theben) ihre reichbeladenen aus Arabien heimkehrenden Schiffe darstellen liess, wieder aufgenommen. Auch aus Ramses II. Zeit befindet sich hier eine Stele; doch schon von seinem Sohne Meneph-tah, dem Pharao des Auszugs, findet sich ebensowenig ein Denkmal an dieser Stätte wie von den späteren Königen.

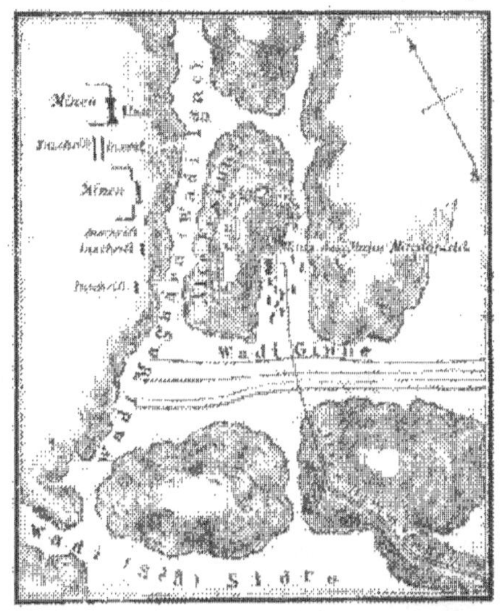

Das hier gewonnene Mineral wird in den Inschriften *Mafkat* genannt. Die Farbe desselben war entschieden *grün* und wird anderwärts in Barren von dieser Gestalt ▭ abgebildet und als „echt". Im Gegensatz zu dem gleichen unechten oder „nachgemachten" Mineral bezeichnet. Lepsius' eingehende Untersuchungen finden Bestätigung auch durch Prof. Credner's geologische Erläuterungen. Das echte Mafkat, das hier nicht vorkommt, war wohl der Smaragd, das einfache und nachgemachte Mafkat, Malachit, Kupfergrün, grüne Smalte und die daraus bereitete grüne Farbe. Der künstlich verfertigte Smaragd, der häufig im Alterthum erwähnt wird, war ein grüner mit Kupfer gefärbter Glasfluss, der, zerstossen, die beste grüne Malerfarbe gab. Dieser Rohstoff diente den Aegyptern zum Färben des in vielen Stücken erhaltenen grünen Glases und war wohl der Malachit, welcher von Theophrast „falscher Smaragd" genannt wird, sowie das besonders als Goldloth benutzte und daher „Chrysokolla" genannte Berggrün. — Mafkat wird auf den Denkmälern stets mit Chesbet, d. h. Lapis lazuli (echtem, unechtem und künstlichem) zusammengenannt, wie beide auch in der Natur zusammen vorkommen; überall an kupferhaltigen Stellen, denn Malachit ist kohlensaures Kupfer mit einer gewissen Quantität Wasser, Kupferlasur (Lapis lazuli) zeigt sich bald mit Malachit verwachsen, bald für sich bestehend und dann kleine Knollen und Nieren bildend. In Wâdi Maghâra gewann man auch Kupfer und jedenfalls Malachit, den man als Edelstein sammelte oder zu Farbstoff verarbeitete. Die Gegend wurde nach dem kostbarsten in ihr gewonnenen Mineral die Mafkat-(Malachit-) Gegend genannt. Als Arbeiter schickte man in die Gruben verurtheilte Verbrecher (namentlich politische) und Kriegsgefangene. Oft wurden auch die Verwandten der schuldig Befundenen in die Gruben geschickt und mit Fusseisen gefesselt zur Arbeit gezwungen. Wie man später in den Porphyrbrüchen Christen arbeiten liess, so werden in Ramses II. Zeit widerspenstige Hebräer in die Bergwerke geschickt worden sein.

Von der Oeffnung der Minen aus den Abhang der Höhe, in der sich Schachte befinden, hinankletternd (schwierig), gelangt man zu einem von Palmer entdeckten Felsenbild, welches ausser einigen unlesbaren Hieroglyphen das heilige Thier des Horus (den Sperber) und fünf Gestalten enthält. Die erste kaum mehr kenntliche scheint in der Linken einen Meissel zu halten und kann einen Grubenarbeiter darstellen. Die 2. trägt die Krone von Oberaegypten, die 3. die von Unteraegypten, 2 ist der Vertreter des Pharao als Beherrscher des Süd-, 3 der Vertreter des Königs als Gebieter des Nordlandes. Strick, Hammer und Meissel (die bei jeder feierlichen Gründung noch in der Ptolemäerzeit angewandten Instrumente), die sie in der Hand halten, zeigen, dass sie um der feierlichen Eröffnung einer neuen Mine beizuwohnen gekommen sind. Die Form des Meissels bemerkenswerth. Die 4. und 5. Gestalt zeigt den die Bergbewohner schlagenden Pharao.

Auch der der Grubenöffnung gegenüberliegende etwa 60m hohe Hügel ist eines Besuches werth. An seiner Rückseite stehen die Trümmer des Macdonald'schen Hauses, auf seiner Spitze Gebäudetrümmer, die Reste eines Forts mit Factorei und der kleinen Arbeiterwohnungen aus der Pharaonenzeit. Hieroben liegen auch mancherlei Feuersteinwerkzeuge, namentlich Pfeilspitzen und scharfe Instrumente, die vielleicht zum Einkratzen der Inschriften benutzt worden sind. Der alte, zu Thale führende und dann gen Süden mit einer Wendung nach Osten leitende Weg für die Grubenarbeiter ist heute noch nachweisbar. — Eine Quelle befindet sich in einer Entfernung von etwa 25 Min. von Major Macdonalds verlassenem Hause.

W. Maghâra als Station der auswandernden Juden. Die Gegend des Râs Abu Zenîme wird von den meisten Bibelerklärern für die Stätte des Lagers am Schilfmeer gehalten (S. 512). IV Mos. 33, 11 heisst es weiter: „Und sie brachen auf vom Schilfmeere und lagerten in der Wüste Sin. 12. Und sie brachen auf aus der Wüste Sin und lagerten zu Daphka." II Mos. 16, 1 ff. wird Ausführlicheres von diesem Abschnitte der Reise berichtet. Es heisst dort, die ganze Gemeinde habe sich gegen Aaron und Mose schmerzlich beklagt Aegypten verlassen zu haben und die Beschuldigung ausgesprochen: „Ihr habt uns ausgeführet in die Wüste, um dieses ganze Volk sterben zu lassen durch Hunger."

Wird nun auch von vielen die öde Küstenebene el-Kâ'a, welche sich von Râs Abu Zenîme bis Tûr und weiter hinstreckt, für die Wüste Sin gehalten, so will es uns scheinen, als sei dieser Ansicht die andere vorzuziehen, welche die felsige Einöde, die wir auf dem Wege von Râs Abu Zenîme bis W. Maghâra passirten, für die Wüste Sin erklärt. Daphka ist Wâdi Maghâra. Von öden und starren Felsen eingeschlossen, mussten sich die an eine weite Ebene gewöhnten Schaaren erschreckt und beängstigt fühlen und murrten gegen die Führer.

Das Wâdi Sidr wendet sich bald nach der Mündung des Wâdi Maghâra gen Süden, den *Djebel Abu'Alâka* (799m) umziehend, und tritt in einer kleinen Stunde auf eine grosse Hochebene. Östl. (gegenüber) mündet das *Wâdi Neba'* und südl. das **Wâdi Mokatteb**, d. i. Thal der Inschriften, dessen Lauf wir folgen. Es ist ein breites Thal, an dessen westlicher Seite sich die Berggruppe des *Djebel Mokatteb* (725m) erhebt, an deren Fuss bis zur Sohle des Thales hin, welches man durchschreitet, Sandsteinblöcke liegen, von denen mehrere die unter dem Namen der „Sinaitischen" Inschriften berühmt gewordenen Inscriptionen tragen. Die meisten befinden sich an der *westlichen* Thalseite.

Von den *Sinaitischen Inschriften* sind die meisten mit nabatäischen, andere mit griechischen, wenige mit koptischen und arabischen Schriftzeichen flach in den nur selten zuvor geglätteten Felsen gekratzt und häufig von mehr als kindisch kunstlosen Bildchen: bewaffneten und unbewaffneten Männern, Wandrern und Fechtern, beladenen und unbeladenen Kamelen, Pferden mit und ohne Reiter und Führer, Steinböcken, Schiffen, Kreuzen und Sternen begleitet. Ein Priester mit erhobenen Armen und ein Kunstreiter bemerkenswerth. Cosmas (Indicopleustes oder der Indienfahrer), welcher die Sinaihalbinsel 535 n. Chr. besuchte und unsere Inscriptionen bemerkte, hielt sie für Machwerke der auswandernden Juden, für hebräische Inschriften mit mancherlei Angaben und als Denkmäler aus dem Alterthume, wunderbar von der Schickung erhalten, „damit sie den Ungläubigen zum Zeugnisse dienen möchten". Jetzt steht es fest, dass die ältesten unter ihnen nicht früher geschrieben sein können, als im 2. Jahrh. v. Chr. und die jüngsten nicht später als im Anfang des 4. Jahrh. n. Chr. und zwar rühren die meisten von *heidnischen* Nabatäern her, welche sabäischen Diensten ergeben waren und Sonne, Mond und leuchtende Sternbilder, am liebsten auf hohen Bergen (Serbâl und Sinai) anbeteten. Christliche Namen kommen nicht vor, viele der Schreiber heissen aber „Diener", „Fürchtende" oder „Priester" von altarabischen Gottheiten, wie „Sonne", „Mond", „Baal" etc. — Wandernde Leute waren die Hersteller unserer Inschriften, theils Händler, theils Pilger zu den heiligen Stätten, im W. Mokatteb gewiss zu dem schon in frühester Zeit verehrten Serbâl. Sie kratzten die Inschriften, welche der Leipziger Professor Beer († 1864) zuerst und nach ihm Tuch noch vollständiger entzifferte, und Bilder in den Felsen zum Gedächtniss ihres Besuches. In der Nähe der heiligen Stätten befanden sich Festplätze mit Märkten und Schaustellungen, das Wâdi Mokatteb wird ein solcher Festplatz gewesen sein. Die Inscriptionen in *griechischer* Sprache wurden zum Theil über Nabatäische gekratzt und sind später als die letzteren. Neben einem Diakonos Hiob, schrieb ein Soldat, der den Nazarenern Feind war: „Ein schlecht Gesindel das. Ich der Soldat schrieb's ganz mit meiner Hand."

In den südl. Ausgang des Wâdi Mokatteb schiebt sich ein Ausläufer des gleichnamigen Berges, den man zu übersteigen hat. Jenseit der Passhöhe (463m) hat man Höhen und Tiefen mit kleineren Steinen am Boden des Thales und an den Berglehnen zu passiren. Rothes Geröll trägt das Aussehen von gebrannten Ziegelstücken. Die Abhänge erscheinen wie verfallenes Feldsteingemäuer.

In $^3/_4$ St. betritt man das hier breite **Wâdi Firân**, welches am Fusse des Serbâl in der Oase Firân beginnt und, nachdem es einen grossen Bogen beschrieben, am Meere endet, wohl das bedeutendste Thal der Halbinsel. Manchmal treten die Granitwände, welche sich zu seiner linken und rechten Seite erheben, ziemlich nahe zusammen, an manchen Stellen gehen sie weit aus einander. Malerische Formen des grauen, von rothbraunen Porphyr- und schwarzen Dioritgängen durchsetzten Urgesteins. Die Gänge streichen mit grosser Regelmässigkeit von N. nach S. Die Gegend gewinnt besonderen Reiz durch die die Thalwände überragenden Spitzen der nackten Riesenberge im Süden. Der Serbâl selbst mit seiner fünfzackigen Krone wird mehrmals deutlich sichtbar. Gleich am Eingange des Thales, da wo sich am *Djebel Nesrîn* das kleine Wâdi gleichen Namens (links vom Wege) öffnet, einige runde Steinlegungen, welche Gräber aus alter Zeit bezeichnen. Es folgen sich abzweigend vom Wege rechts das *W. Nedîye*, links das *W. er-Remmâne*, links das *W. Mochêres* und rechts das *W. el-Feschêhe*, beide von gleichnamigen Gipfeln überragt; ferner r. die Wâdi's *ed-Dêr*, *Nehbân*, *et-Tarr* und *Abu Gerrâyât*, letzterem gegenüber (l.) das grössere *Wâdi Kosêr*. Kurz bevor man die Oase erreicht, begegnet man einem Felsen, der den Namen *Hêsi el-Chattâtîn* trägt und der überall mit kleinen Steinchen belegt ist. Palmer war der erste, dem hier die Beduinen erzählten, dieser Block sei derjenige, aus welchem Mose den Quell geschlagen.

Das Wüstenkraut wird häufiger und kräftiger, Tamariskengebüsch, Nebk, Seyal und Palmenbäume zeigen sich, zwitschernde graue und dunkle Vögel lassen sich hören. Man hat die Einöde verlassen und betritt mit einem unbeschreiblich freudigen Gefühle die **Oase Fîrân**, die „Perle" des Sinai, weitaus das fruchtbarste Landstück auf der ganzen Halbinsel: zunächst den *el-Heswe* genannten Grund, in welchem zuerst der nie versiegende, hier aber plötzlich vom Boden verschlungene Bach erscheint, der dem Wanderer entgegenströmt und das ganze höher gelegene Thal mitten in der Wüste in einen blühenden Garten verwandelt. Mit Hülfe von Schâdûfs (Schöpfeimern) wird das Wasser auf die Beete und Pflanzen gegossen. Die Datteln, die hier reifen, sind berühmt. Jeder Baum hat seinen Besitzer, dem die ganze Ernte zufällt, auch wenn er fern von ihm wohnt, denn die ehrlichen Oasenbeduinen und Klosterhörigen schützen sein Eigenthum. Beduinenhütten und Gärten und die Ruinen von steinernen Häusern mit leeren Fensteröffnungen aus der Zeit des alten Fîrân stehen am Wege und an dem Abhange der linken Thalseite. 40 Min. nachdem man die Oase betreten, zeigt sich der Serbâl in seiner ganzen Majestät. Nach andern 37 Min. erreicht man eine Erweiterung des Thals, in der, wie eine Insel, sich der etwa 30m hohe felsige Hügel *el-Meharret* erhebt, auf dem die Spuren von alten christlichen Kirchenbauten heute noch vorhanden sind. Gerade gegenüber den Klosterruinen lässt sich eine der merkwürdigsten Gangbildungen beobachten; es ist ein Gang grünen Diorits in fleischrothem Porphyr, dieser wieder in graugrünem Glimmerschiefer aufsitzend. Das grösste Trümmer-

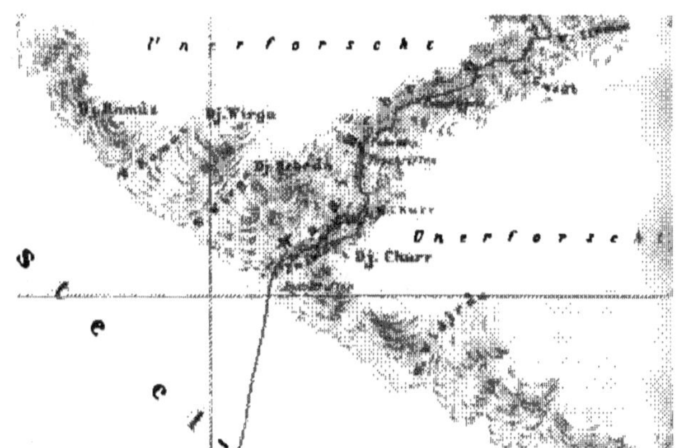
Unerforscht
Dj. Wirga
Dj. Churr
Unerforscht

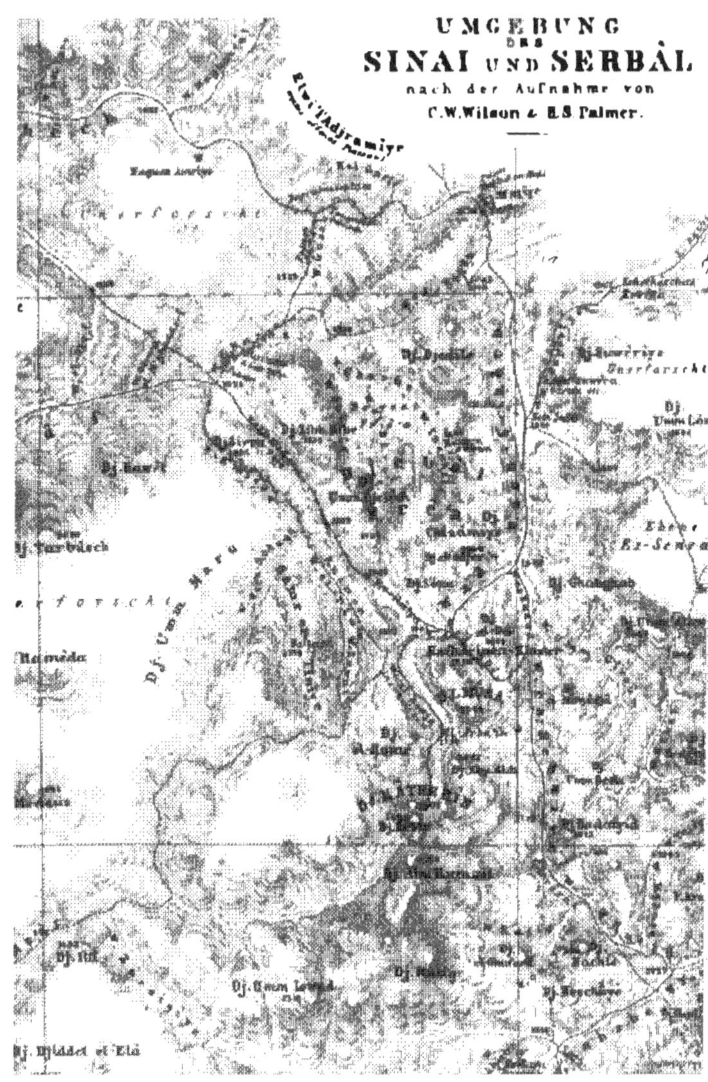
UMGEBUNG
DES
SINAI UND SERBÂL
nach der Aufnahme von
C.W. Wilson & H.S. Palmer.
Dj. Umm Shomer
Ebene Er-Raha
Dj. Umm Lawz
Dj. Djiddet el Elâ

stück, *Hererât el-Kebîr* genannt, steht auf der Spitze des Hügels, den die Beduinen für diejenige Stätte halten, an der Mose während der Amalekiterschlacht gebetet haben soll (II Mos. 17), und an seinem Fusse sind die Reste einer früheren stattlichen Kirche nachweisbar. Fragmente von Säulen und Ornamenten, die zu ihr gehörten, finden sich als Bausteine in den Mauern der Häuser. Hier münden auch die *Wâdi's Edjele* und *'Aleyât*, in denen im Winter von den nicht immer eisfreien Gipfeln Wasser zu Thale rinnt. Man lagere unter den Palmen etwas östl. vom Eingange in das Wâdi 'Aleyât, so zwar, dass man die grossartige Höhe des Serbâl (s. unten), „des Fürsten der Wüste", im Auge behalte; doch hüte man sich eine Nacht unter den Bäumen zu verbringen, da sich leicht Fieberanfälle hier einstellen.

Historisches. Die Oase Fîrân wird in frühester Zeit von Amalekitern bewohnt worden sein. Vor ihren Thoren ward wohl jene Schlacht geschlagen, in der Israel Amalek besiegte. Makrizi nennt noch den Oasenort, nachdem der Islâm längst das Christenthum aus ihm verdrängt hatte, eine Amalekiterstadt. In vorchristlicher Zeit spricht nur Diodor von unserer Oase; aber schon im 2. Jahrh. n. Chr. erwähnt Claudius Ptolemäus die Stadt *Pharan*, welche bald zum Bischofssitze und zum Mittelpunkte des gesammten Mönchs- und Anachoretenlebens auf der Sinaihalbinsel werden sollte. Nirgend finden sich mehr Reste von alten Klöstern und Eremitenzellen als hier und an den felsigen Hängen und Flächen des Serbâl. Im vierten Jahrhundert hören wir von einem Senate, der die Stadt regierte, und um 400 stand hier den geistlichen Angelegenheiten Nateras oder Nathyr als Bischof vor. Durch das Concil von Chalcedon erhielt sie ihren eigenen, unabhängigen, aber doch unter dem neugegründeten Patriarchate von Jerusalem stehenden Erzbischof. 454 wird Macarius als Bischof von Pharan genannt. Die einsamen Klöster im Gebirge hatten viel von den Ueberfällen der Blemmyer und Saracenen zu leiden, die sich indessen nicht an die wohlbewachte Oasenstadt wagten, welche an ihre Schêchs Tribute zahlte. Die Römer geboten zwar über Pharan, doch stand es thatsächlich unter der Herrschaft von Saracenenfürsten. Einer von diesen, Abocharagor, schenkte sie dem Justinian, der ihn dafür zum Phylarchen der palästinäischen Saracenen einsetzte. Schon früh im 5. Jahrh. hatten sich die Mönche und Anachoreten von Pharan der Ketzerei ergeben und wir hören Mahnungen und Drohungen der orthodoxen Synoden und Kaiser gegen die monotheletischen und monophysitischen Häretiker ergehen. — Justinian (527—565) gründete nach dem zuverlässigen Zeugniss des gleichzeitig lebenden Procopius nicht das heutige Sinaikloster, wie die daselbst eingemauerten Inschriften des 13. Jahrh. irrig sagen, sondern auf halber Höhe des Djebel Mûsa, wahrscheinlich da, wo jetzt die Elias-Capelle steht, eine Marienkirche und am Fuss des Berges, an der Stelle des jetzigen Katharinenklosters, ein festes Castell mit einer starken Besatzung, um dadurch die Einfälle der Sarazenen von der Halbinsel nach Palästina zu verhindern. Der Schutz durch dieses Castell war es ohne Zweifel, der die zahlreichen Eremiten der Halbinsel allmählich vom Serbâl nach dem Djebel Mûsa und mit ihnen alle die christlichen Legenden und Namen der heiligen Orte nach sich zog. Jedenfalls galt Pharan früh für die Stätte des bibl. Raphidim (s. unten.) Schon Eusebius v. Caesarea (geb. 270) und sein Uebersetzer Hieronymus lassen die Amalekiterschlacht in der Nähe von Pharan geschlagen werden; Cosmas (535), der die Oase selbst besuchte, berichtet, das Raphidim, bei dem Mose den Quell erweckte, liege in der Nähe von Pharan und des Antoninus Martyr Erzählung von seinem Einzuge in Pharan zeigt, dass der Empfang der Pilger nach Raphidim geradezu organisirt war. Unter andern wurden den Wallfahrern auch kleine Gefässe mit Rettigöl (Raphanino oleo) angeboten, das wohl als Andenken mitgenommen und durch seinen Namen (raphanus, raphanitus) an die Stätte Raphidîm erinnern sollte. — Nach der Verbreitung des Islâm erlosch auch hier das Anachoretenleben.

Raphidim und der biblische Bericht (vgl. S. 516). IV Mos. heisst es Vers 13 u. 14: „Und sie brachen auf von Daphka und lagerten zu Alus. Und sie brachen auf von Alus und lagerten zu *Raphidim*; es hatte aber das Volk daselbst kein Wasser zu trinken“. — Alus muss zwischen W. Maghâra und W. Fîrân gesucht werden, Raphidim im Wâdi Fîrân am Eingange in die Oase. II Mos. 17 gibt bedeutende Ausführungen zu diesem Berichte. Es wird dort erzählt, das Volk habe gegen Mose gemurrt und ihm vorgeworfen, es aus Aegypten geführt zu haben, um es sterben zu lassen vor Durst. „Da schrie Mose zu Jehovah“ und dieser gebot ihm mit seinem Stabe den Felsen zu schlagen. Also that Mose und das Wasser quoll hervor. Darauf kam Amalek und stritt mit Israel in Raphidim. Nun wird die Amalekiterschlacht beschrieben. Der bibl. Bericht zeigt uns den auf einem das Schlachtfeld überragenden Felsen betenden Mose, dessen Arme von Aaron und Hur unterstützt werden, denn erhob er die Hand, so hatte Israel die Oberhand, liess er sie sinken, so hatte Amalek die Oberhand. „Und Josua streckte Amalek und sein Volk nieder mit der Schärfe des Schwertes.“ — Dass vor der Oase eine Schlacht geschlagen werden musste, ist natürlich, denn den amalekitischen Besitzern dieser fruchtbaren Insel in der dürren Wüste konnte es nicht einfallen ihr kostbares Eigenthum einem heranziehenden Haufen von hungrigen Flüchtlingen ohne Schwertstreich zu überlassen. II Mos. 18 wird erzählt, dass Mose hier „wo er gelagert war an dem Berg Gottes“ auf Rath seines ihn aufsuchenden Schwiegervaters Jethro das Volk ordnete und wackere Männer aus ganz Israel auswählte, die er als Häupter über das Volk setzte, „als Oberste über 1000, als Oberste über 100, als Oberste über 50 und als Oberste über 10.“ IV Mos. 33, 15 heisst es weiter: „Und sie brachen auf von Rhaphidim und lagerten in der Wüste Sinai,“ und II Mos. 19, 2 „Und sie brachen auf von Raphidim und kamen in die Wüste Sinai,“ lagerten sich in der Wüste, und Israel lagerte sich daselbst dem Berge gegenüber. 3. Mose aber stieg hinauf zu Gott.“ Vgl. R. Lepsius „Reise nach der Halbinsel des Sinai“, Berlin 1876, und desselben „Briefe aus Aegypten“, 1852, p. 417—452.

Unter den sich hier erhebenden Bergen zeichnet sich der in gleicher Linie mit dem Kirchenhügel (nördl.) gelegene von der Sohle des Wâdi 213 m hohe *Djebel et-Tâhûne* (Mühlenberg) aus, dessen Spitze von einer stattlichen Kirchenruine gekrönt wird. An dem verwahrlosten, steilen Wege, der hinaufführte, Reste alter Kapellen. Viele Häuser von Feldsteinen in seiner Nähe. Die Fenster wurden so angelegt, dass sie nicht nach orientalischer Sitte in den Hof, sondern nach abendländischer ins Freie schauen. Kinder, Hühner und Hunde beleben die Niederlassung, die mit dem plätschernden Bach fast den Eindruck eines Tiroler Gebirgsdorfs macht. Weiter gen Norden sieht man die Spitze des hohen *Djebel el-Benât* (1498 m) oder Berg der Jungfrauen, auch *Djebel el-Bint*, Berg der Jungfrau genannt. Wahrscheinlich verdankt er seinen Namen einer Mariencapelle, deren Träger er war; aber die Beduinen versichern, er heisse so nach zwei Ṭawâramädchen, und erzählen dabei, diese hätten auf Befehl ihrer Eltern ungeliebte Männer heirathen sollen und wären, um sich ihnen zu entziehen, ins Gebirge geflohen. Am Djebel el-Benât wurden sie von ihren Verfolgern erreicht; sie aber flochten ihre Zöpfe zusammen und stürzten sich von dem felsigen Gipfel in den Abgrund. An der nördlichen Thalseite befinden sich viele Gräber der Eremiten und Mönche, die am Serbâl und in dem Kloster des Bisthums Pharan gelebt hatten. Schon

Maḳrizi (1445) erwähnt solche. Palmer fand sie wieder auf und bemerkte, dass die Leichen in groben Tüchern und Särgen, von denen sich Spuren fanden, und zwar in der Richtung von Osten nach Westen beigesetzt worden sind.

Der **Serbâl** (2052m) erhebt sich südl. als breite, zackige Pyramide Sein Name ist „Palmenhain des Baal" (Serb-Ba'al).

Die Besteigung des Serbâl ist schwierig und anstrengend und sollte nur von geübten Bergsteigern unternommen werden, zumal die Führer (am empfehlenswertbesten der Führer *Hasan el-Harbi*) wenig Erleichterung bieten. Sie erfordert einen ganzen Tag (5 St. hinauf), also vor Sonnenaufgang aufbrechen. Auf dem scharfen und harten Gestein ist festes, gut besohltes Schuhwerk unbedingt erforderlich.

Die Besteigung geschieht am besten von der Nordseite durch das Wâdi 'Aleyât, doch lässt sich dieselbe auch von der Südostseite durch das *Wâdi Seldf* (S. 525) und *Wâdi er-Rimm* ausführen. Wer so zeitig aufbricht, dass er früh 6 Uhr bei der ersten Oase im Wâdi er-Rimm ist, wird am besten von hier aus die Besteigung unternehmen. Nach 45 Min. wird die zweite Oase erreicht, nach 15 Min. die dritte, je aus Tarfagebüsch, Arundo und 3–4 Palmen bestehend. Nach 1 St. steilen Aufsteigens die Trümmer eines verfallnen Hauses. Von da führt der Weg nach 20 Min. an einem kleinen Teich mit den Jassurstauden (Colutea haleppica Lmk., arab. Kasnûr), aus welchen die Mosesstäbe (S. 536) geschnitten werden, und weiterhin nach 40 Min. an Höhlungen in fleischrothem Porphyr vorbei, den alten Wohnungen der Anachoreten. Nach 1 St. sanften Steigens ist die Hochfläche *Sikelyi* erreicht mit Trümmern alter Klostergebäude. Ist der Serbâl der Sinai der ersten Eremiten, so muss dieses Gebäude der Schauplatz grausamer Ueberfälle der Saracenen gewesen sein, welche 40 Mönchen das Leben kosteten (vgl. S. 528) und von Ammonius und Nilus beschrieben worden sind. Erst von hier aus gilt es einen der eigentlichen Gipfel des Serbâl zu erklettern. Der nächstliegende nördlichste Gipfel ist zu steil und gefahrvoll, dagegen ist es mit Hülfe eines aus dem bröckligen Granit hervorragenden Dioritgangs möglich die zweite Spitze zu erreichen. Hat man den Serbâl von Norden her bestiegen, so lässt sich wohl der Rückweg über Dêr Sikelyi nehmen, aber nur, wenn man sich beim Aufsteigen von der Brauchbarkeit der Führer überzeugt hat.

Besteigung des Serbâl von der NO.-Seite durch das *Wâdi 'Aleyât*. Ein eigentlicher Weg (der alte Derb es-Serbâl oder Serbâlweg ist unersteigbar) ist nicht vorhanden. Zuerst auf schmalen Pfaden, über Felsrippen, durch Senkungen und Schluchten, über kleine Ebenen mit Quellen und reichlicher Vegetation hin, an Anachoretenzellen und Mauerspuren vorbei; dann 3 Stunden durch das *W. Abu Hamâd* (Thal der wilden Feigen) steil hinan. Die Erkletterung der eigentlichen Spitze ($^3/_4$ St.) ist äusserst mühsam und nur schwindelfreien Reisenden anzurathen (man nehme die Hülfe des Führers in Anspruch); den besten Halt findet man an den Dioritgängen. Man gebe Acht auf die Höhlen im Gestein, in denen Eremiten gehaust haben, die Trümmer ihrer Hütten, die Sinaitischen Inschriften und die Spuren alter Wege und der Treppe, namentlich in der Nähe der Spitze des Berges.

Von den fünf Felsenspitzen, welche die Krone des Serbâl bilden und von tiefen Schluchten und Rissen getrennt werden, wird die höchste *el-Medawwa* (das Signalhaus) genannt. Hier sind vor Zeiten Feuer angezündet worden, sei es bei den Festen des Baal, sei es, wie Palmer vermuthet, um die Anachoreten vor Gefahr zu warnen. Viele Sinaitische Inschriften sind hier vorhanden. Auf der tieferen Stufe dieser Spitze befindet sich ein künstlich gelegter Steinkreis, in dem wohl die Feuer angezündet worden sind. Die Aussicht von hier oben ist grossartig. Nach drei Himmelsgegenden liegt die Gegend offen, nur der südlichere Ausblick ist durch vorgeschobene Serbâlzinnen und den noch höheren Mûsastock verdeckt. Gegen Osten die 'Akababucht, ein Stück des fahlen Arabiens und das unübersehbare Wüstenplateau Tîh bis zu den fernen Höhen Petra's, gegen Norden der Busen von Suês, gegen Westen endlich die Berge zwischen dem Nil und Rothen Meer. „Jede Einzelgestalt dieser merkwürdigen Bildungen liegt vor uns; die Wâdi's, die sich nach jeder Richtung hin wenden und winden, der lang gedehnte Halbmond des W. esch-Schêch, die unzählbare Menge der Berge, wie auf einer Reliefkarte mit so scharf unterschiedenen Farben wie auf Russeggers geologischem Tableau, das wir in unserer Hand hielten; der dunkele Granit, der braune Sandstein, die gelbe Wüste, die Vegetationsstriche zur Seite des W. Firân und die einzige grüne Stätte der grossen Palmengruppe von Raphidîm, wenn anders es so genannt werden darf."

Die geologische Formation. Am Serbâl herrscht vor (nach Fraas) 1) ein grauer sehr feinkörniger *Gneis*, dessen Einzelbestandtheile sich in gleichmässigen Körnern vertheilen, wobei der Glimmer das Ganze etwas lagerhaft macht, 2) ein ganz prachtvoller *rother Granit*, in welchem der Glimmer zurücktritt, ja meist ganz verschwindet. 3) In diesem Massengestein des Gneises und Granites tritt am häufigsten ein *Dioritporphyr* gangförmig auf. Hauptformen: 1) ein völlig schwarzer Dioritporphyr, 2) ein dunkelgrüner etwas schmutziger Diorit, 3) ein porphyrartiger Diorit, 4) ein lichtrother, polyedrischer Porphyrit, darin sich vereinzelt Albitkrystalle ausscheiden und seltene Quarzkörner, 5) braunrother bis blutrother Porphyrit, rauh und körnig anzufühlen, 6) derselbe unter Ausscheidung zollanger Oligoklase. Auch *Türkise*, und zwar schönere als im W. Maghâra, sind hier vorhanden.

Ist der Serbâl der Sinai der Schrift? Wir machen hier den Reisenden aufmerksam, dass Mose in der Amalekiterschlacht auf einem Felsen des Horeb betete, dass er Jethro nach der Schlacht empfing, als das Volk gelagert war an dem Berge Gottes, dass von dem Eingange in die Oase (Raphidîm) bis gegenüber dem Berge Sinai nur eine Tagereise gerechnet wird, während eine grosse Karawane bis zum Djebel Mûsa zwei Tagemärsche zurückzulegen hat, und endlich, dass ein Kenner der Halbinsel, als welchen wir den Führer der Juden zu betrachten haben, kaum weise gehandelt haben würde, wenn er die ihm anvertrauten Schaaren veranlasst hätte sich für längere Zeit, um das Gesetz in Empfang zu nehmen, fern von der wasser-, frucht- und futterreichsten Stelle des zurückzulegenden Weges zu lagern. Da nun ausserdem der Serbâl als der weitaus imposanteste Bergriese der Halbinsel anerkannt wird, mancherlei Traditionen ihn für den Berg der Zusammenkunft Gottes mit Mose halten, seine alte Heiligkeit bekannt ist und ihn christliche Schriftsteller wie Eusebius und der spätere Cosmas geradezu für den Horeb der Bibel erklären und ausserdem bei Mönchsschriftstellern und in den Beschlüssen der Concilien Pharan und Sinai in engster Verbindung genannt werden, so scheint die Ansicht derer wohl berechtigt zu sein, die den Serbâl und nicht die Djebel Mûsa-Gruppe für den Sinai der Schrift halten. Ist der Serbâl der Sinai der Schrift, so führte Mose die Seinen von Raphidîm durch die Oase, in der sie weder genügenden Raum zu einem Lager finden, noch die Quellen und Pflanzungen ohne sie zu gefährden, umdrängen konnten, durch die Pforte Buwêb in eine der nahen Erweiterungen des Wâdi esch-Schêch, von wo aus sich der Berg in seiner ganzen Majestät den Blicken darbietet. Während mässige Höhenzüge uns beinahe amphitheatralisch umschliessen, erhebt sich, alles andere überragend, südwestlich von unseren Zelten die imponirende Felsmasse des Serbâl, der uns hier seine hohe Front so breit und übersichtlich zukehrt, wie bisher noch an keiner andern Stelle der Halbinsel. Palmer sagt: „Der Serbâl aus einiger Entfernung gesehen, zeigt solche Kühnheit der Umrisse und so mächtige und abgeschlossene Formen, dass er dadurch das Recht gewinnt, für eine der grossartigsten und sich am meisten vor allen übrigen auszeichnenden Erscheinungen der Halbinsel gehalten zu werden." Darf der Reisende nun auch nicht erwarten, für jede Einzelheit des in legendarisch verherrlichter Form auf uns gekommenen biblischen Berichtes von der Gesetzgebung am Serbâl oder Djebel Mûsa eine passende Stelle zu finden, so haben sich die grossen Ereignisse am Berge des Herrn doch sicher dem Gedächtnisse des Volkes fest eingeprägt: II Mos. 19, 17 heisst es aber: „Und Mose führte das Volk Gott entgegen aus dem Lager und sie traten an den Fuss des Berges." Wir werden sehen, dass in dem Wâdi er-Râha und Wâdi Sebâ'iye an der Djebel Mûsa-Gruppe zu solchem Heranführen kein Raum gegeben ist, während das ausserhalb der Oase lagernde Volk dem Berge entgegengeführt werden konnte und musste; vielleicht bis zu dem Meharrethügel und dem unteren Theile des Wâdi 'Aleyât. Der Eindruck, den der Serbâl als grosser, einiger Berg, als würdiger Thron des Herrn zurücklässt, ist gewiss grösser als derjenige, den man selbst an den grossartigsten Stellen der immerhin gewaltigen Djebel Mûsa-Gruppe empfängt. Fragt man, wie denn aber der alte Ruhm einer Höhe, der „Berg des Herrn" zu sein, auf eine andere übertragen werden konnte, so fällt die Antwort nicht schwer. Als die ersten Christen die Halbinsel besiedelten, fanden sie dort keine Erinnerung an den Exodus vor und benannten die Höhen und Tiefen nach ihrem Gutdünken mit alttestamentarischen Namen, ein Vorgang, den, wie wir sehen werden, die Mönche im St. Katharinenkloster am Djebel Mûsa bis zur Ungebühr wiederholten. Eine Gruppe von Anachoreten nannte den Serbâl, eine andere den südlicher gelegenen Bergriesen „den Horeb". So lange Pharan mächtiger und ein Bischofssitz war, fanden seine Ansprüche die grössere Anerkennung, nachdem es aber in Häresie verfallen war, wurde es von der orthodoxen Kirche aufgegeben und die Schaar der Eremiten von der Djebel Mûsa-Gruppe ausdrücklich als Sinaiten, denen Justinian ein festes Castell baute, anerkannt. Hierher zogen sich die von den immer häufiger werdenden Ueberfällen der Saracenen decimirten Anachoreten und Coenobiten vom Serbâl. Eine merkwürdige Stelle aus alter Zeit ist von uns an einem anderen Orte citirt worden, in der es ausdrücklich heisst, die Sinaitischen Mönche wären von einem *anderen* Berge ausgewandert und hätten sich auf Gottes Gebot am heiligen Sinai niedergelassen. Vgl. die oben (S. 520) genannten Schriften von Lepsius, der diese Ansichten zuerst aufgestellt und eingehend behandelt hat. Viele Kritiker sind ihm seitdem gefolgt.

Zieht man von dem Meharrethügel (s. S. 518) aus weiter, so wandert man $^3/_4$ Stunden unter Palmen nordostwärts und passirt dann auf einem guten Wege von dunkler Erde schattige Haine der verschiedensten Bäume; der Boden wird weich und ist mit Rasen, Moos und Schilf bedeckt, mit blauen und rothen Blumen vermischt; in abgegrenzten Feldern wächst ein fetter Weizen, auch Tabak und andere Nutzpflanzen werden hier gebaut; das Buschwerk ist von Vögeln belebt; Ziegen- und Schafheerden lagern am Bach im Schatten der Bäume. Am bemerkenswerthesten aber ist hier die reiche Vegetation der Tarfa-Sträucher, die hier vielfach zu Tarfa-Bäumen von $2^1/_2$ bis 3 Fuss Durchmesser werden.

Nur hier im untern W. esch-Schêch und in seiner Fortsetzung, dem W. Firân, so weit der Bach dieses letztere bewässert, liefern diese Tarfa-Sträucher das bekannte Manna. Durch den Stich eines von Ehrenberg zuerst beobachteten Insectes (coccus manniparus) wird an den dünnen braunen Zweiglein die feine Rinde durchbohrt und aus den fast unsichtbaren Oeffnungen dringt ein krystallheller Tropfen, der dann abfällt und im Sande erhärtet. So wird die süsse honigartige Substanz, die noch immer von den Arabern Man genannt wird, gesammelt und in grösseren Quantitäten aufbewahrt. Die Mönche im Kloster pflegen einen Vorrath davon theils zu eignem Gebrauch, theils zum Verkauf an die Reisenden in kleinen Blechbüchsen aufzubewahren. Lepsius fand 1845 schon Ende März das ganze Thal von Manna duftend; doch pflegt es in ganzer Fülle erst Ende April, Mai und Juni zu erscheinen, und um so massenhafter, je feuchter der vorangehende Winter war.

An die Felswand zur Linken schmiegen sich viele zeltförmige, über 30m hohe Erdhügel, welche von Fraas für die Reste alter Moränen angesehen werden. Nach 3/4 St. schwenkt das nach Osten führende *W. el-Achdar* (S. 545) links ab. Ihm gegenüber öffnet sich das *W. Rattame*, in dessen Westen sich ein Hügel erhebt, der, südlich (rechts) vom Wege gelegen, den Namen des *Djebel el-Munâdja*, d. i. Berg des Zwiegesprächs Gottes mit Mose führt. Hier bringen die Araber dem letzteren heute noch Opfer dar und zwar in einem auf seiner Spitze befindlichen Steinkreise, dabei singend: „O Berg des Zwiegesprächs des Mose! Wir suchen Deine Begünstigung. Behüte Dein gutes Volk und wir wollen Dich jedes Jahr besuchen." Weiter nach Osten hin gelangt man zu einer Verengung des hier kaum 10 Schritt breiten Thales, die den Namen *el-Buwêb*, d. i. das Pförtchen, auch *el-Bâb* d. i. Pforte führt. Hier hört die Oase und das W. Firân auf und das **Wâdi esch-Schêch** (S. 545) beginnt. Rückwärtsschauend sieht man den Serbâl in seiner ganzen Majestät die Gebirgslandschaft rings umher überragen.

Der Theil des W. Firân zwischen dem Buwêb und Hererât, welcher jetzt die eigentliche fruchtbare Oase, den Garten der Halbinsel, bildet, war einst ein See, wie die an 20—30m hohen sonst nirgends beobachteten Erdablagerungen in den Thalwinkeln der ganzen Strecke beweisen. Nach der eigenthümlichen Configuration dieser Gebirgslandschaft von den Bergmassen des Djebel Mûsa bis zum Serbâl fanden alle feuchten Niederschläge von Regen, Schnee und Thau aus der weiten Umgegend ihren gemeinschaftlichen Abfluss in diesen Kessel, und nachdem der Durchbruch der Barriere bei Hererât stattgefunden hatte, blieb doch als ein Wahrzeichen des alten Sees in der gleichen Ausdehnung der rieselnde Bach. Das plötzliche Hervortreten desselben in dem felsigen Thale und sein eben so plötzliches Verschwinden in dem Felsboden an el-Ḥeswe musste von jeher die lebendige Phantasie der Wüstenbewohner mit Staunen erfüllen und noch mehr dem Fremdling ein Wunder scheinen, wie es dem Stabe des Moses zugeschrieben wurde.

Von el-Buwêb zum Sinaikloster führen zwei Wege; der eine zwar bequemere doch weitere durch das Wâdi esch-Schêch (14 St. bis zum Kloster) eignet sich besser zur Rückreise (S. 544) über Sarbûṭ el-Châdem (S. 546); der andere beschwerlichere, aber nähere (11½ St. bis zum Kloster) und landschaftlich schönere führt durch Wâdi Selâf und über den interessanten Naḳb el-Hâwi; wir wählen den letzteren.

Das sich oft zu schönen Kesseln erweiternde W. esch-Schêch zweigt sich bald NO. ab (s. S. 545) und wir betreten den Eingang des **Wâdi Selâf.** Rechts mündet das zum Serbâl hinanziehende *Wâdi er-Rimm* (S. 521), dann ebenfalls r. das *Wâdi Umm Tâcha*, wo einige sonderbare Steinhütten in Bienenkorbform, welche „nawâmis“ heissen und von denen eine lächerliche Sage erzählt, die Juden hätten sich in ihnen vor Mückenstichen geschützt. Bald gelangt man zu dem *Wâdi 'Eddjâwi*, durch welches die von SW. herkommende Strasse von Ṭûr (S. 542) am Rothen Meere führt. Zunächst bleibt links das *W. Abu Ṭâlib* liegen, an dessen Eingang der Prophet Moḥammed, da er im Dienste seines Oheims Ṭâlib gen Syrien (Schâm) zog, gerastet haben soll; dann r. und l. mehrere andre kleine Wâdis. Bald ist das enge und felsige sich nach rechts wendende *Wâdi Rodwân* erreicht. Es beginnt das Steigen dem **Nakb el-Hâwi Passe** entgegen, von seinem Fusse an bis auf die Höhe (1502m) $2^1/_2$ Stunden, wegen der Steilheit des unter anderen Umständen in 1 Stunde zurückzulegenden Weges. In dem engen steil aufwärts führenden Felsendéfilé klimmen die Kamele mühsam aufwärts; man thut gut abzusteigen und der Karawane vorauszuschreiten. Die Granitwände zur Linken und Rechten mit wunderbar phantastischen Verwitterungen sind mehr als 250m hoch. In der Schlucht liegen grosse und kleine Blöcke in Menge. Der Kamelpfad führt längs der harten und ungleichen Klippen hin, welche die Schlucht begrenzen. Er ist gewiss, wie Lepsius erwiesen, erst von den Mönchen, und zwar mit grosser Mühe, in christlicher Zeit angelegt worden. Zur Winterzeit sammeln sich in dieser Felsenschlucht die Bergwasser oft in solcher Fülle, dass sie alles, was sich ihnen entgegenstellt, mit sich fortreissen. 1867 fielen hier Gewitterregen, nach denen ungeheure Wassermengen zu Thale stürzten, die im Wâdi Selâf ein Beduinenlager fortspülten und wobei 40 Menschen mit vielem Vieh mitten in der sonst wasserlosen Wüste umkamen. Nach einer Stunde werden die Höhen des Djebel Mûsa sichtbar; zuerst der *Djebel Katherîn* (2602m), nicht nur die höchste Spitze dieser Gebirgsgruppe, sondern der gesammten Halbinsel (S. 539). Am Ende der Steigung wird der Pass weniger abschüssig und es zeigt sich einige, wenn auch spärliche Vegetation. Auch hier einige Sinaitische Inschriften auf Felsblöcken. — Von der Spitze des Passes aus steigt man erst etwas abwärts und dann wieder aufwärts auf immer besser werdendem Pfade. Die nackten Klippen der Sinaigruppe werden sichtbar. Endlich eröffnet sich auch der Blick in die *Râḥa-Ebene*, die, wie ein riesiger Festsaal, von hohen Bergen rings umschlossen wird. Besonders stattlich erscheint zur Rechten des Thales die *Râs es-Sufsâf* genannte felsige Höhe (S. 536), welche mit Robinson auch die Gelehrten der letzten engl. Sinaiexpedition für den wahren Berg der Gesetzgebung halten. Die Ebene er-Râḥa, zu der der Reisende hinabsteigt, wird von denselben Reisenden und Forschern für den Lagerplatz der Israeliten gehalten. Eine dunkelgrüne Stelle, an der doch wohl Spiessglanz gefunden werden muss, heisst nach diesem

Kohlî. Nachdem man noch eine kleine Bodenerhebung überschritten, betritt man den Sand der Ebene. Von einem hier liegenden Block (vielleicht ein alter Grenzstein) mit eigenthümlichen Zeichen erzählen die Araber, dass der von den Mönchen des St. Katharinenklosters zu Gunsten der Djebelîye genannten Klosterhörigen benachtheiligte Gindistamm seine Lanzen in diesen Block gestossen habe zur Bekräftigung des Eides ihres Schêch, dass die Mönche niemals diesen Stein überschreiten dürften. Nach 2 St. von der Höhe des Naḳb el-Hâwi passirt man (l.) die Mündung des *Wâdi esch-Schêch* (S. 544), das von dem *Djebel ed-Dêr* (S. 537) östl. überragt wird. Dann öffnet sich sanft ansteigend und abgeschlossen von dem *Munâdjahügel* die *Wâdi ed-Dêr* oder *W. Schu'aib* (Jethrothal) genannte Schlucht. Rechts bei ihrem Eingange steht der Hügel *Hârûn*, auf dessen Höhe das goldene Kalb von Aaron (Hârûn) aufgerichtet worden sein soll. In seiner Nähe liegen verfallene Steinhütten, erbaut von 'Abbâs Pascha 1853 und 54 für die Arbeiter und die ihn begleitenden Soldaten. Man tritt in das Schu'aibthal ein und zu beiden Seiten des Reisenden erheben sich in furchtbarer Grossartigkeit die ungeheuren Granitmassen zweier himmelhoher rothbrauner Felswände. Noch wenige Schritte und die Terrassen des grünen Klostergartens (zur Rechten des Weges) sind erreicht und die Karawane hält vor dem Kloster.

Unterkunft. Früher, als noch die Beduinenstämme der Halbinsel die Mönche ernstlich bedrohten, wurde man durch eine Oeffnung über der Pforte in das Kloster, welches ängstlich abgeschlossen bleiben musste, mit einem Seile, an welchem unten ein Holzkreuz befestigt war, hinaufgezogen. Jetzt gibt man den Empfehlungsbrief, den man sich in Kairo durch das Consulat besorgen lässt, ab und wird durch ein Nebenthor eingelassen. Die Beduinen und Kamele haben draussen zu bleiben. Man findet im Kloster Gastzimmer, Betten und Divans und eine Küche. Hat der Dragoman die Verpflegung des Reisenden übernommen, so ist es an ihm sich mit den Mönchen abzufinden und der Tourist spendet eine Gabe nach seinem Ermessen. Wer auf eigene Rechnung reist, wird doch mindestens 5 Francs pro Person und Tag für das blosse Nachtquartier zu bezahlen haben. Es ist immerhin interessant und in früher Jahreszeit wegen der kalten Nächte im Gebirge gesunder, im Kloster selbst zu wohnen; wohlfeiler und freier wird dagegen derjenige leben, welcher an einer geeigneten Stelle des unteren W. Schu'aib ein Zelt aufschlägt und von da aus das Kloster, die einzelnen Höhen der Sinaigruppe und die „heiligen Stätten" besucht. Die Klosterhörigen (Djebelîye) sind vortreffliche Führer, welche den Reisenden für ein Billiges begleiten. Jäger, die Beden (Steinböcke), von denen es hier viele gibt, zu schiessen wünschen, mögen sich an den Hausverwalter (Oekonomos) des Klosters wenden, der ihnen einen geeigneten Begleiter zuweisen wird.

Das Katharinenkloster am Sinai.

Nach den grossen Ereignissen der Gesetzgebung wird der Sinai im alten Testamente nur noch erwähnt bei Gelegenheit der Flucht des Elias, welcher hier, nachdem er die Baalspriester am Bache Kison erschlagen (1 Könige 18), eine Zufluchtsstätte fand. In christlicher Zeit liessen sich hier frühzeitig Anachoreten in den quellenreichen Felsenbergen nieder und erklärten den Djebel Mûsa für den Berg des Herrn. Schon im vierten Jahrh. wurden sie schwer bedrängt und an das Dêr el-Arba'în (das Kloster der vierzig) im Wâdi Ledja (S. 538) werden die Erzählungen geknüpft von den grausamen Ueberfällen, welche 38 oder 40 Coenobiten das

Leben kosteten (S. 502). Während der Serbâl zu klösterlichen Niederlassungen bessere Gelegenheit bot, zog der Sinai wegen seiner Abgeschiedenheit und grösseren Sicherheit viele Anachoreten und Eremiten an, nachdem Justinian, wenn wir dem Berichte seines Geheimschreibers Procopius und dem des späteren (9. Jahrh.) Eutychius (Sa'îd ibn el-Batrîk) glauben dürfen, 530 n. Chr. die schon erwähnte Marienkirche und das feste Castell baute, um sowohl die Mönche als die nahe liegenden Länder vor den Ueberfällen der Saracenen zu schützen. Der Kaiser soll so unzufrieden mit der Wahl des Bauplatzes gewesen sein, dass er dem Architecten, der ihn gewählt hatte, den Kopf abschlagen liess. Mit Recht tadelte er, dass die Festung von einer Thalwand dicht neben und über ihr beherrscht werde; aber das Verlangen, der Baumeister hätte diese abtragen lassen sollen, ist dem klugen Justinian eben so wenig zuzutrauen wie die Tödtung des Architecten wegen der Antwort: „Wenn wir alle Schätze Roms, Aegyptens und Syriens daran wendeten, so vermöchten wir diesen Berg doch nicht der Erde gleich zu machen.“ Allerdings könnte durch das Herabschleudern grosser Felsblöcke von der östl. Thalwand das Kloster leicht zertrümmert werden. Justinian und seine Gattin Theodora werden auch als Erbauer der Verklärungskirche (S. 520) genannt. Besonders förderlich wurde dem Kloster eine andere Schenkung Justinians, durch welche er den Mönchen 100 römische und 100 aegyptische Sclaven mit Weib und Kind zu Eigen gab. Aus diesen Hörigen sind die *Djebelîye* geworden, welche heute noch den Mönchen dienstbar sind, von den Beduinen verachtet, „Nazarener“ und „Fellachen“ geschimpft werden und doch, obgleich sie ursprünglich der christlichen Religion angehörten und stets unter den Augen ihrer mönchischen Herren lebten, nicht abgehalten werden konnten, zum Islâm, dem sie alle angehören, überzugehen. Unter dem Chalifen 'Abd el-Melik ibn Merwân scheinen hier die gewaltsamen Bekehrungen zum Islâm viel Blut gekostet zu haben; doch wussten sich die Mönche selbst klug vor ihren muhammedanischen Drängern zu schützen, indem sie vorgaben, sie verdankten dem Propheten, den sie auf einer seiner Reisen gastlich aufgenommen haben wollten und dem ein Mönch vom Sinai seine künftige Laufbahn vorausgesagt haben soll, einen Brief, welcher ihnen den Schutz der Seinen verheisse. 'Ali, so heisst es, habe das Document verfasst, und der Prophet, der nicht schreiben konnte, seine geschwärzte Hand darunter gedrückt. Sultân Selim soll nach der Eroberung von Aegypten diese Urkunde nach Constantinopel entführt haben, um sie seiner Reliquiensammlung einzuverleiben und den Mönchen an ihrer Stelle eine durch sein eigenes Siegel sanctionirte Copie übersandt haben; aber auch diese soll verloren gegangen und nur noch in einer Abschrift von sehr zweifelhafter Echtheit vorhanden sein, die die Mönche, welche übrigens bei der Thronbesteigung jedes neuen Sultans einen Schutzbrief erhalten, den wissbegierigen Fremden zeigen. Die Moschee, welche in den Mauern des Klosters steht, soll erbaut worden sein, um Sultân Selim († 1520 n. Chr.) von seinem Vorhaben, das Kloster, dem er grollte, weil ein junger ihm werther griechischer Priester in seinen Mauern gestorben war, zu zerstören, abwendig zu machen. Dieselbe ist übrigens nachweislich wenigstens um $1^1/_2$ Jahrhunderte älter als Selim. Man baute sie eben aus Rücksicht für die Mohammedaner, mit denen man sich, um seiner Existenz willen, gut zu stellen hatte. Diese Rücksichtnahme musste so weit gehen, dass, als während der Kreuzzüge (Anfang des 12. Jahrh.) König Balduin I. von Jerusalem den Sinai zu besuchen wünschte, die Mönche ihn dringend bitten liessen, sein Vorhaben aufzugeben, weil die Ausführung desselben den Verdacht der muslimischen Herrscher erwecken und dem Kloster Nachtheile bereiten könnte. Einige Beduinenstämme der Halbinsel wurden gut bezahlte Ghafîre oder Schützer des Klosters und hatten auch die Pilgerkarawanen zu vertheidigen, welche im Mittelalter in grosser Zahl die heiligen Stätten besuchten. Im Ganzen stand besonders die aegyptische Regierung selbst in der Mamlukenzeit in freundlicher Beziehung zu den Mönchen, theils wegen des erwähnten unechten Schreibens des Propheten in ihren Händen, theils weil sie den ihr Gebiet streifenden Weg der Mekkapilger sicher zu erhalten hatten, theils als Pfleger solcher Stätten, die auch den Mohammedanern heilig sind. Noch unter Mohammed 'Ali hatten sie Anspruch auf einen Theil der Douanceinkünfte von Kairo und es mussten von dort aus den Mönchen Gewandstoffe geliefert werden. Heute noch dürfen sie ihr Eigenthum durch die Zolllinie von Kairo frei aus und einführen. Mohammed 'Ali's Schutz nahmen sie gern an. 'Abbâs Pascha besuchte den Sinai 1853 und fasste den extravaganten Entschluss, sich auf einem Felsen am Horeb (S. 531) eine Villa zu bauen. Seine 1854 erfolgte Ermordung vereitelte diesen Plan. Ein wie fanatischer Muselmann er auch war, so verschmähte er es doch nicht, in der Verklärungskirche an der „Stätte des brennenden Busches" zu beten. In neuerer Zeit sind die Mönche vollkommen gesichert, theils wegen der den Christen geneigten Tendenz der aegyptischen Regierung, theils wegen der mächtigen Hand, die Russland über sie ausbreitet. — Trotz der reichen Einkünfte des Klosters hat sich die Zahl der Mönche sehr gelichtet. Im 14. Jahrhundert soll es deren 3—400 mit Prälat u d Erzbischof gegeben haben, jetzt weilen hier nur noch 20—30, die sich meist von den griechischen Inseln recrutiren, woselbst das Kloster (namentlich auf Creta und Cypern) Metochien und Besitzungen hat. — Die berühmteste Filiale des Convents im Wâdi Schu'aib ist das Kloster der Sinaiten in Kairo, doch bleiben unsere Mönche auch in stetem Verkehr mit den Tochterkirchen des durch einen grossen Theil des Orients verbreiteten Ordens der Sinaiten. So hängen Bruderschaften in Rumänien, Serbien, der Türkei (Constantinopel), im griechischen Archipel und Festlande, ja selbst dem fernen Indien eng mit unserm Kloster zusammen. Die Sinaiten gehören der orthodox-griechischen Kirche an, der der Sinai nicht weniger heilig ist als Jerusalem.

Die Regel der Mönche ist sehr streng. Sie dürfen weder Fleisch essen, noch Wein trinken; während der langen Fastenzeiten ist sogar Oel untersagt. Freilich geniessen sie statt des Fleisches Fische und statt des Weines den vortrefflichen Dattelschnaps ('Araḳi), den sie brennen. 2 mal bei Tage, 2 mal bei Nacht müssen sie sich zum Gebete vereinen. Frauen waren so streng ausgeschlossen, dass nicht einmal weibliche Katzen und Hühner gehalten werden durften. Jetzt wohnen Pilgerinnen und unternehmende Touristinnen unbehelligt in den Fremdenräumen. An ihrer Spitze steht ein Erzbischof, den die Mönche vom Sinaikloster und dem Filialconvent zu Kairo gemeinsam wählen, der aber von dem Patriarchen zu Jerusalem, welcher jüngst sein „veto" energisch geltend machte, bestätigt werden muss. Seit 1760 hatte kein Erzbischof am Sinai residirt, weil nach alten Verträgen bei dem Einzuge eines solchen in das Kloster den Beduinen sehr bedeutende Summen zu zahlen und Geschenke zu geben sind. Nach 112 Jahren ist 1872 der erste Erzbischof (*Kallistratos*) wieder in das Kloster eingezogen. Die letzte Wahl war mit grossen Schwierigkeiten verknüpft, von denen es gut ist, dass sie der alte Schiltberger von München (1394—1427) nicht kannte, da er sonst schwerlich folgendes Wunder berichtet haben würde: „Ain grosses Wunderzeichen ist in diesem Closter, als vil Münich in diesem Closter ist, als vil ampeln habent sie, die brinnent alweg. Und wenn ein münich sterben wil, so nempt sein Ampel ab, und wenn sie erlischt, so stürpt er. Und wenn der Apt stürpt, so vindt der der in besinget nach der mess uf dem altar einen brief, doran ist geschriben der nam des mannes, der abte soll werden. Und desselben ampel zündt sich selbst an." Ein Prior oder Wekîl vertritt den abwesenden Erzbischof; doch leitet der Oekonomos thatsächlich die Angelegenheiten des Convents. Die grösstentheils ganz ungebildeten Mönche betreiben meist ein Handwerk; mit bestem Erfolge die Branntweinbrennerei und die Gärtnerei. Auch ein Schneider und Schuster sind da, deren primitive Flickarbeiten sehr theuer bezahlt werden müssen. Das Brot, das der Bäcker herstellt, ist von grobem Mehl gebacken, aber essbar. Viele Mönche bleiben nur einige Jahre am Sinai und kehren dann als „Märtyrer" heim; übrigens gilt das Kloster auch als Strafcolonie. Seit früher Zeit hat die gesunde Bergluft den Bewohnern des St. Katharinenklosters zu besonderer Langlebigkeit verholfen, jedoch leiden fast alle an Rheumatismus.

Das Sinaikloster, ein unregelmässiges Häuserviereck, liegt

1528m ü. M., an den n. ö. Granitwänden des Djebel Mûsa oder Sinaiberges, im Wâdi Schu'aib oder Jethrothal. In der äusseren, dem Klostergarten zugewendeten Mauer sind zwei marmorne Inschriften, eine griechische und eine arabische, eingemauert (von Lepsius publicirt). Beide sind aus ein und derselben Zeit, aus dem 12. oder 13. Jahrhundert und besagen dasselbe. Die längere arabische lautet: „Es erbaute das Kloster des Berges (Ṭûr) Sinâ und die Kirche des Berges des Zwiegesprächs der Gottes bedürfende und die Verheissung seines Herrn hoffende fromme König griechischer Confession Justianus (für Justinianus) zu seinem und seiner Gemahlin Theodora Gedächtniss gegen das Schwinden der Zeit, damit Gott die Erde erbe und wer auf ihr: denn er ist der beste der Erben. Und beendigt wurde sein Bau nach dreissig Jahren seiner Regierung. Und er setzte ihm einen Vorsteher mit Namen Dhulas. Und es ereignete sich dies nach Adam 6021, was übereinstimmt mit dem Jahre 527 der Aera des Herrn Christus." Aus den Schriftzeichen ergibt sich, dass die Inschriften aus dem 12. oder 13. Jahrhundert stammen, und es ist schon erwähnt worden, dass die Zeitangabe der Gründung auf einer Verwechselung des Klosters mit dem Kastell des Justinianus beruht. In derselben Mauer ist noch ein anderer grosser Stein, welcher seiner Verzierung nach eine dritte bis jetzt noch unbekannte Inschrift enthalten zu haben scheint. Das Kloster wurde oftmals zerstört und wiederaufgebaut und zeigt in Folge dessen die verschiedenartigsten Formen: Würfel und Rundbogen, spitzes und flaches Dach, Kirche und Moschee stehen dicht neben einander. Die gesammte Anlage erscheint von aussen festungsartig, aber die Schutzwehr, welche sich dem Angreifenden schroff entgegenkehrt, ist kein zusammenhängender Wall, sondern ein Gemisch von Hauswänden und dicken, die Gebäude verbindenden Quadermauern. Die Wohnräume für die Mönche, Pilger und Touristen liegen im ersten Stockwerk der nur ein Zimmer breiten Häuser, an deren Thürseite lange Holzaltane hinlaufen. An den weiss getünchten Wänden viele griechische Sprüche, zum Theil von dem früheren Bibliothekar, einem Athosmönch Namens Cyrill, herrührend. Zwischen den einzelnen Gebäuden befinden sich kleine Höfe. In einem steht ein Brunnen, dort grünen in einem winzigen mit Stangen eingehegten Raume einige Aprikosenbäume. Eine hohe Cypresse überragt die niedrigen Bauwerke. Aus den Schiessscharten in Wand und Wall bedroht hier und da die Mündung einer kleinen Kanone die jetzt so friedlichen „Saracenen". In Mitten des Ganzen liegt die Kirche (s. unten) und Alles wird von dem Minaret der schlecht erhaltenen Moschee überragt. Die Brunnen liefern reines und frisches Wasser, namentlich der in einem Schuppen hinter der Kirche, welchen die Mönche für denjenigen ausgeben, bei welchem Mose die Schafe der Töchter Jethro's tränkte.

Die *Kirche der Verklärung* ist eine altchristliche Basilica.

Das Aeussere bietet nichts Bemerkenswerthes. In der Mitte der façadenartigen Westseite befindet sich an der Stelle der Rosette ein grosses Kreuz mit einem Fenster an seinem Scheitelpunkte. Zu beiden Seiten desselben je eine in den Stein gemeisselte Palme. — Der *Eingang* in die Kirche geht durch eine renovirte Vorhalle und über eine gleichfalls erneuerte abwärts führende Treppe. In der Mitte jeder Stufe steht ein Buchstabe des Namens des Heiligen Ἰ-Α-Κ-Ω-Β-Ο-Σ Jakobos. — Zuerst betritt man eine geschlossene mit einem byzantinischen Fenster versehene Vorhalle (Narthex), in welcher ein grosses Weihbecken aus neuerer Zeit mit kleinen silbernen Adlern. Die in das Mittelschiff führende Thür besteht aus Holz, die Leisten sind reich ornamentirt und die Füllungen, welche sie einrahmen, mit kleinen alten Bildern in Emailfarbe verziert. Die dreischiffige Basilica, die wir betreten, ist trotz der niedrigen Seitenschiffe und des überreichen Zierraths, das den meisten griechischen Kirchen eigen ist, nicht wirkungslos. Die hohen mit Fenstern versehenen Mauern, welche das Gebälk des Mittelschiffs tragen, ruhen auf je 6 starken, beworfenen und grün gefärbten Granitsäulen, deren Kapitäle mit kräftigem Blätterwerk verziert sind. Die Decke ist neu bemalt und in sehr bunte Felder getheilt, in denen man mittelmässige Medaillonbilder Johannes des Täufers, der Mutter Gottes mit dem Kinde und des Heilands angebracht hat.

Die *Seitenschiffe* erhalten das Licht durch je 5 byzantinische Fenster und sind schräg bedacht. An Stelle des bunten *Marmorfussbodens* von heute befanden sich früher im Mittelschiffe vortreffliche Mosaiken, die aber von Schätze suchenden Arabern zerstört wurden. An der dritten Säule auf der linken Seite des Mittelschiffs eine marmorne 1787 hierher gestiftete *Kanzel* mit artigen Miniaturbildern. An der vierten Säule rechts der *Bischofsstuhl*, interessant durch das von einem armenischen Künstler auf ein von Mose und der h. Katharina gehaltenes Tuch gemalte Bild des Klosters, wie es im vorigen Jahrhundert, in welchem Stuhl und Gemälde verfertigt worden sind, aussah. Die Inschrift gibt für die Gründung des Klosters durch Justinian das von den Mönchen mit Unrecht (S. 529) angenommene Jahr 527. Zwischen je zwei Säulen stehen roh geschnitzte Chorstühle von Holz. Von der Decke hängen ausser drei Kronleuchtern über 100 sehr verschiedene, auch wohl mit Straussencier geschmückte Lampen so tief hernieder, dass man sie mit der Hand zu berühren vermag. Die *Tribuna* ist weit vorgebaut und in der Breite des Mittelschiffes erhöht. Die Seitenschiffe steigen nicht mit an. Eine hölzerne, blau, gelb und roth bekleidete und mit Bildwerk überladene *Scheidewand* (septum) mit einer breiten von vergoldeten Säulen begrenzten Pforte und reicher Krönung trennt die Schiffe vom Chor. Das grosse bis zur Decke reichende Crucifix trägt das mit bunten Farben gemalte Bild des Gekreuzigten. Die vor der Scheidewand aufgestellten mit rothem Sammet bekleideten Kandelaber stehen auf sehr alten Bronzelöwen von merkwürdiger, vielleicht vorchristlicher Arbeit. — An und in der schönen Rundung der *Apsis befinden sich *musivische Arbeiten* von bedeutendem Kunstwerth, die spätestens im 7. oder 8. Jahrh. von abendländischen Künstlern hergestellt worden sind. Das *Hauptgemälde in der Rundung der Apsis ist, wie alle übrigen, wohl erhalten und stellt die *Verklärung Christi*, der die Kirche ursprünglich geweiht worden ist, dar. In der Mitte des Mosaikbildes schwebt die jugendliche, etwas trocken gehaltene Gestalt des Heilands himmelan. Der noch bartlos gebildete Christus spricht für das Alter des Bildes. — Elias, der Prophet vom Sinai, weist auf den Messias. Johannes kniet zu Füssen des Meisters. Mose zeigt auf diesen als den Erfüller seines Gesetzes. Petrus liegt am Boden, während Jacobus seine Kniee beugt. Bei jeder Figur steht der Name dessen, den sie darstellt. Gleichsam als Rahmen schlingt sich um dieses Gemälde ein Kranz von musivisch ausgeführten Brustbildern, welche Propheten, Apostel und Heilige in vorzüglicher Arbeit darstellen:

1. Johannes der Diacon. 2. Lukas. 3. Simeon. 4. Jacobus. 5. Marcus. 6. Bartholomaus. 7. Andreas. 8. Paulus. 9. Philippus. 10. Thomas. 11. Matthäus. 12. Thadeus. 13. Matthias. 14. *Ὁ ἅγιος ἡγούμενος* das heilige Oberhaupt sc. des Klosters. 15. Daniel. 16. Jeremias. 17. Maleachi. 18. Haggai. 19. Habakuk. 20. Joël. 21. Amos. 22. David. 23. Hosea. 24. Micha. 25. Obadja. 26. Nahum. 27. Zephanja. 28. Zacharia. 29. Jesaia. 30. Hesekiel.

Ueber der Apsis kniet zur Rechten Mose vor dem brennenden Busche, zur Linken steht er mit den Gesetztafeln in der Hand vor dem Sinai. Zwischen diesen Gemälden und dem Bogen der Apsis schweben zwei Engel neben zwei Medaillonbildern, welche, wie die Mönche versichern, Justinian und seine Gemahlin Theodora darstellen (Mose und die heilige Katharina?), obgleich jede Aehnlichkeit mit andern Bildern dies Kaiserpaares fehlt. Unter dem Verklärungsbilde befindet sich folgende Inschrift: Ἐν ὀνόματι Πατρὸς καὶ Υἱοῦ καὶ Ἁγίου πνεύματος γέγονεν τὸ πᾶν ἔργον τοῦτο ὑπὲρ σωτηρίας τῶν καρποφορησάντων ἐπὶ Λογγίνου τοῦ ὁσιωτάτου πρεσβυτέρου καὶ ἡγουμένου, welche besagt, dass das Bild unter dem Presbyter und Klostervorsteher *Longinus* für die Seelenrettung deror, die seine Vollendung durch ihre Gaben möglich gemacht hätten, verfertigt worden sei.

Von heiligem Geräth auf dem Chore noch ein schön gearbeitetes Gestühl (Ciborium) für den Abendmahlskelch und ein kurzer marmorner Sarkophag, in dem die Reste der von der griech.-orthodoxen Kirche besonders hoch verehrten *heiligen Katharina* (ihr Kopf und eine Hand) ruhen sollen.

Die *Kapelle des brennenden Busches* hinter der Apsis, welche die Stätte bezeichnet, an welcher der Herr dem Mose im brennenden Busche erschienen sein soll, ist wohl der älteste Theil des ganzen Bauwerks und darf nur betreten werden, nachdem man die Schuhe von den Füssen gezogen hat. Die Wände sind mit Fayencekacheln bekleidet. Die Stelle, auf welcher der Busch gestanden haben soll, wird durch eine aus Silber getriebene Platte bezeichnet, über die man einen altarartigen Tisch gestellt hat und auf die von der Innenseite des letzteren aus drei brennende Lampen herniederhängen. Hinter diesem Heiligthum befindet sich eine kleine mit Bildern geschmückte Nische in der Achse der Apsis, die das ganze Gebäude auch nach aussen hin gegen Osten mit einer Rundmauer abschliesst. Ein Sonnenstrahl soll nur einmal im Jahre, und zwar durch eine Felsenspalte der östl. Thalwand, den Eingang in dieses Heiligthum finden. Da, wo er durchbricht, ward ein Kreuz errichtet, und nach diesem empfing dann der Berg, der es trägt, den Namen des Djebel eṣ-Ṣalîb. In der Kapelle ein mehr werthvoller als schöner Schrein für die heilige Katharina, ein Geschenk des Kaisers von Russland. Das Haupt der Märtyrerin liegt auf dem silbernen Kissen eines Paradebettes von edlem Metall. Antlitz und Hände in flacher Emailmalerei; ein zweiter Sarg ist aus Silber getrieben.

Die *Kapellen*, welche das Schiff umgeben, enthalten nichts bemerkenswerthes. Jede einzelne ist einem anderen Evangelisten, Heiligen oder Märtyrer gewidmet: Der h. Anna, den h. Märtyrern vom Sinai, Jakobus, der h. Constantia und Helena, dem heiligen Demetrius und Sergius. Neben dem rechten Seitenschiffe der Basilica die Kapellen des Simon Stylites und Cosmas und Damianus, neben dem linken die der h. Anna, der h. Marina und des h. Antipas. Die Kapelle für die Lateiner in der Nähe der Fremdenzimmer wird nicht mehr benutzt, seitdem röm. Katholiken nicht mehr hierher wallfahrten.

Die *Moschee* ist ein einfaches, schlecht gehaltenes mohammedanisches Bethaus. In dem Hofe vor demselben halten die Mönche zwei Steinböcke. In der steinernen Wand eines Schuppens in der Nähe der Moschee haben sich einige Wappen im Styl des früheren Mittelalters erhalten; sie gehören vielleicht Kreuzfahrern an.

Die *Bibliothek* des Klosters befindet sich zu ebener Erde und im ersten Stock eines unweit des Einganges in die Kirche gelegenen Bauwerks und ist ungenügend geordnet. Im unteren Stock stehen die weniger werthvollen Schriften, im oberen, der mit der Inschrift ἰατρεῖον ψυχῆς „Heilanstalt der Seele“ geschmückt ist. In Schränken und Regalen manche bemerkenswerthe Bücher und Manuscripte. Viele, namentlich die koptischen Handschriften, sind wohl in die Bibliothek der Filiale des Klosters zu Kairo gewandert. Unter den Handschriften befinden sich griechische, syrische und schön geschriebene äthiopische, arabische, persische, armenische, kirchenslavische und russische. Im sogenannten *Erzbischofszimmer*, einer unweit der Bibliothek mit Heiligenbildern und Reliquien aufgeputzten Sakristei liegen die Parademanuscripte des Klosters aus, u. a. das berühmte *Evangelienbuch* vom Sinai, aus der Zeit Theodosius III. (766 n. Chr.), der es wahrscheinlich dem Kloster schenkte (weisses Pergament, auf jeder Seite in zwei

spalten goldene Schrift; vorn eine Reihe von sehr sauber gearbeiteten Titelbildern in Miniaturmalerei, welche Jesus, Maria, die vier Evangelisten und Petrus darstellen); ein mit höchst zierlichen, kaum mit blossem Auge lesbaren Lettern geschriebenes *Psalterium*, das von einer Frauenhand herrühren soll; sodann ein äusserst genau nach dem Original gedrucktes Exemplar des berühmten, von Prof. Tischendorf entdeckten *Codex Sinaiticus*, ein Geschenk des Kaisers von Russland; einige Blätter befinden sich als „Codex Friderico-Augustanus" auf der Universität zu Leipzig, der grösste Theil indessen wird in St. Petersburg conservirt. Das Kloster wurde durch eine bedeutende Summe von Kaiser Alexander II. entschädigt. Der Codex enthält das neue Testament vollständig und ausser den meisten Büchern des alten Bundes einen Theil des „Hirten des Hermas" und den „Brief des Barnabas."

Die hohe Wichtigkeit des Codex Sinaiticus beruht auf seiner Vollständigkeit, der Sorgfalt, mit welcher er geschrieben ward, der Consequenz in seinen Texteigenthümlichkeiten und ganz besonders in seinem alle die genannten Vorzüge adelnden ausserordentlich hohen Alter. Er entstammt, wie sich mit ziemlicher Sicherheit behaupten lässt, der Mitte des vierten Jahrhunderts, steht den apostolischen Zeiten näher als jede andere bis zu seiner Entdeckung bekannt gewordene Bibelhandschrift und gibt darum der textkritischen Wissenschaft neue Mittel an die Hand, den echten oder doch einen Aposteltext wiederzuerkennen und herzustellen, wie er wol im 2. Jahrhunderte angenommen und verbreitet war. Er hat seines Gleichen nur in dem sogenannten Codex Vaticanus, der von gleichem Alter wie er, doch durch die Handschrift vom Sinai sowohl an Zeugnissgewicht als an Vollständigkeit übertroffen wird.

An der Nordseite des Klosters befindet sich die *Begräbnissstätte* der Mönche, zu der man durch mehrere dunkele Gänge gelangt. Sie besteht in einer Krypte mit starker Uebermauerung. Die Reste der Bischöfe werden in Kisten, die der Priester in einer besonderen Abtheilung der Gruft aufbewahrt, die Knochen und Schädel der Mönche werden nur zusammengelegt. Die Gerippe von einigen besonders heilig gehaltenen Eremiten hängen an der Wand. Vor der Pforte, welche die Priestergruft abschliesst, kauert das Gerippe des h. Stephanos († 580); sein Schädel trägt ein violettes Sammetkäppchen. Unweit dieser Gruft befindet sich ein Brunnen und weiterhin die wenig bevölkerte Gräberstätte der am Sinai gestorbenen Pilger.

Von diesem Hof führt eine Treppe hinunter zum **Garten*, der namentlich im März und April im reichsten Blüthenschmuck prangt und dessen Anblick in dieser felsigen Einöde einen wohlthuenden Eindruck macht. Er ist terrassenförmig angelegt; Pfirsiche, Orangen, Wein etc. von hohen Cypressen überragt, gedeihen darin.

Djebel Mûsa und Râs eṣ-Ṣafṣâf.

Die Besteigung des Djebel Mûsa nimmt 3 Stunden in Anspruch und ist mühelos; man breche mit Sonnenaufgang, nicht später als 5 Uhr auf. Zwei Wege (eigentlich fünf, doch werden nur die nachstehenden beiden benutzt) führen hinauf: der interessantere aber beschwerlichere über die alte Pilgertreppe (s. unten) und der andere über die im Wâdi Schu'aib beginnende und den Djebel Mûsa auf Umwegen ersteigende Strasse.

Sie sollte für den Wagen 'Abbâs Pascha's, der sich auf dem Sinai eine Villa erbauen wollte, fahrbar gemacht werden, doch ward er vor der Vollendung dieses Unternehmens ermordet (S. 133). Wer den Djebel Mûsa und das Râs es-Safsâf getrennt besteigen will, kann den zweiten Weg als Rückweg wählen. In diesem Falle kann man sogar das herrliche Schauspiel des Sonnenunterganges auf dem Djebel Mûsa geniessen. Man hat, wenn man gleich nach Verschwinden der Sonne aufbricht und sich etwas beeilt, noch Zeit und Licht bis zur Cypressenebene (Eliaskapelle) hinunter zu kommen, und kann von da mit Führer auf der Strasse des 'Abbâs Pascha auch im Dunkeln ohne Gefahr in einer Stunde das Kloster erreichen. Die Pilgertreppe in der Nacht hinabzusteigen ist entschieden lebensgefährlich. Uebrigens kann man auch in der Eliaskapelle übernachten; die Mönche sorgen dann für Decken u. s. w.

Ein oder zwei Mönche und Djebeliye (arabische Klosterdiener), welche den *Mundvorrath*, mit dem man sich jedenfalls versehen möge, tragen und namentlich bei der Besteigung des Râs es-Safsâf erwünschte Hülfe leisten, übernehmen die Führung.

Man verlässt (für die Pilgertreppe) das Kloster durch eine kleine Seitenpforte seiner Westmauer und steigt an dem nackten Granit der westlichen Wand des Schu'aib-Thales auf einem ungefährlichen, erst allmählich, dann steiler sich erhebenden Wege aufwärts. Dieser Pfad, der, wie so vieles im Orient, schon von der Kaiserin Helena herrühren soll, wird wohl im 6. oder 7. Jahrhundert für die Pilger angelegt worden sein. Nach 20 Minuten wird eine kleine Quelle erreicht, die im Winter und Sommer die gleiche Wassermenge zeigt und bei der nach den Arabern Mose die Schafe des Jethro, den sie Schu'aib nennen, gehütet haben soll. Die Mönche erzählen dagegen, dass das Gebet des heiligen Abtes Sangarius sie dem Felsen entlockt habe, als die Brunnen im Kloster kein Wasser gaben, und dass sie die Kraft besitze kranke Augen zu heilen. Nach 12 Minuten steht man bei einer Hütte, der sogenannten *Marienkapelle*, welche zum Andenken an eine Erscheinung der h. Jungfrau errichtet worden sein soll. Die Mönche, heisst es, wurden von Ungeziefer so hart geplagt, dass sie das Kloster zu verlassen beschlossen und in Procession, um von den heiligen Stätten Abschied zu nehmen, den Berg hinaustiegen. Da, wo die Hütte steht, zeigte sich ihnen die Jungfrau, versprach sie von ihren Peinigern zu befreien und befahl ihnen umzukehren. Sie gehorchten und fanden, dass alles Ungeziefer verschwunden war. Dass dasselbe seitdem zurück gekehrt ist, davon hat der Reisende Gelegenheit sich in späterer Jahreszeit selbst zu überzeugen. — Weiter nach oben hin wird eine kleine Schlucht durchschritten. Dann sind zwei kunstlose Pforten zu passiren. Hier sollen früher Mönche gestanden haben, welche von den Pilgern die Bescheinigung in Empfang nahmen, dass die, welche auf der Spitze des Sinai das Sacrament zu empfangen wünschten, im Kloster die Beichte abgelegt hätten. An der ersten Pforte erhielten sie eine Quittung, die an der zweiten abzugeben war. Wenige Minuten später betritt man eine schöne grün bewachsene, nach der Riesencypresse in ihrer Mitte „die Cypressenebene" genannte Bergfläche. Nackte, schroffe Felsmassen, rothbraune und graue Zacken und Zinken von harten Granit schliessen dieselbe amphitheatralisch ein. Im geraden Süden von der Cypresse erhebt sich die Djebel-Mûsaspitze, in weiterer Entfernung zeigt sich gen SW. der hohe Djebel Katherîn (S. 539) und im Norden die Ṣafṣâfklippe, welche auf dem Boden der Râḥa-Ebene fusst. Auf dem Plateau rechts vom Wege gedeihen junge Stämme in einer Baumschule zur Seite einer frischen Quelle. Man wendet sich von der Cypresse aus nach links und betritt die rohen Steine und Blöcke, welche zur Höhe des Djebel Mûsa hinaufführen. Auf einer kleinen Erhebung, welche das Cypressenplateau mit dem Djebel Mûsahorne verbindet, liegt zur Linken des Wegs ein einfaches weisses Steinhaus mit zwei Kapellenräumen, welche den Propheten Elias und Elisa gewidmet sind. In dem roh getünchten Innern befindet sich eine Vertiefung, welche die Mönche für die Höhle ausgeben, in der der Prophet Elias sich verbarg, nachdem er die Baalspriester am Bache Kison erschlagen und 40 Tage und Nächte die Wüste fliehend durchwandert hatte. Jehova befahl ihm hier auf die Spitze des Berges zu treten.

„Und siehe", so heisst es 1. Könige 19, 11 ff.: „Jehova ging vorüber, und ein grosser starker Wind, Berge zerreissend und Felsen zerschmetternd, vor Jehova her; nicht in dem Winde war Jehova. Und nach dem Winde ein Erdbeben; nicht in dem Erdbeben war Jehova. 12. Und nach dem Erdbeben Feuer; nicht in dem Feuer war Jehova. Und nach dem Feuer der Ton eines stillen sanften Sausens. 13. Und es geschah, als das Elias hörete, verhüllte er sein Angesicht mit seinem Mantel und ging heraus und trat in den Eingang der Höhle. Und siehe zu ihm kam eine Stimme und sprach: Was hast Du hier zu thun, Elia?" Wir erinnern an Mendelssohns Composition dieser herrlichen Stelle.

Von der Eliaskapelle (2097 m) aus wird der Weg oder besser die Stufentreppe (nach Pococke wären es im Ganzen 3000; 500 bis zur Saugariusquelle, 1000 bis an die Marienkapelle, 500 bis zur Eliaskapelle, 1000 bis an die Spitze) steiler, bleibt aber bis zur höchsten Spitze des Berges bei Tageslicht (s. oben) ungefährlich. Der Granit erst roth, dann grau, grün und gelb gesprenkelt. Nachdem man 40 Minuten gestiegen ist, wird (links vom Wege) eine natürliche Vertiefung im Granit gezeigt, welche die Araber für eine Fusspur des Kamels ausgeben, das der Prophet bei seinem Besuche des Sinai (vor seiner Berufung) geritten. Nach einer anderen Legende sollen Moḥammed und sein Kamel von dem Engel Gabriel in den Himmel gehoben worden sein und der eine Fuss des Reitthiers in Damascus, der andere in Kairo, der dritte in Mekka und der vierte am Sinai, wo jetzt die Spur gezeigt wird, gestanden haben. Nach 45 Minuten erreicht man den 2244 m hohen, das Kloster um 716 m überragenden Gipfel des **Djebel Mûsa**, woselbst man auf dem kleinen Plateau rastet. Dasselbe trägt zur Linken auf neueren und alten Unterbauten eine einfache, kleine Kapelle, in die die Mönche unter den Führern mit Lichtern und Rauchwerk zu treten pflegen. Rechts erhebt sich eine schlecht erhaltene kleine Moschee, welche von den Arabern, die sie noch vor kurzem nur mit dem Iḥrâm, dem schlichten Kleidungsstücke, das sie in Mekka zu tragen haben, betreten durften, hoch verehrt wird.

Nach dem Ṣâliḥ-Feste (S. 544) im esch-Schêch-Thale bringen hier die Beduinen dem Mûsa (Mose) Thieropfer dar. An der nordöstl. Ecke des Felsens, der die Kapelle trägt, befindet sich eine Höhlung im Felsen. In dieser soll Mose gestanden haben, „als die Herrlichkeit des Herrn vorbeiging“, und die Mönche zeigen Vertiefungen im Gestein, die von seinem Kopf und seinen Schultern herrühren sollen. In einer cisternenartigen Vertiefung bei der Moschee soll sich Mose nach der arab. Tradition fastend aufgehalten haben, als er in 40 Tagen die 10 Gebote niederschrieb. Grossartig wilde und öde Aussicht.

Gen Südosten erheben sich nackt und gross die höchsten Spitzen der Halbinsel, der Djebel Zebîr und der Djebel Katherîn, die Zwillingsspitzen eines Berges. Die Insel Tirân im Südosten der Halbinsel, bei der gleichnamigen Strasse ist wohl erkennbar. Das Sebâ'îye-Thal am Fusse des Djebel Mûsa, das Einige für den Lagerplatz der Juden halten, ist von hier aus nicht zu überblicken. Bei klarem Wetter ist das Rothe Meer und sogar der Busen von 'Aḳaba (doch nicht die Spitze desselben) deutlich sichtbar. Nach Norden zu dehnen sich lange Gebirgsreihen aus, zwischen denen die Wâdi's wie Lichtungen im Hochwalde hinstreichen.

Man steigt in 20 Minuten zur Cypressenebene herab und wird in $^3/_4$ Stunden durch zwei vegetationsreiche Senkungen auf einem wenig geneigten Wege zu einem dritten malerisch von Felsen überragten Thale geführt. In der ersten Senkung befinden sich die Reste einer Cisterne und einer Kapelle, die Johannes dem Täufer gewidmet war; von dem Thale aus, bei dem dieser Weg endet, wird das **Râs eṣ-Ṣafṣâf** bestiegen, das von Vielen, namentlich seit Robinson und auch jüngst von Palmer, für die Höhe der Gesetzgebung gehalten wird. Hier erfrische man sich aus einem kühlen Bergquell in der Nähe der verfallenen „dem heiligen Gürtel der Jungfrau Maria“ geweihten Kapelle und lasse sich die alte Weide zeigen, die der Ṣafṣâfhöhe ihren Namen (Weidenberg) gegeben und von der Mose seinen wunderthätigen Stab geschnitten haben soll. Früher zeigten die Mönche einen anderen Mosesstrauch im Klostergarten. Die Besteigung der Ṣafṣâfspitze (1994 m) wird anfänglich durch Stufen erleichtert, in grösserer Höhe wird der Pfad schroffer und die höchste Spitze lässt sich nur von Schwindelfreien mit Händen und Füssen nach Ablegung der Schuhe erklimmen. Wer diese letzte Kletterarbeit scheut, lasse sich etwa 60 Schritt unter der höchsten Spitze des Berges an der Oeffnung einer steil in die Râḥa-Ebene führenden Kluft nieder, von der aus sich das weite Wâdi, das Viele für den Lagerplatz der Juden halten, und das von gewaltigen Granithöhen malerisch umschlossen wird, vortrefflich überblicken lässt.

Gegenüber der Ṣafṣâfklippe, jenseit des Thales, erhebt sich die rothe Porphyrmasse des **Djebel** (pl. *Djibâl*) **Frê'a**. Er bildet den Kern, an den sich ein Labyrinth von anderen Bergen nach Norden hin anschliesst. Seinem südlichen Abfall, dem *Djebel Sona*, gehören die Granitwände an, welche das Wâdi er-Râha zu Füssen des Reisenden und das Wâdi ed-Dêr überragen. Zur Rechten (Osten) erhebt sich der *Djebel ed-Dêr*, zur Linken (Westen) zeigen sich viele Granitklippen, so der schmale *Ughret el-Mehd* am Eingange des *Wâdi Ledja* und der *Djebel el-Ghubsche*. Tief unten im Thale an der Mündung der Schlucht, über der der Reisende steht, liegt ein Sandhügel mit verfallenen Bauten und einigen Obstbäumen.

Die hier zu überblickende *er-Râha-Ebene* hat nach den Messungen des Capt. Palmer eine Ausdehnung von 2 Millionen engl. □Ellen (square yards). Es unterliegt keinem Zweifel, dass dieses Thal einem grossen Volke eine Lagerstätte von genügender Ausdehnung darbieten konnte. Wenn der Sinai der Mönche und nicht der Serbâl für den Berg der Gesetzgebung anzusehen ist, so muss man das Râs eṣ-Ṣafṣâf und nicht den Djebel Mûsa für den Schauplatz derselben halten. — Hat man den Djebel Mûsa allein bestiegen und will nun das Râs eṣ-Ṣafṣâf ebenfalls besuchen, so steigt man mit Führer in einem, etwas nördlich von der Pilgertreppe, dicht hinter dem Kloster gelegenen Spalt aufwärts. Zwar sind auch hier Stufen angelegt, doch kann der Weg solchen, die mit Schwindel behaftet sind, nicht angerathen werden; er ist weit beschwerlicher als die Pilgertreppe. Für den Abstieg kann man eine in die Râḥa-Ebene abfallende Spalte wählen, die jedoch auch beschwerlich und aufwärts kaum zu benutzen ist. Gewaltige Felsblöcke haben sich im Sturze in der Spalte festgeklemmt, und der Pfad führt oftmals unter ihnen durch.

Wer die Formation der Sinaigruppe mit dem spät niedergeschriebenen und legendarisch ausgeschmückten biblischen Berichte zu vergleichen wünscht, der wird folgende von Robinson aufgestellte Punkte ins Auge zu fassen haben, die er auch mit dem Serbâl in Verbindung bringen möge. Es muss vorhanden sein: die Spitze eines Berges, die den Standort des Volkes überragt, und ein dem Berge benachbarter Raum, welcher einer grossen Menschenmenge gestattet, das, was auf dem Berge vorgeht, zu überblicken. Der Lagerplatz muss sich solchergestalt an den Berg schliessen, dass man sich ihm zu *nähern* und an seinem unteren Theile zu stehen vermag. Man muss den Berg *berühren* können, man muss *Hürden* um den Berg stellen können, damit das Volk sich hüte, ihn zu besteigen und sein *Ende* zu berühren.

Wer von hier aus zum Kloster zurückzukehren und nicht das W. Ledja und das el-Arba'în-Kloster (S. 538) schon jetzt zu besuchen wünscht, der kann durch die *Sikket Schu'aib* genannte Schlucht abwärts steigen. Beschwerlicher Weg, der an die Frage erinnert, welche in Lessings Nathan Recha dem Tempelherrn vorlegt, ob es wahr sei, „dass es bei weitem nicht so mühsam sei, auf diesen Berg (den Sinai) hinauf zu steigen als herab?"

Das *W. el-Ledja* und das *el-Arba'în-Kloster*, sind leichter und ohne Führer zu erreichen (man kann auch reiten). Der ganze Ausflug nimmt 4 Stunden in Anspruch. Auf Schritt und Tritt werden dem Wanderer heilige Stätten gezeigt. Schon ehe man von der Râḥa-Ebene aus das Thal betritt, wird die Stelle gezeigt, die nach dem bibl. Bericht weit vom Sinai entfernt war, an der die Erde die Rotte Korah verschlungen haben soll; sodann wird ein Felsenloch für die Gussform des goldenen Kalbes erklärt.

Das **Ledja-Thal**, das den Djebel Mûsa an seiner westl. Seite umzieht, dankt einer arabischen Sagengestalt seinen Namen, denn Ledja soll eine Tochter des Jethro, die Schwester der Zippora (arab. Zafûriya) geheissen haben. Am Eingang begegnet man zuerst (rechts) den verfallenen Eremitenwohnungen, die dem h. Cosmas und Damianus gewidmet wurden, und einer unbenutzten Kapelle der 12 Apostel. Das ruinenhafte Kloster (*el-Bustân*) mit einigen Pflanzungen links. Weiterhin wird man dem Reisenden einen Felsblock zeigen, den die Araber „Hadjer Mûsa", den *Mosesstein* nennen, und den auch die Mönche für den *Felsen im Horeb* erklären, aus dem Mose den Quell geschlagen. Wohl nach einer altjüdischen Tradition, die der Verfasser von I Corinther 10, 4 sowohl als die Korân-Erklärer kennen, versichern sie, der Felsen habe die Juden durch die Wüste begleitet und sei dann zu seinem alten Platze zurückgekehrt. Er ist etwa 3,6 m hoch, misst an 100 Kubikmeter und besteht aus rothbraunem Granit. Die gen Mittag gewandte Seite wird durch ein ihre Spitze und Basis in etwas schräger Richtung verbindendes Band von Porphyr in zwei Theile zerlegt. In diesem einige 40 Centimeter breiten Bande befinden sich Vertiefungen, aus denen für jeden der 12 Stämme ein Wasserstrahl geflossen sein soll. Zwei der Quelllöcher sind jedenfalls verschwunden. — Einige sinaitische Inschriften (S. 517) befinden sich hier.

20 Min. südl. von hier liegt das *Dêr el-Arba'în*, d. i. das Kloster der Vierzig, und zwar der vierzig Märtyrer. Es ist ein einfaches Klostergebäude von geringer Grösse mit ausgedehntem Garten mit Oliven etc. In dem höheren, felsigen Theile der Anlage entspringt eine Quelle, in deren Nähe eine Grotte ist, welche dem h. Onofrius zur Wohnung gedient haben soll. Im 16. Jahrh. ward das Kloster noch bewohnt, Mitte des 17. wurde es verlassen. Jetzt halten sich zeitweise 2 oder 3 Mönche hier auf, denen die Pflege des Gartens anvertraut ist. Die vierzig Märtyrer, nach denen das Kloster benannt ward, sollen Mönche gewesen sein, welche von den Saracenen gemordet wurden, indessen kann diese Geschichte sich ebenso gut im Sikelyi-Kloster am Serbâl (S. 521) zugetragen haben.

Der Djebel Katherîn.

Die Besteigung des Djebel Katherîn ist schwieriger als die des Djebel Mûsa und kann Damen kaum angerathen werden. Man breche früh auf oder übernachte in dem Arba'în Kloster (s. oben). Vergl. Karte S. 518.

Bis zum (2 St.) *Dêr el-Arba'în* s. oben. Von hier aus folgt man zuerst einer Schlucht südwestl., die sich unweit des Klosters stark verengt. Sinaitische Inschriften. Nach $1^1/_4$—$1^1/_2$ Stunde gelangt man zu einer Quelle, *Bîr esch-Schunnâr* oder Rebhuhnbrunnen, welche Gott für die Rebhühner erweckt haben soll, die der von Engeln getragenen Leiche der h. Katharina (S. 530) auf den Sinai folgten. Von hier aus hält man sich mehr westl. Der Weg ist steil und sehr beschwerlich, bis man nach $1^1/_2$ Stunde die zur Spitze führende Felsenklippe betritt. Die Pilger haben den Pfad dadurch bezeichnet, dass sie kleine Steinpyramiden auf grösseren Felsblöcken aufgehäuft haben. Nach einer fernern Stunde sehr harten Steigens erreicht man den Gipfel. Der **Djebel Katherin** hat drei Spitzen, den *Djebel Katherîn*, den *Djebel Zebîr* und den *Djebel Abu Rumêl*, von denen nach den jüngsten sehr genauen englischen Messungen die erste (2602 m) die höchste ist und nicht nur alle Spitzen der Sinaigruppe, sondern auch der ganzen Halbinsel überragt. An frischen Tagen ist es hier oben bitter kalt; in den Felsenspalten hält sich der Schnee bis zum Sommer hinein. Ein elendes aus rohen Steinen zusammen gelegtes Kapellchen nimmt die halbe Fläche des kleinen Plateaus ein. Einige Unebenheiten im Fussboden erklären die Mönche für einen wunderbaren Abdruck des hier erst 300 oder gar 500 Jahre nach ihrer Hinrichtung gefundenen Leibes der h. Katharina (S. 531), welcher durch das von ihm ausgehende Licht bemerkt worden sein soll. Bei klarem Wetter prachtvolle Aussicht, die aber nach SW. hin durch den Djebel Umm Schomar unterbrochen wird. Gegen SO. das breite Wâdi Nasb. Der Busen von 'Aḳaba (aber nicht seine Nordspitze) und das arabische Gebirge, ja bei sehr klarem Wetter das Râs Moḥammed (südlich) sind sichtbar. Der Busen von Suês ist bis zur afrikanischen Küste zu übersehen; der stattliche Berg auf der letzteren ist der *Djebel Ghârib* (S. 496). An der Westküste der Halbinsel die dürre Ebene el-Ḳâ'a, die bei Ṭûr endet. Im Norden der Serbâl und Djebel el-Benât stattlich aufragend und in derselben Richtung weiterhin die helle Sandebene er-Ramle und die langhingestreckte Bergkette et-Tîh.

Das **Wâdi Sebâ'iye** (Nachmittagspartie von 3 Stunden) bietet deswegen Interesse, weil dieses Thal von Laborde, Strauss, Tischendorf, Graul u. A. für den Lagerplatz der Juden gehalten wird. Man steigt das Wâdi Schu'aib (S. 526) hinan, überschreitet die mässige Höhe des *Djebel Munâdja* (Berg des Zwiegesprächs) und tritt in das felsige von Kieshügeln und Steinblöcken erfüllte *Wâdi Sebâ'iye* ein, von dem aus sich die Felsmasse des Djebel Mûsa ähnlich präsentirt, wie das Râs es-Safsâf von der er-Râḥa-Ebene aus. Man kann durch eine mehr nordöstlich gelegene Senkung, das *Wâdi es-Sadad*, vom Wâdi Sebâ'iye aus in das Wâdi esch-Schêch und von dort in einer längeren, aber bequemeren Wanderung durch das Wâdi ed-Dêr zum Kloster heimkehren. Ist das Wâdi esch-Schêch (S. 544) erreicht, so hält man sich links, bis man die Oeffnung des Schu'aib-Thales und das Kloster erblickt.

Der **Djebel Umm Schomar** (Mutter des Fenchels) (2575m) ist lange für den höchsten Berg der Halbinsel gehalten worden, doch ist er nach den Messungen der engl. Expedition weniger hoch als Djebel Katherin. Man verlässt den Sinai durch das Wâdi Sebâ'iye, kommt in das breite *Wâdi Raḥaba* und nächtigt im *Wâdi Zitûn*. Am nächsten Morgen ersteigt man zuerst den 369m über die Thalsohle sich erhebenden *Djebel Abu Schedjer*. In dem *Wâdi Zeraḳiye* (rechts) spärliche Trümmer des alten Klosters *Mar Antus*. Majestätisch, nicht unähnlich dem Serbâl, erhebt sich die Granitmasse des Umm Schomar mit mächtigen Zinken.

Ueber Ṭûr zum Sinai.

Von Suês nach *Ṭûr* s. S. 496. **Ṭûr** ist nicht unbedeutend. Es wohnen dort Araber, deren Vermögen zum Theil aus den Schiffbrüchen stammt, welche zahlreich in der Nähe der Insel Schadwân stattfinden, und das auf mehrere 100,000 Fr. geschätzt wird. Der Hafen ist gut; dieselben Korallenriffe, die ihn für den mit dem Fahrwasser Unbekannten gefährlich machen, schützen den glücklich Eingelaufenen vor allem Seegang. Ṭûr ist ausser Suês der einzige gesicherte Ankerplatz im Meerbusen von Suês. Vielfach wird Ṭûr (neben el-Wedj, S. 440) als Quarantainehafen benutzt. Im Norden des Ortes springt ein Ausläufer der niedrigen Uferkette, der *Djebel Ḥammâm Sidna Mûsa* (Berg der Bäder unseres Herrn Moses), etwa 120 m hoch, ins Meer vor. Am Fusse dieser Höhe 27—28° warme, von 'Abbâs Pascha überbaute schwefelhaltige Thermen, welche Palmenpflanzungen tränken und von den Eingebornen namentlich gegen Rheumatismus gebraucht werden. Das Castell *Ḳal'at eṭ-Ṭûr*, welches Sulṭân Murâd anlegte, ist in schlechtem Stande. Die Palmenpflanzungen gehören meist den Mönchen des Sinaiklosters und werden von ihren Dienern gepflegt. Ein Pater befindet sich stets zu Ṭûr, theils als Seelsorger für die wenigen hier wohnenden Christen, theils als Einkäufer, da das Kloster von Ṭûr aus mit Victualien und Fischen versorgt wird. Djebelîye (S. 526) leiten die Karawanenverbindung zwischen dem Meere und dem Kloster. Vortreffliche Fische, viele Muscheln und interessante Seethiere.

Ausflüge. Als gesund bekannt ist der Palmengarten *el-Wâdi*, 20 Min. in nordw. Richtung von der Stadt. An den Kalksteinhängen des *Djebel Ḥammâm Mûsa* viele verfallene Eremitenhöhlen mit christlichen Kreuzen und einige griechische und armenische Inschriften aus dem Jahre 633 n. Chr. Nach Norden zu noch der wegen einiger sinaitischen Inschriften *Djebel Mokatteb* genannte Berg. Alles von geringem Interesse.

Der *Djebel Nâḳûs* oder Glockenberg ist 3½ Kamelstunden von Ṭûr entfernt. An diesem amphitheatralisch 30 Minuten vom Ufer des Rothen Meeres aufgebauten Berge zeigt sich ein von Seetzen zuerst bemerktes Phänomen. Wenn man über den seinen Abhang bedeckenden Sand hinansteigt, so lässt sich ein eigenthümlicher Klang vernehmen, der erst einem fernen Glockengeläute gleicht, dann aber crescendo in einem seltsamen Brausen endet.

„Anfangs glich das Getöse den schwachen Tönen einer Aeolsharfe, wenn der Luftzug zuerst ihre Saiten erfasst; als dann der Sand in schnellere und stärkere Bewegung kam, glich der Klang mehr dem Tone, welchen man hervorbringt, wenn man mit feuchten Fingern über Glas streicht; und als er sich dem Fusse des Berges näherte, erlangte der Wiederhall die Stärke eines Donners und machte, dass der Fels, auf dem wir sassen, erzitterte. Unsere Kameele wurden dabei so unruhig, dass die Treiber sie nur mit Mühe halten konnten."

Das Phänomen ist leicht erklärbar: Wenn man über den *trockenen* Sand hinansteigt (bei feuchtem Wetter bleibt das Tönen aus), so fällt dieser in die Klüfte der Sandsteinfelsen, auf denen er ruht, und lässt erst beim Herabrieseln und dann bei seinem schnelleren Sturze niederwärts die erwähnten Klänge hören. Die Araber glauben, die merkwürdigen Töne rührten von den Glocken eines unter dem Sande begrabenen Klosters her. Dieses versank, nachdem ein Araber, der es zufällig entdeckt und dort Wohlthaten empfangen hatte, den Eid sein Vorhandensein Niemand zu verrathen gebrochen hatte.

Von Ṭûr zum St. Katharinenkloster führen zwei Wege, der eine durch das Wâdi Ḥebrân, der andere durch das Wâdi es-Slê (Islê). Letzterer der kürzere und empfehlenswerthere, weil das Wâdi es-Slê zu den romantischsten Schluchten der ganzen Halbinsel gehört und weil der Weg durchs Wâdi Hebrân zum Theil mit dem näheren Wege von Suês zum Sinai zusammenfällt.

1. **Durch das Wâdi es-Slê.** Sehr früh aufbrechen, um die Wüste *el-Kâ'a* in kühler Tageszeit zu überschreiten. Man reitet 6 Stunden genau gen Osten auf den gewaltigen Umm Schomar (S. 539) zu durch die sanft ansteigende Wüste. Wenn man den Fuss des Gebirges erreicht hat, steigt man ganz steil in ein seeartiges Becken hinunter, welches durch den aus dem Wâdi es-Slê hervorbrechenden Bergstrom ausgewaschen worden ist. Von dem Grunde dieses Beckens aus tritt man in die enge Felsenpforte des **Wâdi es-Slê**. Wenn man eine halbe Stunde in der romantischen Schlucht, an dem rauschenden Bache aufwärts gezogen ist, erreicht man ein liebliches Plätzchen, wo man Mittagsrast halten mag. Vorzügliches Wasser. Der Bach, dessen Wassermenge natürlich sehr von der Jahreszeit abhängig ist, verschwindet in den höheren Partien des Thales zuweilen; doch ist überall genug Wasser, um eine theilweise sogar höchst üppige Vegetation hervorzurufen. In dem unteren Theile des Thales sieht man öfters Palmen, sehr viele Tamarisken u. s. w. Es ist allerdings nicht möglich, überall auf dem Kamel sitzen zu bleiben, ohne Reiter kommt dasselbe jedoch auch an den schwierigsten Stellen durch, und der Reisende, dem überdies ein Viertelstündchen Marsch eine Erholung ist, kann überall ohne Anstrengung durch. Kurz oberhalb des eben erwähnten Ruheplatzes nöthigen grosse Felsblöcke zum Absteigen, nach einer halben Stunde kann man wieder aufsitzen. Zwei Stunden vom Eingang des Thales, 85 m über demselben, Gabelung; links gehen. In 10 Min. wieder Gabelung; rechts gehen. Wir betreten eine Felsschlucht, die sich bald bis auf fünf Schritt Breite verengt, wieder erweitert und noch mehrmals verengt. Hin und wieder Palmen, viel Tamarisken, Solaneen, Rohrdickichte. (1 Stunde) Gabelung, rechts gehen. (20 Min.) rechts ein steil herniederführendes Wildbachbett; gleich darauf ein zweites, das von einem auffallenden Berge mit einem gewaltigen Felsblock als Spitze herunterkommt. Dicht zusammengepresste Gesteintrümmer eines alten Strombettes sind von dem neuen quer durchrissen, so dass sie theilweise seine senkrechten Wände bilden. Das Thal wird wilder und vegetationsärmer; man steigt noch etwa 600 m in 5—6 Stunden im *Wâdi Ṭarfa* aufwärts. Dann kommt man in das breite *Wâdi Raḥabe* und zieht nun durch ein ziemlich offenes, muldenförmiges Terrain noch 6 St. bergauf und ab, erst in NO., dann in NW. Richtung, um endlich im *Wâdi Sebâ'îye* am SO. Fusse des Djebel Mûsa anzulangen, der an seinen Gebäuden (Kirche und Kloster) kenntlich ist (u. hängt W. Sebâ'îye durch *W. Sadad* mit dem grossen Wâdi esch-Schêch zusammen; vgl. S. 544). Ein mässiger Sattel trennt das Wâdi Sebâ'îye vom *Wâdi ed-Dêr* (Klosterthal); auf der Höhe sieht man links an dem steilen, oben ganz senkrecht abfallenden Djebel Mûsa die Fahrstrasse des Abbâs Pascha (S. 534) im Zickzack emporziehen. Nun

ins enge Wâdi ed-Dêr (Schu'aib) hinab und an die hohen Mauern des Klosters der h. Katharina (s. S. 526).

2. Durch das Wâdi Hebrân. 1. Tag. Die erste Stunde über eine sanft ansteigende Fläche mit salzigem Grund bis *Umm Sa'ad*, wo eine süsse Quelle einigen Familien zum Lebensunterhalt dient. Hier füllt man die Schläuche und kauft auch am besten Dattelvorräthe, denn die 6 St. breite Wüste *el-Ḳâ'a* beginnt hier. Man folgt der 'Abbâs-Pascha-Strasse, die, ob auch in der Niederung verweht, doch immer die sichere gerade Richtung zum W. Hebrân weist. In den ersten Stunden sieht man noch Dûm-Palmen, bald aber verschwinden auch diese. Ein einziger Seyâlbaum steht noch nahezu bei der Hälfte des Weges, sonst überall die heisse Wüste, anfänglich mit feinem Sand bedeckt, der immer gröber wird, sich in Geschiebe und Rollsteine verwandelt und schliesslich in der Nähe des steil aufsteigenden Gebirges in Blöcke von gewaltiger Grösse. Das **Wâdi Hebrân** wird bei Sonnenuntergang erreicht. Es ist bei seinem Austritt aus dem Gebirge eine ganz enge tiefe Felsschlucht, in welcher den grösseren Theil des Jahres Wasser rinnt. Gleich am Eingang der Schlucht wird in einer Felsennische das erste Nachtlager aufgeschlagen.

2. Tag. Der Weg durch das W. Hebrân ist gewunden. Granitformation. Syenit herrscht vor. Darin mächtige Gänge von Hornblendeschiefer, Grünstein und basaltischen Felsarten. Ein Bach fliesst dem Wanderer entgegen, je nach der Jahreszeit mit schwächerer oder vollerer Wassermenge. An seinen Ufern ziemlich reiche Vegetation. Sinaitische Inschriften. Der Weg ist verhältnissmässig gut. 'Abbâs Pascha hatte begonnen, ihn zur Strasse zu machen, doch blieb sein Unternehmen unvollendet. Nach $1^3/_4$ St. spaltet sich das Thal und die 'Abbâsstrasse führt nach Norden. 45 Min. zweite Gabelung des Thals, das hier breiter wird. Nach 30 Min. reiche krystallhelle Quelle, aber widerwärtig lauwarm; Ṭarfagebüsch und Palmen bilden ein undurchdringliches Dickicht. Nach 10 Min. verschwindet das Wasser, die Vegetation wird ärmer und der steile *Naḳb el-'Eddjâwi* (1002m) ist zu passiren. Beim *Wâdi Selâf* (S. 525) zweites Nachtquartier. Am dritten Tage gelangt man zu dem nächsten vom Serbâl zum Katharinenkloster führenden Wege, dem Naḳb el-Hâwi etc. (s. S. 525).

Nach 'Aḳaba wird nur derjenige Reisende ziehen, welcher besondere wissenschaftliche Zwecke verfolgt (5–6 Tagereisen). Die erste Tagereise (vom Katharinenkloster) pflegt wegen des späten Aufbruchs kurz zu sein. Am 2. Tage ist die Wasserscheide zwischen dem Golf von Suês und 'Aḳaba zu passiren, dann das *Wâdi Sa'l*. Von *Wâdi Marra* aus selbst von den Beduinen schwer zu findender Weg, bis man nach 2 Stunden zu einer Sandebene gelangt, die bis zum Fuss des Djebel et-Tîh reicht. Nach 4 Stunden die Quelle *'Ain el-Chadra*, mit einigen Palmen, die rechts liegen bleibt, wahrscheinlich das bibl. *Hazeroth*. Man zieht, nachdem ein enger Pass durchwandert ist, nordöstl. weiter auf sandigen Pfaden fort, betritt die Ebene *el-Ghôr*, die Vorhügel der Tîh-Kette und kommt in das *Wâdi Ghazâl* mit steilen Sandsteinwänden. In dem *Wâdi er-Ruwêhibîye* wird genächtigt. 3. Tag. Hinter dem Wâdi öffnet sich eine Sandsteinebene.

Granit und Diorit wechseln mit dem Sandstein. Nach $2\frac{1}{2}$ Stunden ist das breite *Wâdi Samghi* erreicht. Nach $1\frac{3}{4}$ Stunde verlässt man das Wâdi Samghi, wendet sich gen Nordosten und passirt auf immer schmaler werdendem Wege Felsblöcke und Hänge von gewaltigen Dimensionen. Die engste Stelle wird *el-Buwêb* (das Pförtlein) genannt. Der Pfad erweitert sich und nähert sich, mit Kiesmengen bedeckt, mehr und mehr dem Rothen Meere oder besser dem Busen von 'Akaba, der in schönem Blaugrün Nachmittags den Reisenden entgegenschimmert. Nach 1 Stunde wird die mit Palmen besetzte gute Quelle *el-Terrâbîn* erreicht. Am Meeresufer wird genächtigt. 4. Tag. Am muschelreichen Strande hin. Die Uferberge von grauem Granit. Gegen Mittag wird der Brunnen *Abu Suwêra* erreicht. Man schlägt das Zelt auf in der Nähe des *Wâdi Huwêmirât*. Merkwürdige Krabben, die sich in Muschelschalen einnisten und diese mit sich am Strande herumtragen. Die Berge an der durch die See von dem Wege getrennten östl. Küste des *Bahr 'Akaba* oder 'Akababusens sind niedrig. Vom Nachtquartier aus ein arabischer Ort *Haḳl* erkennbar. 5. Tag. Weit ins Meer hinausragende Vorgebirge, ein steiler Pass und andere Vorgebirge, namentlich beim *Wâdi Merach* zu überschreiten. In dieser Gegend hört das Gebiet der Ṭawâra auf und beginnt das der Ḥuwêtât-beduinen, mit denen man für die weitere Bedeckung unterhandeln muss und die den Reisenden oftmals Schwierigkeiten bereiten. Nach vierstündigem Marsche (vom Wâdi Ḥuwêmirât an) sieht man eine kleine, wenige Minuten vom Ufer entfernte Insel von Granit mit zwei Erhebungen, auf denen sich die Trümmer einer Saracenenburg befinden, wahrscheinlich das aus den Kreuzzügen bekannte Fort *Aila*, das Reinald von Chatillon 1182 vergeblich belagerte. Sie heisst *Kureiye*, *Gezîret Far'ûn* oder *Pharao's Insel*. In dem breiten *Wâdi Ṭâba'* genannten Thale weiter gen Norden ein bitterer Quell und Dûmpalmen. Robinson fand hier eine gegrabene mit rothem Stein ausgemauerte viereckige Cisterne. Das Cap *Râs el-Maṣri* von schwärzlich dunklem Gestein ist zu umgehen, die Berge treten weiter vom Meere zurück, bald ist der grosse *Derb el-Ḥaddj* (Strasse der Mekkapilger) erreicht, man umgeht die Spitze, überschreitet ein Stück Salzsumpf, lässt die Ruinen einer alten Stadt links liegen, wandert südwärts und zieht endlich in die am östl. Ufer der Bai gelegene Festung ein.

'Aḳaba (*Ḳal'at el-'Aḳaba*). In seiner Nähe lag das biblische *Elath*, das bei Gelegenheit der Ophirfahrten erwähnt wird, in dem unter den Römern die Legion X garnisonirte, das spätere *Aila*, das noch zur Zeit der Kreuzzüge von Juden bewohnt ward, welche ebenso wie die dort ansässigen Christen vorgaben einen Schutzbrief Mohammeds (oder ein Ehrenkleid, das der Prophet dem jüdischen Fürsten von Aila Johann Sohn Rubahs als Pfand, dass die Juden ungehindert Handel treiben dürften, verliehen haben soll) zu besitzen, der sie vor den Angriffen der Saracenen schützen sollte. Die Grösse und der Verkehr der Stadt werden noch im 15. Jahrh. gerühmt. In byzant. Zeit wurde hier kaiserlicher Zoll erhoben, dann nahmen sich die Statthalter und mohammedanischen Fürsten von Aegypten (namentlich Aḥmed Ibn Ṭulûn) des Ortes an. Während der Kreuzzüge wurde er von den Franken eingenommen, aber 1170 n. Chr. liess Saladin Schiffe auf Kamelen aus dem mittelländischen in das rothe Meer befördern und eroberte Aila zurück, welches jedoch, obgleich es von der grossen Pilgerstrasse nach Mekka berührt ward, bald soweit verkam, dass nur noch ein Fort am Lande und eins auf der Insel Kureiye übrig blieb. Die türkische Festung 'Akaba hat die Gestalt eines Rechtecks, dessen starke Mauern an jeder Ecke von einem Thurm vertheidigt werden. Auch an dem mit Eisen gepanzerten Eingangsthor (mit altarabischer Inschrift) stehen Thürme.

Freunde der bibl. Geographie mögen das *Wâdi Them* bis zum *Djebel Barghir* (4–5 Stunden) besuchen. Dieser Berg, den die Araber auch *Djebel en-Nûr* (Berg des Lichts) nennen sollen, ist jüngst von Dr. Beke für den Sinai der Schrift erklärt worden, weil die Araber ihn heilig halten und von ihm erzählen sollen, Mose habe hier mit dem Herrn geredet, weil auf seiner Spitze Opfer gebracht worden sind, und weil sich hier aufgerichtete Steine und sinaitische Inschriften gefunden haben.

Von 'Akaba nach Petra. Die 'Alawîn-Araber in 'Akaba sind in ihren Forderungen höchst unmässig, dabei ungeberdig und wenig zuverlässig. Zu manchen Zeiten ist der Weg durch ihr Gebiet zu der alten Felsenstadt nicht ungefährlich und sind die sorgfältigsten Erkundigungen darüber schon in Kairo und Suês einzuziehen. Ein erfahrener und mit den Schêchs bekannter Dragoman ist für diesen Weg von grossem Nutzen. Von 'Akaba nach Petra auf directem Wege 3 Tage, über *Nachle* 4—5 Tage. Von Petra nach Hebron 5—6 Tage, wenn alles gut geht. So interessant Petra selbst ist, so bietet doch der Weg wenig anderes wie die zum Sinai führenden Strassen und es scheint uns im Ganzen wenig rathsam, von Süden her zu Lande Palästina zu betreten. Beschreibung von Petra und die Reise nach Jerusalem s. in *Baedeker's Palaestina und Syrien.*

Rückweg vom Sinai-Kloster nach Suês durch das Wâdi esch-Schêch und über Ṣarbûṭ el-Châdem (vergl. S. 495 und Karten S. 516 u. 492).

Das Kloster verlassend, wandern wir zuerst NW. in dem Wâdi ed-Dêr (S. 526), lassen die er-Râḥa-Ebene (S. 525) links und wenden uns NO. in das *Wâdi esch-Schêch*, in das nach 1½ St. von S. her das *Wâdi es-Sadad* (S. 541) einmündet. R. der *Djebel ed-Dêr* oder Klosterberg (S. 537), l. der *Djebel Sona* (S. 536), beide nackt und schroff in die Höhe steigend; weiterhin l. der *Djebel Chizamiye*. Das breite, an manchen Stellen nicht unbevölkerte **Wâdi esch-Schêch** zieht sich in einem grossen Halbbogen von ungefähr 15 Kamelstunden vom Djebel Mûsa aus NW. hinunter bis zum Wâdi Firân (S. 521), im Ganzen wenig Interesse bietend. 1½ St. weiter erblickt man mitten im Thal das von den Beduinen besonders verehrte *Grabmal des Schêch Ṣâliḥ (Nebi Ṣâliḥ)*, nach welchem das Thal seinen Namen erhalten hat. Es ist wie alle diese Weli's (S. 199) ein unscheinbares würfelförmiges, mit einer Kuppel bedachtes, weiss getünchtes Bauwerk, in dem sich ein leerer Sarg befindet. Im Innern sind Opfergaben, wie Troddeln, Tücher, Straussenciier, Kamelhalfter, Zäume etc. aufgehängt. Die Ṭawâra-Beduinen halten Schêch Ṣâliḥ für ihren Ahnherrn; doch ist er wohl derselbe uralte und wegen seiner Beredsamkeit berühmte mohammedanische Prophet, der im Ḳorân als einer der ehrwürdigsten Patriarchen genannt wird, und von dem berichtet wird, er habe ein Kamel aus dem Felsen hervorgerufen und die Stolzen unter den Thamudîten, zu denen er gesandt war, durch ein Erdbeben getödtet, nachdem sie sich ungläubig gezeigt und dem göttlichen Kamele die Kniekehle zerschnitten hatten. Alljährlich im Mai findet hier ein grosses Fest mit Opfern, Schmäusen und Festspielen statt, an dem auch die Frauen theilnehmen, und ein kleineres nach der Dattelernte. Zum Schluss besteigen die Wüstensöhne die Höhe Djebel Mûsa und bringen hier Mose Opfer dar (S. 536).

Dem Grabmal westl. gegenüber erhebt sich aus dem Thal ein Hügel mit einigen Ruinen. Dann mündet r. das *Wâdi Ṣuwêrîye*, durch das der Weg nach 'Aḳaba (S. 542) führt. L. der *Djebel Djedîle*; weiter l. (südl.) das *Wâdi Schêb*, in welchem einige Gräber. Hinter diesem verengt sich das Wâdi esch-Schêch und führt durch den von grossartigen Granitmassen umgebenen **el-Watîye-Pass** (1226 m). Gleich dahinter erhebt sich ein altarartiger Stein mit weisser Spitze, der den Beduinen als die Opferstelle Abrahams gilt; einen stuhlförmigen Felsen in der Nähe nennen sie den Ruhesitz des Propheten Mose, *Maḳʿad Nebi Mûsa*, auf welchem dieser gesessen haben soll als er die Schafe seines Schwiegervaters Jethro (S. 526) hütete.

Das esch-Schêchthal führt von hier in Windungen durch einförmige niedrige Sandhügel, nichts Bemerkenswerthes bietend. R. *Wâdi el-Kafîf*. Betharânstauden (S. 508) kommen in ziemlicher Menge vor, auch Ṭarfa-(Tamarisken)Sträucher (vgl. S. 523).

R. Gräber, l. mündet das *Wâdi Ḳaṣab*, das südl. zum Naḳb el-Hâwi (S. 525) führt und in welchem Palmen vorkommen. Bei (r.) *Wâdi Mughêrât* liegt das Schêch-Thal nach den Messungen Palmer's 1087m über dem Meeresspiegel. Bei (r.) *Wâdi eṭ-Ṭarr* einige Inschriften (S. 517). Die beiden folgenden Thäler führen beide den Namen *Wâdi Ṣolêf*; dem letzteren östl. gegenüber mündet das breite *Wâdi Sahab*, durch welches man in 5 St. zum Naḳb el-Hâwi (S. 525) gelangen kann. Hier (870m ü. M.) verlässt unser Weg das Wâdi esch-Schêch, das weiter südl. zu der Pforte el-Buwêb (S. 524) führt, und folgt NW. stark ansteigend und sich bald zu einer Schlucht verengend, dem westlicheren *Wâdi Ṣolêf*. Im *Wâdi Umm 'Oschedj* (l.) einige sinaitische Inschriften (S. 517). Jenseit desselben (1066 m) kreuzen wir das *Wâdi el-Achḍar*, das hier eine grosse Ebene *Erwêṣ el-Ebêrik* bildet. Schöner Blick s.w. auf den Serbâl (S. 521). Der südl. Theil des anfangs breiten, später sich verengenden Wâdi el-Achḍar führt zum Wâdi Firân (S. 524), der nördl. in noch unbekannte Gegenden der et-Tîh Wüste (S. 548).

Jenseit desselben beginnt das langgezogene **Wâdi Berâḥ** mit vielen Seyalbäumen (S. 509). Der Weg in demselben führt bergauf, bergab. Ungefähr in der Mitte des Thals (l.) ein Felsblock, *Ḥadjer el-Laghwe*, mit Inschriften. Gegenüber (r.) mündet das *Wâdi Erthâme*.

1 St. weiter erhebt sich (r.) der pyramidenförmige Hügel *Zibb el-Buḥêr Abu Baḥarîye* (1187 m) mit Gräberresten. Dann beginnt das breite granitreiche **Wâdi Lebwe**, das sich bald zu einer grossen weiten Ebene öffnet, in welche r. und l. Wâdi's münden. $^1/_2$ St. weiter ist ein köstlicher, von einem Halbrund von Felsen umgebener Lagerplatz, mit einer Quelle frischen schönen Wassers, *Schaḳîk el-'Adjûz* genannt. Dann münden r. die Wâdi's *Hanêk* und *Ḍehêb* und l. das *Wâdi el-Achḍar*.

Jenseit derselben erhält unser Thal den Namen *Wâdi Barak*, in welchem die Sandsteinformation vorherrschend ist; viele Seyâlbäume. L. *Wâdi Membale*. r. *Wâdi Ibn Sakkar*. Gegen Ende des Thals einige Nawâmis (Steinhütten, s. S. 525), sinaitische Inschriften und grosse Stücke einer Mauer von rohen Granitblöcken. Dieselbe sollen die Ṭawârabeduinen errichtet haben, um Moḥammed 'Ali's Truppen aufzuhalten, welche in die Wüste geschickt worden waren, um sie für die Beraubung einer Karawane zu züchtigen, doch scheint sie älter zu sein. Sie zieht sich an beiden Abhängen des Thales hin, zeigt aber da, wo der Weg sie durchschneidet, eine breite Oeffnung.

Das kleine Stück des Thals von den Inschriften an bis zur Mündung des (r.) *Wâdi Siḥ* heisst *Wâdi Taiyibe.* Das Wâdi Siḥ setzt sich links um den *Siḥ Beruk* herum fort. Wir behalten die nördl. Richtung bei und erreichen eine schmale Sandebene *Debêbet Schêch Aḥmed* genannt, r. am Wege das Grab dieses Beduinenschêchs. Nun zuerst etwas ansteigend und dann wieder bergab in das *Wâdi Chamîle.* Gleich am Anfang links mündet das *Wâdi Umm Adjraf,* das in vielen Windungen südl. zum Wâdi Sidr (S. 514) führt.

In der Mitte des Wâdi Chamîle l. zwei grosse Felsblöcke mit sinait. Inschriften. Weiter ist das Thal durch das *Râs Sûwiḳ* (754m) geschlossen; ein schmaler Pfad führt hinüber. Links der malerische *Djebel el-Ghurâbi,* der die Gestalt eines terrassenförmig aufgeschichteten Sarges hat. Er gehört, wie die meisten dieser Höhen, der Sandsteinformation an. Er ist seltsam ausgewaschen und enthält an mehreren Stellen sinaitische Inschriften. Vor ihm stehen zwei kleinere Berge, die Pyramiden von verschiedener Grösse gleichen. Links auf breiter Basis Felsenplatten. Weiter Blick über das Tîh-Gebirge und in die Ramle-Ebene.

Von der Passhöhe hinab in das *Wâdi Sûwiḳ* und in diesem bald auf- bald abwärts weiterwandernd, erreicht man in $2^1/_2$ St. die Mündung des **Wâdi Ṣarbûṭ el-Châdem**, das an der Ostseite der gleichnamigen Höhe entlang führt.

Diese interessante aus der Pharaonenzeit stammende Denkmälerstätte, von Niebuhr 1762 zum erstenmal wieder entdeckt, liegt auf einem 210m hohem Hügel. Das Hinansteigen aus dem Wâdi Sûwiḳ ist ziemlich beschwerlich und erfordert bis zur letzten Terrasse eine gute Stunde. Auf der ebenen Hochfläche erheben sich viele mit hieroglyphischen Inschriften versehene Monumente. Spuren einer alten Umfassungsmauer 52m lang und 21m breit umgeben 16 aufgerichtete altaegyptische Stelen ⌂ (S. 493), ähnliche am Boden ruhende Inschriftsteine und die Trümmer eines kleinen Tempels. Das Sanctuarium desselben und ein Pronaos wurden unter Amenemha III. (XII. Dyn.) in den Felsen gehauen und mit schön bemalten Inschriften, die indessen stark gelitten haben, Nischen für Götterbilder etc. versehen. Im neuen Reiche ward diese Anlage unter Tutmes III. (XVIII. Dyn.) nach Westen zu durch einen Pylon und Vorhof in Freibau erweitert, dem später von anderen Königen (in westlicher Richtung) mehrere Räume zugefügt wurden. Alles in verhältnissmässig kleinen Dimensionen. Wie zu Wâdi Maghâra (S. 514) so wurde auch hier vornehmlich eine Hathor und zwar die Hathor von Mafkat (S. 514) verehrt. Die Inschriften lehren, dass man es hier nicht, wie man zunächst vermuthen möchte, mit einem Friedhofe und Leichensteinen, sondern mit einer religiösen und praktischen Zwecken gewidmeten Anlage zu thun habe.

Châdem (Chatem) bedeutet altaegyptisch einen abgeschlossenen

Ort, ein Fort oder eine Burg; mit Ṣarbûṭ (plur. Ṣerâbîṭ) bezeichnen die Beduinen der Halbinsel einen Hügel oder Berggipfel. Ṣerâbîṭ el-Châdem bedeutet also „die Höhen der befestigten Stätte“. Unweit dieser letzteren wurde Kupfer und Mafkat gewonnen und bereitet und auf dem, wie schon Lepsius bemerkte, stets von Winden stark umwehten Plateau standen Schmelzöfen und war das Heiligthum errichtet worden, in welchem sich die Knappschaft und ihre Führer bei mancherlei Festen versammelten. Die Wohnungen für die Wächter der Grubenarbeiter und Hütten für die letzteren, Magazine etc. müssen sich in grösserer Nähe der Gruben, von denen einige im Wâdi Naṣb (s. unten) heute noch eine grosse Ausbeute an Kupfer gewähren würden, befunden haben. Fast alle Stelen, die auf unserm Plateau stehen, sind von höheren Grubenarbeitern errichtet worden, welche die Nachwelt von ihrem Namen und ihrer Thätigkeit zu unterrichten und ihr mitzutheilen wünschten, in welchem Regierungsjahre welches Königs sie ihr Amt antraten, nach welchem Mineral (Mafkat und Erz) sie gruben, wie viele Arbeiter ihrem Befehl gehorchten, wie eifrig sie sich ihrer Pflicht hingegeben, und was sie bei der Erfüllung derselben gelitten haben. Auch der Siege über die eingeborenen Gebirgsvölker geschieht Erwähnung.

Die grossen schwarzen Steinhaufen in der Nähe, welche aussehen, als beständen sie aus Hüttenschlacken, sind zum Theil natürliche Gebilde; es finden sich aber auch künstliche Schlacken in den Thälern zwischen Ṣarbûṭ el-Châdem und Wâdi Naṣb. Die alten Gruben sind von dem der letzten englischen Survey-Expedition angehörenden Mr. Holland wieder aufgefunden worden, nachdem Rüppell solche im Wâdi Naṣb entdeckt und beschrieben hatte. Aus den bekannt gewordenen Inschriften ergibt sich, dass die Minen von Ṣarbûṭ el-Châdem wie die von Wâdi Maghâra in den frühen Tagen des alten Reichs unter Snefru (S. 514) angelegt und länger als diese, jedenfalls bis in die XX. Dyn., fortgeführt worden sind. Auch das Namensschild Ramses' IV. soll hier gefunden worden sein. Es ist also zu Ṣarbûṭ el-Châdem noch nach dem Auszuge der Juden gearbeitet worden, während zu Wâdi Maghâra der Name des Pharao's der Bedrückung, Ramses II., der letzte ist, welcher in den Inschriften vorkommt.

3/4 Stunden südöstl. von dem Plateau einige wohl für höhere Beamte angelegte Gräber aus der XVIII. Dyn., welche Sir Gardener Wilkinson entdeckte. Zwei Stunden weiter fand Major Macdonald (S. 514) Reste von Arbeiterwohnungen.

Das Wâdi Sûwik zieht sich in Windungen nördl. um die Höhen, von welchen eine Menge Wâdis hinabführen. Diesen Thalweg überlassen wir der Karawane und wandern dagegen zu Fuss südl. den Höhen entlang dem *Wâdi Naṣb* zu, an dessen Eingang eine von Palmen beschattete Quelle, Ruinen, alte Gartenanlagen und Schlacken, die aus 1 1/2 St. n.w. gelegenen Minen herrühren.

„Hier sind in mehrere horizontal geschichtete Sandsteinlager keilförmig eingesenkte Stockwerke von erdiger Kupferschwärze (cuivre oxidé

noir terreux) von ungewöhnlicher Mächtigkeit; an manchen Stellen scheint die metallführende Gebirgsmasse über 60 m im Durchmesser zu haben. In vielfachen Richtungen haben die alten Bewohner hier Schachte eingetrieben und labyrinthartig ausgehöhlt, indem sie (wie im Wâdi Maghâra) hier und da einzelne Pfeiler des Gesteins stehen liessen, um das Ganze gegen den Einsturz zu sichern. Die erbeutete Erzmasse muss sehr bedeutend gewesen sein, nach der Ausdehnung der hiesigen Gruben zu urtheilen. Noch jetzt sind in der einen Grube Massen von kupferhaltigem Gestein anstehend; eine andere Grube, wo 80 Fuss grosse Hallen ausgehöhlt sind, scheint als erschöpft verlassen worden zu sein."
Rüppell.

Auf dem Hügel über dem Bergwerke ein altaegyptischer Obelisk mit halb verloschenen Hieroglyphen.

Das Wâdi Naṣb nördl. abwärts steigend, erreichen wir am Ende desselben die Kreuzung des *Wâdi Ba'ba'*, das südl. zum Wâdi Schellâl (S. 513) und nördlich in die Tîh-Wüste führt. Wir behalten die nordwestl. Richtung und wandern durch die grosse hügelige Sandfläche *Debbet er-Ramle*. Zunächst begegnet man einem arabischen Gottesacker mit Steinlegungen in Ellipsenform, einzelnen aufgerichteten Grabsteinen ohne Inschriften und kleinen Felsenplatten, die zu zweien so zusammengestellt sind, dass sie sich mit ihren oberen Rändern berühren. In der Mitte der Ebene etwas ansteigend, hat man einen schönen Blick auf den westl. (geradeaus) jenseit des Wâdi Ḥamr sich erhebenden *Sarbûṭ el-Djemel* (663 m); links in der Ferne malerisch geformte Tafelberge, rechts das Tîhgebirge.

Nun immer abwärts steigend, wird der breite nach *Nachle* (S. 543) führende Weg erreicht. Zur Rechten erhebt sich, lang hingestreckt, der *Djebel Bêdâ'*. Hier liegen auf dem Boden der Wüste eine Menge von merkwürdigen geologischen Gebilden. Sie bestehen aus traubenförmigen Incrustaten von stark kieseligem Brauneisenstein (Raseneisenstein) auf Sandsteinflächen und Brocken. Einige sind so rund wie Flintenkugeln.

Das *Wâdi el-Ḥamr*, das wir nun erreichen, ist ein breites, von niedrigen Kalksteinbergen begrenztes Thal, an seiner W.-Seite von dem Ṣarbûṭ el-Djemel (s. oben) überragt, an dessen Fuss man die Zelte aufzuschlagen pflegt. Von hier führt ein für Kamele passirbarer Pfad das *Wâdi Ibn Sukkar* und einige andere Wâdis kreuzend direct zum *Wâdi eth-Thâl* (S. 512). Wer bei der Karawane bleiben will, muss das ganze Wâdi el-Ḥamr bis zu seiner Mündung in das *Wâdi Ṭayyibe* hinab wandern. Von Wâdi Ṭayyibe nach Suês s. S. 512—508.

REGISTER.

Das nachstehende Register umfasst den ganzen Inhalt des vorliegenden Handbuchs und enthält ausser den im beschreibenden Theil desselben vorkommenden Ortsnamen eine grössere Anzahl von Personennamen und andern Wörtern, welche sich entweder auf die Einleitung beziehen oder sonst im Text eine Erklärung finden. Die *alten* Ortsnamen sind mit *liegender* Schrift gesetzt. Einige häufig vorkommende arabische Wörter sind nachstehende (vgl. das Vocabular S. 212):

'Ain, Quelle.
Bâb, Thor.
Bahr, Meer, (Nil-) Strom.
Behêre, See.
Beled, Dorf.
Bêt, Haus.
Bilâd, Gegend, Land.
Bir, Cisterne.
Birke, Teich.
Dêr, Kloster.
Derb, Weg.
Gebel, Berg.
Gezire, Insel.
Kafr, Dorf.
Kal'a, Festung.
Kanṭara, Brücke.
Kasr, Schloss.
Kôm, Schutthügel.
Medine, Stadt.
Naḳb, Pass.
Râs, Vorgebirge.
Tell, Hügel.
Wâdi, Thal.
Weli, Heiligengrab.

www.ingramcontent.com/pod-product-compliance
Lightning Source LLC
Chambersburg PA
CBHW021227300426
44111CB00007B/447

* 9 7 8 3 7 4 1 1 7 3 8 8 2 *